Le Routard

Parcs nationaux de l'Ouest américain

Directeur de collection et auteur
Philippe GLOAGUEN

Cofondateurs
Philippe GLOAGUEN
et Michel DUVAL

Rédacteur en chef
Pierre JOSSE

Rédacteurs en chef adjoints
Amanda KERAVEL
et Benoît LUCCHINI

Directrice de la coordination
Florence CHARMETANT

Directrice administrative
Bénédicte GLOAGUEN

Direction éditoriale
Catherine JULHE

Rédaction
Isabelle AL SUBAIHI
Mathilde de BOISGROLLIER
Thierry BROUARD
Marie BURIN des ROZIERS
Véronique de CHARDON
Gavin's CLEMENTE-RUÏZ
Fiona DEBRABANDER
Anne-Caroline DUMAS
Géraldine LEMAUF-BEAUVOIS
Olivier PAGE
Alain PALLIER
Anne POINSOT
André PONCELET

Administration
Carole BORDES
Solenne DESCHAMPS

Remarque importante aux hôteliers et restaurateurs

Les enquêteurs du *Routard* travaillent dans le plus strict anonymat. Aucune réduction, aucun avantage quelconque, aucune rétribution n'est jamais demandé en contrepartie. Face aux aigrefins, la loi autorise les hôteliers et restaurateurs à porter plainte.

Avis aux lecteurs

Le *Routard,* ce n'est pas comme le bon vin, il vieillit mal. On ne veut pas pousser à la consommation, mais évitez de partir avec une édition ancienne. Les modifications sont souvent importantes.
Les réductions accordées à nos lecteurs ne sont jamais demandées par nos rédacteurs afin de préserver leur anonymat. Les hôteliers et restaurateurs sont sollicités par une société de mailing, totalement indépendante de la rédaction, qui reste donc libre de ses choix. De même pour les autocollants et plaques émaillées.

routard.com, le voyage à portée de clics !

✓ Rejoignez la plus grande communauté francophone de voyageurs : plus de **2 millions** de visiteurs !

✓ Échangez avec les routarnautes : forums, photos, avis sur les hôtels...

✓ Retrouvez aussi toutes les informations actualisées pour choisir et préparer vos voyages : plus de 200 fiches pays, une centaine de dossiers pratiques et un magazine en ligne pour découvrir tous les secrets de votre destination.

✓ Enfin, comparez les offres pour organiser et réserver votre voyage au meilleur prix.

Pictogrammes du *Routard*

Établissements
- Hôtel, Auberge, chambres d'hôtes
- Camping
- Restaurant
- Brunch
- Boulangerie, sandwicherie
- Glacier
- Café, salon de thé
- Café, bar
- Bar musical
- Club, boîte de nuit
- Salle de spectacle
- Office de tourisme
- Poste
- Boutique, magasin, marché
- Accès internet

Sites
- Plage
- Site de plongée
- Piste cyclable, parcours à vélo

Transports
- Aéroport
- Gare ferroviaire
- Gare routière, arrêt de bus
- Station de métro
- Station de tramway
- Parking
- Taxi
- Taxi collectif
- Bateau
- Bateau fluvial

Attraits et équipements
- Présente un intérêt touristique
- Recommandé pour les enfants
- Adapté aux personnes handicapées
- Ordinateur à disposition
- Connexion wifi
- Inscrit au Patrimoine mondial de l'Unesco

Mille excuses, on ne peut plus répondre individuellement aux centaines de CV reçus chaque année.

Le *Routard* est imprimé sur un papier issu de forêts gérées.

I.S.B.N. 978-2-01-245619-8

TABLE DES MATIÈRES

Nous avons divisé les États-Unis en plusieurs titres. En effet, la très grande majorité d'entre vous ne parcourent pas tout le pays. Et ces contrées sont tellement riches culturellement qu'elles nécessitent six ou sept guides à elles seules. Rassemblés en un seul volume, nos ouvrages atteindraient 1 500, voire 2 000 pages. Ils seraient alors intransportables et coûteraient... trois fois plus cher ! Nous souhaitons conserver un format pratique à un prix économique, tout en vous fournissant le maximum d'informations sur des régions qui méritent d'être développées. Voilà !

La rédaction.

LES QUESTIONS QU'ON SE POSE LE PLUS SOUVENT 10

LES COUPS DE CŒUR DU ROUTARD 11

ITINÉRAIRES CONSEILLÉS 12

COMMENT Y ALLER ?

- LES LIGNES RÉGULIÈRES 14
- LES ORGANISMES DE VOYAGES 16
- UNITAID 32

PARCS NATIONAUX UTILE

- ABC DES ÉTATS-UNIS 34
- AVANT LE DÉPART 34
- ARGENT, BANQUES, CHANGE 38
- ACHATS 40
- BUDGET 42
- CLIMAT 44
- DANGERS ET ENQUIQUINEMENTS 46
- DÉCALAGE HORAIRE 47
- ÉLECTRICITÉ 48
- HÉBERGEMENT 48
- LANGUE 53
- MESURES 54
- ORIENTATION 55
- PARCS ET MONUMENTS NATIONAUX 55
- POSTE 57
- SANTÉ 57
- SITES INTERNET 58
- TABAC 59
- TAXES ET POURBOIRES 60
- TÉLÉPHONE – TÉLÉCOMMUNICATIONS 61
- TRANSPORTS 63
- URGENCES 75

HOMMES, CULTURE, ENVIRONNEMENT

- **BOISSONS** 76
- **CUISINE** 79
- **DROITS DE L'HOMME** 85
- **ÉCONOMIE** 86
- **ENVIRONNEMENT** 87
- **FÊTES ET JOURS FÉRIÉS** 88
- **GÉOGRAPHIE** 89
- **HISTOIRE** 90
- **INDIENS (LES)** 107
- **LIVRES DE ROUTE** 110
- **MÉDIAS** 114
  • Votre TV en français : TV5MONDE • La télévision • La presse écrite • La radio • Liberté de la presse
- **PERSONNAGES** 116
- **POPULATION** 123
- **RELIGIONS ET CROYANCES** 125
- **ROUTE 66** 127
- **SAVOIR-VIVRE ET COUTUMES** 128
- **SITES INSCRITS AU PATRIMOINE MONDIAL DE L'UNESCO** 130

LA CALIFORNIE

Attention : le reste de la Californie est traité dans le guide *Californie.*

- **ABC DE LA CALIFORNIE** 132
- **DEATH VALLEY (LA VALLÉE DE LA MORT)** 133
- **LONE PINE** 148
- **MAMMOTH LAKES** 151
  • Devil's Postpile National Monument
- **LEE VINING** 155
- **BODIE** 157
- **SEQUOIA NATIONAL PARK** 160
- **YOSEMITE NATIONAL PARK** 162
  • Saddlebag Lake
- **SOUTH LAKE TAHOE** 178

LE NEVADA

- **ABC DU NEVADA** 188
- **LAS VEGAS** 189
- **ENTRE LAS VEGAS ET GRAND CANYON VILLAGE** ... 234
  • Le barrage de Hoover (Hoover Dam) • Chloride • Kingman : the Skywalk • Oatman • Hackberry • Seligman
- **RENO** 237
  • Pyramid Lake • Virginia City : Chollar Mine • Carson City : Railroad Museum, Krebs-Peterson House, Nevada State Museum et Capitol

L'ARIZONA

- **ABC DE L'ARIZONA** 244
- **PHOENIX** 245
  • Rawhide Western Town • Arcosanti et Cosanti • L'Apache Trail
- **TUCSON** 264
  • Saguaro National Park (West) • Arizona Sonora Desert Museum • Old Tucson Studios • Pima Air and Space Museum • Boneyard • Le site de lancement des fusées Titan • Sabino Canyon • Mission San Xavier del Bac • Amerind Foundation • Kartchner Caverns State Park
- **TOMBSTONE** 275
- **BISBEE** 281
  • Chiricahua National Monument
- **FLAGSTAFF** 288
  • Sunset Crater • Wupatki National Monument, Wukoki et Wupatki Pueblos • Walnut Canyon National Monument, Island Trail et Rim Trail • Meteor Crater • Petrified Forest National Park
- **SEDONA** 302
  • Le point de vue sur Sedona

• La chapelle de Holy Cross • Bell Rock • Red Rock State Park • Montezuma Castle National Monument
- **WILLIAMS** 308
  • Bearizona • La réserve Havasupai
- **TUSAYAN** 313
- **LE CANYON DU COLORADO (LE GRAND CANYON)** 316
  • Rive sud (South Rim) : Grand Canyon Village, Hermits Rest Route et Kaibab Trail Route • Rive nord (North Rim) • Excursions au fond du canyon : Bright Angel Trail, South Kaibab Trail et Hermit Trail • Descente des rapides du Colorado
- **LES RÉSERVES INDIENNES** 338
- **LE TERRITOIRE HOPI** 341
  • Trading post et Explore Navajo Interactive Museum à Tuba City • Walpi • Hopi Museum à Second Mesa
- **LE CANYON DE CHELLY** 345
- **MONUMENT VALLEY** 350
  • Navajo National Monument • Les sentiers de découverte : Sandal Trail et le canyon de Betatakin, Canyon View Trail et Aspen Trail • Randonnées : les ruines de Betatakin et Keet Seel • Goosenecks State Park • Valley of the Gods • Muley Point Overlook
- **BLUFF** 363
  • Natural Bridges National Monument • Edge of the Cedars State Park & Museum
- **PAGE (ARIZONA) ET LE LAC POWELL (UTAH)** 367
  • Le barrage de Glen Canyon • Upper et Lower Antelope Canyons • Points de vue : Scenic View, Lone Rock et Horseshoe Bend • Le lac Powell : Rainbow Bridge National Monument, les marinas d'Antelope Point, de Dangling Rope, de Bullfrog, de Halls Crossing et de Hite, balades en bateau sur le lac Powell • Chains Area • La marina de Wahweap • Marble Canyon • Cathedral Wash • River Trail • Paria Canyon

L'UTAH

- **ABC DE L'UTAH** 387
- **ZION NATIONAL PARK** 388
  • Le village fantôme de Grafton
- **KANAB** 404
  • Toroweap Point • Coral Pink Sand Dunes State Park
- **BRYCE CANYON NATIONAL PARK** 409
  • Paunsagaunt Western Wildlife Museum • Red Canyon • Cedar Breaks National Monument
- **NATIONAL SCENIC BYWAY (ROUTE) 12** 421
  • Kodachrome Basin State Park • Cottonwood Canyon Road (road 400) • Grand Staircase-Escalante National Monument • Hole-in-the-Rock Road • Calf Creek Falls • Anasazi Museum à Boulder • Burr Trail
- **CAPITOL REEF NATIONAL PARK** 426
  • À l'est de Capitol Reef : Goblin Valley State Park
- **MOAB** 436
  • La vallée du Colorado et Scenic Byway 128 • Les pétroglyphes de Courthouse Wash • La vallée du Colorado et Scenic Byway 279 (Potash Road) • Sur la route de Yellowstone : Flaming Gorge National Recreation Area
- **CANYONLANDS NATIONAL PARK** 452
  • Island in the Sky : Dead Horse Point State Park • Island in the Sky : Green River et Grand View Point Overlook, Upheaval Dome et Mesa Arch • The Needles . Wilson Arch • En chemin vers The Needles : Needles et Anticline Overlook • The Needles : Newspaper Rock, Roadside Ruin Trail, Cave Spring Trail, Squaw Flat Trailhead, Elephant Hill Trailhead, Elephant Canyon et Confluence Overlook, Pothole Trail et Big Spring Canyon Overlook • The Maze : Horseshoe Canyon
- **ARCHES NATIONAL PARK** 460
- **SALT LAKE CITY** 463
  • Le Grand Lac Salé • Bonneville

Speedway • Golden Spike National Historic Site à Promontory Summit • Park City • Sur la route du Yellowstone : Logan, American West Heritage Center, Logan Canyon et Bear Lake Overlook • Sur la route de Moab : Price
- **ANTELOPE ISLAND**.................... 490

LE WYOMING, LE MONTANA ET LE DAKOTA DU SUD

- **ABC DU WYOMING**.................... 493
- **JACKSON HOLE (WYOMING)**..... 496
  • National Elk Refuge • National Museum of Wildlife Art • Teton Raptor Center à Wilson
- **PINEDALE (WYOMING)**............... 506
- **GRAND TETON NATIONAL PARK (WYOMING)**................................ 509
- **YELLOWSTONE NATIONAL PARK**........................ 517
- **WEST YELLOWSTONE (MONTANA)**................................ 542
- **GARDINER (MONTANA)**............. 547
- **BOZEMAN (MONTANA)**.............. 549
  • Big Sky Ski Resort • Paradise Valley
- **CODY (WYOMING)**..................... 551
  • Buffalo Bill Dam • Bighorn Mountains • La vallée de Little Bighorn • Kirwin Ghost Town
- **CHEYENNE (WYOMING)**............ 557
  • Terry Bison Ranch
- **DEVIL'S TOWER NATIONAL MONUMENT (WYOMING)**.......... 560
- **RAPID CITY ET LE MONT RUSHMORE (DAKOTA DU SUD)**.................................... 560
  • Custer State Park • Crazy Horse Memorial • Deadwood • Badlands

LE COLORADO

- **ABC DU COLORADO**.................. 564
- **DENVER**.. 565
  • Red Rocks Park and Amphitheater • Buffalo Bill Grave and Museum • Coors Brewing Company
- **BOULDER**...................................... 587
- **ROCKY MOUNTAIN NATIONAL PARK**........................ 585
  • Scenic and Historic Byway Peak to Peak
- **MANITOU SPRINGS**.................. 586
- **CRIPPLE CREEK**........................ 588
  • Victor • Royal Gorge Bridge
- **GREAT SAND DUNES NATIONAL PARK**........................ 593
- **DURANGO**.................................. 596
  • Aztec Ruins National Monument • Chaco Culture National Historical Park
- **MESA VERDE NATIONAL PARK**........................ 604
- **SILVERTON**................................ 609
  • Old Hundred Gold Mine Tour et Animas Forks Ghost Town • Telluride • Red Mountain Pass et Ouray
- **BLACK CANYON OF THE GUNNISON NATIONAL PARK**........................ 612
  • Museum of Western Colorado à Grand Junction

LE NOUVEAU-MEXIQUE (NEW MEXICO)

- **ABC DU NOUVEAU-MEXIQUE**... 615
- **TAOS**.. 616
  • Millicent Rogers Museum • Taos Pueblo • Gorge Bridge • L'église San Francisco de Asis • Au sud de Taos et au nord de Santa Fe : Chimayo, Cordova, Truchas et Las Trampas
- **SANTA FE**.................................... 626
  • Pecos National Historical Park • Turquoise Trail et Madrid
- **LOS ALAMOS**............................ 639
  • Bandelier National Monument • Valles Caldera National Preserve

• **ALBUQUERQUE** 643
• **À L'OUEST D'ALBUQUERQUE VERS GALLUP** 649
• Pueblo of Acoma (Sky City)
• El Malpais National Monument
• Bandera Volcano And Ice Cave
• El Morro National Monument

• **GALLUP** 651
• **AU SUD D'ALBUQUERQUE** 653
• Truth or Consequences : Geronimo Springs Museum et Camino Real International Heritage Center Foundation • White Sands National Monument

• **INDEX GÉNÉRAL** 669
• **OÙ TROUVER LES CARTES ET LES PLANS ?** 679

NOUVEAU ET IMPORTANT : DERNIÈRE MINUTE

Sauf exception, le *Routard* bénéficie d'une parution annuelle à date fixe. Entre deux dates, des événements fortuits (formalités, taux de change, catastrophes naturelles, conditions d'accès aux sites, fermetures inopinées, etc.) peuvent modifier vos projets en voyage. Pour éviter les déconvenues, nous vous recommandons de consulter la rubrique « Guide » par pays de notre site • ***routard.com*** • et plus particulièrement les dernières ***Actus voyageurs.***

NOS NOUVEAUTÉS

NOS MEILLEURS SITES POUR OBSERVER LES OISEAUX EN FRANCE (paru)

Pour répondre à l'attente des amoureux de la nature et de ceux qui souhaitent mieux connaître les oiseaux, le *Routard*, en partenariat avec la Ligue de protection des oiseaux, a sélectionné dans toute la France plus de 70 sites pour approcher et observer les voyageurs du ciel. À travers différents milieux (forêt, parc, étang, montagne...), c'est l'occasion de prendre conscience de la richesse et de la diversité du monde des oiseaux et de la nécessité de le protéger. Pour vous aider à les identifier, vous trouverez des planches en couleur, des conseils et des informations surprenantes sur nos amis à plumes, sans oublier les hébergements et restos à proximité. Que vous soyez *bird watcher* occasionnel ou ornithologue averti, ce guide vous prendra sous son aile.

DUBLIN (paru)

Dublin, une ville grise tout en couleurs. Autant dire une ville qui en surprend plus d'un avec ses contrastes inattendus. On passe, tout d'un coup, d'un Dublin aristocratique à un Dublin populaire. Quant à la gastronomie, bonne nouvelle, l'offre a progressé de manière spectaculaire ces dernières années, et les Irlandais ont redécouvert les vertus de leurs produits naturels. Sans oublier, bien sûr, les pubs : il y en a... jusqu'à plus soif. Côté culture, la ville s'enorgueillit de posséder plusieurs musées nationaux qui, non seulement sont gratuits, mais renferment des collections somptueuses ; sans parler du prestigieux Trinity College, avec des pièces rares comme le fameux livre de Kells. Ville à l'empreinte littéraire également, labellisée Cité de la littérature par l'Unesco. À découvrir d'urgence.

Special thanks !

- Olivier Barthez, pour ses bonnes adresses en Utah.
- Patti Denny, du *Utah Office of Tourism.*
- Ken Gotzen-Berg, de l'office de tourisme de Kanab, pour sa disponibilité.
- Jean-Marie Douau, pour Capitol Reef et Moab.
- Hervé Duxin, représentant en France du Wyoming, du Montana et du South Dakota.
- *Express Conseil,* bureau de représentation de Las Vegas à Paris.
- Valérie Ferrière, de l'ambassade des États-Unis à Paris.

Nous tenons à remercier tout particulièrement Loup-Maëlle Besançon, Thierry Bessou, Gérard Bouchu, François Chauvin, Grégory Dalex, Stéphanie Déro, Fabrice Doumergue, Cédric Fischer, Carole Fouque, Michelle Georget, David Giason, Claude Hervé-Bazin, Emmanuel Juste, Dimitri Lefèvre, Sacha Lenormand, Fabrice de Lestang, Romain Meynier, Éric Milet, Pierre Mitrano, Jean-Sébastien Petitdemange, Thomas Rivallain, Dominique Roland et Solange Vivier pour leur collaboration régulière.

Et pour cette nouvelle collection, nous remercions aussi:

Emmanuelle Bauquis
Jean-Jacques Bordier-Chêne
Michèle Boucher
Lisa Buchter
Stéphanie Condis
Agnès Debiage
Jérôme Denoix
Tovi et Ahmet Diler
Clélie Dudon
Sophie Duval
Clara Favini
Alain Fisch
Mathilde Fonteneau
Adrien et Clément Gloaguen
Xavier Haudiquet
Bernard Hilaire
Sébastien Jauffret
Anaïs Kerdraon
Jacques Lemoine
Béatrice Macé de Lepinay
Jacques Muller
Caroline Ollion
Nicolas et Benjamin Pallier
Martine Partrat
Odile Paugam et Didier Jehanno
Prakit Saiporn
Jean-Luc et Antigone Schilling
Camille Veillard

Direction: Nathalie Pujo
Contrôle de gestion: Héloïse Morel d'Arleux et Virginie Laurent-Arnaud
Secrétariat: Catherine Maîtrepierre
Direction éditoriale: Catherine Julhe
Édition: Matthieu Devaux, Géraldine Péron, Olga Krokhina, Gia-Quy Tran, Julie Dupré, Pauline Fiot, Julien Hunter, Camille Loiseau, Emmanuelle Michon, Julia Nannicelli, Marion Sergent et Clémence Toublanc
Préparation-lecture: Estelle Gaudin
Cartographie: Frédéric Clémençon et Aurélie Huot
Fabrication: Nathalie Lautout et Audrey Detournay
Relations presse France: COM'PROD, Fred Papet. ☎ 01-70-69-04-69.
• *info@comprod.fr* •
Direction marketing: Muriel Widmaier, Adrien de Bizemont, Lydie Firmin et Laure Illand
Contacts partenariats: André Magniez (EMD). • *andremagniez@gmail.com* •
Édition des partenariats: Élise Ernest
Informatique éditoriale: Lionel Barth
Couverture: Clément Gloaguen et Seenk
Maquette intérieure : le-bureau-des-affaires-graphiques.com, Thibault Reumaux et npeg.fr
Relations presse: Martine Levens (Belgique) et Maureen Browne (Suisse)
Régie publicitaire: Florence Brunel-Jars

LES QUESTIONS QU'ON SE POSE LE PLUS SOUVENT

Quels sont les papiers indispensables pour se rendre aux États-Unis ?
Passeport biométrique ou électronique valide, ou passeport individuel à lecture optique valide et émis avant le 26 octobre 2005 (même pour les enfants), ainsi qu'un billet aller-retour et une autorisation de voyage à remplir sur Internet (14 $). Visa nécessaire pour un séjour de plus de 3 mois.

Quel est le décalage horaire ?
8h par rapport à l'heure française d'hiver (9h pour la Californie et le Nevada). Quand il est 16h en France, il est donc 8h du matin à Santa Fe et 7h à Las Vegas ou Yosemite.

Quel est le climat ?
Été chaud, voire caniculaire à Las Vegas et dans la Vallée de la Mort (qui porte bien son nom !). Hivers très rigoureux dans les Rocheuses, doux dans le Sud californien. Préférer le printemps et l'automne (moins fréquentés que l'été).

La vie est-elle chère ?
Assez chère dans l'ensemble (comparable à l'Europe), mais tout dépend du cours du dollar. Aux prix affichés, il faut ajouter les taxes (entre 5 et 15 %) et le pourboire (15 à 20 % !).

Comment se loger au meilleur prix ?
Le motel de bord de route reste la solution la moins chère, d'autant qu'une famille de 4 personnes peut dormir dans la même chambre pour quasi le même tarif. Dans les parcs, les campings sont souvent sommaires mais bon marché.

Comment se déplacer ?
Dans cette région de grands espaces, en voiture bien sûr. Le carburant est bon marché, et les voitures de location sont bien plus confortables qu'en France. Un GPS peut rendre service.

Peut-on y aller avec des enfants ?
L'Ouest des cow-boys et des Indiens (il y en a encore !) ne peut que les faire rêver. Mais sachez que les distances sont longues, que la chaleur est rude en été et, surtout, que ça reste cher.

Quels sont les plus beaux parcs ?
Ils sont tous beaux, mais voici un palmarès des plus variés, en vrac : Grand Canyon, Death Valley, Yosemite, Monument Valley, Bryce, Zion, Lake Powell, Canyonlands (un concentré de tous les parcs !) et enfin le plus incroyable de tous, Yellowstone.

Quel est le prix moyen d'une entrée dans un parc national ?
Comptez en moyenne 15 $ par véhicule et jusqu'à 25 $ pour certains « gros » parcs, comme Grand Canyon, Bryce, Zion, Grand Teton et Yellowstone. On peut aussi acheter un *pass* annuel pour 80 $.

Peut-on dormir dans les parcs ?
Oui, et ça vaut le coup ! Campings, bungalows, motels, voire hôtels-*lodges*, à réserver très à l'avance si c'est autorisé, ou s'y présenter le plus tôt possible.

Le mariage à Las Vegas est-il reconnu en France ?
Oui. Pour le faire enregistrer par l'état civil français, il faut constituer un dossier de mariage et l'envoyer au consulat général de France à Los Angeles 2 mois avant la date du mariage. En cas d'oubli, il y a une session de rattrapage après !

Peut-on vraiment gagner aux jeux à Las Vegas ?
Pas d'illusion : vous avez plus de chances de perdre votre chemise. D'ailleurs, le boulevard des grands casinos extravagants s'appelle le Strip...

LES COUPS DE CŒUR DU ROUTARD

- Contempler l'immensité de Death Valley depuis Dante's View et assister au **lever du soleil sur les roches orangées de Zabriskie Point**. .... p. 143
- À Las Vegas, **découvrir le Strip** depuis la terrasse panoramique de la *Stratosphere Tower*, casser sa tirelire pour assister à l'un des **shows époustouflants du Cirque du Soleil** et **se remarier**, sans nécessairement valider son mariage, juste pour le fun ! .... pp. 224, 229, 230
- Suivre, étape par étape, le **tracé de la mythique Route 66** et admirer l'architecture des *diners* et motels vintage qui la jalonnent. .... p. 127
- À Williams, en Arizona, **monter à bord du Grand Canyon Railway**, un train datant de 1923, qui arrive 2h15 plus tard aux portes du Grand Canyon. .... p. 308
- **Survoler le Grand Canyon en hélicoptère** est une expérience inoubliable, mais le traverser à pied n'est pas mal non plus ! Et que dire de la **descente des rapides du Colorado** en radeau ou en bateau ? .... pp. 315, 336
- Chevaucher tranquillement, à la John Wayne, entre les **pitons rocheux de Monument Valley**, immortalisés par les films de John Ford. .... p. 350
- Capter les subtilités de la lumière et les nuances de la roche au fond de l'**Upper Antelope Canyon**, près de Page, puis surplomber l'extraordinaire **piton rocheux de Horseshoe Bend**. .... pp. 375, 377
- **Traverser le lac Powell** en bateau individuel et se baigner dans une eau à 26 °C sur fond de falaises rouges. .... p. 377
- **Jouer à l'aventurier de l'arche perdue** en passant sous quelques-unes des 2 000 arches naturelles d'Arches National Park. .... p. 460
- **Monter à Glacier Point au coucher du soleil**, pour profiter du panorama époustouflant sur la vallée de Yosemite. p. 175
- Depuis Moab, **flâner sur la Scenic Byway 128**, l'une des plus belles d'Utah, en longeant la Colorado River et en s'y baignant. .... p. 451
- **Rechercher la trace de ses ancêtres** dans le saint des saints mormon à Salt Lake City. .... p. 481
- À Jackson Hole (Wyoming), **participer aux cours de swing dance et de two-step** du jeudi au *Million Dollar Cowboy Bar*. .... p. 503
- **S'imprégner de l'esprit cow-boy** lors des rodéos amateurs de Jackson Hole ou de Cody. .... pp. 496, 551
- **Randonner le long de la North Rim du Grand Canyon de Yellowstone** pour profiter seul, ou presque, de points de vue éblouissants sur les falaises........ p. 539
- **Découvrir les habitations troglodytiques** des Indiens anasazi, au Mesa Verde National Park. .... p. 604
- Dévaler en courant ou en glissant les **dunes du Great Sand Dunes National Park**. .... p. 593
- Découvrir les délicieuses **bières des nombreuses brasseries artisanales du Colorado**. .... p. 78
- Admirer la remarquable **collection Girard au Museum of International Folk Art à Santa Fe** et le non moins superbe **artisanat indien** au Museum of Indian Arts and Culture à Santa Fe et au Millicent Rogers Museum à Taos. .... pp. 624, 636, 637

ITINÉRAIRES CONSEILLÉS

Pour un premier voyage dans l'Ouest américain

Le grand classique, si vous n'avez que 2 semaines, avec départ de San Francisco et retour par Los Angeles.
Yosemite : 2 j.
Death Valley : 1 j.
Las Vegas : 1 j.
Zion et Bryce Canyon : 2 j.
Lake Powell : 2 j.
Monument Valley : 1 j.
Grand Canyon : 2 j.
Et bien sûr 2-3 j. à San Francisco et/ou Los Angeles (villes traitées dans le *Routard Californie*).

Un concentré de l'ouest, en 3 semaines, au départ de San Francisco.
Yosemite : 3 j.
Death Valley : 1 j.
Las Vegas : 1 j.
Zion : 1 j.
Bryce Canyon : 2 j.
Moab : 3 j. (pour avoir le temps de faire une demi-journée sur le Colorado et Arches, mais ajouter 1 à 2 j. pour Canyonlands).
Mesa Verde : 1 j.
Monument Valley : 1 j.
Page (Lake Powell) : 2 j.
Grand Canyon : 3 j.

100 % nature : *into the wild*

Un florilège des paysages les plus spectaculaires, dans une grande boucle au départ de Salt Lake City, en 3 semaines (et pas mal de kilomètres... mais sans vol intérieur).
Grand Teton : 2 j.
Yellowstone : 4-5 j. (avec 2 points de chute différents dans le parc).
Salt Lake City : 1 nuit d'étape.
Moab : 4 j. (descente du Colorado, Arches et Canyonlands).
Monument Valley : 1 j.
Lake Powell, Antelope Canyon : 2 j.
Grand Canyon : 3 j.
Zion et Bryce Canyon : 3 j.

Sur les traces des Indiens

Grand Canyon : 3 j.
Les réserves Hopi et le Canyon de Chelly : 1 j.
Monument Valley : 2 j.
Mesa Verde et Aztec Ruins : 1 j.
Taos : 2 j.
Santa Fe : 2 j.

Fans de westerns

Ne manquez pas :
En Californie : Bodie (ville fantôme).
Dans le Nevada : Virginia City, célèbre ville minière de la ruée vers l'or, parfaitement conservée.
En Arizona : Monument Valley, lieu mythique du 7e Art, Tombstone (la ville des cow-boys, où eut lieu la fusillade d'O.K. Corral), Bisbee (ville de mineurs) et Williams.
Dans le Wyoming : Cody, la ville de Buffalo Bill, et les Frontier Days à Cheyenne, le plus grand rassemblement rodéo de la planète.
Dans le Colorado : Durango (vieux train à vapeur et rodéo), Cripple Creek (mine d'or), Victor (ville fantôme), Silverton (atmosphère *old west* et mine d'or).

Nostalgiques de la Route 66

La *Mother Road,* qui s'étire de Santa Monica à Chicago, passe par Oatman, Kingman, Hackberry, Seligman, Williams et Flagstaff en Arizona. On la retrouve ensuite au Nouveau-Mexique, du côté d'Albuquerque.

Spécial sportifs

Moab est la capitale des sports *outdoor*, autant dire une étape incontournable pour tout sportif émérite.
Randonnée : Yosemite, Grand Canyon, Bryce Canyon, Zion, Arches, Canyonlands, Grand Teton, Yellowstone, Rocky Mountain NP.
VTT : Moab, Rocky Mountain NP.
Équitation : Monument Valley, Bryce Canyon, Moab, Grand Teton.
Escalade : Yosemite, Rocky Mountain NP.
Rafting : Yosemite (sur la Merced River), la descente du Colorado, Canyonlands.
Bateau : Lake Tahoe, Lake Powell, lac Yelloswtone.
Pêche : Yellowstone (rivière Madison), Rocky Mountain NP.

COMMENT Y ALLER ?

LES LIGNES RÉGULIÈRES

Compagnies françaises

▲ AIR FRANCE
Rens et résas : ☎ 36-54 (0,34 €/mn – tlj 6h30-22h), sur • airfrance.fr •, dans les agences Air France (fermées dim) et dans ttes les agences de voyages.
– Call Center USA : ☎ (800) 237-27-47.
➢ Air France dessert Los Angeles avec 2 vols/j. directs au départ de l'aéroport de Paris-Roissy-Charles-de-Gaulle.
➢ Air France dessert Houston avec 1 vol/j. direct au départ de l'aéroport de Paris-Roissy-Charles-de-Gaulle.
➢ Air France dessert également San Francisco avec 1 vol/j. direct au départ de l'aéroport de Paris-Roissy-Charles-de-Gaulle (en partenariat avec *Delta Air Lines*).
➢ Air France dessert Salt Lake City (en partenariat avec *Delta Air Lines*) avec 6 vols/sem directs (tlj sf jeu) au départ de l'aéroport de Paris-Roissy-Charles-de-Gaulle.
➢ Enfin, Air France propose d'autres destinations en vols non directs avec KLM-Northwest, Delta Air Lines, Alaska Airlines et Horizon Air, dont Phoenix, San Diego, Albuquerque, Reno, Sacramento, Anchorage...
Air France propose toute l'année une gamme de tarifs accessibles à tous. Pour les moins de 25 ans, Air France offre des tarifs spécifiques, ainsi qu'une carte de fidélité *(Flying Blue Jeune)* gratuite et valable sur l'ensemble des compagnies membres de *Skyteam*. Cette carte permet de cumuler des *miles*.
Sur Internet, possibilité de consulter les meilleurs tarifs du moment directement sur la page d'accueil, rubrique « Nos meilleures offres ».

▲ XL AIRWAYS
Rens et résas : ☎ 0825-825-589 (0,15 €/mn). • xlairways.fr • xl.com •
➢ XL Airways propose une liaison directe Paris-Las Vegas (1 à 2 vols/sem juil-sept au départ de Paris-Roissy-Charles-de-Gaulle).

Compagnies américaines

▲ AMERICAN AIRLINES
Infos et résas : ☎ 0826-460-950 (0,15 €/mn ; service en français tlj sf w-e 8h-17h30 ; en anglais lun-ven 8h-20h et le w-e 9h30-18h). • aa.com •
– Comptoir billetterie à l'aéroport Paris-Charles-de-Gaulle, terminal 2A.
➢ American Airlines propose, au départ de Paris-Charles-de-Gaulle, 1 vol/j. sans escale sur les villes suivantes : Boston (liaison saisonnière), Chicago, Dallas/Fort Worth et Miami, ainsi que 2 vols/j. sur New York. Plus de 200 connexions possibles aux États-Unis.

▲ DELTA AIR LINES
– Paris : 2, rue Robert-Esnault-Pelterie, 75007 (agence ouv lun-sam 10h15-18h30). • delta.com • Ⓜ Invalides. ☎ 0892-702-609 (lun-ven 8h-20h ; w-e et j. fériés 9h-17h30).
➢ Delta Air Lines opère des vols tlj sans escale au départ de Paris-Roissy-Charles-de-Gaulle vers Atlanta, Cincinnati, Salt Lake City, Pittsburgh et Minneapolis ainsi que vers 11 autres destinations aux USA.

▲ UNITED

– Paris : ☎ 0810-72-72-72 (lun-ven 8h-20h, w-e – en anglais – 9h30-18h). • *united.fr* •

➢ Au départ de Paris-Roissy-Charles-de-Gaulle, la compagnie dessert tlj Chicago et Washington sans escale, permettant de rejoindre plus de 150 villes aux États-Unis, notamment Denver, San Diego, Las Vegas, Phoenix, Tucson, Salt Lake City.

▲ US AIRWAYS

– Paris : ☎ 0810-632-222 (n° Azur ; lun-ven 8h-21h, w-e 9h-17h). • *usairways.com* •

➢ Via Philadelphie ou Charlotte, plus de 225 connexions aux États-Unis (notamment vers Los Angeles, San Francisco, Phoenix, Las Vegas et Denver), le Canada, les Caraïbes et l'Amérique latine.

LES ORGANISMES DE VOYAGES

EN FRANCE

– Ne pas croire que les vols à tarif réduit sont tous au même prix pour une même destination à une même époque : loin de là. On a déjà vu, dans un même avion partagé par 2 organismes, des passagers qui avaient payé 40 % plus cher que les autres. De plus, une agence bon marché ne l'est pas forcément toute l'année (elle peut n'être compétitive qu'à certaines dates bien précises). Donc, contactez tous les organismes et jugez vous-même.
– Les organismes cités sont classés par ordre alphabétique, pour éviter les jalousies et les grincements de dents.

▲ BACK ROADS

– Paris : 14, pl. Denfert-Rochereau, 75014. ☎ 01-43-22-65-65. • *backroads.fr* • *Ⓜ ou RER B : Denfert-Rochereau. Lun-ven 10h-19h ; sam 10h-18h.*

Depuis 1975, Jacques Klein et son équipe sillonnent les routes américaines, ce qui fait d'eux de grands connaisseurs des États-Unis, de New York à l'Alaska en passant par le Far West. Pour cette raison, ils ne vendent leurs produits qu'en direct. Ils vous feront partager leurs expériences et vous conseilleront sur les circuits les plus adaptés à vos centres d'intérêt. Spécialistes des autotours, qu'ils programment eux-mêmes, ils ont également le grand avantage de disposer de contingents de chambres dans les parcs nationaux et dans les nombreux hôtels et motels de l'Ouest. Ils proposent, en outre, plusieurs expéditions en raft, en hélicoptère ou à cheval.
De plus, Back Roads représente deux centraux de réservation américains lui permettant d'offrir des tarifs très compétitifs pour la réservation. D'abord *Amerotel* : des hôtels sur tout le territoire, des *Hilton* aux *YMCA*. Ensuite, *Car Discount* : un courtier en location de voitures.

▲ BOURSE DES VOLS / BOURSE DES VOYAGES

• *bdv.fr* • *ou ☎ 01-42-61-66-61, lun-sam 9h-20h.*

Agence de voyages en ligne, BDV.fr propose une vaste sélection de vols secs, séjours et circuits à réserver en ligne ou par téléphone. Pour bénéficier des meilleurs tarifs aériens, même à la dernière minute, le service de Bourse des Vols référence en temps réel un large panel de vols réguliers, charters et dégriffés au départ de Paris et de nombreuses villes de province. Bourse des Voyages propose des promotions toute l'année sur une large sélection de destinations (séjours, circuits...).

▲ COMPAGNIE DES ÉTATS-UNIS & DU CANADA

– Paris : 5, av. de l'Opéra, 75001. ☎ 0892-234-430 (0,34 €/mn). Ⓜ Palais-Royal-Musée du Louvre ou Pyramides. Lun-ven 9h-19h ; sam 10h-19h. • *compagniesdumonde.com* •

Compagnie des États-Unis & du Canada est depuis 15 ans la plus importante compagnie du groupe Compagnies du Monde. Son concept-store ouvert à Paris propose tous les voyages sur mesure sur le continent, une galerie d'art contemporain exposant des artistes américains et un salon de café avec des variétés en provenance directe des meilleures plantations situées sur ses destinations.

D'un côté, la Compagnie propose des vols négociés sur les États-Unis et le Canada. De l'autre, une brochure très complète avec de nombreuses formules de voyages sur mesure : du camping aux circuits les plus luxueux ou la mythique Route 66 (en Harley-Davidson ou en voiture).
Les circuits et les séjours individuels sur mesure sont la spécificité de ce voyagiste, avec son espace tourné vers le « Beau ». La meilleure façon de respecter et de découvrir le monde. C'est pourquoi la Compagnie est aussi spécialisée dans les séjours tournés vers l'art, les grands musées, les expositions et l'architecture. Elle propose de nombreux séjours à New York, Philadelphie, Boston, Chicago, Las Vegas et toutes les grandes villes de l'Ouest ; sans oublier chaque année 2 forfaits de 7 jours pour les réveillons de Noël et du Jour de l'an à New York.
Compagnie des États-Unis & du Canada fait partie du groupe Compagnies du Monde, comme Compagnie d'Amérique latine & Caraïbes, Compagnie des Indes & de l'Extrême-Orient, Compagnie des plages, Compagnie de la Polynésie et Compagnie de l'Afrique Australe & de l'océan Indien.
Une envie de croisière : consultez le site • *mondeetcroisieres.com* •

▲ COMPTOIR DES ÉTATS-UNIS ET DES BAHAMAS

– Paris : 6, rue Saint-Victor, 75005. ☎ 0892-238-438 (0,34 €/mn). • comptoir.fr • Ⓜ Cardinal-Lemoine. Lun-ven 9h30-18h30, sam 10h-18h30.
– Lyon : 10, quai Tilsitt, 69002. ☎ 0892-230-465. Ⓜ Bellecour. Lun-sam 9h30-18h30.
– Marseille : 12, rue Breteuil, 13001. ☎ 0892-236-636. Ⓜ Estrangin. Lun-sam 9h30-18h30.
– Toulouse : 43, rue Peyrolières, 31000. ☎ 0892-238-438 (0,34 €/mn). Ⓜ Esquirol. Lun-sam 9h30-18h30.
Pour votre voyage aux États-Unis, le Comptoir vous propose des séjours citadins de New York à San Francisco, une grande variété d'autotours à travers l'Ouest américain... et toujours le soleil et la mer aux Bahamas ou en Floride. Quelles que soient vos envies, une équipe de spécialistes vous aide à créer votre voyage sur mesure.
21 Comptoirs, plus de 60 destinations, des idées de voyages à l'infini. Comptoir des Voyages s'impose depuis 20 ans comme une référence incontournable pour les voyages sur mesure, accessibles à tous les budgets. Membre de l'association ATR (Agir pour un tourisme responsable), Comptoir détient la certification Tourisme responsable AFAQ AFNOR.

▲ EQUINOXIALES

☎ 01-77-48-81-00. • equinoxiales.fr •
25 ans d'expérience et une passion inépuisable sont les clés de l'expertise d'Equinoxiales pour les voyages sur mesure au long cours à prix *low-cost*, assortis des meilleurs conseils. Un simple appel, un simple mail et les conseillers Equinoxiales sont à l'écoute pour créer avec les candidats au voyage le périple qui leur convient au meilleur prix.

▲ EXPERIMENT

– Paris : 89, rue de Turbigo, 75003. ☎ 01-44-54-58-00. • experiment-france.org • Ⓜ Temple ou République. Lun-ven 9h-18h.
Partager en toute amitié la vie quotidienne d'une famille, c'est ce que vous propose l'association Experiment. Cette formule de séjour en immersion totale chez l'habitant à la carte existe dans une douzaine de pays à travers le monde (Amériques, Europe, Asie). Aux États-Unis, Experiment offre également la possibilité de suivre des cours intensifs d'anglais sur 3 campus pendant une durée de 2 semaines à 9 mois.
Pour les 18-26 ans, Experiment organise des séjours « au pair » aux États-Unis (billet aller-retour offert, rémunération de 195 $ par semaine, formulaire DS 2019, etc.). *Service Au Pair : ☎ 01-44-54-58-09.* Également en Espagne, en Angleterre, en Italie, en Irlande, au Danemark et en Allemagne.

▲ NOUVELLES FRONTIÈRES

Rens et résas dans tte la France : ☎ 0825-000-747 (0,15 €/mn). • nouvelles-frontieres.fr • Les brochures Nouvelles Frontières sont disponibles gratuitement dans les 300 agences du réseau, par tél et sur Internet.

Nombreuses formules : vols sur *Corsair International,* la compagnie de Nouvelles Frontières au départ de Paris et de province, et sur toutes les compagnies aériennes régulières, circuits, aventure ou organisés ; séjours en hôtels, en hôtels-clubs et en résidences ; week-ends, formules à la carte...

▲ PROMOVACANCES.COM

• promovacances.com • ou ☎ 0899-654-850 (1,35 € l'appel puis 0,34 €/mn) et dans 10 agences situées à Paris et à Lyon. Lun-ven 8h-minuit, sam 9h-23h, dim 10h-23h.

N° 1 français de la vente de séjours sur Internet, Promovacances a fait voyager plus de 2 millions de clients en 10 ans. Le site propose plus de 10 000 voyages actualisés chaque jour sur 300 destinations : séjours, circuits, week-ends, thalasso, plongée, golf, voyages de noces, locations, vols secs... L'ambition du voyagiste : prouver chaque jour que le petit prix est compatible avec des vacances de qualité. Grâce aux avis clients publiés sur le site et aux visites virtuelles des hôtels, vous réservez vos vacances en toute tranquillité.

▲ ROUTE DES VOYAGES (LA)

• route-voyages.com •

– Paris : 10, rue Choron, 75009. ☎ 01-55-31-98-80. Ⓜ Notre-Dame-de-Lorette.

– Annecy : 4 bis, av. d'Aléry, 74000. ☎ 04-50-45-60-20.

– Bordeaux : 10, rue du Parlement-Saint-Pierre, 33000. ☎ 05-56-90-11-20.

– Lyon : 59, rue Franklin, 69002. ☎ 04-78-42-53-58.

– Toulouse : 9, rue Saint-Antoine-du-T, 31000. ☎ 05-62-27-00-68.

Agences ouv lun-ven 9h-18h, sam sur rdv.

Spécialiste du voyage sur mesure depuis 1994 sur les 5 continents. C'est une véritable équipe de voyageurs spécialisés par destination qui, grâce à son écoute et ses voyages de repérage réguliers, construit des voyages très personnalisés. Elle privilégie une approche qui permet une réelle découverte, travaille en direct avec des prestataires locaux, limitant ainsi les intermédiaires et assurant une assistance personnalisée sur place. Son engagement à promouvoir un tourisme responsable se traduit aussi par une offre de séjours solidaires *(• routes-solidaires.com •)* à insérer dans les itinéraires de découverte individuelle.

▲ TERRES LOINTAINES

Rens et résas : ☎ 01-46-44-10-48. • terres-lointaines.com •

Véritable créateur de voyages sur mesure, Terres Lointaines est un spécialiste reconnu du long-courrier pour voyageurs individuels sur plus de 30 destinations en Amérique, en Afrique, et en Asie et qui assure des prix compétitifs et un discours de transparence. Grâce à une sélection rigoureuse de partenaires sur place et un large choix d'hébergements de petite capacité et de charme, Terres Lointaines propose des voyages de qualité et hors des sentiers battus. Les circuits itinérants sont déclinables à l'infini pour coller parfaitement à toutes les envies et tous les budgets. En plus d'un contact privilégié avec un expert du pays, le site *• terres-lointaines.com •*, illustré par de nombreuses photos, des cartes interactives et informations pratiques, commencera à vous faire voyager.

▲ USA CONSEIL

Devis et brochures sur demande, réception sur rdv, agence Paris 16e. Rens : ☎ 01-45-46-51-75. • usaconseil.com • canadaconseil.com •

Spécialiste des voyages en Amérique du Nord, USA Conseil s'adresse particulièrement aux familles ainsi qu'à toutes les personnes désireuses de visiter et de découvrir les États-Unis et le Canada en maintenant un bon rapport qualité-prix. USA Conseil propose une gamme complète de prestations adaptées à chaque demande et en rapport avec le budget de chacun : vols, voitures, hôtels, motels, bungalows, circuits individuels et accompagnés, itinéraires adaptés aux familles, excursions, motor-homes, motos, bureau d'assistance téléphonique francophone tout l'été avec numéro Vert USA et Canada. Sur demande, USA Conseil adresse un devis gratuit et détaillé pour tout projet de voyage.

▲ VACANCES FABULEUSES

– Paris : 54-56, av. Bosquet, 75007. ☎ 0820-300-382. • vacancesfabuleuses.fr • Ⓜ École-Militaire. Lun-ven 10h-18h.

– Et dans ttes les agences de voyages.

Vacances Fabuleuses, c'est « l'Amérique à la carte ». Ce spécialiste de l'Amérique du Nord vous propose de découvrir l'Amérique de l'intérieur, avec un large choix de formules allant de la location de voitures aux formules sportives en passant par des circuits individuels de 6 à 21 jours.

Le transport est assuré sur compagnies régulières, le tout proposé par une équipe de spécialistes.

▲ VACANCES USA

– Paris : 4, rue Gomboust (angle 31, av. de l'Opéra), 75001. ☎ 01-40-15-15-15. • cercledesvacances.com • Lun-ven 8h30-20h, sam 10h-18h30. Vacances USA est une marque de la société « Le Cercle des Vacances ».

Voyagiste spécialiste des USA, Vacances USA propose des voyages à travers tous les États du pays, des destinations phares et incontournables à celles plus insolites, pour tous les types de budgets, pour les individuels comme pour les groupes, grâce à des conseillers voyages ayant vécu sur place. Découverte, culture, parcs nationaux et aventure, plusieurs formules sont proposées dans leur brochure et sur leur site internet. Au programme : vols sur toutes les compagnies régulières, circuits accompagnés, week-end, voyages à la carte, circuits aventure, hébergements variés, locations de voitures à prix très attractifs...

▲ VOYAGES-SNCF.COM

Voyages-sncf.com, acteur majeur du tourisme français qui recense 9 millions de visiteurs par mois, propose d'acheter en ligne des billets de train, d'avion, des chambres d'hôtel, des locations de voitures, de vacances et des séjours clés en main ou Alacarte®, ainsi que des spectacles, des excursions et des visites de musées. Un large choix et des prix avantageux sont offerts toute l'année, pour tous types de voyages dans le monde entier : SNCF, 180 compagnies aériennes, 84 000 hôtels référencés et les principaux loueurs de voitures.

Le site • *voyages-sncf.com* • permet d'accéder tous les jours, 24h/24, à plusieurs services : envoi gratuit des billets à domicile, Alerte Résa pour être informé de l'ouverture des réservations et profiter du plus grand choix, calendrier des meilleurs prix (TTC), mais aussi des offres de dernière minute et des promotions...

Pratique : • *voyages-sncf.mobi* •, le site mobile pour réserver, s'informer et profiter des bons plans n'importe où et à n'importe quel moment.

Et grâce à l'ÉcoComparateur, en exclusivité sur • *voyages-sncf.com* • possibilité de comparer le prix, le temps de trajet et l'indice de pollution pour un même trajet en train, en avion ou en voiture.

▲ VOYAGEURS DU MONDE

Le spécialiste du voyage en individuel sur mesure. • voyageursdumonde.com •

– Voyageurs aux États-Unis, au Canada et aux Bahamas (Alaska, Bahamas, Canada, Québec, Hawaii, USA) : ☎ 01-42-86-16-30.

– Paris : La Cité des Voyageurs, 55, rue Sainte-Anne, 75002. ☎ 01-42-86-16-00. Ⓜ Opéra ou Pyramides. Lun-sam 9h30-19h.

– Également des agences à Bordeaux, Caen, Grenoble, Lille, Lyon, Marseille, Montpellier, Nantes, Nice, Rennes, Rouen, Strasbourg et Toulouse.

Parce que chaque voyageur est différent, que chacun a ses rêves et ses idées pour les réaliser, Voyageurs du Monde conçoit, depuis plus de 30 ans, des projets sur mesure. Les séjours proposés à travers 120 destinations sont des suggestions élaborées par leurs 180 conseillers voyageurs. Spécialistes de leur pays, ils vous aideront à personnaliser les voyages présentés à travers une trentaine de brochures d'un nouveau type et sur le site internet où vous pourrez également découvrir leurs hébergements exclusifs et consulter votre espace personnalisé. Chacune des 15 Cités des Voyageurs est une invitation au voyage : librairies spécialisées, accessoires de voyage, expositions-ventes d'artisanat et

conférences. Voyageurs du Monde est membre de l'association ATR (Agir pour un tourisme responsable) et a obtenu sa certification Tourisme responsable AFAQ AFNOR.

▲ **WEST FOREVER (États-Unis, Afrique du Sud, Australie, Europe)** *– Wolfisheim : 4, impasse Joffre, 67202. ☎ 03-88-68-89-00. • westforever.fr • Lun-jeu 9h-12h30, 14h-18h (17h ven).* West Forever est le spécialiste français du voyage en Harley Davidson. Il propose des séjours et des circuits aux États-Unis (Route 66, Floride, Rocheuses, Grand Ouest, etc.), mais aussi en Australie, en Afrique du Sud et en Europe (Provence, route des Alpes, etc.). Agence de voyages officielle Harley Davidson, West Forever propose une large gamme de tarifs pour un savoir-faire dédié tout entier à la moto. Si vous désirez voyager par vous-même, West Forever pourra vous concocter un voyage à la carte, sans accompagnement, grâce à sa formule « Easy Ride ».

Comment aller à Roissy et à Orly ?

Bon à savoir :

- Le ***pass Navigo*** est valable pour Roissy-Rail (RER B, zones 1-5) et Orly-Rail (RER C, zones 1-4).
- Le ***billet Orly-Rail*** permet d'accéder sans supplément aux réseaux métro et RER.

À Roissy-Charles-de-Gaulle 1, 2 et 3

Attention : si vous partez de Roissy, pensez à vérifier de quelle aérogare votre avion décolle, car la durée du trajet peut considérablement varier en fonction de cette donnée.

En transports collectifs

Les cars Air France : *☎ 0892-350-820 (0,34 €/mn). • lescarsairfrance.com • Paiement par CB possible à bord.*

Le site internet diffuse les informations essentielles sur le réseau (lignes, horaires, tarifs...) permettant de connaître en temps réel des infos sur le trafic afin de mieux planifier son départ. Il propose également une boutique en ligne, qui permet d'acheter et d'imprimer les billets électroniques pour accéder aux bus.

➢ ***Paris-Roissy :*** départ pl. de l'Étoile (1, av. Carnot), avec un arrêt pl. de la Porte-Maillot (bd Gouvion-Saint-Cyr). Départs ttes les 20 mn, 5h45-23h. Durée du trajet : 35-50 mn env. Tarifs : 15,50 € l'aller simple, 26 € l'A/R ; réduc enfants 2-11 ans.

Autre départ depuis la gare Montparnasse (arrêt rue du Commandant-Mouchotte, face à l'hôtel *Pullman*), ttes les 30 mn, 6h-21h30, avec un arrêt gare de Lyon (20 bis, bd Diderot). Tarifs : 17 € l'aller simple, 26 € l'A/R ; réduc enfants 2-11 ans.

➢ ***Roissy-Paris :*** les cars Air France desservent la pl. de la Porte-Maillot, avec un arrêt bd Gouvion-Saint-Cyr, et se rendent ensuite au terminus de l'av. Carnot. Départs ttes les 20-30 mn, 5h45-23h, des terminaux 2A et 2C (porte C2), 2E et 2F (niveau « Arrivées », porte 3 de la galerie), 2B et 2D (porte B1), et du terminal 1 (porte 34, niveau « Arrivées »).

À destination de la gare de Lyon et de la gare Montparnasse, départs ttes les 30 mn, 6h-21h30, des mêmes terminaux. Durée du trajet : 1h env.

Roissybus : *☎ 32-46 (0,34 €/mn). • ratp.fr •* Départs de la pl. de l'Opéra (angle rues Scribe et Auber) ttes les 15 mn (20 mn à partir de 20h), 5h45-23h. Durée du trajet : 1h. De Roissy, départs 6h-23h des terminaux 1, 2A, 2B, 2C, 2D et 2F, et à la sortie du hall d'arrivée du terminal 3. Tarif : 10 €.

Bus RATP n° 351 : de la pl. de la Nation, 5h35-20h20. Solution la moins chère mais la plus lente. Compter 3 tickets ou 5,70 € et 1h40 de trajet. Ou ***bus n° 350,*** de la gare de l'Est (1h15 de trajet). Arrivée Roissypôle-gare RER.

RER ligne B + navette : *☎ 32-46 (0,34 €/mn).* Départs ttes les 15 mn (5h19-0h20) depuis la gare du Nord et à partir de 5h26 depuis Châtelet. À Roissy-Charles-de-Gaulle, descendre à la station (il y en a 2) qui dessert le bon terminal. De là, prendre la navette adéquate. Compter 50 mn de

la gare du Nord à l'aéroport (navette comprise). Tarif : 10,90 €.
Si vous venez du Nord, de l'Ouest ou du Sud de la France en train, vous pouvez rejoindre les aéroports de Roissy sans passer par Paris, la gare SNCF Paris-Charles-de-Gaulle étant reliée aux réseaux TGV.

En taxi

Compter au moins 50 € du centre de Paris, en tarif de jour.

En voiture

Chaque terminal a son propre parking. Compter 34 € par tranche de 24h. Également des parkings longue durée (PR et PX), plus éloignés des terminaux, qui proposent des tarifs plus avantageux (forfait 24h 25 €, forfait 7 j. 151 €). Possibilité de réserver sa place de parking via le site • *aeroportsdeparis.fr* • Stationnement au parking Vacances (longue durée) dans le P3 Résa (terminaux 1 et 3) situé à 2 mn du terminal 3 à pieds ou le PAB (terminal 2). Formules de stationnement 1-30 j. (120-205 €) pour le P3 Résa. 2-5 j. dans le PAB 13 € par tranche de 12h et 6-14 j. 24 € par tranche de 24h. Résas sur Internet slt. Les P1, PAB et PEF accueillent les deux-roues : 15 € pour 24h.

Comment se déplacer entre Roissy-Charles-de-Gaulle 1, 2 et 3 ?

Les rames du CDG-VAL font le lien entre les 3 terminaux en 8 mn. Fonctionne tlj, 24h/24. Gratuit. Accessible aux pers à mobilité réduite. Départs ttes les 4 mn, et ttes les 20 mn, minuit-4h. Desserte gratuite vers certains hôtels, parkings, gares RER et gares TGV. *Infos : ☎ 39-50.*

À Orly-Sud et Orly-Ouest

En transports collectifs

Les cars Air France : *☎ 0892-350-820 (0,34 €/mn).* • *lescarsairfrance.com* • *Tarifs : 11 € l'aller simple, 18 € l'A/R ; réduc 2-11 ans. Paiement par CB possible dans le bus.*
➢ *Paris-Orly :* départs de l'Étoile, 1, av. Carnot, ttes les 30 mn 5h-22h40. Arrêts au terminal des Invalides, rue Esnault-Pelterie (Ⓜ Invalides), Gare Montparnasse (rue du Commandant-Mouchotte, face à l'hôtel *Pullman* ; Ⓜ Montparnasse-Bienvenüe, sortie Gare SNCF) et Porte d'Orléans (arrêt facultatif uniquement dans le sens Orly-Paris). Compter env 1h.
➢ *Orly-Paris :* départs ttes les 20 mn, 6h-23h40 d'Orly-Sud, porte L, et d'Orly-Ouest, porte H, niveau « Arrivées ».

RER C + navette : *☎ 01-60-11-46-20.* • *parisparletrain.fr* • Prendre le RER C jusqu'à Pont-de-Rungis (un RER ttes les 15-30 mn). Compter 25 mn depuis la gare d'Austerlitz. Ensuite, navette pdt 15-20 mn pour Orly-Sud et Orly-Ouest. Compter 6,45 €. Très recommandé les jours où l'on piétine sur l'autoroute du Sud (w-e et jours de grands départs) : on ne sera jamais en retard. Pour le retour, départs de la navette ttes les 15 mn depuis la porte G à Orly-Ouest (5h40-23h14) et la porte F à Orly-Sud (4h45-0h55).

Bus RATP Orlybus : *☎ 0892-68-77-14 (0,34 €/mn).* • *ratp.fr* •
➢ *Paris-Orly :* départs ttes les 15-20 mn de la pl. Denfert-Rochereau. Compter 20-30 mn pour rejoindre Orly (Ouest ou Sud). Orlybus fonctionne tlj 5h35-23h, jusqu'à minuit ven, sam et veilles de fêtes dans le sens Paris-Orly ; et tlj 6h-23h20, jusqu'à 0h20 ven, sam et veilles de fêtes dans le sens Orly-Paris.
➢ *Orly-Paris :* départ d'Orly-Sud, porte H, quai 4, ou d'Orly-Ouest, porte J, niveau « Arrivées ». Compter 7 € l'aller simple.

Orlyval : *☎ 32-46 (0,34 €/mn).* • *ratp.fr* • Compter 10,90 € l'aller simple entre Orly et Paris. Ce métro automatique est facilement accessible à partir de n'importe quel point de la capitale ou de la région parisienne (RER, stations de métro, gare SNCF). La jonction se fait à Antony (ligne B du RER) sans aucune attente. Permet d'aller d'Orly à Châtelet et vice versa en 40 mn env, sans se soucier de la densité de la circulation automobile.
➢ *Paris-Orly :* départs pour Orly-Sud et Ouest ttes les 6-8 mn, 6h-22h15.
➢ *Orly-Paris :* départ d'Orly-Sud, porte K, zone livraison des bagages, ou d'Orly-Ouest, porte W, niveau 1.

NOUVEAUTÉ

TOULOUSE MÉTROPOLE (février 2013)

Voici une ville qui attire et qui a pris à bras le corps le nouveau siècle : un centre-ville en bonne partie piéton, avec des aménagements urbains séduisants, des espaces verts soignés qui font respirer la cité, la Garonne qui étire son long ruban, de superbes hôtels particuliers... Une vie de quartier où l'on aime à pousser la chaise sur le trottoir pour papoter entre voisins. Et l'ovalie, une seconde nature par ici, qui donne le pouls à la cité lors des matchs de rugby ! Pour prendre l'air, on découvre dans la métropole toulousaine des sites étonnants : Blagnac, avec la visite d'*Airbus*, la charmante bastide de Clermont-le-Fort, les superbes forêts de Bouconne et de Buzet... Au sud-est de Toulouse, les châteaux du Lauragais, et au nord, le Frontonnais et ses merveilleux nectars. Ceux qui ont encore des fourmis dans les jambes fileront à vélo le long du canal du Midi, sous une rangée d'arbres peignée comme un dimanche. Mais à Toulouse, on a parfois l'impression que tous les jours, c'est dimanche.

En taxi

Compter au moins 35 € en tarif de jour du centre de Paris selon circulation et importance des bagages.

En voiture

À proximité d'Orly-Ouest, parkings P0 et P2. À proximité d'Orly-Sud, P1, P2 et P3 (à 50 m du terminal, accessible par tapis roulant). Compter 28,50 € pour 24h de stationnement. Les parkings P0 et P2, à proximité immédiate des terminaux, proposent des forfaits intéressants, dont le week-end. Forfaits disponibles aussi pour les P4, P5 et P7 : 15,50 € pour 24h et 1 €/j. au-delà de 8 j. (45 j. de stationnement max). Il existe pour le P7 des forfaits Vacances 1-30 j. (15-130 €).
Les P4, P7 (en extérieur) et P5 (couvert) sont des parkings longue durée, plus excentrés, reliés par navettes gratuites aux terminaux. *Rens : ☎ 01-49-75-56-50.* Comme à Roissy, possibilité de réserver en ligne sa place de parking (P0 et P7) sur • *aeroportsdeparis.fr* • Les frais de résa (en sus du parking) sont de 8 € pour 1 j., de 12 € pour 2-3 j. et de 20 € pour 4-10 j. de stationnement pour le P0. Les parkings P0-P2 à Orly-Ouest et P1-P3 à Orly-Sud accueillent les deux-roues : 6,20 € pour 24h.

Liaisons entre Orly et Roissy-Charles-de-Gaulle

Les cars Air France : *☎ 0892-350-820 (0,34 €/mn).* • *lescarsairfrance.com* • Départs de Roissy-Charles-de-Gaulle depuis les terminaux 1 (porte 32), 2A et 2C, 2B et 2D, 2E et 2F (galerie de liaison entre les terminaux 2E et 2F) vers Orly 5h55-22h30. Départs d'Orly-Sud (porte K) et d'Orly-Ouest (porte H) vers Roissy-Charles-de-Gaulle 6h30 (7h le w-e)-22h30. Ttes les 30-45 mn (dans les 2 sens). Durée du trajet : 50 mn env. Tarif : 18 € ; réduc.

RER B + Orlyval : *☎ 32-46 (0,34 €/mn).* Depuis Roissy, navette puis RER B jusqu'à Antony et enfin Orlyval entre Antony et Orly, 6h-22h15. Tarif : 19,50 €.

– ***En taxi :*** compter 50-55 € en journée.

EN BELGIQUE

▲ AIRSTOP

Pour ttes les adresses Airstop, un seul numéro de tél : ☎ 070-233-188. • *airstop.be* • *Lun-ven 9h-18h30, sam 10h-17h.*

– Bruxelles : bd E.-Jacquemain, 76, 1000.

– Anvers : Jezusstraat, 16, 2000.

– Bruges : Dweersstraat, 2, 8000.

– Gand : Maria Hendrikaplein, 65, 9000.

– Louvain : Tiensestraat, 5, 3000.

Airstop offre une large gamme de prestations, du vol sec au séjour tout compris à travers le monde.

▲ GLOBE-TROTTERS

– Bruxelles : 179, rue Victor-Hugo (coin av. E.-Plasky), 1030. ☎ 02-732-90-70. • *globe-trotters.be* • *Lun-ven 9h30-13h30, 15h-18h, sam 10h-13h.*

En travaillant avec des prestataires exclusifs, cette agence permet de composer chaque voyage selon ses critères : de l'auberge de jeunesse au *lodge* de luxe isolé, du *B & B* à l'hôtel de charme, de l'autotour au circuit accompagné, d'une descente de fleuve en pirogue à un circuit à vélo... Motoneige, héliski, multiactivités estivales ou hivernales, équitation... Spécialiste du Québec, du Canada, des États-Unis, Globe Trotters propose aussi des formules dans le Sud-Est asiatique et en Afrique. Assurances voyages. Cartes d'auberges de jeunesse (IYHF). Location de voitures, motor-homes et motos.

▲ NOUVELLES FRONTIÈRES

• *nouvelles-frontieres.be* •

– Nombreuses agences dans le pays dont Bruxelles, Charleroi, Liège, Mons, Namur, Waterloo, Wavre, et au Luxembourg.

Voir texte dans la partie « En France ».

▲ SERVICE VOYAGES ULB

• *servicevoyages.be* • *22 agences dont 11 à Bruxelles.*

– Bruxelles : campus ULB, av. Paul-Héger, 22, CP 166, 1000. ☎ 02-650-40-20.

– Bruxelles : rue Abbé-de-l'Épée, 1, Woluwe, 1200. ☎ 02-742-28-80.

– Bruxelles : hôpital universitaire Érasme, route de Lennik, 808, 1070. ☎ 02-555-38-63.

LOOK!
Le guide du routard
Disponible sur iPhone
Randonnée à dos de ...
Riding a...
Pour vous faire comprendre partout dans le monde !
Achetez l'application sur l'App Store 2,99 €

– Bruxelles : chaussée d'Alsemberg, 815, 1180. ☎ 02-332-29-60.
– Ciney : rue du Centre, 46, 5590. ☎ 083-216-711.
– Marche (Luxembourg) : 11, av. de France, 6900. ☎ 084-31-40-33.
– Wepion : chaussée de Dinant, 1137, 5100. ☎ 081-46-14-37.
Service Voyages ULB, c'est le voyage à l'université. Billets d'avion sur vols charters et sur compagnies régulières à des prix compétitifs.

▲ VOYAGEURS DU MONDE

Le spécialiste du voyage en individuel sur mesure. • voyageursdumonde.com •
– Bruxelles : 23, chaussée de Charleroi, 1060. ☎ 0900-44-500 (0,45 €/mn).
Voir texte dans la partie « En France ».

EN SUISSE

▲ STA TRAVEL

☎ 058-450-49-49. • statravel.ch •
– Fribourg : rue de Lausanne, 24, 1701. ☎ 058-450-49-80.
– Genève : rue de Rive, 10, 1204. ☎ 058-450-48-00.
– Genève : rue Vignier, 3, 1205. ☎ 058-450-48-30.
– Lausanne : bd de Grancy, 20, 1006. ☎ 058-450-48-50.
– Lausanne : à l'université, Anthropole, 1015. ☎ 058-450-49-20.
Agences spécialisées notamment dans les voyages pour jeunes et étudiants. 150 bureaux STA et plus de 700 agents du même groupe répartis dans le monde entier sont là pour donner un coup de main *(Travel Help)*.
STA propose des voyages avantageux : vols secs *(Blue Ticket)*, hôtels, écoles de langues, *work & travel*, circuits d'aventure, voitures de location, etc. Délivre la carte internationale d'étudiant et la carte *Jeune*.
STA est membre du fonds de garantie de la branche suisse du voyage ; les montants versés par les clients pour les voyages forfaitaires sont assurés.

▲ TUI – NOUVELLES FRONTIÈRES

– Genève : rue Chantepoulet, 25, 1201. ☎ 022-716-15-70.
– Lausanne : bd de Grancy, 19, 1006. ☎ 021-616-88-91.
Voir texte dans la partie « En France ».

AU QUÉBEC

▲ INTAIR VACANCES

Intair Vacances propose un vaste choix de prestations à la carte incluant vol, hébergement et location de voitures en Europe, aux États-Unis ainsi qu'aux Antilles et au Mexique. Également au menu, des courts ou longs séjours, en Espagne (Costa del Sol) et en France (hôtels et appartements sur la Côte d'Azur et en région). Également un choix d'achat-rachat en France et dans la péninsule Ibérique.

▲ TOURSMAISON

Spécialiste des vacances sur mesure, ce voyagiste sélectionne plusieurs « Évasions soleil » (plus de 600 hôtels ou appartements dans quelque 45 destinations), offre l'Europe à la carte toute l'année (plus de 17 pays) et une vaste sélection de compagnies de croisières (11 compagnies au choix). Toursmaison concocte par ailleurs des forfaits escapades à la carte aux États-Unis et au Canada. Au choix : transport aérien, hébergement (variété d'hôtels de toutes catégories ; appartements dans le sud de la France ; maisons de location et condos en Floride), locations de voitures pratiquement partout dans le monde. Des billets pour le train, les attractions, les excursions et les spectacles peuvent également être achetés avant le départ.

▲ VACANCES AIR CANADA

• vacancesaircanada.com •
Vacances Air Canada propose des forfaits loisirs (golf, croisières, voyages d'aventure, ski et excursions diverses) flexibles vers les destinations les plus populaires des Antilles, de l'Amérique centrale et du Sud, de l'Asie, de l'Europe, et des États-Unis. Vaste sélection de forfaits incluant vol aller-retour et hébergement. Également des forfaits vol + hôtel ou vol + voiture.

▲ VOYAGES CAMPUS/ TRAVEL CUTS

• voyagescampus.com •
Campus/Travel Cuts est un réseau national d'agences de voyages spécialisées pour les étudiants et les voyageurs qui disposent de petits budgets. Le réseau existe depuis 40 ans et

compte plus de 50 agences dont 6 au Québec. Voyages Campus propose des produits exclusifs comme l'assurance « Bon voyage » le programme de Vacances-Travail (SWAP), la carte d'étudiant internationale (ISIC) et plus. Ils peuvent vous aider à planifier votre séjour autant à l'étranger qu'au Canada et même au Québec.

UNITAID

UNITAID a été créé pour lutter contre le VIH/sida, le paludisme et la tuberculose, principales maladies meurtrières dans les pays en développement. UNITAID intervient dans 94 pays en facilitant l'accès aux médicaments et aux diagnostics, en en baissant les prix, dans les pays en développement. Le financement d'UNITAID provient principalement d'une contribution de solidarité sur les billets d'avion, mise en place par six pays membres, dont la France où la taxe est de 1 € sur les vols intérieurs et de 4 € sur les vols internationaux (ce qui représente le traitement d'un enfant séropositif pour 1 an). Depuis 2006, UNITAID a réuni plus d'un milliard de dollars. Les financements ont permis à près d'un million de personnes atteints du VIH/sida de bénéficier d'un traitement et de délivrer plus de 19 millions de traitements contre le paludisme. Moins de 5 % des fonds sont utilisés pour le fonctionnement du programme, 95 % sont utilisés directement pour les médicaments et les tests. Pour en savoir plus : • *unitaid.eu* •

"Qui sauve
un enfant,
sauve le
monde"
Espace offert par le Guide du Routard
Pour nous soutenir, vous pouvez envoyer vos dons à :
La Chaîne de l'Espoir
96, rue Didot
75014 Paris
www.chainedelespoir.org
AGRÉÉE PAR
COMITÉ DE LA CHARTE
don en confiance
La chaîne de l'espoir

PARCS NATIONAUX UTILE

▸ Pour la carte des parcs nationaux de l'Ouest américain, se reporter au cahier couleur.

ABC DES ÉTATS-UNIS

▸ *Superficie :* 9 363 123 km² (17 fois la France).
▸ *Population :* 308,7 millions d'hab.
▸ *Capitale :* Washington D.C.
▸ *Langue officielle :* l'anglais (américain). L'espagnol est également très parlé dans l'Ouest américain.
▸ *Monnaie :* le dollar américain (US$).
▸ *Régime :* démocratie présidentielle.
▸ *Nature des États-Unis :* république fédérale (50 États et le District of Columbia).
▸ *Président des États-Unis :* Barack Obama (démocrate), réélu en novembre 2012.

AVANT LE DÉPART

Adresses utiles

En France

Office de tourisme – USA (c/o Visit USA Committee) : ☎ 0899-702-470 (1,35 € l'appel puis 0,34 €/mn). • office-tourisme-usa.com • *Fermé au public, mais nombreuses infos sur le site internet et par tél.* Bureau privé représentant certains États, mais aussi des sociétés (chaînes d'hôtels, loueurs de voitures...) et des services.

Bureau de représentation de Las Vegas : Express Conseil. ☎ 01-44-77-87-00. • lasvegas@ecltd.com •

Bureau de représentation de l'Arizona : Express Conseil. ☎ 01-44-77-88-09. • arizona@ecltd.com •

Bureau de représentation du Colorado : Express Conseil. ☎ 01-44-77-88-05. • colorado@ecltd.com •

Bureau du tourisme de l'Idaho, du Montana, du South Dakota et du Wyoming : ☎ 09-53-22-16-75. • herve@duxin.com • wildwestusa.com •

Bureau du tourisme de l'Utah : ☎ 09-53-22-16-75. • olivier@duxin.com • duxin.com •

Ambassade des États-Unis, section consulaire : 4, av. Gabriel, 75008 Paris. ☎ 01-43-12-22-22. Ⓜ Concorde. *Rens sur les visas :* • french.france.usembassy.gov •, *puis cliquer sur « Visas ». Infos personnalisées pour les demandes de visas (14,50 € l'appel) :* ☎ 0810-26-46-26.

– Le visa n'est pas obligatoire pour les Français pour un séjour de moins de

90 jours (voir « Formalités d'entrée », plus loin).

En Belgique

■ ***Visit USA Marketing & Promotion Bureau :*** *PO Box 10001, Berchem, Berchem 2600.* ● *visitusa.org* ● Bureau d'information privé qui pallie l'absence d'office de tourisme. Les demandes de renseignements peuvent être communiquées par courrier ou Internet. Participation aux frais de 10 € pour l'envoi de documentation ou brochures.

■ ***Ambassade des États-Unis :*** *bd du Régent, 25, Bruxelles 1000.* ☎ *02-811-4000.* ● *french.belgium.usembassy.gov* ● *Lun-ven 9h-18h.*

Le visa n'est pas obligatoire pour les Belges pour un séjour de moins de 90 jours (voir « Formalités d'entrée »).

En Suisse

■ ***Ambassade des États-Unis :*** *Sulgeneckstrasse, 19, 3007 Berne.* ☎ *031-357-70-11.* ● *bern.usembassy.gov* ● *Lun-ven 9h-12h30, 13h30-17h30.*

Le visa n'est pas obligatoire pour les Suisses pour un séjour de moins de 90 jours (voir « Formalités d'entrée »).

Au Québec

■ ***Consulat général des États-Unis :*** *1155, rue Saint-Alexandre, Montréal. Adresse postale : 315, pl. d'Youville, suite 500, Montréal, Québec H2Y-0A4.* ☎ *514-398-9695 (serveur vocal).* ● *french.montreal.usconsulate.gov* ●

■ ***Consulat général des États-Unis :*** *2, rue de la Terrasse-Dufferin (derrière le château Frontenac), Québec. Adresse postale : CP 939, G1R-4T9 Québec.* ☎ *418-692-2095 (serveur vocal).* ● *french.quebec.usconsulate.gov* ● *Lun-ven 9h-16h.*

Le visa n'est pas obligatoire pour les Canadiens pour un séjour de moins de 180 jours (voir « Formalités d'entrée »).

Formalités d'entrée

ATTENTION : les mesures de sécurité concernant les formalités d'entrée sur le sol américain n'ont cessé de se renforcer depuis le 11 septembre 2001. ***Avant d'entreprendre votre voyage, consultez impérativement le site de l'ambassade des États-Unis,*** très détaillé et constamment remis à jour, pour vous tenir au courant des toutes dernières mesures : ● *french.france.usembassy.gov* ●, rubrique « Visas ».

– Passeport biométrique ou électronique en cours de validité, ou passeport individuel à lecture optique (modèle Delphine en cours de validité et émis avant le 26 octobre 2005). Si votre passeport a été délivré, renouvelé ou prolongé entre le 26 octobre 2005 et le 26 octobre 2006, consultez le site internet de l'ambassade des États-Unis pour vérifier ses caractéristiques (un visa peut être nécessaire dans certains cas). Les enfants, quel que soit leur âge, doivent impérativement posséder leur propre passeport.

Depuis 2009, les voyageurs (y compris les enfants) doivent aussi être en possession d'une ***autorisation électronique de voyage ESTA,*** à remplir obligatoirement en ligne sur leur site internet ● *https://esta.cbp.dhs.gov* ● avant de partir aux États-Unis, que ce soit par voie aérienne ou maritime. ***Précisions importantes*** : la demande d'autorisation de voyage ne peut être faite à moins de 72h du départ, faites la donc le plus tôt possible. C'est payant (14 $) et la réponse est généralement immédiate. Méfiez-vous des sites clandestins d'ESTA qui sont, eux, beaucoup plus chers... Lors de la demande en ligne, c'est le numéro officiel du passeport à 9 caractères qui doit être inscrit. Quant aux femmes mariées, elles doivent de préférence se faire enregistrer sous leur nom complet (nom de jeune fille et d'épouse). L'ESTA est valable 2 ans à priori.

Enfin, tous les voyageurs se rendant aux États-Unis doivent être en mesure de présenter un ***billet d'avion aller-retour*** ou un billet attestant le projet de quitter les États-Unis, et se soumettre au rituel des empreintes digitales et de la photo lors du passage de l'immigration.

– Le ***visa*** n'est pas nécessaire pour les Français qui se rendent aux États-Unis pour tourisme (lire plus haut). Cependant, le séjour ne doit pas dépasser 90 jours et n'est pas prolongeable.

ATTENTION : le visa reste indispensable pour les diplomates, les étudiants poursuivant un programme d'études, les stagiaires, les jeunes filles/garçons au pair, les journalistes en mission et autres catégories professionnelles.

– Le visa n'est pas obligatoire pour les ***Belges*** et les ***Suisses*** pour un séjour de tourisme de moins de 90 jours, sous certaines conditions (grosso modo les mêmes que pour les Français).

Quant aux ***Canadiens,*** ils doivent désormais être aussi munis d'un passeport valide.

Avant tout voyage, il est impératif de vérifier ces formalités via les sites internet des ambassades (voir plus haut).

– Si vous allez ***aux États-Unis en passant par le Mexique ou le Canada,*** il n'est pas non plus nécessaire d'avoir un visa (mais une taxe de 6 $, payable en espèces, vous sera demandée).

– Pas de ***vaccination*** obligatoire (lire la rubrique « Santé » plus loin).

– ***Pour conduire sur le sol américain : le permis de conduire national suffit*** mais le ***permis international*** peut être parfois exigé même si c'est rare. Par précaution mieux vaut s'en faire délivrer un par la préfecture (gratuit).

– ***Interdiction d'importer des denrées périssables non stérilisées*** (charcuterie, fromage, biscuits...) ***et des végétaux.*** Seules les conserves sont tolérées et une bouteille d'alcool par personne est autorisée (le tout en soute). N'essayez pas de frauder, et déclarez ce que vous importez : en général, les douaniers sont moins suspicieux si vous dites honnêtement que vous avez des denrées alimentaires. Sinon, vous risquez le contrôle aux rayons X, l'ouverture de valises et les chiens renifleurs.

– ***Aucun objet coupant autorisé en cabine.*** Même les ciseaux à bouts ronds des enfants seront confisqués !

– ***Les liquides, gels, crèmes, pâtes dentifrice sont restreints en cabine*** (sauf aliments pour bébés). Ils doivent être conditionnés dans des flacons ou tubes de 100 ml maximum et placés dans une pochette plastique transparente (type sac de congélation).

– ***Évitez de verrouiller vos valises*** de soute, sous peine de retrouver leurs serrures forcées par les services de sécurité qui les fouillent régulièrement. Il existe des cadenas et des bagages agréés *TSA,* qui permettent à la *Transportation Security Administration* de les ouvrir sans les endommager.

– Vous aurez à remplir une ***déclaration de douane par famille.*** Ce document est généralement distribué dans l'avion. Gardez sur vous l'***adresse de votre premier hébergement*** ; celle-ci vous sera demandée dans les papiers à remplir.

Pensez à scanner passeport, visa, carte de paiement, billet d'avion et *vouchers* d'hôtel. Ensuite, adressez-les-vous par mail, en pièces jointes. En cas de perte ou vol, rien de plus facile pour les récupérer dans un cybercafé. Les démarches administratives seront bien plus rapides.

Assurances voyage

■ ***Routard Assurance*** *(c/o AVI International)* **:** *106, rue La Boétie, 75008 Paris. ☎ 01-44-63-51-00. • avi-international.com • Ⓜ Saint-Philippe-du-Roule ou Franklin-D.-Roosevelt.* Depuis 1995, Routard Assurance, en collaboration avec AVI International, spécialiste de l'assurance voyage, propose aux routards un tarif à la semaine qui inclut une assurance bagages de 2 000 € dont 300 € pour les appareils photo. Pour les séjours longs (2 mois à 1 an), il existe le contrat Marco Polo. Ces 2 contrats sont également disponibles à un prix forfaitaire pour les familles en courts et longs séjours. Les seniors ont aussi leur contrat Routard Assistance Senior. Routard Assurance est aussi disponible en version « light » (durée adaptée aux week-ends et courts séjours en Europe). Vous trouverez un bulletin de souscription dans les dernières pages de chaque guide.

■ ***AVA :*** *25, rue de Maubeuge, 75009 Paris.* ☎ *01-53-20-44-20.* • *ava.fr* • Ⓜ *Cadet.* Un autre courtier fiable pour ceux qui souhaitent s'assurer en cas de décès-invalidité-accident lors d'un voyage à l'étranger, mais surtout pour bénéficier d'une assistance rapatriement, perte de bagages et annulation. Attention, franchises pour leurs contrats d'assurance voyage.

■ ***Pixel Assur :*** *18, rue des Plantes, 78600 Maisons-Laffitte.* ☎ *01-39-62-28-63.* • *pixel-assur.com* • *RER A : Maisons-Laffitte.* Assurance de matériel photo et vidéo tous risques dans le monde entier. Devis basé sur le prix d'achat de votre matériel. Avantage : garantie à l'année.

Carte d'adhésion internationale aux auberges de jeunesse (carte FUAJ)

Cette carte, valable dans plus de 90 pays, vous ouvre les portes des 4 000 auberges de jeunesse du réseau Hostelling International réparties dans le monde entier. Les périodes d'ouverture varient selon les pays et les AJ. À noter, la carte est souvent obligatoire pour séjourner en auberge de jeunesse, donc nous vous conseillons de vous la procurer avant votre départ. Adhérer en France vous reviendra moins cher qu'à l'étranger.

Vous pouvez adhérer

– En ligne, avec un paiement sécurisé, sur le site • *fuaj.org* •

– Dans toutes les auberges de jeunesse, points d'informations et de réservations en France.

– Auprès de l'antenne nationale : *27, rue Pajol, 75018 Paris.* ☎ *01-44-89-87-27.* • *fuaj.org* • Ⓜ *Marx-Dormoy ou La Chapelle. Horaires d'ouverture du point accueil sur le site internet, rubrique « Nous contacter ».*

– Par correspondance, en envoyant la photocopie d'une pièce d'identité et un chèque à l'ordre de la FUAJ du montant correspondant à l'adhésion. Ajoutez 2 € de plus pour les frais d'envoi. Vous recevrez votre carte sous 15 jours.

Les tarifs de l'adhésion 2013

– Carte internationale FUAJ - de 26 ans : 7 €.

Pour les mineurs, une autorisation parentale et la carte d'identité du parent tuteur sont nécessaires pour l'inscription.

– Carte internationale FUAJ + de 26 ans : 11 €.

– Carte internationale FUAJ Famille : 20 €.

Seules les familles ayant un ou plusieurs enfants de moins de 16 ans peuvent bénéficier de la carte Famille sur présentation du livret de famille. Les enfants de plus de 16 ans devront acquérir une carte individuelle.

– La carte donne également droit à des réductions sur les transports, les musées et les attractions touristiques dans plus de 90 pays mais ces avantages varient d'un pays à l'autre, ce qui n'empêche pas de la présenter à chaque occasion. Liste de ces réductions disponible sur • *hihostels.com* • et pour les réductions en France sur • *fuaj.org* •

En Belgique

La carte d'adhésion est obligatoire. Son prix varie selon l'âge : entre 3 et 15 ans, 3 € ; entre 16 et 25 ans, 9 € ; après 25 ans, 15 €.

Renseignements et inscriptions

■ ***À Bruxelles :*** ***LAJ,*** *rue de la Sablonnière, 28, 1000.* ☎ *02-219-56-76.* • *info@laj.be* • *laj.be* •

■ ***À Anvers :*** ***Vlaamse Jeugdherbergcentrale (VJH),*** *Van Stralenstraat 40, B 2060 Antwerpen.* ☎ *03-232-72-18.* • *info@vjh.be* • *vjh.be* •

– Votre carte de membre vous permet d'obtenir de 3 à 20 € de réduction sur votre première nuit dans les réseaux LAJ, VJH et CAJL (Luxembourg), ainsi que des réductions auprès de nombreux partenaires en Belgique.

En Suisse (SJH)

Le prix de la carte dépend de l'âge : 22 Fs pour les moins de 18 ans, 33 Fs pour les adultes et 44 Fs pour une famille avec des enfants de moins de 18 ans.

Renseignements et inscriptions

■ ***Schweizer Jugendherbergen (SJH), service des membres :*** *Schaffhauserstr. 14, 8006 Zurich. ☎ 41-44-360-14-14. • booking@youthhostel.ch • et • contact@youthhostel.ch • youthhostel.ch •*

Au Canada

La carte coûte 35 $Ca pour une durée de 16 à 28 mois et 175 $Ca pour une validité à vie. Gratuit pour les enfants de moins de 18 ans qui accompagnent leurs parents.

■ ***Auberges de jeunesse du Saint-Laurent / St Laurent Youth Hostels :*** *3514, av. Lacombe, Montréal (Québec) H3T 1M1. ☎ (514) 731-10-15. N° gratuit (au Canada) : ☎ 1-800-663-5777.*

■ ***Canadian Hostelling Association :*** *205, Catherine Street, bureau 400, Ottawa (Ontario) K2P 1C3. ☎ (613) 237-78-84. • info@hihostels.ca • hihostels.ca •*

– Il n'y a pas de limite d'âge pour séjourner en AJ. Il faut simplement être adhérent.

– La FUAJ offre à ses adhérents la possibilité de réserver en ligne grâce à son système de réservation international *• hihostels.com •* jusqu'à 12 mois à l'avance, dans plus de 1 600 auberges de jeunesse dans le monde. Et si vous prévoyez un séjour itinérant, vous pouvez réserver plusieurs auberges en une seule fois.

Ce système permet d'obtenir toutes les informations utiles sur les auberges reliées au système, de vérifier les disponibilités, de réserver et de payer en ligne.

ARGENT, BANQUES, CHANGE

La monnaie américaine

Fin-2012, 1 $ valait environ 0,80 €.

– ***Les pièces :*** 1 cent *(penny),* 5 cents *(nickel),* 10 cents (*dime,* plus petite que la pièce de 5 cents), 25 cents *(quarter)* et 1 dollar, cette dernière ayant du mal à s'imposer face au billet que les Américains préfèrent. Avis aux numismates, les *quarters* font l'objet de séries spéciales.

– ***Les billets :*** sur chaque billet, le visage d'un président des États-Unis : 1 $ (Washington), 5 $ (Lincoln), 10 $ (Hamilton, secrétaire du Trésor et non président), 20 $ (Jackson), 50 $ (Grant), 100 $ (Franklin). Il existe aussi un billet de 2 $ (bicentenaire de l'indépendance, avec l'effigie de Jefferson), assez rare et que les collectionneurs s'arrachent.

En argot, un dollar se dit souvent *a buck.* L'origine de ce mot remonte au temps des trappeurs, lorsqu'ils échangeaient leurs peaux de daims *(bucks)* contre des dollars.

Les banques

Les banques sont ouvertes en semaine de 9h à 15h ou 17h, et parfois le samedi matin. L'hiver, dans les parcs, les horaires sont parfois réduits.

Argent liquide, change et chèques de voyage

– Le plus simple est d'***emporter éventuellement quelques dollars changés en Europe et de retirer le reste sur place, avec une carte de paiement.*** Il y a des ***distributeurs automatiques*** de billets partout (appelés ATM pour Automated Teller Machine ou cash machines), jusque dans certaines petites épiceries ! Cela dit, évitez absolument de retirer des petites sommes à tout bout de champ, car une commission fixe de 2-3 $ est prélevée sur place pour chaque transaction (souvent plus élevée dans les petits distributeurs situés dans les boutiques ou les hôtels, car on paie le service) sans compter celle appliquée aussi par votre banque. N'oubliez pas non plus qu'il y a un seuil maximal de retrait par semaine, fixé par votre banque (penser à relever le plafond de retrait, au moins temporairement).

– ***Utilisez de préférence les distributeurs attenants à une agence***

bancaire. En cas de pépin (carte avalée, erreur de numéro...), vous aurez un interlocuteur dans l'agence, pendant les heures ouvrables du moins.

– Pour ceux qui ne disposeraient pas de carte de paiement, avoir presque tout son argent sous forme de ***chèques de voyage*** est plus sécurisant, car on peut se les faire remplacer en cas de perte ou de vol. Très pratique : la plupart des grands magasins, restaurants et boutiques les acceptent sur simple présentation du passeport et rendent la monnaie dessus. Inutile d'aller dans une banque ou un bureau de change pour les convertir en liquide.

– Enfin, en dernier ressort, si vous devez quand même ***changer de l'argent*** (ou des *traveller's*), c'est dans les agences *American Express* et les petits bureaux de change que ça se passe. Évitez ceux des aéroports car c'est généralement là que la commission est la plus élevée ou le taux le plus défavorable...

Les cartes de paiement

Aux États-Unis, ça s'appelle *plastic money*, ou *plastic* tout court. ***C'est le moyen le plus simple de payer.*** De plus, l'opération se fait à un meilleur taux que si vous achetiez des dollars dans une banque ou un bureau de change. Certes, à chaque achat, un petit pourcentage (de l'ordre de 1 à 2 %) sera prélevé par votre banque, mais il n'y a évidemment pas de double commission (celle prélevée sur place en cas de retrait d'argent liquide). De plus, les paiements par carte évitent la banqueroute en cas de plafond de retrait déjà atteint ou pas relevé avant le départ ! Pensez seulement à avoir votre passeport avec vous, il vous sera souvent demandé pour tout achat par carte (pas dans les restos en revanche). Les cartes les plus répandues sont la *MasterCard*, la *Visa* et bien sûr l'*American Express*. N'oubliez pas qu'aux USA, une carte de paiement est un outil quasiment indispensable, ne serait-ce que pour louer une voiture ou réserver une chambre d'hôtel, même si vous avez tout réglé avant le départ par l'intermédiaire d'une agence, on prendra quasi systématiquement l'empreinte de votre carte (au cas où vous auriez l'idée saugrenue de partir sans payer les prestations supplémentaires, qu'on appelle en anglais *incidentals* genre parking, petit déjeuner, téléphone, minibar).

Les Américains paient tout par carte, même 5 $, les commerces n'imposant généralement pas de montant minimum, sauf les petites épiceries isolées dans des trous perdus. Dans certains magasins, genre drugstores ou supermarchés, dès que vous présenterez une carte de paiement, on vous posera systématiquement la question fatidique : ***« Debit or credit ? »*** Si vous n'avez pas de compte aux États-Unis, la réponse est « *Credit* » (même si vous avez une carte *Visa* ou *MasterCard*). De plus en plus de commerces sont munis d'écrans de paiement sur lesquels vous signez au moyen d'un stylo électronique. Même pas besoin d'entrer son code secret.

– ***En cas de perte ou vol :*** quelle que soit la carte que vous possédez, chaque banque gère elle-même le processus d'opposition et le numéro de téléphone correspondant. Avant de partir, notez donc bien le numéro d'opposition propre à votre banque en France (il figure souvent au dos des tickets de retrait, sur votre contrat ou à côté des distributeurs de billets), ainsi que le numéro à 16 chiffres de votre carte. Bien entendu, conservez ces informations en lieu sûr, et séparément de votre carte. Par ailleurs, l'assistance médicale se limite aux 90 premiers jours du voyage et l'assistance véhicule aux cartes haut de gamme (renseignez-vous auprès de votre banque).

N'oubliez pas non plus de vérifier la date d'expiration de votre carte de paiement !

– ***Carte Visa :*** *assistance médicale incluse ; numéro d'urgence* (Europ Assistance), ☎ *(00-33) 1-41-85-85-85.* • *visa-europe.fr* • *Pour faire opposition, contactez le numéro communiqué par votre banque.*

– ***Carte MasterCard :*** *assistance médicale incluse ; numéro d'urgence,* ☎ *(00-33) 1-45-16-65-65.* • *mastercardfrance.com* • *En cas de perte ou* *vol, composez le numéro communiqué par votre banque pour faire opposition.*

– ***Carte American Express :*** *téléphonez en cas de pépin au ☎ (00-33) 1-47-77-72-00, 24h/24. • americanexpress.fr •*

– Pour toutes les cartes émises par ***La Banque postale,*** composez le : *☎ 0825-809-803 (0,15 €/mn) depuis la France métropolitaine ou les DOM, et depuis les TOM ou l'étranger le ☎ (00-33) 5-55-42-51-96.*

– Également un ***numéro d'appel valable quelle que soit votre carte de paiement pour faire opposition :*** *☎ 0892-705-705 (serveur vocal à 0,34 €/mn). Ne fonctionne ni en PCV ni depuis l'étranger.*

Dépannage d'urgence

En cas de ***besoin urgent d'argent liquide*** (perte ou vol de billets, de chèques de voyage ou de carte de paiement), vous pouvez être dépanné en quelques minutes grâce au système *Western Union Money Transfer. • westernunion.com •*

– *Aux États-Unis : ☎ 1-800-325-6000.*

– *En France :* demandez à quelqu'un de déposer de l'argent en euros à votre intention dans l'un des bureaux *Western Union.* Les correspondants en France sont *La Banque postale (fermé sam ap-m et dim ; ☎ 0825-009-898 ; 0,15 €/mn)* la *Société financière de paiements (lun-sam 9h-19h ; ☎ 0825-825-842 ; 0,15 €/mn).* L'argent vous est transféré en 10-15 mn aux États-Unis. Avec le décalage horaire, il faut que l'agence soit ouverte de l'autre côté de l'Atlantique, mais certaines le sont même la nuit. La commission, assez élevée donc, est payée par l'expéditeur. Possibilité d'effectuer un transfert en ligne 24h/24 par carte de paiement (*Visa* ou *MasterCard* émise en France).

ACHATS

Attention : les prix affichés sont hors taxes (ajouter 5 à 10 %).

Ayez toujours votre passeport (ID en anglais) sur vous car on vous le demandera presque à tous les coups si vous réglez par carte de paiement.

Certains achats restant très intéressants aux États-Unis (même avec un taux de change parfois moins favorable pour nous), voici quelques idées d'articles à rapporter dans vos bagages.

– Pour revivre l'émotion de l'*Old West* ou pour tous les nostalgiques de western, vous trouverez des ***boutiques de cow-boys*** pur jus dans chaque ville d'importance (notamment dans le Wyoming). Les chapeaux sont particulièrement abordables, et on peut s'offrir un véritable *Stetson* à partir de 20 $. Idem pour les fameuses chemises western à boutons pression *(snaps),* à la boutique *Rockmount* de Denver par exemple. Évitez en revanche les boutiques pour touristes des petits bourgs, où les mêmes produits sont au moins deux fois plus chers ! Pour d'authentiques santiags en revanche, il faudra dans tous les cas casser votre tirelire. Mais le choix est illimité !

– ***Les produits dérivés :*** vous noterez bien vite cette pratique typiquement américaine. Pas une auberge de jeunesse qui ne vende un T-shirt à son effigie, pas un resto, un *coffee shop* ou un bar qui n'en fasse de même, sans oublier la fabrication en série du joli *mug* maison... Des petits souvenirs sympas quand on a particulièrement aimé un lieu ou une adresse.

– ***L'artisanat indien :*** beaucoup de belles choses, mais souvent hors de prix. Acheter de préférence aux Indiens eux-mêmes ou dans les boutiques spécialisées et agréées, qui reversent les bénéfices aux artisans. Les produits des boutiques touristiques sont généralement importés (les tapis du Mexique, les porte-monnaie et les ceintures... de Chine !). Mention spéciale aux poupées *kachina* vendues par les tribus hopis, très belles et encore artisanales.

– Les ***jeans,*** bien sûr. Les modèles *Levi's* coûtent bien moins cher qu'en France (facilement moitié prix), même si vous les achetez dans les *Levi's Store* officiels.

Attention toutefois, il n'est pas toujours facile de retrouver aux États-Unis un modèle repéré en France (hormis les classiques *501* et *Boot Cut,* et encore...) car les numéros de référence ne sont pas les mêmes qu'en Europe et les tailles changent pour quasiment chaque modèle.
– Le ***prêt-à-porter décontracté,*** particulièrement les T-shirts colorés (choix incroyable), les sweats à capuche *(hoodies)* et les baskets (on dit *sneakers*), notamment les *Converse.* Quelques marques pas trop chères et « jeunes », que l'on retrouve à peu près dans tous les *malls* : *American Eagle Outfitters, Aeropostale, Old Navy* (la gamme la moins chère de la maison Gap), *Urban Outfitters* et bien sûr *Abercrombie* et *Hollister,* dont nos ados sont fous ; guettez dans leurs magasins les sections *clearance* (fins de série) qui valent vraiment le coup. Plus chic, mais coloré et sympa dans un style un peu vintage : *J. Crew,* la marque fétiche de Michelle Obama. Et aussi *Anthropologie,* très original dans le genre rétro-hippie chic. Les ***vêtements pour enfants*** sont également intéressants, à condition de n'avoir rien contre les couleurs flashy car les Américains en sont fans.
– Les ***chaussures et vêtements de sport et de loisirs*** (yoga et équipement de camping notamment).
– Les ***produits de beauté (cosmétiques, maquillage)*** genre *L'Oréal, Maybelline* ou *Neutrogena,* coûtent moitié moins cher qu'en France. On les trouve dans les grands drugstores type *Walgreens, Duane Reade, CVS* ou *Rite Aid.* Les grandes marques américaines comme *Clinique* et *Kiehl's* sont également plus intéressantes aux US.
– Les ***appareils photo, caméras*** (et surtout leurs accessoires), les ***iPod, iPhone*** et ***iPad*** (Apple offre en prime la garantie internationale sur tous ses produits, sans frais supplémentaires).
– Pour ceux qui achètent régulièrement en ligne des films et des musiques provenant des États-Unis, il peut être intéressant de rapporter des ***cartes prépayées iTunes,*** qui permettent, une fois en France, de faire vos achats sans taux de change.
– ATTENTION, si vous devez acheter des ***appareils électroniques,*** assurez-vous qu'ils peuvent fonctionner correctement en France (tension et fréquence, notamment). La plupart des consoles de jeux vidéo achetées aux États-Unis ne sont pas compatibles ; même si le vendeur vous affirme le contraire, le système électronique est différent. Bon à savoir, les *Nintendo DS,* les *PSP* et les *PS3,* elles, sont compatibles (consoles et jeux, mais attention à la langue). Quant aux TV et lecteurs DVD, ils répondent à la norme américaine NTSC, incompatible avec notre procédé Secam. D'une façon générale, vous devrez aussi vous procurer l'adaptateur et le convertisseur qui conviennent (voir « Électricité »). Sachez enfin que si, au retour, vous ne déclarez pas vos achats d'appareils électroniques auprès du service des douanes, vous risquez de payer de fortes amendes.

Acheter moins cher

D'une manière générale, profitez absolument des ***soldes*** *(sales)* pour faire vos emplettes, notamment en janvier où les réductions sont parfois faramineuses. Et guettez les opérations spéciales menées par les ***malls*** (ces grands centres commerciaux qui regroupent pléthore de magasins de chaîne) ou les petites boutiques... C'est le moment de renouveler sa garde-robe !
Très bon plan : les ***factory outlets,*** d'énormes centres commerciaux situés généralement à la périphérie des villes et signalés par des panneaux publicitaires le long des *interstates* (autoroutes). Ces *outlets* regroupent les magasins d'usine de grandes marques américaines de vêtements et chaussures : *Ralph Lauren, Timberland, Converse, Reebok, Nike, Gap, Levi's, Tommy Hilfiger, J. Crew, Brooks Brothers, OshKosh* (pour les petits)... Les articles sont souvent écoulés toute l'année à des prix défiant toute concurrence (parfois jusqu'à 75 % de réduction en période de soldes !) et proviennent souvent du stock des collections précédentes. Ils peuvent

parfois présenter des défauts (mention *irregular* sur l'étiquette). Nous indiquons quelques adresses de ces véritables « temples des soldes », où les Américains passent volontiers l'après-midi en famille. Une riche expérience sociologique.

BUDGET

Le coût de la vie dans l'Ouest américain est assez comparable à celui de la France. Cela dit, on peut trouver la vie moins chère sur certains postes, comme la nourriture dans certains restos et le carburant. Bien sûr, tout dépend du taux de change et du contexte économique au moment où vous vous y rendez.

Très important : ***les prix affichés (dans les restaurants, hôtels, boutiques...) s'entendent toujours SANS LA TAXE,*** qui varie de 9 à 15,5 % dans l'hôtellerie et de 4 à 7,25 % dans les autres secteurs (restauration, magasins... sauf musées). Ajoutons à cela d'éventuelles petites taxes locales votées par les municipalités ou les comtés et des taxes spécifiques aux réserves indiennes. Noter que le Montana et l'Oregon n'appliquent aucune *sales tax,* tandis que d'autres États limitent ou réduisent la taxe sur les produits alimentaires.

UN BILLET PLUS VERT QUE VERT

Nul besoin de décimer des forêts pour fabriquer les dollars. Contrairement aux apparences, le célèbre billet vert n'est pas en papier mais en tissu ! Eh oui, il est composé de 75 % de coton et 25 % de lin. Avant la Première Guerre mondiale, des fibres de soie entraient dans sa composition et depuis 1991 un fil de polyester renforce le billet. Dur d'être faussaire !

Les moyens de locomotion

La ***voiture*** demeure le moyen de transport le plus pratique dans l'Ouest américain, et certainement le plus rentable (même en couple) en considérant le temps gagné. En effet, hormis de grande ville à grande ville, il n'y a quasiment pas de transports en commun ! Pour les familles ou à partir de 5-6 personnes, la location d'un ***camping-car (RV)*** qui dispose de tout le confort peut être une solution pour sillonner les parcs. On est bien loin des « Bidochons en vacances », car la majorité des parcs nationaux permettent de passer la nuit en pleine nature, sur des aires de camping bon marché (voir la rubrique « Transports »). Mais vous verrez que la taille des *RV* n'a rien à voir avec celle des camping-cars européens, qui font figure de gringalets à côté !

Le logement

Finis les motels à 25 $ le long de la route, comme on pouvait les trouver dans les années 1990 : désormais, il n'y a plus rien à moins de 45-50 $. Nous indiquons les tarifs pour deux personnes, en haute saison principalement. Exception faite naturellement pour les AJ (prix par personne) et les campings (prix par emplacement). Tous les tarifs sont généralement mentionnés hors taxes, il faut donc toujours ajouter de 9 à 15,5 % selon l'État et le comté !

Le plus économique est de circuler en voiture et de ***camper*** dans les parcs. Les prix sont très raisonnables : 10 à 25 $ l'emplacement par jour, celui-ci pouvant le plus souvent accueillir jusqu'à six personnes et parfois jusqu'à deux véhicules. Certains terrains en territoire navajo sont même gratuits (canyon de Chelly et Navajo Monument) et le camping sauvage est parfois autorisé, mais en suivant des règles strictes (notamment déposer son itinéraire à l'avance auprès des autorités des parcs). Sinon, la règle est simple : plus le tarif est bas, plus les services sont réduits. Cela explique en partie les prix plus élevés des campings privés : 17 à 40 $.

Ceux qui n'ont pas la possibilité de planter la tente pousseront la porte d'une ***AJ*** ou d'une ***YMCA/YWCA.*** Un lit en dortoir coûte environ 20 à 30 $ la nuit par personne et une chambre privée double (avec salle de bains partagée) dans les 50 à 80 $. Dans les ***motels,*** compter 60 à 100 $ pour une chambre double en saison, voire jusqu'à 120 ou 130 $; et jusqu'à 180-200 $ pour les ***hôtels...*** Sachez d'ailleurs que les motels de chaîne sont souvent plus chers que les autres : les *Days Inn, Super 8, Budget Inn* et *Best Value* où l'on pouvait jadis passer la nuit sans se ruiner sont de plus en plus rarement bon marché. Restent les *Motel 6* (et encore...). Bon à savoir, pour ceux qui voyagent à plusieurs : les chambres à deux lits pouvant accueillir quatre personnes ne sont généralement pas beaucoup plus chères que pour deux (on paie le nombre de lits plus que le nombre de personnes). Les ***Bed & Breakfast*** les plus modestes démarrent autour de 75-80 $ la double, mais les plus chic grimpent allégrement jusqu'à 200 $ et parfois au-delà (la moyenne étant dans les 130 $).
Les prix varient presque toujours selon la ***saison,*** souvent aussi en fonction du jour de la semaine (plus cher le week-end et en été). La haute saison débute grosso modo en mai pour s'achever en septembre ; mais certains établissements la font débuter en mars et terminer en novembre. En basse saison, les tarifs diminuent de 20 à 40 % et parfois plus encore (il faut bien attirer le client !), mais gare aux conditions climatiques en hiver. En plus, pas mal d'adresses ferment en décembre, janvier, parfois février... Il faut savoir aussi que, bien souvent, les hôtels et motels font payer un supplément lorsque la période est particulièrement *busy* en raison d'un week-end prolongé ou d'un événement local...
Voici nos fourchettes de prix :
- ***Très bon marché :*** moins de 30 $ (lit pour une personne).
- ***Bon marché :*** de 40 à 70 $ (chambre double).
- ***Prix moyens :*** de 70 à 100 $ (chambre double).
- ***Plus chic :*** de 100 à 150 $ (chambre double).
- ***Très chic :*** plus de 150 $ (chambre double).

Le ***petit déj*** continental est de plus en plus souvent inclus dans le prix de la chambre. Si ce n'est pas le cas, compter 7 à 15 $ en sus pour le prendre à l'extérieur. Très pratiques, les cafetières à disposition dans les chambres d'hôtel permettent de se bricoler un petit déj économique, avec quelques cookies ou muffins achetés au supermarché.
Dans la plupart des grandes villes, le ***parking*** est payant. En revanche, il est gratuit à Las Vegas afin d'attirer les clients au casino de l'hôtel... Ailleurs, compter 8 à 25 $ pour 24h. Les prix indiqués sont souvent négociables en fonction du taux de remplissage de l'hôtel.

Les restos

Ici, les prix sont ceux d'***un plat à la carte le soir*** (c'est souvent moins cher le midi). Un plat suffit généralement, vu la taille des portions américaines. On peut aussi partager sans problème. ***Ne pas oublier d'ajouter la taxe et le pourboire*** (voir rubrique « Taxes et pourboires ») : donc 25 % en plus...
- ***Bon marché :*** moins de 12 $.
- ***Prix moyens :*** de 12 à 20 $.
- ***Chic :*** de 20 à 30 $.
- ***Très chic :*** au-delà de 30 $.

Les loisirs

Petit avertissement pour ceux qui sont ric-rac côté finances : les sirènes de la consommation ont plus d'un tour dans leur sac pour vous séduire. Même si vous passez par Las Vegas « pour analyser la décadence d'un modèle en faillite », résisterez-vous à la tentation de glisser quelques piécettes dans la machine à sous ? Bref, lors de la préparation budgétaire de votre voyage, ne vous serrez pas trop la ceinture côté plaisirs, car vous le regretteriez sur place.

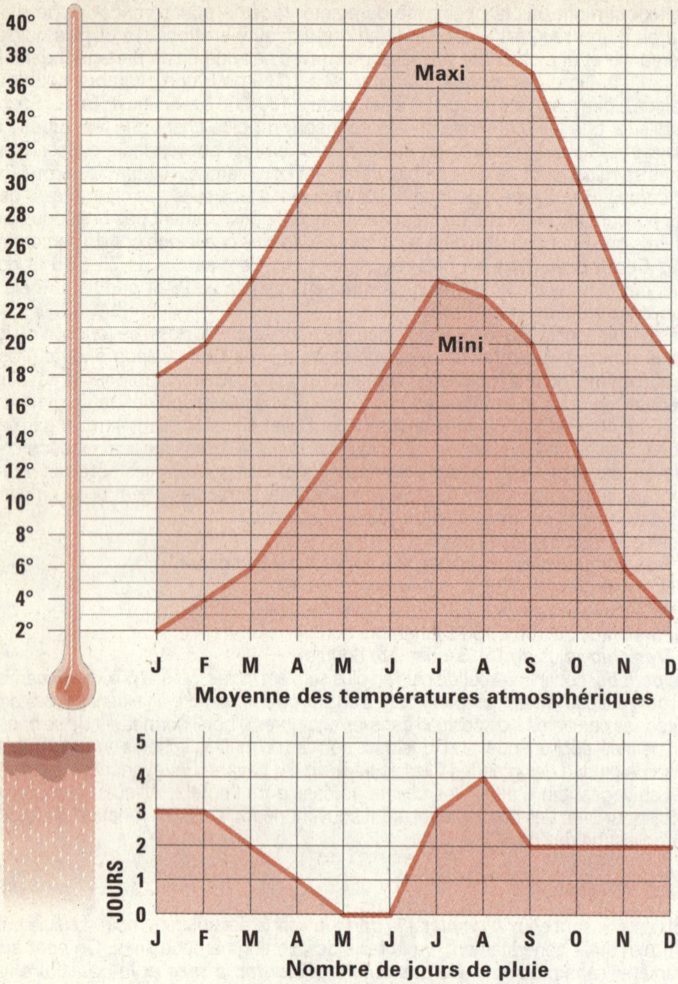

PARCS NATIONAUX (Phoenix)

CLIMAT

Du fait de l'immensité du territoire et des grandes différences d'altitude, les températures et les précipitations sont assez variables. Globalement, dans l'Ouest, le climat est continental. Les hivers sont froids, particulièrement dans les Rocheuses – sauf lorsque souffle le *chinook*, un vent chaud et sec. Les étés sont partout chauds et souvent orageux. En Arizona (Phoenix) et au Nouveau-Mexique (Santa Fe et Albuquerque), c'est même franchement la canicule. Visiter la Death

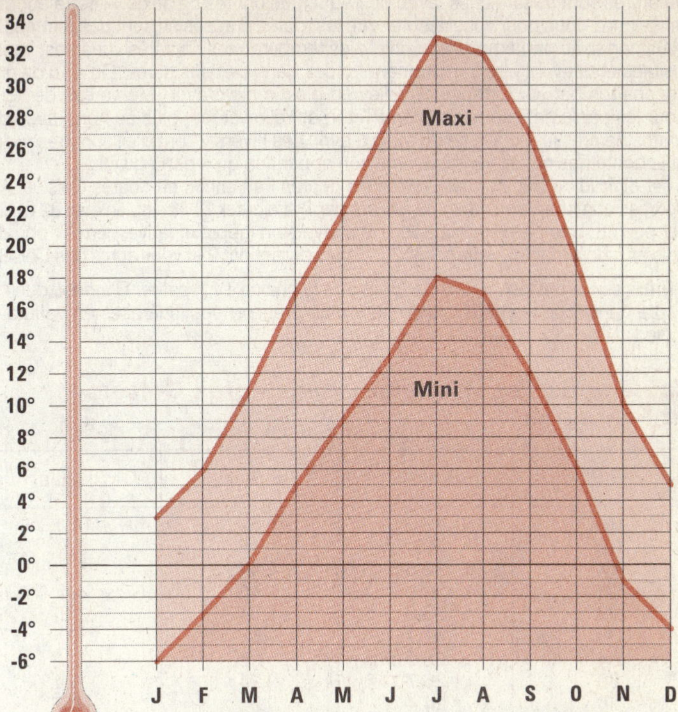

Moyenne des températures atmosphériques

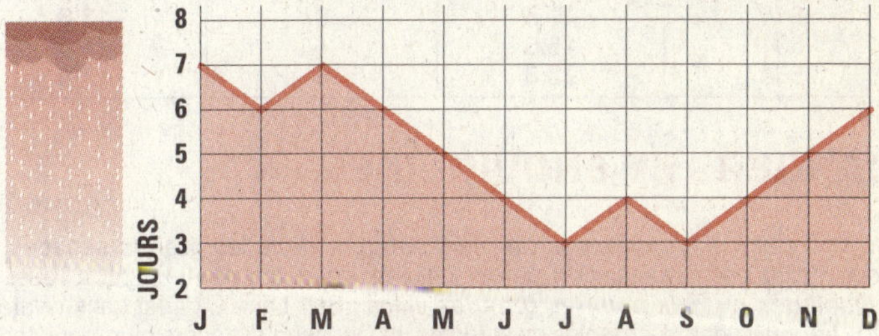

Nombre de jours de pluie

PARCS NATIONAUX (Salt Lake City)

Valley à cette période tient du défi ; allez-y plutôt en automne ou au printemps si vous avez le choix. En tout état de cause, lorsque vous partez en balade dans les parcs nationaux, buvez beaucoup (de l'eau, bien sûr !), enduisez-vous d'écran total et munissez-vous de lunettes de soleil et d'un chapeau pour éviter les insolations. Ce n'est pas qu'une précaution, c'est une nécessité ! En revanche, en hiver, emportez dans vos valises une grosse polaire, voire une doudoune, car les tem-

pératures sont très fraîches, avec de fréquentes chutes de neige. À cette époque, renseignez-vous pour vous assurer que les routes d'accès ne sont pas fermées. Si vous partez au printemps (mars-avril), les températures sont très variables, imprévisibles et peuvent être franchement froides dans certains parcs. On a vu de gros flocons tomber sur Monument Valley en plein mois d'avril ! Même cas de figure pour les parcs nationaux de Grand Teton et Yellowstone, plus au nord, avec des routes barrées jusqu'à la fin du mois d'avril. Les hivers y sont d'ailleurs très rudes, et le printemps ne fait véritablement son apparition qu'à partir de juin.
Il est difficile de transformer de tête les degrés Fahrenheit en degrés Celsius. Aux degrés Fahrenheit, soustraire 30, diviser par 2 et ajouter 10 % – ou enlever 32 et diviser par 1,8. Une dernière méthode de conversion (approximative, certes), pour les nuls en calcul mental : retrancher 26 °F, puis diviser par 2 et vous aurez des Celsius !

– ***Infos sur la météo :*** • *weather.com* • Et la chaîne TV *Weather Channel,* que l'on capte dans tous les hôtels. Utile pour bien préparer ses itinéraires en voiture ou à pied.

Tableau des équivalences des degrés Celsius et Fahrenheit

Fahrenheit	Celsius	Fahrenheit	Celsius
108	42,2	52	11,1
104	40	48	8,9
100	37,8	44	6,7
96	35,6	40	4,4
92	33,3	36	2,2
88	31,1	32	0
84	28,9	28	- 2,2
80	26,7	24	- 4,4
76	24,4	20	- 6,7
72	22,2	16	- 8,9
68	20	12	- 11,1
64	17,8	8	- 13,3
60	15,6	4	- 15,6
56	13,3	0	- 17,8

DANGERS ET ENQUIQUINEMENTS

Soyons clairs, ***il n'existe pas de réels dangers dans les grands espaces.*** Si vous n'allez pas au-devant du danger, celui-ci ne viendra pas tout seul à vous.
– ***Quelques rappels pour les grandes villes :*** Salt Lake City est sans doute la plus tranquille des métropoles de la région, et Denver n'est guère plus inquiétante. L'immense Phoenix compte quant à elle des quartiers un peu craignos, mais le routard n'a rien à y faire de toute manière. Las Vegas, malgré ses débordements de paillettes et d'outrances en tout genre, est une ville très sûre. La municipalité tient à sa réputation. Bref, franchement peu ou pas de problèmes à signaler. Conseil global pour les villes : éviter de traîner dans le Downtown après la tombée de la nuit. C'est en général dans ces quartiers que viennent s'échouer les laissés-pour-compte de la société américaine. Cela dit, dans une ville comme Denver, c'est dans le Downtown que se trouvent la majorité des bars et autres endroits où sortir.
– En ce qui concerne les ***parcs nationaux*** proprement dits, les seuls vrais risques sont de croiser un grizzly mal léché ou un serpent à sonnette ! Évidemment, ne laissez pas votre argent dans votre tente, ni votre carte de paiement à portée de

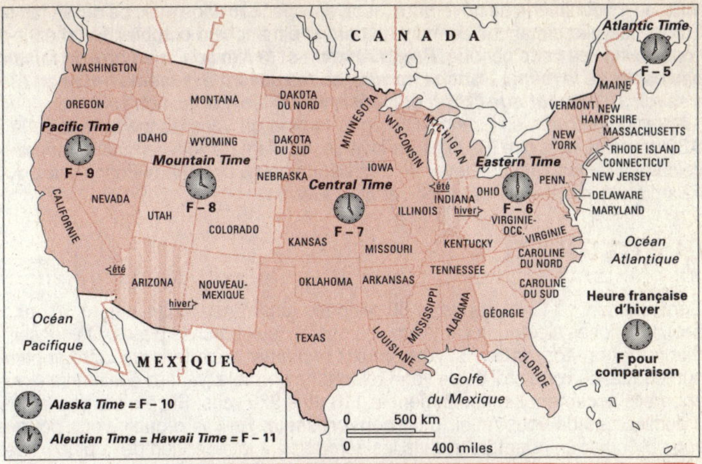

LES FUSEAUX HORAIRES

vol. Et soyez prudent en circulant en voiture dans les parcs du Nord-Ouest, car on peut croiser le chemin d'un animal. Dans tous les parcs, les rangers assurent la sécurité de tous et sont là pour vous conseiller. Lors des randonnées, les incidents les plus importants sont provoqués par les touristes eux-mêmes : mauvaise préparation, manque d'eau, chaussures inadaptées, forme physique surévaluée, vertige sous-estimé. Il est toujours étonnant de voir des touristes descendre au fond du Grand Canyon en tongs avec une simple petite gourde d'écolier pour se désaltérer ! Gare aussi aux ours qui n'hésiteront pas à se servir dans votre tente et même dans votre voiture ! Quant aux moustiques, ils sont évidemment beaucoup moins dangereux mais beaucoup plus nombreux... Dans la Death Valley, c'est l'extrême chaleur qui représente le risque majeur. Là aussi, les règles élémentaires de bon sens et le respect des conseils donnés par les rangers s'imposent.

– En règle générale, veillez à avoir des réserves d'eau dans le coffre de la voiture quand vous partez et n'oubliez pas que les stations-service sont parfois très éloignées les unes des autres...

– Enfin, ***en cas de problème urgent, composer le*** ☎ ***911*** (gratuit de n'importe quel téléphone public ; pas besoin d'introduire de pièces).

DÉCALAGE HORAIRE

Il y a quatre fuseaux horaires aux États-Unis (six avec l'Alaska et Hawaii). ***Le Nouveau-Mexique, l'Arizona, le Colorado, l'Utah et le Wyoming sont situés dans le fuseau horaire « Mountain Time ».*** Il y a un décalage horaire de 8h en moins par rapport à la France. Par exemple, quand il est 15h en France, il est 7h à Salt Lake City. ***En revanche, la Californie et le Nevada se situent dans le fuseau horaire « Pacific Time » et marquent un décalage de 9h en moins par rapport à la France*** (et 1h de moins que le *Mountain Time*).

– Au-delà de ces questions de zones horaires, sachez que ***la plupart des États appliquent le changement d'horaire entre l'hiver et l'été.*** Ici, on appelle ça le *daylight saving time (DST).* L'Arizona fait toutefois exception en restant toute l'année sur ce qu'on appelle le *standard time.* L'Arizona, oui, mais pas la réserve navajo qui s'y trouve ! Depuis 2007, l'heure d'été s'applique du 2e dimanche de

mars au 1er dimanche de novembre... soit en léger décalage avec ce qui se fait en Europe (dernier dimanche de mars au dernier dimanche d'octobre). Retenez-le si vous voyagez à cette période. ***Bref, l'Arizona et le Nevada, bien que ne faisant pas partie de la même tranche horaire, se retrouvent à la même heure en été, à savoir 1h plus tôt que l'Utah et la réserve navajo.*** Facile, non ?
– Attention, comme en Grande-Bretagne, quand on vous donne rendez-vous à 8.30 pm, cela veut dire à 20h30. À l'inverse, 8.30 am désigne le matin. Pensez-y, cela vous évitera de vous lever de très bonne heure pour rien ! Enfin, notez que 12 am c'est minuit et 12 pm midi... et pas l'inverse.

ÉLECTRICITÉ

Généralement : 110-115 volts et 60 périodes (en France : 220 volts et 50 périodes). Les fiches électriques américaines sont à deux broches plates. On conseille d'apporter un ***adaptateur*** si vous voulez recharger la batterie de votre appareil numérique, de votre ordi ou de votre téléphone portable. Vérifiez également si vos appareils acceptent indifféremment le 110 et le 220 volts. Si ce n'est pas le cas, n'oubliez pas de vous munir d'un ***convertisseur.*** En cas d'oubli, vous pourrez vous procurer un adaptateur dans les aéroports, à la réception de la plupart des hôtels ou dans une boutique d'électronique, mais c'est nettement moins vrai pour les convertisseurs.

HÉBERGEMENT

De tout et à tous les prix, du camping au palace design en passant par l'auberge de jeunesse, le ranch, le *Bed & Breakfast,* le *boutique hotel* et, bien sûr, l'incontournable motel en bordure d'autoroute, si emblématique des *road trips* américains. Dans les endroits touristiques, ***il est fortement recommandé de réserver*** son hôtel le plus longtemps possible à l'avance, surtout pour un séjour en haute saison, et le week-end toute l'année. Le plus simple est de le faire via le site internet des établissements ou bien par téléphone. On vous demandera systématiquement votre numéro de carte de paiement. Attention, si vous n'annulez pas votre réservation au moins 1 ou 2 jours à l'avance (voire 3 dans les zones les plus touristiques), vous serez débité de la totalité. Dans les *B & B,* le délai est souvent beaucoup plus long.
Important à savoir, comme un peu partout aux États-Unis, ***les prix varient beaucoup selon le remplissage, et donc, en gros, selon la saison touristique.*** C'est ce qu'on appelle le système du yield management.
– ***Le problème des bedbugs*** (punaises de lit) ***:*** voir la rubrique « Santé » plus loin.

Les auberges de jeunesse

Il existe une petite trentaine d'auberges de jeunesse membres de l'association ***Hostelling International*** dans l'Ouest américain. Cela dit, elles sont très inégalement réparties. Ainsi, on en trouve une vingtaine en Californie mais à peine une en Arizona (à Phoenix), une au Nouveau-Mexique (Taos) et aucune en Utah, au Colorado ou au Wyoming ! Qu'à cela ne tienne, il y a souvent des AJ privées...
La plupart des auberges disposent d'une cuisine bien équipée et d'une salle commune. Les services ne coûtent pas cher : accès Internet et wifi (souvent même gratuits), laverie à pièces, navettes diverses, excursions... Les AJ sont souvent une mine d'infos en tout genre (*flyers* indiquant médecin, location de vélos, *road trips,* etc.). Aucune limite d'âge pour y séjourner.
La carte de membre *Hostelling International* n'est généralement pas obligatoire pour y être admis, mais vous paierez un peu plus cher sans (3 $ par nuit). Cette carte coûte environ 11 € en France (7 € pour les moins de 26 ans) et environ 28 $

aux États-Unis (18 $ plus de 55 ans, gratuite moins de 18 ans ; voir la rubrique « Avant le départ », plus haut). On peut se la procurer dans toutes les AJ membres du réseau ou sur Internet.

Dans les grandes villes, les AJ sont parfois installées dans de beaux bâtiments historiques et restent ouvertes 24h/24, contrairement à bon nombre d'AJ rurales, qui ferment parfois entre 10h et 17h (pour entretien ou parce que le proprio a un autre job). Dans les plus anciennes et les plus reculées, on vous demandera peut-être encore de participer aux tâches ménagères... Dans d'autres, renseignez-vous, il sera peut-être possible d'« échanger » votre séjour contre quelques heures de travail.

En haute saison, il est conseillé de réserver à l'avance. Plusieurs possibilités :

– ***Par Internet :*** ● hiusa.org ● (rubrique « Reservations »).

– ***Par téléphone ou fax :*** en contactant directement l'AJ.

– ***Par téléphone, depuis les États-Unis :*** ☎ *1-800-909-4776.* Avoir sa carte de paiement sous la main et taper les trois premières lettres de la ville où se trouve l'AJ. Pour composer les numéros avec des lettres, lire la rubrique « Téléphone – Télécommunications » plus loin.

■ Pour ceux qui désirent se procurer la carte ***Hostelling International*** avant de partir, l'organisation ***Hostelling International*** est représentée à Paris par la ***Fédération unie des auberges de jeunesse (FUAJ).*** Coordonnées plus haut dans la rubrique « Avant le départ ».

Les campings

On en trouve partout ou presque, des grands, des petits, des très beaux, des modestes. Beaucoup sont situés en pleine nature mais, bien sûr, il y a aussi des campings urbains où s'entassent les *RV* (camping-cars), laissant parfois très peu de place pour les tentes. Si vous prévoyez d'emporter un brûleur, adoptez un modèle récent de la marque Camping-gaz ; on trouve facilement les recharges sur place dans les *general stores.* Il existe deux types de campings :

Les campings nationaux ou d'État (national ou state campgrounds)

On en trouve partout dans les *National Parks, National Monuments, National Recreation Areas, National Forests* et *State Parks.* À privilégier, ces *campgrounds* sont généralement situés dans de beaux endroits préservés, en pleine nature. Ce sont les moins chers (entre 10 et 25 $ en général), et on paie en principe pour l'emplacement, jusqu'à six personnes, avec une ou deux voitures autorisées. L'équipement des sites les moins chers est généralement très sommaire. Dans certains sites « primitifs » (non équipés), il arrive que ce soit gratuit, mais c'est de plus en plus rare. Dans les *campgrounds* les moins fréquentés, il faut déposer une enveloppe avec le prix de la nuit dans une borne, à l'entrée, en notant sur l'enveloppe vos nom et adresse, le numéro minéralogique de la voiture et celui de l'emplacement retenu. N'essayez pas d'en profiter, car les rangers veillent et l'amende est alors salée.

L'espace entre l'emplacement de chaque tente est généralement très correct. Mais ce n'est pas une raison pour faire du bruit le soir car beaucoup de parcs imposent des *quiet hours* dès 22h. Il y a toujours des toilettes, des tables de pique-nique et des barbecues, mais pas nécessairement de douches, d'électricité ni d'eau potable (voire d'eau tout court dans les plus spartiates).

Arrivez tôt le matin pour réserver votre emplacement dans les parcs, ou, beaucoup plus sûr, réservez à l'avance quand c'est possible (jusqu'à 6 mois dans certains endroits) ; car en été la demande peut être forte. Dans certains campings de parcs, il n'est pas possible de réserver. Dans ce cas, le premier arrivé est le premier servi *(first come, first served !).* Essayez d'arriver avant 12h (10h, voire 8h pour les lieux les plus courus) si vous voulez avoir une petite chance de dénicher un site libre.

Sinon, pensez à faire vos courses dans un supermarché avant d'arriver. Les boutiques sont rares ou alors très chères et moins bien fournies. Enfin, n'oubliez pas d'emporter des vêtements chauds ; beaucoup de parcs sont en altitude, et il arrive qu'en mai ou septembre il gèle la nuit. Important, dans les parcs nationaux peuplés d'ours, suivez scrupuleusement les consignes des rangers concernant la cuisine et la manière d'entreposer les provisions et les déchets (en gros, faut tout stocker dans la voiture). L'odorat de ces gros nounours est des plus pointu et ce n'est pas une toile de tente qui les empêchera de se payer un casse-croûte à vos dépens... On nous a même conseillé de changer de vêtements après la corvée de popote !

■ ***Réservations pour camper dans les parcs nationaux :***
– *Sur Internet :* • *recreation.gov* • C'est le plus pratique, même s'il faut s'inscrire pour accéder au système. On règle par carte de paiement en ligne et on peut même choisir son emplacement, avec les disponibilités affichées en temps réel !
– *Par téléphone :* ☎ *1-877-444-6777 depuis les États-Unis, ou* ☎ *(518) 885-3639 depuis l'étranger. Fonctionne 10h-minuit, heure de la côte Est (6h de moins par rapport à la France).* Règlement par carte de paiement. Un numéro de réservation vous est donné, à ne pas perdre puisque ce sera votre sésame une fois arrivé au parc.
■ ***Réservations pour camper dans les parcs d'État :*** cela permet de retenir à l'avance un emplacement dans un des campings d'État ouverts à la réservation (ce n'est pas le cas de tous). Comme pour les parcs nationaux, le règlement se fait par carte de paiement.
– *Arizona State Parks :* ☎ *602-542-4174.* • *pr.state.az.us* • *Résas possibles dans très peu de campings.*
– *California State Parks :* ☎ *1-800-777-0369 ou (1) 916-653-6995 de l'étranger.* • *parks.ca.gov* • *Résas possibles jusqu'à 7 mois à l'avance. Frais de 8 $ pour chaque camping.* En été, ce système est assailli par les appels. Appelez en milieu de journée et en milieu de semaine.
– *Colorado State Parks :* ☎ *303-470-1144 ou 1-800-678-2267.* • *parks.state.co.us/reservations* • *On peut réserver dans l'intégralité des campings. Frais de 10 $ par camping.*
– *Nevada State Parks :* ☎ *775-684-2770.* • *parks.nv.gov* • *Pas de résas possibles.*
– *New Mexico State Parks :* ☎ *1-877-664-7787.* • *newmexicostateparks.reserveamerica.com* • *Résas possibles jusqu'à 6 mois à l'avance dans une trentaine de parcs.*
– *Utah State Parks :* ☎ *801-322-3770 ou 1-800-322-3770 ; depuis l'étranger* ☎ *(1) 518-885-3639.* • *stateparks.utah.gov* • *Résas possibles avec frais de dossier.*
– *Wyoming State Parks :* ☎ *1-877-996-7275.* • *wyoparks.state.wy.us* • *Résas possibles dans 8 campings, jusqu'à 3 mois à l'avance, slt de mi-mai à mi-sept.*

Les campings privés

Il n'y en a pas dans les parcs nationaux, mais certains sont installés tout près. Autant les campings nationaux ou d'État sont souvent de vrais petits édens, autant les campings privés manquent en général singulièrement de charme. Moins bien situés, souvent en bord de route, ils ont tendance à entasser les emplacements les uns sur les autres (question de rentabilité) en réservant la majorité de l'espace aux *RV*, des camping-cars monstrueux, longs comme des bus (il n'est pas rare qu'un *RV* tracte un 4x4... bonjour le retour à la nature !). Peu d'ombre, pas d'herbe ni d'intimité, on a alors l'impression de camper dans un parking ! Bien sûr, il y a des exceptions, certains camps sont très sympas (et, en général, ce sont les moins chers) ou, à défaut, relativement agréables. Le principal avantage de ces campings privés, c'est qu'ils offrent beaucoup plus de commodités et de services : sanitaires complets, électricité, machines à laver, boutiques avec produits de première nécessité, tables de pique-nique et grilles pour barbecues... Dans certains, il y a même une piscine, un resto, le wifi, une cuisine... Bien sûr, c'est beaucoup plus cher que les campings nationaux (17 à 40 $ selon le camping). Bon plan, ces campings proposent souvent des bungalows en bois *(cabins)* ou des mobile homes à louer au même prix (voire moins cher) qu'une chambre dans un petit motel, mais les draps ne sont pas toujours fournis. Il existe également des chaînes de camping comme *KOA (Kampgrounds of America),* qui édite une brochure (disponible dans tous les campings du groupe) avec toutes les adresses et leurs positionnements précis sur une carte routière. Elle propose également une carte d'abonnement *(Value Kard Rewards)* valable 1 an qui coûte autour de 25 $ et donne droit à 10 % de réduction.

■ ***KOA (Kampgrounds of America) :*** ☎ *1-800-562-8699.* • *koa.com* •

Utiles, le Woodall's Campground Directory (• *woodalls.com* •) ou le Trailer Life (• *trailerlifedirectory.com* •), qui recensent les campings du pays.

Les motels

Ce mot provient de la contraction de *motor* (« moteur », donc voiture) et *hotel.* Logique, puisque les motels sont conçus pour que l'on puisse se garer directement devant sa chambre. Comme vous le savez sans doute, c'est le type d'établissement le plus répandu aux États-Unis. Un motel, c'est donc un hôtel au bord d'un axe routier... plus ou moins fréquenté, généralement un bâtiment bas autour d'une vaste cour qui fait office de parking. Ils sont plutôt anonymes et proposent des chambres confortables, à la déco standardisée, avec salle de bains, clim et TV, mais parfois aussi un peu vieillots, voire vétustes, ça dépend de chacun et, surtout, de la catégorie. En général, cela dit, ils sont plus convenables que les hôtels de mêmes tarifs. À propos de tarifs justement, ceux-ci varient le plus souvent selon la taille de la chambre et, surtout, le nombre de lits (*single bed* = lit pour deux, ou *two beds* = deux lits doubles) et leur taille (*queen size, king size,* etc.). Généralement intéressant pour les familles, qui peuvent occuper une chambre avec deux grands lits pour un prix avantageux (en général, les enfants de moins de 17 ans ne paient pas s'ils sont dans la chambre des parents). Le parking est gratuit, bien sûr (c'est le principe !). Pas la peine d'arriver avant 15h pour le *check-in,* la chambre n'est généralement pas disponible ou pas encore nettoyée. En revanche, le départ *(check-out)* se fait vers 11h-12h au grand maximum, ne l'oubliez pas non plus sous peine de payer un supplément !
Les ***motels de chaîne*** : *Comfort Inn, Days Inn, Holiday Inn* et *Holiday Inn Express, Hampton Inn, Best Western, Travelodge* et *Howard Johnson* sont les chaînes de moyenne gamme les plus répandues. Le confort et la propreté y sont dans l'ensemble très satisfaisants, bien que, là aussi, coexistent des établissements anciens assez patinés et d'autres tout juste construits ou rénovés. On recommande aussi des chaînes de motels plus économiques, au confort simple, comme *Motel 6* (où le wifi est parfois payant, mais pas cher), *Super 8* ou *Econo-Lodge.* Attention, les tarifs changent d'un établissement à l'autre, en fonction de la situation géographique surtout. Ici, un *Motel 6* sera bon marché alors que là, il sera dans les « Prix moyens ».

Quelques infos valables pour les hôtels et les motels, en vrac

– Sauf exception (précisée), les prix que nous indiquons s'entendent ***sans la taxe*** de l'État (de 9 à 15,5 %).
– Mieux vaut réserver à l'avance.
– Notez que, dès la réservation sur Internet ou par téléphone, il vous faudra fournir ***un numéro de carte de paiement.*** Et à votre arrivée, ***on prendra l'empreinte***

de votre carte de paiement, pour les *incidentals* comme ils disent, à savoir les éventuels frais de téléphone, minibar, *pay TV,* etc.

– La plupart des hôtels proposent des chambres équipées de ***TV*** (le plus souvent écran plat avec le câble), ***AC, sanitaires complets*** et ***cafetière.*** Si tel n'est pas le cas, nous le précisons dans le commentaire. Ils sont de plus en plus nombreux à inclure aussi un micro-ondes, un sèche-cheveux, un minifrigo et le wifi (souvent aussi un ordi à disposition des clients qui n'ont pas de *laptop* ou d'iPad).

– ***De plus en plus d'hôtels proposent aussi le petit déjeuner*** (inclus dans le prix de la nuitée). Le plus souvent, il s'agit d'un petit déj continental léger servi dans le *lobby,* avec thé, café et un choix de muffins, bagels, *donuts* ou gaufres en libre-service. Pas vraiment folichon. Certains hôtels un peu plus haut de gamme proposent parfois un buffet plus varié, avec céréales, fruits et même des œufs. Si le petit déj n'est pas compris, allez plutôt le prendre à l'extérieur, d'autant que les restos dédiés à cela ne manquent pas aux USA : en dehors de nos adresses « Spécial petit déj », bien sûr, on trouve des *diners* (restos traditionnels américains) ou des *coffee shops* un peu partout.

– Cela peut surprendre dans ce pays, mais il y a encore quelques hôtels et motels qui proposent des ***chambres fumeurs.*** Bien le demander au départ : risque d'amende élevée (souvent 200 ou 300 $) pour avoir perverti l'atmosphère de la chambre avec l'odeur du tabac ! Et on peut parfaitement débiter votre carte de paiement après votre départ si le personnel s'en aperçoit...

– Faites attention au ***check-out time,*** heure au-delà de laquelle vous devez payer une nuit supplémentaire. C'est généralement 12h, parfois 11h. En demandant gentiment, il est fréquent de réussir à se faire accorder 1h ou 2h de plus. Quant au ***check-in,*** il se fait généralement à partir de 15h seulement.

– ***Téléphoner des hôtels*** coûte très, très cher. Si vous ne voulez pas plomber votre facture de téléphone portable, la solution la plus économique consiste à acheter une carte téléphonique prépayée (lire plus loin la rubrique « Téléphone – Télécommunications ») que vous utiliserez depuis le téléphone de votre chambre d'hôtel. Une taxe d'environ 1 $ par appel vous sera alors parfois prélevée (même si la communication n'a pas abouti, mieux vaut le savoir !), mais ce n'est rien à côté du montant que vous auriez dû payer sans carte.

Lexique de l'hébergement américain

– *Double :* chambre double avec lit d'environ 1,40 m de large.
– *Queen :* double avec lit d'environ 1,50 m de large.
– *King :* double avec lit d'environ 2 m de large.
– *Two double beds :* chambre avec deux lits d'environ 1,40 m pouvant loger quatre personnes.
– *Deluxe :* chambre un peu plus spacieuse en général (ou avec vue).
– *Dorm bed :* lit en dortoir.
– *Bunk beds :* lits superposés.
– *Dorm with bathroom ensuite :* dortoir avec salle de bains attenante.
– *Private room with shared bath :* chambre double avec salle de bains partagée.
– *Private room with private bath :* chambre double avec salle de bains privée.
– *Efficiency :* avec cuisine (ou kitchenette) équipée.

Les *Bed & Breakfast*

Rien à voir avec nos chambres d'hôtes ou avec les *B & B* anglais, irlandais ou écossais. En général logés dans d'anciennes demeures de charme, ce sont souvent de véritables bonbonnières, cosy et archiconfortables, où règne une atmosphère familiale, certes, mais haut de gamme, avec souvent un petit règlement intérieur à respecter. Nettement plus personnalisés que l'hôtel donc, mais presque tous dans les catégories « Plus chic » et « Très chic » (en moyenne, autour de

200 $ la nuit). Leur capacité d'accueil est évidemment limitée (de deux à une petite dizaine de chambres au maximum), c'est d'ailleurs ce qui fait une partie de leur attrait. Et, bien sûr, ils comprennent le petit déjeuner, parfois copieux mais pas toujours. Leur *check-out* est souvent assez tôt (11h le matin). Enfin, les fumeurs et les enfants de moins de 10-12 ans y sont rarement les bienvenus (pour préserver la tranquillité des hôtes)...

L'échange d'appartements

Une formule de vacances originale et très pratiquée outre-Atlantique. Il s'agit d'échanger son propre logement (que l'on soit proprio ou locataire) contre celui d'un adhérent du même organisme dans le pays de son choix, pendant la période des vacances. Cette formule offre l'avantage de passer des vacances aux États-Unis à moindres frais, en particulier pour les jeunes couples avec enfants. Voici deux agences qui ont fait leurs preuves :

■ ***Intervac :*** *☎ 05-46-66-52-76. • intervac-homeexchange.com • Adhésion annuelle avec diffusion d'annonce sur Internet et nombre d'échange illimité : 95 €.*

■ ***Homelink International :*** *19, cours des Arts-et-Métiers, 13100 Aix-en-Provence. ☎ 04-42-27-14-14 ou 01-44-61-03-23. • homelink.fr • Même type de prestations pour 125 €.*

La location d'appartements ou de maisons

De plus en plus prisée par les Américains, cette formule est particulièrement intéressante pour les familles. On peut louer à la journée, à la semaine ou au mois. Voici les sites les plus complets :

■ ***Airbnb :*** *• airbnb.com •* Possibilité de chercher par ville, dates et nombre de voyageurs. Le site est également traduit en français, et les prix peuvent être convertis en euros.

■ ***VRBO :*** *• vrbo.com •* Les critères de recherche sont plus détaillés, et le choix de résidences à louer plus important.

LANGUE

Voici un lexique de base, pour vous débrouiller dans les situations de tous les jours. Pensez aussi à notre ***Guide de conversation du routard*** en anglais.

Vocabulaire anglais de base utilisé aux États-Unis

Oui	Yes
Non	No
D'accord	Okay
Politesse	
S'il vous plaît	Please
Merci (beaucoup)	Thank you (very much)
Bonjour !	Hello ! (Hi !)
Au revoir	Good bye/Bye/Bye-bye
À plus tard, à bientôt	See you (later)
Pardon	Sorry/Excuse me
Expressions courantes	
Parlez-vous le français ?	Do you speak French ?
Je ne comprends pas	I don't understand

Pouvez-vous répéter ?	Can you repeat please ?
Combien ça coûte ?	How much is it ?

Vie pratique

Bureau de poste	Post office
Office de tourisme	Visitor Center
Banque	Bank
Médecin	Doctor/Physician
Hôpital	Hospital
Supermarché	Supermarket

Transports

Billet	Ticket
Aller simple	One way ticket
Aller-retour	Round trip ticket
Aéroport	Airport
Gare	Train station
Gare routière	Bus station
À quelle heure est le prochain bus/train pour... ?	At what time is the next bus/train to... ?

À l'hôtel et au restaurant

J'ai réservé	I have a reservation
C'est combien la nuit ?	How much is it per night ?
Petit déjeuner	Breakfast
Déjeuner	Lunch
Dîner	Dinner
L'addition, s'il vous plaît	The check, please
Le pourboire	The tip/the gratuity

Les chiffres, les nombres

1	one
2	two
3	three
4	four
5	five
6	six
7	seven
8	eight
9	nine
10	ten
20	twenty
50	fifty
100	one hundred

MESURES

Même s'ils ont coupé le cordon avec la vieille Angleterre, même s'ils roulent à droite, pour ce qui est des unités de mesure, les Américains ont conservé un système anglo-saxon. Après les Fahrenheit (voir le chapitre « Climat »), les tailles de vêtements et le voltage électrique (voir le chapitre « Électricité »), une autre différence à assimiler. On a essayé de limiter les dégâts en vous précisant quelques équivalences : bon courage pour les calculs !

Longueurs
1 yard = 0,914 m
1 foot = 30,48 cm
1 inch = 2,54 cm
1 mile = 1,6 km
0,62 mile = 1 km
1,09 yard = 1 m
3,28 feet = 1 m
0,39 inch = 1 cm

Poids
1 pound = 0,4536 kg
1 ounce (oz) = 28,35 g

Capacités
1 quart = 0,946 l
1 pint = 0,473 l
1 gallon = 3,785 l
1 fl. ounce = 29,573 ml

ORIENTATION

Dans les grandes villes, une rue sépare les secteurs nord et sud. Idem entre l'est et l'ouest. Très utile de connaître les noms et l'emplacement de ces deux rues (ou avenues) de référence, pour se repérer lorsqu'on cherche une adresse.
Il faut savoir un truc, les numéros des rues sont très longs... par exemple, le n° 3730 se situe entre le 37e bloc, ou rue, et le 38e ; ça peut ensuite passer de 3768 à 3800. Dans les communes très étendues, on a déjà vu des numéros dépasser les 10000... C'est loin, mais théoriquement pas compliqué à trouver. En réalité, on se plante toujours, du moins au début !
Autre principe à intégrer : le nom de la rue indiqué sur le panneau correspond à la rue que vous croisez et non à celle où vous vous trouvez. Attention, il arrive (rarement) que ça ne marche pas comme ça.
D'autre part, sachez que traverser hors des clous ou quand le feu est vert pour les voitures peut être passible d'une amende (environ 30 $).

Les abréviations suivantes ont été utilisées dans ce guide

Ave	Avenue	**Rd**	Road
Blvd	Boulevard	**Sq**	Square
Dr	Drive	**St**	Street
Gr	Grove	**E**	East
Hwy	Highway	**N**	North
Pl	Place	**S**	South
Pwy	Parkway	**W**	West

PARCS ET MONUMENTS NATIONAUX

Les parcs nationaux ou d'État *(National or State Parks)* et les monuments nationaux *(National Monuments)* sont des endroits rigoureusement protégés. Pas de grande différence entre eux, si ce n'est que les premiers ont été créés par un vote du Congrès, les deuxièmes par décision du gouverneur de l'État et les derniers par décret du président des États-Unis. Des réglementations très strictes préservent les parcs de toute dégradation humaine (50 $ d'amende si vous ramassez du bois mort, 500 $ pour un plein panier de champignons). Désormais, on n'éteint même plus les incendies s'ils ne sont pas d'origine humaine : le credo est le respect total des rythmes naturels, et tant pis si une portion de forêt reste calcinée durant quelques années. À terme, cela est profitable à l'environnement. Le résultat est fabuleux : les parcs, quoique très fréquentés pour la plupart, sont de merveilleux enclos de beauté naturelle.
Les Américains ont néanmoins réussi à y intégrer toutes les commodités possibles en matière de logement : il est possible d'y passer la nuit dans un *lodge,* dans une cabane améliorée (bains, douche, kitchenette, TV...), sous une tente ou dans

une caravane. Pour dormir dans un parc en été, il est bon de réserver longtemps à l'avance (plusieurs mois pour les parcs célèbres comme Yosemite ou Yellowstone) ou de s'y prendre très tôt le matin (lorsque la réservation n'est pas possible, comme dans les campings par exemple).

Tous ces parcs proposent des programmes de visite en groupe mais, si vous possédez une voiture, procurez-vous de bonnes cartes, une gourde et une glacière pas chère. En y mettant des glaçons (la majorité des motels ont des distributeurs gratuits), vous y conserverez sandwichs et boissons toute la journée.

N'hésitez pas à vous enfoncer dans ces forêts de rêve, ces canyons dont les cartes postales ne seront jamais que le piètre reflet, ces vallées dont le cinéma ne restituera jamais la vraie grandeur. Les parcs les plus visités, comme ceux de Yellowstone et du Grand Canyon, attirent plusieurs millions de visiteurs par an. C'est énorme ! Cela dit, les touristes américains, qui ont horreur de s'éloigner de leur voiture, ont tendance à s'agglutiner toujours aux mêmes endroits, près des points de vue. Les plus dégourdis éviteront donc assez facilement la foule en marchant un peu.

Ces dernières années, de nombreux parcs ont introduit des systèmes de navettes gratuites pour réduire le nombre de véhicules en circulation. Ils sont obligatoires dans certains secteurs, optionnels dans d'autres, et plus ou moins pratiques d'utilisation : super à Zion, un peu plus enquiquinants au Grand Canyon, où il existe trois boucles différentes.

– ***Droits d'entrée :*** la moyenne des droits d'entrée des parcs nationaux tourne autour de 15 $ par véhicule (et non par personne) pour une durée de 7 jours consécutifs. Cinq parcs (Bryce Canyon, Grand Canyon, Grand Teton, Yellowstone et Zion) sont à 25 $, Yosemite et la Death Valley à 20 $. Le parc de Capitol Reef est, lui, gratuit, sauf pour l'accès à la *Scenic Drive* (5 $ par véhicule). Les monuments nationaux sont un peu moins chers (certains, comme le canyon de Chelly, sont gratuits, mais c'est assez rare). Parfois, le droit d'entrée est par personne. Attention, toutes les routes qui traversent un parc national obligent à en payer le droit d'entrée.

– ***Interagency Annual Pass :*** 80 $ pour une voiture et quatre adultes, chauffeur inclus (gratuit moins de 16 ans). Vendu à l'entrée de chaque parc, il est valable 1 an et généralement rentabilisé à partir de cinq ou six visites. Il donne droit à l'accès aux parcs et monuments nationaux de tous les États-Unis (nombre d'entrées illimité). Attention, il n'est pas transférable à quelqu'un d'autre : il faut signer au dos, mais deux signatures sont autorisées. Le *pass* ne donne pas accès à *Monument Valley* (qui se trouve sur les terres navajos) ni aux *State Parks* (logique, ce sont des parcs d'État). Notez que si vous décidez de payer le droit d'entrée à chaque parc, gardez tous vos reçus car si, dans un délai de 2 semaines maximum, vous finissez par atteindre les 80 $, vous êtes en droit de demander un *pass* afin d'entrer gratuitement dans les suivants. *Infos au ☎ 1-888-ASK-USGS (extension 1).* ● *store.usgs.gov/pass* ● Certains États – l'Utah notamment – proposent aussi un *pass* annuel pour leurs *State Parks.*

– ***Les centres d'accueil*** *(Visitor Centers)* **:** dans tous les parcs naturels, il existe un ou plusieurs *Visitor Centers* où l'on trouve le plan et le journal du parc (avec des infos pratiques sur les sites, les randos, les activités, etc.), une variété remarquable de cartes topographiques, de superbes cartes postales et des livres splendides. C'est le premier endroit où se rendre en arrivant. C'est souvent aussi le point de départ des visites et toujours une mine de renseignements. La plupart sont même de véritables petits musées avec panneaux explicatifs sur la géologie locale, la faune et la flore, projection de film, etc.

– ***Sites internet des parcs nationaux américains :*** pour toutes infos utiles, tarifs d'entrée, etc. : ● *nps.gov* ● suivi des premières lettres ou des initiales du parc. Ça marche presque à tous les coups ! Exemple : ● *nps.gov/yose* ● pour le Yosemite. Pour réserver un camping ou un hébergement dans tous les parcs nationaux : ● *recreation.gov* ●

– ***Junior Ranger :*** tous les parcs nationaux proposent ce programme aux enfants dès 4 ans. Dans chaque parc visité, on leur fournit un carnet ludique à compléter. À la sortie, remise d'un diplôme et d'un badge avec l'emblème du parc. Les gosses adorent !

Abréviations utiles

NM = *National Monument* = monument national.
NP = *National Park* = parc national.
NHP = *National Historic Park* = parc national historique.
NHS = *National Historic Site* = site historique national.
NRA = *National Recreation Area* = zone récréative nationale.

POSTE

– Les ***bureaux de poste*** sont pour la plupart ouverts du lundi au vendredi de 8h à 17h et le samedi matin.
– Les ***timbres (stamps)*** s'achètent aussi aux guichets *UPS,* ainsi que chez certains vendeurs de cartes postales, drugstores et marchands de souvenirs.
– Compter ***un peu plus d'1 $ pour l'envoi d'une lettre ou d'une carte postale en France.***

SANTÉ

La sécurité sanitaire est excellente aux États-Unis, mais extrêmement chère, même pour les Américains. Pas de consultation médicale à moins de 150 $. Pour les médicaments, multiplier par deux au moins les prix français. D'où l'importance de souscrire, avant le départ, une ***assurance voyage intégrale*** avec assistance-rapatriement (voir rubrique « Avant le départ »).

Les médicaments et consultations

– ***Prévoir une bonne pharmacie de base,*** avec éventuellement un antibiotique à large spectre prescrit par son généraliste (au cas où), à fortiori si on voyage avec des enfants. Sur place, si vous souffrez de petits bobos courants ou facilement identifiables (rhume, maux de gorge...), vous pouvez pratiquer en premier lieu l'automédication, comme le font les Américains. S'il vous manque quelque chose, sachez que de nombreux médicaments, délivrés uniquement sur ordonnance en France, sont vendus en libre-service aux États-Unis, dans les drugstores type *Duane Reade, CVS, Rite Aid* ou *Walgreens* (certains sont ouverts 24h/24). Si vous cherchez du *Doliprane,* le nom déposé le plus répandu est *Tylenol* (le paracétamol se dit *acetaminophen* là-bas). Évidemment, si cela vous semble grave ou s'il s'agit d'enfants, un avis médical s'impose. Vous trouverez les coordonnées des médecins dans les Pages Jaunes (sur Internet : • *yellowpages.com* •) à *Clinics* ou *Physicians and surgeons.* Attention, on le répète : les consultations privées sont chères (150-200 $ minimum chez un généraliste...).
– Voir aussi la rubrique « Urgences » plus loin.

Les maladies

Pas de panique à la lecture des lignes suivantes, qui n'ont pour but que d'améliorer les conditions de votre voyage et en aucun cas de vous angoisser sur ses risques potentiels.
Attention aux ***tiques*** dans les zones boisées, comme dans les parcs nationaux par exemple : leur piqûre peut transmettre la redoutable maladie de Lyme *(Lyme*

disease). Couvrez-vous bien la tête (chapeau), les bras, les jambes et les pieds (au mieux, vêtements imprégnés d'insecticide) ; n'hésitez pas à vous enduire les parties découvertes avec des répulsifs (*repellents* en anglais) ; examinez-vous et faites-vous inspecter régulièrement pour limiter les risques (il faut 24h à une tique pour transmettre la maladie).

Dans l'ouest du pays, diverses maladies, dont les rongeurs sont le réservoir de germes et les insectes les agents transmetteurs, sont présentes et en croissance (mais dans des proportions très faibles), essentiellement dans les parcs nationaux. Le syndrome pulmonaire à ***hantavirus,*** rare mais dangereux, a défrayé la chronique médicale pendant l'été 2012 dans le parc de Yosemite. Ce virus, véhiculé par la salive, les selles et l'urine d'animaux (notamment les souris), peut être attrapé en respirant de la pousière où ils sont passés.

La virose à West Nile, et sa redoutable complication, l'encéphalite, est implantée aux États-Unis depuis 1999. Elle est transmise par les piqûres de ***moustiques*** très communs. Depuis 2003, l'épidémie se calme mais peut reprendre à tout moment sa virulence du début. Quoi qu'il en soit, dès le mois de mai et jusqu'au début de l'hiver, il convient d'éviter les piqûres de moustiques dans l'ensemble du pays : répulsifs cutanés à 50 % de DEET, imprégnation des vêtements, voire moustiquaires imprégnées.

Même si tous les moustiques ne sont pas vecteurs de maladies, ils gâchent parfois un peu le voyage ! Pensez à emporter dans vos bagages des produits antimoustiques efficaces (par exemple *Insect Ecran*) car ils sont beaucoup plus chers là-bas. On en trouve en pharmacie, parapharmacie ou via le site • *sante-voyages.com* • qui propose la vente en ligne de produits et matériel utiles aux voyageurs, parfois assez difficiles à trouver : • *sante-voyages.com* • ☎ *01-45-86-41-91 (lun-ven 14h-19h).* Infos complètes toutes destinations, boutique en ligne en paiement sécurisé, expéditions Colissimo Expert ou Chronopost.

Vaccins

Aucun vaccin exigé sur le sol américain, mais, comme partout, soyez à jour de vos vaccinations « universelles » : tétanos, polio, coqueluche, diphtérie (Repevax) et hépatite B. Le vaccin préventif contre la rage (maladie transmissible par à peu près tous les mammifères, y compris les chauves-souris) est recommandé pour tout séjour prolongé en zone rurale ou en contact avec des animaux.

Les *bedbugs*

Les punaises de lit défraient la chronique ces derniers temps mais il semblerait que les services sanitaires aient pris les choses en main. Ces petits insectes, qui se reproduisent à vitesse grand V et peuvent vivre des mois sans se nourrir, se planquent dans les matelas, les plinthes, les encadrements de portes, etc. Le souci, c'est qu'elles aiment la chaleur humaine, et leurs piqûres provoquent des démangeaisons aiguës et persistantes. Certains hébergements, même très haut de gamme, ont été touchés, mais ils font en général le nécessaire tout de suite pour s'en débarrasser. Donc, pas de panique... Si vous avez des doutes sur un hôtel ou un lieu, ce site traque les *bedbugs* dans tous les États-Unis : • *bedbugregistry.com* •

SITES INTERNET

• ***routard.com*** • Rejoignez la plus grande communauté francophone de voyageurs ! Échangez avec les routarnautes : forums, photos, avis d'hôtels. Retrouvez aussi toutes les informations actualisées pour choisir et préparer vos voyages : plus de 200 fiches pays, une centaine de dossiers pratiques et un magazine en ligne pour découvrir tous les secrets de votre destination. Enfin, comparez les offres pour organiser et réserver votre voyage au meilleur prix. Routard.com, le voyage à portée de clics !

Sur la Californie

• *visitcalifornia.com* • Des informations pratiques et utiles qui vous donnent un bon aperçu de la Californie (géographie, histoire, réservations d'hôtels et de voitures, sites à visiter et activités, etc.). Et aussi possibilité de télécharger des coupons de réduction et des cartes de toute la Californie.

Sur les parcs nationaux de l'Ouest américain

• *nps.gov* • Le site officiel des parcs nationaux. Suivi des premières lettres ou des initiales d'un parc, vous accédez directement à la page de ce parc ! Exemple : • *nps.gov/yose* • pour le Yosemite.
• *ouestusa.fr* • Site perso géré par deux passionnés et consacré aux sites naturels de l'Ouest américain. Récit de leurs voyages, conseils rando hors des sentiers battus et surtout nombreuses et superbes photos.
• *arizona-dream.com* • Site perso très exhaustif sur les parcs de l'Ouest américain : galeries de photos, cartes et randos, forum, les Amérindiens, etc.
• *roadtrippin.fr* • Infos en français sur les zones et sites les plus parcourus de l'Ouest, avec photos et cartes. Également un forum pour ceux qui préparent un voyage.
• *americansouthwest.net* • Site (en anglais) extrêmement fourni à la fois en textes et en photos sur tout l'Ouest américain.
• *ohranger.com* • Recense toutes les zones protégées des États-Unis et permet de compléter le site des parcs nationaux.
• *gorp.com* • Gorp, késaco ? Comprenez *Great Outdoor Recreation Pages.* Des infos sur les activités de plein air dans les différents parcs (mais aussi dans les *recreation areas*), et même dans d'autres pays du monde.
• *yosemiteconservancy.org* • Site assez complet sur le parc de Yosemite par une association de défense du parc (en anglais).
• *thecanyon.com* • Le site propose différentes façons de découvrir le Grand Canyon, par la terre, les airs ou les rivières, en plus des traditionnelles rubriques « Sites touristiques » et « Hôtels ».
• *yellowstone.net* • Toutes les infos sur le parc, des webcams aux sites stratégiques comme *Old Faithful* et un point sur les séismes quotidiens !
• *nxtbook.com/nxtbooks/ifour/utahskyline2010* • Un guide de voyage en ligne qui détaille tous les sites à visiter en Utah (en anglais).

À propos des Indiens

• *aimovement.org* • Le site de l'American Indian Movement, qui se bat pour davantage de souveraineté et la renaissance des rites et traditions.

TABAC

Comme chez nous depuis plus récemment, une sévère loi antitabac sévit un peu partout aux États-Unis. Tous les États de l'Ouest américain, Wyoming excepté, interdisent de fumer dans les bureaux, les restaurants, les boîtes de nuit, les bars et autres casinos (sauf au Nevada où ça clope à qui mieux mieux dans les casinos). Et, d'une manière générale, il est interdit aux États-Unis de fumer dans les lieux publics (bus, magasins, cinémas, théâtres, musées, hôtels, restaurants, etc.) d'environ 35 États. Dans les autres, les municipalités ont généralement le droit de mettre en place leurs propres interdictions. La Californie et quelques autres interdisent même désormais de fumer dans sa voiture si l'on est accompagné de mineurs. Les cigarettes s'achètent dans les stations-service, les supermarchés, les drugstores type *CVS, Rite Aid, Walgreens* ou *Duane Reade* et les boutiques d'alcool *(liquor stores)*.

TAXES ET POURBOIRES

D'abord les taxes...

Dans tous les États-Unis, les prix affichés dans les magasins, les hôtels, les restos, etc., s'entendent SANS TAXE. Celle-ci s'ajoute au moment de payer et varie selon l'État, le comté, la ville et le type d'achat. Dans les hôtels, elle oscille entre 10 et 15 % ; pour tout ce qui est restos, vêtements, location de voitures... elle varie, dans l'Ouest, entre 4 et 7,25 %, sans compter d'éventuelles taxes locales qui peuvent s'ajouter. Les commerçants, les restaurateurs et les hôteliers ajoutent donc les taxes à la caisse. Les produits alimentaires n'y sont pas soumis dans certains États. De même, quelques autres secteurs, il est vrai peu nombreux, en sont exonérés.

... puis les pourboires (*tips* ou *gratuities*)

Dans les ***restos,*** les serveurs ayant un salaire fixe ridicule, la majeure partie de leurs revenus provient des pourboires. Voilà tout le génie de l'Amérique : laisser aux clients, selon leur degré de satisfaction, le soin de payer le salaire des serveurs, pour les motiver. Et ça marche. Certes, on peut râler contre cette sorte de double taxe (taxe d'État + salaire du serveur, ce qui alourdit sérieusement le prix affiché), surtout au pays du libéralisme. Mais le fait est qu'il est plutôt très rare d'être mal servi. Le sourire est même de rigueur, et on prend de vos nouvelles plutôt deux fois qu'une. On aurait même tendance à en faire un peu trop... pour obtenir un bon pourboire ! ***Le tip est donc une institution à laquelle vous ne devez pas déroger*** (sauf dans les fast-foods et endroits self-service). Un oubli vous fera passer pour le plouc total. Les Français possèdent la réputation d'être particulièrement radins et de laisser plutôt moins de 10 % que les 15-20 % attendus.

Pour savoir quel pourboire donner : il suffit de doubler la taxe ajoutée au montant de la note, ce qui représente selon l'État, environ 15-17 % (et donc un pourboire honnête). Si vous payez une note de resto par carte de paiement, n'oubliez pas de remplir vous-même la case *Gratuity* qui figure sur la facturette, sinon, le serveur peut s'en charger lui-même... au risque que vous ne vous en aperceviez qu'à votre retour en épluchant votre relevé de compte bancaire (au fait, aux USA *1* s'écrit *l*, sans barre horizontale, donc attention à ce que votre *1* ne soit pas pris pour un *7* sur votre facturette !). Il arrive aussi – c'est très rare – que le service soit ajouté d'office au total, après la taxe. Soyez vigilant pour ne pas le payer une seconde fois. Cela se passe surtout avec les *parties* (groupes) de six ou plus, ou si l'on craint qu'en tant que touriste vous ne repartiez sans rien laisser ; et dans ce cas, le service est généralement facturé un peu plus cher (on frise les 20 %).

> **L'ORIGINE DU *TIP***
>
> *Au XVIIIe s, le patron d'un café outre-Manche eut l'idée de disposer sur son comptoir un pot portant l'inscription* To Insure Promptness *(littéralement, « Pour assurer la promptitude »). Les clients pressés y glissaient quelques pièces pour être servis plus vite. Les initiales formèrent le mot* tip, *l'incontournable pourboire américain.*

Dans les bars : le barman, qui n'est pas mieux payé qu'un serveur de restaurant, s'attend à ce que vous lui laissiez un petit quelque chose, par exemple 1 $ par bière, même prise au comptoir...

PLANS ET CARTES EN COULEURS

CARTE DES DISTANCES

LES PARCS NATIONAUX DE L'OUEST AMÉRICAIN

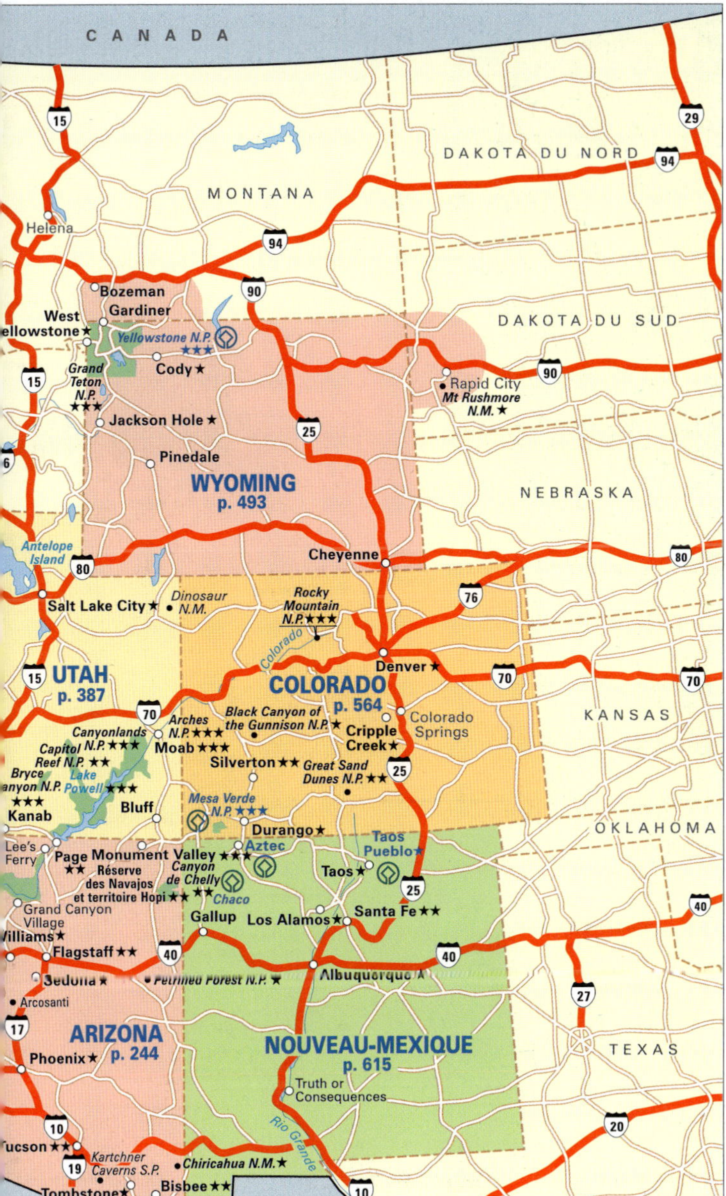

LES PARCS NATIONAUX DE L'OUEST AMÉRICAIN

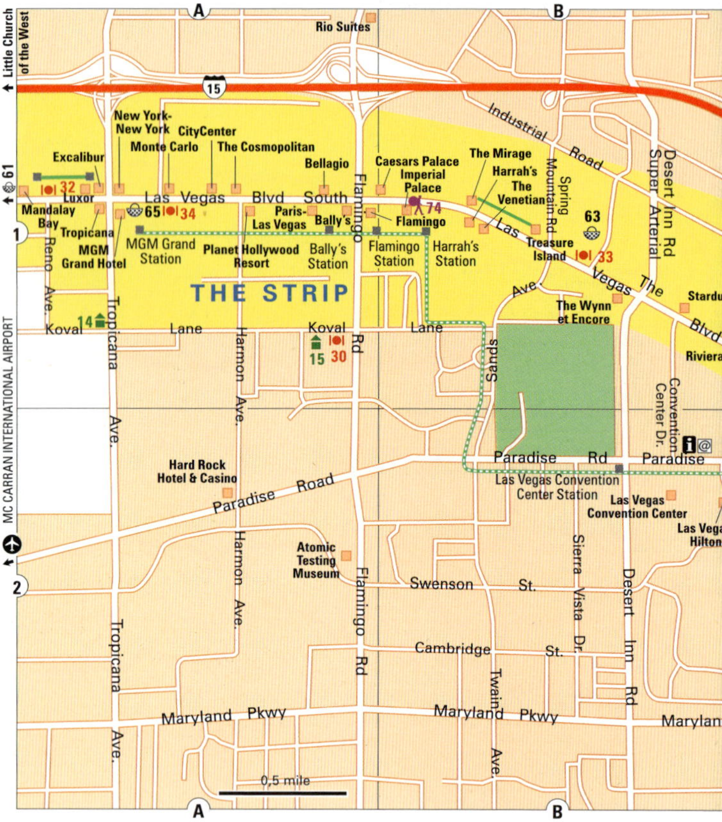

■ **Adresses utiles**

- ℹ @ Visitor Information Center
- 2 Marriage Services Division (Clark County Clerck's Office)

Où dormir ?

- 10 USA Hostels Las Vegas
- 11 Sin City Hostel
- 12 Gold Spike Casino
- 13 El Cortez Cabana Suites
- 14 Motel 6
- 15 Super 8 Motel
- 16 Howard Johnson
- 17 Tod Hostel & Motel

Où manger ?

- 30 Metro Pizza
- 31 Lotus of Siam
- 32 Burger Bar

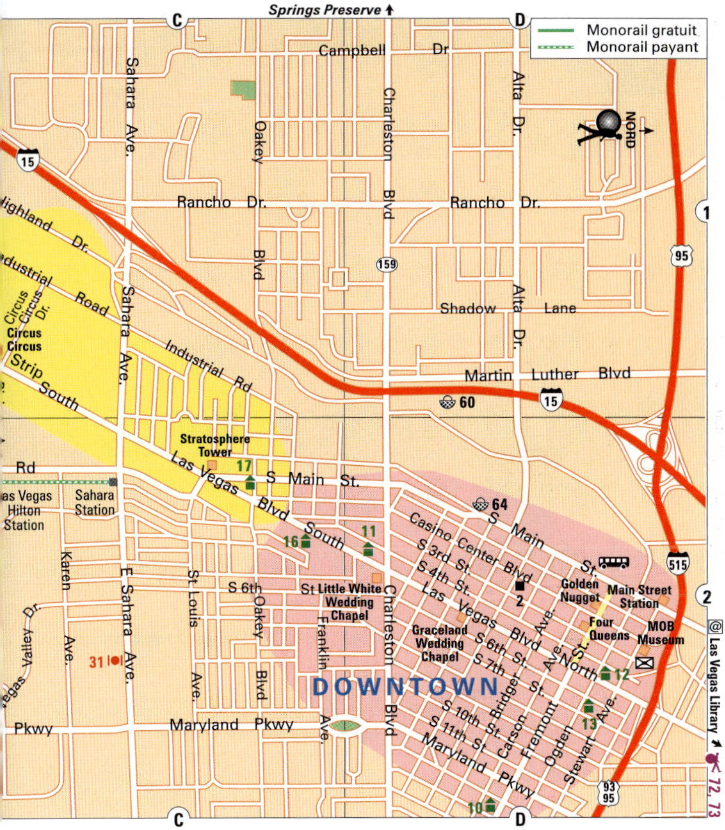

LAS VEGAS

33 The Capital Grille
34 Smith & Wollensky

Achats

60 Las Vegas Premium Outlets (North)
61 Las Vegas Premium Outlet (South)
63 Fashion Show Mall
64 Gamblers General Store
65 Dress for Less, Coca-Cola Store et M&M's World

À voir

72 Neon Museum
73 Las Vegas Natural History Museum
74 Auto Collections

TUCSON

Adresses utiles

- Metropolitan Tucson Convention & Visitors Bureau
- 1 Terminal Greyhound
- 2 Rondstat Transit Center
- @ Internet

Où dormir ?

- 10 Hotel Congress
- 11 University Inn
- 12 The Lodge on the Desert
- 13 Royal Elizabeth B & B
- 14 Tanque Verde Ranch
- 15 Road Runner Hostel
- 16 Arizona Inn
- 17 Hotel Tucson City Center

Où manger ?

- 10 Cup Café – Hotel Congress
- 20 El Torero
- 21 Pei Wei Asian Diner
- 22 Delectables
- 23 El Charro Café
- 24 Café Poca Cosa
- 25 Epic Café
- 26 The Hub
- 27 Downtown Kitchen & Cocktails

Où boire un verre ? Où écouter de la musique ?

- 10 Club Congress
- 30 Plush
- 31 Frog & Firkin
- 32 Gentle Ben's

FLAGSTAFF

Adresses utiles

- Visitor Center
- @ Internet
- Terminal Greyhound
- 1 Bookman's Used Books
- 2 White Flag Coin-Op Laundry
- 3 Arizona Shuttle
- 4 Absolute Bikes
- 5 A-Z Bikes
- 7 Orpheum

Où dormir ?

- 10 Monte Vista Hotel
- 11 Grand Canyon International Hostel
- 12 Dubeau International Hostel
- 13 Weatherford Hotel
- 14 Highland Country Inn
- 15 America's Best Inn & Suites
- 16 England House B & B
- 17 Woody Mountain Campground
- 18 Fort Tuthill Campground
- 19 Flagstaff KOA
- 20 Starlight Pines B & B

Où manger ? Où prendre le petit déj ?

- 21 Macy's Coffee House
- 22 Mountain Oasis
- 23 Beaver Street Brewery
- 24 Downtown Diner
- 25 Josephine's
- 26 Café Pickles
- 27 Diablo Burger
- 28 Lupo's Horsemen Lodge
- 29 Pasto
- 30 The Crown Railroad Café
- 32 Galaxy Diner
- 33 Brix

Où boire un verre ? Où écouter de la musique ?

- 10 Lounge du Monte Vista Hotel et Café Rendez-Vous !
- 13 Charly's et Zane Grey Ballroom
- 30 The Museum Club
- 40 The Green Room
- 41 The Flagstaff Brewing Company
- 42 San Felipes Cantina
- 43 Grand Canyon Café

Achats

- 60 Gene's Western Wear & Shoe Hospital
- 61 Old Town Shops

À voir

- 53 The Arboretum
- 54 Riordan Mansion

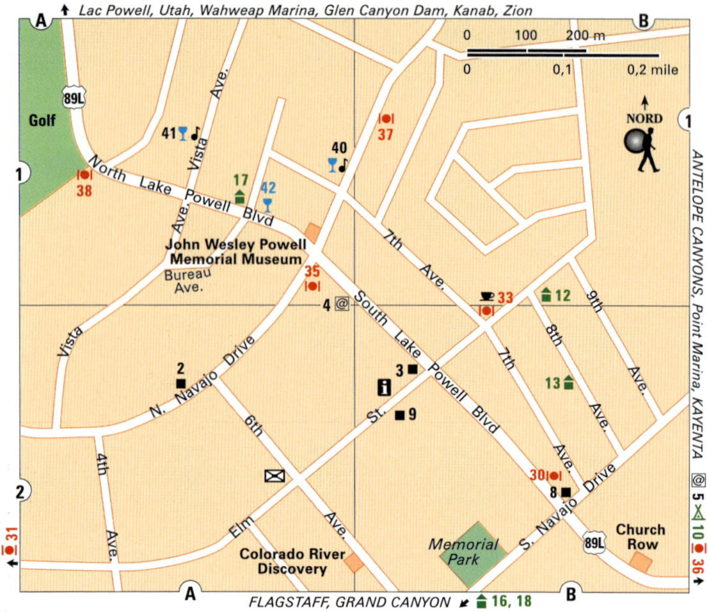

PAGE

Adresses utiles

- Page Tourism Bureau
- 2 Hôpital
- 3 Distributeur de billets
- @ 4 Digital Lands
- @ 5 Page Public Library
- 8 Laverie
- 9 Supermarché Safeway

Où dormir ?

- 10 Page Lake Powell Campground & RV Park
- 12 Lulu's Sleep Ezze
- 13 Red Rock Motel
- 16 Canyon Colors B & B
- 17 Page Boy Motel
- 18 Lake Powell Days Inn & Suites

Où manger ?

- 30 Fiesta Mexicana Family
- 31 Canyon King
- 33 Kona Korner
- 35 Blue Buddha Sushi Lounge
- 36 The Deli at Big Lake Trading Post
- 37 Ranch House Grille
- 38 Blue Corn

Où écouter de la musique ? Où sortir ?

- 40 Windy Mesa
- 41 Ken's Old West
- 42 The Bowl

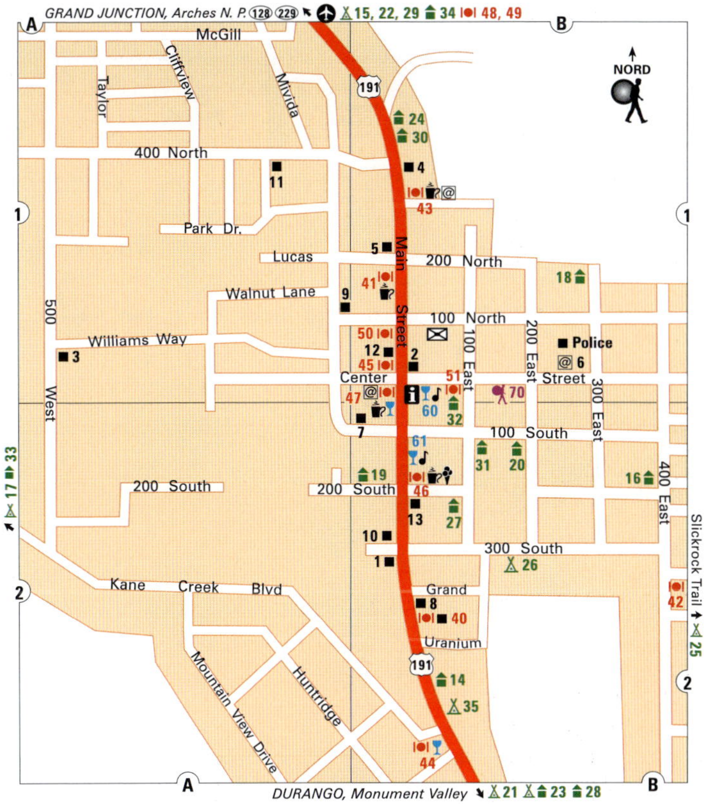

MOAB

■ **Adresses utiles**

- 🛈 Visitor Center
- 1 Zions Bank
- 2 Wells Fargo
- 3 Moab Regional Hospital
- 4 Tag-A-Long Expeditions
- 5 Canyon Voyages
- @ 6 Library (bibliothèque)
- 7 Wet Spot Laundry (laverie)
- 8 Moab Cyclery
- 9 Rim Cyclery
- 10 Walker Drug
- 11 Moab Recreation Aquatic Center
- 12 Back of Beyond Books
- 13 Moab Adventure Center
- 40 Pharmacy et City Market
- @ 43 EklectiCafé
- @ 47 Red Rock Bakery and Net Café

Où dormir ?

- 14 Red Stone Inn
- 15 Portal RV Park
- 16 Apache Motel
- 17 Campings de Kane Creek Road
- 18 Sunflower Hill B & B Inn
- 19 The Gonzo Inn
- 20 Cali Cochitta B & B
- 21 KOA Campground
- 22 Archview Resort RV Camp Park
- 23 The Lazy Lizard Hostel
- 24 Inca Inn Motel
- 25 Campings de Sand Flats Road
- 26 Up The Creek Campground
- 27 The Virginian Motel
- 28 Desert Hills B & B
- 29 Slickrock Campground
- 30 Adventure Inn
- 31 Rustic Inn
- 32 Kokopelli Lodge
- 33 Adobe Abode B & B
- 34 Aarchway Inn
- 35 Canyonlands Campground

Où manger ? Où prendre le petit déj ? Où déguster une glace?

- 40 City Market
- 41 Love Muffin Cafe
- 42 Milt's Stop & Eat
- 43 EklectiCafé
- 44 Moab Brewery
- 45 Pasta Jay's
- 46 Moab Diner
- 47 The Red Rock Bakery & Net Café et Zax Pizza & Family Restaurant
- 48 Buck's Grill House
- 49 Sunset Grill
- 50 Miguel's Baja Grill
- 51 Singha

Où boire un verre ? Où écouter de la musique ?

- 44 Moab Brewery
- 47 Zax Watering Hole
- 60 Eddie Mc Stiff's Brew Pub
- 61 Woody's Tavern

À voir

- 70 Dan O'Laurie Canyon Country Museum

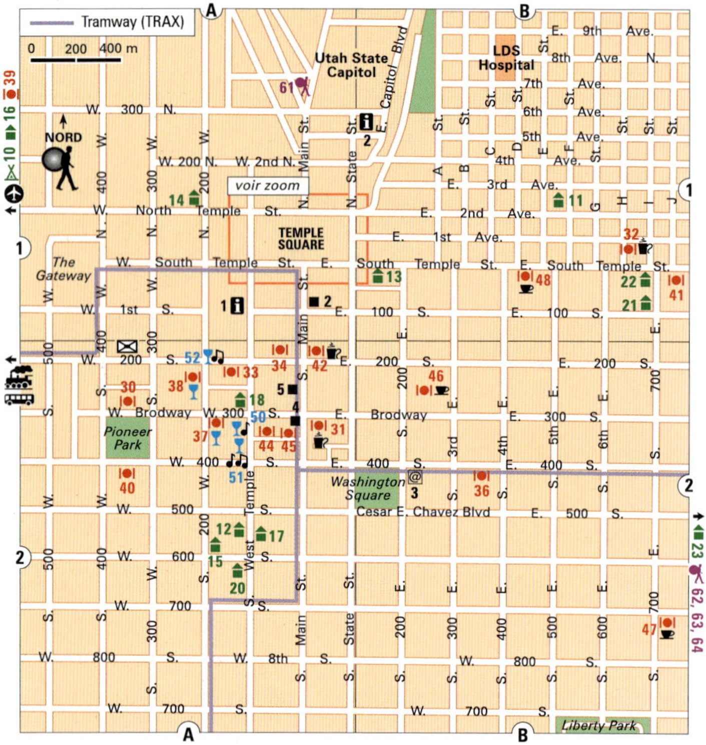

SALT LAKE CITY (PLAN D'ENSEMBLE)

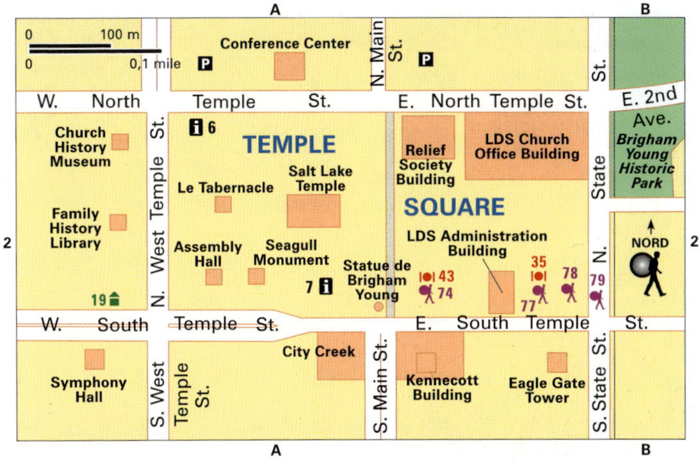

SALT LAKE CITY – TEMPLE SQUARE (ZOOM)

Adresses utiles

- Visitor Center et Utah Museum of Contemporary Art
- 1 Utah Office of Tourism
- 2 Wells Fargo
- @ 3 The City Library
- 4 Zions bank
- 5 Librairie Eborn Books
- 6 North Visitor Center *(zoom)*
- 7 South Visitor Center *(zoom)*

Où dormir ?

- 10 Salt Lake City KOA/VIP
- 11 The Avenues Youth Hostel
- 12 Metropolitan Inn
- 13 Carlton Hotel
- 14 Howard Johnson Express Inn
- 15 Motel 6
- 16 Airport Inn
- 17 Little America
- 18 Peery Hotel
- 19 Salt Lake Plaza Hotel *(zoom)*
- 20 Red Lion Hotel
- 21 Armstrong Mansion B & B
- 22 The Anniversary Inn
- 23 The Anniversary Inn

Où manger ?

- 30 Tony Caputo's Market & Deli
- 31 The Judge Café
- 32 Café on 1st
- 33 Toaster's
- 34 Siegfried's Delicatessen
- 35 The Lion House Pantry *(zoom)*
- 36 Salt Lake Roasting Co.
- 37 Squatters Pub Brewery
- 38 Red Rock Brewing Company
- 39 Red Iguana
- 40 Tin Angel Café
- 41 Sawadee
- 42 Lamb's Grill Café
- 43 The Garden Restaurant *(zoom)*
- 44 Takashi
- 45 Market Street Grill
- 46 Gourmandise Bakery
- 47 Banbury Cross
- 48 Mrs Backer's Pastry Shop

Où boire un verre ? Où sortir ? Où danser ?

- 37 Squatters Pub Brewery
- 38 Red Rock Brewing Company
- 50 Gracie's
- 51 W Lounge
- 52 The Hotel & Elevate

À voir

- 61 Pioneer Memorial Museum
- 62 Utah Museum of Fine Arts
- 63 Utah Museum of Natural History
- 64 This is the Place Heritage Park
- 74 Joseph Smith Memorial Building et Family Search Center *(zoom)*
- 77 Lion House *(zoom)*
- 78 Beehive House *(zoom)*
- 79 Eagle Gate *(zoom)*

DENVER

■ Adresses utiles

- Denver Visitor Information Center
- @ Denver Public Library
- 4 Tattered Cover Bookstore

Où dormir ?

- 10 Denver International Youth Hostel
- 11 Melbourne International Hostel
- 12 The Curtis Hotel
- 13 The 11th Avenue Hotel & Hostel
- 14 Queen Anne B & B Inn
- 15 Capitol Hill Mansion
- 16 Comfort Inn
- 17 Hostel of the Rocky Mountains
- 18 Jet Hotel

Où manger ? Où prendre le petit déj ?

- 20 Mercury Café
- 21 The Market et Osteria Marco
- 22 Snooze
- 23 Tom's Diner
- 24 Rock Bottom Brewery
- 25 Wahoo's Fish Taco
- 26 Bd's Mongolian Barbeque
- 27 Buckhorn Exchange
- 28 Le Central
- 29 Gypsy House Café
- 30 Hamburger Mary's
- 31 Euclid Hall

Où boire un verre ? Où sortir ?

- 40 Wynkoop Brewery
- 42 El Chapultepec
- 43 Celtic Tavern
- 44 Falling Rock
- 45 The Cruise Room

Shopping

- 70 Rockmount Ranch Wear's
- 71 REI

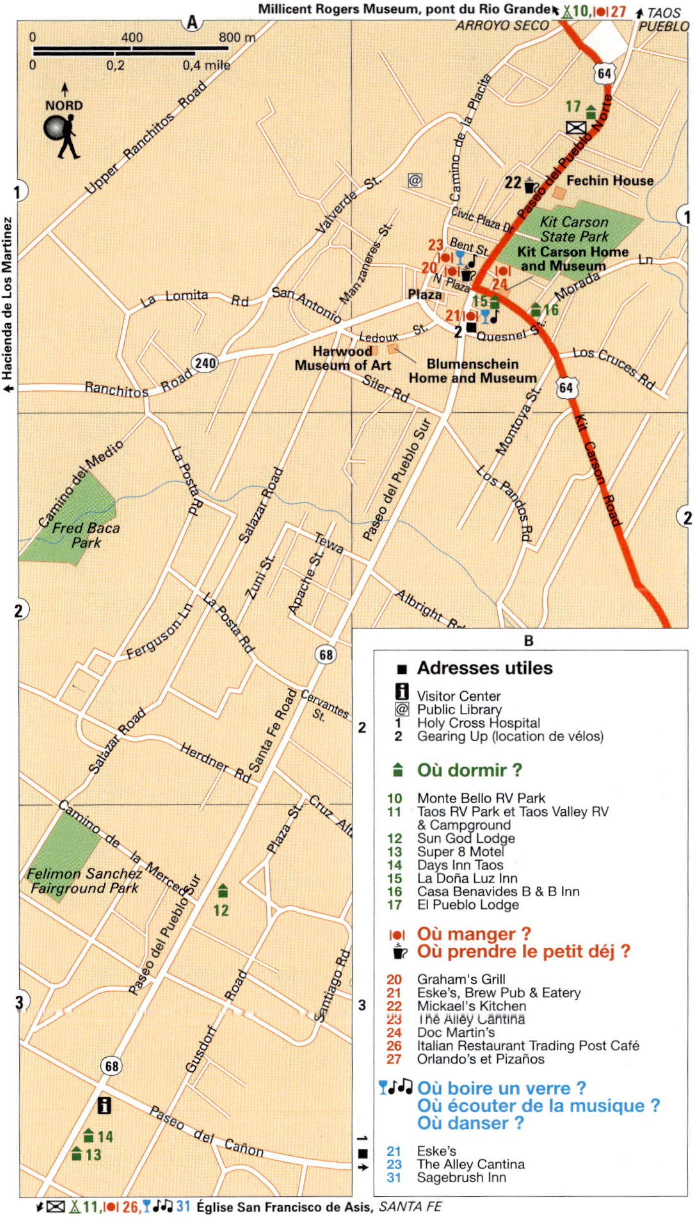
Millicent Rogers Museum, pont du Rio Grande 10, 27
TAOS PUEBLO
ARROYO SECO
0 400 800 m
0 0,2 0,4 mile
NORD
Hacienda de Los Martinez
Upper Ranchitos Road
Valverde St.
Camino de la Placita
Paseo del Pueblo Norte
Fechin House
Kit Carson State Park
Kit Carson Home and Museum
Civic Plaza Dr
Bent St.
N Plaza
Plaza
Manzaneres St.
La Lomita Rd
San Antonio
Ledoux St.
Quesnel St.
Morada Ln
Harwood Museum of Art
Blumenschein Home and Museum
Ranchitos Road
Siler Rd
Los Cruces Rd
Montoya St.
Kit Carson Road
Los Pandos Rd
Paseo del Pueblo Sur
Camino del Medio
Fred Baca Park
La Posta Rd
Salazar Road
Zuni St.
Apache St.
Tewa
Albright Rd
Ferguson Ln
Cervantes St.
Santa Fe Road
Herdner Rd
Camino de la Merced
Plaza St.
Cruz Alta
Felimon Sanchez Fairground Park
Santiago Rd
Gusdorf Road
Paseo del Cañon
Adresses utiles
Visitor Center
Public Library
1 Holy Cross Hospital
2 Gearing Up (location de vélos)
Où dormir ?
10 Monte Bello RV Park
11 Taos RV Park et Taos Valley RV & Campground
12 Sun God Lodge
13 Super 8 Motel
14 Days Inn Taos
15 La Doña Luz Inn
16 Casa Benavides B & B Inn
17 El Pueblo Lodge
Où manger ?
Où prendre le petit déj ?
20 Graham's Grill
21 Eske's, Brew Pub & Eatery
22 Mickael's Kitchen
23 The Alley Cantina
24 Doc Martin's
26 Italian Restaurant Trading Post Café
27 Orlando's et Pizaños
Où boire un verre ?
Où écouter de la musique ?
Où danser ?
21 Eske's
23 The Alley Cantina
31 Sagebrush Inn
11, 26, 31 Église San Francisco de Asis, SANTA FE

TAOS

■ **Adresses utiles**

Alvarado Transportation Center
1 Old Town Visitor Center
2 Downtown Information Center
@ Albuquerque Public Library
3 Presbyterian Hospital

Où dormir ?

10 Hostel Route 66
11 Imperial Inn
12 Stardust Inn
13 Econolodge
14 Bottger Mansion
15 Best Western Plus – Rio Grande Inn

Où manger ?

20 Church Street Café

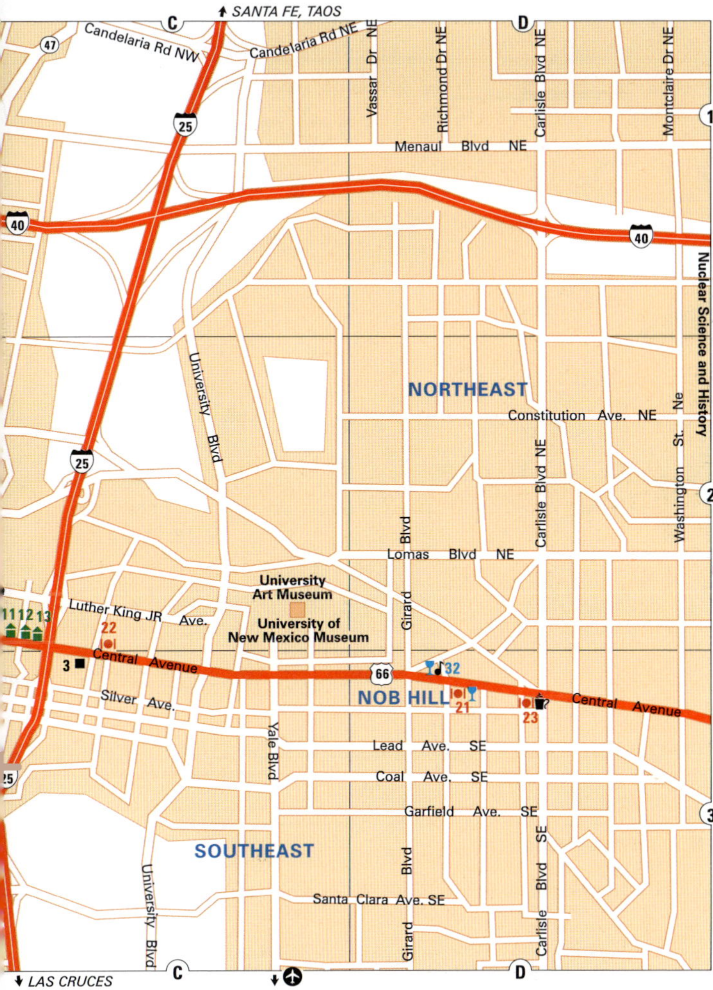

ALBUQUERQUE

21 Kellys
22 66 Diner
23 Flying Star Café
24 Sadie's
25 La Crêpe Michel
26 Cooperage
27 Garcia's
28 Artichoke Café

Où boire un verre ?
Où écouter de la musique ?

21 Kellys
30 The Library
31 Tiki Lounge
32 Zinc

À voir

43 Rattlesnake Museum
44 Albuquerque Museum of Art and History

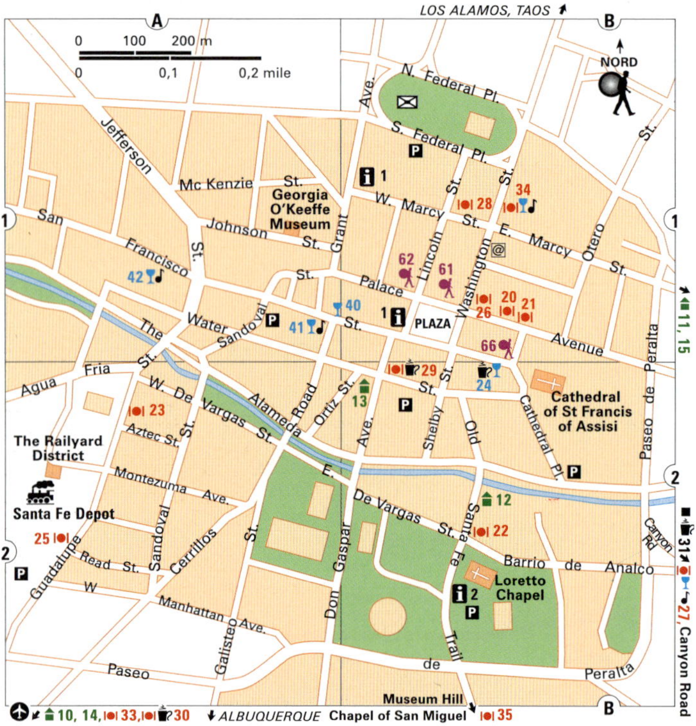

SANTA FE

Adresses utiles

- 1 Offices de tourisme
- 2 New Mexico Visitor Information Center
- @ Municipal Library
- 31 Downtown Subscription (magazines en français)

Où dormir ?

- 10 Silver Saddle Motel, Motel 6 et Thunderbird Inn
- 11 Hacienda Nicholas
- 12 Garrett's Desert Inn
- 13 Hôtel Saint Francis
- 14 Santa Fe International Hostel
- 15 The Madeleine Bed & Breakfast Inn

Où manger ? Où prendre le petit déj ?

- 20 The Shed
- 21 La Cantina
- 22 Upper Crust Pizza
- 23 Cowgirl BBQ & Smokehouse
- 24 French Pastries
- 25 Tomasita's
- 26 The Burrito Company Café
- 27 El Farol
- 28 Il Piatto
- 29 Café Pasqual's
- 30 Santa Fe Baking Co
- 31 Downtown Subscription
- 33 Mudu Noodles
- 34 El Meson Restaurante Tapas Bar
- 35 Cafeteria du St John College

Où boire un verre ? Où écouter de la musique ?

- 24 La fonda Hotel
- 27 El Farol
- 34 El Meson Restaurante Tapas Bar
- 40 Ore House
- 41 Evangelo's
- 42 Vanessie

À voir

- 61 Palace of the Governors et New Mexico History Museum
- 62 New Mexico Museum of Art
- 66 Museum of Contemporary Native Arts

Concernant les ***taxis*** : il est de coutume de laisser un *tip* de 10 à 15 % en plus de la somme au compteur. Là, gare aux jurons d'un chauffeur mécontent ; il ne se gênera pas pour vous faire remarquer vertement votre oubli.
Enfin, prévoir des billets de 1 $ pour tous les petits boulots de service où le pourboire est légion (bagagiste dans un hôtel un peu chic par exemple).

TÉLÉPHONE – TÉLÉCOMMUNICATIONS

Téléphone

– ***États-Unis → France :*** 011 + 33 + numéro du correspondant à neuf chiffres (sans le 0 initial).
– ***France → États-Unis :*** 00 + 1 + indicatif régional à trois chiffres + numéro du correspondant.

Tuyaux

– ***Le réseau téléphonique :*** les numéros de téléphone américains à sept chiffres sont précédés d'un *area code* (indicatif régional). Ex. : 602 pour Phoenix. Pour appeler d'une région à une autre, il faut composer le 1, puis l'*area code* et enfin le numéro de téléphone à sept chiffres. Pour les communications locales, c'est variable d'une région à une autre mais il faut de plus en plus composer cet *area code,* même à l'intérieur d'une même zone téléphonique, sans le 1 devant, suivi des sept chiffres du numéro de téléphone.
– ***Tous les numéros de téléphone commençant par 1-800, 1-888, 1-877, 1-866 ou 1-855 sont gratuits*** (compagnies aériennes, chaînes d'hôtels, agences de location de voitures...). On appelle ça les *toll-free numbers* : nous les indiquons dans le texte, ça vous fera faire des économies pour vos réservations d'hôtels et vos demandes de renseignements (la plupart des *Visitor Centers* en ont un).
– ***Les numéros gratuits sont parfois payants depuis les hôtels*** et ne fonctionnent pas quand on appelle de l'étranger. En revanche, on peut quand même obtenir la communication (payante) en remplaçant 800 par 880, 888 par 881, et 877 par 882. Ceux des petites compagnies fonctionnent parfois uniquement à l'intérieur d'un État.
– ***Certains numéros sont composés de mots,*** chaque touche de téléphone correspond à un chiffre et à trois lettres, celles qu'on utilise pour écrire un SMS. Ce qui permet de retenir facilement un numéro (exemple : pour contacter les chemins de fer *Amtrak,* ☎ 1-800-USA-RAIL, ça équivaut à 1-800-872-7245).

Les règles de base pour téléphoner des États-Unis

> **HALLOD ?**
>
> *Le premier central téléphonique du monde est monté à Budapest par un ingénieur nommé Puskas, collègue de Thomas Edison. Pour tester la ligne, il crie* « Hallod ? », *qui en hongrois signifie « Tu m'entends ? ». Depuis,* « Hallod » *est devenu « Allô » pour une grande partie du monde.*

Si vous ne voulez pas alourdir votre note de portable, le plus économique pour téléphoner aux États-Unis ou à l'étranger est d'appeler depuis un poste fixe avec une ***carte téléphonique prépayée*** *(prepaid phone card).* Attention, ça ne marche pas si vous appelez d'un téléphone portable ! Ces cartes, qui disposent chacune d'un code « secret », sont vendues dans les supermarchés, drugstores *(Duane Reade, CVS, Rite Aid, Walgreens...).* Plusieurs montants possibles : 5, 10 $... Pour la connexion, il vous faudra d'abord composer un numéro gratuit indiqué sur la carte, qui commence par 1-800. Ensuite, laissez-vous guider par la voix enregistrée, pour composer d'abord votre code secret puis le numéro que vous souhaitez joindre (pour la France : 011-33 + le numéro de votre correspondant à neuf chiffres, sans le 0 initial). Pour 5 $, vous pouvez téléphoner plus de 3h en continu vers la France si vous appelez un poste fixe (les unités défilent bien plus vite en appelant des portables) ! En revanche, plus vous passez de coups de fil différents, plus la carte se vide rapidement car il y a des frais supplémentaires pour les appels courts, la « maintenance »...

Le téléphone portable en voyage

Le routard qui ne veut pas perdre le contact avec sa tribu peut utiliser son propre téléphone portable aux USA (à condition qu'il soit au moins tribande) avec l'option « Monde ». Cela dit, certains parcs comme Yellowstone ou Mesa Verde sont encore mal couverts par le réseau, et puis gare à la note salée en rentrant chez vous ! On conseille donc d'acheter à l'arrivée une carte SIM locale prépayée chez l'un des nombreux opérateurs locaux (*Virgin Mobile, AT&T* ou *T Mobile* par exemple), représentés dans les boutiques de téléphonie mobile des principales villes du pays et souvent à l'aéroport. On vous attribue alors un numéro de téléphone local et un crédit de communication. Avant de signer le contrat et de payer, essayez donc, si possible, la carte SIM du vendeur dans votre téléphone – préalablement débloqué – afin de vérifier si celui-ci est compatible. Sinon, vous avez aussi la possibilité d'acheter un portable de base (à partir de 10 $) dans lequel vous pourrez activer la carte SIM. Ensuite, les cartes permettant de recharger votre crédit de communication s'achètent dans ces mêmes boutiques, ou en supermarché, stations-service, drugstores, etc. On peut aussi recharger son crédit en ligne ou par téléphone. C'est toujours plus pratique d'avoir un portable pour trouver son chemin vers un *B & B* paumé, réserver un hôtel, un resto ou une visite guidée, et bien moins cher que si vous appeliez avec votre carte SIM personnelle.

En cas de perte ou de vol de votre téléphone : suspendre aussitôt sa ligne permet d'éviter de douloureuses surprises au retour du voyage ! Voici les numéros des quatre opérateurs français, accessibles depuis la France et l'étranger :
– ***SFR :*** ☎ 1023 (depuis la France) ; ☎ + 33-6-1000-1900 (depuis l'étranger).
– ***Bouygues Télécom :*** depuis la France comme depuis l'étranger, ☎ 0-800-29-1000 (remplacer le 0 initial par « + 33 » depuis l'étranger).
– ***Orange :*** depuis la France comme depuis l'étranger, ☎ 33-6-07-62-64-64.
– ***Free :*** ☎ 3244 (depuis la France) ; ☎ + 33-1-78-56-95-60 (depuis l'étranger).
Vous pouvez aussi demander la suspension depuis le site internet de votre opérateur.

Internet

Les trois quarts des Américains ont accès à Internet. Le taux d'équipement informatique des foyers américains étant important, ***vous trouverez difficilement des cafés internet, même dans les grandes villes.*** La tendance est un peu la même dans les hébergements : si ***le wifi est presque partout*** (hôtels, *B & B*, cafés, bars, restos et même dans les campings), les ordinateurs avec connexion se font un peu plus rares. Pour ceux qui ne voyageraient pas sans portable *(laptop)* ni iPad (ou tablette) ni

D'ARPANET À INTERNET

Le réseau Internet est né aux États-Unis dans les années 1960, en pleine guerre froide. Il s'appelait alors Arpanet et était destiné à relier les militaires, avant de s'étendre aux centres de recherche et aux universités. La grande nouveauté de ce réseau était de répartir le stockage des mémoires sur tout le territoire au lieu de les concentrer sur un seul lieu. Ensuite, c'est l'invention du World Wide Web, *au début des années 1990, qui a révolutionné ce réseau en le rendant multimédia (image et son) et accessible au grand public.*

smartphone, la connexion est gratuite sur tous les ordinateurs de démonstration des Apple Stores (dans les grandes villes), à condition de ne pas squatter des heures non plus. Sinon il reste toujours la solution des bibliothèques publiques *(public libraries)* qui disposent toutes d'un accès Internet, généralement gratuit (et souvent limité à 30 mn de connexion par personne et par jour). Une sélection de sites internet à consulter avant le départ est détaillée plus haut, à la rubrique « Sites internet ».

TRANSPORTS

L'AVION

Les compagnies desservant l'intérieur des États-Unis sont nombreuses, et les retards de vol presque banals tant le trafic est dense. Attention également, dans le cas d'une correspondance effectuée sur le sol américain en provenance de l'Europe, aux délais de passage à la police des frontières, ça peut vous faire rater une correspondance ! Prévoir très large donc. À bord, le service est réduit à sa plus simple expression, et la plupart des prestations sont payantes (boissons, repas, écouteurs...). Les bagages enregistrés sont aussi payants sur presque toutes les lignes intérieures ! Alors, prenez un grand sac (pas plus de 20 kg) plutôt que trois petits si vous devez beaucoup voyager dans le pays. Le premier bagage reste encore gratuit sur les vols transatlantiques et les correspondances.
On conseille d'arriver bien en avance pour l'embarquement, à cause des mesures de sécurité qui entourent les aéroports américains depuis les attentats du 11 Septembre.

Les compagnies aériennes

– ***Air France :*** *☎ 1-800-237-2747 ou 36-54 (en France). ● airfrance.fr ●*
– ***American Airlines :*** *☎ 1-800-433-7300. ● aa.com ●*
– ***Delta Airlines :*** *☎ 1-800-221-1212 (vols domestiques), 1-800-241-4141 (vols internationaux) ou 0892-702-609 (depuis la France). ● delta-air.com ●*
– ***United et Continental Airlines :*** *☎ 1-800-864-8331, 1-800-537-3444 (en français) ou 01-71-23-03-35 (depuis la France). ● united.com ●*
– ***US Airways :*** *☎ 1-800-428-4322 ou 0810-632-222. ● usairways.com ●*

Les forfaits *(passes)*

La plupart des compagnies aériennes américaines proposent aux passagers résidant en dehors des États-Unis et munis d'un billet transatlantique (sur leurs lignes ou celles de partenaires) des coupons de vols à tarif réduit pour les vols en Amérique du Nord. Le tarif est calculé en fonction du nombre total de miles parcourus, ce qui peut être particulièrement intéressant si l'on souhaite se rendre dans des destinations isolées, plus chères que la moyenne (Nord canadien par exemple). Les principaux *passes* sont proposés par les alliances *Star Alliance, One World* et *SkyTeam.* Validité dans tous les cas : 60 jours. On achète un minimum de deux ou trois coupons et un maximum de 10. Il est nécessaire de fixer l'itinéraire avant de partir. Hawaii, l'Alaska et les Antilles peuvent généralement être inclus avec supplément. Attention : s'il faut changer d'avion, il vous en coûtera généralement autant de coupons que de vols ; renseignez-vous à la réservation.

LA VOITURE

Ah, quel bonheur de conduire aux États-Unis ! Quel plaisir de rouler piano piano (limite de vitesse oblige) sur les larges *interstates* ou *highways* rectilignes en écoutant le meilleur de la country, le bras à la fenêtre... *On the road again !* On a tout le loisir d'admirer au passage les énormes camions *(trucks)* aux essieux rutilants et les camping-cars de la taille d'un bus, derrière lesquels sont généralement attachés en remorque un « petit » 4x4 pour les balades secondaires ! Évidemment, on fait abstraction des grandes villes et de leurs abords où se diriger au cœur du trafic relève parfois du calvaire. L'option GPS peut d'ailleurs s'avérer utile, en tout cas vous fera gagner pas mal de temps. Même si les voitures de location américaines consomment plus que les nôtres, l'essence reste bien moins chère qu'en France et il n'y a que très peu de péages... Ces derniers sont surtout présents dans la périphérie des grandes villes et presque systématiques pour les franchissements de ponts et tunnels majeurs.

Y A-T-IL UN PILOTE DANS LA VOITURE ?

Ça ressemble à une énième attraction à sensations de Las Vegas, pourtant c'est bien une réalité. Le Nevada, en adoptant un projet de loi inédit, est le premier État à autoriser les voitures sans conducteur du géant de l'Internet Google à rouler en toute légalité sur son territoire. Ces véhicules fantômes, entièrement robotisés et équipés de capteurs, caméras et radars pour contrôler trajectoire et vitesse, seraient plus sûrs et économes que ceux pilotés par des humains...

Conduire une voiture automatique

Il n'y a pratiquement que cela aux États-Unis. Voici la signification des différentes commandes internes :
P : Parking (à enclencher lorsque vous stationnez, mais à ne pas utiliser comme frein à main).
R : Reverse (marche arrière).
N : Neutral (point mort).
D : Drive (position de conduite que vous utiliserez quasiment tout le temps).
***1, 2* et *3* ou *I* et *L* :** vous sélectionnez votre propre rapport de boîte (bien utile en montagne ou dans certaines côtes, mais ça consomme plus d'essence).
Pour oublier vos vieux réflexes, calez votre pied gauche dans le coin gauche, et ne l'en bougez plus jusqu'à la fin de votre périple. On se sert uniquement du pied droit pour accélérer ou freiner. Et quelques conseils : pour freiner, posez délicatement votre pied sur la pédale et n'écrasez pas le champignon, même à très basse vitesse (le frein des automatiques est vraiment très sensible) ! Lorsque vous passez de la position « P » à une autre, appuyez toujours sur le frein sinon vous risquez de faire un bond ! D'ailleurs, la plupart des véhicules refusent de quitter le point « P » tant que vous n'avez pas posé le pied sur le frein, non mais ! Autre astuce : les voitures américaines sont souvent équipées d'un ***cruise control*** qui fait office de régulateur de vitesse, quel que soit le profil de la route, tant que vous n'appuyez pas sur le frein ou l'accélérateur. Très pratique sur les longues autoroutes américaines, mais ingérable (et inutile) en ville.

Les règles de conduite

Certaines agences de location de voitures distribuent des fiches avec les règles de conduite spécifiques à l'État dans lequel on loue le véhicule.
– ***La signalisation :*** les panneaux indiquant le nom des rues que l'on croise sont généralement accrochés aux feux ou aux poteaux des carrefours, ce qui permet de les localiser un peu à l'avance.
– ***Les feux tricolores :*** ils sont situés après le carrefour et non avant comme chez nous. Si vous marquez le stop au niveau du feu, vous serez donc en plein carrefour ! Pas d'inquiétude, après une ou deux incartades, on stresse tellement qu'on prend le réflexe !

Distances en km	LAS VEGAS	DENVER	PHOENIX	ALBUQUERQUE	SANTA FE	GRAND CANYON	MONUMENT VALLEY	LAC POWELL	YELLOWSTONE	SALT LAKE CITY	YOSEMITE	ZION NATIONAL PARK	BRYCE CANYON	CANYON DE CHELLY
LAS VEGAS		1207	490	942	1036	482	604	238	1257	681	609	263	405	817
DENVER	1207		1466	722	634	1165	954	793	870	856	1734	1023	914	841
PHOENIX	490	1466		751	854	349	505	668	1653	1059	1090	660	682	627
ALBUQUERQUE	942	722	751		100	662	639	641	1591	1002	1605	936	959	368
SANTA FE	1036	634	845	100		756	649	662	1505	975	1698	1029	1051	455
GRAND CANYON	482	1165	349	662	756		280	444	1428	835	1125	435	457	368
MONUMENT VALLEY	604	954	505	639	649	280		307	1365	770	1228	386	408	250
LAC POWELL	238	793	668	641	662	444	307		1153	559	1321	579	388	268
YELLOWSTONE	1257	870	1653	1591	1505	1428	1365	1153		598	1518	1092	1031	1262
SALT LAKE CITY	681	856	1059	1002	975	835	770	559	598		947	497	437	667
YOSEMITE	609	1734	1090	1605	1698	1125	1228	1321	1518	947		868	954	1479
ZION NATIONAL PARK	263	1023	660	936	1029	435	386	579	1092	497	868		176	521
BRYCE CANYON	405	914	682	959	1051	457	408	388	1031	437	954	176		544
CANYON DE CHELLY	817	841	627	368	455	386	250	268	1262	667	1479	521	544	

– ***La priorité à droite :*** elle ne s'impose que si deux voitures arrivent en même temps à un croisement et que celui-ci n'a ni feux ni panneaux, ce qui est assez rare ; la voiture de droite a alors la priorité.
– ***Tourner à gauche, avec une voiture en face :*** contrairement à la circulation dans certains pays, dont la France, un tournant à gauche, à un croisement, se fait au plus court. Autrement dit, vous passerez l'un devant l'autre, au lieu de tourner autour d'un rond-point imaginaire situé au centre de l'intersection. Attention : si une pancarte indique « *No left turn* » ou « *No U turn* » (en toutes lettres ou dessiné), vous devrez attendre la prochaine intersection pour vous engager à gauche ou faire demi-tour ; ou alors, tourner à droite et revenir sur vos pas en contournant le pâté de maisons.
– ***Tourner à droite, à une intersection :*** à condition d'être sur la voie de droite, vous pouvez généralement tourner à droite au feu rouge après avoir observé un temps d'arrêt et vous être assuré que la voie est libre, d'abord au niveau des piétons puis des véhicules. Attention ! Dans certains États seulement, dont la Californie, l'Utah, le Wyoming, l'Arizona, le Colorado, le Nouveau-Mexique et le Nevada. Bien entendu, on ne le fait surtout pas si une pancarte indique « *No red turn* ».
– ***Clignotants :*** facultatifs au regard de la plupart des conducteurs américains, tant pour tourner que pour doubler... Ne vous laissez pas surprendre !
– ***Sur l'autoroute :*** gare aux erreurs de direction, qui se paient cher... en kilomètres, notamment sur les routes à péage. Il n'est pas rare de devoir faire 10, 20, voire 30 km avant de pouvoir faire demi-tour.
– Ne quittez pas vos rétros des yeux, les Américains ***doublent indifféremment par la gauche comme par la droite,*** et ne se rabattent pas systématiquement. Le conducteur le plus lent de tout l'État peut très bien squatter la file de gauche indéfiniment...
– ***Sur les routes nationales et les autoroutes :*** les voies perpendiculaires (ou venant de la droite) ont soit un « STOP », soit un « YIELD » (« cédez le passage »), et la priorité à droite n'a pas cours.
– ***Les ronds-points (ou giratoires) :*** plutôt rares, ils donnent la priorité aux voitures qui sont déjà engagées dans le giratoire.
– ***Les stops :*** s'il y a plusieurs stops, le premier qui s'est arrêté est le premier à repartir. Le *4-way stop,* qui est un carrefour avec un stop à tous les coins de rue, est assez fréquent aux États-Unis mais totalement inédit chez nous. S'il y a une voiture à chaque stop, bien retenir l'ordre d'arrivée !
– ***Le car pool :*** sur certains grands axes, pour faciliter la circulation et encourager le covoiturage, il existe une voie dénommée *car pool* (ou *HOV* pour *High Occupancy Vehicle*), réservée aux usagers qui roulent à deux ou plus par voiture. Il y a bien sûr beaucoup moins de monde que sur les autres voies. Très utile aux heures de pointe ; parfois la règle ne s'applique qu'à certaines périodes de la journée. Bien sûr, ne les emprunter en aucune façon si vous êtes seul à bord, sous peine d'amende élevée.
– ***La limitation de vitesse :*** elle est fixée par les États. Maximum 55 ou 60 mph (88-96 km/h) sur de nombreuses routes. Mais sur les autoroutes *(interstates),* elle peut atteindre 65 mph (104 km/h), voire 70 mph (112 km/h) en Californie, 75 mph (120 km/h) en Arizona, dans le Colorado, le Nevada, le Nouveau-Mexique, le South Dakota et le Wyoming, et jusqu'à 80 mph en Utah (129 km/h). En ville : 20-35 mph, soit 32-56 km/h. À proximité d'une école (à certaines heures), elle chute à 15 ou 20 mph (24-32 km/h), et tout le monde la respecte ! Attention, les radars sont très nombreux, et la police, très vigilante, aime beaucoup faire mugir ses sirènes.
– ***Le stationnement :*** faites toujours très attention où vous garez votre voiture. Les PV fleurissent très vite sur les pare-brise. Pour cela, lisez avant tout les ***panneaux*** au coin de la rue, ce sont eux, surtout, qui régulent le stationnement des véhicules (encore plus que la couleur du marquage sur le trottoir). Ceux indiquant « *No parking* » signalent bien sûr un stationnement interdit. Si cela peut vous rassurer, dans certaines villes comme Phoenix ou Salt Lake City se garer est un jeu

d'enfant, y compris en plein centre. En revanche, ne vous arrêtez ***jamais*** devant un arrêt d'autobus, ni devant une arrivée d'eau pour l'incendie *(fire hydrant)*, ni s'il y a un panneau « *Tow away* » qui signifie « Enlèvement ». On vous enlèvera la voiture en quelques minutes, et la fourrière, couplée à l'amende, est très chère (plus de 200 $).

– ***Les parcmètres et les parkings :*** la présence de parcmètres ne veut pas forcément dire qu'on peut se garer tout le temps, là encore vérifiez bien les panneaux, qui parfois limitent la période où il est autorisé de stationner à certaines heures ou certains jours. Si le parcmètre ou l'horodateur est hors service, ne pensez pas non plus faire une bonne affaire : vous devez alors vous garer devant une machine qui fonctionne ! Prévoyez aussi de la monnaie, sinon vous devrez payer par carte de paiement ou vous garer dans l'un des nombreux parkings à la journée qui pullulent dans les villes. Ces derniers affichent souvent un tarif qui paraît raisonnable au premier abord, mais, lorsque vous êtes à deux doigts d'y entrer, vous y voyez soudain plus clair : en général, le tarif est valable pour 15 ou 20 mn ! La liste n'est pas exhaustive, et vous découvrirez encore plein de surprises par vous-même. Globalement, sachez que l'Américain est généralement civique et qu'il ne lui viendrait pas à l'idée de bloquer en double file la circulation pour acheter son journal.

– ***Les bus scolaires à l'arrêt :*** très important, lorsqu'un *school bus* (on ne peut pas les louper) s'arrête et qu'il met ses feux clignotants rouges, l'arrêt est obligatoire dans les deux sens, pour laisser traverser les enfants qui en descendent. Si on le suit (pas de bol), ne surtout pas le doubler tant que les feux clignotants sont orange. Le bus signale qu'il va s'arrêter. À l'arrêt, un petit panneau est parfois automatiquement déployé, sur la gauche du véhicule, pour vous intimer l'arrêt. C'est l'une des pénalités le plus gravement sanctionnées aux États-Unis.

– ***Le respect dû aux piétons :*** vous verrez souvent le panneau ou l'inscription au sol « *Xing* ». Ce n'est pas du chinois, sauf si on ne comprend pas que cela signifie *cross-ing*, soit un passage piéton... Ici, le respect des passages protégés n'est pas un vain mot, et le piéton a VRAIMENT la priorité. Dès qu'un piéton fait mine de s'engager sur la chaussée pour la traverser, tout le monde s'arrête (enfin, presque tout le monde...). Dans certaines villes, à Salt Lake City notamment, les passages piétons non protégés par un feu sont équipés, à chaque extrémité, d'un seau avec des drapeaux orange. On en prend un et on l'agite en traversant pour que tout le monde s'arrête, puis on le dépose dans le seau de l'autre côté. Ridicule, et très marrant ! La voiture n'est pas, comme chez nous, un engin de course mais un outil pratique de la vie moderne. On roule pépère, on respecte l'autre et on est tolérant. Faites donc de même. D'autre part, sachez que traverser hors des clous ou au feu rouge piéton peut être passible d'une amende dans certains États ! Il y a même un terme pour ça : le *jaywalking*...

– ***Les PV :*** si vous avez un PV *(ticket)* avec une voiture de location, mieux vaut le payer sur place et non une fois rentré chez vous. Car lorsque vous signez le contrat de location, vous donnez implicitement l'autorisation au loueur de régler les contraventions pour vous (avec majoration). La solution la plus simple consiste à payer par carte de paiement. Au dos du PV, un numéro de téléphone et un site internet vous permettent de le faire. Votre compte est ensuite débité par la police.

L'essence

Bonne nouvelle, elle est moins chère que chez nous (entre 3,50 et 4 $ dans les zones touristiques pour 1 gallon = 3,8 l environ). Ces tarifs n'encouragent pas encore assez les constructeurs à concevoir des voitures moins gourmandes, et surtout moins polluantes, bien que la Californie ait fait quelques tentatives d'intimidation de ce côté-là ces dernières années. Sachez que vous paierez l'essence plus cher aux abords et à l'intérieur des parcs nationaux, donc pensez à faire le plein dès que vous en sortez ou avant d'y arriver. *Bon plan* : les supermarchés *Wal-Mart* et aussi certaines stations-service qui disposent de cartes de fidélité donnant

droit à des réductions immédiates sur un plein, chez *Maverick* notamment, présent dans le Colorado, l'Arizona, l'Utah et le Nevada. Signalons également les stations-service *Philips 66, Sinclair* et *Silver Eagle* parmi les moins chères.
La plupart des voitures roulent à l'essence sans plomb *(unleaded)* dont il existe plusieurs qualités. La moins chère est la *regular unleaded 87*. Les autres (*special 89* et *super + 91*) sont de meilleure qualité mais inutilement chères pour une voiture de location. Dans les stations-service *(gas stations)*, il faut presque toujours aller payer à la caisse ou y déposer sa carte de paiement AVANT de se servir car le règlement automatique à la pompe n'est, le plus souvent, possible qu'avec une carte de paiement américaine (code à cinq chiffres requis). Cependant, de plus en plus de stations sont équipées de pompes automatiques qui n'exigent pas que l'on tape son code, du coup on peut les utiliser avec des cartes européennes. La plupart des *gas stations* offrent une grande variété de services : des toilettes à disposition, du café, un comptoir fast-food et des rayons chargés de produits de première nécessité. Elles vendent aussi des cartes très précises de la localité et de l'État où l'on se trouve.

Circuler et s'orienter

Un conseil : à moins d'avoir pris l'option GPS (supplément non négligeable mais grand confort sur la route), munissez-vous d'une bonne carte routière (voir plus loin).
On distingue les *freeways* (larges autoroutes aux abords des grandes villes), les *interstates*, qui relient les États entre eux (elles sont désignées par deux chiffres), et les routes secondaires (par trois chiffres). Elles sont signalisées de manière différente et faciles à repérer. Simplement, ouvrez bien l'œil et sachez vers quel point cardinal vous allez car les noms des villes ne sont pas toujours indiqués. Sur les *interstates*, le numéro de la sortie correspond au mile sur lequel elle se trouve. Ainsi, la sortie après la 189, peut très bien être la 214.
Si vous rencontrez des *turnpikes*, sachez que ce sont des tronçons d'autoroutes payants. Les grands ponts (comme le Golden Gate) et beaucoup de tunnels majeurs sont aussi souvent payants.
Contrairement à l'Europe, il y a peu de symboles de signalisation routière. Impératif de bien connaître l'anglais, surtout pour les stationnements.

Les cartes routières

Inutile d'en acheter en France avant le départ. Presque toutes les stations-service en vendent une large gamme à des prix tournant autour de 5-7 $ (notamment la collection *Rand MacNally*). Les cartes des agences de location de voitures, un peu sommaires mais gratuites, peuvent également dépanner au même titre que celles des offices de tourisme. Lorsqu'on traverse la frontière d'un État, il y a très souvent aussi un *Visitor Center* où il est possible d'obtenir gratuitement des cartes routières de l'État dans lequel on entre.
– Les voyageurs au long cours se procureront *The Road Atlas* de *Rand McNally*, réédité chaque année depuis près d'un siècle : plusieurs types de formats, les moins chers incluant même le Canada et le Mexique. Indique aussi les parcs nationaux et les campings, avec parfois des coupons de réduction. L'atlas de l'*American Automobile Association (Triple A)* n'est pas mal non plus.

Les voitures de location

La location depuis la France

■ ***Auto Escape :*** *☎ 0820-150-300 (nº gratuit).* • *autoescape.com* • *Vous trouverez également les services d'Auto Escape sur* • *routard.com* • L'agence *Auto Escape* réserve auprès des loueurs de véhicules de gros volumes d'affaires, ce qui garantit des tarifs très compétitifs. Il est recommandé de réserver à l'avance. Important : tarif spécialement négocié pour les conducteurs de moins de 25 ans. *Auto Escape* offre 5 % de remise sur la location de voiture aux lecteurs du *Routard* pour toute réservation par Internet avec le code de réduction « GDR13 ».

■ ***BSP Auto :*** *☎ 01-43-46-20-74 (tlj).* *• bsp-auto.com •* Les prix proposés sont attractifs et comprennent le kilométrage illimité et l'assurance tous risques sans franchise (LDW). *BSP Auto* vous propose exclusivement les grandes compagnies de location sur place, vous assurant un très bon niveau de services. Le plus : vous ne payez votre location que 5 jours avant le départ. Réduction spéciale aux lecteurs de ce guide avec le code « routard ».

■ Et aussi : **Hertz** *(☎ 0825-030-040, 0,15 €/mn ; • hertz.com •)*, **Avis** *(☎ 0820-050-505 ou 0821-230-760, 0,12 €/mn ; • avis.fr •)*, **Europcar** *(☎ 0825-358-358, 0,15 €/mn ; • europcar.fr •)* et **Budget** *(☎ 0825-003-564, 0,15 €/mn ; • budget.fr •)*.

La location aux États-Unis

Les prix peuvent varier, il est important de faire son marché et de comparer les tarifs proposés par les différentes compagnies de location avant de se décider. Les taxes, qui vont selon les États de 4 à 20 %, sont rarement incluses dans les vouchers des agences ; quant aux assurances, ça dépend des compagnies, d'où l'intérêt de bien se renseigner. Les voitures de location les moins chères sont les *economy* et les *compact* (catégorie A) avec deux ou quatre portes. Très bien jusqu'à trois personnes. Ensuite viennent les *mid-size, standard-size* et *full-size.* De façon générale, les voitures sont plus spacieuses et confortables qu'en Europe, à catégorie égale. Le kilométrage est généralement illimité.

Quelques règles générales

– Il est difficile, voire impossible de louer une voiture si l'on a ***moins de 21 ans,*** voire 25 ans pour les grandes compagnies. Dans le meilleur des cas, les moins de 25 ans devront parfois prendre une assurance « Jeunes conducteurs » qui coûte près de 25 $ par jour.
– Avoir absolument une ***carte de paiement*** (*MasterCard* et *Visa* sont acceptées partout). Très rares sont les compagnies qui acceptent le liquide ; de plus, elles exigent une importante caution. Un truc en or : avec les cartes prestige style *MasterCard Gold* ou *Visa Premier,* vous bénéficiez d'une assurance qui couvre en partie les vols et dégradations.
– Le ***permis national*** est en principe suffisant, mais renseignez-vous quand même au préalable : certaines compagnies, à certains endroits, peuvent exiger un permis international.
– Attention, il arrive fréquemment que les loueurs vous incitent à prendre une ***catégorie supérieure*** à celle que vous avez réservée, « pour votre confort personnel », mais le supplément vous sera bien facturé ! Méfiance donc, et lisez bien la facture avant de partir avec votre véhicule.
– Seules les ***grandes compagnies*** sont représentées dans les aéroports. Les moins chères se trouvent en ville (les taxes y sont moins élevées), et, si vous arrivez en avion, elles peuvent souvent vous livrer le véhicule.
– Les ***tarifs les moins chers*** sont à la semaine. Si vous louez pour plus de 2 semaines, n'hésitez pas à demander une ristourne, ça peut marcher. Il existe aussi des réductions week-end *(week-end fares),* du vendredi midi au lundi midi. De même, si vous réservez à l'avance, vous paierez moins cher qu'en vous y prenant le jour même.
– Chez de nombreuses compagnies, on peut rendre le véhicule dans un endroit différent de celui où on l'a pris *(one-way rental),* mais il faudra payer un ***drop off charge*** (frais d'abandon), qui peut être plus ou moins important.
– Les véhicules disposent tous de la ***clim,*** pas négligeable en été, même si ça consomme plus d'essence et si ça n'est pas très écolo...

– Si possible (car certaines agences l'imposent), évitez l'option qui permet de rendre la voiture ***avec le réservoir vide.*** Ce plein d'essence est évidemment facturé, et plus cher que si vous le faites vous-même. De plus, comme il est très périlleux de ramener la voiture juste avant de tomber en panne d'essence, il en reste évidemment toujours un peu dans le réservoir, ce qui bien sûr profite à la compagnie.

Les assurances

Elles sont nombreuses, et on s'emmêle rapidement les pinceaux. Les véhicules possèdent parfois une assurance minimum obligatoire, comprise dans le tarif proposé. Au-delà, tout est bon pour essayer de vous vendre le maximum d'options, qui ont vite fait de revenir plus cher que la voiture elle-même. Renseignez-vous bien aussi sur les franchises qui varient d'une compagnie à l'autre.
Avec une carte de paiement « haut de gamme » *(MasterCard Gold, Visa Premier...),* il est moins utile de prendre l'assurance *CDW* ou *LDW,* car ces cartes remboursent tous frais dus aux dégâts qui peuvent être occasionnés au véhicule. En revanche, elles ne couvrent pas nécessairement le manque à gagner lié à l'indisponibilité du véhicule pendant le temps de réparation, ni la perte de valeur de revente de celui-ci (après un accident par exemple). Bref, là encore renseignez-vous bien.
– ***LDW (Loss Damage Waiver) ou CDW (Collision Damage Waiver) :*** c'est l'assurance tous risques avec suppression de franchise, pour tout dommage occasionné au véhicule *(CDW)* ou pour dommages et perte d'accessoires *(LDW).* Elle est obligatoire avec certaines compagnies. Son coût : autour de 20 $ par jour. Elle couvre donc le véhicule pour tout dégât (vol, incendie, accrochages, accidents...), même si vous êtes en tort (hors état d'ivresse), mais pas les dégâts occasionnés aux tiers si vous êtes responsable.
– ***LIS ou SLI (Liability Insurance Supplement) :*** c'est une assurance supplémentaire qui augmente le plafond de la garantie civile en cas de dommages corporels aux tiers, si vous êtes responsable de l'accident. Aucune carte de paiement ne l'inclut dans ses services. Il faut savoir qu'aux États-Unis, si vous renversez quelqu'un et que cette personne est hospitalisée, votre responsabilité peut être engagée bien au-delà de la garantie civile de base prévue par le loueur. Il est donc important d'avoir une couverture en béton. Attention : si vous roulez en état d'ivresse, cette assurance ne fonctionne pas.
– ***PAI (Personal Accident Insurance) :*** assure le conducteur et les passagers pour les frais médicaux liés à un accident. Inutile si vous avez par ailleurs souscrit une assurance personnelle incluant les accidents de voiture. La *PAI* ferait alors double emploi.
– ***PEP (Personal Effect Protection) :*** elle couvre les effets personnels volés dans la voiture. À notre avis, cette assurance est inutile. Il suffit de faire attention et de ne jamais rien laisser de valeur à l'intérieur. À cet égard, une loi interdit aux loueurs de matérialiser la voiture de location avec des macarons et autocollants. C'était du pain bénit pour les voleurs qui repéraient ainsi les véhicules à « visiter ».
Enfin, sachez que certaines compagnies, telle *Alamo,* proposent une petite assurance complémentaire (encore !) couvrant tous les petits services de dépannage : remplacement de la clé en cas de perte, ouverture du véhicule s'il est malencontreusement fermé de l'intérieur, remplacement d'un pneu crevé, enlèvement du véhicule s'il est immobilisé, dépannage en cas de panne d'essence, etc. Encore un moyen de vous prélever dans les 7 $ par jour...

Les petites compagnies

Moins représentées en dehors des États-Unis que les grandes compagnies internationales de location, elles n'en demeurent pas moins bien implantées sur le sol américain et proposent des tarifs souvent très intéressants. Inconvénients : les voitures sont parfois un peu moins neuves, et il n'est pas toujours possible de louer le véhicule à un endroit et de leur rendre à un autre.

En voici quelques-unes, avec leur numéro *toll free* (gratuit). Pour les appeler de France, voir la rubrique « Téléphone – Télécommunications » plus haut.

■ ***Caflatours-Autorent :*** *☎ 1-800-636-9683 ou (818) 785-4569. Fax : (818) 785-3964.* • *caflatours.com* • *autorentnet.com* • L'agence *Caflatours* négocie des contrats incluant toutes assurances auprès des grands loueurs (*Dollar, Alamo, Hertz* ou *Budget*). Une équipe francophone basée à Los Angeles garantit des tarifs très bas et un service rapide. Devis complet instantanément en ligne.

■ ***Thrifty Rent-a-Car :*** *☎ 1-800-847-4389.* • *thrifty.com* •

■ ***Payless Rent-a-Car :*** *☎ 1-800-729-5377.* • *paylesscar.com* •

■ ***Dollar Rent-a-Car :*** *☎ 1-800-800-6400.* • *dollar.com* •

Les grandes compagnies

Implantées partout, elles proposent des véhicules quasi neufs et, en cas de problème mécanique, le représentant local de la compagnie vous changera la voiture aussitôt. De toutes, c'est probablement *Alamo* qui offre les tarifs les plus compétitifs.
Possibilité de louer le véhicule dans une ville et de le laisser dans une autre (supplément à payer). Si vous le rendez dans un autre État, les frais seront d'autant plus élevés.
Voici quelques-unes d'entre elles, avec leurs numéros de téléphone gratuits :

■ ***Alamo :*** *☎ 1-877-222-9075.* • *alamo.com* •

■ ***Avis :*** *☎ 1-800-331-1212.* • *avis.com* •

■ ***Budget :*** *☎ 1-800-527-0700.* • *budget.com* •

■ ***Hertz :*** *☎ 1-800-654-3131.* • *hertz.com* •

■ ***National :*** *☎ 1-877-222-9058.* • *nationalcar.com* •

Le mieux est de réserver à l'avance par Internet, c'est souvent moins cher que si on le fait sur place, surtout si c'est la veille ou le jour même.

La location d'un camping-car (ou *RV* ou motor-home)

Voyager en *RV* (prononcer « harviii ») est une expérience unique pour les enfants. Comparés à nos camping-cars, les *RV* américains sont le plus souvent énormes, de la taille d'un bus ! Rassurez-vous, on en trouve aussi de plus modestes... L'inconvénient, c'est que c'est assez lent et surtout très cher, même à quatre ou six personnes (à partir de 1 200 $ la semaine en haute saison, plus le kilométrage). Bien plus cher, donc, qu'un séjour voiture + motels. D'autant qu'au prix de la location s'ajoutent encore l'essence (de 12 à 45 l aux 100 km selon les modèles !) et l'emplacement dans les campings, puisqu'il est interdit de passer la nuit en dehors des *campgrounds.* Compter 10 à 25 $ la place seule, sans compter le *hook up* payant dans les terrains aménagés (branchements eau et électricité dont vous aurez besoin pour la clim et le chauffage ; *full hook up,* avec la vidange en plus). Dans les campings privés, il faut plutôt compter autour de 40 $. Même dans la journée, il est interdit de se garer n'importe où ; dans certaines grandes villes, on vous met en fourrière sur l'heure. Les parkings des hypermarchés ou des magasins sont parfois autorisés, à condition évidemment d'éviter tout déballage et de laisser les lieux propres.
Un permis classique suffit pour conduire ce genre de véhicule, encore faut-il évidemment se sentir capable de le faire ! Si vous êtes intéressé, mieux vaut louer le véhicule à l'avance, car en haute saison il est parfois difficile d'en trouver sur place.
Dernière chose, les campings des parcs nationaux sont souvent pleins en haute saison, et il faut souvent jouer des coudes pour arriver dans les premiers si l'on n'a pas réservé.

■ ***El Monte RV :*** *rens et résas sur • elmonterv.co.uk/fr • Numéro d'assistance gratuit en cas de pépin ou pour tte question : ☎ 1-888-337-2214.* Une compagnie qui existe depuis 1970, aujourd'hui implantée aux quatre coins des États-Unis. 2 types de véhicules (tous de moins de 2 ans) : la classe C avec un couchage supplémentaire au-dessus du pare-brise et la A plutôt destinée aux familles, avec davantage d'espace. Certains camping-cars disposent même d'une TV et d'un lecteur CD.

■ ***Cruise America RV Rental & Sales :*** *11 W Hampton Ave, Mesa, AZ 85210. ☎ 480-464-7300 ou 1-800-671-8042. • cruiseamerica.com • La loc du véhicule ne comprend pas le kilométrage : forfait 700 miles (env 1 150 km) env 250 $, assurances incluses.* Une bonne adresse avec plus de 130 agences aux États-Unis. Loue des motor-homes *(RV)* et *trailers* (caravanes) dans tout le pays, depuis les aéroports ou les diverses agences en ville. Loue également des *RV* équipés pour les personnes handicapées. Si vos dates et itinéraires sont flexibles, intéressez-vous aux *one-way specials,* à 50 % de réduction, lorsque la compagnie a besoin de transférer un camping-car d'un coin du pays à un autre.

■ ***Pour toute info complémentaire :*** *• motorhomerentals.com •* Un site internet complet sur les locations de motor-homes aux États-Unis. Présentation des différents types de véhicules, liens vers les principaux loueurs par région, infos touristiques sur chaque destination...

L'auto-stop *(hitchhiking)*

De moins en moins pratiqué. En tout cas, le stop est interdit sur les autoroutes et déconseillé sur les routes principales. Aux États-Unis, c'est louche de ne pas avoir de voiture, et, depuis le 11 septembre 2001, les Américains se méfient encore plus de tout. Ne soyez donc pas étonné que les clients ne se bousculent pas pour vous offrir un brin de conduite...

La moto

Il existe quelques loueurs de motos – essentiellement de grosses Harley Davidson – dans cette partie des États-Unis. Si vous avez décidé d'accomplir tout votre périple à moto façon *Easy Rider,* mieux vaut la louer depuis la France. Sinon, louez sur place à la journée, histoire de prendre un bon bol d'air ! Là encore, il faut avoir 21 ans au minimum et une carte de paiement. On déconseille de venir avec votre propre moto ou même d'en acheter une sur place qu'il faudra revendre à la fin du voyage ; trop de tracasseries administratives, d'assurance...

Le bus

Si le réseau *Greyhound* couvre la quasi-totalité du pays, les bus ne desservent que partiellement l'Ouest américain et pas du tout les parcs nationaux, ce qui en limite l'intérêt pour ceux qui resteraient dans la région. Hors de quelques grandes villes, pas de liaison. Une seule solution, la bagnole, ou le pouce ! *Infos : ☎ 1-800-231-2222 ou 214-849-8100 de l'étranger. • greyhound.com •*

Les bus *Greyhound* ont, à tort, mauvaise réputation dans cette Amérique où la voiture et l'avion priment. Ils sont en effet considérés comme le moyen de transport des pauvres, à éviter dès qu'on a les moyens de voyager autrement. C'est vrai que se pointer dans une station de bus le soir est la meilleure façon d'être confronté à l'Amérique profonde, avec tous ses laissés-pour-compte du rêve américain. On déconseille d'ailleurs d'y passer la nuit, d'autant que les gares routières sont souvent situées dans des quartiers sensibles et excentrés. Cela dit, on peut tout à fait parcourir le pays de long en large sans danger et faire des rencontres qui pimentent le voyage, les Américains étant souvent curieux et bavards...

Les billets

Ils s'achètent dans toutes les gares routières et agences *Greyhound,* par Internet et par téléphone *(☎ 1-800-231-2222 ou 214-849-8100 de l'étranger),* avec retrait à la gare de départ (formule *Will Call*). Consulter leur site internet pour les offres spéciales et les billets à prix réduits achetés à l'avance. Attention, pas de places numérotées sur les billets, donc, si vous ne voulez pas être obligé d'attendre le prochain bus, prévoyez au moins 1h d'avance, surtout si vous avez des bagages à mettre en soute : il vous faudra alors passer au guichet pour faire imprimer un *baggage tag,* et il y a souvent la queue !

Les forfaits

Si vous comptez traverser en bus les États-Unis d'est en ouest, sachez que les forfaits sont vite amortis. Une cinquantaine de petites compagnies régionales de bus acceptent les forfaits *Greyhound* sur tout le territoire américain.

– *Greyhound* propose les forfaits ***Discovery Pass,*** avec plusieurs durées possibles : 7, 15, 30 ou 60 jours. Plus la durée est longue, plus le prix est intéressant (environ 253 $ pour 7 jours et 564 $ pour 2 mois). Ces forfaits sont également valables pour le Canada et certaines villes du nord du Mexique. Ils peuvent désormais être achetés seulement 2h avant la première utilisation. Distance illimitée et consignes des bagages incluses. Pour effectuer un trajet avec *Greyhound,* présenter le *pass* au comptoir avec une pièce d'identité et demander un billet. Au Canada, il suffit de faire valider son *pass* et de le présenter au chauffeur avec une *ID.* Pour utiliser le *Discovery Pass* sur une compagnie partenaire de *Greyhound* (qui a passé un accord avec la compagnie nationale), il est également nécessaire de se présenter au guichet pour y recevoir un billet. On peut aussi (moyennant un supplément de 5 $, plus les taxes) réserver un siège.

– ***Se procurer les forfaits Discovery Pass :*** sur place ou achat en ligne sur le site ● *discoverypass.com* ●

Les bagages en bus

Pour votre bagage en soute, retirez un *baggage tag* au guichet et mettez-vous dans la file d'attente pour votre destination. Seuls un bagage en soute et deux petits bagages à main sont inclus dans le tarif ; voir plus bas pour plus de détails. Au moment de monter dans le bus, laissez vos bagages le long du véhicule ; un employé les placera dans la soute. En règle générale, les bagages sont transférés si vous avez une correspondance. Mais vérifiez bien que c'est le cas et, dans le cas contraire, pensez bien à récupérer vos bagages à l'arrivée ou dans la station où vous changez de bus. Dans ce dernier cas, prenez vos bagages et mettez-vous dans la file d'attente pour votre nouveau bus à l'intérieur de la station. Sinon, le personnel se charge de tous les bagages non transférés par les voyageurs eux-mêmes, mais là, attention, il y a parfois des pertes ou plutôt des égarements : vous vous trouvez à San Francisco et vos bagages se dirigent vers La Nouvelle-Orléans, ou, au mieux, ils arriveront dans le bus suivant ! Cela arrive un peu trop fréquemment. Si nous avions un conseil à vous donner, ce serait de prendre vos bagages avec vous chaque fois que c'est possible et de les mettre dans les filets... À l'arrivée, un truc pour éviter de payer la consigne, dans les grandes villes, ne récupérez pas vos bagages dès la sortie du bus, ils seront gardés gratuitement au guichet bagages. Attention, les consignes automatiques *Greyhound* sont vidées au bout de 24h, et les bagages mis dans un bureau fermé la nuit et le week-end. Si vous avez besoin de laisser vos affaires plus de 24h, mettez-les directement en consigne au guichet bagages (forfait journalier pas très cher). Là encore, notez les heures d'ouverture ! Une précision : pour entrer votre sac à dos dans les consignes automatiques, il ne faut pas qu'il dépasse 82 cm de long.

Pour les routards chargés : ne sont inclus dans le prix du billet qu'un seul bagage en soute et deux petits bagages à main. Pour un deuxième bagage en soute, vous paierez 10 $ de plus. Leur poids ne doit pas excéder 23 kg (50 *pounds*) et leur longueur totale (longueur + largeur + hauteur) 158 cm (62 *inches*), sous peine d'avoir un supplément à payer pour *overweight* ou *oversized baggage*. Les bagages de plus de 32 kg (70 *pounds*) sont tout simplement refusés. Quant aux deux bagages à main autorisés, il s'agit d'un sac de 11,5 kg (25 *pounds*) maximum, susceptible de rentrer sous le siège ou dans le compartiment prévu à cet effet, et d'un petit sac à main ou un nécessaire de voyage.

Le confort des bus

Outre leur rapidité, ces bus offrent un certain confort : ils sont non-fumeurs, avec toilettes à bord et AC, ce qui veut dire qu'il peut y faire très frais. Prévoyez un pull, surtout si vous avez l'intention de dormir.
Ces bus sont particulièrement intéressants de nuit, car ils permettent de couvrir des distances importantes tout en économisant une nuit d'hôtel ! Mais les sièges ne s'inclinent que faiblement. Si vous avez de grandes jambes, préférez ceux côté couloir. En principe, quand un bus est plein dans les grandes gares routières, un deuxième prend le restant des voyageurs. C'est moins évident dans les petites gares. Même si cela apparaît plus intéressant de voyager dans le second bus à moitié vide (pour s'étendre), sachez que parfois, dès qu'il y a de la place dans le premier, on transfère les voyageurs et, en pleine nuit, ce n'est pas marrant ! Évitez de vous mettre à l'avant (on est gêné par la portière), sauf si vous voulez admirer le paysage, ni à l'arrière (*because* les relents des toilettes, et la banquette du fond qui ne s'abaisse pas). Enfin sachez que *Greyhound* propose un service d'aide pour les personnes handicapées, à condition d'appeler 48h à l'avance *(☎ 1-800-752-4841).*

En vrac

– Faites attention aux diverses formes de trajet : ***express, non-stop, local...*** Comparez simplement l'heure de départ et l'heure d'arrivée, vous saurez ainsi lequel est le plus rapide.
– En ***période de fêtes,*** les bus sont souvent pris d'assaut par tous ceux qui ne prennent pas l'avion (et ils sont nombreux !). Donc, arrivez impérativement à la station en avance et attendez-vous à du retard.
– Les ***arrêts en route*** ne sont pas mentionnés sur les billets (seuls ceux avec changement de bus sont indiqués). Un conseil : respectez impérativement le temps donné par le chauffeur pour la pause. Ce dernier repartira en effet à l'heure annoncée, sans état d'âme pour ceux qui ne seront pas remontés dans le bus ! Outre le risque de rester coincé sur une aire de repos au milieu de nulle part en attendant le prochain bus (qui peut arriver bien des heures plus tard), vos affaires continueront à faire le voyage sans vous... En descendant lors d'une pause, relevez aussi le numéro du bus pour bien remonter dans le même, d'autres bus pour la même destination pouvant arriver entre-temps. Lors d'un arrêt prolongé dans une station, le chauffeur vous donnera un *reboarding pass* qui vous permettra de remonter dans le bus avant les nouveaux passagers pour conserver votre place ou en choisir une meilleure qui se serait libérée. Attention, pour vous inviter à remonter dans le bus, le chauffeur fera une annonce dans le terminal en évoquant le numéro du *reboarding pass* (et non pas le numéro du bus ou la destination !).
– Pour les ***voyages longue distance,*** apportez de quoi grignoter. Sinon, profitez de l'occasion si le bus fait une pause dans une aire avec un fast-food, car la nourriture vendue dans les snacks des stations *Greyhound* est en général immonde. Si vous croyiez que jamais ça ne vous arriverait de prier pour que le bus s'arrête dans un *McDo...*

Le train

Aux États-Unis, le train est très confortable mais ne couvre pas l'ensemble du territoire et demeure plus cher que le bus. Reconnaissons-le, voyager en train dans l'Ouest américain n'est pas franchement pratique...

Pour les longues distances, ***Amtrak*** propose un *Rail Pass* valable sur tout le territoire américain. Il permet de faire un nombre de trajets prédéterminés (8, 12 ou 18) sur une période de 15, 30 ou 45 jours (respectivement), le tout dans un délai de 180 jours (soit environ 6 mois). Compter de 430 à 830 $ environ selon la durée (215 à 415 $ enfants 2-15 ans). Il existe également un *pass* spécifique à la Californie *(California Rail Pass)* valable 1 semaine sur une période de 3 semaines (159 $ ou 80 $ enfants). Dans tous les cas, il faut faire une résa et demander un billet pour chaque trajet.
– On peut se procurer billets et forfaits en France auprès de n'importe quelle agence de voyages ou sur Internet • *amtrak.com* • *(site accessible en français). Coordonnées aux États-Unis :* ☎ *1-800-872-7245.*

URGENCES

– ***Pour une urgence (médicale ou autre), téléphonez au*** ☎ ***911*** (numéro national gratuit). L'opérateur vous mettra en relation, selon votre problème, avec le service adéquat (la police, les pompiers ou les ambulances). Si vous ne parlez (presque) pas l'anglais, précisez-le *(« I don't speak English, I am French »).*

HOMMES, CULTURE, ENVIRONNEMENT

« Les États-Unis, le pays qui a trop de géographie
mais pas assez d'histoire. »

On n'a pas retrouvé l'auteur !

BOISSONS

Les boissons non alcoolisées *(soft drinks)*

– ***L'eau glacée :*** dans les restaurants, la coutume est de servir d'emblée un verre d'eau glacée à tout consommateur. Quand on dit glacée, ce n'est pas un euphémisme, donc n'hésitez pas à demander votre boisson sans glaçons *(no ice, please)* ou avec peu de glaçons *(with little ice)*. Les Américains sont des adeptes de l'eau du robinet *(tap water)* et consomment très peu d'eau minérale dans les restaurants. D'ailleurs, une fois vide, votre verre sera immédiatement rempli (et avec le sourire !).
– ***Thé et café :*** le ***café américain*** de base (*regular* ou *American coffee*) est plus proche du café très allongé (pour ne pas dire du jus de chaussette) que du *ristretto* italien. Il faut dire que les Américains en sirotent à longueur de journée, y compris dans leur voiture ou dans la rue grâce à ces tasses Thermos que vous verrez partout, d'où l'intérêt qu'il ne soit pas trop fort. Si vous voulez un café noir, précisez bien *black coffee,* sinon on vous le sert souvent avec du lait. La grande mode depuis quelques années (surtout dans les grandes villes), ce sont les cafés d'inspiration italienne : le ***caffè latte*** (double *espresso* avec lait chaud), le ***macchiato*** (un *espresso* avec juste une mousse de lait) et le ***cappuccino*** (un lait au café, avec beaucoup de mousse parfois parfumée au chocolat, au caramel, à la cannelle, à la noisette, etc.).
Dans de nombreux restos, *diners* et cafét (en particulier pour le petit déj), on peut redemander le café de base autant de fois qu'on le désire *(free refill)*. Cela ne s'applique pas au café de fin de repas ni surtout aux cafés spéciaux (*espresso,* cappuccino et consorts). Les amateurs de ***thé*** ne seront pas toujours à la fête. Dans les *diners* et autres cafét populaires, c'est encore (trop) souvent le sachet de *Lipton Yellow* qui règne en maître... Avec parfois l'option thé vert ***(green tea)*** ou ***herbal tea*** (attention, c'est plutôt de l'infusion), mais pas toujours.
– ***Cocas et sodas :*** on le sait, les Américains ont inventé le coca (le *coke* comme on dit là-bas) et ils consomment des sodas sucrés à longueur de journée. D'ailleurs, dans de nombreux restaurants de chaîne, fast-foods, *coffee shops* et autres petits restos, les sodas *(fountain drinks)* sont souvent à volonté. Soit on se sert soi-même « à la pompe », soit on demande un *free refill* (comme pour le café). Autre habitude de plus en plus répandue : les ***energy drinks,*** ces boissons à base de caféine, parfois de guarana et, en ce qui concerne le *Red Bull* (la boisson la plus vendue au monde devant les Coca et autre Pepsi), de la taurine, une molécule longtemps interdite en France (et quasi inexistante dans la version française de la boisson, désormais autorisée). Ces boissons énergisantes ont souvent un goût

chimique assez... improbable. Dans le même registre, on trouve partout des ***Vitamin Waters*** et autres variantes, de l'eau de source colorée et enrichie en vitamines, minéraux...

– ***Iced tea :*** le faux ami par excellence ! Loin des thés glacés aromatisés et sucrés vendus en France, l'*iced tea* est simplement du thé normal mais glacé et souvent pas sucré du tout *(unsweetened)*. Pas étonnant alors de voir les Américains ajouter trois sachets de sucre pour adoucir un peu la chose.

– ***Smoothies :*** ce sont des cocktails de fruits mixés et mélangés à du yaourt, du lait, du soja ou de la glace, voire à des céréales. Frais et sain. Existe aussi avec des légumes, ou même du jus d'herbe. La chaîne *Jamba Juice* s'en est fait une spécialité, mais il y en a d'autres.

COCARICO !

C'est un Corse, Angelo Mariani, qui est un peu à l'origine de l'invention du Coca-Cola. Commercialisé dès 1863, son vin à base de feuilles de coca connut un succès phénoménal jusqu'à son interdiction en 1910. Il faut dire que, même s'il fut adoubé par le pape Léon XIII, le Red Bull *de l'époque contenait tout de même 6 mg de cocaïne... Futé, un Américain, Pemberton, s'inspira de la recette, en y ajoutant de la noix de kola du Ghana, puis en y supprimant l'alcool, pour cause de prohibition dans la ville d'Atlanta. Ainsi naquit en 1885 le Coca-Cola, qui ne contient aujourd'hui plus de cocaïne mais toujours des feuilles de coca, pour le goût.*

– ***Root beer :*** ce sinistre breuvage au goût de chewing-gum médicamenteux est très apprécié des *kids* américains, mais n'a rien à voir avec de la bière. La marque la plus courante est la *A & W.*

– ***Cream sodas :*** encore une expérience culturelle à ne pas manquer ! Il s'agit d'un soda (en général du Coca, mais aussi limonade ou *root beer*) mélangé à de la glace à la vanille. Hyper sucré et... heu, un retour en enfance assuré.

– N'oublions pas, bien sûr, les ***milk shakes,*** boissons frappées à base de lait, mixé avec de grandes louchées de glaces à la vanille, à la banane, à la fraise...

Les alcools

Le rapport des Américains à l'alcool n'est pas aussi simple que chez nous. La société, conservatrice et puritaine, autorise la vente des armes à feu mais réglemente de manière stricte tout ce qui touche aux plaisirs « tabous » (sexe, alcool, etc.). L'héritage de la Prohibition et bien sûr les lobbies religieux n'y sont pas pour rien (à fortiori dans l'Utah, pays des mormons). Dans certains *counties* (comtés), municipalités ou villes, il est impossible d'acheter de l'alcool le dimanche dans les supermarchés, voire tous les jours dans les *dry counties,* quoi que ceux-ci se situent plutôt dans le Deep South (Texas, Alabama, Arkansas...). Par opposition, on parle des *wet counties* (sans restriction) et des *moist counties* (les comtés « humides ») qui n'appliquent que des restrictions partielles. Datant de l'époque de la Prohibition et jamais amendées, ces lois locales ont surtout survécu sous l'influence des groupes religieux, comme à Colorado City, une *dry city* du nord de l'Arizona sous la coupe des fondamentalistes mormons. Notons cependant qu'en Utah seul l'État a le droit de réglementer la distribution d'alcool. L'air du temps est à la libéralisation et, depuis 2009, il n'est plus nécessaire d'obtenir une carte de membre dans un bar pour avoir le droit de consommer une boisson de plus de 3,7 %.

– ***Âge minimum : le drinking age est de 21 ans,*** sans dérogation possible. On ne vous servira pas d'alcool si vous n'êtes pas majeur ou si vous ne pouvez pas prouver que vous l'êtes. ***N'oubliez pas vos papiers (ID, prononcer « aïdii ») car de nombreux bistrots, bars et boîtes de nuit les exigent à l'entrée.***

– ***Vente et consommation surveillées :*** dans la plupart des États, il est strictement interdit de boire de l'alcool dans la rue. Vous serez surpris par le nombre de gens cachant leur canette de bière dans un sachet en papier ou dans une housse en Néoprène censée conserver la fraîcheur. Les bières s'achètent dans les supermarchés et épiceries, mais le vin et les autres boissons alcoolisées ne se trouvent que dans les *liquor stores.* Vos papiers peuvent être exigés à la caisse. N'oubliez pas non plus que la vente d'alcool est en principe interdite dans les réserves indiennes. Les horaires de fermeture des boîtes sont aussi fixés par décret dans chaque État : cela peut être très tôt (à 2h, tout le monde remballe), ou pas du tout.
– ***Les bières :*** vous aurez l'embarras du choix, mais on ne saurait trop vous recommander de privilégier les microbrasseries *(microbreweries)* qui ont fleuri partout ces 10 dernières années. Les *ale* sont des bières de haute fermentation, à plus haute teneur en alcool : de la moins maltée à la plus maltée, vous trouverez la *pale ale* dont la fameuse *I.P.A.,* soit *Indian Pale Ale,* amère et très houblonnée, l'*amber ale* ou encore la *brown ale.* Les *lagers,* blondes ou ambrées, sont des bières de fermentation basse, les moins alcoolisées et les plus courantes. On trouve plus rarement des *stouts,* filtrés ou pas, et portant des noms parfois rigolos ou même historiques. Bref, c'est l'occasion de goûter de nouveaux parfums et de nouvelles saveurs pour tous les amateurs de bière. Attention en repartant, cependant... Faites comme les Américains et choisissez un *designated driver* qui ne se sera pas torché le museau ! Pour info, une bière pression se dit *draft beer.*
– ***Les vins :*** les *vins californiens* enchanteront les amateurs. Les progrès des vignerons sont considérables depuis quelques années (ils sont nombreux à avoir appris le métier en Europe, en France notamment, et pendant plusieurs vendanges), et certains crus n'ont plus à rougir de la comparaison. On pense notamment aux vins d'exception de grands domaines comme Beringer ou Mondavi. Cela dit, la plupart des *wineries* vinifient des vins souvent charmeurs, faciles à apprécier, mais généralement sans complexité... Seule véritable ombre au tableau, les crus, même les moins élaborés, sont proposés à des prix toujours très élevés (goûter au célèbre *Opus One* relève même du fantasme !). Quant aux vins français ou italiens, bien représentés également sur les cartes de restaurants, ils sont encore plus chers. Reste l'option du vin au verre, mais compter facilement 8-10 $ en moyenne. Attention, ***certains restos n'ont pas la licence d'alcool,*** et appliquent le principe du *Bring Your Own Bottle* ***(BYOB).*** Ce qui signifie que vous avez le droit d'apporter votre propre bouteille de vin ou de bière, par exemple. Une pratique qui a le mérite d'alléger considérablement l'addition !
– ***Les cocktails :*** on assiste depuis quelques années à une renaissance des cocktails. Aux États-Unis, on les appelle *cocktails Martini* ou *Martinis,* ce qui n'a rien à voir avec l'apéritif du même nom en France. Parmi les plus connus : le ***Manhattan*** (vermouth rouge, bourbon et bitter) et le ***cosmopolitan*** ou *cosmo* (vodka, Cointreau ou triple-sec, jus d'airelle et citron vert). Les cocktails latinos sont aussi très à la mode. La ***margarita*** (tequila, Cointreau, jus de citron vert, auquel on ajoute souvent de la glace pilée) est un classique, de même que le ***mojito*** (rhum, citron vert, sucre, eau gazeuse et feuilles de menthe), le ***daiquiri*** (rhum, citron vert et sucre de canne, comme le ti-punch antillais), la ***caipirinha*** (citron vert, sucre et cachaça, l'alcool de canne à sucre brésilien), le ***Cuba libre*** (rhum-Coca). Enfin, il y a aussi les cocktails réservés à l'heure du brunch, comme le ***bloody mary*** (vodka, jus de tomate, jus de citron, sauce *Worcestershire,* Tabasco, sel, poivre) et le ***Mimosa*** (sans œuf mais avec champagne, jus d'orange et Cointreau ou triple-sec).
– ***Le bourbon*** (prononcer « beur'beun ») ***:*** impossible de passer sous silence ce whisky américain *(whiskey)* dont le Kentucky fournit une bonne moitié de la production (et le Tennessee le reste). Cette région s'appelait autrefois le Bourbon County, dont le nom fut choisi en l'honneur de la famille royale française. C'est ainsi que, depuis 1790 (en pleine Révolution française !), le célèbre whisky amé-

ricain porte le nom de bourbon. Pas étonnant non plus que la capitale du bourbon s'appelle... Paris !

– ***Happy hours :*** beaucoup de bars attirent les foules après le travail, en semaine, généralement entre 16h et 19h, en leur proposant moitié prix sur certains alcools, notamment les bières. Souvent, vous aurez droit à deux boissons pour le prix d'une.

LE BOURBON EST-IL UN WHISKY ?

Oui, bien qu'on utilise un mélange de céréales (et pas seulement de l'orge), dont au moins 51 % de maïs (faut bien écouler l'énorme production américaine). De plus, à la différence des Écossais ou des Irlandais, les Américains le font vieillir dans des fûts de chêne neufs noircis à la fumée. Le goût du bois est donc plus prononcé que le whisky, avec une note de caramel.

CUISINE

Dire que l'Américain moyen mange mal et trop est à la fois vrai et très simpliste. Certes, aucune hygiène alimentaire n'est apprise à l'école ou à la maison, même les tout petits enfants consomment quotidiennement frites, hot dogs, bacon et saucisses... Et seule la quantité importe. D'ailleurs, pour quelques *cents* de plus, on est souvent tenté de prendre le menu *extra large* (la taille du menu ou celle du pantalon ?). Mais cela ne veut pas dire qu'il n'y a pas de cuisine américaine. Dès qu'on s'intéresse à un État en particulier, on s'aperçoit des différences culinaires et même des antagonismes entre régions. Cuisine cosmopolite (asiatique, mexicaine, française...) et branchée (bio et végétarienne) en Californie, steaks de bison et de wapiti dans le Wyoming et le Montana... Ce qui est certain, c'est qu'on trouve de tout et à tous les prix, du snack vendu au coin de la rue au restaurant gastronomique mettant en scène les produits locaux. Et « bouffer » (c'est le mot) est l'un des péchés mignons de nombreux Américains, d'ailleurs ils n'arrêtent pas de grignoter toute la journée : bretzels, burgers, sodas...

À ce sujet, vous serez frappé par le nombre d'obèses. Près de 31 % des Américains le sont (pour 66 % de gens en surpoids)... En grande partie responsable de cette situation sanitaire catastrophique, l'industrie agroalimentaire et le lobby des producteurs de maïs, qui arrosent tous les aliments industriels de leur sirop. Même le Coca-Cola américain contient du sirop de maïs en lieu et place du sucre (mais pas celui vendu dans le reste du monde) ! Et on le sait, aux États-Unis les lobbies sont puissants. Quand certains États ont voulu rendre obligatoires les légumes dans les cantines scolaires, des agro-industriels ont réussi à faire entrer la pizza dans cette catégorie, arguant qu'elle contient de la tomate... Comme toujours, ce sont les catégories sociales les plus défavorisées qui sont les plus touchées par l'***obésité.*** La malbouffe coûte moins cher et, dans les quartiers pauvres des grandes villes, on trouve plus facilement un fast-food qu'un supermarché...

TOO MUCH N'EST PAS AMERICAIN

« Le meilleur dîner, c'est après dîner », dit la pub. L'obésité touche plus de 30 % des Américains. Les chaînes de fast-foods ont inventé les hamburgers XXL, les omelettes à quatre œufs et les cornets de frites king size. *Il fallait une idée pour faire consommer encore plus. La chaîne Taco Bell l'a trouvée : faire la promotion d'un quatrième repas, en plus du petit déj, du lunch et du dîner...*

En réaction à cette situation se développe depuis quelques années la mode du *eating healthy* (« mangeons sain ») et des aliments ***bio (organic),*** que l'on retrouve à toutes les sauces, c'est le cas de le dire : ketchup bio, beurre de cacahuètes bio, mayo bio...

Attention au service (gratuity) : parfois ajouté d'office sur l'addition, parfois non, donc bien vérifier avant de payer. S'il n'est pas compris, il est d'usage d'ajouter 15 % (et même plutôt 18 %), car les serveurs ont un salaire fixe très faible et leur principale rémunération provient du pourboire. C'est comme ça...

Les plats sont généralement bien plus copieux que chez nous (souvent pantagruéliques). Aucun problème pour commander une entrée seulement ou un plat pour deux, à partager *(to share).* Idem pour le breakfast. Et là en revanche, quelle économie !

La plupart des ***restos sont ouverts midi et soir,*** avec une petite interruption entre les deux services (11-12h à 15-16h, puis de 17h à 23h environ). Certains servent le brunch le week-end et parfois aussi le petit déjeuner en semaine. Les prix sont souvent plus élevés le soir.

Certains restaurants n'ont pas la licence d'alcool, n'oubliez donc pas d'apporter éventuellement votre « boutanche » (BYOB ; voir plus haut « Boissons ») !

Le breakfast

Ce n'est pas *Supertramp* qui nous contredira : le *breakfast in America* est l'un des plus copieux que l'on connaisse. Pour les Américains, c'est souvent un vrai repas, abondant et varié (qui inclut du salé) et qu'ils prennent régulièrement dehors. Un peu partout, vous trouverez des restos qui servent le petit déj (certains ne font que ça), des cafétérias, des *diners* (à prononcer « daill'neur », des restos populaires avec long comptoir et tables en formica calées dans des box), des *coffee shops...*

La carte est souvent longue comme le bras, avec, au choix, ***pancakes*** (petites crêpes épaisses arrosées de sirop d'érable – ou de sirop tout court, qui revient moins cher – et accompagnées parfois de fruits frais, de bacon grillé, etc.), pain perdu que l'on appelle ici ***French toast,*** et puis, bien sûr, des œufs ***(eggs),*** servis brouillés *(scrambled),* en omelette (*omelette* aussi en anglais) ou frits *(fried).* Sur le plat, ils peuvent être ordinaires *(sunny side up)* ou retournés et cuits des deux côtés comme une crêpe *(over).* Dans ce cas, pour éviter que le jaune ne soit trop cuit, demandez-les *over easy* (légèrement) et non *over medium.* Ils peuvent également être pochés *(poached),* mollets *(soft boiled)* ou durs *(hard boiled).* Ils sont généralement proposés avec du jambon grillé *(ham),* du bacon ou des saucisses, des pommes de terre sautées avec des oignons ***(homefries)*** ou des frites ***(French fries),*** plus rarement des ***grits*** (une spécialité du Sud héritée des Indiens, entre le porridge et la polenta) et enfin des toasts beurrés ; on vous demandera probablement si vous préférez du pain de mie blanc *(white),* complet *(brown)* ou entre les deux *(wheat).* Le tout arrosé de ketchup (en option). Mais le fin du fin, ce sont les ***eggs Benedict*** : pochés, allongés sur un petit pain rond toasté (un *English muffin*) et nappés de sauce hollandaise, avec le plus souvent du jambon grillé ou du saumon fumé, mais on en trouve moult déclinaisons.

Dans un registre plus « continental », il faut absolument goûter aux ***bagels.*** Inventés en Pologne au XVIIe s, ces petits pains en forme d'anneaux, à la mie compacte (moelleux à l'intérieur, croustillant dehors), ont suivi les émigrés juifs jusqu'à New York pour devenir un *breakfast food* incontournable. Servis traditionnellement grillés *(toasted)* puis tartinés de *cream cheese* (souvent du *Philadelphia*) ou de beurre et confiture, ils existent en différentes versions : nature *(plain)*, avec des raisins secs et de la cannelle *(cinnamon-raisin)*, des graines de sésame ou de pavot, de l'oignon, multigrains, etc. Nos préférés : les *everything*, avec, comme son nom l'indique, un peu de tout dedans.

Ne pas confondre les bagels avec les ***donuts*** (beignets ronds, troués aussi au milieu), dont les Américains, Homer Simpson en tête, sont très friands. Les meilleurs, à condition d'aimer les beignets, seraient ceux de la chaîne *Krispy Kreme*.

On allait oublier les ***muffins***, aux myrtilles, à la framboise, à la banane, etc., moelleux et délicieux, qu'on trouve surtout dans les *coffee shops*. Et le ***granola***, mélange de céréales croustillantes (genre muesli) servies avec du yaourt, des fruits, etc. Dernière chose, dans les formules petit déj ou bien les brunchs, la boisson chaude est rarement incluse, le jus de fruits non plus. Mais si vous demandez un café *regular*, il sera en principe servi à volonté.

LA PETITE HISTOIRE DES *KELLOGG'S CORN FLAKES*

John H. Kellogg était directeur d'un sanatorium dans le Michigan. Très religieux, il prônait une alimentation végétarienne prétendue efficace contre... les pulsions sexuelles ! Sa découverte eut lieu par hasard, en 1894, en faisant griller des flocons de maïs trop bouillis.

Le brunch

Une tradition du week-end incontournable chez les Américains. Le dimanche, et parfois aussi le samedi, de 10-11h à 15-16h en général, de nombreux restos et même des bars servent le brunch, c'est-à-dire des plats à mi-chemin entre le breakfast et le lunch, à accompagner d'une boisson chaude, parfois d'une coupe de champagne (du mousseux assez souvent) ou d'un cocktail genre bloody mary ou *Mimosa*. Depuis quelques années, les gastro-brunchs ont le vent en poupe : produits de qualité et recettes élaborées, souvent inspirées des classiques américains mais revisitées avec légèreté et créativité.

Le lunch et le *dinner*

Dans la plupart des restos (on ne parle pas ici de fast-foods), le lunch est généralement servi de 11h à 14h30. Puis les portes se ferment pour rouvrir vers 17h pour le *dinner*. Dans l'Ouest américain, on dîne tôt ; rien de plus normal que de se rendre au restaurant à partir de 17h30-18h. D'ailleurs, passé 21h ou 21h30 en semaine, vous aurez le plus grand mal à mettre les pieds sous une table. Les chaînes de restauration font bien sûr exception.

La carte n'est pas la même le midi et le soir. Au déjeuner, elle est souvent plus réduite et moins chère, avec principalement des salades, sandwichs, soupes et autres burgers. Le soir, en revanche, les plats sont plus élaborés et les prix plus élevés. Mieux vaut donc bien manger le midi et se contenter d'un repas plus léger le soir. Ou alors, si, à cause du décalage horaire, vous avez faim en fin d'après-midi, profitez des tarifs ***early bird*** (spécial couche-tôt) : pour étendre leurs heures de service et faire plus de profit, certains restaurants ouvrent dès 17h ou 17h30 et proposent, pendant 1h ou un peu plus, des prix spéciaux pouvant atteindre - 30 % sur une gamme de plats.

– Les ***today's specials*** (ou ***specials*** tout court, ou encore ***specials of the day***), ce sont les incontournables suggestions du jour, servies en fait plutôt le soir, que les serveurs vous encouragent à choisir. Attention, contrairement à nos « plats du jour », les *specials* sont souvent plus chers que le reste de la carte, et le prix n'est pas toujours clairement indiqué.

Lexique anglais-français, spécial resto

For here or to go ? : sur place ou à emporter ?
Appetizers : entrées.
Entrees (à prononcer presque à la française) *:* plats de résistance.
Are you done ? : vous avez terminé ?
No, I'm still working on it : non, je n'ai pas fini (de manger).
The check, please (et non pas *the bill*) *:* l'addition, s'il vous plaît.

À TOUTES LES SAUCES

Le fameux ketchup n'a pas été inventé aux États-Unis mais... en Chine ! Il s'agissait à l'origine d'une sauce piquante à base de vinaigre et de poisson, appelée ké-tsiap *(saumure de poisson). Au XVIIe s, les Anglais la ramenèrent en Europe, où sa composition fut adoucie et son nom occidentalisé en* ke-t-chup.

– ***Les salad bars :*** dans les ***supermarchés,*** il y a souvent une section avec tout un choix de crudités, de salades composées (à accompagner de nombreuses sauces), de plats cuisinés chauds ou froids de toutes sortes, y compris souvent des plats asiatiques ou mexicains, parfois des sushis, des desserts, des fruits frais, etc., à consommer sur place ou à emporter. Idéal pour les végétariens. Il suffit de remplir une barquette et de passer à la caisse : on paie au poids (environ 8 à 10 $ le *pound,* soit 454 g). La chaîne de supermarchés bio *Whole Foods Market* propose à notre avis les plus beaux *salad bars* qui soient.
– ***Les food courts :*** très courants aux États-Unis, ce sont des espaces type cafétéria regroupant des stands de cuisines différentes : asiatique, mexicaine, italienne, mais aussi barbecue, bars à jus de fruits et *smoothies,* etc. On navigue d'un comptoir à l'autre pour se concocter un menu à manger sur place ou à emporter. On trouve des *food courts* dans les aéroports, les centres commerciaux mais aussi en plein centre-ville. Pratique, rapide, souvent économique mais pas d'une grande finesse...
– Certains restos proposent des formules buffets appelées ***all you can eat*** (ou *ACE,* c'est-à-dire « tout ce que vous pouvez manger »). Pour une poignée de dollars, vous pouvez vous en mettre plein la lampe. L'abondance est garantie, la qualité un peu moins. Tous les casinos de Las Vegas proposent cette formule pour attirer la clientèle. Sinon, dans les grandes villes, certains restos font ça une fois par semaine, le jour le plus creux. Sympa et pas cher.
– La plupart des bars proposent des ***happy hours*** (généralement de 16h à 19h, en semaine). La nourriture est souvent proposée à prix réduits si l'on a consommé une boisson. L'idée des *happy hours,* c'est donc de boire et de grignoter AVANT le dîner, ce qui explique que, souvent, un restaurant soit adjacent au bar.
– Lire aussi la rubrique « Savoir-vivre et coutumes » plus loin.

La cuisine américaine en général

– ***Le hamburger (ou burger) :*** ce dernier n'a pas aux États-Unis la détestable image qu'il a chez nous. Bien au contraire, c'est le plat national ! Évidemment, le choix de la viande est primordial. Tout dépend de la qualité du *patty* (steak haché). Si vous en avez les moyens, le top est celui élaboré avec la viande japonaise de Kobe (bien plus cher, *of course*). Les chaînes de fast-food les plus populaires (*McDo, In-N-Out* et consorts) proposent des viandes vraiment bas de gamme. Ce n'est bien sûr pas là qu'il faut aller, mais dans les vrais restos ou

LE HAMBURGER N'EST PAS AMÉRICAIN

Fin d'un mythe, le hamburger est né en Allemagne, à Hambourg, comme son nom l'indique. À la fin du XIXe s, les immigrés allemands de la région de Hambourg affluaient en masse vers le pays de l'Oncle Sam. Le hamburger désignait alors le bifteck haché qu'on leur servait à bord des transatlantiques. C'est donc grâce aux immigrants que le burger a fait son apparition dans le Nouveau Monde, avant d'être récupéré par les frères McDonald qui le placent alors entre deux tranches de pain et le proposent en self-service !

dans certaines minichaînes de qualité, qui servent d'excellentes viandes fraîches, *juicy,* tendres et moelleuses, prises entre deux tranches de bon pain *(bun).* Dans les États du Sud, mais aussi dans la région de Buffalo Bill, autour de Cody, la viande est l'une des meilleures que l'on connaisse. Attention, il faut presque toujours commander les frites *(French fries)* et le *coleslaw* (salade de chou à la mayonnaise) à part. Un conseil : n'hésitez pas à demander tous les petits accompagnements qui vont dans le pain et notamment le fromage, le bacon et les oignons caramélisés (bien plus faciles à digérer que servis crus), sinon vous risquez de vous retrouver avec un steak haché tout bête entre deux tranches de pain tout sec.

– ***La viande de bœuf :*** de tout premier ordre, mais chère. Détail intéressant : la tendreté de la viande américaine provient aussi de sa découpe (perpendiculaire aux fibres du muscle), différente de celle des bouchers français. D'où la difficulté de traduire les différents morceaux que l'on retrouve sur les cartes des restos américains. Parmi nos préférés figurent le ***filet mignon*** (rien à voir avec un filet mignon de porc, c'est un pavé dans le filet), le ***sirloin steak*** (faux-filet), le ***ribeye*** (entrecôte) et le célèbre ***T-bone,*** c'est-à-dire la double entrecôte avec l'os en T. Enfin, le très tendre ***prime rib*** (côte de bœuf) a aussi ses adeptes (à ne pas confondre avec le *spare ribs* qui est du travers de porc).

Si vous voyagez au nord du pays dans les États du Wyoming et du Montana, vous aurez aussi droit au steak de wapiti (cerf) et au bison, une viande corsée. Si vous aimez la viande cuite à point comme en France, demandez-la *medium,* saignante se disant *rare* (et non *bloody...*). Mais selon les endroits, il est parfois encore difficile d'obtenir de la viande vraiment saignante ! Si au contraire vous préférez votre steak bien cuit, demandez-le *well done.* L'Ouest des cow-boys et des *cattlemen* a aussi donné à l'Amérique et au reste du monde la recette indispensable : le barbecue, accompagné de son cortège de sauces en flacons. Le poulet frit du Kentucky (ou d'ailleurs) est également l'une des bases du menu américain.

Dans les supermarchés, vous vous demanderez sans doute ce qui se cache dans les sachets de *beef jerky,* vendus près des caisses ou au rayon des chips... Non, ce ne sont pas des friandises pour chiens, mais du bœuf séché sous vide, en version *original* (nature, donc) ou aromatisée (au poivre, goût sauce teriyaki, etc.). C'est assez proche en goût de la viande des Grisons, et bien pratique à mâchonner en randonnée !

– ***Les salades :*** les Américains sont les champions des salades composées. Toujours fraîches, appétissantes et copieuses, elles constituent un repas équilibré, pour peu qu'elles ne soient pas noyées sous la sauce. La star est la ***Caesar salad,*** à base de romaine, parmesan râpé, croûtons et d'une sauce crémeuse à l'ail. En version *deluxe,* elle s'accompagne de poulet grillé ou de grosses crevettes *(shrimp).* La ***Cobb salad*** est un autre classique : salade verte, tomate, bacon grillé, poulet, avocat, œuf dur et roquefort.

– ***Les sauces (dressings) :*** impossible d'évoquer les salades sans le cortège de sauces qui va avec. Les plus populaires sont la ***Ranch,*** relevée d'ail et de poivre, la ***Blue cheese,*** au bleu, la ***Honey Mustard*** (vinaigrette moutardée mais douce), la ***Thousand Island,*** de couleur rosée (un peu l'équivalent de notre « sauce cocktail »), la ***Caesar,*** au parmesan et à l'ail, qui accompagne la *Caesar salad* et la ***Balsamic*** (vinaigre du même nom et huile d'olive). Attention, la sauce peut parfois noyer la légèreté et donc gâcher le bénéfice de la salade. Pour ceux qui font attention à leur ligne, elles existent en version allégée *(light).* Vous voilà paré pour répondre à la rituelle question que l'on vous posera si vous commandez une salade : « *What kind of dressing would you like ?* »

– ***Les sandwichs :*** le sandwich que nous connaissons en Europe s'appelle en américain *cold sandwich.* À ne pas confondre avec les *hot sandwiches,* qui sont de véritables repas chauds servis avec frites (ou chips ou *potato salad*) dans les restaurants, donc plus chers. On trouve aussi des ***wraps,*** ce sont des sandwichs roulés dans une tortilla au maïs (ou autre céréale).

Quant au ***hot dog,*** son nom étrange (« chien chaud ») proviendrait de la ressemblance entre les *Frankfurters* et une autre importation des immigrants allemands arrivés à la fin du XIXe s aux États-Unis : le chien teckel ou basset, dont le corps allongé évoque une saucisse.

SANDWICH ET SANS REPROCHES

Le « sandwich » tire son nom du Britannique John Montagu, quatrième comte de Sandwich. Il est dit que son cuisinier lui inventa ce nouveau type de repas parce que ce joueur invétéré ne voulait pas quitter la table de jeu, ni tacher les cartes de gras. En tout cas, les Américains lui doivent beaucoup : il fut jugé responsable de la défaite anglaise pendant la guerre d'Indépendance, et son invention est désormais servie dans tous les restos du pays.

– ***Les glaces (et dérivés) :*** les Américains ont l'habitude de les agrémenter de toutes sortes de garnitures ***(toppings)*** : éclats de *M & M's,* noix, céréales, cacahuètes, caramel, *hot fudge* (chocolat chaud et fondu)... Outre la glace classique, il existe aussi le ***frozen yogurt*** (yaourt glacé), un peu plus léger en matières grasses mais à la texture onctueuse.

– ***Les pâtisseries :*** certains les trouvent alléchantes, d'autres écœurantes rien qu'à regarder... Les desserts traditionnels sont les ***cheese-cake*** (gâteau au fromage blanc parfois agrémenté de fruits, de chocolat, etc.), ***carrot cake*** (gâteau aux carottes et aux noix, sucré et épicé, nappé d'un glaçage blanc crémeux) ; mais aussi les ***chocolate*** ou ***fudge cake, pumpkin pie*** (célèbre tarte au potiron, typique de la période d'Halloween), sans oublier les ***cupcakes*** (petits gâteaux ronds genre génoise, nappés d'un glaçage au beurre sucré et parfois coloré), muffins et cookies.

Les restaurants de chaîne

Disséminées dans tous les États-Unis et essentiellement implantées en périphérie des villes, ces chaînes de restos ont toujours beaucoup de succès auprès des Américains. Côté fast-foods, on vous recommande surtout la chaîne *Chili's* (qui sert, comme son nom l'indique, un excellent chili con carne mais aussi de très bons burgers). Quant aux burgers, ils sont un peu meilleurs (et pas plus chers) chez *Carl's Jr.* et *In-N-Out* que chez *McDonald's, Burger King et Wendy's.* À l'occasion, si vous passez chez *BK,* demandez à changer les frites de votre menu par des *onion rings,* des rondelles d'oignon frit, pas moins grasses mais très bonnes. Sinon, on peut essayer les *Denny's* (familial ; on y sert à table de traditionnels et copieux burgers), *Applebee's,* les *Country Kitchen, Jack in the Box* (les sandwichs grillés au poulet sont pas mal), *Subway* pour des sandwichs dodus et bien garnis (pain industriel en revanche), *The Original Pancake House* (pour le petit déj) et autres *Dunkin' Donuts* pour les petits creux. Et surtout, si vous passez à côté d'un *Village Inn,* n'hésitez pas : non pas tant pour les *skillets* (poêlées) en tout genre que pour les tartes aux fruits, excellentes. La *French silk,* toute de chocolat, qui est un vrai rêve de *chocoholics* ! Côté buffets, notre préférence va sans hésiter à *Shoney's, Ryan's* et surtout *Souplantation Sweet Tomatoes,* spécialisé dans les salades, soupes et pâtes, où, pour un prix dérisoire (10 $ maximum le soir, encore moins le midi, et grosse réduction enfants), vous ferez un repas sain et copieux. Dans un genre plus élaboré, on recommande *Mel's Diner* pour son décor *sixties* souvent très réussi (celui d'*American Graffiti*) et sa carte de spécialités ricaines longue comme le bras, et enfin *Cracker Barrel* qui propose une cuisine familiale dans un cadre qui rappelle *La Petite Maison dans la prairie.*

DROITS DE L'HOMME

Les Droits de l'homme auront pris une place importante dans le débat des présidentielles de 2012, même si, à l'heure où sont écrites ces lignes, bien malin peut se targuer d'émettre le moindre pronostic sur l'issue de la bataille. « *Si, se puede !* » : si Barack Obama est réélu, il le devra certainement au vote latino. Sa décision en juin 2012 de suspendre l'expulsion de quelque 800 000 jeunes migrants illégaux a été très favorablement accueillie au sein de cette importante communauté. Son adversaire à la présidentielle, Mitt Romney, tient un discours totalement antagoniste pour courtiser la frange la plus radicale des républicains. La Cour suprême semble quant à elle avoir tranché sur ce point, en dénonçant les éléments clés d'une loi de l'Arizona extrêmement sévère à l'encontre des migrants, renforçant ainsi la position de l'administration Obama. L'honorable institution, gardienne de la Constitution américaine, avait déjà pris une décision en faveur du président, en validant l'intégralité de *Medicaid*, sa fameuse réforme de santé. Une loi qui permet l'élargissement de la couverture maladie des plus pauvres à 16 millions d'Américains, et qui, bien que très modeste dans son ambition par rapport au projet initial, est là encore fortement critiquée par le camp républicain. La mort d'Oussama Ben Laden en mai 2011, à l'issue d'un raid des forces spéciales au Pakistan, a mis fin à une traque de près de 10 ans, et a précipité la fin de l'intervention américaine en Afghanistan, une des promesses du candidat Obama en 2008. Mais un autre de ses engagements n'aura pas été tenu. Si le *waterboarding* (simulation de noyade) et les autres formes de torture sont désormais (officiellement) proscrites, le camp de Guantanamo n'a pas fermé. Dix ans après son ouverture, 171 présumés terroristes y sont toujours détenus. Néanmoins, l'ère Bush semble révolue, et le programme de transferts secrets *(restitutions)* de détenus suspectés de terrorisme mis en place par la CIA a été définitivement abandonné, même si l'impunité des principaux responsables américains des crimes commis par le passé demeure – seuls quelques subalternes ont été jugés pour les faits commis à Abu Ghraib, par exemple. De nombreuses plaintes pour torture, très sérieuses et étayées, s'accumulent pourtant, y compris à l'étranger, et visent désormais directement George W. Bush ou son ancien secrétaire à la défense Donald Rumsfeld. Barack Obama n'est d'ailleurs pas à l'abri des critiques des défenseurs des Droits de l'homme, et beaucoup dénoncent notamment la pratique des assassinats ciblés dans le monde (Yémen, Pakistan...), à l'aide de drones téléguidés à partir du territoire américain. La peine de mort est par ailleurs toujours d'actualité dans certains États – 43 personnes ont été exécutées en 2011, même si les abolitionnistes remportent des victoires symboliques. Enfin, Amnesty International dénonce toujours l'utilisation du *Taser* (pistolet électrique) par les forces de police américaines, soupçonné d'avoir provoqué la mort de 43 personnes pour cette même année. Pour en savoir plus, n'hésitez pas à contacter :

■ ***Fédération internationale des Droits de l'homme (FIDH) :*** *17, passage de la Main-d'Or, 75011 Paris. ☎ 01-43-55-25-18. • fidh.org • Ⓜ Ledru-Rollin.*

■ ***Amnesty International*** *(section française) : 76, bd de la Villette, 75940 Paris Cedex 19. ☎ 01-53-38-65-65. • amnesty.fr • Ⓜ Belleville ou Colonel-Fabien.*

N'oublions pas qu'en France aussi les organisations de défense des Droits de l'homme continuent de se battre contre les discriminations, le racisme et en faveur de l'intégration des plus démunis.

ÉCONOMIE

L'économie américaine s'appuie sur la dalle de granit du libéralisme absolu, un credo qui tient en quelques principes simples : voir les choses en grand, laisser faire les « lois » du marché (plutôt l'absence de lois en fait...), ne jamais contrarier la liberté des financiers, travailler sans relâche (la répugnance au travail est un signe de disgrâce divine, selon l'éthique protestante puritaine), être à la pointe de l'innovation technologique (Steve Jobs, fondateur d'Apple, en restera un des plus beaux exemples, en témoigne l'émotion collective à sa mort, le 5 octobre 2011), payer le moins possible d'impôts (les particuliers comme les entreprises semblent s'accorder sur ce point !)... Un minimum d'intervention, tel est le credo du chantre du libéralisme. Sauf quand ça va mal, bien entendu. Et depuis quelques années, ça va très mal... En témoignent les faillites de Lehman Brother et de la WaMu, véritables institutions du système financier américain. Survenue en juillet 2007, la crise des *subprimes* s'est muée en crise financière mondiale 1 an après, provoquant des quasi-expropriations des propriétaires endettés par les banques, des licenciements par wagons entiers et la prolifération de publicités incitant les Américains à acheter de l'or, pour mettre leurs avoirs à l'abri. Mais le 15 juillet 2010, alors que les lobbyistes financiers ont déboursé 250 millions de dollars pour tenter de faire capoter le projet, le Congrès a adopté une loi de régulation financière visant à dompter – modestement – Wall Street. Un événement sans précédent au pays du libéralisme forcené.
La dette nationale, déjà colossale, grossit de plus en plus vite et, sur les billets verts, George Washington fait la « crise mine » à mesure que le pays essuie les affres de sa campagne en Irak, qui a coûté des milliards de milliards de dollars, et des catastrophes dont Mère Nature l'accable (les ouragans Katrina en 2005 et Ike en 2008 notamment). Face à ce qui s'apparente de plus en plus à un marasme économique, c'est forcé et contraint que le Congrès avait déjà adopté le drastique plan Paulson à la rentrée 2008 : 700 milliards de dollars destinés, entre autres, à racheter les *bonds, junk bonds* (obligations pourries) d'institutions de crédit en perdition. « Bienvenue dans la république socialiste soviétique d'Amérique ! » ont alors titré certains éditorialistes.
Si 32 millions d'Américains de plus ont désormais accès à un système de soins (l'un des premiers grands succès du président Obama), difficile de prévoir la suite, avec un gouvernement et des consommateurs aussi endettés. L'immobilier semble avoir touché le fond, et certains économistes parlent désormais des risques de faillite des compagnies de cartes de paiement, alors que la catastrophe dans le golfe du Mexique en 2010 (l'explosion d'une plate-forme de *BP* et la pollution qui s'ensuit) s'invite dans les débats déjà ardus sur les énergies et la taxation du CO_2. Évidemment, en traversant les grands espaces désertiques de l'Ouest, on se sent bien loin de cette agitation. Pourtant, l'une des principales activités de ces États, le tourisme, est un secteur durement touché par ces crises successives. D'autant que les budgets alloués à la culture (musées en crise) et à la préservation des parcs ont subi de lourdes coupes. Heureusement, Dame Nature ne s'est pas contentée de doter chaque État de paysages éblouissants, elle a aussi fortement pourvu ses terres en matières énergétiques et minerais (pétrole, cuivre, charbon, etc.) et l'activité minière y est très présente (la production de minerais non combustibles – or, argent et cuivre –, dans le Nevada, rapporte quand même annuellement quelque 3 milliards de dollars). Au milieu de ces espaces vides, ruraux (où l'élevage joue également un rôle important), quelques grandes villes conservent encore une dimension humaine (Salt Lake City, Denver, le contre-

exemple étant sans doute Phoenix, véritable mégapole), une économie prospère et dynamique (comme à Salt Lake City) et un cadre de vie sain, attirant de plus en plus une population lasse de l'agitation des grandes métropoles régionales.

ENVIRONNEMENT

Il y a l'océan, des montagnes, des déserts, des forêts, des lacs. C'est le domaine des paysages grandioses qui appellent la contemplation, le recueillement quasi religieux. L'Ouest est un véritable sanctuaire dédié à la protection de la nature : plus de la moitié des zones protégées du pays s'y concentre ! Et il y en a de toutes sortes : des *National Parks,* des *National Monuments,* des *National Recreation Areas,* des *Wilderness Areas,* etc. Autant d'écosystèmes essentiels au maintien de la biodiversité. Plus de 120 espèces menacées ou en voie de disparition y ont été recensées. Cette nature, restée inexplorée en de nombreux endroits jusqu'à la fin du XIXe s, fait partie intégrante du patrimoine américain : elle a nourri toute une littérature, elle a été sublimée par de nombreux films, elle est indissociable de l'histoire du pays et de la fierté américaine.

Des efforts importants ont été déployés pour préserver ces espaces naturels. Leur gestion peut même paraître exemplaire. Plusieurs programmes de protection d'espèces sensibles ont été menés : protection des populations de grizzlis, de bisons et d'élans dans le parc national de Yellowstone notamment, réintroduction du loup dans le Wyoming et l'Idaho, du condor californien en Californie et en Arizona, etc. Des zones spécifiques *(National Recreation Areas)* ont été créées pour « délester » les parcs nationaux, parfois confrontés aux problèmes inhérents à la surfréquentation touristique. Ces belles images, conformes à une certaine idée d'une belle nature intimement préservée, ne doivent pas pour autant occulter des aspects un peu plus sombres de la réalité. Les incendies ravagent presque de manière récurrente des milliers d'hectares de forêts, notamment en Californie. Le problème de la préservation des ressources en eau pourrait devenir crucial dans les États du Sud. Des lacs artificiels ont été aménagés le long des principaux cours d'eau (comme le lac Powell sur le Colorado, qui est le deuxième du pays en superficie) pour satisfaire les besoins de la population et de l'agriculture dans ces zones arides. Mais les besoins augmentent continuellement avec le développement important des villes (un Américain consomme 1 850 l d'eau par jour, contre 550 en France !), et des villes comme Phoenix s'enorgueillissent de posséder plus de 100 terrains de golf... qu'il faut arroser ! C'est tout le paradoxe américain : si l'on est attaché à la beauté sauvage des parcs, on ne fait pas forcément le lien entre préservation de la nature et activités humaines quotidiennes. Les pelouses verdissent le désert, chaque hôtel est climatisé, il est impensable de se déplacer autrement qu'en bagnole...

Depuis peu, on note une timide prise de conscience, surtout dans la mesure où elle peut avoir un impact économique favorable... La compagnie *Xanterra,* qui gère nombre d'hôtels dans les grands parcs, a par exemple mis en œuvre toute une batterie d'actions en faveur de l'environnement, *Ecologix,* allant des économies d'eau à la qualité de la nourriture dans les restaurants.

Et puis, récemment, une nouvelle donne est apparue : les États-Unis traversent une importante crise énergétique ; George W. Bush entendait y répondre en privilégiant le nucléaire et l'extraction d'énergies fossiles. Certains pensent qu'il y a danger pour les espaces de l'Ouest américain dont le sous-sol est localement riche en pétrole et en gaz naturel, comme au sud du Yellowstone. Par ailleurs, un très sérieux projet prévoit de créer un site d'enfouissement de déchets nucléaires en plein désert du Nevada (Yucca Mountain), à 150 km au nord-est de Las Vegas. Ce serait même le plus gros chantier de travaux publics de l'histoire américaine. Il est vrai que la région (Nouveau-Mexique) s'était déjà distinguée en juillet 1945, avec le premier essai atomique. Mais l'opinion publique est massivement favorable à la préservation de l'environnement et pourrait bien constituer l'un des meilleurs garde-fous contre toute atteinte. Rappelons que, selon l'OCDE, près de 70 % des Américains privilégient la protection de l'environnement à la croissance économique : un paradoxe dans un pays qui est le premier producteur mondial de gaz à effet de serre (36 % des émissions mondiales de CO_2) et jusqu'à récemment ardemment hostile au protocole de Kyoto (1997). En 2012, Barack Obama n'a même pas daigné se rendre au Sommet de la Terre de Rio... Enfin, pour plus d'informations, consultez le site web de l'Agence américaine pour la protection de l'environnement : ● *epa.gov* ●

FÊTES ET JOURS FÉRIÉS

Les fêtes

En plus des événements nationaux (4 Juillet en tête), dans les grandes villes de l'Ouest américain, chaque communauté a sa parade. Les Américains en raffolent, alors dès que l'occasion se présente, on parade en toute fanfare. Pour connaître les dates exactes, voir le *Visitor Center* de chaque ville.

– Dans les deux États du Sud où les racines mexicaines sont fortes, impossible de passer à côté du ***Cinco de Mayo*** qui a lieu le 5 mai, comme son nom l'indique. Cette fête très populaire commémore une éphémère victoire des Mexicains sur les troupes françaises de Napoléon III, à Puebla, en 1862. Rassurez-vous, aucune rancune envers les Français.

Les parades western de Memorial Day célébrées à Jackson Hole et Cody, dans le Wyoming, valent aussi le coup d'œil. Défilé de cow-boys, Indiens, diligences, et petit déjeuner de pancakes offert à tous.

Les jours fériés

Ils varient suivant les États. Mais voici 11 jours fériés sur l'ensemble du territoire. Attention, presque toutes les boutiques sont fermées ces jours-là. C'est aussi généralement l'occasion de longs week-ends durant lesquels les hôtels débordent...

– ***Martin Luther King's Birthday :*** vers le 3e lundi de janvier, celui le plus près de son anniversaire, le 15 janvier. Un jour très important pour la communauté noire américaine.

– ***Presidents' Day :*** le 3e lundi de février, pour honorer la naissance du président Washington, le 22 février 1732.

– ***Easter*** *(Pâques)* **:** les boutiques sont souvent fermées le dimanche, et certaines aussi le lundi.

– ***Memorial Day :*** le dernier lundi de mai. En souvenir de tous les morts au combat. Correspond au début de la saison touristique.

– ***Independence Day :*** le 4 juillet, fête nationale, qui commémore l'adoption de la déclaration d'Indépendance en 1776. Des rodéos partout dans l'Ouest !

– ***Labor Day :*** le 1er lundi de septembre, la fête du Travail. Marque la fin de la saison touristique.

– ***Colombus Day :*** le 2e lundi d'octobre, en souvenir de la « découverte » de l'Amérique par Christophe Colomb.

– ***Veteran's Day :*** le 11 novembre.

TRAVAILLEURS DE TOUS LES PAYS...

Dans le monde entier, la fête internationale des Travailleurs se tient le 1er mai, jour revendicatif dont la date a été choisie en souvenir d'une grève massive des ouvriers américains débutée le 1er mai 1886 et qui a été réprimée dans le sang à Chicago. Dans le monde entier donc, sauf... aux États-Unis (et au Canada), qui la célèbrent le 1er lundi de septembre !

– ***Thanksgiving Day :*** le 4e jeudi de novembre. Fête typiquement américaine commémorant le repas donné par les premiers immigrants (les pères pèlerins) en remerciement à Dieu et aux Indiens pour leur avoir permis de survivre pendant leur premier hiver dans le Nouveau Monde. Fête familiale et chômée par à peu près tout le monde.
– ***Christmas Day :*** le 25 décembre.
– ***New Year's Day :*** le 1er janvier.
– Impossible de clore une rubrique sur les fêtes sans évoquer celle d'***Halloween,*** la nuit du 31 octobre au 1er novembre. Cette tradition celte importée par les Écossais et les Irlandais est célébrée avec une grande ferveur aux États-Unis. Sorcières ébouriffantes, fantômes et morts-vivants envahissent les rues, tandis que les enfants, déguisés eux aussi, font du porte-à-porte chez les voisins en demandant « *Trick or treat ?* » (« Une farce ou un bonbon ? »), et repartent les poches pleines de bonbecs.

GÉOGRAPHIE

Les parcs de l'Ouest américain s'étendent sur une zone géographique complexe, principalement sur le versant ouest des montagnes Rocheuses, partie intégrante de la vaste cordillère nord-américaine qui s'étire depuis l'Alaska jusqu'au Mexique. Celle-ci est le fruit de la collision, entamée il y a plusieurs dizaines de millions d'années, entre la plaque tectonique du Pacifique et la plaque nord-américaine. La première glisse sous la seconde, qui se plisse et se soulève, formant les massifs montagneux. Des phénomènes secondaires de soulèvement ou d'effondrement ont formé une alternance de chaînes, cuvettes et bassins selon un axe nord-sud. Interviennent ensuite les forces du vent et de l'eau dans un long processus d'érosion. D'est en ouest, on rencontre :
– Les ***montagnes Rocheuses*** proprement dites *(Rocky Mountains)* se dressent principalement dans le Wyoming *(Absaroka Range)* et le Colorado *(Front Range).* Constituées de plusieurs chaînes plus ou moins parallèles, elles se hérissent de nombreux pics enneigés qui surplombent torrents, lacs et vallées recouvertes de forêts de conifères et de prairies. L'État du Colorado s'enorgueillit de compter plus d'une cinquantaine de sommets dépassant 4 000 m ! Les Rocheuses se poursuivent jusqu'au Nouveau-Mexique avec les *Sangre de Cristo Mountains,* mais deviennent moins imposantes. Elles empiètent également sur l'Utah *(Wasatch Range).* Inutile de préciser qu'elles constituent un réservoir d'eau colossal et donnent naissance à de nombreux cours d'eau essentiels pour l'écologie et l'économie du pays.
– Au sud-ouest, le paysage change radicalement. C'est le domaine des ***plateaux intérieurs,*** des ***grandes étendues désertiques et arides.*** Le Grand Bassin *(Great Basin)* couvre le Nevada et l'ouest de l'Utah. Il est formé de différentes cuvettes, dont le célèbre Grand Lac Salé *(Great Salt Lake)* et la Vallée de la Mort *(Death Valley)* dont l'altitude descend à 86 m au-dessous du niveau de la mer. Le plateau du Colorado, à cheval sur l'Arizona, l'Utah, le Colorado et le Nouveau-Mexique, est incontestablement le plus connu. C'est là que se trouvent de nombreux parcs *(Monument Valley, Zion, Bryce, Capitol Reef, Grand Canyon...).* Les rivières ont cisaillé le plateau de canyons profonds, révélant des parois de grès rouge aux déclinaisons de couleurs étonnantes. Encore plus au sud, de la Californie jusqu'au Nouveau-Mexique, s'étend une ceinture de déserts : *Mojave, Sonora, Chihuahua,* avec des « forêts » de cactus près de la frontière mexicaine.
– Enfin, dans l'est de la Californie s'élève, du nord au sud, la ***Sierra Nevada,*** qui constitue une véritable barrière pour les précipitations venues du Pacifique ; elle culmine à 4 420 m avec le mont Whitney. Son versant ouest très arrosé irrigue la vallée Centrale *(Central Valley)* ; c'est l'une des zones agricoles les plus riches du pays. Ceci explique cela.

HISTOIRE

Le Nouveau Monde

Tout au bout de nos rêves d'enfant se trouve un pays dont on partage les clichés et les mythes avec le monde entier. Des habitants des bidonvilles d'Amérique latine aux intellectuels occidentaux en passant par les hommes d'affaires asiatiques et les apparatchiks de l'ex-Union soviétique, nous avons tous en nous « quelque chose de Tennessee » ! Certains s'élèvent contre un impérialisme culturel et/ou politique et en dénoncent les dangers. D'autres vont boire à ces sources qui leur inspirent des œuvres telles que *Paris-Texas,* tellement américaines qu'elles ne peuvent être qu'européennes !
Cette fascination assez extraordinaire que nous éprouvons pour ce pays ne peut être expliquée seulement par sa puissance industrielle ou son dollar... Peut-être avons-nous tous, imprimé dans notre subconscient, ce désir, ce rêve d'un nouveau monde...

Le détroit de Béring

Certains spécialistes placent les premières migrations en provenance d'Asie ***dès 50000 av. J.-C.,*** d'autres, plus nombreux, avancent les dates de 40000, 30000, 22000 av. J.-C. Cette toute première vague d'immigration dura jusqu'au XIe ou Xe millénaire av. J.-C. Ces « pionniers » américains franchirent le détroit de Béring à une époque où les températures, plus froides, firent émerger ***un pont naturel entre Asie et Amérique.*** Suivant la côte Ouest, le long des Rocheuses, ces petites troupes éparpillées d'hommes préhistoriques pénétrèrent peu à peu le nord et le sud du continent américain. La migration dura au moins 25 000 ans. La superficie de ce continent et les vastes étendues d'eau qui le séparent du reste du monde font que les Indiens, tant dans le Nord que dans le Sud, imaginèrent longtemps être seuls au monde.

COUP DE SOLEIL

D'une part, ils ne vivent pas en Inde, et en plus ils n'ont même pas la peau rouge ! Si les colons nommèrent les Indiens « Peaux-Rouges », ce n'est pas en raison de la couleur naturelle de leur peau (qui se rapproche finalement plus du jaune), mais à cause de la teinture rouge dont certains s'enduisaient parfois. D'ailleurs, vu la force du soleil dans les grandes plaines américaines, ce sont plutôt les colons européens qui devaient avoir la peau toute rouge...

Si, à l'arrivée des premiers colons, les Indiens furent une fois pour toutes catalogués « sauvages », notre ignorance à leur sujet aujourd'hui, quoique moins profonde, demeure impressionnante.
Contrairement à une certaine imagerie populaire, il n'y a jamais eu de « nation indienne », mais une multitude de tribus réparties sur l'ensemble du territoire nord-américain. Les estimations, très variables, font état de ***1 million (peu probable) à 2 millions d'habitants avant la conquête occidentale.*** Le continent était si vaste qu'on estime qu'il existait plus de 1 000 langues indiennes, réparties en plusieurs grands groupes linguistiques, pour l'essentiel inintelligibles les unes aux autres. Isolés, les Amérindiens n'ont jamais mesuré l'étendue de leur diversité, mais commerçaient cependant activement entre eux et jusqu'avec le Mexique voisin. Depuis l'arrivée des Blancs, ***plus de 300 langues ont disparu.***
Les modes de vie variaient très largement selon les milieux et les tribus. Certaines étaient sédentaires, comme les Pueblos (baptisés ainsi par les Espagnols parce qu'ils habitaient dans des villages), d'autres semi-nomades, mais la plupart vivaient de chasse, de pêche et de cueillette, se déplaçant au gré du gibier et des saisons.

La découverte

En 1003, Leif Eriksson (le fils d'Erik le Rouge), accompagné d'un équipage de 35 hommes, partit du sud du Groenland récemment colonisé pour explorer toute la côte atlantique de l'actuel Canada. D'autres expéditions suivirent, précédant des ***tentatives de colonisation à Terre-Neuve,*** où l'on en a retrouvé des vestiges. Puis les Vikings rentrèrent chez eux, semble-t-il victimes des attaques indiennes. Cela se passait presque 500 ans avant que Christophe Colomb ne « découvre » l'Amérique ! À notre avis, son attaché de presse était plus efficace que celui des Vikings.

Colomb, lui, cherchait un raccourci pour les Indes. La plupart des hommes cultivés de son époque étant arrivés à la conclusion que la Terre était ronde, il y avait donc forcément une autre route vers les trésors de l'Orient que celle de Vasco de Gama – même si, paradoxalement, elle se trouvait à l'ouest. D'origine génoise, Colomb vivait au Portugal, et c'est donc vers le roi Jean du Portugal qu'il se tourna pour financer son expédition. Le roi Jean n'était pas intéressé, et finalement c'est grâce à un moine espagnol, Perez, confesseur de la reine Isabelle d'Espagne, que Colomb put l'approcher et monter son expédition. Son bateau, la *Santa María,* ainsi que deux autres petites caravelles, la *Ninã* et la *Pinta,* partirent le 3 août 1492. La *Santa María,* lourde, peu maniable et lente, n'était pas le navire idéal pour ce genre d'expédition. Mais 2 mois plus tard, ***le 12 octobre 1492, Colomb débarquait, aux Bahamas*** sans doute, muni d'une lettre d'introduction... pour le Grand Khan de Chine !

MAIS D'OÙ VIENT LA DINDE ?

N'étant pas très fort en géographie, Christophe Colomb était persuadé d'avoir découvert l'Inde quand il débarqua en Amérique. D'où le nom de ces poules locales qu'il rapporta. Les Anglais, qui ne font jamais comme les autres, appellent ces bestiaux... turkey ! *Ils en avaient trouvés en Turquie.*

Le roi François Ier envoya à son tour ***Jacques Cartier*** qui, lui, fit trois voyages entre 1534 et 1541. Cartier remonta le Saint-Laurent jusqu'au Mont-Royal où des rapides arrêtèrent son entreprise – lesquels rapides furent d'ailleurs nommés Lachine, puisque la Chine devait se trouver en amont ! Puis, en 1520, ***Ferdinand de Magellan*** découvrit le fameux détroit qui mène à l'océan Pacifique, à quelques encablures au nord du cap Horn. Ainsi, le malheur des Indiens et la colonisation de l'Amérique n'eurent pour origine que la volonté de trouver un accès alternatif vers l'Asie !

Les premières tentatives de colonisation

En 1513, Juan Ponce de León, parti à la recherche de la fontaine de jouvence, atteint la Floride, qu'il croit être une île. Le 7 mars 1524, le Florentin Giovanni Da Verrazano, premier envoyé de François Ier, débarque au Nouveau Monde – depuis peu baptisé « Amérique » en l'honneur de l'explorateur et géographe ***Amerigo Vespucci*** – et promptement le rebaptise « Francesca » pour honorer sa patrie d'adoption et son maître. La Nouvelle-France (futur Canada) est née. De 1539 à 1543, Hernando de Soto découvre et explore des cours d'eau comme la Savannah, l'Alabama et le majestueux Mississippi, mais il est finalement vaincu par la jungle ; au même moment, Francisco Vasquez de Coronado part du Mexique, franchit le Rio Grande et parcourt l'Arizona. La première tentative de christianisation par les moines de Santa Fe reçoit parallèlement le salaire du martyr chez les Indiens pueblos. Petit à petit, le cœur n'y est plus. L'or, les richesses attendues qui pourraient dissiper les hésitations ne sont pas découverts, et les milliers de volontaires nécessaires à une véritable colonisation ne se manifestent pas. Et puis, finalement, pourquoi étendre encore un empire déjà si vaste, se dit la couronne espagnole, bien installée aux Antilles, au Mexique et en Amérique centrale ?

L'arrivée des Anglais

Le premier Anglais, John Cabot, n'est pas un Anglais d'origine mais un Génois habitant la ville de Bristol. Lui aussi recherche, en 1497, un passage vers l'Orient, et navigue le long de la côte. Faute de trouver ce fameux passage, il laissera son nom à la postérité avec la pratique du... cabotage !
Trois quarts de siècle passent, l'Angleterre est plus prospère, les querelles religieuses s'apaisent, et Élisabeth Ire est sur le trône depuis 1558. L'heure américaine a sonné. Sir Humphrey Gilbert propose d'installer une colonie en Amérique qui fournirait, le moment venu, les vivres aux marins en route pour la Chine. Élisabeth lui accorde une charte, mais la colonie ne se matérialise pas.
Une nouvelle charte est accordée, cette fois à son demi-frère sir Walter Raleigh. Il jette l'ancre près de l'île Roanoke et baptise la terre Virginia (Virginie) – le surnom de la reine Élisabeth. Mais après le premier hiver, les colons préfèrent rentrer en Angleterre. La seconde tentative a lieu 1 an plus tard : le 8 mai 1587, 120 colons débarquent. Un événement marque cette deuxième tentative : la naissance sur le sol du Nouveau Monde – d'après le carnet de bord du bateau, avant qu'il ne reprenne la mer – de la première Américaine, une petite fille nommée Virginia Dare (nom lourd de sous-entendus, *dare* signifiant en anglais « oser » !). Mais c'est encore un échec, tragique cette fois-ci, car, quand le bateau revient en 1590, les colons ont disparu sans laisser de traces.
Malgré ces échecs successifs, le virus du Nouveau Monde s'empare de l'Angleterre. ***La colonisation débute véritablement avec le successeur d'Élisabeth, Jacques Ier.***
Le 26 avril 1607, après 4 mois de traversée, 144 hommes et femmes remontent la rivière James dans trois navires et choisissent un lieu de mouillage qu'ils baptisent James-Town. C'est un aventurier-marchand de 27 ans, le capitaine ***John Smith,*** qui a combattu en Europe et sait maintenir une discipline (essentielle pour ne pas sombrer dans le désespoir), qui dirige les colons. Il s'enfonce dans le pays, fait des relevés topographiques... John Smith est capturé par les Indiens, et il aura la vie sauve grâce à la fille du roi Powhatan, nommée Pocahontas. Il comprend, ayant vécu avec cette tribu, que les colons ne survivront que par la culture du « blé indien » : le maïs. À son retour parmi les siens, et sur son ordre, les colons (très réticents car ils voulaient bien chasser, chercher de l'or ou faire du troc avec les indigènes, mais pas se transformer en agriculteurs) cultivent le maïs à partir de grains offerts par les Indiens. Le maïs contribuera pour beaucoup à la culture américaine, toutes époques confondues.

La Nouvelle-Angleterre

En ***1620,*** une nouvelle colonie est fondée par les pèlerins – *Pilgrim Fathers* ou pères pèlerins – arrivés sur le ***Mayflower.*** Ces immigrants protestants transitent par la Hollande, fuyant les persécutions religieuses en Angleterre. Ils aspirent à un christianisme plus pur, sans les concessions dues, selon eux, aux séquelles du papisme que l'Église anglicane charrie dans son organisation et ses rites. Ce sont au total 100 hommes et femmes avec 31 enfants qui arrivent au cap Cod (cap de la Morue). Rien n'a préparé ces hommes et femmes à l'aventure américaine. Il faudrait pêcher, mais ils ne sont pas pêcheurs ; de plus, ils sont de piètres chasseurs et se défendent difficilement contre les Indiens qu'ils jugent sauvages et dangereux. Plus grave encore, voulant atteindre la Virginie et sa douceur, les voilà en Nouvelle-Angleterre, une région éloignée, avec un climat rude et une terre ingrate. La moitié d'entre eux meurt le premier hiver. L'année suivante, ***les survivants célèbrent le tout premier Thanksgiving*** – une journée d'action de grâces et de remerciements – symbolisé par la dégustation d'une dinde sauvage. Ces immigrants ***austères et puritains*** incarnent encore dans l'Amérique d'aujourd'hui une certaine aristocratie, et nombreux sont ceux qui se réclament – ou voudraient bien se réclamer – d'un aïeul venu sur le *Mayflower* ! La ténacité, la volonté farouche et une implication religieuse proche de l'hystérie vont garantir le succès de cette nouvelle colonie qui compte déjà 20 000 âmes en 1660 ! Peu importe les excès des débuts, comme l'épisode de la chasse aux sorcières à Salem (1689-92), durant laquelle 150 personnes furent emprisonnées et une vingtaine pendues.

Les Français et le Nouveau Monde

C'est grâce à René Robert Cavelier de La Salle, un explorateur français né à Rouen en 1643, que la France, elle aussi, eut pendant une courte période une part du « gâteau » nord-américain. Après avoir obtenu une concession en amont de Montréal au Canada et appris plusieurs langues indiennes, il partit explorer les Grands Lacs, puis il descendit le Mississippi jusqu'au golfe du Mexique. Il prit possession de ces nouvelles contrées pour la France et tenta d'y implanter une colonie en ***1684.*** En l'honneur du roi Louis XIV, cette terre prit le nom de ***Louisiane.*** Cette nouvelle colonie s'avéra être une catastrophe financière, sous un climat très malsain. La couronne française céda la concession à ***Antoine Crozat,*** qui ne la trouva pas plus rentable et qui, à son tour, vendit ses parts à un Écossais que l'histoire de France a bien connu, puisqu'il s'agit de John Law, contrôleur général des Finances en France sous Louis XV, inventeur probable du crédit, du papier-monnaie... et de la banqueroute !
Grâce à l'aide de la *Banque générale* en France, il fonda en août 1717 la ***Compagnie de la Louisiane.*** Le succès fut fulgurant mais de courte durée. Devant la montée spectaculaire des actions, beaucoup prirent peur, et un inévitable ***krach*** s'ensuivit, probablement le premier de l'histoire de la finance.
La ville de La Nouvelle-Orléans fut fondée en 1718 par Jean-Baptiste Le Moyne de Bienville. 500 premiers esclaves noirs furent déportés ici en 1718, et la ***culture du coton*** commença en 1740. Puis, par un traité secret, une partie de la Louisiane fut cédée aux Espagnols en 1762 et l'autre aux Britanniques ! Les 5 552 colons français de la Louisiane de l'époque ne goûtèrent guère ce tour de passe-passe, mais dans l'ensemble le règne dit « espagnol » fut calme et prospère. C'est d'ailleurs à cette période que les exilés d'Acadie, persécutés par les Anglais devenus maîtres de leur territoire, émigrèrent en Louisiane (lors d'un épisode appelé le « Grand Dérangement »). Après une nouvelle distribution des cartes politiques, la Louisiane espagnole redevint française en 1800. À peine le temps de dire ouf, et Napoléon – à court d'argent pour combattre l'ennemi héréditaire – revendit la colonie aux États-Unis le 30 avril 1803.

William Penn et les quakers

La plus sympathique implantation de l'homme blanc en Amérique fut sans conteste celle des quakers. Avec son principe de non-violence, son refus du pouvoir des Églises quel qu'il soit et son doute quant à la nécessité des prêtres en tant qu'intermédiaires entre l'homme et Dieu, le quaker est appelé à une liberté radicale, irrépressible puisqu'elle se fonde sur Dieu lui-même. George Fox, qui fut à l'origine de ces thèses révolutionnaires et subversives, naquit en 1624. « Songez qu'en vous il y a quelque chose de Dieu ; et ce quelque chose existant en chacun le rend digne du plus grand respect, qu'il soit croyant ou pas. » Pour mieux mesurer l'extravagance de cette déclaration de George Fox, il faut se souvenir qu'à cette époque l'Inquisition espagnole battait son plein. *Quakers* signifie « trembleurs » (devant Dieu), et ce surnom leur fut donné par moquerie, leur véritable appellation étant ***Society of Friends*** (« Société des amis »).
Hormis le célèbre paquet de céréales, c'est surtout le nom de William Penn qui vient immédiatement à l'esprit dès qu'on prononce le mot quaker (les deux sont d'ailleurs liés car l'emblème de la marque est effectivement un portrait de Penn, la compagnie – à sa fondation, en 1901 – ayant choisi ce créneau de marketing pour souligner la pureté de ses produits ! Cela dit, cette compagnie n'a jamais rien eu à voir avec la Société des amis, et un procès fut intenté contre eux en 1915 par les vrais quakers, sans succès d'ailleurs).

William Penn, né en 1645, est un fils de grande famille extrêmement aisée, possédant moult propriétés en Irlande et en Angleterre. À l'âge de 13 ans, il rencontre pour la première fois celui qui va marquer sa vie, Thomas Loe, quaker et très brillant prédicateur. Quittant rubans, plumes et dentelles, William ne conserve de sa tenue de gentilhomme que l'épée qu'il déposera aussi par la suite, soulignant ainsi publiquement son refus de la violence et son vœu d'égalité entre les hommes. À partir de 1668, ses vrais ennuis commencent ; il a alors 24 ans. De prisons (la Tour de Londres, entre autres) en persécutions, Penn ne publie rien moins que 140 livres et brochures et plus de 2 000 lettres et documents. *Sans croix, point de couronne,* publié en 1669, sera un classique de la littérature anglaise. À la mort de son père, Penn devient lord Shanagarry et se retrouve à la tête d'une fortune considérable. Il met aussitôt sa richesse au service de ses frères. Les quakers ont alors déjà tourné leurs regards vers le Nouveau Monde afin de fuir la persécution, mais les puritains de la Nouvelle-Angleterre ressentent la présence des quakers sur leur territoire comme une invasion intolérable. Des lois antiquakers sont votées. En 1680, après avoir visité le Nouveau Monde, William Penn obtient du roi Charles II (en remboursement des sommes considérables que l'État devait à son père) le droit de fonder une nouvelle colonie sur un vaste territoire qui va devenir la Pennsylvanie (« forêt de Penn », une terre presque aussi grande que l'Angleterre).

Les Indiens qui occupent cette nouvelle colonie se nomment Lenni Lenape (ou Delaware), parlent l'algonquin et sont des semi-nomades. Penn et les quakers établissent avec eux des relations d'amour fraternel, et le nom de leur capitale, Philadelphie, est choisi pour ce qu'il signifie en grec (« ville de la Fraternité »). Penn apprend leur langue ainsi que d'autres dialectes indiens. Dans sa maison de Pennsbury Park, il y a souvent une foule étrange : des Indiens par dizaines, parfois par centaines ! Le fait qu'ils soient peints et armés n'effraie personne. Ils règlent les questions d'intérêt commun avec Onas, c'est-à-dire avec Penn (*onas* veut dire « plume » en algonquin, *penn* signifiant « plume » en anglais). La non-violence étant l'une des pierres d'angle des principes quakers, les Indiens auraient pu massacrer toute la colonie en un clin d'œil. Mais tant que les principes quakers ont dominé, les deux communautés vécurent en parfaite harmonie.

La « Boston Tea Party » et l'indépendance

Dès 1763, une crise se dessine entre l'Angleterre et les nouvelles colonies, qui sont de plus en plus prospères. Le 16 décembre 1773, sur fond de montée nationaliste, l'adoption d'une série très impopulaire de taxes et de mesures par la Couronne déclenche la « Boston Tea Party ». Des colons, déguisés en Indiens, montent sur trois navires anglais amarrés dans le port de Boston et jettent par-dessus bord leur cargaison de thé.

Au-delà de la péripétie, l'événement fait date. Les armes font leur entrée en scène en 1775 et, ***le 4 juillet 1776, la déclaration d'Indépendance rédigée par Thomas Jefferson est votée par les 13 colonies.*** Le fondement de la Déclaration est la philosophie des droits naturels qui explique que Dieu a créé un ordre, dit naturel, et que, grâce à la raison dont il est doué, tout homme peut en découvrir les principes. De plus, tous les hommes sont libres et égaux devant ces lois. En 1778, les Français signent

LE CRIME DU PREMIER AMÉRICAIN

En 1754, George Washington, alors officier de l'armée britannique, dut affronter une troupe française. L'officier en face, le seigneur de Jumonville, décida de parlementer et s'approcha des troupes anglaises avec le drapeau blanc. Sans respecter les règles militaires, George Washington ouvrit le feu, tuant l'officier français et neuf de ses soldats. Le premier président des États-Unis traînera ce crime toute sa vie.

deux traités d'alliance avec les « rebelles » ; en 1779, l'Espagne entre en guerre contre l'Angleterre. Mais il faut attendre le 3 septembre 1783 pour la signature d'un traité de paix entre l'Angleterre et les États-Unis, conclu à Paris. Les États-Unis par la suite s'étendent, et les Indiens sont rejetés de plus en plus vers les terres désertiques de l'Ouest, tandis que la France vend la Louisiane et qu'un nouveau conflit se dessine : la guerre civile.

L'esclavagisme et la guerre de Sécession

L'idée d'esclavagisme remonte à la nuit des temps, et même les Grecs les plus humanistes, durant l'âge d'or de leur civilisation, n'ont jamais douté du fait que l'humanité se divisait naturellement en deux catégories : les hommes qui devaient assumer les tâches lourdes et l'élite qui pouvait ainsi cultiver les arts, la littérature et la philosophie. L'aspect immoral de la vente d'un homme n'est pas la vraie raison du déclenchement de la guerre de Sécession, contrairement à une certaine imagerie populaire. ***Abraham Lincoln n'a que peu de sympathie pour la « cause noire »,*** la libération des esclaves ne s'inscrivant alors que dans le cadre du combat contre le Sud. Il déclare à ce sujet : « Mon objectif essentiel dans ce conflit est de sauver l'Union... Si je pouvais sauver l'Union sans libérer aucun esclave, je le ferais... » L'histoire a évidemment oublié cette phrase. D'ailleurs, il n'est pas si difficile pour les nordistes de se déclarer contre l'esclavage (ils ne recensent que 18 esclaves contre 4 millions dans le Sud !).

Les sudistes portent l'uniforme gris tandis que les nordistes sont en bleu. Bien qu'ils soutiennent les Noirs, les nordistes n'hésitent pas à massacrer les Indiens. Tout ça pour dire que les Bleus ne sont pas si blancs et les Gris pas vraiment noirs...

Pour être juste, ***cette guerre civile doit être présentée comme une guerre culturelle,*** un affrontement entre deux types de société. L'une – celle du Sud –, aristocratique, fondée sur l'argent « facile », très latine dans ses racines françaises et espagnoles, est une société à l'identité forte, très attachée à sa terre. L'autre – celle du Nord –, laborieuse, austère, puritaine, extrêmement mobile, se déplace au gré des possibilités d'emploi, avec des rêves de grandeur nationale, mais dépourvue de ce sentiment d'appartenir profondément à « sa » terre.

DEATH ON THE 4TH OF JULY

Simple coïncidence ou date fatidique ? Trois des cinq premiers présidents des États-Unis sont morts un 4 juillet, jour de la Fête nationale : James Monroe en 1831 et les deux autres, Thomas Jefferson et John Adams, le même jour de la même année (1826)... pile poil pour le 50e anniversaire de la déclaration d'Indépendance.

Ce grave conflit est l'accident le plus douloureux qui émaille l'histoire de l'Amérique. Ses origines peuvent s'analyser rationnellement, mais son déclenchement relève de l'irrationnel.

Le détonateur est l'élection de Lincoln. ***Le conflit dure de 1861 à 1865, faisant en tout 630 000 morts et 400 000 blessés.*** C'est aussi la première guerre « moderne » – mettant aux prises des navires cuirassés, des fusils à répétition, des mitrailleuses et des ébauches de sous-marins. Mais plus que tout, cette lutte fratricide est le théâtre de scènes d'une rare violence. Deux profonds changements dans la société américaine sont issus de cette guerre civile : le premier est l'***abolition de l'esclavage le 18 décembre 1865,*** et le second la volonté de l'Union de représenter et de garantir désormais une forme de démocratie. Lincoln en sort grandi et devient un héros national. Son assassinat le 14 avril 1865 par ***John Wilkes Booth*** – un acteur qui veut par son geste venger le Sud – le « canonise » dans son rôle de « père de la nation américaine ».

Il reste que, presque 150 ans plus tard, les Noirs américains et les *Natives*, c'est-à-dire les Indiens, sont toujours partiellement en marge du grand rêve américain.

La drogue, les ghettos, le manque d'éducation, la misère sont encore en partie leur lot, ce qui hante et culpabilise maintenant l'« autre Amérique ».

L'immigration massive

À travers tout le XIXe s et le début du XXe, le Nouveau Monde attire des immigrants en provenance du monde entier, mais principalement d'Europe. En 1790, on compte 4 millions d'habitants ; en 1860, ils sont 31 millions. Entre 1865 et 1914, la population triple encore pour atteindre 95 millions. Il y a autant de raisons historiques pour cette vaste immigration que de peuples et de pays concernés. Mais c'est toujours la persécution – religieuse ou politique – et la misère qui sont les facteurs principaux de cette immigration, qu'elle soit juive, russe, d'Europe centrale ou du Nord, italienne ou allemande. En 1973, quand le jeu des mariages interraciaux était moins prononcé, la mosaïque ethnique était la suivante : 88 % de Blancs, 10,5 % de Noirs et 1,5 % de *Natives* (Indiens autochtones) et d'Asiatiques. Aujourd'hui, on peut encore trouver des « bastions », comme la *Bible Belt* – la Ceinture biblique – qui s'étend à travers le centre des États-Unis et est essentiellement germano-britannique de confession protestante, ou des minorités peu exogames qui « annexent » des quartiers précis dans les grandes métropoles. Mais, de plus en plus, ***l'arbre généalogique des Américains devient un kaléidoscope ethnique complexe, le fameux melting-pot.*** Cependant, on observe une certaine radicalisation entre, d'un côté, les traditionalistes anglo-saxons des campagnes et, de l'autre, une Amérique moderne et multiculturelle, plus urbaine.

L'arrivée dans le club des Grands

Au lendemain de la guerre de 1914-1918, la suprématie de la Grande-Bretagne est en déclin, et les États-Unis comptent désormais sur l'échiquier mondial.

En 1919, l'alcool est prohibé par le 18e amendement à la Constitution. La fabrication, la vente et le transport des boissons alcoolisées sont interdits. La corruption est inévitable : règlements de compte, trafics d'alcool, insécurité, prostitution. La Prohibition fait mal au puritanisme américain. Roosevelt, dès son élection en 1933, fait abolir l'amendement, soucieux de donner un nouvel élan au pays. Les années 1920 sont celles des Années folles. Pendant que les intellectuels américains se produisent dans les bars parisiens, ***la spéculation boursière s'envole,*** et l'Amérique danse sur une nouvelle musique qui va ouvrir la voie à d'autres musiques populaires : ***le jazz. Les femmes, grâce aux efforts de suffragettes, obtiennent le droit de vote.*** Mais cette grande euphorie se termine tragiquement en octobre 1929 avec le ***krach de Wall Street.*** Le monde est choqué par les images d'hommes d'affaires ruinés sautant par les fenêtres des gratte-ciel, ou les concours de danse-marathon (les participants dansent jusqu'à épuisement pour une poignée de dollars), fait illustré par le film admirable *On achève bien les chevaux...*

ET IL Y EUT UN HIC ?

Sous la pression des pasteurs et des ligues antialcooliques, la Prohibition fut instaurée en 1919. Elle dura 13 ans, le temps de faire la fortune de la mafia. Elle assura aussi la prospérité des médecins : en 1920, 45 000 docteurs prescrivirent des millions de litres de whisky sur ordonnance, pour raison médicale.

Cette époque est aussi très noire pour les petits exploitants agricoles touchés par les tempêtes de poussière récurrentes du ***Dust Bowl,*** la première catastrophe écologique du siècle, provoquée par un excès de labours. Beaucoup doivent quitter leurs terres, émigrant vers l'eldorado californien. Steinbeck a laissé un témoignage poignant de leur réalité dans *Les Raisins de la colère.* L'auteur-compositeur-interprète Woody Guthrie aussi. Devenu clochard *(hobo)* par la force des circonstances, il passa la ***Grande Dépression*** à voyager clandestinement sur les longs et lents trains sillonnant les États-Unis en compagnie de sa guitare, narrant le quotidien des gens à cette période. Guthrie fut le père de la *folk song* et inspira le mouvement contestataire et le renouveau folk des années 1960 (il était, entre autres, l'idole de Dylan).

McCarthy et les listes noires

Sur fond de Seconde Guerre mondiale, le ***New Deal*** de Franklin D. Roosevelt et la nouvelle donne mondiale guérissent peu à peu l'économie des États-Unis, ouvrant une nouvelle ère de prospérité avec le retour de la paix. Les années 1950 sont aussi, cependant, celles de Joseph McCarthy et de ses listes noires. Le communisme, antithèse de l'esprit de libre entreprise et des valeurs fondamentales américaines, est honni et pourchassé à tout crin. L'Amérique craint d'autant plus le communisme que les intellectuels de l'époque sont fascinés par cette doctrine d'approche humaniste et généreuse. ***Les listes noires frappent essentiellement le milieu du cinéma*** et instaurent un climat de peur et de malveillance. Le grand Cecil B. Demille, entre autres, se révèle être un grand délateur, ainsi qu'Elia Kazan, l'auteur de *Sur les quais* et *Viva Zapata.* Des réalisateurs comme Jules Dassin, Joseph Losey ou John Berry décident d'émigrer en Europe. Symbole de cette période hystérique aux relents d'Inquisition, l'***exécution en 1953 du couple Rosenberg.*** Après un procès ne s'appuyant sur aucune preuve, ces deux anciens militants communistes seront condamnés à mort pour avoir soi-disant transmis des éléments du programme atomique américain à l'URSS.

LE SILENCE EST D'OR

Pour être élu en 1936, Franklin Roosevelt s'engagea dans une confrontation radiodiffusée avec son rival Alf Landon. Chacun des candidats disposait, à tour de rôle, d'un temps de parole de 10 mn. Autorisé à débuter, Roosevelt fit un discours de 3 mn, puis se tut pendant les 7 mn suivantes. Quand Landon prit la parole, la plupart des auditeurs avaient éteint leur poste...

La ségrégation

Les barrières de la ségrégation commencent officiellement à s'estomper dès 1953, date à laquelle la Cour suprême décide de mettre fin à la ségrégation au sein du système scolaire. Ce premier chamboulement n'empêche pas de nombreuses autres mesures discriminatoires de s'appliquer encore, notamment dans les États du Sud. ***Martin Luther King,*** pasteur à Montgomery (Alabama), lance en 1955 le boycottage des autobus de cette ville sudiste, à la suite de l'arrestation d'une femme noire, ***Rosa Parks,*** qui a refusé de céder sa place dans le bus à un passager blanc. L'écho des protestations obtient un retentissement international. ***Fin 1958, une nouvelle décision de la Cour suprême donne raison au mouvement antiségrégationniste,*** interdisant toute discrimination dans les transports publics.

Le mouvement des Droits civiques, organisé autour de Martin Luther King, reste fidèle à la non-violence malgré la concurrence de groupes plus radicaux (comme les ***Black Panthers***). Un an après la marche historique sur Washington, le 28 août 1963, le prix Nobel de la paix décerné à Martin Luther King récompense à travers lui la cause de l'égalité des hommes. Une prise de conscience nationale prend forme. L'assassinat de Martin Luther King, le 4 avril 1968 à Memphis, n'arrête pas le mouvement.

Le mal de vivre

La ***beat generation*** apparaît autour de 1960. À sa tête, des écrivains tels que Jack Kerouac et des poètes comme Allen Ginsberg. Insurgée, éprise de liberté, détachée des biens matériels, la beat generation prend la route à la recherche d'un mode de vie alternatif. L'opulence de la société liée à un cortège d'injustices a créé un refus, chez les jeunes, du monde dit « adulte ». Pendant que les premiers beatniks rêvent de refaire un monde plus juste en écoutant les héritiers de Woody Guthrie (***Joan Baez*** et ***Bob Dylan***), le rock'n roll a déjà pris ses marques. Il fait irruption dès 1956 dans la musique populaire avec ***Elvis Presley.***
Symbole d'une autre révolte, très différente de celle des beatniks, le rock'n roll exprime certes un refus des valeurs institutionnelles, mais sans offrir de solutions, se contentant de condamner le monde adulte.
C'est ***James Dean,*** dans *Rebel Without a Cause* (chez nous *La Fureur de vivre,* un beau contresens), qui exprime peut-être le mieux le malaise de l'ensemble de la jeunesse. Jimmy Dean devient, après sa mort violente et prématurée, l'incarnation même du fantasme adolescent de « faire un beau cadavre » plutôt que de mal vieillir, c'est-à-dire le refus des compromis immoraux de la société.
Les années 1960 marquent aussi l'apparition de la ***musique noire*** enfin chantée par des Noirs dans ce qu'on peut appeler le « Top blanc ». Auparavant, il y avait des radios « noires » et des radios « blanches », et les succès « noirs » ne traversaient la frontière culturelle que quand des chanteurs blancs reprenaient à leur compte ces chansons. Presley doit d'ailleurs une partie de son succès au fait qu'il est un Blanc chantant avec une voix « noire ».

Contestation et renouveau

Les années 1960 sont presque partout dans le monde des années de contestation. Ce sont aussi des années pas très « clean » : affaire de la ***baie des Cochons*** à Cuba, début de la ***guerre du Vietnam*** sous John F. Kennedy, dont le mythe est aujourd'hui fort altéré (liens avec la mafia, solutions « radicales » envisagées au problème « Fidel Castro », etc.), mort suspecte de Marilyn Monroe (menaçait-elle la sécurité de l'État ?). L'***assassinat du président Kennedy à Dallas, en 1963,*** marque vraiment la fin d'une vision saine de la politique pour un aperçu bien plus machiavélique du pouvoir.
Les beatniks laissent la place aux ***hippies,*** et le refus du monde politique est concrétisé par le grand retour à la campagne afin de s'extraire d'une société dont les principes sont devenus trop contestables. Tout le monde rêve d'aller à San Francisco avec des fleurs plein les cheveux et, en attendant, les appelés brûlent leur convocation militaire pour le Vietnam.
L'échec américain dans la guerre du Vietnam est aussi l'un des corollaires de cette prise de conscience politique de la jeunesse. La soif de « pureté » et de grands sentiments a sa part dans la chute de Richard Nixon suite à l'affaire du ***Watergate.*** Nixon n'a, en somme, que tenté de couvrir ses subordonnés dans une affaire de tables d'écoute – la plupart des hommes politiques français ont agi de même sans jamais

L'ÉCHEC DE WOODSTOCK

Le mythique festival de Woodstock, grand rassemblement hippie de l'été 1969, fut un échec commercial cuisant. À cause du nombre de spectateurs (450 000 au lieu des 50 000 prévus), la logistique se révéla vite inopérante : eau, sanitaires, infrastructures et même sono... plus rien ne fonctionnait. Toutes les routes d'accès étaient bloquées. L'émeute fut évitée de justesse grâce à un hélicoptère de l'US Army qui put transporter les artistes. Il devint rapidement impossible de faire payer les spectateurs... Résultat : un gouffre financier de 2,4 millions de dollars. Le film et les disques ont réussi à combler le déficit, mais bien plus tard.

avoir été inquiétés... Quelques années plus tard, retour des démocrates avec le président ***Jimmy Carter.*** D'abord « faiseur de paix » (signature des accords de Camp David entre l'Égypte et Israël), ce dernier s'embourbe en fin de mandat dans l'affaire des otages de l'ambassade américaine de Téhéran. L'Amérique montre alors au monde le visage d'une nation victime de ses contradictions, affaiblie par sa propre opinion publique et en pleine récession économique.

Les années 1980 marquent un profond renouveau dans l'esprit américain. L'élection de l'acteur ***(Ronald Reagan)*** à la place du clown (Carter), comme le prônaient les slogans, redonne au pays l'image du profil cow-boy. La récession se résorbe, et l'industrie est relancée. Mais de nouvelles lois fiscales élargissent le fossé entre les pauvres et les riches, c'est l'avènement de l'***ultralibéralisme.*** Plus présente que jamais, l'Amérique des perdants se décline en un nombre scandaleux de *homeless* (sans domicile fixe) abandonnés à eux-mêmes. L'« autre Amérique », en harmonie avec Reagan, se passionne pour l'aérobic et la santé. L'apparition du sida marque la fin des années de liberté sexuelle. Pour les ultrareligieux, l'épidémie est un nouveau pain bénit, brandi comme l'ultime châtiment divin envers une société qui s'est éloignée de ses valeurs traditionnelles.

Ordre mondial et désordre national

La chute du mur de Berlin et l'effondrement de l'URSS consacrent les États-Unis unique superpuissance. Bush père peut ainsi entraîner une vaste coalition dans la ***première guerre du Golfe*** en 1991. Mais pendant que les soldats américains libèrent le Koweït, les conditions de vie aux États-Unis continuent à se détériorer : chômage galopant, aides sociales supprimées, violence accrue, propagation des drogues dures et du sida, etc. Les ***émeutes de Los Angeles*** (et d'ailleurs) révèlent aux Américains le fiasco total des républicains. Aux présidentielles de novembre 1992, le peuple américain, déçu, sanctionne Bush, l'un des rares à n'avoir fait qu'un mandat.

Le nouveau président, le ***démocrate Bill Clinton,*** est à l'opposé de ses prédécesseurs : jeune, proche des petites gens, il incarne cette génération du Vietnam pacifiste, davantage soucieuse d'écologie et qui tend à donner plus de responsabilités aux femmes et aux représentants des minorités ethniques ; en un mot, il incarne une nouvelle manière de diriger.

Le bilan des 8 années de sa présidence se révèle toutefois contrasté : une croissance fantastique, une annihilation du déficit public, des créations d'emploi, mais aussi un échec de la politique de protection sociale. À l'extérieur, des interventions tous azimuts, en Bosnie, en Israël, en Irak, en Afrique... Clinton a été réélu en novembre 1996, ne faisant qu'une bouchée de son rival Bob Dole. Clinton, défenseur du monde, voilà l'image que l'opinion publique américaine aura retenu de ses deux mandats, en partie entachés (!) par le Monicagate.

Bush-Gore : coude à coude historique

L'élection présidentielle de novembre 2000 présente à priori peu d'intérêt. Entre le pâle Gore et le Texan George W. Bush, les Américains tergiversent longtemps. Les sondages annoncent un scrutin serré, sans se douter à quel point... Après 1 mois de péripéties politico-judiciaires sur la validité du scrutin en Floride, la polémique s'achève à la Cour suprême, qui intronise officiellement George W. Bush comme 43e président des États-Unis.

Mardi 11 septembre 2001 : l'acte de guerre

Le 11 septembre 2001 a marqué d'une pierre noire l'entrée dans le XXIe s. Ce matin-là, quatre avions détournés par des terroristes kamikazes sont transformés en bombes volantes. Deux s'écrasent sur les Twin Towers de New York, le troisième sur le Pentagone à Washington. Le dernier appareil, quant à lui, se crashe en Pennsylvanie, mais sa cible était peut-être la Maison-Blanche ou le Capitole. C'est la plus grosse attaque terroriste jamais commise contre un État : près de 3 000 morts et autant de blessés.

Pour la première fois depuis près de deux siècles (Pearl Harbor mis à part), ***les États-Unis sont victimes d'un acte de guerre sur leur propre sol.*** Acte hautement symbolique ; l'agresseur n'est pas un État mais une nébuleuse de fanatiques invisibles en guerre, au nom des valeurs les plus archaïques de l'islam.

L'ennemi public n° 1 des États-Unis, ***Oussama Ben Laden,*** milliardaire intégriste musulman d'origine saoudienne et réfugié en Afghanistan sous la protection des talibans, est immédiatement désigné comme le principal suspect.

L'entourage ultraconservateur de George W. Bush en conçoit une nouvelle doctrine de politique étrangère américaine basée sur l'existence d'un « ***axe du Mal*** » ; désormais, les « États voyous » (Corée du Nord, Iran, Irak) se retrouvent dans le collimateur des faucons de Washington.

Première cible : l'***Afghanistan,*** avec l'objectif de traquer sans relâche les réseaux de Ben Laden et d'éliminer le régime des talibans qui lui ont donné refuge... Médiocre résultat.

Dans la foulée de la logique de la lutte contre le terrorisme, Bush demande au FBI et à la CIA de lui fournir des arguments pour s'attaquer à sa deuxième cible : l'Irak de Saddam Hussein, que la guerre de son papa, en 1991, n'a pas réussi à destituer.

Mais où sont donc passées les armes de destruction massive ?

Dès 2002, l'Amérique de Bush compte se débarrasser d'un tyran sanguinaire qui asservit son peuple depuis plus de 20 ans. Mais pour faire la guerre et recevoir l'aval du Congrès et des alliés des États-Unis, il faut des motifs probants. Malgré l'embargo dont l'Irak est frappé depuis 12 ans, on s'emploie donc à démontrer que Saddam mitonne dans son arrière-cuisine quelques programmes de développement d'armes de destruction massive (nucléaire, chimique et biologique) et que, à coup sûr, il doit être de mèche avec Ben Laden. Quelques voix s'élèvent du côté des artistes ou des intellectuels (Sean Penn ou Norman Mailer) mettant en doute la légitimité d'une telle guerre mais se retrouvent vilipendées par les médias de Rupert Murdoch aux ordres du Pentagone.

Le principal soutien international de George W. Bush s'appelle ***Tony Blair,*** le Premier ministre britannique. Les autres membres permanents du Conseil de sécurité, France, Russie et Chine, soutenus par d'ex-alliés traditionnels des États-Unis (Allemagne, Mexique, Canada), renâclent à partir en croisade, mettant en doute l'idée reçue que le programme militaire irakien présente un danger pour la communauté internationale. ***Bush & Cie décident alors de se passer de la légitimité internationale pour s'engager dans le conflit.***

En 19 jours, le régime de Saddam Hussein s'effondre. La « pacification » du pays démarre.

Mais les occupants ont du mal à se concilier la coopération des anciens cadres du régime qui ne sont plus payés. Les réseaux d'entraide chiites du sud du pays en font plus pour réorganiser la vie quotidienne que les administrateurs venus de Washington.

Si les pertes anglo-américaines sont restées légères pendant les combats, une résistance organisée commence à se manifester. Avec l'accumulation des GI's qui tombent sous les embuscades, les attentats-suicides et le coût pharaonique de la guerre, l'opinion commence – il était temps ! – à se poser des questions sur les raisons qui ont conduit au conflit et la présence toujours non prouvée des fameuses armes de destruction massive. Petit à petit se profile sournoisement le ***spectre de l'enlisement*** de l'armée (comme au Vietnam).

En décembre 2003, Saddam est finalement capturé. Trois ans plus tard, il est condamné à mort.

G. W. Bush II : *bis repetita...*

La campagne présidentielle de 2004 commence tôt, avec, côté républicain, le « ticket Bush-Cheney » reconduit et, chez les démocrates, ***John Kerry,*** sénateur catholique du Massachusetts, brillant étudiant à Yale et ex-héros du Vietnam. Les républicains s'appuient sur un électorat très à droite, dont les patriotes traumatisés par le *Nine-Eleven,* convaincus que la « guerre contre le terrorisme » prime sur tout le reste. En mai, *Fahrenheit 9/11,* le brûlot de Michael Moore contre Bush & Cie, remporte la Palme d'or à Cannes. Un vrai missile de croisière lancé en pleine campagne électorale !

Pourtant, le 2 novembre, après quelques heures de flottement du côté de l'Ohio, Bush remporte l'élection, avec au total plus de 3,5 millions de voix d'avance. Presque un plébiscite comparé à 2000...

L'Amérique est coupée en deux. Côté pouvoir, le système des valeurs met la barre à droite, toute ! À l'unilatéralisme sans état d'âme à l'extérieur vient s'ajouter la prééminence des critères moraux et religieux sur l'emploi ou l'économie. On fait des coupes sombres dans les budgets fédéraux. ***La référence à Dieu émaille tous les discours,*** la Bible fait jeu égal avec les théories de l'évolution dans les programmes scolaires, des États remettent en cause le droit à l'avortement, les gays et les lesbiennes sont priés d'aller s'unir ailleurs et les retraités sont entraînés à placer leurs économies sur les actions des entreprises liées à la sécurité pour espérer survivre dignement. Sans parler de la couverture santé, dont 40 millions d'Américains doivent se passer.

Et la « Liberté » poursuit sa marche écrasante en Irak avec, il est vrai, des élections libres (et suivies par une large majorité de la population) mais qui ont du mal à déboucher sur la constitution d'une équipe gouvernementale représentative. Avec l'exacerbation des clivages religieux (chiites et sunnites), le pays reste plongé dans le chaos. L'opération *Iraqi Freedom* aura au final causé des dizaines de milliers de morts, d'abord et surtout chez les Irakiens.

2008 : *« Yes we can ! »*

Le second mandat de George W. Bush s'achève dans un marasme sans précédent dans l'histoire américaine. ***L'enlisement en Irak et en Afghanistan est total et dès 2007 éclate la crise des subprimes.*** La campagne électorale démarre tôt. Chez les républicains, John McCain, 72 ans, héros du Vietnam, s'impose rapidement. Côté démocrate, une primaire interminable oppose l'ex-First Lady, sénatrice de l'État de New York à un quasi-inconnu du grand public, ***Barack Obama,*** sénateur de l'Illinois, diplômé de Harvard tout de même et qui a la particularité d'être un métis né à Hawaii d'un père kenyan et d'une Américaine du Kansas. Un choix inédit dans la politique américaine, entre une femme briguant l'investiture suprême et un homme assimilé aux minorités afro-américaines. Tout un symbole après l'esclavage et la ségrégation raciale. Après une âpre lutte, où la supposée expérience du pouvoir de l'ex-locataire de la Maison-Blanche affronte le besoin de changement prôné par l'ancien travailleur social des quartiers pauvres de Chicago, ***c'est Obama qui l'emporte, surfant sur une vague populaire qui rassemble autant les minorités ethniques que la classe moyenne blanche.*** En septembre, les sondages donnent Obama et McCain au coude à coude. Surviennent alors deux événements qui font pencher la balance en faveur du candidat démocrate. Pour attirer la partie la plus conservatrice de son électorat, McCain se dote d'une colistière inconnue, Sarah Palin, gouverneure du lointain État d'Alaska, chasseuse de caribous, antiécologiste, antiavortement, antiminorités (mais propétrole) et mère de famille nombreuse. Si, au départ, ce choix semble un joli coup de marketing politique, le pétard se révèle rapidement mouillé du fait des gaffes accumulées par la pittoresque candidate dont la capacité à succéder éventuellement à un président âgé est rapidement mise en doute. Mais le pire est à venir : une ***crise financière majeure*** éclate à la mi-septembre, qui entraîne l'économie mondiale vers une récession de longue durée et jette nombre d'Américains à la rue.

C'est dans ce contexte sinistre que s'achève la campagne. Les Américains veulent croire en un espoir de redressement et Barack Obama, avec son charisme et sa jeunesse, incarne clairement cette aspiration au renouveau. Favori des sondages, il l'emporte confortablement le 4 novembre 2008 avec près de 200 grands électeurs de plus que McCain. Jamais une élection présidentielle n'a suscité une telle mobilisation aux États-Unis : deux Américains sur trois ont voté. Et jamais une victoire électorale n'a autant passionné le monde entier.

POTUS ET BOUCHE COUSUE

Savez-vous qui est POTUS ? Un indice : à ce jour, il a porté successivement quelque 44 prénoms, dont George, Abraham et Barack. Eh oui, derrière cet acronyme se cache le President of The United States. *Question subsidiaire : comment appelle-t-on la* First Lady *? Eh bien, FLOTUS, pardi !*

2009-2011 : de la mauvaise passe au rebond ?

Dès les premiers jours de son investiture (janvier 2009), le 44e président des États-Unis est mis au pied du mur. ***L'héritage de la période Bush est particulièrement lourd à gérer.*** La question de la ***fermeture de la prison de Guantanamo*** est symbolique. Malgré la signature d'un décret ordonnant sa fermeture en début de mandat devant les caméras, la prison n'avait toujours pas fermé ses portes en 2012, le Congrès ayant voté entre-temps l'interdiction du transfert des détenus de Guantanamo sur le sol américain. Revers pour Barack Obama, alors contraint de changer son fusil d'épaule.

Les guerres extérieures horriblement coûteuses s'enlisent, même si ***les retraits d'Irak et d'Afghanistan sont désormais programmés.***

Mais c'est surtout au problème de la ***réforme du système de santé*** américain, un de ses principaux thèmes de campagne, que le 44e président des États-Unis a été confronté : son ambition de donner une couverture médicale aux 46 millions d'Américains qui en sont dépourvus représente un coût de plus de 900 milliards de dollars, financé notamment par l'abandon des réductions d'impôts accordées par l'administration Bush aux plus hauts revenus. À l'heure où le taux de chômage flirte avec les 8 % et où les plans sociaux sont nombreux, le coût de cette réforme a été d'autant moins facile à approuver que les Américains, irrémédiablement accrochés à l'individualisme au nom de leur sacro-sainte liberté, ont encore du mal avec l'idée d'une solidarité sociale. Obama, traité par ses opposants de « socialiste » (y compris dans son propre camp), s'est livré à une véritable guérilla pour faire adopter sa réforme en 2010, puis par la Cour suprême en 2012. Une victoire historique, même si celle-ci a été en partie édulcorée afin de faciliter son passage, quasiment aux forceps !

La question environnementale, autre enjeu de la campagne, pose aussi problème : beaucoup de promesses ont été faites, notamment dans le domaine des énergies vertes et de la création de *green jobs,* mais le président est encore attendu au tournant. Mais sa bête noire en 2010, c'est sa gestion du fameux *oil spill* déclenché par l'explosion en avril d'une plate-forme pétrolière dans le golfe du Mexique, à 70 km des côtes de la Louisiane. ***La plus grande marée noire*** que les États-Unis aient jamais connue a fait l'objet d'une série de cafouillages sans précédent de la part de la société britannique *BP (British Petroleum)* qui, pendant des semaines, ne savait tout simplement pas comment arrêter les millions de litres de pétrole

s'écoulant dans la mer. Excédé, Barack Obama a fustigé le consortium pour son incompétence, tout en se voyant reprocher la sienne propre par ses opposants, les autorités de Louisiane et une partie de ses habitants, réveillant ainsi l'idée selon laquelle le président était un de ces technocrates dont regorge le Parti démocrate.
En novembre 2010, les ***élections américaines de mi-mandat sont une gifle pour Barack Obama*** : les démocrates conservent la majorité au Sénat mais perdent la Chambre des représentants. Côté républicain, un nouveau mouvement, les ***Tea Parties,*** né dans la foulée de l'élection de Barack Obama, impose ses thèmes. Volontiers réactionnaires, ultraconservateurs, les *Tea Parties* se posent surtout comme des adversaires acharnés de l'État fédéral et de ses impôts.
Dans le même temps, la publication par ***WikiLeaks*** de 250 000 documents et télégrammes secrets concernant la diplomatie américaine provoque aussi des remous.
En 2011, lorsque les révolutions secouent plusieurs pays arabes, c'est la prudence qui l'emporte à la Maison-Blanche : soutien à la transition pacifique en Tunisie, négociation en coulisse concernant le départ d'Hosni Moubarak en Égypte, participation militaire en Libye mais en laissant le soin aux autres, et notamment à la France, de prendre la direction des opérations, condamnation de la Syrie face à la répression sanglante menée par le régime de Bachar al-Assad.
Le 1er mai 2011, coup de théâtre ! Barack Obama annonce solennellement devant les télés qu'***Oussama Ben Laden, le cerveau présumé des attentats du 11 septembre 2001, a été abattu*** dans une maison d'Abbotabad, au Pakistan, par un commando des forces américaines. Après presque 10 ans de traque infructueuse, l'opération « Geronimo », lancée par le président *himself,* dans le plus grand secret, a eu raison de l'ennemi public nº 1 des États-Unis. Joie et surtout soulagement dominent dans le pays. Pour nombre d'Américains, l'affront est enfin lavé, la page traumatisante du 11 Septembre peut alors se tourner. C'est une victoire incontestable pour Barack Obama, dont la cote de confiance connaît un rebond nécessaire.
Fin 2011, c'est le mouvement ***Occupy Wall Street*** qui fait la une. Inspiré par les révolutions arabes et les occupations menées par les Indignés d'Espagne et d'ailleurs, ce mouvement contestataire spontané ne se revendique d'aucun parti ou syndicat. Occupy Wall Street rassemble un panel hétéroclite de la population américaine autour d'une affirmation, ***« Nous sommes les 99 % »,*** par opposition aux 1 % les plus riches supposés détenir tous les leviers du pouvoir.

Obama bis

Les Républicains s'acharnent à reconquérir la Maison Blanche. Mais leurs primaires s'enlisent, un nom tarde à se détacher, alors que chaque candidat promet toujours moins de dépenses (on parle même de supprimer le ministère de l'Éducation !), tous poussés sur leur droite par les *Tea Parties*. Finalement, ***Mitt Romney,*** businessman mormon multimillionnaire et ex-gouverneur du Massachusetts s'impose. Celui que l'on jugeait trop conservateur en 2008 (il avait échoué aux primaires) apparaît désormais trop libéral aux yeux de certains… Pourtant, en ces temps de crise et de rejet du système financier, sa fortune et sa religion font désordre.
Une fois de plus, l'Amérique est coupée en deux. Le rêve et l'espoir soulevés en 2008 par Obama se sont évanouis. Attendu comme le messie, il a nécessairement déçu. La dette nationale n'a cessé d'augmenter et le taux de chômage peine à passer sous la barre des 8 %. Mais entre un Mitt Romney incapable de définir son cap et un Barack Obama sérieux et pragmatique, les Américains n'ont pas hésité. La victoire est même plus nette qu'annoncée puisque ***Obama remporte un total de 332 grands électeurs contre 206 pour Romney.***

Relancer une croissance mollassonne, réduire le déficit budgétaire et le chômage, sécuriser les classes moyennes, renforcer la réforme de la santé et de l'éducation publique, soutenir les énergies propres, réformer la politique d'immigration, voilà l'ambitieuse feuille de route de ce deuxième et dernier mandat. Mais le plus difficile pour Obama sera le bras de fer avec les Républicains qui gardent la majorité à la Chambre des Représentants et font barrage à sa politique depuis son accession au pouvoir. Les Républicains ont perdu une élection qu'ils auraient dû gagner, compte tenu de la crise économique, la plus grave depuis 1929. Mais leurs idées ultra-conservatrices, notamment concernant la place donnée aux immigrés, l'avortement et la question climatique, se sont avérées tellement décalées par rapport aux aspirations du pays, particulièrement celles des jeunes et des classes moyennes, que la défaite est méritée. Obama a 4 ans de plus pour écrire un nouveau chapitre de l'Histoire. On y croit.

Quelques dates

– ***De 35000 à 10000 av. J.-C. :*** premières migrations de populations d'origine asiatique à travers le détroit de Béring.
– ***2640 av. J.-C. :*** les astronomes chinois Hsi et Ho auraient descendu la côte américaine par le détroit de Béring.
– ***1000-1002 :*** Leif Eriksson, fils du Viking Erik le Rouge, explore les côtes de Terre-Neuve et du Labrador et atteint peut-être ce qui est aujourd'hui le nord-est des États-Unis.
– ***1492 :*** découverte de l'Amérique par Christophe Colomb.
– ***1524 :*** découverte de la baie de New York par Giovanni Da Verrazano.
– ***1585 :*** fondation d'une colonie anglaise sur l'île de Roanoke.
– ***1607 :*** fondation de Jamestown (Virginie) par le capitaine John Smith.
– ***1613 :*** découverte des chutes du Niagara par Samuel de Champlain.
– ***1619 :*** premiers esclaves noirs dans les plantations de Jamestown.
– ***1620 :*** le *Mayflower* débarque à Cape Cod avec 100 pèlerins (les pères pèlerins) qui fondent Plymouth.
– ***1636 :*** création du collège Harvard, près de Boston.
– ***1647 :*** Peter Stuyvesant est le premier gouverneur de La Nouvelle-Amsterdam, rebaptisée ensuite New York par les Anglais.
– ***1650 :*** légalisation de l'esclavage.
– ***1692 :*** chasse aux sorcières à Salem (Massachusetts).
– ***1717-1718 :*** fondation de La Nouvelle-Orléans par Pierre Le Moyne d'Iberville.
– ***1776 :*** adoption de la déclaration d'Indépendance le 4 juillet.
– ***1784 :*** New York est élue provisoirement capitale des États-Unis.
– ***1789 :*** George Washington est désigné premier président des États-Unis.
– ***1800 :*** Washington devient capitale des États-Unis à la place de Philadelphie.
– ***1830 :*** fondation de l'Église mormone par Joseph Smith à Fayette (État de New York).
– ***1831 :*** 2 millions d'esclaves aux États-Unis.
– ***1843 :*** invention de la machine à écrire.
– ***1847 :*** invention du jean par Levi Strauss.
– ***1849 :*** ruée vers l'or en Californie.
– ***1857 :*** invention de l'ascenseur à vapeur par E. G. Otis.
– ***1861-1865 :*** guerre de Sécession.
– ***1865 :*** Abraham Lincoln proclame l'abolition de l'esclavage.
– ***1867 :*** les États-Unis achètent l'Alaska à la Russie.
– ***1871 :*** création du premier parc national, le Yellowstone National Park.
– ***1872 :*** invention du chewing-gum par T. Adams. Le premier brevet pour la télégraphie sans fil est déposé par Mahlon Loomis.
– ***1876 :*** parution des *Aventures de Tom Sawyer* de Mark Twain. Invention du balai mécanique par M. R. Bissel.

– ***1880 :*** premier gratte-ciel en acier à Chicago.
– ***1886 :*** invention du Coca-Cola par J. Pemberton. La statue de la Liberté, d'Auguste Bartholdi, est offerte par la France aux États-Unis pour symboliser l'amitié franco-américaine à New York (une copie est érigée pont de Grenelle à Paris).
– ***1895 :*** ouverture du Sea Lion Park, premier parc d'attractions américain, à Coney Island.
– ***1898 :*** guerre hispano-américaine.
– ***1900 :*** annexion de Hawaii.
– ***1903 :*** fabrication du fameux Teddy Bear par Morris Michtom, surnom au départ donné à Theodore Roosevelt qui chassait l'ours dans le Mississippi et qui refusa de tuer un ours attaché à un arbre.
– ***1906 :*** grand séisme de San Francisco.
– ***1911 :*** premier studio de cinéma à Hollywood.
– ***1913 :*** construction à New York du Woolworth Building (le plus élevé à l'époque) par Cass Gilbert.
– ***1914 :*** création de la Paramount.
– ***1916 :*** premier magasin d'alimentation libre-service à Memphis, Tennessee.
– ***1921 :*** première miss America.
– ***1923 :*** création de la Warner Bros par Harry M. Warner.
– ***1924 :*** l'*Indian Citizenship Act* octroie la citoyenneté américaine aux Indiens.
– ***1925 :*** Hoover est le premier président à utiliser la radio pour sa campagne électorale.
– ***1927 :*** création de l'oscar du cinéma par Louis Mayer.
– ***1928 :*** Walt Disney crée le personnage de Mickey Mouse.
– ***1929 :*** construction du Royal Gorge Bridge, pont le plus haut du monde (321 m), au-dessus de l'Arkansas dans le Colorado. Krach de Wall Street le 24 octobre. Ouverture du *MoMA (Museum of Modern Art)* à New York.
– ***1930 :*** premier supermarché, ouvert à Long Island.
– ***1931 :*** construction de l'Empire State Building à New York.
– ***1932 :*** New Deal instauré par Franklin Roosevelt pour remettre sur pied l'économie américaine.
– ***1933 :*** invention du Monopoly par Charles B. Darrow.
– ***1936 :*** l'athlète noir américain Jesse Owens remporte quatre médailles d'or aux J.O. de Berlin.
– ***1937 :*** premier caddie (créé en 1934 par Raymond Josef) testé dans un magasin d'Oklahoma City.
– ***1939 :*** sorties de *La Chevauchée fantastique* de John Ford et *Autant en emporte le vent,* réalisé par Victor Fleming, Sam Wood et George Cukor.
– ***1941 :*** attaque japonaise à Pearl Harbor (Hawaii) le 7 décembre. Déclaration de guerre des États-Unis au Japon le lendemain. Déclaration de guerre de l'Allemagne et de l'Italie aux États-Unis le 11 décembre.
– ***1944 :*** débarquement allié en Normandie le 6 juin.
– ***1945 :*** bombes atomiques sur Hiroshima et Nagasaki les 6 et 9 août.
– ***1946 :*** début de la guerre froide. Winston Churchill parle du « Rideau de fer ».
– ***1948 :*** premier fast-food, créé par deux frères, Maurice et Richard McDonald.
– ***1949 :*** naissance de l'OTAN à New York.
– ***1950 :*** début du maccarthysme, croisade anticommuniste par le sénateur McCarthy.
– ***1951 :*** construction du musée Guggenheim à New York par l'architecte Frank Lloyd Wright.
– ***1952 :*** début de l'*Action Painting* (ou expressionnisme abstrait) lancé par Rosenberg, qui consiste à projeter des couleurs liquides (Pollock, De Kooning, Kline, Rothko).
– ***1955 :*** ouverture du parc d'attractions Disneyland, en Californie.
– ***1960 :*** début du pop art lancé par Andy Warhol.

– ***1962 :*** décès de Marilyn Monroe le 5 août.
– ***1963 :*** *Ich bin ein Berliner,* discours historique de Kennedy, prononcé en Allemagne le 26 juin. Assassinat de John F. Kennedy à Dallas le 22 novembre.
– ***1964 :*** début de la guerre du Vietnam.
– ***1966 :*** fondation des Black Panthers à Oakland par des amis de Malcom X. *Black Power,* expression lancée par Stockeley Carmichael, prônant le retour des Noirs en Afrique.
– ***1968 :*** assassinat de Martin Luther King le 4 avril. Le 5 juin, Bob Kennedy, frère de John, meurt lui aussi assassiné.
– ***1969 :*** premiers pas d'Armstrong sur la Lune. Mythique concert de Woodstock, dans l'État de New York, et sortie de *Easy Rider,* de Dennis Hopper.
– ***1971 :*** ouverture du premier café *Starbucks* à Seattle.
– ***1973 :*** inauguration du World Trade Center (417 m) à New York. Élections des premiers maires noirs à Los Angeles, Atlanta et Detroit. Cessez-le-feu au Vietnam. Insurrection indienne à Wounded Knee (Dakota).
– ***1974 :*** la crise du Watergate entraîne la démission de Richard Nixon.
– ***1975 :*** légalisation partielle de l'avortement.
– ***1976 :*** rétablissement de la peine de mort (après sa suspension en 1972).
– ***1981 :*** attentat contre Reagan.
– ***1982 :*** courant Figuration libre inspiré des graffitis, de la B.D. et du rock. Keith Haring en est l'un des plus célèbres représentants.
– ***1984 :*** la statue de la Liberté est inscrite sur la liste du Patrimoine mondial de l'Unesco. Les J.O. de Los Angeles sont boycottés par les pays de l'Est.
– ***1986 :*** la navette *Challenger* explose en direct à la télévision.
– ***1987 :*** création d'Act Up (mouvement d'action et de soutien en faveur des malades du sida).
– ***1988 :*** gigantesque incendie dans le parc de Yellowstone. Un cinquième du parc est détruit.
– ***1989 :*** séisme de magnitude 6,9 à San Francisco (55 morts).
– ***1991 :*** du 17 janvier au 27 février, guerre du Golfe.
– ***1992 :*** émeutes à Los Angeles (59 morts et 2 300 blessés). Élection de Bill Clinton.
– ***1993 :*** le 19 avril, 80 membres (dont 25 enfants) d'une secte millénariste, les davidiens, périssent à Waco dans l'incendie de leur ferme assiégée depuis 51 jours par le FBI. La même année, Toni Morrisson reçoit le prix Nobel de littérature.
– ***1994 :*** séisme à Los Angeles (51 morts). Signature de l'ALENA, accord de libre-échange avec le Mexique et le Canada. Affaire Whitewater, enquête liée aux investissements immobiliers des Clinton.
– ***1995 :*** le sénat du Mississippi ratifie enfin le 13e amendement de la Constitution des États-Unis, mettant un terme à l'esclavage ! Attentat d'Oklahoma City par des extrémistes de droite (170 morts).
– ***1996 :*** J.O. d'Atlanta. Réélection de Bill Clinton.
– ***1998 :*** début du Monicagate le 21 janvier.
– ***1999 :*** tuerie de Littleton (Colorado) : deux ados se suicident après avoir abattu 12 de leurs camarades et un professeur du lycée de Columbine.
– ***2000 :*** en décembre, George W. Bush devient le 43e président des États-Unis.
– ***2001 :*** le 11 septembre, les États-Unis sont victimes de la plus grave attaque terroriste de l'histoire mondiale (3 000 morts).
– ***2003 :*** en mars-avril, guerre en Irak. Occupation militaire de l'Irak par la coalition formée par les États-Unis. En septembre, les USA rejoignent l'Unesco, après 20 ans de désertion. Le 7 octobre, Arnold Schwarzenegger est élu gouverneur de Californie.
– ***2004 :*** en mai, Michael Moore reçoit la Palme d'or à Cannes pour son film-pamphlet contre l'Amérique de Bush, *Fahrenheit 9/11.* George W. Bush est réélu président des États-Unis en novembre, face à John Kerry.

– ***2005 :*** fin août, le cyclone Katrina, un des plus dévastateurs de l'histoire américaine, provoque une catastrophe humanitaire, écologique et économique sans précédent dans trois États : Louisiane, Mississippi et Alabama.
– ***2006 :*** le Dakota du Sud adopte la première loi du pays qui interdit l'avortement, même en cas de viol ou d'inceste.
– ***2007 :*** le prix Nobel de la paix est décerné à Al Gore et au Groupe d'experts intergouvernemental sur l'évolution du climat, pour leur engagement dans la lutte contre les changements climatiques.
– ***2008 :*** une crise économique et financière sans précédent frappe les États-Unis. Le démocrate Barack Obama succède à George W. Bush et devient ainsi le premier président noir à entrer à la Maison-Blanche.
– ***2009 :*** Barack Obama reçoit le prix Nobel de la paix « pour ses efforts extraordinaires en faveur du renforcement de la diplomatie et de la coopération internationales entre les peuples ».
– ***2010 :*** Barack Obama réussit à faire passer sa réforme du système de santé. Même édulcorée, c'est une grande première aux USA où le président fut accusé par ses opposants d'être un « bolchevique ». En avril, une plate-forme pétrolière de la *British Petroleum (BP)* sombre au large de la Louisiane et provoque l'une des plus grandes marées noires que les États-Unis aient jamais connue.
– ***2011 :*** le 1er mai, Barack Obama annonce officiellement la mort du chef d'Al-Qaida, Oussama Ben Laden, tué par les forces américaines lors d'une opération commando au Pakistan.
– ***2012 :*** en campagne électorale pour sa réélection face au républicain Mitt Romney, Barack Obama déclare qu'il est, personnellement, favorable au mariage homosexuel. En novembre, victoire d'Obama à l'issue de la campagne présidentielle la plus coûteuse de l'histoire.

INDIENS (LES)

« Quand vous êtes arrivés, dit le vieil Indien,
vous aviez la Bible, nous avions la terre.
Vous avez dit : « Fermons les yeux, prions ensemble. »
Quand nous avons ouvert les yeux, nous avions la Bible, vous aviez la terre. »

Comprendre ne veut pas dire forcément pardonner. La majorité des immigrants européens, défavorisés, démunis, croyants fanatiques et sans éducation, débarquaient avec l'espoir d'une vie meilleure comme seul bagage, ayant pour la plupart été persécutés sur leurs terres d'origine. Or, qui dit persécuté dit, éventuellement, persécuteur...

En l'occurrence, c'est ce qu'ils furent pour les populations indigènes du Nouveau Monde, pour qui il eût sans doute mieux valu que le Blanc restât là où il se trouvait... Les Indiens n'avaient aucune notion de propriété, et la terre était leur « mère ». Ils ne possédaient aucune notion non plus ni de la mentalité, ni des lois, ni des règles régissant les sociétés européennes d'où venaient ces nouveaux arrivants. Il fut enfantin, dans un premier temps, de déposséder les Indiens de

POURQUOI LE SCALP ?

Les Indiens croyaient dur comme fer que l'âme des personnes se trouvait au sommet de leur crâne, puisque les cheveux continuent de pousser même après la mort. Selon eux, les esprits prenaient les corps par la chevelure pour les tirer au ciel. Quand on scalpait un ennemi, on s'appropriait sa force et on l'empêchait de goûter au repos éternel. Pas étonnant qu'aujourd'hui encore les Indiens portent les cheveux longs.

leurs terres contre quelques verroteries. Ces derniers s'en amusaient, un peu comme l'escroc qui vend la tour Eiffel : ils obtenaient des objets inconnus, donc fascinants, en échange de ce qui ne pouvait en aucun cas être vendu dans leur esprit. Avide de nouveaux espaces et de richesse, le Blanc ne chercha pas à s'entendre avec l'Indien. Le fusil étant supérieur aux flèches, il s'empara de ses terres sans rencontrer trop d'obstacles. On tua l'Indien physiquement bien sûr, mais aussi économiquement et culturellement, quand la situation exigeait des procédés plus sournois.
Les Indiens auraient pourtant pu au début – et sans aucun problème – rejeter ces nouveaux venus à la mer. Au lieu de cela, des tribus permirent aux colons de survivre, notamment en leur apprenant à cultiver le maïs. Certains leur en furent reconnaissants (d'où *Thanksgiving*), mais, en général dans l'esprit des Européens de l'époque, le « bon sauvage » servait d'intermédiaire entre eux et ce nouveau monde inconnu et hostile ; il était donc envoyé par Dieu afin de faciliter l'installation des Blancs en Amérique ! Quand il fut chassé de ses terres qui, à ses yeux, étaient les terres de chacun, il se fâcha ; et très vite le bon sauvage devint un sauvage mort. Sans parler des maladies importées d'Europe, comme la variole, qui éliminèrent des pans entiers de populations indigènes.

Les guerres indiennes (du début du XVIe s à 1890)

Elles s'étalent sur près de trois siècles. Les Indiens ne sont pas assez armés et ne font preuve d'aucune cohésion. À peine 50 ans après l'arrivée du *Mayflower* (et déjà quelques échauffourées), le fils du chef Massassoit, également appelé le roi Philippe, mesurant le danger que représente la multiplication des navires venus d'Europe avec leur cortège de violences, de rapts, de saisies de territoires et de meurtres, lève une confédération de tribus de sa région et part en guerre contre les puritains. Ce premier conflit coûte la vie à quelque 600 colons et 3 000 Amérindiens. Un massacre ! Les survivants indiens sont vendus comme esclaves aux Antilles. Cette guerre et toutes celles qui suivent sont des guerres perdues pour les autochtones. Seule la bataille de ***Little Big Horn,*** le 25 juin 1876, où le général Custer, de sinistre réputation, trouve la mort en même temps que les 260 *blue coats* de la cavalerie, est une victoire... Une victoire de courte durée, bientôt suivie de représailles qui culminent avec la boucherie inexcusable de ***Wounded Knee,*** le 29 décembre 1890, où le 7e de cavalerie massacre – malgré la protection du drapeau blanc – 150 Sioux, dont des femmes et des enfants.
Toujours divisées, souvent rivales, les tribus galopent malgré tout comme un seul homme au combat. Mais quand ce n'est pas la guerre, l'homme blanc trouve d'autres moyens perfides d'exterminer l'Indien. La liste des horreurs est longue. Que dire de ces officiers de Fort Pitt (Ohio) qui, à l'instigation du commandant des forces britanniques, distribuèrent aux Indiens des mouchoirs et des couvertures provenant d'un hôpital où étaient soignés des malades atteints de la petite vérole, « en espérant que cela atteigne l'effet escompté » ? Benjamin Franklin lui-même déclara un jour : « Le rhum doit être considéré comme un don de la Providence pour extirper ces sauvages et faire place aux cultivateurs du sol... »

Un Indien assimilé est un Indien mort

À l'aube du XXe s survivent à peine 250 000 Indiens, qui tombent dans l'oubli. Rappelons qu'à l'arrivée des Blancs ils étaient entre 1 et 2 millions selon les estimations. En 1920, l'État américain s'en préoccupe de nouveau et décide de pratiquer une politique d'assimilation. On favorise et subventionne les missions chrétiennes, et on lutte contre les langues indiennes pour imposer l'anglais. On tente par tous les moyens de sortir les Indiens de leurs réserves pour les intégrer à l'*American way of life.* L'aigle américain est le seul symbole indien utilisé par la nation américaine ; il est iroquois, et les flèches qu'il tient dans ses serres représentent les six nations indiennes.

En 1924, on leur octroie la nationalité américaine, ce qui ne manque pas d'ironie ! Pour la petite histoire, c'est indirectement grâce à la France que cette reconnaissance tardive eut lieu. Un Indien du Dakota s'était brillamment illustré en 1917, capturant la bagatelle de 171 soldats allemands. Quand il fut question de lui décerner une médaille, on s'aperçut que cet Indien ne possédait même pas la nationalité américaine ! Finalement, la loi de 1924 garantissant à tous les Indiens le statut de citoyen fut imposée, mais dans l'indifférence générale. Pour supprimer les réserves, mettre fin à leurs hiérarchies, leurs privilèges, on partage aussi la propriété tribale collective entre toutes les familles, histoire de faciliter l'assimilation. Une erreur de plus dans l'histoire indienne. Une erreur sociologique, car les Indiens, dans leur large majorité, ne peuvent vivre coupés de leurs racines et de leur culture.

DÉFENSE DE PARLER INDIEN

Les écoles américaines ont longtemps fait la guerre aux petits Indiens parlant leur langue maternelle. S'ils étaient pris en défaut, on les obligeait à avaler du savon ! Le but consistait à humilier la culture de leurs parents, en l'associant à la saleté. Le système était fondé sur la dénonciation, ce qui ne fonctionnait pas en définitive.

Un des plus grands bienfaiteurs des Indiens n'est autre que le président tant décrié de l'affaire du Watergate : Richard Nixon. C'est lui qui, d'un coup de stylo, a tiré un trait sur la désastreuse politique d'assimilation des Indiens.

Une réserve indienne peut apparaître à nos yeux comme un ghetto, et l'est sous maints aspects, mais c'est aussi un territoire propre, une propriété privée appartenant aux Indiens, où ils peuvent s'organiser en respectant leur culture et leurs traditions. Ils en profitent parfois pour ouvrir des casinos, dans des États où cette activité est prohibée. Cette nouvelle activité économique est une véritable manne : en Nouvelle-Angleterre, les Pequots, quasiment rayés de la carte après 1637, sont aujourd'hui entre 1 000 et 2 000 et gèrent un casino qui a fait d'eux les plus riches Indiens du pays... Toutefois, il ne faut pas généraliser : d'une réserve à l'autre, les niveaux de vie varient énormément et, en réalité, la plupart des Indiens vivent toujours dans la pauvreté.

Les Indiens du XXIe s ne rejettent pas le progrès, mais refusent souvent les structures d'une société dans laquelle ils ne se reconnaissent pas. On dénombre à ce jour environ 300 réserves (totalisant 220 000 km^2) pour quelque 500 tribus survivantes, ce qui veut dire que certaines tribus n'ont pas de territoire. La population indienne progresse assez rapidement, et a atteint les 2,5 millions d'individus. Il existe aujourd'hui une quinzaine de stations de radio indiennes que vous pourrez facilement capter avec votre autoradio : par exemple, navajo en Arizona, zuni au Nouveau-Mexique...

L'Indien, multiethnique mais pas multiculturel

Les populations indiennes furent maintes fois déplacées par l'homme blanc au fur et à mesure du non-respect des traités. Cette mobilité fut à la source d'un brassage entre les tribus, mais aussi la cause de nombreux mariages interethniques. Par exemple, la ***tribu shinnecock,*** qui possède sa réserve un peu à l'ouest de Southampton – la ville balnéaire la plus chic, la plus snob de Long Island près de New York –, est aujourd'hui une tribu d'Indiens métissés, le fruit d'unions tant avec des Blancs qu'avec des Noirs. Les ***Cherokees,*** eux, gèrent leur « race » grâce au grand sorcier électronique, l'ordinateur. La consultation avant chaque mariage est gratuite et fortement conseillée, car il ne faut pas descendre sous la barre des un huitième de sang indien pour l'enfant issu du mariage sous peine de perdre sa « nationalité » indienne, et donc ses droits dans la réserve ! Les « droits » sont parfois importants : les ***Indiens osages,*** en Oklahoma, ont découvert du pétrole sur leur territoire. De 1906 à 1972, les « royalties » de l'or noir rapportèrent 800 millions de dollars. Quant aux ***Mohawks*** de l'État de New York, n'étant pas sujets au vertige, ils sont très recherchés pour la construction des gratte-ciel.

Malgré cela, et dans l'ensemble, les Indiens demeurent le groupe ethnique disposant du plus bas revenu par habitant. Ils détiennent encore d'autres tristes records : jusqu'à 40 % des individus de certaines tribus sont alcooliques, expliquant que la mortalité liée à l'abus d'alcool est six fois plus élevée que dans la population générale ! Le diabète, avec des taux trois fois supérieurs à la moyenne nationale, fait partout des ravages – conséquence, semble-t-il, d'un « gène de la frugalité » (capacité à stocker les sucres), apparu chez ces peuples jadis exposés à de fréquentes périodes de disette. Lien de cause à effet, l'espérance de vie des Indiens d'Amérique du Nord est, selon les estimations, de 2,5 à 10 ans inférieure à la moyenne nationale qui est de 77 ans. Les Indiens du Dakota du Sud, les plus mal lotis, n'ont une espérance de vie que de 58 ans. Sur un tout autre plan, les avocats indiens sont continuellement en procès avec le gouvernement pour des questions parfois aussi choquantes que la violation de cimetières traditionnels...

LE JACKPOT DES INDIENS

Les réserves indiennes se sont souvent vu attribuer des terres arides, peu propices à l'agriculture. En 1987, la Cour suprême autorise les casinos sur l'ensemble des réserves. Résultat, les Indiens gèrent désormais plus de 400 maisons de jeu et dégagent un chiffre d'affaires de 20 milliards de dollars. Une tribu s'est même offert les restaurants Planet Hollywood...

Pour terminer sur une note « culturelle », sachez qu'il subsiste sur le territoire de nombreuses ruines de villages bâtis par les Ancient Pueblos (anasazis, le terme le plus utilisé signifiant « ennemi » en navajo, est désormais banni), les ancêtres des Indiens du Sud-Ouest américain, principalement hopis et zunis. Ces villages, construits au creux des canyons entre 1100 et 1300 av. J.-C., sont encore visibles au Navajo National Monument et au canyon de Chelly (Arizona), au Mesa Verde National Park (Colorado) et dans certains sites du Nouveau-Mexique. Mais à bien y regarder, on en trouve presque partout, disséminés à travers le désert et les plateaux.

LIVRES DE ROUTE

Certains livres mentionnés dans cette liste peuvent être momentanément épuisés. Vous pourrez toutefois les trouver d'occasion sur ● *chapitre.com* ● ou ● *amazon.fr* ●

– ***Sur la route*** (1957), de Jack Kerouac ; roman (Gallimard, « Folio Plus »). Avec ses compères Ginsberg et Burroughs, Kerouac, le vagabond écrivain, a inventé la *beat generation*, 20 ans avant les années 1970. *Sur la route* demeure le livre phare de nos ancêtres, les babas, partis sur les chemins de Katmandou. Déçus du rêve américain, ces révoltés refusent le conformisme et les rapports commerciaux qui régis-

L'HISTOIRE SANS FIN

La version originale du « tapuscrit » de Sur la route, *de Jack Kerouac, tenait sur un seul rouleau, un long ruban de papier de 36,50 m sur lequel l'auteur avait tapé frénétiquement son texte à la machine à écrire, sans faire de paragraphes ni de chapitres. Un texte récemment retrouvé, mais pas tout à fait intégral : le chien du colocataire de Kerouac a mangé le dernier mètre du rouleau !*

sent le mode de vie occidental, pour exalter l'instant présent, la drogue, le sexe, le voyage et ses rencontres imprévues. À noter que la traduction de la version intégrale du manuscrit, avant censure, a été publiée en 2010 aux éditions Gallimard. Les personnages y retrouvent leur vrai nom... *Sur la route* a été adapté au cinéma en 2012 par Walter Salles.

– ***La Feuille repliée*** (1948), de William Maxwell ; roman (Gallimard, « L'Imaginaire »). Le roman de William Maxwell fait partie de ces joyaux perdus, uniques, que le temps a néanmoins patinés d'un lustre irrécusable. Dans ce roman d'adolescence, on notera avant tout la justesse de l'émotion, la pudeur et cette simplicité chuchotée de l'enfance qui s'en va.

– ***Tous les polars de C. J. Box*** (Le Seuil et Calmann-Lévy). C. J. Box est un personnage étonnant. Garde-pêche à ses heures perdues, directeur d'une société de marketing destinée à promouvoir le tourisme dans les Rocheuses, il est aussi l'auteur d'une quinzaine de romans noirs plébiscités par la critique et couronnés de prix prestigieux. Tous ont pour cadre les paysages grandioses et les bleds paumés du Wyoming, « son État », et mettent en scène les aventures au grand air du garde-chasse Joe Pickett, un Américain moyen fort attachant.

– ***Les Matins du Nouveau Monde*** (1988), d'Yves Berger ; roman (LGF, « Le Livre de Poche »). L'histoire se passe dans les cinq grands parcs nationaux de l'Ouest. *La Pierre et le Saguaro* évoque les déserts d'Arizona et du Nouveau-Mexique. *L'Attrapeur d'ombres* (LGF, coll. « Le Livre de Poche »), quant à lui, raconte une virée dans l'Oregon, l'Idaho, le Wyoming et le nord de l'Utah.

– ***Sherlock Holmes : une étude en rouge*** (1887), de sir Arthur Conan Doyle ; roman (Librio). Pour sa toute première aventure, durant sa rencontre avec le docteur Watson, le plus britannique des détectives nous emmène dans une histoire de meurtre et de vengeance en plein cœur de l'Utah. Sur fond d'exode mormon vers l'Ouest et de fondation de Salt Lake City, Sherlock Holmes nous raconte l'histoire funeste de Jean Ferrier et de sa fille, embrigadés sans le vouloir dans la religion du prophète John Smith.

– ***Les Indiens d'Amérique du Nord*** (1985), de Claude Fohlen ; essai (PUF, « Que sais-je ? »). Claude Fohlen commence par dresser un tableau de la situation actuelle, avec l'apparition d'un *Red Power,* avant de remonter dans le temps : hésitations des autorités fédérales entre assimilation et indianité (respect de l'originalité ethnique), guerres indiennes qui repoussaient les Peaux-Rouges toujours plus loin vers l'Ouest.

– ***Pieds nus sur la terre sacrée*** (1971), de Teri C. McLuhan et Edward Sheriff Curtis ; recueil de textes illustrés (Denoël). Il est impossible d'évoquer la vie des Indiens d'Amérique du Nord sans passer par le superbe livre de McLuhan. Ce recueil de textes, de discours et de prières indiennes nous plonge au cœur même d'une civilisation sacrifiée.

– ***Ishi*** (1968), de Theodora Kroeber ; ethnologie (Pocket, « Terre Humaine »). Ce livre, sous-titré *Le Testament du dernier Indien sauvage de l'Amérique du Nord,* est un témoignage bouleversant sur un homme, Ishi, découvert à bout de forces, nu et à moitié mort de faim, dans la cour d'une ferme de Californie, en aout 1911, comme s'il était venu « se rendre à la civilisation ».

– ***La Voie du fantôme*** (1987), de Tony Hillerman ; polar (Rivages/Noir). Jim Chee, de la police tribale, enquête sur un meurtre doublé d'une disparition, à la manière des Indiens navajos, qui utilisent leurs méthodes ancestrales pour pister les criminels modernes. Au travers d'une intrigue complexe et passionnante, c'est une bonne occasion de découvrir un peuple dont les coutumes sont vivaces, et une région montagneuse et sèche dont Hillerman rend la beauté attachante.

– ***Coyote attend*** (1990), de Tony Hillerman ; polar (Rivages/Noir). Dans les canyons séculaires d'Arizona, quelque chose ne tourne pas très rond. Un cinglé vient barbouiller les flèches volcaniques des monts sacrés de grands traits de peinture blanche. Le flic navajo chargé de l'enquête, Delbert Nez, est retrouvé assassiné dans sa voiture. Sur les lieux du crime, Jim Chee, son collègue, appréhende un vieux chaman en état d'ébriété qui ne cesse de bredouiller : « Mon fils, j'ai honte ! »

– ***L'Arbre aux haricots*** (1994) et ***Les Cochons au paradis*** (1995), de Barbara Kingsolver (Rivages Poche, « Bibliothèque étrangère »). Une jeune femme énergique décide de quitter son Kentucky natal pour l'Ouest américain et se retrouve confrontée à un nouveau rôle, celui de maman. Lors d'un arrêt dans l'Oklahoma, on lui confie de force une petite Indienne abandonnée sur un parking glauque. En posant leurs valises (malgré elles) en Arizona, toutes deux font la connaissance d'une galerie de personnages aussi attachants les uns que les autres. L'auteur soulève des sujets chers à l'Amérique d'aujourd'hui : l'immigration (au travers d'Estevan et Esperanza, des réfugiés guatémaltèques), l'adoption, le problème de la nation cherokee. C'est aussi (et avant tout) un émouvant récit sur les relations d'une jeune mère et de sa fille adoptive.

– ***La Lune était noire*** (2000), de Michael Connelly ; polar (Points Seuil). Cassie Black, un ex-« détrousse-flambeurs » de Las Vegas, en liberté conditionnelle après avoir purgé sa peine, reprend du service au *Cleopatra,* un casino de Las Vegas. Jack Karch, un agent de sécurité plus ou moins psychopathe, se lance à sa poursuite. Une lutte à mort s'engage. Un thriller palpitant.

– ***Las Vegas parano*** (1971), de Hunter S. Thompson ; roman reportage (10/18). Un livre culte dans l'Amérique des années 1970 dès sa parution, adapté au cinéma par Terry Gilliam en 1998 (avec Johnny Depp). Hunter Thompson a inventé un nouveau genre de journalisme, le *gonzo,* qui, de manière on ne peut plus réaliste, lui permet de nous emmener dans une descente délirante et hallucinante, pour ne pas dire hallucinogène, dans la capitale du jeu. Cœurs sensibles, s'abstenir... (en v.o., le livre s'intitule *Fear and Loathing in Las Vegas,* soit « Crainte et Dégoût à Las Vegas »). Tout un programme...

– ***Mille femmes blanches*** (2002), de Jim Fergus (Pocket). En 1874, afin d'assurer la survie de sa tribu et son intégration dans la société américaine, le chef cheyenne Little Wolf propose un marché au président Grant : que celui-ci leur donne 1 000 femmes blanches contre autant de chevaux. Le roman est en fait le journal intime de May Dodd, une de ces femmes données aux Indiens, qui devient une des épouses de Little Wolf. Une belle galerie de portraits et, surtout, une belle incursion dans le monde cheyenne, car Fergus ne tombe jamais dans la caricature du gentil Indien contre le méchant Blanc (même si ce dernier est, justement, loin d'être tout blanc !).

– ***Désert solitaire*** (1968), de Edward Abbey (Gallmeister). Un brûlot et un bijou que ce livre qui a déclenché les passions à sa parution. L'auteur qui, dans les années 1950, a travaillé deux saisons comme ranger dans le parc national d'Arches, revient 10 ans plus tard sur les lieux... du crime de ce que l'on appelle « le progrès ». Il tire de ce constat ce texte à la fois magnifique quand il décrit la nature qui l'environne et irrévérencieux, grinçant et plein d'humour quand il parle de la société américaine.

– ***Lonesome Dove*** (1985), de Larry McMurtry (Gallmeister). En 1880, à Lonesome Dove, au Texas, Augustus McCrae et Woodrow Call (anciens rangers devenus éleveurs) décident de voler du bétail mexicain, de rassembler des hommes et de monter faire fortune à quelques milliers de kilomètres de là, dans le Montana... Un superbe western (récompensé par le prix Pulitzer en 1986) !

La « littérature » amérindienne

Société de tradition orale, les Indiens ont fixé tardivement leurs textes sur le papier. Un sermon fut publié en 1772, mais il faut attendre 1840 pour trouver le premier roman écrit de la plume (fastoche !) d'un Indien. Les récits ancestraux renforcés par leur mode de transmission étaient souvent retranscrits par des Blancs. D'Arcy MacNikle, issu d'une tribu nommée (à tort) « Tête plate », fut un des seuls auteurs reconnus dans la première moitié du XXe s, avec notamment *Les Assiégés* (1936, considéré encore comme un livre majeur sur les Indiens). À partir de 1960, la littérature amérindienne connut un nouvel essor avec l'apparition de revues et de maisons d'édition spécialisées. Cet engouement fut couronné par l'attribution en 1969 du célèbre prix Pulitzer à Scott Momaday, professeur d'anglais dans une université californienne, cherokee par sa mère et kiowa par son père. Créé en 1992, le Native Writers Circle décerne chaque année des prix aux jeunes auteurs amérindiens. Bien qu'elle soit discrète (entre autres à cause de la politique d'assimilation), la littérature représente un soutien important de la cause amérindienne. On ne saurait trop vous recommander également les photographies d'Edward Sheriff Curtis, l'un des plus grands ethnologues des Indiens qui se lança à l'époque (début XXe s) dans l'inventaire photographique des 80 tribus restantes, soit alors seulement 40 000 personnes. L'un des plus beaux albums de Curtis que l'on puisse trouver aux USA s'appelle *Native Land Native People.*

Enfin, en France, la collection « Terre d'Amérique », publiée chez Albin Michel, propose de bons romans contemporains (notamment ceux de Louise Erdrich, une des figures emblématiques de ce renouveau de la littérature amérindienne).

L'école de Missoula

Méconnue du grand public en France, l'école de Missoula (prononcer « Mizoula »), dans le Montana, est un véritable phénomène littéraire aux États-Unis, prônant la redécouverte de la civilisation américaine par le biais de polars, de romans littéraires et de romans noirs. Cette petite bourgade tranquille et sans histoires de 70 000 habitants accueille, depuis les années 1920, des milliers d'écrivains, faisant un grand pied de nez aux villes culturelles comme New York ou L.A. Aujourd'hui, Missoula est la ville américaine qui compte le plus d'écrivains au kilomètre carré ! Loin du mythe de la conquête de l'Ouest et du cliché cow-boys/country/*beer,* Missoula a su tirer son épingle du jeu en laissant une totale liberté intellectuelle et historique aux écrivains (ou pseudo-écrivains) venus tenter leur chance.

Tout commence en 1920, à l'université de Missoula, avec la création d'un *creative writing* (traduisez « atelier d'écriture »), le plus ancien après Harvard. Dans les années 1960, le phénomène s'amplifie : des étudiants des universités les plus prestigieuses comme Yale ou Berkeley affluent des quatre coins de l'Amérique, et la venue massive d'artisans, d'avocats, de médecins ou d'ouvriers incite l'université à revoir à la baisse sa capacité d'accueil, les classes devenant bondées. L'université restreint alors les inscriptions au profit des étudiants. Aujourd'hui, l'université compte 12 000 étudiants. Le programme de ces ateliers d'écriture est simple : écrire en s'inspirant d'expériences vécues, imaginer une histoire tout en gardant un minimum de vérité historique.

Ces amateurs ont leurs chefs de file : Norman MacClean dont le roman *Et au milieu coule une rivière,* publié en 1976, a été adapté au cinéma en 1992 par Robert Redford (avec Brad Pitt dans l'un des rôles principaux). Quant à James Crumley, il pulse ses idées dans le roman policier qu'il transporte dans les grandes plaines de l'Ouest. Ces thèmes littéraires ont séduit d'autres auteurs, tels que Bill Kittrege (auteur également de l'anthologie des écrivains du Montana, *The Last Best Place*), Rick De Marinis, John Jackson, James Welch (auteur indien de premier plan), James Lee Burke ou encore Robert Sims Reid.

Depuis les années 1980, les missouliens ont élargi leur cercle littéraire à la gent féminine (il était temps !). Aujourd'hui, tout ce petit monde est réconcilié : les étoiles montantes de la nouvelle génération s'appellent désormais Judy Bunt, David Cates, Caroline de Patterson, Peter Stark, Phil Condon, Carole De Marinis, Fred Haefele... Leurs thèmes favoris : la disparition des forêts, la pollution des rivières, les droits sur l'eau (écologie oblige).

D'autres écrivains, qui ne sont pas originaires du Montana, ont posé eux aussi leurs valises : Rick Bass, Mary Blew, Richard Ford, David Long, Thomas MacGuane... l'aventure missoulienne n'est pas prête de s'arrêter !

MÉDIAS

Votre TV en français : TV5MONDE

TV5MONDE est reçue partout dans le monde par câble, satellite et sur Internet. Voyage assuré au pays de la francophonie avec films, fictions, divertissements, sport, informations internationales et documentaires.
En voyage ou au retour, restez connecté ! Le site internet ● *tv5monde.com* ● et sa déclinaison mobile ● *m.tv5monde.com* ● offrent de nombreux services pratiques et permettent de prolonger ses vacances à travers des blogs et des visites multimédias.
Demandez à votre hôtel sur quel canal vous pouvez recevoir TV5MONDE et n'hésitez pas à faire vos remarques sur le site ● *tv5monde.com/contact* ●

La télévision

La télévision est présente dans 99 % des foyers américains. Il existe cinq réseaux nationaux : *ABC, CBS, NBC, FOX* et *PBS* (la chaîne publique financée par l'État et les particuliers, sans pub, proposant les meilleures émissions mais pas pour autant les plus regardées). On trouve aussi dans chaque État une multitude de chaînes locales ou régionales. À ces réseaux vient s'ajouter le câble. On y trouve des chaînes spécialisées diffusant 24h/24 des informations (par exemple *CNN,* plutôt démocrate, et *FOX,* clairement républicaine), des émissions pour les enfants, de la météo, des films (*HBO,* l'équivalent de notre Canal +), du sport, de la musique, du téléachat, des programmes religieux, etc. Le moins agréable, voire insupportable, c'est l'omniprésence de la pub à la télé : 18 mn 30 s en moyenne par heure de diffusion !

La presse écrite

Les quotidiens sont de véritables institutions aux États-Unis. Les Américains lisent énormément les journaux. À l'échelle nationale, les plus importants sont le *New York Times* (journal progressiste et de qualité, plus de 1 million d'exemplaires vendu chaque jour, près de 1,5 million le dimanche), le *Washington Post* et le *Los Angeles Times* (inspiration politique plutôt libérale). Également le *Wall Street Journal* (sérieux et conservateur) et le *USA Today* (le seul quotidien national, très grand public et de qualité médiocre) ; vous serez surpris du tarif ridicule de ces journaux : environ 50 cents en semaine (l'édition du dimanche est toujours plus chère). On trouve encore les différents journaux locaux concentrés sur les faits divers et les manifestations culturelles. Il y a aussi les *tabloids* (appelés ainsi à cause de leur format) : *Daily News* et compagnie, souvent gratuits et sans contenu de fond ; on se contente des nouvelles locales, et le reste de l'actualité n'est traité que sous forme de dépêches. Côté hebdos, citons *Time* (plutôt libéral) et *Newsweek* (plus centriste). Tous ces journaux et magazines sont largement diffusés dans tous les États-Unis.
Les journaux s'achètent dans des distributeurs automatiques dans la rue. On glisse la somme demandée et une petite porte s'ouvre pour vous laisser prendre votre quotidien.

La radio

Il y en a pléthore, toutes différentes. Nombreuses radios locales, essentiellement musicales (pas mal de rock et du hip-hop autour des grandes villes). On les retrouve sur la bande FM. Les stations de radio portent des noms en quatre lettres, commençant soit par W (celles situées à l'est du Mississippi), soit par K (à l'ouest).

Le réseau public américain, le *NPR (National Public Radio)*, propose des programmes d'une qualité supérieure.

Liberté de la presse

L'arrivée de Barack Obama au pouvoir a suscité beaucoup d'optimisme, après 8 années de mandat de George W. Bush marquées par une grave régression des libertés publiques au nom de la « sécurité nationale ». Ces espoirs ont été rapidement déçus.
Trente-six États et le District of Columbia disposent actuellement d'une législation propre garantissant aux journalistes, à des degrés divers, la protection de leurs sources ; or, celle-ci demeure absente au niveau fédéral.
Toujours au nom de la « sécurité nationale », un revirement a présidé à l'entrée en application du *Freedom of Information Act* sur l'accès des citoyens à l'information publique. Une directive prometteuse du ministre de la Justice disposait que la rétention d'informations par les administrations devait rester exceptionnelle. En mars 2009, au grand dam des associations de défense des libertés publiques et malgré une injonction de la justice fédérale, la Maison-Blanche a décidé d'interdire la diffusion des photos de sévices infligés par l'armée américaine à des prisonniers en Irak et en Afghanistan. Si certains de ces clichés circulent déjà sur la Toile, la CIA a confirmé, en avril 2010, avoir procédé dès 2005 à la destruction du maximum de preuves (images et vidéos) d'actes de torture commis dans ses prisons secrètes et à Guantanamo.
Le journaliste James Risen, du quotidien *The New York Times,* s'est vu notifier, en mai 2011, une citation à comparaître lors du procès d'un agent de la CIA, accusé d'avoir transmis des informations confidentielles à plusieurs journalistes. Dans le document reçu par le journaliste, le ministère fédéral de la Justice affirme que Risen est un témoin et qu'il doit révéler ses informations et ses sources devant un jury. En cas de refus, il risque la prison pour « outrage à la Cour ».
L'obsession sécuritaire affecte tout autant le domaine d'Internet. Les récents projets de loi relatifs à la cyber-sécurité – en particulier le Cyber Intelligence Sharing and Protection Act of 2011 (CISPA) – passés entre les mains du Congrès posent de graves entorses au principe de protection de la vie privée.
L'émergence du mouvement Occupy, né de la crise financière, et la répression dont il a fait l'objet, ont également eu d'importantes répercussions sur la liberté d'informer. De septembre 2011 à avril 2012, près de 80 journalistes – ou citoyens journalistes souvent issus du mouvement – ont subi des arrestations parfois musclées, assorties d'inculpations aussi absurdes que la « conduite désordonnée », la « réunion illégale » ou le « défaut d'accréditation ». Dans de nombreux cas, ces charges ont été heureusement abandonnées.
Une autre affaire, qui a beaucoup mobilisé l'opinion internationale, a connu au bout de 30 ans un dénouement encourageant. Ancien journaliste de radio et militant des Black Panthers, Mumia Abu-Jamal avait été condamné à mort en 1982 pour l'assassinat, dont il a toujours nié être l'auteur, du policier Daniel Faulkner. De graves irrégularités avaient entaché la conduite de son procès. Après un interminable ping-pong judiciaire entre la justice de l'État de Pennsylvanie et la Cour suprême, le procureur de Philadelphie Seth Williams a finalement renoncé, en décembre 2011, à réclamer la peine capitale contre le journaliste. Après 30 ans passés dans le couloir de la mort, Mumia Abu-Jamal a pris ses nouveaux quartiers dans une prison de droit commun, offrant des conditions de séjour moins inhumaines. L'enjeu d'une éventuelle libération reste d'actualité, l'affaire n'étant toujours pas rejugée sur le fond.
Ce texte a été réalisé en collaboration avec ***Reporters sans frontières.*** Pour plus d'informations sur les atteintes aux libertés de la presse, n'hésitez pas à les contacter.

■ ***Reporters sans frontières :*** *47, rue Vivienne, 75002 Paris. ☎ 01-44-83-84-84.*
• rsf.org • Ⓜ Grands-Boulevards ou Bourse.

PERSONNAGES

Vous entendrez souvent parler de ces personnages mythiques lors de vos pérégrinations dans le Grand Ouest américain, alors autant pouvoir faire la part des choses entre Histoire, légendes et fictions hollywoodiennes pas toujours respectueuses de la réalité.

Hors-la-loi

– ***Butch Cassidy*** *(Robert Leroy Parker, 1866-1908 ?)* **:** parti à la ville pour s'acheter un jean, il trouve la boutique fermée. Qu'importe. Il entre, se sert, puis laisse une note au commerçant indiquant qu'il reviendra pour le payer. Ce premier larcin annonce sa longue carrière de pilleur de banques au sein de la *Wild Bunch* (la « horde sauvage »). La bande, dont les hold-up étaient présumés financer la révolution anarchiste, est traquée tous azimuts par les *marshals* et autres chasseurs de primes attirés par la récompense offerte pour leur capture. En 1901, Cassidy décide de se faire oublier et fuit en Argentine. On croit le voir au Chili puis en Bolivie où il serait décédé. Mystères de l'Ouest... Pour le plaisir, séance cinoche avec *Butch Cassidy et le Kid*, avec Paul Newmann et Robert Redford (1969), ou avec le plus récent *Blackthorn* (2011) qui imagine les vieux jours de Cassidy en Bolivie.
– ***The Sundance Kid*** *(Harry Alonzo Longabaugh, 1868-1908 ?)* **:** voleur de chevaux à Sundance dans le Wyoming, il fonde, avec Butch Cassidy, la *Wild Bunch* qui défraie la chronique à la fin du XIXe s. Avec sa compagne Etta Place, il suit Butch Cassidy dans sa fuite mais lorsque celle-ci retourne à Los Angeles en 1905, les deux comparses reprennent leurs vieilles habitudes et se forgent en Amérique du Sud une réputation semblable à celle qu'ils ont aux États-Unis. Introuvables après une attaque des troupes boliviennes à San Vincente en 1908, ils sont supposés morts. Mais la légende veut que Sundance Kid soit retourné à Los Angeles où il aurait épousé Etta et vécu avec elle sous une fausse identité, jusqu'en novembre 1936...
– ***Billy the Kid*** *(Henry McCarty, 1859-1881)* **:** le « gamin » le plus célèbre de l'Ouest, réputé pour avoir tué 21 hommes, un pour chaque année de sa vie. Après son premier meurtre à 17 ans, il devient cow-boy dans le ranch de John Tunstall et se retrouve mêlé à un conflit de territoire avec un clan voisin. Lorsque le *ranchero* est assassiné en 1878, c'est une guerre qui éclate. Arrêté, emprisonné et condamné à mort par pendaison, il s'échappe et fait la connaissance d'un certain Pat Garrett, ancien chasseur de bisons et shérif de son état. Rencontre avec la mort, puisque c'est ce même shérif qui l'abat en juillet 1881.
– ***Les Dalton :*** « tagada tagada voilà les Dalton... » On connaît Joe, William, Jack et Averell, les bandits les plus foireux du Far West, toujours rattrapés par Lucky Luke, et qui ne sont rien de moins que les cousins fictifs des authentiques frères Dalton. Eux ne sont que trois : Bob, Grat et Emmett. Mais voilà, écœuré par l'injustice du système, la corruption et ne percevant aucun salaire, Bob quitte son poste de *marshal* et part en Oklahoma avec Emmett où, victimes d'une escroquerie, ils commettent leur premier hold-up. S'attribuant des forfaits qu'ils n'ont pas commis, ils sont accusés de tout. Rumeurs et élucubrations vont bon train, la réputation de Grat, *marshal* lui aussi, en pâtit et il rejoint ses frères. Avec l'argent volé, les frères paient les dettes de fermiers qui, en retour les cachent et les aident dans leur cavale. Les Dalton, les Robins des Bois de l'Ouest.
– ***Les frères Earp & Doc Holliday :*** la fusillade d'O.K. Corral, c'était eux. Trois frères, Wyatt, Virgil et Morgan, un dentiste rencontré à Tombstone, Doc Holliday, joueur et tueur de réputation, et une bande un peu trouble. Virgil est shérif et engage ses frères comme agents de police. Mais Wyatt et la loi... ça fait deux : accusé de plusieurs délits comme le vol de chevaux dans sa jeunesse, c'est aussi un joueur de poker invétéré. Il profite également de sa profession pour détourner des fonds. Les frères investissent dans un saloon. Des tensions naissent entre les

Earp et un clan de cow-boys éleveurs de bétail. Ils se retrouvent un soir, devant une écurie, O.K. Corral, qui devient l'une des plus célèbres fusillades du Far West (voir le chapitre sur Tombstone). Wyatt Earp se rend ensuite à Hollywood où il fait la connaissance d'un jeune comédien, John Wayne. Quand le cinéma rencontre la légende, ou réciproquement.

– ***Jesse James*** *(1847-1882)* **:** issus d'une famille esclavagiste, et expulsés du Missouri vers le Nebraska où ils vivent en petits fermiers endettés auprès des banques, Jesse et son frère Frank développent très tôt une rancœur tenace contre ces dernières. En février 1866, ils attaquent une banque locale, c'est le premier hold-up depuis la fin de la guerre. Ils réitèrent leur forfait en octobre de la même année, profitant de la désorganisation des services de police. Quinze ans durant, ils vivent d'attaques de banques et de trains. Redoutables, leur tête est mise à prix, *wanted dead or alive.* Pour Jesse, ce sera mort. Les lâches Charles et Robert Ford, membres de sa bande, le tuent pour toucher les 25 000 $ de récompense. Andrew Dominik a tiré en 2007 un film de cette histoire, *L'Assassinat de Jesse James par le lâche Robert Ford,* avec Brad Pitt.

Indiens

– ***Cochise*** *(Tsoka-ne-nde, vers 1812-1874)* **:** cet Apache chiricahua probablement né en Arizona est injustement accusé de l'enlèvement d'un enfant blanc. Prises d'otages dans les deux camps, exécutions, la guerre éclate et, à la mort de son beau-père, Mangas Coloradas, Cochise devient chef des Apaches. Il poursuit les combats pendant plus de 10 ans. À la faveur de sa rencontre et de son amitié avec Thomas Jeffords, employé de la diligence postale, il négocie la création d'une réserve à Sulphur Springs avec le général Oliver O. Howard en 1872. À la condition que celle-ci soit dirigée par son ami, le guerrier acceptera d'y vivre jusqu'à sa mort.

– ***Crazy Horse*** *(Tashunca-Uitco, « cheval indompté », vers 1839-1877)* **:** prétendant avoir eu une illumination, ce chef Lakhota rompt avec la tradition et décide de ne plus porter de peintures de guerre ni de participer aux longs rituels qui précèdent le combat. En 1865, il devient membre de la société guerrière des « porteurs de chemises » et tente de contrer la construction de forts sur le territoire indien. Face à l'entêtement américain, la guerre éclate et débouche, en 1868, sur un traité reconnaissant comme territoire indien la région comprise entre le Missouri, le Wyoming, les Rocheuses et Yellowstone. Cependant, suite à la découverte d'or, les incursions des *gold diggers* se font plus nombreuses. La Grande Coalition indienne voit le jour et une nouvelle guerre éclate. Sa volonté de lutter sur plusieurs fronts à la fois cause sa perte et Crazy Horse se rend. Il trouve la mort lors d'une échauffourée, dans des circonstances troubles qui ne rendent pas honneur à son valeureux passé guerrier.

– ***Geronimo*** *(Go Khia Yeh, « celui qui bâille », 1829-1909)* **:** homme-médecine et guerrier reconnu, il bénéficie d'une certaine aura et d'un ascendant sur sa tribu (les Apaches chiricahuas). En 1858, sa mère, sa femme ainsi que ses trois enfants sont assassinés par l'armée mexicaine. Il orchestre alors des raids de représailles jusqu'au jour de la Saint-Jérôme, le 30 septembre 1859. Les prières des Mexicains invoquant ledit saint (Geronimo ! Geronimo !) pour leur défense l'inspirent et il adopte ce nom. Sa vengeance est assouvie. Il vit ensuite de pillages, se rend à trois reprises, mais finit toujours par s'échapper de la réserve. L'appel des grands espaces... Sa quatrième reddition est pourtant la dernière, il devient fermier et se convertit au christianisme.

– ***Sitting Bull*** *(Tatanka Yotanka, « bison mâle qui se roule dans la poussière » – tout un programme –, 1831-1890)* **:** chef de tribu et homme-médecine de la tribu des Sioux hunkpapas, il initie la Grande Coalition indienne dont l'objectif est d'empêcher l'infiltration croissante des colons sur le territoire indien. Célèbre pour avoir vaincu le général Custer lors de la bataille de Little Big Horn en 1876, il trouve refuge au Canada. D'après la légende, une alouette lui aurait annoncé : « Les Sioux te tueront. » Sombre présage pour celui qui n'a cessé de lutter pour la liberté des siens, mais le destin se réalise alors que la police indienne vient l'arrêter pour sa participation présumée à un mouvement de protestation...

Aventuriers

– ***Buffalo Bill*** *(William Frederick Cody, 1846-1917)* **:** un nom légendaire de la conquête de l'Ouest. Pionnier, cavalier du *Pony Express*, Buffalo Bill est ensuite éclaireur lors de la guerre de Sécession et participe activement au carnage des populations de bisons et aux guerres contre les Indiens (il était payé pour !). Plus tard, il se met en scène dans le *Wild West Show* (1883), un spectacle qui retrace ses exploits...

L'HABILE BUFFALO BILL

Éclaireur, chasseur, il fut aussi, et on le sait moins, metteur en scène de spectacles ! Les Américains n'ont pas une grande fierté pour ce massacreur de bisons qui tuait les animaux pour la performance mais ne les consommait pas. Il affama ainsi bien des tribus indiennes. En fait, c'est sa revue qui installa sa notoriété. Cette épopée manichéenne de la conquête de l'Ouest est même venue à Paris, sous la tour Eiffel. Il embauche Sitting Bull, moyennant 50 $ la semaine, pour mimer pathétiquement... sa propre défaite. Heureusement, le show fit faillite en 1910.

– ***Kit Carson*** *(1809-1868)* **:** trappeur, éclaireur, fermier, soldat puis colonel de la guerre de Sécession, ce pionnier a vécu plusieurs vies. Lors de la campagne contre les Navajos, en homme rusé, il utilise l'animosité existant entre certaines tribus et, pragmatique, orchestre une politique de terre brûlée pour écraser la résistance indienne, illustrant le précepte *no game, no wild Indians* (pas de chasse, pas d'Indien). L'expédition de l'explorateur Fremont (1843), qu'il accompagne en tant que guide-éclaireur, fait de lui un héros. Aventurier gagné par la ferveur de la conquête de l'Ouest ou pionnier véritablement hostile aux Indiens, les opinions à son sujet sont, aujourd'hui encore, très partagées (voir sa maison à Taos, Nouveau-Mexique).

– ***Samuel Colt*** *(1814-1862)* **:** marqué par les études de Robert Fulton (inventeur et ingénieur mandaté par Bonaparte pour la conception du *Nautilus*) sur la poudre et les armes, il crée le premier revolver en 1835. Une arme simple, dans laquelle les balles sont logées dans un barillet. C'est le fameux Colt Paterson qu'arborent les cow-boys au cinéma. Mais il ne convainc pas et Samuel Colt doit attendre 1847 et la guerre américano-mexicaine, puis la ruée vers l'or, pour voir son revolver se démocratiser, au point de s'enorgueillir d'avoir rendu tous les hommes égaux grâce à ses armes.

– ***Davy Crockett*** *(David de Croquetagne, 1786-1836)* **:** descendant de huguenots français, ce soldat sert sous les ordres du futur président Andrew Jackson lors de la campagne contre les Indiens creek. Élu plusieurs fois représentant du Tennessee au Congrès, il soutient les pionniers installés illégalement sur des terres de l'Ouest. Par ailleurs, ami proche de nombreux Indiens, il s'oppose à Jackson sur l'*Indian Removal Act* (1831). Il dénonce la déportation brutale des Indiens au-delà du fleuve Mississippi, leur rassemblement dans des forts ou leur concentration dans des camps, sans compter la marche forcée durant laquelle des milliers périssent, valant à cette route le triste surnom de « piste des larmes ». Durant la révolution texane, il prend part à la défense d'Alamo au cours de laquelle il est tué. On se souvient de lui dans le dessin animé éponyme. Alors coiffé d'une toque en castor et toujours flanqué de son ami indien, il est présenté comme un trappeur juste et droit.

– ***John Johnson*** *(John Garrison, 1824-1900)* **:** *Johnson le mangeur-de-foie*. Un surnom à vous glacer le sang... d'autant que c'était le foie des Indiens crow, meurtriers de sa femme, une Tête-plate, qu'il dévorait. Un rite vengeur pour les Indiens. Il passe les 10 dernières années de sa vie dans le Montana, d'abord shérif adjoint, puis *marshall.* Sa vie a inspiré Sidney Pollack avec Robert Redford dans le rôle de *Jeremiah Johnson* (1971).

– ***Oliver Winchester*** *(1810-1880)* **:** à l'origine, ce fabricant de chemises n'a rien d'un cow-boy. En 1857, il rachète le brevet de la carabine et mise sur l'innovation avec l'ajout du cran de sûreté. Avec le modèle Winchester 73, c'est la panacée. Surnommée *the gun that won the West,* cette carabine devient l'arme la plus répandue dans l'Ouest. Véritable légende au même titre que certains hors-la-loi et cow-boys qui s'en servaient, Anthony Mann lui dédie un film en 1950. À la mort de Winchester, son fils lui succède mais meurt peu après. Sa femme, croyant la famille poursuivie par les esprits des personnes tuées avec les armes de la compagnie, part à San José en Californie, où elle fait construire une maison inouïe, la Winchester Mystery House, dont l'architecture abracadabrante est censée égarer les fantômes assoiffés de vengeance.

– ***Calamity Jane*** *(1852-1903)* **:** d'une certaine façon le pendant féminin de Buffalo Bill, la moustache et le carnage des bisons en moins. Intrépide, réputée pour son habileté au tir et sa capacité à pister les Indiens, elle rejoint la compagnie du général Custer en tant que guide et éclaireur. C'est à cette période qu'elle adopte les vêtements masculins. Elle est la première femme blanche à pénétrer dans les Black Hills, montagnes sacrées des Sioux. À la fin de la période de la conquête de l'Ouest, elle revit sa gloire dans des *Wild West Shows,* théâtralisations simplistes du mythe fondateur de l'Ouest, en vogue à l'époque.

Shérifs et militaires

– ***Patrick « Pat » Garrett*** *(1850-1908)* **:** chasseur de bisons reconverti en tenancier de saloon, il rencontre un certain William Bonney, alias Billy the Kid, en 1878. Garrett, nommé shérif du comté de Lincoln en 1880, le traque sans relâche. Renseigné sur sa cachette, il l'attend une nuit, tranquillement assis dans la cuisine de Pedro Maxwell, un ami commun. Alors que le Kid pénètre dans la pièce, il distingue une ombre. « *Quien es ? quien es ?* » (« Qui c'est ? »), demande-t-il, percevant la menace. Il reçoit deux balles pour seule réponse. Cet épisode écorne quelque peu l'image de Pat Garrett, qui reste malgré tout *the most famous peace officer of the South West.* À voir, *Pat Garrett et le Billy le Kid,* de Sam Peckinpah, avec James Coburn (1973).

– ***Général Custer*** *(George Armstrong Custer, 1839-1876)* **:** il sort dernier de sa promo, mais, audacieux et énergique, se fait remarquer et prend du grade jusqu'à devenir le plus jeune général de division de l'histoire de l'armée des États-Unis. En 1871, mission lui est confiée de traquer le Ku Klux Klan au Kentucky. Loin de l'image de massacreur d'Indiens, Custer leur est en fait très proche et porte un grand intérêt à leur culture. C'est le paradoxe du Far West, il n'est pas de conquête sans perdants, aussi intéressants soient-ils... Surnommé *pahuska* (« cheveux longs ») par les Indiens, il meurt lors de la bataille de Little Big Horn qui l'opposait à la Grande Coalition indienne.

À l'écran

Voici quelques noms célèbres parmi ceux qui ont conté, filmé et incarné ces légendes :

– ***Gary Cooper*** *(Frank James Cooper, 1901-1961)* **:** sa carrière de cow-boy taciturne débute dans les années 1920 et s'étend sur une quarantaine d'années. Du haut de son 1,91 m, il enchaîne les rôles d'aventurier et de jeune premier. Connu pour avoir incarné le *marshal* Will Kane dans *Le train sifflera trois fois,* il passe parfois à côté de la montre en or et refuse des rôles importants. Notamment celui de Rhett Butler dans *Autant en emporte le vent* (ce qui fait les affaires de Clark

Gable), ainsi que deux propositions d'Alfred Hitchcock. Il remporte néanmoins l'oscar du meilleur acteur à deux reprises et reçoit un oscar d'honneur pour sa carrière en 1961.

– ***Kevin Costner*** *(né en 1955)* **:** le rôle d'Eliot Ness dans les *Incorruptibles* (1987) lui vaut d'être rapidement auréolé de succès et lui confère le crédit dont il a besoin pour passer derrière la caméra. Avec *Danse avec les loups,* il réalise une épopée humaniste. Et ce film, dont on prédisait l'échec à cause des dialogues en lakota sous-titré, rencontre un tel succès qu'il est oscarisé. Mauvais scénarios ou audace mal récompensée, la suite de sa carrière se joue un peu à la roulette russe, d'échec (avec le western postapocalyptique *Postman*) en succès, avec *Un monde parfait* de Clint Eastwood dans lequel il tient le premier rôle, ou le rôle du procureur Garrisson dans le *JFK* d'Oliver Stone. En 2003, il revient au western en signant le sublime *Open Range.*

– ***Clint Eastwood*** *(né en 1930)* **:** « Le monde se divise en deux catégories, ceux qui ont un pistolet chargé et ceux qui creusent. Toi, tu creuses. » Jamais là où on l'attend, Clint Eastwood est un « hors-la-loi » du 7e art, très attaché à son instinct. Il tourne dans la trilogie de Sergio Leone dont *Pour une poignée de dollars* est le premier opus, passe derrière la caméra pour enchaîner les westerns puis se cantonner dans le rôle du terrible inspecteur Harry, avant d'égratigner son mythe de justicier intraitable dans *Impitoyable* (1992) et de séduire Meryl Streep *Sur la route de Madison.* Il donne ainsi un nouvel élan à sa brillante carrière de réalisateur quoique de plus en plus académique. Quelques films, parmi des dizaines : *Un monde parfait, Mystic River, Million Dollar Baby, Lettres d'Iwo Jima, Gran Torino...* À plus de 80 ans, Clint Eastwood a plus d'une balle dans son barillet.

– ***Henry Fonda*** *(1905-1982)* **:** acteur de 1935 à 1981, il s'est illustré dans près de 90 films (!) dont une série de westerns spaghetti. *Les Raisins de la colère* (1940), *La Poursuite infernale* (1946 ; dans lequel il incarne l'authentique shérif de Tombstone, Wyatt Earp) et *Il était une fois dans l'Ouest* (1969) restent dans les annales du cinéma.

– ***John Ford*** *(John Martin Feeney, 1894-1973)* **:** l'un des cinéastes les plus marquants de la période classique de Hollywood durant laquelle les grandes majors éclosent. Producteur et réalisateur quatre fois oscarisé (le seul à avoir réussi le quadruplé), son œuvre est surtout reconnue pour ses westerns qui traitent les Indiens avec respect et humanité, comme dans *La Prisonnière du désert, Les Deux Cavaliers* ou encore *Les Cheyennes.* Considéré comme le cinéaste des grands espaces aux paysages grandioses et sauvages, notre connaissance de son œuvre souffre malheureusement de la disparition de la quasi-totalité de ses premiers films, soit un tiers de sa filmographie.

– ***Sergio Leone*** *(1929-1989)* **:** « Ce mot de spaghetti-western, c'est un des plus cons que j'ai jamais entendus de ma vie », disait le cador du western tourné en Espagne. Eh oui ! Alors que le western américain est en plein déclin, il fait radicalement évoluer les codes de mise en scène et de réalisation. Sa trilogie de l'*Homme sans nom,* aussi appelé Clint Eastwood (souvenez-vous, *Le Bon, la Brute et le Truand* !), a profondément et durablement influencé le cinéma mondial, tout comme celle des *Il était une fois* (*dans l'Ouest, en Amérique* et *la Révolution*).

– ***Gregory Peck*** (*Eldred Gregory Peck, 1916-2003)* **:** né à La Jolla, il quitte la Californie pour New York, où il espère briller à Broadway. Remarqué, il revient en Californie en 1944 avec quatre contrats en poche. Le succès ne se fait pas attendre, il est dirigé par Hitchcock, joue aux côtés d'Audrey Hepburn et, nommé aux oscars à cinq reprises, il finit par remporter la précieuse statuette. Dans *To Kill a Mockingbird,* le personnage qui le consacre est un avocat chargé de défendre un Noir d'Alabama injustement accusé de viol. Atticus Finch, c'est son nom, est désigné plus grand héros de l'histoire du cinéma par l'American Film Institute. Devant Indiana Jones et 007 ! Ce film, qui sort dans le contexte de la lutte des Noirs américains pour les droits civiques, illustre une implication dans la politique (il s'oppose au maccarthysme, à la guerre du Vietnam), qui lui vaut d'être pressenti pour se présenter contre Ronald Reagan au poste de gouverneur de Californie.

– ***Robert Redford*** *(né en 1937)* **:** délit de belle gueule pour Redford dont Sydney Pollack, convaincu qu'il sera une star, fait son acteur fétiche. Habité, dans *Jeremiah Johnson* (1972), western quasi onirique, il explose dans la fresque romanesque *Out of Africa.* Son engagement réel pour la préservation de l'environnement constitue pour lui une source d'inspiration en tant que réalisateur et s'exprime notamment dans *Et au milieu coule une rivière* (1992) avec Brad Pitt. Il habite un ranch dans l'Utah où il préside le festival du Cinéma de *Sundance* qui assure la promotion du cinéma indépendant américain.

– ***John Wayne*** *(Marion Michael Morrisson, 1907-1979)* **:** avec plus de 250 films, John Wayne incarne le stéréotype du cow-boy courageux, grand et fort, le colt à la ceinture et chevauchant son mustang dans les plaines de l'Ouest. Pourtant c'était à une carrière de footballeur qu'il se prédestinait ! En 1939, *La Chevauchée fantastique* le fait sortir de l'ombre. Des westerns, certes, mais aussi des films de guerre musclés comme *Le Jour le plus long.* Anticommuniste notoire, il fit pourtant copain-copain avec Khrouchtchev lors d'une fameuse beuverie. Il meurt d'un cancer généralisé, 15 ans après avoir été irradié sur le tournage du *Conquérant.*

– Et encore quelques films : *Bugsy* (1991) ou le début des casinos à Las Vegas, *Casino* (1995) du virtuose Martin Scorsese, le déjanté *Las Vegas Parano* (1998) de Terry Gilliam, *Ocean's Eleven* (2002) ou un braquage orchestré de main de maître par Steven Soderbergh, *Le Secret de Brokeback Mountain* (2005) de Ang Lee avec le regretté Heath Ledger, *Arizona Dream* (1993) d'Emir Kusturica, *Into the Wild* (2008) de Sean Penn, *Wild Wild West* (1999), western moderne inspiré des *Mystères de l'Ouest,* etc.

– Le Far West a aussi ses séries, et pas des moindres. *Deadwood,* ou la ruée vers l'or dans les années 1870 dans une petite ville du Dakota du Sud, revisite avec brio le western américain. Citons aussi *Les Mystères de l'Ouest, Las Vegas, Les Experts* et, surtout, *Breaking Bad.* Noire à souhait, la série suit le parcours d'un père de famille professeur de chimie qui, à l'annonce de son cancer, se lance dans un business bien plus lucratif : la drogue ! Superbes paysages du Nouveau-Mexique en toile de fond.

En littérature

– ***Fenimore Cooper*** *(1789-1851)* **:** grand maître de la littérature moderne pour Victor Hugo, modèle pour Balzac, serait-il donc lui aussi une légende de l'Ouest ? Romancier réaliste, une partie de son œuvre est basée sur les récits des Indiens du Nord. Son roman le plus célèbre, *Le Dernier des Mohicans,* est le deuxième tome de la série *Bas-de-Cuir,* dont le personnage principal a par ailleurs largement inspiré le Vautrin de Balzac dans *La Comédie humaine.*

– ***Jack Kerouac*** *(Jean-Louis Kerouac, 1922-1969)* **:** le « pape des beatniks » était d'origine bretonne, via une émigration familiale au Québec. Il aurait dû être un sportif de haut niveau mais, suite à une méchante blessure et à son refus des conventions, il se mit en quête d'un renouveau spirituel libéré des affres du matérialisme. Kerouac explore les chemins de l'errance et de l'instabilité en traversant les États-Unis. Inspiré par la poésie californienne, il s'installe un temps à San Francisco. En 1957, il écrit en 3 semaines, sur un grand rouleau de 36,50 m de long, le manuscrit de *Sur la route* (retrouvé dans son intégralité et publié en 2010 aux éditions Gallimard), qui deviendra plus tard un ouvrage culte pour la beat generation, ce qui ne l'empêchera pas de rompre avec ses anciens comparses... S'affichant apolitique et pacifiste, tout en lançant involontairement la mode du bouddhisme, il finit par se déclarer par provocation « fervent catholique » et même favorable à la guerre du Vietnam ! Il meurt à 47 ans, fauché, coupé de ses anciens amis, déprimé et alcoolique.

– ***Jack London*** *(1876-1916)* **:** chasseur de phoques, écumeur de parcs à huîtres, chercheur d'or, journaliste puis écrivain à succès. Dans *L'Appel de la forêt* (1903),

Le Loup des mers (1904) et surtout *Croc-Blanc* (1906), il se révèle un faiseur d'histoire, amoureux de la nature. En 1905, il s'installe dans la vallée de la Lune, en Californie, dans un ranch dément. Malheureusement, celui-ci brûle. Ruiné et désespéré, il meurt 3 ans plus tard, sans avoir jamais cessé d'écrire.

– ***Mark Twain** (Samuel Langhorn Clemens, 1835-1910)* **:** typographe, rédacteur puis écrivain, mais aussi chercheur d'or, ses romans, anticonformistes, surtout pour l'époque, sont directement inspirés de ses expériences. À commencer par *Les Aventures de Tom Sawyer* (1876) qui le rendent célèbre. *Les Aventures de Huckleberry Finn* (1884) suivent et marquent de manière indélébile la littérature transatlantique. « Tout ce qui s'écrit en Amérique vient de là », disait Hemingway. S'il ne fallait retenir qu'une citation de Twain : « Ils ne savaient pas que c'était impossible, alors ils l'ont fait. » On s'empressera en revanche d'oublier les paroles du générique du dessin animé *Tom Sawyer,* diffusé en France dans les années 1980. Un vrai florilège de bourrage de crâne qui sent fort la guerre froide (« Tom Sawyer, c'est l'Amérique, le symbole de la liberté ; il n'a peur de rien c'est un Américain... », et on en passe !).

L'ÉCRIVAIN SONDE TOUJOURS DEUX FOIS

L'écrivain Mark Twain s'appelait en réalité Samuel Langhorn Clemens et fut pilote de bateau à vapeur sur le Mississippi dans sa jeunesse. Son pseudonyme vient du cri que lui lançait le capitaine – « mark twain ! mark twain ! » –, pour lui signifier de marquer deux sondes afin de naviguer à une profondeur suffisante.

– ***John Steinbeck** (1902-1968)* **:** né à Salinas, Californie, ce Prix Nobel de littérature (1962), adepte du réalisme social, décrit sans complaisance l'univers difficile des petits fermiers et des ouvriers agricoles américains. *Des souris et des hommes* (1937), *Les Raisins de la colère* (1939), qui lui vaut le prix Pulitzer, *À l'est d'Éden* et nombre de ses autres romans ont été portés à l'écran.

Du côté des petites bulles

– ***Lucky Luke* :** sans doute le plus fameux (et le plus rapide !) des cow-boys de fiction. Né du crayon du Belge Morris (Maurice de Bevere), il atteint le sommet de sa gloire entre 1955 et 1977 avec la participation du scénariste Goscinny, avant d'être adapté en dessin animé. Au fil de ses pérégrinations de cow-boy solitaire, il rencontre toutes les légendes de l'Ouest. À commencer par les Dalton, dont il contrarie les plans... saugrenus. Qui ne s'est imaginé, Stetson vissé sur la tête, chevaucher vers le soleil couchant en entonnant « *I'm a poor lonesome cow-boy...* » ?

– ***Blueberry* :** créé par Jean-Michel Charlier et Jean Giraud (connu aussi sous les pseudos de Gir et Moebius), ce lieutenant de cavalerie farouchement indépendant, transfuge du Sud pendant la guerre de Sécession, participe malgré lui malgré aux guerres indiennes, à l'épopée du rail, fréquente saloons et tables de poker... Au fil des albums, le trait s'enrichit pour peindre toujours mieux les couleurs des grands espaces et les gueules cassées de l'Ouest, à mesure que Blueberry l'anticonformiste glisse à la marge du monde des Blancs pour se rapprocher de celui des Indiens. Une série culte, qui a vu naître plusieurs séries dérivées.

– ***Les Tuniques bleues* :** série humoristique créée dans les années 1970 par Salvérius (depuis relayé par Lambil) et Cauvin, illustrant les (més)aventures du sergent Cornélius Chesterfield et du caporal Blutch, sous-officiers branquignols dans l'armée de l'Union à l'époque de la guerre de Sécession. Une bande dessinée qui délivre, sous son apparence benoîte, un message pacifiste et antimilitariste. Allez, une petite devinette : le capitaine Nepel est directement inspiré par un politicien dont il partage l'apparence autant que les idées. L'anagramme est aisée à trouver...

– ***Yakari :*** une B.D. de Job et Derib narrant les aventures d'un jeune Indien sioux qui comprend et parle le langage des animaux. Au fil des albums, son poney, Petit Tonnerre, et lui rencontrent toutes sortes d'animaux d'Amérique du Nord, dont certains sont des symboles de la mythologie indienne. Ainsi, Grand Aigle (dont les plumes sont utilisées pour les cérémonies sacrées), la voix de la sagesse, est toujours de bon conseil pour Yakari ; le bison blanc auquel il est confronté dans un album est un animal sacré dans de nombreuses tribus, et le lapin géant malicieux et ingénieux n'est autre que l'incarnation de l'esprit Ojibwé qui participa à la création du monde.

Dans le domaine des arts

– ***Edward S. Curtis*** *(1868-1952)* **:** ethnologue et photographe qui, dans un projet monumental qui l'occupa durant 30 ans, tente d'appréhender l'insondable esprit indien. Au fil de son voyage, il a saisi les visages, les rites, mais aussi les paysages, le cadre de vie et l'habitat de quelque 80 tribus nord-américaines. Cette œuvre d'art et d'ethnologie – la première du genre –, composée de 50 000 clichés, constitue un témoignage majeur de la vie des natifs américains.

– ***Georgia O'Keeffe*** *(1887-1986)* **:** peintre entre New York et l'Ouest, reconnue comme une artiste majeure du XXe s. Épouse du photographe et galeriste Alfred Stieglitz, elle est surtout connue pour ses grosses fleurs aux connotations sexuelles très claires. L'artiste vécut longtemps au Nouveau-Mexique, dont les paysages désertiques furent une riche source d'inspiration pour elle. Ne pas manquer le musée qui lui est consacré à Santa Fe.

– ***Jackson Pollock*** *(1912-1956)* **:** né à Cody (Wyoming), il découvre à 11 ans les motifs abstraits de l'art primitif indien, source d'inspiration de sa peinture. Toute sa vie confronté à l'alcoolisme, Pollock trouve dans le dessin un moyen de libérer ses angoisses et sa rage. Sa marque de fabrique, le *dripping* (projection de peinture sur la toile posée à même le sol, qui se trouve recouverte d'entrelacs colorés), donne naissance à l'*Action Painting* et lui vaut le surnom de *Jack the Dripper* (Jack l'Égoutteur, en référence à *Jack the Ripper,* Jack l'Éventreur). Chef de file du mouvement expressionniste abstrait (avec Willem De Kooning et Mark Rothko), il est considéré comme un des plus grands artistes américains. Une de ses toiles, la *n° 5,* peinte en 1948, s'est vendue 140 millions de dollars en 2006. Un des tableaux les plus chers de l'histoire, alors que lui-même avait vécu dans une extrême précarité.

NEVER MIND THE POLLOCK

Jackson Pollock rêvait de peindre sur l'immense pelouse verte de la propriété d'un riche homme d'affaires. Après une bonne grosse pluie, il passa à l'acte. Au volant de sa voiture, il sillonna en tous sens le gazon immaculé, créant (selon lui !) des traces similaires à ses projections de peinture colorée. Pollock refusa de payer les 10 000 $ de dommages et intérêts au millionnaire, arguant que ce dernier possédait maintenant sa plus grande œuvre ! L'artiste proposa même de signer « le tableau » et d'être payé en retour...

POPULATION

Une fièvre démographique au sein d'espaces vides

Les États des Rocheuses figurent parmi ceux qui ont la plus faible densité de population des États-Unis (2 hab./km^2 pour le Wyoming, à peine 6 ou 7 hab./km^2 pour le Nouveau-Mexique et le Nevada, aux alentours de 10,5 hab./km^2 pour l'Utah et 16-17 hab./km² pour le Colorado et l'Arizona). Le Grand Bassin, dans le Nevada, est la région la moins peuplée du pays. Jusque-là, rien de surprenant dans une région au rude climat, dominée par les montagnes et les grands espaces. Pourtant, ces chiffres ne traduisent qu'une facette de la réalité. Les États de l'Ouest américain, à l'exception du Wyoming, sont aussi ceux qui connaissent la plus forte croissance démographique depuis une quinzaine d'années. Les villes comme Las Vegas, Tucson, San Diego... ne cessent de s'étendre, rognant sur le désert. Le cas de Phoenix est éloquent ; sa population a augmenté d'environ 60 % depuis 1990 ! Les uns ont été attirés par le dynamisme économique de ces villes ces dernières années, les autres, pour la plupart retraités, se sont installés dans la *Sun Belt,* depuis la Californie jusqu'au Nouveau-Mexique, pour profiter du soleil !

La plus forte concentration de tribus indiennes

En 2010, les Indiens étaient environ 2,5 millions et représentaient 0,9 % de la population des États-Unis. Cela paraît faible. Pourtant, ils étaient 10 fois moins au début du XXᵉ s. On rencontre aujourd'hui des Indiens dans l'ensemble des États, notamment dans les 300 réserves que compte le pays. Mais, évidemment, la répartition actuelle n'a rien à voir avec celle qui prévalait avant l'arrivée des Blancs. Elle obéit à une règle simple : les Indiens ont été refoulés sur des terres arides, souvent difficiles d'accès (pour le détail des tragiques épisodes de la conquête des terres américaines par les nouveaux occupants, se reporter à la rubrique « Les Indiens »). Pas étonnant, dès lors, que le massif des Rocheuses (avec les rives du Pacifique, dans une moindre mesure) abrite la plus forte concentration de réserves indiennes. Ils représentent 9,4 % de la population au Nouveau-Mexique (183 000 Indiens), 4,5 % (284 000) en Arizona, 0,8 % (283 000) en Californie. Ils sont moins de 50 000 dans les autres États de la région. Parmi les tribus les plus importantes, on distingue :

– ***Les Navajos :*** la réserve navajo, appelée *Navajo Nation,* est la plus vaste réserve indienne des États-Unis (67 340 km²), plus grande que certains États de l'Est ! Située dans la partie nord de l'Arizona, elle déborde sur l'Utah et le Nouveau-Mexique. Les Navajos sont à peu près 270 000, dans la réserve et en dehors.

– ***Les Pueblos :*** ils sont 60 000 et vivent en Arizona (Hopis), sur les bords du fleuve Colorado, mais surtout au Nouveau-Mexique, le long du Rio Grande et dans la région nord-ouest. Ils furent baptisés ainsi par les Espagnols car ils vivaient déjà dans des petits villages de maisons en adobe (*pueblo* signifie « village » en espagnol).

– ***Les Apaches :*** cantonnés en Arizona et dans le sud du Nouveau-Mexique, près de la chaîne de montagnes de Sacramento. Ils sont environ 57 000.

– Et puis toute une constellation de petites réserves ou tribus (parfois sans véritable territoire) comme les ***Papagos,*** les ***Pimas,*** les ***Yumas*** dans les États du Sud, les ***Havasupais*** sur les rives du Grand Canyon, les ***Païutes*** qui subsistent dans le Grand Bassin du Nevada (après avoir été « radiés » de l'Utah par décret fédéral !), les ***Shoshones*** dans la région du Grand Lac Salé et dans les montagnes du Wyoming, etc.

Des Latinos... de plus en plus nombreux

Dans les États de l'Ouest, vous aurez presque autant de chances de parler l'espagnol que l'anglais ! Les Latinos représentent 16,3 % de la population américaine, mais 46,3 % au Nouveau-Mexique, 37,6 % en Californie, 29,6 % en Arizona (83 % dans le comté de Santa Cruz !), 26,5 % au Nevada et 20,7 % au Colorado. Certes, les États du Sud étaient en territoire mexicain avant qu'ils ne tombent dans le giron américain... Mais la population hispanique a doublé à l'échelle nationale depuis 1990, atteignant plus de 45 millions de personnes (soit désormais davantage que les Noirs). Le bureau du recensement avance même l'hypothèque d'une population de plus de 100 millions d'Hispaniques à l'horizon 2050 (25 % de la population). Certains parlent de reconquête pacifique des terres du Sud !

De nombreux Mexicains continuent de traverser la frontière, parfois au péril de leur vie, poussés par la misère et attirés par un rêve américain toujours bien vivant dans les esprits. Et ce n'est pas l'érection du *border fence,* si « scandaleux et honteux », selon les mots de l'ancien président mexicain Vicente Fox, qui va les en empêcher ! En janvier 2009, à la veille du départ de l'équipe Bush, instigatrice de ce nouveau « mur de la honte », celui-ci s'étendait déjà sur 930 km, par segments dans les zones les plus sensibles, repoussant de fait les clandestins dans les lieux désertiques, où ils sont la proie des passeurs. Plus de 300 personnes meurent chaque année en tentant de franchir la frontière (et on ne compte que ceux que l'on retrouve). Pourtant, les *wetbacks,* les « dos mouillés », comme on les appelle en référence à ceux qui traversent à la nage le Rio Grande, continuent de tenter leur chance. Qu'ont-ils vraiment à perdre ? D'autant que, côté américain, d'autres aussi ont tout à gagner au maintien d'une telle situation. Comme souvent, l'afflux de cette population « illégale » sert de nombreux intérêts. Les travailleurs clandestins d'origine latino-américaine sont aujourd'hui à la base de l'économie agricole de la Californie et du Texas. Un vivier de main-d'œuvre malléable à merci, sans droits ni protection, vivant dans la peur de l'expulsion, est ainsi en permanence disponible. Des travailleurs qui ne risquent pas de faire des vagues... Mais cette gestion répressive de l'immigration, productrice de travailleurs sans-papiers, n'est pas l'apanage des États-Unis. En la matière, l'Europe – dont la France – est aussi très douée. Pour une vengeance fictive mais jubilatoire, on pourra toujours regarder le film de Robert Rodriguez, *Machete,* où l'on suit les tribulations sanguinolentes d'un Mexicain clandestin qui se paie les milices de la frontière...

LE ROUTARD DU CLANDESTIN

Les Mexicains candidats à l'émigration irrégulière aux États-Unis sont si nombreux que les autorités mexicaines ont publié un guide pour les informer des dangers qu'ils encourent. Mise en garde contre les passeurs, précautions pour ne pas se perdre dans le désert (« suivre les poteaux électriques »), savoir que faire en cas d'arrestation, connaître les droits des étrangers aux États-Unis... On y donne aussi quelques conseils pour éviter de se faire prendre une fois installé aux États-Unis : « s'abstenir de faire des fêtes bruyantes » et même de « commettre des violences conjugales » !

RELIGIONS ET CROYANCES

Pour comprendre l'importance de la religion aux États-Unis, il faut la replacer dans son contexte historique. ***Tout a commencé avec l'implantation des premières colonies pour qui l'Amérique du Nord représentait un nouveau monde – au sens littéral du terme – et dans lequel elles allaient enfin pouvoir pratiquer leur religion sans être persécutées.*** En effet, les conséquences de la réforme protestante au début du XVIe s s'étaient traduites par une mise au ban, voire une persécution des non-conformistes, et c'est en partie pour fuir la vindicte des autorités que les candidats à l'émigration optèrent pour le grand voyage. L'Amérique leur offrait le meilleur espoir de survie à long terme et de réalisation de leurs objectifs religieux. C'est donc dans cet état d'esprit que débarquèrent les premiers colons du *Mayflower* en 1620.

L'Amérique du Nord devint donc un refuge pour nombre de communautés persécutées dans l'Ancien Monde. ***Le Massachusetts accueillit des puritains et des calvinistes.*** La ***Virginie,*** identifiée à l'origine avec la nouvelle Église d'Angleterre, reçut par la suite ***baptistes*** et ***calvinistes. Le Maryland devint terre des***

catholiques. L'État de New York et la Pennsylvanie accueillirent William Penn et ses quakers, ainsi que des luthériens et divers protestants allemands (les amish d'aujourd'hui). Au nord, les comtés français limitrophes de l'actuel Québec s'établirent sous influence catholique, tandis que les États du Sud virent s'implanter les Églises évangélique ou baptiste. Évidemment, le pays grandit, et, sous l'influence de nouveaux flux d'émigrants, le paysage religieux se modifia. ***Au XIXe s, l'arrivée massive d'Irlandais augmenta considérablement le poids de la communauté catholique ;*** tendance qui s'accentua avec l'arrivée d'Espagnols, d'Italiens et de Polonais. ***En provenance d'Europe de l'Est, une partie de la diaspora juive débarqua à son tour.*** Quand bien même les premiers musulmans (ancêtres des métis Melungeons) seraient arrivés dès le XVIIe s, ***ce n'est qu'au milieu des années 1960 que la communauté musulmane s'étoffa,*** grâce notamment à l'afflux de « cerveaux » en provenance du Pakistan, d'Inde, du Bangladesh, du Liban ou de Syrie. Parallèlement aux obédiences conventionnelles se développèrent de ***nombreuses sectes et Églises dissidentes*** permettant à chaque Américain d'embrasser le corpus dogmatique le plus proche de ses aspirations. Dans son analyse de la société américaine, Tocqueville précise que cette pluralité de l'offre religieuse a sans doute permis à l'Amérique de ne jamais tomber dans l'opposition entre le spirituel et le politique.

Si l'Amérique ne s'est pas dotée dès le départ d'une religion d'État, c'est en partie en raison du grand nombre de sectes protestantes qui gouvernaient les idées de l'époque, et dont aucune d'entre elles n'était prédominante. La devise nationale des États-Unis, *E pluribus Unum* (« De plusieurs, un »), en est l'expression même. C'est en ***Virginie,*** où l'Église anglicane était la religion établie, que s'est jouée la ***bataille décisive de la séparation de l'Église et de l'État.*** Cette victoire occupe une place fondamentale dans l'histoire des États-Unis. À la ratification du ***premier amendement de la Constitution américaine en 1791,*** soit 15 ans après la déclaration d'Indépendance, les privilèges de toutes les Églises anglicanes (à l'exception de celles du Maryland) avaient été abolis. Il fallut attendre 1833 pour le Massachusetts. En protégeant le libre exercice de la religion tout en interdisant l'établissement d'une religion officielle, le premier amendement de la Constitution américaine fait des États-Unis le pays le plus religieux de la planète. George Washington affirmait : « Chaque pas qui nous fait avancer dans la voie de l'indépendance nationale semble porter la marque de l'intervention providentielle. » ***Ce sentiment d'être investi d'une mission divine,*** en partie dû au puritanisme enraciné dans le calvinisme, et qui plus tard trouva une résonance particulière en s'opposant à l'athéisme du bloc soviétique, n'a jamais cessé d'émailler les discours politiques des présidents américains. Il n'y a rien d'étonnant, donc, à ce que Bush, protestant méthodiste, ait appelé à une croisade contre « l'axe du Mal » au lendemain du 11 Septembre.

Aujourd'hui, ***les Américains continuent d'accorder un rôle essentiel à la religion dans la vie sociale et politique de leur pays.*** Depuis l'école, où les élèves prêtent serment au drapeau « sous les auspices de Dieu », aux serments du président sur la Bible, la religion s'immisce dans tous les aspects de la vie civile. Sans compter les grands sujets de société comme l'avortement ou encore l'homosexualité, directement influencés par le poids religieux. Pour preuve, la déclaration d'Obama sur son avis personnel concernant le mariage homosexuel qui a fait bien des remous dans l'opinion américaine en 2012. Ou encore l'adoption d'un projet de loi du Sénat californien visant à interdire les thérapies contre l'homosexualité. Si cette loi est approuvée par l'Assemblée, la Californie deviendrait le premier État à se doter d'une telle législation aux États-Unis ! Par ailleurs, les émissions de radio et de télévision sont aujourd'hui une composante majeure de l'outil religieux. L'explosion de l'offre et l'accessibilité aux programmes (câble, Internet, téléphonie mobile) permettent aux sectes, même mineures, d'occuper les ondes. De ce fait, ***l'individu est en prise directe et quasi permanente avec le contenu religieux.*** À titre d'exemple, chaque semaine, le nombre d'Américains célébrant un office religieux est supérieur à celui assistant à une rencontre sportive. Une grande majorité d'Américains est affiliée à une paroisse, et le choix de résidence est le plus souvent assujetti à l'emplacement d'un lieu de culte. Il n'y a qu'à se balader dans une ville américaine pour voir combien les habitants sont fiers d'appartenir à leur paroisse. La religion est même devenue un véritable catalyseur au service du développement urbain. À Los Angeles, la cathédrale Notre-Dame-des-Anges dépasse de beaucoup le simple lieu de culte dans la mesure où elle sert de support à toute une politique fédérale, notamment en ce qui concerne les programmes éducatifs, et d'assistance aux plus démunis. Le ***phénomène des « megachurches »*** est un exemple probant de l'instrumentalisation de la religion au service des idéaux libéraux. Dans son étude de la société américaine au début du XXe s, Max Weber, l'un des fondateurs de la sociologie moderne, soulignait déjà le rapport étroit entre l'éthique protestante et le capitalisme. Ces ***établissements conceptuels du « tout religieux »*** dépassent largement le cadre du simple édifice religieux, dans la mesure où l'on y trouve des garderies, des bibliothèques, des salles de spectacle et même des terrains de sport. Ces équipements, où tout a été pensé pour le confort intellectuel du croyant, incitent les familles à venir y passer leur temps libre.

Les États-Unis forment un ***véritable patchwork de religions.*** Sur les 84 % d'Américains qui se déclaraient croyants en 2007, on comptait environ 51 % de protestants, 24 % de catholiques, 1,7 % de juifs et de mormons, 0,7 % de bouddhistes, autant de Témoins de Jéhovah et 0,6 % de musulmans. Mais cette répartition n'est pas constante. Les experts s'accordent à dire que, chaque année, environ 60 000 Hispaniques, à l'origine catholiques, quittent leur religion pour embrasser une ***Église évangélique comme le pentecôtisme*** par exemple. Il est vrai que ces Églises ont connu une ***croissance importante depuis les années 1970,*** grâce au développement des médias et notamment de la télévision, sur laquelle elles sont très présentes. À titre d'exemple, *Hour of Power,* l'émission présentée jusqu'en 2012 par Robert Schuller, célèbre télévangéliste californien, vue tous les dimanches sur une centaine de chaînes et vue par plus de 20 millions de personnes. À noter également que le nombre de catholiques a diminué de 5 % cette dernière décennie et qu'***actuellement c'est la religion musulmane qui croît le plus rapidement aux États-Unis.*** Depuis la création de la Fédération des associations islamiques en 1950, le nombre de mosquées sur le territoire américain est passé de 150 à plus de 2000.

ROUTE 66

Un mythe, un symbole, un « monument » indissociable de la culture américaine ! Surnommée *The Mother Road* (la route Mère) par John Steinbeck dans *Les Raisins de la colère,* Route de la Gloire par les Okies (les fermiers de l'Oklahoma), c'est aussi la *Main Street of America* (Grande-Rue de l'Amérique) dans le cœur des Américains. Chantée par les Stones, la Route 66 a servi de cadre au film *Easy Rider* et plus récemment au dessin animé *Cars,* de Walt Disney. Débutée en 1926, sa construction s'acheva en 1938. C'est la première voie qui permit de relier les rives du lac Michigan (à Chicago) au rivage du Pacifique à Santa Monica en Californie, après un périple de 2 448 miles à travers sept États (Illinois, Missouri, Oklahoma, Texas, Nouveau-Mexique, Arizona et Californie – oups, on a oublié le Kansas, sillonné sur 12 miles). Dès 1934, des milliers de familles de paysans d'Oklahoma et d'Arkansas ruinés et condamnés à l'exode par le *dust bowl* (tempêtes de poussière qui anéantirent les cultures) l'empruntèrent, à la recherche d'espoir et d'une nouvelle vie quelque part, plus à l'ouest. Durant la Seconde Guerre mondiale, ce fut au tour des convois militaires acheminant hommes et armements vers le Pacifique ou l'Atlantique.

Tout le long de la Route 66 s'est très vite développée une nouvelle culture, celle des motels, des stations-service, des restos routiers (les fameux *diners*) et des enseignes aux néons tapageurs... Après les angoisses de la guerre, l'avènement des vacances en famille draina de nouveaux candidats vers la 66, attirés par les parcs nationaux à explorer et les promesses de beaux pique-niques ! À la fin des années 1950, le trafic devenu important, les accidents se multiplièrent. La bonne vieille *Mother Road* n'était plus adaptée à son époque. Les autorités lui préférèrent les nouvelles *interstates* à deux voies qui contournent les villes, plus rapides, plus sécurisées. À la fin des années 1960, le flot quotidien de véhicules s'évapora. Sur les bords de route, les boutiques fermèrent leurs portes, les guirlandes lumineuses s'éteignirent. En 1981, les autorités ont même émis le souhait de gommer son tracé sur les cartes routières. Mais voilà, c'était sans compter sur les nostalgiques de la belle époque, sur les amoureux de l'*American way of life* !
Sous la pression d'associations de défense, la Road 66 retrouve aujourd'hui une seconde jeunesse. Le long du tracé, des musées se sont créés, des panneaux retraçant l'histoire de cette voie ont fleuri, des festivals très vivants rassemblent tous les adeptes lors de grand-messes pétaradantes et chromées. Mieux, une nouvelle loi pour la protection de la Route 66 a été promulguée ! De quoi rassurer tous ceux (*bikers* chevauchant leurs rutilantes motos en tête) qui sillonnent à nouveau l'ancien tracé sur les pas de leurs prédécesseurs ou tout simplement à la recherche d'un peu de rêve et de magie.

SAVOIR-VIVRE ET COUTUMES

Difficile de décrire les règles de savoir-vivre à adopter dans un pays à qui on reproche souvent de ne pas en avoir. Pourtant, le pays de la peine de mort et de l'injustice sociale sait souvent faire preuve d'un savoir-vivre étonnant dans les situations de tous les jours. Les Américains sont dans l'ensemble puritains. Ils adorent les fêtes patronales où l'émotion à trois francs six sous déborde de partout, mais s'indignent peu de savoir que les enfants du Bangladesh fabriquent leurs *Nike* ou que l'embargo contre Cuba fait des ravages dans la population. La compassion est ici à géométrie très variable, comme partout certainement, mais peut-être un peu plus qu'ailleurs. Les Américains ne sont pas à une contradiction près. Ils sont en majorité contre les lois visant à restreindre la liberté de port d'arme, mais s'interrogent quand leurs enfants sont assassinés à la sortie du lycée. Ils se goinfrent de pop-corn et de crème glacée pour mieux s'inscrire à des programmes de régime ultra-coûteux. Peuple difficile à saisir, dont les excès sont légion mais dont le civisme est une réalité quotidienne. Tombez en panne et vous vous émerveillerez de toute l'aide que l'on vous propose... Ouvrez une carte dans la rue et on viendra vous aider à vous diriger. Impensable chez nous.
Voici quelques conseils et indications en vrac, pour vous montrer que cette civilisation de pionniers, où la force a de tout temps été la seule loi qui prévalait, sait faire preuve, dans la vie de tous les jours, d'une étrange gentillesse qui fait parfois passer les Français pour de curieux rustres.
– Les ***files d'attente*** dans les lieux publics ne sont pas un vain mot. Pas question de gruger quelques places à la poste ou dans la queue de cinéma. Le petit rigolo qui triche est vite remis en place. C'est l'occasion d'apprendre la patience.
– À la ville comme dans les campagnes, ***on se dit facilement bonjour*** dans la rue, même si on ne se connaît pas. Vous ne couperez pas non plus au « *How are you doing today ?* » (« Comment ça va aujourd'hui ? »), l'entrée en matière des serveurs ou commerçants que vous ne connaissez ni d'Ève ni d'Adam mais auxquels vous répondrez avec un grand sourire « *Fine, thanks, and you ?* » (« Bien, et vous ? »).
– ***Les Américains se font très rarement la bise.*** Quand on se connaît peu on se dit « *Hi !* » (prononcer « Haïe »), qui veut dire « Salut, bonjour ! ». Quand on est proche et qu'on ne s'est pas vu depuis un moment, c'est l'accolade (le *hug*)

qui prévaut. Il s'agit de s'enlacer en se tapant dans le dos, gentiment avec les femmes, avec de grandes bourrades quand il s'agit d'hommes. Si vous approchez pour la première fois un Américain en lui faisant la bise, ça risque de surprendre (voire choquer) votre interlocuteur. Cela dit, la *French attitude* est plutôt bien vue... Le meilleur moyen de saluer quelqu'un est quand même de lui serrer la main, pratique très courante, même chez les ados.

– ***En arrivant dans un restaurant, on ne s'installe pas à n'importe quelle table,*** sauf si l'écriteau « *Please seat yourself* » vous invite à le faire. On attend donc d'être placé.

– Dans les restos et les cafés, ***ne vous attendez pas à un service à l'européenne,*** du genre nappe, petite cuillère pour le café, couvert à poisson, etc. Ici, c'est l'efficacité et le rendement qui priment. Ne pas s'étonner de se faire servir un *espresso* dans une grande tasse ou d'avoir l'addition avant la fin du repas. Pour s'assurer que tout tourne à la bonne vitesse, certains serveurs n'hésiteront pas à vous rendre visite très (trop) souvent, toujours avec le sourire !

– ***Les petits restes :*** si, dans un restaurant, vous avez du mal à terminer ce que vous avez commandé (ça arrive souvent là-bas), n'ayez pas de scrupules à demander une barquette pour emporter les restes de vos plats, d'ailleurs tout le monde le fait. Jadis, on disait pudiquement « C'est pour mon chien », et il était alors question de *doggy bag.* Aujourd'hui, n'hésitez pas à demander : « *Would you wrap this up for me ?* » ou plus simplement « *Would you give me a box, please ?* » (« Pourriez-vous me donner une boîte, s'il vous plaît ? »).

– ***La climatisation :*** les Américains ont la manie de pousser la clim à fond dans la plupart des lieux publics (restos par exemple). Aux beaux jours, ayez donc toujours un petit pull sur vous pour éviter les chocs thermiques permanents. Malheureusement, ils ont aussi tendance à laisser la clim allumée dans les chambres d'hôtel... même s'il n'y a pas de client à l'intérieur.

– ***Le code de la route*** est davantage respecté que chez nous. L'automobile est majoritairement considérée comme un moyen de locomotion, pas comme un engin de course (même si les jeunes n'échappent pas à la tentation). Lorsque deux files se regroupent sur une seule, chacun passe à tour de rôle : simple et efficace. Et puis, vous ne verrez jamais une voiture stationnée sur le trottoir. Non tant par peur des représailles policières, mais tout simplement parce que ça empêche les piétons de passer ! Ne vous avisez pas de transgresser ce genre de règles, ça vous coûtera cher. De même, si quelqu'un est devant un passage pour piétons, les voitures s'arrêtent automatiquement pour le laisser passer. On voit même souvent les voitures s'arrêter pour quelqu'un qui traverse en dehors des passages prévus à cet effet (cela dit, ce n'est pas conseillé ni très bien vu). En revanche, au feu vert pour les piétons, il vaut mieux se presser pour traverser, car le temps imparti s'écoule rapidement. Avant de traverser, n'hésitez pas à appuyer sur le bouton poussoir pour que le petit bonhomme passe au vert. En général, ça accélère le système de régulation des feux.

– ***Les crottes de chien :*** voilà encore un sujet sur lequel on pourrait prendre de la graine. Ramasser les déjections canines, ce qui apparaît comme un geste simple, civique et évident aux États-Unis, a décidément du mal à se mettre en place en France.

– Au sujet des ***toilettes publiques (restrooms)*** : elles sont presque toujours gratuites et bien tenues. Vous en trouverez dans chaque *Visitor Center,* les *bus stations,* dans les stations-service, les grands centres commerciaux et grands magasins ou dans les halls des hôtels et les cafétérias. Demandez, on ne vous dira jamais non, à moins qu'une pancarte précise « *Customers only* ».

– ***Dans les petits campings de certains parcs nationaux, le paiement se fait par un système d'enveloppe.*** On met la somme demandée dans l'enveloppe que l'on glisse dans la boîte. Le *ranger on duty* viendra le lendemain ramasser les enveloppes et contrôler que tout le monde a payé. Ce système tend toutefois à se raréfier. On trouve le même principe dans de nombreux parkings publics.

– Dans le même ordre d'idées, ***pour acheter votre journal, il existe des distributeurs automatiques.*** Il suffit de glisser la somme et une petite porte s'ouvre pour vous laisser prendre votre quotidien. On pourrait parfaitement en prendre 2, 3 ou 10 à la fois tout en ne payant qu'un seul, mais personne ne le fait. L'honnêteté prévaut.

– Le ***rapport à l'argent*** des Américains a souvent tendance à énerver les étrangers, surtout lorsqu'ils font un voyage culturel. Leur guide insistera plus facilement sur le prix de tel tableau, de telle fabuleuse construction plutôt que d'en évoquer les valeurs esthétiques. De même, l'insistance permanente des serveurs dans les restaurants ou celle des vendeurs à vouloir faire consommer et dépenser toujours plus est irritante à la longue.

– Les Américains sont des individualistes forcenés, mais ***ils sont prêteurs.*** Ils n'hésiteront pas, après avoir fait un peu votre connaissance, à vous prêter leur voiture et à vous laisser les clés de leur maison. Ça étonne toujours un peu, mais on s'habitue rapidement à cet état d'esprit, *friendly* en somme.

– ***Le patriotisme :*** le drapeau et l'hymne national sont les liens fédérateurs essentiels des différents peuples qui constituent le peuple américain. Afficher (souvent avec fierté) son appartenance à la nation est un geste évident pour un grand nombre d'Américains. Cela peut étonner plus d'un Européen, et, depuis les attentats du 11 septembre 2001 la bannière étoilée a tendance à se multiplier en tous lieux, tout comme les messages d'encouragement aux *boys* en Irak ou en Afghanistan. Plus surprenant encore : les églises qui carillonnent l'hymne national.

LA MAIN SUR LE CŒUR

Naguère, les Américains avaient coutume de saluer leur drapeau en tendant le bras droit, en souvenir des légions romaines. Malheureusement, ce geste ressemblait trop au salut nazi. En 1942, le président Roosevelt décida de remplacer ce geste par la main sur le cœur.

– ***Il ne sert à rien de s'énerver et encore moins de hurler*** dès que quelque chose ne se déroule pas comme on le voudrait. Une attitude malheureusement bien française mais totalement décalée aux États-Unis. Le fait d'élever la voix vous fera passer pour un fou et vous risquez d'être traité comme tel. On vous conseille plutôt de garder votre sang-froid, surtout si vous vous adressez à un policier, cela va sans dire.

– ***Les malentendus culturels :*** les Américains, joyeux drilles, aiment les contacts et sont d'un abord facile. Cet élan immédiat peut laisser croire qu'on se fait de nouveaux amis dans la minute. Mais, le premier contact passé, l'analyse de cette situation fait dire aux Français que les Américains sont superficiels et légers. À l'inverse, les Américains nous trouveraient froids et distants. Mais ce qui ressort le plus souvent de l'aventure américaine, c'est toujours la gentillesse, les rencontres et la serviabilité des gens.

SITES INSCRITS AU PATRIMOINE MONDIAL DE L'UNESCO

Organisation des Nations Unies pour l'éducation, la science et la culture

En coopération avec le centre du patrimoine mondial de l'UNESCO

Pour figurer sur la liste du Patrimoine mondial, les sites doivent avoir une valeur universelle exceptionnelle et satisfaire à au moins un des 10 critères de sélection. La protection, la gestion, l'authenticité et l'intégrité des biens sont également des considérations importantes.

Le patrimoine est l'héritage du passé dont nous profitons aujourd'hui et que nous transmettons aux générations à venir. Nos patrimoines culturel et naturel sont deux sources irremplaçables de vie et d'inspiration. Ces sites appartiennent à tous les peuples du monde, sans tenir compte du territoire sur lequel ils sont situés. Pour plus d'informations : • *whc.unesco.org* •

Sites inscrits dans la zone couverte par ce guide

– Parc national de Yosemite, Californie (1984).
– Parc national de Grand Canyon, Arizona (1979).
– Parc national de Yellowstone, Wyoming (1978).
– Parc national de Mesa Verde, Colorado (1970).
– Aztec Ruins National Monument et autres sites pueblos du Chaco Canyon, Nouveau-Mexique (1987).
– Taos Pueblo, Nouveau-Mexique (1992).

LA CALIFORNIE

ABC
DE LA CALIFORNIE (CA)

- *Superficie :* 424 002 km² (3ᵉ État par sa superficie après le Texas et l'Alaska).
- *Surnom : Golden State.*
- *Capitale :* Sacramento, 466 488hab.
- *Population :* 37 millions d'hab. (c'est l'État le plus peuplé des États-Unis : 12,2 % de la population américaine).
- *Fuseau horaire : Pacific Time.*
- *Adhésion à l'Union :* 1850.
- *Minorité :* Hispaniques (32 %).
- *Langue officielle :* l'anglais. Deuxième langue : l'espagnol, parlé par 46 % des Californiens.

Attention : nous ne traitons dans ce guide qu'une petite partie de la Californie, le reste étant développé dans le guide *Californie*.

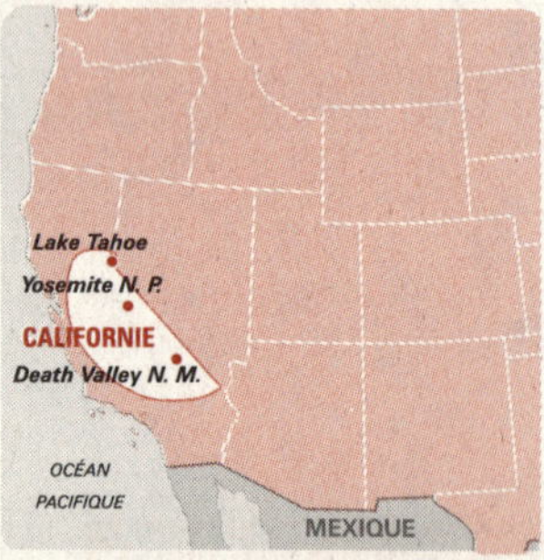

La Californie, le mythe américain par excellence ! Un « bout du monde » à la fois fortement urbanisé et incroyablement sauvage. La mer, la montagne et le désert se trouvent aux portes des villes, elles-mêmes plutôt ouvertes sur la nature. Des paysages lunaires de la Vallée de la Mort, le point le plus aride et le plus bas des États-Unis, aux séquoias géants du Yosemite en passant par la ville fantôme de Bodie, vestige de la fameuse ruée vers l'or, les clichés ne sont jamais très loin, mais la légende est toujours au rendez-vous.

Quelle image retenir de la Californie ? Il y en a trop. Tout commence par une couleur et une sensation : ciel bleu et température douce presque à longueur d'année ; bref, une qualité de vie incomparable. Si l'on ajoute à cela une santé économique qui fut longtemps enviable, on comprend pourquoi beaucoup d'Américains et de migrants veulent encore s'y installer. Car le *Golden State,* comme on le surnomme là-bas, est devenu, au fil des années, un nouveau centre du monde, où des vecteurs de croissance économique particulièrement originaux (d'abord la ruée vers l'or, puis l'industrie du cinéma à Hollywood et aujourd'hui les nouvelles technologies et la viticulture)

ont longtemps assuré une prospérité sans pareille dans l'histoire du pays. Aujourd'hui, malgré la récession de l'économie nationale et les vicissitudes de l'actualité, la Californie demeure toujours le moteur du rêve américain, une terre promise où tout est possible. Alors, *go West* !

DEATH VALLEY (LA VALLÉE DE LA MORT)

Située à un peu plus de 130 miles au nord-ouest de Las Vegas, la Vallée de la Mort est un des sillons les plus profonds de l'hémisphère nord, qui s'enfonce à 86 m sous le niveau de la mer. D'une superficie de 13 354 km^2, c'est le plus grand parc national des États-Unis, devant le Yellowstone. Son nom macabre lui vient de la phrase lancée par un pionnier rescapé de l'expédition de 1849, exprimant la reconnaissance des mormons : « Dieu merci, nous sommes sortis de cette vallée de la mort. » D'autres n'eurent pas cette chance et, à l'époque de la ruée vers l'or, un certain nombre de prospecteurs (dont les fameux membres des *forty-niners*), en route vers la Californie, y perdirent plus que leur chemin. Certains y découvrirent des filons d'or (un peu) et d'argent (un peu plus). Contre toute attente, c'est finalement l'exploitation du borax, un minerai de moindre valeur, mais qui entre aujourd'hui dans la composition de nombreux matériaux et produits, qui se révéla la plus rentable.
Death Valley est aussi le point le plus chaud et le plus aride de tous les États-Unis. Entre les flancs resserrés de la vallée, le soleil est dément. Un désert impitoyable où la température, entre juin et septembre, dépasse constamment 40 °C à l'ombre (pas de pot, il n'y a pas d'ombre). On peut faire cuire un œuf sur un capot de voiture ! L'année 1913 fut propice aux records : on y enregistra la même année la plus haute température (57 °C) et la plus basse (- 9 °C). Globalement, il n'est pas rare d'avoir des températures au-dessus de 120 °F (49 °C) en juillet-août ; durant l'été 1994, cela a duré plus de 30 jours d'affilée ! Mais ne noircissons pas le tableau : il pleut bel et bien dans la vallée... 3 à 4 cm par an en moyenne ! Cela dit, certaines années sont bien plus arrosées que d'autres. Ce fut le cas en 2004. Au printemps 2005, les visiteurs affluèrent pour découvrir la vallée couverte de fleurs !
Le paysage, à la fois grandiose et lunaire, offre le spectacle d'une région brûlée par le soleil mais d'une incroyable diversité : montagnes et mer de sel, canyons et cactus, timides palmeraies et dunes de sable, cratères et phénomènes géologiques... Difficile de le croire – car on l'observe rarement –, mais ce désert est peuplé d'une faune plutôt riche : lynx, coyotes, mouflons, serpents, pumas, et le fameux *roadrunner*, l'oiseau « bip bip » du célèbre dessin animé.

Infos et conseils pratiques

– ***À savoir :*** *Furnace Creek* et *Stovepipe Wells Village* sont les 2 seuls points de civilisation et de ravitaillement dans la vallée.
– ***Quand y aller ? :*** la meilleure saison s'étale de l'automne au printemps (de mi-octobre à début avril), avec des températures plus douces, propices aux randos et séjours en camping. C'est aussi à cette période que l'on peut profiter des *Rangers programs* (voir « Adresses et infos utiles »). En plein hiver, les nuits sont fraîches mais la lumière est superbe, et, au début du printemps, si l'année est propice, la vallée se couvre de fleurs sauvages. Spectacle étonnant ! On le répète,

PARTIE NORD : voir cartouche page de droite

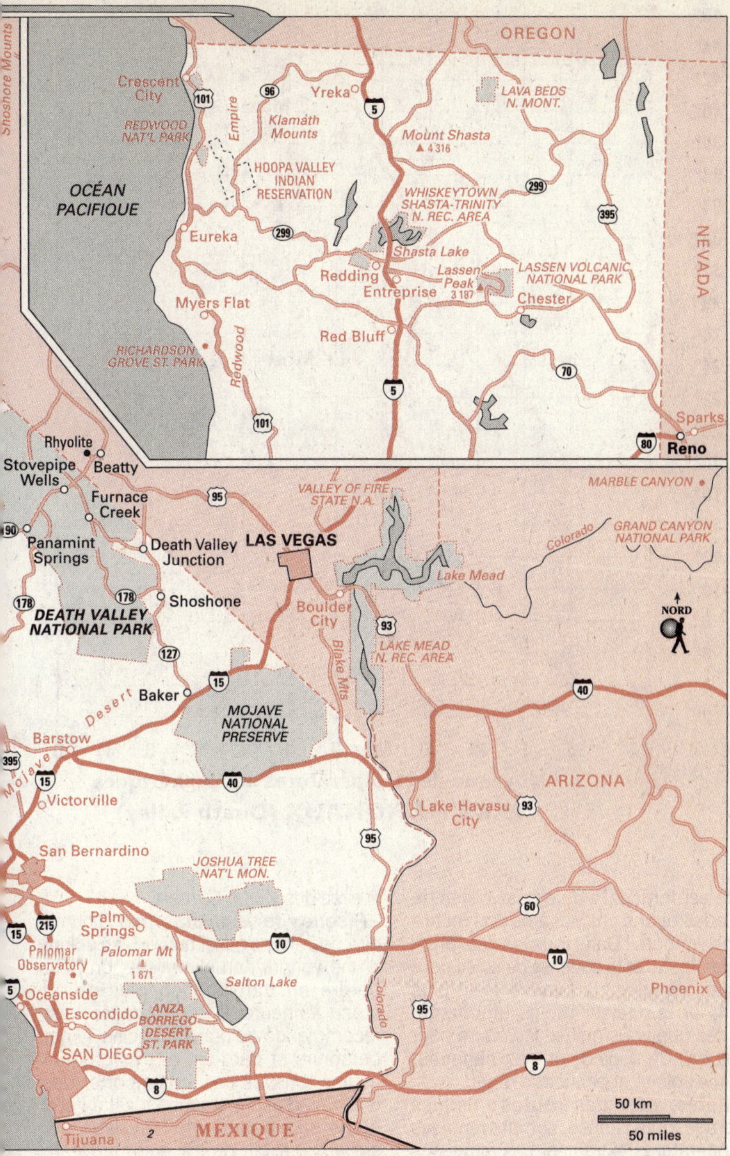

LA CALIFORNIE

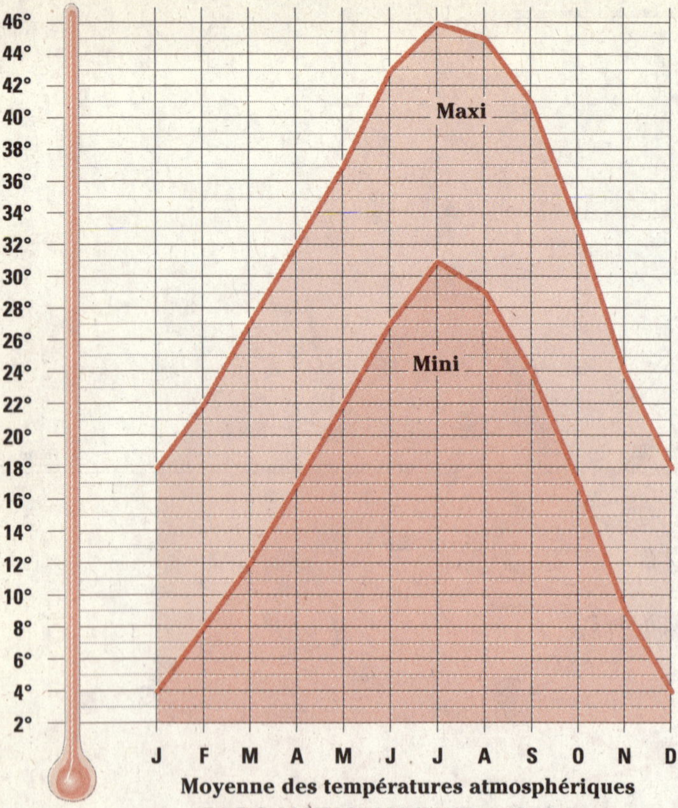

Moyenne des températures atmosphériques
PARC NATIONAUX (Death Valley)

l'été est torride. Peu de possibilités de balades et une chaleur à ne pas mettre le nez dehors ! Dans tous les cas, privilégier l'aube et le coucher de soleil pour visiter les sites ; la lumière y est plus belle et la chaleur moins étouffante. Et dès que vous quittez la voiture pour une balade à pied, prenez chapeau, crème solaire et beaucoup d'eau.

– ***Météo, état des routes :*** risques d'orage toute l'année, compte tenu des températures extrêmes. Les fameuses *flash floods* (soudaines inondations – la terre étant trop sèche pour absorber l'eau !) sont parfois redoutables (routes coupées). Pour ceux qui souhaiteraient quitter les routes goudronnées, surtout bien s'informer de l'état des pistes auprès des *Visitor Centers*.

– ***Risques de déshydratation :*** l'humidité de l'air est quasi nulle et, au volant d'une voiture non climatisée, on peut perdre en transpiration plus de 1 l d'eau à l'heure. C'est pourquoi il est recommandé de boire au moins 4 l par personne et par jour, et très prudent – dans tous les cas – d'emporter des réserves d'eau (personne n'est à l'abri d'une panne ou d'une crevaison !). Il est aussi exclu de traverser la Death Valley en stop...

– ***Avis aux randonneurs :*** ce territoire désertique et hostile est le repaire de tous un tas de bestioles pas très fréquentables : scorpions, serpents à sonnette et veuves noires (arrrgh !).

DEATH VALLEY NATIONAL MONUMENT

Point trop de parano sur les sentiers, mais il est toutefois recommandé de bien regarder où l'on pose le pied ou la main...

– ***Règles de conduite automobile :*** la traversée est très dure pour les moteurs de voiture. Surtout, contrôlez le ***liquide de refroidissement*** avant d'arriver dans la vallée, vérifiez bien les radiateurs, et ne faites pas trop chauffer la voiture (coupez la clim de temps en temps). On trouve parfois des réservoirs d'eau non potable pour les radiateurs des voitures *(radiator water only).* Ne vous avisez pas de la boire... En véhicule de tourisme, restez sur les ***routes goudronnées.*** La conduite sur les pistes du parc nécessite généralement un véhicule 4x4 et surtout un *backcountry roads permit* (gratuit), une précaution qui permet d'aviser les rangers de vos déplacements. En cas de ***panne,*** ne quittez en aucun cas votre véhicule ; il passera tôt ou tard une voiture qui vous dépannera. On vous rappelle d'avoir toujours un ***stock d'eau potable*** avec vous. Tous ces conseils, prodigués par le *Visitor Center,* ne sont pas à prendre à la légère : les avis de recherche placardés dans les centres d'information donnent froid dans le dos (un peu facile, le jeu de mots !).

Adresses et infos utiles

– ***Accès au parc :*** *20 $/voiture pour 7 j., 10 $ pour les motards ou cyclistes (pass annuel des parcs nationaux accepté).* Excepté à l'entrée nord (Grapevine), il n'y a pas de poste de contrôle aux frontières du parc. C'est donc au *Visitor Center* de Furnace Creek ou de Stovepipe Wells que l'on paie l'entrée si l'on vient d'une autre direction, ou à l'un des distributeurs automatiques disséminés dans une quinzaine de sites. Si vous optez pour cette dernière solution, pensez à garder votre ticket qui vous sera demandé, par exemple, dans un des *Visitor Centers* en échange de documentation et de la carte très utile (voire indispensable) pour visiter la région.

■ ***Infos sur le parc :*** *par courrier, Superintendant, Death Valley National Park, PO Box 579, Death Valley, CA 92328-0570. ☎ 760-786-3244. Infos très complètes sur le site officiel : • nps.gov/deva •*

🛈 ***Visitor Center :*** *☎ 760-786-3244. Sur la route 190, à 100 m env du Furnace Creek Ranch. Tlj 8h-17h.* Plein d'infos utiles : état des routes (les inondations violentes – *flash floods* – même en plein été, emportent parfois des tronçons de routes), météo, conseils pour les balades et randos, etc. Plan du parc (gratuit) bien détaillé et quelques feuilles d'information avec de bons conseils pratiques en français. Petite librairie sur la faune et la flore, vente de cartes topographiques. Par ailleurs, ne pas rater le petit ***musée*** *(gratuit),* bien agencé. Plusieurs sections détaillent l'histoire quasi mythique des *forty-niners* et des pionniers de la ruée vers l'or, mais l'exposition s'intéresse aussi à toutes les facettes du désert : la faune (animaux naturalisés), la flore, la géologie, les cultures indiennes... et bien sûr la célébrité locale, Scotty (voir plus loin « Scotty's Castle »). D'autres bureaux d'information, plus petits, à ***Scotty's Castle*** *(☎ 760-786-2392, ext. 0)* et ***Stovepipe Wells Village*** *(☎ 760-786-2387).*

■ ***Backcountry permits :*** permis (gratuit) obligatoire si vous souhaitez camper ou faire une excursion à pied ou en 4x4, dans les coins reculés de la vallée. S'adresser au *Visitor Center* de *Furnace Creek* ou à la *Ranger Station* de *Stovepipe Wells Village (☎ 760-786-2387).* Toutes les infos et les recommandations pour le *backcountry camping* et le *backpacking.*

■ ***Rangers Programs :*** pendant la saison d'hiver (de novembre à avril environ), les rangers organisent très régulièrement des activités gratuites : petites conférences d'histoire naturelle, sorties guidées et animations pour les enfants. Toutes les infos dans le journal officiel du parc.

✉ ***Poste :*** *au* ***Furnace Creek Ranch.*** *☎ 760-786-2223. Ouv lun-ven 9h-16h.*

■ ***Distributeurs d'argent :*** *à la réception du* ***Furnace Creek Ranch*** *et dans le general store de* ***Stovepipe Wells Village.*** Pas moins de 5 $ de taxe !

■ ***Épiceries :*** *au* ***Furnace Creek Ranch*** *(la plus importante) et à* ***Stovepipe Wells.*** *Tlj 7h-21h.* Produits de première nécessité, boissons, sandwichs, souvenirs et les dattes produites dans l'oasis. Également un petit snack à *Scotty's Castle.*

■ ***Pompes à essence :*** *au* ***Furnace Creek Ranch*** *(24h/24), à* ***Stovepipe Wells*** *(24h/24), à* ***Panamint Springs*** *(24h/24) et à* ***Shoshone.*** Évidemment, c'est très cher (faire le plein avant d'arriver dans la vallée). Quelques stations meilleur marché dans le Nevada tout proche : à Amargosa Valley (frontière Californie-Nevada), à Lathrop Wells et à Beatty (presque 2 $ de moins par gallon !).

■ ***État des routes :*** *California Highways, ☎ 1-800-427-7623 ; Nevada Highways, ☎ 1-877-687-6237.*

■ ***Urgences :*** *☎ 911 ou 760-786-2330 (assistance 24h/24).*

■ ***Cliniques, centres médicaux :*** *dans plusieurs villes autour du parc, à* ***Amargosa*** *(Amargosa Valley Medical Center : ☎ 775-372-5432), à* ***Shoshone*** *(Death Valley Health Center : ☎ 760-852-4383), à* ***Beatty*** *(Beatty Medical Clinic : ☎ 775-553-2208),* ***Pahrump, Tonopah*** *et* ***Lone Pine.***

■ ***Douches :*** *au* ***Furnace Creek Ranch,*** *à* ***Stovepipe Wells Village*** *et au* ***Panamint Springs Resort.*** *Env 5 $.* Idéal pour ceux qui campent, car il n'y a pas de douches dans les campings.

■ ***Laverie :*** *au Furnace Creek Ranch. Ouv 24h/24.*

Où dormir ? Où manger dans le parc ?

Campings

Il y a 9 campings dans le parc, plus ou moins équipés. Ils fonctionnent sur le mode « premier arrivé, premier servi ». Résas possibles uniquement au *Furnace Creek Campground*, de mi-octobre à mi-avril, auprès du ***National Recreation Reservation Service*** *(☎ 1-877-444-6777 ; ● recreation.gov ●).* On rappelle une évidence : impossible de camper en été à cause de la chaleur. Il fait plus frais dans un four !

⛺ ***Furnace Creek Campground :*** *à côté du Furnace Creek Ranch. Ouv tte l'année. Souvent complet, mais résas possibles de mi-oct à mi-avr. Compter 12-18 $ selon saison.* Notre préféré. En tout, 136 emplacements, dont moins de la moitié avec de l'ombre (c'est le seul à en avoir). Toilettes et tables de pique-nique. Pas de douche sur place, mais de nombreux services au *Furnace Creek Ranch Resort.*

⛺ ***Mesquite Spring Campground :*** *au nord du parc, 3 miles au sud de Scotty's Castle, dans un cul-de-sac. Ouv tte l'année sur le principe du « first come, first served ». Env 12 $/empl.* L'un des moins hostiles, isolé dans un bel environnement montagneux (on est à 550 m d'altitude), mais ne comptez pas avoir de l'ombre ou du gazon pour autant... Une quarantaine d'emplacements séparés par quelques broussailles, dotés de tables, de bancs et de braseros. Eau et toilettes, mais pas de douches.

⛺ 3 autres campings payants dans la vallée : sur le site de Furnace Creek, ***Sunset*** et ***Texas Spring.*** *Ouv de mi-oct à mi-avr. Compter 12-14 $.* Le 1er est le plus grand du parc (270 emplacements), en principe réservé aux camping-cars mais ouvert aux campeurs en haute saison (au printemps) ; le 2nd se situe au niveau de la mer, en plein cagnard, avec dans le meilleur des cas 3 emplacements vaguement ombragés (sur une centaine !). Également le site de ***Stovepipe Wells*** *(ouv de mi-oct à mi-avr ; 12 $)* avec ses 200 emplacements alignés comme à la parade, sur un immense terrain sans ombre aucune. Le charme d'un parking en somme !

⛺ ***Campings gratuits :*** ce sont aussi les plus petits. ***Wildrose*** *(ouv tte l'année, sf quand il y a trop de neige) ;* ***Thorndike*** et ***Mahogany Flat*** *(mars-nov slt ; situés dans le Panamint Range, à près de 2 500 m d'altitude, loin de tt, à l'écart de la route 178 reliant Ridgecrest à la Death Valley ; véhicule 4x4 nécessaire).* Tables et sanitaires sur tous les sites, pas d'eau à *Thorndike* et *Mahogany Flat.* Partout, un soleil de plomb et peu d'ombre. Enfin, le camping d'***Emigrant,*** qui n'accueille que les tentes *(au croisement des routes 178 et 190 ; ouv tte l'année).* Une poêle à frire caillouteuse – pas un arbre – profitant toutefois d'une vue superbe sur la vallée. Toilettes, téléphone et point d'eau sur place.

De prix moyens à plus chic

🏠 |●| ***Stovepipe Wells Village :*** *sur la Hwy 190, entre Panamint Springs et Furnace Creek. ☎ 760-786-2387 ou 1-888-786-2387. ● stovepipewells.com ● Résa vivement conseillée, longtemps à l'avance. Doubles 100-160 $ selon taille et confort ; 10 $/pers supplémentaire (hors taxes). Petit déj-buffet 12,50 $. Plats 10-22 $.* 📶 Cet ensemble de bâtiments en bois ne manque pas de caractère. Il doit son nom à un tuyau de poêle *(stovepipe)* planté par un pionnier pour indiquer une source d'eau, et fut le premier hôtel construit dans la Vallée de la Mort (en 1926). Les chambres, classiques et bien tenues, proposent différents niveaux de confort. Les moins chères (petites, sans TV ni frigo, et clim bruyante) sont les plus demandées, pensez à réserver à l'avance. Si vous avez plus de moyens, choisissez plutôt celles des bâtiments Road Runner ou Forty Niner, nettement plus confortables, avec vue sur les Sand Dunes.

Piscine, pas très grande certes, mais agréable avec son petit auvent pour buller à l'ombre. On y trouve aussi le chaleureux *Toll Road Restaurant* (tlj 7h-10h, 18h30-22h) où l'on sert tous les classiques, et le *Badwater Saloon* à la déco western typique (11h30-14h pour déj, tte la journée pour boire un verre). De l'autre côté de la route, *general store* bien achalandé, distributeur *ATM* et station-service. Les non-résidents, et en particulier ceux qui dorment au camping voisin, peuvent utiliser la piscine et les douches, moyennant 4 $. Le meilleur rapport qualité-prix à l'intérieur de Death Valley.

Furnace Creek Inn & Ranch Resort : *Hwy 190, à* ***Furnace Creek Village.*** *☎ 760-786-2345 ou 1-800-236-7916 (résas). • furnacecreekresort.com • Doubles 140-170 $ en cabins ; chambres type motel 160-215 $ selon confort et saison.* Un cadre assez exceptionnel car, après des kilomètres de désert total, on se retrouve dans une vraie oasis ! Entouré de pelouses taillées au cordeau, le « ranch » est un véritable petit village, avec restos, bar, boutique, épicerie, laverie, poste, distributeur de billets et musée. En prime : belle piscine d'eau minérale naturellement chaude (29 °C!), accessible jusqu'à 23h, plusieurs tennis (éclairés la nuit) et un superbe golf de 18 trous. Plusieurs possibilités de logement. Le motel renferme des chambres classiques, assez spacieuses et confortables (minifrigo, balcon). Les plus chères offrent une vue très agréable sur le golf, envahi au petit matin d'oiseaux à la recherche d'insectes. Les *cabin bedrooms,* des bungalows alignés en rang d'oignons et divisés en 2 chambres, sont les moins chères mais très basiques, avec juste un minifrigo. Douche-piscine payante pour les campeurs (5 $). Côté restauration, le *Corckscrew Saloon* (ouv jusqu'à minuit) est bien pour s'offrir une bière locale ou de savoureuses pizzas (si, si !) à emporter, le *Forty Niner Café* (7h-21h) pour le petit déj ou de classiques burgers. En revanche, le *Wrangler Steakhouse* (buffets au petit déj et le midi, plats classiques le soir) est d'un rapport qualité-prix très moyen. Bien sûr, tout cela est éminemment touristique, souvent bondé, d'où un petit côté « usine » en haute saison.

Très chic

Furnace Creek Inn : *☎ 760-786-2345. • furnacecreekresort.com • Fermé de mi-mai à mi-oct. Doubles 300-450 $ selon saison, vue et équipement.* Perché juste au-dessus de Furnace Creek, dans sa propre oasis de 1 500 palmiers dattiers. Sans conteste le plus agréable des hôtels de la vallée pour ceux qui en ont les moyens. Construit en 1927 alors que l'Amérique apprenait à découvrir ses parcs nationaux, le *Inn* accueillit à cette époque les premières stars du cinéma. Il abrite aujourd'hui des chambres tout confort à la déco 1930, réparties sur 3 niveaux, à flanc de colline. Celui du bas s'ouvre sur les jardins où coule une source à 28 °C qui alimente une bien charmante piscine. L'hôtel abrite comme de juste un très bon restaurant, mais cher – lui aussi – et guindé, où on ne peut dîner que smart (ni jean ni T-shirt), et de préférence sur réservation. Le midi, c'est moins cher et plus *casual.* C'est en tout cas le seul endroit où l'on peut goûter des beignets de *rattle snake* (serpent à sonnette) !

Où dormir ? Où manger ? Où boire un verre autour du parc ?

À l'entrée ouest

Panamint Springs Resort : *dans la Panamint Valley, parallèle à la Death Valley, juste à l'entrée ouest du parc (Hwy 190) et à 48 miles de Lone Pine. ☎ 775-482-7680. • deathvalley.com/psr • Resto tlj 7h-20h (21h l'été). Doubles 80-110 $ selon saison, chambres jusqu'à 140 $ avec 3 lits. Petit déj-buffet 10 $ (assez pauvre). Plats 8-15 $ le midi, 12-20 $ le soir.* En plein désert, ce minuscule établissement au bois cuit et recuit par le soleil fera le bonheur des amateurs de grands espaces, peu exigeants sur le confort. Chambres réparties dans des chalets, très basiques mais tout à fait acceptables pour une étape, néanmoins très chers pour le confort proposé. Les jeunes proprios tiennent aussi la station-service et le *general store* situés à côté. Et de l'autre côté de la route, une aire de camping très rudimentaire *(15 $/empl., 3 $/douche),* un terrain sec, timidement ombragé par une poignée d'arbres.

Au nord-est, à Beatty (Nevada)

Ce bourg, égaré dans une petite vallée aride à 100 m d'altitude entourée des *Bare* et *Sawtooth Mountains inhospitalières,* domine la vallée par le nord. De là, la route 374 file tout droit vers le principal carrefour de la Death Valley, à environ 25 miles. Comme Beatty se trouve juste de l'autre côté de la frontière du Nevada (à 6 miles), quelques casinos s'y sont installés, essentiellement fréquentés par les *truckers* de passage. À première vue, une rudesse plutôt extrême qui n'invite pas vraiment à s'arrêter. Et pourtant, contrairement à Furnace Creek et Stovepipe Wells exclusivement tournés vers le tourisme, on trouve ici une vraie vie et une ambiance qui nous ont bien plu. Une identité forte qui colle en tout cas à nos fantasmes du Grand Ouest ! Quelques autres atouts qui vous donneront peut-être l'envie de venir jusqu'ici (pas si loin après tout, guère qu'à 35 miles de Stovepipe Wells), les hébergements y sont bien moins onéreux que dans le parc, et la chaleur beaucoup plus supportable.
Attention : tous les hébergements disposent de chambres fumeurs ou non (à préciser lors de votre réservation). Pas de petit déj dans les hôtels, mais plusieurs possibilités à proximité.

Death Valley Inn : *651 S Hwy 95 S. ☎ 775-553-9400. Double env 70 $.* Vaste motel composé de plusieurs bâtiments sur 2 étages, autour d'une cour plantée de quelques palmiers. Chambres sans surprise ni fantaisie avec petites salles de bains, très propres et confortables (TV, micro-ondes, minifrigo, cafetière). Micropiscine (en plein soleil à l'arrière) et jacuzzi. Excellent rapport qualité-prix.

Stagecoach Hotel & Casino : *à la sortie du bourg, sur la Hwy 95 N (direction Tonopah). ☎ 775-553-2419 ou 1-800-424-4946. • stagecoachhotelcasino.com • et • bestdeathvalleyhotels.com • Résa conseillée le w-e. Doubles env 65-75 $.* C'est le plus grand hôtel de la ville, un vieux coucou à l'ancienne composé de plusieurs ailes. Les chambres sont correctes et bien équipées (minifrigo), à condition d'éviter celles qui donnent sur un mur aveugle. Préférer les chambres réparties autour de la piscine. Le resto du casino, *Denny's Café,* n'est pas très excitant, sombre et sans fenêtres, mais relativement bon marché et ouvert 24h/24. L'ensemble est vieillot mais bien tenu. Même si vous n'êtes pas joueur, ne manquez pas de pousser la porte du *Casino,* tout un univers !

Exchange Club Motel : *119 W Main St. ☎ 775-553-2333. • bestdeathvalleyhotels.com • Double env 65 $.* Petit motel rustique tout simple mais pas désagréable, avec ses bâtiments en bois bleu, flanqués d'une longue galerie. Chambres banales, mais propres et correctement équipées. Possibilité d'utiliser la piscine du *Stagecoach Hotel & Casino.* Un bon rapport qualité-prix.

Motel 6 : *à la sortie du village, sur la Hwy 95 N, à côté du* Stagecoach Hotel & Casino. *☎ 775-553-9090. • motel6.com • Double env 65 $.* Le confort standardisé des *Motel 6,* rien de bien folichon, rien de rédhibitoire non plus. Pas de piscine mais les clients ont accès à celle du *Stagecoach.* Laverie, café à dispo.
En dépannage, si les hôtels précédents sont pleins.

Mel'o Diner : *600 S Hwy 95 S, presque en face du* Death Valley Inn. *☎ 775-553-9003. Tlj 6h30-15h. Moins de 10 $.* Une salle toute bleue, simple et proprette, tenue par une gentille mamie qui nourrit les travailleurs du coin et les routiers de passage avec générosité depuis des années. Quelques photos sépia du Beatty d'antan à regarder en attendant un bon petit déj, ou des snacks classiques et copieux, plutôt bien faits. Pas de grandes émotions gustatives en perspective, mais plus qu'honorable pour le prix.

Sourdough Saloon : *sur W Main, Hwy 95 N, proche du croisement avec la Hwy 95 S. ☎ 775-553-2266. Tlj 10h-2h.* Le vieux rade, au parquet usé, au poêle à bois asthmatique, aux murs tapissés de vieux dollars, au comptoir élimé où s'accroche une brochette de réguliers. Quelques machines à sous aussi, et une salle de billard enfumée pour confirmer l'ambiance. Pour boire un verre en bonne compagnie, sur un air de country, et avaler un *fresh cooked hamburger* sans façons.

Happy Burro : *100 W Main St, Hwy 95 N, à côté du* Sourdough Saloon. *☎ 775-553-9099. Tlj 9h-22h.* Un petit saloon de poche, pur jus, où vous avez de bonnes chances de croiser quelques cow-boys en tenue, avec colt à la ceinture et tout et tout. Pas de panique, la patronne nous a affirmé qu'elle confisquait les armes quand ses hommes avaient dépassé un certain seuil de... vigilance ! Et attention, vous entrez ici chez le grand champion du chili con carne. Pour preuve, toutes les médailles et autres décorations prestigieuses fièrement exhibées. Et on peut vous dire que c'est du sérieux, il est sacrément bon ! Dehors, quelques tables pour prendre l'air après toutes ces émotions, dans un bric-à-brac indescriptible. Quant aux toilettes pour hommes, comment dire...Y aller absolument, sans oublier votre appareil photo surtout !

À l'est, dans Amargosa Valley (Nevada)

Quelques maisons isolées en plein désert, à l'extérieur du parc national, déjà dans le Nevada, mais bien pratiques quand toutes les autres adresses sont complètes (ce qui est souvent le cas en haute saison). Compter quand même au minimum 45 mn de trajet pour *Furnace Creek,* le cœur de Death Valley.

Amargosa Opera House Hotel : *à Death Valley Junction, à l'intersection des routes 190 et 127. ☎ 760-852-4441. • amargosa-opera-house.com • Doubles 80-110 $ selon confort et jour (plus cher ven-sam).* Dans une vieille hacienda blanche aux fenêtres bleues, où était autrefois installée l'une des compagnies exploitant le borax dans la vallée. Un lieu isolé et modeste, *in the middle of nowhere,* que Marta Becket a tout de même choisi pour ouvrir cet établissement juste à côté de son théâtre pittoresque (lire plus loin « À voir. À faire encore »). Une vingtaine de chambres, simples et datées, avec petite salle de bains. Les murs des couloirs et de certaines chambres sont décorés par les fresques de Marta. L'ensemble est assez décrépi (surtout les moquettes !), mais très propre. Et il règne ici une atmosphère hors du temps qui ne manque pas de charme. Sur place, l'*Armagosa Café* *(ouv 8h-20h, pas plus tard !)* propose une cuisine basique mais faite maison, des frites au bœuf haché des burgers en passant par les desserts.

Longstreet Inn & Casino : *à la frontière Californie-Nevada, sur la route 373 (qui porte le n° 127 côté Californie) et à env 12 miles du bourg d'Amargosa Valley. ☎ 775-372-1777. • longstreet-casino.com • Doubles env 70-90 $ (les plus chères avec balcon).* En plein désert, un établissement conventionnel et sans charme qui vous donnera un (pâle) avant-goût de Las Vegas avec ses quelques machines à sous. Fréquenté par des routiers et des habitués, quand ce n'est pas par le shérif qui fait une pause pendant la tournée du jour. Chambres spacieuses bien équipées, certaines avec vue sur un mini-étang et les montagnes à l'arrière-plan. Petite piscine, boutique près de la réception et resto, assez médiocre. En face, de l'autre côté de la route, le *Stateline Saloon* pour avaler un burger et buvant un coup : l'Amérique dans son jus !

Au sud, à Shoshone

En remontant la Death Valley par le sud, sur la route 127, à l'intersection avec la 178. Village minuscule à l'ambiance *Bagdad Café,* assez insolite. Dans le village, une pompe à essence, une petite épicerie (avec un distributeur d'argent), une poste et même un ***musée*** pittoresque fait de bric et de broc, niché dans l'ancienne station-service *(tlj sf mar 9h-15h).* La vieille guimbarde oubliée devant la façade vaut la photo, et la collection un rapide coup d'œil avec ses objets usuels, sa vitrine sur les minéraux et quelques reliquats de matériel agricole d'autrefois.

Shoshone Inn : *dans la rue principale. ☎ 760-852-4335. • inn@shoshonevillage.com • Doubles env 95-100 $ selon confort (les plus chères avec kitchenette). Sinon, quelques emplacements de camping (spartiates) env 20 $/nuit pour 2.* Douches chaudes, toilettes et accès à la piscine. Petit motel basique d'arrière-pays, proposant une quinzaine de chambres pas bien grandes mais pas désagréables, certaines avec kitchenette. Petit coin barbecue sympa, à l'ombre d'énormes tamaris. Bon accueil et accès possible à la piscine du village (plutôt un bassin, datant de 1927 !), alimentée par une source naturelle d'eau chaude.

Cynthia's : *2 adresses ;* ***Hostel & Guest Rooms,*** *situé à* ***Tecopa,*** *à 10 miles au sud de Shoshone par la route 127 ; et notre préféré,* ***China Ranch,*** *2001 Old Spanish Trail Hwy, véritable oasis au fond d'un petit canyon (indiqué depuis Tecopa). ☎ 760-852-4580. • discovercynthias.com • Dans l'*hostel, *lit en dortoir 22 $ et double env 75 $, avec petit déj. Préférer de loin le* China Ranch *: chambres 100-130 $ pour 2 ou 4 pers ; nuit en tipis 170-230 $.* Une adresse insolite. Après 3 miles de piste poussiéreuse, on s'infiltre dans un étroit ravin qui débouche sur une merveilleuse oasis : des arbres, du gazon et des palmiers dattiers, dans un environnement de vastes étendues désertiques déroulées jusqu'aux lointaines montagnes. Quant au « ranch », il s'agit en réalité d'un genre de petit chalet, aux chambres joliment meublées et tout équipées. Simple, cosy et définitivement au bout du monde ! Pour les aventuriers en herbe, la proprio possède de véritables tipis indiens, superbes, avec feu de bois au centre et confort impeccable. Et pour les amateurs de no man's land à la Kerouac ou Jim Jarmush, également 3 mobile homes particulièrement basiques à Tecopa, avec un dortoir et 2 chambres privées. Très rudimentaire et complètement paumé.

Crowbar : *à côté du Shoshone Museum. ☎ 760-852-4123. Tlj 8h-21h30. Plats 8-18 $.* Le saloon-resto-bar du village, établi en 1920 par Charles et Stella Brown, deux fameux pionniers de la Vallée de la Mort. Les cow-boys modernes garent leurs motos poussiéreuses avant d'avaler un sandwich ou un plat du jour en terrasse. On a connu plus copieux, mais la qualité est honnête, l'accueil gentil et le cadre définitivement *Old West.*

Encore plus au sud, à Baker

À l'intersection de l'I-15 et de la route 127, et à 112 miles au sud de Furnace Creek. Petite étape possible si l'on vient de Los Angeles. Elle possède le plus grand thermomètre (à affichage digital) du monde : 134 pieds de haut (41 m), en commémoration de cette année 1913 où la température atteignit 134 °F (57 °C) dans la Death Valley, soit le record absolu aux États-Unis. Après Baker, c'est le désert pendant un bon bout de temps (penser à faire le plein !).

Big Boy Restaurant : *72155 Baker Blvd. ☎ 760-733-4660. Tlj 7h-22h (23h ven). Petit déj 7-10 $, plats 8-12 $.* Au pied même du thermomètre, un *diner* de chaîne US bien caractéristique, avec sa façade à damier rouge et blanc, ses banquettes confortables et ses serveurs souriants. Formules intéressantes pour le petit déj, ou plats convenables (burgers, steaks, salades, *chicken*...). Une halte bienvenue sur la route des parcs ou de Vegas.

LA CALIFORNIE

À voir. À faire

Furnace Creek Area (sud)

Zabriskie Point : *à 4,5 miles après Furnace Creek, sur la Hwy 190, direction Death Valley Junction.* Rendu célèbre par le superbe film d'Antonioni (qui porte le même nom), c'est l'un des phénomènes géologiques les plus fascinants de la vallée. Le point de vue porte le nom de celui qui a exploité le borax dans la vallée. En haute saison, s'y rendre absolument au lever ou coucher du soleil, avant le rush des cars de touristes : calme olympien et magie des couleurs assurés. La vue sur les collines voisines, ravinées par la force conjuguée des éléments, offre un paysage absolument unique, à 360°. On se croirait sur la Lune ! La roche, plissée comme un drap jeté négligemment, présente des couleurs merveilleuses, allant du vert à l'orange en passant par le rose. Quand on pense qu'il y a plusieurs millions d'années, il y avait là un lac...

SILENCE, ON TOURNE

La Death Valley a inspiré un nombre incalculable de films : canyons étroits, étendues steppiques, paysages lunaires, tout y est pour offrir le plus beau des décors aux Indiens, aux cow-boys... ou aux Martiens ! Quelques exemples parmi la liste interminable de films : Three Godfathers *de John Ford, avec l'incontournable John Wayne (1948) ;* Spartacus *de Kubrick, avec Kirk Douglas (1960) ;* Zabriskie Point *d'Antonioni (1970), avec Harrison Ford ;* Star Wars *de Lucas (1977), avec tout le monde sait qui.*

LA CALIFORNIE

Twenty Mule Team Canyon : *juste après Zabriskie Point (1 mile au sud). À l'écart de la route 190.* Boucle (en sens unique) non goudronnée, mais en bon état. Interdit aux camping-cars. La route étroite s'enfonce sur près de 3 miles dans les roches de couleurs de Zabriskie Point, serpente entre les gros mamelons de pierre et dégringole abruptement au creux de petits ravins.

Dante's View : *à l'écart de la route 190 (à 13 miles), après Zabriskie Point.* Promontoire situé à plus de 1 500 m d'altitude, du haut duquel se révèle une vue superbe sur une grande partie de la Death Valley (surtout au lever du soleil). En empruntant un petit chemin de crête depuis le parking, on la domine entièrement de 1 669 m de haut. À noter, le dernier kilomètre, qui monte à 15 %, est pénible pour les voitures. Il est d'ailleurs interdit aux gros camping-cars, qui doivent se garer un 0,5 mile plus bas.

Golden Canyon : *à 3 miles au sud du* Furnace Creek Ranch, *sur la route 178 (direction Badwater et Shoshone).* Y aller très tôt pour éviter la grosse chaleur. Plusieurs possibilités de balades à pied (boucles de 1 à 4 miles) au fond d'un ravissant canyon. Intéressantes formations géologiques, de couleur jaune évidemment, et une superbe montagne rouge *(Red Cathedral)* en toile de fond.

Artist's Drive : *à 9,5 miles au sud du* Furnace Creek Ranch. *Accès par la route 178 en venant de Badwater, car boucle en sens unique.* La petite route serpente sur environ 9 miles dans un somptueux paysage de montagnes, avant de parvenir à une curiosité naturelle qui justifie le détour. On découvre un amphithéâtre naturel dont les pigments minéraux ont donné aux pierres volcaniques des couleurs très intenses. Cela donne l'***Artist Palette,*** superbe ! Le fer produit les rouges, roses et jaunes. La décomposition du mica donne les verts, le manganèse, les pourpres et les violets. Encore un régal pour les yeux (et l'appareil photo !). À faire de préférence en fin de journée pour profiter de la belle lumière mordorée.

Devil's Golf Course : *à 12 miles au sud du* Furnace Creek Ranch, *le long de la 178, entre Artist's Dr et Badwater (la piste qui rejoint le site est coupée en cas de fortes pluies).* Une immense étendue de sel en plein désert, apparu après l'assèchement d'un ancien lac ! Le vent et la pluie ont sculpté le sel et la terre craquelée, faisant de chaque motte une œuvre d'art aux arêtes tranchantes. D'où le surnom de « terrain de golf du diable », car seul le diable pourrait y jouer...

Natural Bridge Canyon : *à 15 miles au sud du* Furnace Creek Ranch, *le long de la 178, entre Devil's Golf Course et Badwater.* Après avoir garé sa voiture sur le parking, on emprunte un étroit canyon sur environ 1 mile. En chemin, passage sous un pont naturel percé dans la roche. Du très beau, encore...

Badwater : *toujours au bord de la route 178, à 18 miles au sud du* Furnace Creek Ranch. C'est le point le plus bas des États-Unis, à 86 m au-dessous du niveau de la mer ! Une vaste étendue d'eau, résidu salé d'un lac immense qui recouvrait la vallée entière, il y a très longtemps. Notez qu'il a fallu escalader la paroi rocheuse dominant la route pour y installer le panneau indiquant l'endroit exact du niveau de la mer... Un ponton de bois permet de s'avancer au-dessus des plaques de sel et des mares, où vivent quelques rares insectes malgré le fort taux de salinité. Encore un miracle de la nature ! Dire qu'il y fait terriblement chaud est un doux euphémisme ! Pensez à prendre eau et chapeau.

Stovepipe Wells Area (centre)

Mesquite Flat Sand Dunes : *toujours sur la route 190, peu avt Stovepipe Wells Village, sur la droite.* L'un des points forts de la visite de Death Valley. On croit rêver : au loin apparaît une longue bande de dunes, véritable morceau de Sahara dans l'Ouest américain ! Ces dunes de sable blanc sont l'œuvre des vents, qui se rencontrent à ce point précis de la vallée, apportant grain par grain les fragments de roche des montagnes voisines. Essayez de venir au lever ou au coucher du soleil, c'est encore plus beau. Silence total et belle émotion en perspective. Bien sûr, si vous envisagez d'atteindre les dunes, n'oubliez pas qu'il est très fatigant de marcher dans le sable et que l'air sec vous déshydrate rapidement (eau et chapeau de soleil indispensables). Et, un truc tout bête, notez bien où vous avez garé votre voiture ! Enfin, ne confondez pas ces dunes-ci avec celles du *Great Sand Dunes National Monument* dans le Colorado, beaucoup plus imposantes.

Mosaic Canyon : *accès par une piste depuis la route 190, 2 miles à l'ouest de Stovepipe Wells Village.* Un autre must du parc, canyon étroit et sinueux composé de roches polies comme du marbre. Petit sentier accessible à tous et possibilité de continuer la balade sur près de 2 miles (en file indienne !), sauf en cas de risques d'orage.

Salt Creek Interpretative Trail : *à env 1 mile de la route 190, en direction de Scotty's Castle.* Balade assez inattendue de 800 m sur un ponton en bois surélevé à quelques centimètres au-dessus du sol (pour éviter d'abîmer la faune et la flore). De loin en loin, quelques panneaux explicatifs. Au printemps, c'est l'un des meilleurs endroits pour observer le fameux *Cyprinodon salinus,* petit poisson très rare qui vit dans les mares d'eau salée. Autant dire qu'en plein été ça tape fort, et qu'à part le désert, les lézards blancs et les insectes, il n'y a rien à voir.

Titus Canyon : *accès par une* backcountry road *(piste non bitumée) en sens unique, à 6 miles au sud de Beatty, dans le Nevada (juste avt l'entrée dans le parc).* Elle traverse d'abord des paysages montagneux, puis rejoint l'entrée d'un défilé très étroit, assez spectaculaire. Superbes plis en forme de grosses vagues, formés par les différentes couches de roches et de sédiments. Méfiance toutefois, car cette piste de 26 miles n'est en principe accessible dans son intégralité qu'aux véhicules 4x4 et souvent fermée en été. À défaut, on peut gagner le débouché du canyon à l'intérieur du parc, par l'ouest, depuis la route 190 entre Stovepipe Wells Village et Scotty's Castle. La piste carrossable, à double sens sur 3 miles, permet déjà d'avoir un bel aperçu du canyon. Nul besoin de beaucoup s'éloigner pour découvrir de beaux points de vue et s'imprégner de l'ambiance...

Scotty's Castle Area (nord)

Scotty's Castle : *☎ 760-786-2392. Visites guidées obligatoires (env 1h) tlj 9h-16h30 en été, 8h30-17h30 en hiver. Entrée : 15 $; réduc. Brochure en français. Attention, il est interdit d'entrer avec sac photo, trépied, sac à dos...*

Walter Scott (aucun rapport avec l'Écossais d'*Ivanhoé*) était, au début du XXe s, un sacré escroc. Ancien du *Buffalo Bill Wild West Show,* pour lequel il fut tireur d'élite et cascadeur, il devint prospecteur dans la Vallée de la Mort et réussit à convaincre un certain Johnson, magnat des assurances, qu'il y avait découvert une mine d'or. Il parvint à lui soutirer des fortunes pour exploiter cette prétendue mine. Jusqu'à ce que Johnson y aille et se rende compte de la supercherie. Mais le milliardaire, très malade, s'aperçut aussi que le climat très sec du désert améliorait sa santé. Du coup, il n'en voulut pas à Scott et alla même jusqu'à lui verser une pension mensuelle. Johnson décida dans la foulée de faire construire une résidence dans un vallon perdu en plein désert : rien de moins qu'un véritable palais (3 658 m^2) de 20 pièces, dans le style d'une hacienda espagnole avec tourelles, porches, dépendances et une tour à l'horloge incongrue dans ce désert. L'ensemble, d'un kitsch redoutable lui coûta 2 millions de dollars de l'époque, une sacrée somme ! Rien n'était trop beau : meubles anciens achetés en Europe, ferronnerie d'art, étoffes précieuses... Johnson y passa dès lors toutes ses vacances d'hiver avec sa femme, où de nombreuses personnalités de l'époque leur rendaient visite. Scotty, qui y avait une chambre attitrée, mais habitait une baraque en plein désert, affirmait durant l'absence des Johnson que le « château » lui appartenait, construit grâce à l'or découvert dans sa mine fantôme – ce qui explique que la maison soit encore baptisée Scotty's Castle. Il y vécut, une fois le château revendu, jusqu'à sa mort en 1954.

Si vous arrivez trop tard pour la visite guidée (une dizaine de pièces restées en l'état : salons avec cheminées, salle de musique, cuisine, chambres, et même le garage avec véhicules d'époque), vous pourrez visiter la salle d'expo (gratuite), où est racontée l'histoire du château et de Scotty – voire jeter un coup d'œil à sa tombe, isolée sur la colline surplombant le site (accès par un petit sentier).

Ubehebe Crater : *à 5 miles de l'entrée nord du parc et 8 miles de Scotty's Castle.* Un site magnifique qui mérite le détour. Dès que l'on s'éloigne de la route principale, les vastes étendues désertiques changent de couleur, désormais tapissées de poudre volcanique noire. Puis la route grimpe à flanc de colline pour déboucher au bord du cratère, une cuvette de 800 m de large et de 180 m de profondeur, due à une explosion volcanique vieille d'environ 300 ans. En langue shoshone, le site était appelé « panier du coyote », ce qui évoque bien sa forme et les couleurs jaune orangé des versants. Beau panorama sur la vallée depuis le bord du cratère. Un petit sentier sur la crête ouest mène au ***Little Hebe Crater*** et à divers petits cratères. La balade se poursuit avec une boucle de 1,5 mile autour du volcan Ubehebe. Spectaculaire !

CHARGÉ COMME UNE MULE

Les célèbres attelages de 20 mules, véritables icônes de la conquête de l'Ouest, étaient capables de tracter des charges de 36 t, auxquelles s'ajoutaient 1 200 gallons d'eau (4 545 l). L'ensemble du convoi dépassait les 30 m de long. De vrais trucks *sur pattes !*

Depuis le cratère de Ubehebe, une piste de 27 miles mène à la ***Racetrack Valley.*** *Accessible aux véhicules 4x4 ; se renseigner sur l'état de la route auprès des rangers.* Phénomène étonnant : de grandes traces, ressemblant à s'y méprendre à des empreintes de roues, marquent le sol. Mais aucun véhicule n'est passé par là ! En fait, de gros blocs de pierre ont tout simplement roulé sur le sol, poussés par le vent.

Eureka Dunes : *à l'extrême nord-ouest de Death Valley, accessibles par le nord (route de Big Pine).* Ce sont les plus hautes dunes de Californie (plus de 200 m !). Elles abritent une faune et une flore protégées. On peut toutefois grimper librement au sommet (un sacré effort car la pente est raide et le sable s'enfonce à chaque pas !). De là-haut, panorama spectaculaire et un fait surprenant : le *singing sand.*

Lorsque le sable s'écoule le long du versant le plus raide, on entend un bruit de basse très musical, phénomène naturel qui donne l'impression d'entendre gémir la dune...

Trekking et autres activités

Avis aux amateurs de randonnée, il existe une vingtaine de sentiers balisés dans le parc, du très facile (max 1 à 4 miles) au sportif (*Death Valley Buttes* ne fait que 2,5 miles aller-retour mais la dénivelée est costaude !). La plupart des randos sont toutefois déconseillées en plein été, car il n'y a pas un poil d'ombre et la température atteint des sommets difficiles à supporter. Restent deux superbes *summer hikes,* dans la Panamint Springs Area : le *Wildrose Peak Trail* (8,4 miles aller-retour), avec panorama spectaculaire depuis le sommet du Wildrose Peak ; et le *Telescope Peak Trail* (14 miles aller-retour !), jusqu'au plus haut sommet du parc (plus de 3 300 m d'altitude), souvent enneigé jusqu'en juin.

À voir. À faire encore

Borax Museum : *à* ***Furnace Creek,*** *juste en face du* Wrangler Steakhouse. *Tlj 9h-16h (21h en été). Gratuit.* Comme de juste, le musée est installé dans la plus vieille maison de Death Valley, une baraque en bois de 1883, transportée ici depuis le *canyon des Twenty-Mules.* Il est tout à la gloire des pionniers, aventuriers, mineurs, bref, tous ces héros qui ont écrit l'histoire de la vallée. Quelques textes relatent des anecdotes croustillantes, illustrées par une collection d'objets d'époque. Vous apprendrez tout sur les convois de 20 mules qui transportaient le borax jusqu'à la gare la plus proche, à Mojave, situé à... 166 miles de là ! C'est toutefois dans la cour qu'on découvre les plus belles pièces, comme une antique locomotive, des calèches, des wagonnets utilisés dans les mines... Une petite exposition est aussi consacrée à l'exploitation minière dans la vallée, le fameux borax découvert ici en 1875 par un prospecteur français du nom d'Isidore Daunet. À l'origine, ce minerai était surtout utilisé dans la confection du savon et comme antiseptique. Aujourd'hui, il entre dans la composition d'engrais, d'insecticides, du verre, de la céramique, de la porcelaine, des composants électroniques, de l'antigel, du liquide de transmission, et sert même à protéger la navette spatiale de la surchauffe lors de son retour dans l'atmosphère ! Près de la moitié de la production mondiale vient encore de Californie.

Harmony Borax Works Interpretative Trail : *à quelques miles au nord de Furnace Creek.* À flanc de colline s'échelonnent les maigres vestiges d'une des premières exploitations de borax de la vallée, datant de 1883. On peut encore voir la charrette, mais surtout les cuves et la cheminée, des installations qui servaient à traiter le minerai sur place afin de réduire les coûts de transport. De là, panorama sur le *Mustard Canyon,* dont les roches arborent en effet de jolis tons jaune moutarde.

La ville fantôme de ***Rhyolite,*** située hors du parc, à l'écart de la route 374, à 4 miles à l'ouest de Beatty, ne vaut pas tripette – surtout si vous vous êtes déjà arrêté à Bodie ou prévoyez de le faire. En fait, elle a été presque entièrement démantelée par des brocanteurs ou collectionneurs amateurs ! Il ne reste que la vieille gare (entourée de grillages), un wagon, une citerne et des pans de maisons en pierre dispersés dans les champs environnants. Si vous êtes venu jusque-là, vous pourrez toujours jeter un coup d'œil sur la fameuse *Kelly Bottle House,* datant de 1906, aux murs recouverts de bouteilles de bière (30 000 !). Étonnant également, le *Goldwell Open Air Museum,* un ensemble de sculptures réalisées par différents artistes qui ont trouvé ici toute la place pour s'exprimer ! Une femme style Lego géant, des fantômes de plâtre, un mineur accompagné d'un pingouin en métal rouillé...

Amargosa Opera House : *à Death Valley Junction, intersection des routes 190 et 127. ☎ 760-852-4441. • amargosa-opera-house.com • Billets vendus à l'*Amargosa Hotel *: 15 $; réduc.* Marta Becket est un personnage. Un jour, la voiture de cette danseuse new-yorkaise tombe en panne dans ce petit hameau isolé du monde. Elle découvre alors le désert et décide d'y vivre, en y ouvrant son propre petit « opéra ». Ainsi, tous les samedis soir pendant 45 ans, elle a organisé ici un spectacle de danse, ballet, comédie et pantomime, avant de donner sa dernière représentation en 2012, à l'âge de 88 ans ! Vous ne verrez donc plus la fantasque Marta sur scène, mais pourrez admirer son univers et ses peintures, gigantesques fresques figurant des tribunes de spectateurs entourant un roi et une reine.

Wildrose Charcoal Kilns : *dans Panamint Springs Area, à l'ouest du parc.* Ces étonnants fours à charbon de bois, conçus par un ingénieur suisse en plein milieu de nulle part en 1877, ne valent pas le grand détour nécessaire pour s'y rendre depuis Furnace Creek ou Stovepipe Wells. En revanche, c'est sur le chemin de ceux quittant la vallée par la route 178 en direction de Ridgecrest (entre Panamint Springs et Trona). Les 10 fours, en forme de ruches, s'alignent parfaitement (c'est ça la précision helvétique !). Le charbon de bois était vendu à la mine de Modock, située à 25 miles vers l'ouest.

Mojave National Preserve : *rens au* Mojave National Preserve Visitor Center, *situé au Kelso Depot, Kerbaker Rd. • nps.gov/moja • Pas de droit d'entrée.* Si vous venez de Los Angeles ou si vous repartez dans cette direction et que vous n'avez pas eu votre ration de désert, pourquoi ne pas vous offrir quelques heures de balade en voiture à travers cette réserve ? C'est la troisième plus grande du pays, qui s'étend sur 6 500 km² du grand désert de Mojave – soit un territoire plus important que l'État du Delaware ! On peut y découvrir une vaste étendue de grandes dunes, d'une belle couleur mordorée, dont les plus hautes mesurent 180 m (Kelso Dunes). À voir aussi, la plus importante forêt de *Joshua trees* de l'Ouest américain. Pas de droit d'entrée.

L'ÉNIGME DES ROLLING STONES

Sur le lac asséché du désert de Mojave, on peut voir d'énormes pierres précédant de longues traces qui empruntent parfois des trajectoires étonnantes, quasi en angle droit. Des pierres qui prennent la tangente, en quelque sorte ! Ce phénomène géologique n'a toujours pas trouvé d'explication très rationnelle, un vrai casse-tête pour les scientifiques...

LONE PINE

2 035 hab.

Sur la Highway 395, à la jonction de la route pour la Death Valley. Peu fréquentée des touristes, cette petite ville de l'Ouest, fondée au milieu du XIXe s lors de la ruée vers l'or, a pourtant été l'une des plus importantes annexes de Hollywood. C'est en effet dans le désert et les montagnes des environs que furent tournés la plupart des grands classiques du western et du film d'aventure : *La Charge de la brigade légère, Les Trois Lanciers du Bengale, Nevada Smith, Maverick, Gladiator* et tant d'autres. En débarquant à Lone Pine, sachez que vous mettez vos pas dans les empreintes des bottes de John Wayne, Gary Cooper, Errol Flynn, Cary Grant, Humphrey Bogart, Anthony Quinn, Kirk Douglas, Lee Marvin, Clint Eastwood, et on en oublie plein. Aujourd'hui, on y tourne surtout des pubs. Le petit musée situé dans le centre, très bien fait et sympa comme tout, retrace toute la vie cinématographique de la ville.

Lone Pine représente une bonne étape sur la route de la Vallée de la Mort à Yosemite (ou vice versa). Pour les campeurs et les randonneurs, c'est aussi le moment de faire le plein au supermarché *Joseph's Bi-Rite Market.* La ville peut également servir de camp de base à tous ceux qui disposent de plus de temps et veulent entreprendre des randonnées superbes dans le coin. On est ici au pied du mont Whitney, le plus haut sommet des États-Unis en dehors de l'Alaska (4 418 m). Facilement accessible, une petite route grimpe du centre de la ville vers les Alabama Hills où furent tournés près de 400 westerns. Paysages grandioses ! Vers le nord, au-dessus de Big Pine, la route 168 conduit à plus de 3 000 m d'altitude vers une forêt de *bristlecone pines,* qui seraient les plus vieux arbres du monde (plus de 3 000 ans)...

Adresses et infos utiles

Visitor Center : *à la sortie de la ville, à l'embranchement de la route 136 pour la Death Valley. ☎ 760-876-6222. • lonepinechamber.org • Tlj 8h-17h.* Bien documenté sur les parcs nationaux californiens (quelques brochures en français et nombreuses cartes), les possibilités d'hébergement dans la région et les routes praticables selon la saison. Demander le plan des Alabama Hills, route à faire en voiture (et randonnées) dans des paysages magnifiques. Vend également un petit fascicule (2 $) indiquant tous les lieux de tournage des films importants réalisés dans le coin. Petite librairie sur le western, la faune et la flore de l'Ouest, etc.

✉ **Poste :** *121 E Bush St. Lun-ven 9h-17h.*

@ **Internet :** *à la* ***bibliothèque municipale*** (library), *au 127 Bush St (au coin de Washington St). Lun-ven 10h-12h, 13h-17h ; mer 18h-21h ; sam 10h-13h.* Connexions gratuites, limitées à 30 mn.

– ***Lone Pine Film Festival :*** *ts les ans, généralement le 1er w-e d'oct. Rens au* Museum of Lone Pine Film History *• lonepinefilmhistorymuseum.org • ou • lonepinefilmfestival.org •* Projections de vieux films, concerts, rencontres d'acteurs, etc. Des circuits sont proposés pour revivre les tournages mythiques de Lone Pine.

Où dormir ?

Camping

Diaz Lake Campground : *Hwy 395. ☎ 760-876-5656 ou 4700. À env 2 miles au sud de Lone Pine (passé l'embranchement de la route 136 vers la Death Valley). Empl. 25 $ (mars-nov), 15 $ le reste de l'année.* Un camping complètement isolé, dans un beau site sauvage au bord d'un lac, avec panorama spectaculaire sur la Sierra Nevada. Peu de confort (toilettes, point d'eau, mais pas de douches), quelques emplacements bien ombragés pour tentes, assez proches les uns des autres. Mais peu importe, hormis les écureuils et les oiseaux, il n'y a jamais grand monde ! Bon accueil.

De prix moyens à plus chic

Dow Villa Motel : *310 S Main St. ☎ 760-876-5521 ou 1-800-824-9317. • dowvillamotel.com • À l'hôtel, doubles 60-70 $ avec sdb commune ou privée ; au motel, 80-155 $ pour 2, jusqu'à 150 $ pour 4.* Un ancien hôtel construit dans les années 1920 pour héberger les équipes de tournage, tenu par la même famille depuis 1957. Dans la partie « historique », chambres relativement petites mais joliment rénovées dans des tons chaleureux. Les chambres du motel sont plus spacieuses, plus classiques, et plus confortables (micro-onde, minifrigo, cafetière électrique), le charme en moins. Piscine, jacuzzi, café ou thé à volonté. Pour les nostalgiques de westerns, plein de photos de John Wayne dans le salon, ainsi qu'une vitrine de reliques et d'autographes de l'illustre acteur.

Trails Motel : *633 S Main St. ☎ 760-876-5555 ou 1-800-862-7020. • trailsmotel.com • Doubles 70-120 $ selon saison.* Classique petit motel – celui ci est peint en ocre – avec sa piscine plantée au milieu du parking, comme souvent. Chambres banales mais impeccables, toutes avec frigo et cafetière.

Best Western Frontier Motel : *1008 S Main St. À la sortie sud de Lone Pine. ☎ 760-876-5571 ou 1-800-231-4071. Fax : 760-876-5357. Doubles 100-155 $ selon confort et saison, petit déj continental inclus.* Chambres on ne peut plus classiques mais très confortables (certaines avec balcon), climatisées, équipées d'une cafetière et d'un minifrigo. Les *deluxe* offrent même un bain à remous pour mieux se détendre après les balades. Également une piscine chauffée. Accueil pro.

Où manger ?

Bon marché

Alabama Hills Cafe : *111 W Post St. En plein centre, rue perpendiculaire à Main St. ☎ 760-876-4675. Tlj 6h-14h (7h w-e). Plats 8-18 $.* Sur les murs de cette salle toute simple, des peintures présentent tous les drôles de rochers que l'on peut voir dans les Alabama Hills voisines. Longue carte pour le petit déj, une bonne dizaine de préparations d'œufs (les *Errol Flynn* ou *Gregory Peck's scramble* !), énormes salades, soupes, délicieux sandwichs (*vegetable avocado Melt* avec des frites de patates douces, un délice !), burgers. À la fois classique, copieux et bien fait, ce qui n'est pas si fréquent ! Clientèle d'habitués.

Mount Whitney Restaurant : *227 S Main St. ☎ 760-876-5751. Tlj 6h30-21h30 ou 22h. Repas env 15 $.* Petit resto sans prétention, décoré de dizaines de portraits noir et blanc de stars du ciné, John Wayne en tête. Il se vante de faire les meilleurs burgers de la ville... À juste titre : les steaks sont vraiment bons, grillés au feu de bois. La spécialité maison : les burgers de bison *(buffalo),* viande d'autruche ou d'élans *(elk),* qui changent du bœuf. Également à la carte : *pork* et *prime ribs,* saumon frais, copieuses salades et sandwichs. Accueil et service aimables.

De chic à très chic

Seasons Dinner House : *206 S Main St. ☎ 760-876-8927. Lun-sam, slt le soir 17h-21h. Env 25-35 $ le repas.* Au bord de la route, une jolie maison en bois avec des fenêtres persiennes. À l'intérieur, une salle sobre habillée de quelques tableaux accrochés sur les murs de bois peint. Côté assiette, vous venez de vous asseoir à la meilleure table de la ville, réputée pour sa fine cuisine : fraîcheur absolue des produits, belles et copieuses salades, assaisonnement goûteux, délicieuses viandes, pâtes arrangées avec goût et succulent plateau de desserts. Une rencontre quasi gastronomique, inattendue dans la région.

Où dormir ? Où manger entre Lone Pine et Yosemite ?

À Bishop

À environ 60 miles au nord de Lone Pine. Cette petite ville de 4 000 habitants s'est autoproclamée « capitale mondiale de la mule » ! Chaque année, fin mai, on célèbre donc une fête en son honneur (grande parade, concerts, rodéo, foire, etc.). Seuls les passionnés par le sujet trouveront une bonne raison d'y séjourner. Les autres y passeront rapidement, après un éventuel stop au petit *Visitors Bureau* (ouvert toute l'année) et au supermarché *(Joseph's Bi-Rite Market)* pour faire le plein avant le parc de Yosemite. Nombreux hôtels de chaîne tout le long de la route principale.

Americas Best Value Inn : *192 Short St. ☎ 760-873-4912 ou 1-877-873-4912. Doubles 50-60 $ pour 2.* Petit motel banal au bout d'une rue perpendiculaire à Main Street. Chambres basiques mais correctes, équipées de frigo et micro-ondes. Laverie, petite piscine et accueil très cordial d'une famille indienne. Le meilleur rapport qualité-prix du coin.

Rodeway Inn : *150 A Elm St. ☎ 760-873-3564. Doubles 65-100 $*

selon confort, petit déj (minimaliste) compris. Un peu à l'écart de la route principale, donc assez calme. Motel de chaîne classique, sans charme mais propre et fonctionnel. Petite piscine. Pas beaucoup plus à en dire...

The Joseph House Inn : *395 W Yaney St. Dans une rue perpendiculaire à Main St. ☎ 760-872-3389. • josephhouseinn.com • Doubles 145-180 $ selon taille et saison, petit déj inclus.* Dans un quartier paisible, une maison soignée offrant 5 chambres parfaitement confortables à la déco coquette mais un peu datée. Le vrai plus de ce *B & B* est son joli et grand jardin, bienvenu dans cette ville où l'on cherche l'ombre. Accueil gentil.

Erick Schat's Bakery : *763 N Main St (angle Park Ave). ☎ 760-873-7156. Lun-jeu 6h-18h en règle générale, ven 6h-21h, w-e 6h-19h.* Une autre des boulangeries de la famille Schat (qui en possède une à Mammoth Lakes), avec les mêmes touches hollandaises. Ici, la maison est en brique rouge avec tuiles et faïences. Tout un choix de sandwichs avec pain frais maison du côté cafétéria *(lun-sam 11h-15h, dim 11h-17h),* gâteaux, viennoiseries, véritable *espresso* et autres chocolats appétissants du côté boulangerie.

Whiskey Creek : *524 N Main St. ☎ 760-873-7174. Tlj 11h-21h (22h ven-sam). Brunch w-e à partir de 7h30. Salades et burgers 10-12 $; le soir, plats et steaks env 20-30 $.* Tire sa popularité de l'établissement qui le précédait : le *Kittie Lee Inn,* construit en 1924, où descendait une belle brochette d'acteurs lors des tournages dans la région. Aujourd'hui, le cadre n'évoque rien de cet héroïque passé, mais le resto est vaste et assez coquet, très fréquenté pour ses steaks et ses *ribs.* Quelques bons plats de pâtes et fruits de mer également, et une dizaine de savoureux desserts maison.

MAMMOTH LAKES

7 000 hab.

Sur l'US 395, au sud de Lee Vining, à 35 miles (57 km) de l'entrée est *(Tioga Pass Entrance)* de Yosemite Park (environ 1h en voiture). Vaste station de ski très vivante en hiver et en été, désertée à la mi-saison. Son domaine skiable est très réputé en Californie, et attire même quelques VIP (on a vu Angelina et Brad Pitt y traîner leurs guêtres). L'été, place aux randonneurs et aux férus de montagne. On retrouve ici l'atmosphère rustico-sportive de toute bonne station de ski, avec chalets, restos et bars chaleureux. Les prix y sont globalement plus élevés qu'à Bridgeport ou Lee Vining. Pour les adeptes de shopping, il existe aussi quelques magasins d'usine (notamment *Ralph Lauren*).

Adresses et infos utiles

Mammoth Lakes Welcome Center & Ranger Station : *2510 Main St. ☎ 760-934-2712 ou 1-888-GO-MAMMOTH. • fs.usda.gov/inyo • À l'entrée de la ville, sur la droite. Tlj 8h-17h, sf Noël et Jour de l'an.* Compétent et très documenté, incontournable si vous souhaitez vous balader dans les environs. Regroupe les agents du Forest Service (si vous voulez camper dans la région ou faire des randonnées) et le bureau d'infos touristiques sur les activités et les principaux centres d'intérêt, les conditions routières et les possibilités d'hébergement. Diverses cartes et brochures très complètes : le ***Visitor's Guide*** et le ***Inyo National Forest,*** journaux très complets et mis à jour régulièrement, les ***Mammoth Lakes Recreation Guide*** et ***Destination Guide*** ou le magazine ***The Mammoth Insider,*** avec notamment toutes les activités sportives : randos, balades à cheval, VTT, golf, tennis, ski et snowboard, escalade, etc.

– Pour les routards non motorisés, se procurer la ***Transit Map,*** avec les liaisons en *shuttle* gratuit ou navette. En saison, fréquents départs d'un point à l'autre de la station et liaisons régulières avec les sites des environs.

■ ***Bank of America :*** *sur Main St, angle Laurel Mountain Rd ; à côté de la station Shell.* ☎ *760-934-6839.* Change et distributeur accessible 24h/24.

✉ ***Poste :*** *sur N Main St.* ☎ *760-934-2205. Lun-ven 8h-16h.*

@ ***Internet :*** *au* ***Minaret Village Mall,*** *à la* Library *(400 Sierra Park Rd) et au* ***Mammoth Business Essentials,*** *1934 Meridian Blvd.* Wifi dans de nombreux bars.

■ ***Mammoth Hospital :*** *85 Sierra Park Rd.* ☎ *760-934-3311.* ● *mammothhospitals.com* ●

Où dormir ?

Campings

On trouve une quinzaine de campings publics et 2 privés dans les forêts domaniales encadrant Mammoth Lakes (liste complète disponible au *Visitor Center*). La plupart ouvrent au plus tôt en avril, bon nombre seulement vers la mi-juin. Emplacement environ 20 $.

De bon marché à prix moyens

Davison St Guest House : *19 Davison Rd.* ☎ *760-924-2188 ou 858-922-8648.* ● *mammoth-guest.com* ● *Au bout de Main St (en arrivant de la US 395), prendre la Lake Mary Rd qui la prolonge : elle coupe Davison 600 m plus loin. Lits en dortoir 30-50 $ selon jour et saison ; doubles 70-120 $.* Avec un ours comme totem et une salle commune cosy façon tipi en dur et en bois, cette AJ privée de poche est l'idéal du routard de haute montagne. Seulement 3 chambres privées et 2 dortoirs (de 4 lits pour les filles, 10 lits pour les garçons), petits mais très corrects. Ambiance fraternelle, cela va de soi (notamment autour du poêle en hiver), avec plein d'avantages : cuisine tout équipée, balcons face aux pics enneigés et grande terrasse pour le barbecue. Une bonne adresse, un peu chère néanmoins.

The Innsbruck Lodge : *913 Forest Trail.* ☎ *760-934-3035.* ● *innsbrucklodge.com* ● *Dans une petite rue au-dessus de Main St. Doubles 65-125 $ selon saison et confort.* Une grande maison un peu en retrait de la route, à deux pas de Mammoth Village, proposant une dizaine de chambres nickel et confortables, certaines avec petit balcon et kitchenette. Ensemble plus fonctionnel que charmant, déco banale, mais rapport qualité-prix tout à fait correct.

De plus chic à très chic

Tamarack Lodge & Resort : *accès par Lake Mary Rd, à env 2 miles du centre. Navette gratuite en saison.* ☎ *760-934-2442.* ● *tamaracklodge.com* ● *Selon saison, doubles dans le lodge 80-170 $ avec sdb commune ou privée ; chalets à partir de 140-210 $ pour 2 en basse saison. Au resto, plats 25-30 $.* Avis aux amoureux de nature préservée et autres pêcheurs amateurs. Superbe ensemble de chalets traditionnels entourés de forêt, face à un petit lac. Chambres tout confort et charmantes dans l'hôtel principal datant de 1924, et une quarantaine de chalets luxueux pouvant accueillir 2 à 6 personnes. Déco montagnarde très réussie, ensemble cosy, moderne et ultra-confortable avec cuisine équipée, salon TV chaleureux, cheminée, etc. Du grand standing dans l'esprit trappeur chic et esthète. Une belle adresse en somme, d'autant que le Lakefront Restaurant, avec son chef cuistot français, est aussi très réputé.

Edelweiss Lodge : *1872 Old Mammoth Rd.* ☎ *760-934-2445.* ● *edelweiss-lodge.com* ● *Doubles 60 $ (sans cuisine ni salon), 115-300 $ selon taille (1 ou 2 chambres), confort et saison.* Un vrai coup de cœur pour cette adresse ! Une dizaine de chalets en bois disséminés sous les pins, dans un coin paisible... voilà qui commence plutôt bien. Puis on découvre des intérieurs tout en bois ravissants, avec petit salon, cheminée (bûches fournies), une cuisine bien équipée et un balcon (ou terrasse), avec barbecue pour la plupart. Jacuzzi et machine à laver à disposition. Accueil charmant de la propriétaire qui se fera une joie de vous dire quelques mots en français.

Alpenhof Lodge : *6080 Minaret Rd. Monter Main St et tourner au 2ᵉ feu à droite, au niveau du resto* Whiskey Creek. ☎ *760-934-6330 ou 1-800-828-0371.* • *alpenhof-lodge.com* • *Doubles 100-190 $ selon confort et saison. Au resto, plats 18-30 $.* Un gros chalet qui semble droit sorti des montagnes tyroliennes, tenu par une famille autrichienne, ceci explique cela. Les chambres situées dans cette fière bâtisse offrent une élégante déco assez moderne. Celles installées dans le bâtiment situé sur l'arrière sont plus classiques, plus spacieuses aussi, également très plaisantes et tranquilles. Grand confort et atmosphère sereine. Piscine en été, jacuzzi et sauna en toute saison. Très bon resto, cuisine californienne élaborée et belle sélection de vins. Également un bar très sympa, le ***Clocktower Cellar*** (voir plus bas « Où boire un verre ? »).

The M Inn Mammoth : *75 Joaquin Rd.* ☎ *760-934-2710.* • *themammothinn.com* • *Dans une petite rue perpendiculaire à Main St, dans un secteur résidentiel. En sem ou le w-e, doubles de 80 $ avec sdb commune à 170 $ avec sdb privée et jacuzzi ; en hte saison, compter 140-200 $. Bon petit déj compris.* À mi-chemin entre la chambre d'hôtes et le petit hôtel, ce chalet propose une dizaine de chambres spacieuses, à la déco sobre plutôt plaisante, mais aménagées à l'économie. Écran plat et jacuzzi certes, mais confort cependant limité au regard du prix. Salle commune avec coin salon et grande table pour le petit déj.

Où manger ? Où prendre le petit déj ? Où boire un verre ?

Schat's Bakery & Cafe : *3305 Main St.* ☎ *760-934-6055. Tlj 6h-19h.* Boulangerie-pâtisserie renommée, impeccable pour le petit déj, déjeuner rapide ou goûter gourmand : grand choix de gâteaux, biscuits, confitures, chocolat maison, pain frais pour le pique-nique. Le tout à emporter ou à déguster avec un bon café *espresso* dans la salle sur l'arrière ou sur la petite terrasse ensoleillée.

The Stove : *644 Old Mammouth Rd.* ☎ *760-934-2821. Tlj 6h30-14h, 17h-21h.* Dans une croquignolette maison en bois peint, une grande salle sans chichis toujours bondée réunissant familles et sportifs prêts à dévorer avant ou après l'effort. Ça tombe bien, tout ici est géant, assiettes format mammouth, omelettes 4 œufs (et abondamment farcies !), burgers qui n'en finissent pas de grimper, *quesadillas* énormes...Vous l'aurez compris, rien de très raffiné, mais du roboratif efficace et bon marché.

Breakfast Club : *2987 Main St (à l'angle d'Old Mammoth Rd).* ☎ *760-934-6944. À l'entrée de Mammoth Lakes, à la 1ʳᵉ station* Shell. *Tlj 6h30-13h. Compter moins de 10 $. CB refusées.* Si la devanture n'a rien d'engageant, on découvre avec surprise une petite salle chaleureuse où la vache tient la vedette, en bibelots, photos, lampes... et tout ce qui a pu être trouvé la représentant. Bons petits déj robustes à base de produits frais : huevos rancheros, French toast, œufs brouillés, omelettes et pancakes. Mais aussi tout un tas de douceurs (muffins, cinamon rolls, gaufres). Pour la pause déjeuner, classiques burgers, sandwichs et salades.

Base Camp Café : *3325 Main St.* ☎ *760-934-3900. À côté du* Mammoth Luxury Outlets. *Lun-mar 7h30-15h,* dinner specials *mer-dim 17h30-19h.* Encore une bonne adresse pour le petit déj, cette fois dans une ambiance de montagne plus que d'alpage. Le *Base Camp,* comme son nom et les photos affichées le suggèrent, est le point de rencontre des grimpeurs et sportifs des environs. Carte classique à prix démocratiques, accueil jeune et sympa. Bien aussi pour s'offrir un burger ou un copieux sandwich.

Perry's : *3399 Main St.* ☎ *760-934-3521. À côté du* Mammoth Luxury

Outlets. *Tlj 11h-22h. Plats de pâtes et viandes env 12-20 $, pizzas à partir de 12 $.* Une petite terrasse fraîche les soirs d'été, un bar, une salle bistrot chaleureuse les soirs de frimas, voilà une bonne adresse pour prendre un repas américano-italien très convenable, sans se ruiner. Le pain aux herbes tout chaud est un premier bon point, confirmé par les bonnes pizzas à composer soi-même, le *salad bar* bien frais et la *pasta* très correcte. En prime, service agréable et efficace.

Roberto's Café : *271 Old Mammoth Rd. ☎ 760-934-3667. Tlj 11h-22h. Repas à partir de 15 $.* À voir les records d'affluence certains week-ends, le *Roberto's* a toujours le vent en poupe. Un succès qui s'explique par la fraîcheur des enchiladas et des *burritos,* les portions servies en format XL, un cadre joyeux aux couleurs du Mexique (terrasse agréable) et la gentillesse de l'accueil. L'adresse est aussi réputée pour ses margaritas, fameuses en effet !

Nevados : *3950 Main St. ☎ 760-934-4466. Tlj 17-21h. Fermé les 3 premières sem de juin. Plats 13-37 $.* Sur les murs, de grandes fresques représentent un bal champêtre en France... ou en Italie, nous a dit le patron, peu importe. Le lieu est un brin chic, mais avant tout convivial et chaleureux, ouvert sur un bar toujours bondé et joyeusement animé par les habitués volubiles. Le chef californien, d'origine mexicaine, a longtemps travaillé dans un resto japonais et se passionne pour la cuisine française et italienne (avec un distinguo cette fois !). Sa cuisine conjugue avec brio toutes ces influences, inventive et délicieuse, toujours joliment mise en scène dans les assiettes. Hormis quelques plats réguliers (comme le filet mignon au gorgonzola et épinard, les sashimis ou sushis mi-nippons mi-californiens), la carte change tous les jours et propose d'excellentes préparations de poisson et viande, ainsi que du gibier en saison. Pain maison tout chaud tout bon, et belle carte des vins. Évidemment assez cher, mais rien à redire, il y a beaucoup de talent et de travail dans ces assiettes !

Slocum's Grill : *3221 Main St. ☎ 760-934-7647. Plats env 20-35 $. Happy hours 16h-18h30.* Façade traditionnelle en bois et jolie déco évoquant un vieux saloon. Plusieurs salles intimes, banquettes en cuir ou tables bien espacées pour s'offrir un repas en amoureux. Grand choix de viandes grillées, assiettes de fromage, quelques poissons, mais aussi soupe à l'oignon ou bisque de homard façon bistrot français. Salades et snacks pour les appétits d'oiseau. Le tout se veut assez haut de gamme, avec des accompagnements originaux (purée maison, divers légumes frais), ainsi qu'une carte de vins prestigieux. Pour les amateurs, un coin bar pour goûter la blonde locale (on parle de bière !).

Clocktower Cellar : *6201 Minaret Rd. ☎ 760-934-2725. Au sous-sol du* Alpenhof Lodge. *Tlj 16h-23h, plus tard en saison.* Cadre typique de pub anglais avec une incroyable collection de sous-bocks et une flopée de capsules de bières collées au plafond ! Bar convivial et petites salles pleines comme un œuf les soirées d'après-ski. Le rendez-vous incontournable des locaux pour écluser un verre en bonne compagnie, notamment pas mal de bières à la pression. Écrans géants pour suivre les derniers matchs de base-ball ou *soccer,* baby-foot et billard gratuit jusqu'à 21h.

Manifestations

Nombreux événements sportifs tout au long de l'année, marathons et autres championnats de VTT, mais surtout de chouettes festivals de musique en été :

– **Mammoth Lakes Jazz Jubilee :** *pdt 4 j. début juil. Infos : ☎ 760-934-2478. • mammothjazz.org •* L'occasion d'écouter tous les styles de jazz : swing, *Dixieland, fifties* et *sixties...* Concerts live en plein air, au cœur des High Sierra Moutains. On appelle ça « *jazz with altitud* » !

– ***Mammoth Bluesapalooza & Festival of Beers :*** *pdt 4 j. fin juil-début août. Infos : ☎ 1-888-992-7397. • mammothbluesbrewsfest.com* • Un festival mêlant de bons groupes de blues cajun et 70 microbrasseries venues présenter leur breuvage... tout un programme ! Concerts bien arrosés donc, et immense barbecue.

– ***Mammoth Lakes Sierra Summer Festival :*** *pdt 4 j. début août. Infos : ☎ 760-924-3650. • sierrasummerfestival.org* • Concerts de musique classique, petits ensembles vocaux et instrumentaux, ainsi qu'un orchestre symphonique.

DANS LES ENVIRONS DE MAMMOTH LAKES

Devil's Postpile National Monument : *entrée à env 5 miles à l'ouest de Mammoth Lake, au bout de Minaret Rd. Infos : ☎ 760-934-2289. • nps.gov/depo* • Comme ce parc national est perché à près de 3 000 m d'altitude, on ne peut s'y rendre que de juin à début octobre, lorsque la neige a fondu. Et à moins d'y grimper à vélo (très sportif !), ou d'avoir une résa pour l'un des campings, il est interdit de dépasser le point de vue de Minaret Vista (beau panorama sur la vallée). Au-delà, seuls les bus du service des parcs sont autorisés à circuler sur la route d'accès étroite et sinueuse, longue de 17 miles. Tarif : 7 $ par jour, pour un nombre de trajets illimité. Ils partent toutes les 20 à 30 mn de la station de ski de Mammoth (1 mile avant Minaret Vista), tous les jours de 7h à 19h, et desservent les différents sites du parc. Compter 2h aller-retour seulement pour le fameux Devil's Postpile, auquel on accède par un petit sentier de moins de 1 mile. Les amateurs de roches et phénomènes volcaniques pourront y admirer les plus belles, les plus grandes et les plus régulières colonnes basaltiques du monde. Rappelez-vous *Rencontres du troisième type...* Sur place, il serait dommage de se priver de la belle balade le long de San Joaquin River, jusqu'à la cascade de Rainbow Falls (5 miles aller-retour depuis l'arrêt de la navette). On peut aussi poursuivre le sentier sur un peu plus de 1 mile en longeant la rivière jusqu'aux Lower Falls.

LEE VINING

400 hab.

Dominant le superbe lac Mono, Lee Vining se résume à une simple route-hameau sans charme, plantée d'une petite poignée d'hébergements et de deux stations-service. Rien à y faire si ce n'est y passer une nuit pour profiter des plus belles lumières matinales sur le lac, visiter l'incroyable ville fantôme de Bodie (située à 32 miles) et se rapprocher de l'entrée est *(Tioga Pass Entrance)* du parc de Yosemite (à 10 miles). Inconvénient : cette entrée est fermée jusqu'en mai à cause de la neige, parfois même jusqu'en juin. Dans ce cas, pas d'accès au parc par ce côté. On doit alors le contourner par le nord pour atteindre la porte ouest (compter 1 journée de route !)...

Adresses utiles

Mono Basin Visitor Center : *☎ 760-647-3044. Situé sur un promontoire dominant le lac Mono, à la sortie nord de Lee Vining. En saison, tlj 8h-17h.* Beau point de vue depuis la grande terrasse. Infos sur le lac, son origine géologique et celle de ses concrétions : petit film de 20 mn, expo, librairie. Également des infos sur les différents petits sentiers d'interprétation autour du site et des balades guidées proposées par les rangers. Ainsi que toutes les infos sur le Yosemite

LA CALIFORNIE

(vente du pass annuel).

■ @ ***Mono Lake Information Center :*** *☎ 760-647-6595. • monolake.org • Au centre de Lee Vining, sur la Hwy 395, au niveau de la 3e rue. Tlj 8h-17h (21h en juil-août).* Très bien documenté. Infos sur les balades dans la région (vente de cartes détaillées). Organise différentes visites guidées *(3 fois/j. en été),* ainsi que, les week-ends de mi-juin à août, des balades en canoë sur le lac Mono. Connexion Internet *(2 $ les 15 mn).*

Où dormir ? Où manger ?

Camping Mono Vista RV Park : *☎ 760-647-6401. À la sortie nord du village. Empl. tente env 20 $, camping-car env 35 $.* Ce n'est pas l'idéal, vu sa situation au bord de l'US 395, mais ça peut dépanner : 65 emplacements pour camping-cars très proches les uns des autres sur une pelouse, peu d'intimité mais pas mal de peupliers pour s'abriter du soleil. Le terrain pour les tentes est plus agréable, en retrait de la route et équipé de tables et de bancs en bois. Sanitaires très propres, jeux pour les enfants.

El Mono Motel : *Main St (US 395). ☎ 760-647-6310. • elmonomotel.com • Doubles 50-100 $ avec sdb commune ou privée.* Petite structure à l'ambiance relax. Seulement 11 chambres assez exiguës, avec salle de bains commune ou privée, la moitié d'entre elles bénéficiant d'un minicarré de pelouse. Confort simple mais suffisant, déco sobre pas déplaisante et propreté irréprochable. Pas de vue directe sur le lac, mais c'est le cas de quasiment tous les hôtels de la ville. Le vrai plus, c'est l'accueil sympathique et le petit coin cafétéria proposant un large choix de cafés spéciaux, bons cookies et muffins maison.

Murphey's Lodging : *Main St (US 395). ☎ 760-647-6316 ou 1-800-334-6316. • murpheysyosemite.com • Doubles 70-130 $ selon saison.* Établissement de taille moyenne en bois sombre, aux portes vertes pour ajouter une petite touche champêtre à l'ensemble. Chambres de motel lambda, banales et déco bien *cheap.* En dépannage si tout est plein ailleurs.

Lake View Lodge : *51285 Hwy 395. ☎ 760-647-6543 ou 1-800-990-6614. • lakeviewlodgeyosemite.com • Doubles 70-170 $ selon saison.* Les bâtiments de ce motel très motel profitent d'un environnement agréable, encadrant une grande cour arborée en surplomb de la rue, avec vue lointaine sur le lac du petit jardin. Chambres classiques et confortables, mais ensemble anonyme et sans âme. Petit déj et accueil plus que moyens.

Tioga Lodge : *Hwy 395, à 3 miles au nord de Lee Vining. ☎ 760-647-6074. • tiogalodgeatmonolake.com • Ouv de juin à mi-oct. Doubles 100-180 $ selon taille et saison.* Certainement l'adresse la plus séduisante du coin, et la seule à offrir une vue sur le lac. La jolie maison, située au centre de ce petit hôtel de 14 chambres, vient de l'ancienne mine de Bodie... sont comme ça, les Américains ! Que ce soit les chambres installées dans les charmants petits bungalows posés sur une pelouse, ou celles dans le bâtiment (assez vilain en revanche et presque au bord de la route), elles sont toutes mignonnes, confortables et personnalisées avec soin. Petit chemin menant au lac. Excellent accueil.

Whoa Nellie Deli : *22 Vista Point Rd, station-service* Mobil, *route de Yosemite. À 100 m de l'embranchement de la Hwy 395 (sortie sud de Lee Vining). ☎ 760-647-1088. Tlj 7h-21h. Plats du jour 8-20 $.* Attention les yeux, cette véritable station-service est l'une des meilleures adresses du coin ! Ce n'est pas une blague, ce deli abrite un authentique chef réputé dans la région qui, outre de bons petits déj, sandwichs bien frais et pizzas (à emporter si l'on veut), concocte de savoureuses et énormes salades colorées (sucrées-salées), des burgers juteux, ainsi que quelques plats du jour aussi surprenants qu'excellents. Sachant qu'on peut déguster le tout sur une terrasse profitant d'une belle vue sur le lac, on comprendra aisément qu'il y a souvent foule dans cette cafétéria de station-service hors catégorie.

À voir

¶¶¶ **Mono Lake :** *plusieurs points d'accès permettent de s'approcher du lac. Deux se trouvent sur la Hwy 395, au nord de Lee Vining (direction Bridgeport), d'abord au niveau de l'ancienne marina (Old Marina Site), puis du Mono Lake County Park (4 miles au nord).*
Là, une plate-forme en bois permet de s'approcher de la berge à travers d'anciennes concrétions. Selon la saison, celles qui ont encore les pieds dans l'eau dépassent franchement ou montrent tout juste la tête. Le *Mono Lake County Park* est également le point de départ d'une très belle balade jusqu'au *Black Point.* Adossé à un cône volcanique tapissé d'une surprenante poudreuse noire, on découvre, dans un silence de fin du monde, un paysage lunaire quasi surnaturel. Les sportifs tenteront d'ailleurs l'escalade du volcan, pour profiter d'un beau panorama sur la région. Prévoir alors de bonnes chaussures, du temps (on progresse difficilement dans le sable), de l'eau et un départ à la fraîche.
Le 3e point d'accès, le plus populaire, est situé sur la rive sud. Pour vous y rendre de Lee Vining, prenez l'US 395 vers le sud ; après 6 miles, tournez à gauche (vers l'est) sur la route 120 ; suivez-la pdt 5 miles, puis un chemin vous conduira au bord du lac. Entrée : 3 $; gratuit avec le pass annuel des parcs nationaux. C'est ici que vous verrez les plus belles concrétions (moins visibles avr-juil, période de hautes eaux). Sentier magnifique de 1 mile à parcourir dans un calme absolu (en tout cas hors saison). En été, tour du lac avec un guide, sorties ornithologiques et veillée d'observation des étoiles.
Apparu il y a plus de 700 000 ans (ce qui en fait l'un des plus vieux lacs d'Amérique du Nord), le Mono occupe une cuvette dans une zone d'altitude hostile, semi-désertique, où survivent tout juste des buissons de sauge. En toile de fond se dressent les sommets enneigés de la Sierra Nevada. Le cadre naturel est superbe, mais, si le Mono est célèbre, c'est avant tout pour ses étonnantes concrétions calcaires (vieilles de 13 000 ans) qui se dressent sur ses berges et hors de l'eau, comme d'éternelles sentinelles. Formées sous la surface, elles ont peu à peu été exposées lorsque le niveau du lac a baissé. Si le spectacle attire de nombreux touristes, il est aussi le révélateur d'un profond malaise. Car depuis les années 1960, le Mono vit un drame : les sources l'alimentant ont été détournées au profit de Los Angeles, consommatrice avide d'eau potable. Et les risques d'assèchement demeurent. D'ailleurs, depuis la dernière ère glaciaire, sa taille a été divisée par 60 !
Au centre émergent deux îles aux formes érodées. La blanche, *Pahoa,* apparue il y a environ 300 ans, est constituée de sédiments surélevés par l'activité sismique de la région. *Negit,* la noire, est plus ancienne (1 700 ans) et le fruit direct d'un épisode volcanique. Elles sont toutes deux interdites d'accès d'avril à fin juillet, afin de protéger l'immense colonie de mouettes qui y niche à cette période.
La route allant de Lee Vining à Bridgeport (celle qui conduit aussi à Bodie) longe le lac sur plusieurs miles. Un spectacle à couper le souffle, particulièrement au coucher du soleil... Somptueux !

BODIE

Dix ans après le début de la ruée vers l'or, les premiers filons découverts sur le versant occidental de la Sierra Nevada commençaient à s'épuiser. Certains mineurs décidèrent alors de se rendre sur le versant oriental pour « voir l'éléphant », comme on disait alors (chercher de l'or)... En 1859, un certain W. S. Bodey découvrit une pépite dans une zone d'altitude désolée

(à plus de 2 500 m). En quelques jours, une ville surgissait de terre : Bodie. Mais le premier hiver, qui vit des records de froid, fut terrible. Les morts, l'isolement, les difficultés d'approvisionnement poussèrent plus d'un prospecteur à reprendre leur balluchon. Bodie survécut.
En 1879, un filon très important fut découvert. En quelques semaines, la bourgade paumée devint la deuxième plus importante ville de Californie après San Francisco : 10 000 habitants, aventuriers de tout poil, desperados en quête d'un mauvais coup, bandits notoires, tenanciers malhonnêtes, prostituées et rares prêcheurs illuminés... Dès 1880, la ville comptait 65 saloons, un nombre indéterminé de bordels, une Chinatown et quatre magasins de cigares ! Quant aux mines souterraines, elles forçaient les hommes, payés 3 à 4 $ par jour, à travailler par 100 à 200 m de fond. Autant dire que Bodie n'était pas un paradis... D'ailleurs, à cette époque, quand on partait pour Bodie, la phrase consacrée était : « *Goodbye God, I'm going to Bodie !* » Pour effacer cette image profane, il fut décidé de faire une collecte afin de bâtir une église méthodiste. Les pasteurs ne voulurent jamais y venir car tout l'argent venait, prétendait-on, des bordels et bars à opium. À la grande époque, il y avait un mort par jour. Pour rire, les mineurs disaient : « *Well, have we got a man for breakfast this morning ?* »
En 100 ans de prospection, les mines de Bodie ont livré 100 millions de dollars d'or. Puis, en 1942, la ville fut définitivement abandonnée à la suite d'un arrêté gouvernemental. Ils n'étaient plus alors qu'une douzaine d'oubliés à vivre dans les décombres d'une ville en bois quasiment détruite 10 ans plus tôt par un gigantesque incendie (allumé par un gamin). Si 95 % de Bodie s'est envolé en fumée, il reste toutefois de très nombreuses maisons en état (partiellement restaurées), une église, des hôtels, une banque, la maison des pompiers et des pompes funèbres, une école, une prison, ainsi que les imposants bâtiments de la vieille mine qui surplombent ceux qu'elle a fait vivre. Sans être trop restaurée, la ville a bien gardé son esprit de jadis (on s'y croit vraiment). Située dans une lande désertique, où rien ne pousse sauf les cailloux, elle produit une impression assez fantasmagorique, presque angoissante. Rien n'a bougé. Si la plupart des bâtiments sont fermés, par les fenêtres sales on découvre des instants de vie figée. Les papiers peints s'émiettent, la poussière s'entasse, les vieux fauteuils et les paletots pendus aux patères sont bouffés par les rats, les planchers s'effondrent. Tout est là, sauf les habitants, dont beaucoup ont fini au cimetière sans même être débottés. Les Chinois et les gens de mauvaise vie (prostituées, voleurs et... enfants illégitimes) étaient inhumés hors de l'enceinte. Mais, de toute façon, toutes les tombes, ou presque, ont disparu, tant à l'intérieur qu'à l'extérieur. Leur souvenir perdure à travers une collection hétéroclite de vieux objets rassemblés dans le petit musée, judicieusement situé dans l'ancien Syndicat des mineurs. Toute la ville et ses environs sont classés *State Park.*

LA BELLE HISTOIRE DES VILLES FANTÔMES ET DE LA RUÉE VERS L'OR

En 1848, Marshall, un jeune employé des moulins à eau de la vallée de Sacramento, découvre quelques pépites d'or dans la rivière South Fork, à Coloma. À cet endroit précis, au bord de la route 49, on visite aujourd'hui le *Marshall Gold Discovery State Historic Park.*
Les rumeurs vont aussi vite que les diligences de la *Wells & Fargo.* Aussitôt, les tricheurs au poker, les filles de bar et les desperados affluent, et des dizaines de villes jaillissent du désert. Les saloons poussent aussi vite que les champignons. Et les chercheurs d'or, éternellement assoiffés, éclusent leur bière face à un énorme miroir afin de protéger leurs arrières.

Le moulin où eut lieu la formidable découverte appartenait à un certain John A. Sutter. Cet aventurier suisse, devenu colon au service du Mexique, fonda Sacramento (voir le fort Sutter dans cette ville). Il explora et administra une grande partie de la région. La vie de Sutter est racontée par Blaise Cendrars dans *L'Or,* livre qu'avait lu Staline ! Or, ce propriétaire commit la grave erreur de ne pas entourer ses terres de fil de fer barbelé. D'après la loi de l'époque, les terrains non clos n'appartenaient à personne. En quelques jours, le malheureux Sutter se vit dépouillé de toute sa propriété. Malgré de multiples procès, il ne put jamais reprendre possession de ses biens et mourut en 1871 dans la misère.
C'est le début d'une fantastique épopée. Tous ceux qui, aux États-Unis, rêvent de faire fortune, se mettent en branle. On part en bateau des grands ports de la côte Est, on double le cap Horn, on traverse à pied l'isthme de Panamá ou bien on s'en va à travers le continent en de longs convois qui partent de Saint Louis, sur le Missouri. Mais, lorsque le filon est tari, ces villes-champignons en bois sont abandonnées aussi vite qu'elles s'étaient peuplées. Certaines ont été admirablement restaurées. En de nombreux secteurs de l'arrière-pays californien, les villes fantômes *(ghost towns)* et anciens campements de chercheurs d'or présentent un intérêt considérable pour le touriste européen, qui n'en connaît généralement l'existence qu'au travers des productions hollywoodiennes.

Arriver – Quitter

Bodie est située sur la route 270, à 13 miles de la Hwy 395, près de Bridgeport – à 32 miles au nord de Lee Vining et en direction du Lake Tahoe. Les 3 derniers miles pour s'y rendre ne sont pas goudronnés mais sont très facilement praticables avec une voiture de tourisme. La route n'est généralement dégagée que d'avril à octobre-novembre (l'hiver, on y compte jusqu'à 3 m de neige !). Assurez-vous d'avoir assez d'essence, car il n'y a aucun service sur place.

– ***Bodie State Historic Park :*** *tlj 9h-18h (16h hors saison). Entrée : 7 $/pers ; réduc.* Doc en français vendue à l'office (2 $) avec le ticket d'entrée (commentaires très utiles sur les bâtiments et sur certains résidents).

Adresse utile

🅘 ***Visitor Center :*** *☎ 760-647-6445. Dans le musée, au centre de Bodie (angle Green et Main St). Tlj 9h-18h.* Organise différentes visites guidées thématiques de juin à mi-octobre, pour 20 personnes minimum. Compter de 7 à 15 $, horaires affichés sur le parking. En général, visites tous les jours à 11h, 12h, 13h et 14h.

Où dormir ? Où manger dans les environs ?

À Bridgeport

Une bourgade rurale de 500 habitants isolée dans une vaste plaine environnée de hautes montagnes, à quelques miles au nord de l'embranchement de la route 270 conduisant à Bodie – et à une trentaine de miles de l'entrée est *(Tioga Pass Entrance)* du parc de Yosemite. On y trouve une dizaine de motels à prix raisonnables, qui vaudront surtout pour ceux qui veulent dormir près de Bodie, ou qui font la route, en été, entre Yosemite et Lake Tahoe. À moins, bien sûr, d'avoir un faible pour les rodéos à l'ancienne mode organisés chaque été !

Virginia Creek Settlement : *Hwy 395, à 5 miles au sud de Bridgeport et 800 m avt l'embranchement pour Bodie. ☎ 760-932-7780. • virginiacrksettlement.com • Resto tlj sf lun hors saison. Doubles 75-135 $, chalets (pour 4-6 pers) 120-160 $ et wagon env 30 $. Plats 10-20 $.* Les enfants seront ravis : reconstitutions amusantes, vieilleries et photos-souvenirs dynamisent ce petit établissement pittoresque où « en 1897, rien n'est arrivé ! ». Un trait d'humour qui justifie des prestations aussi hétéroclites qu'originales. Au-dessus du restaurant, 2 chambres basiques, avec salle de bains partagée, 5 autres plus classiques à l'arrière, avec leurs propres sanitaires, et quelques petites cabanes avec kitchenette. On peut aussi planter sa tente, ce qui est moins indiqué (caillouteux), ou dormir dans un tepee ou dans un chariot couvert (wagon) près de la rivière. Au resto, atmosphère Old West, on s'en doute, pour une cuisine sans surprise : pizzas, salades, viandes et pâtes. Bon accueil.

SEQUOIA NATIONAL PARK

IND. TÉL. : 559

À environ 80 miles au sud du Yosemite, une splendide région (2 000 à 2 500 m d'altitude moyenne) qui regroupe d'imposants sommets granitiques, des gorges profondes, des lacs, des rivières, des forêts d'arbres millénaires et notamment des séquoias géants, dont le célèbre *General Sherman Tree* au tronc de 31 m de circonférence, ce qui en fait l'être vivant le plus imposant au monde. Attenant au Sequoia National Park, Kings Canyon offre aussi des paysages de forêts et rivières tumultueuses. Évitez de vous y rendre avant juin : les routes sont enneigées. Autre conseil : si l'on considère la seule beauté des séquoias géants, il n'est pas nécessaire d'aller à Yosemite pour cela, car les forêts du Sequoia National Park sont plus majestueuses que nulle part ailleurs. Cependant, tous nos lecteurs ne partagent pas notre avis. En revanche, le relief et les montagnes qui leur servent de décor de fond ne sont évidemment pas aussi spectaculaires qu'au Yosemite, beaucoup plus vaste.

– Il n'y a que 2 entrées, par la route 198 (Three Rivers) et par la 180 (Fresno). Si vous venez de Death Valley, n'espérez pas trouver une entrée à l'est du parc, il faut faire le détour.

– Entrée : 20 $/véhicule pour 7 j. ; 10 $ si l'on est à pied, en bus ou à vélo (Interagency Annual Pass accepté).

Adresses utiles

- ***Visitor Center de Foothills :*** *à l'entrée sud du parc, en venant de Three Rivers. ☎ 559-565-3135. Ouv 8h-17h.*
- ***Visitor Center de Lodgepole :*** *à quelques miles de la Giant Forest et de General Sherman. ☎ 559-565-4436. Tlj en été 9h-16h30.*
- ***Visitor Center de Grant Grove :*** *à l'entrée nord du parc, dans Kings Canyon, à deux pas du séquoia General Grant. ☎ 559-335-2856. Tlj 8h-18h.*
- ***Infos sur le parc :*** *☎ 559-565-3341. • nps.gov/seki • Infos pratiques et résas : • recreation.gov •*
- ***Réservations de lodges :*** *☎ 1-888-252-5757.*
- Autres services à Lodgepole : ***poste, laverie, épicerie*** (équipement pour randonneurs et campeurs), ***snack.***

Où dormir ?
Où manger ?

Dans le parc

Il existe une vingtaine de ***campings,*** répartis entre Sequoia National Park, Kings Canyon et Sequoia National Forest. *Attention, la plupart des campings sont ouv slt mai-oct. Résas : ☎ 1-800-365-2267 ou 1-301-722-1257 (depuis l'étranger). • recreation.gov • Empl. 12-20 $ avec une table et un barbecue. Les plus agréables sont ceux de **Buckeye Flat** (entrée sud), **Camping Sunset** et **Azalea** (Grant Grove Area) et aussi **Canyon View** (Cedar Gr, à l'extrémité est de Kings Canyon).*

Wuksachi Lodge : *à l'ouest de Lodgepole. ☎ 1-888-252-5757. • wuksachi-village-lodge.com •*

Doubles 155-220 $. Réparties entre plusieurs bâtiments, les 102 chambres plutôt luxueuses de ce complexe jouent la carte du rustique chic : décor en bois très chaleureux, beaucoup d'espace, frigo. Restaurant sur place. Ce *lodge* est d'autant plus agréable qu'il est situé en retrait de la route principale, au milieu du calme majestueux des séquoias.

À Three Rivers

Three Rivers Hideaway : *43365 Sierra Dr, Hwy 198. ☎ 559-561-4413. • threerivershideaway.com • Cabin 2 pers 80 $, empl. tente 30 $ pour 4, RV env 35 $ (électricité, eau et câble pour TV).* Seulement 3 cabins, dont 1 avec cuisine, toutes récemment rénovées, climatisées et propres, dans ce complexe plutôt fréquenté par les campeurs. Le site, assez agréable, s'étend entre la route et la rivière Kaweah. La plupart des emplacements pour les tentes sont ombragés. Douches gratuites, machines à laver. Accueil aimable.

Sequoia Motel : *43000 Sierra Dr, Hwy 198. ☎ 559-561-4453. • sequoiamotel.com • À 3 miles de Three Rivers, sur la route du parc, à droite. De 90 $ pour 2 à 130 $ pour 6.* Petit motel avec 2 bâtiments en bois, dont les 14 chambres n'offrent pas un charme particulier, mais sont confortables et très propres. Idéalement situé, à quelques miles de l'entrée du parc. Petite piscine. Accueil très sympa.

LA CALIFORNIE

À voir

Crystal Cave : *à 15 miles au nord de l'entrée sud du parc, à 3 miles au sud du General Sherman. Entrée : 11 $ (réduc) pour une visite guidée d'env 45 mn. Attention, en raison des distances et de la fréquentation, les billets doivent être achetés au moins 1h30 avt l'horaire de la visite et sont en vente slt aux* Visitor Centers *de Lodgepole et de Foothills.* Après une petite marche en pente douce de 15 mn au milieu de la forêt, on entre dans cette grotte découverte en 1918, où la température oscille entre 9 et 10 °C ; pensez à votre petite laine. Les rivières souterraines ont façonné des décors étonnants dans différentes salles, où stalagmites et stalactites s'entremêlent, tantôt en nef de cathédrale, tantôt en orgues. L'éclat du marbre ajoute à l'ambiance très particulière du lieu. Les commentaires des rangers spéléologues qui conduisent la visite sont très intéressants.

Moro Rock : du sommet de ce dôme en granit situé dans la Giant Forest, vous aurez une vue imprenable sur la partie ouest du parc. On accède à son sommet par un escalier assez raide, qui permet de gravir les 91 m du rocher. En poursuivant sa route vers l'est, on peut passer en voiture à travers le tronc d'un séquoia couché, avant d'atteindre ***Crescent Meadows,*** lieu de villégiature préféré des ours bruns qui peuplent le parc.

Le séquoia géant General Sherman : *dans la Giant Forest, à droite de la General Hwy qui traverse le parc du sud au nord. À un peu moins de 2 miles avt le* Visitor Center *de Lodgepole.* Ce monstre sacré de la forêt fut nommé d'après un héros de la guerre de Sécession. Très bien indiqué.

Le séquoia General Grant : *situé dans le coin de Grant Gr (futaie de Grant), à la sortie ouest du parc. Très bien indiqué, on y accède en faisant une petite balade entre d'autres géants, en*

LE PLUS GRAND ÊTRE VIVANT

On ne connaît pas son âge exact, mais le General Sherman pourrait avoir entre 2 300 et 2 700 ans ! Il compte parmi les plus vieux arbres de la planète. Ses mensurations dépassent tous les superlatifs : 84 m de haut, 11 m de diamètre, un poids total de 1 256 t, qui font de lui l'être vivant le plus volumineux sur Terre. S'il a le malheur de perdre une de ses précieuses ramures, c'est une catastrophe nationale ! C'est arrivé en 1978.

particulier le Fallen Monarch, un séquoia couché et dans le tronc duquel on peut marcher, comme dans un tunnel. Encore un autre vieux patriarche bien conservé. Le concurrent du séquoia General Sherman est moins vieux, moins haut, mais plus grand à sa base (diamètre de 12,30 m).

YOSEMITE NATIONAL PARK

À environ 320 miles au nord de Los Angeles et 180 miles à l'est de San Francisco, ce fut le premier site protégé du monde, dès 1864, par un décret signé par Abraham Lincoln en personne ! Grâce à l'intense travail de lobbying de John Muir (1838-1914), un Écossais formé aux États-Unis, botaniste, géologue et vulgarisateur, Yosemite devint officiellement un parc national en 1890. En plein cœur de la Sierra Nevada, c'est l'une des grandes zones privilégiées de la faune et de la flore du continent américain, l'image même que l'on se fait des montagnes de l'Ouest américain : séquoias géants, paysages incroyables, panoramas à couper le souffle, et tous les animaux sauvages (loups, ours, pumas et daims) !
On a donné à cette vallée le nom de Yosemite (prononcer « lossémiti ») en référence à une tribu indienne, les Uzumatis, exterminée au milieu du XIXe s. Le Yosemite Park couvre des milliers d'hectares de forêts et de montagnes grandioses dont l'altitude varie entre 600 et 3 960 m. La vallée de Yosemite (au centre du parc) est l'un des plus beaux exemples de vallée glaciaire qui soient, dominée par El Capitan et Half Dome, de fantastiques monolithes uniques au monde. La vallée se caractérise par des flancs hauts et abrupts et un fond plat où coule la Merced River, qui est tout ce qui reste du lit du glacier.

Comment y aller ?

En bus ou train-bus

➢ ***Par l'Ouest :*** depuis San Francisco ou Los Angeles, la solution la plus simple est de se rendre d'abord en train jusqu'à Merced, à 80 miles de *Yosemite Village,* puis de rejoindre le parc avec l'une des 2 compagnies de bus qui desservent cette ligne. Prévoir alors 2h-2h30 de route.

Amtrak : ☎ *1-800-872-7245.* • *amtrak.com* • Liaisons en train jusqu'à Merced, depuis San Francisco (4h) ou Los Angeles (6h). Possibilité d'acheter un billet combiné train-bus avec connexion à Merced. Tarifs variables selon heure de départ, jour et période de résa.

Merced Via/Yarts Bus Line : ☎ *209-384-1315* (Via) *et 209-722-0366 ou 1-877-98-2787* (Yarts). • *via-adventures.com* • *yarts.com* • *Env 13 $ l'aller, 25 $ l'A/R entre Merced et Yosemite (trajet 2h-2h30), droits d'entrée dans le parc inclus. A/R depuis Mariposa 12 $. Fonctionne tte l'année.* Ces 2 compagnies proposent en moyenne 6 bus/j. pour le parc à la belle saison, qui empruntent la route 140 au départ de Merced (horaires en fonction des heures d'arrivée du train Amtrak) via Mariposa, Midpines (AJ Yosemite Bug) et El Portal (Yosemite View Lodge). En été, liaisons également avec Lee Vining Mammoth Lakes, à l'est du parc. On peut acheter ses billets à bord du bus ou dans un certain nombre d'hôtels de ces villes.

➢ ***Par l'Est :*** les bus du *Inyo Mono Transit,* en particulier la ligne CREST, qui relie Bishop à Reno, s'arrêtent à Mammoth Lakes et Lee Vining *(infos : ☎ 760-872-1901).* Puis connexion avec les bus *Yarts* ou *Via* (voir ci-dessus). ATTENTION, cette route franchit le Tioga Pass, un col situé à une altitude de 3 031 m, ouvert seulement de mai à octobre (et encore, pas toujours, ça dépend du climat !), pour cause d'enneigement.

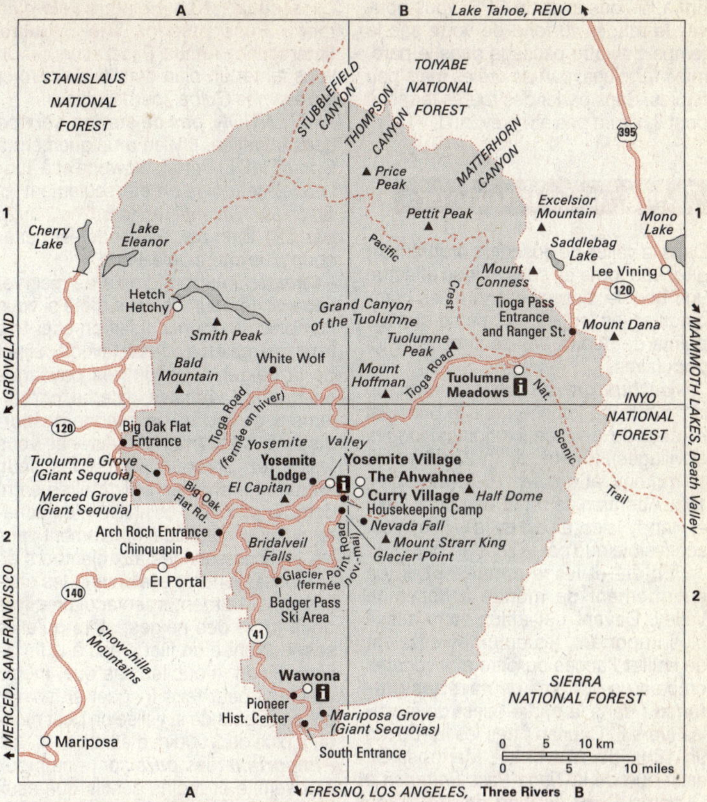

YOSEMITE NATIONAL PARK

En voiture

Le parc est immense : les routes étant sinueuses et la vitesse limitée, il faut compter environ 2h pour le traverser (sans s'arrêter !) d'ouest en est. Un territoire de 3 108 km^2 tout de même !

➢ ***4 entrées :*** 2 à l'ouest, ***Big Oak Flat Entrance,*** facile d'accès si vous venez de San Francisco, et ***Arch Rock Entrance,*** un peu plus au sud (direction Merced). Ceux qui viennent directement de Los Angeles arriveront à priori par la ***South Entrance.*** Si c'est votre cas, tournez tout de suite à droite après l'entrée du parc pour ne pas rater les formidables séquoias de Mariposa Grove (les plus beaux du parc). Si vous venez de Las Vegas, de Death Valley, de Mammoth Lakes ou du lac Tahoe, ATTENTION : la ***Tioga Pass Entrance,*** entrée à l'est par Lee Vining, est fermée une grande partie de l'année à cause de la neige. Ne comptez pas passer avant mai. Certaines années, il faut même attendre fin juin ! Seule solution pour atteindre le parc : un détour de 7 à 8h pour rejoindre l'entrée la plus proche ! Alors, si vous venez à une période charnière, bien se renseigner avant. *Road Conditions : ☎ 1-800-427-7623, • dot.ca.gov •, infos sur tte la Californie ou ☎ 209-372-0200, slt sur le Yosemite et infos météo, 24h/24.* Les 3 autres entrées sont normalement ouvertes toute l'année. Mais de novembre à avril, il est souvent nécessaire d'avoir des chaînes.

Enfin, si vous avez un GPS, vous pouvez le ranger au fond de votre sac le temps de votre passage dans le parc. Infos farfelues, parfois drôles mais peu fiables. Sans parler des routes fermées dont il n'aura pas été prévenu !

Transports intérieurs

Dans la vallée de Yosemite proprement dite, une route en sens unique effectue une boucle, desservant tous les campings et les *lodges,* de même que les points de départ des sentiers les plus populaires.

➢ Un ***bus gratuit*** *(shuttle)* effectue la navette tte l'année dans le principal secteur de la vallée (campings, *lodges* et villages). En été : tlj 7h-22h, ttes les 10 mn env, et ttes les 15-30 mn après 19h. Attention, la route de Mirror Lake et Happy Isles, à l'est de la vallée, n'est accessible que par le *shuttle.*

➢ En été et les w-e mai-sept, il y a énormément de monde à Yosemite Valley. Devant cet afflux sans cesse plus important, les autorités essaient de limiter l'accès du parc aux voitures grâce à un système de ***navettes gratuites*** : dans la partie ouest de la vallée (vers El Capitan ; ttes les 15-30 mn 9h-18h), de Wawona à Mariposa Gr, ainsi que de la *Tioga Pass Entrance* à Olmsted Point (le long de la 120, ou Tioga Rd).

➢ Du printemps à l'automne, les randonneurs peuvent aussi profiter du service du ***hikers bus*** *(☎ 209-372-1240 ; env 20 $ pour gagner Glacier Point ou en revenir sans devoir retourner sur ses pas).* Un service similaire relie Tuolumne Meadows à la Yosemite Valley. Cher mais pratique.

Infos et conseils pratiques

– ***Infos sur le parc :*** *par courrier, s'adresser au Superintendant, Yosemite National Park, CA 95389. ☎ 209-372-0200.* ● *nps.gov/yose* ● Site internet très complet.

– ***Entrée :*** *20 $/véhicule, valable 7 j. consécutifs ; 10 $ à pied, à vélo ou à moto.* Pass America The Beautiful (Interagency Annual Pass) *accepté.* On vous remet un plan détaillé du parc et le *Yosemite Guide,* journal officiel.

– *ATTENTION,* ***pas de station-service*** dans la vallée. Il y en a uniquement à Crane Flat, El Portal, Wawona et à Tuolumne Meadows en été seulement *(tlj 8h ou 9h-18h, mais accessibles 24h/24 par CB).* Bien sûr, l'essence est beaucoup plus chère qu'ailleurs.

– ***Climat :*** il est préférable de réserver votre visite pour les mois d'été si vous comptez randonner. Il fait en effet très froid, même en avril-mai (avec souvent de la neige). Cela dit, les paysages hivernaux, avec les rivières partiellement gelées et un silence assourdissant, sont magnifiques – et vous les aurez presque pour vous seul. Important : chaînes obligatoires entre octobre et avril. Possibilité d'en acheter ou louer sur place, notamment dans les stations-services aux alentours de Mariposa. À noter également, les chutes sont vraiment spectaculaires lors de la fonte des neiges, alors qu'elles se réduisent à un filet d'eau à la fin de l'été. Sinon, n'oubliez pas que, même en été, il peut faire frisquet en soirée, car en dehors de la vallée on peut monter à plus de 3 000 m d'altitude.

– ***Important :*** les ***ours*** sont nombreux à Yosemite et moins gentils que ceux de Walt Disney ! Des randonneurs se font attaquer chaque année, et il est impératif de respecter certaines règles de sécurité si vous campez ou partez en randonnée. Conserver toute la nourriture (ainsi que tout ce qui sent bon, comme savon, after-shave, produits de beauté ou mousse à raser) dans une grosse boîte en fer que l'on trouve à chaque emplacement de camping (également la location de *bear cans* – s'ouvrant avec un tournevis – au magasin de sports). Ne rien laisser non plus dans votre tente, ni dans votre voiture (les ours arrachent les portes avec une étonnante facilité, plus de 1 000 voitures sont fracturées tous les ans !). D'ailleurs, la plupart des voitures sont « contrôlées » chaque nuit par les rangers. Toutes ces mesures ne sont pas à prendre à la légère, pour votre propre sécurité mais aussi afin de protéger « l'instinct sauvage » de ces animaux. L'homme fait d'ailleurs des dégâts chaque année sur les routes du Yosemite. En 2011, 15 ours ont été renversés par des voitures. Alors ***respecter les limitations de vitesse*** dans le parc, c'est aussi respecter la nature !

– ***Moustiques :*** moins dangereux que les ours mais beaucoup plus nombreux ! Tout petits mais costauds, ils pullulent en été, même à plus de 2 000 m d'altitude ! Un répulsif efficace est o-bli-ga-toire (voir aussi le chapitre « Santé » au début du guide). Évitez le parfum, les moustiques adorent ça !

– Dans un registre beaucoup plus inoffensif, les ***écureuils*** du parc abondent et viennent jusqu'à vos pieds pour quémander à manger. Il est interdit de les nourrir, d'autant que certains trimbalent la rage.

Adresses utiles

En arrivant dans la vallée de Yosemite, s'arrêter impérativement au ***Visitor Center*** : *tlj 9h-19h30 (17h ou 18h en basse saison).* Les rangers vous donneront différentes cartes indiquant les routes, les randonnées pédestres, les pistes cyclables, ainsi qu'un petit journal très complet sur le parc *(Yosemite Guide).* Également affichés, la météo et l'état des routes. On peut aussi demander une petite brochure de présentation générale en français. Infos sur le taux de remplissage de chaque camping (tableau d'affichage à consulter), téléphones « de courtoisie » reliés directement aux hôtels des environs (situés hors du parc). Vitrines pédagogiques et vidéos présentant le milieu naturel de Yosemite (géologie, topographie... et les dangers du feu). En saison, le service des parcs propose tous les jours des programmes différents, en particulier des balades accompagnées sur toutes sortes de thèmes (faune, flore, photo, etc.).

2 autres ***Visitor Centers :*** *à* ***Tuolumne Meadows*** *(tlj 9h-17h, 18h en hte saison) ; et à* ***Wawona*** *(slt en été, tlj 8h-17h).* Mêmes infos très complètes.

Ceux qui envisagent de partir plusieurs jours en randonnée doivent s'adresser au ***Wilderness Center*** *(tlj 8h-17h),* tout proche. On peut aussi demander un permis par téléphone *(☎ 209-372-0740),* ou sur Internet *(● nps.gov/yose/wilderness/permits.htm ●).* C'est ici que l'on obtient les permis de camping obligatoires *(backcountry permits)* pour les randonnées de plus de 1 journée dans le parc (résas possibles jusqu'à 24 semaines à l'avance, en indiquant de préférence 2 ou 3 choix de destinations pour être sûr d'en décrocher une). Vente de cartes détaillées. On trouve aussi toutes les infos sur la météo, ainsi que sur l'état des sentiers. En été, on peut également s'adresser à l'une des 4 annexes à *Wawona,* à *Big Oak Flat,* à *Hetch Hetchy* ou à *Tuolumne Meadows. Tlj 8h-16h30.* Mêmes services.

✉ ***Poste :*** *à* ***Yosemite Village.*** *Lun-ven 8h30-17h ; sam 10h-12h. L'été, petites annexes à* ***Tuolumne Meadows*** *et* ***Wawona*** *(lun-ven 9h-17h ; sam 9h-12h).*

Distributeurs de billets (ATM) **:** *au* ***supermarché*** *et à la* ***Bank of America,*** *dans* ***Yosemite Village*** *; au* ***Curry Village,*** *dans le petit supermarché ; au* ***Yosemite Lodge,*** *à la réception ; à* ***Wawona,*** *dans le* Pioneer Gift Shop/Grocery *; à* ***Tuolumne Meadows,*** *dans l'épicerie ; au* Yosemite View Lodge *à* ***El Portal.***

Yosemite Medical & Dental Clinic : *à* ***Yosemite Village.*** *☎ 209-372-4637. Tlj 8h-19h (sur rdv, slt lun-ven 8h-17h).* Traite les urgences 24h/24.

Garage : *à* ***Yosemite Village.*** *☎ 209-372-8320. Tlj 8h-12h, 13h-17h.*

Location de vélos : *au* ***Yosemite Lodge*** *(☎ 209-372-1208) tte l'année (si le temps le permet) et au* ***Curry Village*** *(☎ 209-372-8319) avr-oct. Lire plus loin « À voir. À faire. Balades à vélo ».*

Supermarchés Village Store : *à* ***Yosemite Village*** *et au* ***Curry Village.*** *Tlj 8h-22h (21h en hiver). Également des petites épiceries en saison à* ***Tuolumne Meadows*** *(tlj 9h-18h) et* ***Wawona*** *(tlj 8h-20h).*

Laverie : *au* ***Housekeeping Camp,*** *dans la vallée. Tlj 8h-22h.*

Douches : *au* ***Curry Village*** *(24h/24) et au* ***Housekeeping Camp.*** *Tlj 7h-22h à partir de mai. Également au* ***Tuo-***

lumne Meadows Lodge en été (slt l'ap-m). Tarif : 5 $.

■ ***Magasin de sports :*** ***Sport Shop** à **Yosemite Village.** Tlj 8h-18h.* Sacs à dos, équipement de camping et d'escalade, chaussures de randonnée, etc.

■ Restos, snacks, boutiques : *à **Yosemite Village** et au **Curry Village.***

Où dormir ? Où manger dans le parc ?

Campings

Comme dans tous les parcs nationaux, c'est la solution idéale ; la plus économique mais aussi le meilleur moyen de vivre en harmonie avec la nature et de bien découvrir ses richesses.

Le parc possède 13 campings avec des niveaux de confort variables. La moitié peut être réservée, l'autre non. La vallée concentre les plus grandes beautés du parc : El Capitan, Half Dome, Glacier Point... Bien sûr, la plupart des campings s'y trouvent. L'été, c'est donc bondé, mais il est parfois possible de trouver de la place au dernier moment. À vous de savoir si vous préférez assurer le coup ou prendre le gros risque de ne pas trouver de place. Méfiez-vous en outre des dates d'ouverture : seuls 4 terrains sont ouverts toute l'année. Ceux proches de l'entrée ouest et de la *Tioga Pass Entrance* ne le sont généralement que de juin-juillet à septembre. Le séjour maximum autorisé est de 1 semaine entre le 1er mai et le 15 septembre dans la Yosemite Valley et à Wawona, de 2 semaines dans les autres secteurs. Sur place, toutes les infos dans le *Yosemite Guide* distribué au *Visitor Center.* Sinon, le site du parc est très bien fait :

• nps.gov/yose/trip/camping.htm •

– ***Réservations :*** *s'adresser au* National Park Service. *Depuis l'étranger, ☎ 518-885-3639 ; des États-Unis, ☎ 1-877-444-6777. Le mieux est de consulter le site • recreation.gov • Résas possibles jusqu'à 5 mois à l'avance, avec sa CB.*

– ***Si vous n'avez pas réservé,*** il reste la possibilité de se présenter très tôt le matin (après 10h, tout est complet) sur les sites fonctionnant sur la base du *first come, first served* (« premier arrivé, premier servi »). Un seul est situé dans la vallée *(Camp 4).* Les autres se trouvent pour la plupart sur la route de Tioga Pass, et 3 d'entre eux n'ont pas d'eau potable (*Tamarack Flat, Yosemite Creek* et *Porcupine Flat*). Autre inconvénient : ceux qui sont venus en bus ne pourront pas s'y rendre. Malgré tout, il peut être judicieux de planter sa tente par là, car en été cela vous permettra d'éviter la cohue de la Yosemite Valley. Si tout est complet, il vous reste éventuellement la possibilité de demander gentiment à des gens de partager leur site (repérez ceux qui ont une petite tente et qui ne sont que 2). Les emplacements avec eau potable sont généralement à 20 $, 10 $ s'ils n'en ont pas.

– Si vous tenez absolument à dormir dans la vallée et que tout est plein, il reste une dernière option : les annulations. Se rendre au chalet des *Campground Reservations*, au *Curry Village* *(ouv 8h-14h30 en été),* et s'inscrire sur la liste d'attente. On vous annoncera dans l'après-midi s'il reste des emplacements libres ou pas. Alors rendez-vous au chalet très tôt, car à 8h la file est déjà longue !

– Vous pouvez aussi vous rabattre sur les ***campings*** situés ***hors du parc,*** dans les forêts domaniales d'Inyo, Sierra et Stanislaus. Ils sont assez nombreux, le plus généralement sans réservation et gratuits (équipement rudimentaire). On en trouve plusieurs de bien agréables à la sortie est du parc par la 120, près des lacs (ouverts, bien sûr, en fonction de la fonte des neiges). En dernier ressort, il existe aussi des terrains privés.

– ***Important :*** suivre impérativement les règles de sécurité élémentaires pour éviter d'attirer les ***ours*** à l'odorat si sensible. Utiliser les casiers en métal mis à disposition ou conserver ses aliments dans des boîtes hermétiques. Ne rien laisser non plus dans sa voiture.

Dans la Yosemite Valley

Les 4 campings situés dans la vallée, *Lower Pines, Upper Pines, North*

Pines et *Camp 4,* sont très demandés durant la période estivale. Si vous voulez y dormir, il est quasi obligatoire de réserver plusieurs semaines, voire plusieurs mois à l'avance. Mais sachez que, en été, la sérénité attendue est rarement au rendez-vous. Il y a foule ! À cette période, on conseille donc plutôt les terrains situés hors de la vallée. Hors saison, il y a plus souvent de la place (sauf le week-end) et tout est plus calme. Tous sont accessibles en voiture ou *shuttle* (gratuit). À noter, le *Camp 4* est le seul de la vallée qui ne prend pas les réservations.

⛺ ***North Pines Campground :*** *ouv avr-sept, sur résa. Empl. 20 $.* Campement sur un terrain sablonneux, sous les pins. Seulement 81 emplacements, très demandés, à la confluence des rivières Tenaya et Merced. Beaucoup d'ombre. Espace assez important entre les tentes, sanitaires corrects bien que très rudimentaires. Douches au *Curry Village.* Peut-être un peu plus agréable que ses 2 voisins.

⛺ ***Upper Pines Campground*** *(ouv tte l'année, sur résa mars-nov)* et ***Lower Pines Campground*** *(ouv slt mar-oct, sur résa) : empl. 20 $.* À deux pas l'un de l'autre, juste de l'autre côté du cours d'eau – mais légèrement en retrait. Là aussi, les emplacements sont abrités par les pins. Chacun dispose d'une table, d'un barbecue et d'un coffre métallique à nourriture. Les emplacements de *Lower Pines* sont légèrement plus grands que ceux de son camping voisin. Douches au *Curry Village.*

⛺ ***Le Camp 4 :*** *à l'ouest de la vallée, juste après le* Yosemite Lodge, *au pied du sentier menant aux Upper Yosemite Falls. Empl. 5 $/pers.* C'est un walk-in campground : on laisse sa voiture sur un grand parking, juste à côté. Un petit camp basique avec peu d'espace entre les tentes et manque évident d'intimité et d'ombre dans l'ensemble.

Dans le reste du parc

Si vous aimez la tranquillité et que vous êtes motorisé, privilégiez les terrains situés hors de la vallée durant toute la période s'étendant de mai à octobre. Cela dit, ils sont rarement ouverts hors saison estivale (à cause de la neige !) et sont aussi prisés... Hormis celui de Tuolumne Meadows, ils ne possèdent pas de douches. Les trajets étant assez longs dans le parc, choisissez bien votre point de chute.

⛺ ***Hodgdon Meadow :*** *près de l'entrée ouest du parc (Big Oak Flat Entrance). Ouv tte l'année. Résa obligatoire avr-sept ; le reste de l'année, « premier arrivé, premier servi ». Empl. 20 $, 14 $ oct-avr.* Situé tout contre l'entrée ouest, sous les pins. Un camping d'une centaine d'emplacements, plutôt agréable car il offre un peu plus d'espace et d'intimité. Pas de douches, juste un point d'eau.

⛺ ***Wawona Campground :*** *au sud du parc. Ouv tte l'année. Résa obligatoire avr-sept. Empl. 20 $, 14 $ oct-avr.* L'un des moins agréables de par sa situation, juste en contrebas de la route, avec une petite centaine d'emplacements très rapprochés manquant de tranquillité. Toutefois, au bord de la rivière et plutôt moins fréquenté que les campgrounds de Yosemite Valley.

⛺ I●I ***Tuolumne Meadows Campground :*** *au nord-est du parc, proche de la* Tioga Pass Entrance. *Ouv juil-sept. Possibilité de résas. Empl. 20 $.* Certes éloigné de Yosemite Valley mais vaste (300 emplacements), donc pratique quand tout est plein ailleurs. Environnement très agréable, plein de superbes randos dans le coin. En prime, on profite des nombreux services sur place : resto pour le petit déj et le dîner, douche, *ranger station,* poste, superette, etc.

⛺ I●I ***White Wolf Campground :*** *au nord, en retrait de la Tioga Rd. Desservi par les bus Yarts. Ouv de juil à mi-sept. Empl. 14 $.* Ce petit camping, sur le mode du « premier arrivé, premier servi », occupe un joli site en pleine forêt, largement à l'écart de la route. Autre avantage, et pas des moindres, il dispose d'un petit resto champêtre servant des repas le soir *(menu env 25 $).* Emplacements un peu resserrés, équipés de bancs et de tables.

⛺ Également le ***Bridalveil Creek Campground*** *(ouv de juil à mi-sept) sur la route de Glacier Point, avec 110 empl. pour tentes et camping-cars (14 $).* Pas *de résas, système du « first come, first served ».* Ainsi que ***Crane Flat Campground*** *(ouv juin-sept), sur Big Oak Flat Rd, proche de l'entrée ouest. Plus de 160 empl. 20 $.*

Si vous n'êtes pas trop à cheval sur le confort, les campings de ***Porcupine Flat*** *(ouv de juil à mi-oct),* ***Tamarack Flat*** *(ouv de mi-juin à mi-sept)* et ***Yosemite Creek*** *(ouv slt de juil à mi-sept)* sont les plus « primitifs », sans eau potable. *Sur Tioga Rd pour le 1er, à 3 et 5 miles de la Tioga Rd pour les 2 suivants. Fonctionnent sur le principe « first come, first served ». Compter 10 $ slt.* Tous sont réservés aux tentes seulement (sympa !). Magnifique environnement sauvage et petite rivière pour se ravitailler en eau (à purifier). Évidemment, à part les ours, ce n'est pas la foule des grands jours !

Lodges et cabins

– Pour réserver un lodge ou une cabin à l'intérieur du parc, s'adresser au ***Yosemite Reservations Delaware North Companies :*** *6771 N Palm Ave, Fresno, CA 93704. ☎ 559-252-4848 ou 801-559-5000 (résas). ● yosemitepark.com ●* Dépôt obligatoire équivalant au prix d'une nuit. De juin à septembre, vous avez de grands risques d'entendre le répondeur vous dire que tout est sold out (plein à craquer), car il faut en principe réserver 1 an à l'avance ! Tentez tout de même votre chance, il arrive que des annulations de dernière minute libèrent des places.

Dans la Yosemite Valley

De bon marché à prix moyens

Curry Village : canvas tent-cabins *90-125 $/nuit (avec ou sans chauffage) et cabins (murs en dur) env 90-195 $ avec ou sans sdb. Également quelques chambres tt confort env 130-190 $ selon saison.* Au milieu de la forêt, un immense campement à la romaine aux unités alignées comme à la parade. Charme discutable. Tentes véritables, contenant 2 lits sommaires, érigées sur des plates-formes en bois. Prévoir un sac de couchage. Douches (chaudes) communes. Une chance de trouver une place sans réservation en y allant entre 12h30 et 17h. Belle piscine sur le site. On trouve des tent-cabins similaires avec chauffage *(avr-oct slt)* à White Wolf Lodge et Tuolumne Meadows, édifiées sur une dalle de ciment et avec un poêle à l'ancienne. Les prix sont sensiblement les mêmes. Les cabins sont des petits chalets en bois avec lits, étagères et chauffage. Pas désagréables car un peu à l'écart du food court et donc de la foule, mais certains face au parking.

Housekeeping Camp : *à côté du Curry Village. Ouv slt de mi-avr à mi-oct. Nuit 76-80 $, 5 $/adulte supplémentaire, gratuit pour les enfants.* Un genre de camping, plutôt compact, composé de tent-cabins mitoyennes un peu améliorées, avec une partie en dur surmontée d'un toit en toile, la chambre (lits superposés ou double pour 4 personnes), et un espace à ciel ouvert délimité par des murs en bois (tables et bancs). Douches communes. Basique. Location de draps, oreillers, couvertures, chaises...

Degnan's Deli & Cafe : *à Yosemite Valley. ☎ 801-559-4884. Deli tlj 7h-17h et cafét 11h-18h.* Sandwichs frais préparés à la demande *(env 6 $),* salades mixtes, chips, fruits, boissons, etc. De quoi se taper la cloche sur les sentiers de rando ! Pour le petit déj, café *espresso,* snacks et jus de fruits. Terrasse.

De chic à très chic

Yosemite Lodge at the Falls : *ouv tte l'année. Sur place,* food court *avec cafét pour le petit déj et le* Mountain Room Restaurant *ouv le soir slt 17h30-21h30. Doubles motel env 130-165 $ selon saison, au* lodge *125-210 $. Dîner 20-40 $.* Idéalement situé au cœur du parc, il se compose de plusieurs bâtiments sans beaucoup de charme de 1 ou 2 étages. Au choix : quelques chambres simples de style motel et près de 220 chambres de lodge, plus grandes, avec un petit effort de déco et une petite terrasse ou un balcon.

YOSEMITE NATIONAL PARK

The Ahwahnee : *ouv tte l'année. Une vingtaine de cottages luxueux env 470-530 $ selon saison ; doubles dans le lodge à partir de 470 $, jusqu'à plus de 1 100 $ la suite présidentielle (!). Au resto, petit déj-buffet env 25 $ (brunch 50 $ dim !), déj env 25-30 $ et dîner 50 $. Massages.* Le plus beau et le plus couru des lodges du parc. Construit en 1927, c'est un (très) gros chalet en bois et pierre, avec un intérieur à la fois rustique et très chic : hauts plafonds avec chandeliers, salons d'apparat avec cheminées monumentales, piano-bar *(mer-dim)*, superbes kilims et antiquités indiennes... du très haut standing ! Les chambres sont bien sûr personnalisées et ultra-confortables, avec frigo, peignoirs, etc. Quant aux cottages, ils sont joliment répartis dans le jardin luxuriant, au pied des falaises, spacieux et tout confort. Belle pelouse et petite piscine ombragée. On peut également se contenter d'y prendre un repas, histoire d'admirer la salle de restaurant, assez spectaculaire (tenue correcte exigée au dîner !).

Dans le reste du parc

Wawona Hotel : *à l'extrême sud du parc. ☎ 209-375-6556 ou 801-559-5000 (résas). Liaison en shuttle gratuit avec Yosemite Valley juin-sept, tlj 8h30-15h30. Ouv fin mars-fin déc. Doubles avec sdb commune ou privée 140-230 $ selon saison.* Situé tout près de l'entrée sud, cet élégant lodge en bois blanc, de style victorien, date de 1876. C'est le premier à avoir été édifié dans le parc. Les nostalgiques de Rhett Buttler et de Scarlett apprécieront sans réserve la délicieuse atmosphère rétro du lieu, en rêvassant depuis les grandes galeries donnant sur le parc. Chambres agréables avec une petite touche de personnalité romantique, à l'image de la maison. Les joueurs de golf y trouveront un 9-trous en plein parc ! Terrain de tennis et piscine également. Resto assez chic avec d'intéressantes formules buffet ; vente de sandwichs et snacks au golf shop. Sans oublier toutes les infos pratiques sur le parc *(Visitor Center sur place, tlj 8h-17h).*

Tuolumne Meadows : *proche de la* Tioga Pass Entrance, *au nord-est du parc. ☎ 209-375-8413. Théoriquement ouv mai-oct. Bien se renseigner, ouv slt à partir de juil certaines années (selon enneigement). Resto 7h-9h, 18h-20h, sur résa slt. Compter 120 $ pour 2.* Campement rustique dans un environnement sauvage, à deux pas de la cascade Miller. Logement en canvas tent-cabins, avec 4 lits simples ou 1 lit double et 2 superposés. Chauffage au poêle, couverture, draps et serviettes fournis. Douches et toilettes impeccables, avec eau chaude à volonté. Interdit d'y faire sa popote, pour éviter d'attirer les ours (nombreux dans le coin !). Vous pourrez enfermer tout ce qui peut leur donner de l'appétit dans l'une des grosses males métalliques alignées le long du parking. Aires de pique-nique et resto sur place pour le petit déj ou le dîner. Nombreuses belles randos au départ du site, point d'info et vente de cartes topos.

Où dormir ? Où manger à l'extérieur du parc ?

On vous indique ces adresses selon leur situation géographique, dans le sens des aiguilles d'une montre, du plus proche au plus éloigné du parc.

À l'est : Tioga Pass Entrance

Pour l'hébergement situé encore plus à l'est du parc après la *Tioga Pass Entrance* *(souvent fermée nov-mai)*, reportez-vous aux chapitres consacrés à Lee Vining et à Mammoth Lakes.

Tioga Pass Resort : *• tiogapass resort.com • Double style motel 125 $, avec douche et w-c en commun ; maisonnettes avec kitchenette pour 2-6 pers 160-240 $. Dégressif en fonction du nombre de nuits.* Une adresse ouverte depuis 1914 ! Une dizaine de petits chalets typiques en rondins de bois, à flanc de coteau. Mignons et rustiques, avec des meubles en bois brut, confort simple mais suffisant. Petite restauration sur place *(7h-21h).*

Une atmosphère bohème pas dénuée de charme... qui se paie tout de même bien cher !

Au sud : South Entrance

À Fish Camp

À 12 miles au nord d'Oakhurst, plus proche de l'entrée sud du parc, Fish Camp n'est pas vraiment un village, plutôt un hameau constitué de quelques motels perdus en pleine forêt, un *deli* et 2 restos pour le pique-nique ou le dîner.

Narrow Gauge Inn : *48571 Hwy 41. ☎ 559-683-7720 ou 1-888-644-9050. • narrowgaugeinn.com • À quelques miles de Fish Camp en direction d'Oakhurst, sur la gauche. Doubles à partir de 110 $ en basse saison, jusqu'à 200 $ avec balcon en hte saison. Petit déj continental inclus. Dîner 30-40 $ (resto fermé le midi).* Bien caché en contrebas de la route, ce très beau lodge de caractère offre le meilleur de l'auberge de montagne. Chambres chaleureuses, relativement exiguës pour le pays mais soigneusement décorées dans le style Old West. Elles bénéficient pour la plupart de balcons ouverts sur la forêt. Jolie piscine et jacuzzi. Resto chic pour s'offrir un dîner romantique, dans un cadre rustique et cosy (cheminée, chandeliers...). Accueil et service à la hauteur des prix.

Big Creek Inn : *1221 Hwy 41. ☎ 559-641-2828. • bigcreekinn.com • Compter 150-260 $ selon chambre et saison, petit déj inclus ; tarifs dégressifs à partir de 2 nuits.* Un gros chalet moderne en contrebas de la route, avec 3 chambres doubles tout confort, spacieuses et lumineuses. Déco soignée dans les tons clairs, petit balcon, literie extra, écran plat et lecteur DVD, chauffage au poêle à gaz, belles salles de bains. Pièce commune à l'étage avec cuisine à dispo et petite cinémathèque (500 vidéos tout de même !). En prime, copieux buffet pour le petit déj, avec fruits frais et gâteaux maison. Un peu cher payé mais cosy à souhait.

Tenaya Lodge at Yosemite : *1122 Hwy 41. ☎ 559-683-6555 ou 1-801-559-4919. • tenayalodge.com • Doubles et suites 130-380 $ selon confort et saison. Très bon petit déj-buffet (env 15 $; réduc enfants).* Grosse bâtisse moderne style résidence de vacances, dressée à l'orée de la Sierra National Forest. À l'intérieur, vastes volumes et déco indienne dans l'immense lobby, avec beaucoup de bois et de pierre, et quelques trophées de chasse. Près de 250 chambres spacieuses et confortables, certaines avec balcon et vue. Les prestations haut de gamme séduiront les familles aisées et soucieuses de leur bien-être : piscines intérieure et extérieure, jacuzzi, fitness, spa, salle de jeux et activités pour les enfants, location de VTT, sans oublier les nombreuses sorties proposées (rando, VTT, pêche). Sur place, 4 restos avec terrasse, du gastronomique chic et cher à la classique pizzeria, plus abordable. Bien pratique car il n'y a pas grand-chose dans le coin...

À Oakhurst

Au sud de Yosemite Park, sur la route 41, une escale sur le chemin de Fresno ou de Los Angeles. Ville-dortoir sans aucun charme, où l'on peut se ravitailler facilement (essence, supermarchés...) et éventuellement passer la nuit. On y trouve tous les motels de chaînes *(Best Western, Comfort Inn, Days Inn, Travelodge...)*. Mais on a aussi dégoté quelques adresses sympas et plus personnelles, ainsi qu'un chouette *B & B* à 10 miles de là.

Sierra Sky Ranch : *50552 Rd 632. ☎ 559-683-8040. • sierraskyranch.com • À env 3 miles au nord d'Oakhurst. Doubles 90-165 $ selon taille et saison, petit déj continental compris. Resto slt soir : ven-sam en hiver, mer-dim en été.* Voilà une de nos adresses préférées dans la région, joliment posée dans un bien joli environnement champêtre. Ce lieu est à lui seul toute une histoire ! Ancien ranch, il devint successivement sanatorium, refuge de l'armée pour soldats fatigués, retraite religieuse, puis... bordel avant de se transformer en hôtel respectable. Chaleureux salon tout en bois, avec trophées de chasse, selles à cheval, vieux skis, vraie cheminée qui crépite... Bref, une ambiance refuge de trappeur à la mode Far Ouest vraiment sympa, qui a aussi bien plu à Marilyn et John Wayne lors de leur passage. Les 26 chambres, réparties dans la maison principale et dans un bâtiment annexe, offrent un confort douillet. Charmant en tout, intime, parfaitement calme et accueil adorable.

Hounds Tooth Inn : *42071 Hwy 41. ☎ 559-642-6600. • houndstoothinn.com • À env 2 miles au nord d'Oakhurst. Doubles 95-225 $ selon confort et saison, petit déj continental compris.* Une grande maison moderne en contrebas de la route, plus confortable que charmante, à la déco un peu passe-partout. Cela dit, les moquettes épaisses, l'aménagement douillet, l'ambiance confidentielle et le charmant accueil en font une étape agréable. Les chambres les plus chères donnent sur un joli coin de verdure, certaines disposent d'une cheminée, d'un jacuzzi, ou encore d'une grande baignoire installée directement dans la chambre. Bon accueil.

À Ahwahnee

Apple Blossom B & B : *44606 Silver Spur Trail. ☎ 559-642-2001 ou 1-888-687-4281. • appleblossombb.com • En venant d'Oakhurst (à 10 miles) par la route 49, prendre le chemin juste après le panneau marquant l'entrée du hameau de Nipinnawasee (on voit bien la maison de la route, à côté d'un joli verger de pommiers). Doubles 145-165 $ selon confort, petit déj compris.* À une trentaine de minutes de l'entrée sud du parc, dans un environnement très agréable, cette charmante maison bleue en bois offre 3 chambres, relativement petites mais coquettes comme tout. L'ensemble est paisible et accueillant, avec un petit air comme à la maison. Le salon commun est doté d'une chaîne hi-fi et d'un poêle pour les jours de frimas. Jacuzzi sur la petite terrasse à flanc de colline, bien agréable pour un bain sous la voûte étoilée. Excellent et copieux petit déj, tout fait maison, y compris le miel.

Au sud-ouest : Arch Roch Entrance

À El Portal

Situé sur la route 140, en direction du parc, El Portal n'est pas une ville, ni un village, pas même un hameau, tout juste un vallon encaissé où s'étirent quelques maisons, une station-service rudimentaire et deux immenses motels (rapport qualité-prix médiocre au *Cedar Lodge*). C'est le point de chute extérieur au parc le plus proche de Yosemite Valley (7 miles).

Yosemite View Lodge : *11156 Hwy 140. ☎ 209-379-2681 ou 1-800-321-5261. • yosemiteresorts.us • Arrêt du bus Yarts. Selon confort et vue, doubles 150-270 $, 100-200 $ nov-mars. Petit déj 11 $.* Une vraie petite ville ! Ses nombreux bâtiments manquent incontestablement de charme, mais sa situation stratégique et ses équipements en font un bon camp de base. Plus de 330 chambres, très classiques, grandes et confortables, toutes avec kitchenette. Celles qui ont une vue sur la Merced River, les plus chères, sont nettement plus agréables, avec cheminée (au gaz), bain à remous et balcon au-dessus de la rivière. On trouve tout le nécessaire sur place : laverie, distributeur ATM, restaurant *(ouv 7h-11h, 17h-22h)* pas très raffiné mais correct, égayé par une terrasse tranquille donnant sur la rivière, et une modeste pizzeria *(mars-nov)* au cadre de cafétéria, tout à fait convenable *(ouv 17h-22h).* Plusieurs piscines (dont une couverte) et jacuzzis bien agréables.

À Midpines

Yosemite Bug Rustic Mountain Resort : *6979 Hwy 140. ☎ 209-966-6666 ou 1-866-826-7108. • yosemitebug.com • À env 10 miles au nord de Mariposa, à Midpines, sur la route de Yosemite* (Arch Rock Entrance), *du côté gauche de la route 140 (panneau). Au bout d'un petit chemin, loin du bruit, en pleine nature. En bus Yarts : arrêt « Yosemite Bug Hostel ». Nuit en dortoir env 25 $,* tent-cabins *env 45-75 $, doubles 65-155 $ selon confort (avec*

YOSEMITE NATIONAL PARK

ou sans sdb) et capacité (2-5 pers). Plats env 10-15 $. Distributeur ATM. Enfin une AJ dans cette région qui en est si dépourvue ! Et pas n'importe laquelle : elle se définit plutôt comme un village de tentes et de petits bâtiments sur pilotis, éparpillés au petit bonheur la chance en pleine forêt. Du coup, chacun y trouvera son compte. Formule AJ en dortoirs rudimentaires de 4 à 12 lits, mixtes ou séparés (cuisine à dispo), ou chambres privées joliment décorées. Il en existe toute une gamme, des plus simples partageant une salle de bains aux grandes familiales, avec salle de bains privée. On peut aussi dormir dans l'une des tent-cabins (tente meublée pour 2 à 4 personnes, avec sol en dur). Laverie à disposition. En été, les plus téméraires pourront plonger depuis une petite falaise dans un *swimming hole* (retenue d'eau naturelle alimentée par une cascade), ou se délasser dans le « spa » (jacuzzi, soins et massages), ou encore suivre des cours de yoga. Le ***café The Bug*** n'est pas en reste. Charmant chalet où l'on s'attarde près de la cheminée du salon avant d'aller savourer les plats végétariens de la maison, simples et d'une fraîcheur irréprochable. Pas de burgers dégoulinant de ketchup ni de frites huileuses, mais truite grillée, riz sauvage et légumes garantis bio. De quoi attaquer sainement les balades à Yosemite. Une excellente adresse.

À Mariposa

Au sud-ouest du parc, au confluent des routes 120 et 49. Petite bourgade de style western, née de la ruée vers l'or, avec pas mal de caractère. On y trouve d'ailleurs le plus vieux tribunal encore en activité à l'ouest du Mississippi (depuis 1854 !), au coude à coude avec une dizaine de motels et une poignée de restos. Également la *West America Bank* (ATM 24h/24).

River Rock Inn : *4993 7th St. ☎ 209-966-5793 ou 1-800-627-8439. • riverrockncafe.com • Résa conseillée. Doubles env 70-110 $ selon saison et taille (certaines peuvent accueillir 4 pers).* Ce motel de poche aux couleurs audacieuses (le mélange d'orange et de violet !) est le plus ancien de la ville. Les 7 chambres sont relativement sobres dans leur déco, confortables et tranquilles. Mais on aime surtout l'atmosphère gentiment baba cool, l'accueil chaleureux et le jardinet à l'ombre d'un gros arbre pour prendre le frais, en retrait de la rue. Petit déj continental servi dans le deli de la maison. Possibilité d'y prendre ses repas également. Une halte sympa aussi pour prendre un bon café et une part de bon gâteau maison.

Mariposa Hotel Inn : *5029 Hwy 140. ☎ 209-966-7500 ou 1-888-244-9905. • mariposahotelinn.com • En plein centre, juste à côté du* Butterfly Cafe. *Doubles env 95-140 $, petit déj continental compris.* Bâtiment historique datant de 1901. On grimpe une volée de marches bien raides pour accéder à la réception de cet hôtel « dans son jus », très *Old West.* Parquet qui craque, papier peint à fleurs, meubles anciens et objets hétéroclites ; on se croirait dans une B.D. de Lucky Luke ! Seulement 6 chambres pas bien grandes, entre kitsch et démodées, mais confortables (bain à remous dans certaines). Agréable balcon-véranda à l'arrière. En face, le *49'er Club Saloon* complète bien le tableau, avec sa vieille façade en bois, ses soirées madison et ses concerts de country.

Savoury's : *5034 Hwy 140. ☎ 209-966-7677. Tlj 17h-21h30. Plats 15-25 $.* Le meilleur resto de Mariposa selon les locaux. Terrasse très agréable dès le printemps. Cuisine goûteuse et raffinée aux influences méditerranéennes, dans un charmant cadre contemporain, assez sophistiqué et presque chic. Chaque plat est accompagné d'une salade ou d'une soupe du jour, et tout est présenté avec beaucoup de soin.

À l'ouest : Big Oak Flat Entrance

À Buck Meadows

Un autre hameau proche du parc national, où l'on trouve tout juste 2 motels et un restaurant.

Yosemite Lakes : *31191 Hardin Flat Rd. ☎ 209-962-0121 ou 1-800-*

YOSEMITE NATIONAL PARK

533-1001. • stayatyosemite.com • Accès par la Hwy 120. Entre Buck Meadows et l'entrée ouest du parc (à 5 miles) ; en venant de Yosemite, tourner à gauche à la station Texaco. *Ouv de mai à mi-oct env (yourtes tte l'année). Résa conseillée. Camping 40-45 $, cabins pour 4 env 100-110 $, yourtes familiales 170-185 $. Tarifs dégressifs hors saison.* Bien situé, ce vaste complexe propose différents types d'hébergement, du camping (plutôt en dépannage) aux yourtes familiales parfaitement aménagées (salle de bains et cuisine, vue sur la rivière pour les plus chères), en passant par les rustic *bunkhouse cabins,* des cahutes rappelant vaguement des maisons de jardin en bois. Toutes petites et toutes simples, elles peuvent accueillir jusqu'à 4 personnes dans 2 lits superposés (sanitaires communs). Sur place, petit magasin et laverie.

Yosemite Ridge Resort : *7589 Hwy 120, sur la route entre Buck Meadows et Groveland. ☎ 209-962-6877 ou 1-800-706-3009. • yosemiteridge.com • Cabins env 90-175 $.* Modeste complexe touristique avec station-service Exxon et épicerie bien fournie. Bungalows pour 2 à 6 personnes, les moins chers tenant plus de la petite caravane, avec canapé-lit et minikitchenette. En revanche, les mobile homes familiaux sont d'un bon rapport qualité-prix, avec chambre privative, coin salon, salle de bains et modeste mezzanine. Également pas mal d'emplacements pour les RV et quelques sites pour les campeurs. C'est très propre, bien tenu, et l'accueil est chaleureux. Authentique adresse routarde.

À Groveland

À 23 miles de l'entrée ouest du parc et 40 miles de la Yosemite Valley, Groveland est le village le plus agréable pour faire escale en venant de l'ouest par la route 120. Sur un air western et Californie pionnière, on y trouve tout ce dont on peut avoir besoin, à des prix raisonnables. Sa situation conviendra tout particulièrement à ceux qui ont quitté San Francisco tard dans la journée.

Hotel Charlotte : *18736 Main St. ☎ 209-962-6455. • hotelcharlotte.com • Chambres 130-200 $ selon confort. Au resto, plats env 20 $.* Petit coup de cœur pour cette adresse en plein centre de Groveland, face au vieux saloon. Déco « petite maison dans la prairie » avec moquette fleurie, meubles anciens et bibelots. C'est réussi dans le genre, avec pas mal de cachet et une atmosphère très cosy. Agréable salle de resto au rez-de-chaussée, pour s'offrir un bon plat du jour ou une salade fraîche (le chili maison et les desserts sont un must), et même des soirées *Wine tasting* pour goûter aux crus californiens ou à quelques raretés. Une dizaine de chambres à l'étage, charmantes, lumineuses et tout confort, aménagées de meubles chinés et belles salles de bains à l'ancienne. On peut aussi profiter du grand balcon donnant sur la rue. Excellent petit déj-buffet. Mais le vrai plus, c'est l'accueil adorable des deux proprios.

The Groveland Hotel : *18767 Main St. ☎ 209-962-4000 ou 1-800-273-3314. • groveland.com • Chambres 145-350 $ selon confort, petit déj (buffet ou menu) inclus.* Édifié dans le sillage de la ruée vers l'or des années 1850, cet hôtel de charme s'est agrandi au fil du temps et possède aujourd'hui des chambres pleines de cachet : meubles de style, bibelots, lits douillets et jolies salles de bains. Superstition oblige, il n'y a pas de chambre nº 13, mais vous pourrez vous offrir la Lyle's Room abritant (paraît-il) le fantôme du même nom ! Une excellente adresse, d'autant plus que l'hôtel abrite un bar tout en boiseries et une salle de restaurant accueillante. Aux beaux jours, petits concerts sur la terrasse à l'arrière.

Iron Door Saloon : *18761 Main St. ☎ 209-962-8904 (saloon) ou 6244 (grill). Tlj 11h-22h, plus tard pour le bar. Plats 10-20 $.* Fondé en 1852, 3 ans après la naissance de Groveland (qui auparavant s'appelait Garrotte, en mémoire d'un voleur de chevaux mexicain pendu haut et court), c'est le plus vieux saloon de Californie ! D'abord *liquor store* et bureau de poste, le bâtiment devint véritablement saloon en 1896. Passez les lourdes portes en fer, importées d'Angleterre par le cap Horn (pour servir de coupe-feu !), et vous découvrirez une salle qui a peu changé depuis cette époque. Grand comptoir en bois où les habitués jouent aux dés, des trophées de chasse aux murs et des dizaines de dollars punaisés au plafond. Le week-end, la salle devient piste de danse et accueille des groupes live. Pour le déjeuner ou le dîner, carte restreinte de salades, burgers, viandes et poissons grillés, servis dans la salle du saloon ou dans la salle attenante, au cadre moins parlant.

À voir. À faire

– ***Scenic tours*** **:** si vous manquez de temps, diverses excursions plus ou moins longues sont organisées chaque jour, au départ du *Yosemite Lodge* : en 1h30 ou 2h, visite de la vallée ou des séquoias géants de Mariposa Grove *(25 $/adulte ; réduc)* ; en 4h, aller-retour jusqu'à Glacier Point *(env 40 $; vous pouvez aussi ne faire qu'un aller pour 27 $ et revenir à pied, ou l'inverse)* ; en 8h, la *totale (env 85 $/adulte, 95 $ avec le repas ; réduc).* Possibilité aussi de faire un *moonlight tour* (2h) les nuits de pleine lune *(25 $/adulte ; réduc).*

■ ***Infos et résas :*** *☎ 209-372-4386 ou 1-801-559-4884. • yosemitepark.com/Activities_GuidedBusTours.aspx* • Également aux Tour & Activity Desk à Yosemite Lodge et Curry Village, ainsi qu'au Visitor Center (en été seulement).

Nous mentionnons les sites majeurs ou incontournables de cet immense parc dans le sens des aiguilles d'une montre, en partant de l'entrée nord-est *(Tioga Pass Entrance)* :

Au nord-est

🏔🏔 ***Tuolumne Meadows :*** *à plus de 7 miles à l'ouest de la* Tioga Pass Entrance *(entrée est du parc), sur la très belle route 120 (ou Tioga Rd).* Tuolumne Meadows est une vaste prairie subalpine située dans la région des terres hautes, sauvage à souhait. Là se trouvent les paysages les plus rudes de la Sierra, qui sont parfois quasi lunaires. En raison du climat et de l'altitude (2 580 m), les forêts se font rares, au profit d'une maigre mais tenace végétation de haute montagne ; l'avantage, c'est qu'il fait bien moins chaud que dans la vallée, où la température avoisine les 40 °C en été. Les rangers du *Visitor Center* local donnent toutes les infos nécessaires pour les randonnées, très populaires dans la contrée avoisinante. Notamment une belle balade, assez facile, qui mène à ***Elizabeth Lake*** (moustiques en été), où les moins frileux pourront se baigner (eau très, très fraîche !). Compter environ 5h aller-retour.

🏔🏔 ***Olmsted Point :*** *sur la route de Tuolumne Meadows (la 120), peu avt Tenaya Lake.* L'un des points de vue les plus grandioses du parc : depuis le promontoire, on embrasse d'un seul regard la vallée encaissée de la Tenaya Creek et les impressionnantes coulées de granit aride surveillées du coin de l'œil par le Half Dome.

Dans la Yosemite Valley

🏔🏔🏔 ***El Capitan,*** avec ses 900 m, est la plus haute falaise entière du monde. C'est le point de rendez-vous des *free climbers* du monde entier.

🏔🏔 Presque en face, les ***Bridalveil Falls*** *(les chutes du Voile de la mariée),* dont le nom rappelle le mouvement de cette étoffe si légère qui s'envole sous l'emprise du vent. Depuis le parking, un court sentier conduit à son pied. Douche-brumisateur garantie... Bien logiquement, ces chutes, comme toutes les autres, sont plus belles au printemps et au début de l'été, lorsqu'elles sont nourries par la fonte des neiges. Au début de l'automne, leur débit est réduit de manière significative.

Un peu plus loin, les ***Yosemite Falls*** sont les cascades les plus hautes du parc. Superbes, particulièrement lors de la fonte des neiges, lorsque leurs eaux rugissantes dévalent la montagne dans un halo de brumes fantastique. Un sentier facile de 15 mn, donc très fréquenté, mène à leur base. Possibilité d'emprunter une autre piste jusqu'au sommet, nettement moins fréquentée mais beaucoup plus sportive...

Le ***Half Dome,*** à la forme si caractéristique, est devenu le symbole du parc car on aperçoit sa silhouette de pratiquement partout.

Glacier Point : *à 16 miles (30 mn de voiture) de l'intersection de Chinquapin (pompe à essence). À l'arrivée à Glacier Point, toilettes et point d'eau ; buvette et* gift shop *un peu plus loin.* Du haut de cette saillie rocheuse, dominant de près de 1 000 m le fond de la vallée de Yosemite, à l'orée du Merced Canyon, le panorama est époustouflant. L'idéal est de s'y rendre au coucher du soleil. Face à vous, les Yosemite Falls, nourries au printemps de mille affluents. Et en toile de fond se dessinent, majestueux, les sommets de la Sierra Nevada. La route, très sinueuse, est fermée de novembre à mai, mais on peut alors s'y rendre à skis de fond... Les plus sportifs peuvent aussi emprunter à pied le fameux 4 mile Trail (voir plus loin).

Le Musée indien *(Indian Cultural Museum)* ***: Yosemite Village.*** *Derrière le* Visitor Center. *☎ 209-372-0295. Tlj 9h30-18h (17h en hiver). Gratuit.* Le seul musée du parc mérite bien un peu d'attention. Consacré aux Miwoks et aux Païutes, il présente un condensé de l'artisanat traditionnel et des coutumes des tribus indiennes. Reconstitution d'un village avec la hutte du chef, la maison des cérémonies... Également une petite galerie photos sur la genèse du parc (au XIXe s).

Ailleurs dans le parc

Valley View et Tunnel View : deux superbes points de vue quand on arrive dans la vallée en voiture, depuis l'entrée sud. Dans les deux cas, c'est après le tunnel. D'un coup, on découvre toute la Yosemite Valley, merveilleux exemple de vallée glaciaire. À l'ouest se dresse la falaise d'El Capitan et, à l'arrière-plan, le sommet, enneigé jusqu'à la fin du printemps, du Half Dome. Les Bridalveil Falls tombent en panache sur le versant sud de la vallée. Vaut le détour même si vous n'arrivez pas par l'entrée sud.

Les fameux ***séquoias géants*** : à ***Wawona*** et à ***Mariposa Grove,*** au sud du parc, et à ***Tuolumne Grove,*** à l'ouest (tout près de Crane Flat, compter 1h aller-retour de balade facile depuis le parking). Ces arbres mythiques font parfois plus de 6 m de diamètre pour un âge allant jusqu'à 2 700 ans. Les plus beaux et les plus impressionnants sont concentrés à Mariposa Grove. Attention : en raison de l'exiguïté du parking de Mariposa Grove, il est recommandé en haute saison de se garer à Wawona, où un service de bus gratuit dessert le site toutes les 30 mn (dernier retour à 18h). La curiosité la plus photographiée du parc fut longtemps l'*arbre tunnel* de *Wawona,* haut de 71 m et âgé de 2 100 ans, dans le tronc duquel un tunnel laissait passer une route à deux voies. Malheureusement, des chutes de neige très abondantes ont chargé son faîte d'un tel poids qu'un jour de l'hiver 1968-1969, le géant des cimes s'est abattu, ne laissant à la contemplation des touristes que son corps impressionnant, allongé pour quelques années encore. Il reste heureusement dans le parc des séquoias beaucoup plus vieux, comme le *Grizzly giant* qui est debout depuis 1 800 ans. Pour le voir, il faut marcher 1 km à partir du parking.

Randonnées et trekking

Yosemite est un des meilleurs spots de randonnées pédestres aux États-Unis : le parc compte près de 1 350 km de *hiking trails,* bien balisés et décrits dans le journal de Yosemite, à consulter impérativement. Il est très complet : parcours, distances, dénivelée, temps moyen... Les itinéraires sont nombreux et pour tous niveaux. Les rangers des *Visitor Centers* sont bien sûr là pour vous guider selon votre condition physique et vos aspirations d'aventurier.
Si vous partez plus de 1 journée, il faut demander une autorisation *(wilderness permit)* gratuite au ***Wilderness Center,*** proche du *Visitor Center,* à Yosemite Village, ou dans l'une des quatre annexes (à Wawona, à Big Oak Flat, à Hetch Hetchy ou à Tuolumne Meadows). Attention, les *Wilderness Centers* ne délivrent cette autorisation que d'avril à octobre. Elle peut s'obtenir sur place, le jour ou la veille du départ en randonnée, ou par réservation, ce qui n'est pas inutile en plein été, car le nombre de randonneurs est limité. On peut réserver jusqu'à 24 semaines à l'avance par téléphone *(☎ 209-372-0740),* directement sur leur site, ou en écrivant au *Wilderness Permits* : *PO Box 545, Yosemite, CA 95389.* Par courrier, précisez vos nom, adresse, téléphone, le nombre de participants à la randonnée, le moyen de transport (à pied, à raquettes, etc.), les dates de départ et de retour souhaitées et l'itinéraire prévu – sans oublier votre numéro de CB (avec date d'expiration) pour les 5 $ de frais de réservation.
Si vous souhaitez juste des infos sur les randos : ☎ 209-372-0200. Sans oublier le site complet : • nps.gov/yose/wilderness •
Ces précautions ne sont pas inutiles et permettent aux rangers de savoir où vous chercher en cas de non-retour aux dates prévues. Évidemment, prévenez bien les rangers de votre retour. Et n'oubliez pas toutes les mesures de sécurité pour éviter d'attirer les ours... et les moustiques ! Voir en intro la rubrique « Infos et conseils pratiques ».
Et même si vous ne partez que pour une balade de quelques heures, renseignez-vous au *Visitor Center* sur la durée et la difficulté du chemin que vous souhaitez emprunter, cela vous évitera de vous embarquer pour un entraînement commando si vous aviez juste prévu de faire une petite balade digestive !
– ***Remarques :*** il est interdit de couper des arbres sur pied (que ces arbres soient vivants ou morts !) et de récolter du bois dans la Yosemite Valley (même si vous campez). Inutile, bien sûr, de penser faire un trek en hiver (dès novembre), à moins d'être un fana du ski de fond ou de treks à raquettes.

Le guide officiel du parc recense 800 miles de sentiers, dont une bonne dizaine dans la Yosemite Valley et une quinzaine ailleurs dans le parc. Voici quelques randos parmi tant d'autres :
➢ ***Top of Vernal Fall :*** une boucle de 3 miles (2 à 4h), l'un des sentiers les plus beaux (et les plus fréquentés !) qui consiste à partir de Happy Isles (arrêt nº 16 du *shuttle*) et à atteindre Vernal Fall. Le chemin ombragé longe la rivière. À mi-parcours, toilettes et point d'eau près du pont. La seconde partie est plus sportive en raison d'un long passage taillé en escalier dans la roche et d'une forte dénivelée. La baignade est interdite en théorie (les rangers veillent au grain), mais on peut se rafraîchir à différents endroits. Au retour, possibilité de redescendre par le ***John Muir Trail,*** ce qui oblige toutefois à monter encore un poil et rallonge la balade, mais la descente se fait ensuite facilement pour rejoindre le trajet d'origine au niveau du pont. On peut effectuer cette randonnée à cheval, mais les canassons empruntent une autre route, moins belle.
Les plus courageux continueront la balade jusqu'à ***Nevada Fall*** (ça grimpe, mais c'est superbe ; 7 miles en tout, 6h aller-retour). De retour à Happy Isles, petit centre d'info sur la nature ainsi qu'une cabane à sandwichs (bien sympa après la balade).

➢ ***Ascension du Half Dome :*** trek d'une grosse journée nécessitant une bonne condition physique. Un must ! On y accède par une sorte de *via ferrata* (escaliers creusés dans la roche, que l'on gravit à l'aide de câbles). Compter pour un marcheur expérimenté entre 10 et 12h pour parcourir les 17 miles (environ 23 km) aller-retour entre la vallée et le sommet du Half Dome *(ouv slt de fin mai à mi-oct). Attention, un permis supplémentaire est requis. Demande à faire en ligne (bien à l'avance) : • nps.gov/yose/planyourvisit/hdpermits.htm • ou par tél : ☎ 1-877-444-6777. Coût : 4,50 € sur Internet et 6,50 $ par tél.*

➢ ***4 mile Trail :*** un sentier historique du parc, qui grimpe depuis le fond de la vallée jusqu'au superbe *Glacier Point.* La rando démarre en pente douce, sur un agréable sentier ombragé, qui grimpe progressivement sur des dizaines de lacets rocailleux, sacrément raides à l'approche du sommet ! On termine l'ascension en traversant une petite forêt de séquoias, avant d'atteindre Glacier Point, au milieu de la foule venue en voiture... Une balade sportive accessible à tout bon marcheur, avec de superbes points de vue en perspective. Compter 2h30 à 3h30 de grimpette selon le nombre de pauses photos !

➢ ***Pour les vrais trekkeurs :*** il existe des dizaines de circuits de 2 à 10 jours. Infos dans le journal du parc et auprès des rangers.

Autres activités dans le parc

Informations très complètes sur *• yosemitepark.com •*

– ***Baignade :*** on peut se baigner dans la rivière Merced, qui coule au creux de la vallée *(slt de mi-juil à sept).* Le reste de l'année, les rapides et la température glaciale de l'eau ne rendent pas la baignade très agréable ni prudente. Beaucoup de monde en été. Le lac Tenaga, sur la Tioga Road, offre une eau limpide, calme et pas si froide que ça.
– ***Escalade :*** la réputation de Yosemite dans le monde de la grimpe n'est plus à faire. C'est le royaume des *big walls,* des murs verticaux : Half Dome, Nut Cracker, Serenity Crack, Sons of Yesterday et Direct North Buttress sont parmi les voies les plus renommées. Possibilité de prendre des cours : *☎ 209-372-8344. Compter env 150 $.*
– ***Rafting :*** on peut faire du rafting sur la Merced River en louant tout l'équipement nécessaire au *Curry Village,* au même endroit que la location de vélos. Vous pourrez descendre la rivière sur environ 3 miles (entre 1 et 3h), et une navette *(payante : 4,50 $)* vous ramènera au point de départ. *Infos : ☎ 209-372-4386. Slt fin mai-juil, si le temps le permet. Env 29 $/adulte ; 24 $/enfant. Loc de casque et gilet de sauvetage : 5,50 $.*
➢ ***Balades à cheval :*** *avr-nov, à **Yosemite Valley** (☎ 209-372-8348) et à **Wawona** (☎ 209-375-6502) ; ainsi qu'à **Tuolumne Meadows Stables** (slt en été) : ☎ 209-372-8427. Résa impérative. Balades guidées de 2h (3 départs/j. ; compter 65 $/pers), à la ½ journée (85 $) ou à la journée (slt à Tuolumne ; env 130 $). Arriver 1h avt le départ de l'excursion ; accessible à partir de 7 ans.* En 2h, on peut parcourir une partie du Tenaya Canyon pour admirer le Half Dome ; en 4h, on peut aller jusqu'à Vernal et Yosemite Falls.
➢ ***Balades à vélo :*** sur 12 miles de pistes bitumées au cœur de la vallée, notamment un petit circuit de 4 miles qui permet de rallier Mirror Lake (au nord-ouest du *Curry Village*) en 1h-1h30. Sympa à faire en famille. *Loc de beach bikes (vélos californiens) ou VTT au Yosemite Lodge (☎ 209-372-1208 ; tte l'année) et au Curry Village (☎ 209-372-8319 ; avr-oct) : 11 $/h ; env 32 $/j. ; casque (obligatoire pour les moins de 18 ans) : 5 $.*
– ***Patinage :*** si vous passez par là en hiver, vous pourrez profiter de la patinoire à l'air libre, qui se trouve au *Curry Village.* Location de patins bon marché.

DANS LES ENVIRONS DU YOSEMITE NATIONAL PARK

Saddlebag Lake : *à quelques miles de la sortie est de Yosemite. Pour s'y rendre, prendre la 120 qui traverse le parc d'ouest en est par la* Tioga Pass Entrance *(on vous rappelle qu'elle est fermée oct-juin). Quand on commence à redescendre, dans un virage, à gauche, une route mène à Saddlebag Lake. Celle-ci devient une piste (très bonne) sur env 2,5 miles, mais est parfois fermée en fonction de l'enneigement. Ne pas hésiter à y aller à pied : prévoir 45 mn de balade (aller), sans aucune difficulté.*
La petite route, très agréable, grimpe sans à-coup à flanc de montagne. Parfois, le rideau d'arbres s'entrouvre pour céder la place à un très beau point de vue sur la vallée.
On découvre alors un lac de haute montagne, superbe, dans lequel pêchent quelques amateurs de truite. Une bicoque en bois fait office de café et d'épicerie (en saison, toujours) dans un style refuge de montagne. Des sentiers font le tour du lac, et d'autres permettent d'atteindre les cols qui le surplombent. Des canoës circulent sur le lac. Un « camping » rustique à côté du café accueille les amoureux de calme.

SOUTH LAKE TAHOE

21 000 hab.

Ville de vacances au sud du plus grand lac de type alpin d'Amérique du Nord, à cheval sur la Californie (South Lake Tahoe proprement dite) et le Nevada (Stateline). Ce qui explique que d'un côté, on admire le paysage, de l'autre, on joue dans les casinos – et ce dès la ligne de la frontière franchie. Pas bête, hein ?
Contrairement aux casinos, ce lac aux eaux bleu azur et entouré de belles forêts, surtout de conifères, est vraiment magnifique. Une superbe route panoramique en fait le tour, traversant une myriade de bourgades touristiques. Les eaux sont si claires, les plages si méditerranéennes au premier abord (sable, conifères sur la berge, ciel bleu comme en Provence), le tout si éclatant que l'on se croirait partout sauf en altitude ! Et pourtant, le lac Tahoe est un authentique lac de montagne, qui culmine à 1 867 m audessus de la mer. Le climat y est ensoleillé, tout en restant très frais grâce à l'altitude.
Bien sûr, une telle merveille naturelle, si proche des grandes métropoles de la côte californienne, ne pouvait rester vierge *ad vitam aeternam*. Le tourisme s'y est développé à une vitesse foudroyante. Beaucoup de San-Franciscains y débarquent le week-end ; bon nombre se sont fait construire des chalets. Et l'été, ils sont des milliers sur les plages et à barboter dans les eaux frisquettes, pratiquant des sports nautiques, se promenant en barque ou en hors-bord, se baladant en forêt, etc. C'est pourtant en hiver que la clientèle est la plus nombreuse : il faut dire que le lac est la porte d'accès à plusieurs stations de ski (de piste ou de fond). Les plus nombreuses se regroupent aux portes mêmes de South Lake Tahoe. Et n'oubliez pas qu'on est à deux pas de Squaw Valley, qui fut un site olympique en 1960. Attention, au cœur de l'hiver, les chaînes sont quasiment obligatoires pour y accéder... et il y a parfois de la neige jusqu'en avril ! Un petit truc : sachez que lorsqu'il pleut à San Francisco, vous pouvez être quasiment certain qu'il neige ici !

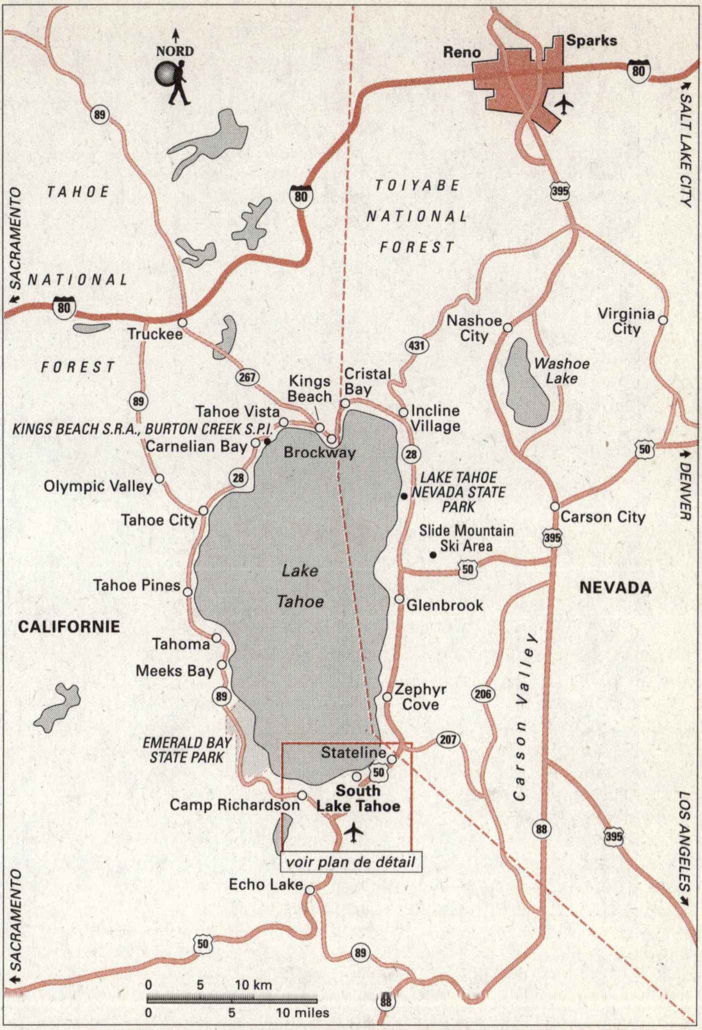

LE LAC TAHOE

LE LAC TAHOE

– ***Origine :*** ce n'est pas un lac volcanique, mais un lac situé dans une cuvette formée par un effondrement du relief. Son nom vient de la déformation du mot *dá'aw,* en langage amérindien *washo,* qui signifie « lac ».

– ***Dimensions :*** 22 miles, soit 35 km du nord au sud et 12 miles, soit 19 km d'est en ouest. Il faut parcourir environ 73 miles, soit 116 km pour en faire le tour. C'est le troisième lac le plus profond d'Amérique du Nord (493 m).

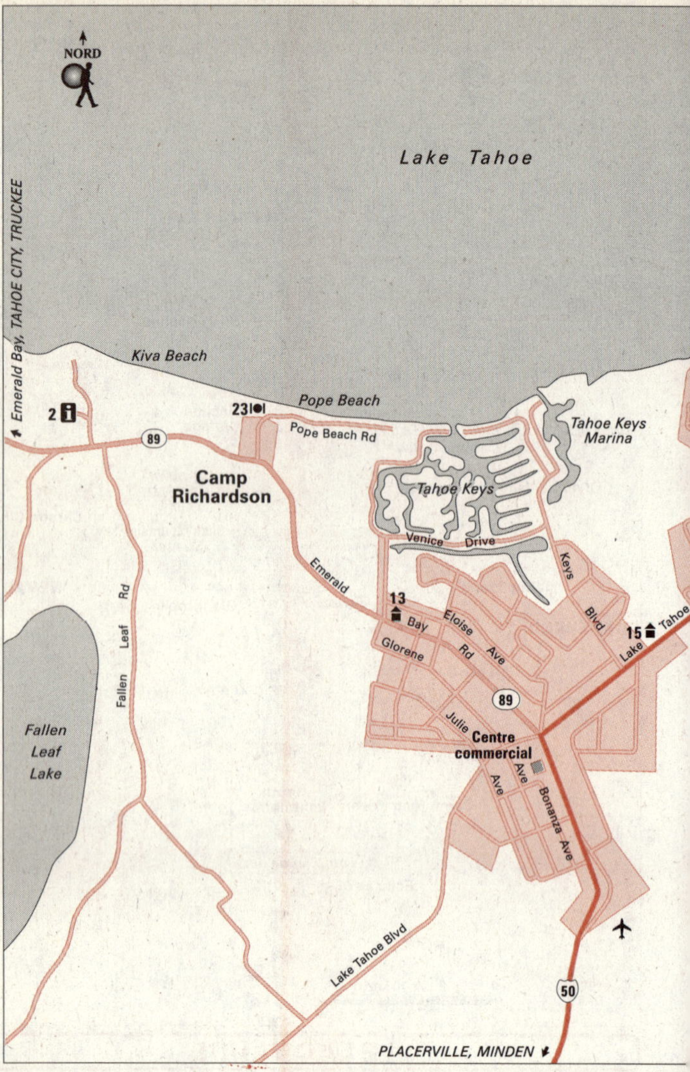

Adresses utiles

- 1 Visitor Information Center
- 2 US Forest Taylor Creek Visitor Center
- 3 Point d'information

Où dormir ?

- 10 Campground By The Lake
- 11 Best Western Timber Cove Lodge
- 12 Alpenrose Inn
- 13 Lazy S Lodge
- 14 National 9 Inn
- 15 Motel 6
- 16 Royal Valhalla On The Lake

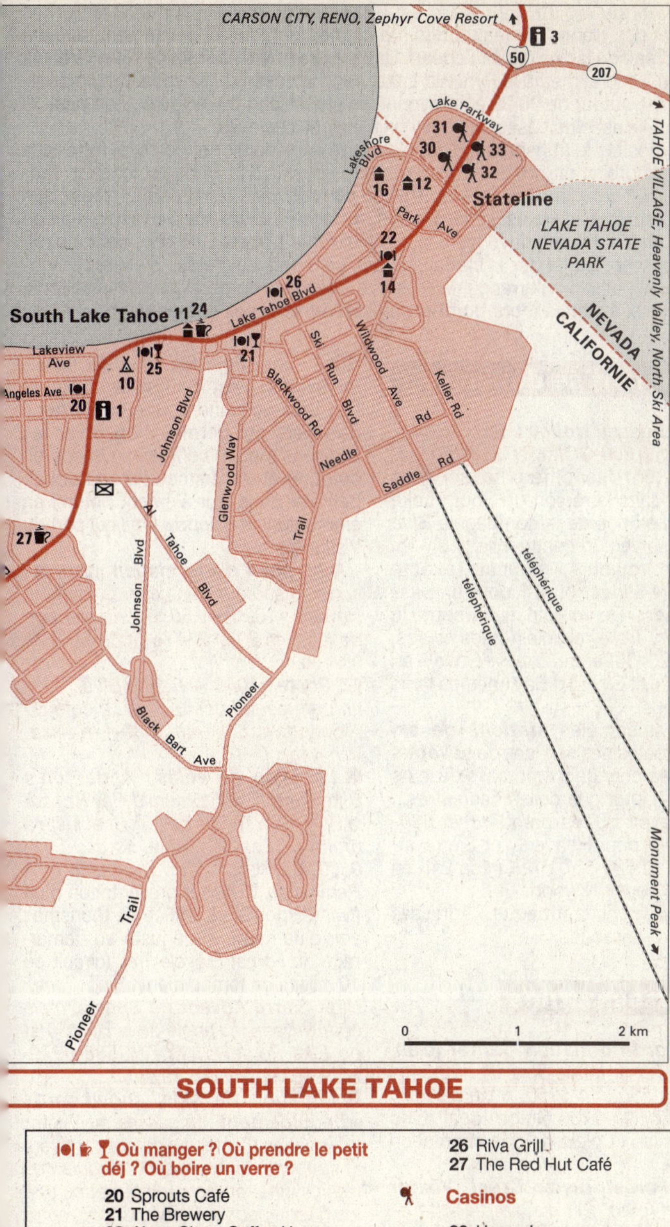

SOUTH LAKE TAHOE

Où manger ? Où prendre le petit déj ? Où boire un verre ?

- **20** Sprouts Café
- **21** The Brewery
- **22** Alpen Sierra Coffee House
- **23** Beacon Restaurant
- **24** Heidi's
- **25** Tudor Pub & Restaurant
- **26** Riva Grill
- **27** The Red Hut Café

Casinos

- **30** Harvey's
- **31** Horzon
- **32** Harrah's
- **33** Montbleu

– ***Les eaux du lac Tahoe :*** le lac est alimenté par la pluie et par la fonte des neiges et des glaces provenant des montagnes alentour. Curieusement, aucune goutte d'eau du lac ne rejoint l'océan. Une maigre rivière (la Truckee River) s'en va rejoindre Reno et même le Pyramid Lake, dans le désert du Nevada. La température tourne autour de 20 °C en moyenne en été, le long du rivage où l'on peut se baigner. Elle est plus basse dès que l'on s'éloigne des rives.
Autre curiosité : la transparence. La clarté des eaux du lac Tahoe est si forte qu'à certains endroits, dit-on, des objets peuvent être vus à 22 m de profondeur. Toutefois, on dit que dans les années 1960 on pouvait voir à 30 m, ce qui prouve que cette pureté légendaire est sérieusement menacée aujourd'hui. Des sédiments de plus en plus nombreux favorisent la prolifération d'algues. Celles-ci, petit à petit, assombrissent les fonds ; la clarté diminue. En outre, malgré des mesures draconiennes, la pollution n'arrange rien. Le pire : les rejets domestiques des maisons, des bateaux à moteur (hors-bord) et particulièrement ceux des jet-skis.

Comment se déplacer ?

➢ ***En bus et trolley :*** *☎ 530-541-7149 ou 1-800-COMMUTE.* • *bluego.org* • Gère les différents services de bus dans la région de South Lake Tahoe. Les bus de la compagnie *Blue Go* desservent le centre-ville tlj 6h-1h. Comme toujours, monnaie exacte exigée (4 $/trajet ou 6 $ pour un *pass* journalier). De mi-juin à mi-sept, le *Nifty-Fifty Trolley* circule ttes les heures, 11h30-20h30, entre Zephyr Cove – au Nevada – et Emerald Bay (mêmes tarifs que le bus).
➢ En saison, les ***stations de ski*** offrent toutes des services de ***navettes gratuites*** pour gagner la base de leurs pistes – plutôt que celles des autres... Pour savoir où les prendre : *☎ 530-541-7548* pour Heavenly et Sierra-at-Tahoe ; *☎ 530-587-6128* (résa 24h en avance) pour Kirkwood.
➢ ***À vélo :*** voir la rubrique « Adresses utiles » ci-dessous.

Adresses utiles

■ ***Visitor Information Center*** *(plan, **1**) : 3066 Lake Tahoe Blvd. ☎ 530-541-5255 ou 530-544-5050.* • *tahoesouth.com* • *Tlj 9h-17h.* Guide local avec plan du lac et plein de documentation gratuite.
ℹ ***US Forest Taylor Creek Visitor Center*** *(plan, **2**) : à Camp Richardson. ☎ 530-543-2674. À 1 bon mile à l'ouest de la ville, le long de la route US 89. De fin mai à mi-oct, tlj 8h-17h30 (16h30 oct).* Pour les infos sur l'environnement, c'est ici. Très serviable, et l'on peut voir une coupe souterraine de rivière qui permet d'observer les poissons (notamment les saumons en octobre) et les animaux d'eau douce batifoler dans leur élément naturel en empruntant le *Rainbow Trail* qui part du *Visitor Center.*
– Autre ***point d'information*** *(plan, **3**) : après le secteur des casinos, dans le Nevada : 169 Hwy 50, à l'intersection de la route 207. ☎ 775-588-5900. Tlj 9h-17h.*
✉ ***Poste :*** *1046 Al Tahoe Blvd, dans un petit centre commercial, à côté du* Albertson's. *Lun-ven 8h30-17h ; sam 12h-14h.*
■ ***Location de vélos : Anderson's Bike Rental,*** *645 Emerald Bay Rd, sur la Hwy 89, à l'angle de 13th St et juste à droite du* Lazy S Lodge. *☎ 530-541-0500.* • *andersonsbicyclerental.com* • Remise de 10 % sur présentation d'un *flyer* (disponible à l'office de tourisme ; voir plus haut). Situé juste au démarrage du *Forest Bicycle Trail* (circuit de 10 miles), ça tombe bien... *Sinon, chez* ***High Sierra Adventure Sports,*** *mais côté Nevada, à l'angle de la Hwy 50 et de Elks Point Rd. ☎ 775-588-0970. Loue également des kayaks.*
■ ***Location de skis, snowboards et équipement :*** *ramassez au* Visitor Information Center *les nombreux* flyers *et coupons qui proposent toujours des réducs, une remise sur Internet ou une loc offerte pour la 4e pers. Citons, entre autres,* ***Mountain Mike's*** *(☎ 530-541-2823),* ***Powder House*** *(☎ 530-542-6222 ;* • *tahoepowderhouse.com* • *),*

The Ski Renter *(☎ 530-544-2100),* ***Rainbow Mountain*** *(☎ 530-541-7470) et* ***Rip'n'Willies*** *(☎ 530-541-6366) qui offrent le pick-up, ou encore* ***High Sierra Adventure Sports*** *(côté Nevada ; ☎ 775-588-0970)...*

Où dormir ?

Ceux qui dorment dans les motels ont vraiment intérêt à ne pas venir le week-end : les prix grimpent alors d'une façon vertigineuse, et il est difficile, malgré le très grand nombre d'établissements, de trouver une chambre. En semaine, en revanche, et surtout hors saison, la compétition est telle que les prix sont vraiment intéressants : à partir de 30-35 $ la double. Si vous désirez vous rendre à la plage de South Lake Tahoe (payante), il peut être intéressant de demander si l'hôtel fournit ou non un *beach pass* – c'est toutefois rarement le cas pour les moins chers.
Autre précision, la Highway 50 changeant de nom en traversant la ville (Lake Tahoe Boulevard), nous avons pris le parti de toujours la désigner par Highway 50.
Les bourgades encerclant le lac sont loin d'être dépourvues de motels, hôtels et *B & B* de toutes sortes, mais les prix qui y sont pratiqués sont nettement plus élevés qu'à South Lake Tahoe.

Campings

Bon nombre de campings, tant à South Lake Tahoe que sur le pourtour du lac, n'ouvrent qu'en mai ou juin.

⛺ ***Campground By The Lake*** *(plan,* ***10****) :* *1150 Rufus Allen Blvd. ☎ 530-542-6096. Derrière la bibliothèque* (El Dorado County Library), *au bord de la Hwy 50. Ouv courant avr-fin oct. Empl. env 26 $ pour 6 pers et 1 véhicule, 36 $ avec l'électricité. Loc de* cabins *et* tent-cabins *env 50 $. Durée max autorisée : 2 sem.* En bord de route, mais pas bruyant. On plante sa tente sous les pins, au milieu des écureuils. Il arrive même qu'on ait la visite d'un coyote. Douches chaudes gratuites, w-c bien équipés.

⛺ ***Eagle Point Campground :*** *env 6 miles au nord-ouest de South Lake Tahoe, sur la route 89. Résas : ☎ 530-541-3030 ou 1-800-444-7275. Résa indispensable en saison et le w-e ! Ouv de mi-juin à sept. Empl. env 25 $.* Site superbe (le plus beau autour du lac), une sorte de péninsule donnant sur l'Emerald Bay. La centaine d'emplacements est éparpillée dans un bois surplombant une charmante crique. On vit au milieu des écureuils (certains sont porteurs de la rage, alors méfiance !). Évitez les premiers emplacements, les plus intéressants pour leur vue sur l'eau sont ceux qui vont du nº 54 au nº 70, à la pointe extrême du camping. Douches chaudes payantes.

⛺ ***D.L. Bliss State Park Campground :*** *sur la Hwy 89, à env 10 miles à l'ouest de South Lake Tahoe, après Emerald Bay. Résas : ☎ 530-525-7277 ou 1-800-444-7275. N'ouvre qu'en mai, lorsque la neige a fini de fondre et ferme fin sept. Empl. 35 $ jusqu'à 8 pers et 2 véhicules, 45 $ proche de l'eau (empl. nºs 141-165).* Encore un très beau camping, pas donné mais avec des emplacements ombragés (sous les sapins) relativement espacés, qui s'étagent jusqu'au lac. Surtout des tentes, et très peu de camping-cars. En plus, il y a une plage quasi méditerranéenne en bas, des coins pique-nique, des kilomètres de sentiers de randonnée, en particulier le *Rubicon Trail,* qui longe Emerald Bay pour rejoindre South Lake Tahoe. Douches chaudes payantes. Parfois des ours en goguette.

De prix moyens à plus chic

Pas de logement bon marché en haute saison par ici.

🏠 ***Alpenrose Inn*** *(plan,* ***12****) :* *4074 Pine Blvd. ☎ 530-544-2985 ou 1-800-370-4049. • alpenroseinntahoe.com • De 50 $ en sem hors saison à 160 $ le w-e en saison, petit déj et* beach pass *inclus.* Notre meilleure adresse. Un mignon petit hôtel vert et blanc en bois, avec seulement 19 chambres, toutes décorées par Hannelore, la charmante proprio germano-helvète. Les chambres, très coquettes avec leurs dessus-de-lit en patchwork, rappellent tantôt un chalet des alpages, tantôt une maison de thé anglaise. Certaines avec cuisine moyennant un supplément de 15 $, d'autres avec poêle à gaz, toutes avec clim et chauffage. La nº 6 est particulièrement agréable, surtout la salle de bains. Terrasse-solarium et jardinet avec barbecue. Un vrai coup de cœur, à deux pas de la plage et du lac et à un jet de pierre des casinos, dans un quartier résidentiel très calme.

Royal Valhalla On The Lake (plan, **16**) : *4104 Lakeshore Dr. ☎ 530-544-2233 ou 1-866-493-4603. • tahoeroyal valhalla.com • Doubles 95-135 $ avec ou sans cuisine selon saison, petit déj compris. Suites 4 pers 112-172 $ et 8 pers 255-275 $ selon saison. Ajouter env 20 $ pour une vue sur le lac.* Motel plutôt chic, situé au bord du lac, dans un coin calme et assez vert, et non loin des casinos. Chambres spacieuses, d'un bon niveau de confort, avec frigo ou micro-ondes sur demande (supplément), cafetière, certaines avec cuisine. Suites de 2 et 3 chambres plus chères (mais intéressants pour les familles) et piscine chauffée. Agréable cheminée dans le *lobby*. Accueil très sympa et accès gratuit à la plage.

Lazy S Lodge (plan, **13**) : *609 Emerald Bay Rd. ☎ 530-541-0230 ou 1-800-862-8881. • lazyslodge.com • Chambres 80-100 $ selon saison, cottages 110-125 $.* Pas de vue sur le lac ici mais c'est l'un des moins chers du secteur. Entouré de sapins, un grand bâtiment en U avec des bungalows et des chambres un peu datées mais à peu près correctes. Toutes avec kitchenette, frigo, micro-ondes et machine à café. Préférez les chambres du fond, qui pâtissent moins du bruit de la route. Les cottages disposent d'un salon, d'une cheminée et d'une cuisine. Piscine en été (chauffée) et gazon. On peut louer des vélos juste à côté, chez *Anderson*. Un poil tristounet hors saison.

Motel 6 (plan, **15**) : *2375 Hwy 50. ☎ 530-542-1400 ou 1-800-4-MOTEL-6. • motel6.com • Compter env 45-65 $ hors saison, 65-95 $ en été.* Motel classique situé sur la grande artère principale. Confort standard, avec café à la réception le matin, piscine et machine à laver pour le côté pratique.

National 9 Inn (plan, **14**) : *3901 Pioneer Trail. ☎ 530-541-2119 ou 1-800-293-0363. • national9tahoe.com • Doubles de 60 $ en sem (35 $ hors saison) à 160 $ le w-e en hte saison.* Grand motel orangé sans charme mais correctement entretenu, avec de vastes chambres confortables (micro-ondes). Café et *pastry* le matin. Piscine et jacuzzi.

Best Western Timber Cove Lodge (plan, **11**) : *3411 Hwy 50. ☎ 530-541-6722. • timbercovetahoe.com • Doubles 100-200 $ (280 $ à Noël) selon saison et sem ou w-e, petit déj léger inclus.* Motel situé sur la grande artère principale mais de bon confort. Demandez une chambre à l'arrière du vaste bâtiment en bois gris pour être plus tranquille. Chambres très confortables avec tout l'équipement habituel des *Best Western*.

Où manger ? Où boire un verre ?

Comme à Las Vegas, les casinos sont les endroits les moins chers pour manger (tout est bon pour attirer les joueurs). Pensez à demander des *fun books* gratuits dans les motels pour obtenir des réductions dans les casinos.

Spécial petit déj

The Red Hut Café (plan, **27**) : *2723 Lake Tahoe Blvd. ☎ 530-541-9024. Tlj 6h-14h. Plat env 8 $. CB refusées.* Une institution du petit déj à Tahoe depuis 1959 (lire le chaleureux historique au dos du menu). La déco est restée volontairement d'époque (box et vieux comptoir, skaï rouge, formica noir), ce qui donne à l'endroit son côté authentique, loin des prétentieuses stations de ski toutes proches. Dans l'assiette, gaufres parsemées de fruits frais, pancakes, omelettes, bref, les classiques du petit déj made in USA. Café à avaler dans de jolis *mugs*. De quoi faire le plein d'énergie avant d'attaquer les pistes ou les chemins de randonnée.

Heidi's (plan, **24**) : 3485 Hwy 50. ☎ 530-544-8113. Tlj 7h-14h. Plats env 9-15 $. Malgré ses airs de chalet suisse tout jaune surmonté d'un clocheton rigolo et ses blasons des provinces helvétiques, la maison est spécialisée dans les petits déj à l'américaine depuis 1962. D'ailleurs, le proprio est tout ce qu'il y a de plus local et, s'il a choisi le thème alpin, c'est uniquement parce que sa petite-fille s'appelle Heidi ! Le choix est vaste, les plats très copieux et de bonne qualité, mais les prix sont assez élevés, surtout en ce qui concerne les boissons. Le midi, on doit se contenter de burgers et de sandwichs. Même patron au *Bear Beach Café,* 3310 Highway 50, ouvert le soir.

Bon marché

Sprouts Café (plan, **20**) : 3123 Harrison Ave, angle Hwy 50 et Alameda Ave, juste en face du Visitor Information Center. ☎ 530-541-6969. Tlj 8h-21h. Plats env 6-9 $. CB refusées. Petit resto économique et à tendance bio tenu par des jeunes sympathiques. Carte variée et portions énormes : bagels, sandwichs, *burritos,* soupes, salades, *rice bowls* (riz mélangé à des légumes vapeur), *houmous,* et grand choix de jus frais et de *smoothies.* Si vous n'avez jamais essayé le jus de blé *(wheatgrass),* c'est l'occasion : les jeunes pousses sont récoltées devant vous, aux ciseaux, dans de grands plats où elles poussent ! Fait aussi des petits déj. Ajoutez à cela une agréable terrasse pour les beaux jours et vous obtiendrez une excellente adresse, le meilleur rapport qualité-prix de la ville.

Alpen Sierra Coffee House (plan, **22**) : 3940 Hwy 50. ☎ 530-544-7740. Tlj 6h-18h (19h en été). Env 5 $. *Coffee house* plutôt sympa, avec de bons cafés venus du monde entier. Les meubles en bois rustique donnent à l'endroit un côté très chaleureux. Le plafond est peint de paysages et d'animaux représentant leurs contrées d'origine. On peut aussi y manger des sandwichs et des paninis, des soupes en hiver et accompagner son café d'une bonne pâtisserie. Accueil sympa. Backgammon à disposition. Souvent de jolis sacs de café (vides !) et des bijoux locaux à vendre.

Prix moyens

The Brewery (plan, **21**) : 3542 Hwy 50. En face de l'entrée du Lakeland Village. ☎ 530-544-2739. Tlj 11h-22h. Pizzas env 14-23 $ selon taille. Maisonnette en bois avec une agréable cheminée, spécialisée dans les pizzas à pâte fine, mais généreusement garnies. La plus petite (25 cm) est largement suffisante pour caler une grosse faim ou 2 appétits d'oiseau. Fabrique ses propres bières (une dizaine de variétés différentes), comme on peut le voir côté bar avec les belles cuves juste derrière. Terrasse avec bancs en bois agréable, mais bruyante sur l'avant.

Tudor Pub & Restaurant (plan, **25**) : 1041 Fremont St. ☎ 530-541-6603. Peu visible de la route principale ; tourner au niveau de l'ATM de la Bank of America. Tlj 12h-2h. Happy hours sur les tapas dim-jeu 17h-19h. Plats env 8 $ le midi, sinon 12-25 $. Situé derrière la *Lakeview Plaza,* en retrait, le cottage, tout en noir et blanc, semble tout droit sorti de la campagne anglaise. À l'étage, un pub très *British* débite Guinness et Stella à la pression tout en proposant une petite carte de brasserie pour se restaurer (burgers, *fish & chips,* filet mignon, saumon...). Au rez-de-chaussée, le restaurant *(Dory's Oar)* affiche un air à la fois chic et cosy... mais sert la même carte ! Bien aussi pour boire un verre.

– Et aussi : **Beacon Restaurant** si vous y allez le midi (lire ci-après).

Chic

Beacon Restaurant (plan, **23**) : 1900 Jameson Beach Rd. ☎ 530-541-0630. Situé à Camp Richardson, à 1 bon mile à l'ouest de South Lake Tahoe. Tlj à partir de 11h en été, 11h30 le reste de l'année ; brunch w-e 10h30 (11h en été)-14h. Plats env 12-15 $ le midi ; 25-30 $ le soir. Parking : 7 $ en été, déduits ensuite de la note à partir de 25 $. Très beau site au bord du lac ! Le midi, la carte se limite essentiellement au *fish & chips* (frais mais pas très généreux en frites...), sandwichs, salades, burgers et *clam chowder* mais le restaurant est alors plus abordable, et c'est logiquement le meilleur moment pour profiter de la vue depuis la terrasse. Le soir, les plats sont plus tournés vers la mer et les prix grimpent. Musique live du mercredi au dimanche de 14h à 18h en été (parfois le week-end hors saison) : ambiance garantie.

I●I ***Riva Grill*** *(plan,* ***26****) : 900 Ski Run Blvd. ☎ 530-542-2600 ou 1-888-734-2882. Sur le bd principal, en venant du Nevada, tourner à droite vers le lac, après le* McDo. *Tlj 12h-21h30 (22h ven-sam en été). Plats env 13-18 $ le midi et 16-35 $ le soir.* Terrasse magnifique sur la marina mais éminemment touristique. Sinon, la grande salle à manger est superbe aussi (splendide escalier en acajou, cheminée) mais vite bruyante. L'accent est mis sur les produits de la mer, coquillages et poissons, plus tous les classiques habituels. Excellents *specials.* Belle carte des vins. Service attentif. Une bonne adresse chic pour les budgets plus aisés.

À voir. À faire

☞☞ ***La route panoramique autour du lac*** *(shoreline)* **:** cette route, longue de 72 miles environ, offre des points de vue superbes ; les pressés seront contents puisque les plus beaux sites sont à une dizaine de miles à l'ouest de South Lake Tahoe.

Si vous avez de bons mollets, louez un vélo (adresse plus haut) pour aller jusqu'à Baldwin Beach. La route, longée sur une partie du chemin par une piste cyclable, surplombe le lac. À un moment donné, elle décrit une courbe, puis grimpe sur une sorte de butte boisée d'où l'on aperçoit à droite et à gauche, en contrebas, les eaux turquoise du lac Tahoe et d'un autre petit lac, le Cascade Lake. Il y a quelque chose de fascinant : la route semble si étroite sur son dôme de terre qu'on la dirait jaillie de nulle part, posée sur presque rien. C'est là que se trouve le point de vue justement nommé Inspiration Point. Aux alentours, plein d'agréables balades à faire à pied dans la forêt.

☞ À ***Emerald Bay,*** il est possible de se baigner en été. En 1929, une riche veuve y fit construire le Vikingsholm Castle, une pseudo-forteresse de 38 pièces, inspirée d'un château scandinave du IXe s. Il paraît qu'elle trouvait que la baie ressemblait à un fjord (à part les sapins...). Sur l'îlot de Fannette, Mrs Knight avait même fait aménager une « maison de thé », qui fut brûlée par des fêtards dans les années 1970. Aujourd'hui, Emerald Bay fait partie d'un *State Park,* et on peut visiter la demeure *(du Memorial Day à fin sept 10h-16h ; 5 $/pers en visite guidée).* Une partie du château est en bois, surmonté d'un toit de bardeaux, l'autre en pierre et ciment, parfois sauvagement restauré ! Le sentier pour s'y rendre fait 1 mile en descente (donc pentu au retour !). Il existe plusieurs parkings payants *(env 7 $/j.)* le long de la route qui surplombe le lac (possibilité de se baigner en été, au fait), mais en aucun cas ne garez votre voiture le long de la route, car, en plus d'une amende, c'est la fourrière assurée.

☞ ***Les casinos*** *(plan,* ***30, 31, 32*** *et* ***33****) : à la sortie est de la ville.* Bienvenue au Nevada ! Valable seulement pour ceux qui ne connaissent pas les casinos de Las Vegas, car ils n'ont ni leur splendeur ni leur démesure...

➢ ***Excursion en bateau sur le lac*** *(lake cruise)* **:** *3 départs/j. avec le* M.S. Dixie *(et peut-être bientôt de nouveau le* Tahoe Queen, *en réparation), un joli bateau à aubes, genre Mississippi, qui effectue une balade de 2h30 sur le lac jusqu'à Emerald Bay. ☎ 775-589-4906. ● zephyrcove.com ● Env 40 $/pers.* Le bateau fait demi-tour juste devant le Vikingsholm Castle et tourne autour de l'île de Fannette. La vue est vraiment magnifique et, en plus, la croisière est commentée par le capitaine qui donne plein d'infos sur le lac.

– ***Parachute ascensionnel sur le lac*** *(para-sailing)* **:** *env 60 $/h et 110 $ en tandem.* Plusieurs compagnies proposent ce type d'activité, non seulement à South Lake Tahoe, mais aussi ailleurs autour du lac. Prendre les *flyers* (avec réducs) au *Visitor Information Center.*

– ***Jet-ski, location de bateaux*** (à voile ou à moteur), ***de kayaks, d'embarcations à pédales...*** tout est possible un peu partout autour du lac. Prendre également les *flyers* (avec réducs) au *Visitor Information Center.*

LE NEVADA

ABC DU NEVADA (NV)

- *Superficie :* 286 300 km² (en gros la moitié de la France, soit le 7e État des États-Unis).
- *Surnom : Silver State.* Son nom d'origine espagnole signifie « enneigée ».
- *Capitale :* Carson City, 57 000 hab., soit la plus petite capitale d'un État américain.
- *Population :* 2 700 500 hab.
- *Fuseau horaire : Pacific Time.*
- *Adhésion à l'Union :* 1864 (36e État).

L'État du Nevada est né avec la guerre de Sécession et la ruée vers l'or en Californie. La chaîne montagneuse de la Sierra Nevada, qui traverse tout l'État, était la barrière à franchir pour accéder aux filons d'or et, jusque-là, rares étaient ceux qui s'étaient risqués dans ce désert hostile. Hormis, bien sûr, quelques tribus indiennes en campagne de chasse. Puis les prospecteurs ont afflué, les villes ont poussé comme des champignons à proximité des mines, avant d'être finalement désertées et transformées en villes fantômes qui témoignent de ces rêves brisés.

En 1931, en pleine Prohibition et au plus fort de la crise boursière, le Nevada se trouve une autre poule aux œufs d'or : la légalisation du jeu, qui va de pair avec l'attitude ultralibérale de l'État en matière de mariage et de divorce. Las Vegas, créée artificiellement, *in the middle of nowhere,* ouvre officiellement ses premiers casinos légaux, la ville de Reno suit le mouvement, et, de fil en aiguille, le Nevada devient la capitale du bandit manchot. Un État étonnant que ce Nevada, vaste désert rocheux planté de yuccas, donnant l'impression de traverser une sorte de no man's land. Et tout d'un coup, dans une débauche de néons et de paillettes, de luxe, d'excès et de démesure, surgit un des endroits les plus délirants de la planète, la cité-lumière au sens propre. « *Welcome to Fabulous Las Vegas* », comme l'écrivent les panneaux, autrement nommée *Sin City,* la « ville du péché »...

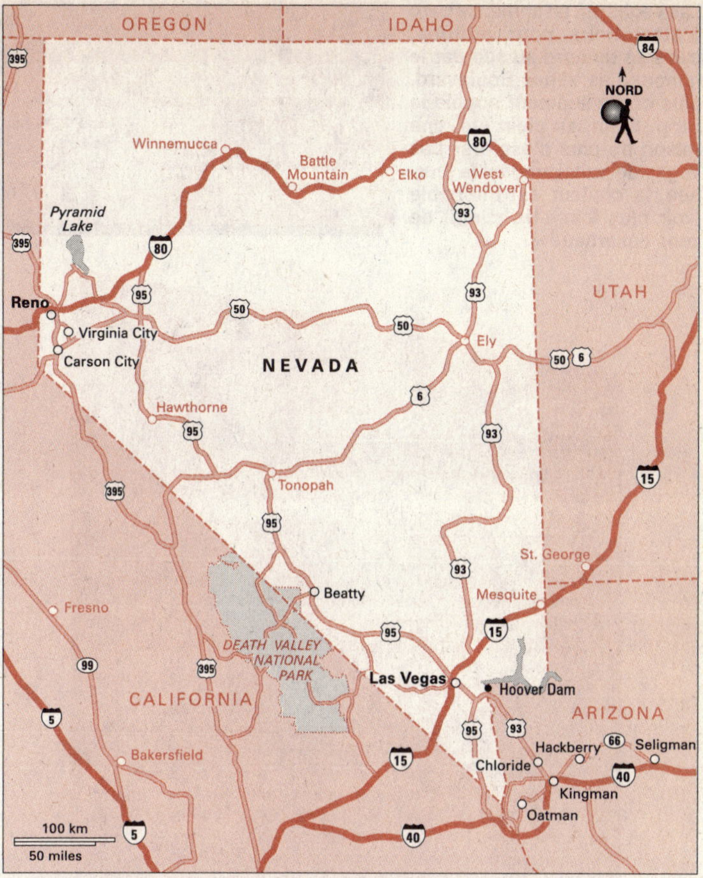

LE NEVADA

LAS VEGAS

2 millions d'hab.

◗ Pour le plan de Las Vegas, se reporter au cahier couleur.

À 275 miles (440 km) au nord-est de Los Angeles et 560 miles (900 km) au sud-est de San Francisco, Las Vegas s'ancre dans une plaine désertique écrasée de soleil, à l'extrémité sud de l'État du Nevada. Qu'on y aille pour s'amuser ou pour un congrès (très nombreux ici), pour s'y marier ou pour divorcer – ou les deux à la fois –, pour y jouer son fric ou regarder les autres le perdre, c'est la nuit que se dévoilent tous les atours de la cité-lumière, ou au coucher du soleil, pour voir s'allumer les milliers de néons clignotant...

Las Vegas est un immense parc d'attractions pour adultes, traversé du nord au sud par le fameux Las Vegas Boulevard, plus communément appelé le Strip. Enfin, en plein été, une raison de plus d'explorer Las Vegas de nuit : pendant la journée, la chaleur est intenable (voir plus loin « Un climat de zone désertique »).

VERY BAD STRIP !

« Strip » est donc le nom donné au Las Vegas Boulevard. De fait, le verbe to strip en américain signifie « se mettre tout nu ». Ça tombe bien puisque, sur ce long boulevard de 4 miles, on risque toujours de tout perdre au jeu et de se retrouver à poil !

ABC DE LAS VEGAS

- *Population :* 2 millions d'hab. (soit les trois quarts des quelque 2,7 millions d'âmes du Nevada).
- *Nombre de visiteurs :* 39 millions de visiteurs en 2011, 40 millions annoncés pour 2012.
- *Économie :* les hôtels et les casinos sont les principaux employeurs avec 25 % des emplois directs de la ville. Cela dit, ce serait aussi le taux (réel) du chômage depuis la crise financière...
- *Gains des casinos :* en 2008, les casinos de Vegas ont gagné environ 6,7 milliards de dollars, soit près de trois fois le montant de la dette extérieure d'un pays comme le Mali ; depuis la crise, c'est aussi le montant de leurs pertes...
- *Gains des joueurs :* le plus gros de tous les jackpots jamais gagnés s'élève à plus de 39 millions de dollars ! En moyenne chaque année, plus de 50 personnes gagnent plus de 200 000 dollars. Les autres repartent plumés !
- *Mariages :* la ville compte environ 50 chapelles, et près de 100 000 licences de mariage sont accordées chaque année à Las Vegas. Bon, toutes ne sont pas homologuées. En effet, certains couples se marient à Las Vegas juste pour le fun et sous le coup de l'euphorie mais ne font pas valider leur mariage. Celui-ci n'a alors que la valeur que les mariés veulent bien lui accorder.
- *Autres records :* plus tristement, Las Vegas est la ville américaine qui compte le plus de suicides et d'infarctus. Ah, l'enfer du jeu...

UNE VILLE, PLUSIEURS GENRES

La décennie 1990 et le début de ce nouveau siècle ont vu la construction d'immeubles, tous plus farfelus les uns que les autres, sortis de terre comme des champignons après la pluie. Plusieurs ***parcs d'attractions géants*** (*Treasure Island*, la *Stratosphere*, l'*Adventuredome* au *Circus Circus*) ont été créés sur le Strip ***afin d'attirer les familles,*** cette nouvelle clientèle sur laquelle Las Vegas, en quête de respectabilité, fait aussi son beurre aujourd'hui. Officiellement, les responsables du développement économique veulent ***faire de la ville « un lieu d'accueil à vocation multiple ».*** Autrement dit, si, depuis des décennies, Las Vegas a construit sa réputation sulfureuse sur le jeu, l'argent et le sexe, elle ne tient pas à étouffer vivante sous cette image de cité de débauchés. Pour commencer, ***la prostitution a été interdite dans le comté de Las Vegas,*** ce qui n'est pas le cas dans la plupart des autres comtés du Nevada. Bon, la réalité est un peu différente car on n'interdit pas la publicité sur la voie publique, et des dizaines d'hommes-sandwichs répartis sur le Strip distribuent des annonces suggestives, sans compter celles affichées sur certains bus qui arpentent le boulevard... La ville a surtout entrepris, depuis plusieurs années, de se transformer en une ***immense ville-spectacle à l'image de Disneyland et de Hollywood.*** L'objectif est déjà presque atteint grâce, entre autres, aux ***superproductions du Cirque du Soleil.*** Oscar Goodman, surnommé « The Big O », maire de 1999 à 2011, a réussi à donner une image de respectabilité à sa ville. Et sa femme, Carolyn Goodman, lui a succédé en 2011, ayant entre autres éliminé un Franco-Américain du nom de Victor Chaltiel.

UNE CRISE FINANCIÈRE, PLUSIEURS OPTIONS

De nombreuses familles accompagnées de leurs enfants déambulent dorénavant sur le Strip. Mais ce marché de l'enfance n'est pas aussi rentable que ce que les prévisions affirmaient, d'autant que ***la crise financière mondiale de 2008 a plongé la ville dans le rouge,*** impair et manque (de recettes, évidemment). ***Les prix de l'immobilier ont chuté de 40 % et la fréquentation touristique de 4 % en 2009.*** Conséquence ? Trois grands casinos ont fait ***faillite*** et plusieurs chantiers se chiffrant en milliards de dollars ont été abandonnés. Seul le *Cosmopolitan,* financé par la *Deutsche Bank,* a été inauguré en 2010. Mais c'est l'arbre qui cache la forêt. ***Le taux de chômage a atteint 14 % (certains parlent même de 25 % en taux réel), soit le pire du pays,*** avec 140 000 emplois qui ont purement et simplement disparu. Pire, les sans-abri commencent à être nombreux à s'installer dans les canalisations de la ville, un comble dans la ville du jeu et des néons ! En réaction, on continue d'afficher son optimisme selon la méthode Coué américaine. Et puis, alléluia, la grande prêtresse ***Céline Dion a accepté de revenir se produire dans la capitale du jeu,*** déjà dépassée par la concurrence de Macao, afin de sauver le Titanic ! Il faut dire qu'elle est un plan de relance à elle seule, drainant un chiffre d'affaires considérable.

Cela dit, les casinos avaient déjà commencé à s'adapter au marché des générations montantes, tout en conservant leur côté « propre sur soi ». Redoutant la légalisation du jeu dans les autres États américains (42 déjà), la ville a entrepris, pour assurer ses arrières et pour résister à la concurrence, de ***développer une infrastructure hôtelière d'un luxe élitiste et d'une architecture haut de gamme, conçue par des architectes de renom.*** Et de ce côté-là, c'est plutôt réussi. On suit la tendance contemporaine en épurant les extravagances un peu kitsch des vieux de la vieille, le *Luxor* en tête, et chaque grand casino se dote progressivement d'une annexe chic « hôtel-spa-design », à l'image du tout nouveau ***CityCenter, immense réalisation architecturale qui marque un tournant historique à Las Vegas.*** La ville décline aujourd'hui ses multiples visages : métropole du jeu bien sûr, mais aussi ***nouveau temple du luxe, théâtre de spectacles artistiques et musicaux*** parmi les plus étonnants et les plus professionnels de la planète, elle est encore ***parc d'attractions*** et se veut aussi ***ville de congrès*** avec, chaque année, 18 000 colloques et conventions qui attirent désormais près de 5 millions de visiteurs, ce qui représente un revenu appréciable.

Enfin, depuis les attentats du 11 Septembre, Magic Vegas demeure la ***destination touristique préférée des Yankees*** (loin devant Hawaii et Orlando) ; preuve que le légendaire rêve américain n'est pas encore mort et qu'il se refait une jeunesse à coup de billets verts !

UN PEU D'HISTOIRE

C'est à la construction du chemin de fer, en 1905, que la ville doit son existence. Située en plein désert, la vallée de Las Vegas (nom signifiant « les prairies ») avait d'abord été, en 1840, un ***lieu de campement pour les convois de diligences*** qui empruntaient la vieille piste espagnole reliant Santa Fe à la Californie. Le ***divorce*** ou le ***mariage,*** selon la Constitution des différents États, généralement d'inspiration puritaine, était chose difficile. Il fallait de longs délais et de sérieux motifs. ***Le Nevada se montra libéral*** dans ce domaine. On devait pouvoir marier cow-boys et pionniers, qui n'étaient là que de passage, le plus rapidement possible pour éviter le concubinage. Pour le divorce, en fait de délai, les autorités locales ne vérifiaient que la qualité de résident de l'État, qui s'acquérait au bout de 6 semaines. ***L'aspirant au divorce n'avait donc qu'à prendre 42 jours de vacances dans un hôtel de Las Vegas pour l'obtenir.*** Quant au motif, le Nevada se chargea également de le fournir ; on y inventa la notion de « cruauté mentale »...

Le mariage est une formalité encore plus simple : il n'est même pas nécessaire de justifier d'un temps de résidence. Il suffit d'être deux et de remplir un formulaire. Aujourd'hui encore, chaque année, Las Vegas voit ainsi débarquer des centaines de milliers d'Américains ou de touristes pressés de nouer les doux liens du mariage... ou anxieux de les rompre !

L'attitude des autorités vis-à-vis du jeu découle sans doute de la libéralisation du divorce. Il fallait bien occuper les « clients » pendant leurs 42 jours de loisirs. Aussi, ***en 1931, tous les jeux furent-ils autorisés,*** sans aucune espèce de formalité. Tout commença autour du ***noyau dur de la vieille ville,*** sur ***Fremont Street.*** Cette rue historique cumule de nombreuses premières. Le premier hôtel de Las Vegas, l'*Hotel Nevada,* y ouvrit ses portes en 1906 : c'est aujourd'hui le *Golden Gate Hotel.* Fremont Street fut aussi la première rue à être pavée en 1925. La première licence de jeu fut accordée en 1931 au *Northern Club,* le premier néon installé en 1934 au *Boulder Club.* Plus que le chemin de fer ou la roulette, ***l'image de marque du Nevada est la machine à sous (slot machine).*** Celle-ci est née à l'époque de la Prohibition. Il s'agissait en fait de distributeurs de bonbons... quelque peu transformés.

Bugsy Siegel, gangster et visionnaire

Tout s'accéléra avec l'entrée en scène de ***« l'homme le plus dangereux d'Amérique »,*** un certain ***Benjamin Siegel, dit « Bugsy »*** (« cinglé » en yankee). Ce gangster richissime et d'une violence inouïe ne manquait pas d'idées. Truand oui, mais pas bête ! ***Il contrôlait le plus grand réseau de jeu et de prostitution de Los Angeles.*** Obnubilé par le cinéma, hanté par sa propre mégalomanie, il envoya dans le Nevada son homme de confiance, Little Moe Sedway. Ce dernier repéra un petit établissement, *El Rancho Vegas,* que Bugsy acheta, soutenu financièrement par le boss de la mafia, Meyer Lansky. Ainsi, ***Bugsy fit construire le* Flamingo, *le premier casino « géant » de Las Vegas.*** Inauguré à Noël 1946, ce fut au départ un désastre financier. Peu de temps après, Bugsy fut assassiné d'une balle dans l'œil dans la maison de sa maîtresse à Beverly Hills. Mais la poule qui était dans l'œuf du *Flamingo* se mit alors à pondre des œufs d'or ; tant et si bien que le succès déferla bientôt sur la ville tout entière... Le *Flamingo* existe toujours aujourd'hui, dépassé en grandeur par la nouvelle génération des méga-casinos. Mais il profita d'une considérable publicité

JOUER AVEC LE FEU

Pour distraire les touristes et créer la polémique, Las Vegas a ouvert en 2012 son premier « salon de tir » ! Les revolvers standard y côtoient mitrailleuses et fusils à pompe. Voilà de quoi épicer le débat sur le second amendement ! Le lieu, considéré comme un espace de détente et de loisirs, a plutôt des allures de Laser Game, avec son coin bar (sans alcool) et ses serveuses aguichantes. Les cibles sont au choix, la plus demandée étant celle à l'effigie de Ben Laden...

gratuite lorsque fut tourné le film *Bugsy* (avec Warren Beatty), qui raconte les tribulations de la création du casino par son mythique truand-promoteur...

Une expansion fulgurante

La Sécurité sociale n'assurant pas les retraites aux États-Unis, ce sont les syndicats qui collectaient les fonds pour leurs propres caisses. Le puissant syndicat des camionneurs (les *teamsters*) disposait de liquidités énormes qu'il décida de placer. Ses liens avec la mafia l'incitèrent à investir dans les casinos de Las Vegas, dès 1945-1946. Outre leurs énormes profits, ces entreprises avaient et ont toujours un très gros avantage : la quasi-totalité de l'argent amassé par le biais des jeux est en liquide.
À partir de 1966, le milliardaire ***Howard Hugues se lança dans une campagne virulente contre la mafia.*** L'objectif de Hugues n'était pas de chasser les maîtres de la ville, mais de casser leur monopole sur les jeux d'argent. Il fit pression sur les élus du Nevada afin que n'importe quelle entreprise cotée en bourse puisse légalement obtenir une licence nécessaire à l'ouverture des casinos. Les patrons des casinos-hôtels virent alors arriver une ***nouvelle génération d'investisseurs*** : les puissantes chaînes hôtelières comme *Hilton* ou *Mirage,* et même des sociétés commerciales comme *ITT.*

BABYLONE CORRIGÉE PAR DISNEY

Royaume du kitsch, de l'extravagance et de la mégalomanie et factice des pieds à la tête, ***Las Vegas est sans conteste la ville la plus démente des États-Unis.*** Certains affirment même qu'on ne peut pas avoir compris le pays si on n'a jamais mis les pieds ici.
C'est pourquoi on pense vraiment que Las Vegas est à voir une fois dans sa vie, même si la ville devient rapidement écœurante pour notre « sensibilité » européenne. Car derrière le décor merveilleux, le spectacle est parfois affligeant : cortèges de *homeless,* de paumés et de jeunes défoncés, mélange de fauchés et de friqués hagards, venus s'échouer contre ce fantasme de la fortune facile ; et tout cela sur fond assourdissant des omniprésentes machines à sous. Sans compter la ***débauche de fric et d'énergie*** dépensée, clim à fond, musique qui pulse, vidéos, écrans géants, images sexy à vous faire tourner la tête... ou fuir en courant !
Il reste heureusement l'atmosphère unique de la ville, ses féeriques avenues clignotantes, son *entertainment* typiquement américain qui vous en met plein la vue, et un coût de la vie étonnamment moins élevé que dans le reste du pays. « *Viva Las Vegas* », chantait le King Elvis ! Alors, un conseil : organisez-vous une nuit ou deux délirantes et repartez vite pour les grands espaces avant que l'effet pervers de la déchéance ne vous perverti$$e !

SIN CITY

Las Vegas réunit à elle seule toutes les contradictions, toutes les folies américaines : démesure architecturale au cœur des grands espaces désertiques, débauche électrique, profusion de bouffe et d'alcool, frénésie de gagner ou de dépenser, spectacles déments et bordels légaux, chapelles bidon, mafia alliée au show-business, mariages éclairs... Avouez que ça fait beaucoup pour un pays puritain ! D'où son surnom de Sin City : la « ville du péché » !

LES PLUS GRANDS HÔTELS DU MONDE

Preuve de sa ***mégalomanie*** galopante, ***18 des 20 plus grands hôtels des États-Unis se trouvent à Las Vegas.*** Au hit-parade de la folie hôtelière, on trouve en

tête le *Venetian* avec, tenez-vous bien, plus de 7 000 suites depuis l'ajout de la tour *Palazzo.* L'un des plus grands, le *MGM Grand,* compte un peu plus de 6 500 chambres. Le *Luxor* et le *Mandalay Bay* affichent, eux, plus de 4 400 chambres, l'*Excalibur* et le *Bellagio* plus de 3 900 chambres, etc.
Pour mieux comprendre, sachez qu'en additionnant le nombre des chambres des six principaux hôtels de la ville (*MGM, Venetian, Luxor, Mandalay Bay, Bellagio* et *Excalibur*), on atteint la capacité hôtelière des villes de San Francisco et San Diego réunies ! Et on n'a pas encore tout vu. Régulièrement, les hôtels s'enrichissent de nouvelles ailes, créent de nouvelles tours pour abriter toujours plus de nouvelles chambres, dans un ***style désormais haut de gamme et design*** : *The Signature* au *MGM Grand, The Hotel* au *Mandalay Bay, Encore* pour le *Wynn, Palms Place* au *Palms, Hotel 32* au *Monte Carlo,* etc. Sans oublier d'autres monstres comme le *New York-New York* (2 000 chambres), le *Paris-Las Vegas* (2 900 chambres) ou encore le *Cosmopolitan,* avec ses 3 000 chambres chic et glamour. Bref, d'après le *Convention Center,* ***la capacité hôtelière totale de Las Vegas a dépassé la barre des 150 000 chambres*** ! Pour terminer avec ces chiffres délirants et parfaitement futiles, on dira que Las Vegas possède 9 des 10 plus grands hôtels du monde. Et le développement se poursuit, impénitent, en dehors de la ville, au Lake Las Vegas et à Henderson, au nord-ouest de la vallée de Las Vegas...

UN CLIMAT DE ZONE DÉSERTIQUE

En été, à quelques degrés près, il fait grosso modo le même temps à Las Vegas qu'à Khartoum, au Soudan ! Contrairement à la Californie, zone subtropicale tempérée, la ville de Las Vegas est située au cœur d'un vaste désert où règne un climat aride, chaud et sec. Il ne tombe que 10,5 cm de pluie chaque année. Le soleil est omniprésent 211 jours par an et fait une apparition ponctuelle au moins 320 jours par an.
– ***De juin à septembre :*** c'est la période la plus chaude de l'année. Les journées sont torrides. Et si la température moyenne est de 40 °C, il fait un peu moins chaud la nuit (24-25 °C).
– ***De novembre à mars :*** c'est l'hiver. Un drôle d'hiver où la température oscille autour de 13-18 °C dans la journée et peut tomber à 5 °C la nuit. Donc, l'air y est beaucoup plus respirable qu'en plein été. Prévoir quand même un vêtement chaud.
– *ATTENTION :* en été, gare aux sinusites, dues au contraste brutal entre la température extérieure torride et l'air climatisé, très frais, des casinos et hôtels.

Arriver – Quitter

En avion

✈ ***Aéroport international Mc Carran*** *(hors plan couleur par A2) : situé à 3 miles slt du Strip. Rens :* ☎ *702-261-5211.* • *mccarran.com* • Parmi les aéroports les plus fréquentés au monde. Dès l'arrivée, on est happé par le souffle barbare de la ville et l'enfer du jeu : des dizaines de machines à sous sont plantées dans les salles d'attente de l'aéroport et jusque dans le hall de livraison des bagages ! Plusieurs ***bureaux d'infos touristiques,*** ouverts en fonction des vols. Documentation plutôt limitée mais personnel serviable. Nombreuses agences de location de voitures représentées au ***Mc Carran Rent-a-Car Center,*** dans un bâtiment excentré desservi régulièrement par *shuttle* spécial (bon à savoir lors du retour, pour ne pas être trop juste par rapport à l'horaire du vol). Attention, souvent une longue file d'attente chez *Dollar Thrifty. Infos générales :* ☎ *702-261-6001.*

Comment rejoindre le centre-ville depuis l'aéroport ?

➢ ***En navette*** *(shuttle)* **:** plusieurs compagnies de navettes privées (notamment *Grayline*), situées côte à côte, juste à l'extérieur de l'aéroport, desservent les principaux hôtels de Downtown et du Strip. Compter env 6-7 $/pers pour le Strip et 8-9 $ pour Downtown (à partir de la Stratosphere). Billet A/R : 12-16 $.

➢ ***En taxi :*** si l'on voyage à plusieurs (les monospaces sont impeccables pour les familles), le taxi revient moins cher : env 20-25 $ pour le Strip selon distance et 25-30 $ pour Downtown. Pour quelques dollars de plus, vous pourrez même vous offrir le trajet en limousine !

En bus

Greyhound Station *(plan couleur D2) : dans Downtown, 200 S Main St (à la hauteur de Carson Ave). ☎ 702-384-8009 ou 1-800-231-2222. Ouv 24h/24.*

➢ Une douzaine de départs/j. vers Los Angeles, minuit-17h env. Pour Hollywood, 1 bus/j. vers 9h30. Pour San Diego, 1 bus/j. vers 11h. Pour Phoenix, 1 bus vers 6h40 et 1 autre vers 20h20. Pour Salt Lake City, 2 bus vers 7h55 et 21h30. Pour Denver, 2 bus vers 1h40 et 15h15. Consignes et distributeur d'argent *(ATM).*

En train

– ***Amtrak :*** il n'y a plus de train à Las Vegas jusqu'à nouvel ordre.

Circuler à Las Vegas

En bus

➢ La compagnie ***RTC Transit*** dessert tte la ville dans un rayon de 20 km env. *Infos : ☎ 702-228-7433 ou 1-800-228-3911. • rtcsnv.com •* Le ticket dans le ***Deuce*** – bus à 2 étages qui remonte et descend sans fin le Strip – est à 5 $/trajet, alors que pour voyager dans ts les autres bus qui ne desservent pas le Strip, un trajet coûte env 2 $ (monnaie exacte exigée). *Pass* à la journée *(24 Hour All-access pass)* 7 $. Tickets en vente aux guichets automatiques. Si vous comptez rester un moment, vous pouvez acheter un *pass* de 3 j. à 20 $. On se les procure aux guichets automatiques, à la station de bus principale, au *Bonneville Transportation Center (ou BTC, 101 E Bonneville Blvd, angle Casino Center Blvd ; tlj 7h-18h),* ou encore au terminal sud du Strip *(South Strip Transfer Terminal, 6675 Gillespie St ; tlj 7h-18h).*

En monorail

➢ 3 petits trains suspendus (Tram) relient gratuitement, d'une part le *Mirage* et le *Treasure Island* (ttes les 15 mn env, dim-jeu 9h-1h, jusqu'à 3h ven-sam), d'autre part le *Mandalay Bay* et l'*Excalibur,* avec arrêt au *Luxor* (ttes les 5 mn env, 24h/24) et enfin il existe un nouveau tram entre le *Bellagio* et le *CityCenter* (ttes les 7 mn 8h-4h). Ces horaires changent en fonction de la fréquentation touristique.

➢ Un autre réseau de ***monorails,*** payant lui, relie d'autres hôtels du Strip, du *Sahara* au *MGM Grand,* en passant par le *Las Vegas Hilton,* le *Las Vegas Convention Center,* le *Harrah's* et l'*Imperial Palace,* le *Flamingo* et le *Caesars Palace,* le *Bally's* et le *Paris.* Fonctionne lun-jeu 7h-2h ; ven-dim 7h-3h. *Pour tt rens : ☎ 1-866-466-6672. • lvmonorail.com • Tarif : 5 $/trajet, 12 $ le pass de 1 journée et 28 $ pour 3 j.* Tickets et *pass* s'achètent aux guichets automatiques en station ou sur Internet. En fait, c'est assez cher et pas très pratique, car il faut traverser chaque casino pour accéder à l'arrêt du monorail, parfois loin de tout.

En voiture

Tous les casinos du Strip disposent d'immenses ***parkings gratuits*** pour faciliter l'accès des clients, situés derrière le bâtiment principal et reliés par des passerelles. Il faut suivre l'accès « *Self park* », sinon vous risquez de payer le « *valet parking* ». Repérez bien l'étage et l'emplacement ! À Downtown, allez vous garer dans les parkings des casinos *Main Street Station, California* ou *Binion's,* les seuls à être gratuits dans le secteur (sinon, parcmètres à pièces ou parkings env 5 $ les 12h). Si vous êtes en voiture, c'est une bonne alternative au bus ou à la marche forcée sous le soleil. Mais gare aux bouchons qui augmentent au fur et à mesure de la journée !

En taxi ou limousine

Une dizaine de compagnies de taxis se disputent le marché à Vegas. Par exemple, ***ABC Cab*** *(☎ 702-736-8444)* ou ***Yellow Checker Cab*** *(☎ 702-873-2000 ou 8012).* Enfin, si vos gains au jeu sont importants, pourquoi ne pas continuer à flamber en limousine ? Avec ***Ambassador Limousine*** *(☎ 702-362-6200 ; ● ambassadorlasvegas.com ●)* ou ***Presidential Limousine*** *(☎ 702-731-5577 ; ● presidentiallimolv.com ●).* À partir de 45 $/h.

Adresses et infos utiles

ℹ ***Office de tourisme de Las Vegas à Paris :*** voir en début de guide « Parcs nationaux utile. Avant le départ ».

ℹ ***Visitor Information Center*** *(plan couleur B2) : 3150 Paradise Rd, à l'angle de Convention Center Dr. ☎ 702-892-0711. ● visitlasvegas.com ● Lun-ven 8h-17h ; fermé le w-e sf pdt les congrès (nombreux).* Vous y raflerez un paquet de brochures (*Las Vegas Visitors Guide,* parfois disponible en français) sur les hôtels (on peut même vous mettre gratuitement en relation téléphonique avec une hôtesse qui donne la disponibilité des hôtels dans la catégorie de prix demandée), restos, casinos, musées et excursions dans la région. Procurez-vous les magazines gratuits *What's On* et *Las Vegas Magazine,* pour connaître le programme complet des spectacles et autres événements particuliers. Également une liste des spectacles gratuits. Enfin, 20 mn de connexion Internet gratuite (1 seul poste, pièce d'identité obligatoire).

LAS VEGAS

Argent, change

– Des ***guichets automatiques*** permettent de retirer de l'argent dans tous les casinos. Mais les commissions sont importantes (3 à 9 $ par retrait selon les machines !). Idéalement, préférer les distributeurs *ATM* des banques, situées à l'écart du Strip (commission moins importante, de 2 à 3 $).

Internet

@ Emportez votre ordinateur portable si vous voulez faire des économies... même si le wifi est parfois payant, surtout dans les casinos de Downtown. En tout cas, évitez les postes Internet des hôtels-casinos où vous devrez payer environ 5 $ les 10 mn de connexion, avec une carte non utilisable ailleurs ! Nettement moins cher dans les auberges de jeunesse mais payant quand même. Sinon, connexions gratuites au ***Visitor Center*** (lire plus haut) et à la bibliothèque municipale, face au *Neon Museum,* non loin du *musée d'Histoire naturelle* (lire plus loin « Les musées ») : ***Las Vegas Library,*** *833 N Las Vegas Blvd. ☎ 702-507-3500.* Également à la bibliothèque du comté : ***Clark County Library,*** *1401 E Flamingo Rd. ☎ 702-507-3400. Mêmes horaires pour les 2 adresses : lun-jeu 10h-19h ; w-e 10h-18h. Venir avec une pièce d'identité.*

Santé

■ ***University Medical Center :*** *1800 Charleston Rd. ☎ 702-383-2000.* Le plus économique (ou disons le moins cher). Sachez que la médecine ne peut rien contre la fièvre du jeu !

■ ***Sunrise Hospital & Medical Center :*** *3186 S Maryland Pwy. ☎ 702-731-8000.* Plus cher. Contacter son assurance avant d'engager des frais.

Où dormir ?

Encore une originalité de Las Vegas : les hôtels ne ressemblent pas à des hôtels ! En fait, chaque grand hôtel fait en même temps casino, à moins que ce ne soient les casinos qui fassent hôtels. Inconvénient : ce n'est pas vraiment de tout repos, l'environnement étant constamment baigné de lumières, musique, vidéo, bruits des machines à sous (!). Sans doute pour inciter les clients à dépenser quelques dollars à peine franchi le seuil de leur chambre ! Avantage : les prix de l'hébergement sont faibles pour le pays à certaines périodes, histoire de vous attirer, justement, dans les casinos. Sinon, il reste

toujours l'option des motels adjacents au Strip, sans surprise, ou des quelques hôtels indépendants.
- Il y a près de 150 000 chambres dans toute la ville. Et il s'en construit chaque année quelques milliers de plus. Si avec ça vous ne trouvez pas votre bonheur...
- ***HYPER IMPORTANT : il est indispensable de prévoir à quelle période vous souhaitez venir et de réserver à l'avance.*** Votre vision de la ville sera très différente et surtout le prix que cela vous coûtera peut aller du simple... au quintuple. À Las Vegas, il faut jouer malin. En dehors des périodes de congrès, de festivals, du Nouvel An et de week-ends (les Américains débarquant alors par dizaines de milliers), les grands hôtels sont parfois moins chers que les petits motels que nous mentionnons dans les catégories « Bon marché » ou « Prix moyens ». Un établissement hyper chic, dont les prix tournent autour de 150-200 $, peut brader ses chambres à 40 ou 60 $ quand il n'y a personne en ville (et pas de congrès), ***notamment entre le dimanche soir et le jeudi soir.*** Inversement, certains petits motels, dont le prix de la chambre ne vaudrait pas plus de 60 $, peuvent faire grimper leurs prix jusqu'à 200 $ aux dates les plus « chaudes ».
- ***Conseil de base :*** renseignez-vous sur Internet *(● visitlasvegas.com ●)* ou par téléphone auprès du *Visitor Center* pour connaître les dates exactes de congrès *(incentive)*, puis allez sur les sites internet des hôtels pour faire vos réservations en fonction des périodes creuses que vous aurez choisies. Cela vous coûtera moins cher de le faire en ligne que par l'hôtel directement. Lors de certains gros rassemblements (comme l'*Automobile Race*, le 1er week-end de mars), ce n'est même pas la peine de venir. Car on le rappelle, l'intérêt de Vegas, c'est justement son excellent rapport qualité-prix.
- ***Petit paragraphe technique :*** il faut savoir que les tarifs de chaque hôtel sont gérés par leur central de réservations et qu'ils sont calculés par un logiciel qui évalue au jour le jour les meilleurs prix à appliquer en fonction du taux de réservation, pour ramasser le plus de dollars. Aux périodes creuses, concurrence oblige, les chambres sont bradées. À vous d'en profiter. Évidemment, ça demande un peu de calcul, de temps... et de machiavélisme, mais ça vaut vraiment le coup. Ici, c'est œil pour œil, porte-monnaie contre portefeuille ! *ATTENTION,* aux périodes de pointe, certains hôtels exigent de rester au moins 2 nuits, et vous êtes sûr de payer le prix fort (sauf à l'AJ).
- ***Chambres chic à prix choc :*** si les chambres standard partent vite, tarif oblige, les supérieures et suites ne connaissent pas tous les jours un taux de remplissage maximum. Elles sont dans ces conditions proposées à prix planchers. Si vous avez quelque chose à fêter, mieux vaut d'abord réserver une chambre standard, et demander le jour de votre arrivée les tarifs en vigueur pour les catégories supérieures. « Upgrader » au dernier moment revient nettement moins cher.
- ***Autre précaution à prendre :*** mieux vaut s'enregistrer tôt à l'hôtel. En effet, certains établissements pratiquent une politique de prix évolutifs selon l'heure d'arrivée. Le soir, si vous n'avez pas réservé, il peut vous en coûter jusqu'à 50 % de plus que le matin si leur taux de remplissage a augmenté au cours de la journée ! Bon, là, ça devient vraiment pervers...

LAS VEGAS

■ ***LVCVA Reservation & Information Call Center :*** *☎ 702-892-7575 (lun-ven 8h-18h, w-e 8h-17h). ● lvcva.com ●* C'est le plus important centre de réservations, géré par le *Convention and Visitors Bureau.* Gratuit, bien conçu, il vous propose les hôtels selon les tarifs du jour et votre budget. Possibilité de téléphoner du *Visitor Center* même.

Dans Downtown (quartier de la gare routière)

Camping

KOA at Circus Circus *(plan couleur C1) : 500 Circus Circus Dr. ☎ 702-733-9707 ou 1-800-562-7270. ● koa.com/campgrounds/las-vegas ● Derrière l'hôtel* Circus Circus. *Env 40-45 $/*

tente et 45-100 $/camping-car. Pour les originaux qui auraient l'idée de camper à Las Vegas (après tout, c'est une folie comme une autre par ici !), seulement 3 emplacements... L'un d'entre eux avec de l'herbe, les 2 autres avec du gravillon ! Pour le reste, uniquement des camping-cars américains (énormes) et un environnement très bétonné, *of course.* Piscine.

Bon marché

USA Hostels Las Vegas *(plan couleur D2,* ***10****) : 1322 Fremont St, à l'est de Downtown. ☎ 702-385-1150 ou 1-800-550-8958. • hostels.com • Le* Deuce *(bus du Strip) ne passe pas loin. Dortoir de 4-8 lits env 15-23 $/pers, doubles env 30-60 $, petit déj compris ; réduc via Internet.* Située dans un quartier défavorisé (un peu de prudence le soir), cette AJ privée logée dans un ancien motel est un peu datée (moquettes usées jusqu'à la corde), mais son atmosphère conviviale, sa piscine et son petit jacuzzi en font tout de même un bon point de chute pour les routards. Une bonne vingtaine de dortoirs (16 mixtes et 6 réservés aux filles), plus une douzaine de chambres privées, certes basiques, mais toutes avec douche, w-c, frigo et casiers. Pas mal de services : laverie, consigne, Internet (payant mais bon marché), billard, cuisine, salon TV, *shuttles* pour le Strip et l'aéroport, excursions (Grand Canyon...), tours en limousine et toute la panoplie des soirées à thème. Une vraie AJ.

Sin City Hostel *(plan couleur D2,* ***11****) : 1208 S Las Vegas Blvd. ☎ 702-868-0222. • sincityhostel.com • (1 chambre). À 20 mn à pied de la gare routière, sinon prendre le* Deuce *ou les bus* SDX *ou n° 108. Nuitée en dortoir de 4-6 lits env 12-20 $ selon période, chambres semi-privées (sdb commune) 35-40 $; petit déj continental inclus.* Une barre de béton, sans même une enseigne rigolote. Alors, bien sûr, c'est pas l'environnement le plus joyeux (au bord du boulevard très passant), mais c'est pas cher, à mi-chemin entre Downtown et l'agitation du Strip, et les infrastructures sont correctes. Possibilité de s'isoler dans des doubles donnant sur les dortoirs, avec sanitaires communs. Salon TV, cuisine, laverie, soirées à thème (barbecue, *pasta,* sorties en limousine), etc. Parking fermé et caméra de surveillance, côté sécurité. Son manque total de charme est compensé par l'accueil très sympa et l'ambiance fraternelle qui y règne... Et puis, on ne vient pas à Vegas pour rester à l'hôtel !

Tod Hostel & Motel *(plan couleur C2,* ***17****) : 1508 S Las Vegas Blvd. ☎ 702-982-1481. • todhostelmotel.com • Bus depuis la gare routière. Env 20 $/lit en dortoir (17 $ avec la carte des AJ) ; doubles 35-50 $. Petit déj inclus. (espaces communs).* Pour les fauchés, à l'arrière du motel, une douzaine de chambres transformées en dortoirs de 6 lits avec AC, salle de bains et micro-ondes. 2 cuisines communes et une salle de jeu. Le tout est très simple et vraiment sans charme, mais l'accueil est plutôt sympa et on y trouve des services intéressants : consigne gratuite, navette pour l'aéroport bon marché ou encore excursion de 1 journée au Grand Canyon. Petite piscine.

Gold Spike Casino *(plan couleur D2,* ***12****) : 217 N Las Vegas Blvd. ☎ 702-384-8444 ou 1-866-800-8600. • goldspike.com • Résa conseillée. Hors manifestations ou w-e fériés, doubles env 40 $ en sem, 70-140 $ le w-e.* Pour ceux que les énormes hôtels-casinos effraient, en voici un à taille humaine et récemment rénové. Chambres au look contemporain, presque design, et casino pas bien grand dans un décor métallique moderne, le tout avec des croupières en tenue sexy. Le revers de la médaille, c'est cette atmosphère un peu froide, un peu impersonnelle, à l'image de l'accueil. Piscine.

De prix moyens à plus chic

El Cortez Cabana Suites *(plan couleur D2,* ***13****) : 651 E Ogden Ave. ☎ 702-385-5200 ou 1-800-634-6703. • eccabana.com • Doubles env 40-80 $ selon saison ou période de la sem, suites 50-110 $. (chers).* Coup de cœur pour ce petit hôtel de

65 chambres seulement, à 1 bloc de Fremont Street, juste en face du casino *El Cortez* (un doyen ouvert en 1941). La nuit, la façade illuminée de bleu donne le ton à cette adresse insolite, entièrement conçue dans l'esprit Miami années 1950 ! Damier à la réception, lustre en (faux) cristal, moquettes à fleurs en noir et blanc dans les couloirs, skaï façon croco aux murs, peintures bleu ciel ou vert pomme, meubles design et lampes chromées... C'est glamour et rock'n roll ; très réussi dans le genre ! Évidemment, à ce prix-là, les chambres (avec *queen bed*) ne sont pas bien grandes, mais elles sont idéales pour un séjour en amoureux. Excellent niveau de confort : TV écran plat, station iPod et iPad, etc. Les suites ont un *king bed* et une superbe salle de bains. *Fitness center.* Accueil charmant. Définitivement un très bon plan, alors pensez à réserver. Ne manque plus que la piscine, en projet...

Main Street Station – Casino Brewery Hotel *(plan couleur D2) : 200 N Main St. ☎ 702-387-1896, 1-800-713-8933 ou 1-800-465-0711 (résas). • mainstreetcasino.com • Résa conseillée longtemps à l'avance le w-e. Doubles env 40-170 $ selon période et taux d'occupation. (partiel).* Charmant hôtel de seulement (!) 400 chambres, reconstituant une gare de l'époque victorienne. Réception boisée particulièrement réussie avec de véritables antiquités (pas du toc !). Et demandez à voir le wagon Pullman de 1926 (qui faisait même restaurant auparavant). Beaucoup de style donc, avec des chambres très confortables, au style classique très réussi et récemment rénovées. Les étages supérieurs sont plus au calme... même si on entend parfois aussi les trains de marchandises. Côté resto, on y mange plutôt bien : le *Triple 7 Restaurant & Brewery* (bon marché) brasse sa propre bière, sans oublier le *Garden Court Buffet* (voir « Où manger ? ») qui brille dans tout Las Vegas pour son rapport qualité-prix. On aime beaucoup cette adresse, assez intimiste et loin des paillettes du Strip. De plus, l'accueil y est vraiment très gentil.

Four Queens *(plan couleur D2) : 202 Fremont St. ☎ 702-385-4011 ou 1-800-634-6045. • fourqueens.com • Doubles env 30-80 $ dim-jeu, passant à 80-250 $ le w-e et pdt les congrès ; ajouter 50-100 $ pour une suite. (payants).* Situé dans la rue la plus animée de Downtown, ce classique casino de 1966, à la façade flamboyante de lumières, fut baptisé ainsi en l'honneur des « 4 reines » du fondateur Ben Goffestein, sa femme et ses 3 filles. Il dispose de près de 700 chambres spacieuses et confortables, rénovées il y a quelques années, quoique sans charme particulier. Attention, celles donnant sur Fremont Street peuvent être assez bruyantes le soir. Conventionnel et sans surprise, mais tarifs vraiment intéressants en semaine et hors périodes de congrès. Pas de resto, juste une cafétéria 24h/24 (mieux vaut aller manger au *Golden Nugget* voisin !). Comptoir *Tix4Tonight,* pratique pour les spectacles à prix cassés. Les bémols : l'accueil impersonnel et les services tous payants.

Très chic

Golden Nugget *(plan couleur D2) : 129 E Fremont St. ☎ 702-385-7111 ou 1-800-634-3454. • goldennugget.com • Doubles env 50-200 $. Voir aussi plus loin la rubrique « Les casinos ».* Inauguré en 1946 au cœur de Downtown, le *Golden Nugget* n'est plus le « plus grand casino du monde », mais conserve l'estime des amateurs. Sans doute grâce à ses nombreuses campagnes de rénovation qui lui permettent de ne pas se laisser distancer par les monstres du Strip. La dernière en date (en 2009) en fait même un établissement de grand luxe : plus de 2 500 chambres spacieuses et tout confort (mais déco un peu classique) réparties dans 4 tours : *Carson Tower, Gold Tower, Rush Tower* et *Spa Tower.* C'est simple : la 1re est la moins chère, un rien désuète mais de bon confort, puis on monte en gamme dans la suivante jusqu'à la *Rush Tower,* avec sa déco chic et contemporaine aux couleurs chaudes et la *Spa Tower,* avec son spa hyper cosy. Également une ribambelle de restos-bars assez réputés (l'*Asian Cuisine* notamment, avec de grandes plaques de cuisson à la japonaise) et un très bon buffet. Côté déco délirante, un aquarium rempli de 75 000 gallons d'eau (285 000 l !) et une piscine géniale, au milieu d'un aquarium de requins... Excellentes prestations à des tarifs finalement raisonnables.

Sur le Strip et à proximité

Bon marché

Motel 6 *(plan couleur A1,* ***14****) : 195 E Tropicana Ave. ☎ 702-798-0728 ou 1-800-466-8356. • motel6.com • Tt proche du Strip et de l'aéroport. Doubles env 36-50 $ dim-jeu, env 56-66 $ ven-sam (plus cher en période de congrès) ; réduc via Internet.* *Motel 6* a construit ici le plus grand établissement de la chaîne : plus de 600 chambres, nickel et confortables, 2 piscines bordées de terrasses et de transats... Les chambres autour de la piscine principale ont été rénovées et sont vraiment agréables. En revanche, celles de la *West Wing* sont un peu vieillottes. En outre, les prix sont raisonnables et l'hôtel est fort bien situé, à deux pas des grands casinos *MGM, Excalibur* et *Luxor.* Petite boutique face à la réception, pratique pour s'acheter quelques vivres. Un bon plan.

De prix moyens à plus chic

Pas mal de choix dans cette catégorie, à des prix assez attractifs. Les 2 premières adresses citées sont des hôtels-casinos, les suivantes sont des motels.

Excalibur *(plan couleur A1) : 3850 S Las Vegas Blvd. ☎ 1-877-750-5464. • excalibur.com • Doubles env 35-100 $ lun-ven, jusqu'à 200 $ les w-e en hte saison ; réduc sur Internet. Voir aussi la rubrique « Les casinos ».* Impossible à rater : on jurerait un château de conte de fées ! Certes, l'effet est plus magique la nuit que le jour, où l'on voit mieux le côté carton-pâte de l'édifice, et le casino très « familial » fait un peu daté, un peu *cheap.* Mais c'est l'un des *deals* les moins chers de Las Vegas. 2 types de chambres : les anciennes, un rien désuètes mais confortables, et celles de la *Tower II,* récemment rénovées. Pour ces dernières, il vous faudra débourser 20 $ de plus par nuit. Leur avantage : la jolie vue sur la ville et la déco contemporaine. En revanche, on entend mieux le bruit du Strip... Près de 4 000 chambres (dont 72 suites qui, pour le coup, n'ont pas grand-chose de médiéval), 4 piscines et 1 spa, plusieurs restaurants (dont le *Sherwood Forest Café,* le seul vraiment fréquentable mais un peu cher ; tous les jours de 6h à 2h), une chapelle pour les épousailles... En revanche, ne vous hasardez pas au buffet, tristounet et graillonneux à souhait.

Circus Circus *(plan couleur C1) : 2880 S Las Vegas Blvd. ☎ 702-734-0410, 702-691-5950 ou 1-800-444-2472. • circuscircus.com • Doubles standard env 30-150 $ selon période, 40-200 $ pour la* West Tower. Né en 1968, le *Circus Circus,* malgré un aspect carton-pâte (voire béton-pâte !) assez has been, attire toujours les classes « populaires » pour son bon rapport qualité-prix. 4 000 chambres en tout, dont certaines, celles des *Casino* et *Skyrise Towers,* sont plutôt vieillottes et kitschounettes. En revanche, celles de la *West Tower,* rénovées récemment (donc plus chères), sont nettement plus contemporaines. Surtout, les enfants sauront gré aux parents d'avoir choisi ce curieux mélange de casino, hôtel, fête foraine et cirque : les numéros de cirque donnés par les acrobates et clowns dans la mezzanine et surtout l'*Adventuredome,* parc d'attractions installé sous une immense bulle climatisée, devraient plaire aux plus jeunes et aux ados... Enfin, le guichet *Tix4-Tonight* (spectacles à prix cassés) est, en principe, celui qui ouvre le plus tôt (vers 9h du matin), gros avantage sur les autres !

Super 8 Motel *(plan couleur A1,* ***15****) : 4250 Koval Lane. ☎ 702-794-0888 ou 1-888-288-5081. • super8vegas.com • Navette gratuite pour l'aéroport. Doubles env 45-90 $ selon sem, w-e et confort (1 ou 2 lits), suites 80-120 $; bien plus cher lors d'événements.* Des 4 motels *Super 8* de Las Vegas, c'est le plus proche du

Strip. Confort standard et décoration vieillotte mais, lorsque vous arriverez, une rénovation aura sans doute eu lieu. Chambres de taille moyenne avec parfois un balcon ou une terrasse, et piscine minuscule... accessible toutefois 24h/24. Globalement, un rapport qualité-prix moins bon qu'au *Motel 6*, mais ça peut dépanner.

Howard Johnson *(plan couleur C2,* ***16****)* : *1401 S Las Vegas Blvd. ☎ 702-388-0301 ou 1-800-446-4656.* • *hojo.com* • *Double env 50 $ dim-jeu, 120 $ la suite ; 70-225 $ le w-e.* Un bon motel de chaîne construit autour d'une belle piscine avec bouquet de palmiers. Chambres conventionnelles impeccables et confortables, vraiment agréables lorsqu'elles ne donnent pas sur Las Vegas Boulevard. Bon resto cubain sur place et chapelle en cas de mariage impromptu. Dommage que l'accueil soit parfois un peu routinier.

Très chic

Tropicana *(plan couleur A1)* : *3801 S Las Vegas Blvd. ☎ 702-739-2222 ou 1-888-381-8767.* • *troplv.com* • *Doubles env 55-175 $ selon saison, période et confort.* Le *Tropicana* a récemment fait peau neuve en jouant la carte du glamour façon South Beach Miami ou, si vous préférez, façon Ibiza ou Saint-Tropez. Édifice et *lobby* d'une blancheur immaculée, résolument contemporains. Les couloirs beiges et bois, agrémentés de belles fleurs rouges, conduisent à près de 1 400 chambres, très lumineuses, avec une superbe déco composée de touches orangées, de bambou, de nattes et de faux palmiers. Évidemment, les suites sont vastes (et hors de prix !). Elles possèdent une très belle vue sur le Strip, plus un sauna... Côté restos, que du chic ensoleillé, avec le *Beach Café* (voir « Où manger ? »), le *Bacio Pasta & Vino* (un italien contemporain) et le *Biscayne* (« steak, *sea & wine* »). Mais le must de l'hôtel, c'est *Tropicana Beach,* une plage reconstituée avec piscine, jardins, transats, un spa, un *fitness center,* un *beach bar* ouvert 24h/24, des DJ pour assurer l'ambiance *lounge,* une scène pour les petits concerts live et même une boîte de nuit. Enfin, côté *entertainment,* plusieurs spectacles à l'année *(Recycled Percussion, Laugh Factory, Dancing with the Stars),* plus un musée sur la mafia, le *MOB* (voir « Les musées »).

Hard Rock Hotel & Casino *(plan couleur A2)* : *4455 Paradise Rd, à l'angle de Harmon Ave. ☎ 702-693-5000 ou 1-800-693-7625.* • *hardrockhotel.com* • *Un peu à l'écart, tt près de l'aéroport ; navettes pour le Strip ttes les heures. Selon niveau de confort, jour de la sem et période, doubles 70-500 $ (!). Voir aussi la rubrique « Les casinos ».* Avec ses 700 chambres à la déco minimaliste, très classe, avec mobilier design, l'hôtel fait presque intime. Presque. Car le *Hard Rock* s'est doté récemment de la *Casino & Paradise Tower,* glam' et chic en diable, avec de superbes suites luxueuses. Et puis, la déco rock n'a rien d'un salon de thé ! Ambiance carrément branchée des salles de casino aux restos, bars et night-clubs ultra-tendance, sans oublier la musique, évidemment excellente, diffusée jusque dans la piscine, sous l'eau ! La piscine, justement ? Elle est immense, superbe, dotée d'une vraie-fausse plage et de petites tentes privatives, mais surtout elle est rock ! Elle accueille notamment *Rehab,* la *beach party* la plus *trendy* de Vegas ! Entre deux verres, on ira avaler un morceau au *Pink Taco,* vaste cantine mexicaine tout aussi branchée, à moins de préférer le très design et japonisant *Nobu,* annexe du resto new-yorkais de l'acteur De Niro. Grande salle de spectacle *(The Joint),* à la programmation époustouflante !

Planet Hollywood Resort *(plan couleur A1)* : *3667 S Las Vegas Blvd. ☎ 702-785-5555 ou 1-866-919-7472.* • *planethollywood.com* • *Doubles 70-300 $. Offres spéciales sur Internet.* L'ex-*Aladdin* a remisé ses tapis volants pour céder la place au très funky *Planet Hollywood* : néons tapageurs, lustres chargés de pampilles, une vingtaine de restos, un casino aux lignes sobres et modernes et des croupières sexy au programme... Au final, une déco plus métal et verre que glamour ! Et les chambres ? Toutes rénovées, elles se révèlent vastes et confortables, mais finalement assez classiques malgré la touche revival soulignée par quelques clichés et souvenirs en vitrine évoquant le 7e art. Le vrai plus : depuis la terrasse de la piscine, presque un peu trop vaste d'ailleurs, une vue photogénique sur la tour Eiffel du *Paris-Las Vegas*. Ceux qui peuvent s'offrir une *mega suite* bénéficieront de la même vue... Quant aux *PH Towers*, inaugurées fin 2009, elles renferment 1 200 suites vertigineuses, mélangeant agréablement le rouge et le verre, ainsi qu'une piscine avec bar et cabines privées. Enfin, les suites *Apex*, pour le coup, sont franchement revival : on y trouve canapé orange en skaï, baby-foot et billard !

Treasure Island *(plan couleur B1) : 3300 S Las Vegas Blvd. ☎ 702-894-7111 ou 1-800-288-7206. • treasureisland.com • Doubles env 40-80 $ en sem et 120-160 $ le w-e ; ajouter 15 $ pour une chambre côté Strip, 20 $ avec vue panoramique, 40-80 $ pour une* petite suite, *50-90 $ pour une* executive suite *et 80-120 $ pour une* Tower Suite. *Voir aussi la rubrique « Les casinos ».* Près de 3 000 chambres pour cet hôtel-casino dont l'un des mérites est de divertir chaque soir petits et grands avec un show pyrotechnique de pirates et de piratesses. Les chambres ne sont pas en reste, hyper vastes et très agréables depuis qu'elles ont été rénovées en 2008 dans un style contemporain. Si vous aimez être à l'aise, optez pour une *executive suite* ou une *Tower Suite* : respectivement 86 et 95 m^2 ! Côté bonne chère, une dizaine de restos dont l'excellent *The Buffet* (voir « Où manger ? »). Côté loisirs, une piscine, un jacuzzi 18 places et un spa tout beau tout neuf. Enfin, la cerise sur le bateau, si l'heure est venue pour vous... on peut se marier sur le bateau des piratesses. Merci, Trésor !

The Mirage *(plan couleur B1) : 3400 S Las Vegas Blvd. ☎ 702-791-7111 ou 1-800-374-9000. • mirage.com • Double dès 80 $ lun-jeu, jusqu'à 400 $ certains w-e. Voir aussi la rubrique « Les casinos ».* Au cœur du désert du Nevada, *The Mirage* est une véritable oasis qui n'a pas volé son nom. Cascades, immenses piscines et nature luxuriante composent une aire de jeux exotique et chic pour les résidents, qui apprécient par ailleurs le confort des 3 000 chambres et leur nouvelle déco, entièrement revue en 2008. Ensemble assez design et très soigné, avec meubles en bois aux lignes sobres, couleurs contemporaines, literie tip-top, TV écran plat, station iPod, belles salles de bains. Le luxe, quoi ! Également pas mal de restos (dont un des meilleurs buffets de la ville : voir plus loin « Où manger ? »), attractions et spectacles réputés dans tout Las Vegas. Un ensemble réussi, même si le prix n'a rien d'une illusion !

The Venetian *(plan couleur B1) : 3355 S Las Vegas Blvd. ☎ 702-414-1000 ou 1-866-659-9643 (résas). • venetian.com • Double env 120 $ dim-jeu, jusqu'à 600 $ certains w-e. Voir aussi la rubrique « Les casinos ».* Le *Venetian* mêle le standing d'un établissement de luxe à un cadre magique, ce qui le place sans surprise parmi les établissements les plus cotés de Las Vegas. Uniquement des suites : il y en a 4 000 (7 000 si on compte celles de la tour du *Palazzo* !). Elles font au minimum 65 m^2, ce qui est déjà pas mal, et ne manquent pas de cachet avec mobilier choisi, tissus aux couleurs tendres, coin bureau et vastes salles de bains élégantes... le tout enrichi d'une foule de gadgets comme des TV à écran plat aux endroits stratégiques (histoire de regarder son émission préférée dans son bain). Fastueux, à l'image de la piscine romantique (statues et arbustes taillés), de la vingtaine de restos – certains très cossus, de la formidable galerie marchande *(The Grand Canal Shoppes)*... et du marbre jusque dans les ascenseurs ! N'en jetez plus !

Paris-Las Vegas *(plan couleur A1) : 3655 S Las Vegas Blvd. ☎ 702-946-7000, 1-800-722-5597 ou 1-877-796-2096 (résas). • parislasvegas.com • Doubles env 80-350 $ selon catégorie, jusqu'à 450 $. Voir aussi la rubrique « Les casinos ».* Envie de vous payer une nuit avec vue sur la tour Eiffel ? Il vous en coûtera presque aussi cher qu'au Trocadéro... Tant qu'à faire, profitez de la piscine (située au pied de la tour), des tennis du *Bally's* juste à côté et du spa de la maison, sans oublier la dizaine de restaurants (dont le *Village Buffet* ; voir « Où manger ? »), les 5 bars, le night-club *Château* et... les 1 700 machines à sous. Les chambres, dotées de belles salles de bains en marbre, sont confortables, même si la déco n'est pas spécialement parisienne. La *Giverny Room,* les suites « Charlemagne », « Nice » ou « Le Mans » (sic !) sont vraiment kitsch dans le genre, sans parler de la suite « Napoléon » louée 5 000 $ la nuit ! Bon, il y a tout de même les ritournelles de Piaf et de Trenet dans l'ascenseur (à moulures !) mais il vaut peut-être mieux vous offrir un week-end à Paname.

Luxor *(plan couleur A1) : 3900 S Las Vegas Blvd. ☎ 702-262-4444 ou 1-877-386-4658. • luxor.com • Doubles env 40-100 $ en sem, à partir de 120 $ le w-e et jusqu'à 300 $ certains w-e. Voir aussi la rubrique « Les casinos ».* Certainement une des plus belles prouesses architecturales de Las Vegas. Dès l'aéroport, on aperçoit le sphinx, grandeur nature, qui veille devant la pyramide de verre, aussi grande que celle de Gizeh ! À l'intérieur, c'est déjà beaucoup plus sombre. Plus de 2 500 chambres et suites spacieuses et ultra-confortables. Le mobilier moderne est plus ou moins inspiré de la terre des pharaons. Dans une grande tour attenante, d'autres chambres de même facture profitent de vues panoramiques sur la pyramide. Pas moins de 4 piscines et jacuzzis, 1 spa, 2 *wedding chapels,* le night-club *LAX* très couru, et on en passe...

The Cosmopolitan *(plan couleur A1) : 3708 S Las Vegas Blvd. ☎ 702-698-7000 ou 1-877-551-7778. • cosmopolitanlasvegas.com • Doubles à partir de 185 $... et sans limite ; consulter les packages en ligne.* Un ovni en territoire végassien. Le seul hôtel sorti de terre en pleine crise financière mondiale (et locale) a été financé par une banque européenne, la *Deutsche Bank,* pour la modique somme de 3,9 milliards de dollars ! Le résultat ? Superbe, il faut bien le reconnaître. Dans le genre rétro-chic, c'est une réussite dès le *lobby* conçu par David Rockwell, avec ses piliers diffusant sans cesse des vidéos créatives pleines de couleurs. Sur la place centrale, appelée Chandelier, un lustre immense composé de 2 millions de pampilles. Les 2 995 chambres se répartissent dans 2 tours, *East* et *West.* Le prodige de la déco, c'est de mêler le contemporain et le rétro sans que l'on sache bien les distinguer ! Les *City Rooms,* soit les chambres standard, sont déjà pas mal du tout, mais demandez-en une avec vue sur la ville. Cela dit, les plus belles sont les *Terrace* (en fait, 70 % d'entre elles avec terrasse) avec dessus-de-lit japonais, baignoire carrée, coin salon et kitchenette, le tout vraiment bourré de charme. Côté loisirs, 1 spa, 1 hammam (une rareté à Vegas), 3 piscines (dont la *Bamboo Pool* avec vue) et plein de bars chic dont le *Book & Stage* (concert de 22h à minuit), *Bond* (DJ à partir de 22h), *The Henry* (bistrot *Frenchy*) et le club *Marquee,* déjà une référence dans la nuit végassienne. Côté bonne chère, signalons *Holstein's* pour ses burgers, *Jaleo* (espagnol) ou encore *Milos* (grec). Bref, du cosmopolite mais chic !

The Wynn et Encore *(plan couleur B1) : 3131 S Las Vegas Blvd. ☎ 702-770-7000 ou 1-888-320-7123. • wynnlasvegas.com • Doubles standard à partir de 170 $ en sem (promos 75 $ pour 2 nuits), 230 $ le w-e, jusqu'à 1 050 $ pour une « suite salon ». Voir aussi la rubrique « Les casinos ».* Les prestations du casino annoncé comme l'un des plus luxueux du Strip se devaient d'être à la hauteur. Le résultat est tout simplement exceptionnel ! Même la chambre standard est impressionnante, bénéficiant d'une surface de 64 m² minimum (les plus grandes dépassent les 180 m²), d'un petit salon donnant directement sur le Strip ou sur le golf de 18 trous du casino (500 $ le parcours, juste pour info...), d'une salle de bains en marbre (bien sûr), avec baignoire ET douche, sans oublier les TV à écran plat et tout le tralala ! Comble du luxe, les salons-suites comprennent une salle de massage personnelle, afin de ne pas se mélanger à la clientèle du spa de l'hôtel... Quant aux villas (où vit d'ailleurs le fondateur, Mr Wynn), elles bénéficient de leur propre piscine privée, avec jardinet et statues romantiques. La piscine principale est tout aussi originale, avec 2 bassins ronds reliés par un couloir idéal pour faire quelques longueurs, et un autre bassin « *European style* », comprenez seins nus ! Comble du chic, vous pouvez loger dans les *Tower Suites,* qui vous épargnent la traversée du casino pour accéder aux chambres. Pour coller au standing de l'endroit, une multitude de restos de chefs réputés : la plupart donnant sur le *Lake of Dreams,* soit la cascade et les bassins du *Wynn,* animés chaque soir à partir de 19h par un son et lumière avec 4 000 projecteurs sous-marins...

À l'extérieur de la ville

Campings

⩓ Deux ***campings*** à ***Boulder City*** (à 19 miles au sud-est de Las Vegas, au bord du Colorado) et ***plusieurs terrains*** autour du magnifique Mead Lake, à 20 miles à l'est de Las Vegas, en direction du Grand Canyon. Liste disponible au *Visitor Center* de Las Vegas.

Où manger ?

C'est le moment d'en profiter, Las Vegas est la ville des États-Unis où les prix des repas sont les moins chers ! Les moins chers, certes, à condition d'opter pour les ***buffets des casinos*** qui, comme pour les chambres, rivalisent à coups de discount pour appâter le client dans les salles de jeu... Car si les « restos-concept » – qui fleurissent dans chaque casino – sont aussi accessibles en passant par la salle de jeu, ils n'appliquent pas forcément des tarifs démocratiques. Ceux qui ne supportent plus la proximité des bandits manchots pourront se rabattre modestement sur les ***fast-foods classiques*** (4 *food courts* sur le Strip : en face du *Mirage,* à côté du *MGM,* au *Fashion Show Mall* et dans la galerie marchande du *Venetian*) ou se tourner dans un autre registre vers les ***restaurants chic, voire gastronomiques,*** très en vogue ces dernières années. On en indique quelques-uns, mais dans une gamme de prix raisonnable. Car les ***plus grands chefs étoilés*** ont désormais des annexes (à des prix souvent astronomiques) dans les grandes capitales de jeu, Vegas en tête : Ducasse, Robuchon, Guy Savoy, Pierre Gagnaire, Gordon Ramsay... La palme revient au burger à 5 000 $ préparé avec truffes et foie gras (cadeau Bonux, la bouteille de Petrus 95). À prendre au 2ᵉ degré sans doute. Enfin, pour ceux qui voudraient prendre l'air en terrasse, sachez que les places sont rares et précieuses...
Comme pour les spectacles, beaucoup de restaurants proposent de 20 à 50 % de réduction pour le lunch ou le dîner. Il suffit de consulter la liste et d'acheter sa place chez *Tix4Tonight,* à côté de la bouteille de Coca-Cola géante, en face du casino *New York-New York.* On y trouve toutes les catégories de restos.

LES BUFFETS

À Vegas, il est possible de se retrouver devant un buffet à volonté pour moins de 10 $ le midi, ou même de s'offrir un *champagne brunch* le week-end (la spécialité de Las Vegas) pour moins de 15 $! Même les boissons (thé ou café le matin et *soft drinks*) sont comprises dans le prix du buffet, et les enfants de moins de 10 ans bénéficient généralement de prix réduits. Quant au traditionnel pourboire *(tip),* il est réduit à 1 ou 2 $ puisque le service est principalement effectué par vous (hormis les boissons qu'on vous apporte). Bien sûr, pour accéder à la salle de buffet, passage obligé par les machines à sous... Cela ne semble pas rebuter la clientèle, qui se presse à toute heure de la journée. Le principe a été inventé au début des années 1940 et n'a cessé de faire des émules. Évidemment, la qualité n'est pas toujours égale à la quantité, et votre guide préféré est là pour vous aider à faire le choix parmi la pléthore de buffets proposés. En outre, certains casinos, plutôt que de proposer des prix planchers, optent pour des buffets thématiques (fruits de mer, exotique, etc.), voire semi-gastronomiques, dont les meilleurs peuvent grimper jusqu'à 40 $ le soir. Si vous avez très faim, cela vaut vraiment le coup, car le rapport qualité-prix est bien supérieur à un repas dans un resto classique.

– ***Quelques tuyaux.*** Les horaires sont généralement : petit déj de 7h à 11h, déjeuner de 11h à 15h et dîner de 15h à 22h ; *champagne brunch* de 7h à 15h. Pour le petit déj, essayer de venir avant 8h30 le week-end, car la queue s'allonge vite et il faut parfois attendre une bonne demi-heure pour avoir une table. Si vous êtes lève-tard (c'est pas difficile à Vegas), vous pouvez aussi vous pointer un peu avant la fin du service. Non seulement il y a moins de monde, mais vous aurez peut-être droit aux plats du lunch pour le même prix ! Ce bon plan, valable aussi entre le service du lunch et du dîner, ne marche pas dans tous les casinos, mais ça peut arriver. Dernière chose, ***les prix des buffets sont majorés de quelques dollars les vendredi et samedi soir, ainsi que le week-end à l'heure du brunch*** (on paie le champagne !).

Les musts de Downtown

Les casinos de Fremont Street, les plus populaires, proposent les repas les plus abordables. Voici notre choix :

|●| ***Golden Nugget*** *(plan couleur D2) : 129 E Fremont St.* ☎ *702-385-7111. Petit déj env 11 $, déj 12 $, dîner 19 $,* champagne brunch *19 $ et* seafood buffet *22 $ (ven-dim 15h30-22h). Réduc 5-10 ans et gratuit jusqu'à 4 ans.* Établi dans une salle agréable surplombant la piscine, le buffet du *Golden Nugget* est sans doute le meilleur rapport qualité-prix de Downtown. Les stands sont sans doute un peu moins nombreux qu'ailleurs, mais les salades sont de première fraîcheur, les plats de qualité (notamment les viandes à la découpe...) et les desserts très variés. Bref, une pépite ! L'hôtel compte également 2 bons restaurants : le ***Vic & Anthony's,*** *steakhouse* de premier plan installée dans une salle au décor intime et chaleureux, et le ***Lillie Asian Cuisine*** *(ouv slt le soir),* avec son décor stylisé et sa très fine cuisine japonaise, assez réputée en ville.

|●| ***Garden Court Buffet*** *(au* Main Street Station *; plan couleur D2) : 200 N Main St, à la hauteur d'Ogden Ave.* ☎ *702-387-1896. Petit déj env 7 $ (lun-ven), déj 8 $, dîner 11 $ (soirées spéciales mar et jeu-sam, 14-22 $),* champagne brunch *le w-e 11 $. Gratuit jusqu'à 3 ans.* Élu plusieurs années de suite meilleur buffet de Las Vegas, c'est l'un des rapports qualité-prix les plus intéressants de la ville, avec des prix imbattables. Nourriture variée, du petit déj complet au dîner à base de produits frais. À déguster dans un cadre aéré et plein de cachet (ce qui est loin d'être toujours le cas), qui évoque le hall d'une vieille gare victorienne, avec sa charpente métallique, ses briques et ses laitons étincelants. Une bonne valeur pour les petits budgets.

Les grands classiques du Strip

|●| ***Cravings*** *(au* Mirage *; plan couleur B1) : 3400 S Las Vegas Blvd.* ☎ *702-791-7111. Petit déj env 16 $, déj 23 $, dîner 30 $,* champagne brunch *26 $. Réduc enfants.* Sans conteste l'un des meilleurs buffets de la ville, tant pour la qualité que pour le choix. Dans un décor de cafétéria futuriste tout en néons, cuivres et chromes reluisants, plus des écrans TV design à l'entrée. Bouchées asiatiques à la vapeur, *antipasti,* sushis très frais, rôtisserie (excellentes viandes !), plats chinois, barbecue, pizza, *world food...* et des desserts à profusion. Bref, on a été emballés (et le prix est vraiment justifié). Juste une chose : gare aux calories !

|●| ***The Buffet at TI*** *(au* Treasure Island *; plan couleur B1) : 3300 S Las Vegas Blvd.* ☎ *702-894-7111. Petit déj env 18 $, déj 20 $, dîner 24 $ (27 $ ven-dim 16h-22h),* champagne brunch *24 $.* Voici un buffet remarquable par sa qualité et son décor, chic, sobre et de bon goût, avec du bois sombre, des miroirs biseautés et des banquettes cosy compartimentées par de jolies vitrines. Parmi la variété de stands, bar à sushis, pâtes à la demande, délicieuses pizzas au feu de bois, plats « tradi » américains et large choix de desserts (barbapapa sur commande !).

|●| ***Le Village Buffet*** *(au* Paris-Las Vegas *; plan couleur A1) : 3655 S Las Vegas Blvd.* ☎ *702-946-7000. Petit déj env 16 $ (19 $ le w-e), déj 19 $, dîner*

LAS VEGAS

25 $ (28 $ le w-e), champagne sunday brunch 28 $. Réduc enfants. Buffet populaire à Vegas, car c'est le seul à ne pas céder aux sirènes de la *world food.* Ici, on s'en tient avant tout à la gastronomie des régions françaises : Alsace, Bretagne, Bourgogne, Normandie, Provence, Savoie. Le résultat est inégal, mais l'ensemble tient à peu près la route. Bon, ne soyez quand même pas surpris de voir le cassoulet au menu de la Bourgogne, la quiche lorraine ou encore une *sushi selection* en Normandie ! Le cadre est par ailleurs mignon, même si très « disneylandisé » : tables disséminées sur une place de village, entre quelques bâtisses typiquement « régionales »... Pour compléter le tableau, on trouve même du cidre normand et une vaste gamme de desserts (comme les crêpes). Le seul inconvénient, c'est la file d'attente, souvent longue. Juste en face, *JJ's Boulangerie* propose de gros sandwichs pas mal ou des formules petit déj.

Spice Market Buffet *(au* Planet Hollywood *; plan couleur A1) : 3667 S Las Vegas Blvd, au sous-sol du casino. ☎ 702-785-5555. Petit déj env 15 $, déj 18 $, dîner 27 $, champagne brunch 24 $.* Classique buffet plébiscité pour la qualité de sa cuisine plus que pour le décor, avec les habituelles salades, pizzas, *pasta,* poissons et viandes à la découpe, ainsi que quelques plats mexicains, asiatiques ou moyen-orientaux. Variété et qualité honorable des produits, ainsi qu'un large choix de desserts. À déguster dans une salle bien compartimentée qui échappe à l'atmosphère « hall de gare » de certains autres buffets.

Les chic

The Buffet at Bellagio *(plan couleur A1) : 3600 S Las Vegas Blvd. ☎ 702-693-7111. Petit déj 17 $, déj 20 $, dîner 30 $, dîner gastronomique 37 $.* Un des meilleurs buffets de Vegas, très prisé par les gourmets. Ici, c'est la gastronomie qui prime, même si la déco chaleureuse est aussi pas mal. Côté papilles, tout est impeccablement présenté, frais et appétissant. Très varié en prime. Savoureux plats de poisson et de viande découpée devant vous, salades succulentes, sushis. Bref, un excellent rapport qualité-prix (hormis l'*espresso,* exorbitant).

The Buffet at Wynn *(plan couleur B1) : 3131 S Las Vegas Blvd. ☎ 702-770-7000. Petit déj (à partir de 8h) 20 $, déj 24 $, dîner 37 $ (40 $ ven et sam), brunch le w-e 32 $, ou 42 $ avec champagne.* Rien n'étant trop beau pour le *Wynn,* son buffet est sans surprise : le top du top ! Présentation exceptionnelle, variété inégalée, finesse des plats servis dans un décor de bonbonnière adorable... La grande classe internationale : sushis délicieux, verrines délicates, pizzas cuites au feu de bois, poissons cuits à point, viandes fondantes et desserts tous plus appétissants les uns que les autres. De quoi s'offrir à bon prix un repas de gala, d'autant que l'une des salles aux allures de jardin d'hiver, très agréable, bénéficie de la lumière du jour.

LES RESTAURANTS ET LES BARS

On trouve pléthore de restos et de bars à *Sin City,* vous vous en doutez. Dans chaque casino bien sûr, avec souvent une dizaine de restos à thème et une gamme de cuisine susceptible d'attirer le plus de monde, du classique burger aux *noodles* chinoises, en passant par le Mexique, l'Italie, le Brésil, les stands de glaces et autres merveilles de la cuisine yankee ! Reste que l'addition grimpe vite, car on paie aussi le décor et l'ambiance (*sixties,* tropicale, asiatique, futuriste...). Sans compter les nouveaux restos gastronomiques très haut de gamme, qui fleurissent dans chaque grand casino, à l'image des annexes d'Alain Ducasse ou de Joël Robuchon *themselves.* Mais là, même si le taux de change est assez favorable, il va falloir casser votre tirelire ou toucher le jackpot ! Restent quelques restos indépendants, qui permettent d'échapper un temps au tumulte de Vegas.

Bon marché

Metro Pizza *(au* Ellis Island Casino *; plan couleur A1,* **30***) : 4178 Koval Lane.*

☎ *702-312-5888. Tlj 11h-23h (1h w-e). Env 8-12 $ la pizza individuelle, 17-23 $ la familiale.* Ce petit casino désuet et vieilli dans la bière renferme une toute petite perle : un comptoir pour s'offrir des pizzas à pâte fine et croustillante, bien connues des aficionados de la ville. On déguste la fameuse *stuffed pizza,* rien moins qu'une double pizza fourrée avec les ingrédients de votre choix, dans un box à l'ancienne, un œil sur le casino, une excellente bière brassée sur place à la main.

|●| ***Lotus of Siam*** *(plan couleur C2,* ***31****) : 953 E Sahara Ave, angle Commercial Center.* ☎ *702-735-3033. Accès par le centre commercial* The Pavillion. *Lun-ven 11h30-14h, tlj 17h30-21h30. Buffet midi lun-ven env 13 $, le soir (résa conseillée) 20-25 $ à la carte.* C'est loin de tout, dans un centre commercial pas vraiment glamour, mais c'est toujours plein à craquer. Le secret ? Une cuisine thaïe authentique, fraîche et préparée dans les règles, qui enflamme les ardeurs des amateurs de sucré-salé, rehaussé comme il se doit d'une pointe d'épice. Carte des vins nirvanesque et accueil charmant. Certains critiques gastro l'ont même élu meilleur resto thaï du pays ! Nous, on en ferait bien notre cantine.

Prix moyens

|●| ***BLT Burger*** *(au* Mirage *; plan couleur B1) : 3400 S Las Vegas Blvd.* ☎ *702-792-7888. Dim-jeu 11h-2h (4h ven-sam). Burgers env 12-17 $ (sans les frites), combos 18-23 $, petit déj 11 $, menu-enfants 8-9 $.* Un classique du circuit pour s'offrir un excellent burger. Décor joliment branché avec d'immenses photos de paysages en noir et blanc sur les murs, plus un bar circulaire autour d'une cuisine ouverte dominée par une immense hotte sur fond de brique rouge. Recettes classiques ou insolites, concoctées par un chef français (s'il vous plaît !), au bœuf de Kobe, au saumon, à l'agneau tandoori, etc. Quelques salades pour accompagner le tout, et surtout une quinzaine de milk-shakes au choix, l'autre spécialité maison, plus proches du cocktail que du milk-shake d'ailleurs ! Une pensée aussi pour les lève-tard avec la formule petit déj, servie jusqu'à 2h du mat'.

|●| ***Triple 7 Restaurant & Brewery*** *(au* Main Street Station *; plan couleur D2) : 200 N Main St, dans Downtown.* ☎ *702-387-1896. Ouv 11h-7h. Plats env 8-17 $.* Happy hours *(boissons et plats) lun-ven 15h-18h.* Le *Triple 7* cumule les avantages : un cadre de pub à l'ancienne mode, très sympa avec son long comptoir et son enfilade de cuves cuivrées, une bonne bière brassée sur place et des petits plats solides et bien faits (soupes, salades, sandwichs, pizzas et burgers maison mais aussi une sélection de sushis et de makis). Le bon plan des noctambules !

|●| ***Beach Café*** *(au* Tropicana *; plan couleur A1) : 3801 S Las Vegas Blvd.* ☎ *1-800-462-8767. Petit déj-buffet env 17 $, buffet le midi 19 $, plats env 22-32 $ le soir.* Dans une ambiance zen et contemporaine, une jolie salle climatisée couleur crème avec belle terrasse ensoleillée sur la *Tropicana Beach,* la « plage » furieusement branchée du *Tropicana.* Côté papilles, pas un choix énorme au buffet du midi, mais les salades sont fraîches et originales. Le soir, c'est à la carte, avec notamment des sushis et de grosses assiettes tendance *world food* : « steak-frites », « *tv dinner* » (dinde-purée !), *kobe meatloaf* (bœuf japonais très fin) ou encore *thai coconut shrimp* (crevette au coco). Après ça, il ne vous reste plus qu'à piquer une tête dans la piscine ou perdre vos calories au son du DJ ! Un petit havre de lumière et de fraîcheur dans ce monde de casinos sombres et bruyants...

|●| ***Burger Bar*** *(plan couleur A1,* ***32****) : 3930 S Las Vegas Blvd, dans le* Mandalay Place *(galerie commerciale qui relie le* Mandalay *au* Luxor*).* ☎ *702-632-9364. Tlj 11h-23h (1h ven et sam). Env 15-25 $.* À Vegas, tout est possible. Alors pourquoi pas un burger au foie gras ? Ou à la truffe ? Car c'est tout l'intérêt de ce resto aux allures de bistrot : se faire plaisir en choisissant ses ingrédients préférés. On sélectionne donc d'abord le pain, on indique ensuite la cuisson de la viande, on pioche parmi la longue liste sucrée-salée

des ingrédients, puis on confie le tout aux cuistots. Le résultat est à la hauteur de l'attente : juteux, savoureux et copieux. Du gastro-burger, en somme !

De chic à très chic

I●I *THE Steak House* *(au* Circus Circus *; plan couleur B1) :* *2880 S Las Vegas Blvd.* ☎ *702-794-3767. Slt le soir jusqu'à 22h (23h sam). Résa conseillée. Plats env 30-50 $.* Qui l'eut cru ? Malgré un environnement très contrasté de fête foraine tout autour, ce resto est l'une des *steakhouses* les plus cossues de la ville, et l'une des meilleures ! Une sorte d'oasis chic au pays des clowns, avec un cadre tout en boiseries sombres et recoins cosy. Idéal pour goûter des spécialités de viandes vieille école : épaisseur des tranches, justesse de la cuisson et saveurs à se damner, tout y est, même s'il faudra y mettre le prix !

I●I The Capital Grille *(plan couleur B1,* ***33****) : au 3e étage du Fashion Show Mall, 3200 S Las Vegas Blvd.* ☎ *702-932-6631. Accès par la terrasse extérieure du* food court. *Tlj jusqu'à 22h30. Repas complet le soir env 60-70 $ (sans les vins !).* Tout y est : un cadre très cosy façon club (banquettes arrondies, parquet, tableaux, rayonnages de bouteilles), une vue plongeante sur le Strip (le préciser lors de la réservation) et une cave à vin délirante (5 000 références !) saluée par les meilleurs spécialistes. C'est le tiercé gagnant pour goûter des viandes exquises et des poissons d'une belle fraîcheur. Évidemment, la clientèle est nettement plus col blanc que short et chemise hawaïenne... !

I●I *Smith & Wollensky* *(plan couleur A1,* ***34****) : 3767 S Las Vegas Blvd. Face au Monte Carlo.* ☎ *702-862-4100. Tlj 12h30-23h (minuit ven-sam). Plats env 42-60 $ au resto et 15-30 $ au grill.* Sous le même toit, une *steakhouse* au décor de bistrot chic d'un côté et un gentil grill de l'autre avec une terrasse donnant directement sur le Strip (rare à Vegas !). Cette enseigne, très réputée à New York, Miami Beach et Chicago (entre autres), est spécialisée dans les excellentes pièces de viande servies en format XL. Le *roast prime rib* est un must ! Également des plats de poisson ou fruits de mer particulièrement goûteux, comme la fameuse langouste *(lobster)* du Maine. Carte des vins généreuse mais très chère. Un cadre idéal pour marquer un événement (essayer de réserver la table donnant sur les cuisines, pour 4 minimum). Le ***Wollensky's Grill,*** qui fait aussi épicerie fine, est beaucoup moins cher, et sa carte propose des burgers, des sandwichs et toujours d'excellentes viandes grillées, servies avec de très bonnes frites. Accueil et service d'une grande courtoisie.

I●I *Canaletto* *(au* Venetian *; plan couleur B1) : 3555 S Las Vegas Blvd.* ☎ *702-733-0070. Tlj 11h30-23h (minuit ven-sam) ;* happy hours *sur les plats dim-jeu 16h-18h. Antipasti et salades 8-15 $, plats env 20-40 $, pizzas 14-17 $.* Un authentique resto de l'Italie du Nord, dont le chef Gianpaolo Putzu connaît toutes les ficelles. Il vous mitonnera de délicieux plats de poisson ou de viande, risottos et autres pâtes aux fruits de mer ou *all'ampezzana,* à déguster évidemment en terrasse, dans le cadre reconstitué de la place Saint-Marc, tout en regardant défiler les gondoles... Évitez en revanche le risotto à l'encre, un peu noyé dans son encre, justement. Pour les amateurs, la maison propose aussi quelques bonnes pizzas cuites au four, à prix moyens. Cela dit, si l'on prend bien soin de vous, on vous suggérera sans doute un pourboire d'au moins 15 %...

I●I *Sensi* *(au* Bellagio *; plan couleur A1) : 3600 S Las Vegas Blvd.* ☎ *702-693-8865. Ouv slt le soir, tlj 17h-22h30. Plats env 28-46 $.* À deux pas de la gigantesque verrière fleurie du *Bellagio,* il fallait que la déco soit parfaite. Partout du granit sur lequel coule un filet d'eau, créant un effet de ruissellement très zen. Le reste est en verre, ce qui permet d'admirer la cuisine, immaculée, trônant au centre de la table. À la carte, des plats d'inspiration italienne ou asiatique, des poissons et grillades de bonne tenue. Sélection de vins d'un très beau niveau également. Et pour le dessert ou pour le coup d'œil, rien ne vous empêche d'aller chez *Jean-Philippe,* à côté, pour admirer la plus grande fontaine de chocolat au monde !

Mon Ami Gabi *(au* Paris-Las Vegas *; plan couleur A1) : 3655 S Las Vegas Blvd, à l'entrée du* Paris, *directement sur le Strip.* ☎ *702-944-4224. Tlj 7h-23h (minuit ven-sam). Plats env 12-30 $.* Même si son chef et ses serveurs sont tout sauf français, on vient ici pour s'amuser du cadre qui évoque une architecture du style pavillon Baltard ainsi qu'une belle brasserie parisienne. Oh, ne pas s'attendre à de la haute gastronomie, on en est loin ! Mais on peut commander, pour savoir comment les Américains voient la cuisine française, un plat d'escargots, une soupe à l'oignon, des huîtres ou des moules marinière au moins 3 fois plus grosses que des bouchots ! Cela dit, les Américains y viennent surtout pour déguster le fameux steak-frites... incorrigibles Yankees ! Son vrai plus : la grande et agréable terrasse face au Strip, avec vue saisissante sur les fontaines du *Bellagio.*

Coup de folie

Picasso *(au* Bellagio *; plan couleur A1) : 3600 S Las Vegas Blvd.* ☎ *702-693-8865. Ouv slt pour le dîner, mer-lun. Résa obligatoire. Pas de carte, slt 3 menus (dont 1 végétarien) 115-125 $/pers (!), dont un excellent menu-dégustation ; ajouter env 60-70 $ pour les vins assortis aux plats !* Ce resto est absolument unique au monde ! Pourquoi ? Avez-vous déjà dîné entouré d'une dizaine de superbes tableaux du maître accrochés aux murs ? Sans compter quelques céramiques et poteries peintes à la main. À se demander si ce sont bien des originaux... mais n'en parlez pas à l'assureur du restaurant, il en serait malade ! Demander une table près des fenêtres pour admirer les somptueux jets d'eau et la tour Eiffel. Le prix est tout compte fait bien plus abordable que chez les grands chefs français et la cuisine est à la hauteur du cadre : 2 étoiles sur l'échelle Michelin. Aux fourneaux, Julian Serrano, un jeune chef andalou. Avec un tel talent, le cuisinier du *Picasso* devrait s'essayer à la peinture.

Achats

Galeries commerciales des hôtels-casinos

The Grand Canal Shoppes : au *Venetian (plan couleur B1).* Superbe galerie commerciale reconstituant un quartier du vieux Venise. Les rues pavées traversent de charmantes places, avant de longer les quais du *Grand Canal* rythmés par les arcades des maisons vénitiennes. Entre boutiques de luxe, grands couturiers italiens, petits restos en terrasse, etc., on trouve le tableau assez convaincant. Surtout avec son faux ciel bleu, aux couchers et levers de soleil propres à faire chanter les coqs ! Pas étonnant que ce soit aujourd'hui l'une des galeries commerciales les plus rentables au monde.

Ne pas manquer non plus de visiter **The Forum Shops,** au *Caesars (plan couleur A-B1)* ; et enfin le **Miracle Mile Shops** du *Planet Hollywood Resort & Casino (plan couleur A1).* Absolument incontournables et rivalisant d'originalité. Boutiques de fringues essentiellement, toutes les grandes marques américaines (*Gap, Urban Outfitters, American Apparel,* etc.) mais aussi *H&M* ou *DC Shoes* au *Planet Hollywood.* Sans oublier les *beauty shops,* bijouteries, maroquineries, boutiques de souvenirs... Pour les routards les plus fortunés, faire un tour au centre commercial **Crystals,** au *CityCenter (plan couleur A1),* où se trouvent les boutiques des plus grands couturiers de la planète. Se reporter aussi plus bas à la rubrique sur les casinos du Strip, pour les différentes attractions.

Magasins d'usine *(outlets)*

Si les galeries commerciales des casinos valent le coup d'œil, on conseille franchement de faire vos achats ici, dans ces immenses *malls* regroupant une centaine de magasins d'usine de grandes marques du prêt-à-porter américain. Les prix défient toute concurrence, surtout en période de soldes.

Las Vegas Premium Outlets *(***South** *; hors plan couleur par A1,* **61***) : 7400 S Las Vegas Blvd ; à env 2 miles* *au sud du* Luxor. ☎ *702-896-5599.* ● *premiumoutlets.com* ● *Tlj 10h-21h (20h dim).* Des 2 *outlets* de Vegas, celui-ci a notre préférence car non seulement il est tout en intérieur, donc entièrement climatisé (et l'été ce n'est pas du luxe ici), mais en plus il est un peu moins fréquenté que celui du nord. Dans les 2 *outlets Premium,* près de 150 enseignes dont *Levi's, Converse, Gap, American Apparel, Ralph Lauren, Brooks Brothers, J. Crew* et aussi de nombreuses marques de sport : *New Balance, Nike, Reebok...*

Las Vegas Premium Outlets (North ; *plan couleur D1,* **60)** : *875 S Grand Central Pwy.* ☎ *702-474-7500.* ● *premiumoutlets.com* ● *Prendre Charleston Blvd et tourner à droite avt le pont de l'I-15. Tlj 10h-21h (20h dim).* Le plus proche du centre de Vegas mais le plus bondé.

Fashion Outlets *(hors plan couleur)* : *à* ***Primm,*** *sur l'I-15 en direction de Los Angeles, juste à la sortie du Nevada.* ☎ *702-874-1400. Env 40 mn de route depuis Vegas. Tlj 10h-20h.* Les fans de shopping pousseront en voiture jusqu'à ce magasin d'usine moins connu et du coup plus tranquille. Nombreuses marques là aussi, dont *Hollister* pour les amateurs (prix très intéressants).

LAS VEGAS

Divers

Fashion Show Mall *(plan couleur B1,* **63)** : *3200 S Las Vegas Blvd.* ☎ *702-369-8382.* ● *thefashionshow.com* ● *Lun-sam 10h-21h, dim 11h-19h.* Vaste *mall* regroupant toutes les marques américaines *(Abercrombie, Hollister...)* mais aussi les grands magasins *Saks Fifth Avenue, Macy's* et *Neiman Marcus,* à prix non dégriffés cette fois. Également une superbe boutique de santiags, *Boot Star,* mais la paire est à 700 $ minimum, voire plutôt à 1 500 $ pour les plus belles ! Et puis aussi des défilés de mode le week-end et un *food court* doté d'une terrasse sympa avec vue sur le Strip.

Dress for Less *(plan couleur A1,* **65)** : *3771 S Las Vegas Blvd.* ☎ *702-895-7201. Entre le* Coca-Cola Store *et le resto* Smith & Wollensky. *Tlj 9h-23h.* Votre valise est restée en rade à Houston ou à Paris et vous êtes (déjà) fauché ? Mais vous voulez absolument briller ce soir au spectacle avant d'aller flamber au casino ? Venez donc au *Tati* de Las Vegas vous offrir une petite robe qui fera bien illusion le temps d'une soirée pour environ 20 $... Tout l'inverse du *Fashion Show Mall* !

Gamblers General Store *(plan couleur D2,* **64)** : *800 S Main St.* ☎ *702-382-9903 ou 1-800-322-2447.* ● *gamblersgeneralstore.com* ● *Tlj 9h-17h.* Le magasin des joueurs : jeux de cartes estampillés aux noms des casinos, jetons de poker, machines à sous neuves ou d'occasion, roulettes, tables de jeu, bouquins, bref, tout ce qui se rapporte au monde du jeu. Assez désuet côté présentation, mais très complet. Parfait pour des petits cadeaux à rapporter.

Coca-Cola Store *(plan couleur A1,* **65)** : *3785 S Las Vegas Blvd.* ☎ *702-270-5952 ou 1-800-810-2653. Tlj 12h-23h (minuit ven-sam).* Signalé par une immense bouteille en verre à l'intérieur de laquelle se trouve un ascenseur. Si vous n'avez pas encore donné assez d'argent à M. Coca-Cola à cause de la chaleur du désert, voici l'occasion de dépenser quelques dollars de plus en produits dérivés.

M&M's World *(plan couleur A1,* **65)** : *3785 S Las Vegas Blvd.* ☎ *702-736-7611. Tlj 9h-minuit.* Comme son prestigieux voisin, ce bonbon chocolaté a droit à une gigaboutique sur 3 niveaux. Et c'est à peine suffisant ! Les Américains s'y bousculent pour acheter la serviette de bain ou le coussin péteur à l'effigie de la marque ou encore des M&M's personnalisables en un temps record. Ne manquez pas l'attraction gratuite en 4D ! Juste à côté, un *Aqua Massage & Oxygen Bar* avec des gens tout habillés qui se glissent dans des tubes, façon Michael Jackson ou presque... Comptoir *Tix4-Tonight* juste derrière.

Les casinos

Avis aux couche-tôt, on prend vraiment la mesure de Las Vegas la nuit ! Alors, pour goûter à l'euphorie ambiante, s'en mettre plein les yeux et se plonger dans ce Disneyland babylonien, déposez fissa vos bagages puis allez arpenter le Strip de casino en casino au gré de vos désirs, tout au long de la nuit. Une activité bien américaine qui a même un nom : le *casino hopping*. Pas de risque de venir au bout de cette litanie de néons et de machines à sous : il y a plus de 1 500 casinos dans le seul comté de Clark !

ID PLEASE !

En 1987, un jeune de 19 ans gagna au Caesars *1 million de dollars sur une* slot machine. *Le casino refusa de payer, car il n'avait pas l'âge requis. Ses parents firent un procès qu'ils perdirent. Moralité : laissez jouer Papa et Maman !*

Le vendredi, dès 15h, des norias d'avions déversent les *red eyes* (les « yeux rouges ») qui viennent à Las Vegas le temps d'un week-end. Savez-vous pourquoi les habitants du coin ne jouent pas ? Ils savent que seuls les joueurs occasionnels peuvent gagner (ceux qui viennent 1 ou 2 jours et qui repartent). Les vrais joueurs (qui jouent sur une longue période) perdent tous. Les jeux sont interdits aux moins de 21 ans, et certaines parties des casinos leur sont aussi fermées.
ATTENTION, les enfants sont tolérés dans les casinos uniquement parce que ceux-ci sont aussi des hôtels, et qu'il faut souvent traverser la partie casino pour se rendre au buffet ou à une salle de spectacle. Mais ils n'ont pas le droit de jouer, ni même de regarder les autres jouer. Tant que vous déambulez avec eux, on ne vous dira rien, mais ne vous avisez pas de vous arrêter devant une machine à sous. De même, les appareils photo sont en général mal vus sur les jeux de table (poker, black-jack...) car il faut protéger l'anonymat des joueurs. Mais ils sont tolérés dans la zone des machines à sous. Très souvent, les casinos comptent une salle de spectacle (entrée payante et souvent chère). Les casinos ont également l'habitude d'offrir un verre lorsqu'on commence à jouer. En faisant la tournée des casinos, vous pouvez donc boire à l'œil. Attention tout de même, l'abus d'alcool est dangereux pour la santé... et pour le porte-monnaie aussi. Car la flambe s'accentue quand les idées sont moins claires ; les proprios de casinos le savent bien, les petits malins !
En principe, on exige, dans les casinos et pour les spectacles, une tenue correcte ; mais, en fait, tout le monde s'en moque, surtout le personnel des casinos. « *Don't kill the goose that lays the golden eggs* » (« Ne tuez pas l'oie aux œufs d'or »), disent les Américains. Il faut donc être vraiment crado pour se faire vider... D'ailleurs ici, vous avez le droit de fumer presque partout (un comble aux États-Unis !), en particulier dans la section des machines à sous et des tables de jeu, une mesure d'exception qui en dit long sur la puissance des casinos face à la loi !

Psychologie de la flambe

Aussi, pourquoi y a-t-il rarement des parasols autour des piscines de casinos ? Il fait tellement chaud que les clients ne restent jamais longtemps et vont vite se rafraîchir dans les salles de jeu... climatisées. On dit aussi que la climatisation serait enrichie d'oxygène ; ce qui a la vertu d'euphoriser tout en diminuant le besoin de sommeil ! De même, le niveau sonore des casinos et des salles de jeu ne doit rien au hasard. Le bruit pousse à flamber. Enfin, vous constaterez que, dans les casinos, il n'y a pratiquement jamais d'horloge ! Ici, les psychologues et les psychiatres sont consultés à la moindre occasion. On leur demande leur avis sur la décoration des salles de jeu, des chambres, sur la musique, sur le style des ascenseurs, la forme des sièges et la couleur des jetons. Bref, les moindres détails sont savamment étudiés pour accroître le profit. Il faut savoir aussi que le jeu peut devenir une maladie. À l'image de la drogue, les *slot machines* génèrent leurs *slot addicts,* c'est-à-dire les drogués du jeu. Ce fléau fait plus de ravages à Las Vegas que la cocaïne ou l'héroïne. Attention, la généralisation des distributeurs de billets dans les salles de jeu permet de vider plus facilement votre

compte bancaire et de dilapider jusqu'à votre dernier centime d'euro (bonjour l'engueulade à la maison...).
En fait, il y a deux quartiers bien distincts à Las Vegas : le Strip et Downtown. Si vous restez peu de temps à Vegas (1 ou 2 journées), concentrez-vous sur le Strip.

DES CASINOS... GÉNÉREUX !

On prétend que les casinos offrent le billet de retour si l'on perd au jeu. C'est vrai, avec une nuance toutefois : il faut s'inscrire auprès du directeur de salle qui évaluera votre « capacité de jeu », c'est-à-dire votre capacité à perdre. Donc, pour obtenir un billet de retour, il faut avoir beaucoup dépensé. Visez plutôt l'apéritif gratuit !

Le Strip

Arpenter le Strip revient à faire le tour du monde en ligne droite : de Paris à Venise, en passant par New York et Louxor, on y trouve – alignés sur plusieurs kilomètres – de très luxueux casinos plus extravagants les uns que les autres. Une vraie réserve de mammouths. Quand vont-ils s'arrêter dans la démesure ? Jamais, car ici il y a encore beaucoup de place, de l'imagination et des milliards de dollars à dépenser.
– ***Les casinos sont présentés ici du nord au sud du Strip, sans ordre de préférence.*** Toutes les 10 à 15 mn, le bus *The Deuce* parcourt l'avenue jusqu'à Downtown 24h/24.

The Wynn et Encore *(plan couleur B1)* **:** *3131 S Las Vegas Blvd. ☎ 702-770-7000 ou 1-888-320-7123. • wynnlasvegas.com •*
L'une des dernières folies « vegassiennes », inaugurée en 2005 à la place de l'ancien casino *Desert Inn.* Avec un investissement initial de 2,7 milliards de dollars, ce fut un temps l'hôtel le plus cher du monde avant d'être détrôné par le *Cosmopolitan* voisin et un hôtel de Dubaï ! Son heureux propriétaire, Steve Wynn, qui possédait entre autres les hôtels-casinos *Bellagio, Mirage* et *Treasure Island* (excusez du peu), a réalisé dans ce projet ses rêves les plus fous. D'ailleurs, cet immense *resort* était parti pour s'appeler *Le Rêve,* du nom du tableau de Picasso qui devait à l'origine inspirer le décor intérieur. C'est devenu le titre éponyme du show à succès du *Wynn.* Ah oui, au fait, le thème de ce casino ? Eh bien, pour une fois, c'est un casino sans thème ! À moins que le thème soit le luxe... Mais attention, le luxe à l'américaine est loin de la culture européenne (voir le *Bellagio* par exemple), d'autant que les serveuses sont en tenue sexy. Une vague tout en verre fumé, prolongée par sa sœur jumelle *Encore,* qui vire au mordoré sous le soleil, avec pour tout signe distinctif la signature stylée de son maître, Wynn. C'est à l'intérieur que ça se passe. Le ton est d'ailleurs donné dès l'entrée, où vous attend une concession Ferrari-Maserati (entrée payante !), au cas où vous auriez une soudaine envie de changer de voiture. Dans le hall, de grosses fleurs en mosaïques (très Gaudí) incrustées dans un sol de marbre à l'italienne côtoient des fresques à l'antique et des dorures en veux-tu, en voilà. Une débauche de luxe rococo « bling-bling » d'un goût, disons, discutable... Toutefois, les chambres échappent à ce luxe dégoulinant et leur déco contemporaine est assez réussie. Une dizaine de restos gastronomiques (dont le chef italien ***Bartolotta,*** connu pour ses poissons importés de Méditerranée par Fedex !), une trentaine de boutiques très haut de gamme, un spa chiquissime, plusieurs piscines et un golf de 18 trous (ça, aucun hôtel de Vegas ne l'avait encore fait !), dessiné par Tony Fazio et dédié à Picasso. Ouf !
À voir aussi : le mur d'eau qui dégringole dans le ***Lake of Dream,*** bassin argenté d'où émergent quelques statues à l'antique. Beau point de vue depuis le balcon derrière le *lobby,* surtout le soir lorsque le large ruban d'eau s'illumine de couleurs changeantes.
Côté spectacle, la maison n'est évidemment pas en reste : ***Le Rêve*** est une création de Franco Dragone, dans un théâtre circulaire inédit à Las Vegas (voir « Spectacles fous et shows mégalos » plus loin).

The Venetian *(plan couleur B1) : 3355 S Las Vegas Blvd, en face du* Mirage. *☎ 702-414-1000. • venetian.com •*
Le projet le plus fou que Las Vegas ait connu et, à notre avis, le plus réussi. Ce complexe incroyable réunit plus de 7 000 suites de luxe, un casino de près de 11 000 m², 3 piscines, 1 jacuzzi, une vingtaine de restaurants, une centaine de magasins, le plus grand centre de congrès des États-Unis et près de 10 000 employés ! Un projet vertigineux (2,5 milliards de dollars !) qui ne pouvait s'accommoder d'un cadre quelconque. L'ensemble reconstitue donc Venise, avec à l'extérieur la mythique place Saint-Marc, un Grand Canal de 365 m de long parcouru par de vraies gondoles *(env 16 $/adulte pour à peine 20 mn, c'est presque aussi cher que là-bas, dis !)*, le palais des Doges, le pont des Soupirs, etc. Et puis, à l'intérieur, ne ratez pas la somptueuse galerie en trompe l'œil menant de la réception à l'hôtel. La vogue des gondoles sur le pseudo-Grand Canal vaut également le coup d'œil. Les gondoliers... et gondolières – T-shirt rayé et canotier vissé sur la tête – manœuvrent leur embarcation (propulsée par une hélice électrique !) sur le canal tortueux, tout en poussant la chansonnette. L'endroit résonne alors au son de *O sole mio* ; un air qui fut d'ailleurs repris avec succès par Elvis Presley dans un de ses plus grands succès, *It's Now or Never...* Amusez-vous à chercher l'endroit (discret) où on recharge les batteries des gondoles...
Le fabuleux ***Grand Canal Shoppes*** prend le relais, avec ses ruelles reconstituées dans le moindre détail (voir plus haut « Achats »). L'ambition du promoteur n'est pas de faire du faux, mais du vrai (tous les matériaux ont donc été importés d'Italie dont 3 000 t de marbre et de superbes lustres de Murano) et de faire survivre le *Venetian* à Venise (une fois engloutie par les eaux), rien de moins !
Le casino abrite également le ***musée de Madame Tussaud*** *(infos : ☎ 702-862-7814 ou 1-866-841-3739 ; • madametussauds.com • ; tlj 10h-21h – 22h ven-sam – ; entrée : 25 $, réduc)*, version américaine du célèbre musée londonien. À la place de la reine et de Charles, on a droit par conséquent à JFK, Martin Luther King et Barack Obama, ainsi qu'à une centaine de grands noms du cinéma, de la musique et du sport : Elvis Presley, Madonna, Beyonce, Shaquille O'Neil, Tiger Woods, Brad Pitt, Angelina Jolie, Cameron Diaz, Harrison Ford, Johnny Depp, Lady Gaga... Dans la série des fantasmes inassouvis, les vraies fans peuvent maquiller Jennifer Lopez et même se marier (robes fournies !) avec George Clooney ! Bon, c'est bien cher pour bien peu de ressemblances...

The Mirage *(plan couleur B1) : 3400 S Las Vegas Blvd, face au* Venetian. *☎ 702-791-7111. • mirage.com •*
Une folie du proprio du *Golden Nugget* pour un investissement de plus de 500 millions de dollars. Au soleil, on dirait un immense lingot d'or aux formes affinées. Au total, plus de 3 000 chambres et 7 500 employés. *Lobby* couvert d'un atrium en verre haut de 27 m et conçu comme une serre. Aussi, en entrant, on est aussitôt happé par une végétation tropicale très dense, baignée de vapeur d'eau. 2 200 machines à sous ont été installées tout autour. Les jardins et la piscine extérieure, immenses, évoquent un lagon des mers du Sud, avec grottes, cascades et quelque... 1 000 palmiers. Extraordinaire ! On peut aussi voir, derrière le comptoir de la réception, un grand ***aquarium*** exotique avec pas moins de 1 000 espèces de poissons étonnants, comme des requins à pointe blanche ou des poissons-lunes. Côté gastronomie, outre l'excellent buffet de ***Cravings*** (voir

TIGRE ET DRAGON

C'est au Mirage que se tenait depuis 1990 le show des mythiques magiciens Siegfried et Roy. Ce dernier avait une relation fusionnelle avec ses tigres blancs. Mais, le 3 octobre 2003 (jour de son anniversaire !), il fut mordu par un tigre, sans doute aveuglé par un flash, qui l'attrapa par la nuque selon un réflexe de « protection »... C'est un miracle si Roy réchappa de ses blessures. Toutefois, ce drame a marqué la fin de leur carrière à Vegas.

« Où manger ? »), le *Mirage* compte également une dizaine de restos assez chers, mais dont certains ont des décors absolument exceptionnels. Ainsi, ne manquez pas le très zen ***Japonais Lounge,*** haut de gamme et à l'ambiance feutrée, ou le merveilleux ***Kokomo's*** (fruits de mer et viandes), au milieu d'une jungle tropicale blottie sous un dôme immense, ainsi que ***Stack,*** un *sports bar* de luxe avec une superbe déco en bois. Même sans y manger, c'est à voir pour le plaisir des yeux. Les fans de *Siegfried et Roy* et les amateurs de parcs animaliers pourront faire un petit coucou aux fameux tigres blancs et aux animaux du ***Siegfried & Roy's Secret Garden & Dolphin Habitat*** (voir plus loin rubrique « À faire »).

– ***Volcano at The Mirage :*** chaque soir, toutes les heures pile (*o'clock* si vous préférez), de 19h à 23h, un spectacle gratuit reproduit une éruption volcanique, avec musique percussive, fumées et flammes conquérantes crachées par le cratère devant le Strip (sacrée Amérique !).

Treasure Island *(plan couleur B1)* **:** *3300 S Las Vegas Blvd, à côté du Mirage. ☎ 702-894-7111. • treasureisland.com •* L'architecture de l'hôtel est vite oubliée devant le décor de la baie des sirènes, reconstituée au bord même du Strip. Vaut avant tout le coup d'œil pour le spectacle gratuit ***Sirens of TI*** *(tlj à 19h, 20h30 et 22h ; également 17h30 en hiver et 23h30 en été).* Le bateau des pirates affronte celui des sirènes (évidemment sexy !), sur fond de musique, danse, effets pyrotechniques et naufrage à la clé... Représentations annulées s'il y a trop de vent, en raison des dangers encourus par les acrobates. Arrivez tôt, car il y a toujours du monde et ça ne dure que 20 mn ! Si vous voulez boire un verre dans une ambiance tropicale à l'américaine, allez ensuite au ***Kahunaville*** (à côté du *Mystère Theater*) où les *bartenders* font leur numéro chaque soir... *Free shots* (verres gratuits) pour ceux qui crient le plus fort !

Caesars Palace *(plan couleur A-B1)* **:** *3570 S Las Vegas Blvd, à l'angle de Flamingo Rd. ☎ 702-731-7110 ou 1-800-634-6661. • caesars.com •* L'une des icônes de Las Vegas. Sa façade immaculée est l'une des plus martiales du genre, immense, impériale (certains disent « mussolinienne » !). Ici, on ne recule devant rien : plus de 6 000 employés s'occupent de 3 500 chambres, environ 20 restaurants (mais, pour une fois, pas de buffet), 3 casinos et 4 piscines d'une surface de 1 ha ! L'ensemble est d'un kitsch absolu qui flirte avec le génie. On se balade dans un environnement de cariatides et de colonnades du plus bel effet. Le club ***Cleopatra's Barge*** a été aménagé dans un bateau qui tangue, inspiré du navire de ladite reine d'Égypte au long nez. Construit en 1966, c'est le plus vieux nightclub du Strip (ne vous étonnez pas qu'il fasse un peu ringard), à l'opposé total du nouveau club en vogue ***Pure,*** très design et entièrement blanc. L'immense piscine des jardins intérieurs, digne des Olympiades, a la forme d'un bouclier romain. Le ***Colosseum,*** salle de spectacle (4 000 places) a été réalisé d'après les plans du Colisée romain pour accueillir le show de Céline Dion.

– À voir absolument : ***The Forum Shops,*** galerie commerciale monumentale, comptant plus d'une centaine de boutiques disséminées le long d'une avenue de la Rome antique, avec ses colonnes, ses arches immenses, ses fontaines exubérantes et ses statues mythologiques, comme au temps de Jules César. La couleur du ciel évolue selon l'heure de la journée (des nuages sont projetés au plafond) ; il est étoilé la nuit. Ne manquent que les odeurs ! La fontaine avec la statue de Bacchus et sa farandole d'éphèbes est sans doute l'un des plus jolis ensembles. À l'autre bout de la galerie, l'***Atlantis Fountain*** abrite un vaste aquarium dans son piédestal. Show gratuit toutes les heures à partir de 10h. Amusant si vous passez dans le coin à ce moment. Avant d'y parvenir, vous passerez au pied du gigantesque cheval de Troie du magasin *FAO Schwarz.* C'est ça, l'Amérique !

Bellagio *(plan couleur A1)* **:** *3600 S Las Vegas Blvd. ☎ 702-693-7444 ou 1-888-987-6667. • bellagio.com •*
De tous les projets hôteliers réalisés, le *Bellagio* a longtemps été l'un des plus chers : 1,7 milliard de dollars (il a été largement détrôné depuis !). Inauguré

en 1998, ce gigantesque complexe (4 000 chambres et près de 8 000 employés) s'inspire de l'architecture du village de Bellagio, qui surplombe le lac de Côme dans le nord de l'Italie. C'est un de nos casinos préférés pour le design et le luxe pas trop nouveau riche. Les extraordinaires ***Fountains of Bellagio,*** jeux d'eau sur le minilac – 3,5 ha tout de même –, ont d'ailleurs fait sa renommée. À l'intérieur, le *Bellagio* se veut aussi élégant qu'un palais italien : hall d'entrée au sol couvert de mosaïques, fascinant plafond constellé d'extraordinaires « nénuphars » en verre soufflé, de toutes les couleurs et incroyable serre à la Baltard, fleurie et odorante à souhait, qui abrite les ***Botanical Gardens*** dont le thème varie à chaque saison. Boutiques et spa ultra-chicos et une quinzaine de restos dont quelques-uns réputés, notamment celui du chef ***Michael Mina*** ou encore ***Yellow Tail,*** superbe resto japonais, sans oublier un excellent buffet (voir « Où manger ? »). Au fond du *lobby,* dans l'excellente pâtisserie ***Jean-Philippe,*** ne manquez pas la plus grande fontaine de chocolat au monde ! Les chambres sont à l'avenant et la plus grande suite mesure, tenez-vous bien... 743 m² ! Les piscines à l'arrière sont aussi fabuleuses, entourées de fleurs et d'arbustes ; on barbote dans de superbes bassins avec sol en mosaïques, fontaines et statues italiennes. Le style, très luxueux et classique, pourra vous sembler un brin monotone au beau milieu des extravagances « végassiennes »... Mais dans le genre, c'est un must ! C'est aussi ici qu'a été tourné le film ***Ocean's Eleven,*** orchestré par une belle brochette de stars (Julia Roberts, George Clooney, Brad Pitt, Andy Garcia...).

– ***The Fountains of Bellagio :*** *ttes les 30 mn 15h (12h w-e et j. fériés)-19h, ttes les 15 mn 19h-minuit.* Spectacle gratuit sur le lac artificiel au pied de l'hôtel. Un extraordinaire son et lumière rythmé par quelque 1 000 jets d'eau, qui varient en fonction des mélodies, airs d'opéra ou tube de Franck Sinatra. Avec le casino *Paris-Las Vegas* juste en face, ce spectacle a vraiment une petite touche des *Grandes Eaux* du château de Versailles ! Court (quelques minutes) mais superbe. Attention, le show est annulé par grand vent.

– ***Bellagio Gallery of Fine Art :*** *face à l'entrée de la piscine. Tlj 10h-20h. Entrée : env 15 $; réduc ; gratuit jusqu'à 12 ans.* Expos thématiques deux fois par an, à partir d'œuvres provenant de musées de renom ou de collections particulières. Pas donné. Finalement, mieux vaut peut-être investir dans un déjeuner ou un dîner à l'excellent restaurant gastronomique le *Picasso,* où l'on peut voir une dizaine de toiles originales du maître accrochées au mur. Compter tout de même plus de 100 $ le menu !

LAS VEGAS

🕴🕴🕴 ***Paris-Las Vegas*** *(plan couleur A1) : 3655 S Las Vegas Blvd. ☎ 702-946-7000 ou 1-888-266-5687. • parislasvegas.com •*

On avait déjà l'Égypte pharaonique, la Rome impériale, New York, Monte-Carlo, une île tropicale, il ne manquait plus que la Ville Lumière pour faire de Las Vegas la plus universelle des cités artificielles. Voilà... Las Vegas s'est payé Paris – un Paris de la Belle Époque, que vous prendrez un malin plaisir à démonter quand le tableau vire à la caricature ! Coût total de cette folie : 650 millions de dollars ! Le *Paris* a été inauguré en 1999 par la marraine du projet, Line Renaud, mais aussi Catherine Deneuve et Charles Aznavour.

Les hauts lieux et les monuments, symboles les plus prestigieux de la capitale, sont presque tous là : la place de l'Étoile (aussi fréquentée qu'à Paname car c'est l'accès au parking !) et son Arc de Triomphe, l'Opéra-Garnier, la gare d'Orsay (entrée principale du casino), une partie du Louvre, la façade de l'Hôtel de Ville et, évidemment, la tour Eiffel (à demi-échelle quand même !), qui plante ses pieds dans le casino, dispose d'un restaurant à l'étage *(compter au moins 50 $)* et paie même une redevance à la vraie tour ! On peut comme à Paris monter au ***sommet de la tour Eiffel*** *(tlj 9h30-0h30 ; 15-22 $),* pour une vue époustouflante sur le Strip (de nuit notamment, d'où les 7 $ de bonus ?!)... sauf les jours de grand vent, où l'accès est fermé. Manque juste la Seine (et nos amours !) pour que ce gentil concentré de Paris soit complet.

Le *lobby* mérite vraiment un coup d'œil : mosaïques au sol, lustres, colonnes ; voici une séduisante petite réplique de la fameuse galerie des Glaces du château de Versailles. « Les toilettes » (« Mesdames » et « Messieurs », avec leçon de français diffusée dans les haut-parleurs, très chic !), « Le Centre de convention », « Le boulevard Shops », « La préfecture de police » ; décidément, la maison prend un plaisir évident à l'usage de l'article sur les pancartes... On suggère : « La place de la Bourse », qui pourrait être au cœur même du casino, là où se trouvent les machines à sous ! L'immense salle de casino est d'ailleurs plutôt originale par rapport aux autres. On a pour une fois l'illusion d'être dehors (on a bien dit l'illusion), dans les rues plantées d'arbres et sous un ciel bleu à peine nuageux. Les bandits manchots sont disséminés entre les pieds de la tour Eiffel, sous les arches du pont Alexandre-III, ou sous des bouches de métro dessinées par Guimard. S'il vous reste des sous à dépenser, glissez vos *quarters* dans les machines à sous du « Jacque pot », dans ceux dénommés « Can Can Quarters » ou encore « Tour de Slot » (avec cyclistes), conçus spécialement pour le *Paris* !
Attablez-vous donc à la terrasse du restaurant ***Le Café Île Saint-Louis,*** sous l'enseigne « Foie gras, boudin, petit gris, truffe », ou en terrasse chez ***Mon Ami Gabi*** (voir « Où manger ? »), avant d'aller flâner parmi les boutiques de la rue commerçante, avec pavés et devantures pittoresques de rigueur. Au passage, titillez pour le plaisir un serveur américain ou mexicain qui s'efforce de baragouiner en français. Car tous les employés du casino savent au moins dire « bonjour ! » avec un accent amusant.
Enfin, si l'envie vous prend de vous marier au sommet de la tour Eiffel, il vous en coûtera plus de 3 000 $, la suite nuptiale étant comprise dans le forfait. C'est plus cher que d'aller à Paris mais, sans aller jusqu'à se marier, les Américains qui ne peuvent se rendre à Paname peuvent toujours venir se consoler à Las Vegas !

⚲ ***Planet Hollywood Resort & Casino*** *(plan couleur A1) : 3667 S Las Vegas Blvd.* ☎ *702-785-5555 ou 1-866-919-7472.* • *planethollywood.com* • Après la banqueroute historique de l'ex-*Aladdin,* le *Planet Hollywood* a du pain sur la planche pour retrouver une place au soleil parmi les poids lourds du Strip. Exit les danseuses du ventre et les stucs sculptés, place aux lignes funky et modernes, pour ne pas dire futuristes. Malgré le *lounge bar* de la salle de casino, vaste et aérienne avec sa hauteur sous plafond vertigineuse, l'ensemble manque encore un peu d'âme et de chaleur. Pour pimenter un peu tout ça, le ***Pleasure Pit*** reste un must avec ses croupières en lingerie sexy et quelques danseuses langoureuses qui s'activent au-dessus des tables de jeu, tout comme la boîte branchée ***Gallery.*** Ne pas manquer aussi d'arpenter l'immense galerie marchande, rebaptisée ***Miracle Mile Shops,*** avec quelques attractions gratuites comme la *Multi-Million Dollar Fountain,* au centre de la galerie, avec fontaines jaillissantes, effets sonores et lumineux *(tlj, ttes les heures 12h-23h)* ; ou encore l'*Indoor Rainstorm* *(tlj 10h-23h, ttes les heures lun-jeu et ttes les 30 mn ven-dim),* vestige de l'ancien *Aladdin,* qui simule un orage en plein désert !

⚲⚲⚲ ***CityCenter*** *(plan couleur A1) : entre le* Monte Carlo *et le* Bellagio. ☎ *1-866-359-7111.* • *citycenter.com* •
Ce projet colossal a été LE gros chantier de ces dernières années aux États-Unis (un peu retardé à cause de la crise). Un *joint-venture* entre MGM Resorts et un consortium de Dubaï dont le coût total est estimé à 8,5 milliards de dollars, nouveau record ! Superficie totale : 1 670 000 m². La première tour du *Mandarin Oriental* a ouvert, suivie de près par le *Vdara Hotel,* l'*Aria Resort & Casino* et les *Veer Towers,* superbes tours inclinées strictement résidentielles... Une vraie réussite doublée d'une petite révolution architecturale : huit architectes de renommée mondiale, parmi lesquels Foster + Partners, Pelli Clarke Pelli, le studio Daniel Libeskind et David Rockwell, ont été sollicités pour composer cet énorme complexe qui réunit plusieurs hôtels et condominiums de luxe avec spa et piscines privées (500 000 $ l'appart' le moins cher !), plus *Crystals,* un centre commercial de luxe avec boutiques et restos. Le concept est radical comparé aux autres géants

du Strip : à l'exception de l'*Aria Resort & Casino,* vous ne trouverez ici aucune machine à sous, ni table de poker ; tout n'est que lumière, verre, métal, shopping et art contemporain... En guise de caution culturelle, le *CityCenter* abrite en effet des œuvres d'artistes furieusement branchés tels que Henry Moore, Maya Lin, Nancy Rubins ou encore Jenny Holzer, pour une valeur totale de 40 millions de dollars.
Au *Crystals,* notez l'*Ice Sculpture,* une sculpture de glace qui change de forme en permanence, et *The Halo,* composée de tubes remplis de... tourbillons de vent ! Devant l'*Aria Resort,* jolie fontaine ludique et colorée sur fond de mur d'eau, plus, à l'arrière, le *Big Edge,* sculpture de Nancy Rubins constituée de 200 kayaks et canoës superposés (le tout fut installé en 2 jours !). On peut d'ailleurs télécharger un « Art tour » sur son iPhone...
Côté hôtellerie, l'*Aria* possède 4 000 chambres (à partir de 130 $ la nuit) et suites ultra-contemporaines dans les tons crème, marron et orangé, s'ouvrant avec des cartes-clés activées par fréquence radio. À l'intérieur, toute la chambre se met en branle dès que l'on entre, le rideau s'ouvre, les éclairages et la TV s'allument comme par magie, plus la technologie dernier cri avec toutes les connexions multimédias. Côté loisirs, un spa de 8 000 m² avec des soins japonais (*ganbanyoku* et *shio salt room*), trois piscines dont une piscine-*lounge* avec DJ, trois jacuzzis et une *party pool.*
Côté restauration, uniquement des tables chic, y compris *The Buffet* (*seafood* tous les jours, plus le seul four tandoori du Strip), *Blossom* (chinois, avec petits salons rétros), *Lemongrass* (thaï, très intime), *Tapas* (créé par le chef du Picasso, Julian Serrano), *Sage* (cuisine américaine contemporaine dans un superbe décor XIXe s), *American Fish* (un des restos du chef étoilé Michael Mina), sans oublier l'admirable Pierre Gagnaire au *Mandarin* (ah, son bouillon Zézette !).
Côté spectacle, l'*Aria* accueille une énième création du Cirque du Soleil : ***Zarkana.*** Pour finir la soirée, les night-clubs *Eve,* appartenant à Eva Longoria, l'ex de Tony Parker, et *Haze,* très jet-set... Côté shopping, on y trouve, en toute simplicité, *Cartier, Van Cleef & Arpels, Stella McCartney, Gucci, Tiffany, Balenciaga, Vuitton, YSL, Tom Ford, Dior, Versace...* que des adresses à petits prix !
Sachez aussi que le *CityCenter* utilise à lui seul 10 % des besoins en électricité de la ville. Siemens a donc été mandaté pour trouver une solution écologique, et, bien évidemment, financièrement très intéressante. Usine de traitement des eaux, petite centrale électrique marchant au gaz naturel, système de pompage de l'air par le bas... Tout a été fait pour utiliser l'énergie d'une façon plus intelligente. Lorsque l'on sait que la moitié de l'énergie de Las Vegas passe dans les systèmes de refroidissement (clims, ventilateurs...), il était par exemple urgent d'optimiser ou de remplacer les solutions classiques. Cette image chico-écolo est aussi une bonne opération marketing, qui permet à l'hôtel d'attirer une (riche) clientèle allergique au kitsch ambiant...

Monte Carlo *(plan couleur A1) : 3770 S Las Vegas Blvd, presque en face du* MGM Grand *et contre le* New York-New York. *☎ 702-730-7000 ou 1-800-311-8999.* • *montecarlo.com* •
Le *Monte Carlo* dresse sa silhouette couleur crème sur 32 étages. Ce demi-mastodonte, sans fantaisie architecturale, si ce n'est deux portes néoclassiques genre porte de Brandebourg avec fontaine et sculptures, s'inspire vaguement du prestigieux casino de Monte-Carlo, perle de la Côte d'Azur. Mais, ici, rien d'époustouflant qui mérite vraiment le détour. Un simple coup d'œil en passant suffira. À l'intérieur, ***The Pub,*** brasserie moderne avec d'énormes cuves en cuivre, où l'on peut s'offrir une bonne bière et grignoter *(dim-jeu 11h-23h, ven-sam jusqu'à 3h).* Côté cuisine justement, le *Monte Carlo* s'est doté d'un resto gastronomique haut de gamme, ***Andre's,*** du nom du chef français André Rochat, plébiscité par les critiques. Dans un autre registre, le ***Diablo's Cantina*** *(tlj 11h-minuit),* donnant directement sur le Strip, a pas mal de succès ces derniers temps. Là, c'est plutôt margarita à gogo, serveuses sexy et ambiance *caliente* autour du bar ou en terrasse (une vraie, oui !).

LAS VEGAS

Et dans la série « je redore mon blason », le *Monte Carlo* a ouvert en 2009 l'***Hotel 32,*** boutique-hôtel très tendance située au dernier étage. Son credo : la vie de star ! Accueil en limo à l'aéroport, suites de haut standing à la déco design, accessibles par ascenseur privé, tout le confort et les services possibles et imaginables... Avis aux amateurs, la nuit vous en coûtera environ 250 $, hors taxes et pourboires bien sûr !

New York-New York *(plan couleur A1) : 3790 S Las Vegas Blvd.* ☎ *1-866-815-4365 ou 1-800-689-1797.* • *newyorknewyork.com* •
Plus que beau, superbe ! Inauguré en 1997, le *New York-New York* est le premier à avoir vu le jour dans cette nouvelle génération d'hôtels-casinos à l'architecture démente. Tenez-vous bien : les architectes ont reconstitué (pour 485 millions de dollars tout de même) une douzaine des plus belles tours de Manhattan (réduites d'un tiers, mais l'illusion est totale). Vous y reconnaîtrez l'Empire State Building, haut ici de 42 étages, et le Chrysler Building, plus une série d'immeubles de tous les styles et de toutes les teintes, avec bien sûr la statue de la Liberté en avant, le pont de Brooklyn et la gare de Grand Central ! La déco intérieure évoque de manière très colorée les quartiers de Times Square, Chinatown, Greenwich Village et Little Italy, avec une foultitude de détails pour forcer le trait, comme des bornes à incendie caractéristiques, des boîtes aux lettres, des enseignes pittoresques, etc.
Quant à la salle de casino, elle représente le fameux New York Stock Exchange (la Bourse). On y débusque plein de petits restos, ainsi qu'un grand huit délirant inspiré des montagnes russes de Coney Island, le ***Roller Coaster,*** qui traverse l'hôtel avant de filer tombeaux ouverts à l'extérieur (voir « À faire » plus loin).

COMPLÈTEMENT TIMBRÉ !

En 2011, la poste américaine a émis un nouveau timbre-poste immortalisant la statue de la Liberté. Jusque-là, quoi de plus normal ? Sauf que ce n'est pas le célèbre monument de New York qui figure sur le timbre... mais la réplique de la statue qui décore depuis 1997 l'hôtel New York-New York *de Las Vegas ! « Nous aurions choisi cette photo de toute façon », a déclaré avec une certaine mauvaise foi le porte-parole de la poste américaine, qui ne retirera pas le timbre, sans doute un futur collector !*

MGM Grand *(plan couleur A1) : 3799 S Las Vegas Blvd, face au* New York-New York. ☎ *702-891-7777 ou 1-877-880-0880.* • *mgmgrand.com* •
Inauguré en 1993 pour un coût de 1 milliard de dollars, il fut durant plusieurs années le plus grand hôtel du monde jusqu'à ce que le *Venetian* ne le détrône. Mais ce monstre de verre fumé teinté de couleur bleu-vert, gardé par le tout aussi gigantesque lion doré de la *Metro Goldwyn Mayer,* entend bien reprendre la main. Avec la nouvelle tour ***The Signature,*** aux suites design avec balcon et jacuzzi, ses *skylofts* de prestiges (appartements immenses en duplex, avec vues imprenables sur le Strip) et les deux premiers restaurants ouverts par ***Joël Robuchon*** aux États-Unis, le *MGM* est désormais orienté vers le haut de gamme. Il dispose de 5 000 chambres environ et emploie près de 8 000 personnes. Le *MGM,* du nom de la célèbre maison de production de films de Hollywood, évoque par conséquent l'âge d'or du 7e art : décor Art déco parfaitement réussi, fresque circulaire à la gloire des stars de Hollywood, balustrades finement travaillées et bas-reliefs sculptés dans le bel ***Entertainment Dome,*** un superbe atrium. Il rivalise aussi avec le *Caesars* en accueillant régulièrement des stars du show-biz et de la boxe. Ainsi, le ***MGM Grand Garden Arena*** (consultez le programme) s'est déjà enflammé avec les Rolling Stones, Elton John, Rod Stewart, Tom Jones... ; et on y a vu le boxeur Mike Tyson envoyer Evander Holyfield au tapis, en deux temps trois mouvements ! D'ailleurs, Stallone y a aussi tourné les scènes de combat de *Rocky IV.* Garantie culturelle incontestable !
Ajoutez à cela une pléthore de clubs incontournables (comme le ***Studio 54,*** institution débarquée de *Big Apple*) et de restos chic et branchés, fréquentés par la

jeunesse yuppie, dont les lignes design se marient parfaitement avec les formes dépouillées et géométriques des années 1930. Parmi ceux qui nous ont tapé dans l'œil, le restaurant japonais ***Shibuya*** avec sa déco zen très contemporaine et sa cuisine ouverte où s'affaire la brigade préparant les sushis ; le ***Seablue,*** marqué à l'entrée par un aquarium cylindrique où évolue un banc de sardines argentées ; ***Diego,*** qui décline des spécialités mexicaines dans un décor entièrement rouge, etc. Même si vous n'avez pas les moyens de vous attabler ici, jetez au moins un œil à ces décors stylés, magnifiés par des éclairages tamisés. Et dans un registre familial et bon marché, le ***Rainforest Café,*** avec forêt vierge en plastoc pas si toc, vaut aussi le coup d'œil.

Excalibur *(plan couleur A1)* **:** *3850 S Las Vegas Blvd, à l'angle de Tropicana Ave.* ☎ *702-597-7777 ou 1-800-933-1334.* • *excalibur.com* • Amusant château médiéval version gâteau d'anniversaire sur le thème du roi Arthur et de Robin des Bois. Difficile de rater ce casino-hôtel grâce à ses tours aux formes invraisemblables et ses tourelles or, rouge et bleu, qui brillent dans la nuit : de loin, on dirait une construction géante en *Lego* ou *Playmobil.* Et pourtant ! Même si cela ne se voit pas au premier coup d'œil, les architectes ont étudié très sérieusement 20 châteaux écossais et anglais pour y puiser leur inspiration ! C'est toujours un casino très populaire, où les parents osent emmener leurs enfants sans avoir l'impression de les pervertir ! Le resto ***Dick's Last Resort*** attire aussi les foules. Son slogan : « *The Shame O' the Strip* » annonce la couleur ; il s'agit de se faire charrier et houspiller par les serveurs-comédiens qui animent le repas, enchaînant blagues et happening durant tout le service... On est parfois obligé de porter un bonnet d'âne ! Les Américains adorent ! Au sous-sol du casino, des jeux où les gamins peuvent, eux aussi, perdre leur argent. Et pour un mariage mémorable, foncez à la *Canterbury Wedding Chapel.* L'hôtel loue même couronnes et costumes d'époque. Vraiment chicos !

Luxor *(plan couleur A1)* **:** *3900 S Las Vegas Blvd, tt près de l'aéroport (on le voit depuis le terminal).* ☎ *702-262-4444 ou 1-877-386-4658.* • *luxor.com* • Encore une folie architecturale, l'image même de Las Vegas-Babylone revisitée par Disneyland ! Il s'agit ni plus ni moins de la reproduction, grandeur nature s'il vous plaît et entièrement recouverte de verre fumé, de la plus grande pyramide de Gizeh, près du Caire en Égypte. Un immense sphinx, également à l'échelle, monte la garde à l'entrée, dominé par un obélisque. On pénètre alors dans un véritable temple du jeu, gardé par une allée de sphinx à tête de bélier (comme à Louxor, quoi !) et deux colosses assis, très lointains cousins de ceux du temple d'Abu Simbel (sud de l'Égypte). À l'intérieur de la pyramide, l'atrium, le plus vaste du monde, pourrait contenir neuf Boeing 747 empilés les uns sur les autres ! Des ascenseurs, appelés ici « inclinateurs », mènent aux étages en suivant les pentes obliques à 39° du bâtiment. À ne pas rater. La nuit, du sommet de la pyramide, un puissant faisceau lumineux balaie le ciel étoilé du Nevada. Les avions en vol peuvent l'apercevoir depuis Los Angeles... à 400 km !
Côté paillettes, le *Luxor* s'est doté d'un resto mexicain tendance, ***T & T*** *(Tacos & Tequila),* où aller le dimanche si vous rêvez de vous offrir un brunch tequila au son des mariachis (sic), d'une boîte de nuit ultra-courue, le ***LAX,*** avec DJs stars et autres VIP, et du spectacle de ***Criss Angel*** avec le Cirque du Soleil, hyper médiatisé à la TV américaine. Également deux expos à succès : ***Titanic,*** avec plus de 300 vestiges du célèbre paquebot, et ***Bodies,*** sur le corps humain (âmes sensibles, s'abstenir).

Mandalay Bay *(plan couleur A1)* **:** *3950 S Las Vegas Blvd.* ☎ *702-632-7777 ou 1-877-632-7800.* • *mandalaybay.com* • Ce grand *resort* asiatico-design n'a pas la même envergure que les autres casinos, malgré sa tentative de se démarquer en créant une nouvelle aile inspirée du ***Delano*** de Miami Beach et en invitant Alain Ducasse pour ouvrir son resto local, ***The Mix.*** Rien à voir avec le kitsch vegassien, ici tout est design style Andrée Putman, très épuré, où règnent luxe, calme et volupté... à l'image du sublime spa. Dans la partie plus ancienne, plusieurs piscines nichées entre les palmiers – dont l'une fait de très grosses vagues – et une séduisante plage de sable dans un lagon artificiel méritent le coup d'œil (surtout pour son *beach club,* l'un des plus courus de Vegas dès la nuit tombée). Mais rien de vraiment exceptionnel comparé aux autres ; à part peut-être le ***Shark Reef*** *(entrée : env 18 $, réduc enfants ; tlj 10h-22h)* : un immense aquarium où s'épanouissent quelques espèces rares, comme des tortues de mer géantes ou des raies mantas. Mais la plupart des visiteurs sont plus impressionnés par les tunnels vitrés traversant les bassins où batifole une quinzaine d'espèces de requins, parmi de nombreux poissons tropicaux... Comme tout est possible à Vegas, vous avez la possibilité de plonger au milieu de ces charmants bestiaux, pour la modique somme de... 650 $!

LE NOUVEAU KING DE VEGAS

Il ne manquait que lui. Et, en toute logique, c'est le Cirque du Soleil qui s'est chargé de cet hommage. Au programme, un théâtre et un show à la dimension du mythe, un lounge de folie et un musée interactif, le tout logé dans une réplique de Nerverland, le célèbre ranch californien du King of Pop. Yes, Michael Jackson a trouvé une dernière demeure à sa taille en faisant son entrée au panthéon vegassien !

Hard Rock Hotel *(plan couleur A2)* **:** *4455 Paradise Rd, à l'angle de Harmon Ave. ☎ 702-693-5000 ou 1-800-473-7625. • hardrockhotel.com •* Sans conteste le casino préféré de la jeunesse dorée américaine ; tendance Beverly Hills. La gigantesque guitare électrique en façade donne le ton : musique rock jour et nuit, dedans comme dehors. À l'intérieur, des costumes de célébrités comme Michael Jackson, James Brown ou Santana, des *choppers* et même une vitrine en hommage à Woodstock. La piscine est une réussite totale avec ses palmiers et son immense plage de sable. Quant à la boîte, ***Wasted Space,*** elle déménage sacrément. Mais le clou est la *Rehab Party,* chaque dimanche après-midi, où des centaines de (jolies) filles et de (beaux) garçons dansent en minimaillot dans la piscine, au rythme d'un DJ. Digne des *spring-break* les plus déjantés... *Hard to believe !*

LAS VEGAS

Downtown

On y trouve les casinos les plus populaires. Les mises sont bien moins importantes, la clientèle est peu fortunée ou ruinée... par les casinos du Strip. Il y règne toutefois une atmosphère désuète et mélancolique pas dénuée de charme.
Le centre-ville cache aussi l'un des plus beaux établissements de la ville (le *Golden Nugget*) mais, surtout, le quartier est de dimension bien plus humaine que le Strip aux casinos disséminés sur une distance épuisante pour les piétons. La vraie grande claque de Las Vegas, c'est de remonter Fremont Street *by night* : un déluge de couleurs, un ruissellement de néons inimaginable ! On se croirait dans un rêve mégalo ou carrément dans un dessin animé psychédélique...

Fremont Street Experience *(plan couleur D2)* **:** *au cœur de Downtown. • vegasexperience.com • Ts les soirs, dès la tombée de la nuit, à ttes les heures (pile !).* La rue (Fremont Street, donc) est couverte sur plusieurs blocs d'une immense voûte mécanique longue de 416 m, constellée de 12,5 millions d'ampoules, formant le plus grand écran géant du monde. En fait, le show n'est rien de plus qu'un clip de 7 mn à la gloire de Vegas. Rien d'exceptionnel, même si les éclairages des vieux casinos de Downtown ne manquent pas de charme.

Golden Nugget *(plan couleur D2)* **:** *129 E Fremont St. ☎ 702-385-7111 ou 1-800-634-3454. • goldennugget.com •*
L'icône de Downtown ! Les fous du jeu le considèrent comme l'un des meilleurs casinos de la ville. Il a longtemps détenu le record du monde pour le nombre

de machines à sous et son *poker room* est encore, et toujours, très populaire pour la qualité du jeu. Par ailleurs, son grand sens de la clientèle est réputé dans tout Las Vegas. La décoration et la finition de l'édifice se révèlent également quasi parfaites. Les marbres viennent d'Italie, et le changement quotidien des fleurs ne coûte pas moins de 900 $. Mais ce qui l'emporte largement en fantaisie sur cet univers, certes luxueux mais somme toute assez classique, c'est la piscine *(gratuite pour les clients ; 20 $ pour les autres),* qui offre la possibilité de nager... avec les requins ! Et sans finir en chair à pâté ! Car la belle piscine frangée de palmiers est dotée d'un toboggan géant, qui achève sa course dans un vaste aquarium bourré de requins, *The Tank,* rempli de 760 000 l d'eau. Le secret ? On traverse en réalité le bassin en passant par un tube translucide. Sans danger par conséquent, mais frissons garantis.

Y A PAS DE PETITS PLAISIRS !

Il y a quelque temps, un camionneur qui vivait dans un motel pouilleux de Downtown gagna 3 millions de dollars au casino. Le patron du Golden Nugget *fit établir le chèque immédiatement et lui offrit de dormir dans l'un des plus beaux appartements. Il lui demanda s'il désirait autre chose. L'heureux gagnant répondit :* « Yerrr ! I wanna burger and a beer ! »

Une autre surprise : derrière le *lobby* principal, on peut admirer l'une des plus grosses pépites du monde (la *golden nugget,* justement). Découverte en Australie, à 20 cm sous la surface du sol, en octobre 1980, elle pèse près de 28 kg. Juste en face, *The Gold ATM,* un distributeur de... lingots d'or, qui fonctionne comme un distributeur d'argent habituel, avec un ordinateur intégré indiquant le cours de l'or !

Main Street Station *(plan couleur D2)* **:** *200 N Main St, à la hauteur de Stewart Ave. ☎ 702-387-1896 ou 1-800-713-8933.* • *mainstreetcasino.com* • Ce casino pittoresque est symbolique de la renaissance de Downtown. Inspiré d'une vieille gare victorienne, il a fière allure avec son train antique stationné devant la belle façade en bois, sa salle de jeu rutilante dotée de moulures au kilomètre et de verrières grandiloquentes au plafond, ou encore son bar photogénique flanqué de cariatides Art déco. Certains éléments sont de vraies antiquités, comme la collection de machines à sous exposée près de la réception ou encore ce pan entier du mur de Berlin sur lequel sont fixés les urinoirs dans les toilettes pour hommes ! La maison fait aussi sa propre bière (en plus de son propre beurre !) ; on peut la goûter au *Triple 7 Restaurant & Brewery.* Enfin, le buffet a été élu « meilleur buffet de Las Vegas » plusieurs années de suite (voir « Où manger ? »)...

Comment jouer ?

Avant toute chose, il faut avoir au moins 21 ans pour jouer et boire de l'alcool dans un casino à Las Vegas. En outre, la loi est très stricte et vous vous verriez refuser votre gain si jamais vous dérogiez à la règle. Si vous avez l'air jeune (on conseille d'ailleurs d'avoir son passeport sur soi), les contrôles ne sont pas rares. On le rappelle, même accompagnés par leurs parents, les enfants n'ont pas le droit de jouer ni de regarder quiconque jouer, aux tables de jeu comme aux machines à sous. Cependant, dans certains casinos (l'*Excalibur* notamment), des sections spéciales sont dédiées aux gamins, avec des jeux rien que pour eux...

Sinon, le jeu le plus populaire à Las Vegas est la machine à sous *(slot machine),* autrefois surnommée à juste titre « bandit manchot » *(one-armed bandit),* lorsqu'il fallait tirer sur le manche pour actionner la machine. Aujourd'hui, on ne glisse plus sa pièce, sauf dans quelques bandits manchots qui sont là pour les nostalgiques en souvenir du bon vieux temps. Au mieux, on introduit son billet de 1 $ dans une fente et, selon la valeur des parties, on appuie sur un bouton entre 1 et 100 fois afin d'essayer de gagner le jackpot. Mais, le plus souvent, on troque ses billets auprès du *cashier* pour une carte du casino que l'on introduit dans les machines telle une carte de paiement. On n'arrête plus le progrès ! Et l'avantage de jouer avec du *plastic money,* c'est que cela reste virtuel... mais bien réel sur votre compte en banque ! Plus de bruit non plus (ah ! le tintement jouissif des pièces dégringolant dans l'escarcelle et le regard envieux de votre voisin !), on récupère juste un ticket indiquant le gain, que l'on peut à nouveau glisser dans une autre machine ou échanger auprès du caissier.

– ***Un conseil :*** contentez-vous surtout des machines qui proposent des parties à 1 ou 5 cents (peu nombreuses et surmontées d'un panneau « Pennies »), éventuellement celles à 25 cents, car les voraces, à 1 ou 5 $ (on ne parle même pas de celles à 10 ou même 25 $!), vous ruinent à toute vitesse. Les fous dangereux peuvent même, dans certains casinos, jouer des mises de 100 $, voire de... 500 $!

– ***Attention :*** il arrive souvent qu'on gagne quelques dollars à peine arrivé dans un casino, ce qui incite à tout rejouer immédiatement. Méfiez-vous : après avoir gagné plusieurs fois de petites sommes (aussitôt réinvesties et reperdues), on croit avoir tout de même de la chance... et on ressort un billet. C'est tout calculé : pour vous donner l'impression d'avoir de la chance, la plupart des machines redistribuent de 95 à 98 % des mises. Tout l'art du jeu consiste donc à savoir s'arrêter. Soit après n'avoir perdu qu'une somme fixée à l'avance (et sacrifiée volontairement pour le plaisir). Soit, si on est chanceux, immédiatement après avoir gagné en un seul coup une belle somme. Sachez que les rapports de gain des machines sont conçus de telle façon que plus on joue, plus on perd...

Les autres jeux proposés dans les casinos attirent plutôt les spécialistes et demandent un investissement plus important. On trouve de tout : roulette, *craps,* baccarat, black-jack, poker... et même des lotos sportifs *(race & sports book),* avec murs entiers d'écrans TV retransmettant toutes sortes d'événements sportifs ! Les grands casinos possèdent en outre une salle privée, réservée aux gros joueurs ou tournois de poker.

– ***Cours et leçons gratuites :*** bien sûr, les casinos ont pensé à tout et dispensent gratuitement des leçons de roulette, poker, black-jack, etc., pour mieux vous inciter à jouer. C'est toutefois l'occasion d'une bonne initiation. Voici quelques exemples :

COUP DE POKER

C'est au Bellagio *qu'a été pulvérisé en 2010 le record du monde de la partie la plus longue de l'histoire : 115h, soit près de 2 jours de plus que le précédent record qui remontait à 2004. Le nouveau recordman est la star américaine du poker Phil Laak, qui ne s'est octroyé qu'une petite demi-heure de sieste toutes les 6h et assure n'avoir consommé ni caféine ni stimulants pendant cette partie historique. En revanche, il reconnaît être un champion des étirements et un pro du yoga.*

■ ***Golden Nugget*** *(plan couleur D2) :* *infos au ☎ 1-800-846-5336. Lun-ven 10h-12h.* Leçons de *craps* (appelé communément « passe anglaise »), cours de black-jack, de roulette, divers styles de poker (dont le Texas Hold'em). L'un des plus complets.

■ ***Planet Hollywood*** *(plan couleur A1) : infos au ☎ 702-785-9150. Tlj en matinée.* Une panoplie de leçons très complète : black-jack, roulette, poker et baccarat.

■ ***The Venetian*** *(plan couleur B1) : lun-ven près du cashier. Se renseigner pour les horaires : ☎ 702-414-1000.* Leçons gratuites de poker essentiellement.

■ ***Circus Circus*** *(plan couleur C1) : infos au ☎ 702-734-0410. Lun-ven sf j. fériés, live poker à 10h, black-jack à 10h30, roulette à 11h30 et craps à 12h30.*

■ Leçons gratuites également à l'***Excalibur,*** au ***Monte Carlo,*** au ***MGM Grand*** (poker lessons *tlj à 10h30 et 18h*)...

Où boire un verre ? Où danser dans les casinos ?

Tous les casinos se doivent d'avoir une boîte de premier plan et se livrent une guerre sans merci pour décrocher la palme de la branchitude. En fin de semaine, les barbies et les minets de *boys band,* dont l'âge n'excède guère la trentaine, envahissent les pistes de danse et, selon la popularité du lieu, de longues files d'attente peuvent se former à l'entrée. Compter en moyenne 30 $ par tête, parfois moitié moins ou gratuit pour les filles, mais, certains soirs (si le DJ est une pointure), cela peut aller jusqu'à 100 $. Attention, si les casinos tolèrent n'importe quelle tenue, les boîtes sont beaucoup plus strictes : chaussures de sport refusées et tenue soignée (voire chic) exigée.

LE PARADIS DE LA GUEULE DE BOIS

Des bus Hangover Heaven *sillonnent Las Vegas nuit et jour. Pour 90 $ et sur un simple coup de fil, on vient vous chercher et on vous dessaoule grâce à une potion magique (et évidemment secrète). Et la pub prétend « réhydrater la peau dans ce climat désertique ». Allez, on est sympa : ☎ 702-900-0660.*

Marquee *(plan couleur A1) :* au Cosmopolitan. *☎ 702-333-9000. • marqueelasvegas.com • Tlj 20h-5h pour le night-club, 10h-18h pour le* day-club. Par les créateurs du *Marquee* de New York et du *Tao Night-Club* (voir ci-dessous). Le spot branché des fans de musique électronique. Décor aristocratique version chic glamour, grand *dance floor* avec un écran géant en technologie Led passant des animations assez hallucinantes, des *go-go dancers* pour secouer tout le monde, une piscine avec transats à l'extérieur et une ambiance de folie quand de grands DJs sont aux platines !

The Beatles Revolution Lounge *(plan couleur B1) :* au Mirage. ☎ 702-691-7111. Abbey Road Bar 24h/24, lounge *tlj sf lun et mer 22h-4h.* Dans le sillage du show *Love* du Cirque du Soleil, *Revolution* s'inspire de l'univers des Beatles. Très belle déco néo-psychédélique : moleskine blanche et laque noire, bar lumineux, assemblages de miroirs, projections. Côté musique, on mixe de tout, des Beatles, *of course,* à la pop et à l'électro en passant par le rock ou la house.

Tao Night-Club *(plan couleur B1) :* au Venetian. *☎ 702-388-8588. • taolasvegas.com • Jeu-sam 22h-5h ; et tlj à partir de 17h pour le* lounge. Petit frère du *Tao* de New York, ce *Bouddha Bar* de haute volée est un modèle du genre. Depuis l'entrée, des vasques emplies de brassées de fleurs indiquent le chemin aux visiteurs, qui découvrent alors une belle salle dominée par une statue géante de Bouddha, en lévitation au-dessus d'un bassin, un mobilier aux lignes épurées et quelques beaux objets évoquant l'Asie. Tout autour, des bougies et des recoins intimes. Éclairage tamisé et ambiance *lounge* dans ces coins salon, en contraste avec le night-club très sélect, à l'atmosphère plus déjantée...

Nine Fine Irishmen *(plan couleur A1) :* au New York-New York. *☎ 702-740-6463. Tlj 11h-2h45.* Happy hours *lun-jeu 14h-16h. Pintes et cocktails à partir de 5 $.* Registre traditionnel pour cet immense pub à la classique déco victorienne, boiseries, cuivre, moquette à fleurs... Ambiance conviviale autour d'une bonne Guinness, à mille lieues des clubs tendance. Large choix de whiskeys et cocktails également. Concerts live certains soirs. Le vrai plus, c'est la double terrasse extérieure, donnant sur le Strip. On y sert aussi à manger, mais mieux vaut se contenter d'y prendre une bière...

Les *fun coupons*

Un truc sympa à Las Vegas pour les routards fauchés qui veulent quand même en profiter : ce sont les carnets de coupons *(fun coupons)* gratis ou à demi-tarif pour les casinos. Il existe des coupons pour des boissons gratuites (souvent

LAS VEGAS

des margaritas), des breakfasts, et même des paquets de *play tokens,* sortes de jetons qui n'ont pas de valeur marchande, mais que l'on peut faire ingurgiter aux machines à sous. C'est l'appât ! À noter enfin, les demi-tarifs pour des pizzas et des repas complets, ou encore des réductions pour les musées et les attractions à l'écart du Strip.
On trouve malheureusement de moins en moins de ces *fun coupons.* Le *Visitor Center* en distribue ainsi que les taxis, mais leur intérêt varie selon les mois, tout comme certains casinos de Downtown ou les hôtels-casinos de moyenne gamme du Strip *(Circus Circus, Excalibur...).* Également de nombreux coupons de réductions pour des buffets, spectacles, musées, etc., dans des magazines gratuits comme *Las Vegas Magazine* ou *What's On,* que l'on se procure aisément au *Visitor Center* de Las Vegas. Sans oublier les carnets de coupons distribués dans chaque grand casino lorsque vous y logez, avec tout un tas d'offres dans les snacks, restos et boutiques du *resort.*

Spectacles fous et shows mégalos

On conseille de se procurer les deux magazines hebdomadaires gratuits les plus populaires de Las Vegas : *What's On* et *Show Bizz,* disponibles généralement dès l'arrivée à l'aéroport, ou à défaut, au *Visitor Center* de la ville, dans la plupart des hôtels et dans certains casinos. Ces journaux vous tiendront au courant des attractions, shows et spectacles de la semaine.
Il est bon de savoir que les casinos ont suffisamment d'argent pour inviter les plus grandes vedettes du monde. Vous pouvez très bien tomber sur la tournée de Madonna, Tom Jones, Elton John, Beyonce, Santana, Britney Spears, Paul McCartney... Le Cirque du Soleil a également la cote, et pour cause... ils sont tout simplement extraordinaires. Enfin, les spectacles français sont aussi prisés depuis des années. Il n'est pas rare de voir les casinos vantant à coups de néons géants la présence du *Lido,* des *Folies-Bergère* ou du *Crazy Horse...* Ce sont en fait des succédanés des spectacles donnés à Paris, avec quelques techniciens et artistes français, des couturiers made in France... et voilà. On appelle ça du *Frenchising* !

L'EMPIRE DU SOLEIL

En 1984, à Baie-Saint-Paul, au Québec, une modeste troupe de théâtre de rue participe au 450e anniversaire de la découverte du Canada. Aujourd'hui, le Cirque du Soleil compte 5 000 employés, dont 900 artistes. L'entreprise, qui a vendu 20 % de ses parts à un consortium de Dubaï, est le plus grand recruteur au monde de... champions olympiques. Plus de 60 millions de spectateurs ont déjà été conquis par la vingtaine de spectacles donnés à travers le monde, dont presque la moitié a élu domicile dans la cité-lumière.

– ***Conseils pratiques :*** pour avoir une chance de trouver des places, surtout pour les spectacles les plus courus (comme ceux du Cirque du Soleil), le plus prudent est de les réserver bien avant le départ (via Internet). Sinon, en dehors des week-ends, il est généralement possible d'acheter des billets la veille pour le lendemain. Vous aurez toutefois plus de chances si vous vous y prenez 2 jours à l'avance. Attention, prévoir une seconde file d'attente pour retirer son billet avant le spectacle (venir en avance et présenter une pièce d'identité).
Bon à savoir, des ***places à prix cassés*** (souvent à moitié prix !) sont vendues pour le jour même ou le lendemain dans les guichets ***Tix4Tonight,*** assez nombreux en ville. Le plus pratique est sans doute celui du *Circus Circus* car, en principe, il ouvre le premier (vers 9h), ce qui vous donne plus de chances de pouvoir acheter le spectacle de vos rêves. Autres guichets : à côté de la bouteille de Coca-Cola géante (en face du casino *New York-New York*), devant l'entrée de *Neiman Marcus* au *Fashion Show Mall,* ou encore au *Four Queens* (à Downtown).

Mystère at Treasure Island *(plan couleur B1)* **:** *résas sur place au ☎ 702-894-7722 ou 1-800-392-1999. • treasureisland.com • Spectacles à 19h et 21h30 ; tlj sf jeu et ven. Tarifs : env 70-130 $; réduc enfants moins de 12 ans.* La troupe québécoise du Cirque du Soleil a élu domicile ici depuis 1993 et composé un spectacle enchanteur. Au total, plus de 70 acteurs, danseurs, chanteurs, musiciens, jongleurs, acrobates et clowns venus du monde entier. Des numéros de cirque, bien sûr, mais avec des costumes, une chorégraphie et une musique live qui rendent l'ensemble fabuleux. Et pas un animal ! De loin le spectacle le plus adapté aux enfants... petits et grands. Un grand classique du Cirque du Soleil.

« O » at Bellagio *(plan couleur A1)* **:** *résas sur place au ☎ 702-693-7722 ou 1-888-488-7111, ou sur • bellagio.com • Représentations tlj (sf lun-mar) à 19h30 et 22h. Résa impérative plusieurs j. à l'avance ; billet à retirer min 1h avt le show. Billets : env 95-155 $.* Ce fantastique spectacle aquatique (rien à voir avec les ballets d'Esther Williams !), exécuté par les membres de la troupe du Cirque du Soleil et conçu sur le thème du cercle et de l'infini, fait depuis plus de 10 ans salle comble tous les soirs. Pas moins de 75 acteurs, danseurs, acrobates, et une piscine évolutive de plus de 5 millions de litres d'eau sur scène. Un must !

KA at MGM Grand *(plan couleur A1)* **:** *résas sur place au ☎ 702-531-3826 ou 1-866-740-7711. • ka.com • mgmgrand.com • Spectacles mar-sam à 19h et 21h30. Tarifs : env 70-180 $; moitié prix enfants 5-12 ans.* Cette production du Cirque du Soleil est une comédie musicale onirique, servie comme toujours par une musique et des costumes extraordinaires. Dans une contrée d'Asie imaginaire, un frère et sa sœur jumelle doivent affronter les éléments et échapper aux archers qui les poursuivent. La pièce maîtresse du show est une gigantesque scène suspendue au-dessus du vide, sur laquelle évoluent les artistes, alors qu'elle s'incline à 110°. Ou encore la *wheel of death,* immense roue mécanique où gravitent les acrobates avec une dextérité incroyable. Ajoutez à cela une mise en scène très audacieuse et originale, vous avez là un spectacle fascinant.

Le Rêve *(plan couleur B1)* **:** *au* Wynn. *Résas : ☎ 702-770-9966. • wynnlasvegas.com • Représentations ven-mar à 19h et 21h30 ; relâche mer-jeu. Entrée : env 100-195 $.* Pour son troisième spectacle, Franco Dragone *(O, Mystère)* s'est régalé en mettant en scène les rêves d'une jeune fille. Autant dire que tout est permis ! Amour, aventure, poésie, et parfois une pointe d'angoisse, s'enchevêtrent au fil des songes, matérialisés par d'improbables ballets aériens et de spectaculaires acrobaties aquatiques. Les costumes créatifs renforcent encore l'atmosphère de mystère qui plane sur une salle au décor inédit : une scène « aquatique » circulaire évoluant au gré des numéros, des gradins concentriques organisés à la manière des arènes, et une hauteur sous plafond digne des cathédrales. Onirique... et très romantique ! C'est aussi la seule salle de spectacle offrant un service VIP : vue des coulisses sur écran vidéo, fauteuils extra-larges, fraises au chocolat et champagne. Le Rêve, quoi...

NAN MAIS JE RÊVE !

Steve Wynn, soit le fondateur du Golden Nugget, *du* Treasure Island, *du* Mirage, *du* Bellagio *et du* Wynn, *qui a inspiré le rôle d'Andy Garcia dans la saga des Ocean's, est aussi l'homme qui, en 2006, éventra (involontairement) d'un coup de coude une toile de Picasso, le fameux* Rêve *! La toile, qui allait être vendue le lendemain pour 139 millions de dollars, fut restaurée pour 90 000, et ne vaut maintenant « que » 85 millions ! La vente fut annulée, vous laissant le champ libre en cas de chance abusive au jeu...*

Michael Jackson, The Immortal World Tour *(plan couleur A1)* **:** *au* Mandalay Bay *à partir de début 2013.* Même après sa mort, Michael continue à rapporter beaucoup d'argent. En témoigne (entre autres) ce nouveau show, orchestré comme il se doit à Vegas par le Cirque du Soleil et mêlant extraits de concerts du roi de la Pop, chorégraphies, acrobaties et effets spéciaux. Un musée interactif fait aussi partie du projet. On pourra y danser avec les morts vivants du clip mythique de *Thriller*.

Love *(plan couleur B1)* **:** au Mirage. *Résas : ☎ 702-792-7777 ou 1-800-963-9634. • mirage.com • Représentations à 19h et 21h30 ; relâche mar-mer. Entrée : env 80-160 $.* Cette fois, le thème retenu par le Cirque du Soleil est les *Beatles*, rien que ça ! Le résultat est à la hauteur de l'attente. Dans une salle circulaire spécialement conçue pour le spectacle, le public médusé assiste au mariage unique du cirque et de la Beatlesmania. La musique des Fab Four accompagne acrobaties aériennes, performances et danses urbaines, dans un tourbillon fantastique aussi extravagant que poétique. Chaque chanson est l'occasion d'un nouveau tableau, d'une fresque colorée illustrant leurs différentes époques musicales. Comme dit la chanson, *all you need is* Love !

Zarkana *(plan couleur A1)* **:** *dans le* City Center, *au* Aria Hotel & Casino. *Résas au ☎ 1-877-253-5847 ou via Internet : • arialasvegas.com • cirquedusoleil.com/zarkana • Représentations tlj sf mer-jeu 19h et 21h30. Tarifs : 70-150 $.* Un des tout nouveaux shows du Cirque du Soleil, mêlant comme toujours prouesses acrobatiques, arts du cirque et musique envoûtante, revisités cette fois sur fond d'univers fantastique. Éblouissant.

Zumanity *(plan couleur A1)* **:** *au* New York-New York. *Résas : ☎ 702-740-6815 ou 1-866-606-7111. • newyorknewyork.com • Représentations à 19h30 et 22h ; relâche mer et jeu. Tarifs : env 70-120 $ le siège, jusqu'à 150 $ la place en* duo sofa *pour 2 pers.* « *The sensual side of Cirque du Soleil* »... proclame l'affiche. Un spectacle à ne pas mettre sous tous les yeux, interdit aux moins de 18 ans, qui met en scène gigolo, maîtresse sado-maso, strip-teaseur cubain, dans une ambiance cabaret très sexy. Les personnages sont croqués à merveille et servis par de magnifiques costumes signés Thierry Mugler. Niveau d'anglais correct exigé pour comprendre toutes les allusions.

Céline Dion *(plan couleur B1)* **:** *au* Caesars Palace. *Résas : ☎ 1-877-4CELINE. • ticketmaster.com/celinedion • Tarifs : env 55-250 $.* Après 2 ans de tournée mondiale, Céline fait son come-back à Vegas avec un nouveau show prévu pour rester à l'affiche jusqu'en 2014. Accompagnée de 31 musiciens, la star québécoise retrouve la scène du *Colosseum*, conçu pour son précédent show, *A New Day*. Le nouveau spectacle mêle les grands succès de la chanteuse et les classiques de Hollywood dans une mise en scène spectaculaire.

Blue Man Group *(plan couleur A1)* **:** *au* Monte Carlo, *jusqu'en avr 2013 ; après, se renseigner ! ☎ 1-877-459-0268. • montecarlo.com • blueman.com • Voir dates des représentations sur leur site internet. Tarifs : env 65-140 $.* Difficile de décrire un tel spectacle, à la fois concert et performance artistique. C'est en tout cas un show interactif mené tambour battant par trois olibrius au masque bleu figé. Surprenants de fantaisie et totalement imprévisibles, ils parviennent en un rien de temps à faire fusionner le public, créant une osmose assez délirante à grand renfort de musique tonitruante et de moyens techniques impressionnants. C'est parfois complètement décalé, drôle, souvent très beau. De quoi bloquer les zygomatiques en position haute pour un bon moment !

Jubilee ! *(plan couleur A1)* **:** *au* Bally's Las Vegas. *☎ 1-800-237-7469. • ballyslasvegas.com • Sam-jeu à 19h30 et 22h30 ; relâche ven. Tickets : env 60-120 $. Réservé aux plus de 18 ans.* Le genre de spectacle sans lequel Las Vegas ne serait plus tout à fait Las Vegas : des plumes, des paillettes, des costumes pas possibles, une centaine de girls court vêtues et de danseurs musclés... rien ne manque pour faire de *Jubilee* un show à la fois traditionnel, dans l'esprit des grandes revues, et très théâtral, à grand renfort de décors colossaux et d'effets spéciaux surprenants.

Tournament of Kings *(plan couleur A1)* **:** *à l'*Excalibur. *☎ 702-597-7600. • excalibur.com • Tlj sf mar ; shows lun-mer à 18h et jeu-dim à 18h et 20h30. Compter env 45 $ sans le dîner et 60 $ avec.* Assez réussi (à la sauce américaine). Toujours dans le genre médiéval (le concept a été entièrement pensé à la mode marketing), l'*Excalibur* organise un « Tournoi des rois ». Reconstitutions simili-historiques en costumes de fêtes médiévales, avec tournoi à cheval, joutes, danses et dîner inclus. Fumigènes, feux d'artifice, musique tonitruante, etc. Et, pour faire plus Moyen Âge, on mange sans couverts (pas bête, ça réduit la vaisselle !).

Criss Angel Believe *(plan couleur A1)* **:** *au* Luxor. *Résas : ☎ 702-262-4400 ou 1-800-557-7428. • luxor.com • Représentations mar-sam à 19h, plus 21h30 mar-sam en hte saison, mar, ven et sam le reste de l'année ; relâche dim-lun. Tarifs : env 60-180 $.* Une des dernières créations du... Cirque du Soleil (sans blague !), sur le thème de la magie cette fois, avec en vedette le jeune illusionniste Criss Angel. Alors là, on vous met en garde : c'est un improbable nanar gothico-mégalo ! À moins d'être fan du beau Criss ou de série Z évoquant tout à la fois *Massacre à la tronçonneuse* et *Alice au pays des merveilles,* passez votre chemin !

Les musées

Atomic Testing Museum *(plan couleur A2)* **:** *755 E Flamingo Rd. ☎ 702-794-5151. • atomictestingmuseum.org • Ouv 10h-17h, dim 12h-17h. Entrée : env 14 $; réduc. Quelques guides parlent le français. Photos interdites.* Un musée, très bien fait, consacré aux essais nucléaires du Nevada, qui se déroulèrent régulièrement de 1951 à 1992, à quelque 70 miles de Las Vegas, en plein désert. Images d'archives et écrans interactifs retracent la chronologie de l'histoire nucléaire des États-Unis : projet Manhattan (1942), Hiroshima, crise de Cuba, manifestations contre le danger des radiations dès les années 1950... Près de 1 000 essais ont eu lieu dans le désert du Nevada et ont grandement contribué à la popularité de Las Vegas, dont les hôtels proposaient même des chambres avec vue sur les champignons atomiques... Récit de quelques loupés de taille. Compteurs Geiger, instrument de forage pour prendre des photos, appareil photographique prenant 1 million d'images par seconde (!), vidéo assez démente projetant les images du souffle d'une explosion nucléaire sur une maisonnette, salle sur les Indiens expulsés du site, etc. Également une véritable bombe (désamorcée, *of course*), la *B-53 Gravity Bomb.* Un petit film de 11 mn (âmes sensibles, s'abstenir !), projeté dans un abri antinucléaire, permet d'appréhender la force destructrice du nucléaire et ses risques sur la santé. La visite du musée se termine sur ce qui ressemble fort à de la propagande : face à un morceau du *World Trade Center,* on vous assène que, depuis septembre 2001, la mission du *Nevada Test Site* est essentielle dans la guerre contre le terrorisme... Depuis, il y a eu Fukushima. À voir aussi : la nouvelle expo sur la zone 51, le célèbre laboratoire top secret du Nevada qui nourrit tant et tant de récits surnaturels sur les aliens en tout genre.

Springs Preserve *(hors plan couleur par D1)* **:** *333 S Valley View Blvd. ☎ 702-822-7700. • springspreserve.org • De Las Vegas Blvd, prendre Charleston Blvd pdt env 2 miles, puis, peu après Campbell Dr, tourner à droite dans Valley View Blvd et rouler jusqu'à Meadows. Tlj sf Thanksgiving et Noël 10h-18h. Entrée : env 19 $; réduc ; gratuit pour les moins de 5 ans. Guides à disposition.* Inauguré en grande pompe en 2007, le Springs Preserve est exactement le genre de site à l'opposé des fleurons de Las Vegas. Ici, rien de tape-à-l'œil, rien d'extravagant, rien d'inutile, mais un éloge à la nature bien ficelé, avec une muséographie interactive et pédagogique. Sur plus de 180 ha, différents musées (voir notamment l'*Origen Museum* qui traite du problème de l'eau dans la région), jardins botaniques et sentiers d'interprétation (attention au cagnard !), tous évoquent les origines de Las Vegas à partir de quelques sources (aujourd'hui taries), son environnement fragile, s'efforçant de sensibiliser le public à l'écologie. Muséographie jonglant intelligemment entre des secteurs attrayants consacrés à la faune (comme la grotte aux chauves-souris) et des expositions plus savantes (la géographie, la géologie), avec toujours une surprise pour réveiller les troupes. Ne pas manquer la reconstitution d'une inondation digne d'un film catastrophe ni le film sur le barrage du Hoover Dam traité comme un western. Et après avoir mesuré l'impact de l'homme sur l'environnement, une exposition exemplaire donne quelques clés pour un avenir responsable et écolo.

HISTOIRES D'EAU

Quelques litres suffisaient aux premiers Indiens. Puis vinrent les négociants et explorateurs de tout poil... et le chemin de fer. En 1940, la vallée compte 10 000 habitants et consomme 7 milliards de gallons d'eau (1 gallon = 3,8 l). En 2011, il faut 80 milliards de gallons pour 2 millions de personnes. Sachant que l'eau provient seulement de la neige des montagnes, de la rivière Colorado, du lac Mead (en baisse !), et qu'une douche nécessite environ 8 l par minute, à quel moment Las Vegas boira la tasse ?

Sur place, le ***Springs Preserve Café*** est un agréable café contemporain créé par Wolfgang Puck, avec une jolie terrasse. *Tlj 11h-15h, 16h dim, brunch dim 11h-15h.* Bonnes salades et petits plats.

LAS VEGAS

Auto Collections *(plan couleur B1,* ***74****) : à l'Imperial Palace Hotel & Casino, 3535 S Las Vegas Blvd. ☎ 702-794-3174. • autocollections.com • Au 5e étage. Tlj 10h-18h. Entrée : env 9 $; réduc, parfois tickets gratuits sur Internet. Photos tolérées (sinon, demander à Ray).* Au cœur de ce casino classique, plus de 300 superbes voitures de collection, en majorité américaines. Parmi les stars de l'expo (mais ces joujoux sont à vendre, donc ça tourne régulièrement !), la Cadillac Limo noire de 1940, qui appartenait à Howard Hughes, un des deux exemplaires au monde de la Cadillac Ghia, ex-propriété de Rita Hayworth, ou encore The Rose, une superbe Mercury de 1951... toute rose ! Juste pour le vertige des chiffres, l'Aston Martin de 1961, LA voiture de James Bond, a été vendue 4,6 millions de dollars... Une paille ! Si vos moyens sont limités, on y a vu une Peugeot 505 Sedan de 1980, immatriculée 75, à seulement 39 500 $...

The Neon Museum *(hors plan couleur par D2,* ***72****) : 770 N Las Vegas Blvd, à la sortie de Downtown. ☎ 702-387-6366. • neonmuseum.org • Visites guidées slt, tlj sf dim 10h-16h (dernier départ des tours). Résa à l'avance vivement conseillée, voire impérative. Durée : env 45 mn. Tarif : 18 $; réduc.* Voici indéniablement le musée qui capte le mieux l'essence de Las Vegas. Car la cité-lumière ne pouvait se passer d'une collection... de néons ! Des petits, des énormes, des conventionnels, des loufoques, des vieux, des très vieux, bref, ils y sont tous, alignés comme à la parade pour raconter la vraie légende de Sin City ! On peut y voir entre autres les vestiges des casinos mythiques de Vegas : *Moulin Rouge, Desert Inn, Flamingo...* La collection est répartie en trois endroits différents : le *Neon Boneyard,* entendez par là le « cimetière » d'enseignes lumineuses, c'est-à-dire un musée en plein air exposant pas moins de 150 pièces non restaurées, récupérées sur des casinos, motels et autres restos. Une quinzaine d'autres néons, rénovés et éclairés eux, sont visibles 24h/24 à la *Downtown Gallery* (angle Fremont Street et Las Vegas Blvd), où l'on peut admirer entre autres la lampe de l'*Aladdin,* et au *Las Vegas Signs Project* (sur Las Vegas Blvd, entre Sahara et Washington St). Enfin, le *Visitor Center* du musée est dans les murs de l'ancien *Concha Motel,* un bâtiment très représentatif de l'architecture des années 1950 à Las Vegas.

MOB Museum *(National Museum of Organized Crime & Law Enforcement ; plan couleur D2) : 300 Stewart Ave. ☎ 702-229-2734. Tlj 10h-19h (20h jeu-sam). • themobmuseum.org • Entrée : 18 $; réduc.* Ce nouveau musée de la Mafia a été inauguré à l'occasion du 82e anniversaire du massacre de la Saint-Valentin, guet-apens sanglant fomenté par Al Capone. Installé dans l'un des plus importants bastions vegassiens contre le crime organisé – un ancien palais de justice –, le MOB présente une panoplie d'armes du crime, de faux billets, d'instruments d'espionnage et autres pièces à conviction en tout genre. Le lieu se prête particulièrement bien à une immersion dans le monde du crime organisé : avec la salle d'audience entièrement préservée et la reproduction du « couloir des suspects » (où les malfaiteurs se faisaient tirer le portrait pour les dossiers du FBI), on a l'impression de se balader dans les décors de nos films policiers préférés.

Las Vegas Natural History Museum *(hors plan couleur par D2,* ***73****) : 900 N Las Vegas Blvd, au nord de Downtown (bus* The Deuce *ou bus n° 113).* ☎ *702-384-3466. • lvnhm.org • Après le* Neon Museum *et la* Public Library, *sur la droite. Tlj sf Thanksgiving et Noël 9h-16h. Repas des requins mar, jeu et sam à 14h30. Entrée : env 10 $; réduc.* Ce petit musée d'Histoire naturelle, qui accueille aussi des expositions temporaires en été, est surtout destiné aux habitants de la région et aux écoles. Toutefois, les autres peuvent y voir une jolie section consacrée aux dinosaures : reconstitution grandeur nature du tyrannosaure ou du tricératops, avec animation et « vrais » cris ! À côté, aquariums, animaux naturalisés du Nevada et d'Afrique, fossiles retraçant l'évolution des espèces, etc.

À faire

– ***The Roller Coaster*** *(plan couleur A1) : au* New York-New York. ☎ *1-866-815-4365. • newyorknewyork.com • Accès au 2e étage par les* Century Elevators. *Dim-jeu 11h-23h, ven-sam 10h30-minuit. Env 14 $ le ticket, 25 $ pour tte la journée.* Cher mais phénoménal, à condition d'avoir le cœur bien accroché (pointes à 107 km/h et le premier looping du monde en forme de cœur). Faites-y un tour le soir : entre deux palpitations, vous profiterez d'une vue géniale sur le Strip et ses néons. Les fanatiques peuvent même s'y offrir un mariage express !

– ***Siegfried & Roy's Secret Garden & Dolphin Habitat*** *(plan couleur B1) : au* Mirage. ☎ *702-791-7188. • miragehabitat.com • Tlj 10h-19h. Dernière entrée à 18h. Entrée : env 20 $ (15 $/enfant 4-12 ans).* Les animaux que les deux grands magiciens utilisaient pour leur show sont présentés au public, dans un cadre exotique charmant. Tigres et lions, dont certains sont blancs, panthères noires, léopards... Attenant au *Jardin Secret,* un delphinarium où batifolent de gentils dauphins. On peut les observer sous l'eau par une sorte de tunnel souterrain. Les animaux sont magnifiques et bien traités, comme le prouvent les naissances.

– ***Adventuredome*** *(plan couleur C1) : au* Circus Circus. ☎ *702-794-3939. • adventuredome.com • Au 2e niveau. Tlj 11h-18h en sem et 10h-minuit le w-e ; l'été, tlj 10h-minuit. Billets : env 5-8 $ selon âge et attraction ;* All day ride pass *: 28 $; réduc enfants.* Immense bulle de 5 ha qui abrite un parc à thème avec une vingtaine d'attractions pour les adultes et des manèges pour les plus petits. Le *pass* à la journée est une véritable aubaine : de quoi s'éclater pendant des heures !

– ***Stratosphere Tower*** *(plan couleur C2) : 2000 S Las Vegas Blvd.* ☎ *702-380-7777 ou 1-800-998-6937. • stratospherehotel.com/tower • Tlj 10h-1h (2h ven-sam). Package 34 $ avec montée au sommet de la* Stratosphere *et attractions illimitées ; 100 $ le* SkyJump ! *Sinon, 12-13 $/attraction + montée au sommet 18 $; réduc.* C'est à la nuit tombée qu'il faut venir admirer le plus haut monstre de Las Vegas, tout droit sorti d'un film de science-fiction. Une tour de 345 m, sorte d'immense château d'eau en béton terminé par un observatoire circulaire, qui rappelle un peu la CN Tower de Toronto (en moins aérien). Cette tour d'observation, la plus grande dans son genre aux États-Unis, a été construite par Bob Stupak, un promoteur aussi mégalo que génial.

Au pied de la tour, un hôtel-casino banal, voire presque ringard, qui contraste avec l'architecture audacieuse de la tour. C'est en haut que tout se passe. En un instant, l'ascenseur vous propulse au sommet de la *Stratosphere*, où se trouvent un restaurant et un bar panoramiques *(Top of The World)*. De là-haut, la vue sur Las Vegas *by night* avec son océan de lumières et de casinos multicolores est absolument superbe.
Pour couronner le tout, Stupak a réussi à installer sur le toit de l'observatoire des attractions à sensations... et c'est un doux euphémisme. En amuse-bouche, on attaque avec le *Big Shot*, une attraction démentielle qui propulse, en une « strato-seconde » et à la vitesse de 72 km/h, une dizaine de candidats, fermement attachés à leur siège, jusqu'au sommet d'une colonne métallique de 50 m de haut. On monte et on redescend trois fois, comme sur un siège éjectable. En plat de résistance, on vous conseille *XScream*, qui entraîne les visiteurs dans une chute vertigineuse le long d'une rampe suspendue dans le vide. Sur cette antenne, sorte de pointe de fusée lancée dans le ciel, on peut ressentir les sensations fortes des astronautes de la NASA. À déconseiller aux personnes sujettes au vertige ou fragiles du cœur, aux claustrophobes, aux femmes enceintes, bref, à toute personne un tant soit peu émotive ! Bon, mais vous n'allez pas partir sans vous offrir *Insanity*, des balançoires tournant à 42 miles/h au-dessus du vide... Comment dire ? Mais ce n'est rien à côté du *SkyJump*, le plus haut du monde dans le genre ! Contrairement à un saut à l'élastique classique, l'attache se trouve dans le dos, pour éviter de s'écraser contre la tour. Autant vous dire qu'au *Routard*, les volontaires ne se sont pas bousculés au portillon... 253 m de chute tout de même. Dans le genre folie « vegassienne »... on atteint des sommets !

LAS VEGAS

– ***Flyaway Indoor Skydiving*** *(plan couleur B2)* **:** *200 Convention Center Dr. ☎ 702-731-4768 ou 1-877-545-8093. • vegasindoorskydiving.com • Tlj 10h-20h. Env 85 $ le vol, tt compris ; 2ᵉ vol le même jour 50 $; forfait 5 vols 250 $. Réduc sur Internet.* Les amateurs de sensations fortes ou ceux qui ont toujours rêvé de sauter en parachute (mais n'ont jamais eu le courage de le faire) pourront s'offrir 3 mn de chute libre – ou plutôt de surplace – dans une gigantesque soufflerie recréant des vents de près de 180 km/h. Un petit cours de préparation (pardon, *coaching*), d'une vingtaine de minutes, est prévu. Tout de même cher payé.

– ***Gray Line Sightseeing Tours*** **:** *795 E Tropicana Ave. ☎ 1-800-634-6579. • grayline.com • Résa 24h à l'avance.* Cette compagnie organise notamment des excursions à la journée vers le Grand Canyon. L'option la moins chère, à 135 $, comprend juste le transport aller-retour, la balade proprement dite sur place et le plateau déjeuner. On peut également se rendre au Skywalk, visiter le Hoover Dam ou faire un tour guidé de Vegas.

– ***Papillon Grand Canyon Helicopters*** **:** *☎ 702-736-7243, 1-888-635-7272 ou 0800-910-944 depuis la France. • papillon.com • Jusqu'à 70 % de réduc via Internet !* Survols en hélicoptère du Strip de nuit *(env 80 $/pers pour 10 mn de vol, champagne compris !)*. Également un large choix d'excursions au départ de Las Vegas, vers le Grand Canyon notamment, à des prix très variés, en hélicoptère, avion ou bus, avec des combinés possibles (rafting, bateau, jeep...), pour les jeunes mariés, etc. *Papillon* est la plus ancienne compagnie d'excursions en hélicoptère du monde.

– D'autres compagnies proposent des excursions similaires à celles de *Gray Line* ou de *Papillon*, et à des tarifs comparables. Infos et brochures au *Visitor Center*.

Comment se marier à Las Vegas ?

En 1939, Clark Gable épousa Carole Lombard à Las Vegas. Ce fut le point de départ de la renommée internationale de Las Vegas pour les mariages rapides.

Outre les raisons historiques (voir l'intro « Un peu d'histoire »), il y a une explication technique : le test sanguin n'y est pas obligatoire. Depuis, un tas de célébrités s'y sont mariées : Mickey Rooney, Bing Crosby, Elvis Presley et Priscilla Beaulieu, Frank Sinatra et Mia Farrow, Bruce Willis et Demi Moore, notre Johnny national, ainsi que Brigitte Bardot, Roger Vadim (avec Jane Fonda), sans oublier Britney Spears qui a défrayé la chronique en divorçant presque aussitôt (le mariage ne dura en tout que 55h !).

On peut se marier de toutes les manières possibles : assis au volant de sa voiture, en hélicoptère, sous l'eau, sur le Roller Coaster du *New York-New York* ou bien dans une montgolfière construite spécialement par la proprio de la *Little White Chapel.* À la chapelle *Graceland,* un sosie d'Elvis Presley orchestre et anime la cérémonie. À la chapelle *Canterbury* de l'*Excalibur,* le ton est définitivement médiéval, avec costumes à l'avenant. Et pour ceux qui ont toujours eu une fantaisie romaine, direction la *Neptune's Villa* au *Caesars Palace.* Mais que penser de ces fiancés déguisés en morts-vivants, qui virent jaillir Dracula de son cercueil dans une église envahie de brumes fantomatiques ? Un mariage... à « sangsation » ! Bref, tout est possible... dans la limite d'un certain ordre moral. Tous les ans, des hurluberlus essaient d'organiser des cérémonies vêtus du plus simple appareil, quand il ne s'agit pas d'une demande de mariage avec leur animal de compagnie préféré ! Là, évidemment, cela passe un peu moins bien... Car finalement, loin des clichés un peu tarte à la crème, l'immense majorité des couples font les choses dans l'ordre et le plus sérieusement du monde, avec toute l'émotion requise pour un grand jour.

BAGUE AU DOIGT OU CORDE AU COU ?

Contrairement à une légende, on se marie plus à Las Vegas qu'on ne divorce (10 fois plus). La ville célèbre en gros plus de 100 000 unions chaque année, une moyenne donc de quelque 274 mariages par jour, soit un mariage environ toutes les 11 mn 40 s.

Mode d'emploi

– Tout commence au ***Marriage Services Division*** du **Clark County Clerck's Office** *(plan couleur D2,* ***2****) : 201 E Clark Ave (angle 3rd St). ☎ 702-671-0600 ou 1-800-992-0900. • clarkcountynv.gov/Depts/clerk/Services/Pages/MarriageLicenses.aspx • Bureau tlj 8h-minuit. Éviter sam, c'est bondé !*

C'est le tribunal de Las Vegas. S'y rendre muni d'un passeport. Pour 60 $ (65 $ en carte de paiement), on vous remet une *marriage license.* Aucune analyse de sang n'est demandée, aucun délai n'est nécessaire. C'est cette *license* qui vous permet de vous marier. Pour les Français (les deux membres du couple), il suffit d'avoir 18 ans et, éventuellement, si l'on est divorcé, d'avoir une copie de l'acte (en français, ça marche à priori, d'autant plus qu'il faut quand même signer une déclaration sur l'honneur).

Pour la célébration proprement dite, à vous de choisir, ensuite, entre la ***chapelle*** et l'***officier de l'état civil*** ad hoc : pour la chapelle, pas de problème, il y en a plein à Las Vegas (voir notamment « Quelques illustres chapelles », plus loin). On peut aussi consulter une liste sur place, à la mairie, de tous ceux qui proposent leurs services.

Si vous souhaitez convoler uniquement devant un officier de l'état civil, le plus pratique et le moins cher *(60 $ cash, quand même !)* est de se rendre, non loin de l'adresse où l'on obtient les licences, à l'***Office of Civil Marriage*** *(330 S 3rd St).* Là, on vous mariera en quelques minutes, avec un témoin au moins par personne, même recruté dans la queue (il y a parfois de l'attente). Une fois la cérémonie achevée, ce bureau (ou la chapelle dans laquelle vous vous êtes mariés) envoie dans les 10 jours (ouvrables) les documents au ***Clark County Recorder*** *(500 S Grand Central Pwy, 2nd floor ; ☎ 702-455-0000 ; • clarkcountynv.gov/depts/recor* *der* •), afin qu'ils soient officialisés. C'est donc là qu'on peut obtenir le ***Certified Copy of Marriage Certificate*** (copie certifiée du certificat de mariage) qui porte le sceau officiel du *county* et qui vous sera indispensable pour officialiser votre mariage en France. En fait, nul besoin de se déplacer, car il vous aura été remis au préalable (lors de la demande de *marriage license*) un bon de commande pour ce document. Vous recevrez le certificat dans les semaines qui suivent. Le coût est de 10 $.

Quelques mots sur le mariage à l'église

Le mariage civil est le plus rapide et le moins cher (10 mn chrono et 60 $). Mais le mariage à la chapelle, façon cow-boy ou rock star, vaut vraiment le coup d'être vécu *(liste complète des chapelles : • lasvegasweddingchapels.com •)*. On en trouve dans tous les hôtels et casinos, mais également aux deux extrémités du Strip, où elles ont pignon sur rue, toutes plus kitsch les unes que les autres ! Généralement, elles proposent des *wedding tours* à tous les prix. La moyenne basse se situe entre 60 et 80 $, mais la note s'envole avec les suppléments. D'autant plus qu'il ne faut pas oublier le pourboire du chauffeur, l'enveloppe pour le prêtre...

Grosso modo, le déroulement de la cérémonie est le même un peu partout. Le chauffeur vient vous prendre à votre hôtel, puis vous remettez à l'organisatrice la licence délivrée à la mairie. Elle tend à la future mariée *(bride)* un bouquet de fleurs *(à partir de 10 $)* puis vous fait avancer le long du couloir, tandis que démarre l'harmonium *(30 $ pour l'organiste)* ou, pour les fauchés, une cassette de musique classique *(10 $)*... Tata-tataaam ! Le couple a ensuite droit au sermon du pasteur *(pourboire de 50 $!)*, à la remise des anneaux et aux félicitations des curieux réunis devant la porte de l'église (sons de cloche à la sortie selon les chapelles, mais eux sont gratuits !).

Ah, on oubliait l'essentiel : après le « oui » fatidique, le pasteur vous autorise à vous embrasser tendrement. Gratuit là aussi, profitez-en. Si vous n'avez pas oublié votre appareil photo (pour économiser de 50 à 150 $), on prendra gentiment pour vous des photos de ce moment inoubliable... Et si vous avez encore 80 $ à débourser, vous pourrez repartir avec le DVD de la cérémonie. Les plus chères peuvent par conséquent atteindre près de 1 000 $ avec toutes les options (photographe, musicien, location de costard et de robe, de fleurs en plastique, limousine de luxe, gâteau...). Si cela vous semble trop, il vous reste toujours la possibilité de demander le mariage à crédit ! Il y a aussi, depuis peu, des *fast weddings* (mariages rapides) : vous ne sortez pas de la voiture et un pasteur vient vous marier fissa pour quelques dizaines de dollars !

Quelques illustres chapelles

Quelle que soit la formule choisie, un point commun à toutes : c'est d'un kitsch absolu. Au 1er, 2e ou 3e degré (à chacun ses fantasmes !), on hésite toujours entre éclater de rire ou pleurer sur l'incroyable dérision de la nature humaine. Pour que les bonnes traditions ne se perdent pas, on vous conseille tout de même quelques chapelles parmi les plus sympas de Las Vegas :

– ***Little Church of the West*** *(hors plan couleur par A1) : 4617 S Las Vegas Blvd ; au niveau de Russel Rd, 2 blocs au sud du* Luxor *(de l'autre côté de la route).* ☎ *702-739-7971 ou 1-800-821-2452. • littlechurchlv.com • Tlj 8h-23h.* Wedding *packages tt compris à partir de 200 $.* Même si elle a déménagé plusieurs fois depuis sa fondation en 1942, elle reste la plus mignonne de la ville, tout en bois rouge, au milieu d'un petit bosquet d'arbres. Elle a même été classée Monument historique. Un vrai havre de calme, perdu dans le béton et les néons tapageurs. C'est ici qu'Elvis se marie dans le film *Viva Las Vegas* (*L'Amour en quatrième vitesse,* en version française !). Depuis, de nombreuses stars ont dit « *I do* » dans la petite église de l'Ouest : Judy Garland, Mickey Rooney, Telly Savalas (alias Kojak), le chanteur Bob Geldof (fondateur du Live Aid), Richard Gere et Cindy Crawford, Angelina Jolie et Billy Bob Thornton...

– ***Little White Wedding Chapel*** *(plan couleur D2)* **:** *1301 S Las Vegas Blvd. ☎ 702-382-5943 ou 1-800-545-8111. • alittlewhitechapel.com • Mariage à partir de 55 $; forfaits tt compris à partir de 230 $ pour la version basique, jusqu'à... plus soif.* Toute blanche, comme son nom l'indique ! Minuscule et à la déco très cucul-la-praline, avec froufrous et tout et tout, c'est aussi l'une des églises les plus connues de Las Vegas depuis que l'actrice de *Dynastie,* Joan Collins, a fait vibrer toute l'Amérique en s'y mariant, tout comme Bruce Willis et Demi Moore. Avant eux, Rita Hayworth et Dick Haymes mais aussi Frank Sinatra et Mia Farrow, Paul Newman et Joann Woodward se sont dit oui ici. Michael Jordan y débarqua avec sa future femme, Juanita Vanoy, et quatre copains, à 2h30 du matin...

– ***Graceland Wedding Chapel*** *(plan couleur D2)* **:** *619 S Las Vegas Blvd. ☎ 702-382-0091 ou 1-800-824-5732. • gracelandchapel.com • Tlj 9h-22h30. Elvis packages à partir de 200 $.* Cette charmante chapelle blanche au toit bleu, flanquée d'un clocher en gros appareillage, est sans doute la préférée des rockers (Bon Jovi, Roger Glover des Deep Purple s'y sont mariés) mais surtout des Français. Forcément, c'est ici qu'officie Jean-Claude, prêtre originaire de Nancy en poste à Las Vegas depuis une quinzaine d'années. Cette véritable star parmi les *clergymen* a d'ailleurs marié une des principales icônes hexagonales : Johnny ! Autant dire que son carnet de bal est bien rempli et qu'il vaut mieux se manifester à l'avance si on désire être marié par lui. Sinon, pas de panique, l'équipe efficace et tout sourire de la chapelle saura trouver un traducteur. Mais l'autre grande spécialité de *Graceland,* c'est de proposer des mariages avec le King comme témoin ! Un témoin actif, car notre sosie donne le bras à la mariée et entonne quelques tubes la guitare à la main. Avec la Cadillac rose de 1965 et la gerbe de fleurs... il ne manque plus que les paparazzis !

Pour l'état civil français

– ***ATTENTION,*** pour faire enregistrer le mariage dans les registres de l'état civil français, il faut « théoriquement » obtenir, préalablement à la célébration, un « certificat de capacité à mariage » auprès du consulat. Pour ce faire, il convient de constituer un ***dossier de mariage*** comprenant :
1) les deux copies intégrales d'actes de naissance des futurs époux datant de moins de 3 mois ;
2) une copie du certificat de nationalité française (le passeport, simple titre de voyage, n'est pas accepté seul) ;
3) un justificatif de domicile en France ;
4) une photocopie des deux cartes d'identité ;
5) une lettre datée et signée par les futurs mariés demandant la publication des bans et précisant la date approximative de mariage, la profession des futurs époux ainsi que leurs coordonnées téléphoniques et e-mail.
6) une enveloppe format 17,7 cm x 25 cm affranchie à 5 € ;
7) plus, éventuellement, la copie du jugement de divorce et du contrat de mariage établi avant votre départ de France ou après votre retour.
– S'il y a des enfants, se munir également de leur extrait d'acte de naissance.
Vous devez envoyer ce dossier au consulat général de France à Los Angeles ***au moins 2 mois*** avant la date du mariage.
Celui-ci demande alors la publication des bans à la mairie du lieu de domicile des futurs conjoints. Après réception des certificats de publication et de non-opposition, vous avez votre feu vert pour une durée de 1 an. Après le mariage, pour obtenir votre livret de famille français, vous aurez besoin du ***Certified Copy of Marriage Certificate*** (voir plus haut comment l'obtenir). Adressez en

recommandé cette « copie certifiée conforme de l'acte de mariage » au consulat général de France *(10990 Wilshire Blvd, suite 300, Los Angeles, CA 90024 ; ☎ 310-235-3200).* Vous pouvez aussi vous présenter sur place. Explication du « théoriquement » stipulé plus haut : si vous avez « oublié » de faire la demande préalable de certificat de capacité à mariage, on peut tout de même lancer la procédure qui validera le mariage de façon rétroactive. Joignez alors à votre envoi au consulat : vos actes de naissance, un justificatif du domicile en France et vos certificats de nationalité française.

ENTRE LAS VEGAS ET GRAND CANYON VILLAGE

LE BARRAGE DE HOOVER (HOOVER DAM)

À 34 miles de Las Vegas, sur la Hwy 93. ☎ 702-494-2517. • usbr.gov/lc/hoo verdam • Visites guidées de 30 mn, tlj 9h-18h (16h15 en hiver). Tarif : env 11 $ (réduc), + 7 $ de parking. Plusieurs parkings gratuits situés juste après le barrage, en venant de Las Vegas. Cet immense barrage de 222 m de haut a été inauguré le 30 septembre 1935 par le président F. D. Roosevelt. C'était alors le plus grand du monde – plus grand même, en volume, que la plus grande pyramide d'Égypte. Quelque 5 000 ouvriers ont participé à sa construction, parmi lesquels une centaine trouvèrent la mort durant les travaux. Le barrage sert à prévenir les inondations dues aux crues imprévisibles du fleuve Colorado et à produire de l'électricité pour le Nevada, l'Arizona et la Californie. Il permet également d'irriguer toutes les cultures de cette région désertique, à tel point que n'arrive plus aux paysans mexicains qu'un mince filet d'eau. Merci l'Oncle Sam ! La réserve d'eau du lac Mead (880 km de rivage au plus haut niveau) qu'il soutient, alimente en eau, en outre, 25 millions de personnes, dont l'agglomération de Las Vegas. Bon, on préfère vous prévenir, la visite est assez décevante et un brin ennuyeuse. Il est finalement difficile d'avoir une vue d'ensemble de l'ouvrage. Possibilité cependant de pratiquer des activités nautiques sur le lac. À noter enfin : afin de désengorger la traversée du barrage, un pont suspendu a été construit en 2010 au-dessus de l'ouvrage.

CHLORIDE

Dans les années 1860, la découverte d'un filon d'argent donne naissance à Chloride, située entre le Hoover Dam et Kingman, à 87 miles au sud de Las Vegas. Au tournant du XXe s, la population atteint les 2 000 âmes, et la ville compte jusqu'à 75 mines de zinc, d'or, de turquoise et de cuivre. Aujourd'hui, à peine 400 personnes peuplent encore Chloride, qui a pris l'aspect d'une ville quasi fantôme. Dans les années 1960, les hippies remplacent les mineurs, et la ville devient un joyeux bric-à-brac, hors du temps et loin de la folie urbaine. Et même si le « patrimoine » est laissé aux quatre vents, on en est fier. Faites un tour par le *Visitor Center,* situé dans l'épicerie sur Tennessee Avenue : on vous donnera une carte, avec les principales curiosités de Chloride (prison, vieux dépôt de la *Santa Fe Railroad,* cimetière, vieilles boutiques). Poursuivez votre route jusqu'au bout de Tennessee Avenue, quand la route fait place à un chemin uniquement praticable en 4x4 ou à pied. De là part une belle balade sur la route caillouteuse, qui serpente dans la montagne jusqu'aux fresques colorées peintes par Roy Purcell. En 1966, cet étudiant des beaux-arts de l'université d'Utah décida de passer l'été à travailler dans les mines de Chloride. Il en profita pour peindre une fresque sur les parois rocheuses des Cerbat Mountains, intitulée *Journey.* Cette rencontre artistique inattendue vaut bien les 4 km de marche au milieu de nulle part.

KINGMAN

À 110 miles au sud-est de Las Vegas. Petite ville, grande renommée ! C'est en effet ici que passe l'historique Route 66, qui va de Chicago à Santa Monica (Los Angeles). Dans le bourg, elle s'appelle Andy Devine Avenue, du nom d'un obscur acteur de westerns de série B, fils du pays. Les motels, les restos, les cafés, les musées font sans cesse référence à la Route 66. Bien avant, c'était la dernière escale des pionniers avant la traversée des Black Mountains. Ne pas manquer le musée consacré à la Route 66, en plein centre-ville.

Où dormir ?
Où manger ?
Où boire un verre ?

Quality Inn : *1400 E Andy Devine Ave. ☎ 928-753-4747. • qualityinn.com • Doubles env 50-70 $ selon période.* Grand motel ocre à flanc de colline. Pas d'effort particulier de décoration dans les chambres, mais elles sont grandes, bien tenues, avec TV, micro-ondes, frigo et AC. Piscine de taille honorable, qui ne donne pas sur la route pour une fois. Jacuzzi. Et pour parfaire le tout, petit déj (céréales, œufs...) inclus. Accueil sympa.

Motel 6 : *424 W Beale St. ☎ 928-753-9222 ou 1-800-4-MOTEL6. • motel6.com • Résa le w-e. Doubles env 40-55 $.* Classique, bien tenu et bon accueil. Piscine.

– Autre ***Motel 6*** *au 3351 E Andy Devine Ave. ☎ 928-757-7151. Même gamme de tarifs.*

Hill Top Motel : *1901 Andy Devine Ave. ☎ 928-753-2198. • hilltopmotelaz.com • Doubles env 42-50 $.* Petit motel, pas très folichon de l'extérieur, dont les chambres aux murs lambrissés sont très sombres et un peu fatiguées. Laverie, petite piscine. Accueil aimable et belle vue sur les Black Mountains.

Dambar & Steakhouse : *1960 E Andy Devine Ave. ☎ 928-753-3523. Face au* Hill Top Motel. *Déj 11h-15h, dîner 15h-22h. Réduc pour les* early birds *15h-18h. Env 10-15 $/pers, un peu plus le soir.* Happy hours *au saloon 15h-19h.* Une grange rouge sur le bord de la route, avec tout le bataclan : vache sur le toit, roues de chariot contre les murs et, à l'intérieur, sciure sur le sol. Au bar, les sièges sont aux couleurs vache, tachés noir et blanc. Bref, on y vient surtout pour le décor et pour l'ambiance. Dans l'assiette, choix de salades, burgers, sandwichs, viandes grillées et poulet. Se contenter de choses simples, à arroser d'une bonne bière maison. Rien de transcendant, c'est juste correct. Une adresse pour nostalgiques.

Mr. D'z : *105 E Andy Devine Ave, au croisement avec 1st St. ☎ 928-718-0066. Tlj 7h-21h. Plats env 6-15 $.* Difficile de le rater avec sa petite enseigne représentant une Cadillac bleue et ses murs rose et vert. Ce bistroquet américain joue à fond la carte des années 1960, avec tabourets métalliques, box et accessoires en tout genre, plus un panneau rigolo (« *STRESSED* épelé à l'envers signifie DESSERTS » !). On y sert des burgers, des sandwichs, des salades et de bonnes frites de patate douce. Le tout accompagné d'un *float* (entendez une boule de glace qui flotte dans votre verre de *root beer* ou de soda), et elle est bien là, l'Amérique, la vraie. Une bonne adresse. Également une boutique de gadgets Route 66.

À faire dans les environs

– ***The Skywalk :*** *de Kingman, empruntez Stockton Hill Rd vers le nord sur 42 miles, tournez à droite dans Pierce Ferry Rd sur 7 miles et enfin encore à droite dans Diamond Bar Rd sur 21 miles. Un peu moins de 2h de route depuis Kingman. De Las Vegas, compter 121 miles (2h30 de route), dont 72 miles par l'US 93 vers le sud,*

28 miles sur la Pierce Ferry Rd et 21 miles sur la Diamond Bar Rd. Voir plus loin la carte de l'Arizona au début du chapitre sur cet État. Sur les 9 derniers miles, la route est gravillonnée (elle devrait être pavée). C'est là que le business commence. Si vous avez peur d'esquinter votre véhicule, un service de pick-up vous emmènera moyennant env 15 $/pers. Le tarif d'entrée dans la réserve hualapai est ensuite de 43 $/pers (35 $ pour les 3-11 ans). Enfin, l'entrée à Skywalk proprement dit est de 30 $/pers (22,50 $/enfant). Faites le compte : avec en plus l'essence et les provisions pour venir jusqu'ici, sans compter éventuellement l'hébergement si l'on souhaite rester dans le secteur, ça frise l'arnaque. Ces infos peuvent néanmoins changer sans préavis, vérifiez avt d'y aller. ☎ 928-769-2636 ou 1-888-868-9378. • grandcanyonwest.com • Contrairement à ce que croit la majorité des touristes, la fameuse passerelle de verre au-dessus du Grand Canyon ne se trouve pas du tout à Grand Canyon Village (South Rim) mais à Grand Canyon West, soit à 250 miles et 5h de route à l'ouest ! Elle ne dépend donc pas du Grand Canyon National Park. Si vraiment vous tenez à faire le détour, faites-le depuis ou vers Las Vegas. Car ce n'est ni simple ni économique de s'y rendre. À l'arrivée, vous verrez un village indien reconstitué et puis, bien sûr, la fameuse passerelle de verre au-dessus du Grand Canyon, véritable prouesse technique il faut le reconnaître. Amateurs de chiffres et de frissons, sachez tout de même qu'elle avance à 21 m du bord au-dessus d'un à-pic de 1 220 m en surplomb de la rivière Colorado, qu'elle est censée résister à des vents de 160 km/h venant de huit directions différentes, à un tremblement de terre de 8 sur l'échelle de Richter et qu'elle serait capable de supporter le poids de 71 Boeing 747, soit 32 205 t ! Bref, un vrai film américain. Pour info, la partie en verre a été réalisée par Saint-Gobain... Mais les appareils photo et les portables sont interdits car leur chute a provoqué des éclats dans le verre. Un photographe professionnel est néanmoins présent sur la passerelle pour immortaliser les « toutous » dans le vide. Et encore quelques dollars à débourser...

OATMAN

Perdu dans les montagnes, sur la vieille Route 66, à 25 miles au sud-ouest de Kingman. On y trouvait autrefois la plus grosse mine d'or d'Arizona, découverte en 1902 par Joe Jeneres, un prospecteur mexicain. Après une vie en dents de scie, elle a été fermée en 1998 par manque de rentabilité (et on ne la visite plus). Les descendants des ânes que Joe utilisait pour transporter la terre aurifère se baladent maintenant en liberté dans les rues de la bourgade (ne pas donner de carottes aux ânons, ils s'étoufferaient). La ville fantôme a été ressuscitée par l'avènement du cinéma et du tourisme. Plusieurs westerns y furent tournés dont *La Conquête de l'Ouest.* D'ailleurs, Clark Gable et Carole Lombard n'ont rien trouvé de mieux que de passer leur nuit de noces ici, en 1939, au vieil *Oatman Hotel* (on peut d'ailleurs visiter leur chambre et celle d'Oatie, le fantôme qui hante les lieux !). Tous les jours, reconstitutions de duels au pistolet et musique western. Mais il reste du chemin à parcourir : 150 habitants seulement aujourd'hui contre 3 500 dans les premières années du XXe s...

HACKBERRY

Gros patelin paumé à une vingtaine de miles au nord-est de Kingman, sur la Route 66. Les nostalgiques de la fameuse Route 66 doivent impérativement faire un arrêt au mythique *Hackberry General Store,* véritable bric-à-brac de souvenirs de la *Mother Road.* Une Corvette rouge datant de 1957 trône devant l'entrée. Quant aux vieilles pompes à essence, elles sont là pour le folklore, on n'y sert pas de carburant ! Les collectionneurs de vieilles plaques d'immatriculation trouveront leur bonheur à l'intérieur de la boutique, pour un prix raisonnable en plus. Petit musée dédiée à la Route 66, mais gare aux serpents pour y accéder.

SELIGMAN

À 158 miles de Las Vegas, sur la route 40, avt Williams. Au milieu de nulle part ; l'Amérique profonde. En fait, entre Seligman et Flagstaff, on roule sur l'ancienne et légendaire Route 66.

Café Delgadillo (Delgadillo's Snow Cap) : *sur la droite de la route principale, à la sortie de la ville en allant vers Flagstaff.* ☎ *928-422-3291.* Une vieille Chevrolet Impala blanche (modèle 1966) et décapotable, couverte de guirlandes, porte un sapin de Noël sur la banquette arrière. Quelques vieilles bagnoles (personnalisées comme dans le dessin animé *Cars* !) dorment dans la cour, près de la cabane qui fait office de toilettes. L'intérieur du café est couvert de billets de banque, de centaines de cartes de visite, d'objets insolites, bref un gentil bric-à-brac comme on les aime. On y grignote un sandwich en passant, on s'y rafraîchit d'un excellent milk-shake, on y boit un coup et on repart. Juan, l'ancien patron, était connu pour son humour désopilant. La tradition perdure désormais grâce à ses enfants qui ont repris l'affaire familiale. Juste à côté, Angel, le frère de Juan, a aménagé dans un ancien salon de coiffure (il était barbier) le *Route 66 Visitor Center* – croisement improbable d'un musée, d'un dépotoir et d'une boutique de souvenirs... À voir.

Copper Cart : *sur le même côté que le Café Delgadillo, mais à l'autre bout de la ville, en direction de Los Angeles. Plats env 8-10 $ le midi, un peu plus cher le soir (steaks et c^ie^).* Ce *diner* populaire et sans esbroufe est une autre institution de la Route 66. Ses habitués apprécient la qualité de la cuisine, l'accueil souriant et le service énergique. C'est vrai que les burgers, sandwichs et autres plats tex mex tiennent leurs promesses. Une bonne halte pour manger un bout en route.

RENO

221 000 hab.

C'est Las Vegas en plus petit, plus provincial, moins cosmopolite et beaucoup moins *crazy* ! Comme dans sa *sister city* du sud-ouest du Nevada, les Américains viennent y tuer le temps sur un week-end. On les voit jouer dans les casinos, dépenser leurs dollars, parfois se marier ou divorcer. Même si, au fil du temps, les formalités de mariage sont devenues plus faciles que celles du divorce (les époux doivent aujourd'hui résider dans l'État du Nevada au moins 6 semaines avant d'entamer la procédure), Reno reste dans l'esprit de beaucoup la capitale mondiale des cœurs brisés... Pourtant, sa clientèle est aujourd'hui surtout composée de mamies et de papis accroches a leurs bandits manchots, venus pour jouer avec le plus grand sérieux du monde et non pour admirer les folies architecturales d'un Las Vegas. Bref, on s'y ennuie plutôt...

Cela dit, dans les années 1930, Reno fut une ville de débauche, de jeu et de prostitution, alors que Las Vegas était encore bien sage. Puis, dans les années 1940-1950, le mouvement s'inversa : Las Vegas devint Babylone tandis que Reno s'assagit. Aujourd'hui, sous des airs de grande ville vouée au jeu, Reno reste une grosse bourgade avec sa rivière campagnarde (Truckee River) et son rythme très pépère. Elle est surnommée à juste titre « *the biggest little city in the world* ». Ne faites pas de détour pour venir jusque-là, ça n'en vaut pas vraiment la peine, mais si vous vous rendez de Sacramento à Salt Lake City, ça permet au moins de passer la nuit quelque part tout en vous débarrassant de vos pièces de monnaie !

Adresses utiles

Convention & Visitor Center : *4001 S Virginia St, dans le Reno Town Mall. ☎ 1-800-FOR-RENO ou 1-800-367-7366. • visitrenotahoe.com • Lun-ven 8h-17h.*

Post office : *50 S Virginia St. ☎ 775-786-5936. Lun-ven 8h30-17h.* Un très bel exemple d'architecture Art déco.

Où dormir ?

Si vous êtes motorisé et que nos adresses sont pleines, une myriade de motels de chaîne bon marché s'étire le long de South Virginia Street. Mais rien de très palpitant. N'oubliez pas d'ajouter la *city tax* de 13,5 % aux prix indiqués ci-dessous.

De bon marché à prix moyens

Stardust Lodge : *455 N Arlington Ave. ☎ 775-322-4472 ou 5641. Situé vers les casinos, dans la 3e rue à l'ouest parallèle à Virginia St (rue principale). Doubles 40-80 $ selon saison.* Proche des casinos, un vrai petit motel familial peint en bleu et blanc et tenu par une gentille mamie. Chambres très propres (et qui sentent bon !), avec clim, *cable TV* et certaines avec frigo. Piscine en été. Laverie à 2 blocs de là et *Starbuck Coffee* à proximité. Tout simple, mais le rapport qualité-prix-accueil est impeccable.

Desert Rose Inn : *655 W 4th St. ☎ 775-329-3451. • desertroseinnreno.com • Vers les casinos, dans une rue perpendiculaire à Virginia St (rue principale). Doubles 40-60 $, jusqu'à 100 $ le w-e en hte saison.* Un grand motel classique, logé dans un vaste bâtiment en U de couleur vaguement rose... et parfois désert, parfaitement ! Il faut dire que la crise a frappé Reno également. Le motel accueille surtout des employés des casinos. Vous dormirez peut-être à côté d'un croupier alors tentez un arrangement, on ne sait jamais ! Trêve de plaisanterie, les chambres sont banales mais correctes, avec TV, frigo et micro-ondes. Suites avec jacuzzi pour ceux qui auraient gagné au bandit manchot. Piscine. Laverie.

Où manger ?

Les ***buffets des casinos*** offrent le meilleur rapport qualité-prix. Attention, en général, ils servent jusqu'à 21h en semaine et 22h les vendredi et samedi. Ces buffets proposent une cuisine correcte à prix modérés, selon le principe du *all you can eat* (buffet à volonté). La concurrence était si rude pour les petits restos indépendants qu'ils ont presque disparu du centre-ville. On vous en indique quand même un, pour le principe...

Flavors ! Buffet : *dans le* Silver Legacy Casino, *407 N Virginia St. ☎ 775-325-7401. Tlj sf lun-mar. Petit déj 9 $, déj 10 $, dîner 15 $ en sem, 20 $ le w-e ;* champagne brunch *(soyons fous !) le w-e 13 $ (avec du mousseux ?).* La grande salle de buffet classique, où la cuisine se veut internationale (asiatique, italienne, américaine et mexicaine, en l'occurrence) et de bonne qualité : la cuisine asiatique ne baigne pas dans une sauce grasse, les salades ne se limitent pas à la portion congrue, les viandes sont tendres et savoureuses, et les pizzas croustillent. Buffet de fruits de mer le vendredi soir. Service moyen en revanche.

Carvings Buffet : *dans le casino* Harrah's, *219 N Center St. ☎ 775-786-3232. Petit déj lun-ven 8h-14h 10 $;* champagne brunch *le w-e 13 $; déj lun, mar et ven 11 $; dîner dim-jeu 16 $;* steak et seafood buffet *ven-sam 21 $.* Le menu joue, là aussi, la carte de l'international, avec des plats mexicains, asiatiques, italiens et américains, un *salad bar,* des pizzas, des pâtes, beaucoup de viande. La particularité de ce buffet est de servir des poissons et fruits de mer excellents, en particulier crevettes et pâtes de crabe, qui rendent son rapport qualité-quantité-prix presque imbattable. Large choix de desserts. Service efficace.

The Buffet : *dans le casino* Eldorado, *345 N Virginia St.* ☎ *775-786-5700 ou 1-800-879-8879. Lun-jeu, petit déj 9 $ (10 $ ven), déj 10 $ (11 $ ven) ; dîner dim-jeu 13 $; ven,* seafood buffet *16h-22h 23 $; sam, steak et produits de la mer 16h-22h 23 $. Brunch ven-sam 14 $;* champagne brunch *dim 15 $. Les prix peuvent différer un peu entre la basse et la hte saison.* Là encore, des prix imbattables et un décor tout ce qu'il y a de plus standard pour ce buffet, où l'on retrouve les classiques du genre : asiatique, mexicain, italo-américain, avec des viandes et des pizzas excellentes, du chili con carne. Pas mal du tout, mais des salades pas terribles. Service moyen.

Michael's Deli : *628 S Virginia St (rue principale).* ☎ *775-322-2323. Lun-ven 7h-16h ; sam 9h-15h. Plats env 5-8 $.* Rien d'exceptionnel, loin de là, on vous le dit d'entrée, mais le lieu, un bar de sportifs et d'habitués, a le mérite de changer un peu des casinos. Petit déj, salades, soupes maison et choix de sandwichs pas très chers, histoire de casser la croûte avant de reprendre la route. Évidemment, le rapport qualité-prix est moins bon qu'au casino, mais il faut aider cet Astérix-là à résister encore et toujours à l'envahisseur...

À voir

Rainbow Arch : *en plein centre, à l'angle de Virginia St et de Commercial Row.* Restaurée en 1987, elle enjambe la rue pour commémorer la renaissance de Downtown après des années de marasme économique. On voit bien l'arche dans *Sister Act,* célèbre film comique avec Whoopi Goldberg dans le rôle d'une impossible bonne sœur. Cela dit, ça ne vaut pas le moindre détour.

Silver Legacy Casino : *Virginia St, entre 4th et 5th St.* Le plus beau de tous les casinos. Sa toiture en forme de dôme postmoderne se remarque de loin, surtout la nuit. Ici, tout est placé sous le signe de l'argent, y compris le nom même du casino. À l'intérieur du dôme, un immense puits d'extraction minière a été reconstitué à l'ancienne, symbole des mines (d'argent) qui firent la fortune de la région au XIXe s. Le casino communique également avec l'*Eldorado* par une passerelle. Ceux qui viennent de Californie seront étonnés de constater qu'au Nevada, on peut fumer tant qu'on veut dans les casinos !

Manifestation

– **Reno Rodeo :** *mi-juin. Infos au* Visitor Center. ☎ *775-329-3877 ou 1-800-325-7328.* • *renorodeo.com* • L'un des plus spectaculaires du pays.

DANS LES ENVIRONS DE RENO

PYRAMID LAKE

À 35 miles au nord de Reno. Compter 1h de voiture par la route 80 East, sortie 43 à Wadsworth puis route 447 jusqu'à Nixon ou route 446 jusqu'à Sutcliffe. Un somptueux lac aux eaux très pures, situé sur le territoire des Indiens païutes (Pyramid Lake Indian Reservation), dont les premières traces autour du lac remontent à plus de 9 200 ans. Les Indiens païutes de Pyramid Lake sont surnommés les « *cui-ui ticutta* » – mangeurs de cui-ui, du nom d'un poisson qui n'existe que dans ce lac et qui peut vivre jusqu'à 50 ans. Les Païutes ont toujours vécu de la chasse au daim et de la cueillette de pignons, jusqu'à ce que la rencontre avec le premier non-Indien, John Fremont, puis la ruée vers l'or viennent bouleverser leur existence. La réserve a été établie en 1873 pour préserver les populations ainsi que le lac, situé à 1 137 m d'altitude, dans un paysage quasi désertique. Des monts rocheux et des collines arides de couleur ocre l'entourent. Ciel très bleu et nuits particulièrement étoilées. Quelques sources d'eau chaude. Notez les étranges formations rocheuses en forme de boules éclatées, appelées localement Pop Corn Rocks. Quant au lac, il tire son nom d'une formation rocheuse qui ressemble de loin à s'y méprendre à une pyramide d'Égypte. Une légende païute raconte qu'une mère, qui ne pouvait plus s'occuper de ses enfants, s'assit dans le désert et se mit à pleurer tant et tant qu'elle créa ce lac puis se transforma en pyramide de pierre. La route bitumée longe la rive ouest (vers le nord) jusqu'à Pyramid Site. Au-delà, c'est une piste de terre. Le lac est très populaire auprès des pêcheurs à la truite (possible toute l'année, sauf de juillet à septembre). Les plus grosses dépassent 6 kg ! Malheureusement, depuis quelques années, la beauté du lac et de ses rives est menacée par la bêtise de quelques plaisanciers, qui laissent leurs ordures et taguent les pierres, si bien que les Païutes envisagent d'interdire l'accès de certains endroits. Renseignez-vous à l'avance au *Visitor Center* (voir « Adresses utiles »).

Adresses utiles

Museum and Visitor Center : *à* ***Nixon,*** *au sud du lac. ☎ 775-574-1088. • plpt.nsn.us • En été, tlj sf lun-mar 10h-16h30 ; hors saison, lun-ven 10h-16h30.* L'étape indispensable avant de commencer votre tour du lac. Le petit musée expose des objets de la vie quotidienne des Indiens, et explique l'histoire de la tribu et du lac. Vous en apprendrez encore plus en discutant avec les Païutes qui s'occupent du *Visitor Center.* Tous les permis relatifs au lac (camping, pêche, pique-nique...) s'achètent au *Nixon Store* voisin ou au *Crosby's Lodge* et chez les rangers de Suttcliffe. N'oubliez pas que, pour rester la journée dans la réserve, et même pour passer un moment au bord de l'eau (petite plage), il faut un ***permis,*** le *Day use permit (env 7 $).*

Dunn Hatchery Visitor Center : *à gauche de la route, avt le village de Sutcliffe (rive ouest) ; c'est indiqué. ☎ 775-476-0510. Tlj 9h-11h, 13h-15h.* Quelques infos sur le lac, et surtout des viviers où grandissent les poissons qui peuplent la rivière. En effet, la baisse du niveau de l'eau oblige à élever des poissons dans ces viviers avant de les relâcher dans le lac pour la saison de la pêche. Très chouette d'y camper le soir *(permis à la journée autour de 9 $).* Les rangers indiens sont stricts sur les permis. Avis aux resquilleurs !

Pour plus d'infos : ***Sutcliffe Ranger Station,*** *juste en face de la* Dunn Hatchery. *☎ 775-476-1155.*

– ***Nixon Store :*** *à* ***Nixon.*** *☎ 775-574-0335. Tlj 7h-19h.* C'est l'épicerie-station-service de ce petit bled paumé. Café, snacks et vente de permis.

– ***Crosby Lodge :*** la providence du voyageur se trouve à Sutcliffe, voir ci-dessous.

Où acheter un permis ? Où faire le plein ? Où faire ses courses ? Où camper ? Où dormir ? Où manger ?!

Crosby Lodge : *à* ***Sutcliffe.*** *☎ 775-476-0400. • crosbylodge.com • Compter env 25 $/tente et des chambres 60-70 $ pour 2.* Le seul et unique camping-motel-épicerie-snack-bar-station-service du secteur... une bénédiction, en somme ! Fait aussi casino avec ses machines à sous au comptoir (on est au Nevada !). Quoi qu'il en soit, tout est très simple ici, que ce soit le camping, les chambres et la cuisine (du style chili, hot dog, *nachos, fish & chips...*), ne vous attendez vraiment pas à du grand luxe. Mais c'est sympa, fréquenté essentiellement par les locaux et les pêcheurs du dimanche (ou du mardi). Vente de tous les permis. Billard. Station-service. Hmm, ça sent l'Amérique profonde...

VIRGINIA CITY

Célèbre ville minière de la Ruée vers l'or, à env 23 miles au sud-est de Reno et à 38 miles à l'est du lac Tahoe. Créée en 1859 sur le versant d'une colline suite à la découverte d'un filon (le *Comstock Lode*) dans le Six Mile Canyon, elle prit le nom du prospecteur « Old Virginia » Fennimore et grandit à vitesse grand V, se peuplant d'hôtels et de restaurants de luxe. Parfaitement conservée, depuis la fermeture définitive des mines en 1942 et, classée *National Historical Landmark,* on y trouve beaucoup d'anciens édifices de bois et de brique le long d'une rue (la C Street) typique d'une petite ville du Far West. L'écrivain Mark Twain y a vécu dans sa jeunesse, au temps de la *Gold Rush* ; il écrivit même pour le journal local, le *Territorial Enterprise.* Aujourd'hui, Virginia City et ses 1 000 âmes vivent bien entendu du tourisme.

Peu de choix pour dormir, c'est cher et surfait. Mais on vous a quand même dégoté une petite adresse de derrière les fagots à 1 mile de là...

– Signalons que, de fin mai à fin octobre, un ***train d'époque*** (à vapeur ou diesel) circule entre Carson City et Virginia City avec la *Virginia & Truckee Railroad.* En principe, le train diesel part les jeudi et vendredi et le *steam train* (vapeur) le week-end. De Carson City, départ à 10h, de Virginia City à 15h. Durée : environ 1h30. Compter environ 17 à 29 $ l'aller simple selon le train et 29 à 48 $ l'aller-retour. *☎ 1-800-718-7587.* Également un petit circuit de 35 mn entre Virginia City et Gold Hill *(infos : ☎ 775-847-0380).*

Adresse utile

ℹ ***Virginia City Visitor Center :*** *86 S C St. ☎ 775-847-4386 ou 1-800-718-7587. • visitvirginiacitynv.com • En été, lun-ven 9h-17h, w-e 6h-18h ; hors saison, lun-ven 10h-16h, w-e 9h-17h.*

Où dormir ? Où manger dans les environs ?

Gold Hill Hotel & Restaurant : ***à Gold Hill.*** *☎ 775-847-0111. • goldhill hotel.net • À 1 mile au sud de Virginia City, sur la petite route 342 en direction de Silver City et Carson City. Doubles 45-75 $ selon saison dans la* Old Wing *et 80-145 $ pour 2-4 pers dans la* New Wing, *petit déj inclus. Également des petites maisons à louer 3-6 pers 105-225 $. Fait resto slt le soir (plus le midi en été) : plats env 15-25 $ (38 $ pour les viandes) mais réduc de 25 % sur le dîner pour ceux qui dorment ; menu-enfants env 10 $.* Bienvenue à Gold Hill qui, comme son nom l'indique, fut un site de la ruée vers l'or et compta même jusqu'à 8 000 âmes. Aujourd'hui, il en reste à peine 200, mais le village a gardé quelque chose du passé qui donne envie de rester. Ce petit hôtel croquignolet en pierre et en bois, façon western, est le plus vieil hôtel en service du Nevada (1861). Et il est tenu par un vieux patron sympathique qui a fréquenté les bancs de la Sorbonne dans sa jeunesse et parle bien le français... À condition de réserver l'été et les week-ends, vous aurez l'embarras du choix. On a eu le coup de cœur pour les chambres de l'*Old Wing* (la partie originelle), qui, certes, sont les plus petites et donnent côté route (pas trop de trafic le soir) mais sont les plus typiques et les moins chères. Choisissez-donc la *Rose...* qui sent vraiment la rose et possède une baignoire cerclée de bois, un petit balcon et du mobilier ancien. Les chambres de la *New Wing,* avec balcon ou cheminée, sont plus grandes et conviendront aux familles. Sinon, possibilité de louer une petite maison dans le village. Le *Miners Lodge,* derrière l'hôtel, a son petit succès auprès des bandes de copains. Enfin, bon resto le soir (steaks, saumon, poulet, *ribs, buffalo...*), karaoké le lundi, animations régulières et sympas à l'occasion desquelles un buffet est dressé côté bar, plus un brunch le dimanche. Bref, un vrai coup de cœur !

Où grignoter ?
Où boire un verre ?

🍴 🍸 Nombreux ***saloons*** comme *The Palace (54 S C St)* : c'est là qu'on mange le mieux, avec de gros burgers pas mauvais du tout, sandwichs, salades, etc. Sinon, boire un verre à l'*Old Washoe Club* (beau bar) ou au *Delta Saloon*, qui renferme la fameuse « table des suicidés », « publicifiée » dans tout le secteur et réputée dans la région pour la guigne qui touchait tous les joueurs qui s'y installaient... Touristique à mort, c'est le cas de le dire, mais rigolo !

À voir. À faire

Visites souterraines de la ***Chollar Mine,*** *une mine d'or et d'argent datant de 1861. Située sur S F St, tt de suite sur la droite en venant de Carson City. ☎ 775-847-0155. Pâques-oct, tlj 13h-17h. Entrée : 7,50 $.* La visite guidée dure environ 30 mn, et consiste essentiellement à s'enfoncer dans un boyau sombre et étroit, jusqu'à une « pièce » où l'on peut voir les outils de l'époque, ainsi que les structures en bois qui consolident la mine. Cette mine a été exploitée de 1861 à 1940 ; on en extrayait essentiellement de l'argent et de l'or. Les mineurs travaillaient dans des conditions extrêmement pénibles, car il fallait sans cesse pomper l'eau thermale qui remplissait les boyaux. Certains puits de la mine atteignent plus de 1 000 m. On peut visiter une autre mine quand la Chollar Mine est fermée (elle cherche actuellement un repreneur !), au ***Ponderosa Saloon,*** sur C Street.

– Nombreuses boutiques et petits musées privés (pas toujours du meilleur goût).

– Depuis un demi-siècle, on organise ici de célèbres ***courses de chameaux*** *(en sept, le w-e après Labor Day).*

CARSON CITY

À 30 miles au sud de Reno. Autre ville mythique dans l'histoire de la conquête de l'Ouest, mais sans le charme pittoresque de Virginia City. C'est pourtant la capitale de l'État du Nevada depuis 1864 (57 000 habitants seulement). Elle porte le nom de Kit Carson, un des grands pionniers de l'Ouest, certes, mais aussi un des plus féroces ennemis des Indiens.

– De fin mai à fin octobre, un ***train d'époque*** (à vapeur ou diesel) relie Carson City à Virginia City avec la *V & T Railroad*. *☎ 775-847-0380.* Voir plus haut dans le chapitre consacré à Virginia City.

Adresse utile

ℹ ***Convention and Visitors Bureau :*** *1900 S Carson St, suite #100. ☎ 775-687-7410 ou 1-800-NEVADA-1. • visitcarsoncity.com • À la sortie sud de la ville, juste à côté du* Railroad Museum. *Regroupe la* Chamber of Commerce *et le* Visitors Bureau. *Lun-ven 9h-16h, plus w-e 9h-15h (sf dim en hiver).*

Où manger ?

🍴 ***Reds Old 395 Grill :*** *1055 S Carson St. ☎ 775-887-0395. Tlj 11h-21h ou 22h (plus tard en été). Burgers env 8-10 $;* early birds *en sem 16h-18h.* Un décor incroyable de ranch, avec plein de charrettes accrochées au plafond, une vieille machine de travaux publics, de grands miroirs, etc. Et on y sert des hamburgers absolument monstrueux en taille ! À moins de vous décrocher la mâchoire, vous aurez du mal à attaquer le millefeuille de viande, salade, tomate et oignons frits qui vous attend dans votre assiette. Si vous êtes ambitieux, essayez le Colossus (450 g de viande) ou le Jiffy, au beurre de cacahuète ! Une bonne bière là-dessus (plus de 100 variétés différentes, dont la moitié à la pression), et vous voilà calé ! Également des salades, pizzas et sandwichs. Karaoké le jeudi soir et courses de crabes (!) le mercredi.

À voir. À faire

La ville offre le ***Kit Carson Trail,*** une pittoresque balade dans l'histoire et le folklore de l'Ouest. Guide local gratuit avec itinéraire détaillé à demander au *Visitors Bureau.*

Railroad Museum : *2180 S Carson St, juste à gauche du* Convention and Visitors Bureau. ☎ *775-687-6953. Ven-lun 8h30-16h30. Entrée : 5 $; gratuit jusqu'à 17 ans.* Quelques locomotives et vieux wagons. Bien pour tuer le temps mais ne vaut pas le *Railroad Museum* de Sacramento, loin de là ! Cela dit, bon accueil et bonnes infos des bénévoles de l'association.

Quelques jolies maisons anciennes à voir dans le pâté de maisons de la ***Krebs-Peterson House,*** au 500 North Mountain Street. Cette maison de 1914 n'est pas la plus pittoresque du quartier, mais c'est là que John Wayne tourna en 1972 des scènes de son dernier film, *The Shootist* (« Le Dernier des géants »)...

Nevada State Museum : *600 N Carson St.* ☎ *775-687-4810. • nevadaculture.org • Tlj sf dim-lun ainsi que 1er janv, Thanksgiving et Noël 8h30-16h30. Entrée : 8 $; gratuit jusqu'à 17 ans.*
Ce musée, très pédagogique, permet d'avoir une bonne vue d'ensemble de l'histoire du Nevada en général et de Carson City en particulier. Le plus logique est de commencer la visite par les salles à l'étage. Une section est dédiée à la géologie du Nevada, ainsi qu'à l'époque préhistorique (impressionnant squelette de mammouth). Mais les salles les plus intéressantes sont celles consacrées à l'histoire de l'État depuis son exploration par le général Fremont et Kit Carson en 1844. Le Nevada devint le 36e État américain sous l'impulsion de Lincoln qui cherchait de nouvelles voix pour soutenir sa réélection en 1864.
Le musée revient sur l'aventure du Pony Express, l'importance de la communauté chinoise dans l'exploitation des mines, ainsi que sur le légendaire mustang, ce cheval sauvage qui peuple les plaines du Nevada. Au rez-de-chaussée se trouve une presse servant à battre monnaie datant de 1870. On la fait fonctionner de temps en temps... Il faut dire que Carson City fut un centre important de fabrication de la monnaie. On passera assez vite sur la collection d'armes, réservée aux amateurs, pour déambuler dans une ville fantôme reconstituée et descendre dans les boyaux de la mine.
Les mineurs avaient pris l'habitude de descendre avec des canaris : si l'oiseau arrêtait de chanter, c'est que l'oxygène se faisait rare et qu'il était temps de remonter...
Ne manquez pas de faire un tour dans l'annexe du musée, consacrée aux Indiens shoshones, washoes et paiutes (belle collection de paniers).

Quitte à être là, on peut aussi jeter un coup d'œil au ***Capitol*** *(101 N Carson St),* qui date de 1871. Contrairement à de nombreux États, il n'a jamais déménagé (il aurait pu logiquement se retrouver à Las Vegas). Sa coupole argentée rappelle, s'il en était encore besoin, l'importance de ce métal pour l'État du Nevada.

L'ARIZONA

ABC
DE L'ARIZONA (AZ)

- *Superficie :* 295 259 km².
- *Surnom : Grand Canyon State.*
- *Capitale :* Phoenix.
- *Population :* 6,4 millions d'hab.
- *Densité :* 21 hab./km².
- *Fuseau horaire : Mountain Time.*
- *Climat :* 320 jours de soleil par an.
- *Adhésion à l'Union :* 1912 (48e État).
- *Minorités :* Hispaniques (25 %), Natifs (5 %), Noirs (3 %), Asiatiques (2 %).
- *Altitude maximum :* 3 821 m (Humphreys Peak).
- *Personnages célèbres :* Geronimo, Cochise, Charlie Mingus, Frank Lloyd Wright, Alice Cooper, Steven Spielberg, John McCain, Allison DuBois, Harry Zona...

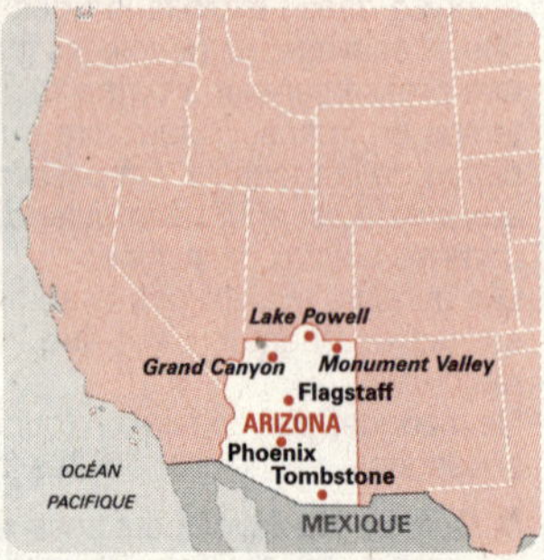

Yà'à tu'ééh ! C'est avec ces quelques mots de bienvenue que le voyageur sera peut-être accueilli en Arizona. Car cette région ensorcelante est une terre complexe, un kaléidoscope de cultures entremêlées dans un écheveau subtil. Elle agit depuis la nuit des temps comme un puissant catalyseur, offrant aux générations de pionniers ses vastes espaces pleins de promesses. Déjà au Paléolithique, les éclaireurs des tribus nomades ne s'y sont pas trompés en y choisissant certains de leurs terrains de chasse. Mais les premiers à avoir vraiment marqué le territoire de leur empreinte sont les Anasazis, que l'on doit désormais appeler Ancient Pueblos car « Anasazi » est un vieux mot navajo signifiant « ennemi » et devenu politiquement incorrect... Disparus mais pas oubliés, ils ont laissé en souvenir leurs adorables villages encastrés dans les falaises du *canyon de Chelly* ou du *Navajo National Monument,* des citadelles du vertige considérées avec respect par leurs successeurs. C'est d'ailleurs sans doute ce patrimoine commun qui procure un semblant d'unité à leurs descendants d'aujourd'hui, les Hopis et les Zunis, même si chaque communauté est un monde à part au caractère bien affirmé. Derniers arrivés mais certainement pas les derniers servis, les mineurs de *Bisbee,* les cow-boys de *Tombstone* et les hommes d'affaires de *Phoenix* ont participé à leur manière à l'éclosion

d'une culture de l'Ouest. Et si le *Pony Express* a avalé sa dernière brassée d'avoine depuis longtemps, et si les diligences de la Wells Fargo achèvent leur carrière dans les musées, l'ombre des pionniers plane toujours sur cette terre formidable. Les mythes ont la vie dure !

Comment ne pas se laisser envoûter par le parfum d'aventure qui émane de l'Arizona ? Épaisses pinèdes creusées de profonds ravins autour de *Flagstaff,* ville où passent des trains aussi longs que l'Amérique, solitudes steppiques du *Painted Desert,* dépouillement majestueux du *Lake Powell,* à-pics vertigineux quasi surnaturels du *Grand Canyon* ; autant d'images envoûtantes qui incitent à prendre la route. Bien sûr, les cow-boys d'aujourd'hui ne sont plus si solitaires, mais la moindre chevauchée parmi les formidables pitons rocheux de *Sedona* ou de *Monument Valley* prend aussitôt des allures d'équipée sauvage. Alors, tout petit face aux nobles *saguaros* sans âge de la région de Tucson, on se dit que, décidément, la légende et la réalité ne font qu'un en Arizona. Certes, les cow-boys et le Sud, en général, ont la réputation d'être très conservateurs. Mais on n'est pas à l'abri d'une contradiction. L'Arizona est, depuis 2010, le 15e État à avoir dit oui à la consommation de marijuana dans un cadre médical.

PHOENIX

1,5 million d'hab.

Ville tellement étendue qu'on la traverse pendant des heures sans en voir le bout... Phoenix est une drôle de cité, la terreur des routards en stop. Ce n'était pourtant qu'un village poussiéreux en 1870. Mais la construction de barrages sur la Salt River en 1911 lui a permis de s'étendre dans le désert et de voir les choses en grand. En très grand même ! La ville, qui tire son nom de cette « renaissance » grâce à l'agriculture irriguée et au chemin de fer, est aujourd'hui la cinquième des États-Unis, le cœur d'une immense conurbation déployée sur plus de 40 miles de long et environ 30 de large ! Cette vaste agglomération, qui regroupe en réalité 22 municipalités dont, au premier chef, les villes de Phoenix, Tempe, Scottsdale, Mesa, Chandler, Gilbert, Peoria et Glendale, abrite en tout près de 5 millions d'âmes. Il y fait très chaud l'été (le record à battre est de 50 °C en juin 1990 !), mais le climat est vraiment agréable le reste de l'année. Ce qui explique le nombre de retraités qui y ont installé leurs pénates. À l'exception des buildings de Downtown et des centres commerciaux géants, il n'y a pratiquement que des pavillons. Depuis l'après-guerre, la ville ne cesse de s'étendre, gagnant toujours plus sur le désert. Elle attire les faiseurs d'affaires, puisqu'en Arizona tout semble possible sur ce plan-là. Mais, au rythme où elle va, Phoenix se confrontera à deux problèmes cruciaux : l'eau et la pollution.

Des bagnoles partout, glissant sur d'innombrables *freeways* et un gâchis incroyable de flotte pour arroser les 200 golfs de la *Valley of the Sun,* remplir les piscines, faire pousser ceci ou

VILLE DU PASSÉ OU DU FUTUR ?

Sun City, dans la banlieue ouest, est une ville de 40 000 habitants qui compte plus de 15 000 retraités. La moyenne d'âge globale y est de 75 ans. Encore plus hallucinant pour un Européen : aucun bébé ne naît dans cette ville, il n'y a donc ni maternité ni école, et les enfants n'ont pas le droit d'y loger pendant l'année scolaire ! C'est l'archétype des gated communities américaines : tout y est fait pour vivre entre soi, depuis l'accès contrôlé, les grilles à l'entrée jusqu'aux services de sécurité et espaces publics privatisés.

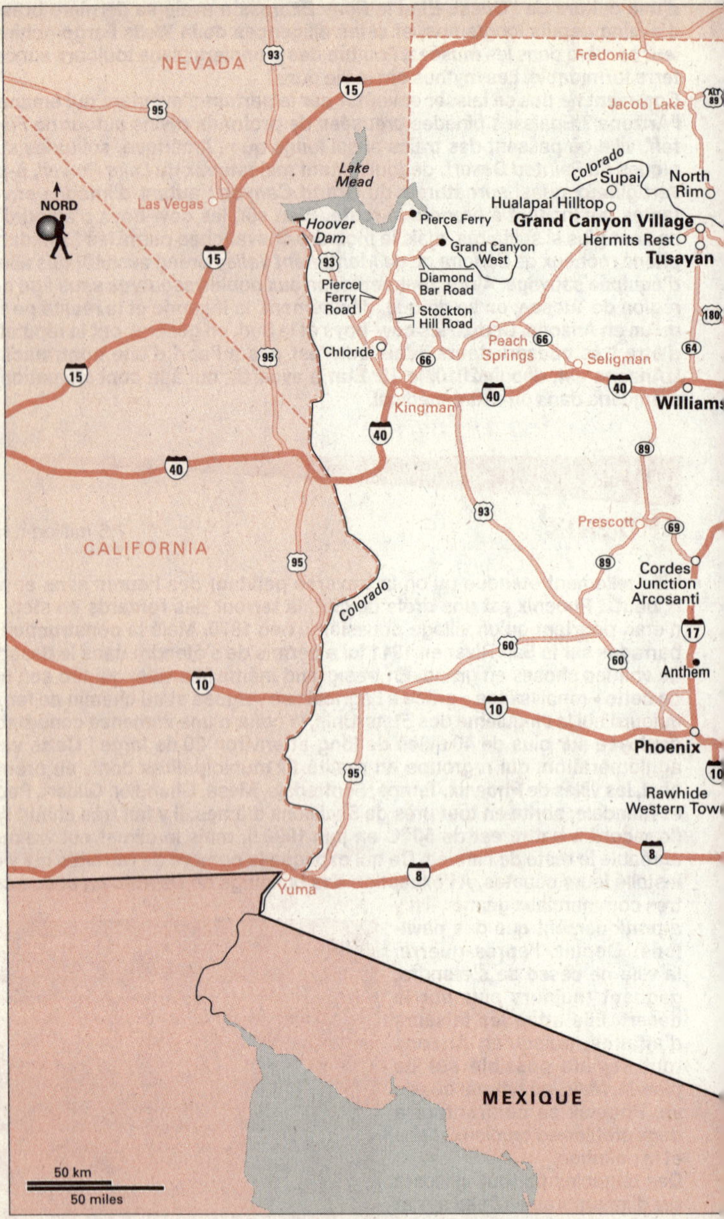
NEVADA
Fredonia
Jacob Lake
ALT 89
15
95
93
Lake Mead
Colorado
Supai
North Rim
Hualapai Hilltop
NORD
Las Vegas
Pierce Ferry
Grand Canyon Village
Hoover Dam
Hermits Rest
Grand Canyon West
Tusayan
93
Diamond Bar Road
Pierce Ferry Road
Stockton Hill Road
180
Peach Springs
66
Chloride
95
66
Seligman
64
40
Williams
Kingman
89
93
Prescott
69
CALIFORNIA
89
Cordes Junction
Arcosanti
Colorado
17
60
60
Anthem
10
10
Phoenix
95
Rawhide Western Town
8
8
Yuma
MEXIQUE
50 km
50 miles

UTAH
COLORADO
Monument Valley
Page
Lee's Ferry
Marble Canyon
Bitter Springs
Navajo National Monument
Kayenta
Many Farms
Chinle
Canyon de Chelly
Tuba City
Desert View
Cameron
Polacca
Second Mesa
Wupatki National Monument
Sunset Crater National Monument
Flagstaff
Walnut Canyon National Monument
Meteor Crater
Petrified Forest National Park
Holbrook
Sedona
Bell Roch
Montezuma Castle
Gallup
NEW MEXICO
ARIZONA
Tortilla Flat
Apache Junction
Sabino Canyon Complex
Saguaro N.P. (west)
Tucson
Saguaro N.P. (East)
Mission San Xavier Del Bac
Kartchner Caverns State Park
Tombstone
Bisbee
Nogales
89
163
64
98
191
59
160
666
550
264
87
40
180
60
25
70
10
19
80
90

L'ARIZONA

cela. Au premier abord (au deuxième également), Phoenix n'a pas un pouvoir de séduction évident. Les points d'intérêt sont très éloignés les uns des autres, et la voiture est indispensable. Le soir, Downtown est vraiment moribond. Surtout, évitez d'arriver un dimanche : peu ou pas de bus urbains. La seule chance de ceux qui sont à pied, c'est de se faire des amis à l'AJ. La ville vous paraîtra alors avoir quelques attraits. Sinon, découragé par le gigantisme de la cité, par la chaleur et par le manque de charme, vous reprendrez la route vite fait. Néanmoins, Phoenix compte de remarquables musées et certaines banlieues s'avèrent assez sympas, notamment du côté de Tempe, avec ses quartiers branchés qui fourmillent d'étudiants.

Orientation

Si vous voulez vous repérer aisément, il vous faut comprendre comment fonctionne le quadrillage de la ville. Celle-ci est divisée entre le nord et le sud par Washington Street. Vers le nord, les noms des rues sont précédés par un N, et les numéros s'accroissent plus on va au nord. Même chose pour le Sud, avec un S comme préfixe évidemment, et avec des numéros qui s'accroissent plus on se dirige vers le sud. Entre l'Est et l'Ouest, c'est Central Avenue qui sépare la cité. Le système de numérotation suit la même logique de centrifugeuse. Tout ce qui se trouve à l'est de Central Avenue s'appelle Street (St) et tout ce qui se situe à l'ouest porte le nom d'Avenue (Ave). À ne pas oublier sous peine de faire des kilomètres inutiles !

PHOENIX

Arriver – Quitter

En avion

✈ ***Aéroport Phoenix Sky Harbor :*** *☎ 602-273-3300. • skyharbor.com • À 10 mn du centre-ville en taxi (le meilleur moyen de s'y rendre). Certains de nos motels à proximité de l'aéroport assurent également une navette gratuite. Sinon, prendre le* PHX Airport Shuttle *(gratuit) à l'angle de 44th St et de l'arrêt du* Metro Light Rail *de Washington St.* Aéroport très moderne où l'on trouve tous les services possibles ainsi que de nombreux loueurs de voitures.

– ***Arizona Shuttle :*** *☎ 520-795-6771 ou 1-800-888-2749. • arizonashuttle.com •* Env 20 navettes/j. entre l'aéroport de Phoenix et Tucson. Départs de Phoenix 6h15-23h15, retours de Tucson (de Speedway, University ou Ina Rd) 2h15-19h45. Compter 2h30 de trajet. Tarif : env 40 $ l'aller simple pour le 1er passager puis 30 $/passager supplémentaire ; A/R à 51 $ puis 42 $/passager supplémentaire.

En bus

🚌 ***Terminal Greyhound*** *(plan C2-3) : 2115 E Buckeye Rd, à l'angle de 24th St. ☎ 602-389-4200 ou 1-800-231-2222. • greyhound.com • Gare ouv 24h/24.*

➢ 3-10 bus/j. selon destinations desservies : Flagstaff (3h15 de route), Los Angeles (6h30-8h), Tucson (2h), Dallas (24h), El Paso (8h), mais aussi Albuquerque, Las Vegas (8h) et San Diego (8h30). San Francisco est à 17h de route.

En train

Il n'y a plus de trains de passagers qui passent par Phoenix depuis quelques années, mais des bus assurent la liaison avec les gares ferroviaires de Tucson et Flagstaff (voir ci-dessus).

Adresses et infos utiles

ℹ ***Downtown Phoenix Visitor Information Center*** *(zoom Downtown, **1**) : 125 N 2nd St, suite 120. ☎ 602-254-6500 ou 1-877-CALLPHX. • visitphoenix.com • En face du* Hyatt Regency, *au cœur de Downtown. Lun-ven 8h-17h. Internet gratuit (10 mn).* Plan de la ville en français, carte précise de Downtown et montagne de brochures (dont le *Phoenix Downtown*, petit magazine avec le calendrier culturel de la ville).

Un 2e bureau est situé au City North Visitor Information Center, *dans le* City Center, *5415 E High St, suite 240. Ouv slt ven-dim 10h-18h.*

Scottsdale Convention and Visitors Bureau *(plan D2, **2**) :* Galleria Corporate Center, *4343 N Scottsdale Rd, suite 170. ☎ 602-421-1004 ou 1-800-782-1117. ●* scottsdalecvb.com *● Lun-ven 8h-17h.*

@ ***Phoenix Public Library*** *(zoom Downtown) : la principale se situe au 1221 N Central Ave, légèrement au sud de McDowell Rd. ☎ 602-262-4636. Lun et ven-sam 9h-17h, mar-jeu 11h-21h, dim 13h-17h.* Internet gratuit.

– La plupart des motels et hôtels offrent une connexion wifi et souvent un ordinateur en libre accès pour leurs clients.

Poste de Downtown *(zoom Downtown) : 522 N Central Ave, au niveau de Fillmore St, dans le centre. Lun-ven 9h-17h.*

Banques

Bank of America *(zoom Downtown, **3**) : 201 E Washington St. ☎ 602-523-2278.*

Wells Fargo *(zoom Downtown, **4**) : 100 W Washington St. ☎ 602-378-4690. Également une agence au 455 N 3rd St. ☎ 602-253-6038.*

American Express Travel Service *(plan C2, **5**) : 2201 E Camelback Rd. ☎ 602-468-1199. Lun-sam 10h-18h.*

Urgences

Phoenix Memorial Hospital *(plan B2-3) : 1201 S 7th Ave. ☎ 602-253-2845.*

Saint-Joseph's Hospital *(plan B2) : 350 W Thomas Rd. ☎ 602-406-3000.*

Saint-Luke's Medical Center *(plan C2) : 1800 E Van Buren Rd. ☎ 602-251-8100.*

Transports

Central Station *(zoom Downtown) : Van Buren Rd, à l'angle de Central. ☎ 602-253-5000.* Demander un plan des lignes de bus *(Valley Metro)*, mais on n'a jamais vu un réseau aussi compliqué. Attention, service très réduit le dimanche. Franchement, on doute que vous ayez à utiliser les bus tellement la perte de temps est grande.

Adresses utiles

- 1 Downtown Phoenix Visitor Information Center *(zoom Downtown)*
- 2 Scottsdale Convention and Visitors Bureau
- Terminal Greyhound
- Central Station *(zoom Downtown)*
- @ Phoenix Public Library *(zoom Downtown)*
- 3 Bank of America *(zoom Downtown)*
- 4 Wells Fargo *(zoom Downtown)*
- 5 American Express Travel Service

Où dormir ?

- 10 Youth Hostel Metcalf House *(zoom Downtown)*
- 11 Lincoln Family Downtown YMCA *(zoom Downtown)*
- 12 Econo Lodge Airport
- 13 Motel 6 Phoenix Airport
- 14 America's Best Value Inn et Budget Lodge Motel *(zoom Downtown)*
- 15 Super 8 Downtown *(zoom Downtown)*
- 16 Motel 6 Scottsdale
- 17 Days Inn Scottsdale
- 18 Hotel San Carlos *(zoom Downtown)*
- 19 Hotel Valley Ho

Où manger ?

- 30 Pizzeria Bianco et Nobuo at Teeter House *(zoom Downtown)*
- 31 Cibo *(zoom Downtown)*
- 32 Sam's Café *(zoom Downtown)*
- 33 Garcia's
- 34 The Cheesecake Factory
- 35 P.F. Chang's China Bistro et Chili's
- 36 Vincent Market Bistro et Vincent on Camelback
- 37 Bluewater Grill

Où boire un verre ? Où écouter de la musique ?

- 40 Postino
- 41 Casey Moore's Oyster House
- 42 Chars Has the Blues
- 43 The Rhythm Room

À voir

- 50 Arizona Doll Toy Museum *(zoom Downtown)*

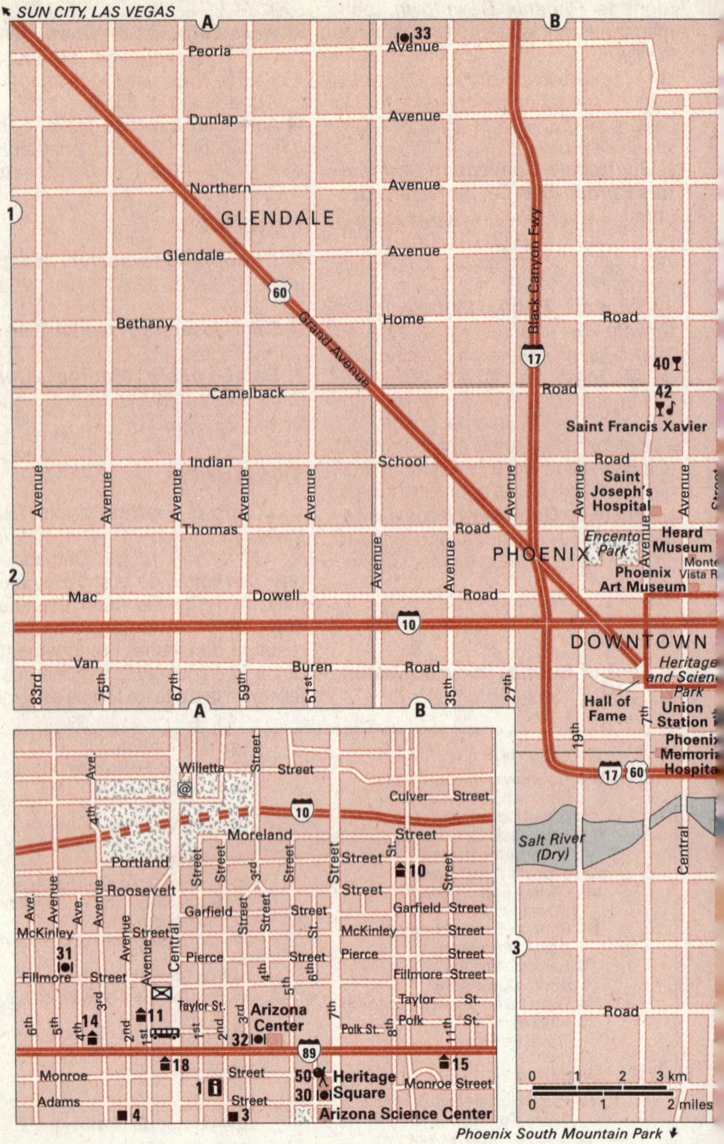
SUN CITY, LAS VEGAS
A
B
1
2
3
Peoria
Avenue
33
Dunlap
Avenue
Northern
Avenue
GLENDALE
Glendale
Avenue
60
Bethany
Home
Road
Grand Avenue
Black Canyon Fwy
17
40
42
Camelback
Road
Saint Francis Xavier
Indian
School
Road
Saint Joseph's Hospital
Avenue
Thomas
Road
Encanto Park
Heard Museum
PHOENIX
Phoenix Art Museum
Mac
Dowell
Road
10
DOWNTOWN
Van
Buren
Road
Heritage and Science Park
Hall of Fame
Union Station
83rd
75th
67th
59th
51st
35th
27th
19th
7th
Phoenix Memorial Hospital
17
60
Salt River (Dry)
Central
Road
Willetta
Street
Culver
Street
Moreland
Street
Portland
Roosevelt
Street
Garfield
Street
McKinley
Street
Pierce
Street
Fillmore
Street
Taylor St.
Polk St.
Taylor
St.
Polk
St.
Arizona Center
32
89
31
11
14
18
10
15
1
Monroe
Street
Adams
Street
4
3
50
30
Heritage Square
Arizona Science Center
Monroe
Street
0
1
2
3 km
0
1
2 miles
Phoenix South Mountain Park

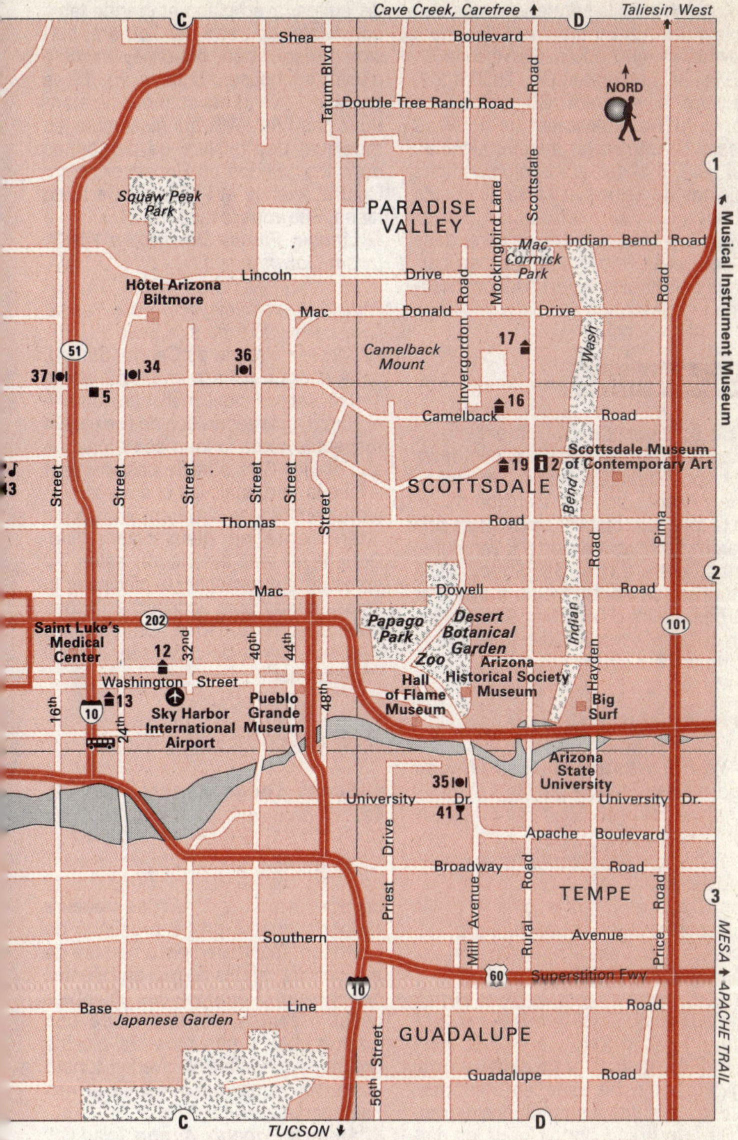

Cave Creek, Carefree
Taliesin West
C
D
Shea
Boulevard
Tatum Blvd
Double Tree Ranch Road
Road
NORD
Scottsdale
Squaw Peak Park
PARADISE VALLEY
Mockingbird Lane
Mac Cormick Park
Indian Bend Road
Musical Instrument Museum
Lincoln
Drive
Hôtel Arizona Biltmore
Invergordon Road
Road
Mac
Donald
Drive
51
17
36
Camelback Mount
37
34
5
Wash
16
Camelback
Road
Scottsdale Museum of Contemporary Art
19
2
SCOTTSDALE
Street
Street
Street
Street
Street
Street
Bend
Thomas
Road
Road
Pima
Mac
Dowell
Road
202
Saint Luke's Medical Center
Papago Park
Desert Botanical Garden
101
Indian
12
32nd
40th
44th
Zoo
Arizona Historical Society Museum
Hayden
Washington
Street
Hall of Flame Museum
13
Pueblo Grande Museum
48th
Big Surf
16th
10
Sky Harbor International Airport
24th
Arizona State University
35
University
Dr.
University Dr.
41
Drive
Apache
Boulevard
Broadway
Road
Priest
Road
TEMPE
Road
Avenue
Mill
Avenue
Southern
Rural
Price
MESA
APACHE TRAIL
60
Superstition Fwy
10
Base
Line
Road
Japanese Garden
GUADALUPE
Street
56th
Guadalupe
Road
TUCSON

PHOENIX

À signaler dans le centre-ville, des bus violets *Dash* parcourent régulièrement Downtown en boucle. Service de 6h à 23h. Service gratuit de 17h30 à 23h de lundi à vendredi. Guichet ouvert de 7h à 16h. Également un nouveau réseau de tramways, le *Metro Lightrail,* qui relie Phoenix aux agglomérations voisines de Tempe et Mesa ainsi qu'à l'aéroport. • *valleymetro.org* •

– ***Parking :*** très facile de se garer dans le centre de Phoenix ; il y a des parkings souterrains ou en surface (horodateurs) partout.

Où dormir ?

L'été à Phoenix est tellement chaud que beaucoup d'hôtels baissent leurs prix pour attirer la clientèle. Un hôtel de luxe devient alors tout à fait abordable. La plupart des établissements très bon marché se situent le long d'E Van Buren Road, entre 24th et 35th Street. Mais attention, ce sont les plus moches et les plus sinistres de la ville, sans compter qu'il vaut mieux faire attention le soir dans le quartier.

Très bon marché

Youth Hostel Metcalf House *(zoom Downtown,* ***10****) : 1026 N 9th St, à l'angle de Roosevelt.* ☎ *602-254-9803.* • *hiusa.org/phoenix* • *De l'aéroport, prendre le* lightrail *jusqu'à l'angle Roosevelt et Central. De* Central Station, City bus *n° 10 jusqu'à 9th St (la maison est à quelques numéros au nord de Roosevelt St). Tard le soir, taxi conseillé. En journée, accueil 8h-10h, 17h-22h. Fermé juil-août. Lit en dortoir env 20 $ avec la carte des AJ et 23 $ sans ; 1 seule double env 40 $. Petit déj (léger) offert.* Jolie petite maison en brique noyée dans les bambous, retirée dans une rue pavillonnaire tranquille. Un grand dortoir pour les garçons avec 2 douches et un petit dortoir lambrissé pour les filles (avec douche extérieure, c'est pas juste !). Atmosphère baba-bohème vraiment sympa distillée par Sue, la patronne, aidée de Mary. Agréable salle commune, où il est interdit de surfer pour causer avec les autres, avec piano et grande table conviviale, courette sur l'arrière, cuisine à disposition, douches, machine à laver, sécheuse... Enfin, si vous êtes par là le 1er vendredi du mois, ne manquez pas l'*Art Walk* qui rassemble (en musique) des milliers de personnes dans les galeries de Roosevelt, entre Central Avenue et 7th Street. De toute façon, Sue vous le rappellera !

Lincoln Family Downtown YMCA *(zoom Downtown,* ***11****) : 350 N 1st Ave, entre Van Buren Rd et Fillmore.* ☎ *602-257-5138.* • *valleyymca.org* • *Pas de résas. Env 25 $/pers la nuit et 110-120 $/sem.* Proche de *Central Station,* cette énorme bâtisse en brique abrite 140 chambres individuelles. Ni double ni dortoir, et la séparation des sexes est respectée toute la journée : à chacun son étage ! Cela n'incite pas vraiment à faire la fête, mais les chambres correctement tenues s'avèrent une option intéressante en plein centre-ville. Douche et w-c extérieurs, salon TV commun. En revanche, la piscine et le *fitness center* sont accessibles à tous pour un prix dérisoire. *Coffee shop* avec wifi au rez-de-chaussée. Accueil impersonnel.

Bon marché

Econo Lodge Airport *(plan C2,* ***12****) : 3037 E Van Buren Rd, à l'angle de N 30th St.* ☎ *602-273-1601.* • *econolodge.com/hotel-phoenix-arizona-AZ191* • *Doubles env 45-65 $, petit déj léger inclus.* Un des meilleurs rapports qualité-prix à proximité de l'aéroport. Contrairement à nombre de ses voisins, tristes et mal entretenus, ce motel en U propose des chambres assez récentes, propres et de bon confort. Les petits plus : la piscine ombragée (chauffée en hiver) et surtout le *shuttle* gratuit 24h/24 depuis et vers l'aéroport. Laverie.

Motel 6 Phoenix Airport *(plan C2,* ***13****) : 214 S 24th St.* ☎ *602-244-1155.* • *motel6.com* • *Par le tram* (lightrail), *descendre à l'angle de Wash et 24th St. Doubles env 46-55 $ selon saison.* Son principal avantage est aussi son principal défaut, comme le signale une affichette à la réception. Le motel est en effet situé à proximité de la gare *Greyhound* (pratique si l'on descend du bus) mais également à côté de la ligne de chemin de fer (passage de trains de marchandise) et de l'aéroport (survol des avions !). Digne représentant de la chaîne, il propose 60 chambres, banales mais propres. Piscine ombragée par quelques parasols mais au beau milieu du parking. À ne fréquenter que pour des raisons pratiques ! Bon accueil.

America's Best Value Inn *(zoom Downtown, 14) : 424 W Van Buren Rd, à l'angle de 4th Ave. ☎ 602-257-8331. • abviphoenix.com • Doubles env 45-70 $, petit déj léger inclus.* Un bon motel central proposant des chambres *remodeled*, c'est-à-dire rénovées récemment, qui plus est dans un style contemporain agréable. *Queen size* ou *king size bed* selon la taille de la chambre. Toutes avec frigo et micro-ondes. Laverie. Excellent accueil.

Budget Lodge Motel *(zoom Downtown, 14) : 402 W Van Buren Rd, à l'angle de 4th Ave. ☎ 602-254-7247. • blphx.com • Doubles env 55-70 $ selon saison, petit déj léger inclus.* Juste à côté du précédent, un petit motel archibanal mais doté de grandes chambres propres et confortables, à deux pas du centre-ville (frigo et micro-ondes dans toutes). Quel dommage que l'accueil soit aussi froid !

Prix moyens

Super 8 Downtown *(zoom Downtown, 15) : 965 E Van Buren Rd, à l'angle de 11th St. ☎ 602-252-6823. • super8.com • Doubles env 70-100 $ selon sem ou w-e, petit déj (chaud) inclus.* Vraiment bien placé, presque au cœur de Downtown. Autour d'un vaste parking, un grand bâtiment en L doté de belles chambres récentes au style contemporain agréable. Toutes les chambres ont frigo et micro-ondes. Piscine à l'arrière (sans ombre). Laverie, taxis à prix réduit, animaux acceptés. Bon accueil.

Motel 6 Scottsdale *(plan D2, 16) : 6848 E Camelback Rd, à Scottsdale. ☎ 480-946-2280 ou 1-800-4-MOTEL 6. • motel6.com • Doubles env 50-90 $.* Pour ceux qui veulent résider à Scottsdale, un motel de chaîne classique et pas trop cher pour le quartier. Chambres pas très grandes aux allures de cabines de bateau, avec parquet flottant et cabine de bain. La plupart avec 2 lits. Piscine de bonne taille en retrait et jacuzzi. *Pancake House* juste à côté pour le petit déj.

Plus chic

Days Inn Scottsdale *(plan D1, 17) : 4710 N Scottsdale Rd, à l'angle de Camelback St. ☎ 602-947-5411. • daysinnscottsdale.com • À côté du complexe commercial de Scottsdale Fashion Sq. Doubles env 50-180 $ selon confort et saison, petit déj léger inclus.* Le classique motel à un étage, mais à la place des voitures, au centre, on trouve un espace avec pelouse et terrain de volley, cocotiers, piscine et jacuzzi. Atmosphère presque familiale pendant les vacances, surprenante dans un hôtel de chaîne habitué à la clientèle d'affaires. Chambres de bonne taille, très propres et bien équipées. Demandez-en une côté piscine, évidemment.

Hotel San Carlos *(zoom Downtown, 18) : 202 N Central Ave, entre Van Buren Rd et Monroe St. ☎ 602-253-4121 ou 1-866-253-4121. • hotelsancarlos.com • Doubles env 100-190 $ selon saison, petit déj compris si résa par Internet. Parking payant.* Hôtel historique datant de 1928, fréquenté en son temps par Clark Gable, Mae West, Cary Grant, Humphrey Bogart, ou encore Spencer Tracy, comme le rappellent les photos noir et blanc dans les couloirs. Quant à la suite « Marilyn Monroe », au 3e étage, elle réveille une rumeur selon laquelle, pendant le tournage de *Bus Stop,* JFK, alors son amant, aurait fait creuser un tunnel entre cet hôtel et le *Westward Ho,* à deux pas, où il résidait... Autre légende, celui du (gentil) fantôme d'une jeune femme qui s'est jetée du 7e étage par désespoir amoureux dans les années 1930. Cela dit, aujourd'hui, avec sa déco à l'européenne assez désuète, le *San Carlos* fait un peu incongru en plein Downtown, à côté des gratte-ciel et des musées. Chambres confortables, mais de tailles inégales. Piscine. Cafétéria. Pub irlandais à côté. Accueil et service pas toujours à la hauteur.

Très chic

■ ***Hotel Valley Ho*** *(plan D2,* ***19****) : 6850 E Main St, à Scottsdale, à l'angle d'Indian School Rd et de 68th St. ☎ 480-248-2000 ou 1-866-882-4484. • hotelvalleyho.com • Doubles env 100-420 $ selon confort et saison.* Cet hôtel des années 1950 (le 1er hôtel de Scottsdale avec air conditionné et TV noir et blanc) est aujourd'hui une institution chic, presque un monument historique. Il a accueilli des stars comme Tony Curtis, Bing Crosby, Janet Leigh, ainsi que le mariage de Natalie Wood et Robert Wagner. On raconte aussi que le jeune Steven Spielberg a fait les 400 coups dans le chantier en construction... L'architecture *South West,* typique avec ses grands balcons à la Frank Lloyd Wright et ses céramiques colorées, a été conservée et enrichie d'une déco contemporaine dans l'esprit. Mobilier style années 1950, couleurs flashy ou désuètes, on a l'impression de se balader avec des lunettes colorées dans un film revival ! Au printemps, arbres en fleurs et pelouses bien vertes. Belle vue sur la ville depuis le *rooftop.* Chambres avec douche ou bain pour les *Cabana King,* les moins chères se situant côté pelouse ou côté parking. Dans les *Studio King,* plus grandes, la baignoire est au milieu de la chambre. Les *Tower Suites* sont de petits lofts avec cuisine, énorme TV pivotante, dressing, art contemporain chic et jolie vue depuis le balcon. Une belle adresse pour cinéphiles !

PHOENIX

Où manger ?

Attention, vu l'étendue de la ville, on fait facilement plusieurs miles pour aller dîner ! Impossible de manger après 23h.

De bon marché à prix moyens

|●| ***Pizzeria Bianco*** *(zoom Downtown,* ***30****) : 623 E Adams St, sur Heritage Sq (Downtown). ☎ 602-258-8300. Mar-sam 11h-22h. Pizzas env 11-15 $. Service de* valet parking *; sinon, se garer au parking Heritage (angle 5th St et Monroe) et faire valider son ticket au resto (réduc).* La pizzeria *Bianco,* une institution du Downtown, produit de longues files d'attente et une atmosphère assez bruyante, mais il faut reconnaître que ce petit italien a tout pour plaire. Le charme d'une des rares maisons historiques de Phoenix, plantée dans le mignon secteur piéton de l'Heritage Square, une intéressante carte de vins italiens et de vraies pizzas cuites au feu de bois, croustillantes à souhait. Et si l'attente paraît un peu longuette, *Bianco* a transformé la jolie demeure voisine en chaleureux bar à vins *(mar-jeu 16h-23h, ven-sam 12h-23h).* Terrasse aux beaux jours pour les 2 adresses.

|●| ***Cibo*** *(zoom Downtown,* ***31****) : 603 N 5th Ave. ☎ 602-441-2697. Tlj le midi 11h (10h w-e)-14h ; le soir, lun-sam 17h-22h (21h lun, 23h ven-sam). Antipasti et pizzas env 10-15 $.* Ce « *urban* pizzeria café » ressemble à un petit village d'Astérix au pied des buildings de Downtown. Une maison de 1913 aux faux airs de cottage, aménagée façon bistrot, et surtout une agréable terrasse à l'abri de l'agitation urbaine. Le tout est vite rempli le midi par une clientèle d'employés de bureaux. Bons sandwichs, salades, plus des pizzas de qualité, réalisées à base de produits italiens. Même le pain est maison. Service efficace.

|●| ***Sam's Café*** *(zoom Downtown,* ***32****) : 455 N 3rd St, dans l'Arizona Center (ne pas confondre avec l'Arizona Science Center sur Heritage Sq), au rdc. ☎ 602-252-3545. Tlj 11h-21h (22h jeu-sam). Plats env 10-16 $.* Les secrets de la réussite du *Sam's Café* ? Un cadre presque végassien tant il paraît surdimensionné avec une grande terrasse cernée par un jardin verdoyant, palmiers et fontaines grandiloquentes. Il fait chaud ? Un brumisateur se charge de rafraîchir l'atmosphère. À l'intérieur, une déco égayée de tapis indiens et couleurs mexicaines qui donnent aussi le ton de la carte et des plats. Tous les classiques du Mexique, donc, à arroser d'une margarita. Également des sandwichs, des salades, et des spécialités

South West à base de poulet ou de poisson grillés. Pour le dessert, ou une pause dans l'après-midi, le glacier *Cold Stone,* juste derrière, vous préparera une *signature ice cream* à la façon d'un chef dans sa cuisine !

|●| ***Garcia's*** *(plan B1,* ***33****) : 3301 W Peoria Ave, à l'angle de 33rd Ave. ☎ 602-866-1850. Par la Hwy 17, sortie à Peoria. Ouv 11h-22h (23h ven-sam). Salades et plats env 8-15 $.* Happy hours *lun-ven 15h-19h.* L'un des rejetons d'une petite chaîne de restos mexicains bien implantée en ville. Décor coloré, ça va de soi. Bonnes spécialités d'enchiladas, *fajitas combo, chile relleno,* mais surtout le fameux *grande chimichanga.* Plats particulièrement copieux. Bar sympa avec parfois des soirées organisées les vendredi et samedi.

|●| ***The Cheesecake Factory*** *(plan C1,* ***34****) : 2402 E Camelback Rd, à l'angle de 24th St, dans le Biltmore Fashion Park (entre* Macy's *et* Borders*). ☎ 602-778-6501. Tlj 11h (10h dim)-23h (minuit ven-sam). Plats env 8-17 $.* Se repère grâce à ses 2 colonnes grecques et son dôme, qui annoncent une salle kitsch mais confortable. Certes, c'est une chaîne, mais les plats, copieux et réguliers (omelettes, salades, pizzas, burgers, pâtes, steaks, poissons...), sont surtout le prétexte pour goûter à la carte des desserts : une bonne vingtaine de cheese-cakes frais et bien moelleux qui font la réputation de l'enseigne.

|●| ***P.F. Chang's China Bistro*** *(plan D3,* ***35****) : 740 S Mill Ave, dans le quartier de Tempe. ☎ 480-731-4600. Tlj 11h-22h (23h ven-sam).* Lunch bowls *(jusqu'à 16h) env 8-11 $;* dim sum *(15h-18h) 3,50-6 $; plats 9-18 $.* Dans ce quartier étudiant, une petite institution locale logée dans une salle monumentale avec un décor branché et des sculptures de chevaux chinois. Usine à nouilles et *dim sum* bourdonnante, où l'on apprécie une cuisine chinoise de bonne qualité, aux portions généreuses et à prix corrects. Service pro et diligent.

– Pour ceux qui préféreraient une option plus américaine, pourquoi pas le ***Chili's*** au nº 801, juste en face, une chaîne de qualité spécialisée dans le chili con carne et les (délicieux) *big mouth burgers* !

De prix moyens à chic

|●| ***Vincent Market Bistro*** *(plan C1,* ***36****) : 3930 E Camelback Rd. ☎ 602-224-3727. Lun-sam 7h-20h, brunch dim 7h-14h. Plats env 8-11 $ le midi et 8-20 $ le soir, plus* specials *10 $.* L'annexe du resto du chef français (voir *Vincent on Camelback* dans « Très chic ») se situe à l'arrière de son aîné. Là, en bordure de parking, surprise : on découvre un petit coin de Provence avec une terrasse et quelques tablées bariolées sous un olivier. Joyeuse atmosphère autour de petits plats bien tournés, mais taille 36, qui conviennent parfaitement aux *desperate housewives* venues entre copines. Ça cause parfois le français (très chic, avec un fort accent américain !) et on s'y amuse volontiers de l'incroyable succès de l'adorable Vincent, installé là depuis plus de 25 ans. Quelques fromages d'importation et, bizarrerie, des petits croissants à la confiture servis en guise de pain, quand ce n'est pas le dessert qui est offert... Vins au verre à prix abordables. On y vient aussi pour le breakfast et le brunch du week-end. Excellentes pizzas à emporter.

|●| ***Bluewater Grill*** *(plan C1,* ***37****) : 1720 E Camelback Rd, au croisement de 18th St. ☎ 602-277-3474. Lun-jeu 11h-22h, ven-sam 11h-22h30h et dim 10h-22h (brunch jusqu'à 14h).* Early catch *menu 16h-18h ;* happy hours *lun-ven 15h30-18h30 et au sushi bar w-e 12h-17h. Compter env 16-30 $ pour un poisson.* Même si elle a été reprise en main par le gendre du fondateur, cette institution locale n'a plus à défendre sa réputation en matière de fraîcheur. Encore un concept dont les Américains ont le secret : on y déguste en effet des poissons venus du monde entier, frais ou congelés directement sur le bateau, et sous toutes leurs formes, du *ceviche* (mariné) aux *mahi-mahi* et *tilapia* grillés, en passant par la truite de l'Idaho. Également un *sushi bar,* des huîtres et des coquillages. On regrettera juste l'ambiance un peu sombre de cet immense décor au look de brasserie.

Plus animé vers 18-19h, assez calme ensuite, surtout en semaine.

🍽 ***Nobuo at Teeter House*** *(zoom Downtown,* ***30****) : 622 E Adams St, dans l'Heritage Sq, en face de la Pizzeria Bianco. ☎ 602-254-0600. Se garer au parking Heritage (angle 5th St et Monroe) et faire valider son ticket au resto (réduc). Tlj sf lun 11h-16h, 17h30-22h. Le midi, plats env 8-12 $, le soir 8-20 $.* Petite maison victorienne, aujourd'hui reconvertie en maison de thé japonaise, version contemporaine. Rien à voir avec la pizzeria d'en face. Pour ceux qui souhaitent une atmosphère plus zen et qui ont plus de sous dans leur portefeuille, le chef Nobuo Fukuda propose une restauration raffinée, façon tapas japonaises. Petites assiettes à base de produits bio et locaux à déguster avec des baguettes. Délicieux, avec un petit côté fusion comme dans le *shiromi ceviche* ou le *miso marinated* foie gras ! Évidemment, 1 seule assiette ne suffit pas... le tout à accompagner d'un thé ou d'un saké.

Très chic

🍽 ***Vincent on Camelback*** *(plan C1,* ***36****) : 3930 E Camelback Rd. ☎ 602-224-0225. Tlj sf dim 17h-22h. Résa conseillée. Valet parking payant. Plats env 26-36 $.* Vous prenez la meilleure cuisine américaine et internationale revisitée par un grand chef français, et vous obtenez Vincent Guerithault. Cet ancien chef du *Ritz,* à Chicago, a de l'imagination, de l'audace et du goût. Ses spécialités sont l'agneau et surtout les desserts. Le cadre d'auberge rustico-chic est agréable avec ses arcades colorées, et le service impeccable. Une table de référence à Phoenix.

PHOENIX

Où boire un verre ? Où écouter de la musique ?

– ***Le quartier étudiant de Tempe*** *(plan D3) :* sans surprise, c'est là qu'on trouvera la plus grande concentration d'adresses et l'ambiance la plus délurée pour boire un verre ou manger un morceau en écoutant un peu de musique. Musiciens de rue et jeunes faisant la manche y côtoient la police à cheval... Les bars et terrasses sont regroupés sur Mill Avenue, entre 4th et 7th Street. Signalons les files d'attente en fin de semaine au ***Fat Tuesday*** (un *daïquiri bar*), au ***Canteen*** (un *tequila bar*), ainsi qu'au ***Mill Cue Club*** et au ***Zuma Grill,*** juste en face. Dans 4th Street, les ***Margarita Rocks Beach Club*** et ***Tavern on Mill*** avaient aussi la cote ces derniers temps... Attention, 21 ans minimum, on n'entre que sur présentation d'une pièce d'identité.

– ***Le quartier chic de Scottsdale*** *(plan D2) : dans Scottsdale Rd, entre Camelback et Osborn.* Ce quartier bourgeois et culturel par excellence est organisé autour d'une zone piétonne et d'anciens canaux indiens réaménagés. Pléthore de cafés et restos chic autour du *Museum of Contemporary Art,* vous n'aurez que l'embarras du choix...

🍸 ***Postino*** *(plan B1,* ***40****) : 5144 N Central Ave, entre Camelback Rd et Missouri. ☎ 602-274-5144. Lun-jeu 11h-23h ; brunch 9h-13h le w-e et ouv jusqu'à minuit ven-sam (22h dim). Verre de vin ou pichet de bière env 8-12 $; slt 5 $ 11h-17h.* Au nord de Downtown, un sympathique bar à vins avec terrasse et brumisateurs, où se retrouve la *working class* après le boulot. Atmosphère festive très agréable, même si le verre de vin (bien rempli !) n'est pas donné. À accompagner de petites planches sympas, d'un *panino* ou d'une *bruschetta.* Idéal à l'apéro.

🍸 ***Casey Moore's Oyster House*** *(plan D3,* ***41****) : 850 S Ash Ave, Tempe. ☎ 480-968-9935. Descendre Mill Ave jusqu'à 9th St, puis à droite pdt 2 blocs. Tlj 11h-2h30 (1h pour le resto).* Tout le monde connaît ce pub situé un peu en retrait de l'agitation de Mill Avenue. Enfin un bar normal, a-t-on envie de dire ! Belle terrasse illuminée par des lampions et donnant sur une rue paisible et atmosphère décontractée propice aux retrouvailles entre copains. L'un des rendez-vous favoris de ceux qui apprécient la sélection musicale de la maison. Fait aussi bar à huîtres, mais les salades et sandwichs font mieux que de la simple figuration.

🍷 ♩ ***Chars Has the Blues*** *(plan B2, **42**) : 4631 N 7th Ave, à l'angle de W Coolidge St. ☎ 602-230-0205. • charshastheblues.com • Jeu-sam 19h30-1h ; dim-mer 20h-1h. Droit d'entrée modique jeu et dim, 2 boissons obligatoires les autres soirs.* Petite maison blanche, à peine visible sans ses enseignes lumineuses, mais les amateurs de blues connaissent bien le lieu. Tous les soirs, de 21h à 1h, ce petit bar accueille d'intéressantes formations de blues, évidemment, mais aussi de *R & B, Motown,* soul et funk. Ambiance tamisée et bon enfant. Programme du mois consultable sur Internet.

🍷 ♩ ***The Rhythm Room*** *(plan C2, **43**) : 1019 E Indian School Rd, peu après le croisement avec 7th St. ☎ 602-265-4842. Tlj à 20h (parfois à 18h, renseignez-vous). Droit d'entrée env 5-7 $ en moyenne (jusqu'à 30 $ pour une pointure).* Une salle très sympa et très authentique (on entre par l'arrière, comme dans les films !). Concerts de jazz, de blues *roots* et de rockabilly de très bon niveau, appréciés aussi bien des mélomanes que des musiciens.

Achats

Prime outlets at Anthem : *à env 30 miles sur l'I-17 direction Flagstaff, sortie 229. ☎ 623-465-9500. • outletsanthem.com • Lun-sam 10h-20h (18h mer, 19h dim), nocturne jusqu'à 23h mar.* Plein de grandes enseignes (magasins d'usines ou non) : *Dockers, J Crew, Levi's, Nike, Ralph Lauren...* Des affaires en perspective.

À voir

Si vous ne disposez que de peu de temps à Phoenix, privilégiez la visite du *Heard Museum* et du *Musical Instrument Museum (MIM),* les deux perles de la ville...

À Downtown

Longtemps délaissé par ses habitants en raison du fort taux de criminalité, le centre de Phoenix subit depuis quelques années une cure de rajeunissement d'envergure. Le quartier historique, sorte de village d'Astérix, se résume au quartier piéton de l'Heritage Square où subsiste une dizaine de maisons 1900 rénovées (détaillées dans une brochure). Certaines accueillent quelques-uns de nos restos (et même un petit musée) mais ne rêvez pas, le cœur de Downtown est aujourd'hui composé de buildings modernes énormes, de centres commerciaux et de parkings payants. La réalisation du *Cityscape,* avec ses boutiques et ses restaurants dernier cri, est le petit dernier de cette renaissance (facile pour un phénix !) du centre-ville.

Arizona Doll Toy Museum *(zoom Downtown, **50**) : dans l'Heritage Sq, le petit centre historique, en plein Downtown. ☎ 602-253-9337. Tlj sf lun 10h (12h dim)-16h ; fermé en août. Entrée : env 3 $; réduc.* Un adorable petit musée du Jouet, où les poupées françaises des XIXe et XXe s (« très chères ! », d'après la gentille proprio du musée) voisinent avec leurs consœurs japonaises et des figurines de *Star Wars.* Jolie reconstitution d'une salle de classe 1900 avec des poupées anciennes en guise d'élèves.

Phoenix Art Museum *(plan B2) : 1625 N Central Ave, à l'angle de MacDowell Rd. ☎ 602-257-1222. • phxart.org • Tlj sf lun-mar et j. fériés 10h (12h dim)-17h (21h mer). Entrée : 15 $; réduc ; gratuit mer 15h-21h et 18h-22h le 1er ven du mois.*

Le *Phoenix Art Museum* accueille des collections assez éclectiques. On passera rapidement sur la section asiatique, peu passionnante malgré quelques jolies céramiques chinoises des Ve-VIIe s, pour s'intéresser à l'art européen et américain. À l'étage, une sculpture de Voltaire par Houdon, des portraits signés Vigée-Lebrun,

La Leçon de lecture de François Boucher, un tableau coquin de Fra Filippo Lippi décrivant un peintre florentin essayant de séduire une moniale, ou encore des peintures toscanes du XIVᵉ s. Ensuite, quelques têtes bien connues même si les œuvres ne sont pas toutes de premier ordre : *Le Vieux Port de Touques,* de Boudin, *La Plage de Dieppe,* de Courbet, *Souvenir de Ville-d'Avray,* de Corot. Et puis, en vrac, si l'on ose dire, quelques œuvres mineures de Delacroix, Millet, Jongkind, Monet, Bonnard, Vuillard ou Picasso... Ah, enfin des artistes américains ! Ça commence en douceur avec un *George Washington* de Stuart, un *Iris* de Dewing, *The White Rose* de Chase ou encore *Stokes Adobe* de Peters. Après une série de paysages classiques américains, avec scènes de chasse et portraits indiens, ça se corse un peu avec Nordfeldt (*Covered Wagon,* dans un style Gauguin aux États-Unis !), Higgins, Lockwood, Nash, Dike, Foster, Stanley, Burbank et on en passe... On glisse ensuite avec bonheur vers le moderne et le contemporain grâce à Jonson, Sample, Waldrum et McEldwin (très beau *Desert Rain God*). Superbe *Sweeping Clouds* de Ed Mell, mais ne manquez pas les toiles de Post, Smith, Don Coen ou encore Midgette. Impossible de vous citer toutes les œuvres, mais vous ne devriez pas vous ennuyer !
Quelques lignes sur la section consacrée à Philip Curtis, qui revisite les thèmes de l'histoire américaine dans un style mi-naïf mi-surréaliste avec des influences de Tanguy ou de Delvaux. On a surtout aimé les œuvres humoristiques comme *Whistler* (une femme qui siffle !), *The Fight* (des cow-boys qui se tirent dessus sous le regard las d'une mère maquerelle) ou encore *Farewell,* une sorte d'au-revoir très artistique...
Pour terminer, ne pas manquer la section d'art contemporain (dans la nouvelle aile), très riche, et les expositions temporaires généralement de bon niveau. *Arcadia Farms Café* pour une collation.

Heard Museum *(plan B2)* **:** *2301 N Central Ave. ☎ 602-252-8848. • heard.org • À une dizaine de blocs au nord du centre de Phoenix. Tlj sf j. fériés 9h30 (11h dim)-17h ; jusqu'à 21h le 3ᵉ ven du mois. Fréquentes visites guidées gratuites en anglais (en français sur résa pour les groupes). Entrée : env 15 $; réduc. Photos sans flash autorisées.*
Depuis sa restructuration en 2005, ce séduisant musée installé dans une vaste villa coloniale est devenu, en Arizona, le plus complet traitant de la question indienne. Dans le hall, belle sculpture contemporaine représentant un *dragonfly* (libellule), symbole de la pureté de l'eau pour les Navajos. Voir la carte des tribus d'Arizona, leurs territoires ancestraux et ceux d'aujourd'hui (on voit bien à quel point les Hopis sont encerclés par les Navajos). Ne pas manquer la belle série de poteries et de bijoux, encore moins l'exceptionnelle collection de *kachinas,* poupées symbolisant les esprits, offertes aux enfants pour les initier à la culture de la tribu. Elle fut rassemblée par le sénateur ultra-républicain Barry Goldwater, ex-candidat à la présidence en 1964 (battu par Johnson). Très intéressant de voir l'évolution entre les premières poupées primitives (pas de socle, peu de couleurs et de détails) et celles d'aujourd'hui, parfois peintes à l'acrylique. Section navajo avec un *hogan,* de superbes tapis, bijoux et habits traditionnels. Dans celle des Indiens du Sonora Desert, jeter un œil à leurs fameux paniers en *martynia* (dont l'un représente un train !) et à cette toile représentant la danse de la pluie. À l'étage, superbe collection de porte-bébés de la fin du XIXᵉ s aux années 1960.
Enfin, la partie douloureuse, *The Indian School Days.* Cette section, illustrée par de grandes repros en noir et blanc et de nombreuses vidéos, raconte comment les Indiens furent persécutés par le gouvernement à la fin du XIXᵉ s. Assimilation, acculturation et américanisation étaient alors au programme... Mais le pire était sans nul doute la séparation des familles aux quatre coins du pays. Nombreux témoignages et citations révélatrices de cette époque terrible. Certains Indiens considéraient que la mort était « le seul moyen de rentrer à la maison ». Et encore, quand on ne les enterrait pas à la manière des Blancs... Un « Hiroshima éducatif » selon Rosemary Christiansen, qui a encore de graves conséquences aujourd'hui

dans certaines communautés indiennes. Pour terminer sur une note positive, voir la section *We are ! Arizona First People,* très interactive. Intéressante vidéo sur la cérémonie de puberté d'une jeune fille apache. Nombreuses expos temporaires. Petite section ludique pour les enfants.

The Café at the Museum : *tlj 11h-15h. Env 10 $.* Le resto du musée, où l'on peut manger sandwichs et plats bio inspirés de la cuisine du *South West,* dans la petite salle climatisée ou sur la terrasse ombragée. Le ***Coffee Cantina*** (mêmes horaires que le musée) sert uniquement du café et des gâteaux.

L'hôtel Arizona Biltmore *(plan C1) : angle 24th St et Missouri Ave.* Cet hôtel, édifié en 1929 par un élève de Frank Lloyd Wright dans le style Art déco, vaut le coup d'œil si vous êtes fan de ce grand architecte. Quasiment tous les présidents américains y ont dormi (ou y dormiront...). Après avoir ciré vos Pataugas, possibilité de prendre un verre au bar ou dans le jardin sans être regardé de travers. Tout à côté, la maison blanche sur le promontoire était celle de Wrigley, l'inventeur du chewing-gum !

Dans le Papago Park

Le Papago Park est un vaste espace protégé à environ 6 miles à l'est du centre de Phoenix, entre Scottsdale et Tempe *(plan D2).* On y trouve plusieurs musées, un zoo, un jardin botanique, un terrain de golf, etc. Pour y aller, suivre East Van Buren Street.

Desert Botanical Garden *(plan D2) : 1201 N Galvin Pwy. ☎ 602-941-1225. • dbg.org • Sur Van Buren Rd, à la hauteur de 56th St. Prendre le bus n° 3 E marqué « Zoo ». Tlj 8h (7h mai-sept)-20h. Nombreuses animations en saison : concerts et visites guidées à thème (nocturnes...). Entrée : 15 $; réduc. Demander à l'entrée le* Trail Guide *en français.* Aux portes de Phoenix, ce vaste jardin botanique renferme un réjouissant labyrinthe de petits sentiers serpentant à flanc de colline. Une balade dépaysante, à la rencontre des 20 000 plantes désertiques rapportées des quatre coins du globe et replantées dans un environnement naturel charmant. Il y en a de toutes les sortes : des bouboules, des rampantes, des trapues, des à poil ras, des filiformes... Un vrai désert en miniature, mais beaucoup plus animé qu'il n'y paraît à première vue. Cheminant sans hâte, vous risquez de surprendre tout le monde : au détour d'un virage, un couple d'écureuils regagnant son logis, à l'ombre d'un cactus *saguaro,* des oiseaux *Gila* évaluant la taille de leur nid creusé la veille dans la pulpe, un colibri butinant les fleurs... Bref, sans le ballet incessant des avions en phase d'atterrissage, on se croirait bel et bien en plein désert ! Nombreux espaces thématiques (habitats reconstitués, serres, jardins), aire de pique-nique et café à l'ombre.

Phoenix Zoo *(plan D2) : 455 N Galvin Pwy. ☎ 602-273-1341. • phoenixzoo.org • À deux pas du Desert Botanical Garden. Juin-août, tlj 7h-14h ; le reste de l'année, 9h-17h (16h de nov à mi-janv) ; nocturnes 18h-22h de fin nov à mi-janv. Entrée : env 20 $; réduc.* Très joli zoo, mêlant quelques reconstitutions bien léchées à la Disney (amusant village d'Amérique latine) aux paysages désertiques dans un environnement forcément naturel. Y aller le plus tôt possible, sous peine de ne voir que la queue des animaux bien cachés à l'abri du soleil (ours, fourmiliers, girafes, tigres, kangourous...). Et, à ce prix-là, ce serait dommage de se balader uniquement pour prendre des coups de soleil ! Bateaux à louer pour canoter sur le petit lac.

Hall of Flame Museum *(Fire Fighting Museum ; plan D2) : 6101 E Van Buren Rd. ☎ 602-275-3473 (ASK-FIRE). • hallofflame.org • Lun-sam 9h-17h, dim 12h-16h. Entrée : env 6 $; réduc.* Le plus grand musée du monde sur les soldats du feu. Certains véhicules sont véritablement de toute beauté. En 1955, George Getz, industriel de son état, reçut pour son petit Noël un camion de pompiers.

Fasciné, il commença à les collectionner. De la plus vieille pièce de 1725 à la pompe Rumsey qui combattit le grand incendie de Chicago (1871), en passant par le *Buckley & Merrit Parade Carriage* de 1870 qui ressemble au carrosse de Cendrillon, la rutilante et superbe Seagrave (1928), l'*American, La France Model 400* toute blanche, ou la voiture sur patin utilisée lors des rudes hivers du Michigan, plus de 100 véhicules à incendie sont exposés. Plus tous les outils, accessoires et uniformes, ainsi que d'intéressantes photos et documents divers répartis en fonction des spécialisations (pompiers des villes, pompiers des champs !). Tout au fond, un mémorial rappelle la tragédie du 11 septembre 2001 qui fit 344 victimes dans le corps des pompiers de New York. Un musée comme on en voit peu.

Dans Tempe et le quartier de l'université

Proche de l'aéroport et au sud du Papago Park, une ville très agréable et jeune, puisqu'elle abrite l'université. Quatrième cité de l'État (environ 150 000 habitants).

👁👁 ***Arizona Historical Society Museum*** *(plan D2) :* *1300 N College Ave, à Tempe. ☎ 480-929-9499. • arizonahistoricalsociety.org • Mar-sam 10h-16h, dim 12h-16h. Entrée : env 5 $; réduc ; gratuit le 1er sam du mois.* L'un de ces musées bien ficelés dont les États-Unis ont le secret : sur deux niveaux, plusieurs sections très pédagogiques retracent l'histoire de l'Arizona en recréant des ambiances d'époque. Parcours chronologique avec les premiers peuplements, puis l'arrivée des soldats d'origine irlandaise, les mineurs mexicains et les familles de mormons. On verra notamment comment la ressource en eau a été un défi majeur depuis les origines, afin que puisse émerger une si grande agglomération en plein désert. Le développement agricole de l'État est évoqué par le souvenir des grandes foires, au coton notamment. D'autres sections rappellent douloureusement la Grande Dépression des années 1930 qui provoqua l'expulsion des travailleurs mexicains (revenus plus tard, en 1941-1945) puis les deux guerres mondiales, avec l'épisode tragique des camps d'enfermement pour une partie des citoyens d'origine japonaise suspectés d'espionnage, bientôt suivis par les camps de prisonniers pour soldats allemands. On découvre le recrutement des *Navajo code talkers*, ces Indiens qui ont assuré dans leur langue (inconnue de l'ennemi) les transmissions radio des *marines* dans le Pacifique. Plus amusante, la reconstitution d'une rue plonge le visiteur dans les années 1950, avec ses intérieurs typiques, avant de terminer par l'évolution des transports dans le pays.

👁 Voir éventuellement l'***université*** *(Mill Ave)* et son ***Gammage Center of the Performing Arts*** *(Apache Rd).* Une des dernières grandes œuvres de l'architecte Frank Lloyd Wright. L'université abrite d'intéressants petits musées pour ceux qui disposent de temps : *Géologie* (minéraux, fossiles, etc.), *Fine Arts* (peinture américaine des XIXe et XXe s).

👁 Balade dans le quartier d'***Old Tempe,*** fort bien restauré. Beaucoup de jeunes, ça va de soi. Quelques édifices intéressants et pas mal d'animation.

Loin du centre

👁👁👁 👪 ***Musical Instrument Museum*** *(MIM ; hors plan par D1) :* *4725 A Mayo Blvd. ☎ 480-478-6000. • themim.org • À env 20 miles de Downtown ; route 101 vers le nord, sortie 31, passer sous le pont à gauche dans Tatum Rd (attention de ne pas reprendre la 101 dans l'autre sens !) ; le musée est à l'angle de Mayo Blvd. En bus, essayer de prendre le n° 44 à l'angle de 48th St et de Tatum Blvd ou de McDonald Dr (plan C1). Lun-mer et sam 9h-17h, jeu-ven 9h-21h, dim 10h-17h. Entrée : env 15 $; réduc. Y passer au moins une ½ journée !*

Quelle idée géniale ! Un musée tout beau tout neuf à la mesure de la ville (donc énorme, complet... et très loin) qui accueille tous les instruments et toutes les musiques du monde. C'est possible, ça ? Oui, la preuve, et c'est unique, d'autant que la visite se fait avec un casque qui se déclenche dès que vous passez devant une section musicale... Ça commence par une exposition d'instruments de tous les pays, du luth africain à la *Fender* électrique en passant par l'octobasse italienne (une contrebasse géante), plus quelques curiosités ethnologiques comme la trompette télescopique ou le violon miniature. Mais le spectacle commence vraiment dans l'*Artist Gallery,* consacrée à des célébrités dont on écoute les morceaux ou les concerts tout en admirant leurs instruments : Eric Clapton et l'une de ses *Stratocaster,* John Lennon et son piano, la batterie de Keith Harris des *Black Eyed Peas* ou encore les guitares de Santana et son fameux solo dans *Samba Pa'Ti.* Également un tambour de la cérémonie d'ouverture des J.O. de Pékin en 2008. Dans l'*Experience Gallery,* c'est le rêve pour petits et grands : on a le droit de jouer de tous les instruments exposés ! Et puis, sac au dos et musique dans la tête, on parcourt enfin le monde à travers une extraordinaire collection. Les salles dédiées à l'Afrique sont tellement riches qu'on se croirait parfois au musée des Arts premiers à Paris ! On navigue ensuite vers le Moyen-Orient (avec une section consacrée à l'Irak), l'Asie, l'Océanie, l'Amérique latine (où ont atterri la Guadeloupe et la Martinique !), l'Europe, le Canada et, bien sûr, les États-Unis. Impossible de tout détailler ici sans être injuste pour les autres. Signalons tout de même que la section française se résume à un serpent d'église, à une cabrette (cornemuse de la fin du XIXe s), à des danses traditionnelles de l'Allier et de Meurthe-et-Moselle et à la célèbre chanson de Francis Lemarque, « À Paris » ! Ah si : on nous rappelle judicieusement que l'inventeur du saxophone était un Français. Adolphe Sax, vous connaissez ? Eh bien, il était belge en fait...

– Sur place, également un *Music Theater* (concerts, films, etc.), un *resto* en self-service et un *café*... avec ambiance musicale.

🏛🏛 ***Taliesin West*** *(hors plan par D1) : à l'intersection de Cactus Rd et Frank Lloyd Wright Blvd (au niveau de 114th St).* ☎ *608-588-7900 ou 1-877-588-7900.* • *taliesinpreservation.org* • *Au nord-est de Scottsdale, très loin du centre. Tlj 10h-16h30 (16h nov-avr) Visite guidée obligatoire (bien maîtriser l'anglais) ; plusieurs formules env 16-80 $; réduc (rens sur Internet). Les tickets s'achètent à la boutique.* Aux portes du désert, Frank Lloyd Wright, l'un des plus grands architectes du pays, décida en 1938 d'édifier une université d'architecture où les élèves pourraient passer l'hiver. Les étudiants ne logeaient pas dans les locaux mêmes, mais avaient pour première tâche de construire eux-mêmes leur propre bungalow, autour de la structure principale, et ce de leurs propres mains. Comme toujours chez Wright, le propos était de s'intégrer au maximum à la nature, selon le principe de l'*organic architecture.* Une vie assez délirante s'organisait autour de ce campus d'un type un peu particulier. La musique tenait une large place car Frank Lloyd Wright pensait que, comme l'architecture, elle se devait d'être tout en rythme et en équilibre. Ce n'est donc pas un musée, la fondation continue à accueillir des étudiants qui planchent sur les quatre grands concepts définis par Wright : le milieu, les méthodes, le matériau et la « destruction de la boîte » (personne n'a dit que les humains devaient habiter des cubes). La première visite nous montre son bureau, le théâtre

UNE CRISE SALUTAIRE

Pendant la crise de 1929, Frank Lloyd Wright ouvre une école d'architecture à Phoenix pour gagner sa vie. La crise n'est pas seulement financière, elle l'oblige à se repositionner en tant qu'architecte par rapport à l'effondrement américain et à définir sa place dans la société. Apparaît alors le concept d'Usonie, un idéal démocratique qui pousse Wright à concevoir des maisons individuelles en grande série et peu chères.

où étaient organisées des soirées, le cabaret, sa salle de projection. Œuvres de Flaubert sur un rayonnage de bibliothèque. Nous vous recommandons de suivre les visites qui incluent le *Garden Room,* particulièrement grandiose. Visite passionnante pour les férus d'architecture. Jolie boutique.

Scottsdale Museum of Contemporary Art *(plan D2) : 7374 E 2nd St. ☎ 480-874-4666. • smoca.org • Tlj sf lun 12h-17h (20h jeu, 22h ven) Entrée : env 7 $; réduc ; gratuit jeu.* Au centre de Scottsdale, cet ancien cinéma réhabilité est devenu un lieu d'exposition entièrement consacré aux travaux des artistes et designers contemporains. Expos parfois très conceptuelles, pas toujours lisibles pour les profanes.

À voir encore pour ceux qui ont du temps

Pueblo Grande Museum *(plan C2) : 4619 E Washington St. ☎ 602-495-0901. • phoenix.gov/recreation/arts/museums/pueblo • Lun-sam 9h-16h45, dim 13h-16h45. Fermé dim-lun mai-sept. Entrée : env 6 $; réduc.* Musée préhistorique sur le site d'un ancien village indien hohokam. Quelques panneaux et vitrines intéressants dans le musée, mais il faut faire un gros effort d'imagination pour reconstituer le village sur la butte de terre érodée par les intempéries. Tout a disparu, alors qu'il y aurait eu jusqu'à 1 000 habitants sur le site !

À faire

– ***Salt River Tubing & Recreation :*** *à une trentaine de miles au nord-est de Phoenix (Hwy N 60) sur la Salt River, près de Bush Hwy à la hauteur de Usery Pass Rd (Tonto National Forest). Rens : ☎ 602-984-3305. • saltrivertubing.com • Mai-oct, tlj 9h-18h30. Tarif : 15 $. Navette : 12 $/pers.* Ça consiste à descendre les rapides (qui ne le sont pas trop) sur des chambres à air de camions. C'est l'activité favorite des habitants de Phoenix (prévoir chapeau, crème solaire et chaussures). Le prix inclut la remontée de la rivière en bus, autant de fois qu'on veut, ce qui permet de la descendre plusieurs fois, puisque la location de la chambre à air est valable pour toute la journée.

– ***Tours en ballon :*** plusieurs compagnies proposent à peu de chose près des services équivalents. En tout, 1 ou 2h de balade, avec ou sans champagne. Bon, on ne veut pas vous mener en ballon, c'est cher ! Voici quelques noms :

■ ***Unicorn Balloon Co :*** *15001 N 74th St, Scottsdale. ☎ 480-991-3666 ou 1-800-755-0935. • unicornballoon.com • Compter 185-205 $/pers et 1h de vol.*

■ ***A Balloon Experience Hot Air Balloon Co :*** *2243 E Rose Garden Loop. ☎ 480-502-6999 ou 1-800-831-7610. • hotairexpeditions.com •*

■ ***The Hot Air Balloon Co :*** *☎ 623-847-1511 ou 1-800-843-5987. • arizonaballooning.com •*

DANS LES ENVIRONS DE PHOENIX

Rawhide Western Town : *5700 W North Loop Rd. À* ***Wild Horse Pass,*** *situé à l'ouest de l'I-10 au sud de Phoenix. ☎ 480-502-5600. • rawhide.com • Horaires variables selon saison, été 18h-21h30 (23h pour le saloon). Entrée gratuite, mais attractions payantes : 3 $ chacune, ou pass journée 15 $.* Reconstitution assez réussie d'une ville de l'Ouest des années 1880. Rien ne manque : le saloon, l'hôtel (hanté), la prison, le rodéo, les balades à diligence ou en petit train... mais tout se paie ! Les enfants aimeront probablement les duels de cow-boys dans la poussière, mais les parents trouveront peut-être l'addition un peu salée ! On peut y manger (sauf lundi et mardi) dans un *steakhouse saloon* accompagné d'un groupe de musiciens.

Arcosanti : *à Cordes Junction. ☎ 928-632-7135. • arcosanti.org • À 65 miles au nord de Phoenix sur la route de Flagstaff (I-17, exit 262 A). Au bout d'un chemin de terre de 2 miles. Visite guidée 10 $, ttes les heures sf midi 10h-16h.*
Village de maisons futuristes commencé en 1970 par l'architecte Paolo Soleri, qui envisageait à terme de créer en plein désert un genre de ville idéale, sans voitures et intégrée à l'environnement. Un projet intitulé d'ailleurs *Arcology,* néologisme venant d'architecture et écologie. Pas inintéressant en tant que curiosité historique, mais les amateurs d'architecture resteront sur leur faim car la construction aurait pu être mieux pensée. Ce « laboratoire urbain » cherche d'ailleurs un nouveau souffle après le départ de son fondateur nonagénaire Soleri.
– Ceux qui sont intéressés par le travail de Soleri peuvent également visiter **Cosanti,** à Scottsdale : *Paradise Valley, 6433 E Doubletree Ranch Rd. ☎ 1-800-752-3187. • cosanti.com • Tlj 9h (11h dim)-17h. Gratuit.* Bâtiments et structures futuristes également, mais plus portés sur l'écologie. On y fond de superbes cloches d'un modernisme très épuré.

Possibilité de passer la nuit dans l'une des *guest rooms* au milieu d'Arcosanti. *Résa obligatoire. Doubles 40-50 $ avec petit déj.* On peut alors assister aux veillées qui rassemblent les résidents (étudiants, architectes).

À faire

L'Apache Trail

Une superbe balade (170 km) en voiture sur la piste mythique qui commence à **Apache Junction** *(petit centre d'info, • apachejunctioncoc.com •),* une localité située à l'est de Phoenix, et qui a été créée en vue de la construction et de l'approvisionnement du ***barrage Roosevelt*** entre 1906 et 1911. Le paysage est magnifique : désert plein de cactus et route de montagne escarpée qui serpente entre de profonds canyons, croise d'anciennes formations rocheuses et traverse la *Tonto National Forest.* Parcours plein de surprises, ponctué de pentes abruptes, de virages serrés et de tronçons cahoteux, mais les panoramas infinis valent largement le déplacement. Compter facilement 2h30 à 3h, sans les arrêts.

– ***Goldfield Ghost Town :*** *tlj 10h-17h, saloon jusqu'à 21h.* À environ 4 miles sur la 88 surgit la reconstitution d'une ancienne ville minière en plein essor à la fin du XIXe s. Cette ex-ville fantôme est à présent une entreprise commerciale florissante, avec tout de même quelques attraits : saloon, prison, bordel... on peut visiter l'*Old Mammoth Mine,* dont le puits d'accès a été réaménagé. Un train sur voies étroites part en outre de *Goldfield* pour un petit voyage dans les contreforts des *Superstition Mountains* à travers les anciennes concessions minières. Vous frissonnerez sans doute devant la collection de reptiles. D'un grand réservoir d'eau placé au beau milieu de la ville s'échappe de l'eau toute la journée, une aubaine lors des grandes chaleurs. Scènes de fusillades jouées avec beaucoup d'entrain par des acteurs déguisés.

– ***Lost Dutchman State Park :*** à environ 1 mile de là, au pied des *Superstition Mountains,* qui s'élèvent très haut au-dessus du désert. Vous y trouverez nombre de sentiers empruntés, notamment par les chercheurs en quête de la mine d'or légendaire de Dutchman qui s'y trouverait encore cachée. Exposés de rangers dans un amphithéâtre sur l'histoire, la faune et la flore de la région. Ce parc marque l'entrée de la Tonto National Forest, une forêt de cactus et de pins d'une superficie de près de 1,2 million d'ha.
Au-delà du parc, la route épouse les contours du Canyon Lake. Cette oasis, pittoresque, a été créée lors de l'érection du *Mormon Flat Dam* en 1925 et rassemble les amateurs de pêche et de camping. Possibilité de balade en *steamboat Dolly* ; dommage que les jet-skis en troublent la tranquillité.

– ***Tortilla Flat :*** très prisé des *bikers,* compte fièrement 3 maisons, 6 habitants, 1 chien, 4 chats, 8 poules et 800 cactus et constitue un arrêt incontournable

de l'*Apache Trail.* Ce hameau a d'abord servi de relais de diligence en 1904, à l'époque de la construction de la *Mesa-Roosevelt Road.* Les murs du *Superstition Saloon* sont tapissés de billets de banque provenant des quatre coins du monde, une tradition qui remonte à l'époque où les voyageurs laissaient ici quelques pièces à l'intention des vagabonds de passage. Un cow-boy y a aussi laissé un bras dans la gueule d'un loup (empaillé). On peut y prendre une bière au bar perché sur un tabouret en forme de selle de cheval, mais la nourriture y est à peine acceptable pour les mules des prospecteurs.
Au-delà de Tortilla Flat, la route s'étire encore sur 20 miles de piste carrossable vers *Apache Lake* dont la beauté est rehaussée par les montagnes rouges en toile de fond.

– Le ***Roosevelt Dam*** est le plus grand barrage en maçonnerie du monde. Érigé entre 1904 et 1911, brique par brique, jusqu'à la hauteur impressionnante de 93 m. Il a été inauguré une seconde fois en 1996 après son rehaussement à 119 m, sans parler du nouveau pont tout bleu qui se trouve être, avec ses 360 m, le plus long, en Amérique du Nord, d'une seule travée et à deux voies. Un observatoire qui offre une vue imprenable sur le barrage, le lac et le pont.
– *Tonto National Monument :* à quelques kilomètres après le barrage se trouve l'embranchement du *Tonto National Monument (entrée : 3 $).* Il est réputé pour l'état de conservation remarquable de ses habitations troglodytiques, occupées par les Indiens salados du XIIIe au XVe s. Ces natifs chasseurs-cueilleurs cultivaient aussi des champs dans la vallée de la rivière Salt. Habiles artisans, on leur doit aussi d'exquises poteries polychromes et des étoffes de coton au tissage complexe. Les résultats des fouilles sont exposés au centre d'accueil des visiteurs. Les habitations (qu'on atteint après 1h de marche) sont assez impressionnantes, elles occupent des grottes naturelles bien protégées et certaines sont perchées en haut des flancs de collines abruptes, en surplomb du lac Roosevelt.
L'*Apache Trail* prend fin à la Highway 60, tout juste à l'ouest des villes minières de Globe et Miami.

TUCSON

500 000 hab. (925 000 avec l'agglomération)

▸ Pour le plan de Tucson, se reporter au cahier couleur.

Fondée en 1775, Tucson (prononcer « Tousseunn ») est l'une des plus anciennes villes espagnoles. Américaine depuis 1853, elle s'est bien sûr largement modernisée depuis, à l'image des autres villes américaines. Elle a préservé autant que faire se peut le quartier des premiers colons, El Presidio, ainsi que, dans une moindre mesure, le Barrio Viejo, un mini-Mexico City. Deuxième ville de l'Arizona, Tucson est une cité pleine d'étudiants (l'université d'Arizona fut créée ici en 1885), dont l'économie se trouve dominée par les ser-

DILLINGER ARRÊTÉ GRÂCE À UN MAGAZINE PEOPLE !

John Dillinger, le célèbre braqueur de banques de la Grande Dépression, se réfugia à Tucson pendant l'hiver 1934. Mais il ne résista pas à l'envie de braquer l'hôtel Congress*, ce qui provoqua un incendie au 3e étage. Un membre de son gang demanda aux pompiers sur place de bien vouloir extraire du feu certains sacs... remplis d'argent et d'armes. Les photographes étaient là. Plus tard, l'un des pompiers reconnut leurs trombines dans* True Detective Magazine*, ce qui déclencha leur arrestation !*

vices. On y trouve aussi une base aérienne de l'US Air Force, le constructeur de missiles Raytheon et des industries de haute technologie qui emploient 50 000 personnes. Oui, le climat y est franchement chaud et sec, ce qui explique l'invasion de ce cactus géant, le fameux *saguaro,* dans toute la région. C'est d'ailleurs surtout pour lui que l'on fait étape à Tucson, pour le parc qui porte son nom, ainsi que pour le magnifique musée consacré au désert.

Orientation

Broadway Blvd sépare le nord du sud de la ville. Stone Ave partage Tucson entre l'est et l'ouest. Les *avenues* sont orientées nord-sud et les *streets* est-ouest.

Arriver – Quitter

✈ ***Tucson International :*** *☎ 520-573-8000. • flytucsonairport.com • Situé à 10 miles au sud de la ville.* Bus pour le centre-ville. Location de voitures, taxis, *shuttles* (et limos !) également.

Terminal Greyhound *(plan couleur B2,* ***1****) : 471 W Congress St, à Downtown. ☎ 520-792-3475. • greyhound.com •* 5-9 bus/j. pour Phoenix, une quinzaine pour Los Angeles, env 5 bus/j. pour Nogales (frontière mexicaine), El Paso et Dallas, une douzaine pour San Diego.

Gare ferroviaire Amtrak *(plan couleur B2) : 400 E Toole (et 5th Ave). ☎ 520-623-4442 ou 1-800-872-7245. • amtrak.com •* Au total, 3-4 trains/sem pour Los Angeles, Dallas et El Paso.

Adresses et infos utiles

– Le *Tucson Weekly* (pour tout), le *Desert Leaf* (surtout pour la partie nord-ouest de Tucson) et *Zócalo* (pour la vie nocturne) sont des magazines pleins d'infos sur la ville.

ℹ ***Metropolitan Tucson Convention & Visitors Bureau*** *(plan couleur A2) : 100 S Church Ave, dans le centre. ☎ 520-624-1817 ou 1-800-638-8350. • visittucson.org • Lun-ven 9h-17h, w-e 9h-16h.* Plans de ville, brochures touristiques en français et possibilité de téléphoner aux hôtels. Demandez le dépliant *The Presidio Trail* qui permet de faire une balade historique dans le centre-ville.

✉ ***Poste*** *(plan couleur A-B2) : 141 S 6th Ave, Downtown. ☎ 1-800-275-8777. Lun-ven 9h-17h ; fermé le w-e.*

@ ***Internet*** *(hors plan couleur par B1) :* ***Main Library, University of Arizona,*** *1510 E University Blvd. ☎ 520-621-6406. Et à la* ***Pima County Public Library,*** *au 101 N Stone Ave. Lun-mer 9h-20h, jeu 9h-18h, ven 9h-17h, sam 10h-17h, dim 13h-17h.*

Ronstadt Transit Center *(plan couleur A-B2,* ***2****) : à l'angle de Congress St et de 6th Ave. ☎ 520-792-9222. • suntran.com • Trajet env 1,50 $ (transfert inclus). Pass pour 1 j. : env 3,50 $.* Gare routière pour les bus *Sun Tran* qui desservent la ville et ses environs proches. Brochure très détaillée sur l'ensemble des lignes.

Où dormir ?

Contrairement à de nombreux coins du Sud-Ouest américain, la haute saison à Tucson commence grosso modo en janvier pour finir en avril. À partir de mai, la baisse des prix est inversement proportionnelle à la hausse des températures !

Camping

⛺ ***Gilbert Ray Campground :*** *juste avt d'arriver au Desert Museum, sur la gauche en venant de Tucson (lire la rubrique « Dans les environs de Tucson »). ☎ 520-877-6000. • pima.gov/nrpr • Site env 10 $ (2 tentes max), camping-car 20 $. N'oubliez pas de payer, sinon c'est 160 $ d'amende !* En plein désert, parmi des milliers de cactus géants. Sauvage, caillouteux et sans ombre (pas mal d'emplacements libres l'été), mais environnement sublime. Toilettes, lavabos, électricité mais pas de douches. On est cow-boy ou on ne l'est pas... Dans la série *do's and don'ts,* ne pas nourrir les oiseaux et se contenter d'un barbecue dans les grills à disposition, le tout sous surveillance, *of course* !

Bon marché

Tous les *Motel 6, Travel Inn, Quality Inn* ou *Super 8* se situent le long de South Freeway. Depuis l'Interstate 10, prendre la sortie 258. Pas cher, mais environnement déprimant : South Freeway est parallèle à l'Interstate 10. N'y aller que si nos adresses affichent complet.

Road Runner Hostel *(plan couleur B2,* **15***) : 346 E 12th St. ☎ 520-940-7280. • roadrunnerhostel.com • Lit en dortoir 20 $; double 40 $, petit déj compris.* Cette maisonnette ornée de mosaïques, joliment aménagée pour les *road runners* (les routards, quoi), incite vraiment à poser ses valises. Il faut dire que les 3 dortoirs de 6 lits (dont 1 mixte, tous avec parquet et lits en bois) sont très sympas, tout comme le salon TV avec son écran géant et sa collection de cassettes et DVD. Également 4 chambres privées, dont 1 sur place (la préférer, si possible), les 3 autres se situant dans la maison de l'autre côté de la rue (moins d'atmosphère...). Cuisine (ouverte) et laverie *(free soaps !)* à dispo. Bon accueil et bon esprit, plus quelques infos et tuyaux sur la région.

University Inn (plan couleur A1, **11**) : *950 N Stone Ave. ☎ 520-791-7503 ou 1-800-233-8466. • universityinn tucson.com • Tt près du carrefour de Speedway Blvd. Doubles env 50-70 $ (avec 1-2 lits), petit déj léger inclus. Attention, le tarif double pdt certaines manifestations.* Un motel assez banal et plus ou moins bien entretenu, mais qui a le mérite d'être à la fois bon marché et en ville. Chambres sans charme mais correctes, dotées de frigo et de micro-ondes. Piscine en plein cagnard et en bord d'avenue !

De prix moyens à plus chic

Hotel Congress *(plan couleur B2,* **10***) : 311 E Congress, Downtown. ☎ 520-622-8848 ou 1-800-722-8848. • hotelcongress.com • À deux pas du terminal* Greyhound *et de la gare* Amtrak *(bruits nocturnes). Doubles env 75-130 $, moins cher juin-août.* Son nom ne fait pas très western mais c'est un véritable hôtel façon *Old West,* construit en 1919 pour héberger les clients du *Southern Pacific Railroad.* John Dillinger y fit aussi un passage remarqué en 1934 (voir encadré plus haut), ce qui provoqua la seule fermeture de l'établissement en plus d'un siècle d'existence ! Fort bien restauré depuis, il a conservé un charme désuet : superbe radio des années 1940 et chambres rétros avec mobilier Art déco et téléphones de musée ! De plus, l'hôtel compte au moins deux fantômes officiels, c'est vous dire son attrait. Resto, bar et boîte de nuit au rez-de-chaussée qui attirent la jeunesse locale (donc attention aux chambres juste au-dessus !).

Hotel Tucson City Center *(plan couleur A1,* **17***) : 475 N Granada Ave. ☎ 520-622-3000 ou 1-888-784-8324. • hoteltucsoncitycenter.com • Par l'I-10, sortie St-Mary's Rd. Doubles env 45-125 $ selon saison ; ajouter 20 $ pour une suite. Petit déj inclus.* En partie rénové il y a peu, ce gros hôtel de 267 chambres propose, à défaut de charme, un confort standard et un bon équipement : canapé, baignoire, frigo et micro-ondes. Suites « présidentielles » avec jacuzzi dans la chambre. Également un bout de jardin avec une grande piscine et un *hot tub.* Côté services : resto, laverie, *ATM* et *fitness centre.* Bien placé aussi pour attraper l'I-10 ou la Speedway juste à côté...

De plus chic à très chic

The Lodge on the Desert *(hors plan couleur par B1,* **12***) : 306 N Alvernon Way. ☎ 520-320-2000 ou 1-877-498-6776. • lodgeonthedesert.com • Doubles env 110-190 $ et suites 230-370 $ selon saison.* Un peu à l'écart dans un quartier résidentiel, une sorte de village en adobe avec des chambres et des suites regroupées autour d'une piscine, le tout au milieu de la végé-

TUCSON

tation. Chambres très confortables (frigo), certaines dotées de petits patios et la plupart avec cheminée. Les standard sont déjà de bonne taille (mais demander à voir la situation). Piscine et restaurant. *Live music, happy hours,* etc.

Royal Elizabeth B & B *(plan couleur A2,* ***13****) : 204 S Scott Ave. ☎ 520-670-9022 ou 1-877-670-9022. • royalelizabeth.com • Doubles env 170-250 $, petit déj, parking, boissons et tél compris. Ajouter 75 $ pour la 3ᵉ pers ; gratuit jusqu'à 12 ans.* Le nom de ce *B & B* n'est pas de la publicité mensongère : la *Elizabeth House* est une superbe maison à colonnes de 1878 où les boiseries et la décoration distillent une magnifique atmosphère de bonbonnière à l'anglaise. Heureusement, à ce prix-là, nous direz-vous ! Le lieu est également *gay friendly* mais reçoit volontiers les couples hétéros et les familles. Chambres vastes, très élégantes et vraiment cossues. Les TV sont même cachées dans les armoires pour éviter l'anachronisme. Petit déj gourmet (2 plats servis), histoire de bien commencer la journée, avant d'aller tâter l'eau de la jolie piscine dans la courette.

Arizona Inn *(hors plan couleur par B1,* ***16****) : 2200 E Elm St. ☎ 520-325-1541 ou 1-800-933-1093. • arizonainn.com • En arrivant du centre par Speedway Blvd, tourner à gauche dans Campbell Ave et la remonter jusqu'à croiser Elm St (6 blocs plus loin). Doubles env 170-300 $ env selon taille et saison.* Construite en 1930, cette somptueuse villa aux murs roses et volets bleus a conservé le charme qui avait tant plu à lady Roosevelt lors d'une visite officielle dans la région. La salle à manger de style, le piano-bar élégant, ou les vastes chambres aux meubles cossus et dotées de terrasses privées sont déjà dignes d'éloges, mais c'est tout de même l'étonnante bibliothèque qui marque les esprits, avec ses rayonnages anciens, sa cheminée et ses tables sculptées... Le charme de l'ancien (et prix à l'avenant bien sûr), agrémenté comme il se doit d'une piscine, d'un tennis et d'un *fitness center* ! Vous pouvez même vous adonner au croquet. Fait aussi restaurant.

Ranchs

Plusieurs ranchs dans le coin, très chers bien sûr, mais on ne vit qu'une seule fois, et l'expérience est inoubliable ! Hébergement en pension complète avec promenades à cheval matin et après-midi comprises, sans parler de la piscine et des activités sportives. On vous donne un bon plan de routards américains, qui réservent 2 nuits mais profitent des balades équestres pendant 3 jours. Arriver par exemple le lundi matin pour la promenade à cheval, nuits du lundi et du mardi, partir le mercredi après le repas du midi et la chevauchée fantastique de l'après-midi. Débutants bienvenus.

Tanque Verde Ranch *(hors plan couleur par B1,* ***14****) : 14301 E Speedway Blvd. ☎ 520-296-6275 ou 1-800-234-3833. • tanqueverderanch.com • À env 25 miles du centre ; aller tt au bout du bout de Speedway et suivre à gauche la voie privée. Env 195-395 $/pers en pens complète (sf les alcools) selon saison. Ttes les activités (sf le spa) sont incluses dans le forfait journalier. Les enfants paient le même tarif car ils ont leurs propres activités.* Très beau ranch isolé en pleine nature, avec de grandes chambres luxueuses façon *Old West* (poutres apparentes et meubles massifs) et des terrasses donnant sur un chapelet de montagnes hérissées de cactus *saguaro.* Immense salle de restaurant familiale et bonne cuisine copieuse (buffet au petit déj et au lunch, menu le soir). Les promenades à cheval se font très souvent à l'intérieur du Saguaro National Park. Également un lac pour pêcher. Piscines (couverte et découverte), sauna, jacuzzi, 5 courts de tennis, basket, volley-ball et *lounge* avec billard.

Où manger ?

Plein de possibilités dans la fameuse 4ᵗʰ Avenue, le quartier étudiant (University Boulevard, à partir d'Euclid Avenue) et le secteur mexicain.

Bon marché

Epic Café *(plan couleur B1,* ***25****) : 745 N 4th Ave. ☎ 520-624-6844. Tlj 6h-minuit. Petit déj, salades et petits plats env 5-9 $, gâteaux et glaces 2-6 $.* Un petit *coffee shop* de quartier très cool, un peu à l'écart de l'agitation. Plein de jeunes rivés sur leur ordi et quelques anciens en terrasse. On commande au comptoir son petit déj (*omelet bar* le week-end, plus café en *refill*), une salade, une quiche, des lasagnes ou encore un sandwich. On paie et on se relève quand on vous appelle par votre petit nom avant de s'affaler de nouveau dans son fauteuil pour se rassasier. C'est ce qu'on appelle une vie épique par ici ! Bonne petite adresse.

El Torero *(hors plan couleur par A2,* ***20****) : 231 E 26th St (à l'ouest de S 4th Ave). ☎ 520-622-9534. Tlj sf mar 11h-21h (un peu plus tard le w-e). Plats env 6-12 $.* Façade rose décatie à l'écart de la route, derrière laquelle se cache une petite *cantina* mexicaine de quartier tenue depuis 1956 par la même famille. Les fidèles de la première heure se font plus rares, mais les nouvelles générations se satisfont des plats simples et roboratifs de la maison. Goûter au chili con carne ou aux *combination plates (tostadas, chimichangas, burros, tamales).* Bière mexicaine à la pression. Rien d'exceptionnel, on y vient plutôt pour se remplir la panse ou s'abreuver à l'occasion d'une visite du quartier (faire un peu attention le soir).

Pei Wei Asian Diner *(plan couleur B1,* ***21****) : 845 E University Blvd. ☎ 520-884-7413. Tlj 11h-21h30 (22h w-e). Plats env 7-10 $.* Un fast-food asiatique qui propose des plats thaïs, chinois, mongols et malais à prix économiques. On fait son choix sur un grand panneau à l'entrée – les plus épicés sont marqués d'un piment –, on paie et son plateau arrive quelques minutes plus tard.

TUCSON

Prix moyens

El Charro Café *(plan couleur A1,* ***23****) : 311 N Court Ave. ☎ 520-622-1922. Tlj 10h-21h (22h ven-sam). Plats env 7-18 $.* La façade toute jaune date de 1922 et abrite le plus vieux resto-bar mexicain de la région (ce serait même « le plus vieux resto mexicain du pays resté dans la même famille », d'après le patron !). Même si vous mangez au resto, côté façade moderne, allez jeter un œil au vieux café avec son patio à côté, tout en petites pièces décorées de sombreros, de vieux calendriers, de vitraux et de tableaux illustrant les légendes aztèques. À la carte, enchiladas, *burritos, chimichangas, tamales...* La spécialité incontournable est le plat de *carne seca* dont les quartiers sèchent au soleil sur la terrasse. Y passer au moins pour prendre une margarita avec quelques *mariscos* en guise d'apéro. Un conseil, ne vous garez pas à l'angle le long de la ligne rouge, même si c'est à l'ombre : le quartier a l'air vraiment désert mais les PV pleuvent dans le coin !

Cup Café – Hotel Congress *(plan couleur B2,* ***10****) : voir « Où dormir ? ». Tlj 7h-22h (minuit ven-sam). Happy hours 16h30-18h30. Petit déj 6-9 $, plats 8-13 $ le midi, 11-18 $ le soir.* Bistrot avec banquettes et tables en bois, parfait pour se nourrir correctement dans une atmosphère décontractée. On s'installe sous les porte-bouteilles de la petite salle en journée, et en terrasse le soir quand il fait moins chaud. À la carte, salades, sandwichs et burgers au déjeuner, hot dogs, *fish & chips, prime ribs,* saumon ou risotto au dîner.

The Hub *(plan couleur B2,* ***26****) : 266 E Congress St. ☎ 520-207-8201. Tlj 11h-22h pour le resto, snacks et frites jusqu'à minuit (2h jeu-sam). Plats env 7-17 $.* Beau décor, un ancien entrepôt de taxis en brique, avec des cordes tendues du sol au plafond. Beaucoup d'animation en fin de semaine ! À la carte, nombreuses rôtisseries (demi-poulet, *ribs,* steaks, thon) et tous les « inévitables » de la cuisine américaine (salades, sandwichs, burgers et hot dogs). C'est plutôt bon et assez copieux. Enfin, le petit « truc » de la maison qui attire du monde : les glaces, qu'on vient déguster au bar ou à emporter. Souvent un DJ le soir.

Delectables *(plan couleur B1,* ***22****) : 533 N 4th Ave, entre 5th et 6th St.*

☎ 520-884-9289. *Tlj 11h-21h (22h ven-sam), brunch dim 10h-13h. Plats env 8-15 $ le midi, 8-20 $ le soir.* Live music *ven-sam 19h-21h.* Dans ce quartier plein de bars et de restos animés, en voici un au cadre aéré qui propose une cuisine fraîche et variée, traversant les frontières : *houmous, crab cakes,* crêpes, salade grecque, curry de thon, quiches... et même une sélection de fromages ! Les burgers sont à base d'*angus beef,* et il y a même un menu végétarien et un autre sans gluten. Tenu par une équipe souriante.

Chic

Downtown Kitchen & Cocktails *(plan couleur A-B2,* ***27****) : 135 S 6th Ave.* ☎ *520-623-7700. Lunch lun-ven 11h-14h, le soir tlj à partir de 17h,* happy hours *16h-18h. Entrées env 6-15 $, plats 17-25 $, cocktails 8-10 $.* Live music *jeu-sam 22h-1h (petite carte de restauration).* Un peu à l'écart de Congress Street, une grande salle en brique avec un long comptoir, des box et une cuisine ouverte. Clientèle *middle class,* joyeuse d'être là et n'hésitant pas à guincher quand le groupe du jour se met à produire quelques notes en milieu de soirée. Plus étonnant, cette cuisine assez recherchée avec des plats du style canard glacé à la mangue, steak mariné au sésame ou bœuf grillé au café (sic !). Sans oublier les délicieux desserts... parfois truffés de *jalapeño,* le piment mexicain ! Une bonne adresse.

Café Poca Cosa *(plan couleur A2,* ***24****) : 110 E Pennington St.* ☎ *520-622-6400. Mar-jeu 11h-21h, ven-sam 11h-22h. Fermé dim-lun et de mi-juil à mi-août. Résa jusqu'à 21h. Plats env 14-18 $ le midi, 25-27 $ le soir, servis avec salade, riz et fruits.* L'une des tables de référence de la ville. Cadre très élégant (voire un brin tapageur), en rouge et noir, un resto mexicain à la sauce contemporaine. Le menu, inscrit à la craie sur un tableau noir, change tous les jours. Qui sait ce que l'inspiration du chef cuisinier vous réservera ? Mais sachez que l'on vient ici pour déguster une cuisine mexicaine de qualité, souvent inventive, ainsi que de bons steaks américains. Clientèle plutôt huppée.

Où boire un verre ? Où écouter de la musique ?

Traîner dans 4th Avenue, où se trouve la plus grande concentration de restos, boîtes et bars. Quelques repaires et points de repère, comme *Plush* (voir plus bas), le *Sky Bar* ou encore le *Che's Lounge.* Congress Street, dans sa partie est, propose quelques bars musicaux plus underground. Également des groupes de jazz ou de blues au resto *Downtown Kitchen & Cocktails* (voir « Où manger ? ») du jeudi au samedi vers 22h. Sinon, quelques lieux animés sur University Boulevard. Notez le vieux tramway bruxellois qui relie University Boulevard à 4th Avenue le week-end... Enfin, n'oubliez pas d'aller boire un verre en journée dans le quartier mexicain (ou au moins à *El Charro* ; voir « Où manger ? »). Pour les dernières nouveautés, jeter un œil au magazine gratuit *Zócalo.*

Club Congress *(plan couleur B2,* ***10****) : à l'hôtel* Congress *(voir « Où dormir ? » et « Où manger ? »). Petits concerts presque chaque soir (parfois dans le patio) entre 18h30 et 20h-21h. Petit* cover *env 2-5 $.* La petite institution du centre-ville affiche une programmation éclectique, à l'image des gens qui la fréquentent. Bonne atmosphère.

Plush *(plan couleur B1,* ***30****) : 340 E 6th St, angle 4th Ave.* ☎ *520-798-1298. Droit d'entrée env 5 $ en moyenne (max 15 $).* C'est le bar à musique de 4th Avenue. Joli décor avec des banquettes rouges. Concert chaque soir de 21h30 à minuit environ. Excellente animation.

Frog & Firkin *(plan couleur B1,* ***31****) : 874 E University Blvd.* ☎ *520-623-7507.* Un genre de pub anglais dont la principale qualité est sa terrasse qui se remplit comme un bocal à grenouilles le samedi soir quand un *band* local en fait profiter toute la rue. Bières micro-brassées et cidre.

🍸 ♪ ***Gentle Ben's*** *(plan couleur B1,* ***32****) : 865 E University Blvd. ☎ 520-624-4177. Tlj 11h-21h (22h jeu-sam) ; dim 12h-22h.* Vaste pub où les étudiants testent à tour de rôle les nombreuses bières brassées par la maison. On a le choix entre le rez-de-chaussée ou l'étage. Grande terrasse agréable. DJ à partir de 22h le week-end.

♪ ***Rialto*** *: 318 E Congress St. ☎ 520-740-1000. Compter env 20-50 $ selon groupes.* C'est la salle de concerts de Tucson. Programmation très éclectique. Souvent pas mal de monde.

À voir

Arizona State Museum *(plan couleur B1) : dans l'université. ☎ 520-621-6302. • statemuseum.arizona.edu • Accès par l'entrée à l'extrémité de University Blvd E. 1er bâtiment à gauche. Tlj sf dim 10h-12h30, 13h-17h. Entrée : 5 $; réduc.* Remarquable petit musée, entièrement consacré aux cultures des Indiens du sud-ouest des États-Unis. Sont évoquées successivement, sous le nom de « *The Paths of Life* », l'origine, l'histoire et la vie actuelle d'une dizaine de communautés, les unes connues, les autres beaucoup moins. Intelligent et très complet (intéressante sélection d'objets, mannequins, vidéos...).

University of Arizona Museum of Art *(plan couleur B1) : 1031 N Olive Rd, à l'angle de Speedway et Park Ave (le bâtiment se trouve au centre du pâté de maisons). ☎ 520-621-7567. • artmuseum.arizona.edu • Tlj sf lun 9h-17h, w-e 12h-16h. Entrée : env 5 $.* Ce petit musée abrite une petite collection d'art européen. Quelques primitifs italiens, puis des œuvres de la Renaissance, de Tiepolo, Tintoretto, Carpaccio. À noter, le retable de la cathédrale de Rodrigo, en Espagne, du XVe s, au style gothique tardif réalisé par les ateliers de Fernando Gallego et Maestro Bartolomé. Plus proche de nous, des sculptures de Picasso, quelques œuvres de Munch, Kandinsky, Léger, Dalí, Tanguy, Calder, Beckmann, Nolde, Hartung, Rothko... Enfin, quelques Américains (Hopper, Pollock, Liechtenstein, Georgia O'Keeffe...). Mais le musée est surtout connu pour sa soixantaine de Lipchitz, un des plus grands sculpteurs de l'Art déco. Nombreuses expos temporaires.

Juste en face, ***Center for Creative Photography*** *: ☎ 520-621-7968. • creativephotography.org • Tlj 9h-17h, w-e 13h-16h. Gratuit (donation suggérée).* Énorme fonds d'environ 4,5 millions de photographies alimenté par plus de 200 photographes, ce qui en fait le plus important d'Amérique du Nord. Propose régulièrement d'excellentes expositions photos, appréciées des amateurs comme des professionnels.

Arizona History Museum *(plan couleur B1) : 949 E 2nd St. ☎ 520-628-5774. • arizonahistoricalsociety.org • Tlj sf dim 10h-16h. Entrée : env 5 $; gratuit le 1er sam du mois.*
Ce grand musée présente de façon ludique l'histoire de l'Arizona, de la conquête espagnole à nos jours. Plein d'anecdotes intéressantes (comme les premiers médecins arrivés avec l'armée, qui finissaient par s'installer dans l'hôtel du coin avec une poignée d'instruments préhistoriques). Des sections thématiques bien ficelées : une vieille diligence et une magnifique Studebaker 1929 (utilisée par le shérif du Pima County) évoquent les transports. On apprend que la première voiture est arrivée en Arizona... en train, et que l'armée a essayé d'acclimater des dromadaires ! Quelques belles reconstitutions : un ranch en 1870, une mine comme si on y était et l'histoire des luttes sociales, les habitats indiens, espagnols et européens fin XIXe s, un cabinet de dentiste...
Une annexe du musée se trouve dans Downtown au 140 North Stone Avenue, dans l'immeuble de la *Wells Fargo* *(ouv mar-ven 10h-16h ; entrée : 3 $, réduc, gratuit le 1er ven du mois).* Documents photographiques sur l'histoire de la ville (dont l'arrestation de John Dillinger), boutique de barbier, *lobby* de vieil hôtel.

Barrio Viejo *(Barrio Historico ; plan couleur A-B2)* **:** le quartier des maisons mexicaines, souvent en adobe et parfois en cours de restauration. On y parle l'espagnol bien sûr, on y mange des *burritos* et des enchiladas, on y joue parfois de la trompette comme dans *Rio Bravo*... Le vrai *barrio,* celui des Latinos, est en lisière de la partie historique, on y croise des Chicanos qui vont aux concours de *low riders,* dont le but est de lever le plus haut possible les roues avant des voitures...

PAS TRÈS CATHOLIQUE

El Tiradito, 400 S Main Ave, dans le Barrio Viejo, est un autel à ciel ouvert avec un mur en guise de retable, des cactus et des bougies. La légende dit que l'homme enterré sur place au début du XIXe s avait eu une liaison avec sa belle-mère... avant d'être assassiné par son beau-père. L'Église refusant de lui accorder une place au cimetière, il fut inhumé ici, ce qui n'empêcha pas un culte de naître, les fidèles souhaitant expier sa faute par leurs prières. Résultat, c'est le seul culte catholique du pays non consacré, qui en plus est dédié à un pécheur !

4th Avenue *(plan couleur B1-2)* **:** *vers 5th et 8th St.* Au cœur du *University District,* une flopée de boutiques d'antiquités, importations mexicaines, dépôts-ventes et de bric-à-brac sympa comme tout. Un ancien tramway bruxellois tout jaune la parcourt le week-end.

El Presidio *(plan couleur A1-2)* **:** construit en 1775 par un Irlandais au service de l'armée espagnole, le fort *Presidio San Agustin* a aujourd'hui disparu (à l'exception d'une section de remparts) mais a laissé son nom en héritage... Le quartier rassemble de nombreuses demeures du XIXe s, alignées le long de ravissantes rues très paisibles et bordées de jardinets bien entretenus. Un endroit idéal pour flâner loin des avenues tonitruantes et visiter les boutiques d'artisanat de *Old Town Artisans* situé 201 North Court Avenue. Procurez-vous la brochure du *Presidio Trail.*

Tucson Museum of Art *(plan couleur A2)* **:** *140 N Main Ave, à l'angle d'Alameda. ☎ 520-624-2333. • tucsonmuseumofart.org • Tlj sf lun-mar 10h-17h, dim 12h-17h, jeu nocturne jusqu'à 20h. Entrée : env 10 $; réduc ; gratuit 1er dim du mois.* Situé dans le quartier d'El Presidio, ce musée présente des collections d'art latino-américain, à savoir précolombien, mexicain (en papier mâché) et colonial espagnol. Également des peintures américaines. Une aile entière est consacrée à l'art contemporain avec, régulièrement (le fonds tourne), des œuvres de Matisse, Marino Marini, Calder, Botero ou encore Matta. Nombreuses expositions temporaires, de qualité variable, notamment une expo d'art chinois jusqu'en 2014. Le billet donne accès à deux vieilles demeures restaurées. La *Casa Cordova,* tout en adobe, donne quelques explications sur les origines du quartier. La *Corbett House,* quant à elle, présente un intérieur 1900 soigneusement reconstitué mais elle ne se visite que le mardi matin d'octobre à avril ou sur rendez-vous (visite guidée).

DANS LES ENVIRONS DE TUCSON

Il faut aller en priorité au Saguaro National Park, divisé en deux vastes réserves situées de part et d'autre de la ville. La partie est rassemble plus de sentiers de randonnée (possibilité de camper après avoir obtenu une autorisation), mais la partie ouest est la plus facilement accessible et propose une *Scenic Drive* séduisante.

Saguaro National Park (West) : *à env 15 miles à l'ouest de la ville. Depuis l'I-10, en venant de Phoenix, sortir à Aura Valley Rd. Du sud, prendre l'I-19 vers le nord et tourner vers l'ouest par la route 86. De Tucson, prendre la Speedway vers l'ouest (attention, route interdite aux camping-cars). Entrée : env 10 $/véhicule* *(valable 7 j.) ou 5 $/piéton. Pass annuel des parcs nationaux accepté.* On traverse un paysage de plaine doucement vallonné qui s'étale au pied des monts de Tucson. De mai à juin, les cactées se parent de fleurs blanches, jaunes, rouges, souvent discrètes et qui invitent à la contemplation. Le parc propose plusieurs itinéraires de longueur très variable, d'où l'utilité de demander la carte détaillée des chemins de rando. Si, hélas, vous n'avez pas beaucoup de temps, vous pouvez toujours vous contenter de petits sentiers (Desert Discovery Nature, une boucle de 0,5 mile qui démarre à 1 mile du *Visitor Center* et *Cactus Garden Trail* qui part du *Visitor Center*). Dans tous les cas, ne ratez pas le *Bajada Loop Drive* qui démarre à 1,5 mile du *Visitor Center.* La piste serpente sur 5 miles le long d'oueds arides, escalade les flancs de collines desséchées et caracole sur les crêtes. En chemin, laisser la voiture au panneau « *View Trail* » et suivre le sentier jusqu'à une crête voisine : formidable point de vue sur Valley View, la plaine en contrebas, hérissée de *saguaros.* Pas mal de films et séries TV ont été tournés dans le coin *(Les Mystères de l'Ouest, La Petite Maison dans la prairie).* Pour retourner à Tucson, emprunter impérativement *Gate Pass Road* (intersection près des *Old Tucson Studios*). Elle offre de superbes points de vue sur des forêts de *saguaros...* Le genre de panorama qui laisse des souvenirs impérissables, au moment du coucher du soleil, par exemple.

LE MONDE ENTIER... EST UN CACTUS

Le nom du parc vient évidemment du célèbre saguaro, *cet impressionnant cactus qui est devenu l'emblème de l'Arizona. Sa croissance est très lente et certains spécimens peuvent dépasser 200 ans et 12 m de hauteur ! Leurs troncs sont d'ailleurs souvent creusés par des pics* Gila, *des oiseaux locaux dont les nids sont systématiquement réoccupés après leur départ par la chauve-souris brune, l'hibou « elf », ou encore différentes espèces d'oiseaux. D'où leur surnom de* cactus hotel *!*

Visitor Center des Red Hills : *sur Kinney Rd. ☎ 520-733-5158. • nps.gov/sagu • Tlj 9h-17h.* Beaucoup d'infos, de bouquins, expos intéressantes et très belle vidéo (écouteurs disponibles en français). Demander la brochure en français. Balades en compagnie d'un ranger d'octobre à mars.

Arizona Sonora Desert Museum : *2021 N Kinney Rd. ☎ 520-883-2702. • desertmuseum.org • À 2,5 miles après le Visitor Center, sur la même route. Tlj 7h30 (8h30 oct-fév)-17h, nocturne sam 22h en été ; caisse fermée 45 mn avt. Visites guidées et présentations d'animaux (reptiles, rapaces) tlj. Entrée : env 12 $ (juin-août)-14,50 $ (sept-mai) ; réduc ; gratuit jusqu'à 5 ans. Conseillé de venir le plus tôt possible, car les animaux sont plus actifs le mat. Compter une ½ journée de visite ; plan (et crème solaire !) disponibles à l'entrée.* Comment peut-on faire un musée du Désert puisque, paraît-il, il n'y a rien dans un désert ? C'est évidemment faux. Vous serez étonné d'apprendre que 1 300 espèces d'animaux sauvages, de serpents et d'oiseaux peuplent ces immenses étendues caillouteuses, sans oublier la flore. À mi-chemin entre un zoo et un jardin botanique, le *Sonora Desert Museum* en présente une très grande partie. Ça commence par le vivarium et ses fascinants serpents du désert, entourés de quelques scorpions, mygales et autres scolopendres. Un petit parcours géologique agrémenté de différents cactus vous entraîne dans une grotte fraîche et humide où pendent de beaux stalactites. Dans la section *Ancient Arizona,* on vous conte l'histoire géologique de la planète, et de l'Arizona en particulier, avant de vous émerveiller avec une collection de pierres précieuses exposées sur fond noir. Revenu à la dure lumière du jour, on fait le tour des animaux. En dehors des heures chaudes (d'où la nécessité de venir tôt le matin), possibilité d'apercevoir un puma, des ours noirs ou encore un loup mexicain. Surtout, ne manquez pas les chiens de prairie, absolument drôlissimes, un spectacle à eux seuls. Exposition sur les différents habitats et sols du désert (avec une « boîte à serpent » censée reproduire le son du serpent à sonnette) avant d'attaquer un petit parcours de 0,5 mile en plein cagnard afin de tester votre résistance au désert sous la menace des coyotes et des pécaris... Après une boisson fraîche bien méritée au *Café Cottonwood,* on découvre les jardins : l'*agave garden,* le *cactus garden* et le *labyrinth garden,* qui donnent une bonne idée de la flore capable de résister dans un environnement aussi hostile. Le *Riparian Corridor* et le tunnel de l'*Underwater Viewing* sont bien gentils mais on prendra plutôt des nouvelles du beau *desert bighorn* (mouflon du désert) avant de venir se reposer dans l'immense volière habitée par 40 espèces d'oiseaux. On prend alors le temps de les écouter, assis sur un banc au bord d'un charmant cours d'eau reconstitué... Enfin, une autre volière à ne pas manquer, celle des *hummingbirds,* les colibris, ces adorables oiseaux qui ne mesurent pas plus de 5 à 13 cm et agitent leurs ailes entre 12 et 90 fois par seconde selon les espèces (d'où leur nom anglais tiré du mot *hum,* soit « bourdonnement »)... Ils sont également capables de voler à reculons ! Vraiment un parc magique, à ne manquer sous aucun prétexte. Self et resto sur place.

Old Tucson Studios : *201 S Kinney Rd. ☎ 520-883-0100. • oldtucson.com • À env 12 miles de Tucson, peu avt la partie ouest du Saguaro National Park. En principe, juin-sept ouv slt ven-dim, 4 juil et Labor Day 10h-18h ; printemps-automne, tlj 10h-18h ; consulter le site internet hors saison. Entrée : env 16,95 $; réduc ; après 16h, réduc ou ticket valable le lendemain. Visite guidée possible avec P. J. Lawton, auteur du livre de référence sur le site. Prendre la brochure avec les horaires des shows.* Reconstitution fidèle par la Columbia (en 1939) d'une petite ville de l'Ouest de la fin du XIXe s. Tous les décors ont servi dans plus de 300 westerns (et téléfilms) parmi les plus célèbres. Le premier fut *Arizona,* en 1939, puis il y eut *Rio Bravo, El Dorado, Joe Kidd, Josey Wales hors-la-loi* et *Tombstone,* entre autres. Tout y est : la rue typique avec banque, prison, saloon, église... En partie ravagés par un terrible incendie en 1995, les studios ont été reconstruits à l'identique et ont pu tenir leur rôle lors du tournage de *Wild Wild West* en 1997 (avec Will Smith et Kevin Kline). Ils servent depuis de parc d'attractions : l'hôtel de ville accueille un petit musée intéressant sur l'histoire des studios, on visite une mine hantée, le petit train balade les familles dans le désert et des comédiens se mitraillent en pleine rue, à l'ancienne mode. Les méchants sont même pendus haut et court en place publique ! Resto, snacks et tout le toutim sur place.

Pima Air and Space Museum : *6000 E Valencia Rd. ☎ 520-574-0462. • pimaair.org • Prendre la 10 E, la Valencia Exit, puis faire env 2 miles. Tlj 9h-17h (caisse fermée à 16h). Entrée : juin-oct, 13,75 $; nov-mai, env 15,50 $; réduc. Pour la visite de l'AMARG, compter 7 $ de plus et 6 $ de plus pour le petit tram touristique (avec explications en anglais, bien fait et instructif ; en principe, départs à 10h, 11h30, 13h30 et 15h, mais vérifiez).* Comment rester insensible à ces avions sagement alignés sur le tarmac surchauffé ? Dans un parfait état de conservation, ces 250 appareils présentent une histoire grandeur nature de l'aviation, depuis les années héroïques des chevaliers volants jusqu'aux fusées de la NASA bourrées de technologies ultra-sophistiquées. Avions postaux, avions hybrides, avions de ligne (une *Caravelle* française), un *Air Force One* des années 1960 utilisé par Kennedy et Johnson, des modèles de légende comme les forteresses volantes B-17 et B-29 de 1941-1945 ou l'avion espion de la guerre froide *SR-71 Blackbird.* Les hélicoptères et bien sûr les chasseurs et bombardiers occupent le terrain tandis que différents hangars complètent la balade en offrant des études thématiques sur la technologie, ou certaines époques spécifiques comme la conquête de l'espace dans le *Space Exploratorium* avec une capsule Apollo, un véhicule d'exploration du sol de Mars et même un échantillon de roche lunaire.

En complément du *Pima,* les mordus prendront place pour 1h de balade dans un bus *(lun-ven, « first come first served » ; ID avec photo requise)* qui, en pénétrant dans la base aérienne voisine de l'*AMARG*, appelée aussi **Boneyard,** permet de se promener au milieu de l'incroyable spectacle de milliers de zincs de toutes tailles alignés comme des parterres de bégonias et emballés comme des momies égyptiennes, et qui servent de réserve stratégique à l'US Air Force (ils sont tous en état de marche) ou de stock de pièces de rechange. Le choix de ce site par les militaires se justifie par l'atmosphère particulièrement sèche de cette plaine qui évite donc les problèmes de corrosion. Cela dit, une bonne compréhension de l'anglais est indispensable, de même qu'une bonne dose de patience (on reste à bord du bus climatisé), le guide, pilote retraité, s'arrêtant cinq bonnes minutes pour détailler en spécialiste chaque modèle d'avion avec force de détails techniques plutôt soporifiques.

Autre possibilité avec la visite du *Pima*, le ***site de lancement des fusées Titan :*** *1580 W Duval Mine Rd, à **Sahuarita,** Green Valley. ☎ 520-625-7736. • titanmissilemuseum.org • À 25 miles env au sud de Tucson, sur l'I-19 Sud, sortie 69. Tlj 8h45-17h (17h30 nov-avr). Tour guidé (1h) 9h-16h (16h30 nov-avr) : juin-oct, env 8,50 $; nov-mai, 9,50 $; réduc.* C'est le seul musée au monde dans son genre. Base de lancement des missiles ICBM, les plus gros jamais fabriqués par les États-Unis. Désarmés depuis la fin de la guerre froide, on frissonne quand même rétrospectivement face au déclenchement simulé d'une fusée dont la charge nucléaire pouvait vitrifier en une seule fois une ville à 15 000 km de son point de lancement...

Sabino Canyon : *à env 20 miles au nord-est de Tucson. ☎ 520-749-2861. • sabinocanyon.com • Pour motorisés slt, car assez loin. Prendre l'East Speedway jusqu'à Wilmot, tourner au nord et suivre les indications « Sabino Canyon ». Tlj 9h-16h (16h30 de mi-déc à juin et le w-e tte l'année). Parking : 5 $. Promenade en petit train : 8 $. Départs ttes les heures lun-ven et ttes les 30 mn le w-e.* Il s'agit d'un petit parc national qui se singularise par son canyon. Plusieurs sentiers pédestres, mais la plupart des visiteurs choisissent la petite promenade en train de 45 mn qui s'enfonce sur 4 miles environ dans le canyon. Agréable, mais éviter les grosses chaleurs du milieu de journée. Un deuxième minibus mène les randonneurs au départ de plusieurs sentiers de balade et les reprend au retour. Bon, le canyon n'est pas le plus inoubliable de l'Ouest américain, mais, si vous disposez d'un peu de temps, la balade n'est pas désagréable.

La mission San Xavier del Bac : *à env 10 miles au sud de Tucson. ☎ 520-294-2624. • sanxaviermission.org • Prendre l'I-19, sortie 92. Depuis l'autoroute, au niveau de la sortie, on voit au loin cette blanche mission au milieu du désert. Suivre San Xavier Rd, c'est fléché. Tlj 7h-17h (église), messe à différentes heures selon saison ; musée ouv 8h-16h30. Gratuit.*

Située sur la réserve indienne des Tohonos O'odham, cette mission espagnole surnommée « la Colombe blanche » est considérée comme l'une des plus belles des États-Unis.

Si la mission fut fondée en 1692 par les jésuites, ce sont les franciscains qui en assument la responsabilité depuis 1768 et sont à l'origine de la construction de l'église à la fin du XVIIIe s. Son architecture est un doux mélange d'influences byzantine, mauresque et Renaissance qui lui confère curieusement une certaine unité. Ses fresques intérieures furent restaurées par des artistes ayant participé à la rénovation de la chapelle Sixtine. À l'entrée du chœur, deux lions, offerts par une famille espagnole à la fin du XVIIIe s, font la causette. À noter encore, dans le transept de gauche, un saint François-Xavier en bois où les fidèles accrochent des ex-voto. Le petit musée permet d'en apprendre un peu plus sur les missions jésuites et donne l'occasion de jeter un coup d'œil au joli cloître lumineux. Vaut le détour.

En décembre, on fête saint François-Xavier durant 3 jours avec plusieurs processions.

Amerind Foundation : *à env 1h à l'est de Tucson par l'I-10, sortie 318, Dragoon Rd, et faire encore 1 mile. ☎ 520-586-3666. • amerind.org • Mar-dim, 10h-*

16h. Fermé lun et j. fériés. Entrée : env 8 $; réduc. Photos interdites. Certes, ce musée est un peu paumé entre Benson et Willcox et ne vaut pas le *Heard Museum* de Phoenix. Mais la sincérité de sa démarche et la géologie particulière de la région (notez ces insolites rochers ronds dans le paysage) valent bien une petite visite si vous passez dans le coin. Fondée dès 1937 par William Shirley Fulton, sa fondation s'est toujours intéressée aux *Native Peoples,* comme on appelle les Indiens par ici. Au rez-de-chaussée, poteries *moche* et *chimu,* jarres et paniers apaches et petite section archéo avec poteries à l'effigie d'humains et d'animaux. À l'étage, beaux bijoux et habits traditionnels apaches, dont une tenue brodée de drapeaux américains, des mocassins, pipes, sacs brodés, fétiches, porte-bébés et de superbes ceintures. Quelques œuvres contemporaines de Michael Kabotie (Lomawywesa, en hopi) et Mata Ortiz. Également une galerie d'art (notez la porte d'une chapelle mexicaine du XVIIe s) avec, entre autres, des portraits de la famille du fondateur.

Kartchner Caverns State Park : *à env 50 miles de Tucson vers le sud. Prendre l'I-10, sortie 302 puis la route 90. ☎ 520-586-2283 ou 4100. • azstateparks.com/parks/kaca • Tlj 7h30-18h, dernière visite à 16h40. Résa conseillée. Droit d'entrée dans le parc : 6 $/véhicule (gratuit pour ceux qui partent en visites guidées) et visites de la grotte env 23 $/pers ; réduc. Visite guidée de 1h, départ ttes les 15 mn.* L'une des grottes les plus impressionnantes du coin, on pense qu'aucun être humain ne l'avait contemplée avant sa découverte dans les années 1970. Compter 3h pour une visite complète. Prises de vue interdites.

Manifestations

- ***Gem, Mineral & Fossile Showcase :*** *fin janv-début fév, dans tte la ville.* Gigantesque salon consacré à la minéralogie et aux pierres fossiles. L'exposition attire 55 000 visiteurs provenant d'une vingtaine de pays.
- ***Tucson Rodeo*** *(fiesta de los Vaqueros)* **:** *mi-fév, pdt 1 sem. 4823 S 6th Ave. ☎ 520-294-1280 ou 520-791-4873. • tucsonrodeo.com •* Démonstration et compétition de rodéo.
- ***Tucson Folk Festival :*** *1er w-e de mai. • tkma.org •* Festival de Musique populaire organisé par la *Tucson Kitchen Musicians Association.* Concerts, ateliers d'artistes, stands de cuisine locale et spectacles pour enfants.
- ***All Souls Procession :*** *à la Toussaint, nov. • allsoulsprocession.org •* C'est la fête des Morts inspirée par la tradition mexicaine. En général, 20 000 personnes y prennent part chaque année.

TOMBSTONE

1 200 hab.

À 65 miles au sud-est de Tucson par l'I-80 et à 30 miles de la frontière mexicaine. Tombstone, ancienne cité minière, est devenue célèbre grâce à la fusillade d'O.K. Corral le 26 octobre 1881. Aujourd'hui, c'est une bourgade minuscule... devenue architouristique. On peut se contenter d'y passer la journée, voire une demi-journée, afin de s'amuser du décor de western savamment entretenu. Mais les amateurs d'authenticité iront plutôt dormir à Bisbee.

Après la découverte du précieux métal argentifère et la fameuse fusillade, Tombstone connut deux coups durs : l'inondation des mines en 1887 puis, plus proche de nous, le transfert du palais de justice à Bisbee en 1929. Pourtant, Tombstone ne fut jamais une ville fantôme. Malgré la fermeture des

mines, elle végéta, certes, mais survécut, ce qui explique le bon état des bâtiments. Quelques fusillades « pour rire » égaient encore la rue principale, des types déguisés en cow-boys et en shérifs déboulent dans les saloons avec leur colt et se font servir des verres par des serveuses en tenue légère et néanmoins d'époque (on parle bien des tenues légères). Pas mal d'effervescence dans la journée, mais passé 17h30 et la fermeture des boutiques, tout s'évapore. Tombstone devient pour le coup une vraie ville fantôme.

PIERRE TOMBALE, UN NOM PRÉDESTINÉ !

Tombstone fut fondée en 1879 par un prospecteur d'argent, Ed Schieffelin, à qui on avait dit : « N'allez pas par là, vous n'y trouverez qu'une pierre tombale. » Il y découvrit un riche filon, attira d'autres mineurs et baptisa ironiquement l'endroit « Pierre Tombale ». La ville devenue importante, un publicitaire entreprenant y fonda le premier journal, qu'il nomma, tout naturellement... L'Épitaphe. *Enfin, la fameuse fusillade d'O.K. Corral, qui fit 3 morts, acheva de refermer le cercueil !*

RÈGLEMENT DE COMPTES À O.K. CORRAL !

Ce fameux et authentique épisode de l'histoire de l'Ouest se déroula le 26 octobre 1881. Il fut immortalisé par de nombreux films, dont *La Poursuite infernale* de John Ford (avec Henry Fonda et Victor Mature), *Règlement de comptes à O.K. Corral* de John Sturges (avec Kirk Douglas et Burt Lancaster), *Doc Holliday* de Frank Perry (avec Stacy Keach) et, plus proche de nous, *Tombstone* (avec Kurt Russell et Val Kilmer) et *Wyatt Earp* (avec Kevin Costner). Le shérif Wyatt Earp, ses deux frères Virgil et Morgan ainsi que Doc Holliday (dentiste alcoolique et tuberculeux, devenu aussi une légende) étaient partis pour arrêter les frères Clanton et les MacLaury, connus pour leurs actes de banditisme et leur propension à semer le trouble. Sommés de déposer leurs armes, les mauvais garçons dégainèrent. La fusillade dura à peine 30 s. Deux frères MacLaury furent transformés en flûtes à six trous. Trois membres du groupe Earp furent blessés plus ou moins légèrement. Un des frères Clanton expira peu après, non sans avoir demandé à quelqu'un de lui enlever ses bottes, car il avait promis à sa maman de ne pas être enterré avec ! Le shérif Wyatt Earp, contre toute attente, mourut dans son lit en 1929, à Los Angeles, à l'âge de 80 ans. Entre-temps, il avait, il est vrai, changé de métier et était devenu agent immobilier.

LA BELLE ET VÉRITABLE HISTOIRE DE RUSSIAN BILL

Russian Bill, un grand moustachu blond dégingandé, tiré à quatre épingles et soucieux des belles manières, apparut un beau jour de 1880 à Tombstone, un colt rutilant au côté. D'emblée, il singea les hors-la-loi, dont il utilisait le langage et les attitudes. Il s'acoquina avec les pires crapules de la ville, notamment Curly Bill, un bandit notoire. Il soignait les blessés de la bande, leur offrait gîte et couvert, bref, faisait tout pour se faire accepter dans le milieu. Las, Curly Bill lui conseilla un jour d'arrêter de faire le pitre car il ne serait jamais un hors-la-loi. Déçu, Russian Bill partit au Nouveau-Mexique et rejoignit la bande de Zeke Murillo, un autre bandit célèbre. Mais là non plus, il n'apparut pas crédible, et on se moqua de lui.
Profondément dépité, il décida d'agir seul désormais. Il commença par voler un cheval, mais, comme il était resté dans la région, la bête fut vite reconnue et le shérif l'arrêta. Russian Bill passa donc sa première nuit de voleur de chevaux à la prison de Shakespeare, en compagnie de Sandy King, un tueur patenté. Ils furent jugés et condamnés à la pendaison dans la salle à manger du grand hôtel de la ville. Jamais exécution ne perturba autant les braves gens. Russian Bill était hilare

et remerciait les bourreaux et la foule avec une politesse raffinée. Pouvaient-ils deviner qu'il réalisait enfin son rêve : être reconnu comme un vrai *outlaw* (hors-la-loi) ! Quelque temps après, on sut qu'il s'appelait de son vrai nom William Tattenbaum et qu'il venait d'une des plus grandes familles d'aristocrates russes.

Adresses utiles

Visitor Center and Chamber of Commerce : *à l'angle d'Allen et 4th St. ☎ 520-457-3929. • cityoftombstone.com • tombstonechamber.com • lun, mer et ven 10h-16h.* Très bon accueil. Bonne documentation. Plan de la ville (pas bien grande !).

✉ **Poste :** *poste principale excentrée dans Safford St, à l'entrée nord de Tombstone, quelques centaines de mètres après Boothill Graveyard. Lun-ven 8h30-17h. Sinon, possibilité d'expédier son courrier depuis la* **pharmacie** *d'Allen St, à côté de la* Bank of America. *Tlj sf dim 9h30-17h30.*

■ **Bank of America :** *Allen St, entre 5th et 6th St. ☎ 520-457-2213. Lun-jeu 9h-17h, ven 9h-18h.* Distributeur d'argent à l'intérieur.

■ **Stations-service :** *la station de l'***Apache Market,** *à l'angle de Fremont St et de 10th St, est la moins chère. Sinon,* **station K** *à l'entrée nord de la ville, avt le cimetière.*

■ **Laverie :** *juste à gauche de la* station-service K, *à l'entrée nord de la ville.*

Où dormir ?

Pas beaucoup d'adresses passionnantes dans le village, mais il n'est pas indispensable de dormir sur place. Ceux qui sont à la recherche de charme et d'authenticité pousseront jusqu'à Bisbee. Comme il peut faire très chaud pendant l'été dans cette région (mais moins chaud qu'à Tucson et Phoenix), la basse saison s'étire de juin à août. Les prix culminent de février à avril.

Camping

Tombstone RV Park & Campground : *1475 N Hwy 80, à env 1 mile de la ville en arrivant de Tucson, sur la droite. ☎ 520-457-3829 ou 1-800-348-3829. • tombstone-rv.com • Ouv tte l'année. Tente env 23 $, camping-car 35 $, cabin en bois 40 $.* Vaste et bien aménagé, mais emplacements caillouteux et sans ombre. Quelques petits bungalows en bois côté route, avec une balancelle sous la véranda. Sanitaires avec douches, laverie, épicerie, barbecue, tables de pique-nique, aire de jeux pour les enfants... et piscine (de mai à octobre). Également une *Pizza House.* Accueil sympathique.

Bon marché

Trail Rider's Inn : *13 N 7th St, perpendiculaire à Fremont St. ☎ 520-457-3573 ou 1-800-574-0417. • trailridersinn.com • Doubles env 60-75 $. Bunkhouse 90-120 $.* Une fois n'est pas coutume, un petit motel qui fait preuve de personnalité avec ses bâtiments de brique qui cernent une courette fleurie agrémentée de bibelots. Chambres à l'ancienne mais confortables qui cadrent bien avec l'atmosphère rétro de Tombstone. La nº 4 n'est pas mal du tout avec son gros lit rustique. Évitez en revanche la nº 17, très confinée. Petite piscine, spa et barbecue bienvenus en période estivale. Laverie. Comme son nom l'indique, fréquenté par les motards. Bon accueil.

Tombstone RV Park Campground : *voir ci-dessus. Propose aussi des chambres style motel (cow-boy suite env 60 $).*

Prix moyens

Larian Motel : *sur Fremont St, entre 4th et 5th St. ☎ 520-457-2272. • tombstonemotels.com • Dans la rue principale quand on arrive. Doubles env 75-90 $.* Petit motel convivial, réunissant une poignée de chambres simples mais correctes et bien équipées qui portent les noms des protagonistes d'O.K. Corral.

De prix moyens à plus chic

Bordello B & B : *107 W Allen St. ☎ 520-457-2394. • tombstonebordello.com • À l'entrée nord de Tombstone, en venant de Tucson, tourner à droite dans le virage. Doubles env 80-130 $ selon confort et saison, petit déj copieux.* Comme son nom le suggère, cette jolie maison en bois de 1881 en était un. Quelques vieux objets dans la vitrine du salon en témoignent. Quant aux 10 chambres, elles sont vraiment impeccables, coquettes et confortables. Citons par exemple *Soiled Dove,* la plus petite et la moins chère, *Ladies of Sin* avec son baldaquin, *Minor's Cabin* avec sa cuisine et *Madam's Quarters,* indépendante, avec une grande salle de bains. Très agréables aussi, la moquette épaisse de la salle de petit déj mais surtout le jardinet avec une tonnelle, une adorable piscine, un *hot tub,* plus barbecue et terrasse. L'adresse la plus agréable de la ville.

Landmark Lookout Lodge : *à 1 mile env avt la ville, sur la droite. ☎ 520-457-2223 ou 1-877-OKCORRAL. • bestwesterntombstone.com • Doubles env 95-130 $, petit déj compris.* Situé sur une petite colline qui offre une belle vue sur la plaine. Hôtel de chaîne de bon niveau, avec une quarantaine de chambres standardisées à la propreté irréprochable. On accède à la salle de bains par une porte façon western, *of course.* Petit jardinet coquet où il est difficile de ne pas se poser au coucher du soleil. Piscine.

Où manger ?

The Depot Steakhouse : *60 S 10th St. ☎ 520-457-3404. Mer-jeu 16h-20h30, ven 16h-21h30, sam 12h-21h30 et dim 12h-20h30. Fermé lun-mar. Burger et sandwich env 9 $, viandes 17-26 $.* Un peu en dehors du *circus westernicus,* cette adresse fréquentée par les habitants de Tombstone a le mérite de proposer une restauration digne de ce nom. Excellents steaks découpés dans tous les morceaux du bœuf. On a un faible pour le *ribeye,* énorme et fondant ! Pour les petits budgets, burgers et sandwichs fort bons, plus un excellent cheese-cake pour finir. La salle de resto est plutôt élégante (on dirait de l'adobe) mais on lui préfère la partie bar, plus animée, avec ses habitués. Si vous êtes par là un dimanche, vous verrez sans doute les vieux de la ville chantonner à l'occasion du karaoké... Pas de doute, le Tombstone authentique est ici.

Big Nose Kate's Saloon : *417 E Allen St. ☎ 520-457-3107. Tlj 10h-20h (22h w-e) pour la cuisine ; 22h (minuit w-e) pour le bar. Plats env 8-10 $.* Le plus Far West et le plus touristique des bistrots de la rue, avec souvent une « animation musicale Old West » (façon variétoche, au clavier !) pour le déjeuner et des concerts de country le soir, dans un décor de comptoir à l'ancienne et de faux vitraux d'antan. Les cow-boys accoudés au zinc et les serveuses en tenue d'époque achèvent de reconstituer tant bien que mal ce qu'on est venu y chercher... Cerise sur le gâteau, on y passe en boucle un célèbre western et on peut même s'y faire pendre... pardon, « prendre », en photo, la corde au cou ! Au sous-sol, le fantôme du *swamper* solitaire hante toujours sa mine comme pour mieux la protéger. On y grignote salades, pizzas, sandwichs et burgers. Juste correct.

Où boire un verre ? Où écouter de la musique ?

Big Nose Kate's Saloon : *voir « Où manger ? ». Ouv jusqu'à 22h lun-ven et minuit le w-e. Live music ven-sam 19h-23h.* On peut y aller à n'importe quel moment de la journée, il y a toujours du monde. Y passer au moins une fois pour le côté kitsch de l'endroit. Un tour aux toilettes pour gentlemen vous éclairera sur l'usage que l'on fait de la glace...

Crystal Palace : *lire « À voir. À faire ». Ouv jusqu'à 22h ou 23h lun-ven et 1h sam. Live music ven-sam 20h-minuit.* D'un intérêt surtout historique. Billard.

À voir. À faire

La ville ayant conservé son Downtown originel (quelques rues se coupant à angle droit), les points d'intérêt sont très proches les uns des autres. Attention, les attractions s'arrêtent vers 17h.

Bird Cage Theater : *6th et Allen St. ☎ 520-457-3423. • tombstonebirdcage.com • Tlj 8h-18h. Entrée : 10 $; réduc.* Sans aucun doute la visite la plus intéressante de la ville. En effet, ce « théâtre » (Honky Tonk), où tricheurs professionnels, mineurs déglingués et notables pourris se bousculaient pour voir les spectacles légers et jouer au poker, est resté complètement en l'état. De 1881 à 1889, il ne ferma pas une minute et connut 16 batailles au revolver. Dans les années 1890, Sarah Bernardt s'y produisit lors de sa fameuse tournée américaine (immortalisée dans un album de *Lucky Luke*). Superbe salle principale avec ses loges sur les côtés. Les murs portent toujours les traces des 140 balles qui s'y logèrent. Scène délabrée, papier peint d'origine, décor poussiéreux dans lequel sont exposés tous les souvenirs de la ville : tables de jeu, corbillard, vieilles affiches, vêtements d'époque, armes, objets domestiques divers, matériel chirurgical de Doc Holliday, etc. Il faut vraiment tout regarder, vous allez faire d'étonnantes découvertes. Au rez-de-chaussée, voir la loge de Russian Bill, qui venait régulièrement ici se rincer l'œil. En revanche, les loges du premier balcon accueillaient des beautés venues de partout qui chantaient : « Je ne suis qu'un oiseau dans une cage dorée. » Ces loges permettaient aux clients potentiels d'observer les filles depuis le bas. Quand un type avait jeté son dévolu sur l'une d'elles, celle-ci tirait le rideau et le gars montait. Un lit de fortune équipait chaque loge, sans doute pour qu'ils puissent jouer aux cartes plus tranquillement... À titre indicatif, le prix de la passe oscillait entre 10 et 30 $ en fonction des prestations. Au sous-sol, salle de jeu qui accueillit la plus longue partie de poker de toute l'histoire de l'Ouest : 8 ans, 5 mois et 3 jours ! Organise également des *Ghost tours* le soir (environ 20 $).

Tombstone Historama et le site d'O.K. Corral : *Allen St, entre 3rd et 4th St. ☎ 520-457-3456 ou 1-800-518-1566. • ok-corral.com • Tlj 9h-17h (ttes les 30 mn ; dernière séance pour l'Historama à 16h30). Gunfight tlj à 14h. Entrée : env 6 $ pour le musée et l'Historama, 10 $ avec le spectacle ; gratuit en dessous de 6 ans.* L'Historama, avec sa maquette tournante, est franchement très ringard... Jeter quand même un œil au fameux site où eut lieu la fusillade, un poil plus « authentique » avec sa maison de prostituées du « Red Light District », son atelier de forgeron et ses écuries (calèches, buggy et même le corbillard qui transporta les corps de Clanton et des MacLaury). Évocation de la vie des Indiens et de la reddition de Geronimo qui se rendit sur la promesse que la justice américaine serait indulgente... mais qui fut déporté en Floride et emprisonné jusqu'à sa mort. Enfin, chaque jour à 14h, l'inévitable reconstitution de la célèbre fusillade d'O.K. Corral. Très bavard (presque shakespearien !), il faut bien le dire, pour trois malheureux coups de feu à la fin ! Anglais courant conseillé...

PAS TOUS O.K. SUR L'ORIGINE

Savez-vous d'où vient « O.K. » ? Pour certains, du club politique de Old Kinderhook en Pennsylvanie (surnommé O.K.). Le club étant en vogue, ses membres devinrent des O.K. members, des gens très bien donc, expression ensuite répandue dans le monde entier, pour dire que c'est très bien, qu'on est d'accord. D'autres affirment que O.K. daterait de la guerre de Sécession. Tous les soirs, on aurait noté le décompte des morts. Lorsqu'il n'y avait pas de victimes on indiquait O Killed, abrégé en O.K., pour dire que tout allait bien.

Rose Tree Inn Museum : *à l'angle de 4th et Toughnut St. ☎ 520-457-3326. Tlj 9h-17h. Entrée : 5 $; gratuit en dessous de 14 ans.* Une demeure de 1880 pleine d'histoire et d'anecdotes, transformée par les héritiers en un gentil petit musée. Reconstitution d'un intérieur (ameublement d'origine), plans de mine, photos d'époque (scène d'autopsie pratiquée par le docteur Goodfellow, photo de Wyatt Earp à 18 ans) et, surtout, dehors, le plus grand rosier du monde (homologué par le *Guinness Book of Records*) ! À l'origine, une jeune mariée écossaise qui reçut de son pays natal quelques pousses de rosier. L'une d'elles fut plantée dans le patio et prospéra... Un petit escalier mène à un poste d'observation qui permet d'en apprécier l'étendue.

Crystal Palace **:** *à l'angle d'Allen et 5th St. ☎ 520-457-3611. Voir plus haut « Où boire un verre ? Où écouter de la musique ? ».* Ce fut le plus populaire des 100 saloons de la ville, quasiment intact depuis 1880, et en activité jusqu'en 1963, avant d'être racheté et restauré par la commission des Monuments historiques. On reconstruisit très exactement (grâce aux photos) le célèbre bar en acajou. Il eut des clients fameux : sans parler de la flopée de desperados, citons Virgil Earp (et ses ennemis), le juge Wells Spicer qui conduisit l'enquête sur la fusillade d'O.K. Corral, le Dr Harry Mattews qui examina les corps, et enfin le Dr George Goodfellow, fameux chirurgien de l'armée à la retraite qui soignait toutes les blessures par balle dans un rayon de 100 km. Ce dernier est aussi connu pour avoir perdu 20 $ dans un pari avec Geronimo et pour avoir servi de négociateur-interprète pour Cuba lors de la reddition des Espagnols, le tout arrosé de nombreuses caisses de gin !

Boothill Graveyard **:** *situé à l'entrée nord de la ville, sur la gauche quand on arrive. Tlj 8h-18h30. Gratuit. Petit guide (payant) avec l'historique haut en couleur des décès.* Plusieurs dizaines de tombes modestes surmontées de croix en bois récentes, voilà tout ce qui subsiste du Tombstone de la grande époque où les gens avaient rarement l'occasion de mourir de maladie. Ainsi la plupart des tombes portent-elles les causes du décès : celle de George Johnson, pendu par erreur, n'aura échappé à personne. Tiens, au fond, en voici un qui est mort naturellement *(natural death)* !

Tombstone Epitaph **:** *5th St, entre Allen et Fremont St. ☎ 520-457-2211. Tlj 9h30-17h. Gratuit.* On peut rendre visite à ce célèbre journal pour rendre hommage à ses anciennes presses poussiéreuses. Les fans de western peuvent même s'y abonner (aujourd'hui, mensuel). Possibilité d'acheter le numéro spécial sur O.K. Corral (avec les minutes de l'enquête et du procès).

Court House *(palais de justice du comté de Cochise)* **:** *Toughnut et 3rd St. ☎ 520-457-3311. Tlj 8h-17h. Entrée : env 5 $; réduc.* Édifié en 1882. Un des rares bâtiments en dur de l'époque. À l'intérieur, petit musée divertissant évoquant en détail l'histoire de la ville, avec toutes sortes de souvenirs (armes, outils de mineurs, malles...) et la biographie détaillée de ses principaux acteurs (Wyatt Earp, Doc Holliday et Ed Schieffelin). Ne pas rater, à l'étage, la salle de tribunal d'époque. Suite logique à cette salle : dans la cour trône la potence ! Et à côté de la porte donnant sur la cour, un coupon d'invitation en bonne et due forme, pour assister à une pendaison...

La mairie *(City Hall)* **:** *sur Fremont, entre 3rd et 4th St.* Construite à la même époque que le palais de justice et toujours utilisée comme telle. Jolie façade.

➢ Et pourquoi pas un petit tour en diligence ? *Départ sur Allen St, entre 4th et 5th St. Compter env 10 $/pers pour 15 mn, explications historiques en anglais incluses à l'aide d'une micro-oreillette !*

Manifestations

– ***Reconstitutions de combats*** **(gunfights) :** *outre les quelques animations de la rue principale, 2 compagnies proposent des* gunfights, *dont* ***Tombstone Histo-***

***rama et le site d'O.K. Corral** (lire « À voir. À faire »), le plus « sérieux », et **Helldorado** (tt au bout de 4th St ; ☎ 520-457-9035), le plus « comique »... Env 6 $.* Mais tout cela ne vole pas très haut ! Plusieurs shows organisés tous les jours.

BISBEE

6 100 hab.

À 25 miles au sud de Tombstone et à seulement 7 miles de la frontière mexicaine. *Welcome to Copper City !* Pour les amoureux de l'Ouest, une ancienne ville minière qui vaut vraiment le détour. Autant Tombstone est la ville des cow-boys, autant Bisbee est la cité des mineurs. L'une se visite rapidement, dans l'autre on s'intéresse. Curieusement, la vallée est très verdoyante alors que les rues pentues et étroites de la ville se lovent dans un écrin de cuivre, couleur rouille. Il faut voir le Lavender Open Pit Mine, l'immense carrière à ciel ouvert sur la route du Circle (le grand rond-point), presque lunaire ! Quant à la ville elle-même, un énorme rocher, *Castle Rock,* la surplombe, et la plupart des bâtiments datent de la fin du XIXe s ou des années 1930. Du coup, elle distille une gentille atmosphère à l'européenne, au point que des tournages y ont été organisés en la faisant passer pour une ville espagnole ou italienne. Et puis, contrairement à la plupart des villes américaines, ici, il n'y a pratiquement pas de motels, mais essentiellement des hôtels de caractère et des *Bed & Breakfast,* ce qui ajoute au charme du lieu.

Enfin, on est à la fois dans une ville de tradition ouvrière et dans une ville aimée des artistes qui apprécient la douceur de son climat (très bon pour la santé, paraît-il) et partagent leur vie entre cette petite cité et les côtes californiennes. La chaleur de l'accueil et le nombre de galeries témoignent de ce mariage réussi.

LE FACTEUR NE SONNE PAS TOUJOURS DEUX FOIS...

À Bisbee, il y a partout des escaliers qui perturbent au quotidien la vie des habitants. Pour cette raison, c'est l'une des rares villes aux États-Unis où le facteur ne passe pas. Et, comme un rituel, chacun va chercher son courrier vers 10h du matin à la poste !

UN PEU D'HISTOIRE

Ce fut longtemps un coin très sauvage. Personne ne se hasardait dans cette vallée, à 1 600 m, dominée par les Mule Mountains et peuplée de tribus apaches défendant farouchement leur territoire. Cependant, en 1877, une patrouille de l'armée à la poursuite d'Indiens en rébellion découvrit la vallée et, surtout, une source chargée de plomb (ce qui indiquait la présence de riches filons, d'argent notamment). En fait, c'est en cuivre que la région était la plus riche, le minerai contenant jusqu'à 67 % dudit métal. Deux ans plus tard, 53 *claims* (concessions) étaient déjà enregistrées. Bisbee, qui tire son nom d'un juge de San Francisco devenu investisseur dans les mines, était née. La ville atteignit rapidement 29 000 habitants qui s'y entassaient malgré le taux de pollution épouvantable occasionné par le traitement du minerai sur place. Le filon était tellement intéressant que la *Phelps Douglas Mining Company* abrasa complètement la colline de Sacramento au nord de la ville. Les mines prospérèrent, puis vint la crise. Ce n'est pourtant qu'en 1975 que ferma la dernière mine, ce qui explique que l'on visite une ville qui se révèle bien loin d'être fantôme. En raison de la hausse du prix des métaux, on dit même que des investisseurs seraient prêts à rouvrir les mines... Mais c'est une Arlésienne pour certains. Une partie de la population (les artistes et ceux qui vivent du tourisme) en redoute d'ailleurs les conséquences – pollution, baisse du tourisme – alors qu'une autre partie se réjouit des changements qu'une relance économique entraînerait. En attendant, en été, la ville vit au ralenti aux heures les plus chaudes et pas mal de commerces ferment à 17h.

Adresses utiles

Visitor Center : *2 Copper Queen Plaza, dans le Convention Center (sur la pl. principale).* ☎ *520-432-3554 ou 1-866-224-7233.* • *discoverbisbee.com* • *Lun-ven 9h-17h, w-e et j. fériés 10h-16h.* Bonne documentation sur la ville. Accueil très sympa. Organise des visites guidées avec un historien local haut en couleur *(10 $/pers)...*

✉ **Poste :** *au bas de Main St, à droite du* Visitor Center. *Lun-ven 7h30-12h, 13h-16h ; sam 9h-12h.*

@ **Internet :** *à la* ***bibliothèque,*** *située au-dessus de la poste.* ☎ *520-432-4232. Lun 12h-19h, mar-mer 10h-19h, jeu-ven 10h-17h, sam 10h-14h.* Connexion gratuite sur présentation du passeport.

■ **Distributeurs automatiques :** *sur le* ***parking principal*** *de la ville (payant 24h/24 !), juste en arrivant dans le centre, sur la gauche, ou dans le* ***Convention Center*** *(à côté du* Visitor Center*).*

Où dormir ?

Attention, mieux vaut téléphoner avant de se pointer la bouche en cœur : les proprios et gérants ne sont pas toujours sur place, surtout aux heures les plus chaudes !

Location de caravanes rétros

Shady Dell Trailer Park : *1 Douglas Rd.* ☎ *502-432-3567 (après 21h).* • *theshadydell.com* • *À 1,5 mile du centre. Au rond-point (« Circle »), derrière la station-service. Résa indispensable. Tte une gamme de prix : env 50-145 $ pour 2 selon type d'hébergement. Tentes et camping-cars refusés.* Un endroit aussi extravagant qu'attachant, où les nostalgiques trouveront une dizaine de caravanes rutilantes des années 1950 avec petit jardinet et barrières blanches dans un genre de camping-musée. Vieille pompe à essence et radio qui diffuse de la musique de l'époque comme pour mieux vous plonger dans l'ambiance, mais c'est le bus et le bateau aménagés en chambres qui leur volent évidemment la vedette. Original ! On y a même ajouté un *diner* d'époque (mais pas toujours ouvert, se renseigner...).

De prix moyens à un peu plus chic

The Gardens at Mile High Ranch : *901 Tombstone Canyon.* ☎ *520-432-3866.* • *gardensatmilehighranch.com* • *À env 2 miles du centre, dans le prolongement de Main St. Doubles env 70-115 $ selon période et saison, petit déj parfois compris ; réduc à partir de 4 nuits.* On passe entre deux gros arbres pour pénétrer dans ce *B & B* hétéroclite aux allures de motel. Les différents bâtiments s'organisent autour d'un charmant jardin ombragé, calme et reposant. Chambres tout aussi atypiques, aménagées pour les plus grandes comme des *trailers* avec kitchenette, petit salon TV, voire « cheminée-TV » (surprise !). Bon accueil de Maguy et de sa sœur, qui vous donneront des infos sur les randos à faire dans le coin. Également des massages *(env 60 $/h),* un sauna individuel *(env 35 $ les 40 mn)* et du *bird-watching.*

The Inn at Castle Rock : *112 Tombstone Canyon Rd.* ☎ *520-432-4449.* • *theinnatcastlerock.com* • *Doubles env 85-95 $ selon saison.* Une grande bâtisse en bois à colonnes de 1895, très *old style,* et peinte aux couleurs du drapeau italien, voilà ce qui nous a d'abord séduits. À l'intérieur, des chambres revival, avec des fenêtres d'origine, du parquet, des tapis, du mobilier dépareillé et quelques œuvres d'art, le tout mâtiné de contemporain. Soyons francs, c'est parfois un peu vieillot et assez foutraque mais le lieu est rigolo, pas si cher et l'accueil gentil tout plein. Voir aussi le grand salon avec ses baies vitrées et ses poutres originales, l'adorable salle à manger décorée par une artiste locale (repas sur résa) et le « puits » du rez-de-chaussée, qui était en fait à l'origine une tentative de creuser un tunnel minier ! À l'arrière, petit jardin à flanc de colline avec bambous. Une adresse marginale pour artistes et nostalgiques.

Calumet & Arizona Guesthouse : *608 Powell St. ☎ 520-432-4815. • calumetaz.com • À env 2 miles du centre. Continuer la route 80 en direction de Douglas, puis, au grand rond-point, prendre Bisbee Rd, puis la 1re à gauche après l'hôpital (Cole Ave) ; c'est au bout de la rue, sur la droite. Doubles 80-110 $ avec petit déj copieux.* Dans une maison de 1906 située dans la partie résidentielle du secteur minier de la ville, un *Bed & Breakfast* de 8 chambres tenu par une patronne de caractère. Certaines chambres très *British* avec des meubles de famille et des napperons brodés, d'autres avec une déco beaucoup plus kitsch ! Citons notamment la *Gold Room* avec son spa privé *(supplément de 20 $)*, la *Beige*, assez vaste et dotée d'un poêle, la *Pink*, avec ses lits gigognes, très coquette (mais c'est la plus petite) ou encore la belle *Master Room* avec son superbe mobilier, qui partage sa salle de bains avec la *Pink*. Pour le petit déj, grande table nostalgique à l'européenne avec belle nappe, chandelier et argenterie. Piano à queue. Seul petit bémol, l'entretien qui laisse parfois un peu à désirer, notamment dans la courette et le patio avec bassins à poissons.

Bisbee Inn-Hotel La More : *45 O.K. St. ☎ 520-432-5131. • hotellamore.com • Dans une rue derrière le* Copper Queen Hotel *et le resto* Santiago's. *Doubles avec ou sans sdb env 70-100 $, petit déj compris.* Une vingtaine de chambres abritées par une bonne grosse bâtisse de brique, restaurée avec goût et qui occupe une rue en hauteur. Chambres confortables à l'ancienne mode, presque toutes dotées de coiffeuses ou de lits métalliques. Certaines profitent de jolies vues sur la ville. Une bonne option.

De plus chic à très chic

Copper Queen Hotel : *11 Howell Ave. ☎ 520-432-2216. • copperqueen.com • Doubles env 90-180 $ selon taille et confort ; parfois une réduc s'il reste des chambres en fin de journée.* Construit en 1902 par la *Phelps Dodge Mining Company* en pleine euphorie minière et copie conforme d'un hôtel de Saint Augustine en Floride. Tout d'abord siège de la compagnie, l'édifice est ensuite devenu un hôtel pour les cadres de la mine. Aujourd'hui, fort bien restauré, il a conservé le charme du luxe à l'ancienne, avec notamment de beaux espaces communs. Et c'est par un monte-charge que l'on accède aux 50 chambres, meublées dans le style de l'époque (papier peint à fleurs et meubles datés), de tailles inégales mais assez sympas. Teddy Roosevelt (n° 406) et John Wayne (n° 211) y ont dormi… mais non, pas ensemble ! Ce dernier, qui possédait un ranch dans les environs, faisait de temps en temps une virée en ville. À peine le temps de descendre un verre au bar, et voilà la foule des fans qui déboulait pour lui faire signer des autographes ! Pas trop de regrets si sa chambre, plus chère que les autres, est occupée : avec ses objets de déco un peu toc (son poster en pied, flingue à la main, derrière le micro-ondes, par exemple !), elle ne vaut pas forcément le coût. Profitez plutôt de la piscine au 2e étage.

Copper City Inn : *99 Main St. ☎ 520-432-1418 ou 520-456-4254. • coppercityinn.com • Résa par Internet pour recevoir les codes d'accès. Double env 120 $, suites et apparts 150-250 $; réduc de 20 $ dim-jeu juin-août.* Un petit hôtel à thème qui, comme son nom l'indique, a axé sa déco sur la couleur cuivre. 5 chambres, toutes avec balcon, salle de bains et machine à café. La *Mary Jane Colter* est d'inspiration Art déco et la *Louie de Bisbee* est dotée d'une armoire ancienne bien de chez nous. Également un appartement équipé d'une cuisine *(Warren Room)* et une grande suite avec *mini-kitchen (Allen Brophy).* Bouteille de vin offerte à l'arrivée. Il faut dire que le proprio, très sympa, est barman au *Café Roka (voir plus loin « Où manger ? »).* Petit déj continental inclus, à prendre à 2 blocs de là. Terrasse à disposition pour bronzer.

The Letson Loft Hotel and B & B : *26 Main St. ☎ 520-432-3210 ou 1-877-432-3210. • letsonlofthotel.com • Doubles env 150-195 $, petit déj inclus.* Très centrale, cette jolie maison de ville de 1885 a été rénovée en 2005 en conservant son cachet ancien. Aujourd'hui, cela donne une belle adresse, certes un peu chère, mais au style rétro-chic assez raffiné. Chambres avec parquet, tapis, vieux mobilier, fauteuils et baignoires. Très confortable.

Où manger ?

Attention, les cuisines des restaurants ferment en général à 21h !

Spécial petit déj

Bisbee Breakfast Club : *75 Erie St. ☎ 520-432-5885. Prendre la route 80 vers le Circle (grand rond-point) et sortir à droite un peu avt. Tlj sf mar-mer 7h-15h. Plats env 7-8 $.* Située peu après l'énorme cratère d'extraction du cuivre, dans une petite zone industrielle où gît encore une vieille pompe *Texaco,* cette grande salle aux murs de brique, très haute de plafond, est fréquentée par les anciens de Bisbee. À tel point qu'on pourrait presque l'appeler le Bisbee Breakfast Social Club ! On ne vient pas tant pour la bonne grosse tambouille à l'américaine que l'on y sert (petit déj toute la journée, burgers, salades et sandwichs) que pour des raisons sociologiques. Une adresse pour nostalgiques et sociologues en herbe.

Bisbee Coffee Co : *dans le Convention Center, face à la poste. ☎ 520-432-7931. Tlj 6h30-21h.* Intéressant pour les lève-tôt. Grand choix de cafés fraîchement torréfiés (leur spécialité), à accompagner de viennoiseries pour le petit déj du matin. Également quelques salades et sandwichs le midi, mais peu de choix. Atmosphère tranquille.

Bon marché

Jimmy's Hot Dog Company : *à env 5 miles de Bisbee par la Hwy 92, à l'intersection de Naco. ☎ 520-432-5911. Tlj 11h-19h. Hot-dogs env 4-8 $.* Impossible de manquer ce petit *diner* jaune surmonté d'un hot dog flashy ! À l'intérieur, du métal, des tabourets et de la musique rock, plus le sourire des charmantes serveuses en T-shirt jaune. Excellents hot dogs à toutes les sauces, *chili-cheese, bratwurst, polish,* etc. Attention, ils sont servis façon *German style* (moutarde, oignon et choucroute) ou *Chicago style* (moutarde, oignon, tomates, aneth et... piment !). Bon, l'Amérique, la vraie !

Cornucopia : *14 Main St. ☎ 520-432-4820. Tlj sf lun 10h-17h. Plat env 8 $.* Croquignolet salon de thé avec tables de jardin, chaises en osier et murs en brique égayés de jolis tableaux. Soupe du jour, *homemade pies,* sandwichs végétariens, salades, glaces et plein de jus de fruits frais à base de carotte, de gingembre... Sympa.

De prix moyens à très chic

Café Roka : *35 Main St. ☎ 520-432-5153. Ouv slt jeu-sam (mer-sam janv-avr) 17h-21h. Résa vivement conseillée. Plats env 17-28 $.* Dissimulée par une étonnante porte en fer forgé, la grande salle constellée de belles toiles sur les murs distille une ambiance de bistrot chic à l'européenne. Cadre clean et plein de promesses, et carte gourmande qui propose une cuisine excellente à la présentation soignée. Salades originales, plats à se rouler par terre : canard rôti, raviolis fourrés à la crevette et à la langouste, lasagnes aux artichauts et champignons... Également quelques plats bio et des douceurs chocolatées bien caloriques en dessert. Carte des vins bien fournie. L'un des meilleurs restaurants de la ville où se retrouve le Tout-Bisbee des artistes.

Angela's : *resto du Copper Queen Hotel (voir « Où dormir ? »). Service jusqu'à 20h. Plats env 8-11 $ le midi, 11-20 $ le soir.* C'est assez rare pour le signaler, mais cette institution locale n'a pas tout misé sur son cadre historique pour attirer le chaland. La salle est cosy avec ses grappes de raisin sur les toiles cirées, la terrasse est romantique en soirée et le service impeccable, mais ce sont les plats de bonne tenue qui laissent le meilleur souvenir. Rien de spectaculaire, mais une cuisine italo-américaine bien préparée et joliment présentée. Salades composées et solides sandwichs le midi, plats italiens et *South West* le soir.

Où boire un verre ? Où écouter de la musique ? Où danser ?

Les bars les plus vivants sont les uns à côté des autres dans une rue au nom évocateur de son passé qui ne veut pas mourir... Brewery Avenue, située dans un quartier joliment escarpé et assez underground, derrière le *Copper Queen Hotel.*

Stock Exchange Bar *(The Brewery)* **:** *15 Brewery Gulch. ☎ 520-432-1333. Tlj jusqu'à 1h. Live music ven-sam.* Comme son nom l'indique, c'est l'ancienne bourse des valeurs minières de la ville. L'énorme tableau noir qui couvre tout le mur du fond en atteste. Grosse animation les vendredi et samedi soir sur le plancher où se trémoussent les danseurs qui profitent de la musique jouée par les formations locales. Long comptoir réglementaire et billard usé par les nombreux habitués.

Bar Saint Elmo : *36 Brewery Ave, presque en face de l'Old Bisbee Brewing Company. ☎ 520-432-5578. Concerts de blues et de rock presque chaque soir jusqu'à 2h.* Sans doute le bar le plus rock et le plus animé du coin. Rade de quartier fraternel « depuis 1902 », décoré de tout un tas de bricoles hétéroclites suspendues un peu partout. Chaude ambiance et bonne descente !

Old Bisbee Brewing Company : *200 Review Alley. ☎ 520-432-2739. Lun-ven 12h-22h30, w-e 10h-22h30.* C'est ce qu'on appelle un come-back : après l'implantation de brasseries à Bisbee par des immigrants suisses-allemands à la fin du XIXe s, le train déversa ses bières d'importation et mit un coup d'arrêt à l'activité locale. Près d'un siècle et quart plus tard (apr. J.-C., donc), la bière brassée sur place coule de nouveau à flots ! Rien à voir avec le bar *Saint-Elmo,* en face. Ici on déguste gentiment les différentes bières dans un cadre très neuf, coincé entre les foudres. Sympa mais moins animé qu'en face. Loue également un appartement équipé.

Le **bar du Copper Queen Hotel** propose des petits concerts le week-end : en principe, le vendredi vers 19h et le samedi entre 15h et minuit.

Achats

Dans cette cité d'artistes, quelques boutiques proposent un bel artisanat contemporain, certes pas toujours donné, mais axé sur le cuivre, ce qui le rend souvent assez original. Citons notamment la boutique *Metallum Creations* dans Main Street.

À voir. À faire

Queen Mine Tour : *départ du Queen Mine Building. ☎ 520-432-2071. • queenminetour.com • Visites tlj à 9h, 10h30, 12h, 14h et 15h30. Entrée : env 13 $; réduc. Prévoir env 1h15.* Balade dans le ventre de la terre, à la découverte de la mine creusée à partir de 1877 après la découverte d'un filon d'argent par deux soldats. Il s'agissait en fait de cuivre... ce qui n'a pas empêché les mineurs de percer 230 km de galeries jusqu'à sa fermeture en 1943 ! La visite historico-nostalgique s'effectue dans les règles : c'est emmitouflé dans un ciré jaune, le casque vissé sur la tête et la lourde lampe de mineur accrochée au ceinturon de cuir que l'on s'enfonce dans les entrailles de la mine, juché sur un petit train et généralement accompagné par un ancien mineur. Les balades n'en sont que plus intéressantes, même s'il faut parfois s'accrocher pour démêler les informations débitées avec un accent *South West* ! Prévoir un pantalon et un lainage, la température descendant jusqu'à 10 °C. Deux arrêts permettent de découvrir différentes sections de galeries, des salles et du matériel (la première perceuse automatique fut baptisée *widowmaker,* « fabricante de veuves », en raison de l'énorme quantité de poussière dégagée et des problèmes médicaux qui s'ensuivaient). On montre aussi les vélos réservés aux chefs, la pose des bâtons de dynamite et les toilettes de la mine (un wagonnet avec deux trous et une planche pour poser ses pieds...). Une fois revenu en surface, possibilité de jeter un œil derrière le guichet aux dioramas, aux vitrines de minéraux et vieux outils et à la vidéo explicative sur l'industrie du cuivre.

Bisbee Mining & Historical Museum : *5 Copper Queen Plaza. ☎ 520-432-7071. • bisbeemuseum.org • Dans le centre. Tlj 10h-16h. Entrée : env 7,50 $; réduc.* Dans une belle demeure de 1895 qui fut le siège de la *Dodge Phelps Mining Company.* Une intéressante plongée dans l'histoire de Bisbee. Photos en noir et blanc, instruments scientifiques, informations sur la vie difficile de cette communauté bigarrée d'immigrants venus des quatre coins du globe faire fortune. Rappelons qu'à l'époque, Bisbee était une cité de 29 000 habitants... plus grande et plus prospère que San Francisco. Un petit diaporama en noir et blanc évoque la douloureuse déportation forcée de 1 200 mineurs grévistes par l'armée en 1917 dans un camp d'internement, en plein désert du Nouveau-Mexique, puis enrôlés dans l'armée pour combattre sur le front européen. Lors des troubles, la ville fut bouclée pendant 3 mois par les dirigeants de la compagnie. Il est vrai qu'à l'entrée des États-Unis dans le conflit mondial, l'extraction du cuivre était une nécessité stratégique. À l'étage, agréable muséographie moderne évoquant un décor de mine avec tôle ondulée, casques de mineurs en hommage aux donateurs du musée et tableau de pointage. Vitrines exposant de belles azurites bleues et malachites vertes (carbonates de cuivre). Décor de mine reconstituée et figures de mineurs de la fin du XIXe s, le tout ponctué par les « 10 commandements du mineur », daté de 1910 et révélateur des conditions de travail pénibles de l'époque. Gratiné, le règlement intérieur : il était interdit de manger de l'oignon ! La visite se termine par une photo de la statue de la Liberté, composée de 80 t de cuivre, avec cette question un peu amère : en valait-elle la peine ? Enfin, au rez-de-chaussée, jeter un œil à la *CEO Board Room,* belle salle de réunion de 1897 en bois importé d'Angleterre, avec les portraits des fondateurs et des directeurs des mines. Derrière, une étonnante collection de pipes du Dr Alfred French qui la tenait de son père, qui lui-même se faisait rétribuer ainsi en échange de ses consultations. Également un diplôme d'étudiant... en cuivre, sans doute unique en son genre. Excellent accueil des bénévoles du musée et librairie à prix intéressants (pas de taxe).

Lavender Open Pit Mine et le quartier de Bakerville : *le long de la route 80, s'arrêter avt le Circle (grand rond-point) à droite sur le parking.* Arrêt obligatoire sur les hauteurs de l'une des plus grandes mines de cuivre à ciel ouvert d'Arizona, qui attira de nombreux migrants venus d'Europe et qui ferma en 1975. Point de vue impressionnant, quasi lunaire ! Continuer ensuite jusqu'au *Bisbee Breakfast Club* (voir « Où manger ? »), un peu plus loin dans Erie Street, à droite avant le rond-point, pour jeter un œil à la vieille pompe *Texaco* et à l'atmosphère décatie de l'ancien quartier administratif et commercial de la compagnie minière... Reprendre la route 80 jusqu'au rond-point et prendre Bisbee Road. Là, vous entrez dans Bakerville, un vieux quartier ouvrier avec d'anciennes maisons en bois qui ont dû être déménagées du Lavender Open Pit pour cause de gisement minier. Atmosphère d'Amérique profonde tout ce qu'il y a de plus authentique... Jeter aussi un œil aux portes en cuivre de l'église orthodoxe serbe Saint Stephen Nemanja !

➢ ***Balade à pied en ville :*** *sur les pentes de la ville, le long de Copper Queen Plaza, Main, Subway, Howell, Opera, Brewery, O.K. St et sur Naco Rd.* On découvre nombre de pittoresques demeures et édifices publics comme la vieille prison, le théâtre lyrique, la poste, la Covenant Presbyterian Church, les portes en cuivre de la Court House (dans le Tombstone Canyon), etc. L'office de tourisme a fort opportunément édité un plan de ville *(Bisbee Historic Walking Map)* avec tous les *landmarks* répertoriés.

Pour ceux qui sont des ***ghost towns and mining camps addicts*** et qui disposent de temps, la région se prête bien à une visite en profondeur. Là aussi, une petite brochure de l'office de tourisme d'Arizona *(The Cochise County Land of Legends)* présente les nombreuses bourgades et sites dignes d'intérêt. Attention, ils sont souvent beaucoup moins pittoresques que Tombstone ou Bisbee.

➢ ***Visite de la région en jeep :*** *avec* **Lavender Jeep Tours** *(☎ 520-432-5369 ; départs du Copper Queen Plaza). Prix : env 35-95 $ selon tour choisi.* Différentes balades, du vieux Bisbee au circuit des mines de cuivre.

Manifestations

– ***Bisbee Blues Festival :*** *3e w-e de sept. ☎ 520-432-3554. Entrée : env 25 $.* Un joli festival dans le Historic Warren Ball Park avec des formations de blues de tous les pays.
– ***The Great Stair Climb :*** *3e sam d'oct. • bisbee1000.org •* Une course à travers le cœur historique de la ville. Une manière de rendre hommage à ses multiples escaliers. À la fin, chaque participant (du moins ceux qui tiennent le coup) aura gravi 1 034 marches ! Très populaire.
– ***Historic Home Tour :*** *w-e de Thanksgiving.* Hôtels, magasins et particuliers ouvrent leurs portes. C'est alors l'occasion de contempler l'architecture intérieure de superbes bâtisses, ainsi que des trésors cachés. On vient de loin pour ce célèbre week-end.

DANS LES ENVIRONS DE BISBEE

Chiricahua National Monument : *à une cinquantaine de miles de Bisbee (1h30-2h de route). Prendre la route 80 en direction de Douglas, puis la route 191 en remontant vers le nord. Station-service à la jonction des routes 191 et 181. Prévoir impérativement le pique-nique. Entrée : env 5 $/pers, valide pour 7 j.* Interagency Annual *accepté.*
On a le choix, pas moins de 20 miles à arpenter dans le parc. Possibilité de petites balades avec des gardes forestiers en été.
Pour les Apaches chiricahuas, qui ont longtemps trouvé refuge dans ces montagnes, c'est le « pays des rochers qui se tiennent debout ». L'érosion a en effet sculpté un étonnant paysage de falaises découpées et de rochers aux formes parfois élancées, souvent curieuses, insolites et fascinantes. Posés les uns sur les autres, nombreux sont ceux qui semblent défier les lois de la gravité comme le *Pinnacle Balanced Rock,* une sorte de menhir qui se tient verticalement sur une pointe rocheuse comme par miracle. La végétation contraste fortement avec celle des plaines arides de la région ; les forêts de chênes et de pins sont particulièrement riches. Il faut se rendre par le Bonita Canyon Drive (en fin de journée de préférence) jusqu'au *Massai Point,* l'un des points de vue les plus réputés (accès en voiture). Regardez alors en direction du nord : le grand chef Cochise, qui dirigea avec Geronimo de nombreuses attaques contre les pionniers, est toujours là, veillant paisiblement sur la terre de ses ancêtres, pour l'éternité. Impressionnant et émouvant ! De là partent la plupart des sentiers aménagés en boucle. Le secteur est également très favorable aux observations ornithologiques ; emprunter le *Natural Bridge Trail* qui débute à 1 mile du *Visitor Center* sur la gauche (panneau indicateur).

Visitor Center : *à 1,5 mile de l'entrée.* ☎ *520-824-3560 (ext. 302). Tlj 8h-16h30.* • *nps.gov/chir* • Demander la carte des sentiers avec les distances à parcourir.

Bonita Campground : *à 0,8 mile du Visitor Center.* ☎ *520-824-3560. Ouv tte l'année. Empl. 18 $.* Gabarit des mobile homes limité à 29 pieds. Un camping rustique au fond du Bonita Canyon comptant près de 25 emplacements sommaires. Ombragé, sauvage, ravissant, mais peu équipé (toilettes et points d'eau, mais pas de douches).

De Bisbee, vous n'êtes qu'à une poignée de miles de l'État du Nouveau-Mexique. Vous pourrez remonter le cours du Rio Grande en rejoignant la ville de Truth or Consequences (voir « Au sud d'Albuquerque » dans le chapitre « Le Nouveau-Mexique »).

FLAGSTAFF

65 000 hab.

◗ Pour le plan de Flagstaff, se reporter au cahier couleur.

À 140 miles de Phoenix, 130 miles du lac Powell et 80 miles du Grand Canyon. Fondée en 1882, Flagstaff est une ville d'altitude (2 300 m) nichée au cœur de la Coconino National Forest, la plus grande forêt de pins *ponderosa* au monde, étendue du sud de l'Utah au Nouveau-Mexique. Le climat y est doux, contrastant agréablement avec la fournaise du désert tout juste traversé. Certes, on est en Arizona, mais il y fait frais le soir et même à la mi-saison. En hiver, on skie sur les pentes du Humphrey's Peak (3850 m)...

Plantée sur la mythique Route 66, Flag (pour les intimes) joue la carte de la nostalgie avec ses motels vieillots, ses *diners* à l'ancienne et ses néons clignotants. Si la ville est étendue, elle possède un sympathique petit centre à l'atmosphère mi-cow-boy mi-européenne, émaillé de quelques élégants édifices du début du XXe s. Au programme : bars à musique envahis d'étudiants, petits restos, jolies boutiques et même deux AJ en plein centre. Bref, un point de chute extra pour quelques jours, à portée du Grand Canyon et de nombreuses autres attractions naturelles.

LES TRAINS NE SIFFLERONT PLUS 3 FOIS

Les convois de marchandises longs comme l'Amérique, qui continuent de traverser la ville à toute heure, n'ont plus le droit de siffler depuis 2009... Les hôteliers jubilent car les touristes ne se relèvent plus dans leur lit, effarés et hagards au milieu de la nuit. En revanche, Richard Anthony, certains habitants et même certains touristes, jurent que plus rien n'est comme avant. Qu'ils se rassurent, le spectacle reste beau à voir... et on a même entendu quelques téméraires braver l'interdit !

Arriver – Quitter

Terminal Greyhound (hors plan couleur par B2) **:** *880 E Butler Ave.* ☎ *928-774-4573.* • *greyhound.com* • *À 1 mile au sud-est de la gare ferroviaire. Gare tlj 9h-17h30 (11h-15h30 dim) et 18h30-5h15.* Liaisons tlj pour Phoenix, Los Angeles, Albuquerque, Las Vegas. Consignes.

Arizona Shuttle (plan couleur B2, **3**) **:** *1 E Route 66, à deux pas de la gare ferroviaire.* ☎ *928-226-8060.* • *arizonashuttle.com* • Propose une dizaine de liaisons/j. dans des *shuttles* de 15 places entre Phoenix (centre ou aéroport) et Flagstaff, 7h-23h et 2h30-19h dans l'autre sens (env 3h de route pour env 45 $, réduc de 4 $ pour une résa en ligne). Également 2-3 navettes/j. entre Flagstaff et le Grand Canyon (village de Tusayan et Maswik Lodge), via Williams. Départs vers 8h et 15h45 depuis la gare routière *Amtrak,* plus à 13h mars-oct. Retours vers 10h15 et 18h15, plus 15h15 mars-oct. Compter 2h de trajet en tt pour env 29 $, sans l'entrée du parc (réduc de 4 $ pour une résa en ligne) et 19 $ pour Williams (pas de réduc en ligne). Enfin, mars-oct slt, 2 navettes/j. entre Flagstaff et Sedona. Départs vers 9h et 16h depuis la gare routière *Amtrak,* retour à 9h50 et 16h50. Compter 40 mn de trajet et 25 $.

Gare ferroviaire Amtrak *(plan couleur B2)* **:** *1 E Route 66. ☎ 928-774-8679. • amtrak.com •* Sur place, *courtesy phones* pour appeler les hôtels et agence de loc *Hertz.* 1 train de nuit pour Los Angeles (départ un peu avt 21h) et 1 autre très tôt le mat (vers 4h30) pour Albuquerque et Kansas City (changement pour Chicago). C'est la ligne de la grande époque du Far West. Compter env 11h de trajet pour Los Angeles et... 32h pour Chicago !

Adresses utiles

Informations touristiques

Visitor Center *(plan couleur B2)* **:** *1 E Route 66. ☎ 928-774-9541 ou 1-800-842-7293. • flagstaffarizona.org • Dans la gare ferroviaire, juste en face de Leroux St. Lun-sam 8h-17h, dim 9h-16h.* Personnel compétent et fort gentil. Abondante documentation. Organise des visites guidées du centre-ville de Memorial Day au week-end de Labour Day (résa préférable).

Poste et communications

Poste *(plan couleur B2)* **:** *104 N Agassiz St. Lun-ven 9h-17h, sam 9h-13h. Pour la poste restante, se rendre à la Main Post Office, 2400 N Postal Blvd (lun-ven 9h-18h, sam 9h-16h).*

@ ***Public Library*** *(plan couleur B1)* **:** *300 W Aspen Ave. ☎ 928-779-7670. • flagstaffpubliclibrary.org • Lun-jeu 10h-21h, ven 10h-19h, sam 10h-18h.* Sur présentation d'une *ID,* accès gratuit pendant 30 mn, puis payant.

@ ***Biff's Bagels*** *(plan couleur B2)* **:** *1 S Beaver St, au croisement de W Phoenix Ave. Lun-sam 7h-15h, dim 8h-14h. Connexion 30 mn min.* Juste quelques ordis, en dépannage. Fait aussi café et bagels.

Urgences

Flagstaff Medical Center *(hors plan couleur par B1)* **:** *1200 N Beaver St. ☎ 928-779-3366.* N'oubliez pas de contacter votre assurance.

Transports

Absolute Bikes *(plan couleur B2,* **4***)* **:** *202 E Route 66. ☎ 928-779-5969. Dans le centre, face à la vieille locomotive n° 25. En été, lun-ven 9h-19h, sam 10h-18h, dim 10h-16h. Compter env 40 $/j. pour un mountain bike, casque et antivol inclus.* Le vélo est un moyen de locomotion parfaitement adapté à la ville.

A-Z Bikes *(plan couleur B2,* **5***)* **:** *217 S San Francisco St, à l'angle de Butler Ave. ☎ 928-773-9881. Lun-sam 10h-17h. Compter env 10-75 $/j. selon type de vélo.*

Location de voitures **: *Hertz,*** *dans la gare ferroviaire. ☎ 928-226-0120. Lun-sam 7h-17h, dim 9h-16h.* ***Enterprise Rent-a-Car,*** *2136 E Route 66. ☎ 928-526-1377. Lun-ven 8h-18h, sam 9h-12h.* ***Avis*** *et* ***Budget*** *se trouvent au 175 W Aspen Ave, à l'angle de Humphreys St.*

Météo

Regional Weather **:** *☎ 928-774-4545. • azdailysun.com/weather •*

Enneigement et ouverture des pistes de ski **:** ***Arizona Snowbowl Snow Report,*** *☎ 928-779-4577. • arizonasnowbowl.com •*

Librairie

– Se procurer *Flagstaff Live* ou *The Noise,* des gratuits avec la liste des concerts dans les bars, les films mais aussi les petites annonces.

■ ***Bookman's Used Books*** *(hors plan couleur par A2, **1**) : 1520 S Riordan Ranch St. ☎ 928-774-0005. Tlj 9h-22h.* Vaste choix de livres, magazines, cartes, guides de voyage, DVD et disques d'occasion... à consommer sans délai dans l'un des sofas du coin café. Animations et petits concerts durant l'été.

Supermarchés

Faites le plein d'essence et de courses diverses avant de partir au Grand Canyon, vous ferez de sérieuses économies... Parmi les moins chers de Flagstaff : le ***Wal Mart*** *(prendre Milton Rd vers le sud, tourner à droite au* Hilton Garden Inn, *puis à gauche dans Beulah Rd).* Pour y aller, on passe à côté d'un ***Safeway*** *(accès par Milton Rd puis Plaza Rd).* Sinon, on trouve un ***Albertsons*** sur la Route 66 vers l'est, mais les prix y sont là aussi plus élevés. Plus loin encore dans la même direction, un ***Savers*** (supermarché discount) et un autre ***Safeway.***

Laverie

■ ***White Flag Coin-Op Laundry*** *(plan couleur B2, **2**) : S Beaver St (juste à côté de* Macy's*). Lun-sam 8h-21h, dim et j. fériés 8h-19h. Dernière machine 1h avt fermeture.*

Où dormir ?

À Flagstaff, les prix déjà élevés augmentent encore le week-end.

Campings

⩓ ***Woody Mountain Campground*** *(hors plan couleur par A2, **17**) : 2727 W Route 66. ☎ 928-774-7727 ou 1-800-732-7986. • woodymountaincampground.com • À 2,5 miles du centre ; sortie 191 par l'I-40. Ouv de mi-mars à fin oct. Tente env 20 $, camping-car 31 $. (à la boutique slt).* Vaste camping plutôt agréable, en tout cas moins surchargé que ses concurrents immédiats. Environ 140 emplacements bien délimités, dont une bonne trentaine pour les tentes, le tout dispersé dans une grande pinède de 10 ha. Bien ombragé, mais pas mal de poussière en été. Laverie, snack-bar et épicerie de dépannage. Accueil sympa.

⩓ ***Fort Tuthill Campground*** *(hors plan couleur par A2, **18**) : à 3 miles de la sortie sud de Flagstaff, sur la 89A. Résas au ☎ 928-679-8000 ou 928-774-3464. Accès par l'I-17 vers Sedona (sortie 337) ou longer l'autoroute par la droite. Ouv mai-sept. Tente env 16 $, camping-car 20 $; frais de résas 5 $.* Le plan camping le moins cher de Flagstaff. Assez primitif, isolé en pleine pinède mais dans le voisinage d'un espace qui accueille à l'occasion quelques salons et manifestations. On y a même vu un *gun show* bien pétaradant... Cela dit, le reste du temps, c'est très calme. Équipement sommaire à l'extrême (w-c chimiques, tables de pique-nique), pas de douches.

⩓ ***Flagstaff KOA*** *(hors plan couleur par B2, **19**) : 5803 N Hwy 89. ☎ 928-526-9926 ou 1-800-562-3524. • flagstaffkoa.com • À env 5 miles au nord-est de la ville, en suivant la 66 puis la 89 en direction de Page. Ouv tte l'année. Tente env 25 $, camping-cars 30-40 $, cabin 60 $.* Dans une pinède au pied d'une montagne, donc relativement ombragé, mais les emplacements sont resserrés et parfois un peu trop proches de la route pour les camping-cars. Les tentes, à l'arrière, sont plus tranquilles. Bien équipé : laverie, épicerie, aire de jeux, location de vélos. Plein d'activités en été, avec projection de films, musique certains soirs, balades à cheval.

De très bon marché à bon marché

Avis aux routards au long cours : dans ces deux AJ, selon la demande et moyennant 3h de travail par jour, 6 jours par semaine et pour 1 mois minimum, le lit est en principe gratuit ! Proposent des tours à la journée au Grand Canyon *(env 85 $, entrée incluse)* plusieurs fois par semaine et des réductions de 10 % chez certains loueurs de voitures. Ceux qui, justement, circuleraient en voiture en plein hiver devront se garer sur le parking indiqué par l'AJ car le stationnement dans la rue est alors interdit pour laisser passer les chasse-neige...

Grand Canyon International Hostel *(plan couleur B2,* ***11****) : 19 S San Francisco St. ☎ 928-779-9421 ou 1-888-442-2696. • grandcanyonhostel.com • Ouv tte l'année. Dortoirs pour 4 pers env 20-24 $/lit, doubles avec sdb commune 45-55 $; draps, taxes et petit déj compris.* Auberge mignonne comme tout, à l'atmosphère assez cosy, sur des notes *South West*. Les petites chambres, avec parquet et égayées par des tissus colorés, ont chacune un lavabo et un frigo. Salon TV confortable, 2 cuisines à dispo, mais douche et w-c en commun pour tout le monde. Si vous appelez, on peut venir vous chercher gracieusement au terminal de bus de 7h à 23h30. Pick-up carrément fun dans une Mercury 1962 répondant au doux nom de Pinky ! Laverie, vente de cartes de téléphone. Consigne et douche gratuite le jour du départ jusqu'à 15h. Adresse sympa.

Dubeau International Hostel *(plan couleur B2,* ***12****) : 19 W Phoenix Ave. ☎ 928-774-6731 ou 1-800-398-7112. • dubeauhostel.com • Hors saison, ouv slt si le* Grand Canyon Hostel *est plein (sinon, loc à la sem et au mois). Dortoirs 6-8 pers env 21-24 $/lit, doubles 46-66 $; draps, taxes et petit déj compris.* Mêmes proprios que le précédent. Installé dans un ancien motel des années 1920, à l'époque où la Route 66 passait juste devant, cette *hostel* joue la nostalgie de cette époque. 3 dortoirs, filles ou garçons (1 seul mixte), et une douzaine de chambres simples, sans esbroufe, tous et toutes dotés de douches et de w-c privés. Espaces communs confortables et agréables, avec 2 cuisines bien équipées, laverie, salle TV, billard et baby-foot.

De bon marché à prix moyens

La majorité des motels bon marché se situent à l'est de la ville, le long de la mythique Route 66 sur environ 3 miles... De qualité très moyenne dans l'ensemble, ils sont coincés entre la route, l'autoroute et la ligne de chemin de fer... Les prix fluctuent presque chaque jour en fonction de la demande.

America's Best Inn & Suites *(plan couleur A2,* ***15****) : 910 S Milton Rd. ☎ 928-774-7171. • americasbestinn.com • Doubles env 40-60 $ dim-jeu, 60-80 $ le w-e.* Un motel comme les autres mais avec des chambres logées dans des bâtiments gris (dotés de faux volets !) bien entretenus. La plupart ont frigo, machine à café et/ou micro-ondes (sur demande). Les chambres à 1 seul lit sont bien spacieuses. Accueil sympathique du gérant indien.

Highland Country Inn *(plan couleur A2,* ***14****) : 223 S Milton Rd, face à l'université. ☎ 928-774-5041 ou 1-877-470-6626. • highlandcountryinn.com • Doubles env 50-80 $ selon saison.* Un motel classique, sans surprise, avec une quarantaine de chambres à 2 *queen* ou un *king* fort bien tenues, d'un bon rapport qualité-prix. Toutes avec frigo et micro-ondes. Bref, l'endroit idéal pour passer une nuit sans se ruiner. Machine à laver et séchoir. Café gratuit à la réception.

De prix moyens à plus chic

Weatherford Hotel *(plan couleur B1-2,* ***13****) : 23 N Leroux St. ☎ 928-779-1919. • weatherfordhotel.com • Doubles env 50-90 $, suite 130 $.* Une institution locale de 1897 qui a certes un peu perdu de sa superbe mais reste assez originale. Les nostalgiques passeront donc un bon moment dans les chambres à l'ancienne, au mobilier *Old West*, toutes différentes. Les suites (nos 40 à 42), les plus sympas, ont soit un poêle patiné soit une baignoire sur pattes. Les moins chères sont très correctes, mais assez petites, sans TV ni téléphone. La nº 58 est la seule familiale (avec salle de bains commune). Évitez la nº 59, la plus petite et la moins chère de l'hôtel, parfois très bruyante car juste à côté de l'un des 2 bars. Cela dit, le *Charly's Pub* et le *Zane Grey Ballroom* sont des bars à fréquenter (voir « Où boire un verre ? Où écouter de la musique ? »). Pas mal d'animation le week-end.

Monte Vista Hotel *(plan couleur B2,* ***10****) : 100 N San Francisco St. ☎ 928-779-6971 ou 1-800-545-3068. • hotelmontevista.com • Doubles env 50-140 $ selon saison et confort, 95-175 $ pour 4 pers.* Situé dans le vieux centre de Flagstaff, cet hôtel historique a accueilli John Wayne, Clark Gable, Gene Tierney, Jane Russell, Gary Cooper et tant d'autres. Des scènes de *Casablanca* furent même tournées dans le *lounge* de l'hôtel. Également un paquet de fantômes « officiels »... Pour les fans, la longue liste des artistes (et celle des fantômes) avec les chambres qu'ils ont occupées est disponible à la réception. Bien sûr, la plupart portent le nom d'une actrice ou d'un acteur célèbre. Certaines ont gardé quelques éléments de décor, avec miroirs dorés, chaise à bascule et autres lampes de chevet emplumées. Mais pas toutes... dommage. Attention, les moins chères sont très petites, avec salle de bains commune. Belles suites en angle, plus vastes, avec vue sympa sur le carrefour. Pour les noctambules, signalons le *cocktail lounge* du rez-de-chaussée *(live music du jeu-dim 21h-1h30)* et le *Café Rendez-Vous* juste à l'angle (voir « Où boire un verre ? Où écouter de la musique ? »).

De plus chic à très chic

England House B & B *(plan couleur A1,* ***16****) : 614 W Santa Fe Ave. ☎ 928-214-7350 ou 1-877-214-7350. • englandhousebandb.com • Doubles env 130-200 $. Parfois des promos en hiver. Enfants de moins de 12 ans non admis.* Même si cette pittoresque maison à bow-window du début du XXe s doit son nom à un certain M. England, tailleur de pierres... anglais de son état, ses plafonds à moulures rappellent plutôt la France. Les 4 chambres sont d'ailleurs décorées de meubles des XVIIIe et XIXe s bien de chez nous. La *Stone Cutter* est agréable avec sa petite chambre attenante, sa vue sur les San Francisco Peaks et... son matelas à mémoire de forme ! Signalons également la *Star Gazer* pour son *earing bed* (« lit à oreilles »), décoré d'un motif coquin et sa baignoire-jacuzzi. Les propriétaires vous serviront un petit déj composé de bons produits, bio pour la plupart. Atmosphère décontractée, à l'image de la bouteille de vin toujours à disposition !

Starlight Pines B & B *(hors plan couleur par B2,* ***20****) : 3380 E Lockett Rd. ☎ 928-527-1912 ou 1-800-752-1912. • starlightpinesbb.com • Prendre la Route 66 vers l'est et tourner à gauche dans Fanning Dr, puis encore à gauche dans Lockett Rd. Doubles env 155-180 $ env avec* full gourmet breakfast. *Pas d'enfants de moins de 6 ans sf accord préalable.* Dans un quartier résidentiel calme et verdoyant, voici une maison récente en bois, bleu et blanc, précédée d'une belle terrasse accueillante. À l'intérieur, 4 superbes chambres, spacieuses et coquettes, avec du mobilier, une baignoire et des bibelots à l'ancienne – les proprios précédents étaient antiquaires. Vieux siège d'ophtalmo marrant sur le palier. La *Dragonfly Room* avec une vraie cheminée à bois pour l'hiver, la *Peacock* avec 2 lits et une baignoire à l'ancienne et la *Lily* avec balcon et vue sur les étoiles. Bon accueil de Richard et Michael, de leur puggle et de leurs deux shih-tzu.

Où dormir dans les environs ?

2 adresses pour profiter un peu de la nature aux alentours de Flagstaff et vivre sous les pins *ponderosa*...

Arizona Mountain Inn *(hors plan couleur par A2) : 4200 Lake Mary Rd. ☎ 928-774-8959 ou 1-800-239-5236. • arizonamountaininn.com • Prendre Milton Rd puis l'I-17 Sud, sortie 337, tourner à droite, longer l'autoroute sur 2-3 miles puis tourner à droite sur Lake Mary Rd, c'est à 1 mile à gauche, après Chevron. Cabins env 95-130 $ pour 2 selon saison, 125-160 $ pour 4 et 185-230 $ pour 8.* Dans une grande pinède, une série de *cabins* rustiques, soit des bungalows en bois de taille variable selon le prix, avec cuisine, poêle, chauffage, air conditionné, terrasse et barbecue. Sympa pour une petite robinsonnade à la lisière de la ville. Également un immense bungalow communautaire, appelé *hogan* façon navajo, pour 16 personnes, avec une vaste cuisine équipée, 3 chambres, une mezzanine dotée de 8 lits individuels et un poêle géant ! Idéal pour les groupes. Laverie. Supermarché *Basha's* à 1 mile. En revanche, évitez les chambres en *B & B*, moins intéressantes.

Abineau Lodge *(hors plan couleur par A2) : 1080 Mountainaire Rd. ☎ 928-525-6212 ou 1-888-715-6386. • abineaulodge.com • À 6 miles de Flagstaff par la I-17 Sud, sortie 333, puis à gauche vers l'est sur 1,5 mile. Doubles env 140-160 $ en saison, 95-110 $ hors saison. Petit déj inclus. Plats env 13-19 $.* Une maison en bois environnée par la forêt et quelques maisons. Seul le parking de camping-cars à proximité dénote un peu. Mais l'accueil de Wendy est vraiment chaleureux. Elle loue une dizaine de chambres hyper confortables et coquettes avec des armoires en bois « maison ». 3 d'entre elles ont une petite cheminée. La n° 6 est une suite avec cheminée et salon. Terrasse sous les pins, grande salle de petit déj, salon avec cheminée, salle TV avec frigo et micro-ondes. Wendy propose aussi des repas le week-end. Et on peut profiter du sauna.

Où manger ? Où prendre le petit déj ?

Bon marché et spécial petit déj

Macy's Coffee House *(plan couleur B2, **21**) : 14 S Beaver St. ☎ 928-774-2243. Tlj 6h-20h. Petit déj, salades et sandwichs 5-8 $.* Le vieux comptoir patiné, les tables et chaises dépareillées et les citations humanistes bahaï aux murs (« Nous sommes tous les feuilles du même arbre ») peignent une atmosphère gentiment bobo. Cette *coffee house,* élue *best 2008,* ne désemplit pas. On fait la queue (souvent longue !) pour commander une omelette à base d'œufs de poules élevées en liberté, un gâteau du jour et un bon café parmi le large choix proposé, avant d'essayer de se trouver un coin de table. Le midi, misez sur les plats végétariens, pas ennuyeux du tout. Produits sains à prix raisonnables. Excellente adresse.

Downtown Diner *(plan couleur B1-2, **24**) : 7 E Aspen Ave. ☎ 928-774-3492. Tlj 6h-21h (18h dim). Petit déj (servi tte la journée) et petits plats env 5-9 $.* Un chouette petit décor, très central, avec box, paroi métallique style haillon de pick-up, plaques d'immatriculation, plus un mur de vieilles photos de Flagstaff en noir et blanc. Belle carte de petits déj avec omelettes, pancakes (appelés ici « *hotcakes* »), bagels, céréales et une série de *combinations (« hungryman », « country benedict », « fruit parfait », « huevos rancheros »...).* Gâteaux maison sous cloche. Également des burgers, sandwichs et hot dogs. Autre spécialité : la truite fumée. Service aimable.

Café Pickles *(plan couleur B2, **26**) : 7 N San Francisco St. ☎ 928-213-9275. Tlj 7h30-20h en sem, jusqu'à minuit ven-sam et 19h dim-lun. Choix de petit déj jusqu'à 11h puis* limited breakfast all day. *Petit déj et plats env 5-8 $.* Un petit café sans prétention esthétique (bois et murs jaunes) mais très central et que l'on vous conseille pour la qualité des produits. Excellents pancakes aux fruits frais, servis avec du vrai sirop d'érable. Yaourts, omelettes et *burritos,* ainsi qu'un *breakfast with Elvis,* soit des toasts aux bananes et beurre de cacahuète (bonjour la ligne !). Sinon, pour déjeuner, salades, sandwichs, burger 100 % *angus beef,* hot dog maison *(Lumber Jack Ripper !),* plus quelques plats mexicains. Bon accueil.

The Crown Railroad Café *(hors plan couleur par B2, **30**) : 3300 E Route 66. ☎ 928-522-9237. Excentré, à côté du motel* Howard Johnson *et du* Museum Club *(voir « Où boire un verre ? Où écouter de la musique ? »). Tlj 6h-21h. Petit déj (servi tte la journée !) et plats env 7-13 $.* Ce *diner,* au décor banal façon années 1970, est célèbre pour ses 66 recettes d'omelettes, Route 66 oblige... Les pancakes, *3 pigs in a blanket* (3 saucisses sous un pancake), *breakfast burritos* et *French toast* font bonne figure et vous caleront pour une bonne partie de la journée. Clin d'œil amusant aux trains à rallonge qui empruntent la voie ferrée toute proche, ce petit train qui tourne inlassablement au-dessus des clients... sinon, le réclamer !

– Également le ***Galaxy Diner*** (voir plus loin).

De bon marché à prix moyens

|●| ***Diablo Burger*** *(plan couleur B1,* ***27****) : 120 N Leroux St. ☎ 928-774-3274. Tlj sf dim 11h-21h (22h jeu-sam). Burgers env 10-13 $. Cash only.* Sur le square principal où se déroulent de fréquentes animations, une entrée discrète cachée par une fresque avec quelques tables devant (et même de vent, certains jours !). Petite salle en arrondi avec comptoir, tables cuivrées et tabourets orange. Ici, les burgers sont composés de viande 100 % bio et locale. Du coup, on n'hésite pas à la demander saignante *(rare)*. Délicieux, et il y a du choix : *Monk,* monacal pour les puristes, *Marilyn* pour les amateurs de fromage (la star est donc perçue comme laiteuse ?), *Cheech,* façon mexicaine, ou encore *Ziggy Stardust,* c'est-à-dire à composer vous-même ! Accueil super sympa. Idéal le midi.

|●| ***Mountain Oasis*** *(plan couleur B2,* ***22****) : 11 E Aspen Ave. ☎ 928-214-9270. Tlj 11h-21h. Sandwichs et petits plats env 7-9 $ le midi, 9-19 $ le soir.* Un endroit très apprécié des locaux pour son atmosphère à la fois simple et décontractée. Salle bistrot avec murs en brique, plantes vertes, fontaine à l'angelot, quelques croûtes sur les murs et de vieilles affiches franco-italiennes tout au fond. À la carte, des sandwichs originaux du style *world food,* des salades bien fraîches et quelques bons plats aux notes méditerranéennes ou asiatiques – dont certains plairont aux végétariens. Bonne viande également, notamment l'*angus ribeye.* Malin ou pas malin, les desserts sont présentés sur un plateau... du coup, on a fondu pour le cheese-cake. Vins au verre et *smoothies.* Service efficace et plutôt souriant.

|●| ***Beaver Street Brewery*** *(plan couleur B2,* ***23****) : 11 S Beaver St. ☎ 928-779-0079. Tlj 11h-23h (minuit ven-sam) ; bar jusqu'à 1h dim-mer et 2h jeu-sam (*happy hours *tlj 11h-19h). Plats env 10-15 $. Pas de résas.* À deux pas de la ligne de chemin de fer, c'est une vraie microbrasserie (cuves en cuivre à l'entrée derrière de grandes baies vitrées) mais aussi un véritable hall de gare, tant pour le décor que pour l'animation qui bat son plein chaque soir (liste d'attente pour dîner !). À l'arrivée, 5 à 8 bières chaque jour, des blondes, des rousses et des brunes, certaines saisonnières, avec bouquet et saveur garantis. À accompagner d'un chili maison, de bons sandwichs classiques, salades ou burgers, mais surtout d'excellentes pizzas cuites au feu de bois. Service très sympa.

|●| ***Galaxy Diner*** *(hors plan couleur par A2,* ***32****) : 931 W Route 66. ☎ 928-774-2466. Tlj 9h-22h (23h ven-sam). Petit déj et plats env 6-10 $.* Les fans des années 1950-1960 retrouveront l'ambiance de l'époque dans ce *diner* ultra-rétro naviguant entre *Happy Days* et nostalgie de la Route 66. Incontournables banquettes en skaï rouge, juke-box, Elvis, James Dean et Marilyn aux murs et une impressionnante série de photos noir et blanc des années 1960 (cherchez celles de B.B...). Dans l'assiette, des petits déj de bonne facture et tous les classiques américains, plus des plats type *meatloaf* et *chicken fried steak.* Rien de gastronomique ni de léger, mais on y va pour l'ambiance ou pour se contenter d'un *shake.* Le samedi soir, c'est swing et rockabilly, avec cours de danse gratuits vers 19h (et chanteuse live de temps en temps). Le vendredi, les nostalgiques de la Route 66 débarquent avec leurs vieilles bagnoles chromées. Série de cartes postales rigolotes sur le thème de la Route 66.

De prix moyens à chic

Plusieurs restos chic se disputent la clientèle aisée de Flagstaff. On y mange toujours bien, mais les tarifs y sont souvent élevés le soir. Conclusion : poussez la porte de ceux qui sont ouverts le midi ou cassez votre tirelire...

Josephine's *(plan couleur B1, **25**) : 503 N Humphreys St. ☎ 928-779-3400. En été, lunch lun-ven 11h-14h30 ; dinner tlj 17h-21h ; brunch w-e 8h-14h30. Sandwichs et salades env 10-13 $ le midi, plats 20-30 $ le soir.* C'est d'abord une jolie maison de 1911 qui charme le visiteur, certes un peu excentrée, mais, avec sa façade en pierre de Malpais, parcourue par de la vigne vierge, sa terrasse irrésistible par temps clair, côté rue, et cette salle chaleureuse tapissée de parquet et de bois, il est souvent difficile de trouver une table si l'on n'a pas réservé. La cuisine, aux notes de fusion mexicaines et *South West* assez marquées, est vraiment saine et plutôt recherchée. Enfin, a-t-on envie de dire, de savoureuses salades, un original brie en baklava, des viandes pleines de goût et des sandwichs originaux. Et puis une belle carte des vins et un bon *espresso* pour finir. Osez, osez, Joséphine...

Brix *(plan couleur B1, **33**) : 413 N San Francisco St. ☎ 928-213-1021. Tlj 17h-21h (22h le w-e). Plats env 23-34 $.* Le vieux bâtiment en brix (pardon, en brique), partagé avec un magasin d'antiquités, dissimule bien le décor de bistrot chic et l'agréable courette aux tables ombragées par de grands parasols (ou chauffée aux premiers frimas). La cuisine allie terroir et influence méditerranéenne, en offrant, ce qui est rare, un bel assortiment de légumes. On trouve même une sélection de fromages du monde entier, avec notamment du brillat-savarin ! Jolie carte de vins californiens.

Pasto *(plan couleur B2, **29**) : 19 E Aspen Ave, angle San Francisco St. ☎ 928-779-1937. Tlj sf dim 11h-14h et 17h jusqu'au dernier client.* Antipasti *env 8-13 $, plats 9-12 $ le midi et 17-26 $ le soir.* Resto italien à la fois élégant et chaleureux, avec une salle de pierre rouge, un plafond ondulé couleur laiton et un vaste patio en brique ouvert aux beaux jours. Accueil au diapason, empressé et fort sympathique. Côté cuisine, la maison adhère au mouvement *Slow Food,* gage de qualité : produits le plus possible régionaux, voire maison, et cuisson à point nommé. La carte détaille très honnêtement tout cela. La *pasta* maison est ainsi al dente, comme il se doit ! Nettement plus cher le soir.

Lupo's Horsemen Lodge *(hors plan couleur par B2, **28**) : à 8,5 miles de la ville sur la Hwy 89 N vers Wupatki, côté gauche. ☎ 928-526-2655. Tlj sf dim 17h-21h. Plats env 17-30 $.* Isolé à la lisière de la forêt, le grand bâtiment en rondins, devant lequel on peut attacher son cheval (si on vient avec), donne le ton d'entrée. On y déguste les meilleurs steaks de la ville dans un décor de western, avec têtes de cerfs et roues de chariots à la clé, sans oublier, à la caisse, le portrait des anciennes Miss Rodéo qui ont fait la gloire de l'établissement. Également de la truite et quelques fruits de mer pour les irréductibles. Dessert gratuit si vous imprimez leur page internet avant de venir !

Où boire un verre ? Où écouter de la musique ?

Dans le centre

Le soir, pas de problème pour trouver un bar où siroter une petite bière, généralement jusqu'à 2h. Il suffit de longer la Route 66 entre Beaver Street et Agassiz Street ou de rejoindre Soiuth San Francisco Street (traverser la voie ferrée) ; on n'a que l'embarras du choix. Le week-end, impossible de ne pas trouver un petit concert sympa.

– Au 15 W Aspen, salle de concerts **Orpheum** *(plan couleur B1, **7**) : ☎ 928-556-1580. • orpheumflagstaff.com • Entrée : env 20-45 $. Guichet ouv slt 2h avt les concerts ; si c'est fermé, achat des billets auprès de* Animas Trading Co, *à l'angle d'Aspen et Leroux (☎ 928-774-0004), auprès de* Rainbow's End, *Route 66, entre Aspen et San Francisco (☎ 928-774-5535) ou encore à la librairie* Bookman's *(voir « Adresses utiles »).*

The Green Room *(plan couleur B2,* ***40****) : 15 N Agassiz St.* ☎ *928-226-8669.* • *flagstaffgreenroom.com* • *Tlj 15h-2h. Cover certains soirs (env 5-25 $ selon groupe).* C'est un peu le bar à tout faire de Flagstaff : on y descend l'une des 30 bières pression de la maison entre potes, on y organise le développement du vélo en ville, on s'y retrouve pour le karaoké du dimanche ou du lundi soir et pour la *dance party* du mercredi. Ou, mieux, encore plus *BIG,* celle qui a lieu le 1er vendredi du mois ! Nombreux petits concerts qui émaillent la semaine, en particulier les vendredi et samedi. Le samedi, c'est souvent musique live non-stop. Attention, certains rythmes sont vraiment très expérimentaux !

Charly's et Zane Grey Ballroom *(plan couleur B1-2,* ***13****) : dans le Weatherford Hotel (voir « Où dormir ? »). Charly's ouv jusqu'à 2h, happy hours 17h-19h. Concert de blues lun 19h-22h, open scene mar, rock ou reggae ven-sam. Petit cover d'env 2 $, tlj sf mer, plus ven et sam en été et ven slt hors saison.* Le *Charly's,* vieux pub à l'américaine des plus sympathique, est connu comme le loup blanc pour ses soirées blues. Clientèle décontractée, voire un peu allumée, qui aime s'en jeter un ou deux avant d'aller guincher au pied de la scène. Billard. Jeter également un œil à l'émouvant *Zane Grey Ballroom (tlj en été ; jeu-sam en hiver ; soirée jazz jeu),* au 2e étage. Il date de 1882 et, avec son vieux comptoir en bois, évoque le temps où Zane Grey, l'auteur de romans d'aventure à la sauce cow-boy, y écrivit *Call of the Canyon.*

The Flagstaff Brewing Company *(plan couleur B2,* ***41****) : 16 E Route 66.* ☎ *928-773-1442. Tlj 11h-minuit (22h resto) et jusqu'à 2h jeu-sam. Live music jeu-sam à partir de 22h (ven-sam hors saison) et dim ap-m (14h-17h). Cover en été slt, env 5-15 $.* Un pub tout en longueur avec un canoë au-dessus du comptoir et de jolies cuves à l'arrière, d'où l'on peut voir passer les trains. Fêtards d'un soir, étudiants et amateurs de bonnes bières ont pris l'habitude de déborder sur la rue piétonne. Les bières, différentes toute l'année, sont brassées sur place par le maître des lieux, Jeff Thorsett. Autre particularité, les 140 variétés de whiskys, un record national d'après le *bartender* ! Tiens... le traditionnel billard a été remplacé par une table de ping-pong. Apportez donc votre raquette ou optez pour les fléchettes... On peut aussi y grignoter (burgers, poutine québécoise...).

San Felipes Cantina *(plan couleur B1,* ***42****) : 103 N Leroux St.* ☎ *928-779-6000. Dim-mer 11h-minuit, jusqu'à 2h jeu-sam. Happy hours tlj 16h-19h (plats et boissons à 50 %). Entrée libre.* Vaste bar... iolé, à l'ambiance surfeurs relevée à la sauce mexicaine. Aux murs, jolies planches et requins naviguent de concert, escortés par une escadrille de néons colorés. Mais ce sont les soirs de concerts que les tequilas font le plus d'effet, lorsqu'on pousse les tables pour aménager la piste de danse ! Petits concerts (rock, *oldies...*) le dimanche et certains mercredis aussi, en général de 19h à 22h. En revanche, la cuisine est moyenne.

Lounge du Monte Vista Hotel et Café Rendez-Vous ! *(plan couleur B2,* ***10****) : voir « Où dormir ? ».* ☎ *928-774-2403. Tlj jusqu'à 2h. Happy hours tlj 12h-19h au café. Concerts du lounge : jeu-dim à partir de 21h en général (vérifier) ; karaoké mar. Entrée libre.* D'un côté, il y a le *lounge* de l'hôtel, au décor rouge comme le plaisir, billards inclus. C'est l'un des hauts lieux musicaux de Flag, avec beaucoup d'étudiants venus tendre l'oreille. Petits concerts de *bluegrass, Beattles tributes, gypsy jazz,* entre lesquels s'intercalent des *dance parties* chaudes, chaudes, chaudes ! De l'autre côté, juste à l'angle, il y a le café *Rendez-Vous ! (tlj 11h-2h),* un *coffee shop* le jour qui se métamorphose en *martini bar* le soir et attire la fine fleur de la jeunesse branchée. Jolie déco moderne et lumineuse.

Grand Canyon Café *(plan couleur B2,* ***43****) : 110 E Route 66.* ☎ *928-774-2252. Tlj sf dim 7h-21h. Cash only.* Juste pour le décor et l'atmosphère totalement désuets, voire à la dérive, de ce vieux *diner* nostalgique en bord de Route 66, où tout est patiné à mort. La serveuse est du cru et les proprios asiatiques, bienvenue dans l'Amérique d'aujourd'hui ! Se contenter d'y boire un verre.

Dans les proches environs

The Museum Club *(hors plan couleur par B2,* ***30****) : 3404 E Route 66. ☎ 928-526-9434. ● themuseumclub.com ● À 3 miles du centre, en bordure de la route mythique, côté gauche. Chercher la grosse guitare en néon rouge. Tlj 11h-2h. Entrée payante en principe ven-sam : env 5 $, sf pointures (25-45 $). Bière 10 cents et autres alcools 2 $ mer !* Listé sur tous les dépliants et livres historiques consacrés à la 66, le *Museum Club* est l'étape incontournable des nostalgiques de la *Mother Road* ! Il fut surnommé le « Zoo » car c'était la demeure d'un taxidermiste... qui a dû abandonner son lieu en l'état, vu les nombreux trophées sur les murs. Depuis 1931, ce vaste saloon en bois agrémenté de quelques billards distille gentiment l'une des meilleures country des environs. Le week-end, la marée de pick-up sur le parking et de Stetson à l'intérieur en dit long ! Le jeudi soir, entre 18h et 20h, on peut prendre des cours (gratuits) de two-step ou de swing, juste avant le karaoké hebdomadaire (qui a lieu également le lundi). Et pour varier, le dimanche, entre 21h et 2h, c'est salsa. Le mardi, quiz entre 20h et 22h30 mais mieux vaut comprendre l'anglais... Un peu mort en semaine hors saison.

Achats

Gene's Western Wear & Shoe Hospital *(plan couleur B1,* ***60****) : 111 N Leroux St. ☎ 928-774-3543. Lun-sam 9h-18h, dim 10h-16h.* Un magasin spécialisé dans le style western avec de vrais lassos (si, si), des ceintures, des bottes à ne plus savoir qu'en faire, des mors, des éperons, des drapeaux et une belle collection de *Stetson* pour ressembler au patron de la boutique.

Old Town Shops *(plan couleur B1,* ***61****) : 120 N Leroux St, en face du magasin précédent.* Un petit centre commercial avec des boutiques sympas comme *Basement Marketplace* (en sous-sol, comme son nom l'indique), pour ses petites fringues mode à prix canon, Également *P.J. Chilcottage,* au rez-de-chaussée, pour ses belles petites idées cadeaux (savons chers mais rigolos) ou encore *Black Hound,* pour ses magnets, ses plaques rétro ou encore ses rouleaux de PQ à l'effigie de... Ben Laden, entre autres.

À voir

Lowell Observatory *(hors plan couleur par A1) : 1400 W Mars Hill Rd. ☎ 928-774-3358. ● lowell.edu ● Suivre la Santa Fe Ave jusqu'au sommet de la colline. Bus nº 5. Juin-août, tlj 9h-22h ; mars-mai et sept-oct, mar, jeu et dim 9h-17h (nocturne jusqu'à 21h30 les autres j.) ; janv-fév et nov-déc, mar, jeu et dim 12h-17h (nocturne jusqu'à 21h30 les autres j.). Visites guidées (durée 45 mn) ttes les heures 10h-16h. Entrée : env 11 $; réduc.* La visite, assez pointue, commence par un coup d'œil au mausolée de Percival Lowell, astronome et fondateur de l'observatoire. C'est son épouse qui le fit construire pour la somme astronomique de 40 000 $ alors qu'il avait exigé

PLUTÔT PLUTON...

Un certain M. Lowell fit construire en 1896 un magnifique télescope pour mieux observer ce qu'il croyait être un réseau de canaux sur Mars. Ce n'était qu'une illusion d'optique. En 1928, on identifia une toute petite planète, au bout du système solaire. Beaucoup de gens écrivirent alors pour la nommer. C'est une petite fille de 11 ans qui l'emporta, en proposant Pluton ! Si Pluton a aujourd'hui perdu son statut de planète (pour devenir une planète naine !), ces télescopes sont toujours utilisés aujourd'hui. Un arrêté municipal limite même la lumière dans le centre-ville pour ne pas gêner le travail des astronomes !

que tous ses biens reviennent à la science... On découvre ensuite la salle du grand télescope de Clark (1896), dont tous les réglages se font encore à la main à l'aide d'une multitude de molettes. C'est ici que sont organisées les séances d'observation nocturnes, très sympas. On peut voir certains soirs Jupiter, Saturne, Mars ou tout simplement être dans la Lune sans qu'on vous le reproche d'aucune façon... Enfin, on découvre le musée Rotunda, consacré aux chercheurs ayant travaillé sur place. En attendant le départ de la visite, on peut aussi voir une salle d'exposition sur l'univers de l'astronomie avec une météorite et des expériences interactives qui plairont aux enfants. Également un nouveau miniplanétarium (le *Mc Allister Space Theater*).

Museum of Northern Arizona *(hors plan couleur par B1) :* *à 3 miles au nord, sur l'US 180, route du Grand Canyon. ☎ 928-774-5213. • musnaz.org • Bus n° 5. Tlj sf 1er janv, Thanksgiving et Noël, 9h-17h. Visite guidée en français pour les groupes sur résa 1 sem avt. Entrée : env 10 $; réduc.*
Ce musée, enfoui dans la pinède, a pour vocation d'explorer toutes les facettes du plateau du Colorado, qu'il s'agisse du patrimoine géologique, animal ou humain. Un peu vieillot dans sa présentation, mais il abrite de fort belles pièces.
Il évoque d'abord les premières civilisations, apparues probablement il y a environ 15 000 ans, avant de s'attarder plus en détail sur les groupes mieux connus, car sédentaires, comme les Sinaguas (littéralement « sans eau ») et les Pueblos. La pièce principale du musée est un fragment mural vieux de 500 à 700 ans trouvé dans la *kiva* (temple) d'un village hopi. Section ethnologique consacrée aux tribus actuelles : Hopis, Navajos, Pais, Zunis, avec paniers, poteries, tapis et coiffure « à la Mickey »... Reconstitution moderne d'une *kiva* d'un goût discutable. Le musée possède également une collection de *kachinas* (poupées hopis et zunis symbolisant les esprits), et surtout une superbe collection de poteries et de bijoux hopis, navajos et zunis. Également une galerie d'art contemporain navajo (jolies céramiques) et des expos temporaires. Pour terminer, section géologique, enrichie de fossiles et de squelettes d'animaux préhistoriques (vrais et factices). En 2009 a été inauguré de l'autre côté de la route le nouveau bâtiment de l'Easton Collection Center, qui entrepose environ 600 000 objets. De quoi voir venir pour les prochaines expositions du musée...
Belle librairie-boutique vendant de magnifiques poupées *kachinas* (mais très chères).
Le musée accueille également plusieurs ***festivals indiens*** chaque année : *Zuni Festival* le week-end de Memorial Day (dernier week-end de mai), *Hopi Festival* le week-end du 4 juillet et *Navajo Festival* le 1er week-end d'août.

Pioneer Museum *(hors plan couleur par B1) :* *2340 N Fort Valley Rd. ☎ 928-774-6272. • arizonahistoricalsociety.org • Un peu avt le* Museum of Northern Arizona, *sur la droite. Bus n° 5. Tlj sf dim 9h-17h. Entrée : env 5 $; gratuit moins de 14 ans.* Dans un ancien dispensaire pour indigents, surnommé *The Poor Farm*, un petit musée vieillot avec, comme un inventaire à la Prévert (et pas mal de poussière), un cabinet de médecins, un antique « poumon artificiel » (cage de torture moderne dans lequel vécurent toute leur vie certains malades de la polio dont les muscles respiratoires étaient paralysés), des jouets anciens, un standard téléphonique, de vieux skis et patins, une tête de puma, des scies de 36 pieds de long... Franchement, ce n'est pas une visite indispensable. En projet, quelques salles consacrées aux frères Babbitt, des célébrités locales. À l'extérieur trône la locomotive à vapeur n° 12, mise en service dans l'Oregon en 1929.

The Arboretum *(hors plan couleur par A2,* ***53****) :* *4001 S Woody Mountain Rd. ☎ 928-774-1442. • thearb.org • À plus de 6 miles au sud du centre ; prendre la Route 66 vers l'ouest, puis à gauche au niveau du camping* Woody Mountain *(3 miles de route gravillonnée pour finir). Ouv slt avr-oct, jeu-dim 10h-16h. Visites guidées incluses dans le ticket d'entrée, tlj à 11h et 13h (en français sur résa). Entrée : env 7 $; réduc. Site strictement non-fumeurs.* Rappelons que

Flagstaff se trouve au beau milieu de la plus grande forêt du monde de *ponderosa pines*. C'est aussi la deuxième région des États-Unis où il neige le plus... Autre particularité météorologique régionale, ces floraisons de « moussons », après des épisodes de pluies entre juin et octobre. L'arboretum est riche d'environ 2 000 espèces, avec un jardin d'herbes, quelques implantations de plantes des régions chaudes (Sedona, Méditerranée), une serre où sont reproduites les espèces locales pour favoriser leur dissémination dans les jardins... Rien d'exceptionnel, en fait, plutôt une balade verte et tranquille (on peut apporter son pique-nique).

Riordan Mansion *(hors plan couleur par A2,* ***54****)* **:** *409 W Riordan Rd. ☎ 928-779-4395. • azparks.gov/Parks/RIMA/index.html • Bus nº 4 ou 5. Tlj 9h30-17h mai-oct, 10h30-17h nov-avr. Fermé à Noël. Visite guidée obligatoire à chaque heure pile, 9h-16h. Entrée : env 10 $; réduc.* Maison de 1904 construite pour la famille Riordan par l'architecte du célèbre *lodge El Tovar* au Grand Canyon. Même style de pierre et bois massif. On parcourt une bonne dizaine de pièces, depuis la cuisine et sa vieille cuisinière en fonte jusqu'à la salle de réception avec son Steinway en passant par la salle à manger ovale (comme la table), agrémentée d'une série de vitraux. Mais quel dommage que la visite soit aussi ennuyeuse...

Manifestations

Demandez le *Calendar of Events* au *Visitor Center* ou allez sur leur site *• flagstaffarizona.org •* pour connaître les dates exactes. Petite sélection :

- ***First Friday Art Walk :*** *1er ven de chaque mois, 18h-21h.* Une balade artistique assez populaire, les galeries et les boutiques restent ouvertes à cette occasion.
- ***Pride of the Pines :*** *mi-juin. • flagstaffpride.org •* C'est la *gay pride* locale, plutôt populaire par ici.
- ***Festivals indiens*** *(Native American Festival)* **:** *fin mai-début août, au* Museum of Northern Arizona *(voir plus haut).* Chants et danses navajos, zunis et hopis.
- ***Concerts et ciné sur Heritage Square :*** *de fin mai à mi-sept.* Concerts en tout genre, en général le jeudi et le week-end, et séances de ciné en plein air le vendredi vers 20h.
- ***Farmers market :*** *mer mat de juil à mi-sept, sur le parking de l'église catholique, et dim mat de fin mai à mi-oct, sur le parking du* City Hall.
- ***Route 66 Festival :*** *2e w-e de sept.* Nostalgiques de la grande époque et dévoreurs de macadam fêtent la grand-maman des routes transcontinentales, à grand renfort de vieilles voitures, de Harley pétaradantes et de concerts.

DANS LES ENVIRONS DE FLAGSTAFF

De Flagstaff au Grand Canyon (par l'est) ou en route vers Page et les terres navajos, n'hésitez pas à faire un petit crochet par le Sunset Crater et le Wupatki National Monument. Une route secondaire traverse les deux *National Monuments* sur 32 miles, puis regagne l'US 89, comme si de rien n'était. Ce magnifique détour ne prend guère qu'une heure sans arrêt... mais il sera difficile de ne pas se laisser tenter par les sites indiens et les différents sentiers de poche qui émaillent la balade ! L'originalité du parcours est de traverser deux parcs radicalement différents.

Sunset Crater : *☎ 928-526-0502. • nps.gov/sucr •* Visitor Center *tlj 8h-17h mai-oct (9h-17h hors saison). Entrée : env 5 $/pers (ticket valable 7 j.), incluant la visite du Wupatki National Monument ;* Interagency Annual Pass *accepté ; gratuit moins de 16 ans. Possibilité de camper au* Bonito Campground *à l'entrée sud du parc de début mai à mi-oct selon météo. ☎ 928-526-0866. Env 18 $ jusqu'à 8 pers* *et 1 véhicule. Pas de douches, mais eau potable, w-c, tables, barbecue et... une extraordinaire odeur de pins qui embaume l'air.* C'est le premier parc en venant de Flagstaff. Sachez que les dernières éruptions du Sunset Crater remontent seulement aux XIe et XIIe s. Le paysage conserve encore les traces du cataclysme avec d'impressionnantes coulées de lave. Si vous n'avez pas le temps de tout voir, choisissez le *Lava Flow Trail.* Ce magnifique sentier de 1 mile se faufile entre les coulées, puis effleure les pentes du volcan recouvertes d'une surprenante poudreuse noire... Mais on ne monte pas au sommet : c'est interdit. À contrario, mieux vaut éviter le *Lenox Crater Trail,* qui se résume à une harassante montée en sous-bois sur le flanc d'un cône adventif pour atteindre un point de vue sur les San Francisco Peaks.

🎈🎈 ***Wupatki National Monument :*** *☎ 928-526-2365. ● nps.gov/wupa ●* Visitor Center *tlj 9h-17h. Entrée : env 5 $/pers (ticket valable 7 j.), incluant la visite du Sunset Crater ;* Interagency Annual Pass *accepté ; gratuit moins de 16 ans.* Du Sunset Crater, la route continue sa boucle en remontant vers le nord. Rapidement les forêts de pins cèdent la place aux étendues désertiques écrasées de soleil du Wupatki National Monument. Les Ancient Pueblos (on ne peut plus dire Anasazis) y vivaient, au confluent du monde sinagua. Deux sites très faciles d'accès méritent largement une halte : le ***Wukoki Pueblo,*** étrange forteresse rouge arrimée à un rocher jaillissant du désert, où vécurent probablement deux ou trois familles, et le ***Wupatki Pueblo*** (sentier en boucle de 800 m), vaste village où l'on devine encore les habitations, les celliers ou l'agora. On y a retrouvé les vestiges de cloches en cuivre du Mexique, des perles marines et les squelettes d'une quarantaine d'aras...

🎈🎈 ***Walnut Canyon National Monument :*** *à 10 miles à l'est de Flagstaff par l'I-40, sortie 204. ☎ 928-526-3367. ● nps.gov/waca ● Mai-oct 8h-17h, nov-avr 9h-17h. Entrée : env 5 $ (ticket valable 7 j.) ;* Interagency Annual Pass *accepté ; gratuit moins de 16 ans. Brochure en français gratuite.* Il s'agit d'un étroit canyon, élégant comme tout avec ses guirlandes de pins dégringolant le long de falaises à pic, où sont disséminées quelques centaines d'habitations troglodytiques des Indiens sinaguas (« sans eau » en espagnol). C'est probablement l'éruption du Sunset Crater, vers 1065, qui les poussa à se replier ici. Cultivant des champs éparpillés sur le rebord supérieur du plateau, ils demeurèrent dans le canyon jusque vers 1250. Un petit musée (vidéo de 15 mn) présente leur mode de vie. Du *Visitor Center,* le magnifique ***Island Trail,*** entrecoupé de 240 marches, s'enfonce dans le canyon et forme une boucle de 1 mile en contournant un impressionnant piton rocheux autour duquel sont dispersées les ruines (prévoir de 45 mn à 1h). Le ***Rim Trail,*** plus facile (20 à 30 mn), se contente de longer la faille et permet de voir les ruines de loin.

🎈🎈 ***Meteor Crater :*** *à 35 miles à l'est de Flagstaff (45 mn de route), sur l'I-40, sortie 233. Le site est isolé dans la plaine à 6 miles. ☎ 928-289-2362 ou 1-800-289-5898. ● meteorcrater.com ● De fin mai à mi-sept, tlj 7h-19h ; hors saison, 8h-17h. Fermé à Noël. Visites guidées ttes les heures sur le bord du cratère 9h15-14h15. Entrée : env 15 $; réduc. À 5 miles de là, un* RV Park *pour les camping-cars avec douches et sanitaires env 26 $ pour 2 pers (résas : ☎ 1-800-478-4002). Également une station-service et un fast-food (mieux vaut emporter son casse-croûte !).* L'un des plus grands cratères météoritiques du monde. Assez spectaculaire : 1 265 m de diamètre et 174 m de profondeur. Et comme les Américains raffolent des chiffres et des comparaisons, vous apprendrez qu'il y a assez de place pour caser 20 terrains de football dans la cuvette et 2 millions de spectateurs sur les parois. Sacré match ! Sur le bord du cratère, un musée bien fichu avec différentes animations sur les météorites, d'impressionnantes photos de cratères lunaires, un film *Collision and Impacts* et des documents sur la conquête spatiale. L'endroit fut d'ailleurs utilisé comme camp d'entraînement par les astronautes. On apprend, par ailleurs, que ce météore de nickel et de fer (300 millions de tonnes) se serait écrasé il y a 50 000 ans à une vitesse de 26 000 miles/h. Il se serait détaché d'une ceinture d'astéroïdes suite à une collision avec une autre météorite. Avec la vitesse, celui-ci se serait désintégré à l'atterrissage, provoquant une extraordinaire explosion surmontée d'un champignon énorme, ce qui explique qu'on n'a rien retrouvé au fond du cratère. Heureusement, la région était sans doute totalement inhabitée à cette période ! Un petit film de 10 mn analyse en détail les différentes formes de collisions entre les météorites et les impacts possibles qui pourraient en résulter.

Petrified Forest National Park : *☎ 928-524-6228. • nps.gov/pefo • Parc tlj dès 7h (fermeture à 19h fin août-fin sept, 19h30 mai et juil, 20h juin et août). Entrée : 10 $/voiture (ticket valable 7 j.) ; 5 $ piétons, cyclistes et motards ;* Interagency Annual Pass *accepté.*
– Par le Nord : *l'entrée nord est à 118 miles à l'est de Flagstaff, sur l'I-40 (sortie 311), soit env 2h de route. Sur place, visiter le* Painted Desert Visitor Center. Documentation, programme des activités du jour (conférences organisées par les rangers sur les sites) affiché à l'entrée et vidéo de 20 mn sur le parc et les processus de fossilisation des végétaux. On y trouve également un resto *(tlj 8h-15h),* une station-service vendant quelques snacks et boissons et un bureau de poste. À 2 miles au nord du *Visitor Center,* on peut aussi jeter un œil au *Painted Desert Inn,* l'ancien *Stone Tree House* de 1924, désormais classé. Des expos temporaires y ont parfois lieu *(tlj 9h-17h).* Librairie sur place.
– Par le Sud : *l'entrée sud est à env 100 miles par l'I-40, puis la 180 (env 2h de route).* Le *Visitor Center* propose quasiment les mêmes services qu'au nord avec, en plus, le *Rainbow Forest Museum (☎ 928-524-6823 ; tlj 8h-18h),* un petit musée consacré à la géologie et aux fossiles trouvés sur le site (quelques squelettes de dinos).
Déroulé de part et d'autre de l'I-40 (mais surtout au sud), ce vaste parc est traversé par une seule route de 28 miles réunissant une vingtaine de points d'observation et une poignée de sentiers aménagés. La partie nord frange les étendues surnaturelles du Painted Desert, un océan de collines érodées dont les couleurs tantôt blanches, tantôt rougeoyantes, varient en fonction de l'inclinaison du soleil, ce qui explique pourquoi un explorateur espagnol a ainsi baptisé le paysage... Ces contrées désolées font le bonheur des paléontologues, qui y découvrent régulièrement des squelettes de dinosaures. Plus loin, ce sont les ruines d'un village indien vieux de 600 ans, Puerco Pueblo, qui attirent le regard, mais les dessins gravés dans la roche lui volent bientôt la vedette. Certains de ces pétroglyphes ont plus de 5 000 ans ! Avec la fascinante balade de *Blue Mesa* (1 mile), on aborde la partie sud du parc, pleinement consacrée à la forêt pétrifiée, l'une des plus grandes au monde. On y découvre une quantité invraisemblable de troncs d'arbres pétrifiés dans un paysage lunaire aux roches volcaniques érodées. Les troncs ont été transformés en quartz et arborent de superbes couleurs rouge, jaune, orange, marron, ocre, verte et même bleue parfois... C'est un processus d'infiltration de silice contenue dans les eaux, il y a 225 millions d'années, qui est à l'origine de ce phénomène. Autres balades sympas pour découvrir des arbres pétrifiés : la boucle de la Crystal Forest (1,2 km) et, tout au sud, derrière le Rainbow Forest Museum, Giant Logs (600 m).
Ah oui, juste un détail : on vous conseille de renoncer au moindre petit morceau de pierre en guise de souvenir : amende très élevée (celles vendues dans les boutiques de souvenirs ont d'ailleurs été ramassées en dehors du parc). Si vous vous posez la question, ce site est bien plus intéressant que la forêt pétrifiée située sur la route de Calistoga, dans la Napa Valley.
Pas de camping sur place, mais le camping sauvage est autorisé dans certaines zones, avec un permis à retirer au *Visitor Center.* Sinon, pléthore de motels tout à fait abordables à Holbrook (sans compter le *Wigwam Hotel* qui a inspiré les auteurs du film *Cars*). Et, pour dîner sur des notes mexicaines, le *Joe & Angie Café,* près de l'angle de Navajo Boulevard et de l'ancienne route 40.

Excursions au départ de Flagstaff

En dehors des navettes conduisant au Grand Canyon (voir la rubrique « Arriver – Quitter »), les non-motorisés n'ont guère d'option pour rayonner autour de Flagstaff. Voici donc quelques adresses de tour-opérateurs locaux qui pourraient s'avérer utiles.

■ Les ***AJ*** que nous citons dans la rubrique « Où dormir ? », plus haut, proposent des balades en bus à la journée vers le Grand Canyon. Se renseigner sur place.

■ ***Seven Wonders Scenic Tours :*** *4836 E Half Moon Dr.* ☎ *928-221-6164 ou 1-888-298-7477.* • *sevenwonders scenictours.com* • La seule compagnie qui n'exige que 3 participants minimum. Propose des sorties vers Sedona et les sites les plus connus de l'Arizona du Nord : Grand Canyon, villages hopis et Monument Valley. Environ 90 à 150 $ selon excursion. Fait également du sur-mesure. Vient chercher et dépose chaque passager dans son hôtel.

SEDONA

11 500 hab.

À 26 miles au sud de Flagstaff, par l'US 89A. Sedona est le nom de l'épouse du colon qui implanta ici le premier relais de poste en 1902. Une jolie route en descente y conduit à travers la superbe forêt de pins de Coconino, dernier havre de fraîcheur avant la fournaise. En longeant les méandres de l'Oak Creek, elle plonge dans un canyon aux roches de grès rouge orangé, nimbées le soir d'une superbe lumière dorée. Quant aux pitons aux formes parfois extravagantes qui entourent la ville, cadre de nombreux westerns (dont le cultissime *Johnny Guitar* de Nicholas Ray), ils ont un petit quelque chose de *Monument Valley,* la forêt en plus. La ville en elle-même ne présente aucun intérêt et s'avère très chère, mais on peut y faire une petite étape entre Phoenix et Flagstaff.

En 1946, Max Ernst, le pape du surréalisme et du mouvement dada, s'installe à Sedona. Il y construit une maison en bois et donne naissance à *Capricorne,* une sculpture en partie inspirée des Hopis, aujourd'hui conservée au Centre Pompidou, à Paris. Quelques années plus tard, les hippies se réclament de l'artiste et, après Katmandou, déposent leur sac à dos à Sedona. Plus près de nous, la ville devient la mecque du New Age ou plutôt, comme on dit désormais, du « développement personnel ». L'endroit a attiré tous les Californiens friqués, qui viennent y prendre leur retraite dans de grandes bâtisses semées dans le désert. Au centre, la petite cité a grandi beaucoup trop vite et laisse un arrière-goût de mercantilisme. Amusez-vous de cette ambiance ou faites abstraction des nombreux *plazzas* (centres commerciaux) et des marchands du temple, médiums, hypnothérapeutes et autres *clairvoyants,* pour vous lancer dans de belles balades autour des pitons orangés, à la découverte, qui sait, des vortex... Chapeau et bouteille d'eau obligatoires !

LA TÊTE DANS LE NEW AGE

La région de Sedona est depuis des millénaires un important centre de convergence d'énergies de la terre pour les Indiens. Ils y venaient bien avant que ce ne soit la mode, et y viennent toujours. Ces zones de confluences de magnétisme sont connues sous le nom de vortex, et on en trouve cinq à quelques miles à la ronde, la plus connue au Bell Rock.

Arriver – Quitter

Arizona Shuttle : *basé à* ***Flagstaff.*** *☎ 1-800-888-2749. • arizonashuttle.com •* Mars-oct, propose 2 navettes/j. entre Flagstaff et Sedona. Départs de Sedona vers 9h50 et 16h50. De Flagstaff, départ vers 9h et 16h depuis la gare routière *Amtrak*. Compter env 40 mn et 25 $.

Sedona Phoenix Shuttle : *☎ 928-282-2066 ou 1-800-448-7988 (depuis l'Arizona). • sedona-phoenix-shuttle.com •* Relie Oak Creek Village (hôtel *La Quinta Inn*) et West Sedona *(Super 8 Motel)* à Phoenix (aéroport). Depuis Sedona, en été, départs ttes les heures, 5h-10h, puis ttes les 2h jusqu'à 16h ; la navette quitte Oak Creek Village 20 mn plus tard. De Phoenix, ttes les heures 9h-14h, puis ttes les 2h jusqu'à 20h. Trajet : 2h30 pour Sedona. Prévoir 50 $ l'aller, 90 $ l'A/R.

Adresses et infos utiles

Sedona possède une poste et plusieurs banques dans le centre ou le long de la West Highway 89A. On vous parlera souvent du Y, point de repère très utilisé : c'est l'intersection entre la Highway 89A et la route 179, qui forme en fait un Y à l'envers. Au nord, le village de Sedona et, au sud, le village d'Oak Creek (ne pas confondre avec le Oak Creek Canyon par lequel on arrive, au nord). Attention, il y a environ 10 km entre le Y et Oak Creek Village !

Visitor Centers : *il y en a 4 en tt ; 2 sur la Hwy 89 en venant de Flagstaff dont l'*Oak Creek Visitor Center, *à Indian Gardens, dans la descente du canyon (tlj en saison, 8h-16h30) ; un au centre de Sedona (*Chamber of Commerce, *un peu avt le carrefour du Y à droite ; ☎ 928-282-7722 ; lun-sam 8h30-17h, dim 9h-15h) ; et un dernier assez excentré sur la 179 (à 6 miles au nord de l'I-17).* Procurez-vous le *Recreation Guide*. Sinon, pas mal d'infos sur le site de la ville : *• visitsedona.com •*

Free Public Shuttle : *un trolley sert de navette gratuite entre* Clear Creek Trading Company, *sur la 89A au nord, et* Hillside Shops & Galleries, *sur la 179 au sud. Passage par le* Visitor Center *de la chambre de commerce, la poste et le centre commercial* Tlaquepaque. *Tlj, ttes les 15 mn, 11h-18h.*

Absolute Bikes : *6101 Hwy 179, à Oak Creek Village. ☎ 928-284-1242 ou 1-877-284-1242. • absolutebikes.net • Compter env 30-60 $/j. selon type de vélo. Tarifs dégressifs intéressants en fonction de la durée.*

Sedona Bike & Bean : *6020 Hwy 179, à Oak Creek Village. ☎ 928-284-0210. • bike-bean.com • À 6 miles sur la route 179. Idéalement placé juste en face du* Bell Rock. *Tlj 8h-17h. Loc de VTT à partir de 40 $/j. (24h) et jusqu'à 70 $ pour les meilleurs modèles.* Casque, outils et carte des balades compris dans le tarif. Également des circuits accompagnés sur mesure.

M. Diamond Ranch : *HC 64, Box 253, Rimrock, à Beaver Creek. ☎ 928-300-6466. • sedonahorsebackrides.com • À env 20 miles au sud de Sedona, mais le transfert est gratuit pour les clients. Tlj sf dim. Compter env 70 $ pour 1h de balade, sans les taxes, sur les terres d'un vrai ranch.*

Où dormir ?

Les hôtels s'égrènent tout au long de la Highway 89A et sont pour la plupart très luxueux et franchement hors de prix. On conseille donc plutôt de passer la nuit à Flagstaff. Pour ceux qui tiendraient à dormir ici, voici tout de même quelques options. Sachez que la haute saison, plus chère, s'étale en gros de mi-mars à mi-juin et de septembre à octobre, soit au printemps et à l'automne quand il ne fait pas encore trop chaud.

Campings

Coconino National Forest : *résas au ☎ (877) 928-444-6777. • recreation.gov • Ouv en gros de mi-avr à sept-oct en fonction de la météo (camping* Manzanita *ouv tte l'année). Compter env 18-20 $/site.* Plusieurs petits campings s'éparpillent dans la descente vers Sedona quand on arrive de Flagstaff. Facilement visibles depuis le bord de la route. Dans l'ordre : ***Pine Flats, Cave Springs*** et ***Manzanita,*** ce dernier étant entièrement réservé aux tentes. Tous basiques, très scout, en pleine pinède mais très fréquentés en haute saison. Le camping de *Cave Springs* est le seul avec douches mais *Pine Flats,* récemment rénové, devrait en avoir bientôt. Juste des toilettes à *Manzanita.*

Bon marché

▲ ***Village Lodge :*** *105 Bell Rock Plaza, à* ***Oak Creek Village.*** ☎ *928-284-3626 ou 1-800-890-0521.* • *sedonalodge.com* • *À 6 miles au sud du Y par la 179 ; l'hôtel est un peu caché derrière le* Wild Flower Inn. *Doubles env 50 $ dim-jeu, 60 $ ven-sam ; suites 80-90 $.* Ce petit hôtel correct, doté d'une vingtaine de chambres propres et fraîches, avec frigo, présente un excellent rapport qualité-prix. D'autant que les tarifs pour 3 et 4 sont les mêmes que pour 2 ! Les agréables suites de l'étage, avec 1 ou 2 lits doubles, canapé-lit, cuisine et cheminée, offrent une vue sur les roches rouges alentour. Juste à côté du départ du sentier de Bell Rock. Très prisé par les adeptes de VTT.

Prix moyens

▲ ***Wildflower Inn :*** *6086 Hwy 179, à* ***Oak Creek Village.*** ☎ *1-888-494-5335.* • *sedonawildflowerinn.com* • *Au rond-point juste avt* Rock Bell Plaza *et le* Village Lodge. *Doubles env 80-200 $ selon saison (ajouter 10 $/pers supplémentaire), petit déj léger inclus.* Un établissement très correct avec des chambres standard récentes et tout confort. De plus, le tarif le moins cher couvre une large période, de mai à août et de novembre à mi-mars. Les suites ont un jacuzzi dans la chambre, ce qui les rend un poil kitsch. Certaines avec vue sur Bell Rock. Bon accueil.

De plus chic à très chic

▲ ***Best Western Inn :*** *1200 W Hwy 89A.* ☎ *1-800-292-6344.* • *innofsedona.com* • *En venant du nord, tourner à droite au Y. Doubles env 100-220 $ selon saison, petit déj inclus.* Belle architecture s'inspirant de l'adobe traditionnel, avec des murs arrondis couleur sable. Demandez une chambre avec vue sur Cathedral Rock et Bell Rock ! Sinon, contemplez-la au coucher du soleil depuis les nombreuses terrasses. Les chambres, très confortables, sont ton sur ton dans un style marron-crème. Piscine découverte (chauffée) et jacuzzi. Navette gratuite pour aller en ville. Le petit déj est honorable, avec gaufres à volonté. Mais les couverts en plastique et les assiettes en polystyrène, c'est pas très New Age, non ?

▲ ***Briar Patch :*** *3190 N 89A, à 3 miles avt Sedona sur la gauche en venant du nord.* ☎ *928-282-2342 ou 1-888-809-3030.* • *briarpatchinn.com* • *Doubles env 220-295 $ selon confort, buffet du petit déj,* afternoon tea *et feu de bois inclus.* Pour nos lecteurs fortunés, un très beau lieu situé dans le canyon juste avant Sedona. Maisonnettes en bois avec terrasses et hamacs, disséminées dans un vaste jardin au bord de la rivière, agrémenté de quelques totems. La volubile patronne vous y déposera sans doute en voiture de golf... Également un joli salon-bibliothèque et un spa. Et le matin, pour le petit déj, vous dégusterez vos tartines bercé par la musique d'un violoniste, d'un guitariste ou d'un joueur de flûte !

Où manger ?

– ***Supermarchés :*** leurs rayons alimentaires sont la meilleure option pour aller pique-niquer autour des vortex. *Il y a un* ***Basha's*** *sur la 89A (à droite au Y en venant du nord), à l'angle de Coffee Pot Dr et Yavapai Dr. Tlj 6h-23h.* Rôtisserie, salades, sandwichs, pain, fruits et légumes, etc. Également un supermarché bio, donc un peu plus cher mais en phase avec l'esprit sédonesque, le ***New Frontiers*** *(1420 W Hwy 89A ; tlj 8h-21h – 20h dim).* Deli, salades, sandwichs, etc.

|●| ***Señor Bob's Hot Dogs :*** *841 Hwy 179, dans le local du* Krazy Kyote Activities and Tours. ☎ *928-282-0131.*

Au sud de Sedona, après le Hillside *et avt le village d'Oak Creek. Tlj 10h30-17h sf au cœur de l'hiver. Hot dog env 4-5 $.* Une petite salle et une terrasse rigolote pour avaler vite fait un hot dog bon et pas cher.

Black Cow Cafe : *229 N Hwy 89A. ☎ 928-203-9868. Avt le* Visitor Center *de la chambre de commerce en venant du nord. Tlj 10h30-21h ; jusqu'à 22h ven-sam en été.* L'arrêt minute pour un en-cas rapide. Choix restreint de sandwichs, hot dogs, tartes aux pommes, *smoothies,* toutes sortes de cafés et de glaces maison comme celle à la figue de Barbarie *(prickly pear).*

The Hideaway : *251 SR 179. ☎ 928-282-4204. À 100 m du Y, côté gauche en venant du nord. Ouv 11h-21h. Plats env 6-12 $ le midi, 10-16 $ le soir.* Paradoxalement, c'est sans doute l'adresse la plus surprenante de Sedona. De l'extérieur, difficile d'imaginer les balcons de bois suspendus au-dessus des pins d'où émergent les majestueux pitons rocheux... Le dos tourné au béton des centres commerciaux, on se croirait en pleine nature ! Le midi, copieuses salades joliment présentées et accompagnées de *garlic cheese bread.* Elles existent en version pour 2 ou 4 personnes mais, franchement, la 1re taille est déjà pantagruélique... Sandwichs généreux également. Le soir, tendance plus italienne avec pâtes et pizzas honnêtes. Petite sélection de vins au verre et d'alcools divers. Signalons pour les fumeurs invétérés que la 1re terrasse leur est réservée.

The Red Planet : *1655 W Hwy 89A. ☎ 928-282-6070. Tlj 10h-23h. À 2 miles sur la gauche après le Y en venant du nord. Plats env 8-14 $.* Amateur de kitsch, êtes-vous prêt à pénétrer dans le monde étrange d'une soucoupe volante des années 1950 ? Ce drôle de *diner* à l'américaine sauce Roswell est décoré de petits hommes verts, objets interplanétaires, comptoir recouvert de véritables (!) photos d'ovnis et autres néons rouges... Même la nourriture vient d'une autre planète : *Solar salad, Chili comet burger, Roswell burger...* Et si vous ne croyez pas aux extraterrestres, observez attentivement le prix du Pepsi : ça doit être celui d'un soda sur la planète Mars !

ChocolaTree : *1595 W Hwy 89A. ☎ 928-282-2997. À gauche du* Red Planet. *Tlj 9h-21h. Plats env 6-12 $.* On vous a dégoté le seul resto New Age de Sedona, dont le nom est évidemment un jeu de mots sur le chocolat, un antistress notoire. Au petit déj, pancakes au... chocolat, porridge, *banana bread, smoothies* et jus de fruits frais. Sinon, midi et soir, soupe de carotte et gingembre, salades, sandwichs, *tamales,* falafels ou nouilles. Très bon pour votre petite santé, tout ça. Arrosez le tout d'un « élixir de déesse » (une infusion), tout en consultant les classeurs bourrés d'adresses de yoga, massage, médium et même de jardinage... La boutique vend aussi toutes sortes de produits New Age et des huiles essentielles, style Fleurs de Bach. Ambiance saine et... un rien austère.

Picazzo's : *1855 W Hwy 89A. ☎ 928-282-4140. Tlj 11h-21h (22h ven-sam). Pizzas env 12-23 $ selon taille.* Décor contemporain élégant, style *lounge,* avec une grande fresque inspirée de Picasso et un patio avec brasero. On y mange d'excellentes pizzas à base de produits bio et sans gluten. Pâte croustillante ou épaisse, c'est comme on veut. Évidemment, on n'a pas pu s'empêcher de choisir la pizza *Vortex...* Et c'est vrai qu'on est repartis pleins d'énergie, mais sans savoir si c'était l'effet du vortex ou des calories ingurgitées ! Également des salades et des pâtes. Le tout à arroser d'une bonne bière *Oak Creek Amber.*

Où boire un verre ? Où écouter de la musique ?

Oak Creek Brewing : *2050 Yavapai Dr, derrière le supermarché* Basha's *côté gauche, Hwy 89A. ☎ 928-204-1300. Tlj 16h-22h (1h le w-e).* Happy hours *16h-19h. En principe,* live music *lun et ven-dim avec* night dance *ven-sam. Cover env 6 $.* Un petit bar à bières bien planqué mais très sympa. On y déguste les 6 bières maison (sans compter les saisonnières) le nez sur les cuves chromées. Également un

FLAGSTAFF ET SES ENVIRONS

grand patio pour les chaudes soirées du week-end. Possibilité de grignoter *nachos,* chili et hot dog colombien au petit comptoir à l'entrée. Avis aux amateurs, les chopes maison sont à vendre... mais pleines ! En revanche, évitez l'*Oak Creek Brewery,* dans le centre commercial *Tlaquepaque,* c'est la même maison mais les plats sont vraiment chers et le cadre très plouc.

Achats

Mystical Bazaar : *1449 W Hwy 89A. ☎ 928-204-5615. Tourner à droite au Y en venant du nord. Tlj 9h-21h.* Un nom qui ravira tout le monde, les « croyants » et les sceptiques rigolards... Mais si vous faites étape à Sedona par curiosité, vous auriez bien tort de ne pas venir faire un tour ici. C'est sans doute la seule boutique à proposer un peu de tout. On y vend des cristaux, des bijoux et des livres spirituels, des *vortex tours,* on peut y photographier son aura pour environ 35 $ les 13 pages en français et on peut même vous faire un *psychic reading* (en principe, il y a une « liseuse » francophone les jeudi et dimanche entre 11h et 20h30). Bref, que du psychique. À moins que ce ne soit du psy chic ?

À voir. À faire

En descendant de Flagstaff par la Highway 89A, premier arrêt possible à ***Oak Creek Vista*** (bien indiqué par un « Tourist Info »), un point de vue offrant un panorama sur le canyon d'Oak Creek, profonde entaille noyée dans le vert de la forêt. On y trouve un petit centre d'info où l'on peut acheter le *Red Rock Pass,* tout comme au *Visitor Center* suivant, à Indian Gardens.

Slide Rock State Park : *☎ 928-282-3034. • azstateparks.com • Ouv 8h-19h Memorial Day-Labour Day (18h en mai, 17h le reste de l'année). Dernière entrée 1h avt. Tarif : 20 $/véhicule Memorial Day-Labour Day, puis 10 $ le reste de l'année ; tarif valable pour 4 pers/voiture puis 3 $/pers supplémentaire ; gratuit jusqu'à 13 ans.* Les vasques et les toboggans naturels de la rivière Oak Creek invitent à la baignade dans un environnement délicieux... à condition d'oublier la route en surplomb et d'éviter les week-ends en très haute saison, noirs de monde. Tout autour, des vergers de pommiers, superbes à l'automne. Après un petit plouf, un bon casse-croûte et une sieste, on arrive enfin à Sedona.

En ville, les ***plazzas*** succèdent aux *plazzas,* le pire étant sans doute le centre commercial de *Tlaquepaque* (prononcer « Tlaképaké »), censé ressembler à un village mexicain comme vous n'en verrez jamais au Mexique... Dans ses patios fleuris égayés par des statues kitschissimes et des fontaines couvertes d'azulejos, le tout d'un goût très discutable, se serrent galeries, boutiques et restos aux tarifs franchement prohibitifs. Préférez donc les balades dans les canyons et la superbe nature environnante !

Sedona Heritage Museum : *735 Jordan Rd. ☎ 928-282-7038. • sedonamuseum.org • Tlj sf j. fériés 11h-15h. Entrée : env 5 $; 7 $ avec l'audiotour ; réduc ; gratuit moins de 13 ans.* Installé dans un ancien atelier de conditionnement des pommes, le musée se consacre à l'histoire locale à travers les aventures des colons, ranchers et autres acteurs de westerns venus tourner dans le coin. Quelques vieux véhicules à la clé.

Les friqués s'offriront un ***survol en montgolfière*** des Red Rocks, au lever du jour. Par exemple avec ***Red Rock Balloon Adventures*** *(☎ 1-800-258-3754 ; • redrockballoons.com •)* ou ***Northern Light Balloon Expeditions*** *(☎ 928-282-2274 ou 1-800-230-6222 ; • northernlightballoon.com •). Env 195 $ pour un vol de 1h-1h30 selon les vents, départ en général à l'aube, transferts et pique-nique inclus.*

DANS LES ENVIRONS DE SEDONA

➢ Nombreuses possibilités pour d'inoubliables **balades** à pied, à cheval ou à VTT. Mais attention, mieux vaut ne pas s'aventurer sur un chemin sans en connaître la difficulté. Se renseigner d'abord aux *Visitor Centers* qui disposent de cartes détaillées avec indication des distances, des dénivelées, du niveau de difficulté pour chacun des sentiers. Et emporter absolument un chapeau et de l'eau, il fait une chaleur torride dans la journée. Si vous n'avez pas l'*Interagency Annual Pass*, n'oubliez pas de vous procurer le *Red Rock Pass (5 $/j. par véhicule ; 15 $/sem et 20 $/an si jamais vous revenez...)*, permis de parking obligatoire pour toutes les aires de stationnement situées sur le territoire du *Red Rock Country.* Ce *pass* vous permettra de stationner sur les sites suivants : *Bell Rock, Airport, Cathedral Rock* et *Boynton Canyon.* Inutile pour un arrêt photo de moins de 15 mn. S'achète aux *Visitor Centers* (ou aux distributeurs disséminés en ville, sur certains sites, dans les stations-service et chez certains *grocery stores*). Si vous n'avez pas de véhicule, pas besoin de *pass.* Attention, ce *pass* n'est pas valable dans les sites suivants (où il vous faudra payer un droit d'entrée séparé de 8 à 20 $ par site et par véhicule) : *Red Rock State Park, Slide Rock State Park, West Fork, Grashopper Point* et *Red Rock Crossing.*

👣👣 *Pour ceux qui ne font qu'un petit passage rapide à Sedona, monter sur la colline de l'aéroport, à env 1 mile du Y. Prendre la W Hwy 89A, puis Airport Rd sur la gauche.* Le **point de vue** est l'un des plus grandioses du coin.

👣👣 ***La chapelle de Holy Cross :*** *à 2 miles au sud de la ville sur la route 179 avt le Bell Rock ; prendre Chapel Rd à gauche en venant de Sedona. Ouv 9h-17h et 10h dim. Accès libre.* Ne ratez surtout pas le site de cette étonnante église moderne, enchâssée dans le roc : elle occupe un promontoire génial d'où l'on a une vue imprenable sur de superbes pitons rouges aux formes insolites et sur une plaine aux accents de Toscane américaine... Couchers de soleil d'anthologie. La chapelle, édifiée en 1956 selon les plans de l'artiste Marguerite Brunswig Staude, possède une étonnante structure qui s'intègre merveilleusement dans la nature, tout en conservant un parti pris de modernité. Le bout de la nef est une verrière, et c'est donc la nature qui fait office de retable. Spiritualité et originalité font de temps en temps bon ménage... Vous vous demandez peut-être à qui appartient cette énorme villa au pied de la chapelle ? À un savant roumain qui, curieusement, a eu l'autorisation de défigurer le paysage en construisant cette bâtisse kitsch avec marbres d'Italie et un dôme abritant un observatoire.

👣 ***Bell Rock :*** *à env 6 miles au sud de la ville, sur la route 179. 2 options pour y aller : la 1re depuis le parking principal situé à l'entrée nord d'Oak Creek Village, d'où un chemin d'un bon mile conduit au pied du piton. C'est le* Bell Rock Pathway, *qui continue jusqu'à Sedona (6 km). La 2de, plus courte, depuis le parking du* viewpoint *situé sur la route de Sedona (auquel on ne peut accéder que dans le sens Oak Creek-Sedona).* Bell Rock est le vortex le plus connu de la région, un bel appendice rocheux au sommet duquel on s'allonge et on se relaxe, tout simplement, pour entrer en communion avec les forces de la nature... Avec un peu de foi et beaucoup de sérieux, certains affirment sentir une sorte de détachement de leur propre enveloppe corporelle. Si ça ne marche pas pour vous, profitez quand même du site, qui est très beau avec la vue sur tous ces rochers rouges qui cernent la ville.

👣👣 ***Red Rock State Park :*** *à 5,5 miles au sud de Sedona sur la Hwy 89A. ☎ 928-282-6907. • azstateparks.com • Entrée : 10 $/véhicule ; 3 $/piéton et vélo.* Visitor Center *tlj 9h-17h (18h mai-août).* Nature walk *guidée tlj à 10h (gratuit) et nombreux autres programmes en été, à la découverte des oiseaux, de la géologie, et même une balade au clair de lune (avr-oct, sur résa).* Étendu sur 115 ha autour de la rivière d'Oak Creek, le parc invite à des balades sympas sur de nombreux petits sentiers à la découverte de magnifiques falaises et pitons rougeoyants. On y croise régulièrement des cerfs-mulets, des coyotes et même des *bobcats*... sans oublier quelques serpents à sonnette en plein été (méfiance !).

Les passionnés de civilisations indiennes feront un crochet par le ***Montezuma Castle National Monument.*** *Situé à 25 miles au sud de Sedona, on y accède très facilement depuis la route 179, puis l'I-17 (sortie 289).* ☎ *928-567-3322.* • *nps.gov/moca* • Visitor Center *ouv 8h-18h Memorial Day-Labor Day, puis 8h-17h. Entrée : env 5 $;* Interagency Annual Pass *accepté.* Construit au XIIe s par les Indiens sinaguas, cette large structure de cinq étages renfermant une vingtaine de salles frappe surtout les esprits par sa situation, au creux d'une cavité à plus de 30 m de hauteur. On n'accède pas au bâtiment lui-même, mais le spectacle de cette imposante structure faisant corps avec la falaise vaut le coup d'œil.

UN AMÉRICAIN « CLEMENCISTE »

James Douglas, riche propriétaire de mines de cuivre en Arizona, était un grand admirateur de Clemenceau. Qu'on ose en douter, quand on voit que cet heureux propriétaire de la « Clemenceau Mining Corporation » avait choisi « le Tigre » comme effigie pour les actions et les chèques de sa compagnie, et baptisé la petite ville minière créée pour son exploitation « Clemenceau » (la ville, près de Cottonwood, à une vingtaine de miles au sud de Sedona, est aujourd'hui une ville fantôme, mais on en trouve toujours des images sur Internet).

WILLIAMS

3 000 hab.

Williams se trouve à 29 miles à l'ouest de Flagstaff et 58 miles (1h de route) au sud du Grand Canyon, à la jonction de l'I-40 et de la route 64. Cette petite bourgade ancrée au cœur des pins, dans une zone au climat un peu plus frais, fait une excellente étape. On y trouve de nombreux motels à prix raisonnables, des restos et cafés sympas. Le centre *Old West,* animé en journée, s'est figé dans le souvenir de l'époque héroïque des pionniers et de la Route 66. Pour ceux que ça amuse, on peut donc loger dans le plus vieil hôtel d'Arizona, dans une vieille locomotive ou dans un ancien bordel, mais aussi se restaurer ou boire un verre dans des *diners* bien rétros et faire ses achats dans les innombrables boutiques de souvenirs qui font la joie des nostalgiques. C'est d'ici, aussi, que part le train pour le Grand Canyon... Tchou, tchou !

Arriver – Quitter

En *shuttle* (navette)

Avec ***Arizona Shuttle,*** basé à Flagstaff. ☎ *928-226-8060.* • *arizonashuttle.com* • 2-3 navettes/j. entre Flagstaff et le Grand Canyon (village de Tusayan et Maswik Lodge), via Williams. Départs de Williams vers le Grand Canyon à 8h30 et 16h30, plus 13h45 mars-oct. Retour du Grand Canyon à 10h15 et 18h15, plus 15h15 mars-oct. Compter 1h15 de trajet en tt pour env 22 $, sans l'entrée du parc. Pour aller à Flagstaff ou en arriver, voir le chapitre « Arriver – Quitter » de la ville.

En train

Voir la rubrique « Arriver – Quitter » du Grand Canyon.

Adresses utiles

Visitor Information Center : *200 W Railroad Ave, face à la gare ferroviaire. ☎ 928-635-1418 ou 1-800-863-0546. • experiencewilliams.com • Tlj 8h-17h (18h30 en été, en principe...).* Dépliant sur le Williams historique, plan de la ville pour un *walking tour* et petit musée un peu fourre-tout sur la ville, avant, pendant et après l'arrivée du chemin de fer, puis de la 66. Accueil souriant.

Supermarché : *Safeway, 637 W Route 66. Tlj 5h-23h.* Pratique et bien fourni, avec rayon boulangerie, *deli*, etc.

Laverie : Laundromat, *235 E Railroad Ave, face à l'*Econo Lodge *et à côté de* Rod's Steakhouse. *Tlj 6h-22h ; dernière machine à 20h30.* Happy hours *mar-jeu 6h-12h !*

Où dormir ?

Campings

Kaibab Lake Campground : *à 4 miles du centre-ville, direction Flagstaff, puis à gauche sur la Hwy 64 vers le Grand Canyon ; par l'I-40, sortie 165. ☎ 928-635-5600 ou 1-877-444-6777. • recreation.gov • Ouv début mai-fin sept env. Seuls 2 sites sont réservables, les autres selon le principe du « premier arrivé, premier servi ». Env 18 $/nuit.* Petit camping rudimentaire (pas de douches), mais réaménagé récemment et situé dans un très beau cadre. Romantiques et pêcheurs se partagent les berges d'un lac mignon comme tout, enfoncé au cœur d'une jolie pinède à l'écart de la route. Si c'est complet, la *Kaibab National Forest* gère également les aires de camping du **Cataract Lake** *(2 miles à l'ouest de Williams entre les sorties 161 et 163 de l'I-40)* – la plus petite –, du **Dogtown Lake** *(8 miles au sud par la County Rd 73 et à gauche la Forest Rd 140)* et enfin du **White Horse Lake** *(18 miles au sud par la CR 73 puis la FR 110). Compter 15-19 $/nuit selon camping (8 pers max).* Aucun ne dispose de douches ni d'électricité.

Camping Circle Pines KOA : *1000 Circle Pines Rd. ☎ 928-635-2626 ou 1-800-562-9379. • circlepineskoa.com • Par l'I-40, sortie 167. Tte l'année. Env 20-34 $/nuit sous tente et 35-55 $ en camping-car selon confort et saison.* Cabins *2-4 pers 45-95 $ et* cottages, lodges *et* chalets *90-275 $ (2 nuits min en juil-août).* Bien équipé, comme tous les *KOA*, ce camping pèche cependant par sa situation proche de l'autoroute I-40, son ombrage relatif et son manque d'intimité. Reste que vous y trouverez laverie, épicerie, snack-bar, piscine couverte, jacuzzis, aire de jeux et minigolf.

Grand Canyon – Williams KOA : *5333 Hwy 64. ☎ 928-635-2307 ou 1-800-562-5771. • grandcanyonkoa.com • À 7 miles au nord de Williams, sur la route du Grand Canyon, à côté de la station-service. Tte l'année. Env 20-37 $/tente selon saison, 26-51 $/camping-car et 44-62 $ en cabin.* Mieux placé que le précédent *KOA* mais tout de même assez isolé et plus cher. Peu d'ombre car il vient d'être refait après avoir subi un incendie il y a quelque temps. Une vingtaine de sites pour les tentes et une quinzaine pour les camping-cars. Également une quinzaine de *cabins* tout en bois, très simples, avec un petit bout de terrasse, balancelle et barbecue. Sanitaires communs et laverie. Piscine et location de vélos en été. Aire de jeux pour enfants. Épicerie riquiqui. Correct pour une étape sur la route mais on n'y séjourne pas vraiment, d'autant que l'accueil est un peu moyen.

– Voir aussi les quelques emplacements du **Canyon Motel & RV Park** plus loin.

Très bon marché

Grand Canyon Texaco and Red Lake Hostel : *à 9 miles au nord de Williams sur la route du Grand Canyon, à la station* Texaco. *☎ 928-635-4753 ou 1-800-581-4753. Lit en dortoir env 22 $/nuit.* Perdue en rase campagne, sur la route du Grand Canyon, c'est quasiment la seule « AJ » à 50 km à la ronde ! Pas de bus, donc voiture ou auto-stop obligatoire... Dans le bâtiment adjacent à la station-service, une dizaine de chambres de 3 à 6 personnes récemment rénovées (moquette, lits superposés en bois et chauffage), avec salle de bains partagée à l'arrière. Draps et serviettes fournis. Salle TV avec frigo et micro-ondes. Café et épicerie à la station. Bon accueil.

– Voir aussi le dortoir du ***Grand Canyon Hotel*** un peu plus loin.

De prix moyens à plus chic

☗ ***Grand Canyon Hotel :*** *145 W Route 66.* ☎ *928-635-1419.* • *the grandcanyonhotel.com* • *Compter env 35 $/pers en dortoir, 65-90 $ en chambre double, avec ou sans sdb, et 125-150 $ en suite 4 pers.* Le plus vieil hôtel d'Arizona (1891) a fait peau neuve tout en conservant son cachet ancien. Il propose un dortoir de 6 lits couleur vert pomme, avec mezzanine, 2 salles de bains et frigo. Pas très cher mais... pas de fenêtre. Si vous le pouvez, préférez l'une des chambres « historiques » à thème, plus rigolotes, même si elles sont assez inégales. Quelques exemples sympas : la *WWI Room,* sur le thème militaire (draps camouflage !), la *Bunkhouse* (style cabane, sans salle de bains), la *Romantic* (avec un vieux lit et un bain sur pattes) ou encore la *Dorm* (2 lits et une déco rétro style chambre de bonne, sans salle de bains). En revanche, évitez la *Swede Suite,* jolie mais proche de la bruyante soufflerie... Bon accueil.

☗ ***The Canyon Country Inn :*** *442 W Route 66.* ☎ *928-635-2349 ou 1-877-405-3280.* • *thecanyoncountryinn.com* • *Doubles env 75-110 $, petit déj inclus.* Dans une maison blanche tirant sur le gris, au style traditionnel, très bien placée en ville. Une quinzaine de chambres en *B & B.* Décoration un rien kitsch, style Nouvelle-Angleterre, mais elles sont coquettes et vraiment confortables. La moins chère est toute petite, ensuite elles sont de bonne taille et le prix varie selon que vous dormiez dans un *queen bed* ou dans un *king.* Toutes avec frigo et micro-ondes. Copieux petit déj avec bagels, yaourt, fruits, muffins, jus de fruits, café ou thé.

☗ ***Canyon Motel & RV Park :*** *1900 E Rodeo Rd.* ☎ *928-635-9371 ou 1-800-482-3955.* • *thecanyonmotel.com* • *Sur la Route 66, à l'entrée de Williams en venant du Grand Canyon. Tente env 30-32 $, camping-car 36-47 $, doubles env 53-87 $, wagons 6 pers 183-194 $.* Situé à flanc de colline, à la limite de la Kaibab Forest, ce site regroupe à la fois un terrain de camping (attention, seulement 6 emplacements pour les tentes !) et une vingtaine de maisonnettes en pierre des années 1940, décorées sur le thème du Far West ou des trains, un héritage de la Route 66. Cela dit, on les a trouvées un peu tristounettes... On vous conseille donc de venir ici pour loger, de façon originale, dans l'une des suites aménagées dans 2 locos *(cabooses)* du Santa Fe Railway, de 1929, ou dans l'une des 3 chambres qui se partagent le *Railcar* des années 1950. Les enfants adorent ! Piscine couverte, épicerie, machines à laver.

☗ ***Motel 6 West :*** *831 W Route 66.* ☎ *928-635-9000 ou 1-800-466-8356.* • *motel6.com* • *À l'entrée de la ville en arrivant par l'ouest. Ne pas se tromper : il s'agit du* Motel 6 *situé côté ouest, sur le trottoir du* Safeway *et de la station-service* Chevron. *Doubles env 65-95 $ selon saison et confort.* À la différence de son voisin presque immédiat (le *Motel 6 East,* au n° 710), celui-ci est installé dans les bâtiments d'une ancienne chaîne de standing. Les chambres, réparties dans 2 bâtiments, sont plus spacieuses et plus confortables que la moyenne des *Motel 6.* Mais la déco banale est la même ! Piscine couverte, jacuzzi, machines à laver et sécheuses. Café et thé le matin.

De plus chic à très chic

☗ ***Rodeway Inn & Suites et The Lodge :*** *201 E Route 66.* ☎ *928-635-4041 ou 1-877-563-4366.* • *thedown toweronroute66.com* • *Doubles et suites 120-150 $ en été, 70 $ hors saison, petit déj léger inclus.* L'établissement est à cheval sur 2 hôtels siamois, chacun d'un côté de la route : le *Rodeway* et *The Lodge on Route 66* où se trouve la réception. Ces anciens motels de la Route 66 ont été entièrement rénovés et redécorés sur des notes modernes tendance design, typiques des grandes chaînes haut de gamme. Dans le 1er, superbes chambres à la fois rétro et contemporaines. Lignes épurées, mobilier en bois sombre, pierre, écran plat, fauteuils cuir, marée de coussins sur les lits (très confortables)... Dans l'autre, une très belle déco même si les chambres sont moins grandes. Tout de même, un niveau de confort insoupçonnable de l'extérieur ! Certaines suites ont même une cheminée électrique et un coin salon. Ce sont elles qui, proportionnellement, représentent le meilleur rapport qualité-prix.

The Red Garter Inn : *137 W Railroad Ave. ☎ 928-635-1484 ou 1-800-328-1484. • redgarter.com • Ouv de fév à mi-déc 7h-10h30, 16h-20h ; sonner quand même en hiver, c'est parfois ouv. Doubles env 135-160 $, petit déj compris ; réduc* last minute *possible sur Internet. Enfants de moins de 8 ans non admis.* Comme le rappelle le mannequin à la fenêtre, c'est un ancien bordel ! D'où le nom de ce *B & B,* qui signifie « La Jarretelle Rouge ». Ouvert en 1897 par un Allemand (avec un saloon au rez-de-chaussée), il resta en activité jusqu'en 1940. Il y eut même, à une époque, une fumerie d'opium tenue par un Chinois... Les 4 chambres ont leur propre salle de bains et dégagent évidemment un petit parfum *Old West* (lits métalliques, papier peint à fleurs, plus quelques affiches coquines), même si la déco, en partie modernisée, paraît un rien désuète aujourd'hui compte tenu du prix demandé. La plus sympa (mais aussi l'une des plus chères) est la *Best Gal's Room,* avec son poêle et son salon qui donne sur la rue, d'où les filles appâtaient le chaland... La seule chambre familiale est la *Big Bertha,* avec un balcon et une baignoire qui porte encore la trace d'un coup d'éperon, paraît-il... Enfin, il y a un *coffee shop* au rez-de-chaussée pour le petit déj (avec café *espresso*), mais c'est un peu attrape-touriste.

Où manger ?
Où boire un verre ?

De bon marché à prix moyens

Twisters 50's Soda Fountain : *417 E Route 66. ☎ 928-635-0266. Tlj 10h-21h (16h dim). Plats env 6-9 $.* On ne vient pas tant chez *Twisters* pour sa cuisine (très correcte) que pour son décor : ce vieux *diner* des années 1950, entièrement retapé, joue à fond la carte de la Route 66, avec une Cadillac rose sur le parking, des chaises Coca-Cola et des banquettes blanc et rouge façon sièges de Corvette. Ajoutez à cela un sol en damier noir et blanc, une pompe à essence *Texaco* et une boutique avec une statue d'Elvis, vous obtenez un vrai décor de pub jusqu'à la caricature. Pour le reste, tendance fast-food amélioré, avec possibilité de remplacer les frites par des bâtonnets de courgettes. Bien aussi pour lécher une glace ou boire un verre, par exemple un *suicide coke,* avec sirops de chocolat, de cerise et de vanille !

Cruiser's Café 66 Bar & Grill : *233 W Route 66. ☎ 928-635-2445. Tlj du mat au soir. Plats env 6-19 $.* Là aussi, on vient surtout pour le décor : grande fresque en terrasse, style *drive-in,* jolie bagnole rouge stylisée sur le toit et sympathique ambiance de *diner* à l'intérieur, couleur métal et en rouge et noir, comme dirait Jeanne Mas. Marrant pour boire un verre et pour visiter la boutique mitoyenne qui regorge de reproductions de vieilles plaques métalliques. Côté resto, c'est moyen, et le service n'est pas une grande réussite.

Chic

Red Raven : *135 W Route 66. ☎ 928-635-4980. En plein centre. Tlj 11h-14h, 17h-21h. Plats 5-10 $ au déj, 10-27 $ au dîner.* Ce petit bistrot tout en longueur, à la déco somme toute classique, ne laisse pas forcément présager de la bonne surprise : oui, il est possible de bien manger à Williams. Récemment classé au nombre des 25 meilleurs restaurants d'Arizona, le *Red Raven* propose une cuisine fraîche agrémentée de pointes de fusion méditerranéenne et asiatique. On y trouvera par exemple d'excellents *baja tacos* (tortillas fourrées de poisson à la sauce tempura) mais aussi les classiques revisités (salades, *wraps*, burgers, viandes et poissons). Un délice et un excellent rapport qualité-prix.

Rod's Steak House : *301 E Route 66. ☎ 928-635-2671. Face à l'Econolodge. En principe, lun-sam 11h-21h30, mais parfois fermé le midi. Plats env 13-26 $.* On ne peut pas le rater : un bœuf en enseigne et une vache montent la garde à l'extérieur ! Ce royaume des mangeurs de viande a été fondé il y a plus de 60 ans. Les steaks à toutes les sauces sont bons (parfois très bons, parfois sans plus) mais le service, lui, n'est généralement pas à la hauteur, voire assez roublard. Certains affirment que *Rod's* n'est plus ce qu'il était...

DANS LES ENVIRONS DE WILLIAMS

Bearizona : *1500 E Route 66. ☎ 928-635-2289. • bearizona.com • Au sud du carrefour de l'I-40 et de la route 64 vers le Grand Canyon. Tlj 8h-18h mais peut fermer plus tôt en hiver, renseignez-vous avt de venir. Entrée : env 20 $/adulte ; 10 $/enfant 4-12 ans ; réduc. Circulation slt en voiture, évidemment.* Un tout nouveau parc axé, comme son nom l'indique, sur la conservation des ours. Ces derniers, des ours noirs, sont, pour la moitié d'entre eux, des ours recueillis ou qui ont besoin de soins. Vous devriez en voir une douzaine, ainsi que des oursons dans la partie « zoo » du parc (pas la plus réussie). Également des bisons (blancs et noirs), des loups, des mouflons... Et une petite ferme classique avec chèvres et cochons. Sympa pour distraire les enfants mais pas exceptionnel non plus.

La réserve Havasupai : *la réserve est située à une trentaine de miles à vol d'oiseau à l'ouest de Grand Canyon Village, mais par la route il faut d'abord faire 44 miles vers l'ouest sur l'I-40 entre Williams et Seligman, prendre ensuite la Route 66 sur 28 miles et tourner à droite à l'intersection de la route 18 (soit 7 miles avt Peach Springs) ; de là, il reste env 68 miles jusqu'à la réserve. Donc compter en tt 140 miles depuis Williams, soit env 3h de route. Droit d'entrée : 35 $/pers + 5 $ de taxe écolo (sf si vous rapportez un sac entier de déchets collectés) + 10 % de taxes sur le tt ; moitié prix pour les enfants jusqu'à 12 ans.* La réserve est très connue pour ses merveilleuses cascades et piscines d'eau douce de couleur turquoise, formées par la rivière Havasu. Les Havasupais leur doivent leur nom, qui signifie « peuple de l'eau émeraude ». Lorsque le gouvernement fédéral confina les Havasupais dans leur réserve en 1882, ces derniers perdirent 90 % de leur territoire. Ce n'est qu'en 1975 que le Congrès américain leur redistribua 92 000 ha. Aujourd'hui, le tourisme est leur principale source de revenus. La réserve, administrée directement par les Havasupais au travers d'un conseil tribal de sept membres élus, englobe un vaste territoire limitrophe du parc national du Grand Canyon. Il est situé de part et d'autre du canyon de la rivière Havasu qui se jette dans le Colorado.

UNE TRIBU DE 650 ÂMES

À l'ouest se trouve l'immense réserve des Hualapais, au nombre de 1 500 aujourd'hui, auxquels les Havasupais sont apparentés. Autrefois semi-nomades, ces derniers cultivaient leurs champs à l'intérieur du canyon en été et chassaient sur ses berges en hiver. Ils ne sont plus aujourd'hui que 650, soit l'une des plus petites tribus des États-Unis, dont seulement 450 vivant dans l'unique bourgade de Supai. L'un des derniers villages du pays accessible seulement à pied ou à cheval !

La visite nécessite un minimum d'organisation. Partir au débotté relève de l'inconscience. Il faut déjà compter 3h de route de Williams (ou 4h de Grand Canyon Village) jusqu'au site de *Hualapai Hilltop*. Là, on abandonne son véhicule pour suivre l'unique sentier conduisant au village. N'oubliez pas d'apporter vos provisions en eau pour la randonnée, *Hualapai Hilltop* n'est qu'une aire de stationnement sans aucune infrastructure (pas d'essence non plus). Le chemin, assez raide, descend sur 8 miles jusque dans la gorge *(compter 3-4h de marche, mais possibilité de descendre à dos de mule en réservant à l'avance ; env 95 $ l'aller).* Le camping est 2 miles plus loin. Il est donc impossible de faire l'aller-retour dans la journée... à moins d'opter pour la solution de l'hélicoptère. ***Airwest Helicopters**, en contrat avec la réserve : ☎ 623-516-2790 ; vols 2-4 fois/sem selon saison ; compter 85 $/trajet, soit moins qu'à dos de mule... Également des excursions avec **Papillon Helicopters** depuis Tusayan, mais beaucoup plus chères.* Et comme les places sont comptées, il faut impérativement réserver une nuit au camping ou au *lodge* sous peine de découvrir un panneau « complet » à *Hualapai Hilltop* ! Cela fait pas mal de recommandations, mais le jeu en vaut la chandelle.

Pour tout renseignement, vous pouvez contacter ***Havasupai Tourism Office** (PO Box 160, Supai, AZ 86435 ; ☎ 928-448-2141 ou 2121 ; • havasupaitribe.com •).*

Au village de ***Supai,*** petit hameau moderne, on trouve une épicerie, un resto et un hôtel, l'***Havasupai Lodge*** *(☎ 928-448-2111 ou 2201 ; résa conseillée ; prévoir 145 $/chambre jusqu'à 4 pers).* Une bonne vingtaine de chambres avec AC et salle de bains, mais sans TV ni téléphone.

À 2 miles de là, plus près des chutes, un ***camping*** de 400 emplacements *(☎ 928-448-2141 ou 2121 ; compter 17 $/pers).* Très rustique : on se lave à l'ancienne mode dans la rivière (prévoir du savon biodégradable). Pas de feux. En revanche, cadre magique.

TUSAYAN

Petit village tout en longueur et sans grande personnalité, construit aux portes du parc (2 miles) pour répondre à la croissance exponentielle du nombre de touristes et survolé constamment par les hélicoptères en saison... Une situation de monopole qui n'incite pas les hôteliers à pratiquer des prix démocratiques... Les tarifs indiqués ici sont, comme d'habitude, ceux de la haute saison (de juin à septembre). Dans certains établissements, elle débute en avril et s'achève en octobre. Le reste de l'année, ils baissent de 10 à 30 %.

Adresses et infos utiles

Autant vous rappeler qu'il est préférable de faire le plein d'essence et de courses avant de venir ici (où tout est plus cher).

Guichet d'information : *au comptoir à l'arrière de l'IMAX. Tlj 8h-20h fin mai-début sept, 10h-17h hors saison.* Service minimum : brochures et infos du parc national du Grand Canyon. Demandez le journal (gratuit), *The Guide,* histoire de déblayer le terrain par vous-même.

***General store :** tlj 8h-22h en été, jusqu'à 20h hors saison.* Supermarché assez bien fourni mais cher. La station-service voisine fait aussi épicerie.

✉ ***Poste :** dans le general store. Lun-ven 10h-15h.*

@ ***RP's Stage Store :** à gauche de Wendy's et de l'IMAX. Tlj 7h-20h ; 8h-19h en hiver.* Le wifi est gratuit si vous consommez quelque chose. Sinon, quelques postes Internet mais ça coûte cher...

***Distributeur de billets :** devant l'IMAX, côté rue.*

Où dormir ?

Le camping sauvage est toléré à l'extérieur du parc dans la forêt, à condition de se trouver au moins à 500 m de la route principale. Il est obligatoire de demander une autorisation préalable aux rangers de Tusayan *(Kaibab National Forest, PO Box 3088, Grand Canyon, AZ 86023 ; ☎ 928-638-2443).* Rien d'extra côté hôtels : ils font tous de l'abattage.

Campings

⛺ ***Ten-X Campground :*** *à 2 miles au sud de Tusayan, dans la Kaibab National Forest. ☎ 928-638-2443. Ouv mai-sept. Env 10 $/nuit/véhicule. « Premier arrivé, premier servi ». Séjour limité à 14 nuits.* Ni douches ni électricité, juste des toilettes sèches et de l'eau potable. Cadre sauvage et très agréable, en pleine forêt de pins (quel parfum !). Parfois complet dès la mi-journée les week-ends d'été.

⛺ ***Camper Village :*** *à 1,6 mile, à droite, à la sortie du village en direction du Grand Canyon (derrière le general store). ☎ 928-638-2887. • grandcanyoncampervillage.com • Ouv mars-oct ; en hiver, slt sur résa. Env 25 $/tente et 35-50 $/camping-car selon confort, taxes incluses.* 📶 On y trouve souvent de la place, et pour cause : le site, genre immense parking gravillonné pour camping-cars, n'est pas folichon, avec très peu d'ombre. Les tentes s'en tirent un peu mieux, dans la petite pinède sur la butte au fond, avec une cinquantaine d'emplacements. Sanitaires un peu vieillots mais nombreux ; douches payantes.

Prix moyens

🏨 ***Seven Mile Lodge :*** *en plein centre du village. ☎ 928-638-2291. Attention, pas de résas et horaires d'ouverture de la réception un peu fantaisistes... Env 89 $ la double en été, 50 $ l'hiver.* 📶 Un bâtiment modeste avec 20 chambres seulement, datées années 1980 mais tout à fait fréquentables et confortables (parfois un frigo) ; les salles de bains ne sont pas bien grandes. C'est le moins cher et franchement le meilleur rapport qualité-prix du coin, ce qui explique qu'il soit parfois plein dès 12h et toujours après 17h ! Vous aurez même droit à un accueil souriant.

De plus chic à très chic

🏨 ***Holiday Inn Express :*** *dans le centre du village. ☎ 928-638-3000 ou 1-888-473-2269. • gcanyon.com • Penser à réserver. Doubles env 90-190 $ selon saison, petit déj inclus.* 💻 📶 Certes, tous les *Holiday Inn* se ressemblent, mais on est relativement assuré d'y trouver un bon confort. Celui-ci ne déroge pas à la règle et a même fait un petit effort de décoration. Bref, un rapport qualité-prix nettement supérieur à son voisin immédiat pour des prix quasiment comparables. En plus, on bénéficie ici d'un vrai petit déjeuner, d'une piscine couverte et d'un jacuzzi. Évidemment, beaucoup de monde en saison.

🏨 ***Canyon Plaza Resort :*** *au centre du village. ☎ 928-638-2673 ou 1-800-995-2521. • cprgc.com • Doubles et suites env 170-250 $ en été, 100-190 $ hors saison, petit déj-buffet compris.* 💻 📶 De l'extérieur, ce vaste bâtiment inodore ne laisse rien deviner de son immense patio envahi par une forêt de plantes vertes, protégé du soleil par des parasols suspendus et coiffé par une verrière. Chambres propres, avec de bons lits, certaines donnant directement sur le patio (un peu sombres). Suites vastes et désuètes mais correctes aussi. Jacuzzis et piscine extérieure.

🏨 ***Best Western Grand Canyon Squire Inn :*** *à l'entrée sud de Tusayan. ☎ 928-638-2681 ou 1-800-622-6966. • grandcanyonsquire.com • Doubles env 100-215 $, petit déj-buffet compris.* 💻 📶 À côté de l'héliport (ça s'entend !), grand complexe classique de 250 chambres, personnalisé par quelques statues et une petite expo de cow-boys, une cascade et des fontaines un peu kitsch. On choisit entre les chambres *deluxe,* dans le bâtiment principal, ultra-spacieuses et confortables, et les standard réparties dans 3 autres bâtiments, plus petites et un peu moins bien tenues. Confort et déco assez supérieurs à ses concurrents. Bonnes infrastructures : snack-bar, 2 restos, bowling, piscine extérieure (en saison), jacuzzi, salle de jeux vidéo, billards, etc. Résultat : beaucoup de monde en saison et notamment au buffet du petit déj où il faut faire la queue pour une qualité, en revanche, assez moyenne...

Où manger ?

Village artificiel vivant essentiellement du tourisme, Tusayan ne s'embarrasse guère de bonnes tables... Pour couronner le tout, les prix ne sont pas timides. Les fauchés et les pressés viendront avec leurs propres provisions ou se rabattront en dépannage sur le supermarché local *(general store)...*

|●| ***We Cook Pizza and Pasta :*** *à la sortie nord de Tusayan en allant vers le Grand Canyon. ☎ 928-638-2278. Tlj 11h-21h ou 22h (20h hors saison). Pizzas pour 2 env 15-24 $ selon votre appétit, familiales env 23-29 $.* Une adresse dont le nom annonce la couleur, rien de plus à attendre ! Tables communes, bancs et toiles cirées font de cette cantine un bon point de chute pour les familles et les bandes de copains de retour de rando. Ambiance sans chichis, on fait la queue, on commande et on attend d'être appelé par son numéro. Énormes pizzas à l'américaine en 3 tailles, bonnes et généreuses. Franchement, une petite peut suffire pour 2, sauf si l'on s'appelle Gargantua... Également de belles portions de pâtes (qui incluent le *salad bar*), des sandwichs, quelques salades, de la bière et du vin. Pas de la haute gastronomie, mais un bon plan routard.

|●| ***Sophie's Mexican Kitchen :*** *juste en face de l'IMAX. ☎ 928-638-4654. Tlj en saison 11h-22h. Plats env 10-16 $.* Un resto mexicain qui fait le plein, faute de mieux, avec des prix raisonnables. Déco bariolée, comme il se doit, avec un large choix de chapeaux à l'entrée... Plats copieux à défaut d'être fins, style *burritos, quesadillas,* tacos, fajitas et autres *tostadas.* Service vite débordé en saison, en revanche. On peut aussi emporter : c'est ce que font les Mexicains employés dans le coin, habitués des lieux.

À voir. À faire

Grand Canyon IMAX : *dans le centre de Tusayan. ☎ 928-638-2468. • explorethecanyon.com • Mars-oct 8h-20h30, nov-fév 10h30-18h30. Compter env 13 $; réduc ; si vous êtes en groupe, essayez de récupérer un bon de réduc. Film de 34 mn projeté ttes les heures sur écran géant.* Réussi, mais ce n'est pas un documentaire scientifique, plutôt l'histoire du canyon mise en scène avec quelques effets spéciaux. Sur place, le *National Geographic Center* propose des randos dans le canyon avec des guides expérimentés.

➢ ***Balades à cheval :*** *Apache Stables, ☎ 928-638-2891 ou 3105. • apachestables.com •* Propose en saison des balades de 1 ou 2h *(env 49-89 $)* et des randos de plusieurs jours en forêt et en bordure du Grand Canyon.

➢ ***Survol du Grand Canyon :*** de nombreuses compagnies proposent le survol du Grand Canyon en hélico ou en avion depuis l'aéroport de Tusayan, situé à l'entrée sud du village. Attention, les prix fluctuent assez largement en fonction de ceux du carburant. Le mieux est de consulter plusieurs compagnies avant de se décider. Compter environ 180 à 200 $ en hélicoptère pour 25 à 30 mn (tarif en fonction du type d'appareil), et environ 100 à 110 $ en avion pour 30 à 50 mn de vol. L'hélicoptère, moins bruyant qu'on se l'imagine, permet de voir nettement mieux que l'avion, en particulier sur les appareils *Eco Star.* Et si vous avez la chance d'être à côté du pilote, alors là... c'est le top ! Attention, pour un vol de 25 à 30 mn, on ne survole vraiment le canyon que pendant 15 mn environ. Dans

l'hélicoptère, on est placé en fonction du poids, les plus légers ayant le privilège d'être devant. La plupart des compagnies ont des commentaires enregistrés en français. Pensez à les demander.
Plusieurs compagnies proposent grosso modo les mêmes services. Il arrive, quels que soient les opérateurs, même les plus sérieux, que les résas ne soient pas respectées, sachez-le.

En hélico

■ **Maverick Helicopters :** *à l'aéroport, entrée sud.* ☎ *928-638-2622 ou 1-888-261-4414.* • *maverickhelicopters.com* • *Compter env 200 $ pour 25-30 mn et 250 $ pour 45-50 mn.* Propose des vols en hélico à bord des fameux *Eco Star.* Si vous voulez rapporter un souvenir, une caméra embarquée filme le vol qui vous sera restitué en DVD moyennant finance (vérifiez qu'il est bien gravé avant de partir !).

■ **Papillon Grand Canyon Helicopters :** *à l'aéroport, entrée nord.* ☎ *928-638-2419 ou 1-888-635-7272.* • *papillon.com* • *En France :* ☎ *0800-91-09-44. Vols en hélicoptère* Bell *ou* Eco Star *(meilleure visibilité) env 175 $ pour 25-30 mn, 260 $ pour 45-50 mn.* *Papillon* est la plus ancienne compagnie d'excursions en hélicoptères du monde. Salon d'attente, *coffee shop* et boutique sur place.

■ **Grand Canyon Helicopters :** ☎ *928-638-2764 ou 1-800-541-4537.* • *grandcanyonhelicoptersaz.com* • *Plus petite compagnie, volant en* Eco Star *: env 180 $ pour 30 mn et 235 $ pour 50 mn ; réduc enfants.*

En avion

■ **Grand Canyon Airlines :** ☎ *928-638-2359 ou 1-866-235-9422.* • *grandcanyonairlines.com* • *Compter env 120 $ pour 45-50 mn de vol. Également un combiné avion, rafting et visite d'Antelope Canyon env 335 $.* La plus ancienne compagnie d'avions, avec des *Vistaliners* de 19 places (rangées de trois sièges, donc essayer d'en avoir un près des fenêtres !).

LE CANYON DU COLORADO (LE GRAND CANYON)

L'entrée principale du parc du Grand Canyon se trouve à 80 miles de Flagstaff, 275 miles de Las Vegas et plus de 480 miles de Los Angeles. On ne vous apprend rien si on vous dit que le Grand Canyon est l'un des phénomènes géologiques les plus étonnants qui soient. Griffant en dents de scie le vaste plateau qui s'étend du sud de l'Utah au nord de l'Arizona, le Colorado s'est taillé dans la roche (parfois tendre, parfois dure, ce qui explique ses innombrables méandres) une superbe route sinueuse sur très exactement 277 miles – c'est le chiffre officiel –, soit près de 445 km. Superficie totale : 4 856 km². Le canyon peut atteindre 1 829 m de profondeur pour une largeur maximale de près de 29 km. Avant 1963, date de la construction du barrage de Glen Canyon, le fleuve charriait 500 000 t de sable par jour.
Difficile de l'imaginer mais, depuis 2 milliards d'années, le territoire du Grand Canyon a vu passer plusieurs mers, des déserts et des montagnes aussi hautes que l'Himalaya – on n'était pas là, mais c'est ce qu'affirment les géologues. Le sable que l'on trouve partout est essentiellement d'origine marine. Mêlé à des sédiments, il s'est graduellement aggloméré pour finir par se transformer en grès et en schiste. Au Mésozoïque (à la fin de l'ère secondaire), sous la pression des plaques continentales, la plaine du Colorado s'est peu à peu soulevée pour finir par former le plateau men-

LE GRAND FOSSÉ

Après la Grande Guerre, le maréchal Joffre, en visite dans l'Ouest américain, se serait exclamé devant le Grand Canyon du Colorado : « Ah, si seulement nous avions eu une telle tranchée en 1914... ! »

tionné ci-dessus. Puis celui-ci s'est incliné alors que les Rocheuses apparaissaient plus à l'est. Le fleuve qui, comme tous les fleuves, coule toujours vers le bas (!), a commencé à creuser. Plus il descend, plus il révèle de couches géologiques. La plus ancienne, tout au fond, remonte à 1,8 milliard d'années, tandis que le canyon lui-même ne se serait formé que dans les derniers 5 à 6 millions d'années. C'est pour cela que l'on dit que le canyon est une formation géologique unique. On peut y lire en résumé les deux cinquièmes de l'histoire de la Terre.

Du fait des différences d'altitude considérables, cinq des sept grandes zones climatiques se retrouvent de haut en bas du Grand Canyon – ou plus exactement, ici, de bas en haut. Ainsi, vers 1 000 m, au fond de la gorge, des cactées indiquent-elles un climat subtropical sec. À 1 200 m, si la chaleur domine toujours, on note une influence tempérée, avec des chênes et des acajous. Plus haut, on trouve des pins. Enfin, vers 2 500 m s'étend une zone climatique du type canadien, avec une forêt de pins et de sapins (surtout sur la rive nord). D'où une grande biodiversité : on a répertorié 1 500 espèces de plantes, 305 d'oiseaux et 76 de mammifères. Ce sont les écureuils que vous aurez le plus de chances de voir, mais, attention, ils mordent. Les *mule deers* (cerfs) sont aussi assez communs. On en rencontre souvent à Grand Canyon Village. En tout cas, n'oubliez pas de prendre un pull, voire un imper : il pleut souvent sur le canyon, même en été !

– *Info spécial Skywalk :* la fameuse passerelle de verre perchée au-dessus du Grand Canyon (une pompe à fric !) ne se trouve pas ici mais à Grand Canyon West, soit à 250 miles plus à l'ouest, sur la route de Las Vegas ! Voir plus haut, dans le Nevada, le chapitre « Entre Las Vegas et Grand Canyon Village. Kingman. À faire dans les environs ».

UN PEU D'HISTOIRE

DES INDIENS AUX TOURISTES

En 1848, le Grand Canyon devient américain grâce au rachat du territoire au Mexique vaincu. Le major Powell entreprend alors une incroyable odyssée sur le Colorado, ouvrant tout le Sud-Ouest à la colonisation. Les Blancs arrivent, les Indiens se terrent et hop ! voilà le tourisme qui débarque. Intuitif, un certain Fred Harvey fait construire un hôtel pour les citadins en mal de grands espaces à l'aube du XXᵉ s. L'histoire a prouvé qu'il avait du nez.

Les premières traces de présence humaine découvertes par les archéologues remontent au IIᵉ millénaire av. J.-C. : il s'agit de fragiles figurines en brindilles représentant des animaux, dissimulées dans des crevasses. Vers l'an 500, une tribu émerge dans le Grand Canyon : les ancêtres des Pueblos, aussi connus sous le nom de Anasazis (soit « ennemis » en navajo, nom désormais politiquement incorrect) et de *basketmakers,* en raison du grand nombre de paniers tressés découverts sur les lieux d'habitation. Élisant domicile dans des maisons semi-souterraines basses et enfumées, ils se consacrent encore essentiellement à la chasse, parallèlement à la culture du maïs. Près de 2 000 sites d'habitation ont été répertoriés d'un bout à l'autre du canyon. Selon une étude récente, il semblerait que les tribus de l'époque étaient anthropophages et n'avaient rien de pacifique.

À la fin du XIIIe s, les Ancient Pueblos quittent les lieux pour cause de sécheresse ou de guerres, et s'installent plus à l'est, là où vivent aujourd'hui les Hopis.

Comment visiter le Grand Canyon ?

Il y a 3 solutions pour bien découvrir le Grand Canyon : l'avion ou l'hélico (fabuleux mais cher), le raft (moyen le mieux adapté au contexte « naturel », mais il faut réserver sa place très longtemps à l'avance) et enfin, plus simplement, la descente à pied d'un des versants. Une bonne condition physique est nécessaire, mais c'est la solution la moins chère, les points de vue sont plus riches, et la foule plus rare au fur et à mesure que l'on descend. Pensez à tout cela avant d'organiser votre visite. Sinon, vous risquez bien de ne pas rapporter un souvenir aussi ébloui que prévu de ce qui est pourtant l'une des merveilles naturelles du globe. Si vous prévoyez de n'y passer que quelques heures en fin de journée, essayez d'y être 2h avant le coucher du soleil.
– *Avertissement :* autant savoir que l'observation du canyon depuis les belvédères peut s'avérer parfois frustrante. On n'en saisit pas toute l'ampleur tellement le monstre est grand. De bien des endroits, on ne voit même pas le Colorado... De plus, vu le nombre considérable de visiteurs (5 millions chaque année), la contemplation ne se fait pas toujours dans la tranquillité ! Essayez de sortir du village et d'aller plus loin, sur les différents sites d'observation surplombant le canyon. Ils sont répartis sur plusieurs kilomètres le long de la corniche. À l'ouest, la Hermits Rest Route est interdite aux voitures la plus grande partie de l'année. Le seul moyen d'y aller est donc de monter dans le bus qui fait la navette d'un site à l'autre. On y découvre, à notre sens, les plus jolis panoramas. À l'est, la Kaibab Trail Route est accessible en voiture (à l'exception du belvédère de Yaki Point). Procurez-vous auprès du *Visitor Center* les brochures gratuites et les cartes du site (très bien faites) qui permettent de bien situer les lieux. Les différents belvédères sont bien indiqués : Maricopa Point, Hopi Point, Mohave Point, Pima Point, Yavapai Point...
– *Autre avertissement :* les différents points d'observation sont plutôt bien aménagés avec des barrières en bordure de précipice. Gardez juste un œil sur les jeunes enfants et tout ira bien. Mais le *Rim Trail,* qui longe la corniche sur plusieurs miles, s'approche parfois dangereusement du vide dans sa partie la plus sauvage, entre Mohave Point et Monument Creek Vista. Il vaut mieux ne pas se promener le nez en l'air à certains moments, même si plane au-dessus de vous le rare condor californien. L'une des questions le plus fréquemment posées aux rangers du *Visitor Center* par nos amis américains est : « Combien de touristes tombent au fond du Canyon par an ? » Véridique ! Eh bien, il paraît que le nombre n'est pas si élevé que ça ! Mais prudence quand même.
– *Dernier détail :* le canyon du Colorado, comme tout canyon qui se respecte, possède 2 faces qui ne sont pas éloignées l'une de l'autre à vol d'oiseau mais, par la route, ça fait quand même 215 miles. Compter facilement 5h de voiture de Grand Canyon Village à la rive nord !

Arriver – Quitter

De et vers Flagstaff

Voir la rubrique « Arriver – Quitter » de Flagstaff, plus haut.

De et vers Williams

➢ ***En train :*** de cette petite ville située à 29 miles à l'ouest de Flagstaff part 1 train/j. pour le Grand Canyon. *Rens :* ☎ *1-800-843-8724.* ● *thetrain.com* ● Tte l'année sf Jour de l'an et Noël. Compter env 70-190 $ l'A/R selon classe (grosse réduc enfants), petit déj continental compris pour les classes supérieures (juste de l'eau pour les autres). Ajouter 8 $/pers pour l'entrée dans le parc, sf si vous possédez l'*Interagency Annual Pass.* À noter que l'*Observation Dome* et la *Luxury Parlor Class* sont interdits aux enfants ! Départ le mat (9h30) et retour en milieu d'ap-m (vers 15h30). Compter 2h15 de trajet. Mieux vaut acheter son billet à l'avance et être sur place au moins 1h-1h30 avt le départ. Il est aussi possible de ne prendre qu'un aller simple, ou d'opter pour un package avec nuit à Grand Canyon Village et/ou à Williams. Sachez que le *Grand Canyon Railway* est né en 1901. Il ne fut arrêté qu'en 1968, à cause du succès grandissant de l'automobile, et finalement relancé en 1989 par un couple d'entrepreneurs. Aujourd'hui, 225 000 personnes prennent ce train historique chaque année. Loco et wagons datent pour l'essentiel des années 1950. Seuls les chanceux qui prendront le *Polar Express* (slt Thanksgiving-1re sem de janv) pourront grimper à bord du vieux *Pullman Old Fashion* (diesel) de 1923, décoré et animé comme dans le film *Pôle Express* de Robert Zemeckis. Plus rare (se renseigner), on peut parfois faire le trajet dans un vieux train à vapeur... À noter encore que vous aurez droit, avant le départ de Williams à 9h, à un *Wild West shoot-out show,* une reconstitution (assez kitsch) de duel. Et ça continue à bord avec des musiciens costumés et même une surprise au retour... mais on ne vous en dit pas plus.

De et vers Tusayan

➢ Les navettes gratuites de la **Tusayan Route** (ligne violette), partie intégrante du système de tranoport du parc (voir ci-dessous), relient Tusayan (depuis l'IMAX ou les grands hôtels) à la *Canyon View Information Plaza.* Fonctionne de mi-mai à mi-oct, avec des passages ttes les 15 mn.

De et vers Las Vegas

➢ ***En bus Gray Line :*** *795 E Tropicana Ave.* ☎ *702-384-1234 ou 1-800-634-6579.* Excursion de 1 journée (longue, la journée !) avec option de survol du canyon. Assez cher.

➢ ***En avion avec Papillon :*** *McCarran Executive Terminal, 275 E Tropicana Ave, suite 155.* ☎ *702-736-7243 ou 1-888-635-7272.* Résa conseillée en hte saison. Env 150 $; parfois des réducs sur Internet. Idéal pour découvrir un des paysages les plus somptueux du monde.

– Enfin, les AJ de Las Vegas proposent également des excursions dans le Grand Canyon.

Comment circuler dans le Grand Canyon ?

Navettes gratuites de bus

➢ ***Free Shuttle Bus :*** les navettes (gratuites) sont obligatoires sur certains tronçons et accessibles aux pers handicapées. Elles sont très régulières sur les 4 différentes routes : Hermits Rest Route (à l'ouest), Village Route (au centre), Kaibab Trail Route (à l'est) et Tusayan Route (voir ci-dessus). Ces bus observent des arrêts fréquents et les passagers peuvent monter et descendre librement à chacun. Un excellent moyen pour découvrir le Grand Canyon depuis la corniche, qui permet d'alterner la marche et les pauses. Les cyclistes fatigués peuvent même y charger leur vélo en fonction de la place disponible. On trouve la carte des itinéraires avec les horaires dans *The Guide.* Attention, 11h-16h, il y a parfois beaucoup de monde.

➢ ***Hermits Rest Route :*** l'accès à cette corniche est interdit aux voitures (sf en déc, janv et fév, où il n'y a pas de navettes), exception faite de celles transportant des pers handicapées. Le bus part de l'arrêt « Village Route Transfer », bien indiqué en contrebas du *Bright Angel Lodge.* Fonctionne entre 1h avt le lever du soleil et 1h après son coucher. Mai-sept, départs ttes les 30 mn jusqu'à 7h30, puis ttes les 15 mn jusqu'au coucher du soleil. Le bus s'arrête 8 fois, dans les sites les plus intéressants, jusqu'au terminus Hermits Rest situé à 7 miles à l'ouest du Village. Ce site est le point de départ du sentier de randonnée *Hermit Trail.* Si vous ne descendez pas du bus, comptez 1h15 de trajet au total (aller et retour). Attention, au retour, il n'y a que 3 arrêts (Pima, Mohave et Powell Points), plus Hopi Point à l'heure du coucher de soleil. Si vous ne voulez pas aller jusqu'au terminus, prévoyez de reprendre la navette à l'un de ces arrêts pour ne pas rester en rade !

➢ ***Village Route :*** fonctionne entre 1h avt le lever du soleil et 23h juin-août (22h mai et sept). Cette navette relie en permanence le *Visitor Center,* les hôtels, les restos, les campings dans le Village.

➢ ***Kaibab Trail Route :*** une 3e navette permet d'atteindre Yaki Point et le point de départ du sentier de South Kaibab en marquant un arrêt au Pipe Creek Vista (vue sur un affluent de la Colorado River). Elle relie ces 2 sites au *Canyon View Information Plaza* et fonctionne, également, de 1h avt le lever du soleil à 1h après le coucher. Rotations ttes les 30 mn jusqu'à 6h30, puis ttes les 15 mn. Ceux qui veulent descendre dans le canyon par le *South Kaibab Trail* et démarrer plus tôt peuvent profiter des bus *Hiker's Express* : juin-août, départs à 4h, 5h et 6h du *Bright Angel Lodge* et du *Backcountry Information Center,* puis trajet sans arrêt jusqu'au sentier. Horaires décalés de 1h (plus tard) chaque mois : le 1er à 5h en mai, 6h en avr, etc. Sinon, ils devront prendre un taxi *(Fred Harvey Taxi : ☎ 928-638-2631, ext. 6563).* Quant à ceux qui remontent trop tard, eh bien, qu'ils comptent 1h de marche en plus jusqu'au Village... ou qu'ils changent d'idée sur l'itinéraire à prendre avant qu'il ne soit trop tard !

À vélo

Avec ***Bright Angel Bicycles.*** *Kiosque au Visitor Center du Canyon View Information Plaza. ☎ 928-814-8704. • bikegrandcanyon.com •* Début mars-avr, tlj 10h-16h30 ; mai-sept, 8h-18h. Loc de vélos env 35 $/j. ; dégressif sur plusieurs jours ; réduc enfants. Pas bête, le vélo, ça permet d'éviter certaines navettes et d'emprunter des routes interdites aux voitures, sf entre Mather Point et Monument Creek Vista. En fait, surtout valable entre Monument Creek Vista et Hermits Rest, à l'ouest, et entre Mather Point et South Kaibab Trailhead, à l'est. Organise aussi des balades guidées.

■ ***Transcanyon Shuttle :*** *☎ 928-638-2820. • trans-canyonshuttle.com •* Résa obligatoire. Compter 85 $ l'aller simple entre les 2 rives (70 $ si vous descendez à Marble Canyon) et 160 $ l'A/R. Opère un service de navettes tlj de mi-mai à mi-oct entre la rive sud et la rive nord, via Marble Canyon (Lee's Ferry). Très pratique si on veut faire la traversée du canyon à pied. Dans le sens nord-sud, départ à 7h. Dans le sens sud-nord, départ à 13h30. Le trajet dure 4h30 à 5h !

RIVE SUD (SOUTH RIM)

La rive sud est de loin la plus fréquentée (99 % des visiteurs du Grand Canyon ne viennent qu'ici !). Grand Canyon Village est un village artificiel construit pour les besoins du tourisme. Les promoteurs ne sont pas idiots car le site est fabuleux, tout au bord du Grand Canyon.

Accès au parc

– Deux entrées officielles du parc national : l'une à Moqui, juste après le village de Tusayan (Hwy 64S), et l'autre à Desert View (Hwy 64E), à 26 miles à l'est de Grand Canyon Village.

– Entrée payante : env 25 $/voiture, valable 7 j. ; Interagency Annual Pass *accepté ; ceux qui arrivent en bus, à pied, à vélo ou à moto doivent payer env 12 $.*

Adresses et infos utiles

À Grand Canyon Village

ℹ ***Visitor Center*** (Canyon View Information Plaza) *: à 2 mn à pied de Mather Point. ☎ 928-638-7888. Attention, il* *y a des panneaux mais, arrivé devant l'entrée, on ne les voit pas depuis la route ! En principe, tlj 8h-17h (18h en été), mais les horaires varient un peu en fonction du personnel disponible selon saison...* Passage obligé pour ne rien rater du Grand Canyon. Y prendre l'indispensable *The Guide*, édité tous les 3 mois : gratuit et disponible en français mais uniquement en version annuelle (moins d'infos pratiques et moins bien mis à jour). Prenez aussi le *Trip Planner* et le *Backcountry Trip Planner*, excellentes sources d'information sur le parc, le camping et les randos que l'on peut faire (en anglais). Se renseigner aussi sur les promenades guidées style *bird-watching* avec les rangers (indiquées dans *The Guide*), les montages diapos gratuits vers 20h en été, etc. Juste à côté, librairie proposant un grand choix de livres sur le Grand Canyon. Toilettes.

Verkamp's Visitor Center : *juste à l'est de l'El Tovar Hotel et de la Hopi House. Tlj 8h-17h (19h en été).* Cet ancien magasin de souvenirs construit en 1906 a été réaménagé en centre des visiteurs secondaire. Cela dit, vous y trouverez moins d'infos et de conseils, c'est surtout une librairie et une expo consacrée à l'époque des pionniers du Grand Canyon. Départ de balades guidées par des rangers.

■ **Informations par écrit et sur Internet :** *Superintendant, Grand Canyon National Park, PO Box 129, Grand Canyon, AZ 86023.* ● *nps.gov/grca* ●

■ **Backcountry Information Center** *(plan,* **8***) : dans Grand Canyon Village, derrière le Maswick Lodge.* ☎ *928-638-7875 (lun-ven 13h-17h). Fax : 928-638-2125. Tlj 8h-12h, 13h 17h.* Délivre les permis nécessaires pour passer une nuit dans le Grand Canyon.

✉ **Poste :** *à Market Plaza. En hte saison, lun-ven 9h-16h30, sam 11h-13h.*

@ **Internet :** *bornes d'accès dans les halls des hôtels, dont le* ***Yavapai Lodge*** *(plan,* **16***), le* ***Bright Angel Lodge*** *(plan,* **12***) et le* ***Maswik Lodge*** *(plan,* **14***). Voir « Où dormir ? ». Accès possible 23h-5h. Tarifs carrément disproportionnés.*

@ **Library** *(plan,* **2***) : dans le Park Headquarters, à côté de la Parking Area A (c'est ce qui est indiqué sur le panneau). Lun-sam 10h30-17h (fermé vac).* C'est le bon plan de Grand Canyon Village : gratuit. Mais il n'y a que quelques ordinateurs, alors ne pas abuser... Réseau wifi dans la cour.

■ **Banque** *(plan,* **9***) :* ***Chase,*** *à côté de la poste et de Market Plaza.* ☎ *928-638-2437. Lun-jeu 9h-17h, ven 9h-18h.* La seule banque du village. Change les chèques de voyage et certaines devises (passeport requis). Distributeur de billets 24h/24. Un autre au *Maswik Lodge.*

Gare ferroviaire *(Santa Fe Railway Depot) :* gare de 1909 en rondins. Le train assure la liaison avec Williams. Ceux qui sont venus avec peuvent déposer leurs bagages au *luggage room* mais attention, celui-ci est fermé de 15h30 (après le départ du train) jusqu'au lendemain 11h30 (lorsqu'il revient). Pas très pratique donc...

■ **Fred Harvey Taxi :** ☎ *928-638-2631.*

■ **Garage automobile** *(plan,* **5***) :* ☎ *928-638-2631. Tlj 8h-12h, 13h-17h.* Également géré par *Xanterra.* Les pompes à essence les plus proches se trouvent en revanche à Tusayan.

■ **État des routes :** ☎ *511, 928-638-7888 (répondeur) ou 1-888-411-7623.* ● *az511.gov* ●

■ En cas de pépin, un **médecin** est disponible à la **Grand Canyon Clinic** *(plan,* **4***),* au sud du Village. ☎ *928-638-2551. Avr-oct, tlj 8h-18h ; hors saison, lun-ven 8h-16h30.* En dehors des horaires d'ouverture, faites le ☎ 911 pour les urgences (si c'en est une) ou contacter un ranger.

■ **General store** *(plan,* **3***) :* ***Canyon Village Market,*** *sur Market Pl. De mi-mai à début sept, tlj 8h-21h ; 8h-20h aux saisons intermédiaires ; 8h-18h l'hiver. Le* ***deli*** *ferme 1h avt.* Grand supermarché, idéal pour le ravitaillement, avec un important rayon consacré à la location et à la vente de matériel de camping (bois, chaussures, barres de céréales, tablettes énergétiques et fruits secs, quelques plats déshydratés aussi, des cartes détaillées, etc.), une machine à graver ses photos sur CD-Rom et un *deli.*

■ **Laverie, aire de services pour camping-cars et distributeur de glaçons** *(plan,* **6***) :* services regroupés près de l'entrée du **Mather Campground**

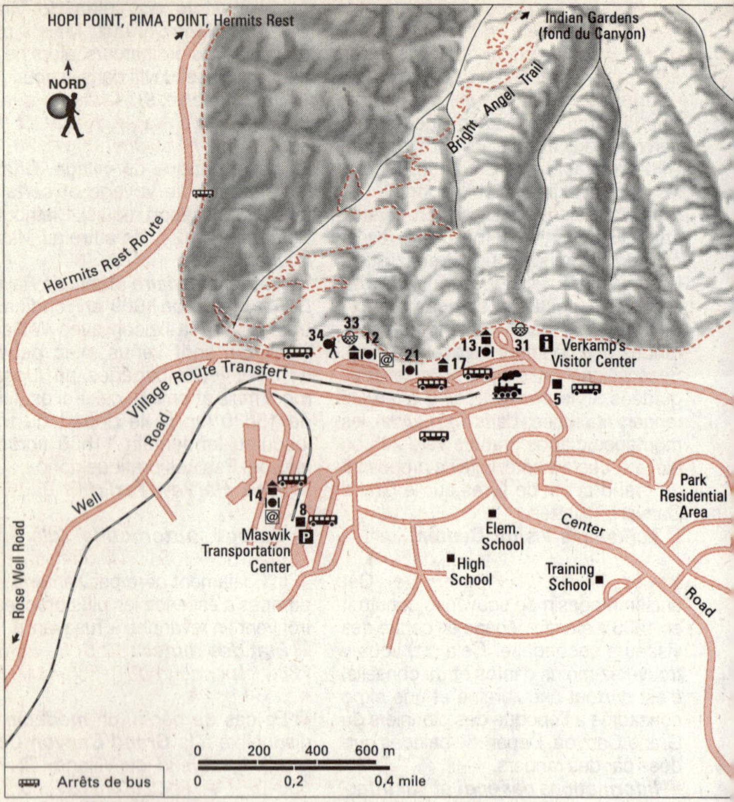

■ **Adresses utiles**

@ Internet
@ 2 Library
3 General store
4 Grand Canyon Clinic
5 Garage automobile
6 Laverie, aire de services pour camping-cars, distributeur de glaçons et douches publiques
8 Backcountry Information Center
9 Banque
22 Supermarché

Où dormir ?

10 Mather Campground
11 Trailer Village
12 Bright Angel Lodge
13 El Tovar Hotel
14 Maswik Lodge
15 Desert View Campground

(plan, **10**). *Ouv 6h-23h en hte saison, 7h-21h hors saison. Dernière machine 1h15 avt fermeture.*

■ ***Douches publiques*** (*plan,* **6**) : *ouv 6h-23h en été. Prévoir 2 $ en pièces.* Attention, généralement fermé pour nettoyage entre 11h et 12h, puis 15h et 16h.

À Desert View

À 26 miles à l'est de Grand Canyon Village.

i ***Park Information :*** *tlj 9h-17h.* ☎ *928-638-7893.* Un peu de doc et des infos sur les hébergements dispo-

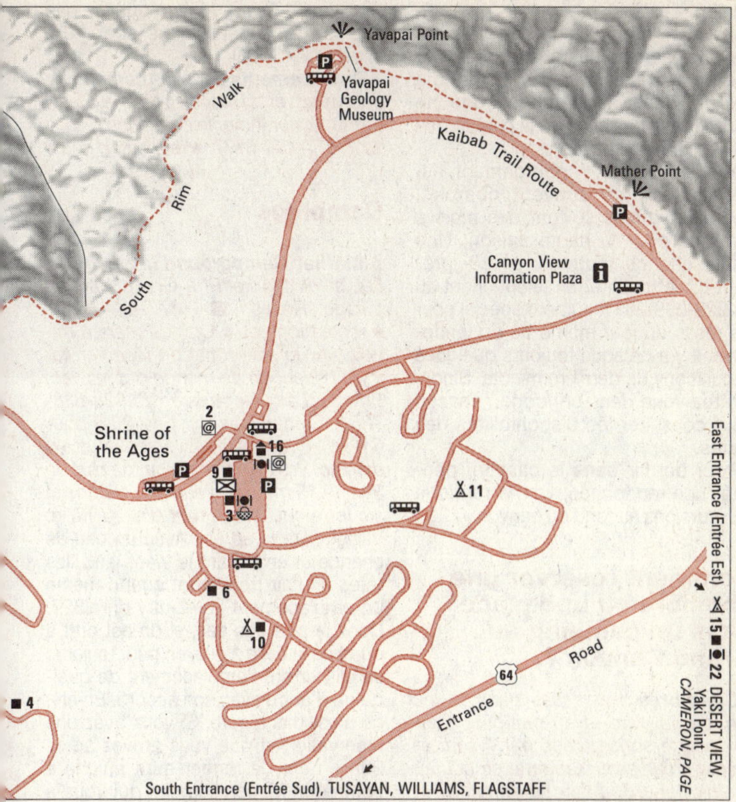

GRAND CANYON VILLAGE

16 Yavapai Lodge
17 Thunderbird & Kachina Lodges

Où manger ?

3 Supermarche et delicatessen
12 Bright Angel Restaurant
13 El Tovar Dining Room
14 Cafétéria du Maswik Lodge
16 Canyon Café
21 The Arizona Room
22 Snack-bar de Desert View

Achats

3 General store
31 Hopi House
33 Lookout Studio

À voir

34 Kolb Studio

nibles (ils téléphonent), mais c'est surtout une librairie, alors ne vous attendez pas à des miracles.

■ ***Snack-bar et supermarché*** *(hors plan,* ***22****)* **:** *en saison, ouv 8h-18h pour le supermarché ; en hiver, 9h-17h.* Pour le snack-bar, voir plus loin « Où manger ? ».

Où dormir ?

Une petite mise en garde : l'hébergement, comme d'ailleurs les restos, affichent des tarifs grosso modo 2 fois supérieurs à ce qu'ils seraient ailleurs à qualité égale – et quand on parle de qualité, ce n'est pas pour s'extasier, mais juste comme unité de mesure. Dans l'ensemble, les prestations sont assez moyennes, voire médiocres côté cuisine. Quant au terme de *lodge,* ne vous laissez pas abuser : la plupart des édifices font assez motel.

Dans le *Village,* l'hébergement est néanmoins très souvent complet. Les réservations se font des mois à l'avance pour la haute saison. Une petite chance toutefois en s'y prenant tôt le matin et en téléphonant au ☎ 928-638-2631, numéro spécial pour les résas du jour même ou du lendemain. Il y a presque toujours quelques annulations de dernière minute. Sinon, arrêtez-vous dans un *lodge* : chacun peut consulter les disponibilités des autres.

– Pour dormir dans le canyon, pendant une randonnée, voir la rubrique « Excursions au fond du canyon ».

Comment réserver une chambre ou une place dans un camping au Grand Canyon ?

– ***Chambres :*** *les résas dans ts les* lodges *du parc et au camping* Trailer Village *sont gérées par 1 seul et même organisme,* Xanterra, *ce qui, au premier abord, a l'air plutôt simple... ☎ 303-297-2757 ou 1-888-297-2757. • grandcanyonlodges.com • xanterra.com • Le meilleur moyen de réserver, c'est via Internet, voire par tél car le site ne réussit pas toujours à donner les disponibilités en temps réel. Sinon, pas la peine d'écrire, autant envoyer une diligence à travers les États-Unis...* La fréquentation est telle que plusieurs mois d'avance sont nécessaires pour être sûr d'avoir une chambre. Ne parlons même pas d'*El Tovar,* le plus bel hôtel du secteur, dont la moyenne des réservations est faite 13 mois à l'avance pour les plus belles suites ! Si vous vous y prenez tardivement, tentez votre chance au *Yavapai Lodge,* c'est le plus à même d'avoir encore de la place. Les enfants de moins de 16 ans logent gratuitement dans la chambre de leurs parents. Autre point positif : il n'en coûte que 9 $ de plus pour un 3e adulte (14 $ au *El Tovar*). Mais n'oubliez pas que les prix mentionnés sont hors taxes (+ 7,737 %).

– ***Emplacements dans les campings :*** *pour réserver un empl. au* Mather Campground, *contacter le central de résas : ☎ 1-877-444-6777. • recreation.gov •*

Campings

⛺ ***Mather Campground*** *(plan,* ***10****) : à 500 m de Market Pl à Grand Canyon Village. Résas : ☎ 1-877-444-6777. • recreation.gov • Ouv de mars à mi-nov. Arriver tôt le mat ou réserver car il y a beaucoup de monde pdt les vac. En cas d'arrivée tardive : ☎ 928-638-7851. Séjour max 7 j. Env 20 $ pour 6 pers, 3 tentes et 2 véhicules max/emplac. Pas de camping-car de plus de 30 ft (9,15 m), pas d'eau ni d'électricité sur les empl. (mieux vaut aller au* Trailer Village *; lire ci-après).* Avec un peu de chance et en évitant le week-end, les têtes en l'air trouveront quand même un emplacement libre – il y en a 327. Dans le pire des cas, si on est prêt à dormir à la belle étoile, on peut toujours se glisser sur l'emplacement de quelqu'un d'autre avec son accord. En été, ce n'est pas si rare. Si vous avez une réservation et que vous arrivez après 20h en été, le ranger aura affiché à l'entrée le numéro du site qui vous a été attribué. Les sites sont disséminés au milieu des pins, simples et resserrés mais agréables. Il y a des bancs et des endroits prévus pour les barbecues. Attention, interdit de ramasser du bois (vous en trouverez à vendre sur Market Plaza). Douches publiques payantes, laverie, aire de services pour camping-cars et distributeur de glaçons aux *Camper Services,* près de l'entrée. Magasin assez bien achalandé et prix raisonnables.

⛺ ***Trailer Village*** *(plan,* ***11****) : à 500 m de la* Village Plaza. *Résas auprès de* Xanterra *: ☎ 303-297-2757 ou 1-888-297-2757. • grandcanyonlodges.com • Ouv tte l'année. Env 35 $ pour un camping-car et 2 pers ; ajouter 3 $/pers supplémentaire.* Très souvent plein. Il faut réserver 2 à 3 mois à l'avance pour les périodes les plus chargées. Au total, 80 emplacements relativement ombragés, réservés aux camping-cars, avec eau, électricité, tables et barbecues. Pas de douches, il faut aller au *Mather Campground.*

⛺ ***Desert View Campground*** *(hors plan,* ***15****)* **:** *situé à 26 miles à l'est de Grand Canyon Village, à* ***Desert View*** *(juste après l'entrée est). Ouv de mi-mai à mi-oct env. Séjour max 7 j. Env 12 $ pour 2 tentes, 1 véhicule et 6 pers max.* Les 50 emplacements fonctionnent selon le principe *first arrived, first served* et il n'y a pas d'accueil : chaque campeur s'enregistre et paie tout seul à une espèce d'horodateur posté devant les *restrooms.* Petit camping rustique noyé dans les (petits) pins, assez ombragé, très sauvage et tranquille. Eau potable, mais pas d'électricité, ni de douches (les plus proches sont à Grand Canyon Village). Supermarché, snack-bar et station-service à proximité, mais les prix sont plus élevés qu'ailleurs.

De prix moyens à plus chic

Eh non, pas de logement bon marché à l'intérieur du parc ! Cela dit, renseignez-vous, il serait question de transformer un de ces jours les logements des employés du parc (le *Victor Hall,* situé à l'arrière du *Bright Angel Lodge*) en *hostel* et donc en dortoirs...

🏠 ***Bright Angel Lodge*** *(plan,* ***12****)* **:** *à l'ouest de la gare.* ☎ *928-638-2631.* ♿ *Doubles avec sdb commune env 83 $, 94 $ avec bains privés, cabins 117 $ et 150-183 $ avec vue sur le canyon (rim cabins).* 💻 Vous voici à l'emplacement du 1er « hôtel » du Grand Canyon (un bureau et quelques tentes en 1896...). En 1935, Fred Harvey commanda à Mary Colter ce gros chalet rustique de style « pionnier » dont chaque pierre fut apportée du cœur du canyon à dos de mule (voir la *History Room* au rez-de-chaussée avec sa cheminée qui reproduit toutes les couches géologiques du canyon). L'hôtel bénéficie d'un emplacement de rêve au bord de la falaise... mais c'est aussi son principal défaut. Tous les visiteurs du parc y passent à un moment ou à un autre (arrêts de bus et points de vue stratégiques à proximité). Un vrai hall de gare, donc, mais il propose les chambres les moins chères du parc avec le *Maswick Lodge* (moins agréables) : anciennes mais rénovées, assez petites, aux murs lambrissés, la plupart avec 1 seul lit, sans AC ni ventilo. Certaines n'ont qu'un lavabo (les moins chères du parc, à l'intérieur du *Powell Lodge*), d'autres des w-c, d'autres une salle de bains complète... Un cran au-dessus, il y a les bungalows rénovés avec salle de bains et TV (sans clim) en retrait ou, mieux, donnant sur le majestueux canyon... et sur la foule qui se presse sur les parapets. À notre avis, un bon rapport qualité-prix. Restaurant franchement médiocre (voir « Où manger ? »). Accueil très impersonnel... pour ne pas dire absent.

🏠 ***Yavapai Lodge*** *(plan,* ***16****)* **:** *derrière Market Plaza et la poste. Doubles env 120 $ dans le secteur ouest, 166 $ dans le secteur est.* 💻 C'est sans doute le *lodge* (comprenez motel) où l'on trouve le moins difficilement de la place et, en plus, le plus calme, gros avantage, même si les bâtiments ne donnent pas sur le canyon mais entre deux grandes clairières noyées dans la pinède, à 10 mn à pied du Grand Canyon et du *Visitor Center.* Enfin, il a été rénové récemment, ce qui en fait l'un de nos favoris. Dans la partie est, les bâtiments à étages abritent des chambres avec 2 lits *queen* et AC, rénovées en 2011 dans un style motel contemporain assez réussi (enfin des lignes et des couleurs !). Dans la partie ouest, les chambres sont un peu plus petites (certaines à 1 seul lit) et sans AC. Mais elles ont été refaites en 2010 avec de belles couleurs également et dotées d'écrans plats (c'est vrai que l'écran paraît bien plat quand on est à proximité d'une telle splendeur naturelle !). Grande cafétéria impersonnelle (voir « Où manger ? »). Et plein de services alentour : bureau de poste, banque, supérette et point d'info sur les transports...

🏠 ***Maswik Lodge*** *(plan,* ***14****)* **:** *derrière le* Maswik Transportation Center. *Cabin et doubles (aile sud) env 95 $, aile nord 180 $.* 💻 C'est ici, en retrait de la corniche, dans un environnement

LE GRAND CANYON

boisé et plus calme que le *Bright Angel Lodge,* que sont logés la majorité des touristes en voyage organisé. Grandes constructions en dur et en bois. Côté sud, c'est du motel assez basique, avec des chambres plus petites et sans AC, dotées de moquette, 2 ventilos et un frigo. Les *cabins* en bois, souvent investies par des Australiens d'ailleurs, sont plutôt rustiques et disponibles uniquement d'avril à octobre (pas de chauffage, d'ailleurs en avril, ça caille !). Situées parfois en bord de route, d'un confort simple (pas d'AC non plus), mais pas trop petites, on les préfère aux chambres. Côté nord, on a la totale : chambres plus spacieuses (mais rénovées il y a déjà quelques années), avec balcon, AC, TV, coffre et machine à café. Grande cafétéria (voir « Où manger ? »), distributeur de billets et vente de cartes de téléphone. Point d'information sur les transports. Juste derrière, le *Backcountry Information Center.*

Très chic

🏠 ***El Tovar Hotel*** *(plan,* ***13****) : sur la corniche.* ♿ *(2 chambres). Doubles env 180-215 $,* deluxe *281 $ et suites 345-440 $.* 📶 Sa situation, son look de *lodge* de chasse à l'européenne (paraît-il !) en font le plus bel hôtel du parc, en tout cas en ce qui concerne les parties communes. L'hôtel porte le nom du conquistador qui a été le premier Européen à fouler le sol du Grand Canyon. Construit en 1905, perpendiculairement au canyon, il est superbe avec sa structure en bois massif et son toit en bardeaux. Jeter au moins un œil à son majestueux *lobby* parsemé de têtes de bisons, cerfs et orignaux, et au portrait du fameux Fred Harvey dans le grand escalier. Jolie *dining room* avec 2 cheminées et des peintures indiennes (et on y mange bien !). Beau *lounge deck* aussi, avec terrasse et pelouse, survolées régulièrement par les condors... quel cachet ! En revanche, les chambres, bien que refaites pour le centenaire, sont confortables mais assez désuètes ; ce n'est vraiment pas le *Ritz* ! Dommage, car on s'attendait à plus de bois, plus de pierres ; bref, plus de charme. Les chambres ne sont pas bien grandes et la décoration est datée, style motel. La seule vraie différence entre standard et *deluxe,* c'est l'espace. Sachez que seules les suites *Fred Harvey, Mary Colter* et *El Tovar,* avec patio et belle salle de bains à l'ancienne, disposent d'une terrasse avec vue sur le canyon. Plus... une *deluxe king,* la n° 6444. Et consolez-vous en vous disant que la suite présidentielle (qui n'est quasiment jamais louée) n'est pas plus royale que les autres ! Enfin, pour l'anecdote, sachez qu'un client irascible se plaignit un soir qu'un autre client jouât du piano sur la mezzanine. Celui-ci dut s'arrêter de jouer. Le concierge consulta son registre et s'aperçut qu'il s'appelait Paul McCartney...

🏠 ***Thunderbird & Kachina Lodges*** *(plan,* ***17****) : juste à côté d'*El Tovar Hotel. *Doubles env 180-190 $. Ceux qui logent au* Kachina *iront à* El Tovar *pour le* check-in *et ceux qui sont au* Thunderbird *iront au* Bright Angel. Rien d'exceptionnel à ce prix-là, surtout en comparaison de son prestigieux voisin... Bâtiments en brique et en dur, sans cachet, mais les chambres, avec *king* ou 2 *queen,* sont assez confortables et très propres (trop même, si l'on en juge par les odeurs tenaces de désinfectant !). Décoration de motel un peu datée là encore. Cela dit, une rénovation générale a eu lieu en 2012, qui a, nous l'espérons, changé la donne... Préférez celles du *Kachina,* côté canyon, car elles bénéficient de la vue (mais les touristes passent devant...). Au *Thunderbird,* des arbres l'obstruent en partie.

Où manger ?

À l'heure du déjeuner, tout le monde se précipite dans les mornes cafétérias des *lodges,* aux files d'attente interminables. Grand Canyon mais... petite restauration. Sauf à l'*Arizona Room* et à l'*El Tovar Dining Room,* les seuls restos dignes de ce nom, où il est d'ailleurs conseillé de réserver pour dîner. Les plus malins prépareront des sandwichs, tout en sachant que, étant dans un parc national, on ne peut pas pique-niquer face au Grand Canyon, mais seulement dans le *Village*. Autre info : il est désormais interdit de vendre des bouteilles d'eau en plastique dans le parc pour des raisons écologiques évidentes. En revanche, on peut remplir sa bouteille ou sa gourde dans de nombreux points d'eau gratuits (dans les cafétérias et sur les sites).

Bon marché

|●| ***Supermarché*** *(general store ; plan,* ***3****) : sur Market Plaza, face au* Yavapai Lodge. *Tlj 8h-21h de mi-mai à début sept, 8h-20h aux saisons intermédiaires, 8h-18h l'hiver. Plats env 6-9 $.* En plus des rayons de bouffe, on y trouve une sorte de café-***delicatessen*** (ferme 1h plus tôt que le supermarché) pratiquant des prix très abordables : petits déj, salades, chili, pizzas, hot dogs et sandwichs, poulet grillé à peine plus cher et choix de viennoiseries. Vraiment pratique pour un en-cas. Plusieurs tables au frais ou à l'extérieur, face au parking.

|●| ***Cafétéria du Maswik Lodge*** *(plan,* ***14****) : tte l'année 6h-22h ; petit déj 6h-10h45. Sandwichs, salades et plats env 5-10 $.* Rénové récemment, ce vaste self-service, plein à craquer en été, n'en est pas moins à mi-chemin entre la cafétéria d'entreprise et le resto U. On fait la queue aux différents stands pour sa salade, son chili, sa *pasta* ou son cheeseburger, mais au moins c'est assez bon marché et mangeable. Quelques plats mexicains et asiatiques. Également un *Pizza Pub* servant des parts de pizza ou des pizzas entières. La salle, à l'arrière, est réservée au *lunch buffet* des passagers du train de Williams en package !

|●| ***Canyon Café*** *(cafétéria du* Yavapai Lodge *; plan,* ***16****) : près de la poste et de Market Pl. Tlj 6h-21h en saison. Fermé en hiver, grosso modo janv-mars (mais pas toujours). Plats env 7-12 $.* Grande cafétéria bruyante et sans âme où l'on fait la queue pour se nourrir sans enthousiasme mais sans trop se ruiner : salades, sandwichs, burgers, pizzas et tout le tintouin. À peine digeste, sauf si l'on dégotte une table le long de la baie vitrée donnant sur la forêt. Fait aussi petit déj.

|●| ***Snack-bar de Desert View*** *(hors plan,* ***22****) : tlj 8h-18h en été, horaires réduits et variables le reste de l'année. Petit déj (jusqu'à 11h), sandwichs et plats env 3-10 $.* Cash only. Sandwichs, burgers, hot dogs et petits plats basiques (euphémisme) en self-service, à consommer dans une minuscule salle climatisée sans intérêt ou à l'une des tables disposées sous la véranda. En dépannage.

Prix moyens

|●| ***Bright Angel Restaurant*** *(plan,* ***12****) : dans l'enceinte du* Bright Angel Lodge. *☎ 928-638-2631. Tlj 6h30-10h45, 11h15-16h, 16h30-22h. Petit déj env 5-8 $, plats env 8-11 $ le midi, 8-15 $ le soir.* Difficile de faire mieux (ou pire) dans le genre grosse usine à touristes. Salle banale et, côté cuisine, c'est la cata. Burgers, sandwichs, chili le midi. Le soir, quelques plats du Sud-Ouest, des fajitas, des pâtes, des viandes grillées et encore des salades, le tout à la limite du mangeable, dans une ambiance plus calme. Précisons que le service est d'une irrégularité et d'une inefficacité affligeantes. Pour les randonneurs, signalons que le *Canyon Coffee-House* ouvre dès 5h30 pour un petit déj léger. Et pour les gourmands, la terrasse abrite un glacier ***(Fountain*** *: tlj en été 10h-20h sf par mauvais temps).*

Chic

|●| ***El Tovar Dining Room*** *(plan,* ***13****) : dans l'*El Tovar Hotel. *Tlj 6h30-10h45, 11h15-14h et 17h-22h. Résa nécessaire au dîner, sf si vous voulez manger tôt... Petit déj env 6-13 $, plats 8-15 $ au déj, 20-31 $ le soir.* Le meilleur resto du parc, sans discussion possible. La cuisine, assez recherchée, évoque celle de l'*Arizona Room*, avec un usage des produits du Sud-Ouest un peu plus nuancé. Le classique taco navajo y croise des ovnis comme le demi-canard rôti arrosé de sauce à la cerise et au merlot ou le thon dans son beurre au citron. Pour ne rien gâcher, le cadre est extra, avec une belle charpente en bois et 2 cheminées ! Et le service au top.

|●| ***The Arizona Room*** *(plan, **21**) : à côté du Bright Angel Lodge, sur la falaise. Tlj 11h30-15h, 16h30-22h. Fermé de janv à mi-fév. Le midi, sandwichs et plats env 8-13 $, plats 10-27 $ le soir.* Bien campée face au canyon, cette salle sobre (hormis les chandeliers en bois de cerfs !) propose enfin ce qui ressemble à de la cuisine. Cela se sait, et la foule des grands jours fait le pied de grue tous les soirs en saison. On viendra sagement en fin de service, après les Américains qui dînent bien tôt, profiter d'une cuisine assez inventive, tendance sucré-salé. Des plats du style poulet mariné au citron, saumon sauvage en croûte de piment, *baby back ribs* dans une sauce à la figue de Barbarie ou encore le *mustard rosemary prime rib of beef with « au jus »* ! Vins à partir de 25 $ la bouteille et quelques choix au verre. Petite vue sur le canyon pour les tables côté baie vitrée, très demandées.

À voir. À faire

Pour vos déplacements, reportez-vous à la rubrique « Comment circuler dans le Grand Canyon ? » plus haut. Et pour les descriptions et les conseils concernant les randonnées, voir la rubrique « Excursions au fond du canyon » après le chapitre sur la North Rim.

Grand Canyon Village

★ ***Kolb Studio*** *(plan, **34**) : tlj 8h-17h (20h en été). Gratuit.* Les frères Kolb s'installèrent dans cette maison en bois agrippée à la falaise en 1904. C'est d'ici qu'ils commencèrent à photographier systématiquement tout ce qu'ils voyaient, notamment les touristes à dos de mule. C'est aujourd'hui une librairie spécialisée sur le Grand Canyon. Au rez-de-chaussée, on verra le vieux projecteur 35 mm *Powers Peerless* utilisé par les deux complices de 1915 jusqu'à 1960, pour projeter un film sur le canyon qu'ils avaient réalisé. Au sous-sol, une salle accueille des expos tournantes de photos, de peinture. Mais on y a déjà vu une expo de bottes de cow-boys ! En fait, très éclectique.

PHOTOGRAPHE, C'EST DU SPORT !

Le Grand Canyon n'était pas encore un parc national lorsque les frères Kolb y installèrent leur studio de photo en 1902. Studio ? Plutôt une grotte obstruée par une couverture pour ne pas laisser filtrer la lumière... La seule eau propre disponible pour les développements se trouvait à Indian Gardens sur le plateau intermédiaire. Une fois les touristes photographiés à dos de mule, un coursier dévalait la pente jusqu'au plateau... et remontait sur la rive sud juste à temps pour le retour des excursionnistes, photos développées !

★★★ ***Yavapai Point et Geology Museum*** *: à 1 mile à l'ouest du Canyon View Information Plaza. Tlj 8h-20h en été (19h hors saison). Gratuit.* Cet observatoire d'où la vue est absolument sublime abrite une boutique et un petit Musée géologique. Regardez bien, on voit même un minuscule morceau de Colorado... Si vous voulez en savoir plus sur les forces qui ont façonné le canyon, inscrivez-vous à l'une des activités proposées par les rangers : la *geology walk,* par exemple, a lieu tous les jours en début d'après-midi et dure environ 20 mn. Il y a également des *Colorado river talks* (le matin) et des *nature walks.* Consultez *The Guide* pour les horaires.

Mather Point : *encore un peu plus loin (on passe juste à côté en arrivant de Tusayan).* Un autre beau point de vue. Évidemment, la construction du *Visitor Center (Canyon View Information Plaza)* – à 2 mn à pied – fait que le coin a perdu de son calme... Souvent très difficile de se garer.

Hopi House *(plan,* ***31****) : à Grand Canyon Village, en face d'*El Tovar Hotel. *Tlj 8h-20h (17h hors saison).* Il s'agit d'une boutique ordinaire mais son architecture hopi, très belle, a été totalement respectée, du moins à l'extérieur. Bel artisanat indien.

Lookout Studio *(plan,* ***33****) : tlj de 8h au coucher du soleil l'été, 9h-17h hors saison.* Une maisonnette en pierre de 1914, qui surplombe l'abîme du Grand Canyon. À l'époque, c'était déjà une boutique de souvenirs, en concurrence avec la *Hopi House* et le *Kolb Studio...* La vue est superbe depuis ses petites terrasses sur différents niveaux. Les majestueux condors californiens ont tendance à survoler le coin, voire à se poser juste en contrebas de la terrasse ou alors un peu plus bas à droite, en allant vers *El Tovar Hotel.* En tout cas, c'est le meilleur secteur pour les observer et les photographier. D'ailleurs, des *condor talks* sont organisés tous les jours devant le studio *(vers 15h ou 16h ; voir* The Guide*).* Heureux propriétaires d'un bon zoom, vous noterez que les condors californiens portent tous un numéro...

Hermits Rest Route

C'est ici qu'il vous faudra troquer votre voiture en saison pour une place dans une des navettes du parc (voir infos détaillées dans la rubrique « Comment circuler dans le Grand Canyon ? »). Attention, les queues sont longues en été. Il y a évidemment moins de monde très tôt le matin : on vous rappelle que les navettes démarrent 1h avant le lever du soleil, soit vers 4h15 du matin ! Et si vous prévoyez d'aller voir le coucher du soleil, pensez à vous y prendre à l'avance ou vous pourriez bien ne voir qu'un canyon plongeant dans le noir...
Le trajet jusqu'à Hermits Rest faisant 7 miles, l'idéal, à moins d'être un pur et dur, est de combiner marche et bus. On descend où l'on veut, on fait une section à pied, on reprend le bus...

Le premier arrêt est celui de ***Trailview Overlook*** suivi de ***Maricopa Point,*** d'où l'on voit très bien le *Bright Angel Trail,* qui descend vers Indian Gardens et le fond du canyon. La section menant ensuite jusqu'à ***Powell Point*** n'est pas la plus fascinante (en sous-bois). En revanche, sur les 5 derniers miles à parcourir, le sentier (souvent ombragé) effleure fréquemment le bord du canyon, sans barrière. Certains passages sont un peu vertigineux, mais la partie terminale a été récemment goudronnée. Soyez tout de même bien chaussé. Peu après Maricopa viennent ***Powell Point*** puis ***Hopi Point*** (toilettes), l'un des sites privilégiés pour assister au coucher du soleil, avec un panorama à 180°. Enfin, le Colorado se révèle – à partir de là, on ne cesse plus de le voir. Si vous trouvez qu'il y a trop de monde, essayez ***Mohave Point,*** d'où le point de vue sur le canyon est aussi superbe. 1 mile plus loin, à ***The Abyss,*** les falaises de Great Mojave plongent verticalement de 1 000 m jusqu'au Colorado ! Vraiment impressionnant. La balade se poursuit par ***Pima Point*** (belle vue sur la Colorado River à l'arrivée mais pas pour s'y rendre), et, enfin, ***Hermits Rest.*** Ce lieu tient son nom d'un Québécois solitaire, répondant au doux nom de Louis Boucher, qui y fit pousser des légumes dans les années 1890 tout en prospectant dans les environs. On y trouve des toilettes, un point d'eau, une boutique et un snack *(tlj 9h-17h).* À 150 m de là débute l'*Hermit Trail,* un sentier à la dénivelée marquée, qui gagne les sources de Santa Maria, à 5 miles (si vous voulez remonter le même jour, c'est là qu'il vous faudra rebrousser chemin).

Kaibab Trail Route

Contrairement à l'Hermits Rest Route, la Kaibab Trail Route reste, à une exception près, accessible aux voitures particulières. Il y a une bonne raison à cela : c'est la route qui mène à Cameron, à l'est du parc, en direction de Page et du lac Powell (ainsi que vers la rive nord). Là aussi, vous profiterez de points de vue époustouflants sur le canyon au coucher du soleil. En revanche, on ne voit quasiment pas le Colorado.

★★★ ***Yaki Point :*** ce belvédère, qui offre à notre avis l'un des plus beaux panoramas de la South Rim au coucher du soleil (pas trop de monde, en plus), est le seul de la Kaibab Trail Route à être interdit aux voitures ; sauf pour les personnes handicapées. C'est aussi le cas du proche South Kaibab Trailhead. Pour vous y rendre, voir les infos dans la rubrique « Comment circuler dans le Grand Canyon ? ». Si vous passez dans le coin et que vous n'avez pas envie de retourner à la *Canyon View Information Plaza* pour prendre le bus, vous pouvez toujours y aller à pied. Il y a un petit parking d'une dizaine de places à 200 m sur la droite après l'embranchement en venant de Grand Canyon Village. Ne vous mettez pas le long de la route, la fourrière du parc viendrait enlever votre voiture, et ils ne plaisantent pas ! Et ne nous en voulez pas si le parking n'est plus là, les autorités du parc parlent régulièrement de le fermer. Compter environ 30 mn de marche. Vous trouverez les plus jolis panoramas, avec la lumière orangée se reflétant sur les parois rocheuses, en longeant la barrière vers l'est.
South Kaibab Trail descend jusqu'au *Phantom Ranch* via Cedar Ridge.

★★★ Vers l'est, les points de vue entre les pinèdes se succèdent le long de la route, certains « officiels » (et donc surpeuplés), d'autres sans indication, mais moins fréquentés et presque aussi impressionnants. À privilégier pour profiter des paysages en toute sérénité. De ***Grandview Point,*** l'un des plus connus, un sentier descend vers le plateau intermédiaire, à la mine de cuivre de la dernière chance. Très difficile, il s'adresse aux randonneurs expérimentés. La piste, étroite et caillouteuse, s'enfonce brutalement dans le canyon, perdant 800 m de dénivelée en moins de 4,8 km. Aucun point d'eau sur le parcours, d'ailleurs déconseillé en été entre 10h et 16h. Plus loin, ***Moran Point*** offre une vue magnifique sur le Hance Canyon et, au loin, sur les rapides du Colorado, dont la route se rapproche un peu.

★ ***Tusayan Museum :*** *à 26 miles de Grand Canyon Village, juste avt Desert View. Tlj 9h-17h. Entrée libre. Visites commentées plusieurs fois/j. en fin de matinée et début d'ap-m.* Plus esthétique que véritablement complet, ce musée minuscule se consacre à la culture des premiers Indiens et à ceux que l'on considère généralement comme leurs descendants, les Hopis. Photos, *kachinas,* poteries, bijoux et objets domestiques. Également quelques vitrines sur les Navajos, les Havasupais, les Hualapais et les Païutes. Tout contre le musée, on peut voir les maigres vestiges d'un petit *pueblo* vieux de huit siècles, qui fut habité par une trentaine de personnes. On y a retrouvé deux *kivas,* lieux cérémoniels partiellement enterrés.

★★ La balade le long de l'East Rim Drive se termine par trois autres points de vue « officiels » : ***Lipan Point*** et ***Navajo Point,*** d'où l'on distingue chaque fois bien le Colorado, et enfin ***Desert View Point,*** célèbre pour sa tour *(Watch Tower ; accès gratuit, de 8h au coucher du soleil, en été, 8h-18h, en hiver 9h-17h).* D'inspiration indienne, celle-ci a été construite en 1933 par Mary Colter pour le compte du fameux Fred Harvey. L'ascension vaut surtout le coup pour les fresques hopis peintes sur les murs, puisque du sommet on découvre... exactement la même chose que du bas, c'est-à-dire un point de vue sur le fleuve enfin pleinement découvert, qui serpente majestueusement entre les buttes et les falaises. Desert View Point est l'une des entrées officielles du parc : on y trouve un petit *Park Information,* un camping, un supermarché, un snack-bar, une station-service, des toilettes, mais ni hôtel ni restaurant. Au-delà de Desert View, la route bifurque vers l'est en direction de Cameron. Après quelques miles, on longe le ***canyon du Little Colorado.*** Quelques points de vue méritent un petit arrêt.

RIVE NORD (NORTH RIM)

Boudée par les masses touristiques (elle ne reçoit que 1 % des visiteurs du Grand Canyon), la rive nord possède pourtant ses atouts propres. En fonction de ce que l'on veut faire, on peut même la préférer à la rive sud. À son actif : elle est bien plus intime (les rangers et les professionnels du tourisme sont nettement plus disponibles), la route qui y mène est bordée de profondes forêts de sapins (malgré quelques tristes feux en 2006) et de vastes prairies riantes qui rappellent le Canada, elle est plus élevée (2 400 m contre 2 000 m à la rive sud), donc moins chaude, et le sentier qui descend vers le Colorado est plus bucolique et même ombragé par endroits. À son passif : elle est plus difficile d'accès, son altitude rend les nuits plus fraîches, les points de vue sont très impressionnants mais moins nombreux, et l'accès n'est possible que de mi-mai à mi-octobre (la neige bloque les routes). On aurait tendance à dire que la rive nord peut être un bon choix en été, lorsque ses inconvénients s'envolent et se transforment en atouts.

La question se pose vraiment pour les trekkeurs : le sentier pour descendre au fond fait 14,5 miles à partir de la rive nord, alors qu'il n'y a que 8,5 miles depuis la rive sud. Pour ceux qui veulent descendre et remonter par le même chemin, mieux vaut donc opter pour la seconde. En revanche, si votre intention est de descendre par un côté et de remonter par l'autre, on vous conseille de descendre par le nord.

– Entrée du parc : à 5 miles au sud du Kaibab Lodge *: env 25 $/voiture. Si vous venez de la South Rim, le ticket est toujours valable 7 j. après son achat ;* Interagency Annual Pass *accepté. En bus, à pied, à vélo ou à moto env 12 $.*

Adresses utiles

Visitor Center : *à la fin de la route, sur la gauche.* ☎ *928-638-7888.* • *nps.gov/grca* • *De mi-mai à mi-oct, tlj 8h-18h.* Se procurer *The Guide-North Rim,* décrivant toutes les balades avec infos utiles et la carte du canyon, ainsi que le programme des nombreuses activités organisées par les rangers (géologie, histoire locale, condors, etc.).

■ ***Backcountry Information Center :*** North Rim Unit Office, *au nord de l'entrée du camping.* ☎ *928-638-7875 (lun-ven 13h-17h). Fax : 928-638-2125. Tlj 8h-12h, 13h-17h.* Délivre les permis nécessaires pour passer une nuit dans le Grand Canyon.

✉ ***Poste :*** *au* **Grand Canyon Lodge.** *Lun-ven 8h-12h et 13h-17h.*

■ ***Distributeurs de billets :*** *dans le* **general store** *et au* **Roughrider Saloon.**

■ ***Magasins d'alimentation :*** **general store** *à l'entrée du* North Rim Campground. *Tlj 7h-20h.* Assez limité. Vend aussi du bois et quelques éléments de camping. *Également un* **Country Store** *en face du* Kaibab Lodge, *18 miles avt le canyon.*

■ ***Douches et machines à laver :*** *à 100 m du* North Rim Campground. *Tlj 7h-22h. Prévoir 2 $/douche, par lessive et par séchage.*

■ ***Station-service :*** *à l'entrée du* North Rim Campground. *Tlj 7h-19h, accessible 24h/24 avec CB.* Plus cher qu'ailleurs.

Où dormir ?

Un camping et un *lodge* à l'intérieur du parc, à deux pas du canyon.

Camping

North Rim Campground : *tt près du canyon, à moins de 1 mile sur la droite avt la fin de la route. Résas :* ☎ *518-885-3639 ou 1-877-444-6777.* • *recreation.gov* • *Ouv de mi-mai à* *mi-oct, parfois plus tard en fonction de la météo. Env 18-25 $ jusqu'à 6 pers/site ; séjour de 7 nuits max par saison.* Sous de grands pins majestueux, environ 80 emplacements au calme. Pas d'électricité, mais *dump station* pour les camping-cars. Douches et machines à laver *(tlj 7h-22h)* et *general store (tlj 7h-20h)* à proximité.

Plus chic

Grand Canyon Lodge : *480-337-1230 ou 1-877-386-4383. • grandcanyonforever.com • Ouv de mi-mai à mi-oct. Double env 115 $, cabins 120-195 $.* Au bord de la falaise, ce beau bâtiment en pierre et bois profite d'une vue impressionnante sur le canyon. Lever et coucher de soleil uniques. Environ 200 chambres dans différentes catégories, de la piaule de motel basique à un lit aux cabanes en bois tout équipées et disséminées dans la forêt. Seules les plus chères ont une vue sur le canyon. Les *Pioneer Cabins,* remodelées en 2009, disposent de 2 chambres, salle de bains, minifrigo et machine à café (jusqu'à 6 personnes). Bon rapport qualité-prix pour un endroit romantique à souhait. Également un resto avec vue et des excursions à dos de mule dans le canyon (voir « Excursions au fond du canyon »).

Où dormir ? Où manger hors du parc ?

DeMotte Campground : *à 16 miles avt la N Rim, juste à côté du Kaibab Lodge. Ouv fin mai-fin sept ou oct. Pas de résas. Env 17 $ jusqu'à 8 pers par site. Système d'enveloppe.* Situé dans la Kaibab National Forest, emplacements bien ombragés (compter jusqu'à 10 °C de moins qu'à Page !). Équipé de toilettes, eau courante (mais maximum 10 gallons par jour ; payant au-delà), tables, bancs et barbecue. En revanche, le sol est un peu dur. Pas d'électricité.

Jacob Lake Campground : *à 45 miles du parc sur la 89, à la bifurcation pour le Grand Canyon en arrivant de Flagstaff, face au Jacob Lake Inn. Ouv slt en été. Pas de résas. Env 17 $.* Camping très nature géré par l'*US Forest Service,* aux emplacements agréables dispersés sous les pins. Bois à vendre pour les feux de camp, toilettes et points d'eau. Quelques soirées organisées.

Kaibab Lodge : *à 18 miles au nord de la N Rim. 928-638-2389. • kaibablodge.com • Ouv slt de mi-mai à début nov. Résa conseillée en saison. Pour 1-6 pers, 85-185 $. Resto ouv pour le petit déj et le dîner ; plats 9-25 $ le soir (bonnes viandes).* L'auberge, nichée dans un gros chalet en rondins à l'ambiance « trappeurs », abrite la réception et une boutique de souvenirs. Les chambres se disséminent aux alentours, dans des cabanons plus ou moins rustiques adossés à la forêt, face à une vaste prairie. À part les premiers prix, elles surprennent par leur aménagement intérieur moderne. Confortable, mais d'un goût contestable. Néanmoins, l'environnement est charmant et, bonne nouvelle pour les vacances : ni TV ni téléphone et les portables ne passent pas. Accueil sympa. Il y a un *Country Store* sur la route principale, en face.

Où manger ? Où prendre le petit déj ?

Deli in the Pines : *au Grand Canyon Lodge, bâtiment de droite avt d'entrer dans la réception. Tlj 7h-21h. Snacks et plats env 3-7 $.* Cafétéria sans charme, qui aligne tous les classiques du genre (petit déj, pâtes, soupes, pizzas, sandwichs) préparés sans génie mais corrects.

Resto du Grand Canyon Lodge : *928-638-2611. Tlj 6h30-10h, 11h30-14h30 et 16h45-21h45. Résa conseillée pour le dîner. Le midi, plats env 7-12 $ et salad bar 13 $; le soir, plats env 16-22 $.* Vaut surtout pour sa vaste et belle salle rustique avec une vue formidable sur le canyon depuis les immenses baies vitrées. Excellent *salad bar* le midi, plats *South West* de bonne tenue le soir.

À faire

On vous indique ici les principales balades. Mais sachez qu'il en existe d'autres, que les rangers du *Visitor Center* se feront un plaisir de vous les indiquer. Pour les infos sur les randos et les permis pour passer une nuit au fond du canyon, voir ci-dessous « Excursions au fond du canyon ».

➢ ***Bright Angel Point :*** chemin pavé de 15 mn (800 m aller et retour) qui démarre du *Grand Canyon Lodge* et s'avance sur un promontoire effilé, en proue de navire. Vue indescriptible. Au coucher comme au lever du soleil, un must.

➢ ***Transept Trail :*** rejoint le précédant en suivant le bord du canyon, depuis le *North Rim Campground.* Compter environ 1h (4,8 km aller et retour).

➢ ***North Kaibab Trail :*** débute à moins de 1 mile au nord du *North Rim Campground.* Fléché et jalonné de points d'eau. C'est le seul sentier qui descend tout au fond, jusqu'au Colorado, depuis la North Rim. Vu que la totalité fait environ 14 miles (aller seulement), la plupart des visiteurs se contentent d'une petite portion. Pour une balade d'une demi-journée, on peut descendre jusqu'au petit pont, en 1h45 (remontée en 2h30 minimum). Pour un trek de 1 journée (6 à 8h), on peut rallier Roaring Springs et retour (9,4 miles en tout et 930 m de dénivelée !). Au-delà et pour ceux qui descendent tout en bas, se renseigner auprès des rangers. Il est nécessaire de réserver sa place de camping à l'avance. Certains font la descente en 1 journée, mais les rangers conseillent de la faire en 2 jours. La remontée par la rive sud se fait en une autre journée en partant très tôt du campement pour éviter les grosses chaleurs (9 miles en tout).

➢ ***Cape Royal Trail :*** à 23 miles du *Visitor Center.* Petit sentier sans difficulté (1 km aller et retour) qui mène à un balcon dominant le canyon. C'est le seul point de la rive nord d'où l'on peut apercevoir la Colorado River. Beau panorama.

EXCURSIONS AU FOND DU CANYON

Attention, ces informations concernent les deux rives (nord et sud) du canyon.

Pour descendre au fond du canyon

– Allez avant tout au ***Visitor Center*** : discutez des itinéraires (il y en a plusieurs) avec les rangers et demandez-leur les prévisions météo.

– Pour toute randonnée avec nuit dans l'un des terrains de camping « primitifs » du Grand Canyon *(overnight hike)*, il est impératif d'obtenir un permis auprès du ***Backcountry Reservations Office*** *(plan,* ***8****)* **:** *PO Box 129, Grand Canyon, AZ 86023.* ☎ *928-638-7875 (lun-ven 13h-17h). Fax : 928-638-2125.* • *nps.gov/grca/planyourvisit/backcountry.htm* • Le nombre de permis est limité pour réguler la pression touristique. Il est payant *(env 10 $ + 5 $/pers)* et ne s'obtient que par fax (de préférence), courrier ou sur place (pas par téléphone). On peut télécharger la demande à l'adresse : • *nps.gov/grca/planyourvisit/backcountry-permit.htm* • On vous demandera de préciser dessus l'itinéraire que vous souhaitez suivre, ce qui n'est pas toujours facile depuis l'autre bout du monde... Résas possibles jusqu'au 4e mois précédant le début de la randonnée. Par exemple : pour le 15 août, possible dès le 1er avril. Pour le 30 juillet, dès le 1er mars, etc. Des centaines de fax tombent chaque 1er du mois... Alors, évitez d'attendre le 2 pour les sections les plus demandées, ou ce sera peut-être déjà plein ! Vous recevrez une réponse sous 3 semaines. Seule la période s'étendant de décembre à début mars ne pose pas de problème ; inutile de réserver. Juin est l'un des mois les plus difficiles, davantage même que juillet et août. Beaucoup de demandes aussi au début de l'automne. Au pire, on peut tenter d'obtenir le permis une fois sur place (bureaux à Grand Canyon Village et à la North Rim), en arrivant à l'ouverture – et même avant, histoire de faire la queue. On vous donne alors un numéro sur une liste d'attente et là, on croise les doigts. Ça peut être rapide ou durer quelques jours (2-3 en général), mais ça vaut le coup de tenter... Il y a souvent des désistements. Vous n'avez pas besoin de permis pour les randonnées dans la journée ou si vous dormez au *Phantom Ranch*.

– N'oubliez pas que les randonnées dans le Grand Canyon se font à l'inverse de l'alpinisme. D'abord la descente, puis la remontée, quand on est... déjà épuisé. Il faut compter 2 fois plus de temps pour remonter que pour descendre.

– N'essayez pas de faire l'aller-retour jusqu'au Colorado dans la journée, c'est totalement déconseillé et même dangereux. La descente au petit matin peut paraître facile, mais dès 10-11h le soleil rappelle à l'ordre les rêveurs. Le rythme de la marche ralentit de lui-même et les pauses se multiplient... Pour descendre jusqu'au Colorado depuis la rive sud (ajouter encore 2 miles pour le *Phantom Ranch*) et remonter, compter en moyenne plus de 8h sans arrêt. Les plus entraînés ne mettront peut-être que 4h pour tout le trajet retour depuis le Colorado, d'autres mettront jusqu'à 7-8h pour cette seule section, c'est plus que fréquent. Ajoutez les heures passées à descendre, celles à faire des photos, quelques pauses et faites le compte ! Voilà pourquoi il est indispensable de passer une nuit en bas et de remonter au lever du jour, à la fraîche. En plus, à ce moment-là, les couleurs sur les falaises sont magnifiques.

– On conseille de limiter son équipement au strict minimum. Prenez surtout des provisions et de l'eau (au moins 4 l par personne si vous n'empruntez pas un parcours avec points d'eau), plus des amuse-gueules salés (très important, le sel, pour fixer l'eau dans l'organisme). La température peut atteindre 49 °C en plein été ! Attention à la déshydratation. On peut alléger son sac à la consigne du *Bright Angel Lodge* (voir « Où dormir ? » sur la South Rim).

– Pour se protéger du soleil, il est indispensable de se couvrir tout le corps, y compris les bras, et de porter un chapeau à larges bords.

– Toutes les excursions pédestres du canyon peuvent se faire sans guide, mais il est formellement interdit de quitter les chemins.

– Attention, l'intervention de secours en hélico peut être facturée jusqu'à 5 000 $ pour tous les randonneurs imprudents qui auront surestimé leurs forces. À bon entendeur...

Où dormir ? Où manger dans le Grand Canyon ?

⛺ Sur les itinéraires les plus classiques, on trouve 3 ***campings*** aisément accessibles. Celui d'***Indian Gardens*** (à 4,6 miles), sur le plateau intermédiaire, dispose de 15 emplacements très demandés. *Ouv tte l'année.* Sur place, w-c, eau et station de rangers. Au fond du canyon, à côté du *Phantom Ranch*, le terrain de ***Bright Angel*** (à 9,3 miles) compte 2 fois plus d'emplacements mais ils sont encore plus recherchés. Attention, amende très importante si on s'installe sans permis. Sur place, mêmes services *(également ouv tte l'année).* Le soir, ambiance assez sympa en saison. Enfin, en remontant vers la rive nord par le *North Kaibab Trail,* on peut passer la nuit au ***Cottonwood campground*** (à 16,6 miles). Tout juste 11 sites, des w-c, de l'eau à certaines périodes mais ce n'est pas garanti. Station de rangers de mai à octobre seulement. Attention, 2 nuits maximum par site (sauf en hiver, 4 nuits).

🏠 |●| Il n'est pas désagréable de se restaurer et de dormir au ***Phantom Ranch,*** *au fond du canyon, à 9,6 miles de la South Rim. Résas auprès de* Xanterra, *aussi longtemps à l'avance que possible, surtout en été. ☎ 303-297-2757 ou 1-888-297-2757. • grandcanyonlodges.com • Dortoir env 45 $/pers, bungalow pour 1-2 pers 120 $, douches en commun pour tt le monde. Petit déj en plus... env 22 $! Panier pique-nique 13 $ et 3 options* *de dîner (ragoût ou steak, végétarien sur demande 27-43 $). Pour manger, il faut réserver en même temps que le logement.* Dortoir impeccable avec AC. Bungalows rustiques en bois et gros moellons, façon pionniers de la première heure. Certains ont des lits superposés, d'autres des lits classiques. Draps et serviettes sont fournis. Snacks généralement en vente. Une bonne (mais courte) nuit de repos permet de reprendre la route le lendemain matin à 4h ou 5h pour atteindre le sommet à la mi-journée. N'oubliez pas de poster vos cartes postales avant de remonter si vous voulez qu'elles portent le cachet spécial « *mailed by mule from the bottom of the canyon* » !

Descentes à dos de mulet

Il faut – là aussi – s'y prendre des lustres à l'avance. Au moins 3 à 4 mois ! Si ! En plus, c'est très cher et les tarifs explosent d'une année sur l'autre. De toute façon, la mule, ça n'est pas très intéressant. Ça ne va pas beaucoup plus vite qu'à pied et on attrape des ampoules aux fesses. En plus, les conditions d'acceptation sont assez drastiques : peser moins de 91 kg tout habillé (vous serez pesé), mesurer plus de 1,38 m (!) et, bien sûr, comprendre aisément les instructions en anglais... Ajoutez à cela que sacs à dos, sacs photo et même les zooms sont interdits !

Pour tt rens côté South Rim : ☎ 303-297-2757 ; ou, pour le jour même et le lendemain (il y a parfois des annulations) : ☎ 928-638-2631 ou infos (et listes d'attente) aux activity desks *des différents* lodges. *Côté North Rim, s'adresser à* Canyon Trail Rides *dans l'enceinte du* Grand Canyon Lodge. *☎ 435-679-8665. ● canyonrides.com ● Ouv de mi-mai à mi-oct. Compter env 40 $/h et 75 $ la ½ journée jusqu'à Uncle Jim's Point ou Supai Tunnel.*

Itinéraires dans le canyon

Pour mieux préparer votre randonnée, vous trouverez guides et cartes détaillées sur le site : *● grandcanyon.org ●* ou *☎ 1-800-858-2808.*

1er itinéraire : Bright Angel Trail (South Rim)

Le sentier le plus populaire de tous. Il part de la South Rim et descend en lacet à partir du *Bright Angel Lodge,* jusqu'au fond du canyon. Attention, les distances suivantes n'indiquent que les allers simples et mieux vaut être averti : une bonne condition physique est nécessaire pour se lancer dans cette rando ; la route est longue (surtout le retour...), et ça monte dur ! Si on veut un avant-goût du canyon sans passer la nuit en bas, la superbe balade jusqu'à Indian Gardens et Plateau Point, à mi-chemin, suffit largement à occuper la journée, à condition de partir tôt. Voici les diverses étapes sur l'itinéraire (vérifier tout de même au *Visitor Center* qu'elles sont toujours d'actualité, ça peut évoluer) :

– 1,6 mile : eau et toilettes à la première *resthouse* de mai à octobre. Téléphone d'urgence *(☎ 911)* à utiliser uniquement, évidemment, en cas de réelle urgence...
– 3,1 miles : eau et toilettes à la deuxième *resthouse* de mai à octobre. Téléphone d'urgence *(☎ 911).*
– 4,8 miles : *Indian Gardens.* Compter 4 à 6h pour l'aller-retour sans les arrêts, soit environ 6 à 9h en tenant compte des pauses nécessaires. Ça se fait facilement dans la journée, à condition de prendre son temps et de partir tôt. Mais on peut aussi y camper. Véritable oasis située à mi-pente, où l'on voit souvent des cerfs-mulets le soir. Point d'eau (toute l'année), toilettes et petite chute d'eau devenant ruisseau, histoire de se rafraîchir les pieds.
– 6 miles : *Plateau Point.* Sentier facile sur le plateau intermédiaire depuis Indian Gardens (1h45 aller-retour), mais attention, c'est un cul-de-sac et il n'y a abso-

lument aucune ombre sur le trajet. De là, on surplombe le fleuve. Vue absolument superbe. Il faut vraiment pousser jusque-là. Tout à fait possible d'en faire une excursion à la journée, à condition de partir tôt.

– 8 miles : *Colorado River.* La dernière partie de la descente, d'Indian Gardens au Colorado, est surnommée « le tire-bouchon du diable » car elle est assez raide. Ce n'est pas la plus jolie section. Si on a le temps, on peut choisir de passer la nuit au camping d'Indian Gardens, avant de poursuivre son chemin. Le fleuve se découvre presque au dernier moment. Après avoir longé un peu les berges, on passe un grand pont de fer pour arriver à la *Bright Angel Creek,* où se trouvent le camping de *Bright Angel* et le *Phantom Ranch* (nom inspiré d'une légende locale), situés précisément à 9,5 miles de la South Rim. NE VOUS BAIGNEZ PAS : le courant vous emporterait vite fait et, en plus, l'eau est très froide.

– Pour ceux qui souhaitent remonter sur la North Rim par le *North Kaibab Trail,* prévoir 2 jours de grimpette dans des conditions parfois pénibles, avec escale au camping de Cottonwood. De là, belle incursion jusqu'aux Ribbon Falls (1,6 mile). Comme précisé précédemment, privilégier la descente depuis la rive nord et non la remontée.

2e itinéraire : South Kaibab Trail

Sentier abrupt et plus difficile que le Bright Angel, car avec très peu d'ombre et pas d'eau, le *South Kaibab* emplit le randonneur d'une sensation très particulière : celle de flotter au-dessus du vide. Le départ est situé au ***South Kaibab Trailhead,*** un peu avant Yaki Point. On y accède en navette uniquement (voir la rubrique « Comment circuler dans le Grand Canyon ? »). Prévoir une bonne réserve d'eau : les rangers recommandent 4 l minimum en été. Le chemin descend jusqu'au Colorado en un peu moins de 6 miles. Reste 1,5 mile à parcourir jusqu'au *Phantom Ranch,* de l'autre côté du fleuve. On peut choisir de descendre par ce chemin, plus rapide (3 à 6h de marche) et remonter par le *Bright Angel Trail* – en plus, comme ça, on voit des paysages différents.

À noter que la balade, superbe, est accessible aux marcheurs du dimanche et aux familles à condition de n'en faire qu'une petite partie ; par exemple jusqu'à Cedar Ridge ou même Ooh-Aah Point, le premier point de vue.

LA FOLIE DES GRANDEURS

Le record de vitesse pour la traversée du Grand Canyon, de North Rim à South Rim, soit 20,6 miles, est de 3h et 6 mn. Le meilleur double crossing, *réalisé par le même coureur (de Williams), est établi à 7h et 51 mn ! Ces courses sont si dangereuses que le service des parcs les a officiellement interdites. Pour preuve, le décès de la jeune marathonienne Margaret Bradley en 2004 lors d'une course mal préparée de 43 km d'une rive à l'autre.*

3e itinéraire : Hermit Trail

S'adresse uniquement aux expérimentés. Passages étroits parfois difficiles. Débute à Hermits Rest, à l'extrémité de la Hermits Rest Route que l'on atteint en prenant la navette. Uniquement de l'eau à traiter.

DESCENTE DES RAPIDES DU COLORADO

Parcourir l'Ouest américain sans descendre le Colorado, c'est un peu comme visiter la Bourgogne en ne buvant que de l'eau. Bref, cette descente (sans véritable danger d'ailleurs !) risque d'être un grand moment de votre vie. Vous prenez place,

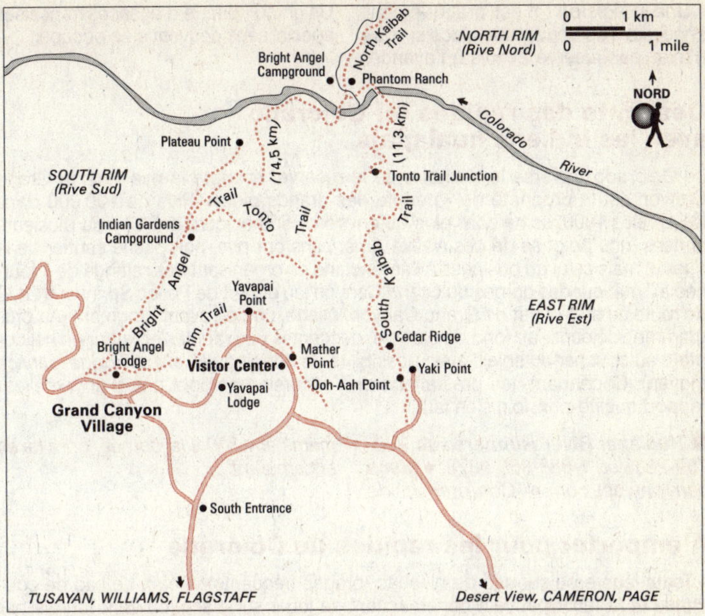

ITINÉRAIRES DANS LE GRAND CANYON

en compagnie de quatre à huit autres passagers, sur des radeaux ou bateaux pneumatiques, dirigés chacun par un pilote confirmé. Les raisons de l'attrait de ces descentes sont multiples. C'est tout d'abord la meilleure façon d'assister librement, sans contrainte, au grand défilé des somptueux chefs-d'œuvre naturels de l'Ouest, puisque ces rivières traversent les plus spectaculaires paysages. C'est aussi renouer avec la nature. Au long du parcours, pas de traces de civilisation, tout est en place comme au premier jour. On bivouaque sur les plages de sable, on déjeune au hasard de la course, et des promenades à pied permettent de s'éloigner du fleuve pour aller saisir, là-haut, d'autres paysages. Les rivières de l'Ouest, c'est aussi... les rapides ! Souvent paisibles, il leur arrive, capricieuses, de se précipiter soudain dans des gorges, de caracoler et de bondir.
Les balades et descentes sont organisées et réalisées par des entreprises spécialisées. Vous aurez avec vous des compagnons de tous les horizons, ce qui ajoute à l'attrait du voyage. La durée de chaque périple varie de 1 jour à 1 semaine ; il est donc facile de l'insérer dans un voyage dans l'Ouest. Pas donné toutefois.
– **ATTENTION :** les descentes du canyon du Colorado se font généralement d'avril à octobre. Départ de *Marble Canyon* (Lee's Ferry), près de Page (Arizona), en amont, mais il est aussi possible de s'arrêter ou de rejoindre une expédition au *Phantom Ranch*. On peut aussi choisir de partir de Moab, plus au nord dans l'Utah. Il existe une quinzaine de sociétés, dont vous trouverez les références dans le *Backcountry Trip Planner.* On vous en donne deux :

■ ***Wilderness River Adventures :*** *PO Box 717,* ***Page,*** *Arizona 86040. ☎ 1-800-992-8022. • riveradventures.com • Comparer avec les sites • westernriver.com • gcex.com • mokimac.com •*

■ ***Arizona River Runners :*** *basé à Phoenix, PO Box 47788. ☎ 1-800-477-7238. • raftarizona.com • Excursions 3-13 j. ; compter env 1 175 $/pers les 3 j., vol depuis Las Vegas (retour en van), tour en hélico et 40 miles de raft inclus...*

– *Une précision :* il est pratiquement impossible de trouver une place si vous n'avez pas réservé 2 mois à l'avance. Un grand nombre d'agences françaises spécialisées peuvent s'en occuper.

Descente des rapides du Colorado avec les Indiens hualapais

Le Colorado traverse le territoire de la réserve, et toute la rive sud du Grand Canyon est la propriété du « peuple des grands pins ». Plus de 100 000 dans les années 1800, ils ne sont plus qu'environ 1 500 aujourd'hui. Depuis plusieurs années, une poignée de ces *Native Americans* ont pris, non pas le sentier de la guerre, mais celui du business à l'américaine en organisant des raftings de 1 journée à l'intérieur des gorges du Grand Canyon (au départ de Peach Springs, à 2h30 de route au sud-ouest de Grand Canyon Village, un peu avant Kingman). Au programme : déjeuner au fond du canyon, descentes des rapides et retour en hélicoptère au coucher du soleil, avec possibilité de dormir au *Hualapai Lodge* (service moyen). Cependant, les prestations de l'excursion ne sont pas d'un excellent rapport qualité-prix, loin s'en faut...

■ ***Hualapai River Runners :*** *☎ 928-769-2636 ou 1-888-868-9378. • grandcanyonwest.com • Compter tt de même env 330 $ la journée, hors taxes et carburant...*

À emporter pour les rapides du Colorado

– Tente légère ou sur-sac de bivouac (orages fréquents en été). Le sac de couchage et la tente peuvent généralement se louer sur place (ou sont fournis par l'opérateur).
– Imperméable genre K-way.
– Crème solaire protectrice.
– Produits antimoustiques.
– Chapeau.
– Lunettes de soleil.
– Maillot de bain.
– Chaussures ne craignant pas l'eau.
– Chemise à manches longues.

LES RÉSERVES INDIENNES

Navajos, Hopis, Apaches, Papagos, Pueblos, Supais et bien d'autres encore, on croise les Indiens partout dans la région. Sur leurs réserves, hors des réserves, dans les villes, sur les routes ou dans les déserts et les montagnes. On les voit, on les côtoie, on entre dans leurs boutiques... et après ? Après, il faut dépasser les appréhensions, les clichés, les réserves culturelles. À l'image de « l'Indien-qui-fait-peur » relayée par les westerns, s'est ajoutée l'image de « l'Indien-pauvre-victime », de « l'Indien-qui-boit ». Alors, on se sent gêné, vaguement coupable, on a peur de déranger ? Erreur fatale !
Tordons le cou à ces clichés. Les Indiens sont comme tout le monde, certains sourient, surtout si vous en faites autant, d'autres non, et alors ? Ils ont une histoire qui n'a pas toujours été rose et ils connaissent, certes, des difficultés sociales. Ça ne vous évoque rien ? Oui, des tas d'endroits dans le monde ! Et comme tout un chacun, ou presque, ils savent les mettre de côté

pour établir la communication. Certes, parfois, on vous ignorera ou vous serez servi après d'autres sans bien savoir pourquoi. Mais guère plus qu'ailleurs, et ne perdez jamais votre sang-froid de Visage pâle, c'est la dernière chose à faire. Si des Indiens vous invitent (ça arrive), vous saisirez qu'ils ne parlent pas pour ne rien dire, qu'ils répugnent à employer des tournures de phrases négatives et qu'il vous faudra désapprendre votre anglais pour parler celui qu'ils sont bien obligés d'utiliser. Les Indiens ne sont pas des moulins à paroles, qui débitent leur vie en 30 s et s'en vont. Une rencontre avec eux est un échange véritable, de sentiments, de points de vue. Une expérience, même brève. Donnez un coup de main si besoin pour briser la glace, abordez les sujets de fond si ça se présente et vous ne tarderez pas à vous entendre conter des souvenirs doux-amers d'avant la guerre – lorsque tout le monde circulait en charrette, lorsque la visite au *trading post* était une fête, lorsque les langues indiennes étaient interdites au nom de l'assimilation et que les enfants qui résistaient se voyaient mis au coin, genoux posés sur des grains de maïs...

LES NAVAJOS

Du Grand Canyon, la route 64 (vers l'est) mène au territoire navajo (on prononce « navaho » en appuyant sur le « ho » façon h expiré). Attention, du 2e dimanche de mars au dernier dimanche d'octobre, la réserve navajo a 1h d'avance par rapport au reste de l'Arizona, car elle applique le *daylight savings time* (l'heure d'été) – ce qui n'est pas le cas du reste de l'État (parce qu'il y fait trop chaud !). La nation navajo se trouve alors à la même heure que l'Utah et le Nouveau-Mexique. Heure identique à celle de l'Arizona en hiver.

Tout commence en 1868, lorsqu'un traité établit la nation navajo (Diné Bikéyah). Elle forme aujourd'hui la plus grande réserve indienne des États-Unis, étendue sur 70 000 km², soit presque autant que le Benelux (ce qui n'est pas rien). Elle occupe tout l'angle nord-est de l'Arizona et déborde au Nouveau-Mexique et en Utah. Né dans les années 1920, le gouvernement tribal, composé de 88 délégués, siège à Window Rock, la « capitale » du territoire, située à la frontière de l'Arizona et du Nouveau-Mexique (on peut d'ailleurs assister aux débats, généralement tenus en langue navajo). Longtemps assimilée à une terre désolée, sans futur possible, la nation navajo montre au fil des ans un dynamisme grandissant. L'instauration de taxes locales lui a permis de se développer et de financer de nombreuses infrastructures communautaires jusque dans les coins les plus reculés (écoles et hôpitaux, entre autres).

Si la capitale administrative est Window Rock, la vraie capitale serait plutôt Gallup, sur la mythique Route 66, entre Flagstaff et Albuquerque. Plus d'un tiers de sa population est *Native American*. Malgré la fermeture des mines de la région dans les années 1970 et 1980, beaucoup viennent encore y chercher du travail. Ceux qui n'y parviennent pas s'entassent dans des quasi-bidonvilles, où l'alcool, en vente libre en ville, fait des ravages. Il est vivement recommandé de fréquenter les rodéos, où l'on peut voir d'excellents cow-boys indiens rivaliser d'adresse avec de tout aussi excellents cow-boys blancs. Mais préparez-vous à frire, le soleil tape dur. Partout, vous verrez des femmes bijoutées de turquoises, la pierre porte-bonheur des Navajos. Pour passer une bonne journée, dit-on, il suffit de regarder une turquoise dès son réveil. Elle permettrait aussi de s'assurer de la fidélité des femmes : elles se terniraient après une infidélité... Mesdames, si vous n'avez pas la conscience tranquille, faites-vous plutôt offrir un diamant !

Traditionnellement, les Navajos ne regardent pas leurs interlocuteurs dans les yeux. Sachez-le, même si cette habitude tend à disparaître. Autres particularités, les Navajos ne mangent pas de poisson et ne veulent pas entrer en compétition avec leurs voisins... Ils ne croient pas à l'au-delà. Après la mort, c'est le néant.

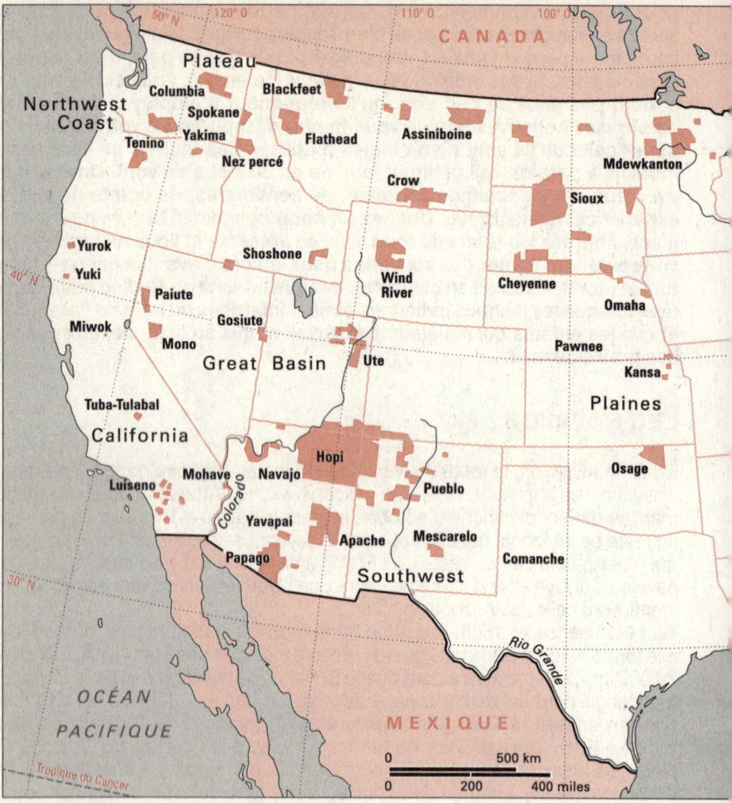

Enfin, les Navajos ont une langue tellement difficile à comprendre qu'elle fut utilisée par les services secrets américains pendant la Seconde Guerre mondiale pour transmettre les messages secrets au nez et à la barbe des Japonais. L'opération fut un total succès, et un bataillon navajo fut même créé, les *Navajo code talkers* – que vous verrez célébrés à tout bout de champ à travers le territoire de la réserve. Vous croiserez sûrement, aussi, les voitures de la police navajo, rendue célèbre par les romans policiers de Tony Hillerman, dont l'action se déroule à chaque fois sur la réserve. Hillerman est l'un des seuls Visages pâles à avoir obtenu le statut de membre honoraire de la nation navajo, car ses best-sellers ont réussi à faire prendre conscience à une partie de la population américaine de la réalité sociale des Indiens. On vous conseille de vous procurer ces romans si vous avez l'intention de passer un peu de temps en terre navajo ; vous comprendrez mieux quelle est la vie actuelle de ces « déracinés à domicile ». Nos trois titres préférés : *Porteurs de peaux* (ambiance de sorcellerie), *Voleurs de temps* (dans le canyon du Chaco) et *Là où dansent les morts* (magie hopi) ; publiés aux Éditions Rivages.

Pour toute info sur la nation navajo, consultez le site : ● *discovernavajo.com* ●

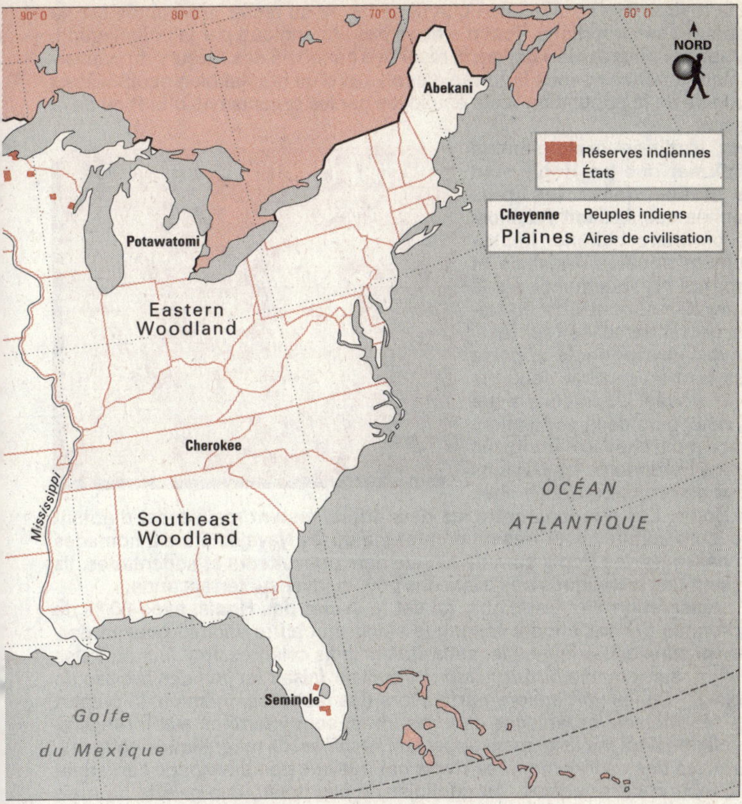

LES RÉSERVES INDIENNES

LE TERRITOIRE HOPI

10 000 hab.

Bienvenue au centre de l'univers ! C'est la croyance des Hopis, dont la petite réserve (6 557 km²) est entièrement encerclée par les terres navajos. Traversée par la route 264, elle reçoit peu de touristes malgré le caractère sauvage et désolé de ses paysages. Elle occupe trois plateaux *(mesas)* perchés à 2 200 m, dominant de vastes étendues de désert cisaillé de ravins. Sur chacun se trouve un village perché aux maisons de pierre et adobe (mais les *trailers* gagnent du terrain...) : First Mesa, Second Mesa et, bien sûr, Third Mesa, qui renvoient à trois communautés différentes. Certains établissements, en contrebas, sont presque millénaires, à l'image d'Old Oraibi (du XIIe s !), ce qui en ferait le plus ancien site habité des États-Unis... Malheureusement, il est aujourd'hui dans un état proche de la décrépitude, à l'image de la région, très pauvre, bien que fière d'avoir su rester arc-boutée sur sa culture et ses traditions. Tout n'a donc pas été englouti par la colonisation. Paradoxe : « insularité » oblige, la réserve a bénéficié des faveurs du gouvernement américain, sous la forme d'écoles et d'un hôpital bien équipé. Mais la moitié de la population reste employée par les organismes d'État ou de la réserve.

Leur tradition orale semble confirmer que les Hopis sont les descendants les plus proches des Ancient Pueblos, les premiers Indiens, improprement appelés Anasazis et disparus brusquement vers la fin du XIIIe s, peut-être en raison de sécheresses répétées. L'invasion espagnole apporta plus tard un terrible fléau : la petite vérole. L'épidémie a tué les deux tiers de la population. Grâce aux chevaux importés par les Européens, les Navajos firent de terribles razzias chez les Hopis. Les relations entre les deux tribus restent malaisées, d'autant que leurs cultures sont très différentes : là où les Navajos étaient nomades et chasseurs, les Hopis sont de longue date agriculteurs et sédentaires. Ils utilisent des techniques très avancées pour cultiver sur terrain aride.

GUÉRIR, C'EST TOUT UN ART

Les Navajos pratiquent un art ésotérique : les peintures de sable (sand paintings). *Le chaman les réalise à même le sol du* hogan *(hutte), ou sur une peau de daim, versant avec doigté les sables colorés l'un après l'autre jusqu'à faire apparaître les* yeibicheii, *les esprits du bien. Le patient s'assied ensuite dessus pour que son mal soit « aspiré », tandis que le chaman entonne des chants. La peinture, chargée négativement, est finalement détruite.*

La préservation des traditions, tel est le secret des Hopis, avec 80 % de personnes parlant encore la langue selon un chiffre valable pour la dernière décennie. Les jeunes femmes étaient jadis célèbres pour leur curieuse coiffure, surnommée *butterfly hairdo,* qui leur faisait un peu des oreilles de Mickey... On les voit encore parfois lors des festivités, même si la plupart des cérémonies, organisées dans les *kivas,* sont interdites aux étrangers. La religion hopi fait largement appel aux *kachinas,* de magnifiques poupées, symboles des esprits, dont les Hopis ont quelque peu développé l'artisanat en direction des touristes. Au quotidien, le *piki bread,* une galette de maïs bleu, est la base de leur alimentation.

– Le territoire hopi reste toute l'année à l'heure du fuseau *Mountain Time,* comme l'Arizona et contrairement à la réserve navajo qui observe l'heure d'été. Ainsi, du 2e dimanche de mars au dernier dimanche d'octobre, il y a 1h de décalage entre le territoire hopi et la réserve navajo !

LES RÉSERVES INDIENNES

Où dormir ? Où manger entre le Grand Canyon et la réserve ?

À Cameron (territoire navajo)

🏠 🍽 ***Cameron Trading Post & Lodge :*** *à 54 miles au nord de Flagstaff, au croisement des routes 64 et 89.* ☎ *928-679-2231 ou 1-800-338-7385.* • *camerontradingpost.com* • *Doubles 60-100 $ (1 lit) selon saison, 10 $ de plus avec 2 lits. Suites 100-150 $, 30 $ de plus avec 2 lits. Camping-car 25 $* (full hook up). *Resto tlj 6h-21h. Plats env 8-13 $ le midi, 12-23 $ le soir.* 📶 Ne rêvez pas trop, si ce *trading post* date de 1916, c'est aujourd'hui d'une énorme boutique touristique (chère, qui plus est) proposant hébergement et restauration. Cela dit, le cadre est agréable, face au canyon de la Little Colorado River et au vieux pont qui la franchit. Et les chambres de motel, logées dans 3 bâtiments en pierre portant les noms de différentes tribus, sont très bien tenues. Bon équipement, à défaut d'une réelle déco. Côté resto, vaste salle avec cheminée en pierre, tapis navajos et un étonnant plafond en métal martelé. Cuisine typiquement *South West* sans génie, en plus des *navajo tacos* (visez le couteau géant pour réussir à les couper !), assez lourdingues. Un peu cher pour la qualité, mais le service est sympa.

Où dormir ?

À Tuba City *(territoire navajo)*

Village éclaté sans charme, surtout valable pour faire le plein d'essence et manger un morceau avant de reprendre la route. On y trouve en cas de besoin 3 hôtels.

De bon marché à prix moyens

☗ ***Greyhills Inn :*** *résas au ☎ 928-283-4450. • greyhillsinn04@yahoo.com • En venant de l'ouest par la route 160, ne pas prendre la direction du centre-ville, mais continuer tt droit vers Kayenta. L'hôtel se situe un peu plus loin à gauche sur la colline. Ouv tte l'année 8h-minuit. Double env 62 $, env 44 $ avec la carte des AJ.* Dans une résidence scolaire navajo, des chambres tristounettes (AC centralisé, TV) mais pas chères et bien tenues. Ça sent même un peu trop le produit nettoyant ! Sanitaires communs. Café et thé à dispo le matin, supermarché *Basha's* avec boulangerie à proximité. Bon accueil.

☗ ***Diné Inn :*** *sur le bord de la Hwy 160. ☎ 928-283-6107. • dineinnmotel@frontier.net • Double 80 $ en été, 60 $ en hiver. Paiement CB obligatoire (il y a eu des vols...).* 💻 📶 Un petit motel banal mais pas cher. Chambres petites, correctement tenues, à 1 ou 2 lits, avec parquet flottant ou moquette. Toutes avec douche, TV et téléphone, frigo et micro-ondes dans certaines. Café gratuit le matin. Autour, le désert écrasé de soleil aux avant-postes de la ville.

Plus chic

☗ ***Moenkopi Legacy Inn :*** *au carrefour des routes 160 et 264. ☎ 928-283-4500. • experiencehopi.com • Doubles env 100-130 $ selon saison, suites 130-200 $, petit déj continental inclus.* 💻 📶 Dernière construction hôtelière du secteur, le *Moenkopi* est un énorme bâtiment couleur caramel posé au carrefour principal... côté hopi (eh oui, en face, on est chez les Navajos !). Bien sûr, on est loin de l'environnement et de l'habitat traditionnel de la communauté hopi, à qui appartient cet hôtel. Mais le haut niveau de confort est agrémenté d'une architecture et d'une déco stylisant leur culture : murs couleur sable, tons jaune et marron, dessins symboliques dans les couloirs, jusqu'à cette expo photographique de bonne qualité près du *lobby.* Les suites ont en plus canapé-lit d'appoint, frigo, micro-ondes et évier. Piscine découverte en été, jacuzzi, *fitness* et *business centers.* En revanche, pas de resto, juste un fast-food *Denny's* à côté (bof, bof). Organise aussi des excursions sur le territoire hopi. Excellent accueil.

☗ ***Quality Inn Navajo Nation :*** *10 N Main St. ☎ 928-283-4545. • explorenavajo.com • Doubles env 85-110 $ (1 lit) selon saison, 100-120 $ à 2 lits, suites 120-160 $, petit déj inclus.* 💻 *Quality, quality...* Plutôt des chambres juste correctes, donnant sur un carré de gazon, mais bien chères quand même. Quelques photos noir et blanc des frères Babbitt (qui ont développé la région) en guise de déco à la réception. Café et thé en libre-service. Le *Hogan Restaurant* à côté est malheureusement très médiocre.

À Second Mesa *(territoire hopi)*

Attention, ces adresses se situent dans le ***Hopi Cultural Center,*** isolé au bord de la route 264, sur la gauche en venant de Tuba City et à environ 5 miles avant Second Mesa. Ouvrez l'œil, on a vite fait de dépasser la construction de couleur rougeâtre. Distributeur automatique. Ah, au fait, bonne nouvelle :

LES RÉSERVES INDIENNES

pas de taxes à ajouter aux prix en territoire hopi !

⛺ **Camping :** *possibilité de camper à côté du* Motel du Hopi Cultural Center. *Pas d'infrastructure ni d'équipement, mais empl. gratuit.* Le seul endroit de la réserve où le camping est autorisé.

Motel du Hopi Cultural Center : ☎ *928-734-2401.* • *hopiculturalcenter.com* • *Env 105 $ pour 2 pers en sem l'été, 115 $ le w-e ; 85-95 $ en hiver. Gratuit moins de 12 ans.* Le seul hôtel de la réserve hopi, d'architecture vaguement pueblo. Chacune des 34 chambres dispose d'un grand lit ou de 2 petits, d'une salle de bains privée, TV et machine à café. Simple mais convenable. Demander plutôt les chambres au 1er étage ; elles donnent sur la plaine et permettent parfois de contempler de spectaculaires vents de sable. Musée hopi et resto dans le même bâtiment, pour prendre le petit déj.

Où manger ?

À Tuba City
(territoire navajo)

Franchement, si vous voulez mal manger, n'hésitez pas à vous arrêter à Tuba City ! C'est une catastrophe. Même le *Hogan Restaurant,* à côté du *Quality Inn,* censé incarner la cuisine navajo, sert des plats absolument insipides. On peut néanmoins y aller pour boire un verre ou sacrifier son estomac uniquement pour le plaisir de côtoyer la communauté indienne...

Espresso & More : *sur le parking du* Quality Inn. *Lun-ven 7h-19h, w-e 9h-19h. Salades et sandwichs env 4-6 $ (moins chers après 16h !).* C'est ça ou les courses au supermarché *Basha's* ! De quoi dépanner simplement les estomacs affamés. 30 mn de connexion Internet gratuite dès l'achat d'un café.

À Second Mesa
(territoire hopi)

Resto du Hopi Cultural Center : ☎ *928-734-2402. Tlj 6h-21h en été, 7h-20h l'hiver. Plats env 6-11 $; ajouter 2 $ pour le* salad bar. C'est clair, on ne vient pas ici pour le cadre, qui est banal. On y trouve salades, sandwichs et burgers pour les indécrottables, mais c'est surtout l'occasion de goûter à la cuisine hopi. Vous auriez franchement tort de ne pas essayer ; elle est bonne et peu épicée. Beaucoup de plats à base de haricots, servis avec du *fried bread* (genre de pain frit comme un beignet). Les spécialités ne manquent pas : *tsili' öngava* (soupe aux haricots), *hopi tostada* (salade servie sur un lit de *fried bread*), *paatupsuki* (ragoût de maïs et haricots) ou encore *noqkwivi* (ragoût d'agneau et de maïs). Mais attention, pas d'alcool. La première bière se trouve hors des réserves, à environ 80 miles (c'est ce qui fait de la plus insipide des bières américaines la meilleure du monde...). Service très gentil.

À voir

ATTENTION : il est absolument interdit de photographier sur le territoire hopi. Aussi bien les paysages que les habitants. Sachez aussi qu'on ne peut enregistrer leur musique, dessiner leurs villages ou leurs danses, ni même prendre des notes ! Alors, ce n'est pas le moment d'écrire à grand-mère, de sortir un stylo, un appareil photo ou un magnéto. Et ils ne plaisantent pas, certains de nos amis ont eu de sérieux ennuis en ouvrant juste un bloc-notes...

À ***Tuba City,*** juste à côté du *Quality Inn* (Main Street), ***trading post*** *(lun-ven 9h-18h, sam 8h-17h, dim 9h-16h).* Cet ancien comptoir commercial, bâti en 1870, à la grande époque de l'Ouest, abrite aujourd'hui un magasin d'artisanat indien (cher) doublé d'une épicerie. Également une expo gratuite sur les Code Talkers au fond du magasin, plus un film de 50 mn sur demande.

Explore Navajo Interactive Museum : *juste à côté du* trading post. *☎ 623-412-0297. • explorenavajo.com • Mai-sept, lun-ven 8h-18h, sam 8h-18h, dim 12h-18h ; hors saison, ferme 1h avt et dim. Entrée : env 9 $; réduc.* Réalisée pour les Jeux olympiques de Salt Lake City en 2002, l'exposition du *Discover Navajo Pavilion* a finalement trouvé son chemin jusqu'à Tuba City. On peut y voir un court film sur l'origine du monde selon les Navajos, quelques reconstitutions de *hogan* (mâle et femelle), de l'artisanat (poteries, couvertures) et y apprendre plein de choses sur la culture navajo... racontée par les Navajos eux-mêmes. Quatre grands thèmes : terre, histoire, langue et cérémonies. Vous vous rendrez vite compte de l'importance des couleurs et du chiffre 4, symbole des saisons et des points cardinaux. D'ailleurs, si l'on en croit les mythes de création, on vit aujourd'hui dans le quatrième monde. Enfin, quelques panneaux instructifs sur la destruction systématique des cheptels navajos par le gouvernement américain dans les années 1930. Alors que les Navajos étaient un peuple plutôt prospère...

Walpi : *à la sortie de Polacca, prendre à gauche au panneau « First Mesa », puis la 1re à droite (panneau). Attention, la visite est obligatoirement guidée. Il faut laisser son véhicule à l'entrée du nouveau village et s'adresser au bureau municipal (en principe, ouv 9h30-17h, 15h30 l'hiver ; pour infos, ☎ 928-737-2670 ; entrée : env 13 $; la visite dure env 40 mn).* Le plus beau des villages hopis, même si les constructions en parpaings ont commencé à sortir de terre et que l'environnement laisse parfois à désirer. Mais imaginez un hameau médiéval perché sur un promontoire acéré, sans eau ni électricité, et habité par seulement quelques familles ! Antérieur au XVe s, il a conservé sa configuration primitive (maisons tordues, *kivas*, puits, vieux escaliers partout...), même si plusieurs habitations sont aujourd'hui crépies pour résister aux tempêtes. Beaucoup de charme, mais on comprend aisément pourquoi les autres familles se sont repliées dans la partie neuve. Au pied de Walpi, les plaines s'étendent à perte de vue. Quelques artisans postés près du bureau des visites vendent de très jolies poupées *kachinas*, peintes sur des racines de cotonnier. En plus, certains vous donneront des explications sur leur symbolique, qui tourne généralement autour des guerriers, de la pluie et du dieu Maïs...

Hopi Museum : *dans le centre culturel, à* ***Second Mesa.*** *☎ 928-734-2401. Lun-ven 8h-17h ; w-e 9h-15h, sf de mi-oct à mi-mars. Entrée : env 3 $.*
Petit, mais instructif. Résumé de l'histoire des Hopis au travers des fouilles archéologiques et de l'artisanat traditionnel (jarres, poterie, vannerie, bijoux, couverts, poupées). Maquette de Walpi. Panneaux intéressants sur quelques éléments clés de leur culture, comme les danses, et nombreuses informations sur leurs rapports conflictuels avec les Navajos. Très belles photos noir et blanc de Kate Corry, Emry, Kopta ou encore d'Edward Curtis, qui passa sa vie à photographier les Indiens dans leur environnement quotidien.
– Sur place, renseignez-vous sur les ***danses.*** Il y en a pratiquement tous les week-ends dans les villages alentour en saison. Elles sont très importantes pour les Hopis, et chaque village organise des manifestations ouvertes au public (beaucoup ne le sont pas). Seules les danses du Serpent sont rarissimes, faute de pratiquants... Les Hopis arrivent en jeans dans leurs grosses bagnoles déglinguées. Les vieux s'installent sur des pliants autour de la place du village, un *coke* à la main. D'un coup, une vingtaine de danseurs, de musiciens et de clowns rappliquent en costumes, avec des masques sur la tête. On n'y comprend pas grand-chose, mais c'est très prenant, et l'on a vraiment l'impression d'être revenu un siècle en arrière.

LE CANYON DE CHELLY

Prononcer « canyon di Ché ». À mi-chemin entre Gallup et Monument Valley, en pleine réserve navajo. On y accède par *Chinle*, sorte de gros bourg très

éclaté (et moche), situé sur la route 191. En revanche, le canyon de Chelly est l'un des rares *National Monuments* dont l'accès soit gratuit. Il englobe une superbe faille taillée au poignard dans une plaine désertique. Contrairement au Grand Canyon qui nous secoue par son gigantisme, ici, on est à une échelle que notre vision peut embrasser dans son ensemble. On saisit bien l'érosion des roches, comment le lit de la rivière s'est creusé, comment la vie des hommes a pu s'organiser dans la vallée encore habitée. Au fond, de minuscules champs verdoyants et de nombreuses ruines de villages indiens (datant de 350 à 1300) qui, comme Mesa Verde, s'appuient contre des parois rocheuses. On peut également admirer de nombreux pictogrammes gravés dans la roche. Si vous ne devez voir qu'un seul lieu, faites que ce soit la White House ; en fin d'après-midi, la lumière y est sublime.

Plutôt guerriers que cultivateurs, les Navajos se sont installés dans le canyon vers 1700, menant des attaques contre des villages pueblos, puis contre des positions espagnoles et, enfin, américaines. Pour les mater, une campagne militaire fut lancée. En 1864, l'infâme Kit Carson gagna la bataille finale contre les Navajos après les avoir affamés ; 8 000 personnes furent déportées vers Fort Sumner, à l'est du Nouveau-Mexique. Il s'agissait de créer l'une des premières réserves indiennes. Face à l'échec du projet, 4 ans plus tard, les Navajos furent autorisés à regagner le canyon de Chelly. C'est, dit-on, à la suite d'un pari et d'un concours de tir à l'arc gagné qu'ils regagnèrent leur liberté.

Adresses et infos utiles

– ***Chinle*** dispose d'une ***poste*** *(lun-ven 8h30-14h, 15h-17h ; sam 9h-12h)*, d'une ***banque*** *(Wells Fargo)* avec distributeur de billets, d'un ***supermarché*** *Basha's*, de 2 ***laveries*** (*Silver Coin*, en face du *Best Western*, mais préférer celle du *Tseyi' Shopping Center*) et de plusieurs ***stations-service*** (carburant plus cher qu'ailleurs).

ℹ ***Visitor Center :*** *à l'entrée du parc. ☎ 928-674-5500. • nps.gov/cach • Tlj sf à Noël 8h-17h.* Il abrite un petit Musée indien un peu court, mais intelligible (rénové récemment), et un *hogan*, habitation traditionnelle navajo : hutte de cèdre enduite de glaise de forme ronde. Organise des balades pédestres gratuites, dont le dimanche vers 8h jusqu'à la White House. Demander le programme des autres activités, ainsi que le plan du canyon (brochure en français). Accueil variable.

■ ***Totsonii Ranch :*** *prendre la South Rim Dr pdt env 12 miles, puis suivre la piste à droite sur 1,5 mile. ☎ 928-551-0109. • totsoniiranch.com • Compter env 62,50 $ pour 2h de balade à cheval et 100-200 $ la journée.* Propose différentes balades à partir de 2h (mais on ne descend pas dans le canyon) jusqu'à plusieurs jours.

Où dormir ?

Campings

⛺ ***Cottonwood Campground :*** *accès juste après le* Visitor Center. *☎ 928-674-2106. Ouv tte l'année, mais services réduits oct-avr. Gratuit. Attention pas de résas possibles : « premier arrivé, premier servi ». Il n'y a pas de douches, mais vous pourrez en prendre une pour 5,50 $ au* Spider Rock Campground *(voir ci-après).* Une petite centaine d'emplacements ombragés, calmes et agréables, avec tables et barbecue. Sanitaires. Mobile homes de grande taille (plus de 40 ft) interdits. Attention, parfois beaucoup de moustiques en été et des chiens errants qui aboient la nuit. Entretien un peu aléatoire.

⛺ ***Spider Rock Campground :*** *à 10 miles du* Visitor Center, *sur la South Rim Dr. ☎ 928-674-8261 ou 1-877-910-2267. • spiderrockcampground.com • Sur résa de mi-sept à avr slt. Tente env 10 $, camping-car 15 $. Hogans 30-40 $ pour 3 pers, 7 $/pers*

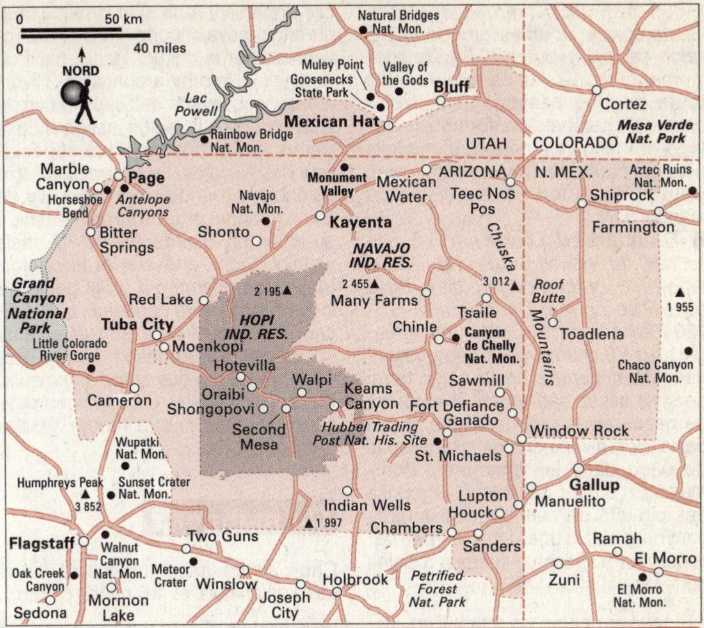

NAVAJOLAND

supplémentaire. Douche solaire 2,50 $ (5,50 $ pour ceux qui ne résident pas sur place). Attention, CB refusées. Howard a installé un camping sur la terre de ses ancêtres et décidé de faire les choses à sa manière. Cela donne un terrain assez fouillis avec des sites basiques semés entre les genévriers (peu d'ombre), des w-c et une douche de fortune dans des cahutes en contreplaqué et quelques vieux meubles râpés dans les *hogans*. Néanmoins, il y a ici comme un supplément d'âme... Autour du vieux poêle des *hogans* et jusque dans le *sweat lodge...* mais chut, Howard n'aime pas que l'on en parle. Si le feeling passe et que le *medecine man* est dans le coin, tout peut arriver. Sachez quand même que ce n'est pas gratuit !

Plus chic

Pas de motel à prix moyens à Chinle. Les adresses suivantes, chères, sont les seules. L'unique point positif est que leur tarif est quasiment le même pour 4 que pour 2 personnes... ce qui fera une belle jambe à ceux qui ne sont que 2 !

Holiday Inn : *0,5 mile avt le Visitor Center en venant de Chinle, sur la gauche. ☎ 928-674-5000. • holidayinn.com/hotels/us/en/chinle/chnaz/hoteldetail • (4 chambres). Doubles env 120-140 $ en été ; 90-110 $ en hiver.* Le resto et le *lobby* sont logés dans un agréable bâtiment de style traditionnel, couleur terre, au milieu d'un patchwork de roches et de massifs bien verts. Dommage que les bâtiments abritant les chambres soient plus conventionnels. Cela dit, elles sont confortables et s'organisent autour d'un carré de gazon bien net avec une piscine *(ouv fin mai-fin sept).* Frigo dans les *king*, sinon sur demande selon dispo. Aile fumeurs pour les impénitents ! Fait également resto (le *Garcia's Restaurant* ; voir « Où manger ? »).

Best Western Canyon de Chelly Inn : *à Chinle. ☎ 928-674-5874 ou*

1-800-327-0354. • bestwesternarizona.com • Doubles env 85-115 $ selon saison ; ajouter 10 $/pers supplémentaire. Au carrefour de la route pour le canyon. L'hôtel dispose de chambres confortables avec frigo et machine à café et d'une jolie piscine couverte (très propre) avec jacuzzi. Resto fort correct (voir « Où manger ? »).

Thunderbird Lodge : *à 0,5 mile au sud du* Visitor Center. *☎ 1-800-679-2473. • tbirdlodge.com • Résa conseillée en été. Doubles env 125-180 $ en été.* Cadre très agréable : les 70 chambres se répartissent dans 3 bâtiments couleur rouge terre, de style assez traditionnel et entourés de gazon et de grands arbres, façon oasis. Bon niveau de confort mais pas de déco dans les chambres, dommage. Et ce n'est pas donné... Propose des circuits en camion-jeep dans le canyon (celui d'une demi-journée est largement suffisant). Cafétéria à peine correcte.

– Si tout est complet, poursuivez jusqu'à *Window Rock* ou *Gallup* (voir chapitre correspondant).

Où dormir dans la région ?

Sage Hill B & B : *à* **Red Valley,** *au nord de Tsaile. ☎ 928-653-5757. • freewebs.com/sagehill-bb • Accessible par la N Rim Dr (route 64), puis la 68 et la 13. Sur les cartes, cherchez Red Rock, puis prenez la route 33 (goudronnée) vers l'ouest sur 4 miles en direction de Cove. Résa indispensable. Double env 90 $, petit déj inclus. CB refusées* (traveller's checks *acceptés). Repas possible sur demande.* Vous voilà en terre navajo, au milieu de nulle part. La maison, agréable avec son verger, ses peintures et ses photos, n'a l'eau et l'électricité que depuis 1993 ! Elle appartient à un sympathique couple anglo-navajo, porte d'entrée exceptionnelle sur la culture locale. Natif de la région, Timothy a consacré 2 livres aux conséquences de l'exploitation de l'uranium dans la région, et son épouse Karen est anthropologue, spécialiste des Navajos. La *queen suite,* très agréable, possède sa propre salle de bains (grande) et un *sunroom* attenant où jouer les lézards. Pas d'AC, mais ventilo, sèche-cheveux et lit confortable. Une chambre à un lit peut être louée avec la suite pour ceux qui voyagent à plusieurs ou avec des enfants (même petits !). Attention, si vous êtes allergique, il y a des chats à demeure. Plein d'activités et d'excursions possibles (sur résa) : repas navajo, tissage traditionnel, etc.

Où manger ?

Choix limité à quelques fast-foods (dont un chinois) et aux restos d'hôtels.

Garcia's Restaurant : *resto de l'*Holiday Inn *(voir « Où dormir ? »). Tlj 6h30-13h (10h le w-e), 17h-21h en été ; 7h-10h, 17h-20h30 (pas de lunch) en hiver. Petit déj-buffet env 9 $, plats 9-28 $.* C'est le resto favori des groupes. La lumière tamisée crée une petite atmosphère sympa, même si le brouhaha fait un peu cantine, mais la cuisine, plutôt mexicaine et *South West,* est copieuse et assez réussie. Pain frais apporté à votre table.

Junction Restaurant : *resto du* Best Western *(voir « Où dormir ? »). Lun-ven 7h-20h, w-e 8h-19h ; horaires plus larges en été. Petit déj env 7-8 $, plats 7-15 $.* Le resto sert de bons petits déj (malgré les inévitables pancakes géants un peu éponges !) et une cuisine navajo qui se défend correctement, plus tous les classiques (burgers, *stews,* salades et sandwichs), des pizzas mexicaines et quelques *stir fries* d'inspiration orientale. Bon service.

À voir. À faire

Le parc national se compose essentiellement de deux canyons qui convergent du côté ouest : le canyon del Muerto (longé par North Rim Drive) et le canyon de

Chelly proprement dit (accessible par South Rim Drive). Chaque route suit plus ou moins les contours de chaque rive, accessible de loin en loin par des voies conduisant aux différents points de vue.
En gros, il y a trois façons de visiter le site (tout de même très étendu, même si ce n'est pas le Grand Canyon).

Les points de vue *(overlooks)* **:** *prendre l'une des 2 routes qui longent les 2 canyons (la 64 ou la 7) et se contenter des* view points *(belvédères) qui offrent d'époustouflants panoramas.* Les deux routes s'étirent sur environ 15 miles, mais ne se rejoignent pas. La South Rim Drive se termine même en cul-de-sac. C'est l'option la plus simple mais, à moins d'avoir de grosses jumelles, on a du mal à bien distinguer les ruines anasazis et encore moins les pictogrammes ! Sachez que les plus beaux points de vue se découvrent depuis la South Rim Drive : sur les sept arrêts que propose le parcours, *White House Overlook,* perché 360 m au-dessus du canyon et des ruines, est sans conteste le plus fascinant. Compter 2 bonnes heures.

White House Trail* :** *c'est l'unique chemin autorisé pour se rendre sans guide au fond du canyon. Il part de la S Rim Dr depuis le* White House Overlook, *à 5,5 miles du* Visitor Center. Superbe balade (très facile) de 1h30 à 2h environ aller-retour, à faire avec de bonnes chaussures évidemment. On pénètre progressivement dans ce jardin d'Éden indien, louvoyant avec délice entre les rondeurs toutes maternelles des rochers du canyon. Ce chemin de 1,2 mile aboutit à une rivière parfois asséchée, que l'on traverse pour atteindre la plus belle ruine de Chelly : ***White House, un village minuscule, adorable, bâti en adobe et comme écrasé par la paroi du canyon. Quel contraste ! Au XIIe s, il compta jusqu'à une soixantaine de pièces pour une centaine d'habitants. Les barrières maintiennent à distance les visiteurs, mais on distingue tout de même assez bien les pictogrammes. Prévoyez eau et chapeau, et respectez l'interdiction de vous rendre ailleurs (les rangers navajos veillent). Toilettes à l'arrivée. Pas d'eau, mais on trouve parfois des vendeurs de boissons sur place. Quelques stands d'artisanat.

***Visite en groupe guidée par un Navajo* :** plus coûteux, mais plus enrichissant. C'est le seul moyen de voir vraiment les deux canyons depuis le fond, puisqu'ils sont interdits (à l'exception du chemin détaillé ci-dessus) sans un guide accompagnateur. Trois raisons à cette interdiction : des familles navajos vivent encore au fond des canyons et cultivent des lopins de terre. Certaines zones sableuses peu stables peuvent s'avérer dangereuses. Mais surtout, des déprédations des ruines et des pictogrammes ont mis en péril le patrimoine des Indiens. Depuis, les Navajos préfèrent garder un contrôle du site qui, d'ailleurs, leur appartient (et non pas aux parcs nationaux comme on pourrait le croire). Bref, la visite guidée s'effectue soit à cheval (voir coordonnées dans la rubrique « Adresses et infos utiles »), soit à pied, soit en 4x4.

➢ ***Balades à pied* :** *en dehors des randos gratuites hebdomadaires proposées par le* Visitor Center, *on peut louer les services d'un guide navajo. Visites à la carte, sans résa, à négocier directement auprès de ceux qui sont disponibles au* Visitor Center. *Sachez toutefois qu'il n'y a pas d'excursions de moins de 3h, et qu'elles sont à priori limitées à 15 pers. Compter env 20 $/h par pers.* Prévoir 5 ou 6h minimum pour vraiment profiter du canyon et voir plusieurs villages anasazis, ainsi qu'une bonne sélection de pictogrammes.

➢ Des ***balades en minibus tout-terrain*** *(Unimoq)* sont proposées tous les jours par les hôtels, entre 8h et 18h. *Voir avec* ***Canyon De Chelly Tours,*** *au* Holiday Inn. *☎ 928-674-5433. 📱 928-349-1600. • canyondechellytours.com • Min 4 pers, max 12. Compter env 65 $ pour 3h ; réduc enfants.* Également des visites privées en 4x4, mais là les prix décollent ! *CB acceptées, mais avec supplément. Ou alors, voir avec le* ***Thunderbird Lodge.*** *Min 8 pers. Résa en été (coordonnées dans « Où dormir ? »). Compter env 51,5 $/pers la ½ journée, ou 83 $/j., déj compris ; réduc enfants.*

MONUMENT VALLEY

Souvenez-vous des grands westerns : *La Chevauchée fantastique, Le Massacre de Fort Apache, Rio Grande, La Charge héroïque...* Au premier plan, le héros à cheval. Au fond, d'étonnants pitons de roche rouge qui atteignent jusqu'à 300 ou 400 m. Ces pitons, c'est à Monument Valley qu'on les trouve, l'un des phénomènes naturels les plus extraordinaires des États-Unis. Le jeu des couleurs, variant du rose au violet, revêt un charme particulier à l'aube et au coucher du soleil. Quand vous y serez, vous vous croirez en plein western. Les paysages n'ont pas changé depuis le passage du *Pony Express.* Il ne vous restera plus qu'à imaginer les cow-boys jouant du lasso et les Indiens lançant leur cri de guerre. La vallée est peuplée d'Indiens navajos, qui vivent de l'élevage de moutons, du tourisme, ainsi que de la vente d'objets artisanaux, bijoux en argent et couvertures tissées. Certains utilisent encore, à la manière de leurs ancêtres, les *hogans* en bois et argile, participent aux rites perpétués par le *medecine man* (chaman) et pratiquent l'art curatif des tableaux de sable. Allez boire un coup au *Blue Coffee Pot* ou au *Golden Sand,* à Kayenta ; vous y verrez des Indiens, des vrais de vrais.

LA NAISSANCE D'UN SITE DE LÉGENDE

Pour faire connaître Monument Valley, alors inconnu du grand public, et pour remplir ses caisses, vides depuis le début de la Grande Dépression, Harry Goulding, propriétaire d'un petit lodge, se rend à Hollywood pour rencontrer John Ford. Il poireaute 3 jours dans son bureau sans pouvoir lui montrer ses photos. Enfin, Ford arrive. Impressionné, il décide sur-le-champ de venir y tourner son prochain western, La Chevauchée fantastique. *Nous sommes en 1939. La légende cinématographique de Monument Valley est lancée !*

MONUMENT VALLEY ET LE CINÉMA

Monument Valley est un lieu mythique dans l'histoire du cinéma. Si l'image de ses pitons rocheux ocre-rouge dressés sur un immense plateau désertique a fait le tour du monde, c'est grâce aux nombreux westerns que John Ford y réalisa. Des 140 films que ce géant de Hollywood tourna entre 1917 et 1966, neuf le furent à Monument Valley. Après la visite de Harry Goulding (voir encadré plus haut), John Ford, enthousiasmé, décida aussitôt d'y tourner en 1939 *La Chevauchée fantastique (The Stage Coach)* avec John Wayne dans le rôle principal. Après la Seconde Guerre mondiale, durant laquelle il fut engagé dans la Marine, Ford revint en 1946 à Monument Valley pour tourner *La Poursuite infernale (My Darling Clementine)* avec Henry Fonda et Linda Darnell. John Ford donna à John Wayne le premier rôle dans trois autres de ses plus célèbres westerns, tous tournés à Monument Valley : *Le Massacre de Fort Apache,* en 1948 ; *La Charge héroïque (She Wore a Yellow Ribbon),* en 1949 ; et *Rio Grande,* en 1950.
Ces trois chefs-d'œuvre forment une trilogie à la gloire de la cavalerie américaine. Évidemment, les Indiens paient toujours les pots cassés. À travers ces films, John Wayne forgea sa légende d'homme de l'Ouest, franc, rude, lent intellectuellement, mais courageux, loyal et déterminé. Bref, l'archétype du bon Américain. Et Monument Valley devint un lieu mythique du western et du 7e art.
Sur sa lancée, porté par un incroyable succès mondial, John Ford retourne dans son décor de prédilection pour y tourner : *Le Convoi des braves (Wagon Master)*

en 1950 également, *La Prisonnière du désert (The Searchers)* en 1956, avec John Wayne et Natalie Wood, puis *Le Sergent noir (Sergeant Rutledge)* en 1960 et *Les Cheyennes (Cheyenne Autumn)* en 1964, avec James Stewart et Carole Baker. Il employa fréquemment des Indiens navajos comme figurants. Hosteen Tso, un chaman local, servit de météorologue sur les tournages.

LA V.O. EST RIGOLOTE

Lorsque John Ford tourne Les Cheyennes *en 1963, il engage des cavaliers navajos pour tenir le rôle des Cheyennes, trop peu nombreux. Pour rendre le scénario plus crédible, il leur demande de parler leur langue. Comme personne ne la comprend, les Navajos n'arrêtent pas de raconter des blagues grivoises. Le film doit être le seul western où les Indiens sont morts de rire.*

Ce somptueux cadre naturel, dépouillé jusqu'à l'épure, continue de nos jours à inspirer les cinéastes. Dans *The Eiger Sanction* (1975), on voit Clint Eastwood anxieux escaladant les 273 m du Totem Rock (il est d'ailleurs l'un des trois seuls hommes à être parvenu jusqu'au sommet !). Des scènes de *Retour vers le futur III (Back To The Future III)*, de Robert Zemeckis, et de *Forrest Gump* y ont été tournées. Mais ce sont avant tout les publicitaires qui, aujourd'hui, continuent de faire vivre Monument Valley, désormais trop marquée pour le cinéma.

Arriver – Quitter

Pas d'accès en bus. L'entrée de Monument Valley se trouve sur la route 163, entre Kayenta et Mexican Hat, juste après avoir quitté l'Arizona et pénétré en Utah (attention, en été, le parc est à l'horaire de l'Utah et à celui de l'Arizona en hiver). Au carrefour, en venant du sud, une route mène à gauche vers le *Goulding's Lodge*, une autre à droite vers la réserve.

Adresses et infos utiles

Parc ouv mars-sept 8h-20h, oct-fév 9h-18h. Fermeture du guichet 30 mn avt en été, 1h avt en hiver. Et il est conseillé de sortir du parc avt la nuit...

À Monument Valley (Utah)

Visitor Center de Monument Valley : *à 4 miles au nord de la jonction entre la 163 et la 160, à l'entrée du parc.* ☎ *435-727-5870 ou 928-871-6647.* • *navajonationparks.org* • *Tlj 8h-20h en été, 9h-17h en hiver. Fermé Thanksgiving et Noël.* Le récent bâtiment attenant à l'hôtel *The View* regroupe le restaurant, un grand *trading post,* un petit musée et le *Visitor Center,* non loin duquel se trouvent deux *hogans* navajos, mâle et femelle. Les compagnies privées assurant des excursions en 4x4 *(jeep tours)* sont représentées dans une cahute juste devant. Elle est tenue par une seule agence, à tour de rôle (du moins officiellement !). Les autres, environ une douzaine, se trouvent alors en contrebas, au début de la *Scenic Drive* (liste complète disponible au *Visitor Center* et sur Internet).

Autour du *Goulding's Lodge*

■ ***Distributeurs de billets*** *(ATM) : dans la* Goulding's Grocery *et au* Gift Shop.

■ ***Alimentation :*** Goulding's Grocery, *à deux pas du* Goulding's Lodge *(un peu plus loin sur la route, côté droit). Tlj 7h-21h.* Gros supermarché bien fourni. Fruits, légumes, boulangerie...

■ ***Station-service :*** *à côté du* Goulding's Lodge *(voir « Où dormir ?... »). Tlj 7h-22h (21h hors saison) ;* fast-food *7h-20h30 (19h hors saison).* L'essence n'est pas très bon marché par ici...

■ ***Laveries :*** *à la* **Grocery,** *face à la station-service et au* **camping du** *lodge (voir « Où dormir ?... »). Tlj 7h-21h, dernière machine à 20h.*

■ **Urgences médicales :** *Monument Valley Health Center, 30 W Medical Dr.* ☎ *435-727-3000. À l'orée de la route conduisant au* Goulding's Lodge, *le long de la Hwy 163.* Un nouveau centre médical regroupant urgences et soins dentaires. Attention, tarifs parfois élevés (contacter son assurance voyage).

À Kayenta

✉ **Poste :** *sur la route 163, env 300 m après le carrefour, côté gauche. Lun-ven 9h30-17h30 ; sam 9h30-12h.*

■ **Distributeur de billets accessible 24h/24 :** *à la* **Wells Fargo Bank,** *sur le parking entre le* Burger King *et le* McDo, *au bord de la route 160.* Pas de change.

■ **Transfert urgent d'argent liquide :** Western Union, *au supermarché* **Basha's** *(voir ci-dessous).*

■ **Alimentation :** *supermarché* **Basha's,** *tt au fond du parking entre le* Burger King *et le* McDo. *Lun-sam 7h-22h ; dim 7h-20h.* Pas trop mal fourni, mais qualité médiocre.

■ **Laverie :** *juste à gauche du supermarché* Basha's, *contre le* Subway. *Tlj 8h-19h.*

@ *Accès gratuit dans les* **3 hôtels** *(pour les clients) ainsi qu'au* **Burger King.**

Où dormir ?
Où manger ?
Où boire un verre ?

Curieusement, les infrastructures hôtelières sont inversement proportionnelles aux innombrables touristes attirés par le prestige de Monument Valley. Les rares adresses sur place sont chères ou prises d'assaut, ce qui oblige les visiteurs à se rabattre sur l'affreuse *Kayenta,* le hameau plan-plan de *Mexican Hat* ou la gentille bourgade de *Bluff.* Signalons enfin qu'en territoire navajo l'alcool est proscrit. Les accros trouveront néanmoins quelques bières (et même du vin !) sans alcool...

À Monument Valley (Utah)

Campings, *hogans* et *Bed & Breakfast*

⛺ **Primitive Campground :** *dans le parc de Monument Valley. Site accessible par la 2e route à gauche après l'entrée principale (indiquez que vous voulez camper), près du début de la Scenic Dr. Compter env 10 $ pour 1-6 pers et 20 $ pour 7-12 pers.* La seule option du parc est un grand parking en terre battue sans eau ni services, mis à part des toilettes portables. On s'installe où on veut (où on peut). Pas d'ombre...

⛺ **Goulding's Monument Valley Campground :** *sur la route opposée à celle qui mène à l'entrée du parc tribal.* ☎ *435-727-3235.* ● *gouldings.com* ● *Passer le lodge et la station-service, c'est un peu plus loin. Ouv tte l'année (services limités en hiver). Env 25 $ pour 2 sous tente, 42 $ pour 2 en camping-car et 80 $ pour 2 en cabin.* 💻 📶 Le camping est propre, bien entretenu et dispose d'environ 50 petits emplacements pour tentes, répartis sur les côtés, et 66 pour camping-cars, tous avec table de pique-nique et barbecue. Ajoutez à cela une laverie, une petite épicerie, une minipiscine couverte et des douches chaudes gratuites. L'ensemble manque un peu d'ombre. Également 3 *cabins* en bois équipées, petites mais assez agréables, avec lits doubles et superposés, cuisine et TV.

🏠 🍽 **Roy Black-Hogan B & B :** *à 1,5 mile avt l'entrée du parc de Monument Valley en venant de Kayenta, sur la gauche. Se repère facilement au panneau « B & B » et au hogan dans la cour. Par courrier : Navajo Traditional Hogan B & B, Roy Black, PO Box 830, Kayenta, AZ 86033.* ☎ *928-429-1959 ou 0637.* ● *blacksmonumentvalleytours.com* ● *Ouv tte l'année. Env 30 $/pers. Repas sur résa à partir de 10 $/pers.* Agnes et son frère, qui habite juste derrière, vous proposent de passer une nuit dans l'un de leurs 2 authentiques *hogans* navajos, pouvant accueillir jusqu'à 12 personnes chacun. Confort très rustique : on dort

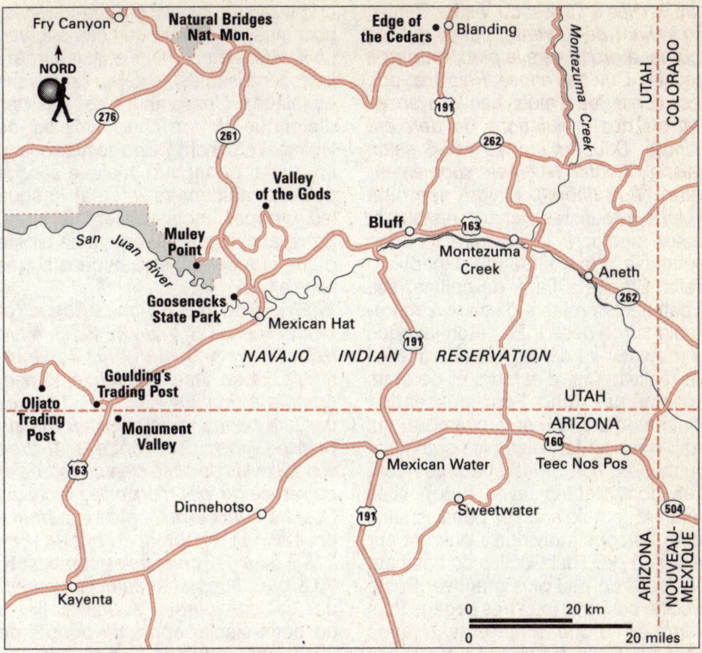

LES ENVIRONS DE MONUMENT VALLEY

sur des matelas ou sur des tapis installés sur le sol en terre battue, si possible avec un duvet (c'est très propre). Draps et couvertures sont fournis. Même si le *hogan* est conçu pour rester frais le jour et conserver la chaleur la nuit, les températures nocturnes sont souvent plus basses qu'on ne se l'imagine. Heureusement, le vieux poêle installé au milieu devrait tirer les frileux d'affaire ! Jorrican d'eau et cuvette pour les ablutions, sinon possibilité de douche dans le *trailer* de la propriétaire juste derrière. Agnes fait partie d'une coopérative de vanniers navajos. Elle prépare aussi un bon dîner sur réservation. Quant à son frère Roy, il propose des balades à cheval dans le parc. Les prix, pour la nourriture comme pour le *hogan*, varient en fonction du nombre de personnes. Difficile de réussir à réserver : ne pas arriver trop tard, c'est tout.

☗ ***Tear Drop Arch B & B :*** *à Monument Valley, prendre la petite route du Goulding's Lodge à gauche ; à 0,6 mile, après Cougar Lane, tourner à gauche au niveau d'un trailer gris-bleu dans le chemin sablonneux, c'est la maison bleu roi.* ☎ *435-727-3303.* • *ilene-livingston@yahoo.com* • *Juin-sept slt. Compter env 10 $/tente et 40-60 $/chambre double. Petit déj 5 $. Dîner sur résa env 15 $.* 💻 C'est une maison bleue, pas adossée à une colline mais avec une vue sympa sur Monument Valley, voilà sa principale qualité. Pour le reste, le confort est très sommaire : 2 chambres petites, plus ou moins nickel, avec salle de bains commune et salon TV. Vous serez accueilli par la gentille Ilene, une femme navajo. Possibilité de planter la tente mais pas mal de vent !

De chic à très chic

☗ |●| ***Goulding's Lodge :*** ☎ *435-727-3231.* • *gouldings.com* • *Le célèbre lodge de Monument Valley est situé à* *env 6 miles à l'ouest du* Visitor Center. *En venant de Kayenta, plutôt que de tourner à droite vers le parc, tournez à gauche. Ouv tte l'année. Pour mai-oct, résa conseillée 8 mois-1 an à l'avance ! Parfois des annulations de dernière minute. Doubles env 80-185 $ selon saison ; ajouter 10 $/pers supplémentaire. (à l'hôtel).* Malgré son côté « usine à touristes » et son restaurant assez médiocre, le *Goulding's Lodge* bénéficie d'une situation exceptionnelle. Étagés à flanc de colline, ses 2 bâtiments profitent d'une vue imprenable sur le désert. Pas étonnant que le motel ait vu défiler des ribambelles de réalisateurs, d'acteurs et de stars du cinéma. John Ford descendait toujours dans la même chambre, qui était d'un confort bien plus sommaire qu'aujourd'hui. Si les chambres sont très confortables (avec frigo), elles seraient toutefois assez banales sans leurs balcons individuels ouvrant sur le désert de l'Utah. Celles du bâtiment bas sont un peu plus grandes. Petite piscine couverte (pas très engageante) flanquée d'une miniterrasse avec transats. Ceux qui en ont les moyens s'intéresseront aux anciennes maisons de missionnaires reconverties en suites et maisons tout équipées, situées dans le canyon à l'arrière du *lodge* (vers le camping). Décoration moderne sans originalité, mais elles sont en retrait de l'agitation touristique et certaines ont une très belle vue (surtout *The Red Rock Hill House*). Petit clin d'œil : la réception loue les DVD des grands westerns tournés à Monument Valley et projette tous les soirs un petit film de John Wayne dans le petit théâtre à côté du musée. Nombreuses excursions de 1 journée ou d'une demi-journée dans le parc tribal à bord de véhicules 20 places (voir « Comment visiter Monument Valley ? »). Un peu usine et assez plan-plan.

|●| *Goulding's Stagecoach Restaurant :* *c'est le resto du* Goulding's Lodge. *Tlj 6h30-21h (7h-20h en hiver). Petit déj env 5-10 $; soup & salad bar env 11 $ à volonté ; plats 8-15 $ le midi, 9-26 $ le soir.* Situation de monopole oblige, le *Stagecoach* se contente d'une cuisine vite faite mal faite pour touristes de passage : *fry bread* (grosse crêpe navajo assez étouffe-chrétien) accompagné de chili con carne, *green chili stew,* etc., mais aussi burgers (personnalisables), steaks, sandwichs et salades. L'ensemble n'est pas très diététique et trop cher, mais est-ce vraiment étonnant ? Bon accueil quand il y a peu de monde, mais le service devient rapidement infernal lorsque les groupes monopolisent le site... En revanche, la salle en gradin profite d'une vue agréable. Quelques bières sans alcool.

☗ *Fire Tree B & B :* *chez Raquel et Martin Harris. ☎ 435-727-3228. • firetreeinn.com • Juste après le* Goulding's Lodge, *face à la station-service, prendre à droite la 420 ; faire 10 miles par une bonne route jusqu'au* trading post *d'Oljato ; puis continuer tt droit sur 3,3 miles de piste bien carrossée et parsemée de jolis monticules rocheux. Ouv tte l'année mais résa impérative en saison ;* check-in *17h-21h. Env 215 $ pour 1-2 pers, taxes comprises ; 30 $/pers supplémentaire. Paiement par CB sur Internet souhaité.* Il y a un demi-siècle, après un périple de 20 000 miles dans la pure tradition du *homesteading* américain, Diane Harris a posé sa Vespa en terre navajo, au pied d'une barrière rocheuse. Un peu par hasard, l'électricité est arrivée, puis le téléphone. Plus tard, Diane et son fils Martin ont ouvert cet étonnant *B & B* en commençant par un *hogan* en bois de cèdre construit par des amis navajos (on peut y dormir à 4, voire 6). À l'intérieur, tout le confort : AC, chauffage, frigo, un grand lit et un sol de pierre. Et, par la lucarne ouverte dans le dôme du toit, les nuits étoilées du désert. Depuis, Diane, toujours dans les parages, a passé la main à son fils et à sa souriante épouse, Raquel. Ils ont fait construire un nouveau *hogan,* plus grand, avec 5 lits doubles et un sol en terre battue. Superbe enchevêtrement de cèdre et de pin ! Également un nouveau bloc sanitaire avec 2 douches et des w-c. Dans la maison principale en pierre, le charme continue avec ce grand salon circulaire rempli de livres et de magazines, sans oublier le patio sud pour la bronzette ou la méditation... Certes, c'est très cher (et il faut quitter la chambre à 10h !), mais c'est vraiment un endroit magique. De plus, à votre réveil, Raquel vous servira un petit déj navajo et des gâteaux maison. Elle préfère que ses hôtes réservent au préalable (plutôt par mail) et appellent avant leur arrivée, sinon elle risque d'être partie faire ses courses à... Flagstaff !

The View : *dans le parc de Monument Valley. ☎ 435-727-5555. • monumentvalleyview.com • Doubles standard env 200-240 $ de mai à mi-oct (100-140 $ en hiver),* king suites *300-320 $ en été (175-200 $ en hiver) ; 10 $/pers supplémentaire. Chambres sans vue : 55-100 $ selon saison. (réception)* Le seul hôtel situé à l'intérieur du parc, inauguré en 2008, n'est finalement pas aussi laid qu'on le craignait (de loin, il se fond même assez bien dans le paysage) et tente d'être le plus écolo possible (douches à débit et température contrôlés, recyclage de l'eau et du plastique). Le *lobby,* très réussi avec sa cheminée centrale, est décoré de tapis navajos et *kachinas,* et semé de canapés en cuir et meubles en bois du Nouveau-Mexique. Les couloirs sont un peu tristes mais les chambres sont colorées et très confortables. Leur vrai plus, c'est la formidable vue, bien sûr, grâce à un balcon tourné vers les Mittens, avec table et chaises. Inutile de payer le supplément de 30 $ pour le 3e étage, on voit aussi bien du 2e... Le bon deal, si l'on veut dormir sur place sans dépenser une fortune, ce sont les 6 chambres sans vue, côté parking ; elles sont souvent réservées pour les chauffeurs de bus.

The View Restaurant : *c'est le resto de l'hôtel* The View. *☎ 435-727-3468. Petit déj 7h-11h, lunch 11h-15h, sandwichs 15h-17h, dîner 17h-22h. Pas de résas. Plats env 6-9 $ le midi, 8-23 $ le soir ; env 9 $ pour le* soup and salad bar *à volonté. Entrée dans la réserve en sus, sf si vous l'avez déjà acquittée le jour même.* Évidemment, le chef navajo met à l'honneur la cuisine locale, des (lourdingues) *navajo taco* et autres *fry breads* au *green chili stew* (ragoût de poivron vert) et au *mutton stew* (ragoût de mouton), un peu plus savoureux. Sinon, classiques du Sud-Ouest, genre burgers (médiocres), steaks (plutôt gras) et poulet frit au barbecue. Si vous en voyez, sautez sur le saumon, ça vous changera un peu ! Les végétariens seront un peu à la peine. La cuisine vaut ce qu'elle vaut, mais le cadre est vraiment splendide : la salle s'ouvre sur les pitons rocheux à travers une baie panoramique arrondie sur 180° ! On peut aussi se contenter de boire un verre sur la terrasse, rien que pour le panorama sur la vallée. Bière (*O'Douls,* pas mal) et vin sans alcool.

À Kayenta

Un bled assez mortel. En fait, c'est le croisement important de 2 routes, la 160 et la 163, autour duquel ont poussé plusieurs hôtels de chaîne et quelques quartiers de *trailers,* très éparpillés autour de ce vaste carrefour. Côté restos, là encore, c'est vraiment catastrophique. On vous énumère, à défaut de pouvoir en faire plus, les prétendus « restos » du coin, mais le seul digne de ce nom est celui du motel *Hampton Inn.*

De bon marché à prix moyens

L'une des meilleures solutions a longtemps été de loger chez l'habitant. Malheureusement, cette formule a perdu beaucoup de terrain, et la plupart des propriétaires ont abandonné cette activité. Renseignez-vous tout de même pour voir si de nouveaux *B & B* se sont ouverts. Et si c'est le cas, sachez que le confort y est nettement plus rudimentaire que dans la majorité des *B & B* américains. Mentionnons aussi, pour les routardes voyageant seules, que la plus grande prudence est recommandée.

Supermarché Basha's : *en plein carrefour des routes Hwy 160 et Hwy 163. Lun-sam 7h-22h, dim 7h-20h.* L'offre des restaurants étant extrêmement limitée (en qualité, surtout !), vous avez intérêt à vous préparer un pique-nique dans les rayons alimentaires de ce supermarché. Également un *delicatessen* (en entrant à gauche) avec salades, poulets, plats cuisinés (tous frits !), gâteaux, boissons, fruits frais et sandwichs (certains de 2 pieds de long... à 16 $ quand même !). Quelques tables derrière pour poser une fesse.

Pizza Edge : *près du carrefour, côté Hwy 163, contre le supermarché* Basha's. ☎ *928-697-8427. Lun-jeu 11h-21h, ven-sam 11h-22h. Formule déj 11h-15h « pizza + boisson » 6 $ (8 $ avec salad bar).* La petite salle au style fast-food, avec ses jeux vidéo à l'arrière, est d'une banalité sans nom, mais les pizzas sont bonnes, avec de la vraie mozzarella et des ingrédients frais. Elles sont disponibles en 3 tailles, affichées au-dessus du comptoir (la 12 *inches* suffit largement pour 2). Le petit plus, c'est le *salad bar* à volonté et les *free refills* sur les boissons.

Amigo Cafe : *Hwy 163, à 300 m du carrefour de la 160 (face à la poste).* ☎ *928-697-8448. Tlj jusqu'à 20h30. Petit déj env 4-9 $, plats 6-10 $.* Petite salle sans prétention (à l'image de la cuisine !) avec une dizaine de tables en formica, quelques banquettes et 2 colliers de poivrons séchés aux murs. On se risque dans la colonne « *Mexican food* » ou celle intitulée « *American food* » avant de songer à faire un régime...

Sonic Drive-In : *à la sortie de la ville direction Flagstaff, sur la Hwy 160 (à droite). Petit déj, salades et burgers env 5-7 $.* Avec son grand panneau façon Route 66, ce *copycat* de drive-in des années 1960 fonctionne comme au bon vieux temps : à chaque bagnole sa place de parking et son interphone. Consultez le menu et appuyez sur le bouton rouge pour commander, il ne vous reste plus qu'à régler avec une carte de paiement et attendre qu'on vienne vous livrer. Les milk-shakes à la fraise sont buvables, le reste ne casse pas des briques !

Golden Sands Café : ☎ *928-697-3684. Du grand carrefour, direction Monument Valley ; c'est à 1 gros mile sur la gauche de la route, derrière le* Best Western. *Tlj 7h30-21h15.* On vous l'indique pour son atmosphère de vieille cabane en bois dans le style *Old West,* avec photos sur les murs, roues de chariots et objets indiens. Pas mal de Navajos de sortie en ville. Mais si vous tentez un plat, ce qu'on vous recommande moyennement, évitez à tout prix la prétendue « spécialité » de *chicken fried steak* ! Le *Blue Coffee Pot,* en forme de cafetière bleue, au « centre », est du même niveau (quasi nul !).

Plus chic

Hampton Inn : *sur la route Hwy 160, derrière le* Burger King. ☎ *928-697-3170 ou 1-800-HAMPTON.* • *hamptoninn.com* • *Double env 160 $ mai-sept, 120 $ hors saison ; petit déj chaud inclus.* C'est un hôtel de chaîne mais dans le genre chaleureux, à l'image de la cheminée du *lobby,* de l'accueil et des chambres décorées à l'indienne, impeccables, spacieuses et vraiment confortables. Également un resto sur place (voir plus loin) et une piscine découverte (chauffée en saison). La particularité du lieu, c'est qu'il appartient à Mr Richard Mike, un Indien navajo, chose assez rare dans le milieu du business hôtelier. De plus, c'est le fils d'un ancien *code talker,* raison pour laquelle il a créé un musée sur le sujet et sur la culture navajo, ainsi qu'une expo dans le *Burger King* juste en face (lire aussi la rubrique « À voir »). Si vous le croisez, il est éminemment intéressant et sympathique.

Best Western Wetherill Inn : *au nord de la ville, le long de la route Hwy 163 menant à Monument Valley, sur la gauche.* ☎ *928-697-3231.* • *wetherill-inn.com* • *Doubles env 120 $ mai-oct, 65-80 $ hors saison ; petit déj inclus.* L'hôtel doit son nom à John Wetherill, qui établit le 1er *trading post* de Kayenta en 1910. N'imaginez pas pour autant une vieille demeure de caractère ! C'est même tout le contraire, car ce motel banal propose des chambres impersonnelles à souhait, quoique de grande taille et d'un niveau de confort correct. Petite piscine intérieure chauffée. Bon, la honte totale, c'est le petit déj, immangeable tant il est industriel. Et, en plus, c'est le règne dictatorial de *Toutenplastik* !

Kayenta Monument Valley Inn : *dans le centre de Kayenta, à l'intersection de la Hwy 160 et de la Hwy 163.* ☎ *928-697-3221.* • *kayentamonument* *valleyinn.com* ● ♿ *(2 chambres). Doubles env 140-180 $ de mars à mi-oct selon confort, 80-100 $ hors saison.* 💻 📶 Les chambres sont confortables mais sans charme, la vue omniprésente du parking n'est pas passionnante (sauf pour les quelques privilégiés côté piscine), et l'accueil est souvent impersonnel. Cela dit, sa taille titanesque permet généralement de dégotter une chambre en dernière minute. Restaurant vaguement décoré à la façon d'un *pueblo* indien : cuisine navajo correcte et buffet pour le petit déj (en supplément). Piscine *(de mi-mai à sept).* C'est le seul des hôtels qui dispose de chambres fumeurs.

Restaurant du Hampton Inn : *voir plus haut. Plats env 11-30 $.* Le seul resto fréquentable de Kayenta ! Derrière le chaleureux hall et sa cheminée crépitante, quelques tables où vous serez accueilli par de souriantes serveuses en tenue navajo. À la carte, le traditionnel *fry bread* en entrée (servi avec du miel) puis les habituels sandwichs, steaks et burgers, copieux mais surtout bien réalisés. Également des fajitas et du poisson (surtout du saumon), plus des *specials* chaque soir. Et puis des desserts pour les gourmands, comme quoi c'est un vrai restaurant ! S'il y en a, essayez le *banana creme chocolate delight* ou le *fry bread* avec pommes cannelle et glace vanille, pas mal du tout. Merci, M. Mike, d'avoir pensé à nos estomacs de cow-boys européens.

À Mexican Hat *(Utah)*

À 22 miles au nord-est de Monument Valley, à la même distance que Kayenta. Petit village nettement plus sympathique, avec quelques maisons coincées au bord de la rivière sous de jolies falaises aux beaux motifs gris et rouge. Son curieux nom lui vient de la forme d'une roche plate et circulaire évoquant un chapeau mexicain, située en suspension sur un piton rocheux. Elle se trouve au nord de la ville, sur la droite de la route quand on vient de Kayenta. On vous recommande de réserver quelques semaines à l'avance pour dormir ici en saison. Bluff est plus agréable, mais aussi plus loin.

Prix moyens

San Juan Inn : *à l'entrée sud de Mexican Hat, à gauche juste après le pont.* ☎ *1-800-447-2022.* ● *sanjuaninn.net* ● *Doubles env 60-85 $ selon saison.* Étiré en longueur sur le bord de la rivière, le motel propose des chambres propres et bien tenues, simples mais assez agréables et fraîches. Certaines ont frigo et micro-ondes. Vous y trouverez même un *exercise room* pour vous défouler si vous n'avez pas fait assez de randonnée ! Machines à laver ; resto très correct (bon *fry bred*). Bon accueil.

Mexican Hat Lodge : *sur la route principale, face à la station* Shell. ☎ *435-683-2222.* ● *mexicanhat.net/reservation.html* ● *Ouv slt de mi-mars à mi-oct. Doubles env 80-105 $. Steaks et burgers slt le soir env 8-30 $.* Petit motel ocre tout à la gloire du western. Chambres propres, assez agréables, dans les tons jaunes et petit bout de jardin bien rafraîchissant pour le secteur. *Swinging steak barbecue (17h30-22h)* dans une courette aménagée à la façon d'un camp de pionniers, avec musique country certains week-ends. Sert de bons steaks et des burgers tendrement cuits au barbecue (plats très copieux), mais choix limité et prix assez élevés. Assez réputé dans la région. Grand salon cow-boy avec photos en hommage à John Wayne et billard. Accueil assez cow-boy également, c'est-à-dire avec peu de mots et un certain manque de sourire.

À Bluff

Une petite halte agréable dont on parle plus loin, après Monument Valley. Nombreuses adresses pour dormir et manger.

À l'ouest de Kayenta

Pour ceux qui se rendent de Monument Valley au Grand Canyon (ou l'inverse), possibilité de dormir à *Tuba City*, petite ville située sur la route 160, à 72 miles à l'ouest de Kayenta (voir plus haut « Où dormir ? » dans le chapitre « Le territoire hopi »).

⛺ ***Navajo National Monument Campgrounds :*** *le parc est situé à 28 miles à l'ouest de Kayenta, sur la route 564 (qui part de la 160). Ouv tte l'année. Ni résas ni feux de bois. Gratuit. Petits camping-cars slt (28 ft max).* Le meilleur terrain est celui du *Sunset View,* juste à côté du *Visitor Center.* Un endroit extra. Bien aménagé, belle végétation autour, avec ombre, eau, sanitaires, tables, mais pas de douches. En été, arriver tôt car il est vite complet. Dans ce cas, on peut se rabattre sur le *Canyon View Campground (fermé en hiver),* plus sommaire (toilettes sèches), même si les emplacements sont plus espacés et profitent de fort belles vues sur le canyon.

Achats

Si vous craquez pour les turquoises, quelques boutiques en proposent à Monument Valley, montées sur bracelet d'argent, en pendentif ou en collier. Moins cher que dans les boutiques d'hôtels, *of course,* mais travail de qualité inégale. Le petit centre commercial nous a moyennement convaincus (CB acceptées !) mais le stand situé sur la route du parc, sur la gauche, signalé par un grand *dreamcatcher* et un panneau « *Local authentic navajo art & craft gift shop* » propose des articles intéressants et accepte de négocier les prix.

Comment visiter Monument Valley ?

Il y a grosso modo 2 manières d'explorer Monument Valley. L'une n'empêche pas l'autre. Tout est question de temps... et d'argent. La plus économique consiste à emprunter avec votre propre véhicule la piste principale de 17 miles partant du *Visitor Center,* qui sinue entre les plus belles formations rocheuses ; elles s'appellent *butt* quand elles sont plus hautes que larges et *mesa* quand elles sont plus larges que hautes. Il suffit de payer l'entrée du parc et de vérifier (auprès d'autres touristes et non auprès des agences...) que la piste est praticable. L'autre solution consiste à faire une excursion avec une agence, donc, sur les pistes qui ne sont pas accessibles aux touristes individuels. Évidemment, ça revient beaucoup plus cher. Le parc étant géré par les Navajos, les agences sont en grande majorité issues de leur communauté. Notez que les agences à l'extérieur du parc sont en général un peu moins chères... Liste disponible au *Visitor Center.*

– Entrée du parc : *ouv 6h-21h mai-sept, 8h-17h oct-avr (dernière entrée 1h avt). Env 5 $/pers, en liquide ; gratuit moins de 9 ans. L'*Interagency Annual Pass *n'est pas accepté car on est en territoire indien. Billet valable slt pour la journée (et non 24h). Carte du site (de mauvaise qualité) fournie. Préférer celle du* Visitor Center, *mieux faite.*

➢ ***Par la piste « Valley Drive » :*** à faire avec sa propre voiture. À noter que les camping-cars de plus de 25 ft (7,60 m) sont interdits. L'entrée de la piste, pas évidente à trouver, se trouve sur la gauche en arrivant sur le parking depuis l'extérieur. Elle se faufile entre les gigantesques blocs rocheux éparpillés dans le désert, formant un circuit de 17 miles de long. Sachez qu'il vaut mieux se renseigner sur son état avant de se lancer. Sablonneuse et plutôt mal entretenue, elle peut s'avérer difficile, voire impossible à emprunter certains jours à cause d'un risque d'ensablement. Mieux vaut avoir une voiture un peu haute. Néanmoins, demandez à un touriste qui en revient (équipé d'une voiture comme la vôtre) plutôt qu'aux agences sur place qui auront intérêt à vous vendre un circuit... Autre solution, se lancer et faire demi-tour en cas de souci, de toute façon vous avez payé l'entrée. Consultez le plan du *Visitor Center* avec l'indication des *monuments* (sites) les plus remarquables et recouper éventuellement les infos avec celui de la boutique (différent). Compter environ 2h à 2h30 pour faire la boucle, en ne dépassant pas les 15 mph (24 km/h) de vitesse limite autorisée et en s'arrêtant à tous les points de vue. Au coucher de soleil, l'un des plus beaux sites est le fameux *John Ford's Point.* À contrario, le matin, vous irez vers *Artist's Point.*

➢ ***Excursions organisées :*** *à part le* Goulding's Lodge, *ttes les compagnies sont représentées à tour de rôle sur le parking du* Visitor Center. L'unique stand est tenu par une agence différente chaque jour. En fonction du nombre de participants, on part soit en 4x4 (le plus agréable : 3 ou 4 personnes maximum), soit en pick-up ouvert (12 à 20 personnes), équipé de banquettes peu confortables. Évidemment, coups de soleil et poussière garantis en camions 4x4 découverts, mais c'est moins cher. Sauf changement de tarifs toujours possible avec le prix du pétrole, le *Goulding's Lodge* trimballe ses touristes en véhicule 20 places pour environ 40 $ pour 2h30 d'excursion, 50 $ pour 3h30, 70 $ pour la *Mystery Valley* (5h30) et 90 $ pour la journée (lunch inclus), entrée du parc incluse. Également un *Hiking Tour* (rando de 3h30) et un *Full Moon Tour* véhiculé de 2h30 à 50 $ chacun, ainsi que des tours privés en 4x4 de 2h30 à 8h pour environ 55 à 95 $ par personne (minimum 4 personnes). Avec les agences du *Visitor Center* (pick-up 12 places ou 4x4) : options de 1h30 (respectivement de 40 à 65 $ par personne selon véhicule), 2h30 (environ 50 à 70 $), 4h (65 à 100 $) et à la journée (95 à 160 $, lunch inclus). ***On est d'accord, les prix pratiqués frisent l'arnaque...*** Bien se renseigner sur le contenu de la balade et se mettre d'accord : la plupart des agences se contentent de trimbaler les touristes sur le circuit ouvert à tous (avec le gros désavantage de ne pas rester aussi longtemps qu'on le voudrait aux différents arrêts) et ne proposent en réalité qu'une ou deux pistes privées. Seules les balades de plus de 2h30 explorent les pistes interdites aux voitures individuelles ; inutile donc de prendre un tour d'une durée inférieure. Mieux vaut réserver, car un départ tôt le matin est préférable pour la lumière et pour éviter les grosses chaleurs en été. Les balades au lever et au coucher du soleil sont plus chères, en général. On est accompagné par un guide navajo, qui, selon sa personnalité et la qualité du groupe, sera plus ou moins prolixe. Ne vous attendez pas en tout cas à ce qu'il vous tape dans le dos. Ce n'est pas le genre de la maison. Certains racontent pas mal de chouettes histoires sur leur culture, d'autres, au pire, se contentent de pointer du doigt les sites en disant leur nom. Pour voir la *Mystery Valley* et la *Back Country of Mystery Valley,* fermées aux individuels, la balade dure 5h (environ 70 $ par personne selon les prestataires). Avantage : on voit des ruines primitives, des arches et des ponts naturels, mais on peut aussi approcher des Navajos vivant dans Monument Valley et visiter un *hogan* traditionnel. C'est bien sûr très touristique, mais le tour est bon.

➢ ***Balade à cheval :*** les balades en solitaire à cheval sont strictement interdites dans le parc. La trop forte affluence de John Wayne en herbe ne respectant pas les consignes et galopant hors des pistes a fini par lasser les locaux. En revanche, il est toujours possible de partir accompagné d'un guide, le nez enfoui dans son foulard et le *Stetson* enfoncé jusqu'aux sourcils. En fin de journée, lorsque les derniers rayons de soleil enflamment les vieux colosses rocheux au port altier, le moindre galop prend des allures de chevauchée fantastique... Plusieurs compagnies proposent leurs services en alternance sur le parking du *Visitor Center* (et si vous avez des regrets, vous croiserez les corrals et les guides au *John Ford's Point*). Compter de 55 à... 135 $ par personne pour 1h selon les compagnies et selon qu'elles sont assurées ou non ! Alors gare, évitez les chutes si vous choisissez de faire des économies. Journée complète à environ 135 à 275 $. Certaines compagnies offrent une bonne ristourne si vous êtes plusieurs, d'ailleurs elles exigent souvent 2 personnes minimum. Paiement cash demandé (CB rarement acceptées). Pantalon (tout-terrain de préférence, car on rentre un peu cracra) et baskets requis, sans oublier chapeau et gourde. Attention, le départ se fait dans la vallée. Il faut donc compter 20 mn de voiture sur la piste depuis le *Visitor Center* pour se rendre au corral. Là encore, évitez les heures trop chaudes.

➢ ***Balade à pied :*** un unique sentier en boucle (3,2 miles, soit 5,3 km), le *Wildcat Trail,* permet de se balader seul en effectuant le tour de West Mitten Butte. Départ depuis le terrain de camping primitif, au début de la *Valley Drive,* non loin du *Visitor Center,* dans l'hôtel *The View.* Il y fait horriblement chaud en pleine journée (aucune ombre), mais la balade est facile et sympa au coucher de soleil, d'autant qu'assez peu de monde s'y aventure. Nombreux passages sablonneux.

À voir

Monument Valley Museum : *dans l'enceinte du* Goulding's Lodge *(voir « Où dormir ? Où manger ?... »). Tlj 8h-20h mai-oct (17h en hiver). Donation demandée à l'entrée. Brochure en français : 3 $.*
C'est dans cette authentique maison de l'Ouest américain que Harry Goulding et sa femme Léone, surnommée Mike, fondèrent le premier *trading post* de Monument Valley en 1928, après avoir passé 4 ans à faire du troc sous leur tente ! Acceptés par les Navajos, dont le mode de vie les avait séduits, ils échangeaient des produits finis contre des produits locaux. Mais les caisses s'étant largement vidées durant la Grande Dépression, Harry Goulding réussit à persuader John Ford de venir tourner par ici en lui montrant des photos du site. Un immense plateau de cinéma était né (voir l'encadré au début du chapitre)...
On visite, sur deux étages, la boutique (à l'entrée), l'entrepôt, le salon, la salle de séjour, la chambre, la cuisine et la salle des photographies... tous envahis de souvenirs et de témoignages sur les Goulding, leurs amis et la vie de l'époque. Ne pas manquer, à l'entrée, l'extrait du livre d'or signé sur la même page par John Ford, John Wayne et Henri Fonda. La salle dite des tournages a été construite à l'origine comme décor de saloon, puis elle servit de salle à manger à l'équipe de tournage du film *Harvey Girls.* Cette salle évoque les films tournés à Monument Valley. Nombreux documents : photos et extraits de films de John Ford et de son fidèle ami et acteur John Wayne, photos de films... Voir aussi la photo de Clint Eastwood juché sur le Totem Pole, un incroyable piton rocheux d'une hauteur impressionnante (273 m) que seuls trois hommes, dont Clint, ont réussi à gravir (c'était pendant le tournage du film *The Eiger Sanction* en 1975). Évoque aussi les tournages plus récents, comme *Thelma et Louise* ou *Windtalkers.* Juste derrière le musée, l'ancienne remise du *Goulding's* (où étaient entreposées les patates) fut transformée en 1949 en « quartiers du Capitaine Brittles » pour les besoins du film *La Charge héroïque* avec John Wayne. Elle n'a pas bougé depuis.

Navajo Shadehouse Museum : *à* **Kayenta,** *entre le* Hampton Inn *et le* Burger King. *Tlj 10h-15h mai-sept ou oct. Entrée libre.* Visitez d'abord les *hogans* devant le musée. Vous pourrez ainsi détailler leurs matériaux (bois de cèdre, feuillages et adobe) et constater la différence entre un *hogan* « mâle » en forme de tipi (presque disparu aujourd'hui), et le *hogan* « femelle », rond, éminemment maternel, que l'on voit encore presque partout (il fut conçu plus tardivement, quand les Navajos commencèrent à se sédentariser et à faire plus d'enfants...). Le troisième, tout petit, est en fait un *sweat lodge,* un sauna navajo *(táá'chíí).* Il fonctionnait avec la vapeur de pierres chaudes et parfois même sans eau ! Dans le musée, exposition consacrée aux fameux *Navajo code talkers*

LES MESSAGERS DU VENT

En 1942, l'armée US enrôla 420 code talkers *navajos dont la langue, ignorée des ennemis et incroyablement compliquée, permit de transmettre des messages secrets dans le Pacifique. Le seul hic, c'est que les Navajos n'avaient pas de mots d'ordre militaire. Ainsi,* tas-chizzie, *soit « hirondelle », désignait un avion torpilleur et* tsidiney-ye-hi, *soit « porteur d'oiseaux », un porte-avions ! Le code navajo est l'un des rares à n'avoir jamais été décrypté par l'ennemi.*

de la Seconde Guerre mondiale. C'est le patron du *Hampton Inn* qui a créé ce musée car son père, King Paul Mike, était un de ces fameux *code talkers.* Vieilles affiches de propagande, radios, talkies-walkies, reliques prises à l'ennemi japonais et... dans le coin d'une vitrine, un GI Joe *Navajo code talker.* Également quelques vitrines sur Kayenta (juste des tentes en 1909) et la culture navajo. Au passage, une affiche marrante : « *You may buy sheep with food stamps if you kill it here at the trading post* » (« Vous pouvez acheter un mouton avec des coupons de nourriture si vous le tuez vous-même, ici, au *trading post* »).
– Au *Burger King* voisin *(6h-22h30, 23h ven-sam)*, également une petite expo sur les *code talkers,* avec notamment la photo des 29 premières recrues navajos.

DANS LES ENVIRONS DE MONUMENT VALLEY

Navajo National Monument : *à env 28 miles à l'ouest de Kayenta. Prendre la route 160 vers Tuba City et Page ; bifurquer à droite au bout de 20 miles env et suivre la route 564 sur 9 miles. Gratuit.* Pensez à prendre vos jumelles. Malgré son nom, cet ensemble de ruines magnifiquement préservées n'est pas navajo mais pueblo (ou anasazi, les ancêtres des Hopis). Ceux-ci se seraient installés dans les canyons soit pour s'y réfugier en période de guerre, soit parce que leurs champs, situés sur les plateaux supérieurs, subissaient une dure période de sécheresse. Ce sont les Navajos qui découvrirent les deux villages, après qu'ils furent abandonnés à la fin du XIIIe s. Et ce sont eux qui nommèrent le peuple mystérieux qui avait vécu ici « Anasazi », qui signifie en navajo, selon certains, « autre peuple ancien » et, selon d'autres... « ennemi ». D'où la mise à l'écart de ce terme, devenu politiquement incorrect, au bénéfice d'*Ancient Pueblo,* soit « peuple ancien ».

Visitor Center : *☎ 928-672-2700. • nps.gov/nava • De fin mai à mi-sept, 8h-18h ; hors saison, 8h-17h30.* À l'intérieur, jolie expo de poteries et ustensiles « anasazis », plus petit film sur l'histoire du site. Souvent des femmes indiennes pratiquant le tissage. Possibilité de camper gratuitement au *Canyon View Campground,* en saison, et au *Sunset View Campground* toute l'année. Tous 2 sont assez proches du *Visitor Center.* Toilettes sèches au 1er mais pas d'eau, toilettes et eau courante au 2nd.

➢ ***Les sentiers de découverte :*** il y en a trois, accessibles toute l'année. Le premier, le ***Sandal Trail,*** est un petit chemin goudronné très agréable (1 mile aller et retour, soit 30 mn de marche au total). Au début, sur la gauche, reconstitution d'un *hogan* et de son sauna. Tout le long du sentier, des panneaux précisent la nature de la végétation alentour, conifères nains, courts et torturés. Au bout, c'est la surprise : d'un coup s'ouvre devant vous le ***canyon de Betatakin,*** ramification de l'immense canyon de Tsegi. Du belvédère, un télescope permet d'admirer un auvent rocheux de 140 m de haut a l'abri duquel les Indiens « anasazis » construisirent un village en pierre et en adobe. Il en reste de belles ruines encore bien visibles. Superbe, surtout avec la lumière du matin. C'est grâce aux poutres qu'utilisaient les Indiens que les archéologues ont pu dater les maisons : celles-ci révèlent leur âge par la technique du carbone 14, mais aussi par l'étude de leurs anneaux – qui gardent trace des années de sécheresse. Les premières maisons semblent avoir vu le jour vers 1250-1260 pour être abandonnées moins de 40 ans plus tard. Une bonne centaine de personnes devaient y vivre. Le village est si bien caché que les Américains ne l'ont découvert qu'en 1909.
Le ***Canyon View Trail,*** un sentier de 0,6 mile, mène à l'un des campings et offre une vue partielle sur le canyon.
L'***Aspen Trail*** est un sentier forestier de 0,8 mile qui permet d'embrasser un panorama différent. Il a sans doute un peu moins d'intérêt, car on n'aperçoit pas les ruines indiennes.

➢ ***Randonnées :*** de mai à septembre, les rangers proposent deux randonnées guidées et gratuites quotidiennes pour s'approcher des sites indiens. Également des départs certains week-ends, en hiver.
La première balade permet de descendre dans le canyon jusqu'aux ***ruines de Betatakin*** (on ne visite plus les maisons). Il faut pour cela s'inscrire sur la liste du *Visitor Center,* au plus tôt 24h avant. Départs vers 8h15 et 10h (à vérifier) ; seulement à 10h le week-end hors saison. La balade, qui fait 5 miles (8 km) aller-retour, avec une dénivelée de 215 m, dure environ 5h. On descend d'abord (c'est raide) pour remonter ensuite, comme au Grand Canyon. On reste environ 1h sur place. Il est impossible de réserver par courrier ou par téléphone. Le mieux est de se renseigner la veille au soir et de dormir dans l'un des campings gratuits (voir infos dans la rubrique « Où dormir ? Où manger ?... »).
Deuxième balade possible vers ***Keet Seel*** (« poterie cassée » en navajo), le premier village découvert dans le canyon en 1894, invisible du chemin. C'est le plus grand et le mieux préservé des deux. Il fut, semble-t-il, occupé un peu plus tôt pour être abandonné autour de 1286. Là aussi, on ne peut y accéder qu'à pied, de mai à septembre. Au programme : 17 miles (27 km) aller-retour. La balade se fait seul, mais un *backcountry permit* (gratuit) doit être demandé au *Visitor Center.* Au programme : dénivelée de 300 m, épingles à cheveux et dunes... puis une remontée sur 120 m ! Compter 4 à 6h dans chaque sens. Possibilité de passer une nuit dans le canyon. Un guide attend les randonneurs au village. Réserver assez longtemps à l'avance auprès du *Visitor Center.* Séance d'orientation obligatoire *(vers 8h15 et 16h).*

Goosenecks State Park : *de Mexican Hat, suivre la 163 vers le nord (Bluff) pdt env 3 miles, puis prendre à gauche la 261 sur 1 mile et enfin la W 316 à gauche pdt 3,5 miles. Accès libre.* Si vous êtes par là, vaut vraiment le détour. Point de vue splendide sur les méandres de la San Juan River, canyons profonds de 300 m taillés dans un paysage noir et dénudé. Les méandres sont tellement resserrés à cet endroit que la rivière s'enroule sur 6 miles... mais ne progresse que de 1,5 mile ! Table de pique-nique sous abri et toilettes. Attention, on nous signale quelques serpents dans le coin !

Valley of the Gods : *à faire slt par temps sec !* La route entre Mexican Hat et Bluff offre des paysages spectaculaires : des terres rouges, des rochers torturés, des espaces infinis... La Valley of the Gods est un circuit qui se faufile entre des formations s'apparentant à celles de Monument Valley. Pour s'y rendre, après Mexican Hat, prendre à gauche la route 261 (direction Lake Powell). Faire un peu plus de 6 miles en laissant à gauche la route 316 vers Goosenecks. Sur la droite (panneau), prendre la petite route de terre, tantôt gravillonnée, tantôt bien damée. À ne surtout pas faire quand il a plu, la piste traversant alors des oueds en crue impraticables ! Sinon, succession de petite montagnes russes (attention à la visibilité, la piste n'est pas en sens unique), avec quelques passages de tôle ondulée, mais c'est faisable avec une voiture normale par temps sec à condition d'y aller doucement. Sur 17 miles environ (compter 1h de trajet), on est dans un Monument Valley en miniature (désert couleur ocre, fabuleux rochers), le monde en moins. Plein de cactus en fleurs au printemps. La boucle revient sur la route 163, qui relie Mexican Hat à Bluff. Sur cet étonnant circuit encore peu fréquenté, une adresse géniale (mais chère malheureusement !) pour faire halte.

B & B Valley of the Gods : *sur le sentier de la Valley of the Gods ; à 0,4 mile après le début de la piste, sur la gauche.* ☎ *970-749-1164.* • *zippitydodah.com/vog* • *Ouv tte l'année. Check-in 16h-20h (prévenez si vous arrivez après). Double env 155 $, petit déj inclus.* Cette charmante maison est bâtie sur ancien *homestead* (terrain donné par l'État à un pionnier pour qu'il construise dans un délai de 7 ans) édifié en 1933. Complètement intégrée à son environnement naturel, elle offre une généreuse véranda avec fauteuils de bois, grandes baies vitrées au salon, le tout sur une nature intacte. 4 chambres seulement (avec salle de bains), donc une intimité préservée : 2 avec cheminée et 2 avec terrasse privée (dont 1 nichée dans une sorte de cabanon un peu à l'écart de la maison, avec la chambre en bas et la salle de bains en haut). Salon commun plein de charme. Le calme est total. Si l'on rajoute que l'électricité est solaire et éolienne, qu'il y a des dizaines de balades à faire au gré du vent depuis la maison, que l'atmosphère pourrait être qualifiée de post-hippie, revival-beat ou tout simplement écolo, vous comprendrez qu'on a un vrai faible pour cette maison dans la vallée. Enfants acceptés avec « entente préalable » seulement...

Muley Point Overlook : *continuez sur la 261 après le tournant de la Valley of the Gods. Juste après, la route (non goudronnée) grimpe en épingle à cheveux sur les falaises. En haut, là où recommence le goudron, prenez la piste à gauche sur 5 miles.* Tout au bout de la *mesa*, qui chute brutalement en falaises vertigineuses, on atteint un point de vue incroyable sur la San Juan River et Monument Valley, un peu comme si on était en avion. Pour le meilleur panorama, ceux qui n'ont pas le vertige se glisseront dans la faille, entre deux gros rochers, jusqu'à la pointe extrême (s'abstenir avec des enfants). Certains installent leur feu de camp là, sous un auvent rocheux. Site de camping sauvage 1 mile avant.

BLUFF

320 hab.

À 52 miles au nord-est de Monument Valley (dans l'Utah), sur la route 191, mais tellement plus sympa que Mexican Hat ou Kayenta que la rallonge de miles se justifie largement. Tout commence au détour d'une colline, où une grosse tache verte apparaît. C'est l'oasis de Bluff, 300 âmes en tout et pour tout, coincée entre des falaises rougeoyantes et la San Juan River. Fondée dans les années 1880 par des pionniers mormons qui se consacrèrent longtemps à l'élevage, la bourgade est depuis quelques années un centre très actif pour les balades dans la région : découverte des pétroglyphes indiens, descente de la rivière, randonnée, etc. Ambiance cool, tendance bioalternatif. De quoi justifier la présence de plusieurs petits motels plus agréables que la moyenne et de quelques restos engageants. À la sortie nord de la ville, sur la gauche, juste derrière le *Twin Rocks Café,* jeter un œil aux deux belles cheminées de fées dressées vers le ciel.

ATTENTION : les restos ne prennent plus personne après 21h. Vu les distances, ceux qui assistent au coucher du soleil à Monument Valley ne doivent pas traîner en route s'ils ne veulent pas mourir d'inanition ! À défaut il leur restera la supérette (jusqu'à 22h en été).

Adresses utiles

✉ **Poste :** *Main St (route 161), à l'angle du vieux fort de Bluff. Lun-ven 8h-13h, 13h30-16h ; sam 9h30-12h.*

@ **Internet :** *au* **Twin Rocks Café** *et au* **Combs Ridge Coffee** *(voir « Où manger ?... »).* Pas donné. Wifi gratuit dans les 2 cas.

■ **Alimentation et essence : K and C Store** *et station-service* **Sinclair,** *juste après le pont sur la droite quand on va vers le nord. Mai-oct, tlj 6h-22h (20h hors saison).* Essence plus chère qu'à Kayenta.

■ **Distributeur de billets :** *à l'intérieur du* **K and C Store.**

■ **Laverie Cottonwood Wash and Dry :** *Hwy 191, face à la station-service*

Sinclair. *Tlj 9h-20h. On peut aussi y prendre une douche pour 2,50 $.*

Où dormir ?

Si tout est plein, la meilleure solution consiste à continuer de remonter vers le nord jusqu'à la grosse bourgade agricole de Blanding (à 25 miles). Pas mal de motels.

Campings

Sand Island Recreation Area : *à 2,5 miles au sud de Bluff. ☎ 435-587-1500. Env 10 $/site, max 2 voitures. Paiement en libre-service dans une borne à l'entrée. Pas de camping-cars.* Sur les rives de la San Juan River, sites vastes et bien espacés, la plupart ombragés, avec tables de pique-nique. Quelques-uns bordent la rivière. Nos préférés : les nos 18 et 19. Services minimum (w-c), mais on peut aller prendre une douche à la laverie de Bluff. Quitte à être là, allez voir les pétroglyphes situés sur la courte falaise, côté ouest, avec un beau cavalier vieux d'au moins 3 siècles.

Cadillac Ranch RV Park : *vers la sortie nord de la ville, côté droit. ☎ 435-672-2262 ou 1-800-538-6195. • bluffutah.org/cadillacranch • Env 16 $ pour 2 sous tente et 25 $ en camping-car.* Miniterrain propret et bien organisé, enserrant un petit étang qui fera le bonheur des amateurs de pêche. Pelouse et ombre pour les tentes, regroupées dans leur coin, loin des camping-cars. De loin en loin, quelques tables de pique-nique et barbecue émergent d'entre les roseaux. Impeccable pour l'apéro !

Cottonwood RV Park and Campground : *sur la 191, dans le centre de Bluff, juste derrière la* Cottonwood Steakhouse. *☎ 435-672-2287. Fermé fin nov-fin fév. Tente 2 pers env 16 $, camping-car 25 $.* Vaste espace caillouteux au centre pour les *RV* et 4 sites seulement avec herbe et un peu d'ombre pour les tentes. Sans prétention, mais correct. Douches et toilettes propres.

Bon marché

Recapture Lodge : *dans le centre, juste après la station-service, sur la droite. ☎ 435-672-2281. • recapturelodge.com • Doubles env 65-70 $.* Paisible motel en bois rouge, joliment décoré, avec une piscine *(de mi-avr à mi-oct)* et un vaste jacuzzi à l'abri des regards, dans un écrin de verdure fleuri. Chambres lambrissées un peu datées mais propres. Excellent accueil. Pour le petit déj, on met l'argent dans le panier ! Sinon, café et thé gratuits. Des projections de diapos sur la région et d'autres activités sont organisées une fois par semaine de mars à octobre par un archéologue du village (gratuit). Loue également plusieurs petites maisons en bois retapées, aux tarifs rapidement dégressifs *(à partir de 115 $/j.)*.

Mokee Motel : *à l'entrée de la ville en arrivant de Mexican Hat, à droite (à l'angle de W 5th St). ☎ 435-672-2242. Doubles 65-70 $, 5 $/pers supplémentaire ; 15 $ de moins hors saison.* Un petit bout de motel avec seulement une poignée de chambres récemment remises à neuf, dans un bâtiment ourlé de fleurs perpendiculaire à la route. Enfin un motel un peu personnalisé... Chambres à l'ancienne mode simples et très propres, toutes avec de bons lits. Patron accueillant et causant. Bon rapport qualité-prix.

Kokopelli Inn : *60 E Main St, dans le centre, à droite quand on vient du sud. ☎ 435-672-2322. • kokoinn.com • Env 70-75 $ la double en été, avec petit déj continental (léger) avr-sept.* Motel sans charme aux chambres petites et impersonnelles, mais bien tenues. L'AC est assez bruyant. Ça peut dépanner pour une nuit si on arrive tard et que tout est plein. Accueil assoupi.

De prix moyens à plus chic

The Decker House Inn B & B : *189 N 3rd St, à l'angle de Mulberry et 3rd East (en arrivant du sud, à gauche juste avt* Wild Rivers Expeditions*). ☎ 435-672-2304 ou 1-888-637-2582.*

• deckerhouseinn.com • Doubles env 75-90 $, familiales 3-4 pers 110-130 $. Voici une charmante maison de 1898, plantée dans un jardin tout aussi accueillant. Les 5 chambres, toutes avec salle de bains, ne dépareillent pas, personnalisées et douillettes comme tout (avec DVD). Préférez les plus grandes si vous le pouvez (la *Anna Marie's Parlor* est la mieux). Et puis, la vraie bonne surprise de la maison, c'est sa cuisine et sa jolie salle commune à la disposition des hôtes.

Desert Rose Inn : *701 W Main St. ☎ 435-672-2303 ou 1-888-475-7673. • desertroseinn.com • À l'entrée de la ville en arrivant de Mexican Hat, à droite. Ouv tte l'année. Doubles env 100-140 $ avr-sept, dès 70 $ hors saison.* Jolie structure de bois tout en rondins, qui compense sa grande taille grâce à sa chaleur et son excellent confort. Déco de bon goût (lits en bois, couvre-lits colorés, quelques lithos aux murs), bon équipement. Pas de petit déj servi (pas de resto). Quelques *cabins* également, alignées face au parking, avec frigo, micro-ondes et radio à l'ancienne !

Où manger ? Où prendre le petit déj ?

Bon marché

Comb Ridge Coffee : *680 S Hwy 191. ☎ 435-672-9931. À l'entrée sud de Bluff, presque en face du Desert Rose Inn. Mar-dim 7h-16h.* Le cabanon en rondins, avec ses fauteuils rustiques sous l'auvent et ses quelques tables en fer forgé, attire la foule chaque matin. S'il y a vraiment trop de monde, on partage les tables, c'est aussi simple que cela. Commander et réussir à se faire servir tient un peu de l'exploit, mais le résultat est à la hauteur de l'attente : bon petit déj à base de produits bio ou naturels. La patronne fait la chasse à tout ce qui est industriel ! Essayez les *blue corn pancakes.*

Prix moyens

San Juan River Kitchen : *face au Recapture Lodge. ☎ 435-672-9956. Mar-dim 11h-21h (20h30 printemps-automne). Fermé en hiver. Plats 10-15 $ midi, 10-20 $ soir.* Enfin un burger qui n'a pas qu'un goût de graisse ! Fin du fin (faim ?), vous pourrez même l'accompagner de frites d'ignames. Côté steaks, la maison achète sa viande sur pattes, on ne sait donc jamais quel morceau sera disponible. La salle, un peu froide, s'organise autour de la cuisine ouverte, avec de hauts tabourets et un bar turquoise. Jolis ventilos à fleurs, mais tout à fait inutiles puisque la clim est poussée à fond. Bon rapport qualité-prix.

Twin Rocks Café : *913 E Navajo Twins Dr. ☎ 435-672-2341. À la sortie nord de Bluff, sur la gauche. Tlj 7h-21h. Petit déj et lunch env 10 $, plats 10-20 $ le soir.* Planté pile au pied des cheminées de fées des Twin Rocks. Le resto, aux allures de cafétéria, la terrasse en plus, propose l'assortiment classique de sandwichs et grillades, ainsi que des « pizzas navajos » et même une petite sélection de plats végétariens. Sinon, on y vient surtout le matin lorsque le *Comb Ridge* est fermé. Boutique et *trading post* à côté.

De prix moyens à chic

Cottonwood Steakhouse : *Main and E 4th St, maison western tt en bois sur le côté droit de la route en venant du sud, en plein centre de Bluff. ☎ 435-672-2282. Tlj, slt 17h30-21h30. Steaks env 15-25 $.* Le panneau « *This not a Burger King* » pose l'ambiance. Les amateurs de viande s'y délecteront de tous les classiques de l'Ouest, grillés au barbecue sous leurs yeux. Quelques options aussi pour les réfractaires : saumon, salades, *stir fry.* Le gros plus, c'est qu'on mange dans la cour, décorée *Old West* avec des selles de chevaux et des tables éclairées à la lampe à pétrole. Très agréable avec son grand peuplier central, mais la salle intérieure ne se défend pas mal non plus, à mi-chemin entre un relais de chasse et un saloon. Bières pression.

À voir. À faire

Bluff Fort : *55 N E St. Lun-sam 9h-18h.* • *hirf.org/Bluff.asp* • Tout un camp de pionniers mormons est en train d'être reconstitué sur le site du vieux « fort » de Bluff. On y trouve déjà la vieille salle commune, des charrettes et chariots et quelques panneaux racontant la vie en ce temps-là. Petit musée au *Visitor Center.* Même lorsqu'il est fermé, les bâtiments restent accessibles, sympa !

– ***Descente de la San Juan River :*** une expédition sympathique, bien qu'elle coûte cher.

■ ***Wild Rivers Expeditions :*** *un peu après la station-service Sinclair, sur la droite quand on vient du sud.* ☎ *435-672-2365 ou 1-800-422-7654.* • *riversandruins.com* • *À partir de 165 $/j., repas compris, min 2 pers.* Agence spécialisée dans la descente de la rivière San Juan, une rivière plutôt calme (classe III au maximum). Expéditions de 1 à plusieurs jours dans des bateaux de 8 à 10 places, avec visites de sites indiens et petites balades (approche géologique et archéologique à la clé). En 1 journée, descente de Bluff à Mexican Hat (26 miles). C'est la meilleure façon de voir les pétroglyphes bordant la rivière (parfois aussi des mouflons).

À voir dans la région

Natural Bridges National Monument : *à 60 miles au nord-ouest de Bluff, sur la route 95 (coupant vers Capitol Reef).* ☎ *435-692-1234.* • *nps.gov/nabr* • Visitor Center *tlj 8h30-18h30 en été, 9h-17h30 hors saison. Entrée : 6 $/véhicule,* Interagency Annual Pass *accepté. Brochure en français. Aucun service sur place en dehors d'un distributeur de boissons : venez avec pique-nique et réservoir rempli !* Étendu sur une partie de l'immense Cedar Mesa, ce petit parc très isolé offre un visage assez différent avec ses roches aux couleurs moins intenses et ses grandes arches de pierre. On les découvre au gré d'une route en boucle de 14,5 km et de plusieurs sentiers. Le plus agréable (1h aller-retour sans se presser), entrecoupé de trois échelles, descend jusqu'au Sipapu Bridge, le deuxième plus grand au monde ! D'autres chemins mènent jusqu'aux ponts de Kachina (2,3 km) et vers celui d'Owachomo (600 m). Soirées d'observation astronomique extra : d'ici, aucune pollution lumineuse !

Camping agréable de 13 empl. éparpillés entre les genévriers (un peu d'ombre), sur le principe du « premier arrivé, premier servi ». Compter 10 $. Max 3 tentes et 8 pers/site. Interdit aux camping-cars de plus de 26 ft (8 m). Toilettes sèches, sinon w-c et eau potable au *Visitor Center,* à 300 m.

Edge of the Cedars State Park & Museum : *660 W 400 N, à 1 mile du centre de Blanding (bien indiqué), 26 miles au nord de Bluff en direction de Moab.* ☎ *435-678-2238. En été, lun-sam 9h-17h (fermé lun hors saison). Entrée : 5 $; réduc.* Ce grand musée consacré à la culture pueblo a été implanté sur le site d'un ancien village (IXe-XIIe s) dont on peut voir quelques ruines et une *kiva* restaurée (on peut même descendre dedans). Dans le musée, bel ensemble de poteries (assez archaïques), vannerie, outils, pointes de flèche et même un filet pour attraper les lapins ! Bonne pêche ? Ne manquez pas non plus l'étonnant bandeau en plumes d'ara (importées du Mexique).

PAGE (ARIZONA) ET LE LAC POWELL (UTAH)

6 900 hab.

▸ Pour le plan de Page (centre-ville), se reporter au cahier couleur.

Le spectacle d'énormes falaises rouges tombant dans les eaux bleues du lac Powell est l'une des visions magiques du Sud-Ouest américain. Il est assez rare que l'intervention de l'homme pour modifier le dessein de la nature ait un effet esthétique aussi positif ! Personne, lorsque le barrage fut mis en service, ne pensait que les objectifs premiers (production d'énergie hydroélectrique et régulation des crues) seraient rapidement relayés par une autre industrie plus importante et lucrative : le tourisme. Page est située juste au centre du « *Grand Circle* », un cercle imaginaire de 800 km de diamètre incluant les sites de Zion, Grand Canyon, Arches, Monument Valley et autres merveilles naturelles. À 4h de Salt Lake City, le lac est devenu le grand terrain de jeux des citadins. Ils déboulent au rythme de 3 millions par an avec leurs énormes camping-cars tirant un hors-bord d'enfer ou une paire de scooters des mers (de 10 °C en hiver, l'eau atteint 26 °C en août !). Reste que la sécheresse dont est victime la région depuis quelques années commence à poser de sérieux problèmes. De nombreux chenaux sont désormais impraticables ou difficilement navigables, ce qui oblige les plaisanciers à faire parfois de longs détours. Autant dire que les prévisions météorologiques sont devenues l'un des grands sujets de conversation des gens du coin, qui misent chaque année sur les fontes des neiges pour remonter le niveau des eaux.

Page est une petite localité qui n'est pas, contrairement à ce que beaucoup pensent, située au bord du lac, mais sur Manson Mesa, un plateau désertique qui domine la rive sud. Le lac se trouve à environ 3 miles par l'US 89.

– P.-S. : Page est en Arizona, tandis que la majeure partie du lac Powell est en Utah. Attention au changement d'heure entre les deux ! Si vous louez un bateau, sachez que la *central boat* est à l'heure de l'Arizona.

JOHN WESLEY POWELL

John Wesley Powell (1834-1902) est l'homme qui mena la première expédition dans le but de cartographier le Colorado. Professeur de formation, il fit la guerre de Sécession sous la bannière de l'Union, avec le grade de lieutenant-colonel, d'où son surnom de major Powell. Amputé du bras droit à la suite d'une blessure, il retourna au combat jusqu'à la fin du conflit, puis enseigna la géologie. Officier, professeur, Powell devint explorateur pour mieux confronter son savoir aux réalités du terrain. Avec quatre canots et neuf compagnons, il descendit une grande partie du Colorado entre mai et août 1869. Partis de Green River dans le Sud-Wyoming, ils suivirent le cours de la rivière pendant 99 jours, traversant le Grand Canyon. Ce voyage exploratoire se termina le 30 août 1869 à l'endroit où la Virgin River se jette dans le Colorado – soit le bout oriental du lac Mead actuel, près de Las Vegas –, avec deux bateaux seulement et cinq hommes. Ce périple de 1 760 km constitua une grande première dans l'histoire de l'Ouest américain. Sur la fin de sa vie, Powell participa à la fondation de la *National Geographic Society.* Aujourd'hui, le Glen Canyon est devenu un immense lac qui porte son nom. Il l'a bien mérité.

PAGE, VILLE NEUVE

Jusqu'en 1884, la région, déserte, demeura sous la tutelle des Navajos. Persuadés que les esprits s'y réfugiaient, ils la nommaient « l'endroit où les arbres meurent d'effroi ». Voilà peut-être pourquoi il y en a si peu ! Il n'y avait rien, ou presque rien, ici, jusqu'en 1957. Cette année-là, le gouvernement décida la construction d'un énorme barrage, destiné à contrôler les crues destructrices du Colorado et à produire en masse de l'électricité. Le barrage engendra le deuxième plus grand lac artificiel des États-Unis, une incroyable oasis de fraîcheur dans un désert de rocaille biblique. Des maisons sortirent de terre pour héberger les foules d'ouvriers et de contremaîtres employés sur ce méga-chantier. Pendant longtemps, ce ne fut qu'une ville de travailleurs, à tel point qu'elle était surnommée « le plus grand port de camions des États-Unis ».

VIDER LE LAC ?

On s'accorde à dire que le barrage a été créé pour une durée de 300 ans environ. En effet, il provoque des problèmes écologiques qui iront en augmentant avec le temps. Notamment celui de l'ensablement : le pied du barrage bloque des milliers de tonnes de sable qui ne peuvent plus s'écouler vers l'aval. Le Colorado en amont a donc tendance à s'ensabler, de même que la San Juan River. Par ailleurs, le barrage ne produit pas tant d'énergie que ça. En fait, il sert uniquement de support, durant les heures de pointe, à la grosse centrale au charbon dont on voit les trois grandes cheminées à la sortie de Page (et même sur le Powell Lake...).
Entre les questions écologiques de plus en plus vives et les critiques sur la véritable utilité économique du barrage, la question de vider le lac, saugrenue à priori, commence à se poser. Évidemment, ce serait une catastrophe pour Page. Mais on n'en est pas là. Simplement, le *Sierra Club,* un groupe écologiste, a déposé un projet proposant la destruction du barrage devant le Congrès. Il a été largement repoussé. Reste que cette idée ne fait plus sourire. En attendant, au printemps 2008, pendant près de 3 jours, les autorités ont, pour la troisième fois depuis 1994, procédé à un spectaculaire lâcher d'eau (et de sable, entraîné dans le mouvement). But de la manœuvre : reproduire les conditions de crues qui existaient jadis pour aider à la restauration des écosystèmes situés en aval. La température de l'eau (tiède dans le lac de barrage) devrait ainsi retrouver une certaine fraîcheur. Sa chaleur a en effet bouleversé le cycle reproductif de nombreuses espèces de poissons. Il y en a huit, dont quatre protégées, ainsi que des moules et des écrevisses.

COUP DE GUEULE SUR LES PRIX !

On adore le lac Powell, vous l'avez compris. Mais on assiste depuis des années à une augmentation invraisemblable des prix des hôtels, restos et activités nautiques, qui prennent en moyenne 10 % par an ! Alors même que la crise sévit partout et que le niveau des eaux n'est plus ce qu'il était... Tout cela est évidemment la conséquence de la loi de l'offre et de la demande, sous la pression d'innombrables retraités venus chercher l'eau et le soleil, mais au fil du temps les parages sont de moins en moins accessibles aux petits budgets. C'est d'autant plus rageant que le lac fait partie de la *Glen Canyon National Recreation Area* et que, à ce titre, selon les directives des parcs, il doit « être accessible au plus grand nombre ». Or, c'est devenu une pompe à fric.
Ce coup de gueule passé, on peut venir hors saison ou se grouper pour louer un bateau à plusieurs et profiter des réductions faites à ceux qui louent au dernier moment (lire nos infos à ce sujet dans « Balades en bateau sur le lac Powell »). Bref, faut ruser !

Arriver – Quitter

Seulement 2 façons d'arriver à Page : en voiture, par la route 89 ou 98 avec son véhicule, ou bien par avion (liaisons depuis Vegas, Denver et Phoenix). Pas de ligne de bus, ni de train. Évidemment, comme partout dans la région, c'est la voiture le plus pratique.

Adresses et infos utiles

Page Tourism Bureau *(plan couleur B2)* **:** *647 A Elm St.* ☎ *928-660-3405, 3406 ou 1-888-261-7243.* • *pagelakepowelltourism.com* • *Tlj 7h-19h en été, 8h-17h aux intersaisons, 9h-17h en hiver.* Bonne documentation et bon accueil.

Carl Hayden Visitor Center & Dam Tours *(plan Les environs de Page)* **:** ☎ *928-608-6404.* • *nps.gov/glca* • *Situé à 2 miles au nord de Page, sur la route US 89, dans le centre de réception du barrage (Glen Canyon Dam). De mi-mai à mi-sept, tlj 8h-18h (17h hors saison). Site stratégique oblige, ne pas se présenter aux portails de détection avec un sac.* Le *Visitor Center* est en fait un petit bureau situé dans la librairie où des volontaires répondront à vos questions. Le bureau du grand hall d'accueil avec vue sur le barrage est celui où l'on s'inscrit pour les visites guidées du site (voir « Dans les proches environs de Page. Le barrage de Glen Canyon »). Outre l'immense baie vitrée sur le barrage, on peut voir une grande maquette en relief du plateau du Colorado, une expo et 3 vidéos sur l'eau et la construction du barrage (15 à 20 mn).

✉ **Poste** *(plan couleur A2)* **:** *44 6th Ave.* ☎ *928-645-2571. Lun-ven 8h30-17h.*

@ **Page Public Library** *(hors plan couleur par B2, **5**)* **:** *479 Lake Powell Blvd, hors du centre-ville, face au collège.* ☎ *928-645-4270. Lun-jeu 10h-20h, ven-sam 10h-17h.* Internet payant. Maximum 1h.

@ **Digital Lands** *(plan couleur A1-2, **4**)* **:** *40 S Lake Powell Blvd.* ☎ *428-645-2241. Lun-sam 10h-22h, dim 12h-18h.* Nombreux postes et Internet à haut débit.

Argent, banques, change

■ **Distributeur de billets** *(plan couleur B2, **3**)* **:** *à la **National Bank of Arizona,** 58 S Lake Powell Blvd.*
– Aucune banque ne fait le **change.**

Urgences

– Si vous avez des **problèmes de santé,** allez à l'office de tourisme avant de vous rendre à l'hosto et demandez-leur de vous indiquer un médecin, ce sera moins cher que l'hôpital.

■ **Hôpital** *(plan couleur A2, **2**)* **:** *501 N Navajo Dr.* ☎ *928-645-2424.*

Divers

■ **Laverie** *(plan couleur B2, **8**)* **:** ***Sunshine Laundry,** 131 S Lake Powell Blvd. Juste à droite du resto* Fiesta Mexicana. *Tlj 7h-20h.*

■ **Supermarchés :** ***Safeway** (plan couleur B2, **9**), 650 Elm St. Tlj 5h-minuit.* Pratique car bien central, bien achalandé aussi mais pas vraiment donné. Impec' pour se bricoler un bon pique-nique. *Moins cher mais un peu plus excentré :* ***Walmart,*** *sur l'US 89 en direction de Flagstaff (angle W Haul Rd).*

Où dormir ?

Il n'y a que 25 motels dans Page, pour la plupart franchisés. En haute saison, tout est plein dès l'après-midi. On en a vu faire 200 à 300 km pour dénicher un hôtel !

Camping

Page Lake Powell Campground & RV Park *(hors plan couleur par B2, **10**)* **:** *849 S Coppermine Rd.* ☎ *928-645-3374.* • *pagecampground.com* • *À l'entrée de Page, sur la droite en venant de Kayenta (à 2 km du centre). Ouv tte l'année. Env 20 $ en tente, 30-35 $ en camping-car. Douche 5 $.* Peu d'ombre, en bord de route et presque exclusivement des camping-cars comme voisins (les tentes sont coincées sur une maigre plate-bande cernée de barrières en plein milieu du site !). Laverie, piscine couverte, jacuzzi et jeux pour enfants. Bref, peu de qualités...

De bon marché à prix moyens

La quasi-totalité des adresses de cette catégorie se regroupe autour d'une seule et même rue (8th Avenue, surnommée *Street of the Little Motels*), un ancien lotissement conçu pour loger les familles des ouvriers du barrage, devenu depuis un quartier résidentiel. Hors saison, la négociation est de mise.

Lulu's Sleep Ezze *(plan couleur B1,* ***12****) : 105 8th Ave, à l'angle d'Elm St. ☎ 928-608-0273 ou 1-800-553-6211. • lulussleepezzemotel.com • (1 chambre). Fermé déc-janv. Doubles env 85 $ (1 lit), 110 $ (2 lits) selon saison ; paiement CB : + 7 $/j.* La plus pimpante des adresses de la 8e avenue dispose de 8 chambres très propres, décorées kitsch dans les tons blanc et bleu, les plus chères avec machine à café, frigo et micro-ondes. Accueil très sympathique de Lulu et bons conseils de son mari, qui a été guide pendant 10 ans. Cuisine commune et petite terrasse tranquille à l'arrière, avec une fontaine, idéale pour l'apéro ou le barbecue (presque chaque soir). Souvent plein dès 14h en haute saison.

Page Boy Motel *(plan couleur A1,* ***17****) : 150 N Lake Powell Blvd, à l'angle de Bureau Ave. ☎ 928-645-2416 ou 1-800-299-0455. • thepageboymotel.com • Double env 90 $ selon saison, gros petit déj continental inclus.* Petit motel sympathique et pas compliqué, qui se démarque par de notables efforts d'aménagement réalisés par les proprios Bill et Mary dans la cour intérieure : plantes, fleurs, jeux pour les enfants et piscine entretiennent une atmosphère conviviale et détendue. Les chambres, plus ou moins grandes mais bien tenues (avec frigo et machine à café), s'organisent tout autour.

Red Rock Motel *(plan couleur B2,* ***13****) : 114 8th Ave. ☎ 928-645-0062. • redrockmotel.com • En été, doubles env 60 $ (sans cuisine), 90 $ pour 4-6 pers. Réduc sem.* Récemment rénové et bon rapport qualité-prix. Là encore, options modulables avec 1 ou 2 chambres, cuisine ou non, etc. Ambiance *road trip*, bon accueil de Cheryl et Dale, qui étaient pêcheurs sous-marin en Alaska avant de s'installer au soleil. Toujours prêts à emmener leurs hôtes pour un tour sur leur bateau, ou à prêter leur tandem.

De prix moyens à très chic

Canyon Colors B & B *(hors plan couleur par B2,* ***16****) : 225 S Navajo Dr. ☎ 928-645-5979 ou 1-800-536-2530. • canyoncolors.com • Double env 140 $ (paiement CB : + 10 $/j.).* Ce *B & B* familial, situé dans un quartier résidentiel mignon au sud du centre-ville, dispose de seulement 2 chambres agréables et confortables avec frigo et lecteur DVD. Salles de bains privées pour tout le monde, la plus grande *(Sunflower)* avec bain à bulles et poêle pour les soirées d'hiver. Salon commun douillet (il faudra juste pousser un peu les bibelots), où l'on déniche une bonne sélection de films. Grande piscine hors sol. Barbecue, patio et cuisine. Reste que l'explosion des prix, le *check-in* dans un créneau précis *(16h-18h)* et le *check-out* à 10h nous ont laissés un peu dubitatifs.

Lake Powell Days Inn & Suites *(hors plan couleur par B2,* ***18****) : 961 N Hwy 89. ☎ 928-645-2800 ou 1-877-525-3769. • daysinn.net • Doubles 140-260 $, petit déj continental inclus.* Posté à l'entrée sud de Page, face au *Walmart*, ce *Days Inn* nouvelle génération offre des services de qualité, avec des chambres et suites immenses bien équipées (frigo et machine à café, micro-ondes dans les suites). Les lits sont confortables. Petits plus : piscine, jacuzzi et laverie.

Où dormir au bord du lac Powell ?

Si vous ne vous êtes pas encore acquitté de l'entrée du parc, il vous faudra le faire pour accéder à la marina *de Wahweap : env 15 $/voiture, valable 1 sem à ttes les entrées ; env 7 $/pers pour ceux qui sont à pied ou à vélo ;* Interagency Annual Pass *accepté.*

Campings

Lone Rock Campground *(plan Les environs de Page)* **:** *en venant de Page, indication « Lone Rock » à droite, 3,4 miles après l'entrée nord de la marina (direction Kanab par la Hwy 89). Env 10 $/véhicule. Il faut parfois laisser sa voiture au parking bitumé (risque d'ensablement fréquent).* Un chemin mène à une longue plage de sable et à un espace désertique très beau mais sans aucune ombre. Toilettes, eau et douche de plage à disposition au parking. On a le droit de faire du feu (avoir son bois). La solution la moins chère autour de Page. Souvent venteux (avec tourbillons de sable à la clé).

Wahweap Campground *(plan Wahweap Marina, B2)* **:** *100 Lake Shore Dr, dans la marina de Wahweap. ☎ 928-645-1059 ou 1-888-896-3829. • lakepowell.com • À 6 miles de Page. Env 25 $ jusqu'à 8 pers sous tente et 45 $ pour 2 pers en camping-car.* Bien situé face aux grandes falaises plongeant dans le lac, le camping, bien aménagé mais un peu usine, compte une centaine d'emplacements pour tentes et près de 140 pour les camping-cars, avec tables et barbecue. Ombrage très limité et un certain manque d'intimité. Plage pas terrible près de la marina. Sur place : épicerie *(7h-19h été)*, laverie, douches à pièces *(env 2 $ pour 15 mn max)*. Possibilité de se baigner gratos dans la piscine du *Lake Powell Resort* (même direction).

De plus chic à très chic

Lake Powell Resort *(plan Wahweap Marina, B2)* **:** *100 Lake Shore Dr. ☎ 928-645-2433 ou 1-888-896-3829. • lakepowell.com • Au cœur de la marina. Ouv tte l'année. Doubles en été env 110-300 $ selon confort.* Argh ! Voici un lieu spécialisé dans les groupes et l'abattage... Certes, le complexe tentaculaire bénéficie d'un emplacement de choix face au lac, mais beaucoup de ses chambres donnent sur le parking voire, dans les bâtiments de droite, vers les cheminées de la centrale électrique de Page, au loin... Notons quand même l'effort de conception des récentes *EcoRooms*, dans le créneau du développement durable. 2 piscines dont 1 donnant magnifiquement sur le lac, jacuzzi, boutiques, resto (voir « Où manger ? » plus loin) et tout le tralala. Ambiance assez morose hors saison.

Où manger ?

Autant le dire d'emblée : Page n'est pas une capitale gastronomique, loin s'en faut. Isolement oblige, ce qui a les inconvénients de ses avantages, notamment que les produits frais doivent faire autant de route que les visiteurs. On y mange souvent moyennement, parfois mal, quelques (rares) fois très bien. Voici donc quelques exceptions à la règle (et encore... restez sur vos gardes !).

Bon marché

Ranch House Grille *(plan couleur B1,* **37***)* **:** *819 N Navajo Dr. ☎ 928-645-1420. Tlj 6h-15h. Grand choix de petits déj, burgers, salades et sandwichs env 7-10 $, avec quelques versions costauds jusqu'à 15 $.* « *Where the locals go* » : le slogan de ce resto populaire sans fioritures (assiettes en plastique) n'est pas trompeur. L'artisanat navajo accroché aux murs égaie un peu la vaste salle aux allures de cafétéria, mais ce sont les habitués venus en famille qui assurent une ambiance conviviale. Très fréquenté pour ses petits déj, mais aussi pour ses plats classiques tout à fait convenables et généreux, à l'image des boissons servies d'emblée en *king size* et à volonté (est-ce bien raisonnable ?). Un très bon choix dans cette catégorie.

Kona Korner *(plan couleur B1-2,* **33***)* **:** *800 Elm St. ☎ 928-660-1414. Avr-oct, tlj 5h-18h ; fermé dim le reste*

PAGE ET LE LAC POWELL

de l'année. Moins de 5 $. Petite maison colorée au coin de la 7th. Pour les lève-tôt, un point de chute idéal avant une excursion. La patronne, Summer, moud elle-même son café (de différentes origines, dont Hawaii) et fait de délicieux *smoothies* au melon, citron et yaourt, à accompagner d'une pâtisserie maison elle aussi. Possibilité de *drive-thru,* vente à emporter en voiture. Petite terrasse ensoleillée.

The Deli at Big Lake Trading Post *(hors plan couleur par B2,* ***36****) : Coppermine Rd, au croisement de la SR 98, à 3 km du centre. Lun-ven 3h-23h, sam 6h-23h, dim 6h-22h. Petit déj jusqu'à 9h slt, sandwichs (env 4 $) 5h-20h.* Le comptoir est caché dans l'épicerie du *trading post* navajo, mais mérite que l'on cherche un peu. Tous les sandwichs sont préparés devant vous en fonction de vos envies (et des ingrédients disponibles). Pain de mie moelleux à souhait. Pas de tables, à emporter seulement. Parfait pour une halte en route vers Antelope Canyon.

De prix moyens à chic

Canyon King *(hors plan couleur par A2,* ***31****) : 663 S Lake Powell Blvd. ☎ 928-693-7173. Tlj 12h-21-30. Pizzas 15-25 $ selon taille (la plus chère pour 2-3 pers).* Une pizzeria familiale de qualité, logée dans un vrai bateau à aubes sur terre ferme ! Et pas n'importe quel bateau : le *Canyon King* est la mascotte du lac Powell où il a baladé les visiteurs pendant 30 ans, avant d'être sauvé de la casse par Gary, un jeune restaurateur. Avec sa femme, Kimberly, il propose des pizzas avec des ingrédients au-dessus de la moyenne (fromage du Wisconsin, herbes fraîches, olives, oignons caramélisés maison, gorgonzola, viandes sélectionnées...). Accueil chaleureux comme tout.

Blue Buddha Sushi Lounge *(plan couleur A1,* ***35****) : 644 N Navajo Dr, Dam Plaza (à l'angle de Navajo Dr et de Lake Powell Blvd). ☎ 928-645-0007. Tlj 17h-21h. Résa très conseillée (sinon, prévoir de l'attente). Plats 10-30 $.* Des sushis à Page ? Quelle idée, si loin de la mer et de la moindre influence japonaise. Et pourtant... Ouvert par des ex-étudiants en art formés par un sushi master en Californie, cet immense resto est une vraie réussite, naviguant dans une belle ambiance urbaine fusion, avec souvent des soirées DJ. Deux atmosphères différentes : en entrant, une partie *lounge* dans les tons bleu-vert, avec aquariums aux murs, banquettes semées de coussins... À droite, un coin plus typiquement japonais, dans les rouges et noirs, avec des alcôves intimes. Dans l'assiette, des *rolls* souvent assez épicés mais excellents, des sushis et autres sashimis mais aussi, pour les réfractaires au cru, des bols de riz accompagnés de viandes grillées, légumes et sauce au choix et un très bon *chicken teriyaki.*

Fiesta Mexicana Family *(plan couleur B2,* ***30****) : 125 S Lake Powell Blvd. ☎ 928-645-4082. Tlj 11h-21h (ou 22h). Plats env 10-15 $ le midi, 10-25 $ le soir.* Le bon resto mexicain de la ville, connu et reconnu pour ses margaritas géantes préparées dans les règles et son grand choix de plats. Côté cliché, c'est la totale : *nachos*-salsa en apéro et mariachis en musique de fond. Grande salle à la déco colorée un peu kitsch divisée en d'innombrables *booths,* petite terrasse agréable et des serveurs parlant l'espagnol pour rester dans l'ambiance. Copieux, américanisé, mais pas mal du tout.

Blue Corn *(plan couleur A1,* ***38****) : 287 N Lake Powell Blvd (dans le Quality Inn Hotel). ☎ 928-645-8851. Tlj 17h-22h. Plats 5-20 $.* C'est le restaurant d'un hôtel de chaîne fréquenté par les tour-opérateurs. Le service y est assez lent, mais il vaut néanmoins le coup de fourchette pour la vue spectaculaire sur les rives du lac, et surtout car c'est le seul resto en ville où l'on peut goûter aux spécialités navajos.

Où manger au bord du lac Powell ?

Bon marché

Béne Pizzeria *(plan Wahweap Marina, B2) : dans l'enceinte de la* *marina, à côté du* Lake Powell Resort. *☎ 928-645-1023. Ouv fin mai-début sept slt, 11h-22h. Pizzas env 12-16 $, 15-20 $ pour 4 pers.* Une pizzeria du style fast-food, avec une salle arrondie et carrelée prolongée par une terrasse dominant la marina (vue sur parking pas tip-top cela dit). Salades, sandwichs et pizzas américaines (pas terribles...) à partager. *Fountaindrinks* à volonté.

De chic à très chic

Rainbow Room *(resto du* Lake Powell Resort ; *plan Wahweap Marina, B2)* **:** *à l'intérieur du* Lake Powell Resort *(voir « Où dormir au bord du lac Powell ? », plus haut). ☎ 928-645-2433. Tlj 6h-14h, 17h-22h juin-sept (sinon 21h). Résa conseillée pour le dîner. Petit déj-buffet 15 $; plats 10-15 $ le midi, 20-35 $ le soir.* Vraiment agréable de grignoter une salade dans cette salle climatisée quand le soleil cogne dehors. La vue à 180° sur le lac est superbe. La cuisine, elle, est sans grande imagination et le service parfois longuet – voire médiocre quand les groupes envahissent les lieux. Bien trop cher le soir pour la qualité offerte. On peut se contenter de grignoter au *lounge* (vue plus partielle).

Ja'di To'oh *(resto de l'*Antelope Point Marina ; *plan Les environs de Page)* **:** *Navajo Route 22 B. ☎ 928-645-5900. À 9 miles au nord-est de Page. Pour s'y rendre, prendre la route 98 vers Kayenta, puis tourner à gauche face à l'entrée d'Antelope Canyon. Entrée payante si vous n'avez pas encore acheté le ticket du parc (15 $). Arrivé au parking, se garer et emprunter une voiture électrique pour se rendre à la marina. Tlj 11h-21h (22h en plein été). Plats env 20-35 $.* La plus récente des 2 marinas du lac Powell est bien rodée après des débuts hésitants. Le plus grand resto flottant du monde (ce qui permet de jongler avec la baisse des eaux du lac), fonctionne le midi sur le principe d'un self-service. En partie géré par la nation Navajo, il est clean et efficace mais pas très glamour pour un lieu qui se veut chic... La cuisine est copieuse mais pas très imaginative : sandwichs, *fish tacos,* salades, plat du jour et, le soir, les classiques *ribs,* saumon, burgers et autres poulets à l'italienne. Quelques tables agréables en terrasse au bord du lac. Eau claire, plongeon autorisé, mais attention aux bateaux !

Où écouter de la musique ? Où sortir ?

Windy Mesa *(plan couleur A1,* **40***)* **:** *800 N Navajo Dr. ☎ 928-645-2186. Tlj 10h-2h. Concerts mar-sam (rock, hip-hop, country local, DJ...) et karaoké mar-sam à 21h.* Prolos, marginaux et Navajos s'y retrouvent pour écouter une bonne musique rock et country. Entre les danseurs en groupe, les musiciens, les joueurs de billard, les chanteurs amateurs et les pochtrons du comptoir, l'atmosphère n'est pas toujours de tout repos, mais toujours décalée. Une vraie caverne, sans Ali Baba... Bourrelet sur le bar, pour ne pas se heurter le menton. Atmosphère amusante.

Ken's Old West *(plan couleur A1,* **41***)* **:** *718 Vista Ave. ☎ 928-645-5160. En été, tlj 16h-22h (23h le w-e) ; mer ou jeu-sam en hiver.* Un chariot du Far West suspendu en face de la bâtisse en bois annonce la couleur. Le rendez-vous des cow-boys et des touristes venus y écouter de la country et de vieux airs ou danser au son des groupes qui se succèdent sur scène du jeudi au samedi (à partir de 19h). Buffalo Bill n'est pas là, mais certains groupes de Japonais et quelques enfants y croient...

The Bowl *(plan couleur A1,* **42***)* **:** *24 N Lake Powell Blvd. ☎ 928-645-2682. Lun-sam 9h-minuit, dim 10h-minuit (en fait généralement jusqu'à 2h). Bowling env 3,50 $/jeu par pers ou 20 $/h.* Bowling populaire avec quelques billards (une partie pour 3 pièces de 25 cents). Évitez juste les toilettes, pas très fréquentables.

À voir. À faire

John Wesley Powell Memorial Museum *(plan couleur A1)* **:** *6 N Lake Powell Blvd et N Navajo Dr. ☎ 928-645-9496. • powellmuseum.org • Lun-sam 9h-17h (fermé déc-fév). Entrée : 5 $; réduc.* Ce petit musée associatif, modeste mais seul lieu culturel du coin, présente de nombreux documents et souvenirs sur l'histoire du lac Powell et de Page, en se penchant notamment sur l'exploration du Colorado. À l'honneur : John Wesley Powell (1834-1902), l'homme qui mena la première expédition sur le fleuve (lire les informations au début du chapitre sur Page). Notez à l'extérieur la réplique de l'embarcation dont le major se servit pour cette aventure (conçue pour un film des studios Disney). Également des infos sur les Indiens avec quelques poteries, des photos de la ville « avant-après », une petite section sur la géologie de la région (fossiles) et une expo temporaire. Le *Visitor Center* du musée donne gratuitement des informations touristiques et peut même aider à réserver une excursion en bateau, un hébergement ou une visite d'Antelope Canyon à un tarif non majoré. Sympa.

Church Row *(plan couleur B2)* **:** *S Lake Powell Blvd, passé le croisement de S Navajo Dr.* Voici un bien bel exemple de la floraison religieuse américaine : sur à peine 500 m, une dizaine d'églises de confessions différentes s'alignent côte à côte : mormons, baptistes, méthodistes, épiscopaliens, luthériens... on en perd son latin. À chacune sa pub pour attirer le chaland, y compris des après-midi hot dog et concerts !

DANS LES PROCHES ENVIRONS DE PAGE

LE BARRAGE DE GLEN CANYON
(plan Les environs de Page)

À 2 miles env au nord de Page, sur la route US 89, en direction de Kanab et de la marina de Wahweap. ☎ 928-608-6072. • glencanyonnha.org • Visite guidée : 5 $; réduc. Départs tlj sf si mauvais temps, ttes les 30 mn 8h30-16h en été (sf 11h30 et 12h) ; ttes les heures 8h30-14h30 en hiver (sf 11h30). S'inscrire en arrivant. Visites limitées à 20 pers. Prévoir env 45 mn. Attention, sacs de voyage interdits dans l'enceinte du barrage pour raison de sécurité.

Achevé en 1963, le barrage fait 216 m de haut, ce qui en fait le quatrième plus grand des États-Unis. Si l'on ne veut pas faire la visite, on peut l'admirer de l'intérieur du *Visitor Center,* à travers une immense baie vitrée (accès libre) ou depuis le pont (passage piéton grillagé, avec vibrations garanties !). Dans le hall d'entrée, maquette en relief du Glen Canyon et expo bien ficelée sur les techniques de construction. L'aventure, débutée en 1956, dura 10 ans et donna naissance à la ville de Page.

Durant la visite guidée, on explore la partie supérieure du barrage, avec une vue exceptionnelle sur le lac paisible d'un côté et le Colorado de l'autre. Bonnes explications sur le choix du site, les problèmes techniques rencontrés, la situation actuelle, le tout émaillé

TRAVAUX D'HERCULE

Pour construire le barrage de Glen Canyon, les ingénieurs durent d'abord trouver un moyen de détourner les colossales quantités d'eau du Colorado. Un moyen fut finalement trouvé : plusieurs longs tunnels latéraux furent percés à travers la montagne pour permettre au fleuve entier de s'y engouffrer et de ressortir en aval ! Il fallut 8 mois rien que pour les creuser. Désormais, 85 % des eaux du Colorado sont utilisées pour l'agriculture et l'approvisionnement des grandes villes. Autant dire qu'il ne reste pas grand-chose lorsque le fleuve arrive au Mexique...

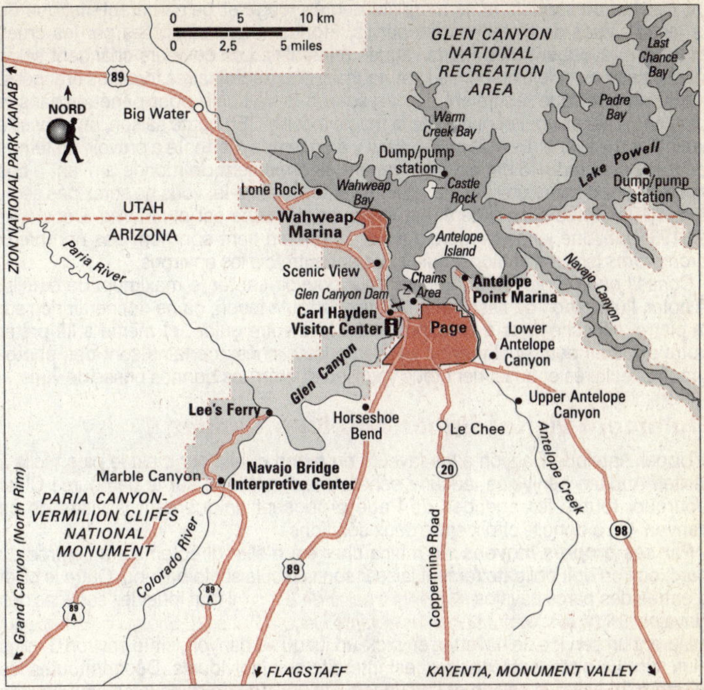

de quelques anecdotes selon l'humeur de chaque guide. Ce qui impressionne surtout, c'est l'épaisseur de la masse de béton : 10 m dans la partie haute et 100 m à ses pieds, soit de quoi construire une autoroute entre Chicago et Phoenix ! Sauf fermeture exceptionnelle (travaux...), l'ascenseur intérieur mène ensuite au pied du barrage : vision par une vitre des énormes turbines produisant l'électricité – environ 1,3 million de kW/h par an (ce qui reste modeste).

UPPER ET LOWER ANTELOPE CANYONS

Les deux fabuleux sites d'Antelope Canyon se trouvent à 4 miles à l'est de Page. Pour s'y rendre, prendre la route 98 vers Kayenta. L'entrée de l'Upper Antelope Canyon se trouve à droite, après le mile *marker* 299. L'entrée du Lower Antelope Canyon est située à 800 m de là, sur la route de l'Antelope Point Marina, qui débute juste en face.
– ***Attention :*** les sites sont fermés les jours d'orage à cause des risques de crue, qui peuvent avoir de terribles conséquences. En 1997, des touristes (français en majorité) qui n'avaient pas respecté les consignes et se trouvaient dans le fond du Lower Antelope Canyon, ont été emportés et noyés à la suite d'un orage violent...

Upper Antelope Canyon

☎ *928-698-2808.* Ce somptueux défilé, large de 2 m et long de près de 200 m, semble un coquillage forgé par les eaux et les courants d'air dans l'écorce du plateau de *sandstone*, le magnifique grès rouge et beige caractéristique de la région. Vues de l'intérieur, les parois, étonnamment sculptées par les crues et le vent, évoquent d'étranges vagues minérales. Les couleurs changent selon l'inclinaison du soleil, prenant à la mi-journée d'extraordinaires tonalités orangées. Il faut en effet que la lumière soit presque à la verticale pour pénétrer dans le canyon : c'est elle qui donne toute la magie à ce lieu. En haute saison, on conseille vraiment d'y aller entre 10h et 11h car il y a un temps d'attente à prévoir, un temps de trajet d'environ 15 mn et, évidemment, énormément de monde arrivant à ces heures où la lumière devient plus intéressante. Sachez-le, vous ne serez pas seul ! Avant 10h, après 14h, l'intérêt est limité, car la roche est plus terne. Découvert en 1931 par une jeune bergère navajo, le canyon tient son nom des nombreux *pronghorns* (sorte d'antilope) qui habitaient autrefois les environs.

– *Conseil photo :* prévoir un trépied pour pouvoir capter le maximum de détails. À noter, l'utilisation du flash est interdite ; de toute façon, ça ne donnerait rien sur la pierre. N'hésitez pas à demander conseil à votre guide, et même à lui prêter votre appareil pour qu'il prenne lui-même les clichés : certains sont des photographes éclairés et quasiment tous vous indiqueront les bonnes prises de vues.

Comment visiter Upper Antelope Canyon ?

L'Upper Antelope Canyon a les faveurs du grand public car c'est le plus facile à visiter. Aucune dénivelée, aucune échelle machiavélique sur le parcours ! C'est pourquoi toutes les agences de Page proposent uniquement la visite de ce canyon. On a donc le choix entre deux solutions :

– ***Par ses propres moyens :*** le moins cher est d'aller directement à l'entrée du parc, où l'on doit obligatoirement laisser son véhicule sur le parking. Outre le billet d'entrée des parcs navajos *(6 $/pers à partir de 8 ans)*, il faut louer les services des Navajos *(25 $/pers ; gratuit pour les enfants jusqu'à 7 ans, 10 $ jusqu'à 12 ans)*, qui assurent un service de navettes en pick-up jusqu'au canyon, situé environ 3 miles plus loin. La piste, sablonneuse, est interdite aux individuels. Départs toutes les 30 mn à 2h selon la saison et l'affluence. On vous guide dans le canyon environ 1h, avant de vous reconduire. Cette formule est moins chère et plus pratique que de passer par une agence. En outre, on peut faire dans la foulée la visite du Lower Antelope Canyon qui est juste à côté.

– ***Par agence :*** trois agences de Page vous emmènent à Antelope *(env 35 $/pers, 46 $ à 11h30 d'avr à sept ; réduc enfants ; plusieurs départs/j.)*. Les balades durent environ 1h30 (puisqu'elles comprennent le trajet depuis Page) et permettent d'éviter l'attente au départ. Toutes les agences proposent aussi une excursion spéciale « photographes » d'une durée de 2h30 *(80 $; réduc enfants)*. On reste plus longtemps dans le canyon pour profiter des variations de lumière. Mais en saison, aux meilleures heures, c'est carrément la foule des grands jours, donc franchement pas idéal pour les photographes !

Voici les coordonnées des trois agences, toutes au même prix :

■ ***Antelope Slot Canyon Tours :*** *55 S Lake Powell Blvd. ☎ 928-645-5594. • antelopeslotcanyon.com • 5 départs 8h30-17h.* Visite en musique avec histoire du chef Tsosie avant le départ (en costume et sur le parking...).

■ ***Overland Canyon Tours :*** *48 N Lake Powell Blvd. ☎ 928-608-4072. • overlandcanyontours.com • 4 départs 8h-14h.*

■ ***Antelope Canyon Tours :*** *22 S Lake Powell Blvd. ☎ 928-645-9102 ou 435-675-9109. • antelopecanyon.com • 4 départs min, 8h-15h30 (7h et 16h30 en plus à certaines périodes).*

Lower Antelope Canyon

L'entrée est matérialisée par une cabane plantée dans un parking en contrebas de la route. Ken's Tour *est la seule compagnie proposant la visite gui-*

dée du site. ☎ 928-606-2168. • lowerantelope.com • Compter 20 $, + 6 $ pour l'entrée du parc (sf si vous l'avez déjà payée pour l'Upper Antelope Canyon le même jour ; mais le billet n'est plus valable le lendemain) ; réduc enfants. Visites guidées ttes les 30 mn ; 8h-17h de mars à mi-nov, 9h-15h de mi-nov à fév. Petite astuce si vous voulez être plus tranquille : préciser que vous êtes photographe amateur avec trépied et reflex. On vous remettra alors un pass spécial qui dispense de la visite de groupe. Le canyon, qu'on aborde ici par le haut (contrairement à l'Upper Antelope Canyon), est situé immédiatement après la cahute d'entrée. On le remarque pourtant à peine, et l'on pourrait très bien dépasser cette fine entaille sans imaginer un seul instant les trésors qu'elle protège. Car le Lower Antelope Canyon se mérite. Ici, la visite se confond avec un amusant parcours du combattant, une visite haute en couleur où l'on se plaque contre la roche pour traverser un étroit défilé, avant de dégringoler de palier en palier, au gré d'échelles métalliques. Le parcours s'étend sur quelques centaines de mètres, avant de remonter pour revenir par le dessus. Beaucoup moins fréquenté et plus amusant pour les enfants (petits et grands) avec son système d'échelles partout, le Lower Canyon a honnêtement notre préférence. En plus, ici, le temps est moins compté.

POINTS DE VUE *(plan Les environs de Page)*

🞶🞶 ***Scenic View :*** *bifurcation 2 miles après la 1re entrée (sud) de la marina de Wahweap, sur la droite en venant de Page. Panneau « Scenic View » 500 m après le panneau « mile 552 ». Ferme à la nuit tombée.* La position dominante offre une jolie vue sur la marina, le lac et les trois cheminées. Les amoureux et les touristes s'y retrouvent au coucher du soleil.

🞶🞶 ***Lone Rock :*** *en venant de Page, poursuivre tt droit sur 3,4 miles après le 2e embranchement de la marina. Attention, il s'agit à nouveau du parc : env 15 $/voiture si vous ne l'avez pas encore payé ; Interagency Annual Pass accepté.* Superbe point de vue sur ce bras du lac et sur le Lone Rock, un rocher colossal isolé sur l'eau. À moins de rouler en 4x4, mieux vaut laisser son véhicule au parking à certaines périodes : risques importants d'ensablement. Longue plage de sable, agréable mais souvent bondée.

🞶🞶🞶 ***Horseshoe Bend :*** *sur l'US 89, direction Flagstaff, passer le supermarché Walmart et continuer jusqu'au mile 545, c'est indiqué sur la droite. Du parking, compter 20-25 mn de marche aller ; il faut juste passer de l'autre côté de la colline.* On accède facilement à ce point de vue (gratuit) plongeant sur l'un des méandres du Colorado. Vraiment une vision à ne pas manquer. Le fleuve s'enroule autour d'un gros piton rocheux qu'on peut observer depuis la falaise qui lui fait face. Attention toutefois, soyez vraiment vigilant, surtout si vous êtes avec des enfants, il n'y a pas de garde-fous. Les photographes auront une meilleure lumière le matin, mais pas avant 7h ou 8h (ça dépend des saisons), car plus tôt, tout est encore dans l'ombre. Maintenant, la mauvaise nouvelle : des groupes commencent à débarquer...

LE LAC POWELL

🞶🞶🞶 À cheval sur la partie nord de l'Arizona et le sud de l'Utah. Il a fallu 17 ans pour remplir d'eau ce lac après l'inauguration officielle du barrage de Glen Canyon en 1966 ; 17 ans qui prouvent l'immensité des lieux. Par sa taille, cet incroyable serpent de terre, sinuant sur 300 km, forme le deuxième plus grand lac artificiel des États-Unis (655 km^2). Ses nombreux tentacules, empruntant les lits des rivières ennoyées, s'enfoncent dans les terres comme autant d'épines dardées dans le désert. Au total, criques découpées et canyons secondaires inclus, le lac Powell totalise 3 140 km de rivage, soit plus que toute la côte Ouest du pays ! En fait, il s'agit à l'origine d'un long et profond canyon, creusé dans le plateau par la rivière Colorado.

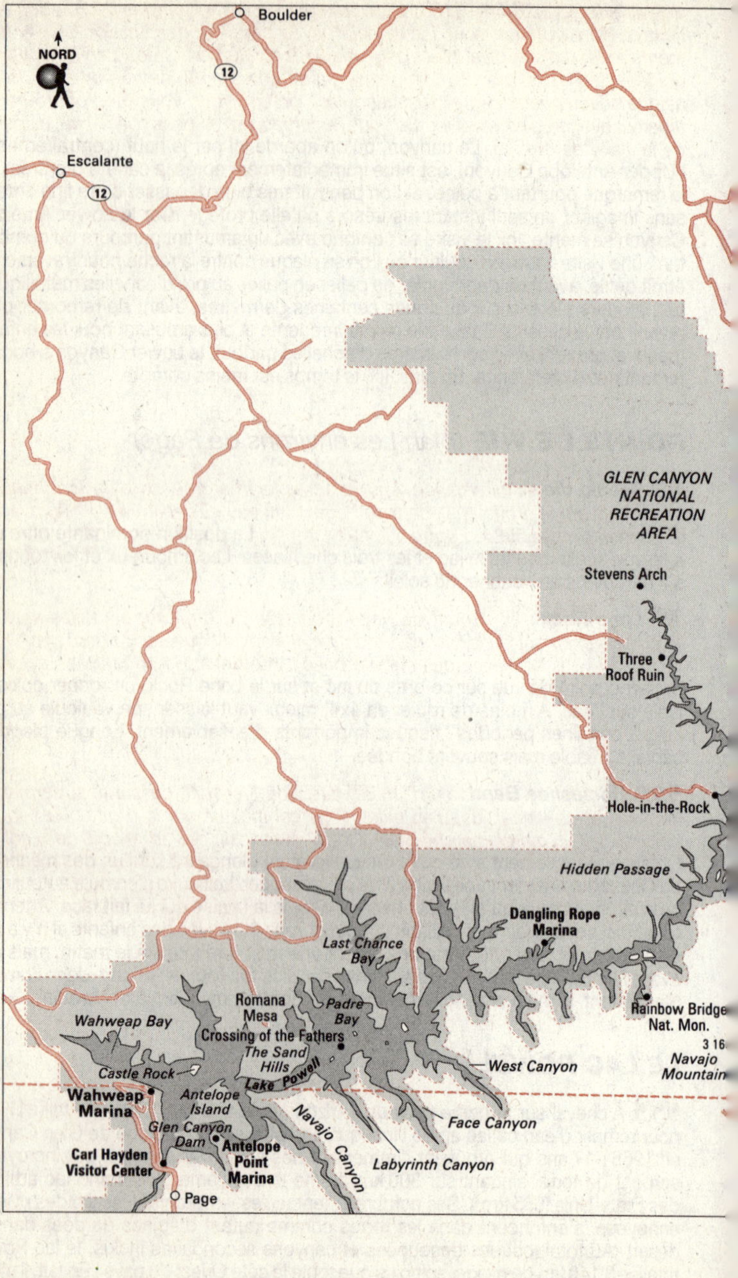
NORD
Boulder
12
Escalante
12
GLEN CANYON NATIONAL RECREATION AREA
Stevens Arch
Three Roof Ruin
Hole-in-the-Rock
Hidden Passage
Dangling Rope Marina
Last Chance Bay
Padre Bay
Romana Mesa
Wahweap Bay
Crossing of the Fathers
The Sand Hills
Lake Powell
Castle Rock
Wahweap Marina
Antelope Island
Glen Canyon Dam
Antelope Point Marina
Carl Hayden Visitor Center
Page
Navajo Canyon
Labyrinth Canyon
Face Canyon
West Canyon
Rainbow Bridge Nat. Mon.
Navajo Mountain

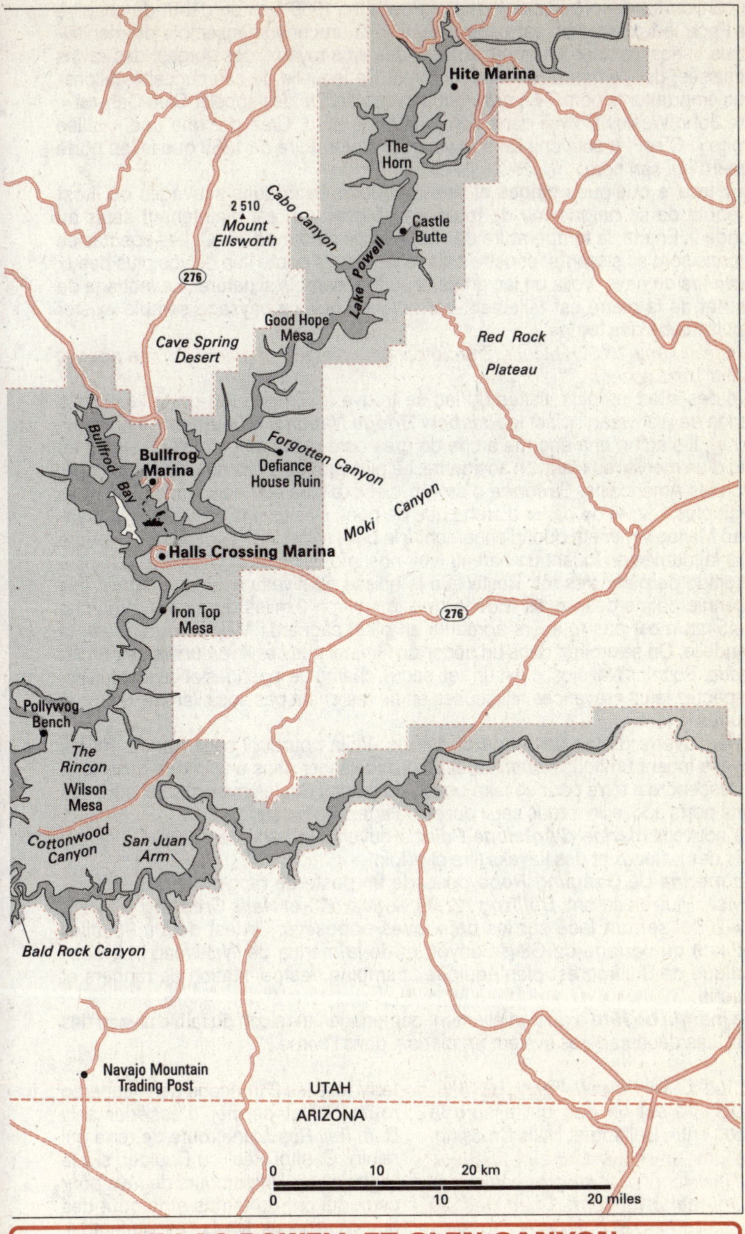

LE LAC POWELL ET GLEN CANYON

Ce canyon fut découvert par le major Powell en 1869 (voir au début du chapitre sur Page le texte qui lui est consacré). « Voilà un curieux ensemble de merveilleuses curiosités : des parois sculptées, des arcs royaux, des gorges, des ravins encaissés, des tertres et des monuments. De laquelle de ces curiosités allons-nous emprunter le nom ? Eh bien, nous avons décidé de l'appeler Glen Canyon », note John Wesley Powell dans son journal de bord. *Glen* désigne une « vallée étroite ». C'est en souvenir de son voyage exploratoire de 1869 que le lac porte aujourd'hui son nom.

On y trouve quelques plages et une multitude de criques sauvages où il est agréable de se baigner ou de jouer à Robinson (on est maintenant seuls au monde !). En été, la température de l'eau oscille autour de 26 °C. Les spectacles naturels sont saisissants, et cette balade sera sans doute l'un de vos plus beaux souvenirs du pays. Voilà un lac artificiel où tout semble si naturel. Le mariage de l'eau et de la pierre est tellement harmonieux que ce paysage semble exister depuis l'aube des temps.

– Entrée : env 15 $/véhicule, 7 $/piéton ou cycliste ; valable 7 j. ; Interagency Annual Pass *accepté.*

– Un des sites les plus visités du lac se trouve à 50 miles (80 km) à l'est de la marina de Wahweap : c'est le ***Rainbow Bridge National Monument*** *(• nps.gov/rabr •).* Il s'agit d'une énorme arche de grès ocre rose haute de 83 m, située au fond d'un merveilleux canyon accidenté. La plus grande arche naturelle au monde, selon les Américains. Sa forme d'arc-en-ciel explique son nom, même s'il nous paraît plus adapté de parler d'arche que de pont. Des excursions depuis la Wahweap Marina y mènent quotidiennement à la belle saison. On peut aussi s'y rendre dans la journée en louant un bateau (voir nos infos à ce sujet un peu plus loin), à condition de partir très tôt. Reste que la baisse du niveau des eaux depuis une décennie oblige désormais à débarquer à environ 2 miles du pont. La marche de 45 mn n'est pas toujours agréable en plein cagnard ! Mais le jeu en vaut la chandelle. On se croirait dans un décor de film, tel que *Les Aventuriers de l'Arche perdue.* Pour les Navajos, c'est un lieu sacré, chargé de légendes et de spiritualité. Respectez leurs croyances religieuses en ne marchant pas sous l'arche, même si d'autres le font.

La découverte du lac demande du temps. Voilà pourquoi ceux qui en ont les moyens louent un *house-boat.* Quel pied de relâcher dans une crique déserte et de descendre à terre pour se faire un feu de camp ! Sur les rives nord et sud, des petits ports accueillent tous ceux qui se baladent en bateau :

– La nouvelle ***marina d'Antelope Point*** a ouvert ses portes en 2007. On peut y louer des bateaux et des kayaks (lire plus loin).

– La ***marina de Dangling Rope*** possède un poste de rangers et une station-service. Plus en amont, ***Bullfrog*** *(☎ 435-684-3000)* et ***Halls Crossing*** *(☎ 435-684-7000)* se font face sur les deux rives opposées. On est déjà à 95 miles (152 km) du barrage de Glen Canyon et de la marina de Wahweap ! La base nautique de Bullfrog est bien équipée : camping, restos, station de rangers et épicerie.

– La ***marina de Hite*** a dû partiellement déménager en raison du faible niveau des eaux. Les débarcadères avaient les pieds... dans l'herbe !

Le **Lake Powell Ferry** *(☎ 435-684-3088)* est un bac qui assure la liaison entre Bullfrog et Halls Crossing. *Compter env 10 $/adulte et 25 $/voiture (plus cher pour les gros véhicules). De mi-mai à mi-sept, 1 bac ttes les 2h, 8h-18h à partir de Halls Crossing, 9h-19h à partir de Bullfrog. L'hiver, 2 départs/j. slt. Attention, il n'embarque qu'une vingtaine de voitures.* Le ferry relie les 2 tronçons de la superbe route 276 et permet d'accéder à la *Burr Trail Road,* une route de terre qui rejoint Capitol Reef ou Boulder, sur la Highway 12. Un parcours de rêve pour ceux qui ont du temps et le goût des grands espaces. Un 4x4 est préférable, mais pas obligatoire en été (cela dit, les compagnies de location interdisent d'emprunter les pistes).

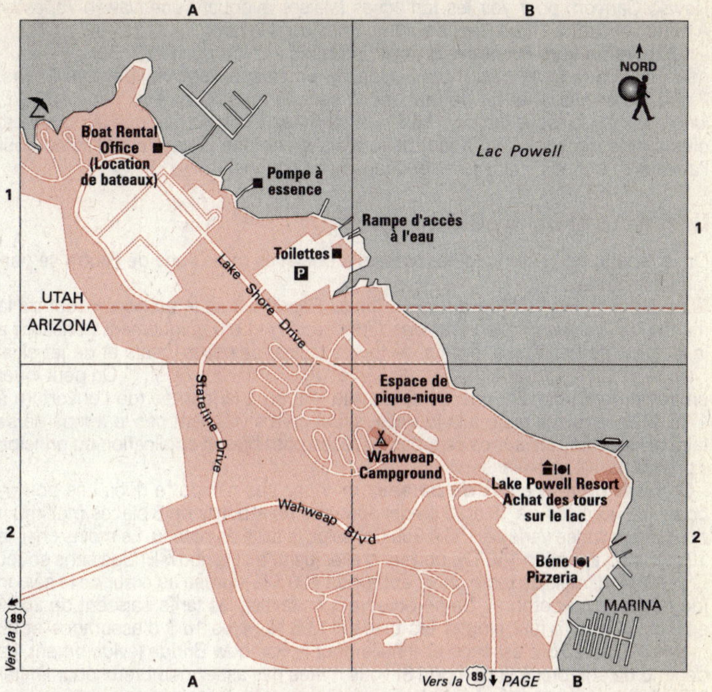

WAHWEAP MARINA

Balades en bateau sur le lac Powell

C'est le seul moyen pour vraiment découvrir le lac et ses innombrables fantaisies de pierre. La plus ancienne compagnie *(Lake Powell Resorts and Marinas)* propose deux formules : balade touristique plus ou moins longue, ou location d'une embarcation plus ou moins puissante pour se balader à sa guise, du simple hors-bord jusqu'au *house-boat* géant en passant par le jet-ski. L'autre compagnie *(Antelope Point Resort & Marina)* ne propose que des locations de *Powerboats* (hors-bords) ou de *house-boats* (pas d'excursion). Dans les deux compagnies, ça coûte cher !

Balades organisées *(boat tours)*

■ ***Réservations :*** au comptoir du Lake Powell Resort. *Infos et résas :* ☎ *928-645-2433 ou 1-888-896-3829.* • *lakepowell.com* • Ce dernier numéro concerne les réservations en tout genre (bateau, chambre au *lodge*...).

Les fréquences données ci-après sont les fréquences minimum, il y en a d'autres si la demande le permet (se renseigner).

➢ ***Excursion de 1h30 :*** jusqu'à 3 départs au cœur de la saison, 1 le mat, 2 dans l'ap-m, puis les fréquences déclinent (1 fois/sem l'hiver, en principe sam). Prix : env 37 $. Balade vers le *dam* et l'Antelope Canyon. C'est la moins chère. Malgré sa courte durée, ça reste un bon moyen d'avoir un petit aperçu des beautés du lac.

➢ ***Excursion de 2h30 :*** 2 départs/j., vers 9h et 13h. Prix : env 71 $. Même chose que le 1er tour, avec en plus une incursion très sympa dans l'étroit et sinueux

Navajo Canyon, pour voir les fameuses falaises évoquant une *Navajo Tapestry.* À noter : des rafraîchissements sont compris dans le tarif.

➢ ***Excursion vers Rainbow Bridge :*** possible à la journée (7h-7h30) ou ½ journée (5h). Dans le 1er cas, 1 seul départ/j. en saison vers 9h. Dans le 2e cas, 2 départs en début et fin de matinée (1 seul en mi-saison). Prix : env 160 $/j., *lunch box* et boissons inclus, 116 $ la ½ journée. N'oubliez pas que le pont n'est plus visible depuis le lac. Il faut désormais suivre une piste d'env 2 miles pour l'atteindre : bonnes chaussures et chapeau de rigueur !

Location d'un bateau à moteur

On le répète, deux compagnies situées à quelques miles l'une de l'autre se partagent le gâteau.

■ Le ***Boat Rental Office*** du *Lake Powell Resort* est situé au nord-ouest de la marina de Wahweap *(plan Wahweap Marina, A1)* et est uniquement consacré à la location de bateaux à moteur de toutes tailles, de *house-boats* et de jet-skis. *Ouv de mi-mai à fin sept, 7h-18h ou 19h et d'oct à mi-mai, 8h-17h.* On peut louer un *powerboat* pour 2h, une demi-journée (4h) ou à la journée (de l'ouverture à 17h). Mais le mieux reste à la journée, sinon on n'a vraiment pas le temps de se faire plaisir. Dans les autres cas, pas de résas possibles et application du principe « premier arrivé, premier servi ».

– ***Conseils pour le choix du bateau :*** ne louez pas n'importe quoi. Les *powerboats* (en versions de 19 à 23 pieds) sont des hors-bords de 8 places maximum dont la puissance varie de 150 à 260 CV, selon la taille du bateau. Le moins cher, le 19 pieds équipé d'un 150 CV, permet d'aller jusqu'au Rainbow Bridge sans souci. C'est le pied, mais ça reste cher : autour de 400 $ la journée au cœur de la saison (de mi-juin à mi-octobre). De fin octobre à fin février, les tarifs baissent de 20 % environ. À cela, il faut ajouter les taxes (11,95 %), plus 16 $ d'assurance et au moins 100 à 120 $ d'essence et d'huile pour le Rainbow Bridge (évidemment, ça dépend de son prix à la pompe). Si vous n'êtes pas assez nombreux pour limiter les frais, vous aurez de bonnes chances de trouver d'autres personnes intéressées à nos meilleures adresses où dormir.

– ***Comment louer ?*** On vous conseille de réserver avant le voyage sur Internet (● lakepowell.com ●) ou dès votre arrivée (au moins 48h à l'avance en août). Pour une location le jour même, tentez votre chance en allant au Boat Rental Office à l'ouverture *(central de résas : ☎ 1-888-896-3829).* Concernant la caution, sachez qu'il vaut mieux la payer en cash si vous réservez le jour même (et si la caissière veut bien). Les cartes de paiement sont débitées puis recréditées le même jour, mais le remboursement prend environ 1 semaine, ce qui, avec l'application des taux de change par votre banque, vous coûtera environ 15 $ supplémentaires. Et si vous réservez via Internet, la caution sera aussi débitée le jour même de la résa... c'est-à-dire plusieurs mois à l'avance dans certains cas. Mouais, c'est tout un business.

Sinon, aucun permis bateau n'est requis, mais il est nécessaire d'avoir son passeport ou un permis de conduire (les voitures). Avant le départ, le bateau est inspecté *(inventory)* et une *check-list* établie (comme pour une voiture de location). Vérifiez particulièrement l'hélice (*propeller,* en anglais), source du plus grand nombre de litiges, ainsi que l'embase du moteur. Faites noter tout choc sur l'*inventory.* Si vous avez besoin d'aide, demandez un instructeur parlant le français. Il y en a toujours au moins un en saison. Demander la brochure en français *Guide pour les petits bateaux.* Les explications, concises mais suffisantes, durent en général 30 mn (sans compter l'attente avant en très haute saison, même si on a réservé). C'est le moment de poser toutes les questions sur la conduite de l'engin et sur les règles de navigation (qu'on trouve d'ailleurs dans la brochure en français). L'après-midi, retour obligatoire 1h avant la fermeture, c'est-à-dire vers 17h. Il est impératif de refaire le plein avant de rendre le bateau à la marina (la pompe est à côté du *Boat Rental Office* et des employés sont là pour vous aider). Attention, ne pas dépasser l'heure si vous ne voulez pas payer un *late fee* (en général 50 $). Dernier point, si vous devez revenir plus tôt à cause du temps, il n'y a pas de remboursement.

– ***Bon plan :*** sachez que s'il reste des bateaux à louer à 10h du matin, on peut bénéficier d'une réduction de 50 $ sur le tarif à la journée. Seul inconvénient : le bateau doit être rendu impérativement à 16h. Marche à suivre : venir dès 9h. À 9h30, on délivre des tickets par ordre d'arrivée. La location des bateaux restants commence à 10h, en fonction de votre ordre d'arrivée. Évidemment, on n'est pas sûr d'avoir un bateau (surtout en juin-juillet-août), mais ça peut valoir le coup. Sachez toutefois qu'en partant à 10h30, c'est un peu juste pour aller jusqu'au Rainbow Bridge (2h sur place seulement), puisqu'il faut prendre en compte les 4 miles aller-retour de randonnée. Mais on peut parfaitement se contenter d'explorer les méandres du lac et de se baigner sans pousser jusque là-bas (économie d'essence).

– ***Conseils :*** munissez-vous d'abord d'une bonne carte du lac, c'est important. Celle délivrée par le parc n'est pas assez précise pour naviguer. On conseille la *Stan Jones Map* ou, un peu moins agréable à lire, la *South Lake Powell Map,* vendue au bureau de location. Prendre aussi le *Glen Canyon Lake Powell Magazine,* petit guide gratuit très complet contenant plein d'infos utiles sur le lac et les balades en bateau. On le trouve à la *Chamber of Commerce.* Faites attention au soleil : la réverbération est intense. N'oubliez pas d'apporter de l'eau et quelques provisions. *Attention à la météo* (avec les papiers du bateau, on vous remettra aussi les précisions du jour) : des vents violents peuvent survenir brusquement dans la journée. Si vous allez en ligne droite, sans excès, un plein suffit normalement pour l'aller-retour jusqu'au Rainbow Bridge avec un 19 pieds ; assurez-vous-en auprès du loueur, car un moteur différent peut avoir un gros impact (le vent aussi). Par mesure de précaution, vous pouvez vous ravitailler à la marina de Dangling Rope (à quelques miles du Bridge).

– ***Attention aussi au shérif :*** la conduite des bateaux est facile, mais cela ne doit pas vous pousser à faire les dingues sur l'eau. Le respect des autres est un vrai truc ici, pas du baratin. Si vous entrez dans le port en faisant des vagues, le shérif foncera sur vous toutes sirènes hurlantes. Une amende pour excès de vitesse sur le lac Powell, c'est vraiment trop bête ! Lisez bien les règles de navigation données dans la brochure en français.

■ Il existe depuis quelques années une autre compagnie de location de bateaux, basée à l'***Antelope Point Marina*** *(☎ 1-800-255-5561 ; ● lakepowellhouseboating.com ●),* à quelques miles au nord-est de Page. Location de hors-bords à l'heure ou à la journée. Le prix à la journée est le même qu'à la Wahweap Marina, en revanche la formule à l'heure intéressera ceux qui ne voudraient louer un bateau que pour 2 ou 3h.

Location d'un *house-boat*

Possible au **Boat Rental Office** du *Lake Powell Resort* ainsi qu'à l'***Antelope Point Marina*** *(plan Les environs de Page).* Une super façon de découvrir le lac en toute sérénité, mais vraiment très, très cher.

■ ***Réservations :*** *au* ***Boat Rental Office,*** *pour 3 j. (min) comptez 1 315 $ de mi-oct à mi-mars pour un bateau de 12 m (bien à 6, serré à 8) et 2 195 $ pour le même de mi-juin à mi-août !* Ajoutez les taxes, l'assurance *(23 $/j.)* et l'essence à raison de 10 gallons/h et vous aurez une idée de la taille du petit cochon qu'il vous faudra sacrifier... Et on ne vous parle même pas des plus gros bateaux ! *À l'****Antelope Point Marina*** *(☎ 928-645-5900 ou 1-800-255-5561 ; ● antelopepointlakepowell.com ●).* À ce prix-là, le pilote est inclus si vous le souhaitez (encore heureux...). Les prix grimpent logiquement avec la taille du bateau et son confort. Attention, le jour du retour, le bateau doit être ramené à... 14h !

Si l'aventure vous tente, pensez à réserver longtemps à l'avance. Ceux qui sont intéressés par cette formule préféreront partir de Halls Crossing, une marina plus au nord du lac. Ils se retrouveront tout seuls, dans un secteur très peu fréquenté.

– À noter que les deux marinas proposent aussi des ***locations de kayaks*** simples ou doubles *(aux plus de 21 ans slt). Compter 30-45 $/j. et 165-250 $/sem à l'Antelope Point Marina. Également des jet-skis.*

À faire

Baignade

Au bord du lac Powell, il existe de nombreuses plages nichées dans le fond des criques. Près de Page, elles sont plus rares et bien cachées. Il y en a près des points de départ des bateaux, mais l'eau n'est pas très engageante. Celles bordant la route sont évidemment accessibles à tous.

Chains Area *(plan Les environs de Page) : juste avt le pont sur le barrage (en venant de Page), au mile 549, tourner à droite sur la piste carrossable (1 mile) et se garer au parking.* Il ne vous reste plus qu'à descendre tranquillement les rochers (5 à 10 mn de marche) pour vous retrouver au bord de l'eau avec vue sur le barrage. Très sympa, et l'eau est propre.

Dans l'enceinte de la marina de Wahweap *(plan Wahweap Marina, A1) : prendre la route qui va vers l'extrémité nord-ouest de la marina, passé le Boat Rental Office. Panneau « The Coves ». Se garer sur le 3ᵉ parking, au fond, d'où l'on descend vers de petites anses protégées du vent.* L'eau est super propre (à Wahweap North). Accès caillouteux, pas de plage mais l'endroit est calme.

Lone Rock : *voir « Points de vue » plus haut.* La plage est immense et accessible sans bateau. Le revers de la médaille, c'est que c'est hyper fréquenté, sans compter les tentes et les camping-cars alignés comme à la parade.

Plages accessibles en bateau : ceux qui loueront un bateau auront le loisir d'explorer les centaines de kilomètres de côtes à la recherche de roches en pente douce ou de plages de sable ocre rouge, jaune ou blanc selon les lumières. Le jeu consiste à trouver un bras de lac où il n'y a personne, pour avoir le sentiment d'une totale solitude. Il y a tellement de coins et de recoins que ce n'est pas très difficile. Évidemment, plus on s'éloigne, moins il y a de monde. Ceux qui ont des enfants et un bateau apprécieront la baignade à *Warm Creek Bay*, qui porte si bien son nom (une des plages les plus proches de Wahweap Marina, mais pas la plus jolie). On peut aussi y faire du ski nautique. *Padre Bay* (juste après) est également renommée, et un peu plus loin : *Last Chance Bay* et *West Canyon Rock*.

Descente du Colorado

Au-delà du barrage, le Colorado poursuit sa route liquide. Ce n'est pas forcément le site le plus remarquable pour le descendre, mais on peut y faire un petit tour sans déplaisir.

■ ***Colorado River Discovery*** *(plan couleur Page, A-B2) : 130 6th Ave. ☎ 1-888-522-6644. • raftthecanyon.com • ½ journée env 80 $; réduc.* Entre le printemps et l'automne, agréable descente de la Colorado River à travers le Glen Canyon avec de beaux paysages, des visites de sites de pétroglyphes et de nombreuses explications sur la région. 2 départs quotidiens de mai à septembre (7h et 13h), 1 seul en début et fin de saison (à 11h).

Randonnées de plusieurs jours

➢ Une piste de 14 miles permet d'atteindre le superbe **Rainbow Bridge** par l'intérieur des terres. Prévoir tout de même une marche un peu difficile de 2 ou 3 jours aller-retour (et beaucoup d'eau). Demander la brochure au *Visitor Center* et un permis au *Navajo Parks and Recreation Department* *(5 $/j. par pers + 5 $/j. par pers pour le camping). ☎ 928-871-6647. • navajoparks@yahoo.com •*

➢ Les ***Paria Canyon*** (voir « Dans les environs de Page »), ***Dark Canyon*** et ***Grand Gulch*** offrent aussi de très belles randonnées de plusieurs jours. Prévoir un bon équipement et des vivres.

Survol du lac Powell

■ Il n'y a pas de compagnies d'hélicoptères basées à Page. En revanche, toutes celles du Grand Canyon (à Tusayan) proposent des vols jusqu'au lac Powell.

■ À Page même, 3 compagnies aériennes organisent des balades à bord de petits avions de tourisme, dont ***Westwind Air Service*** *(☎ 928-645-2494 ; ● westwindairservice.com ●).*

DANS LES ENVIRONS DE PAGE

Marble Canyon *(plan Les environs de Page) : à 24 miles au sud de Page, par la route 89A (celle qui mène à la rive nord du Grand Canyon), dans la* Glen Canyon National Recreation Area. Ranger's Station *sur place. ☎ 928-355-2234. Entrée du parc : env 15 $/véhicule, 7 $/vélo ou piéton (courage !), à payer par CB à la borne au début de la route d'accès ;* Interagency Annual Pass *accepté.*

On franchit le Colorado et le Marble Canyon sur un pont moderne, parallèle au Navajo Bridge inauguré en 1929 au-dessus de la gorge. Juste après, un embranchement mène sur la droite à Lee's Ferry, où fut inauguré en 1871 le premier ferry sur le fleuve. C'était le seul point de passage entre l'Arizona et l'Utah sur près de 100 km ! La route contourne d'abord le grand Cathedral Rock, aux allures de Monument Valley, et passe auprès d'un rocher en équilibre qui ressemble étrangement à un champignon, avant de redescendre vers le Colorado à l'endroit où se trouvait le ferry. À l'arrière-plan, le Vermilion Cliffs National Monument, très sauvage, où ont été réintroduits des condors de Californie. Du bout de la route, vous pourrez effectuer plusieurs promenades dans les environs, voire remonter le canyon de Paria – une extraordinaire randonnée de plusieurs jours qui vous conduira jusqu'en Utah (voir ci-dessous). Aujourd'hui, Lee's Ferry est le point de départ de la plupart des descentes du Colorado en raft.

ET ILS EURENT BEAUCOUP D'ENFANTS

Ce sont essentiellement des pionniers mormons qui traversaient le Colorado à Lee's Ferry – à 3 miles en amont du pont actuel. Beaucoup d'entre eux venaient de se marier civilement dans l'Arizona ou le Colorado et se rendaient à Saint George, dans l'Utah, où se trouvait le temple le plus proche, pour la cérémonie religieuse – d'où le surnom de « route de la Lune de miel » (Honeymoon Trail) *donné à l'itinéraire.*

➢ ***Cathedral Wash :*** balade d'environ 2h aller-retour dans un petit canyon. Ne pas y aller si le temps est orageux.

➢ ***River Trail :*** suit l'ancienne route des diligences sur 1 mile le long de la Colorado River.

➢ ***Paria Canyon :*** départ de Lee's Ferry ou de White House et Buckskin Gulch. Cette randonnée exceptionnelle, réservée aux amoureux des grands espaces dotés d'une solide expérience en la matière, permet de découvrir des paysages fabuleux, avec un grand nombre de canyons-fentes. Il faut compter de 3 à 6 jours, selon sa forme physique et le temps dont on dispose, pour rejoindre Lee's Ferry depuis White House ou Buckskin Gulch, sur la route 89, au sud de l'Utah (point de départ traditionnel, à 41 miles à l'ouest de Page). Le canyon est particulièrement resserré dans sa partie supérieure et s'élargit au fur et à mesure de la descente.

Il faut traverser la rivière à de nombreuses reprises – parfois même on ne peut progresser que dans son lit. Mieux vaut éviter l'été, sujet aux orages, au profit de la fin du printemps ou de l'automne. Pour un avant-goût, on peut se contenter de remonter le canyon dans la journée depuis Lee's Ferry (départ derrière le *Lonely Dell Ranch*). Pour 1 journée seulement, pas besoin de permis. Pour plusieurs jours, se rendre le plus tôt possible au *Bureau of Land Management* à Kanab *(☎ 435-644-4600).* Selon la saison et les quotas, cela peut prendre de quelques jours à 1 mois...

Où dormir dans le coin ?

Lee's Ferry Campground : *sur la gauche, peu avt d'arriver à la* Ranger Station. *Env 12 $/site.* Emplacements petits et très peu ombragés, mais admirablement situés sur la croupe d'une colline environnée de montagnes rouges avec vue sur le Colorado. Bonne base pour randonner dans les environs. On choisit son emplacement et on paie par enveloppe. Certaines tables de pique-nique et leurs barbecues sont abrités par un auvent. Toilettes, mais pas de douches (elles sont disponibles, et payantes, au *Marble Canyon Lodge*).

Marble Canyon Lodge : *☎ 928-355-2225 ou 1-800-726-1789. • marblecanyoncompany.com • Au croisement de la route 89A et de l'embranchement menant à Lee's Ferry, juste après le pont. Doubles env 70-85 $ en été.* Motel perdu en plein désert, façon *Bagdad Café.* Notez le vieux coffre-fort à la réception. Chambres assez grandes et bien tenues, sur des notes boisées. Tout contre l'hôtel, vous trouverez un *trading post,* établi en 1926, une station-service (un poil plus chère qu'ailleurs) et un café-restaurant *(tlj 6h-21h30 en été, 7h-19h en hiver).* Dommage que l'accueil soit aussi peu amène.

L'UTAH

ABC
DE L'UTAH (UT)

- *Superficie :* 212 751 km².
- *Surnom : Beehive State* (l'État de la ruche).
- *Capitale :* Salt Lake City, 178 100 hab.
- *Population :* 2 736 000 hab.
- *Fuseau horaire : Mountain Time.*
- *Adhésion à l'Union :* 1896 (45ᵉ État).

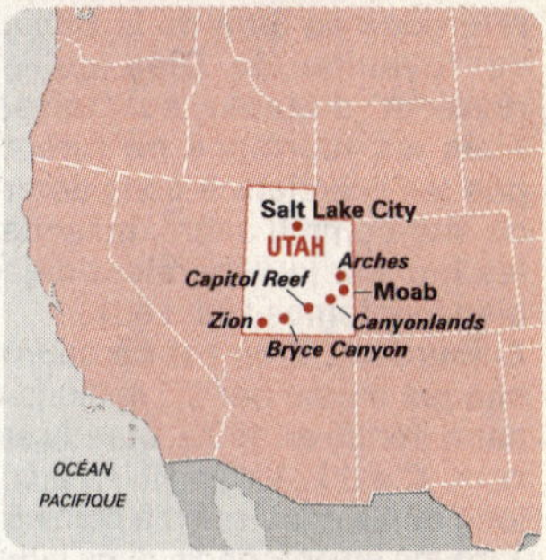

Longues routes traversant l'infini désert, dont le vent balaie parfois le sable par violentes bourrasques. Grandes plaines rougeoyantes creusées de canyons vertigineux. Hautes montagnes couvertes de forêts où gambadent les daims, de pistes de ski qu'on dévale l'hiver. Immense Powell Lake au sud propice aux sports nautiques, et non moins Grand Lac Salé au nord que borde Salt Lake City, la capitale des mormons, à l'histoire, à la culture si particulières. Et des villes de pionniers, des bourgades de cow-boys, des bisons et des vaches grasses... Surtout, des parcs nationaux fabuleux (Bryce, Zion, Arches, Capitol Reef, Canyonlands...), une multitude d'espaces protégés qui couvrent un bon tiers de la surface totale de l'État. Sur les plaques d'immatriculation de nombreux véhicules se détache « *Delicate Arch* », la plus belle de l'Arches National Park. Beau symbole. L'Utah offre un condensé de grands espaces, de panoramas à couper le souffle. Il possède plusieurs caractéristiques uniques qui poussent beaucoup d'Américains à s'y installer, jugeant les côtes Est et Ouest trop chères, trop surfaites. Un territoire exceptionnel qui se découvre de préférence au printemps (mai-juin) ou à l'automne (septembre-octobre, la *peak season*), tant

RÉGIME SEC

On brasse en Utah des myriades de bières locales, de la brune la plus épaisse à la blonde la plus claire. Mais, aucune, jamais, ne dépasse 4°. C'est qu'on est ici au pays des mormons, apôtres de la tempérance. Si l'on peut siroter un whisky, ce sera avant 1h du mat', après, au lit ! Estimez-vous heureux, jusqu'en 2009 il fallait obtenir une membership card *payante pour avoir le droit de picoler...*

l'hiver est glacial, tant l'été est brûlant, chauffé à blanc à 40 °C. Même durant les saisons intermédiaires, la météo joue les extrêmes. On peut griller ici comme un *T-bone* steak, et grelotter 150 miles plus loin. Prévoyez un pull et un short, crème solaire et *sunglasses.* Car la lumière est ardente, magnifique. Pour le chapeau en revanche, on trouve ce qu'il faut sur place...

– À la manière de l'*Interagency Annual Pass* valable pour les parcs nationaux des USA, on peut acheter dans les *State Parks* de l'Utah un *Utah Sate Parks Pass* de 75 $, valable 1 an et donnant accès à tous les parcs d'État, sauf Antelope Island et This is the Place Heritage Park. Cependant, le droit d'entrée des parcs d'État étant rarement supérieur à 6 $, il faudra les visiter plusieurs fois pour rentabiliser le *pass.* N'intéressera donc que ceux qui restent en Utah pour une longue période. Infos sur • *stateparks.utah.gov/parkspass* •

ZION NATIONAL PARK

Isolée du fait de sa difficulté d'accès, la région de Zion, au sud-ouest de l'Utah, fut longtemps le refuge des seuls pionniers mormons. Ce sont eux qui la baptisèrent ainsi, en référence au Sion de la Bible, ce royaume de Dieu qu'ils rêvaient d'établir sur terre. Mais les mormons ne furent pas les premiers à considérer ce site comme sacré, puisque les Indiens le vénéraient déjà bien longtemps avant eux.

Aujourd'hui, Zion est parcouru chaque année par 2,5 millions de visiteurs. Il forme un parc national centenaire (fondé en 1909), étendu sur 595 km², centré autour du canyon du même nom. C'est la Virgin River, aux colères parfois redoutables, qui a creusé ce long défilé encaissé d'à peine 8 miles au fil des 13 derniers millions d'années. Terminé en entonnoir, dans lequel on peine à se glisser, il constitue la partie la plus intéressante (et la plus visitée) du parc. Le site est souvent comparé à un pays de géants. C'est vrai que les falaises sont impressionnantes, avec leurs parois drues, dont la hauteur varie entre 610 et 910 m. Les formations rocheuses ne sont pas en reste : cheminées, blocs suspendus, dômes, affublés par l'un des premiers visiteurs européens, le pasteur Frederick Fisher, d'une multitude de noms aussi évocateurs que bibliques : *The Great White Throne* (« Le Grand Trône blanc »), *Angel's Landing* (« Débarcadère de l'Ange »), *Guardian Angel* (« L'Ange gardien »)... Côté est, on traverse encore d'étranges étendues de rochers érodés en stries, comme si la nature avait utilisé un râteau... Les couleurs sont étonnantes : beige, rose, orange, rouge... et vert, celui des arbres serrés au fond du défilé. Car Zion est comme une oasis en plein désert, un canyon touffu et verdoyant entretenu par la rafraîchissante Virgin River. Une particularité qui tranche avec les autres parcs arides de l'Utah. Et ce n'est pas la seule. Alors qu'ailleurs on découvre les canyons d'en haut avant de descendre dans leurs entrailles, ici on commence par admirer d'en bas avant de grimper vers les hauteurs, comme en Europe. Ce qui, parfois, peut décevoir certains visiteurs. Reste que Zion est, encore une fois, un parc superbe, surtout si on prend le temps d'y faire des randonnées.

LA MASCOTTE DES ROUTARDS

Essayez donc de surprendre le road runner, *le fameux Bip-Bip qui échappe au coyote. Un drôle d'oiseau, celui-là. Un petit corps, une longue queue qui se redresse et une tête comme une bombe de cavalier. Il s'agit d'un serpentaire coureur de routes, de la famille des coucous. Il est ainsi surnommé en raison de sa manie de suivre à toute allure les diligences, les trains de marchandises et aujourd'hui les voitures.*

Parc National de Zion
Une image vaut mieux que mille mots?
Venez le voir en VRAI.
UTAH
LIFE ELEVATED
www.visitutah.com
facebook.com/TourismeUtah

Dernier détail, surprenant, la route qui s'y rend, très étroite et sinueuse, est en majeure partie couverte de bitume rouge afin de ne pas jurer avec le paysage... Un service des travaux publics poète, peut-être ?

Topographie

On peut schématiquement diviser le parc en 2 parties. La très grande majorité des visiteurs se rend seulement à Zion Canyon, qui correspond à un petit morceau de territoire au sud du parc, mais qui a l'avantage d'être situé sur la route qui relie Zion à Bryce et au lac Powell. L'autre partie, Kolob Canyons, est un peu moins spectaculaire et beaucoup moins touristique. C'est l'Interstate 15, qui relie Las Vegas à Salt Lake City, qui y mène. Vaut un petit détour si vous passez par là.

Quelques conseils et infos utiles

– ***Entrée :*** *env 25 $/véhicule ou 12 $/pers pour ceux qui sont à pied, à vélo ou à moto, valable 7 j. ;* Interagency Annual Pass *accepté. Les vélos n'ont pas le droit de quitter les routes goudronnées. Ceux qui ne font que traverser doivent tt de même payer. Si vous ne comptez pas visiter le parc, empruntez donc une autre route que la 9.*

– ***Transports publics à l'intérieur du parc :*** de début avril à fin octobre, la route desservant l'intérieur du canyon à partir de *Canyon Junction* (la *Zion Canyon Scenic Drive*) est fermée aux voitures : il faut alors emprunter un bus gratuit *(shuttle).* Le reste de l'année, il n'y a pas de navettes, on peut alors utiliser sa voiture partout. Avant 2000, près de 5 000 véhicules faisaient le trajet dans le canyon chaque jour en saison, engendrant congestion et pollution. Depuis, la faune et la flore sont revenues aux abords de la route. On peut garer son véhicule au parking du *Visitor Center,* vite plein en saison. Se rabattre alors sur Springdale, où se trouvent la plupart des hébergements et où l'on peut aussi laisser sa voiture. Une 2de navette gratuite reliant le bourg à l'entrée du parc s'y arrête en 6 points différents, desservant tous les hôtels.

– ***Pour la visite du parc :*** il existe donc 2 lignes de bus complémentaires : l'une entre Springdale et le *Visitor Center,* l'autre desservant l'intérieur du parc depuis le *Visitor Center.* La 1re fonctionne de 5h35 à 22h15 de mi-mai à mi-septembre (dernier départ du *Visitor Center* à 22h), de 6h40 à 21h avant et après cette période, avec des passages toutes les 10 à 15 mn environ. Rotations un peu moins fréquentes tôt le matin et tard le soir. Elle dessert tout Springdale jusqu'à l'entrée sud de la ville, au niveau du *Majestic View.* La 2de, la *Zion Canyon Road,* qui pénètre de 6 miles dans le canyon jusqu'au *Temple of Sinawava* (au début de la rando des Narrows), marque 9 arrêts, à l'aller comme au retour. En haute saison, elle marche de 6h (départ du *Visitor Center*) à 22h15 (dernier retour du *Temple of Sinawava*), et de 8h45 à 21h en mi-saison. Passages toutes les 7 à 10 mn en journée (de 9h à 20h). Dans les 2 cas, on descend et on remonte quand on veut. Ainsi peut-on faire une ou plusieurs randonnées dans la journée en gagnant les points de départ grâce à la navette. Très bien fait. À l'arrêt *Zion Lodge,* grande pelouse ombragée avec des bancs, très agréable pour une halte, et également une cafétéria avec terrasse proposant boissons, sandwichs et glaces. La route qui traverse le parc se prête aussi merveilleusement à la balade à vélo : c'est quasiment plat et il n'y a pas de voitures. Si on fatigue, on peut même charger son vélo dans le bus (2 au maximum, si place disponible) ! Location de vélos à Springdale *(à partir de 35 $/j.).* Seul bémol : on est censé s'arrêter pour laisser passer les bus...

– ***Camping-cars et vélos :*** lorsque l'on vient du nord, de Bryce Canyon ou de Kanab par la route 9, on passe obligatoirement par le tunnel Zion-Mount Carmel, qui relie l'entrée est au canyon de Zion. Il est interdit aux vélos.

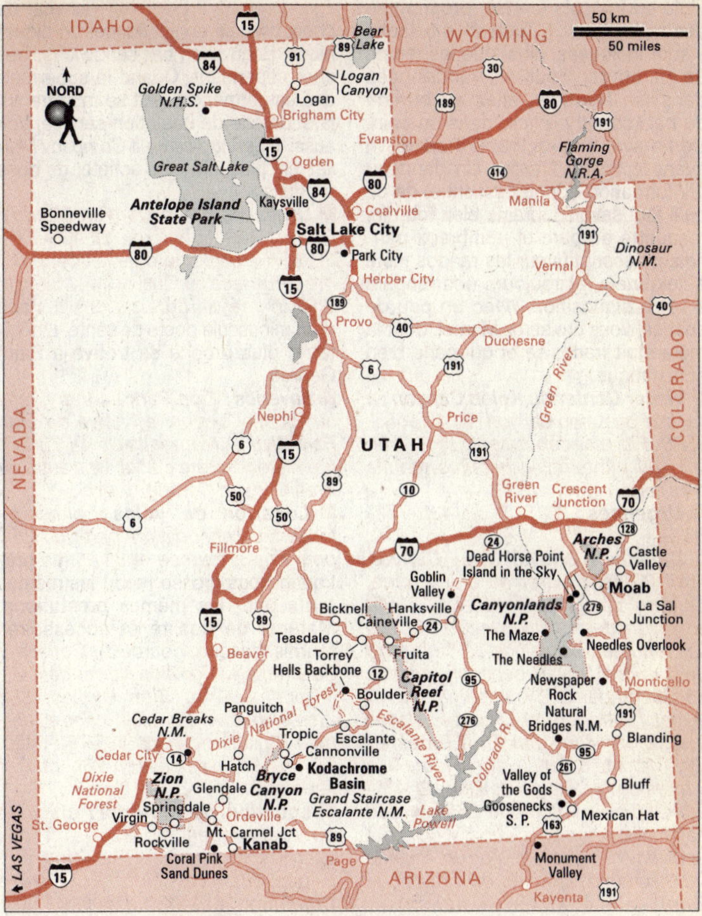

L'UTAH

Quant aux camping-cars qui dépassent 2,40 m de largeur (rétros inclus) et 3,40 m de hauteur, ils doivent s'acquitter à l'entrée du parc d'un *tunnel permit (15 $, valable pour 2 passages sur 7 j.)* et ne peuvent traverser qu'entre 8h et 20h de mi-avril à mi-septembre (variable le reste du temps). La circulation dans le tunnel est alors alternée pour permettre le passage des gros véhicules. Attention, les véhicules de plus de 13 ft (4 m) de haut sont interdits (ils resteraient coincés).

Adresses utiles

Dans le parc

i *Visitor Center du Zion Canyon :* *à l'entrée sud du canyon.* ☎ *435-772-3256 ou 0170* (backcountry office). • *nps.gov/zion* • *Ouv 8h-19h30 fin mai-début sept (18h au printemps, 17h fin oct-fin avr).* Panneau avec la météo du jour. Demander le journal du parc, très utile, et également disponible en français (cartes, programme des animations...). Toutes les balades y sont indiquées, ainsi que les temps de parcours. Pour les randonnées dans les Narrows, allez au bureau du *backcountry office,* dans un coin. De fin avril à mi-octobre, il ouvre 1h avant le *Visitor Center.* Un panneau d'information donne l'essentiel de ce qu'il faut savoir. Librairie bien fournie, maquette du parc et nombreux panneaux descriptifs sur les randos juste à l'extérieur, et toujours des rangers à votre disposition. Avec un peu de chance, vous croiserez Marcel, dont la mère était française et qui parle bien notre langue.

Visitor Center du Kolob Canyon : *à l'entrée du Kolob Canyon.* ☎ *435-586-9548. Fin mai-début sept, tlj 8h-18h (17h au printemps) ; horaires réduits hors saison.*

■ **Urgences :** ☎ *911 ou 435-772-3322.*

■ **Balades à cheval :** *avec* **Canyon Trail Rides,** *à partir du* Zion Lodge, *dans le canyon.* ☎ *435-679-8665.* • *canyonrides.com* • *Env 40-80 $/pers selon durée. Excursions de 1h le long de la rivière Virgin (4 départs/j., jusqu'à 15h30) ou d'une ½ journée (un départ le mat, l'autre l'ap-m). D'autres balades avec* **Zion Mountain Trail Rides** *au* Zion Mountain Ranch, *sur la route 9, à 2 miles de l'entrée est de Zion.* ☎ *435-648-2555 ou 1-866-648-2555.* • *zionnationalparkhorseback.com* • *Env 35 $ pour env 1h, passage par un élevage de bisons en direction du canyon de Zion.*

Au sud-ouest du parc, à Springdale

✉ **Poste :** *au nord du centre de Springdale, sur Zion Park Blvd, à côté du* Desert Pearl Inn. *Lun-ven 7h30-11h30, 12h-15h ; sam 10h-13h.*

■ **Zions Bank :** *921 Zion Park Blvd. Lun-ven 9h-16h (14h en hiver).* Distributeur accessible 24h/24. *Un autre devant le* Giant Screen Theatre.

■ **Supermarché : Sol Foods,** *au centre du village face à la station* Shell. *Antenne également à l'entrée sud du parc, à côté du* Giant Screen Theatre. *Tlj en saison 7h30-22h.* Pas mal de choix pour se confectionner un pique-nique. Beau *salad bar,* sandwichs. Très cher cependant. Quand le supermarché est fermé, on peut se rabattre sur la supérette de la station-service. Voir aussi le *Springdale Fruit Company Market* (lire plus loin « Où acheter de bons produits ? »).

■ **Urgences : Zion Canyon Medical Clinic,** *120 Lion Blvd.* ☎ *435-772-3226. À la sortie nord de la ville, prendre la rue face au* Quality Inn. *Mar-sam 9h-17h (mar slt hors saison).* Il s'agit d'un minuscule poste de santé. L'hôpital le plus proche se trouve à Saint George.

■ **Laveries : Zion Park Laundry,** *face au* Pioneer Lodge, *à l'angle de Zion Park Blvd et Manzanita Dr. Tlj 7h-22h (dernière machine à 21h). Une autre au* **Zion Canyon Campground.**

■ **Location de vélos :** *plusieurs loueurs à Springdale. À partir de 25 $ pour une ½ journée et 35 $/j.* Ils pratiquent tous grosso modo les mêmes tarifs pour les mêmes prestations. Matériel de qualité et accessoires fournis (casque, gourde...). *Contacter par exemple* **Bike Zion** *(voir ci-dessous « Douches ») ou* **Zion Cycles,** *868 Zion Park Blvd (en plein centre, derrière* Pizza Noodle*).* ☎ *435-772-0400. Tlj 9h-19h avr-oct, 10h-18h nov et fév-mars.*

■ **Location de matériel :** *chez les* outfitters *(agences proposant des excursions) comme* **Bike Zion** *(lire ci-dessous) ou* **Zion Adventure Company,** *36 Zion Blvd (face au* Quality Inn, *à l'entrée sud du parc).* ☎ *435-772-1001.* • *zionadventures.com* • Loue tout le matos dont vous pourriez avoir besoin (chaussures waterproof, combinaisons, matériel d'escalade...). Donne aussi des conseils sur les randos dans le parc (petit film sur les Narrows).

■ **Douches :** *chez* **Bike Zion,** *1458 Zion Park Blvd.* ☎ *435-772-3303. Ouv avr-nov (ça varie), 9h-21h en plein été, 18h aux saisons intermédiaires (horaires pas toujours respectés). C'est un loueur de vélos, mais on peut y prendre une douche pour 5 $. Pas de temps limite, mais il faut apporter savon et serviette.*

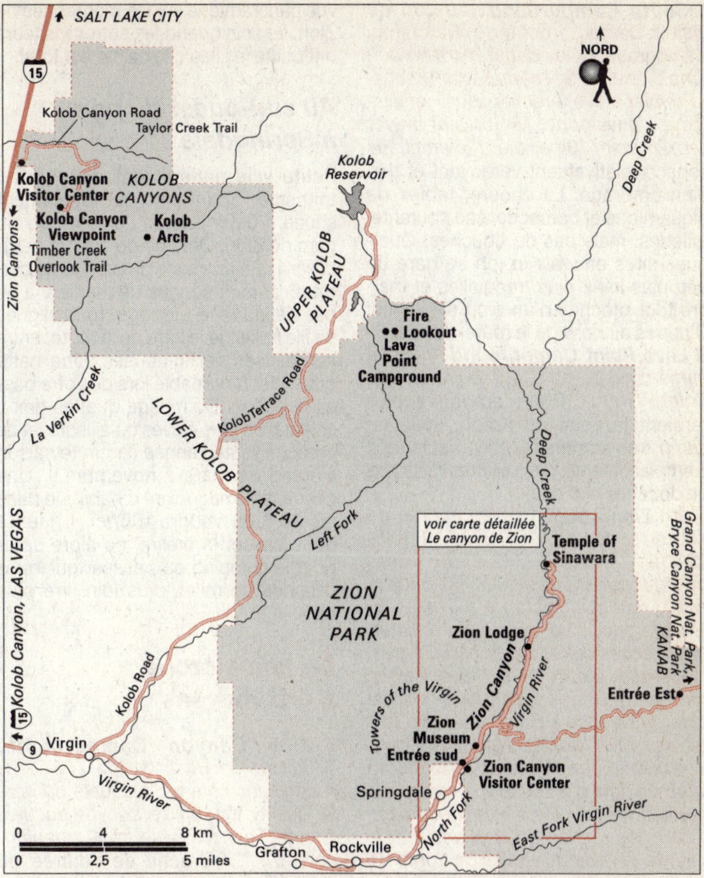

ZION NATIONAL PARK

Où dormir ? Où manger ?

Dans le parc

Watchman Campground : *près du Visitor Center. ☎ 1-877-444-6777. • recreation.gov • Ouv tte l'année. Mars-nov, résa conseillée, possible jusqu'à 6 mois à l'avance. Hors saison, « premier arrivé, premier servi ». Empl. env 16 $ pour les tentes, 18-20 $ pour les RV avec branchement électrique, les plus chers en bord de rivière. Max 2 voitures et 6 pers/empl. 183 empl.* Au pied des falaises, un immense camping, agréable et bien ombragé dans l'ensemble, malgré quelques emplacements en plein cagnard. Certains sont en bord de rivière, d'autres le long de la route. Préférer les *loops* C et D, réservées aux tentes – même si on a le droit de s'installer ailleurs. Tables de pique-nique, barbecue, eau courante, toilettes, mais pas de douches. Difficile d'y dégoter une place en été sans résa. En saison, soirées animées par les rangers (thème nature, pas de discomobile...).

⛺ **South Campground :** *au sud du* Visitor Center, *proche du* Watchman Campground. *Ouv début mars-fin oct. Empl. env 16 $, mêmes conditions. « Premier arrivé, premier servi » et système d'enveloppe. Mieux vaut arriver avt 12h, voire 10h en été. 126 empl.* Bel espace relativement verdoyant et très bien ombragé. Là encore, tables de pique-nique et barbecue, eau courante, toilettes, mais pas de douches. Quelques sites en *walk-in* (on se gare un peu plus loin), plus tranquilles et malgré tout proches d'un bloc sanitaires. D'autres au bord de la route. Sol dur.

⛺ **Lava Point Campground :** *dans la partie nord du parc, sur le plateau de Kolob. Gratuit.* Pour ceux qui exploreraient la zone de Kolob, voilà un camp très sommaire, avec seulement 6 emplacements, des toilettes mais pas de douches ni d'eau.

Zion Lodge : *résas auprès de* Xanterra, ☎ *303-297-2757, 1-888-297-2757 ou 435-772-7700 (résas pour le jour même) ou 7760 pour le resto.* • *zionlodge.com* • *À 3 miles de la route principale, dans la partie interdite d'accès aux voitures particulières. Nécessité d'obtenir un* Red Permit *délivré gratuitement soit lors de votre résa, soit à votre arrivée au* Visitor Center *(comptoir* Zion Lodge Information*). Il ne permet que d'accéder au* lodge, *en faisant autant d'A/R que l'on veut pdt la durée du séjour. Pour le reste du parc, il faut prendre la navette comme tt le monde. À noter que le fait de dormir ici ne rend pas l'entrée du parc gratuite. Résa conseillée longtemps à l'avance. 3 formules possibles : hôtel,* western cabins *avec vraie cheminée à bois et suites, env 174-188 $ pour 2 début mars-fin nov, 88-134 $ hors saison.* Ce vieux *lodge* rustique est extrêmement bien situé, au cœur du parc, dans un minuscule vallon boisé niché au creux des hautes falaises. L'établissement fait cependant bien son âge. Les chambres sont plutôt petites et assez vieillottes, sans TV ni téléphone. Snack *(ferme à 18h),* resto servant une cuisine western classique *(env 8 $ au petit déj, 10-12 $ au lunch et 16-30 $ le soir jusqu'à 22h), gift shop* et *ATM* sur place. Terrasse, bancs et superbe pelouse pour lézarder en profitant de la vue panoramique sur les montagnes de Zion. Le soir, quand les autres visiteurs ont quitté les lieux, le calme est total.

Au sud-ouest du parc, à Springdale

Petite ville entièrement dévolue au tourisme, Springdale est idéalement située à deux pas de l'entrée sud du parc de Zion. Oh, pas de cachet particulier, juste une série de bâtiments plutôt récents et conçus de manière à ne pas défigurer le paysage, tous alignés en file indienne le long de la route, entre les falaises vertigineuses. Une halte quasi incontournable lors de votre passage à Zion. Dommage que les prix y soient bien plus élevés qu'ailleurs, et ce presque toute l'année (la haute saison s'étend de mars à novembre !). Une chambre se négociant d'habitude dans les 80 $ en vaudra 100 ici. Il faudra donc casser la tirelire, ou alors opter pour le camping ou pousser quelques dizaines de miles plus loin (lire plus bas).

De bon marché à prix moyens

⛺ **Zion Canyon Campground :** *479 Zion Park Blvd.* ☎ *435-772-3237.* • *zioncamp.com* • *Situé juste derrière le* Quality Inn, *où se trouve l'accueil. Ouv tte l'année. Tente 30 $, camping-car 39 $.* Proche de l'entrée du parc (1 mile), ce grand terrain tranquille s'étire jusqu'à la rivière. Beaucoup de camping-cars, mais aussi des coins bien ombragés pour les tentes (quelques-uns sur la berge), avec table et barbecue. Sanitaires parfois un peu limites. Cher, mais à défaut de place dans les campings du parc... Jeux pour enfant, laverie et accès libre à la piscine du *Quality Inn.*

Mean Bean : *932 Zion Park Blvd.* ☎ *435-772-0654. Près de la station* Shell, *en face d'*Oscar's. *Tlj sf mar 7h-13h (varie selon saison). Petit déj complet 8-11 $.* Un tout petit café sympa où avaler un bon petit déj en regardant le soleil s'éveiller sur les montagnes, tranquillement installé sur le toit faisant office de terrasse.

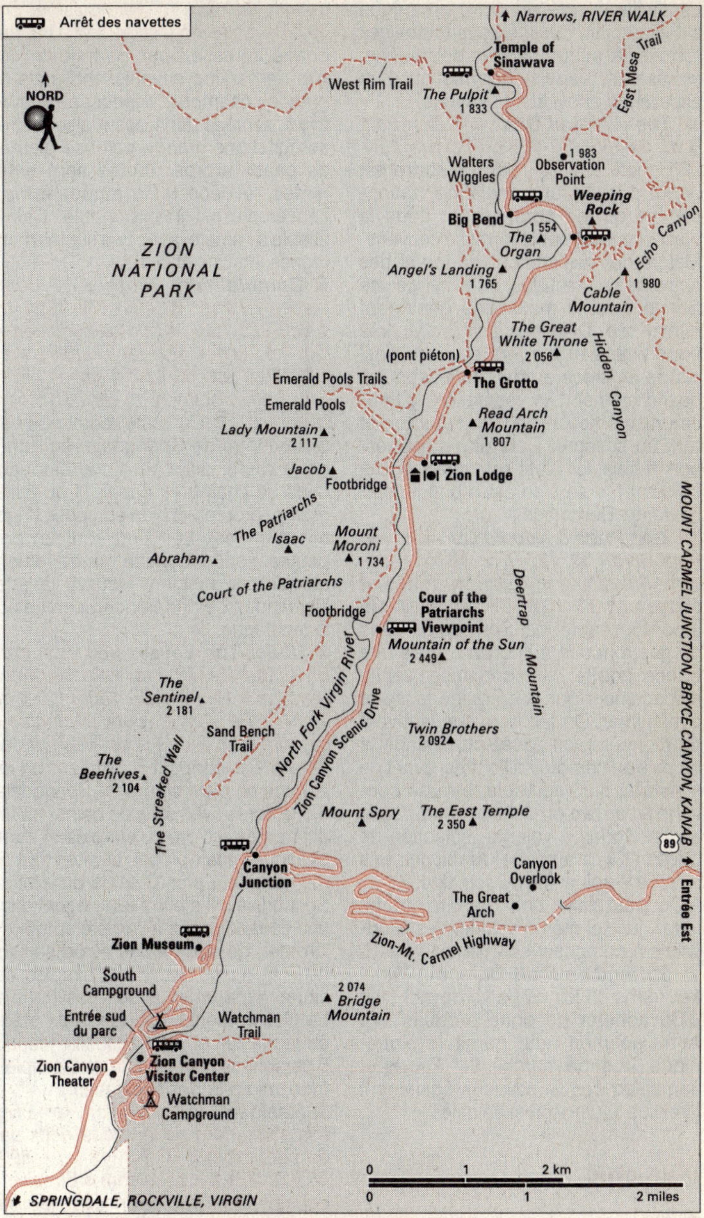

LE CANYON DE ZION

Le meilleur café du coin, organique s'il vous plaît, décliné sous toutes ses formes, à accompagner de muffins, croissants, bagels, *burritos* ou d'un excellent *granola* aux fruits frais.

🍽 ***The Whiptail Grill :*** *445 Zion Park Blvd. ☎ 435-772-0283. Tlj sf mar 12h-22h. Plats env 10-16 $.* Le cadre est plutôt original, une ancienne station-service où les pompes ont cédé la place à une agréable terrasse couverte. Malgré des assiettes en carton et des couverts en plastique, on y mange une bonne cuisine mexicaine gentiment réinventée. Délicieux *fish tacos,* très bons *wraps* et burgers et un original jus de légumes et fruits frais (spécial, quand même). Les végétaliens y trouveront même un plat de légumes et tofu au sésame. Cela dit, si tout est bon et frais, les plats sont chers, assez épicés et le service est d'une lenteur navrante. Dommage.

🍽 ***Zion Pizza & Noodle Co :*** *868 Zion Park Blvd. ☎ 435-772-3815. Lun-ven 16h-22h, w-e dès 15h. Pâtes et pizzas env 11-16 $. CB refusées.* Un incontournable de Springdale. Pas de gastronomie à l'horizon, mais une bonne bouffe bien copieuse, servie efficacement par une équipe jeune et dynamique. On fait la queue (souvent du monde...), on passe commande et on paie au comptoir à l'entrée, avant de s'installer sur l'agréable terrasse couverte à l'arrière ou dans la grande salle aérée. Sodas à volonté, sélection de bières et vins au verre. Ambiance très animée le soir en fin de semaine.

– On peut faire son marché (fruits, chips, jus), et même acheter des sandwichs à composer soi-même *(env 6 $)* au ***Springdale Fruit Company Market,*** dans un joli cadre verdoyant (voir « Où acheter de bons produits ? »). Autre solution pour garnir le pique-nique, le supermarché ***Sol Foods*** et son *salad bar.* Sandwichs également (lire plus haut « Adresses utiles »).

Plus chic

🏠 ***Canyon Ranch Motel :*** *668 Zion Park Blvd. ☎ 435-772-3357 ou 1-866-946-6276. • canyonranchmotel.com • Env 100-130 $ la double selon nombre de lits ; 140 $ avec vraie cuisine. Env 30 $ de moins hors saison.* 📶 Une très bonne adresse pour Springdale. Ici, pas de parking envahissant, mais de grandes chambres impeccables (avec frigo), semées dans des maisonnettes autour d'une grande pelouse plantée de beaux arbres. Toutes sont différentes, la déco reste modeste mais l'ensemble est irréprochable. Calme absolu à l'arrière, avec vue sur les montagnes. Piscine et jacuzzi.

🏠 ***Bumbleberry Motel :*** *97 Bumbleberry Lane. ☎ 435-772-3224 ou 1-800-828-1534. • bumbleberry.com • Ouv tte l'année sf Noël. Doubles avec 1 lit 110 $ (env 60 $ hors saison), avec 2 lits ou minisuite 120 $ (env 70 $ hors saison).* 💻 📶 Ce vaste motel posé en plein centre de Springdale, en retrait de la route, dispose d'une cinquantaine de chambres *queen* (1 ou 2 lits) et *king,* propres et bien équipées (frigo, micro-ondes). Les *king* sont un peu petites, sans baignoire contrairement aux autres. Piscine, jacuzzi, laverie. Demandez de préférence une vue sur la montagne.

🏠 ***Under The Eaves :*** *980 Zion Park Blvd. ☎ 435-772-3457. • undertheeaves.com • Doubles 95-180 $ (10 $ de moins hors saison), petit déj inclus à prendre au café d'à côté.* Mark et Joe ont installé leur petit *B & B* dans un joli cottage en plein centre de Springdale. 6 chambres avec salle de bains, toutes différentes, colorées, simples et sympathiques, mais un peu étroites tout de même vu leur prix. C'est la dure loi de Springdale... 3 d'entre elles logent dans une cabane posée à l'arrière autour du jardinet, de son hamac et de sa fontaine. La moins chère (2 lits simples) est située dans un sous-sol, pas terrible. La plus coûteuse occupe tout l'étage de la maison et peut accueillir jusqu'à 5 personnes (1 lit double et 3 simples, frigo, micro-ondes et cafetière).

🏠 ***Flanigan's Inn :*** *450 Zion Park Blvd, à la sortie nord de la ville, à deux pas du parc. ☎ 435-772-3244 ou 1-800-765-7087. • flanigans.com • En saison, doubles 130-170 $ selon taille ; familiales (6 pers) 260-270 $.* 📶 Le cadre est paisible, très nature. Un ensemble de gros chalets en pierre et bois joliment posés au pied des montagnes, abritant des chambres vastes (coin canapé) et tout confort, et ce dès le 1er prix. Les plus chères disposent d'un frigo et d'un petit balcon ou d'une terrasse. Mignonne petite piscine, spa, laverie et *outfitters* sur place pour qui veut s'organiser une excursion guidée dans la région à pied, à cheval, à VTT, dans l'eau. Bon resto sur place, le *Spotted Dog Café* (lire plus bas).

Driftwood Lodge & Suites : *1515 Zion Park Blvd. ☎ 435-772-3262 ou 1-888-801-8811. • driftwoodlodge.net • À l'entrée ouest de Springdale. Env 130-200 $ pour 2 en été, 70-100 $ hors saison.* Situé dans un environnement verdoyant mais un peu trop tiré au cordeau, le *lodge* se divise en plusieurs petits bâtiments de 2 étages, pour la plupart rénovés récemment. Les chambres y ont gagné une atmosphère moderne et urbaine sur des tonalités de noir et de bordeaux (ou beige), avec fauteuils en cuir, têtes de lit élégantes, TV écran plat, baignoire, frigo, micro-ondes et lits semés d'oreillers. Même ambiance à la réception et jusque dans le resto *Parallel Eighty-Eight* (voir plus loin). Belle piscine. Laverie. L'établissement est strictement non-fumeurs, même sur les parties extérieures.

Spotted Dog Café : *428 Zion Park Blvd. ☎ 435-772-0700. À la sortie nord du village. Ouv slt pour le petit déj (buffet servi à partir de 7h) et le dîner (à partir de 17h). Résa conseillée le soir. Plats env 14-25 $.* Cuisine fraîche et légère, en particulier au rayon des hors-d'œuvre. Les plats principaux assument des tendances plus terriennes, avec quelques touches nouvelle cuisine. Autre point fort : les pâtes (assez abordables). Arriver tôt (ou tard) pour espérer dénicher une place sur la petite terrasse ; sinon on s'installe à l'intérieur, dans un cadre bistrot élégant, derrière de grandes baies vitrées tournées vers les montagnes.

Oscars Café : *948 Zion Park Blvd. ☎ 435-772-3232. Au centre. Tlj 7h-22h. Burgers et sandwichs 11-16 $ (jusqu'à 17h), plats au dîner 15-30 $.* *Oscars* reçoit tous les suffrages pour ses bons plats ultra-copieux d'inspiration mexicaine et sa grande terrasse ombragée retirée de l'animation de la rue principale. Les produits sont de qualité (viandes issues d'animaux élevés en liberté), le service est efficace et très sympa, la petite salle colorée ornée de sombreros est assez chaleureuse. Mais (car il y a un « mais ») les prix sont, une fois de plus, vraiment trop élevés.

Très chic

Cliffrose Lodge and Gardens : *281 Zion Park Blvd. ☎ 435-772-3234 ou 1-800-243-8824. • cliffroselodge.com • À moins de 1 mile de l'entrée sud du parc. En saison, env 160 $ la double (jusqu'à 4 pers), 210 $ la suite et 300 $ la familiale (6 pers).* Le cadre est superbe. Un immense jardin fleuri, qui dévale vers la jolie piscine et le jacuzzi, puis poursuit sa course jusqu'à la rivière. Dispersées dans plusieurs modules, les chambres sont vastes, impeccables, dotées d'un balcon ou d'un patio, et d'un écran de TV géant. Bref, tout confort.

Desert Pearl Inn : *707 Zion Park Blvd. ☎ 435-772-8888 ou 1-888-828-0898. • desertpearl.com • Chambres et suites 158-348 $ en été, env 50-60 $ de moins hors saison selon affluence.* Vastes bâtiments en bois, verre et métal de conception moderne, mais qui ne détonnent pas avec l'environnement naturel, superbe. Les chambres sont en fait des sortes de studios avec kitchenette (frigo, four et micro-ondes), hauts de plafond, dotés d'un balcon tourné vers la rivière ou l'immense piscine en plein air (aussi un grand jacuzzi). Lumineux et soigneusement décorés, ils bénéficient de tout le confort imaginable. On adore les grosses poteries et les palmes entières... Les prix restent toutefois élevés. Laverie.

Canyon Vista B & B : *2175 Zion Park Blvd. ☎ 435-772-3801. • canyonvistalodge.com • Juste avt le* Majestic View Lodge, *sur la gauche en venant du centre, à la sortie sud de Springdale. Doubles env 140-160 $ selon taille, ajouter 10 $ le w-e.* Dans une maison en bois légèrement en retrait de la route principale, 4 chambres et suites avec entrée indépendante, plutôt bien agencées. Les 2 suites sont immenses.

L'UTAH

Toutes sont équipées de kitchenette et TV avec lecteur DVD. Le plus, c'est cette grande terrasse commune donnant sur les montagnes, et ce jardin en contrebas avec jacuzzi, prolongé d'un vaste pré semé de balancelles et venant mourir sur la rivière... Le moins, c'est le prix, d'autant que le petit déj, certes inclus, ne se prend pas sur place mais dans un café à Springdale. Alan, le proprio, parle un peu français.

Parallel Eighty-Eight : *1515 Zion Park Blvd, dans le* Driftwood Lodge. *☎ 435-772-3262. À la sortie sud du village. Petit déj 7h-10h30, dîner 17h-21h15 (dernière arrivée). Résa conseillée. Plats 15-30 $.* Le *Parallel Eighty-Eight* s'affirme comme le meilleur resto de la ville. Au gré d'une courte carte, on y déguste une cuisine fraîche, préparée selon des techniques françaises classiques, avec des touches de fusion très réussies, sans extravagance. Même le menu-enfants, une fois n'est pas coutume, est appétissant ! La cerise sur le gâteau, c'est la très agréable terrasse tournée face aux montagnes rougeoyantes au couchant. Et s'il fait frais, on ne perd pas le paysage de vue, grâce aux baies vitrées. Les gastronomes s'offriront le plaisir ultime : la « *Watchman table* », une unique table à l'ombre d'un eucalyptus, à laquelle le chef accorde toute son attention. Pas de menu, mais des propositions en fonction des produits de saison et des envies des hôtes, avec 5 plats qui se succèdent *(résa impérative, compter env 65 $/pers).*

À l'ouest du parc, à Rockville

Abritant plusieurs *B & B,* ce microscopique village de 250 habitants se cache sous les arbres, à 2 miles à peine au sud-ouest de Springdale, sur la Highway 9 direction Saint George. L'éclairage public s'y réduit à une ampoule pendouillant à un fil tendu de part et d'autre de la route. Pour les fêtes de fin d'année, on visse une ampoule rouge...

Rockville Rose Inn B & B : *125 E Main (Hwy 9). ☎ 435-772-0800. • rockvilleroseinn.com • Env 95-110 $ pour 2, 115 $ pour la* Country Suite. Tenue par un couple de retraités, une grande maison en bois posée légèrement à l'écart de la route, au milieu d'une interminable pelouse bordée de rosiers. On y trouve 4 chambres tout confort et soigneusement décorées. La *Zion,* avec *king bed* et baignoire, donne sur le jardin à l'arrière. La *Country Suite* est la plus spacieuse. Également 2 patios et un joli verger pour se détendre et prendre le petit déj lorsqu'il fait beau. Accueil aimable. Enfants de plus de 5 ans acceptés, mais les chambres n'ont qu'un seul lit (pas très adapté).

Bunk House B & B : *149 E Main (Hwy 9). ☎ 435-772-3393. • bunkhouseatzion.com • Doubles 85 $ avec sdb partagée, 95 $ avec bains privés (50-85 $ hors saison). Fermé Noël-Jour de l'an.* Ce n'est pas le charme que l'on vient chercher ici, mais un engagement : Megan et son mari Bob ont aménagé 2 petites chambres avec salle de bains partagée dans leur modeste maison en bois sur un créneau 100 % vert : tout est recyclé, y compris les meubles (ils sont d'occasion, quoi !). La voiture familiale marche à l'huile de friture, le verger n'est pas traité et 2 gros et gras persans hantent les lieux (bio, les chats ?). Très familial. À noter qu'il est possible d'avoir la salle de bains à usage privé en payant plus cher. Dans ce cas, l'autre chambre n'est simplement pas louée.

Desert Thistle : *37 W Main (Hwy 9). ☎ 435-772-0251. • thedesertthistle.com • Double 115 $.* Grosse maison bourgeoise abritant une demi-douzaine de chambres d'un bon confort (TV, frigo) mais pas d'un très grand goût, dotées d'énormes lits certes douillets mais un peu tape-à-l'œil... Reste que l'accueil est aux petits soins et qu'on peut profiter de la véranda et surtout de la belle piscine, salvatrice après une journée à crapahuter dans la chaleur du parc.

Toujours plus à l'ouest, à Virgin

Minuscule bled à environ 6 miles à l'ouest de Rockville sur la Highway 9.

Camping

Zion River Resort (RV Park and Campground) : *551 E Hwy 9. ☎ 435-635-8594 ou 1-800-838-8594. • zionriverresort.com • Sur la gauche en venant de Zion. Ouv tte l'année. Tente env 41 $ jusqu'à 4 pers, camping-cars 48-59 $, cabins 90-105 $ pour 4-6 pers.* Un camping très bien équipé, mais, pour le charme, on repassera. Le tout est assez bétonné, envahi de *RV* en saison, et relègue les tentes sur des emplacements de graviers riquiqui, peu ombragés et en bord de route. En plus, c'est très cher. Bref, c'est juste une solution de repli s'il n'y a plus de place ailleurs. Vous pourrez alors profiter de l'épicerie, la laverie, la cuisine et la salle commune à disposition pour les campeurs, du service de *shuttle* pour le parc de Zion *(7 $/pers tt de même)*, de la grande piscine, du jacuzzi, de l'aire de jeux pour les enfants et du billard. C'est déjà ça...

Au nord-est du parc, à Mount Carmel Junction

Mount Carmel Junction, comme son nom l'indique, n'est qu'un vulgaire carrefour à la jonction des routes qui conduisent d'un côté au Bryce Canyon (61 miles au nord), de l'autre au Zion Canyon (14 miles à l'ouest), à Kanab et à Page. Pratique pour dormir s'il n'y a pas de place ailleurs...

De plus chic à très chic

Zion Mountain Resort : *9065 W SR 9. ☎ 435-648-2555 ou 1-866-648-2555. • zmr.com • À 9 miles à l'ouest de Mount Carmel Junction en chemin vers Zion (env 5 miles). Cabins 150-170 $ avr-oct avec 1-2 lits king, et jusqu'à 500 $ pour 11 pers (120-390 $ hors saison). Compter 19-30 $ le plat au resto.* Un petit village de chalets en rondins faussement rustiques, dispersés au milieu d'un élevage de bisons qui broutent placidement, peu enclins à se laisser distraire par le va-et-vient des hôtes. Les logements les moins chers, de modestes *cabins* seulement équipées de lits et d'une salle d'eau, sont un peu proches de la route. Les plus chic sont eux de vrais gîtes, spacieux, tout confort, avec salon, cuisine, porche doté d'une balancelle et mobilier tout en bois – jusque dans la salle de bains. Le resto *(7h30-22h en été)*, vraiment rustique celui-ci, est percé d'une grande baie vitrée ouverte sur la prairie. Les steaks (wapiti, bison ou orignal) y sont très bons, mais très chers.

Best Western Thunderbird Resort : *au carrefour des routes 89 et 9. ☎ 435-648-2203 ou 1-888-848-6358. • zionnational-park.com • Env 106-136 $ la double selon saison.* Vaste complexe touristique à l'architecture style hacienda, doté d'une grande piscine en plein air, d'un terrain de golf 9 trous, jacuzzi, resto, laverie et boutique de souvenirs... Chambres répondant au confort standard d'un hôtel de chaîne (frigo), certaines, les « *rustic* », avec un joli mobilier en bois.

L'UTAH

Sur la route de Bryce Canyon, à Glendale

Tout petit village presque bucolique, situé à 36 miles au nord-est du Zion National Park sur la route 89.

Campings

Bauer's Canyon Ranch RV Park & Campground : *90 W Center St. ☎ 435-648-2564 ou 1-888-648-2564. • bauersrv.com • En plein centre de Glendale. Ouv mars-oct. Tente 17 $ pour 2, camping-car 27 $, douche incluse.* Petit camping familial, un peu en retrait de la route. L'espace réservé aux tentes niche à l'ombre des pommiers (pommes gratuites à l'automne !), sur une pelouse à l'écart des emplacements pour camping-cars. Dans le pré voisin, des chevaux... très bucolique, tout ça ! Tables, emplacement pour faire un feu, laverie, micro-ondes à la réception, resto dans le village (le *Buffalo Bistro,* lire ci-dessous). Un des campings les plus sympas de la région.

Bryce-Zion Campground : *à env 5 miles au nord de Glendale, le long de la route 89. ☎ 435-648-2490 ou 1-855-333-7263. • brycezioncam* *pground.com • Pour 2 pers, env 25 $ en tente et 32-35 $ en camping-car ; cabin 45 $ (4 pers max) ; 3 $/pers supplémentaire.* Camping champêtre posé un peu à l'écart de la route et dominé par de superbes falaises rappelant les paysages de Bryce Canyon. On plante sa tente dans l'herbe semée de pissenlits, abrité sous des peupliers dispensant un ombrage raisonnable à défaut d'être optimal. À quelques centaines de mètres coule une rivière au bord de laquelle paissent des chevaux... Dommage que la rumeur de la route vienne, un peu, gâcher l'ambiance. Également 3 toutes petites *cabins* avec des lits superposés (et rien d'autre). Tables, barbecues, petite piscine en été, aire de jeux et épicerie de dépannage. Le soir, on peut avaler un burger ou une salade au snack pour environ 10 $.

Prix moyens

Historic Smith Hotel B & B : *295 N Main St. ☎ 435-648-2156 ou 1-800-528-3558. • historicsmithhotel.com • Dans le centre. Ouv tte l'année. Doubles env 75-85 $ selon chambre.* Ce paisible *B & B* occupe une jolie maison en bois, ancien hôtel datant de 1927. Les 7 chambres, un peu sombres, ont gardé leur petite taille d'origine, mais ont chacune une salle de bains. 2 sont équipées de lits superposés ; toutes sont meublées à l'ancienne avec quelques touches de déco indienne. Les n°s 5 et 6 partagent une terrasse où nichent des hirondelles, et donnent sur un petit jardin rempli d'arbres fruitiers – malheureusement un peu proche de la route. À l'arrière, bordant le 2nd jardin, une terrasse pour prendre le soleil ou observer les étoiles filantes. Au petit déj, succulents muffins confectionnés par Rochelle et Mike. Et encore une vraie laverie, un micro-ondes et un frigo à dispo. Juste à côté, un bon resto qui plaira aux carnivores, le ***Buffalo Bistro*** *(☎ 435-648-2778 ; ouv jeu-dim 16h30-20h, fermé janv-mars).* On peut aussi y louer une *cabin* pour 2, où digérer sa « saucisse folle » ou ses « *ribs* sauvages »...

Où acheter de bons produits ?

Springdale Fruit Company Market : *2491 Zion Park Blvd. ☎ 435-772-3222. À la sortie sud de Springdale. Ouv de mi-mars à mi-nov, 9h-19h en été, 9h-17h en début et fin de saison.* Une jolie maison en bois, entourée d'une belle et grande pelouse rafraîchissante semée de tables pour pique-niquer. Il s'agit d'une épicerie locale, certes pas donnée mais proposant une variété de jus et de fruits frais, issus de la plantation d'arbres fruitiers sans traitement, oasis de verdure au cœur d'un paysage aride et rocailleux. Également de nombreux produits bio ou naturels, des glaces artisanales, des *smoothies*, sans oublier d'alléchants sandwichs à composer soi-même.

À faire

Gorges abruptes, dunes pétrifiées, formations rocheuses aux stries régulières... Zion se découvre par le bas, en grimpant le long de sentiers escarpés depuis le fond des vallées encaissées, jusqu'à de superbes panoramas sur l'ensemble du canyon. La faune (daims, écureuils...) est loin d'y être farouche. Le must, apercevoir un *bighorn sheep*...

– Les ***agences de Springdale (outfitters)*** ne sont pas autorisées à organiser des excursions guidées à l'intérieur du parc mais proposent cependant des sorties escalades, canyoning... dans les environs. Très cher. Si vous souhaitez tout de même tenter l'expérience, allez par exemple chez *Zion Adventure Company* *(lire plus haut « Adresses utiles. Location de matériel »).*

– ***Précautions :*** malgré son environnement très vert, Zion est, à la belle saison, soumis à une chaleur sèche. Prévoir chapeau, crème solaire et au moins 4 l d'eau par personne et par jour. On trouve des ***points d'eau potable*** pour se ravitailler

au *Visitor Center,* au *Zion Museum,* au *Zion Lodge* et aux arrêts de la navette *The Grotto* et *Temple of Sinawava.* Gare aux incendies également. Pas de feux en dehors des emplacements autorisés, voire pas de feux du tout selon les jours, suivre les consignes des rangers. Et, bien sûr, écrasez bien vos clopes.
– ***Spécial grimpeurs :*** si les falaises de Zion sont réputées pour leurs voies d'escalade, celles-ci sont accessibles aux seuls grimpeurs expérimentés et parfaitement autonomes. Les débutants iront donc s'initier ailleurs. Infos sur les voies au *backcountry office*. Loc de matos chez les *outfitters*.
– ***Spécial photographes :*** un joli point de vue pour capter le coucher du soleil embrasant la vallée : se poster sur le pont de la route 9 situé entre le *Souh Campground* et l'entrée du canyon.

Balade en *shuttle*

Zion est un impressionnant défilé sillonné par une route. Les plus pressés se contenteront d'emprunter le bus qui part régulièrement du *Visitor Center* et de faire le trajet jusqu'au fond du défilé, en descendant à différentes haltes. Compter minimum 1h30 pour l'ensemble du trajet (Voir la rubrique « Quelques conseils et infos utiles », plus haut). En saison, les rangers proposent aux passagers des visites guidées.

Randonnées

Zion est parcouru d'une vingtaine de sentiers balisés, plus ou moins faciles (ou difficiles), nécessitant 30 mn à 12h de marche. Toutes les randos de plus de 1 journée *(overnight hikes)* et celles nécessitant un équipement spécifique (dont les Narrows) doivent faire l'objet d'une demande de permis au *backcountry office* situé dans le *Visitor Center* *(voir « Adresses utiles »). Il en coûte 10 $ pour 1-2 pers, 15 $ jusqu'à 7 et 20 $ jusqu'à 12.* Si besoin, plusieurs compagnies proposent de vous déposer au départ d'un sentier ou de venir vous rechercher à la fin de votre randonnée (on parle de *trailhead shuttle services*). Contactez par exemple ***Zion Adventure Company*** *(☎ 435-772-1001 ; ● zionadventures.com ●),* ***Zion Rock & Mountain Guides*** *(☎ 435-772-3303 ; ● zionrockguides.com ●)* ou ***Red Rock Shuttle*** *(☎ 435-635-9104 ; ● redrockshuttle.com ●).*
À partir de la mi-avril, les rangers organisent tous les jours, gratuitement, des balades courtes à thème et des randonnées guidées plus longues. Rando dans les Narrows une fois par semaine en plein été. Demander le programme et s'inscrire au *Visitor Center.*

Petite sélection de randos balisées :

➢ ***Weeping Rock Trail :*** *arrêt de bus « Weeping Rock ».* Balade courte et agréable (800 m aller-retour), jusqu'à une paroi d'où s'écoulent des filets d'eau. Belle vue sur la vallée.

➢ Aussi fastoche mais un peu plus longue, essayer la ***Riverside Walk*** : *arrêt de bus « Temple of Sinawava ».* 3,5 km, environ 1h aller-retour. Vraiment sympa et rafraîchissante, elle suit, comme son nom l'indique, le cours de la Virgin River, par un sentier cimenté très emprunté. On croise plein d'écureuils en chemin, voire des daims. Au printemps et en été, ceux qui sont équipés de chaussures waterproof ou de bottes pourront poursuivre la balade dans la rivière, c'est le début des *Narrows* (lire plus bas).

➢ ***Emerald Pools Trails :*** *arrêt de bus « Zion Lodge ».* Environ 3 km en tout, compter entre 1h et 2h. Très agréable, même si ça grimpe un peu parfois. En fait, il y a deux piscines (où il est interdit de se baigner) : la *lower* et la *upper.* Il s'agit de modestes vasques naturelles plus ou moins pleines et nichées dans des cavités humides, qui reçoivent l'eau de pluie et celle de petites chutes d'eau. De quoi prendre un petit coup de frais après le coup de chaud de la montée. Le chemin est cimenté jusqu'à la *lower pool,* puis escarpé jusqu'à la *upper* (en passant, on traverse une troisième *pool,* la *middle* donc). Pour varier, on peut redescendre via le ***Grotto Trail*** jusqu'à l'arrêt de *shuttle* du même nom (compter une bonne demi-heure), en suivant un sentier à flanc de colline qui complète le panorama sur les *pools,* vues de l'autre côté.

➢ ***Angel's Landing :*** *arrêt de bus « The Grotto ».* Itinéraire de 9 km, compter 4h. Une superbe balade assez sportive, déconseillée aux randonneurs sujets au vertige. Ça grimpe sec jusqu'à la dernière section, qui offre une vue fabuleuse sur la vallée et la *Virgin River.* Les 800 derniers mètres avant le sommet s'effectuent sur une arête très escarpée, surplombant un ravin. Par sécurité, les marcheurs s'accrochent à une chaîne qui suit le bord de la falaise... vraiment impressionnant, surtout si le vent est de la partie. Les moins aventureux pourront toujours effectuer la balade jusqu'au *Scout Lookout,* pour profiter de la vue. Si vous comptez pousser jusqu'au bout, partez tôt pour jouir du panorama avant que le canyon ne passe dans l'ombre.

CHAMBRE AVEC VUE

Zion est le deuxième parc des États-Unis le plus populaire pour l'escalade, après Yosemite (granit pour ce dernier, grès pour Zion, donc beaucoup plus difficile à grimper). Certains jours, on peut voir quelques doux dingues sur les falaises verticales du Temple de Sinawava. Le soir, on les aperçoit aux jumelles, pendus dans leur hamac. Pas cher comme hébergement, mais un peu vertigineux !

➢ ***Canyon Overlook Trail :*** *départ à env 5 miles de l'entrée du canyon, sur la route 9 entre le parc et Mount Carmel Junction.* Après une courte de balade d'une grosse demi-heure (1,6 km), joli point de vue sur le Pine Creek Canyon et la partie basse du Zion Canyon.

➢ ***The Narrows :*** *à l'extrémité nord du Zion Canyon. Arrêt de bus « Temple of Sinawava ».* Le défilé des Narrows commence là où la route carrossable s'arrête. Un mile plus loin, la *Riverside Walk* se termine à son tour face à la rivière. Et après ? Après, on continue DANS la rivière. Le canyon se resserre petit à petit, devenant si étroit par endroits (de 60 cm à 1 m) qu'il n'y a pas d'autre choix : on marche dans l'eau, on a de l'eau jusqu'aux genoux, jusqu'à la taille... parfois même il faut nager ! Et, non, l'eau n'est pas chaude. Elle est même très froide, et souvent le courant se met de la partie. Les rangers avertissent les candidats à l'aventure dès le départ : 60 % du temps est passé à se mouiller... Voilà pourquoi cette randonnée très particulière, à mi-chemin du canyoning, exige un permis (pour ceux qui font l'ensemble du parcours), beaucoup d'envie et une excellente condition physique.

Il est absolument indispensable, avant de l'entreprendre, d'aller voir les rangers au moins 1 ou 2 jours avant pour préparer le trek et s'informer du niveau des eaux. Ne négligez pas leurs conseils. Côté barda, prévoyez des chaussures étanches ou de bonnes chaussures de marche, ainsi qu'un maillot de bain, une grande quantité d'eau et un sac plastique étanche pour envelopper vos affaires. On peut aussi, pour lutter contre l'eau froide (et contre l'hypothermie), louer une combinaison chez les *outfitters* de Springdale. Primordial également : deux bons bâtons (de ski, pourquoi pas) pour vous équilibrer sur les gros galets ronds qui tapissent le fond de la rivière. Enfin, évitez de marcher dans les herbes, car il y a des serpents (vous pourrez aussi croiser de superbes tarentules...) ! Ceux qui font l'ensemble de l'itinéraire partent dans le sens inverse, depuis le *Chamberlain's Ranch parking,* où ils se font déposer par une navette privée réservée au préalable. De là, il faut compter environ 12h pour redescendre jusqu'au Temple de Sinawava. On peut toutefois couper le trajet en deux en campant dans le canyon... si tout n'est pas déjà réservé. Il existe aussi des options plus courtes. La plupart des randonneurs ne font en fait qu'une infime partie de la randonnée, une promenade tranquille depuis le bout de la *Riverside Walk,* pour goûter un peu à l'aventure. Essayez d'aller au moins jusqu'à Orderville Canyon, 2h en amont (pas besoin de permis), où les paysages sont déjà fabuleux. L'excursion demande alors moins de préparation, même s'il reste indispensable de se renseigner sur le niveau de l'eau. L'accès aux Narrows est interdit par temps d'orage. Au départ de l'itinéraire, un tableau affiche l'échelle de risques de montée des eaux. Période de prédilection : juin-juillet, après les hautes eaux et avant les orages estivaux.

➢ ***Kolob Canyon :*** *accès (gratuit) depuis l'I-15 N direction Salt Lake City.* Une fois dans le parc, une jolie route (parfois fermée de novembre à mars) mène en 5 miles à un beau point de vue sur le dos des montagnes *(Kolob View Point).* De là, le court *Timber Creek Overlook Trail* (1,6 km) grimpe jusqu'au sommet de la colline. Seuls les courageux iront jusqu'à *Kolob Arch,* la deuxième plus grande arche au monde. Plus de 11 km de marche l'aller simple !

À voir à Zion et dans les environs

Zion Human History Museum : *dans le Zion Canyon. C'est le 1er arrêt du bus qui dessert le canyon. En été, tlj 9h-19h (10h-18h ou 17h au printemps). Fermé Thanksgiving-début mars. Entrée libre.* Ce petit musée présente vite fait l'histoire de l'exploration et de la colonisation de Zion par les Indiens et les mormons. Pas inintéressant, mais pas incontournable non plus. On vient en fait surtout voir le film sur le parc (22 mn), projeté toutes les 30 mn jusqu'à 18h30. Pas aussi impressionnant que celui du *Giant Screen Theatre,* mais gratuit...

Zion Canyon Giant Screen Theatre : *à deux pas de l'entrée sud du parc. ☎ 435-772-2400 ou 1-888-256-3456. • zioncanyontheatre.com • En saison, tlj 11h-19h. Entrée : env 8 $; 6 $/enfant.* Le film de 40 mn sur le Zion National Park, diffusé toutes les 2h entre 11h et 19h, dévoile de superbes images du parc et notamment des Narrows. Il expose au passage toute l'histoire de la découverte du canyon, des Indiens anasazis à l'occupation par les premiers colons, jusqu'aux visiteurs d'aujourd'hui. Également des films hollywoodiens en soirée. Le tout projeté sur un écran géant (neuf fois un écran standard) et en 70 mm (deux fois le standard normal).

Le village fantôme de Grafton : *à 4 miles de Rockville. Prendre à gauche dans la 200 E en arrivant dans le village depuis Springdale (être attentif, le panneau est minuscule). On traverse un pont suspendu puis on continue sur une route qui devient enfin piste (praticable).* Éparpillées dans la prairie, trois maisons en bois et briques de terre, une grange et l'église, derniers vestiges du village de pionniers de Grafton, fondé en 1862 par des fermiers venus cultiver le coton et déserté par son dernier habitant en 1945. Seules les vaches continuent désormais d'y ruminer, l'herbe ou le passé, qui sait ? Les bâtisses ont été restaurées et fermées à clé. Elles ne se visitent donc pas, sauf une bicoque de bois, en passant par un trou dans la clôture. Trois pièces, une cheminée et, pendue aux branches du gros arbre voisin, une balançoire. Rien d'extraordinaire, ne vous attendez pas non plus à une ambiance western façon *Il était une fois dans l'Ouest,* avec portes battantes de saloon qui grincent dans le vent... Il s'agit d'un ancien hameau de mormons, pas de desperados. Quoique, avec les montagnes dans le fond et un bref tourbillon, on retrouve comme une atmosphère... confirmée par un coup d'œil au poussiéreux cimetière. Année meurtrière, 1866. Six diphtéries, deux scarlatines... et trois tués par les Indiens.

Manifestation

– ***Zion Canyon Art & Flute Festival :*** *sur 3 j. en mai ou juin, à Springdale. • zionflutefestival.com •* Festival rassemblant les meilleurs flûtistes américains et *Native*

Americans (Indiens). Nombreux concerts. Également des cours de flûte, des ateliers de fabrication d'instruments et des enregistrements publics (payants).

KANAB

3 770 hab.

À cheval sur la route 89, lovée dans un cirque de collines rouge brique, la petite bourgade de Kanab occupe une position centrale : à 75 miles au nord-ouest de Page, 77 miles au sud de Bryce Canyon, 30 miles à l'est de Zion, et à seulement 4 miles de la frontière avec l'Arizona. De quoi faire de cette tranquille ville-étape une alternative moins chère et moins artificielle aux bourgs-champignons alignant motels sur motels à l'immédiate proximité des parcs. Certes, hormis sa situation, les attraits de Kanab restent modestes et la ville joue même les fantômes à la morte saison. Mais, venir ici, c'est aussi poser ses bottes dans les empreintes de celles de John Ford et d'une tripotée d'acteurs qui ont fait les belles heures du western dans les années 1940-1950, quand le Kane County était le « *Little Hollywood* » du sud de l'Utah, lieu de tournage de nombreux films et séries TV. À la grande époque, les élèves du lycée avaient régulièrement l'autorisation de quitter les cours en avance pour aller jouer les figurants ! En saison, la nostalgie de l'*Old West* est célébrée à l'occasion de divers festivals, notamment le fameux *Western Legends Round-up,* qui voit la population de la ville presque doubler au milieu du mois d'août. Aujourd'hui, le plus gros employeur de la ville n'est plus le cinoche mais la *Best Friends Animals Society,* à Kanab Canyon (5 miles au nord), un refuge – le plus grand des États-Unis – accueillant près de 1 700 animaux de compagnie, principalement des chiens et des chats. Les amoureux des bêtes à poils pourront visiter les installations, quatre tours guidés gratuits sont organisés chaque jour *(☎ 435-644-2001).*

QUAND LA RÉALITÉ DÉPASSE LA FICTION

Si on construit des décors dans le désert de l'Utah, ce n'est pas que pour le cinéma. L'État abrite aussi le Dugway Proving Ground, une installation militaire destinée à tester l'efficacité d'armes chimiques et biologiques. Créé en 1941, ce site, toujours en activité, servit d'abord à perfectionner les bombardements aériens. L'armée y construisit alors des répliques des villes allemandes et japonaises, allant même jusqu'à simuler l'humidité germanique pour mieux s'entraîner à réduire les maisons en cendres...

Adresses utiles

Office de tourisme du Kane County *(plan B2)* **:** *78 E 100 S. ☎ 435-644-5033 ou 1-800-733-5263. • kaneutah.com • En été, lun-sam 8h30-18h (17h sam), dim 10h-16h ; hors saison, lun-ven 10h-17h.* On ne peut pas le rater, une fresque rejouant les tournages d'antan recouvre ses murs. Bonne doc et bon accueil. Expo d'affiches et de photos de films tournés dans le comté.

✉ **Poste** *(plan A2)* **:** *presque à l'angle de Center St et de Main St. Lun-ven 9h-16h, sam 9h-13h.*

Zion First National Bank *(plan A1,* **1***)* **:** *41 Center St. Lun-jeu 9h-15h, ven 9h-17h.* Distributeur automatique 24h/24 (en *drive-thru* !).

@ **Internet :** *accès libre à la* ***Public Library*** *(plan A1), 374 N Main St. Ouv lun et ven 10h-17h, mar-jeu 10h-19h, sam 10h-14h.* Une dizaine de postes à disposition et jusqu'à 1h de connexion gratuite ! Réseau wifi également.

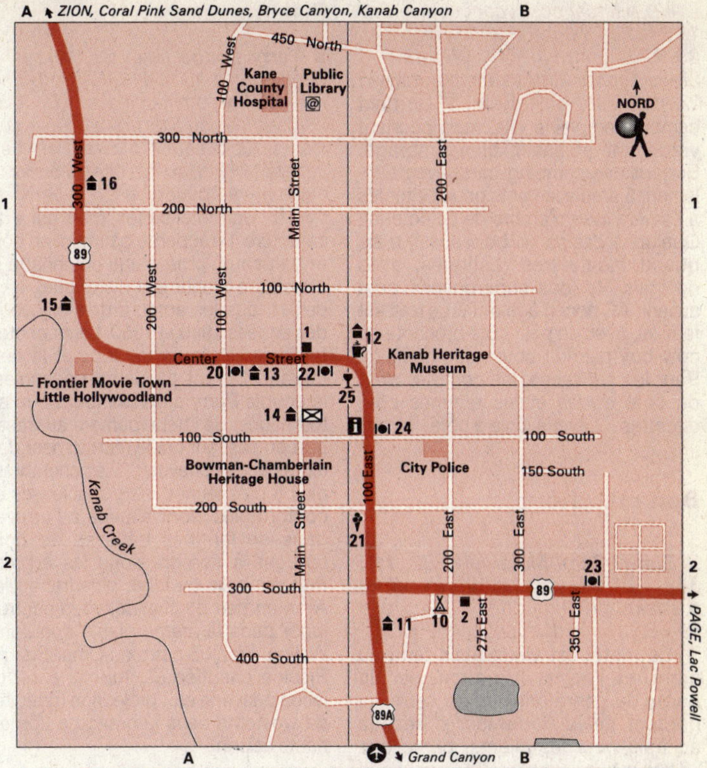

KANAB

■ **Adresses utiles**

- i Office de tourisme du Kane County
- @ Public Library
- 1 Zion First National Bank
- 2 Honey's Marketplace

Où dormir ?

- 10 Hitch'n'Post RV Park
- 11 Sun-N-Sand Motel
- 12 Parry Lodge
- 13 Aiken's Lodge
- 14 Purple Sage Inn
- 15 Quail Park Lodge
- 16 Victorian Charm Inn

Où manger ? Où prendre le petit déj ? Où manger une glace ? Où boire un verre ?

- 12 Parry Lodge
- 20 Rocking V Café
- 21 The Three Bears
- 22 Houston's Trails End
- 23 Escobar's Mexican Restaurant
- 24 Laid-Back Larry's
- 25 Denny's Wigwam – Calvin's T Saloon

■ ***Supermarché** (plan B2, **2**) : **Honey's Marketplace**. À la sortie de la ville direction Page. Ouv lun-sam 7h-22h30.* Pas mal de choix.

■ ***Laveries :** 2 à la sortie de la ville direction Page. Une à côté du* Hitch'n'Post RV Park, *l'autre à la station* Sinclair.

Où dormir ?

Camping

▲ ***Hitch'n'Post RV Park** (plan B2, **10**) : 196 E 300 S (face au McDo), à la jonction des routes 89 et 89A.* ☎ *435-644-*

2142. • hitchnpostrvpark.com • Env 18 $/tente (douche chaude comprise), 25-27 $/camping-car (2 pers) et 28-32 $ pour 2 dans un bungalow ; 3 $/pers supplémentaire. Un petit camping en pleine ville, mais pourtant verdoyant et assez bien ombragé. Surtout des camping-cars, avec seulement 5 emplacements pour les tentes à l'arrière (peu d'ombre de ce côté-là). Quelques *cabins* en bois aussi, mais quand même très rustiques, avec de vrais lits (pas superposés), petit auvent, AC hors d'âge et TV. Le tout est familial, avec un petit côté brocante de cow-boy pas fait pour nous déplaire. Pour les sanitaires, les hommes iront du côté *dudes* et les femmes côté *dudettes*... Laverie juste à côté.

Bon marché

Sun-N-Sand Motel *(plan B2, **11**) : 347 S 100 E. ☎ 1-800-654-1868. • snskanab@live.com • Doubles 50-55 $, petit déj continental inclus.* Le motel est vieux mais tenu au carré, et Wayne, le patron, est un barbu du genre original, de ceux qui gardent de la *Budweiser* d'Arizona au frais pour les clients, parce que « *Utah's beer sucks* », seulement 4° ! Micro-ondes dans chaque chambre, frigo dans la plus chère – façon de parler, les prix restent ras du plancher –, pain, fruits et confiotes au petit déjeuner. Au milieu de la pelouse, le barbecue n'attend que votre morceau de viande. Un bon plan routard, décontract'.

Aiken's Lodge *(plan A1, **13**) : 79 W Center St. ☎ 435-644-2625 ou 1-877-644-2105. • aikenslodge.com • Ouv fin mars-nov. Doubles env 60-72 $ (1-2 lits) en saison, familiales (3 pers) 85-105 $. Loue aussi une maison env 150 $/nuit.* En plein centre, un motel sans charme, aux chambre datées mais impeccables. On choisit entre celles du bâtiment de devant, assez lumineuses (baies vitrées), dotées de 2 lits et d'un frigo, et celles de l'arrière, plus calmes (1 seul lit en général). Petite piscine, laverie, micro-ondes à la réception. En prime, l'accueil est sympathique.

Prix moyens

Parry Lodge *(plan B1, **12**) : 89 E Center St. ☎ 435-644-2601 ou 1-800-748-4104. • parrylodge.com • Doubles 75-85 $ l'été (50 $ de nov à mi-avr), suites 95-105 $ pour 4-5 pers. Petit déj-buffet à volonté ou à la carte 6 $. Resto ouv mer-ven pour le lunch (à partir de 6 $).* Un motel certes, mais qui a du caractère. Le superbe bâtiment en bois et bardeaux, orné d'une colonnade (il est classé Monument historique), a vu défiler tous les acteurs de Hollywood des années 1940 et 1950. Leurs photos tapissent toujours le *lobby* et le restaurant. Durant plusieurs décennies, le couple Parry organisa tout pour les tournages, de l'hébergement au transport en passant par le recrutement des extras et des chevaux... Les chambres, plus toutes jeunes mais spacieuses et confortables, sont situées à l'arrière, dans de longues bâtisses de bois rangées à l'ombre sous les arbres. Préférez celle du fond, plus tranquille. Avec un peu de chance, vous pourrez loger dans la même piaule que John Wayne, Frank Sinatra ou Omar Sharif ! Piscine chauffée *(de mi-mai à sept)*, jacuzzi, laverie et... projection (gratuite) de westerns dans la grange à 20h en haute saison !

Plus chic

Quail Park Lodge *(plan A1, **15**) : 125 N Hwy 89. ☎ 435-215-1447. • quailparklodge.com • Double 119 $ l'été, 65 $ l'hiver ; suites 100-140 $ pour 4-6 pers.* Vu de l'extérieur, on jurerait un motel banal des années 1950. Vu de l'intérieur, Mr Jekyll devient Dr Hyde : les chambres, entièrement remodelées par le jeune proprio, ressemblent à celles des hôtels de luxe : lits très confortables semés d'oreillers, écran plat avec lecteur DVD, frigo, micro-ondes, peignoirs... et des touches d'une déco inventive pour enrober tout ça. La seule chose qu'il n'a pas pu modifier, c'est la taille, modeste. Petite piscine contre la route et chaises flashy pour buller dehors, l'œil sur la Highway. Vélos prêtés gratos aux clients. Bon accueil.

Victorian Charm Inn *(Clarion Hotel ;*

plan A1, ***16****) : 190 N Hwy 89. ☎ 435-644-8660 ou 1-800-738-9643. • victoriancharminn.com • Doubles env 110-120 $, suite 160 $; petit déj inclus.* L'établissement se repère aisément : sa façade style victorien carton-pâte détonne parmi les motels du secteur. L'intérieur, entièrement décoré dans un style fin XIXe s d'opérette, ne trahit pas la première impression. Quel que soit le type de chambre – la standard, la *Honeymoon Suite,* la double avec cheminée et jacuzzi –, toutes sont rococo à souhait, et d'un bon niveau de confort (frigo). Évidemment, si vous êtes *just married* avec les casseroles accrochées à la limousine de location, vous choisirez la suite nuptiale. Le somptueux petit déj, servi à volonté dans la tout aussi somptueuse salle à manger, est compris dans la nuitée. À l'image des lieux, l'atmosphère est feutrée.

Purple Sage Inn *(plan A2,* ***14****) : 54 S Main St. ☎ 435-644-5377 ou 1-877-644-5377. • purplesageinn.com • Doubles 120-150 $ selon chambre, petit déj inclus.* Une vraie maison de poupée. Dans cette élégante demeure tout en bois, chaque détail est travaillé, du papier peint à fleurs aux robinetteries en cuivre, pour une immersion totale dans un intérieur bourgeois façon épopée du rail. Les 5 chambres, au rez-de-chaussée comme à l'étage, s'ouvrent toutes sur des coursives surplombant le coquet jardin fleuri. La plus chère se chauffe au poêle en fonte, celle pour les enfants est jonchée de jouets en bois. Presque un musée. On adore, ou on frise l'overdose.

Où manger ? Où prendre le petit déj ? Où manger une glace ? Où boire un verre ?

Bon marché

Laid-Back Larry's *(plan B2,* ***24****) : 98 E 100 S. ☎ 435-644-3636. Tlj sf mar 7h30-15h. Petit déj et sandwichs env 4-6 $.* Un tout petit café, idéal pour un en-cas rapide. Bagels, gâteaux et grignotages pour le déjeuner, avec pas mal de choix végétarien et *gluten-free.* Les sandwichs sont servis avec des chips, *teriyaki rice,* soupe du jour. Essayez le *Larry's special smoothie,* tout violet, avec des fruits, des vrais (mûres, myrtilles, mangue...). On attend sa commande au comptoir, avec les habitués, avant d'aller s'attabler dehors (quelques tables sous des parasols). Accueil maternel.

Escobar's Mexican Restaurant *(plan B2,* ***23****) : 373 E 300 S. ☎ 435-644-3739. Tlj sf sam 11h-21h30. Fermé de mi-déc à mi-janv. Env 5-12 $ le plat.* Une cantine mexicaine populaire, incontournable en ville, tenue par une famille mexicaine qui retourne au pays chaque année. La salle, une cafét' climatisée prolongée d'une terrasse couverte, ne paie pas de mine, mais les habitués affluent à toute heure pour y dévorer une copieuse cuisine plus familiale que raffinée. *Burritos, chiles* (poivrons), *tostadas,* enchiladas, etc. sont servis avec des *frijoles* (sorte de purée de haricots), comme il se doit. Un rien bourratif, mais vraiment pas cher. À accompagner d'une bière fraîche, pour faire glisser.

The Three Bears *(plan B2,* ***21****) : 210 S 100 E. ☎ 435-644-3300. Lun-sam 11h-22h (21h sam).* Les ours en embuscade ne vous empêcheront pas d'accéder aux bonnes glaces maison, déclinées en une vingtaine de parfums (pécan sirop d'érable, *bubble gum, moose tracks...* ?). Miam, le sundae débordant de fraises fraîches – ça, c'est le *Little Red Riding Hood...* Les gros appétits peu soucieux de leur ligne s'intéresseront au *Big Bad Wolf.* Aussi une quarantaine de milk-shakes et des sandwichs pour les petits creux salés.

Pour le petit déj, on peut s'attabler sans risque au **Parry Lodge** *(plan B1,* ***12****). Compter env 6 $, au buffet ou à la carte (lire plus haut « Où dormir ? »).*

Denny's Wigwam – Calvin's T Saloon *(plan A-B1,* ***25****) : 78 E Center St. ☎ 435-644-2452. Tlj 11h-22h (9h-21h30 pour la boutique).* On laisse son colt à l'entrée, avant de pénétrer dans cet immense saloon du XXIe s, flanqué d'une grande terrasse bordée

L'UTAH

de façades en toc, façon décor de mauvais cinoche – y a même un faux chariot tiré par son faux cheval. On se tape une bière, un billard, on s'en grille une mais on évite de manger, c'est du fast-food à peine amélioré. À l'arrière de la boutique, des rangées de santiags, de chapeaux, de ceintures, de jeans (pas chers) et des souvenirs d'un goût pas toujours très sûr. Pour terminer en beauté, tir à la carabine (1 $) qui, si on fait mouche, déclenche des animations. Le Far West revu version Disney.

De prix moyens à très chic

Rocking V Café *(plan A1, **20**) : 97 W Center St. ☎ 435-644-8001. Tlj 11h-22h (voire plus tard le w-e). Fermé Halloween-fév. Plats env 10-13 $ le midi et 16-38 $ le soir.* Petit café-restaurant très coloré au rez-de-chaussée et galerie d'art à l'étage. Murs et parquet aux couleurs vives, dans le style mexicain, avec tableaux contemporains, banquettes ou chaises en bois. Cheminée pour les soirées d'hiver, quelques tables dehors pour l'été. Un cadre assez cosy, gentiment branché, pour une bonne cuisine à base de produits frais et souvent bio, qui va piocher ses goûts un peu partout, en Asie notamment. Les pâtes ont la cote, le poulet et les légumes aussi – pas mal de choix veggie – et tout est préparé à la commande, avec soupe incluse le soir. Comme on dit ici, *save a room* (« gardez une place ») pour les desserts, pour lesquels la maison a souvent été primée (crème brûlée, *key lime pie*) ! Accueil charmant et service efficace.

Houston's Trails End (plan A1, **22**) : *32 E Center St. ☎ 435-644-2488. Plats dès 20 $.* Changement de décor, changement de cuisine. Du bois, des box et des serveurs en tenue, nous voilà de retour dans l'Ouest. C'est l'heure de se taper un bon steak.

L'UTAH

À voir

Kanab Heritage Museum *(plan B1) : 13 E 100 S (à droite du Parry Lodge). ☎ 435-644-3966. Mai-sept, lun-ven 13h-17h (ouv sam pdt vac scol). Gratuit (donations bienvenues).* Oh, rien d'exceptionnel, loin de là, mais plutôt un modeste inventaire à la Prévert, de vieilles photos, portraits, uniformes, vieux outils, etc., plus des lettres envoyées à un certain James Brown, mais pas très funky celui-ci ! Il y a même, paraît-il, la table de camping de... Buffalo Bill ! Pour les Américains, un peu d'histoire, pour nous, une petite brocante. Au rez-de-chaussée, modeste galerie accueillant des expos temporaires. On peut poursuivre la séquence souvenir par une rapide visite à la **Bowman-Chamberlain Heritage House** *(plan A2 ; angle Main et 100 St ; mêmes horaires ; gratuit).* Une maison bâtie à la fin du XIXe s et meublée comme à l'époque.

CELLES QUI PORTAIENT LA CULOTTE

En 1912, à en croire les femmes de Kanab, rien ici ne marchait droit. Les élus, tous masculins, leur rétorquèrent qu'elles n'avaient qu'à gérer la ville elles-mêmes, et elles les prirent au mot. Deux ans durant, seules des femmes siégèrent au conseil municipal. Elles ne légalisèrent pas l'avortement mais firent construire des ponts sur les canaux, interdirent les jeux d'argent ou encore les « sports bruyants » le jour du Seigneur. Puis, jugeant qu'elles avaient fait de Kanab une « ville civilisée », elles en rendirent les clés.

Frontier Movie Town – Little Hollywoodland *(plan A1-2) : 297 W Center. ☎ 435-644-5337. • frontiermovietown.com • Lun-sam 9h-21h. En hiver, slt sur résa par tél.* C'est avant tout une grande boutique de produits made in China, mais, si on la traverse, on découvre un authentique petit décor de cinéma, un similivillage du Far West avec ses façades de saloon, sa prison, son minicimetière et sa potence. Il a été utilisé en 1975 dans *Josey Wales, hors-la-loi* avec Clint Eastwood.

Manifestation

– ***Western Legends Round up :*** *sur 3 j. mi-août. Rens : ☎ 435-644-3444. • westernlegendsroundup.com* • Très populaire dans toute la région, ce festival dédié à la culture de l'Ouest américain voit affluer des milliers de cow-boys nostalgiques. Grande parade en ville, avec notamment de nombreuses bêtes à cornes mélangées à quelques vieilles légendes du cinéma western, des diligences, de nombreux stands d'artisanat, des animations, rodéos, concerts de musique western et country (non, ce n'est pas pareil...), des rodéos de poésie cow-boy (véridique !), des *shoot outs* (duels), etc.

DANS LES ENVIRONS DE KANAB

Toroweap Point : *à env 61 miles au sud de Kanab par Fredonia et Tuweep. On y accède par l'Antelope Valley, en suivant une route de gravier qui se termine en piste cahoteuse (4x4 recommandé mais pas obligatoire), à travers des étendues sauvages (trajet : 4-6h A/R).* Vraiment un des plus beaux paysages de l'Amérique ! On arrive à un des belvédères méconnus de la rive nord (North Rim) du Grand Canyon. Le mieux est d'y passer la nuit (camping « primitif » possible) pour profiter du lever de soleil. Les premiers rayons viennent frapper l'immense paroi rocheuse verticale qui plonge vers le fleuve, et la pierre prend de superbes teintes de feu.

L'UTAH

Coral Pink Sand Dunes State Park : *à env 20 miles au nord-ouest de Kanab, par un embranchement depuis la route 89. ☎ 435-648-2800. • stateparks.utah.gov • Accès : env 6 $/véhicule (valable jusqu'à 22h) ; 3 $/piéton et cycliste. Possibilité d'y camper (env 16 $/véhicule, entrée incluse), souvent complet le w-e.* Si vous passez à côté, vous pouvez éventuellement faire un détour pour voir la succession de dunes de sable fin aux couleurs orangées de ce petit parc. Elles se sont formées, un peu comme à Monument Valley, par la désagrégation du grès rouge sous l'effet de l'érosion. Le vent, soufflant par la brèche ouverte entre les monts Moquith et Mocassin, a tout poussé là. Jolies couleurs au *sunset*. Malheureusement, aujourd'hui, Coral Pink Sand Dunes est devenu le royaume des amateurs d'*ATV* (quad), qui s'y donnent rendez-vous tous les week-ends... pas écolo pour un sou et fort bruyant. Seule une petite section – à peine 10 % du parc –, pas la plus belle d'ailleurs, échappe au saccage. Ceux qui veulent crapahuter les pieds dans le sable privilégieront un jour de semaine. Camping possible sur une vingtaine d'emplacements plus ou moins ombragés par des pins. Douches, table, barbecue.

BRYCE CANYON NATIONAL PARK

Situé entre 2 018 et 2 748 m d'altitude, Bryce n'est pas vraiment un canyon, plutôt un plateau calcaire, ciselé par l'érosion en une fantastique armée de cheminées de fées, colonnes rocheuses déchiquetées aux couleurs variant du jaune orangé au rouge profond. Entre les pilastres, les sapins ajoutent leur touche de vert intense. Oscillant selon l'humeur du soleil, la palette des tons est infinie, et se révèle époustouflante à l'heure où l'astre se lève. Le paysage est tellement différent de ceux des autres parcs, tellement

évocateur, qu'il mérite absolument un détour. Le coin est naturellement très fréquenté. Il est bien loin le temps où vivaient presque seuls ici Mary et Ebenezer Bryce, le couple de pionniers qui a légué au lieu son nom. Il suffit pourtant de se laisser glisser sur les sentiers couleur de sang pour que la sérénité reprenne le dessus. Le parc abonde de *tamias,* les « suisses » des Canadiens, sortes de petits écureuils rayés. Juste avant d'arriver au Bryce Canyon, sur la Highway 12 entre Panguitch et Bryce, on traverse le *Red Canyon* qui, lui aussi, dévoile de superbes roches rouges érodées.

Adresses et infos utiles

– ***Entrée du parc :*** *env 25 $/véhicule, 12 $/pers à pied ou à vélo, entrée valable 7 j. ;* Interagency Annual Pass *accepté.* Les vélos ne peuvent pas quitter les routes goudronnées.

ℹ ***Visitor Center :*** *à l'entrée du parc, sur la droite. ☎ 435-834-5322. • nps.gov/brca • Tlj de mi-mai à sept 8h-20h, mi-saison 8h-18h, hiver 8h-16h30.* Ce vaste centre d'information abrite un petit musée instructif sur la faune et la géologie du parc et une librairie spécialisée (cartes topographiques...). On peut aussi y voir un film de 20 mn, diffusé toutes les demi-heures jusqu'à 30 mn avant la fermeture. Distribue le journal gratuit, *The Hoodoo* (version en français), qui donne tous les renseignements utiles sur le parc, avec la liste des chemins pédestres stipulant leur durée et leur difficulté. Carte topographique plus précise également, pour les randos de plusieurs jours *(2 $).* Si vous comprenez l'anglais, renseignez-vous sur les *ranger's talks (mai-sept),* exposés très pédagogiques sur des thèmes différents chaque jour en été, en particulier la géologie et l'astronomie.

ℹ ***Garfield County Travel Council :*** *W Main St, près de l'angle de la Hwy 89 (Center St), à* ***Panguitch.*** *☎ 435-676-1102 ou 1-800-444-6689. • brycecanyoncountry.com •* C'est l'office de tourisme de Panguitch. On peut y glaner des infos et de la doc sur le secteur.

■ ***Urgences :*** *☎ 911 ou 435-676-2411.*

■ ***Épiceries :*** *au* ***general store*** *du* Ruby's Inn, *juste avt l'entrée du parc. Tlj 7h-22h30 (21h30 hors saison).* Très bien approvisionné (matériel de camping, épicerie, petit déj...). *Également le* ***Bryce Canyon General Store,*** *ouv slt avr-oct (8h-20h), près du Sunrise Point, à l'intérieur du parc.* Beaucoup moins de choix. Eau potable. On peut aussi acheter du bois et prendre une douche pour 2 $. *Enfin, un vrai supermarché, moins cher et bien achalandé, au* ***Clarke's Country Restaurant*** *à* ***Tropic*** *(tlj 7h30-21h ; ferme à 14h dim).*

■ ***Laveries :*** *au* ***Ruby's Inn*** *(tte l'année, 24h/24), au* ***camping du Ruby's Inn*** *(tlj 7h-20h) et encore au* ***Bryce Canyon General Store*** *(avr-oct 8h-20h).*

✉ @ ***Poste et Internet :*** *petit bureau de poste dans le* general store *du* ***Ruby's Inn.*** *Lun-ven 8h30-12h, 12h30-16h30 ; sam mat.* Possibilité de consulter ses mails dans le hall d'entrée du *Ruby's Inn,* mais très cher *(env 12 $/h, machines en batterie prenant les billets).* Également des **téléphones** à pièces et à carte.

■ ***Distributeur :*** *au* ***Ruby's Inn.*** Limité à 100 $ par retrait. L'hôtel fait aussi le ***change*** (taux défavorable).

– ***Transport public à l'intérieur du parc :*** *mai-oct, des navettes* (shuttles) *gratuites desservent une petite partie du parc (la plus spectaculaire), entre le* Ruby's Inn *et* Bryce Point. *Fonctionne tlj 8h-19h ; passages ttes les 15 mn env. Bureau d'info à côté du camping du* Ruby's Inn. Départ au *Ruby's Inn* et au camping, puis arrêts à tous les *campgrounds* et sites du parcours (dont le *Visitor Center*), sauf à *Paria View* (il porte bien son nom, celui-là...). On peut ainsi laisser sa voiture au parking, ce qui est vivement recommandé par les rangers – et plus écolo – mais pas obligatoire.

Où dormir ? Où manger ?

L'hébergement n'a rien de folichon dans le coin. Les motels sont pour la

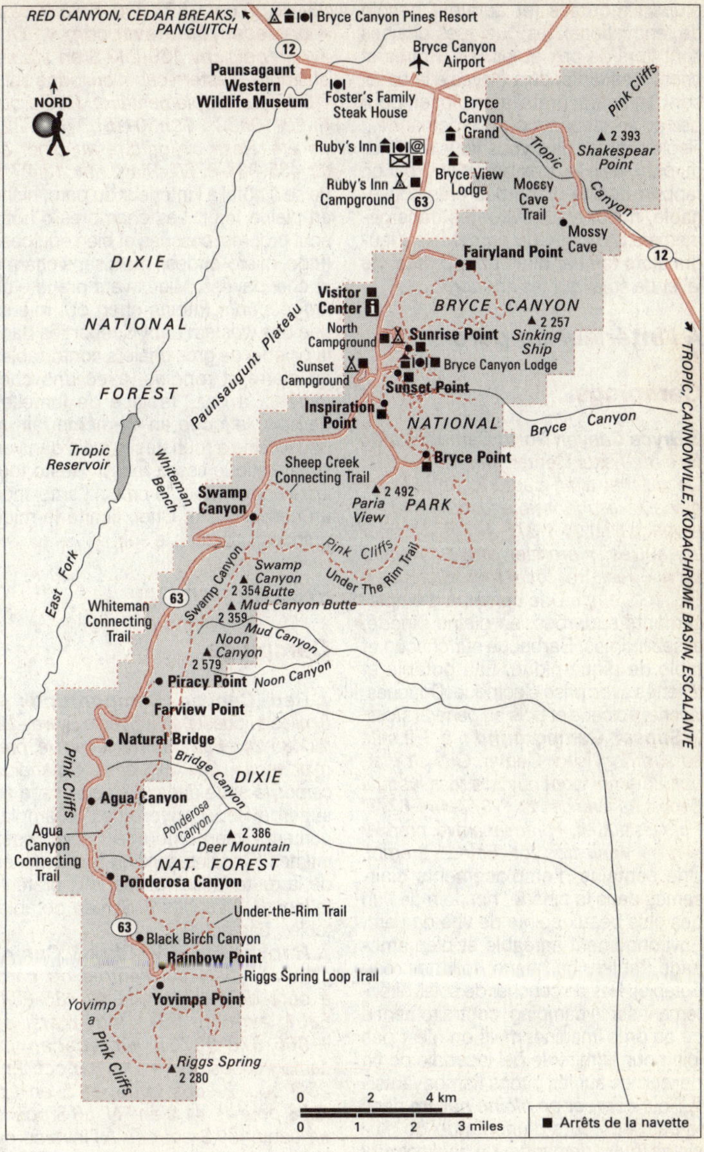

BRYCE CANYON NATIONAL PARK

plupart moroses (et auraient besoin de rénovations), les quelques chaînes sont hors de prix et les *B & B* rares et chers. Les tarifs, déjà élevés à la base, sont toujours prêts à exploser pour peu qu'il y ait beaucoup de demande... Règle simple : plus vous vous éloignez du parc, plus les prix baissent. Pour un rapport qualité-prix à peu près convenable, mieux vaut éviter les hébergements à proximité du parc. Mais il faudra alors tomber du lit pour profiter du lever de soleil sur les *hoodoos*...

À l'intérieur du parc

Campings

Bryce Canyon North Campground : *face au* Visitor Center. *Ouv tte l'année. De mi-mai à fin sept, 20 empl. sont ouv à la résa (possible jusqu'à 240 j. à l'avance !) au ☎ 1-877-444-6777. Pour les autres, « premier arrivé, premier servi ». Venir très tôt. • recreation.gov • Env 15 $/empl.* Une centaine d'emplacements superbes, en pleine pinède, assez intimes. Barbecue sur chacun et table de pique-nique. Eau potable et toilettes avec prise électrique. Douches, laverie, épicerie et bois au *general store*.

Sunset Campground : *à 1,2 mile au sud du* Visitor Center. *Ouv slt mai-oct. 25 empl. sont ouv à la résa jusqu'à 6 mois à l'avance. ☎ 1-877-444-6777. Pour les autres, « premier arrivé, premier servi ». Venir très tôt. Env 15 $/empl.* Une centaine d'emplacements clairsemés dans la pinède, non loin de l'un des plus beaux points de vue du parc. Environnement agréable et bien aménagé (tables, barbecue, toilettes, eau potable). Pas de coucher de soleil directement sur le camping, contrairement à ce qu'on s'imagine, mais on n'est pas loin pour admirer le bel incendie de fin de journée sur les pitons flamboyants.

Pour ***camper en pleine nature*** dans le parc au cours d'une rando de plusieurs jours, demander un *backcountry permit* au *Visitor Center (5 $).*

Très chic

The Lodge at Bryce Canyon : *au cœur du parc (bien indiqué). ☎ 435-834-8700 ou 1-877-386-4383 (résas). • brycecanyonforever.com • Ouv avr-fin oct. Env 139-243 $ en studio, chambre,* western cabin *ou* lodge suite *(10 $/pers supplémentaire). Resto ouv 6h30-10h30, 11h30-15h, 17h-22h en été. Résa obligatoire au dîner au ☎ 435-834-8760. Plats env 13-27 $.* Le seul hôtel à l'intérieur du parc, niché en pleine forêt. Les chambres d'hôtel sont propres, cossues et bien équipées (frigo, micro-ondes), mais sans charme et cher payées. Mieux vaut prendre un *lodge studio* (moins cher) ou, mieux, une des *western cabins* réparties dans la pinède, de gros chalets confortables en pierre et rondins, avec une cheminée... à gaz. Tapissé de lamelles de bois, le *lodge* en lui-même fait un peu « usine à touristes », mais dans un style rustique assez réussi. Resto tout juste correct pour le prix, à l'ambiance un rien western. Choix limité le midi, grands classiques le soir.

Près du parc

Campings

Red Canyon Campground : *à 8 miles à l'ouest par la Scenic Byway 12. ☎ 435-245-6521. « Premier arrivé, premier servi ». Env 15 $/empl.* Splendide *campsite* situé dans la pinède, face au superbe Red Canyon. Les 37 emplacements, bien ombragés, sont assez intimes. Certains sont un peu proches de la route (assez passante) : préférer la *loop B.* Douches *(2 $)*, eau potable, tables, barbecue.

Ruby's Inn RV Park & Campground : *juste avt l'entrée du parc, à côté du* Ruby's Inn. *☎ 435-834-5301 (avr-oct), 5341 (nov-mars) ou 1-866-878-9373. • brycecanyoncampgrounds.com • Ouv avr-oct. Env 25 $ pour 2 sous tente, 34 $ en tipi (38 $ pour 4), 41 $ en RV, 56 $ pour 2 en cabin (60 $ pour 4).* À l'inverse de l'hôtel, l'immense camping du *Ruby's Inn* est plutôt bien fichu. Dispersés sous les pins, les larges emplacements sont assez ombragés, même s'ils n'ont pas le caractère bucolique des campings du parc. En revanche, les quelques tipis et *cabins* sont au bord de la route... sauf 1 seul tipi à l'arrière, face au lac. Douche chaude incluse, piscine extérieure (plus celle du *lodge,* couverte), jacuzzi, petite épicerie, lavomatic, etc.

De bon marché à prix moyens

Bryce View Lodge : *face au* Ruby's Inn. *☎ 435-834-8022 ou 1-888-279-2304. • bryceviewlodge.com • Ouv avr-fin oct. Env 100 $ pour 2 pers mai-sept, 65 $ avr et oct.* Chambres de motel basiques, sans charme, vieillottes mais propres, largement surfacturées. Elles constituent cependant l'option la moins chère pour dormir aux portes du parc. Toutes sont à 2 lits. Accès libre à la piscine du *Ruby's Inn.* Accueil détestable.

Bryce Canyon Pines Resort : *à 6 miles de l'entrée du parc, sur l'US 12, en direction de Zion. ☎ 435-834-5441 ou 1-800-892-7923. • brycecanyonmotel.com • Env 20 $ pour 2 sous tente, camping-car 30 $. Avr-oct, doubles, cottages et suites env 117-335 $ (quasi moitié moins cher en hiver). Resto tlj 7h-21h. Sandwichs et burgers 9-11 $ (servis aussi le soir), plats 16-24 $.* On vient surtout ici pour le resto, un chaleureux *diner* tout en bois, bercé de musique *oldies* et flanqué d'un vieux poêle. Très bonne cuisine maison, des copieux breakfasts aux soupes du jour en passant par les classiques grillades et les... 11 *pies* différentes en dessert ! Énormes, gargantuesques, elles font la réputation de l'adresse. Si, après vous être envoyé un de ces pots de confiture versés entre deux lames de pâte, vous ne rêvez plus que d'une sieste digestive, plusieurs options se présentent. D'abord le camping, installé un peu plus loin sur la route, derrière la station *Chevron.* Emplacements dispersés entre les pins mais dans un environnement assez sec. Tables, toilettes de chantier, douches chaudes incluses à prendre à la station, qui fait aussi épicerie et laverie. Correct, mais pas franchement bucolique. Sinon, derrière le resto, plusieurs petits bâtiments abritent des chambres de motel banales (mobilier assez patiné), pouvant héberger jusqu'à 8 personnes. La déco et le confort varient, certaines avec écran plat (ou pas), couette (ou pas), piles d'oreillers (ou pas)... Bref, c'est un peu la roulette russe. Également des cottages et des *family suites,* avec cuisine. Enfin, la famille qui tient les lieux pratique le rodéo de père en fils (photos au resto), et propose des balades à cheval dans le Red Canyon, notamment pour visiter la cachette de Butch Cassidy...

Foster's Family Steak House : *à 4,8 miles de l'entrée du parc, sur l'US 12, en direction de Zion. ☎ 435-834-5327. Tlj 7h-21h30. Plats 9-20 $, petit déj 6-7 $.* L'accueil est sympa, un daim maouss costaud veille sur la salle de *diner* en bois, et la cuisine, familiale, tire bien son épingle du jeu. Comptez sur un grand choix de steaks, du poulet, du poisson et un *stir fry* pour sauver les végétariens. Le tout à des prix raisonnables – même pour les vins au verre –, avec, le soir, un buffet de salades inclus. N'oubliez pas le dessert : très bons gâteaux et tartes maison.

Plus chic

Best Western Ruby's Inn : *à l'entrée du parc. ☎ 435-834-5341 ou 1-800-468-8660. • rubysinn.com • Selon situation et confort, env 150 $ pour 2 pers avr-oct, 110-120 $ en hiver.* Incontournable, cet immense complexe proposant tous les services imaginables est une vraie petite ville posée à l'entrée du canyon. Une usine à touristes aux attractions Far West en toc, où l'on évitera de dormir tant on a le sentiment de s'y faire dévaliser comme une diligence. Tout a commencé avec l'ouverture du 1er hôtel de la région en 1916. Depuis, le *Ruby's Inn* n'a cessé de grandir, jusqu'à aligner aujourd'hui près de 370 chambres, réparties dans 8 blocs autonomes, rien que ça. Assez bien équipées (frigo, micro-ondes), elles sont globalement mal insonorisées, étroites et plutôt sombres. Préférer celles du *Lake View Lodge* ou du *Elk Lodge,* situées loin de la route et donnant sur un petit plan d'eau. Accueil franchement je-m'en-foutiste en haute saison. Grande piscine intérieure, une autre à l'extérieur près du camping, plus 2 jacuzzis. Tous les services à disposition dans l'immense hall d'accueil et autour de l'hôtel : distributeurs de billets, Internet, station-service, épicerie, poste, boutique de souvenirs, laverie et même un labo photo ! Également un vaste resto, le *Cowboy's Buffet,* avec plusieurs formules *all you can eat buffet,* assez médiocres (petit déj pas mieux), et un petit fast-food pas fameux non plus de l'autre côté du parking, le *Canyon Diner (l'un et l'autre tlj 6h30-21h30 en été).* De l'autre côté de la route, un 3e resto version chic, le *Ebenezer's,* ouvert seulement le soir de mai à octobre pour un dîner-spectacle avec show cowboy *(☎ 435-834-5341 ; plat env 30 $).* Enfin, le *Ruby's Inn* organise aussi des rodéos en saison...

Best Western Bryce Canyon Grand : *face au* Ruby's Inn. *☎ 435-834-5700 ou 1-866-866-6634. • brycecanyongrand.com • Doubles 160 $ d'avr à mi-oct (75 $ nov-mars), suites à partir de 250 $; bon petit déj-buffet chaud inclus.* Inauguré en 2009, le dernier-né des hôtels de Bryce joue la carte du haut de gamme à défaut de celle du charme. Ses 2 bâtiments de 4 étages regroupent quelque 164 chambres spacieuses et très confortables avec literie au top, frigo, micro-ondes, etc. Il ne manque rien : resto, piscine, jacuzzi, *exercise room* et machines à laver. À choisir entre celui-ci et le *Ruby's Inn,* n'hésitez pas !

Où dormir ? Où manger à l'ouest du Bryce Canyon ?

À Panguitch

Fondée en 1863, située à 22 miles au nord-ouest de Bryce Canyon (25 mn) et à quelques miles d'un grand lac (prendre la route 143), Panguitch a gardé un minuscule rien de son caractère western, mais s'avère surtout une étape économique pour dormir non loin du parc. La ville, assez morne au demeurant, regorge de motels, de *B & B* et de stations-service. On y trouve aussi un supermarché et une antenne de la *Zions Bank* (*ATM* 24h/24) mais peu de restos. En été, le bourg s'anime à l'occasion de divers festivals locaux, notamment le *Panguitch Valley Ballon Rally,* rassemblement de montgolfières le dernier week-end de juin (attention, les prix grimpent !).

De bon marché à prix moyens

Bryce Way Motel : *429 N Main St. ☎ 435-676-2400 ou 8445. Doubles 45-55 $ en été, un peu moins cher en hiver.* La proprio chinoise parle très mal l'anglais, le bâtiment, bleu et bas, est vieux et moche, mais les chambres sont bien tenues, d'un confort raisonnable (frigo) et, surtout, vraiment pas chères. Au bout du compte, une bonne affaire. Donne sur la rue principale bruyante, demander de préférence une chambre au fond.

Color Country Motel : *526 N Main St. ☎ 435-676-2386 ou 1-800-255-6518. • bobbie@color-country.net • Double 60 $ en saison.* Un motel des plus classique mais tenu avec une application quasi maniaque, ce qui, à Panguitch, relève presque du miracle. En revanche, faudra s'accommoder de la déco, d'un rare mauvais goût (paysages en puzzle, fleurs en plastique...). Petit frigo dans les chambres.

Lamplighter Lodge : *581 N Main St. ☎ 435-676-8362. • panguitch.lamplighter.lodge@gmail.com • En saison, doubles 60-70 $, avec 10 % de réduc au* Cow-Boy's Smokehouse Café *(lire plus bas).* Un motel aux chambres sombres, un peu tristes mais vastes, bien tenues et bien équipées (frigo, micro-ondes, cafetière). Accueil plein de chaleur.

New Western Motel : *2nd E Center St. ☎ 435-676-8876. • newbrycewesterninn.com • Sur la route principale. Doubles env 70-80 $ l'été et 55 $ nov-avr, petit déj continental inclus.* Tenu par des Indiens... d'Inde. Un motel classique et propre, alignant de nombreuses chambres fonctionnelles et bien équipées (frigo, cafetière). Évitez en revanche celles, vétustes, situées dans l'ancien bâtiment, de l'autre côté de la rue. Laverie, avec un micro-ondes à dispo. Toute petite piscine et jacuzzi. Bon accueil.

Crum Cottage : *259 E Center St (sur l'av. principale en arrivant de Bryce Canyon). ☎ 435-676-2574. • crumcottage.com • Double 85 $, petit déj inclus ; 10 $/pers supplémentaire.* Perdu au milieu des motels et stations-service, ce *B & B* semble comme tombé du ciel. Un petit cottage en brique au charme suranné mais pas surfait, naturel en somme, tenu avec gentillesse par Mary-Ann et Brian. Parquet, papier peint aux motifs d'un autre temps et, à l'étage, seulement 3 chambres, simples mais fraîches et confortables, avec salle de bains et brasseur d'air. Une peut loger jusqu'à 4 personnes (2 lits jumeaux).

Grandma's Cottages : *90 N 100 W. ☎ 435-690-9495. • grandmascottages.com • Cottages 80-100 $ selon nombre de chambres.* Les sympathiques Lue et Bruce louent 8 petites maisons dispersées dans Panguitch, les plus grandes pouvant loger jusqu'à 8 personnes. Toutes avec cuisine, salle de bains et 2 ou 3 chambres. Serviettes et draps fournis. Un bon plan, pas cher, pour qui veut être indépendant.

Foy's Country Corner Café : *80 N Main St. ☎ 435-676-8851. Au centre. Tte l'année, lun-sam 7h-21h (coupure en milieu d'ap-m). Sandwichs et burgers env 7-9 $, steaks et local favorites 9-11 $.* Typique des années 1950, avec ses banquettes en moleskine bordeaux, ses tables en formica et son atmosphère populaire. Salades, plats du jour, *pork chops, ribeye steak* et quelques desserts. Une bonne adresse toute simple, en plein centre, idéale pour le petit déj ou pour manger sur le pouce. Bon accueil.

Cow-Boy's Smokehouse Café : *95 N Main St. ☎ 435-676-8030. Tlj sf dim 11h30-22h. Fermé nov-mars. Plats 11-30 $.* Resto très populaire en plein centre de Panguitch, installé dans une vieille maison en brique typique. On y dévore un bon steak grillé ou des *pork ribs* – la spécialité maison –, sous l'œil dubitatif d'une rangée de têtes de cerfs. Les viandes sont fumées au bois de mesquite, ce qui leur donne un parfum unique, et tous les plats sont servis avec salade, grosse pomme de terre et/ou *roll.* Bon, copieux et prix raisonnables. Petits concerts en fin de semaine pendant la saison.

Plus chic

The Red Brick Inn B & B : *161 N 100 W St. ☎ 435-676-2141 ou 1-866-RED-BRIK. • redbrickinnutah.com • Fermé nov-avr. Env 110 $ pour 2 et 190 $ pour 4 en été, min de 2 nuits (sinon, 120 $ pour 2) ; petit déj inclus. Réduc si règlement en cash.* Cette élégante demeure de brique de 1919 abrita le 1er hôpital de la ville... et même du sud de l'Utah. Ses 5 chambres sont spacieuses et douillettes, avec salle de bains privée et une déco chargée un peu kitsch. On peut également occuper, au sous-sol (un peu sombre donc), l'ancien logement du doc : un appartement pour 8 personnes avec 3 chambres (dont 1 avec lits superposés) et une cuisine. Peggy Egan fait collection de valises (si, si) et s'avère une excellente cuisinière. Les œufs du petit déj sont ceux des poules qu'elle élève dans le grand jardin derrière la maison. Un bel espace vert, idéal pour savourer les longues soirées d'été.

Sur la route de Zion, à Hatch

À 22 miles au sud-ouest du Bryce Canyon, un minuscule bled-étape sans aucun intérêt, si ce n'est des prix un peu plus intéressants.

Bon marché

Hatch Station's : *177 S Main St. ☎ 435-735-4015. 435-668-5159. Doubles env 55-65 $ (1-2 lits).* Une fausse loco (faut bien justifier le nom) est garée devant ce motel en rondins sans prétention, proposant une quinzaine de chambres pas très grandes mais assez agréables et lumineuses, avec frigo et micro-ondes. L'ensemble est très bien tenu. Vous ne risquez pas de perdre la clé : elle est accrochée à un fer à cheval ! Fait aussi épicerie, laverie et restaurant pas cher (avec *salad bar,* mais fermé au petit déj).

☕ ***Galaxy Diner :*** *au bord de la route, au centre du village. Tlj 6h-14h. Compter 6-8 $ le petit déj complet.* Un petit *diner* très *fifties,* pour un vrai petit déj à l'américaine. On avale ses œufs calé dans un box, sous les photos de chanteurs de variétés, l'oreille réveillée par un bon vieux rock. On se croirait dans *Grease,* y a même un juke-box...

🍽 ***Cafe Adobe :*** *16 N Main St. ☎ 435-735-4020. De mi-mars à mi-nov, tlj sf dim-lun 11h-20h. Env 10 $ pour un repas.* Petit café sympa, tout en bois clair et prolongé d'une terrasse. Propose un bon choix de sandwichs et burgers préparés avec des ingrédients de qualité, ainsi qu'une variété de plats mexicains. Un bon spot pour grignoter un morceau et boire un petit *espresso* avant de reprendre la route.

L'UTAH

Plus chic

🏠 ***Cottonwood Meadow Lodge :*** *sur la Hwy 89 (panneau « Fly Shop & Inn »). ☎ 435-676-8950. • cottonwoodmeadowlodge.com • À 6 miles au nord de Hatch, env 2 miles avt l'intersection pour Bryce Canyon. Ouv slt avr-oct. Maison 1 chambre 155 $; 3 chambres env 295 $. Attention, des frais de nettoyage de 60 $ (120 $ pour la dernière) par séjour s'ajoutent.* 📶 4 petites maisons en bois, un peu à l'écart de la route, s'amarrent au bord de la Sevier River, au milieu d'une immense prairie avec des chevaux dans un corral. On s'installe au choix dans l'ancienne ferme (3 chambres), dans la vieille grange qui peut accueillir jusqu'à 6 personnes, la *log cabin* remontant aux années 1860 (idéale pour un couple) ou la *bunkhouse* (2 lits). Toutes ont été méticuleusement rénovées dans un style rustique chic, certaines avec cheminée, toutes avec salle(s) de bains privée(s) et cuisine équipée (kitchenette plus modeste dans la *bunkhouse*). Le petit déj n'est pas servi, mais tous les ingrédients sont laissés à votre disposition dans la cuisine (œufs frais, bacon, café, etc.). L'adresse est aussi une boutique réputée pour les amateurs de pêche à la mouche !

Où dormir ? Où manger à l'est du Bryce Canyon ?

À Tropic

À environ 10 miles de Bryce, la triste bourgade de Tropic dispose de plusieurs motels, mais sans charme et pas moins chers qu'ailleurs, au contraire. Supermarché également.

De bon marché à prix moyens

🏠 ***A & R Bybee Steppingstone Motel :*** *21 S Main St. ☎ 435-679-8998. • brycecanyonsteppingstone.com • ♿ Au bord de la route principale. Ouv avr-oct. Double env 75 $ en saison.* 📶 Petit motel en bord de route à la façade peu avenante, mais le tarif reste à peu près abordable pour le confort. Seulement 7 chambres, propres, plutôt coquettes même avec leur déco un peu individualisée, et fonctionnelles (frigo et micro-ondes). Accueil sympathique avec, en prime, un *Livre de Mormon* gratuit. *Yeepee !* Attention, si vous avez réservé, il faut arriver obligatoirement avant 18h.

🏠 ***Bryce Canyon Inn :*** *21 N Main St. ☎ 435-679-8502 ou 1-800-592-1468. • brycecanyoninn.com • Fermé nov-mars. Cabins 100-110 $ en été, double 70 $; petit déj continental inclus. Aussi un ranch cottage (env 100 $) situé 8 miles plus loin.* 📶 Les 18 cabins en bois, dans un style cabane au Canada, sont vraiment sympas et bien équipées (lit *king* ou 2 *queen,* TV, frigo, micro-ondes), mais elles sont chères. Demandez-en une le plus loin possible de la route. Et évitez les chambres, franchement nazes, et très sombres. On peut dîner sans risque à la *Pizza Place,* qui dépend de l'hôtel. Accueil agréable.

🍽 ***Clarke's Country Restaurant :*** *141 N Main St. ☎ 435-679-8383. Tlj 7h-21h30 (plus tôt en hiver). Plats env 7-10 $ (petit déj ou déj), 12-20 $ au dîner.* Cette grande maison en bois style western est un peu le point de rencontre du village : elle fait station-service, supermarché *(tlj 7h30-21h ; ferme à 14h dim)*, *ATM* et donc restaurant. Salle sombre avec de fausses briques, de fausses plantes vertes et de faux serveurs (oh si, pardon, ils finissent par arriver...). Quelques photos de famille anciennes aux murs. Cuisine sans imagination, un peu graillonneuse, proposant les classiques breakfasts, sandwichs, burgers, salades... Le matin, rabattez-vous plutôt sur les pancakes aux myrtilles et les bonnes tartes du jour. Le soir, viandes et truites grillées ; parfois des petits concerts de musique country en été. Et pour les plus gourmands, il y a un *candy shop* à l'entrée. Terrasse.

Plus chic

Buffalo Sage B & B : *Alice Wolf, 980 N Hwy 12. ☎ 435-679-8443 ou 1-866-232-5711. À la sortie de Tropic direction Bryce Canyon, sur la droite. Doubles à partir de 95 $, 15 $/pers supplémentaire (réduc si règlement en cash). Enfants de moins de 8 ans non admis.* Perchée sur sa butte, à l'écart du bourg, la terrasse de cette belle maison en bois embrasse toute la vallée où paissent quelques troupeaux de bétail. La nuit laisse le champ libre aux étoiles... Autour de la belle et lumineuse pièce à vivre, 4 jolies chambres, toutes avec vue sur la vallée, dotées d'une agréable déco western ou indienne (et d'un lecteur DVD). L'unique familiale compte 2 lits (en bois). Copieux petit déj santé concocté par Alice. Certes, les abords ne sont pas toujours bien tenus et les chats et le chien peuvent être un peu envahissants – mais pas dans les chambres, qui sont très propres. La maison est strictement non-fumeurs, même à l'extérieur.

Bryce Country Cabins : *320 N Hwy 12, à la sortie de la ville direction Bryce Canyon. ☎ 435-679-8643 ou 1-888-679-8643. • brycecc@color-country.net • En saison, pour 2-4 pers compter 100-225 $ selon type de cabin.* Au bord de la route, une dizaine de bungalows en bois au gentil charme champêtre, équipés comme des chambres de motel (TV, salle de bains, frigo, cafetière et micro-ondes). Cuisine complète dans les plus grands, mais qui ne comptent que 1 *king bed,* contre 2 *queen* pour les autres. Dans l'épais gazon tout autour, tables, barbecues, et balancelles regardant la prairie. Également une autre série de *cabins,* plus chères et plus grandes, au centre du village. Accueil sympa, relax. Un bon plan.

À Cannonville

Presque un lieu-dit, situé à environ 5 miles au sud de Tropic. On est à deux pas du Kodachrome Basin, un mignon petit *State Park* encore assez méconnu (voir le chapitre plus loin) et au croisement de la splendide *Cottonwood Road,* qui permet de rejoindre le lac Powell à travers des paysages d'une grande virginité.

KOA Campground and Cabins : *Hwy 12, 215 Red Rock Dr. ☎ 435-679-8988 ou 1-888-562-4710. • koa.com/campgrounds/cannonville • Fermé de mi-nov à mi-mars. Compter env 33 $ pour 2 en tente ; 38 $ en RV. Cabins env 58-162 $ pour 4-6 pers.* Alignant une vingtaine d'emplacements pour les tentes et 3 fois plus pour les camping-cars, ce camping de bord de route manque d'ombrage et d'intimité mais est, en revanche, très bien équipé : sanitaires et douches impeccables, 2 cuisines à disposition, épicerie *(8h-20h)*, laverie, aire de jeux, ping-pong et petite piscine en plein air *(fin mai-fin sept)*. Également 6 types de *cabins,* de l'ultra-basique au vrai chalet avec cuisine et salle de bains.

L'UTAH

À voir. À faire

– Le journal ***The Hoodoo,*** édité par le parc (version en français disponible), contient toutes les infos utiles, avec la liste des principales randonnées que l'on peut faire en 1 journée. Le ***Visitor Center*** fournit plus d'infos sur les itinéraires, l'état des routes et la météo.

– Une dizaine de points de vue absolument superbes se succèdent tout au long de la route qui pénètre dans le parc sur une vingtaine de miles. On conseille vraiment de faire toutes les haltes jusqu'à *Rainbow Point,* tout au sud. La meilleure lumière se capte essentiellement tôt le matin – idéalement au lever du soleil –, mais on peut aussi faire de belles photos en fin d'après-midi à condition d'arriver avant que les sites ne soient dans l'ombre (valable surtout pour *Sunset Point*). Le parcours se couvre en environ 2h, sans compter les éventuelles balades bien sûr. L'accès à la partie sud du parc, après Bryce Point, est parfois fermé l'hiver.

HOW DO HOODOOS ?

Les hoodoos, ou pinacles, sont le résultat de quelque 200 nuits d'hiver rigoureux annuelles. L'eau en gelant écartèle la roche et la déshabille peu à peu de ses sédiments les plus friables. Les coloris, eux, sont le fruit de l'oxydation des minéraux : les oranges, roses et rouges sont dus au fer, le violet au manganèse, les parties blanches sont du pur calcaire. D'après les géologues, les hoodoos devraient totalement disparaître sous les flots de la Sevier River d'ici à 3 millions d'années !

Du nord au sud, petite sélection parmi les points de vue les plus spectaculaires :

🏔🏔🏔 ***Sunrise Point :*** superbe panorama sur les fameux *hoodoos,* à peu près le même qu'au *Sunset Point* ci-dessous, mais à voir au soleil levant bien sûr ! Une vision d'une absolue délicatesse. Très jolie balade d'environ 1h à *Queen's Garden* au milieu des pitons rocheux. On peut aussi rejoindre *Sunset Point* en une petite heure de marche.

🏔🏔🏔 ***Sunset Point :*** de là, on surplombe une armée de *hoodoos,* profusion de pinacles fragiles déployant à perte de vue une palette infinie de couleurs. Le site mérite une vraie balade. On peut notamment s'engager sur le *Navajo Loop,* qui se faufile entre les pitons, dans d'étroits goulets rouge sang. Raide mais superbe (compter 1h30 à 2h). En revanche, contrairement à ce que son nom suggère, l'endroit est assez rapidement à l'ombre en fin d'après-midi, alors ne venez pas trop tard. Pour compléter le panorama, mais vu d'un autre angle, arrêt un peu plus loin à ***Inspiration Point.***

🏔🏔 ***Bryce Point :*** *c'est le terminus des* shuttles. Comme une proue de navire s'enfonçant dans le cirque, et livrant une vue à plus de 180° sur l'horizon. Forêt d'aiguilles effilées, cavités creusées dans la roche. Droit devant, un massif rocheux a été baptisé *Alligator.* De là, panorama particulièrement impressionnant, roches blanches, jaunes, orangées et rouges. Au loin, le village de Tropic.

🏔 Plus au sud, après avoir traversé une forêt qui a en partie brûlé, on atteint le ***Farview Point.*** Vision moins minérale, dominée par la forêt. Plus loin, coup d'œil sur le ***Natural Bridge,*** une arche curieuse, qui s'est sans doute trompée d'adresse.

🏔🏔 ***Agua Canyon :*** encore plus au sud, il présente des colonnes particulièrement effilées qui se dressent très haut. Une fois ici, poursuivez donc (via les *Ponderosa* et *Black Birch Canyons*) jusqu'au ***Rainbow Point,*** au bout de la route. Le point de vue, en vert et orangé, est encore une fois grandiose.

➢ ***Randonnées dans le parc :*** extraordinaires, il n'y a pas d'autre mot. Il y a une douzaine de balades à faire, plus ou moins ardues, entre 1 et 5h de marche. Ce qu'il y a de formidable ici, c'est qu'il y en a pour tout le monde : des courtes et des longues, des faciles et des coriaces. Toutes permettent de descendre à l'intérieur de ce gigantesque amphithéâtre. Un complément indispensable à la vision qu'on peut avoir depuis les points de vue d'en haut. Les chemins se faufilent entre les colonnes rocheuses, dont certaines atteignent plusieurs dizaines de mètres. Pour les promenades fléchées dans le parc, la carte du *Visitor Center* suffit. En

revanche, si vous envisagez de vous balader 1 journée, procurez-vous la *Bryce Canyon Hiking Map,* en vente au *Visitor Center* *(env 2 $).*
Quelques conseils : portez de bonnes chaussures, emportez beaucoup d'eau et un chapeau. Et prenez votre temps, sous peine d'avoir le souffle coupé, car l'altitude moyenne est élevée (2 438 m). De fait, les températures en été ne dépassent pas 30 °C dans la journée, mais le temps peut être souvent orageux ou venteux. En hiver, les sentiers, verglacés, sont glissants. Et, lorsqu'il pleut, on se retrouve vite avec des semelles de boue...
Toutes les randonnées sont spectaculaires. Mais si vous ne devez en faire qu'une seule, combinez les deux itinéraires : *Queen's Garden Trail* et *Navajo Loop,* pour une boucle de 4,6 km au total (environ 2 à 3h). Le plus facile est de partir de *Sunset Point.* Une autre possibilité, très agréable, est d'emprunter le *Rim Trail* de *Sunrise Point* à *Inspiration Point* ou *Bryce Point.* On longe sans cesse l'amphithéâtre, la vue est superbe et, surtout, c'est plat ! Retour possible par le *shuttle* en été. De *Bryce Point,* les plus courageux descendront dans l'amphithéâtre pour revenir à *Sunset Point* par la *Peekaboo Loop,* assez ardue, mais splendide (environ 9 km et 3 à 4h de marche). Partir de préférence tôt le matin (moins de monde, et plus de chances de croiser des bestioles). La *Fairyland Loop,* un peu plus difficile (13 km, compter 4 à 5h), permet d'explorer la partie nord de l'amphithéâtre, avec quelques côtes bien senties jusqu'au sommet des falaises. Départ avant le *Visitor Center* (donc avant le guichet...). On peut, de là, pousser jusqu'à *Bryce Point* et rentrer en *shuttle* (prévoir la journée). Les marcheurs avertis seront heureux de savoir qu'en suivant le *Rim Trail* en entier on peut « faire » à pied tout le canyon sans interruption du nord au sud (soit 18 km ; compter 5 à 6h).
Enfin, pour changer un peu de paysage, on peut emprunter le *Mossy Cave and Waterfall Trail,* toujours sur le territoire du parc mais dont le point de départ est situé sur la Highway 12 en allant vers Tropic. Une courte et rafraîchissante balade au pied des *hoodoos* et des pins, le long d'un torrent que sautent de petits ponts. Si son lit semble naturel, il s'agit pourtant d'un canal, creusé à la pelle sur 10 miles par les pionniers mormons à la fin du XIXe s pour alimenter la vallée de Tropic. Après 600 m, un embranchement. À gauche, la *Mossy Cave,* une cavité rocheuse humide où se développent des mousses à la belle saison, des blocs de glace l'hiver. À droite, une modeste cascade. On peut pousser quelques centaines de mètres de plus en suivant le cours du ruisseau. Pour une fois qu'il y a de l'eau... Atmosphère magique en fin de journée, quand le soleil rasant vient caresser les ocres des pinacles, que le silence n'est perturbé que par le clapotis de l'eau.
Pour toutes ces balades, ne pas hésiter à demander conseil aux rangers du *Visitor Center.*

➢ ***Randonnées à cheval :*** **Canyon Trail Rides** *possède un petit bureau au* Bryce Canyon Lodge, ☎ *435-834-5500. Siège :* ☎ *435-679-8665.* • *canyonrides.com* • *Avr-oct, 2 randonnées de 2h ou d'une ½ journée, env 60-80 $/pers, taxes incluses. Également des excursions dans les Bryce et Red Canyons (de 1h30 à la journée) avec* **Ruby's Horseback Adventures,** *installé dans le* Ruby's Inn *(infos sur place ou au* ☎ *1-866-782-0002,* • *brycecanyonhorseback.com* •*). À partir de 65 $ (1h30) et jusqu'à 135 $ la journée.* Si vous optez pour une balade dans le parc, chevauchez au moins une demi-journée, sinon vous ne pénétrerez pas jusqu'au cœur du site. *Dernière option avec* **Red Canyon Trail Rides,** *attaché au* Bryce Canyon Pine Resort. ☎ *435-834-5441 ou 1-800-892-7923.* • *redcanyontrailrides.com* • Balades de 30 mn (dès 6 ans) à la journée (dès 9 ans), les plus longues jusqu'au Red Canyon et la cachette de Butch Cassidy.

➢ ***Location de VTT :*** *chez* **Bryce Canyon Outdoor Rentals,** *sur le parking du* Wildlife Museum. ☎ *435-834-5555.* • *brycewildlifeadventure.com* • *Tlj 7h-19h avr-début oct. Très cher, compter 12 $/h.* Permet d'aller jusqu'au Red Canyon par une piste cyclable longeant la Highway 12. Loue aussi toutes sortes d'engins mécaniques bruyants et polluants. *La station* **Sinclair,** *face au* Ruby's Inn, *loue aussi VTT et quads.*

➢ ***Location de skis et raquettes :*** *au **Ruby's Inn,** en hiver.* À votre porte : 50 km de pistes lorsque l'enneigement atteint son maximum. Magique rencontre du blanc et du rouge.

➢ ***Tours en petit avion ou en hélicoptère :*** vraiment une expérience géniale.

■ ***Bryce Canyon Airlines & Helicopters :*** *résas au* flight desk *du **Ruby's Inn** (une fois de plus...), et décollage de l'aérodrome de Bryce Canyon. ☎ 435-834-8060, 435-691-8813 ou 1-800-468-8660. • rubysinn.com • Attention, pas de résas par e-mail. 5 formules différentes (2 pers min) pour survoler Bryce Canyon à partir de 105 $/pers en avion (30 mn) et 115 $ en hélico (25 mn).* Choix d'excursions pour survoler Bryce et Red Canyon, Zion, Monument Valley ou le Grand Canyon.

DANS LES ENVIRONS DU BRYCE CANYON NATIONAL PARK

Paunsagaunt Western Wildlife Museum : *1945 W Scenic Hwy 12. ☎ 435-834-5555 (été) ou 702-308-4990 (hiver). Tt près de l'entrée du parc en direction du Red Canyon. • brycewildlifeadventure.com • D'avr à mi-nov, tlj 9h-21h. Entrée : env 8 $; réduc.* Les amis des animaux seront fâchés, les autres intrigués, voire un peu scotchés, devant une telle collection d'animaux taxidermisés. Pas de mystère, le proprio, un ancien concierge d'hôtel, Néerlandais émigré au Canada puis aux États-Unis, est un chasseur devant l'Éternel et a passé tout son temps libre sur les terrains de chasse du monde entier. Quelque 850 animaux sont exposés ici, américains, africains et indiens, sans oublier 1 600 papillons et des insectes en veux-tu en voilà... Glaçant, surtout lorsqu'on sait que le musée, aménagé dans une ancienne école, a été en partie financé par le comté ! Au moins les bébés animaux n'auraient-ils pas été chassés par le boss, mais empaillés après une mort naturelle ou accidentelle... À l'arrière, des chariots de pionniers et, dans un enclos, des daims encore vivants qu'on peut nourrir. Une autre image de l'Amérique.

Red Canyon : *à 6 miles à l'ouest par la route 12 vers Panguitch. Accès gratuit.* Visitor Center *ouv Pâques-sept ou oct : tlj 9h-18h fin mai-début sept, ven-lun slt avt et après. Camping sur place (lire plus haut « Où dormir ? Près du parc »).* Ce n'est pas (tout à fait) Bryce Canyon, mais c'est (presque) aussi beau. Traversé par la route 12, le parc enveloppe les automobilistes de ses falaises incroyablement rougeoyantes sculptées par l'érosion. Enveloppe, le terme est à prendre au sens propre ; le bitume se faufile sous deux belles arches. Pour une première approche, on peut, au départ du *Visitor Center* (brochure détaillant les randos), faire l'agréable balade de *Hoodoo Trail,* prolongée ou non par *Pink Ledges,* voire par le *Birds Eye Trail* (environ 2 km en tout). On glisse entre les pinacles, on grimpe, on redescend... avec, au passage, de jolis points de vue. Possibilité de promenades à cheval (lire plus haut), notamment pour rejoindre la planque de *Butch Cassidy* (environ 10 km aller). On peut rejoindre le parc à VTT, en en louant un sur le parking du *Paunsagaunt Western Wildlife Museum* (lire ci-dessus).

FILS INDIGNE

À son vrai nom Robert Leroy Parker, le bandit préféra un nom de scène, Butch Cassidy. Butch comme boucher, profession qu'il exerça un temps, et Cassidy comme un cow-boy qu'il admirait ado. Une coquetterie de braqueur ? Une stratégie pour mieux brouiller les pistes et enfumer les chasseurs de prime qui lui courait derrière ? À moins que ce ne soit une délicatesse envers ses parents, pour ne pas entacher leur nom d'une sale réputation. Faut dire qu'ils étaient mormons...

Cedar Breaks National Monument : *à env 50 miles à l'ouest par la route 12 jusqu'à Panguitch, puis la route 143 vers Parowan. Rens : ☎ 435-586-0787 ou 9451. • nps.gov/cebr •* Visitor Center *tlj 9h-18h (fermé de mi-oct à fin mai). Entrée : env 4 $ (valable 7 j.) ; réduc ;* Interagency Annual Pass *accepté. Le* Visitor Center *fournit ttes les infos sur le camping (28 empl. « premier arrivé, premier servi », avec eau courante, douches, w-c, tables de pique-nique ; env 14 $/empl.) et les possibilités d'excursions.* À 3 000 m d'altitude, au cœur de la Dixie National Forest, un très beau parc, qui ressemble un peu à Bryce avec son amphithéâtre hérissé de *hoodoos.* Se renseigner avant, car la route est souvent enneigée jusqu'à fin mai ou juin, et donc impraticable. C'est que là-haut il fait plus frais, même en été. Une *Scenic Drive* de 5 miles permet d'explorer une partie du parc en longeant les falaises, avec plusieurs arrêts pour profiter du panorama. L'hiver, ski de randonnée, balades à raquettes ou à scooter des neiges.

NATIONAL SCENIC BYWAY (ROUTE) 12

Quelle merveille que cette route 12 ! Reliant le parc national de Bryce Canyon à celui de Capitol Reef, elle a le bon goût de dérouler de fabuleux paysages sur un itinéraire quasi incontournable. Dans une incessante enfilade de virages, elle ondule, elle grimpe, remonte des canyons, contourne des falaises imprenables, des parois aux roches striées comme à Zion, traverse des forêts de bouleaux puis de pins *(Dixie National Forest)*, se laisse fréquenter par des daims qui souvent vous regardent avec dédain, redescend vers des fermes ou des hameaux solitaires. La section entre Escalante et Boulder se fait carrément spectaculaire, avec plusieurs miles de route étroite au sommet d'une crête vertigineuse encadrée par deux pans de vide... Juché là-haut, on ne peut que se noyer dans ce panorama grandiose, cette immensité hachée de falaises, de canyons. On atteint le point culminant (3 000 m) vers le nord, dans la forêt, peu avant Torrey. Plusieurs *Scenic Backways* permettent aussi d'explorer l'intérieur des terres, mais certaines sont accessibles uniquement en 4x4 et peuvent être fermées après un orage ou des chutes de neige. Au rang des lieux les plus passionnants à découvrir : l'immense *Grand Staircase-Escalante National Monument,* l'un des derniers grands territoires vierges de l'Ouest américain. Mais, le long du parcours, la route 12 a semé bien d'autres bijoux. Pour plus de détails sur le circuit, se procurer dans les restos ou les *Visitor Centers* le *Scenic Byway 12 Route Guide* (gratuit). Au nord, au bout de la route, on rejoint à Torrey la Highway 24, elle aussi très *scenic* (lire plus bas « À voir. À faire » dans Capitol Reef National Park).

Où dormir ?
Où manger ?

Du sud vers le nord.

Au Kodachrome Basin

Kodachrome Basin State Park Campground : *résas min 2 j. à l'avance au ☎ 1-800-322-3770. • stateparks.utah.gov • Env 16 $/véhicule (entrée du parc comprise).* Dominé par un rocher très phallique, le camping est niché au pied d'un petit cirque rocheux, au milieu de la verdure. Les 27 emplacements sont assez espacés, mais pas tellement ombragés. Tables de pique-nique, barbecue, eau non potable, douches chaudes et toilettes.

Red Stone Cabins : *dans le Kodachrome Basin State Park, un peu avt le camping. ☎ 435-679-8536. • redstonecabins.com • Loc de cabin impeccable env 99 $ pour 2, petit déj conti-*

nental inclus. Le calme est total, le panorama sur les roches extra et les 6 *cabins* très confortables : moquette, 2 lits *queen,* salle de bains, kitchenette (micro-ondes, frigo), TV (lecteur DVD et VHS), petite terrasse et barbecue. Sympathique accueil familial, soirées hot dog au coin du feu... Une bonne atmosphère. Fait aussi épicerie *(lun-sam 8h-18h ; dim 8h-10h, 14h-17h).*

À Escalante

Le point de chute le plus pratique pour partir à la découverte du *Grand Staircase-Escalante National Monument.* Étalée dans une plaine, la bourgade, un peu tristoune, regroupe motels, pompes à essence, épicerie, banque (*Wells Fargo,* avec distributeur), poste et nombreux *outfitters* proposant des excursions. On y trouve même du matériel de camping et des cartes topographiques. En revanche, à moins de dormir au camping, on peut s'épargner les 6 $ de l'*Escalante Petrified Forest State Park,* un sentier monotone de 1 mile où l'on croise plus de troncs brûlés que pétrifiés. Pour une fois qu'un parc n'a rien d'exceptionnel...

Escalante State Park Campground : *à l'entrée sud. ☎ 435-826-4466. Résas min 2 j. à l'avance au ☎ 1-800-322-3770. • stateparks.utah.gov • Env 16 $/véhicule (entrée du parc comprise).* Posé juste au-dessus d'un lac de retenue (baignade possible), le camping n'est pas très vaste et manque un peu d'intimité, mais il est bien équipé (douches chaudes, eau non potable, w-c, tables, barbecue). En tout, 22 emplacements, ombragés pour les premiers arrivés. De là, un sentier monotone de 1 mile permet de découvrir quelques troncs pétrifiés.

Escalante Outfitters : *310 W Main St, au centre du village, au bord de la route 12. ☎ 435-826-4266. • escalanteoutfitters.com • Fermé nov-fév. Compter 16 $ pour 2 en tente et 45 $ en cabin. Resto tlj 8h-21h. Petit déj 6-7 $, salades et sandwichs 10-13 $, pizzas 18-23 $ selon taille.* Cette baraque en rondins est l'adresse à tout faire d'Escalante, les employés sont donc parfois un peu débordés en pleine saison. On y dort, en plantant sa tente sur la poignée d'emplacements jetés dans le sable dans un coin en plein cagnard, ou en optant pour l'une des modestes cabanes en bois posées au bord de la route, dotées de lits *king size* ou superposés. Sanitaires communs propres, tables. On y mange, dans l'*Esca-Latte* (appréciez le jeu de mots), flanqué d'une agréable terrasse protégée et servant une cuisine simple mais fraîche, à base de produits locaux. Belles salades, pâtisseries maison et pizzas copieuses à partager. On y sirote une bière aussi, ou un expresso, en jetant un œil sur ses mails. Enfin, dans la boutique, on complète son équipement de camping (recharges de gaz, cartes...). Il y a même une cabine téléphonique, et des guides pour vous accompagner à la pêche...

Entre Escalante et Boulder

Kiva Koffeehouse & Kottage : *Hwy 12, juste avt le mile 74. ☎ 435-826-4550. • kivakoffeehouse.com • Ouv avr-oct (selon météo) 8h30-16h30 (sf mar). Petit déj et snacks 6-8 $.* Une halte sympathique. Plantée sur le flanc d'un canyon où se tortille la route 12, cette étonnante *coffee house* revisite la forme des *kivas* – les maisons semi-enterrées que construisaient les Indiens pueblos. Belle architecture de pierre et de bois, avec de grandes baies vitrées et une terrasse pour se noyer dans le panorama, exceptionnel. On peut grignoter un *chicken salad wrap,* un *tamale* végétarien, quelques pâtisseries et choisir parmi une avalanche de *smoothies* et jus de fruits naturels. Ceux qui sont tombés sous le charme pourront aussi y loger : à l'étage inférieur, 2 belles chambres avec cheminée et bain à bulles, dans une mise en scène beige et un peu rustique très réussie. Mais bon, à 170 $ la nuit pour 2, ça fait cher la sérénité...

Juste après la *Koffeehouse,* la route redescend dans un petit canyon encaissé où vous tomberez (sans vous faire mal) sur le **Calf Creek Campground** : *env 7 $/nuit.* Seulement 13 emplacements, plutôt bien ombragés, de part et d'autre du torrent, avec eau potable, w-c, barbecues et tables (pas de douches). Pour rejoindre les toilettes, on traverse un petit pont suspendu. C'est comme ça qu'Indiana Jones part faire sa grosse commission. Un sentier mène jusqu'aux Lower Calf Creek Falls.

À Boulder

Jusqu'en 1938, Boulder recevait son courrier à dos de mule ! C'est dire l'isolement de l'endroit jusqu'à la construction de la route 12... Situé au pied de la *Dixie National Forest,* ce hameau de fermiers peut servir de base pour partir à la découverte des zones sauvages de l'*Escalante-Grand Staircase National Monument* – en particulier pour ceux qui envisagent de prendre le *Burr Trail* – ou pour explorer la centaine de lacs disséminés dans la montagne. À la sortie du village, petite épicerie *(Mini Mart).*

Boulder Mountain Ranch : *3995 Hell's Backbone Rd. ☎ 435-335-7480 ou 801-673-7782. • bouldermountainguestranch.com • Env 3,5 miles au sud de Boulder, prendre sur 3,5 miles Hell's Backbone Rd (la route de la « colonne vertébrale de l'Enfer » !), une piste gravillonnée qui serpente en pleine montagne. Fermé fin janv-fin fév. Tente avec lits superposés (4 pers) 45 $. Chambres du lodge env 70-105 $ pour 2-6 pers, cabins 95-115 $ pour 4-6 pers. Petit déj 6-12 $, dîner 14-28 $.* Ambiance trappeur dans cette adresse au bout du monde, un ranch superbe en gros rondins offrant une vue imprenable sur une vallée sauvage. Dans le *lodge* principal, au choix, 3 dortoirs à 2 lits superposés (salle de bains commune), une *queen* avec salle de bains privée et une suite très agréable de 2 chambres dotée d'une grande terrasse en bois. Chaleureuse salle commune flanquée d'une grosse cheminée, télescope pour observer les étoiles. Un peu à l'écart, de superbes *cabins* en bois pour 4 à 6 personnes, très bien équipées et pleines de charme. On adore la plus grande avec son 2e lit en mezzanine. Également une grande tente équipée. Resto. Possibilité de balades à cheval avec *Hell's Backbone Ranch and Trail (☎ 435-335-7581 ; • bouldermountaintrails.com • ; env 50 $ pour 2h et 150 $/j.).* Escorte un peu timide mais sympa de Becky, stetson vissé sur la tête, qui parle assez bien le français. Âge minimum 8 ans. Également des cavalcades de plusieurs jours.

Hell's Backbone Grill-Boulder Mountain Lodge : *20 N Hwy 12, au niveau de l'embranchement pour le Burr Trail. ☎ 435-335-7461 ou 64 (resto). • boulder-utah.com • Ouv de mi-mars à la 3e sem de nov. ♿ (1 chambre). Compter 130-200 $ de mi-mars à oct (moitié moins cher hors saison). Au resto, petit déj 7h-11h30 (7-12 $), dîner 17h30-21h30 (17-40 $).* Maison ovoïde entourée de drapeaux tibétains et postée au milieu d'une belle pelouse, à deux pas d'un étang où flirtent des oies sauvages. Une halte bucolique et plutôt chic, où se requinquer d'un petit déj à base d'excellents produits frais : confitures et pain maison, œufs de la ferme... Le soir, carte saisonnière assez élaborée (et pas donnée) proposant notamment des viandes fermières, légumes du jardin et quelques plats végétariens. Bières locales pour accompagner le tout, et quelques succulents desserts... à déguster dans une jolie salle en bois dotée de baies vitrées, très conviviale, ou en terrasse. Fait également hôtel chic : grandes chambres accueillantes, confortables et très bien équipées, de la *queen* classique à la *king deluxe* avec kitchenette. Cheminée et micro-ondes dans la salle commune. Piscine et jacuzzi.

Burr Trail Grill : *angle Hwy 12 et Burr Trail. ☎ 435-335-7503. Tlj sf mar et mer soir jusqu'à 21h30. Plats 9-16 $ le midi, 17-20 $ le soir.* Cette baraque en bois largement vitrée abrite l'autre bonne adresse du coin pour se restaurer. Le bistrot, sans prétention, concocte une cuisine plutôt terrienne, à base de viandes bio et de produits frais, parfois saupoudrée de touches un peu exotiques. Tout se prépare sous vos yeux dans la cuisine ouverte. Beau choix de burgers revisités (même le ketchup est maison) et bonnes tartes aux fruits. Aussi quelques snacks pour l'après-midi. Le service est parfois très

L'UTAH

lent, mais l'atmosphère est conviviale (bon fond musical *oldies*) et la terrasse agréable. Bières pression, *et live music* les samedis soir d'été. Pour le petit déj, on peut s'attabler sous la sympathique tonnelle du voisin, le ***Burr Trail Trading Post.***

Entre Boulder et Torrey

Le long de la route, plusieurs ***campgrounds*** de la *Dixie National Forest,* où planter sa tente dans l'herbe grasse à l'ombre des grands pins. Un cadre idyllique, que l'on partage avec les ours et les daims. Stocker nourriture et déchets dans les véhicules. Attention, on est en altitude, les nuits sont fraîches. *Résas possibles pour le terrain de Singletree au ☎ 1-877-444-6777. • recreation.gov • Empl. 10 $, plus éventuels frais de résa 10 $.* Le petit terrain d'*Oak Creek,* étagé à flanc de colline 20 miles avant Torrey, est bien adapté aux tentes. Tables, barbecue, w-c et eau non potable. Environ 2 miles au nord, *Pleasant Creek,* enfoui dans la pinède, accepte tentes et camping-cars (une dizaine d'emplacements en tout). Mêmes infrastructures limitées. *Single Tree,* encore 4 miles plus au nord, est plus développé (31 emplacements, électricité et wifi), et reçoit du coup pas mal de *RV.*

À voir. À faire

Du sud vers le nord.

Kodachrome Basin State Park : *à 9 miles de Cannonville par la route 63. ☎ 435-679-8562. • stateparks.utah.gov • Ouv tte l'année, 6h-22h. Entrée : 6 $/ véhicule, max 8 pers. Camping sur place (lire plus haut).* Son nom, pour le moins original, lui a été donné par l'honorable National Geographic Society qui l'a photographié sous toutes les coutures... Il s'agit d'un petit parc d'État, composé d'un ensemble de superbes aiguilles de sable sédimentaire aux couleurs variant du rouge à l'ocre en passant par le jaune et le blanc. On en compte 67 très officiellement, mesurant de 2 à 52 m de haut. Les spécialistes pensent qu'il y a bien longtemps, le site ressemblait à ce qu'est Yellowstone aujourd'hui. Plusieurs randonnées en boucle possibles, de 800 m à 10 km. Si vous n'avez que peu de temps, faites au moins le *Grand Parade Trail,* une boucle d'environ 2,4 km qui donne un bon aperçu du parc (accessible aux vélos et chevaux). Autres bons choix : *Angel's Palace Trail* (2,4 km), qui grimpe au-dessus du bassin avant de progresser sur le rebord du plateau, et le *Shakespeare Arch Trail* (boucle de 2,7 km) qui mène vers la seule arche du parc. Possibilité de parcourir une partie du parc à cheval avec **Red Canyon Trail Rides** *(☎ 435-834-5441 ; • redcanyontrailrides.com • ; compter 42 $ pour 1h, 64 $ pour 2h ; 6 ans min).*

Cottonwood Canyon Road *(road 400)* **:** débutant près de l'entrée du Kodachrome Basin, cette piste de 49 miles relie Cannonville à la route 89, ente Kanab et Page. C'est un formidable raccourci pour ceux qui iraient dans cette direction (compter 2 à 3h de trajet). Cela dit, l'état de la piste et sa praticabilité varient assez largement en fonction de la violence des orages récents. Elle est généralement passable en voiture normale par temps sec, à la belle saison, mais votre loueur ne va pas apprécier en cas de panne... Le 4x4 reste préférable. *Se renseigner auprès des* Visitor Centers *de Big Water ou Cannonville, ou appeler le* Bureau of Land Management *au ☎ 435-644-4300. • blm.gov •* Dans tous les cas, ne partez pas sans une réserve d'eau en cas de panne. Plus qu'un raccourci, c'est aussi une incursion au cœur du parc de Grand Staircase-Escalante et l'occasion d'aller inspecter Grosvenor Arch (à 8 miles de Cannonville), l'une des plus grandes arches doubles d'Amérique du Nord (détour de 1 mile puis une courte marche sur 500 m). Les deux tiers nord de l'itinéraire sont les plus beaux.

Grand Staircase-Escalante National Monument : *pour ttes infos, s'adresser à l'*Interagency Visitor Center, *à la sortie ouest d'Escalante, 755 W Main.*

☎ 435-826-5499. • ut.blm.gov/monument • De mi-mars à oct, tlj env 7h30-17h30 ; hors saison, lun-sam 8h-16h30. Autres points d'info à Cannonville, Boulder et Big Water. Accès gratuit. Immense territoire (6 900 km²) s'étendant entre le parc de Bryce Canyon, celui de Capitol Reef et la frontière de l'Arizona, Escalante est l'un des *National Monuments* américains les plus récents. C'est aussi l'un des derniers lieux des États-Unis à avoir été explorés. Façonnés à l'est par la rivière Escalante et ses affluents saisonniers, à l'ouest par la Paria River, les paysages sont parmi les plus sauvages du pays. Gorges profondes creusées dans le grès rouge, canyons, falaises imprenables, arches délicates ou massives, ils offrent une infinie variété de formations rocheuses. Sans oublier les innombrables sites recouverts de pétroglyphes ou abritant des ruines indiennes, ainsi que la faune, extrêmement riche (coyotes, pumas, antilopes *pronghorns,* etc.). Le seul hic, c'est que, outre son étendue, le pays n'est traversé que par quelques rares pistes majoritairement réservées aux 4x4. Rien n'est aménagé, le parc ne se dévoile qu'aux amateurs de randos sauvages, à pied ou à VTT. Cartes topographiques, expos, films et infos détaillées au *Visitor Center* d'Escalante. C'est aussi là qu'on obtient un *permit* (gratuit) pour camper dans le parc (pas de site équipé). Pour explorer la zone, on peut passer par des guides locaux organisant des excursions de 1 à plusieurs jours au départ d'Escalante ou de Boulder.

Hole-in-the-Rock Road : *piste de 57 miles en cul-de-sac, partant env 4,5 miles à l'est d'Escalante.* Ce sont des colons mormons qui lui donnèrent ce nom en 1879. Partis à la recherche d'une terre promise, avec 80 chariots et leur bétail, ils se retrouvèrent confrontés aux déclivités infranchissables des falaises. Une unique vallée, étroite et pentue, leur permit de rejoindre le Colorado : *hole-in-the-rock,* le « trou dans la roche ». Et encore leur fallut-il suer 1,5 mois pour aménager un passage pour leurs chariots sur l'ultime pente... Aujourd'hui, la piste fait office de porte d'accès privilégiée au parc de *Grand Staircase-Escalante.* Les paysages, assez mornes au premier abord, deviennent fantastiques lorsqu'on accède par des embranchements aux canyons bien cachés. À 26 miles, on atteint le départ du sentier menant au canyon-fente du Dry Fork de Coyote Gulch. À priori accessible avec une voiture normale par temps sec, en été. Là encore, se renseigner auprès des *Visitor Centers* du coin ou du *BLM.* La marche vers le canyon demande un crapahutage un peu hardi de 2 miles aller-retour. On peut aussi explorer les canyons affluents de Peekaboo Gulch, Spooky Gulch et Brimstone. Autre endroit magique : Devil's Garden, aux splendides formations rocheuses (dont des arches), à 13 miles au sud de la route 12 (sur place, courte marche de moins de 1 km). Passé le mile 38, la piste est réservée aux seuls 4x4 à cause des gués pentus qu'il faut franchir. La fin est extrêmement délicate, même pour les tout-terrains. Fortement déconseillé de s'y aventurer.

Calf Creek Falls : *départ du sentier du Calf Creek Campground (lire plus haut), à mi-chemin d'Escalante et de Boulder. Compter 6 miles et 3h A/R, sans difficultés majeures, mais sur un sol sablonneux. Parking : 2 $.* Balade entre des falaises de grès rouge semées de pictogrammes et de greniers indiens. À l'arrivée, belle chute d'eau de 39 m de haut dégringolant dans un large bassin.

Anasazi Museum : *au centre de **Boulder.** ☎ 435-335-7308. De mi-mai à mi-sept, tlj 8h-18h ; hors saison, 9h-17h. Entrée : 5 $; réduc.* Inutile de vous arrêter si vous avez déjà visité le musée du *Edge of the Cedars State Park* à Blanding, ils proposent à peu près la même chose : les ruines d'un hameau anasazi du XIIe s, la reconstitution d'une maison et une petite sélection d'objets issus des fouilles conduites sur place. Film consacré au mode de vie indien (25 mn). Également un bureau d'information pour le *Grand Staircase-Escalante National Monument.*

Burr Trail : cet extraordinaire itinéraire de 66 miles partant de Boulder rejoint Bullfrog et son bac sur le Colorado. Il traverse une portion orientale du *Grand Staircase-Escalante National Monument* et l'extrémité sud du *Capitol Reef National Park.* En partie goudronné, il est passable en voiture normale par temps sec.

Hors saison, même les 4x4 peuvent parfois rester bloqués, la route est d'ailleurs fermée l'hiver. Dessiné par un rancher pour faire transhumer ses bêtes entre pâturages hivernaux et estivaux, le *Burr Trail* traverse d'extraordinaires paysages sauvages. Calme absolu garanti ! On peut aussi le rejoindre par la piste du *Waterpocket Fold* partant de la Highway 24, à la sortie est du parc de *Capitol Reef* (prendre à droite la route de Notom). Les pressés, ou ceux qui vont à *Capitol Reef*, pourront ainsi se contenter de relier Boulder à la route 24 en empruntant la première partie du *Burr Trail* puis en obliquant au croisement sur la *Notom Road* plutôt que de poursuivre vers le sud. Beau panorama sur *Waterpocket Fold* et les *Henry Mountains*. La section la plus dangereuse, juste avant le carrefour, est marquée par une série d'épingles à cheveux vertigineuses.

CAPITOL REEF NATIONAL PARK

Situé entre Bryce Canyon et Canyonlands National Parks, Capitol Reef n'est pas le plus spectaculaire des parcs américains, mais c'est l'un des moins aménagés et des plus sauvages de la région. Loin des foules, on découvre les dômes majestueux de Chimney Rock et du Castle, la vallée encaissée de Waterpocket Fold et, au nord, les monolithes de Cathedral Valley. Le paysage est minéral, semi-désertique, dominé par des dômes massifs ciselés par l'érosion. Les falaises rouge sang alternent avec des montagnes majestueuses comme tressées de bandes multicolores : gris, ocre, blanc, vert aussi, celui des arbustes rabougris. Dans ce contexte, les vergers de l'oasis de Fruita paraissent presque enchanteurs, surtout à partir de la fin juin, quand les fruits sont mûrs... et gratuits. Miracle dû à la présence de la Fremont River, dont les berges se couvrent de peupliers, de saules, de frênes et de nombreuses fleurs saisonnières lui donnant un incroyable charme bucolique au printemps.

Ce parc plaira à tous ceux qui apprécient les marches solitaires au milieu d'une nature préservée. Un paysage à la John Ford, semé de bleds de cowboys où l'on sait mâcher les mots comme d'autres mâchent le chewing-gum. Petit bonus, la région, sans doute parce qu'elle est moins visitée, est à quelques exceptions près l'une des moins chères de l'Ouest. Vous y trouverez donc de bonnes petites adresses à prix 20 ou 30 % moins élevés qu'ailleurs. Cependant, elle ne se réveille qu'aux alentours de Pâques, et un bon nombre d'adresses sont fermées hors saison.

Adresses utiles

À l'intérieur du parc (10 miles à l'est de Torrey)

– *Le parc s'étend de part et d'autre de l'US 24, qui relie Torrey à Hanksville. Accès gratuit, sf pour la Scenic Dr (env 5 $/véhicule, 3 $/vélo ou piéton, valable 7 j. ;* Interagency Annual Pass *accepté). Système d'enveloppe à déposer dans une boîte qui se trouve après l'oasis de Fruita et le camping, ou à payer auprès* du Visitor Center. *Pour les randos de plusieurs j., demander un* permit *(gratuit) au* Visitor Center.

Visitor Center : *à l'entrée de l'oasis de Fruita, sur l'US 24. ☎ 435-425-3791. • nps.gov/care • Infos par courrier : Superintendent, Capitol Reef National Park, Torrey, UT 84775. Généralement ouv 8h-18h de fin mai à mi-oct, 8h-16h30 le reste de l'année.* Centre d'accueil efficace. Brochure sur le parc en français, une autre spécifique sur la Cathedral Valley *(en anglais, 1 $)* et carte des sentiers de balades. Petite expo sur l'histoire et la géologie locales, maquette du parc, vidéo toutes les 30 mn, librairie (nombreuses cartes détaillées). Et puis, bien sûr, toutes les infos sur les campings, les activités dans le parc, la météo, l'état des routes et des pistes. Demander aussi les coins où l'on peut apercevoir les *desert bighorn sheep,* les mouflons du désert... Eau potable.

– ***Activités gratuites :*** de mai à septembre, divers programmes animés par les rangers, balades commentées (géologie, culture indienne), soirées feu de camp au camping de Fruita, etc. Programme détaillé au *Visitor Center.*

À Torrey

Visitor Information : *à env 10 miles à l'ouest de l'entrée du parc, sur l'US 24. Un petit local à la jonction des routes 12 et 24, à côté de la station* Philips 66. *☎ 435-425-3365 ou 1-800-858-7951. • capitolreef.travel • Généralement ouv avr-oct, dim-jeu 9h-17h et ven-sam 8h-19h.* Accueil disponible et très sympa, cartes et infos sur les activités dans la région (plan détaillé de la *Scenic Byway 12* notamment).

✉ **Poste :** *75 W Main, en plein centre, face au* Chuck Wagon General Store. *Lun-ven 7h30-13h30 ; sam 7h30-11h30.* Si elle est fermée, timbres en vente au *trading post* à côté.

■ ***Laverie et épicerie :*** *au* ***Chuck Wagon General Store,*** *12 W Main St. Tlj 7h-22h. Dernière machine à 21h.*

■ ***Distributeurs ATM :*** *au* ***Chuck Wagon General Store*** *et dans la* ***station-service*** *à la jonction des routes 12 et 24.* Parfois en panne, ne comptez pas trop dessus.

@ **Internet :** *au* ***Robber's Roost,*** *petit café et librairie très sympa (consommation obligatoire). Sinon, accès payant au* ***Castle Rock Coffee & Candy,*** *à la jonction des routes 12 et 24, juste à côté du* Visitor Information *(voir plus loin, rubrique « Où manger ?... »).*

■ ***Capitol Reef Backcountry Outfitters :*** *à la jonction des routes 12 et 24, à côté de la station* Philips 66. *☎ 435-425-2010 ou 1-866-747-3972. • ridethereef.com • Ouv fin mars-fin oct, tlj 8h-18h.* Cette agence vous fournira toutes les infos sur les activités en extérieur dans la région de Capitol Reef. Locations de VTT *(à partir de 35 $ la ½ journée ; 40 $/j.).* Propose également diverses excursions guidées : à pied, à vélo, à cheval *(de 1h à la journée, 40-160 $),* en 4x4... et même des guides de pêche et des parties de chasse. Tarifs standard. Location de quads à partir de 100 $ par jour. Vend aussi du matos de camping (recharges de gaz) et de rando.

■ ***Capitol Reef 4x4 Rentals :*** *au* Thousand Lakes RV Park, *1110 W Hwy 24. ☎ 435-425-3500 ou 1-800-355-8995. À partir de 95 $/j. avec 150 miles inclus.*

À Bicknell

■ ***Clinique et pharmacie :*** ***Wayne Community Health Centers,*** *à 8 miles à l'ouest de Torrey. ☎ 435-425-3744 ou 1-800-356-8757. En cas d'urgence : ☎ 911. Prendre la Hwy 24 W. Arrivé à Bicknell, continuer env 0,5 mile jusqu'à l'intersection avec la 300 W ; tourner à gauche ; la clinique est 1 bloc plus loin. Ouv lun-ven 9h-17h ; sam 9h-13h.* On y trouve aussi une pharmacie et un dentiste.

Conseils

– Une partie de la Scenic Drive et beaucoup de routes de l'arrière-pays, au sud de la Fremont River, ne sont pas goudronnées. La plupart restent cependant praticables en véhicule de tourisme, jusqu'à Capitol Gorge. En revanche, un 4x4 est nécessaire pour explorer Cathedral Valley, à l'extrémité nord du parc. Bien s'informer sur l'état des pistes et la météo au *Visitor Center,* d'autant plus que certaines empruntent par endroits le lit d'un torrent !

– Les routes goudronnées du parc peuvent elles aussi être coupées par les chutes de neige en hiver ou les violents orages *(flash floods)* qui s'abattent épisodiquement sur la région de mai à septembre. En cas d'orage, fuir les gorges et les espaces découverts.

– Prévoir chapeau et eau en quantité suffisante.

– Les vélos n'ont pas le droit de quitter la route goudronnée.

Où dormir ?

La plupart des hôtels du coin sont regroupés dans le village de Torrey, situé à une dizaine de miles du *Visitor Center* du parc.

À l'intérieur du parc

Campings

⛺ ***Campings primitifs :*** *avec un permis gratuit* (backcountry permit) *délivré au* Visitor Center, *on peut camper librement dans presque tt le parc.* Il existe aussi 2 terrains de campings rudimentaires gratuits (« premier arrivé, premier servi »), à Cedar Mesa (au sud) et Cathedral Valley (au nord), dotés de tables de pique-nique, barbecue et w-c, mais pas d'eau. Pour celui de Cathedral Valley, rappelons qu'un 4x4 est indispensable car il faut traverser un gué d'environ 30 cm (minimum) toute l'année. On peut aussi camper librement aux sorties est et ouest du parc, aux abords de la route 24, en s'installant où l'on veut, sauf sur les propriétés privées... Attention, les nuits sont fraîches.

⛺ ***Fruita Campground :*** *dans l'oasis de Fruita, non loin du* Visitor Center, *juste avt la* Scenic Dr. *☎ 435-425-3791.* • *nps.gov/care* • *Ouv tte l'année. Pas de résas : « premier arrivé, premier servi ». En saison, le camping est souvent plein vers 12h, voire plus tôt le w-e. Arriver avt 9h pour être sûr d'avoir une place. Env 10 $ avec une tente ou un camping-car (jusqu'à 8 pers).* Les 71 emplacements manquent certes un peu d'intimité, mais l'environnement est si paisible, ombragé, bucolique, qu'il en est presque idyllique. Aménagé dans l'herbe le long de la Fremont River, au cœur de l'oasis de Fruita et de ses nombreux arbres fruitiers (cueillette gratuite de fin juin à octobre), le camping est bordé d'enclos où paissent les chevaux, où gazouillent les oiseaux. On y reçoit même la visite de daims... Côté équipements, eau potable, toilettes, tables et barbecues, mais pas de douches (on peut en prendre une dans les campings privés de Torrey).

À Torrey

Un de ces trous typiques de l'Ouest, un bled de bord de route dont la seule raison d'être est sa situation, au croisement de 2 routes. Motels, stations-service et, autour, des montagnes mangées par les pins, des falaises qui s'embrasent au coucher du soleil, des prairies peuplées de vaches noires, semées de granges et de bicoques en planches de bois brut. Et quelques hommes, bien sûr, calés derrière le volant de leur pick-up, le chapeau solidement vissé sur la tête. À Torrey, on a les deux bottes bien plantées dans le Far West.

Campings

⛺ ***Fishlake National Forest Campground :*** *à env 7 miles à l'ouest de Torrey ; prendre à droite juste avt d'entrer dans Bicknell. ☎ 1-877-444-6777.* • *recreation.gov* • *« Premier arrivé, premier servi ». 10 $/empl. (10 pers et 1 véhicule max ; 5 $/véhicule supplémentaire).* Niché au pied des falaises rouges, ce petit camping primitif disperse ses 9 emplacements entre les pins. Tables, barbecue, toilettes avec lavabo, mais pas d'eau potable.

⛺ 🍽 ***Thousand Lakes RV Park :*** *1110 W Hwy 24. ☎ 435-425-3500 ou 1-800-355-8995.* • *thousandlakesrvpark.com* • *À la sortie ouest de Torrey, sur le côté droit de la route. Ouv avr-oct. Pour 2 pers, tente env 18 $ (2 $/pers supplémentaire) ;* RV *28 $;* cabin *rudimentaire (4-6 pers) env 35 $ (+ 8 $ pour les draps) et env 65 $ avec kitchenette, sdb riquiqui et espace pique-nique tranquille ; enfin, une super* deluxe cabin *env 95 $ pour 2 (100 $ jusqu'à 6 pers).* 💻 Un modeste camping familial, à taille humaine, posé un peu à l'écart de la route. Malgré de jolies falaises rouges en toile de fond, le cadre est moins évocateur que celui du *Fruita Campground*, et les camping-cars occupent la plupart du terrain. Même s'ils sont bien ombragés, les emplacements tentes, coincés entre deux palissades, sont vraiment riquiqui. Les *cabins* à 65 $ offrent elles un très bon deal. Douches et sanitaires impeccables, petite piscine *(de mi-mai à fin sept)*, aire de jeux pour les enfants et un petit resto, *The Pavilion*, qui sert le soir en semaine une bonne cuisine familiale pas chère. Épicerie, laverie et même location de 4x4.

⛺ ***Sand Creek Campground & Cabins :*** *540 W Hwy 24. ☎ 435-425-3577. • sandcreekrv.com • Un peu avt le précédent. Ouv avr-2e sem d'oct. Pour 2 pers, env 15 $ en tente, 22-27 $ en camping-car et 30 $ en cabin.* Au bord de la route, entourant une petite maison privée, un tout petit camp avec des emplacements pour camping-cars et quelques-uns pour tentes, dont 3 sous les arbres et avec palissade. Très peu d'ombre ailleurs. Les 2 *cabins* en rondins (2 personnes max), basiques, sont dotées d'une literie beaucoup trop souple. Laverie et sanitaires impeccables. Tables, barbecue. La patronne, sympathique, a installé son atelier de fabrication de bijoux dans l'ancienne auberge de jeunesse, tant pis pour les routards !

Très bon marché

🏠 ***Torrey Trading Post – Capitol Reef Cabins :*** *75 W Main St. ☎ 435-425-3716. • torreytradingpost.com • En plein centre, face au Chuck Wagon General Store. Ouv tte l'année. Env 35 $ pour 2 (3 $/pers supplémentaire).* 3 *cabins* avec 2 lits doubles (4 personnes max, draps fournis), TV câblée, ventilo et sanitaires communs, genre minichambres d'hôtel avec quelques touches de déco. Également une petite maison en bois toute équipée (cuisine, salon) pour 6 personnes *(135 $)*. La famille Torrey (mais si !) tient aussi le bureau de poste juste à côté et une boutique d'artisanat.

Bon marché

🏠 ***Capitol Reef Inn & Café :*** *360 W Main St. ☎ 435-425-3271. • capitolreefinn.com • À la sortie de Torrey, en direction de Teasdale. Ouv de fin mars à mi-oct. Env 59 $ pour 2.* Paisible petit motel familial aux vagues allures de *B & B*, proposant une dizaine de chambres sans prétention mais avec, pour une fois, un peu de caractère. Légèrement à l'écart de la route, elles sont fraîches, agrémentées de quelques touches de déco indienne, et équipées d'écran plat, salle de bains, frigo et machine à café. Tables de pique-nique juste devant. Grand jacuzzi dans le jardin, au pied des grands arbres, et, dans la pelouse, une balançoire pour les enfants. Restaurant attenant (voir la rubrique « Où manger ?... »).

🏠 ***Boulder View Inn :*** *385 W Main St. ☎ 435-425-3800 ou 1-800-444-3980. • boulderviewinn.com • À la sortie ouest de Torrey, presque en face du Capitol Reef Inn. Ouv avr-oct. Double env 65 $ en saison, petit déj de base inclus.* 📶 Un motel tout ce qu'il y a de plus banal, mais les chambres sont raisonnablement confortables et impeccables, bien mieux que ne le laisse imaginer le look du bâtiment. 2 ont un *king bed*, les autres ont 2 lits.

Prix moyens

🏠 ***Chuck Wagon General Store & Lodge :*** *12 W Main St. ☎ 435-425-3335 ou 1-800-863-3288. • austinschuckwagonmotel.com • Au centre de Torrey. Fermé de nov à mi-mars. Double env 75 $ dans le bâtiment principal, suites familiales 150-175 $ pour 4-8 pers et 8 cabins pour 4-6 pers 135-150 $.* 📶 Un grand motel en bois sur 2 étages, aux chambres banales mais confortables et bien tenues, avec frigo. Moins cher au-dessus de la supérette mais plus petit. Les *cabins* en bois, spacieuses et prolongées d'une terrasse, sont vraiment agréables (salle de bains, frigo, micro-ondes, barbecue extérieur...). Piscine en plein air et jacuzzi. Sur place, le *General Store* vous rendra bien des services : boulangerie, *deli*, drugstore, laverie, distributeur *ATM* et même un coiffeur. Un vrai couteau suisse ! La poste est juste en face.

🏠 ***Rim Rock Inn :*** *2523 E Hwy 24, à l'est de Torrey. ☎ 435-425-3398 ou 1-888-447-4676. • therimrock.net • Le plus proche du parc de Capitol Reef avec le* Best Western. *Ouv mars-début nov. Env 70-80 $ la double, petit déj*

L'UTAH

continental inclus. Encore un motel tout en bois, celui-ci alignant une vingtaine de chambres propres et simples – une moitié avec 2 lits, l'autre avec un *king size.* Grand balcon longeant les chambres pour profiter de la vue sur les plaines alentour. Un peu cher tout de même pour l'endroit. Bon restaurant (voir « Où manger ?... »).

Cowboy Homestead Cabins : *à env 3 miles au sud de Torrey par la route 12. ☎ 435-425-3414 ou 1-888-854-5871. • cowboyhomesteadcabins.com • Parfois fermé en déc et janv. Env 80 $ pour 2 tte l'année.* Postée en lisière d'une ferme, une bonne adresse pour ceux qui recherchent autre chose que le traditionnel motel en face de la sempiternelle station-service. 4 charmantes *cabins* tout en bois avec coin cuisine, salle de bains, micro-ondes, machine à café, TV, barbecue et une petite véranda. À l'avant, une grande pelouse creusée d'un plan d'eau, une balançoire et une jolie vue sur quelques chevaux et les montagnes rouges à l'arrière-plan. Accueil cow-boy mais pas désagréable.

Plus chic

Torrey Schoolhouse B & B : *150 N Center St. ☎ 435-633-4643 ou 435-491-0230. • torreyschoolhouse.com • ♿ (1 chambre). Derrière* Chuck Wagon, *prendre Center St ; c'est la maison en pierre orangée sur la droite. Ouv avr-oct. Doubles et suites env 120-160 $; ajoutez 10 $ le w-e, mais déduisez 20 % dès la 3e nuit. Le bon deal : 30 $ de réduc sans petit déj !* Cette ancienne école, bâtie en 1916 puis laissée à l'abandon durant un demi-siècle, a été entièrement rénovée dans un style très B.C.B.G. Elle s'ouvre désormais sur un immense salon d'une blancheur éclatante, agrémenté d'un piano. Une dizaine de chambres occupent les anciennes classes, totalement méconnaissables : murs blancs immaculés, mobilier rococo, fauteuil de massage, etc. La *Moenkopi Room* est particulièrement jolie avec ses lumineuses baies vitrées donnant sur de rouges et belles montagnes. Jardin propret à l'arrière. L'ensemble baigne dans une atmosphère bourgeoise peut-être un peu précieuse. Petit déj bio, frigo et cafetière à disposition des hôtes. La charmante propriétaire parle un peu le français, mais n'accepte les enfants qu'à partir de 12 ans.

Best Western : *2600 E Hwy 24, à l'est de Torrey. ☎ 435-425-3761. • bestwesternutah.com/torrey-hotels • Doubles en saison 160-180 $, sans ou avec vue ; réduc sur Internet.* Un motel de chaîne, mais posté dans un joli environnement de montagnes rouges. Sa situation aux portes du parc de Capitol Reef en fait un point de chute privilégié, d'autant qu'il y a un bon resto-bar en face (voir *Rim Rock Patio & Restaurant* dans « Où manger ?... »). Côté chambres, c'est standard mais de bon confort (cafetière, micro-ondes, frigo et des tableaux de cow-boys pour l'ambiance). Celles à l'arrière, avec balcon et vue, sont les plus agréables. Piscine, jacuzzi, terrains de tennis et de basket. Resto. Laverie.

À Teasdale

De Torrey, prendre la route 24 vers l'ouest, puis à gauche vers Teasdale.

Prix moyens

Pine Shadows Cabins : *195 W 125 S. ☎ 435-425-3939 ou 1-800-708-1223. • pineshadowcabins.net • À l'église, à droite par le chemin gravillonné. Cabins jusqu'à 4 pers 80-90 $, 8 pers 130 $ (2 nuits min).* À l'écart du minuscule village, dans un coin de nature sympa au pied des rochers et des pins, 6 *cabins* en bois lumineuses à l'élégante décoration – dont 1 familiale avec 2 chambres. Toutes avec cuisine (pas de four dans les plus petites), salle de bains et barbecue. Parfait pour les familles ou pour être indépendant. Films en prêt. Bon accueil de Steve, le boss, un vrai cow-boy.

Plus chic

B & B Muley Twist Inn : *125 S. ☎ 435-425-3640 ou 1-800-530-1038.*

• muleytwistinn.com • ♿ (1 chambre). À l'église, tourner à droite, puis à gauche juste après le Pine Shadows Cabins. *Ouv de mi-avr à mi-oct. Doubles env 100-150 $; 15 $/pers supplémentaire.* Dans leur belle maison en bois isolée à flanc de montagne, Eric et Penny, les sympathiques proprios, disposent de 5 chambres assez spacieuses (dont 1 familiale), chacune avec salle de bains privée. Très lumineuses, vraiment cosy, elles sont joliment décorées de tentures indiennes et dotées de tout le confort. Agréable pièce commune où prendre le copieux petit déj maison autour de la table ronde. Le soir, on se cale dans les rocking-chairs, sous le porche, pour se soûler de la vue sur la vallée et sa barrière de falaises de sang. Et, pour une fois, tous les enfants sont acceptés !

Très chic

The Lodge at Red River Ranch : *2900 W Hwy 24. ☎ 435-425-3322 ou 1-800-205-6343. • redriverranch.com • Sur la route de Bicknell. De Torrey, passer l'embranchement menant à Teasdale, l'entrée du ranch se situe dans la descente sur la droite, juste après le* mile marker *65. Env 160 $ pour 2 et 245 $ pour 4. Bon petit déj en plus, à la carte (9-10 $). Resto le soir sur résa (20-30 $).* Un lieu exceptionnel, chaleureux, où chaque détail respire le Grand Ouest. La rivière Fremont coule au milieu de la prairie où paissent vaches et bisons, sur fond de falaises rouges. Construit en gros rondins, le ranch abrite 15 superbes chambres luxueuses avec parquet, cheminée à bois (de septembre à mai) et salle de bains privée, certaines avec patio ou petit balcon donnant sur les montagnes. Magnifique pièce commune au rez-de-chaussée, tout en pierre et rondins, avec des plafonds immenses et, partout, de magnifiques tapis navajos. Agréable jacuzzi posé au milieu de pelouse et ping-pong. Bon petit déj, ouvert aux non-résidents. Au resto, le soir seulement, cuisine western classique.

Où manger ? Où prendre le petit déj ? Où boire un verre ?

À Torrey

De bon marché à prix moyens

Chuck Wagon General Store & Deli : *12 W Main St. ☎ 435-425-3290. Contre l'hôtel du même nom, au centre du village. De mi-mars à fin oct. Tlj 7h-22h (la partie* deli *ferme à 20h et ouvre à 8h le we). Tacos,* burritos, nachos *(et cæteros) env 3-9 $.* L'adresse centrale et multiservices de Torrey pour, entre autres, préparer le pique-nique et les sandwichs à croquer sur les sentiers de Capitol Reef. Fromages et charcuterie à la coupe, quelques fruits... Pas un choix fabuleux, mais un bon dépannage. Plats mexicains modèle fast-food également, servis à partir de 11h seulement.

Castle Rock Coffee & Candy : *à la station-service* Philips 66, *à la jonction des Hwys 12 et 24. ☎ 435-425-2100. Tlj 6h30-17h. Fermé janv. Petit déj et sandwichs 7-8 $.* Ne vous fiez pas à la station-service, c'est une jolie *coffee house* qui propose de très bons *espressos,* cappuccinos et autres cafés moulus sur place. Choix de petits déj, vitrine alléchante de gâteaux, viennoiseries et confiseries maison, sandwichs, excellents *smoothies.* Demandez donc à voir fonctionner la machine a *taffy* (une sorte de caramel mou)... On peut profiter de la pause pour consulter ses mails (un *laptop* avec accès Internet... mais payant, contrairement à l'adresse suivante). Quelques tables dehors. Bon accueil.

Robber's Roost Books & Beverages : *185 W Main St. ☎ 435-425-3265. Ouv de mi-avr à fin oct ; ven-sam 8h-16h, dim 8h-12h en début et fin de saison et tlj 8h-17h fin mai-début sept.* Cette cabane améliorée en forme de tipi, ouverte sur la prairie et bordée par un ruisseau, abrite à la fois une librairie et un petit café très

L'UTAH

convivial, avec des canapés et un coin cosy pour consulter ses mails. Pas de snacks mais des muffins maison et bagels en tout genre à accompagner de cafés bio. Toute une sélection de bons bouquins sur l'Ouest pour les anglophones – avec des sections guides, canyons, animaux et même hors-la-loi... Fait aussi boutique d'artisanat et accueille chaque samedi à 16h un petit marché de viande et de légumes fournis par la Mesa Farm (voir « À l'est de Capitol Reef »). Fin mai s'y tient le festival *Cowboy Poetry & Music* ; venir avec son *Stetson.* Ah, au fait, si vous vous posez la question : *Robber's Roost,* c'est le « nid des voleurs », un coin paumé du Wayne County, près de la Green River, où les desperados se planquaient pour se faire oublier...

The Rim Rock Patio : *2523 E Hwy 24.* ☎ *435-425-3389. En contrebas du* Rim Rock Restaurant *(même maison ; voir plus loin). Ouv mai-sept tlj 12h-22h min ; le reste de l'année, 17h-22h. Env 5-8 $ le plat, pizzas 7-16 $ selon taille.* La petite salle de ce « spaghetti western café » ne paie vraiment pas de mine, et les couverts sont en plastique ou en carton. Mais l'accueil est vraiment sympa, il y a quelques tables avec une jolie vue sur les falaises juste derrière, et les sandwichs, chilis, *burritos* et pizzas sont vraiment bon marché. De plus, on peut y boire une bière *microbrewed* (brassée dans l'Utah) sans pour autant être obligé de manger, et cloper dehors sans être importuné. La liberté, quoi ! Jeux de *darts* (fléchettes) et fers à cheval. Concerts vendredi et samedi soir de fin mai à fin août (parfois aussi le jeudi).

Slacker's : *à l'entrée est du village, sur la rue principale. Tlj 11h-20h. Burgers 6-9 $.* Besoin d'une cure de cholestérol ? Bienvenue chez *Slacker's,* populaire baraque de bois et de tôle avec sa *take-away window* et ses banquettes calées dans des box où s'envoyer pas moins de 14 burgers différents, la casquette de base-ball ou le *Stetson* solidement vissé sur le crâne. Et, pour faire glisser, rien ne vaut une bonne glace ! Avis aux chevelus, « *Hippies use back door* ».

Même si on n'y dort pas, on peut se taper un bon petit déj au ***Lodge at Red River Ranch*** (lire ci-dessus). Omelettes moelleuses, pancakes aux myrtilles juteuses, fruits, café plus noir qu'ailleurs... De quoi démarrer du bon pied. *Compter 9-10 $.*

Capitol Reef Inn & Café : *360 W Main St.* ☎ *435-425-3271. À la sortie ouest de Torrey, en direction de Teasdale. Ouv de fin mars à mi-oct env, tlj 7h-21h. Petit déj env 7-10 $, plats 9-11 $ le midi et 10-15 $ le soir.* Un resto paisible, typiquement américain, avec une véranda lumineuse, des banquettes cosy, des tables en bois et une petite touche de déco indienne. Copieuses formules pour le petit déj, soupe du jour et pain maison, sandwichs frais et truite – fumée ou non –, qui vient d'élevages voisins. Jolie salade à 2 $ pour accompagner le lunch, ça fait du bien. C'est simple mais frais, y a des fruits, des légumes et les prix restent vraiment raisonnables. Expresso, carte de vins, bières locales et cocktails. Fait aussi boutique d'artisanat indien (vente de cartes également) et motel (voir la rubrique « Où dormir ? À Torrrey. Bon marché »).

Plus chic

Rim Rock Restaurant : *2523 E Hwy 24.* ☎ *435-425-3388. Ouv fin mars-fin oct, slt le soir 17h-21h. Env 15-30 $ le plat. Vin au verre 5 $.* Chaleureuse salle pavée en bois brut, et grandes baies vitrées offrant un superbe panorama sur les montagnes. Un décor et une atmosphère Old West pas envahissante pour déguster une excellente cuisine de cow-boys : steaks grillés sauce au bourbon ou aux oignons caramélisés, *pork ribs,* côtes de porc au miel et aux pommes, quelques poissons frais (dont la truite aux herbes et pignons de pin) et des burgers. Les portions, ultra-copieuses, rassasieraient un cheval ! Belle terrasse.

The Saddlery : *430 W Hwy 24 (à la sortie ouest de la ville).* ☎ *435-425-2424. Ouv jeu-sam 18h-1h, avec concert dès 21h. Sandwichs et burgers 12-15 $, plats 18-36 $. 21 ans min.* Ils ont vu grand. Un immense hangar, le bar au centre, une rangée de tables d'un côté, de billards de l'autre, garés sous une tripotée de têtes de bisons. Dans un coin, un jeu de fléchettes. Au fond, la piste de danse, puis la scène et ses groupes country. On se pointe dans ce *honky-tonk* le chapeau enfoncé sur la tête ou le cuir sur le dos. On se cale à table face à un steak charnu, ou au bar, à cheval sur une selle tabouret, devant une carte des vins et bières longue comme la Route 66. Pour l'ambiance, c'est pile ou face. Vu les proportions, le lieu peut sembler bien vide certains soirs. Héhooooo ! Y a quelqu'un ?

Très chic

|●| ***Café Diablo :*** *599 W Main St.* ☎ *435-425-3070. À la sortie de Torrey, à côté du* Boulder View Inn. *Ouv de mi-avr à oct midi et soir jusqu'à 22h. Plats env 11-13 $ le midi, 24-30 $ le soir.* Qui imaginerait que Torrey abrite une table exceptionnelle, l'une des meilleures d'Utah ? Gary Pankow, chef formé à l'Institut culinaire de New York, régale son monde par sa bonhomie et sa créativité. Ceux qui avaient des doutes sur l'originalité et la saveur de la cuisine américaine reviendront sur leur opinion. Ici, les mariages gastronomiques du Sud-Ouest (on ne parle pas de cassoulet...) et du Mexique parviennent à surprendre nos papilles d'Européens (indûment) blasées. La carte change avec les saisons, mais on peut toujours citer ce superbe agneau mariné dans la sauge et le romarin servi avec asperges et *pastilla verde.* Ou encore le *mayan tamale,* un plat à base de fromage maison et légumes locaux en provenance directe de la *Mesa Farm* de Caineville (voir plus loin), le tout cuit à l'étouffée dans une feuille de bananier... Quant aux desserts, ils sont sans doute l'œuvre du diable puisque tous présentés devant vous en même temps ! Terrasse agréable au bord de la pelouse ou salle plutôt banale, épicée de masques provenant des quatre coins du monde. Le prix de la tentation se nomme patience : le soir, c'est la ruche, la queue, la cohue... D'autant que la maison ne prend pas de résas. Après 20h, ça se calme et le brouhaha retombe. Service très attentionné.

À voir. À faire

Le parc de Capitol Reef est traversé par la Highway 24. Au *Visitor Center,* situé à mi-parcours, on oblique dans l'oasis de Fruita qui laisse place, 2 miles plus loin, à la *Scenic Drive,* seule portion payante du parc. Ci-dessous, le descriptif, d'ouest en est en partant de Torrey :

Le long de la Highway 24, avant le Visitor Center

Sur la Highway 24, une fois dans le parc, jeter un œil au ***Chimney Rock,*** beau roc de pierre rouge en forme de cheminée. Départ d'une rando en boucle de 5,6 km, un peu ardue, il faut par endroits crapahuter.
Un peu plus loin, prendre l'embranchement (bien indiqué) conduisant sur la droite à ***Goosenecks Overlook*** (piste praticable de 1 mile). Point de vue vertigineux sur les méandres de la Sulphur Creek d'un côté et la barrière de falaises rouges de l'autre. Du parking, un chemin de 600 m mène au ***Sunset Point,*** autre point de vue superbe, en particulier au coucher du soleil donc. Panorama en coupe de toute la vallée et de ses dégradés de couleurs : ocre des montagnes, gris de la Sulphur Creek, vert de la Freemont River...
Juste avant d'arriver au *Visitor Center,* on passe, à gauche, d'impressionnantes falaises de roche rouge ruiniforme, connues sous le nom de ***Castle.*** Les teintes sont particulièrement vives au coucher du soleil et leur forme évoque bien un immense château fortifié.

L'oasis de Fruita et la Scenic Drive

On quitte la Highway 24 sur la droite.

Bien agréable dans ce paysage désertique, l'***oasis de Fruita,*** où se situe le *Visitor Center,* s'étire le long de Fremont River. Les premiers colons, une dizaine de familles mormones, s'installèrent ici dans les années 1880. Ce sont eux qui plantèrent une partie des 2 700 arbres fruitiers qui occupent aujourd'hui encore les prés verdoyants. Les vergers ont été exploités jusqu'en 1969 – date du départ du dernier habitant. De juin à début octobre, on peut cueillir gratuitement les fruits à condition de les manger sur place, sinon la cueillette est payante mais à prix coûtant (se renseigner au *Visitor Center,* car tous les champs ne sont pas ouverts à la cueillette). Grosso modo, les périodes de récolte sont les suivantes : cerises et abricots de début juin à début juillet, abricots en juillet, pêches et poires en août et début septembre, pommes de septembre à mi-octobre environ. Avec un peu de chance, vous devriez y apercevoir quelques daims, marmottes, *mountain bluebirds...*

➢ Après le *Visitor Center,* on atteint d'abord le ***Riple Rock Nature Center,*** où sont proposées des activités aux enfants *(fonctionne w-e de Pâques puis mai-sept, tlj 12h-17h).* On pénètre ensuite dans un verger protégé, puis sur un vaste terrain de pique-nique ombragé (superbes arbres centenaires), avant d'arriver à la hauteur de la vieille ferme Gifford, restaurée en l'état des années 1930.

Gifford Homestead : *ouv Pâques-oct, tlj 8h-17h.* Un petit arrêt s'impose pour découvrir cette ancienne ferme mormone, reconvertie en minuscule musée et boutique d'artisanat. On y trouve toute une variété de produits fabriqués par l'association locale d'histoire naturelle. Dans l'ancienne cuisine très rétro, quelques gourmandises alléchantes (tartes, confitures et glaces notamment) confectionnées chaque matin avec talent au *Café Diablo* (voir « Où manger ?... »), alors vous pouvez y aller les yeux fermés... On peut aussi acheter des livres de recettes et le *Manuel de la femme d'intérieur américaine,* publié en 1828. Tout un programme... Quelques tables de pique-nique, juste devant.

Scenic Drive : passé le camping de Fruita, le désert reprend ses droits. On entre sur la *Scenic Drive,* le clou du parc. *Compter env 20 miles, soit 2h A/R, pour la sillonner en voiture. C'est la seule route payante du parc : env 5 $/véhicule, 3 $/vélo ou piéton ;* Interagency Annual Pass *accepté. Payer auprès du* Visitor Center *ou par système d'enveloppe au départ de la route.*

– Attention, Grand Wash et Capitol Gorge peuvent s'inonder rapidement en cas d'orage violent.

➢ À ***Grand Wash,*** on oblique à gauche sur une courte piste pénétrant entre de vertigineuses falaises rouges, jusqu'à l'entrée d'un étroit canyon parsemé de genévriers. Le coin, prisé des *desert bighorns,* les mouflons du désert, fut aussi, dit-on, fréquenté par Bucth Cassidy qui aurait trouvé refuge dans les parages. Le célèbre hors-la-loi a d'ailleurs laissé son nom à l'une des arches du parc, ***Cassidy Arch.*** Pour l'atteindre, un sentier raide (dénivelée de 350 m) grimpe la falaise sur 2,9 km. Le sentier arrive au-dessus de l'arche. Autre balade, plus cool (c'est plat), le ***Grand Wash Trail.*** On se faufile dans le défilé sur 3,7 km, jusqu'à ressortir sur la Highway 24.

MÉDECINE NUCLÉAIRE

Dans les années 1920, on exploitait à Grand Wash des mines d'uranium, non pas pour alimenter avant l'heure des centrales nucléaires, mais pour soigner rhumatismes et arthrite en appliquant le minerai en cataplasmes ! Un remède qui était sans doute bien pire que le mal... On peut encore voir l'entrée des tunnels, mais pas y pénétrer. Risque d'effondrement et... d'irradiation.

➢ Retour sur *Scenic Drive,* direction sud. Certains lecteurs ont trouvé la balade ennuyeuse, mais les marcheurs invétérés emprunteront le ***Old Wagon Trail,*** une randonnée assez difficile de 11,2 km aller-retour, qui suit l'ancienne route des pionniers à travers Miners Mountain, avec des points de vue sur Waterpocket Fold. Bien se protéger du soleil et prendre des réserves d'eau.

➢ Après avoir passé la formation rocheuse connue sous le nom de « Temple égyptien », le goudron cède la place à la piste. La branche de droite pousse jusqu'à la ***Pleasant Creek,*** marquant la frontière sud du parc. À partir de la rivière, 4x4 obligatoire. La branche de gauche pénètre dans ***Capitol Gorge,*** un défilé abrupt et sinueux, où les pionniers s'enfonçaient avec leurs chariots à la fin du XIXe s. Là encore, possibilité d'apercevoir des mouflons. Avant de s'y aventurer, les pionniers gravaient leur nom sur la roche, à un endroit connu sous le nom de ***Pioneer Register.*** Un chemin plat de 800 m y mène depuis le bout de la piste. On peut poursuivre dans le fond du corridor 1 km de plus, jusqu'au ***Tanks,*** une petite cascade de marmites naturelles creusées dans la roche. Gentille grimpette sur les 500 derniers mètres. Le sentier du ***Golden Throne*** grimpe lui sur 2 miles jusqu'au sommet des falaises, avec vue imprenable à 360°.

Retour sur la Highway 24, après le Visitor Center

Court arrêt à la ***Historic Fruita School*** *(tlj 10h-11h30 à priori),* petite école d'origine de la communauté mormone, qui servait aussi de lieu de culte et de réunion. À en juger par sa taille, il ne devait pas y avoir beaucoup d'élèves. En enclenchant la borne, on peut écouter Janyce Olroyd conter son expérience d'enseignante ici en 1934. Peu après (près d'un grand parking), on peut voir, en longeant une passerelle en bois, des ***pétroglyphes indiens*** gravés à même la falaise. Certains ont disparu, effacés par les éléments ou emportés par la chute de la roche friable, mais on reconnaît encore de nombreuses formes humaines et des *desert bighorns.* Ces dessins auraient près de 1 000 ans et seraient l'œuvre des Indiens fremonts, qui auraient cultivé du maïs et des haricots dans la vallée entre le VIIIe s et 1250, date approximative de leur disparition mystérieuse. À voir la forme des personnages qu'ils gravaient sur les parois, on peut se demander s'ils n'ont pas été enlevés par des extraterrestres...

➢ Toujours plus vers l'est sur la route 24, on atteint le point de départ du sentier de l'***Hickman Bridge,*** le plus populaire du parc. Plutôt facile, bien que pentu, ce chemin conduit en 1,6 km à la plus grande arche du parc. On devrait dire « pont », bien sûr, et non « arche », car d'après nos sources locales « une arche est sculptée par le vent et un pont par l'eau ». Dont acte ! Le sentier fait une boucle en passant juste en dessous de l'arche, pardon, du pont, pour une vue imprenable. En chemin, beau panorama sur la vallée. Les sportifs pourront partir à l'assaut du ***Rim Overlook,*** une grosse grimpette de 3,7 km proposant de beaux points de vue sur les vergers et le sud du parc.

Scenic Drive du Waterpocket Fold : de la limite est du parc, une route *(Notom Road),* bientôt piste, part vers le sud dans l'alignement du Waterpocket Fold – le plissement géologique, long de 160 km, qui donna naissance aux montagnes de Capitol Reef et dont le nom est dû aux nombreux bassins d'érosion qu'il abrite. Connexion avec le *Burr Trail* (lire le chapitre précédent « National Scenic Byway 12 »). Pour une boucle Notom Road-Boulder-Torrey, compter environ 4h.

Les bienheureux possesseurs d'un véhicule tout-terrain ne rateront pas non plus ***Cathedral Valley,*** tout au nord du parc, sanctuaire des *bald eagles* (aigles chauves) et des *golden eagles* (aigles dorés). Compter 5 à 6h pour l'itinéraire complet (60 miles). Rappelons qu'un 4x4 ou un véhicule haut sur pattes et solide est indispensable, car il y a un gué d'environ 30 cm (minimum) à traverser toute l'année.

À L'EST DE CAPITOL REEF

Encore une route qui a de la gueule... En allant de Capitol Reef vers l'I-70 et Moab, la Highway 24 suit un temps les méandres de la Fremont River, avant de se glisser entre de hautes falaises comme faites de sable, et ce jusquà Hanksville. Entre Caineville et Hanksville, grimpeurs débutants comme confirmés pourront se mesurer aux voies d'escalade de la ***Swing Ann City Open Area.*** *Rens à l'office de tourisme de Torrey.* En route, quelques étapes possibles :

|●| ***Mesa Farm Market :*** *à la sortie est du hameau de* ***Caineville*** *(vers le mile 102).* ☎ *435-487-9711.* ● *mesa farmmarket.com* ● *De mi-mars à mi-oct, tlj au moins 8h-18h.* Perdue au milieu de nulle part, cette cahute en bois propose à la vente tous les fruits et les légumes 100 % bio produits dans la ferme attenante (surtout à partir de juin). C'est là que s'approvisionnent pas mal de restaurants de Torrey, dont le fameux *Café Diablo.* De quoi faire son marché pour la dînette du midi ou du soir. Café bio à la demande, pain maison à la française, fromage de chèvre maison, salades composées des produits du jardin en été... La plus grosse production, ce sont les melons, en août. On peut même s'attabler sur la petite terrasse. Pour ne rien gâcher, l'accueil de ces fermiers écolos est vraiment chaleureux.

Goblin Valley State Park : *embranchement sur la route 24, 20 miles après Hanksville en allant vers l'I-70. Le parc est 12 miles plus loin.* ☎ *435-275-4584. Entrée : env 7 $/voiture (valable 1 j.). Camping avec plus d'une vingtaine d'empl. (les 2 tiers sur résa au moins 2 j. à l'avance au* ☎ *801-322-3770 ou 1-800-322-3770 ;* ● *stateparks.utah.gov* ●*) avec w-c, eau potable, douches chaudes, tables sous auvent protégés du vent et barbecues. Compter env 16 $/empl., incluant le droit d'entrée. Le camp est joliment situé au pied de formations rocheuses, mais sans un poil d'ombre.* Au fond d'un cirque perdu en plein désert, une étonnante forêt de pignons rocheux aux formes étranges. C'est vrai qu'on dirait des bataillons de farfadets, ou plutôt de champignons, avec leur pied friable et leur chapeau en dur. Le premier cow-boy à avoir posé ses bottes ici baptisa d'ailleurs l'endroit « Mushroom Valley ». Trois sentiers permettent de se balader au milieu des bolets. Le plus sympa à notre avis : le *Carmel Canyon Trail* (2,4 km). En saison, animations assurées par les rangers. Renseignements au guichet à l'entrée du parc.

MOAB

5 000 hab.

▸ Pour le plan de Moab, se reporter au cahier couleur.

Îlot de verdure perdu au milieu du désert au creux d'un cirque de montagnes rougeoyantes, Moab fait presque figure d'oasis. Fondée par des pionniers mormons au XIXᵉ s, elle fut d'ailleurs longtemps connue pour ses vergers, avant que la découverte de gisements d'uranium dans les années 1950 ne génère un boom sans précédent : la population quadrupla en une décennie ! Mais aujourd'hui, plus que la mine, c'est le tourisme qui fait vivre cette petite bourgade à la position on ne peut plus centrale : à deux pas des parcs nationaux d'Arches et de Canyonlands, et presque au bord du Colorado. Les adeptes du rafting, du VTT et des sports mécaniques affluent, et les motels, *outfitters* et restos poussent comme des champignons, s'alignant à touche-touche le long de la colonne vertébrale de la ville, la US 191. Conséquence : une population jeune, une animation constante à la belle saison et... une prolifération de résidences secondaires tout le long de la vallée.

Adresses et infos utiles

Informations touristiques

i ***Visitor Center*** *(plan couleur B1-2) : Center & Main St (Hwy 191).* ☎ *435-259-8825 ou 1-800-635-6622.* • *disco vermoab.com* • *De mi-mars à oct, lun-sam 8h-20h, dim 9h-19h, hiver 9h-17h (avec pause déj).* Personnel compétent et plein d'infos sur la ville, brochures sur les activités sportives de la région et infos sur les parcs de Canyonlands et Arches. Possède aussi une excellente sélection de cartes gratuites pour les *hiking, biking, driving* et 4x4. Les cinéphiles demanderont la brochure *Moab Area Movie Locations Auto Tour* qui permet de faire le tour en voiture des sites de tournage *(Rio Grande, Thelma et Louise, Indiana Jones...)*. Également des cartes topographiques plus précises mais payantes.

– Des prospectus avec ***coupons de réductions*** pour les restos et les activités proposées par les agences sont distribués un peu partout (supermarchés, motels...).

Communications

✉ ***Poste*** *(plan couleur B1) : 50 E 100 N St.* ☎ *435-259-7427. Lun-ven 8h-17h ; sam 9h-13h.*

@ ***Accès Internet :*** *connexion gratuite pdt 15 mn (renouvelables ; 18 ans min) à la* ***Library*** *(bibliothèque ; plan couleur B1,* ***6****) au 257 E Center St. Lun-ven 9h-20h ; sam 9h-17h. Également un poste avec connexion gratuite (jusqu'à 30 mn), si vous déjeunez à l'****EklectiCafé*** *(plan couleur B1,* ***43****). Quelques postes (accès payant) au* ***Red Rock Bakery and Net Café*** *(plan couleur B1-2,* ***47****).*

Argent, banques, change

■ ***Zions Bank*** *(plan couleur B2,* ***1****) : 330 S Main St. Lun-jeu 9h-17h, ven 9h-18h.* Distributeur de billets accessible 24h/24. La seule qui change les devises (euros, francs suisses, dollars canadiens, etc.), moyennant une commission de 5 $. Pas les meilleurs cours du monde, mais ça peut dépanner.

■ ***Wells Fargo*** *(plan couleur B1,* ***2****) : 44 N Main St, à l'angle de Center St.* ☎ *435-719-2700. Lun-ven 9h-18h, sam 9h-15h.* Distributeur accessible 24h/24.

Santé

■ ***Pharmacie*** *(plan couleur B2,* ***40****) : dans le* ***City Market*** *sur Main St. Lun-ven 9h-19h, sam 10h-16h.*

■ ***Moab Regional Hospital*** *(plan couleur A1,* ***3****) : 450 Williams Way.* ☎ *435-259-7191. Ouv 24h/24.* Hôpital public et privé.

Divers

■ ***Supermarché City Market*** *(plan couleur B2,* ***40****) : 425 S Main St. Tlj 6h-minuit.* Grand supermarché avec une section *deli* bien fournie. Salades variées, charcuterie, fromages, viandes cuites... Avec du pain (section boulangerie juste à côté) et des fruits, voilà de quoi préparer un pique-nique extra avant d'attaquer les parcs.

■ ***Walker Drug*** *(plan couleur B2,* ***10****) : Main St, à l'angle de la 300 S. Tlj 7h30-21h (18h dim).* Tout pour compléter les trousses de toilette et de secours, et l'équipement de camping (recharges de gaz, glacière, barbecue portatif...).

■ ***Wet Spot Laundry*** *(plan couleur B2,* ***7****) : 49 W 100 S. Tlj en hte saison, 7h-minuit env.* Laverie bon marché, en plein centre, juste derrière *Zax Pizza*.

■ ***Moab Recreation Aquatic Center*** *(plan couleur A1,* ***11****) : 374 Park Ave.* ☎ *435-259-8226. Ouv lun-jeu 14h-17h30, plus lun 19h-20h30, ven 14h-19h, sam 13h-19h et dim 13h-17h. Accès 7 $; 4 $/enfant.* Pas de pistoche à votre motel ? Voilà de quoi vous rafraîchir après une journée à crapahuter dans le désert. Une piscine couverte et plusieurs bassins extérieurs, dont un doté d'un petit toboggan.

■ ***Back of Beyond Books*** *(plan couleur B1,* ***12****) : 83 N Main St. Tlj 9h-21h.* Grande librairie (neuf et occasion) proposant un large choix de cartes topographiques et routières, guides, livres sur l'Ouest... Des romans, aussi.

■ ***Douches :*** pour ceux qui font du

camping primitif, possibilité de prendre une douche *(env 6 $)* aux ***Archview, Canyonlands*** et ***Up the Creek Campgrounds,*** ainsi qu'au ***Lazy Lizard Hostel*** *(slt 3 $!)*. Voir plus loin la rubrique « Où dormir ? ».

Transports

Très utiles, des navettes permettent de gagner le départ d'un sentier ou d'en revenir, à pied, à vélo, én kayak ou même en raft... Plusieurs autres compagnies que celles mentionnées ci-dessous proposent le même service *(Acme Bike Shuttle, Black Dog River Runner Shuttle, Porcupine Shuttle...)*. La concurrence étant rude, les prix se jouent parfois à la baisse.

■ ***Roadrunner Shuttle :*** *197 W Center St. ☎ 435-259-9402. • roadrunnershuttle.com • Env 10 $/pers si vous êtes au moins 2 pour les lieux proches de Moab.*

■ ***Coyote Shuttle :*** *☎ 435-259-8656. • coyoteshuttle.com • Dès 10-12 $ pour les environs de Moab.* Propose même des *river shuttles* sur le Colorado et la Green River et des transferts de voitures jusqu'à Potash et même Mineral Bottom.

Ces 2 compagnies peuvent aussi vous amener jusqu'à Salt Lake City, mais c'est très cher *(env 150 $)*.

✈ ***Moab Airport – Canyonlands Field :*** *16 miles au nord de Moab par la US 191. • moabairport.com •* Surtout pour survoler les parcs, en coucou ou en ballon (voir avec les agences ci-dessous). Également des liaisons quotidiennes de/vers Denver avec *Great Lakes Airlines (☎ 435-259-0566 ; résas au 1-800-554-5111 ; • flygreatlakes.com •)*. Pour rejoindre Moab, contacter les *shuttles* ci-dessus.

MOAB

Location de VTT, canoës, kayaks et 4x4 ; excursions accompagnées

Toutes les adresses et les infos au *Visitor Center*. On vous signale ici quelques adresses très pros et établies depuis longtemps.

■ ***Rim Cyclery*** *(plan couleur A1,* ***9****) : 94 W 100 N. ☎ 435-259-5333 ou 1-888-304-8219. • rimcyclery.com • Ouv en saison 9h-18h. Fermé mar en hiver. VTT à partir de 43 $/j. (9h-17h) ; tarif dégressif à partir du 2e j.* Bonnes bécanes, dès le modèle standard. La location de vélo comprend le prêt d'un casque, une trousse à outils et une bouteille d'eau. Loue aussi du matériel (galerie pour vélos, réchaud...). Accueil très sympa.

■ ***Moab Cyclery*** *(plan couleur B2,* ***8****) : 391 S Main St. ☎ 435-259-7423 ou 1-800-559-1978. • moabcyclery.com • Tlj 8h-18h. Fermé déc. Loc de VTT 45-60 $/j. selon modèle ; tarifs légèrement dégressifs pour plusieurs j.* Bon matériel, casque, pompe et bouteille d'eau fournis. Propose aussi des tours guidés *(90 $ la ½ journée et 130 $/j.)* et un service de navettes pour vous déposer au départ d'un *trail (25 $/pers, 4 pers min)*. Partenaire d'*Escape Adventures (☎ 1-800-596-2953 ; • escapeadventures.com •)*, à encourager pour ses 4x4 marchant à l'huile végétale... Le seul tour-opérateur d'Amérique proposant cette option ! VTT, rando, raft, canyoning avec différentes combinaisons possibles, dans la région et au-delà.

■ ***Canyon Voyages*** *(plan couleur B1,* ***5****) : 211 N Main St, à l'angle de 200 N. ☎ 435-259-6007 ou 1-800-733-6007. • canyonvoyages.com • Tlj 8h-20h (18h dim et hors saison). Loc. rafts 4 pers 70 $/j., kayaks 40 $/j. Sorties guidées env 68 $/j. par pers en raft et env 65 $/j. en kayak.* Propose tout un tas d'activités et de formules de location : canoës, kayaks, rafting, canyoning, tours guidés à pied, VTT, ou en 4x4 aux portes de Canyonlands. Matériel d'excellente qualité et personnel très compétent. Également des excursions combinées de 2 à 5 jours (pas données). Loue aussi matériel de camping et de navigation : *dry bags* (sacs étanches), *toilet systems* (obligatoires !)... tout ce qu'il faut pour s'attaquer par soi-même aux descentes du Colorado ou de la Green River.

■ ***Tag-A-Long Expeditions*** *(plan couleur B1,* ***4****) : 452 N Main St. ☎ 435-259-8946 ou 1-800-453-3292. • tagalong.com • Tlj 7h-19h. Env 50 $ (40 $ moins de 16 ans) la ½ journée sur le Colorado, 60 $ la journée. Dans le West-*

water Canyon, 160-175 $/j. selon saison. Agence très expérimentée établie depuis 1964, ambiance à la fois fun et pro. Nombreuses excursions en rafting (pour tous niveaux) ou en 4x4. Propose notamment un combiné de 1 journée *rafting-jeep* dans Canyonlands (en suivant le *Sheffer Trail*) et la descente en raft du Westwater Canyon, très mouvementée *(tlj en juin-juil)*, voire celle du Cataract Canyon (à *Canyonlands*) qui l'est encore plus ! *Tag-A-Long* est aussi spécialiste des expéditions en bivouac sur plusieurs jours, et ce jusqu'au *Grand Staircase-Escalante National Monument*, un des parcs les plus sauvages des États-Unis. Location de matos également. Bref, c'est très souple ! Pratique : si vous louez un canoë chez eux pour aller sur la Green River, ils assurent un service de *shuttle* avec Moab.

■ ***Moab Adventure Center*** *(plan couleur B2,* ***13****)* **:** *225 S Main St. ☎ 435-259-7019 ou 1-888-622-4097. • moabadventurecenter.com • Tlj 6h-21h. Excursions classiques 70-100 $/j.* Grosse agence proposant un large panel d'activités, des traditionnelles sorties rafting, escalade, équitation, *hummer, jet boat*... aux plus originaux survols des parcs en avion ou ballon *(165-259 $)*. Excursions combinées rivière/4x4. Location de jeeps.

■ ***Red Cliffs Lodge Trail Rides :*** *☎ 435-259-2002 ou 1-866-812-2002. • redcliffslodge.com • À env 16 miles au nord de Moab, sur la Scenic Hwy 128. Résa indispensable.* Vaste complexe hôtelier qui propose des excursions à cheval, le matin, d'environ 2h30 *(env 80 $/cavalier)* dans la Castle Valley, sur les pistes rendues célèbres par John Wayne. 2e départ en fin d'après-midi en pleine saison. Également une *outback ride* plus longue *(4h ; 140 $/cavalier)*, lundi, mercredi et vendredi de mai à septembre, dans une zone moins fréquentée. Enfants à partir de 8 ans, 12 ans pour la *outback ride*.

Où dormir ?

Même s'il y a pléthore d'hébergements, ils peuvent être complets en haute saison (d'avril à mi-octobre) et n'hésitent alors pas à doubler leurs tarifs, en particulier le week-end. Les Américains voyageant essentiellement dans la région d'avril à juin (Pâques est la saison la plus chargée, *Jeep Safari* et vacances scolaires obligent !) et en septembre-octobre, il vous reste des chances de trouver quelque chose sans réservation en juillet-août. Les prix en semaine à ces périodes (moins chargées à cause de la chaleur écrasante) peuvent être plus raisonnables. À noter que, hors saison ou lors d'un creux de fréquentation, les hôtels baissent parfois incroyablement leurs prix. Ici, la loi de l'offre et de la demande joue à plein, il ne faut donc pas hésiter à négocier. Nous vous indiquons ci-dessous les tarifs haute saison.

■ ***Réservation des chambres – Canyonlands Central :*** *☎ 435-259-5125 ou 1-800-505-5343. Lun-ven 8h-17h. • moabutahlodging.com •* Service gratuit, pour réserver une chambre quand on ne veut pas appeler les hôtels un par un. Cela dit, tout le monde n'est pas représenté.

Campings primitifs

De nombreuses aires de camping primitif sont disséminées dans les alentours de Moab, certaines à quelques miles seulement de la ville, mais déjà en pleine nature. Des p'tits coins de paradis pour une poignée de dollars... Toujours pourvus de tables de pique-nique et de barbecues, souvent de toilettes rudimentaires, mais rarement d'eau potable ou de douche. On paie l'emplacement par système d'enveloppe *(8-12 $)*. Plan avec tous les sites répertoriés disponible au *Visitor Center*.

⛺ ***Le long de la Scenic Byway 128 :*** *en direction de Cisco.* Pas moins de 10 aires de camping primitives sont disséminées le long du Colorado, au bord de la route (pas mal de trafic), au pied des falaises majestueuses du canyon. Grandiose, et rafraîchissant. *Goose Island Campground,* à 1,4 mile de l'US 191, est le plus proche de Moab. Environ 6 miles plus loin, le *Big Bend Campground* est le plus grand

(23 emplacements). Peu d'ombre en général, et pas d'eau.

⛺ ***Le long de la Kane Creek Rd*** *(hors plan couleur par A2,* ***17****) : vers le sud par l'US 191, puis à droite au McDo sur Kane Creek Blvd ; un peu plus loin, à gauche à l'embranchement.* Même principe que les précédents, mais en plus tranquille, plus sauvage. 4 petits sites de camping rudimentaires (toilettes sèches) se sont égarés dans ces gorges en rouge et vert. Celui de King's Bottom (à 2,9 miles de l'US 191) est le seul qui soit collé contre le fleuve, mais il manque d'ombre. On préfère le terrain de Moonflower (à 3,1 miles), à 100 m d'un petit parking, sous un auvent rocheux et entre les *cottonwoods* géants, à l'orée d'un petit canyon. Attention de ne pas vous installer dans le lit du torrent asséché, il peut se réveiller en cas d'orage ! Ensuite, on passe le camping privé de Kane Springs *(22 $)*, partagé entre une section ombragée côté rivière et une autre côté montagnes. Pas d'intérêt à payer 2 fois plus cher, sauf pour la douche. La route devient piste (praticable) puis pénètre dans un corridor plus étroit, sinueux, aux murs de roche rouge, avec quelques passages vertigineux. Cadre superbe, avec bientôt 2 autres terrains semés de quelques grands peupliers : Spring (à 6,7 miles) et Hunter Canyon (7,8 miles).

MOAB

⛺ ***Sur Sand Flats Rd*** *(hors plan couleur par B2,* ***25****) : dans la* Sand Flats Recreation Area. *L'entrée du parc (10 $ la sem, 5 $ le w-e, 2 $ pour les vélos) se trouve à 2,5 miles à l'est de Moab direction* Slickrock Trail *; les 124 empl. de camping sont disséminés sur 9 sites le long de la piste. Les plus proches sont à 5 miles de l'entrée du parc. Compter 10 $/empl.* Le coin est apprécié des VTTistes et amateurs de sports mécaniques qui viennent se frotter au *Slickrock Trail* (lire plus bas « À faire »). Petits terrains semés entre les broussailles, avec très peu d'ombre. Chaud, chaud, chaud ! Le point d'eau le plus proche se trouve en ville, au Rotary Park.

⛺ ***Ken's Lake*** *(hors plan couleur par B2) : à 8,5 miles au sud de Moab, par l'US 191 (au niveau du mile 118), puis 3 miles (bien indiqué). Compter 12 $/empl. (paiement par enveloppe).* Au calme, cette aire de camping primitif est établie en retrait d'un lac artificiel. Une trentaine d'emplacements avec tables de pique-nique et barbecues, toilettes sèches, mais peu d'ombre et pas d'eau. Le coin est vraiment très sec, et assez venteux.

⛺ ***Dans les La Sal Mountains :*** *à une trentaine de miles de Moab. Prendre la route 128 puis s'engager dans la Castle Valley au mile 16, et la remonter sur une quinzaine de miles. Autre accès, par la US 191 S sur 6 miles puis tourner sur La Sal Loop Rd.* 4 aires, nichées sous les arbres, dans la fraîcheur des montagnes. L'isolement est total, on est loin de tout... sauf des ours ! Bon confort au *Warner Lake* (2 800 m d'altitude), avec eau potable et douches. Une dizaine d'emplacement *(10 $)* et même une *cabin* avec des lits superposés et une cuisine équipée *(50 $; 4 pers max)*. On peut pêcher la truite dans le lac. *Ouv de mi-juin à mi-sept. Résas au ☎ 435-636-3360. • recreation.gov •*

Campings aménagés

⛺ ***Up The Creek Campground*** *(plan couleur B2,* ***26****) : 210 E 300 S. ☎ 435-260-1888. • moabupthecreek.com • Au centre de Moab. Ouv mars-oct. Slt des tentes : env 30 $ pour 2, 35 $ pour 3, 40 $ pour 4 (max), avec taxes. Douche 6 $ pour les non-résidents (sinon, incluse).* Un sympathique petit camping de 20 emplacements seulement, dissimulé derrière un mur, au bord d'un ruisseau, en plein centre de Moab. Bien ombragé par de beaux peupliers, dont les graines tombent en neige au printemps. Sanitaires, tables et barbecue commun. On s'installe à côté de l'herbe (pas dessus...), tout contre l'emplacement du voisin. Pas très intime, dommage. Seul vrai inconvénient : la lointaine rumeur de la circulation sur Main Street. Bon accueil.

⛺ ***Canyonlands Campground*** *(plan couleur B2,* ***35****) : 555 S Main St. ☎ 435-259-6848 ou 1-800-522-6848. • canyonlandsrv.com • À la sortie sud de Moab, juste avt le* Red Stone Inn. *Empl. pour tente env 32 $ pour 2,* *camping-car 40 $ et cabin env 60 $, draps non fournis ; 5 $/pers supplémentaire.* Coincé entre la route, une rivière, le terrain de football et celui de base-ball de l'école. Emplacements plutôt petits et un peu les uns sur les autres mais assez bien ombragés et séparés par des palissades, chacun avec table et barbecue. Une petite section séparée, réservée aux tentes, ne peut être atteinte qu'en traversant un gué (ou une passerelle)... Plus intime, mieux ombragé, mais il n'y a que des w-c chimiques de ce côté et le bruit de la rue est plus important. La zone réservée aux *RV* fait vraiment parking. Quant aux *cabins,* leur confort est basique, notamment la literie, mais elles sont équipées de la clim et d'un frigo. Laverie, petite piscine contre la route, jeux pour enfants.

Slickrock Campground *(hors plan couleur par A1,* ***29****) : 1301 N Hwy 191.* ☎ *435-259-7660 ou 1-800-448-8873.* • *slickrockcampground.com* • *À l'entrée nord de Moab, à côté du* Buck's Grill. *Env 25 $/tente pour 2, 40 $/camping-car et 52 $/*cabin. Enfoui sous de hauts peupliers, ce camping très bien ombragé est installé dans un site clos en (léger) retrait de la route principale. Chaque tente dispose d'un carré sablonneux de 2,50 m de côté, voire un peu plus pour les plus grandes, d'un auvent, d'une table et d'un barbecue. Le hic, c'est l'entretien, franchement passable (sanitaires peu engageants). Évitez d'ailleurs les *cabins,* carrément déglinguées. Épicerie, piscine, 3 jacuzzis, aire de jeux et laverie sur place.

KOA Campground *(hors plan couleur par B2,* ***21****) : 3225 S Hwy 191.* ☎ *435-259-6682 ou 1-800-562-0372.* • *koa.com/campgrounds/moab* • *À env 5 miles au sud de la ville, au mile 121. Ouv mars-oct. Empl. tente env 25 $ pour 2 (6 $/pers supplémentaire), camping-car 40 $ et cabins (2-6 pers) à partir de 60 $.* Comme tous les *KOA,* ce camping calme et plutôt agréable est vraiment bien équipé, même s'il manque un peu d'ombre. On plante sa tente dans les graviers, à côté d'une table vaguement abritée et d'un barbecue. Sinon, une vingtaine de *cabins* plus ou moins spacieuses, rustiques et très bien tenues (seulement des lits, draps non fournis). Piscine, 2 aires et 1 salle de jeux, épicerie, coin laverie (accessible 24h/24) et minigolf. Très propre. Accueil sympathique.

Portal RV Park *(hors plan couleur par A1,* ***15****) : 1261 N Hwy 191.* ☎ *435-259-6108.* • *portalrvresort.com* • *À la sortie nord de Moab et à slt 5 miles de l'entrée d'Arches. Pour 2 pers, env 24 $ avec tente, 34 $ en camping-car, 3 $/pers supplémentaire.* Certes, on a une belle vue sur les montagnes, mais les tentes sont un peu coincées entre deux bandes de camping-cars, et ça manque vraiment d'ombre. Faudra revenir dans 20 ans, quand les arbres auront poussé... En attendant, 2 petits étangs permettent de se rafraîchir et quelques abris avec tables de pique-nique, pelouse et barbecue de fuir le cagnard. Sanitaires impeccables. Laverie et supérette.

Archview Resort RV Camp Park *(hors plan couleur par A1,* ***22****) :* ☎ *435-259-7854 ou 1-800-813-6622.* • *archviewresort.com* • *Sur l'US 191, 11 miles au nord de Moab, sur la droite, juste après la bifurcation pour Dead Horse Point ; derrière la station* Shell. *Tente env 24 $ pour 2, camping-car 34 $, cabins (2-6 pers) 50-116 $; douches chaudes incluses.* Entre les parcs de Canyonlands et d'Arches, un camping posé au bord de la route, au milieu du désert, fréquenté surtout par les camping-cars. Les arbres protégeant les petits emplacements doivent être les seuls à plusieurs miles à la ronde ! Si vous êtes en tente, prévoyez les boules Quies... Plusieurs types de *cabins* : des *basic* (avec frigo, draps non fournis) aux *double cabins* plus confortables avec salle de bains, kitchenette et draps fournis. Petite piscine, supérette, laverie, aire de jeux. Bien tenu.

Bon marché

The Lazy Lizard Hostel *(hors plan couleur par B2,* ***23****) : 1213 S Hwy 191.* ☎ *435-259-6057.* • *lazylizardhostel.com* • *À 2,3 miles au sud du centre de Moab, sur la gauche ; un peu après Alco, repérer le panneau jaune mar-*

qué « Hostel ». Ouv tte l'année. Tente env 7 $ (douche incluse), dortoir 10 $/pers, chambres (1-4 pers) 30 $ pour 2 et cabin (1-6 pers) 34 $ pour 2. Pour les non-résidents, douche 3 $. La seule AJ de Moab occupe une petite maison de bois isolée, légèrement à l'écart de la route. L'environnement direct n'a rien d'attractif et l'ensemble n'est pas très bien tenu, mais les prix sont vraiment ras des pâquerettes, et le lieu conviendra à ceux qui ne sont pas trop regardants (les douches sont assez sales, et pour la cuisine ce n'est pas beaucoup mieux). Dortoirs à 5 lits, avec draps à peu près propres et matelas à ressorts. Également des *cabins*, basiques mais plutôt bien tenues (clim), certaines à distance de l'AJ. On peut aussi planter sa tente, en plein soleil. Salon TV. Atmosphère très *fellow travellers*.

De prix moyens à un peu plus chic

Kokopelli Lodge *(plan couleur B1-2,* ***32****) : 72 S 100 E. ☎ 435-259-7615 ou 1-888-530-3134. • kokopellilodge.com • Double env 80 $. Loue également des petits apparts ailleurs en ville 116-131 $ pour 2.* Un tout petit motel, au calme. Seulement 8 chambres, décorées de notes colorées et de touches modernes sympas, chacune avec frigo, micro-ondes et machine à café. Jacuzzi dans la cour. Accueil souriant.

Adventure Inn *(plan couleur B1,* ***30****) : 512 N Main St. ☎ 435-259-6122 ou 1-866-662-2466. • adventureinnmoab.com • Fermé nov-fév. Doubles env 70-90 $.* Ce petit motel sans prétention, posé près de la route, offre cependant un rapport qualité-prix correct. Ses chambres, une douzaine en tout, sont pour la plupart assez grandes (sauf celles à un lit). Frigo, cafetière. Devant, un carré de gazon, avec quelques chaises à l'ombre des peupliers mais tout contre la route. Enfin, c'est mieux que rien... Laverie. Café et muffins en libre-service le matin. On peut sinon avaler un petit déj pas cher au café voisin, le **Sweet Cravings** *(tlj sf lun 7h-15h ; burritos et pains gourmands env 6 $).*

Inca Inn Motel *(plan couleur B1,* ***24****) : 570 N Main St. ☎ 435-259-7261 ou 1-866-462-2466. • incainn.com • Ouv fév-nov. En saison, env 80 $ pour 2, petit déj continental inclus.* Les chambres, organisées autour d'un parking, sont bien propres, avec frigo et micro-ondes dans les plus chères. Pas le grand charme, mais un bon rapport qualité-prix. Piscine de poche aux beaux jours *(mai-sept).*

Apache Motel *(plan couleur B2,* ***16****) : 166 S 400 E St. ☎ 435-259-5727 ou 1-800-228-6882. • moab-utah.com/apachemotel • Un peu excentré ; suivez la flèche ! Ouv de mi-fév à nov. Doubles env 80-85 $, suites 120-140 $.* L'un des plus anciens motels de Moab. Jouant la carte de l'*Old West* et de la nostalgie des années 1950, l'Apache dispose de chambres correctes quoiqu'un peu datées. Bien équipé, cela dit, avec micro-ondes et frigo. Également une suite pour les admirateurs de John Wayne (il a séjourné ici pendant le tournage de *Rio Bravo*). Petite piscine agréable. Café, thé et chocolat à volonté, gaufres et céréales au petit déj.

The Virginian Motel *(plan couleur B2,* ***27****) : 70 E 200 S. ☎ 435-259-5951 ou 1-800-261-2063. • moab-utah.com/virginian • Double 110 $, moitié moins hors saison.* Installé en plein centre, légèrement en retrait de Main Street, ce motel imitation bois abrite des chambres certes un peu tristounes mais propres, et surtout équipées d'une vraie cuisine : grand frigo, évier, four, brûleurs à gaz et même un grille-pain ! Pratique.

Rustic Inn *(plan couleur B2,* ***31****) : 120 E 100 S. ☎ 435-259-6177. • moabrusticinn.com • En saison, env 110 $ pour 2. Moitié moins cher en hiver.* Un autre motel sans prétention, au calme, et qui fait très bien l'affaire. Grandes chambres avec kitchenette (grand frigo, micro-ondes, évier et cafetière), parfaites pour un camp de base. Également un appart avec 2 chambres et salon, pouvant loger jusqu'à 6 personnes *(170 $).* Piscine.

Red Stone Inn *(plan couleur B2,* ***14****) : 535 S Main St, un peu excentré, à la sortie sud de la ville. ☎ 435-259-3500 ou 1-800-772-1972. • moabreds* *tone.com* • *Juste en face du* Big Horn Lodge *(même maison). Double env 100 $.* Motel imitation ranch, tout en bois, impeccable et joliment arrangé. Chambres étroites mais cosy, bien tenues et très bien équipées (frigo, cafetière, micro-ondes). Laverie, local VTT et jacuzzi. Pas de piscine, mais accès gratuit à celle du *Big Horn* juste en face.

De plus chic à très chic

Desert Hills B & B *(hors plan couleur par B2,* **28***) : 1989 S Desert Hills Lane.* ☎ *435-259-3568.* • *deserthillsbnb.com* • *À env 5 miles au sud de Moab, par la S Hwy 191 ; tourner à gauche au niveau de* Shell-Branding Iron, *suivre la Spanish Trail Rd, puis à gauche au rond-point dans Murphy Lane et à droite dans Desert Hills Lane. Doubles env 120-150 $ (185 $ pour 4) en saison, 75-100 $ en hiver. Machine à laver gratuite.* Le quartier résidentiel récent, aux marges du désert, n'inspire pas le coup de foudre, mais la grande maison, avec vue sur les montagnes, se révèle très agréable. 3 chambres à l'étage, coquettes et tout confort, une autre au rez-de-chaussée et une familiale (4 personnes), tout aussi soignée, avec une terrasse donnant sur le jardin et son jacuzzi. Mignonne tonnelle pour prendre le frais en regardant les lapins gambader dans la pelouse, ou les étoiles allumer la nuit. Salon TV, frigo à dispo. Cookies, café, fruits et sodas en libre-service. Copieux petit déj maison servi en terrasse aux beaux jours. Accueil sympathique d'Anna et de son mari Vio, un Italien de Bari.

Cali Cochitta B & B *(plan couleur B2,* **20***) : 110 S 200 E, à l'angle de 100 S St.* ☎ *435-259-4961 ou 1-888-429-8112.* • *moabdreaminn.com* • *Doubles env 135-175 $ mars-oct, 95-130 $ nov-fév (selon nombre de pers).* On s'y sent vite comme chez soi. Très central, ce *B & B* cosy, clair et calme, s'est installé dans une coquette maison de brique posée dans la pelouse, derrière une petite clôture en bois. 6 chambres seulement, pas forcément bien grandes, dont 2 peuvent loger 3 à 4 personnes. Excellent petit déj avec tarte, quiche, muffins... *Lunch box* ou dîner aux chandelles sur demande. Kimberley et David Boger, les proprios, sont charmants. Rocking-chair et jacuzzi dans l'adorable petit jardin fleuri.

Sunflower Hill B & B Inn *(plan couleur B1,* **18***) : 185 N 300 E.* ☎ *435-259-2974 ou 1-800-662-2786.* • *sunflowerhill.com* • *Env 175-235 $ pour 2 en hte saison ; suite 195 $ (5 pers).* Le *B & B* le plus chic de Moab. Au bout d'une ruelle tranquille, 2 superbes maisons en bois absolument charmantes, la plus ancienne centenaire, dans un quartier résidentiel très calme. Le grand jardin ombragé joue les oasis dans le désert, un vrai havre de fraîcheur avec sa piscine et son jacuzzi sous les arbres... On choisit parmi une douzaine de chambres très confortables avec salle de bains privée et lits à l'ancienne. Les *deluxe* ont également un balcon et un jacuzzi, et la *French Room,* très lune de miel, possède même un jacuzzi 2 places ! Petit déj de luxe, avec gâteaux tout juste sortis du four, gaufres, fruits frais, pain maison... servi dans le patio par beau temps, et même un goûter en fin de journée. Local VTT. Machines à laver (gratuites) et breakfast package à emporter pour un départ tôt le matin. Une belle adresse de charme.

Adobe Abode B & B *(hors plan couleur par A2,* **33***) : 778 Kane Creek Blvd.* ☎ *435-259-7716.* *435-260-2932.* • *adobeabodemoab.com* • *Au sud de Moab, tourner à droite avt le* McDo. *Fermé janv-fév. Doubles 140-150 $ selon confort.* Postée aux marges de la ville, cette belle maison récente style hacienda s'ouvre sur un salon-salle à manger aussi immense que lumineux. Déco délirante mêlant thème western (crânes de bisons, puma empaillé) et objets réalisés par le proprio, comme ces étonnantes lampes Custard (du nom du général) en forme de chapeau percé par des flèches ! Les 6 chambres sont au diapason, confortables et très bien décorées dans le style western et indien. La plus demandée : la *Barbed Wire Room,* au lit en fil de fer barbelé (épépiné !). Billard. Accueil courtois.

🏠 **The Gonzo Inn** *(plan couleur B2,* ***19****) : 100 W 200 S. ☎ 435-259-2515 ou 1-800-791-4044. • gonzoinn.com • Sur Main St, une pancarte avec un gros lézard en short indique la direction. Chambres doubles env 170-215 $, apparts 4-6 pers 255-350 $ (- 30 à - 40 % déc-mars), petit déj continental inclus.* Ce grand complexe moderne mêle à la fois chambres d'hôtel et condos, certains privés. L'ensemble est très confortable, et décoré sur une note contemporaine colorée assez épurée. Frigo et micro-ondes dans les doubles, avec parfois un petit bout de terrasse. Les suites les plus chères sont de vrais petits apparts, avec bain à remous, lecteur DVD, cheminée, kitchenette bien équipée et balcon. Côté charme, on préfère quand même les adresses précédentes, tout ça manque un peu d'âme. Piscine et jacuzzi.

🏠 **Aarchway Inn** *(hors plan couleur par A1,* ***34****) : 1551 N Hwy 191. ☎ 435-259-2599 ou 1-800-341-9359. • aarchwayinn.com • À la sortie nord de la ville. Double 160 $ en été, appart jusqu'à 300 $; dès 70 $ en hiver. Petit déj inclus.* Ce grand hôtel flambant neuf ne séduit pas par son charme, mais par le confort poussé de ses chambres et de ses suites, toutes avec moquette épaisse, kitchenette voire cuisine. Très nombreux services : piscine élégante donnant sur les montagnes, jacuzzi, salle de fitness, local VTT, barbecue, jeux pour enfants et fers à cheval pour les plus grands... On croirait presque un centre de vacances !

MOAB

Où dormir ? Où manger dans les environs ?

Dans la Castle Valley

À une vingtaine de miles de Moab, par la route 128 en longeant le Colorado.

De plus chic à très chic

🏠 **Castle Valley Inn B & B :** *424 Amber Lane. ☎ 435-259-6012 ou 1-888-466-6012. • castlevalleyinn.com • Après avoir suivi la 128 sur env 16 miles, tourner à droite sur Castle Valley Rd, puis à nouveau à droite après 1,7 mile ; le B & B est à 1,2 mile (indiqué). Résa conseillée (obligatoire nov-fév). Doubles env 100-150 $ pour 2 selon confort, bungalows 185-195 $.* Un cadre on ne peut plus bucolique. L'adresse se dissimule au fond d'une vallée verdoyante encadrée par de hautes roches rouges. On y partage la pelouse et les arbres fruitiers avec des daims curieux, des faisans, des dindons sauvages, des écureuils... Transat, hamac, jacuzzi pour buller sous un ciel étoilé. Dans la maison, 5 chambres seulement, assez simples (dont 1 suite de 2 chambres en sous-sol mais un peu sombre). Également 3 bungalows très agréables avec cuisine. La déco se veut résolument western, jusque dans le sympathique salon commun. Le petit déj, très *South West,* est servi par beau temps sur la terrasse. Une très belle adresse.

🏠 🍽 **Red Cliffs Lodge :** *sur la route 128, au mile 14. ☎ 435-259-2002 ou 1-866-812-2002. • redcliffslodge.com • Resto fermé déc-fév. Doubles env 240-340 $ (moitié prix déc-mars). Petit déj et lunch buffet env 10 $, plats 14-30 $ et brunch dim 7h-14h env 13 $. Réduc jusqu'à 60 %, selon dispo, en réservant par Internet moins de 15 j. avt.* Il fut un temps où John Wayne joua ici des scènes de *Rio Grande.* Depuis, cet énorme ranch, tenu par un patron affublé d'un *Stetson,* s'est transformé en un gigantesque complexe touristique. On y dort, on y mange, on y déguste le vin de la propriété avant d'enfourcher un cheval ou de visiter le petit musée du Cinéma. Le site est hors normes, au pied des montagnes rougies chaque soir par le coucher du soleil, et du vert des vignes locales et du Colorado. Les chambres se répartissent dans une multitude de bungalows en bois ou en dur, mais tous immenses et luxueux, tournés soit vers le fleuve, soit vers un torrent qui s'y jette. Côté confort, elles ont cheminée (à gaz, dans les *cabins* en bois), cuisine, terrasse en bois, le tout vraiment super, sauf peut-être les salles de bains, riquiqui comparé au reste. Les *king size* ont toutefois un jacuzzi. Côté resto, bonne cuisine « westernienne », pour ne pas dire « johnwaynienne », c'est-à-dire copieuse mais bien ficelée, à accompagner d'un bon p'tit vin maison. On savoure ses *pork chops* sur la formidable terrasse surplombant le Colorado. Également une piscine, un jacuzzi, un tennis. Bref, tout est géant ici : le décor, la mythologie, les plats et... les tarifs !

Sorrel River Ranch : *sur la route 128, au mile 17. ☎ 435-259-4642 ou 1-877-359-2715. • sorrelriver.com • ♿ Pour les chambres les moins chères (façon de parler...) avec vue sur la montagne, env 400 $ pour 2 ; suite côté rivière jusqu'à 700 $ (!).* 💻 Encore plus luxueux que le *Red Cliffs Lodge* et beaucoup plus intime, pour ne pas dire feutré, ce ranch se pose comme par enchantement entre la montagne rougeoyante et le Colorado – une étape de rêve à réserver à ceux qui viennent de braquer une banque. Des suites incroyables dans des chalets au style western haut de gamme : beaux lits en bois, coin cuisine, salle de bains design avec jacuzzi, grandes fenêtres donnant sur le Colorado ou la montagne (certaines avec les 2 vues !), terrasse en bois avec chaise à bascule... Dans les suites *king*, on voit le Colorado depuis sa baignoire ! Vaste piscine, tennis, spa et superbe écurie avec de nombreux chevaux. Les activités annexes genre yoga, rafting, équitation (pour les clients seulement) ou soins du corps sont à des prix en relation avec le standing de la maison ! 2 restos, accessibles à tous s'il y a des curieux...

Vers les La Sal Mountains

Très chic

Park Creek Ranch : *à 14 miles au sud de Moab. Prendre la US 191 S sur 6 miles puis à gauche dans La Sal Loop Rd ; dépasser Ken's Lake puis prendre plus loin sur la droite (fléché). ☎ 435-259-5091 ou 1-800-505-5343. • packcreekranch.org • Chalets 4-8 pers 130-250 $.* Un havre de paix, égaré loin de la foule, au pied des La Sal Mountains. Un vrai ranch, établi depuis le XIXe s, avec sa haute grange, ses vastes prairies où paissent vaches et chevaux. Et, surtout, disséminés sur la propriété entre la pelouse grasse et les grands arbres, une poignée de chalets en bois et en pierre, cosy, tout confort et tout équipés : 1 ou 2 chambres, salon, cuisine, cheminée, barbecue et table de pique-nique à l'extérieur. Pour compléter ce tableau *Old West*, des fauteuils, calés sous le porche. Piscine et jacuzzi. Le top.

Où manger ? Où prendre le petit déj ? Où déguster une glace ?

Bon marché et spécial petit déj

City Market (plan couleur B2, **40**) **:** *lire plus haut « Adresses utiles ».* Pour se préparer un pique-nique.

EklectiCafé (plan couleur B1, **43**) **:** *352 N Main St. ☎ 435-259-6896. Lun-sam 7h-14h30 ; dim slt petit déj jusqu'à 13h. Petit déj et plats env 5-9 $. 💻 (20 mn max et 1 seul ordi).* Notre adresse fétiche pour le petit déj ou la pause déjeuner. Cadre agréable, certes en bord de route mais dans une petite maison en bois toute mignonne, à l'atmosphère très relax. Plein de tables en terrasse à l'abri d'une tonnelle et dans un vrai coin de jardin fleuri foisonnant de chèvrefeuille et de rosiers, avec fontaine, Bouddha... Dans l'assiette, que du bio et du bon, avec quelques touches originales tendance macrobiotique. Quelques plats aux parfums exotiques aussi, mais surtout d'excellents et copieux sandwichs au pain maison et des *wraps* tout aussi savoureux. Jeter aussi un œil à l'ardoise, pour le choix de soupes, quiches, pâtisseries maison et salades du jour. Même le café est bon (et bio). Accueil décontracté.

Love Muffin Cafe (plan couleur B1, **41**) **:** *139 N Main St. Tlj 7h30-14h. Petit déj et sandwichs 6-7 $.*

Les habitués font la queue tous les matins pour se gorger de muffins frais : à la framboise, aux canneberges, au café, à la myrtille... Miam ! Plein d'autres choix pour le petit déj – servi jusqu'à 12h –, des *huevos rancheros* au *granola* en passant par le yaourt bio. Bref, des options originales (et bonnes), avec quelques salades et des tas de sandwichs frais débordant de pousses de soja, tapenade ou tofu, à grignoter dans une salle toute simple ornée de quelques dessins rigolos.

The Red Rock Bakery & Net Café *(plan couleur B1-2,* ***47****)* **:** *74 S Main St. ☎ 435-259-5941. Tlj 7h-16h (21h ven-sam, 15h dim). Petit déj et grand choix de sandwichs 4-8 $.* Ce *coffee shop* plutôt sobre, pour ne pas dire dépouillé, ne fait pas dans l'accueil souriant, mais sa vitrine regorge de bons *raspberry truffles*, brownies, *oatmeal raisin* et autres *apricot fruit bars*. Bons sandwichs aussi. Internet 2 fois moins cher si on consomme.

Milt's Stop & Eat *(plan couleur B2,* ***42****)* **:** *356 Millcreek Dr. Tlj 11h-20h30. Sandwichs et burgers 5-8 $.* La spécialité maison ? Le *chili cheese burger*, une demi-livre de chili, de fromage et d'oignons émincés coincés entre deux pains ronds ! Les viandes sont locales (bœuf et bison), rien n'est surgelé et la réputation de ce mini *diner* tout blanc, fondé en 1954, n'est plus à faire. De quoi y aller les yeux fermés, guidé par l'odeur du graillon. *Take-out window*, ou quelques tables pour grignoter au pied d'un grand platane.

Moab Diner *(plan couleur B2,* ***46****)* **:** *189 S Main St. ☎ 435-259-4006. Tlj sf dim 6h-22h (23h ven-sam). Plats et petit déj 6-10 $.* Ce *diner* moderne est un véritable hall de gare tant l'animation y bat son plein du matin au soir. Petit déj (servi toute la journée), avec une bonne dizaine de formules pour se caler avant ou après une excursion (*mountain biker breakfast, rapid rafter breakfast* et *jeep safari special* !). Pour le reste, classiques sandwichs, burgers divers, copieuses salades, poulet grillé ou frit et une spécialité de *green chile*. Rien de bien diététique, mais c'est honnête. On allait oublier, c'est aussi un *ice-cream shop*.

De bon marché à prix moyens

Zax Pizza & Family Restaurant *(plan couleur B2,* ***47****)* **:** *96 S Main. ☎ 435-259-6555. Tlj 7h-22h30. Formules buffet à volonté env 8-13 $.* Souvent beaucoup de monde pour profiter du bon rapport qualité-prix des buffets à volonté. Celui des pizzas au feu de bois (très *cheesy*... mais bonne pâte épaisse) permet de varier les plaisirs pour le prix d'une pizza individuelle, et de compléter le repas avec la soupe du jour et un buffet de salade. Sympa, non ? Également des viandes grillées, nettement plus chères mais très honnêtes, des burgers, sandwichs... Le tout à déguster avec une bonne bière locale, calé sur l'agréable terrasse aux banquettes bleu-jaune-rouge, dans la grande salle conviviale ou dans la section pub. Service efficace.

Moab Brewery *(plan couleur B2,* ***44****)* **:** *686 S Main St. ☎ 435-259-6333. Dim-jeu 11h30-22h, ven-sam 11h30-23h (22h hors saison). Fermé fin déc-fin janv. Plats env 9-20 $.* Immense hangar branché sports extrêmes, avec 4x4, delta, rafting, kayak et VTT pendus au plafond (mais pas de 3 petits cochons). On peut manger à l'intérieur (où l'on trouve aussi un *sports bar* très animé les jours de match) ou dans la véranda. La carte, longue comme le bras, propose plein de choix raisonnables : salades, plats végétariens, poulet à toutes les sauces, steaks, burgers, poissons, glaces maison et on en passe... Excellent rapport qualité-prix. En plus, la maison fait ses propres bières. La *dead horse ale*, la *derailleur* (ambrée) ou la *raven stout* (une brune onctueuse) sont excellentes.

Pasta Jay's *(plan couleur B1,* ***45****)* **:** *4 S Main St. ☎ 435-259-2900. Tlj 11h-21h30. Sandwichs 8-10 $, plats 11-18 $, pizzas 9-17 $ (3 tailles). Le midi, lun-ven, special petite pizza, salade et boisson env 9 $.* Posée sur la rue principale, la terrasse est assez tentante. Concurrent de *Zax*, mais avec une clientèle un peu plus âgée, *Pasta Jay's* propose une cuisine italienne très abordable, avec des pâtes al dente (sauces assez épicées) et des pizzas à pâte très fine, peut-être un peu sèches, que l'on peut composer soi-même. Bon choix de vin au verre (d'Utah et d'ailleurs).

Singha *(plan couleur B1, **51**) : 92 E Center St. ☎ 435-259-0039. Lun-sam 11h-15h, dîner tlj 17h-21h30. Plats 11-18 $.* Ras-le-bol des burgers et des pâtes ? Venez tâter des currys et du *pad se-eaw* dans ce petit resto thaï comme tombé de la lune. Le choix est vaste, les plats sont frais, parfumés, copieux. Et dans la cuisine, entrouverte, les flammes flamboient autour des woks. Bières de tous horizons. Déco classique, avec des images du Bouddha, de fausses orchidées et de jolies nappes brodées.

Miguel's Baja Grill *(plan couleur B1, **50**) : 51 N Main St. ☎ 435-259-6546. Tlj le soir slt 17h-22h. Plats 14-24 $.* Une minuscule salle ornée de planches de surf, un long patio couvert et ses nappes en plastique, un cadre simple et sympathique pour un mexicain de poche ambiance décontractée. Au menu, une cuisine fraîche et colorée, déroulant tous les classiques de Basse-Californie – tacos, enchiladas et compagnie – plus une spécialité, les fruits de mer, pas donnés cependant. On est tout de même en plein désert... Les morts de faim tenteront de venir à bout du *MOAB, Mother Of All Burritos*. Caramba !

De chic à très chic

Buck's Grill House *(hors plan couleur par A1, **48**) : 1393 N Hwy 191. ☎ 435-259-5201. À la sortie nord de la ville, côté gauche de la route. Ouv slt le soir, 17h-22h. Fermé nov-janv. D'env 9 $ pour un burger à 27-37 $ pour un steak.* La grande cabane en rondins invite à pousser la porte et le sympathique patio à l'arrière à s'y installer (la salle, elle, manque de caractère). On ne s'y attend pas forcément mais le patron, Tim Buckhingam (d'où *Buck's*), a été nommé en son temps parmi les « 10 meilleurs jeunes chefs américains ». Il s'est depuis un peu endormi sur ses lauriers pour se recentrer sur les grands classiques western, mais les viandes sont excellentes (quoique très chères). Au bout du compte, l'expérience est assez mitigée. Bon choix de vins au verre à partir de 7 $ et de bières brassées en Utah, à siroter dans la partie *lounge* qui accueille parfois des concerts de country.

Sunset Grill *(hors plan couleur par A1, **49**) : 900 N Hwy 191. ☎ 435-259-7146. À la sortie nord de la ville, côté droit, une petite route cabossée grimpe sur la colline. Ouv lun-sam 17h-22h. Plats env 19-26 $.* Le restaurant, perché sur une colline dominant la vallée de Moab, occupe la résidence du 1er millionnaire de la ville, un géologue enrichi par la découverte du gisement d'uranium à l'origine du boom des années 1950. Les grandes baies vitrées avec vue admirable forment l'attrait principal du lieu. Belle terrasse aussi, mais pas toujours dressée, dommage. Le carte est elle assez limitée (sauf pour les desserts) et pas d'une imagination folle pour cette catégorie, mais les prix restent raisonnables. Clientèle plutôt âgée.

MOAB

Où boire un verre ? Où écouter de la musique ?

N'oubliez pas qu'en Utah le taux d'alcoolémie toléré au volant est de 0,08 g/l (0,05 si vous avez des enfants à bord)... et le shérif veille. Jetez donc un œil, dans le journal local, sur le compte-rendu hebdomadaire de ses « activités ». Le moins qu'on puisse dire, c'est qu'il lui reste du temps à tuer pour contrôler les automobilistes...

Woody's Tavern *(plan couleur B2, **61**) : 221 S Main St. ☎ 435-259-9323. Tlj 14h-1h.* L'un des *watering holes* (le bel euphémisme !) les plus populaires de Moab. On y boit une bière en regardant les éliminatoires du football, en faisant un billard, un baby, une partie de fléchettes ou en commentant les coups foireux des autres... Très long bar de bois gravé d'innombrables noms, auquel s'adossent de drôles de tabourets façon cheval d'arçons. À l'ardoise, quelques snacks pour éponger la bière. Musique forte et concerts en fin de semaine *(avr-sept ; 4 $)* : rock, funk, jazz, pas mal de diversité. Terrasse pour les fumeurs. Seul bémol, la maison, pleine et animée certains soirs, peut également être mortellement déserte...

Moab Brewery *(plan couleur B2, **44**) : 686 S Main St. ☎ 435-259-6333. Dim-jeu 11h30-22h30, ven-sam 11h30-23h.* Ce vaste resto propose quelques bières fameuses, brassées sur place, à siroter devant un match de n'importe quel sport (il n'y a donc jamais de mi-temps ?) ou dans la véranda. Aucune n'a le droit de dépasser 4 % d'alcool, législation de l'État oblige, sinon il faut l'emporter ! Beaucoup de monde en fin de semaine. Billard.

Eddie Mc Stiff's Brew Pub *(plan couleur B1-2, **60**) : à l'angle de Center St et Main St. ☎ 435-259-2337. Tlj 11h30-23h (22h pour le resto).* Atmosphère très *sports bar,* surtout le week-end. Écrans plats (vous n'y échapperez pas...), baby et billard à l'étage. Le restaurant n'est pas exceptionnel... Venez plutôt ici pour la bière maison : *rock amber ale, raspberry wheat ale, blueberry wheat, pure desert wheat* et la *canyon cream* à tester avec du *jalapeño*... Également d'autres bières brassées en Utah, du vin, des margaritas et des cocktails. Souvent des concerts le mardi à partir de 19h. Terrasse.

Zax Watering Hole *(plan couleur B1-2, **47**) : à l'angle de Main St et 100 S. Tlj 16h30-22h30.* Le *watering hole* – le pub, quoi – est à gauche du resto en entrant. Au-dessus du bar veille une tête de bison. Essayez donc une *microbrew* locale ou un vin d'Utah en jetant un œil lassé sur les sempiternelles retransmissions sportives. Un vrai bain de foule américain les soirs de match. Voir aussi « Où manger ? ».

À voir

Dan O'Laurie Canyon Country Museum *(plan couleur B1-2, **70**) : 118 E Center St. ☎ 435-259-7985. Mars-oct, lun-ven 10h-17h, sam 12h-17h ; nov-fév, lun-ven 10h-15h, sam 12h-17h. Entrée : env 5 $, 10 $ pour les familles ; gratuit moins de 12 ans et lun pour ts.* Ce musée vieillot, d'intérêt essentiellement local, se consacre à la géologie, l'archéologie et l'histoire de la région. Explications sur l'extraction de l'uranium, découvert dans les années 1890 mais exploité sur une grande échelle seulement à partir des années 1950. Belles céramiques et paniers indiens, nonosses de dinosaures, des fossiles et la reproduction d'une étonnante inscription laissée sur la roche en 1837 par Antoine Robidoux, un trappeur... français ! Intéressantes photos de gangsters patibulaires du début du XXe s, dont Butch Cassidy et the Kid, et des shérifs qui les pourchassaient. Et même un colt pour aller avec ! Tiens, une minuscule section sur les tournages de films dans la région, de vieilles photos de Moab, des outils, un cabinet médical entier, etc. Bref, le musée est un peu fourre-tout. En mai-juin, traditionnelle expo annuelle de patchwork (!).

Le musée du Red Cliffs Lodge : *sur la route 128, au mile 14. ☎ 435-259-2002. Tlj 8h-22h. Gratuit.* Pour les nostalgiques des films de western, un petit musée à l'intérieur de l'impressionnant *lodge*-ranch situé à l'endroit où John Wayne joua quelques scènes de *Rio Grande* de John Ford. Affiches, photos, etc. Sympa. Des infos sur plein d'autres films et pubs tournés dans le coin, dont un inattendu et mystérieux western indien (d'Inde) sans nom datant de 2001 !

LE RÔLE DE SA VIE

Il n'était pas adepte des rôles de composition. Juché sur une jeep comme sur une selle de cheval, John Wayne incarna toute sa carrière le même trait de caractère : la mythique et bourrue virilité américaine. Et il en était fier, lui qui déclara : « J'ai joué John Wayne dans tous mes films, et ça m'a plutôt pas mal réussi. »

À faire

Moab est le point de chute idéal pour partir en excursion dans les parcs voisins, en louant les services d'une agence ou par ses propres moyens. Se reporter aux chapitres sur Arches National Park et Canyonlands ci-après pour connaître toutes les possibilités d'excursions propres à ces parcs. On vous détaille ici les diverses activités proposées dans la région, dont certaines sont interdites dans les parcs (VTT, sports mécaniques par exemple). Pour les agences, lire plus haut « Adresses et infos utiles ».

Randonnées à pied

Très nombreux sentiers de découverte dans toute la région, autour de Moab et dans les parcs voisins. Infos pratiques, brochures détaillées (gratuites) et vente de cartes topographiques au *Visitor Center.* Le dépliant *Moab Area Hiking Trails* indique quelques belles balades en dehors des parcs, surtout au sud de la ville, notamment le *Portal Overlook Trail,* au départ de la Scenic Byway 279, qui longe le Colorado. Le sentier grimpe progressivement le long de parois rocheuses jusqu'à un superbe panorama sur le Colorado, la vallée de Moab et les montagnes La Sal. Compter 3h (4 miles) aller-retour.

Balades à VTT

L'activité, en plein essor depuis quelques années, attire foule à Moab. Procurez-vous la brochure *Mountain Bike Trails* au *Visitor Center,* qui recense sept itinéraires plus ou moins ardus, de 7,4 à 33 miles. Voir aussi la rubrique « Adresses et infos utiles » pour des adresses de loueurs.

MOAB

➢ ***Slickrock Trail :*** accès 2 $. C'est l'un des sentiers de VTT les plus connus au monde, d'une grande complexité. Le parcours débute à 3,5 miles de la ville, dans la *Sand Flats Recreation Area.* L'accès est fléché depuis le centre, mais ça grimpe ferme pour y parvenir, alors certains s'y font emmener, avec leur vélo, par l'un des services de *shuttles* locaux (voir « Adresses et infos utiles. Transports »). Il n'en coûte en général que 10 $. Cette balade nécessite un bon entraînement et est réservée aux VTTistes avertis seulement. Elle effectue une boucle de 12,7 miles (20,3 km), très technique et qui grimpe pas mal. Le *slickrock* dit bien de quoi il s'agit : beaucoup de dalles glissantes ! Du coup, la piste est impraticable lorsqu'elle est verglacée, grosso modo de décembre à mars, et casse-gueule si il a plu. En été, évitez les heures les plus chaudes et comptez environ 3 à 4h. Avant, on peut tester ses capacités sur le *practice loop* (1,7 mile).

Balades à cheval

Qui n'a jamais rêvé de parcourir le Grand Ouest à cheval, tel un *lonesome cowboy* en quête d'aventure... ? Pour goûter à cette expérience dans de bonnes conditions, se reporter plus haut à la rubrique « Adresses et infos utiles », où vous trouverez les coordonnées de *Red Cliffs Lodge Trail Rides,* qui organise les balades pour presque tous les *outfitters* de Moab. Pas donné cependant.

En raft ou en canoë sur le Colorado

Avec une agence

Renseignements au *Visitor Center,* qui possède toutes les brochures, ou auprès des agences citées plus haut dans la rubrique « Adresses et infos utiles ». Elles pratiquent des tarifs voisins et proposent les mêmes descentes du Colorado en raft, d'une demi-journée ou de 1 journée (lunch le plus souvent inclus), avec le passage de quelques très gentils rapides. Il faut savoir que, sur 62 miles en aval

de Moab, le Colorado est vraiment très cool et donc accessible à tous. Ensuite, ça se corse. Sérieusement. À noter aussi que le niveau de l'eau peut être assez bas en juillet-août et ainsi rendre la descente décevante. On peut aussi descendre la Green River jusqu'au confluent : elle s'écoule, elle aussi, tranquillement, à travers les canyons de Labyrinth et Stillwater (passages rocheux un peu difficiles en basses eaux à Millord Canyon et Horse Canyon). La saison s'étend de mars à novembre (et surtout de fin avril à début octobre).
Pour une descente guidée qui secoue bien, misez sur le Westwater Canyon, dans la parte nord du Colorado, vers Cisco (niveaux III et IV, transfert en minibus jusqu'au point de départ), ou sur le Cataract Canyon à Canyonlands (III-V), qui porte bien son nom (transfert retour en minibus ou, pour les plus fortunés, en avion, avec survol du parc)... Embruns et frissons garantis !

Par ses propres moyens

Ceux qui ne veulent pas faire partie d'un groupe peuvent parfaitement louer un canoë gonflable, sorte d'hybride entre le canoë et le kayak, vraiment facile d'utilisation *(compter env 40 $/j. pour une embarcation 1-2 places et 70 $/j. pour un petit raft 4 places, par exemple auprès de Canyon Voyages).* On peut le placer sans problème sur le toit d'une voiture de location sans rien abîmer. Le loueur vous expliquera comment manœuvrer, vous indiquera où mettre votre embarcation à l'eau et où la retirer en fonction de la durée de votre location. On peut même partir en expédition 2 ou 3 jours (prévoir alors son ravitaillement, en eau potable notamment). Se procurer au *Visitor Center* la brochure gratuite *Calm Water Float Trips*. Plusieurs mises à l'eau le long de la Scenic Byway 128. Un permis est nécessaire seulement dans les limites du parc de Canyonlands *(• nps.gov/cany •),* pas en amont. En revanche, il est obligatoire dans tous les cas sur la Green River *(☎ 435-564-3633 ; • blm.gov/ut •).*

Balades en 4x4

Se procurer la brochure *Moab Area 4WD Trails* au *Visitor Center* pour se faire une idée des différentes options. Le superbe *Chicken Corners Trail* (52 miles) longe le Colorado avant de s'enfoncer dans le Kane Springs Canyon et de grimper jusqu'à un point de vue haut perché sur le Colorado, face à Dead Horse Point. On peut camper dans le secteur (voir « Où dormir ? Campings primitifs »). Autre sortie sympa vers Gemini Bridges (48 miles), une arche double perchée sur les flancs du Bull Canyon. Location de 4x4 dans les agences de Moab, chez *Moab Adventure Center* par exemple.
Pour une excursion plus pépère en véhicule de tourisme, se procurer au *Visitor Center* la brochure *Self Guided Auto Tours.*

Excursions combinées 4x4 et raft

Pas bête. Certaines agences proposent désormais des escapades combinées, en 4x4 le matin dans Canyonlands et sur le Colorado en raft l'après-midi (ou vice versa).

Fêtes et manifestations

– ***Skinny Tire Festival :*** *entre début et mi-mars.* ☎ *435-259-2698.* • *skinnytireevents.com* • Trois jours de rando à VTT dans les beaux paysages de Moab. Très populaire.
– ***Easter Jeep Safari :*** *sem menant à Pâques.* • *rr4w.com* • Sorte de messe nationale dédiée au 4x4. Si vous n'êtes pas un fan, évitez Moab à cette période, car y trouver une chambre devient un exploit... sans parler des tarifs !

– **Canyonlands PRCA Rodeo :** *début juin.* • *moabcanyonlandsrodeo.com* • *Se tient à l'Old Spanish Trail Area, 3461 S Hwy 191, à la sortie sud de la ville.* Le plus grand du genre dans le coin.
– **Moab Music Festival :** *1re quinzaine de sept.* • *moabmusicfest.org* • Festival de Musique classique avec des artistes de tous les pays. Concerts gratuits en plein air. La ville est pleine à cette période.
– **The Other Half Marathon :** *vers la mi-oct.* ☎ *435-259-4525.* • *moabhalfmarathon.org* • Comme son nom l'indique, c'est l'autre moitié du marathon local, formule originale consistant à couper la distance en deux, soit 13,1 miles chacun, afin de créer deux événements dans l'année. Très populaire. Le premier est toujours complet, alors tentez plutôt celui-là.
– **Folk Music Festival :** *1er w-e de nov.* ☎ *435-259-3198.* • *moabfolkfestival.com* • Il rassemble des artistes de musique folk venant de tout le pays et même d'au-delà. Concerts en intérieur et en extérieur.

DANS LES ENVIRONS DE MOAB

La vallée du Colorado et Scenic Byway 128 : *à la sortie nord de Moab, prendre la 128 à droite juste avt de franchir le pont sur le Colorado. Campings primitifs (lire plus haut).*
Cette route spectaculaire, qui ne fut percée qu'en 1901, remonte le long du fleuve mythique sur environ 28 miles, se faufilant dans un corridor tonitruant aux gigantesques falaises flamboyantes. Au-delà de cette section, elle ne présente plus guère d'intérêt. On peut éventuellement se baigner dans la rivière, à condition de le faire sur des sites où il n'y a pas de courant et de rester proche du bord évidemment. À éviter en période de hautes eaux.
Environ 3 miles après la bifurcation, le sentier du Negro Bill Canyon est l'occasion d'une belle balade (4 miles aller-retour) jusqu'à Morning Glory Bridge, le sixième pont naturel des États-Unis par sa portée (80 m). Après le Big Bend (grand S sur le Colorado), la route atteint la bifurcation de Castle Valley, sorte d'oasis recroquevillée entre les montagnes. Une échappée verte après les rougeurs du désert et du fleuve, dominée par un immense monolithe dressé sur une colline. On y trouve un très agréable *B & B* (voir « Où dormir ? Où manger dans les environs ? »). On peut éventuellement revenir à Moab par *La Sal Loop Road* en traversant la *Manti-La Sal National Forest.* Sapins et bouleaux, mais une grande section a malheureusement brûlé. En continuant tout droit sur la 128, on atteint Fisher Towers, côté droit, où se dressent des pitons de couleur ocre rouge de près de 500 m de haut, se découpant sur les montagnes La Sal enneigées. La route quitte le fleuve environ 5 miles avant Cisco, d'où l'on rejoint l'I-70.

Les pétroglyphes de Courthouse Wash : *à 5 miles au nord de Moab, peu après avoir passé le pont sur le Colorado. Parking sur la droite. Un sentier revient sur 800 m le long de la route et retraverse le torrent pour conduire à quelques pétroglyphes. On peut aussi se garer au* boat launch, *les falaises sont juste en face.*
Les dessins gravés sur la roche ont été abîmés par des vandales, mais ont été bien restaurés. Ce sont les plus fameux du coin. Grands personnages aux longues oreilles (cornes ?) et, à bien y regarder, on découvre aussi des mouflons.
Si vous vous intéressez aux pétroglyphes, demandez au *Visitor Center* la brochure *Moab Area Rock Art Auto Tour.* Elle répertorie les sites les plus importants des environs et indique comment s'y rendre. Les plus éloignés ne sont qu'à 8 miles de Moab.

La vallée du Colorado et Scenic Byway 279 (Potash Road) **:** *elle fait le pendant de la 128 de l'autre côté de l'US 191. Bifurcation décalée, env 1,5 mile au nord du pont sur le Colorado.* La route, goudronnée, suit le fleuve sur 15 miles, s'infiltrant entre de superbes parois de grès rouge. Plusieurs sites de pétroglyphes en chemin. Un sentier de 1,5 mile mène à la grande *Corona Arch*. Une autre *(Jug Handle Arch)*, en forme d'anse, se laisse découvrir sur le bord de la route. Le goudron se termine peu après l'usine de potasse, laissant la place à une piste qui rejoint Island in the Sky (4x4 nécessaire).

À voir sur la route de Yellowstone

Flaming Gorge National Recreation Area : si vous continuez votre route vers les parcs nationaux de Grand Teton et Yellowstone, vous traverserez, au nord de Vernal, ce parc situé à cheval sur l'Utah et le Wyoming. Un grand barrage, construit de 1958 à 1964 sur la Green River, y a créé un immense réservoir long de 145 km, le lac Flaming Gorge, très apprécié des pêcheurs. On y trouve notamment des saumons et des truites de taille record. La région est aussi propice à de diverses activités nature : sentiers de randonnée, VTT, rafting, kayak, excursions à cheval... La faune s'observe facilement, et il n'est pas rare de croiser la route de cerfs, élans, marmottes, écureuils... D'avril-mai à septembre-octobre, nombreux campings très bien aménagés *(empl. env 12-18 $)*. On aime particulièrement le site de Red Canyon *(eau potable ; ☎ 435-784-3445)*, entouré de forêts et avec une vue vertigineuse sur la rivière.

– Possibilité de réserver certains campings à l'avance : ☎ 1-877-444-6777. • recreation.gov •

– Pass exigé en saison pour sillonner le parc : 5 $/j. ou 15 $/sem. Exception faite pour les routes Scenic 44 et 191, de Manila à Rock Springs ; Interagency Annual Pass *accepté.*

– Ttes les infos auprès du Flaming Gorge Ranger District, Ashley National Forest, PO Box 279, Manila, UT 84046. ☎ 435-784-3445 ou 435-789-1181. • fs.fed.us • Également plusieurs offices de tourisme répartis dans le parc, dont le Flaming Gorge Dam Visitor Center, *près du barrage, ouv tte l'année.*

CANYONLANDS NATIONAL PARK

Sur une étendue considérable (848 km²), Canyonlands offre un condensé des plus grandioses paysages de l'Ouest : immensités rougeoyantes, ponts de pierre naturels façon Arches, colonnes comme à Bryce Canyon, ruines de villages indiens rappelant Mesa Verde et gorges profondes dignes de celles du Grand Canyon. Des paysages fascinants, désertiques, inhabités, mais extrêmement dispersés et d'accès difficile. Canyonlands est traversé par deux gorges imposantes, où coulent le Colorado et la Green River. Leur confluent divise le territoire en trois parties distinctes, isolées les unes des autres : Island in the Sky (« île dans le ciel »), vaste plateau *(mesa)* qui domine le parc par le nord, offrant des panoramas à couper le souffle ; The Needles (« les aiguilles »), situé 600 m plus bas et composé d'un paysage remarquable de pitons rocheux et de nids d'aigles évoquant des châteaux cathares ; et The Maze (« le labyrinthe »), considéré comme l'un des secteurs les plus reculés des États-Unis (pas moins !) et accessibles aux seuls véhicules tout-terrain. Vous pourrez, si vous le souhaitez, en louer un à Moab, ou vous y inscrire pour une excursion en 4x4 ou en bateau.

Ces trois zones étant très distantes les unes des autres, nous avons divisé ce chapitre en trois.

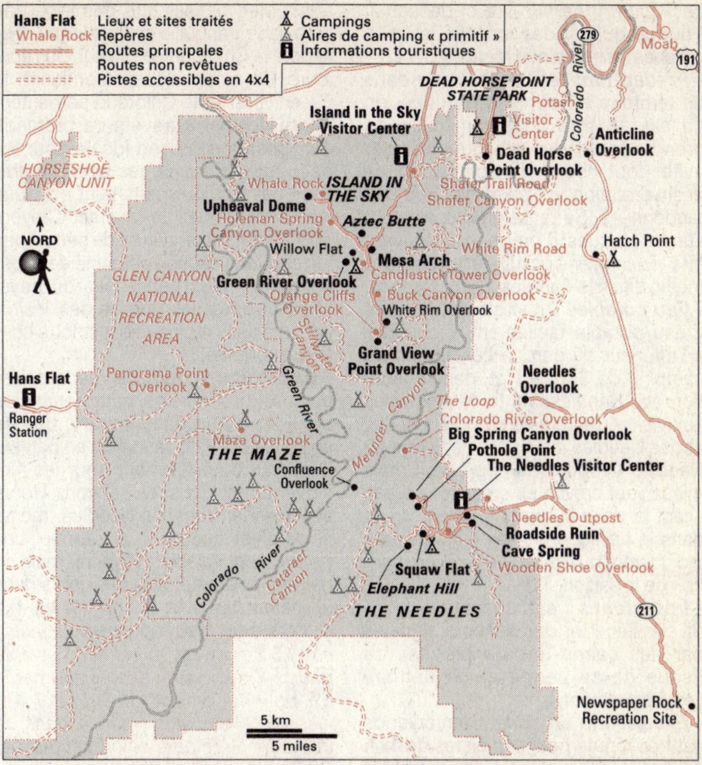

CANYONLANDS NATIONAL PARK

Adresses et infos utiles communes

■ ***Canyonlands National Park :*** *par courrier, 2282 S W Resource Blvd, Moab, UT 84532-3298.* ☎ *435-719-2313 (infos générales) ou 435-259-4351* (backcountry permits). *Fax : 435-259-4285.* ● *nps.gov/cany* ● Les *backcountry permits* pour les randos, les virées en 4x4 et les campings primitifs s'obtiennent à cette adresse auprès du *Reservation Office,* par fax ou courrier uniquement, au moins 2 semaines avant (formulaire à télécharger sur le site internet). On peut aussi les demander sur place en arrivant, la concurrence n'étant généralement pas trop rude – sauf pour les Needles et la *White Rim Road* au printemps et en automne.

Infos et conseils pratiques

– ***Entrée :*** *env 10 $/véhicule (ticket valable 7 j.) et 5 $ pour les marcheurs, les cyclistes et les motards. Attention, les tarifs pourraient doubler prochainement ;* Interagency Annual Pass *accepté.*

– ***Hébergement dans le parc :*** il existe 2 campings gérés par le parc sur la base du « premier arrivé, premier servi » (à Island in the Sky et The Needles) et environ 45 terrains « primitifs » disséminés à travers les vastes étendues du parc, uniquement accessibles à pied, en 4x4 ou par bateau. Ces derniers sont soumis à l'obtention d'un *backcountry permit* (lire ci-dessous). Pour ce qui est des ***motels,*** les plus proches se trouvent à Moab.

– ***Précautions élémentaires :*** dans ce territoire au climat désertique, on ne saurait trop vous conseiller de prendre toutes les précautions pour éviter tout risque d'insolation et de déshydratation, en particulier lors des randonnées. Se renseigner également sur les risques d'orage, qui peuvent être violents, en consultant les bulletins météo affichés dans les *Visitor Centers.*

– ***Eau potable :*** il n'existe aucun point d'eau potable facilement accessible à l'intérieur du parc, à l'exception du camping de Squaw Flat, dans la section des Needles. Vente de bouteilles aux *Visitor Centers* de Island in the Sky et des Needles (ainsi qu'à l'épicerie du *Needles Outpost Campground*) mais mieux vaut prévoir un gros stock d'eau avant la visite du parc. Pour les virées dans le *backcountry,* les rangers vous indiqueront où trouver de l'eau en fonction de la saison.

– ***Important :*** il est strictement interdit de s'écarter des sentiers signalés par des cairns (tas de pierres), au risque de se perdre et de détruire l'environnement.

– ***Excursions en 4x4 :*** Canyonlands est très réputé pour ses pistes de 4x4, créées pour la plupart par les chercheurs d'uranium, qui ont prospecté dans la région jusqu'en 1964. Ceux qui ont le temps – et les moyens – s'offriront absolument une excursion de 1 ou plusieurs jours pour sillonner la White Rim Road, qui contourne Island in the Sky, ou explorer les nombreuses pistes qui traversent The Needles ou The Maze. S'adresser aux agences de Moab pour s'offrir les services de guides expérimentés, ou louer un véhicule. Mieux vaut toutefois avoir une certaine expérience de conduite en terrains accidentés, car certaines pistes sont assez ardues et vertigineuses.

– ***Excursions en bateau :*** on peut aussi bien passer une demi-journée de balade tranquille en kayak que descendre le Colorado en raft sur plusieurs jours. En amont de leur confluent, la Green River et le Colorado serpentent tranquillement à travers de profonds canyons, une section idéale pour les débutants. En aval, les eaux combinées des 2 rivières entament une ruée jusqu'aux rapides de Cataract Canyon, qui raviront les amateurs de sensations fortes. Cette section offre une des descentes les plus périlleuses du pays. Infos et adresses auprès des *Visitor Centers* de la région et dans notre chapitre sur Moab.

– ***Backcountry permits :*** nécessaires pour toute incursion comprenant au moins une nuit dans le parc, que ce soit à pied, à VTT, en 4x4 ou en bateau. Il en faut un également pour les 4x4 s'aventurant dans les canyons Horse et Lavender dans les Needles, même si ce n'est que pour la journée. Les permis sont valables 14 jours, mais on ne peut pas rester plus de 3 jours dans le même camping si l'on est en 4x4 (7 jours pour les randonneurs). *Tarifs : env 15 $ pour les marcheurs (valable pour 5-7 pers selon secteur du parc), 5 $ pour 1 j. en 4x4, 30 $ pour 7 j. et jusqu'à 3 véhicules (valable dans ce cas pour 9-15 pers selon secteur) et 20-30 $ pour une descente de rivière (tarif pour le groupe, auquel il faut ajouter 20 $/pers) ; le camping est compris dans le prix. En vente auprès du* backcountry office *situé dans chaque* Visitor Center, *mais il est préférable de réserver à l'avance au printemps et à l'automne dans les secteurs les plus fréquentés auprès du* Reservation Office.

– Une bonne quarantaine d'agences à Moab proposent des ***tours en 4x4, en bateau, à cheval*** ou encore la ***location de VTT.*** On trouve leurs brochures au *Visitor Center* de Moab. Bien comparer leurs prix. Voir les infos dans la rubrique « Adresses et infos utiles » à Moab.

ISLAND IN THE SKY

Zone de Canyonlands la plus facilement accessible, c'est aussi celle la plus proche de Moab, à 34 miles par l'US 191 en direction du nord, puis par la 313 South (sur la gauche). Cette « île dans le ciel » mérite bien son nom. Seule une étroite bande de terre d'une centaine de mètres relie la « terre ferme » (la pointe de la *mesa* par laquelle on arrive) à ce promontoire jeté en surplomb de l'immensité, et délimité d'un côté par le Colorado et de l'autre par la Green River, qui s'écoulent 600 m plus bas. Les Indiens et les cow-boys se servaient de cette particularité pour y parquer leurs troupeaux de cerfs ou de vaches.

Adresse utile

Visitor Center : ☎ *435-259-4712. • nps.gov/cany/planyourvisit/islandinthesky.htm • Avr-oct, tlj 8h-18h ; en hiver, 9h-16h.* Petite expo sur la géologie locale, maquette en relief du parc, projection de vidéo, librairie, etc. Demander le *Island in the Sky District Trails & Roads* (gratuit) pour avoir les infos sur les sentiers et les activités du parc (circuits guidés de mars à octobre). Le mode d'emploi de Canyonlands n'étant pas évident, ne pas hésiter à demander conseil aux rangers. On peut aussi y acheter des bouteilles d'eau et des boissons fraîches (pas d'eau gratuite).

Où dormir ?

Campings

À l'intérieur du parc

Willow Flat Campground : *à 7 miles au sud du* Visitor Center*, à côté de* Mesa Arch. *Ouv tte l'année. Env 10 $/nuit.* Une douzaine d'emplacements seulement, disséminés entre les arbres. De là, vous êtes à deux pas du point de vue sur la Green River. Tables de pique-nique, auvent, barbecue et toilettes, mais pas d'eau ni de douches.

Autour du parc

Dead Horse Point Campground : *juste après le* Visitor Center *de Dead Horse, à quelques miles de l'entrée d'Island in the Sky. Possibilité de résas jusqu'à 4 mois à l'avance (et min 2 j. avt) au ☎ 801-322-3770, 435-259-2614 ou 1-800-322-3770. Env 20 $ (jusqu'à 8 pers), entrée du parc de Dead Horse incluse.* Seulement une vingtaine d'emplacements, tranquilles, entre les arbustes. Chacun dispose d'un auvent, d'une table et d'un barbecue. Toilettes mais, là encore, pas de douches. Eau non potable.

Horsethief Campground : *sur la route 313, à env 10 miles de la US 191 et 12 miles de l'entrée d'Island in the Sky, par une piste sur la droite peu avt l'embranchement pour Dead Horse Point. • recreation.gov • Empl. 12 $, « premier arrivé, premier servi ».* En retrait de la route, ce grand camping étendu sur un plateau sème ses 58 emplacements dans le sable, entre les arbustes. Toilettes, tables et barbecue mais pas d'ombre, et pas d'eau. Pas très confortable d'être un « voleur de chevaux » *(horsethief)*...

À voir. À faire

En chemin vers Island in the Sky

Dead Horse Point State Park : *prendre la route 313 menant à Island in the Sky, puis tourner à gauche (panneau) ; c'est encore à 6 miles. Ce petit parc est géré par l'État. ☎ 435-259-2614. • utah.com/stateparks/dead_horse.htm •* Visitor Center *ouv 8h-18h (17h hors saison). Entrée : env 10 $/voiture (jusqu'à 8 passagers), 5 $/moto, 2 $/vélo ; réduc. Camping (lire ci-dessus).* Au bout de la route – à peine 2 miles – se détache ce fantastique promontoire dominant les méandres du Colorado. Le panorama s'étend à perte de vue, embrassant tout le réseau des canyons creusés par les affluents saisonniers. Un paysage rouge feu qu'éclairent d'un bleu électrique des bassins de décantation de sel. Grandiose ! On croirait une vue d'avion... La légende affirme que des mustangs sauvages furent enfermés sur ce promontoire et oubliés jusqu'à mourir de soif, d'où le nom donné au lieu. Pour les cinéphiles, c'est ici que fut tournée la dernière scène de *Thelma et Louise* (de Ridley Scott), où les deux héroïnes, poursuivies par la police, se jettent en voiture dans le vide. Dans le scénario, elles sont censées se retrouver face au Grand Canyon. Plusieurs sentiers faciles pour marcheurs et VTTistes permettent de parcourir le parc. Descriptif gratuit au *Visitor Center.*

Island in the Sky

À moins d'être un marcheur impénitent, on visitera surtout l'« île » en voiture, en suivant la *Scenic Drive* (34 miles en tout). Après le *Visitor Center,* cette route goudronnée atteint le point dit The Neck, et s'engage sur la fine bande de terre rejoignant le promontoire. Six miles plus loin, elle se divise en trois : une branche pousse vers *Grand View Point Overlook* (6 miles), l'autre vers *Green River Overlook* et le camping de Willow Flat (2 miles), la troisième vers *Upheaval Dome* (5 miles).
Comme son nom l'indique, ***Green River Overlook*** offre une vue panoramique sur la Green River. Quant à ***Grand View Point Overlook,*** il embrasse à l'infini l'immense plaine creusée de canyons, sans se soucier d'un quelconque horizon. De là, on peut s'engager sur le *White Rim Overlook Trail,* un sentier de 3 km (environ 1h) dévoilant des points de vue sur les *potholes,* des marmites creusées par l'érosion, et sur la *White Rim Road.* Enfin, ***Upheaval Dome*** est un vaste cratère aux roches striées d'ocre, de vert et de gris, qui aurait, selon les géologues, été formé par les mouvements du sel et de la roche, mais qui reste encore une véritable énigme... certains pensent même qu'il aurait été formé par la chute d'une météorite ! Points de vue accessibles à pied en 30 mn et superbe randonnée pour en faire tout le tour (5 à 6h de marche).
Pour s'aérer les bronches, plusieurs autres sentiers, plus ou moins faciles, parcourent le parc, nécessitant de 30 mn à 8h de marche. On pourra notamment pousser jusqu'à ***Mesa Arch*** (30 mn), au sommet du plateau depuis l'intersection des trois routes, ou descendre jusqu'à la *White Rim Road,* piste empruntée par les 4x4 qui fait tout le tour de l'île (minimum 5h de marche pour l'atteindre, dénivelée importante).

THE NEEDLES

Cette vallée aux dimensions bibliques, hérissée d'étonnantes aiguilles rocheuses, demande au moins 1 journée pour être explorée. L'entrée du parc est située à 75 miles au sud de Moab. Prendre l'US 191 South sur 40 miles, puis tourner à droite sur la route 211 (10 miles après l'embranchement pour Needles Overlook et Anticline Overlook, qui ne sont pas sur le territoire du parc). Au passage, sur l'US 191, coup d'œil à la ***Wilson Arch*** qui joue les élégantes au bord de la route. En venant du sud, accès depuis Monticello (à environ 25 miles de l'entrée du parc ; motels) en zigzaguant sur les hautes pentes couvertes de bouleaux de la *Manti-La Sal National Forest.* Quel contraste !

Adresse utile

i ***Visitor Center :*** *☎ 435-259-4711.* • *nps.gov/cany/planyourvisit/needles.htm* • *À Needles proprement dit et non à Needles Overlook. Tlj 8h-18h mar-oct ; le reste de l'année, 9h-16h30.* Réplique de celui d'Island in the Sky, avec achat des *permits* (ferme 1h avant). Si vous souhaitez vous enfoncer dans l'arrière-pays en 4x4, à pied ou à VTT, vous y trouverez tout à la fois la liste des pistes ouvertes à chaque activité, des cartes détaillées et un dépliant gratuit, le *Needles District Trails and Roads.*

Où dormir ?

Campings

À l'intérieur du parc

Squaw Flat Campground : *à env 3 miles du* Visitor Center *de Needles. Ouv tte l'année. Pour être sûr de trouver un empl., arriver avt 10h (heure du* check-out*). Env 15 $/empl.* Il y en a 26 au total, très espacés et bien ombragés, autour d'une jolie formation rocheuse. Très beau panorama. Eau et toilettes, mais pas de douches.

Autour du parc

Si toutes les adresses suivantes sont pleines, rabattez-vous sur les terrains de la *Manti-La Sal National Forest.* Superbe environnement de pins ou bouleaux. *3 terrains ouv juin-sept selon altitude :* ***Buckboard, Devils Canyon*** *et* ***Nizhoni*** *dans l'ordre de proximité. Tarif : 10 $. Résas possibles au moins 5 j. à l'avance au ☎ 435-587-2041. • recreation.gov •* Pas d'électricité, mais eau potable, toilettes et, comme d'hab', table et barbecue. Pour changer, on a le droit de ramasser du bois... Attention, le secteur est fréquenté par les ours noirs et, la nuit, la température descend sous 10 °C.

Needles Outpost Campground : *☎ 435-979-4007. • canyonlandsneedlesoutpost.com • Camping privé. 1 mile avt le* Visitor Center *de The Needles, tourner à droite, puis faire encore 0,5 mile. Ouv mars-nov, 8h-19h. S'il n'y a pers à la réception, installez vous et glissez le paiement dans la boîte. Env 20 $/empl. (6 pers et 2 voitures max), 3 $/douche.* Un terrain plutôt sec et sans beaucoup d'ombre – mais, bon, c'est le désert... –, situé juste à la limite du parc, au pied d'un groupe de rochers. Une vingtaine d'emplacements et 2 autres (sur résa) pour les groupes. Électricité solaire. Le camping fait aussi pompe à essence (2 fois plus chère qu'ailleurs), épicerie de dépannage et *coffee shop* avec des petits déj et de quoi grignoter le midi *(ouv 8h30-16h30 ; plats env 5-10 $).* Dehors, 2 tables à l'ombre survolées par les colibris. On peut aussi venir prendre une douche si l'on dort au *Squaw Flat Campground,* mais cela vous coûtera quand même 7 $ par personne !

Windwhistle Campground : *à 5,5 miles sur la route de Needles Overlook et Anticline Overlook. « Premier arrivé, premier servi ». Env 12 $ en hte saison (4 tentes, 2 voitures et 10 pers/empl. max). Paiement par enveloppe.* Un petit camping plutôt isolé mais très agréable, doté d'une quinzaine d'emplacements éparpillés entre des pins clairsemés au pied de hautes parois joufflues de roche rouge. Son nom signifie bien sûr que le vent pourrait siffler à vos oreilles... Petit *nature trail* sur les plantes à découvrir. Barbecue et tables de pique-nique. Toilettes et eau à priori de mi-avril à mi-octobre ; pas de douches.

Hatch Point Campground : *à 24 miles de la US 191, 8,5 miles avt Anticline Overlook, prendre à droite sur 1 mile (panneau). Env 12 $ en hte saison. « Premier arrivé, premier servi ». Paiement par enveloppe.* Site très isolé avec vue sur la plaine. Un coin sauvage, sans être exceptionnel, avec parfois la visite de quelques daims... Une dizaine d'emplacements avec table, barbecue, toilettes sèches et, en principe, de l'eau potable en saison. Grosses chaleurs en été.

Line Camp Steak House *(Runnin' Iron Hotel-Saloon) : à* ***Roughlock,*** *sur la Hwy 191. ☎ 435-587-2351. • canyonlandsbestkeptsecret.com • À env 6,5 miles au sud de l'embranchement pour The Needles et 8 miles au nord de Monticello. Attention, c'est très mal indiqué : dans un virage à gauche en haut d'une côte, repérer le petit panneau bleu avec une caravane, puis le panneau «* Inn, Camping & Steakhouse *». Ouv de mi-avr à oct pour l'hébergement, tte l'année pour la* steakhouse. *Pour 2 pers, env 20 $/tente,* cabin *44 $, doubles 66-80 $. Resto ouv lun-sam à partir de 17h ; plats env 16-30 $.* D'abord un ranch en rondins très conquête de l'Ouest, abritant un resto dans le même esprit : lampes à pétrole, déco cowboy, nappes brodées, daim empaillé et même une peau d'ours. On y dévore de

L'UTAH

savoureux steaks. À l'étage, 5 chambres simples (avec 1 ou 2 lits), tout aussi pittoresques. Très Lucky Luke, tout ça ! À l'arrière, noyé sous les pins (mais encore proche de la route et de son ronron), un petit terrain de camping familial, avec quelques *cabins* sommaires et des sanitaires hors d'âge. Barbecue, et fers à cheval pour s'entraîner au lancer. Pas le luxe, pas une situation idéale, mais le lieu dégage une vraie atmosphère et l'accueil est charmant. Ah, on oubliait, des daims gambadent constamment sur la propriété...

À voir. À faire

En chemin vers The Needles

Sur la US 191, 10 miles après La Sal Junction (soit à 35 miles de Moab), embranchement pour *Needles Overlook* et *Anticline Overlook*. Au bout de 9 miles, une bifurcation : la route de gauche mène en 7 miles au premier point de vue ; celle de droite au second, par une piste carrossable de 17 miles. Ces deux sites ne font pas partie du territoire du parc *(accès gratuit)*.

Needles Overlook : *route goudronnée de bout en bout, toilettes sèches et tables de pique-nique sur place.* À près de 2 000 m d'altitude, un point de vue absolument grandiose à 240° sur le bassin de Lockhart. Époustouflant ! On a presque l'impression de faire du parapente au-dessus de l'immensité... Au sud, repérer d'abord le *North Sixshooter,* un piton que les cow-boys ont baptisé ainsi pour sa forme rappelant vaguement un pistolet. Lorsqu'il accroche la lumière, il semble ouvrir le feu, paraît-il... L'immensité que vous avez à vos pieds, grande comme deux fois l'État de Rhode Island, fut le domaine de la *Scorup-Sommerville Cattle Company (S & S)* où des centaines de cow-boys faisaient jadis paître entre 7 000 et 10 000 têtes de bétail... Plus au nord, vue distante sur les *Needles.* Les blocs de grès, magnifiquement sculptés en aiguilles, ont émergé d'une ancienne dune après que les blocs de sel sous-jacents se furent fracturés. On peut également apercevoir le Colorado dans ses méandres rocheux.

L'UTAH

Anticline Overlook : *piste carrossable à partir du croisement pour Needles Overlook, toilettes sèches sur place.* Joli point de vue, moins spectaculaire que le précédent, mais propice à un pique-nique panoramique en surplomb du Colorado et de quelques bassins d'un superbe bleu turquoise (un site de production de sel et de potasse obtenus par évaporation). Il suffit de quitter le parking et de se diriger vers le bord de la falaise. Attention, pas de barrière de sécurité. Marcher sur les rochers pour ne pas abîmer la flore locale. Très peu fréquenté. Entre le camping de Hatch Point et Anticline, départ du *Through Springs Trail,* une descente de 4 km vers le Kane Creek Canyon.

The Needles

Après 12 miles sur la route 211 et avant même d'atteindre le parc, on pénètre dans une superbe vallée verdoyante alimentée par les eaux de l'Indian Creek. Arrêt au ***Newspaper Rock,*** sur la droite. Sur une période de plus de 2 000 ans (jusqu'au XIVe s), les Indiens fremonts et anasazis y ont gravé une belle série de pétroglyphes. Les Navajos l'appellent *Tse'Hane',* le « rocher qui raconte une histoire ». La plupart des dessins et signes ne sont pas datés et restent indéchiffrables. On reconnaît un cavalier, un chasseur, un taureau, des mouflons aussi...
La vallée, encadrée de montagnes altières comme le Sixshooter, débouche sur quelques prairies où paissent des troupeaux, avant d'atteindre l'entrée de The Needles. Cette partie du parc offre plein de possibilités pour les amateurs de randonnées, avec de belles balades, certaines courtes et néanmoins très chouettes. Le *Visitor Center* distribue un tas de brochures très bien faites avec tous les détails.

➢ Le ***Roadside Ruin Trail*** (500 m) permet de découvrir la flore typique du parc et un petit grenier à grain anasazi, au bout du chemin. Balade en boucle de 20 mn.

➢ Le ***Cave Spring Trail*** (1 km) est assez amusant. La piste (tout à fait carrossable) qui mène au départ passe devant de gros champignons minéraux. Le sentier, lui, mène rapidement à un ancien campement établi par des cow-boys de la *Scorup-Sommerville Cattle Company* (lire plus haut « *Needles Overlook* »). Il est resté en activité jusqu'en 1975. On passe ensuite sous des auvents rocheux (pétroglyphes), puis on grimpe par deux échelles sur de larges dalles, pour un point de vue extra sur la région.

➢ ***Squaw Flat Trailhead :*** c'est sans doute le coin le plus emblématique du parc. Point de départ de plusieurs sentiers de randonnée, notamment vers Big Spring Canyon et Squaw Canyon, agréable rando en boucle de 12 km (3 à 4h de marche), qui offre de superbes points de vue et un bel aperçu des richesses naturelles des Needles. En chemin, passage par un goulet étroit large de moins de 1 m ! Et toutes sortes de champignons à tête de hamburgers géants... Continuation possible vers la boucle du Lost Canyon pour les plus courageux (ajouter 5 km). Pas mal de passages sur des dalles rocheuses, à éviter s'il pleut.

➢ ***Elephant Hill Trailhead :*** un autre bon choix pour explorer les Needles. Partant juste derrière le camping de Squaw Flat, une piste serpente entre de jolies formations rocheuses. Pas besoin de 4x4, un véhicule normal suffit, ou même un VTT pour les mollets sportifs. De son extrémité, un sentier s'enfonce vers ***Elephant Canyon,*** d'où se développe tout un réseau de chemins complémentaires. Superbe itinéraire combiné sur le *Chesler Park Loop* et le *Joint Trail* (18 km), en 5 à 7h selon votre énergie. En mai-juin, les bonnes années, on peut voir des centaines de cactus en fleurs, jaunes, roses ou grenat. Magnifique. Au bout de la route, des tables de pique-nique ont été installées dans un cadre agréable. Ce lieu est aussi le point de départ de balades en 4x4 jusqu'à proximité du ***Confluence Overlook,*** où Colorado et Green River se rejoignent.

➢ Plus loin vers l'ouest, le long de la *Scenic Drive,* le **Pothole Trail** (1 km) permet de découvrir les *potholes,* bassins creusés dans le grès par l'érosion, où les eaux de pluie s'accumulent et créent de mini-écosystèmes. Toute une vie en miniature s'y développe : crustacés, vers, insectes... En cas de sécheresse, peu de chose à voir évidemment.

➢ ***Big Spring Canyon Overlook :*** à l'extrémité de la route. Point de vue sur une rangée de formations rocheuses – pas le plus impressionnant. De là démarre le sentier menant au Confluence Overlook, rando de 16,5 km (5 à 6h aller-retour) à travers des paysages désertiques, sans ombre. Les heureux possesseurs d'un 4x4 iront plutôt par la piste...

THE MAZE

On peut accéder au secteur uniquement par l'ouest, depuis les routes US 24 ou 95. De Moab, le moins compliqué est de rejoindre la route d'accès au *Goblin Valley State Park* (US 24), à environ 85 miles, et de rouler 46 miles de plus jusqu'à Hans Flat (poste de rangers). On est à près de 3h30 de route de Moab... De là, une piste traverse un morceau de la *Glen Canyon National Recreation Area* jusqu'au Maze. Autant dire qu'il s'agit davantage d'une expédition que d'une simple balade... Le territoire est même si isolé qu'il peut être préférable de passer par une agence de Moab – ou alors être parfaitement autonome à tout point de vue (vivres, eau, carburant, *backpacking* et *backcountry permits*). Ne pas s'aventurer dans le coin, même en 4x4, sans avoir au préalable demandé leur avis aux rangers. Rares sont ceux qui y passent moins de 3 jours, voire 1 semaine.

Adresse utile

Hans Flat Ranger Station, The Maze : ☎ *435-259-2652.* ● *nps.gov/cany/planyourvisit/maze.htm* ● *Ouv tte l'année 8h-16h30.* Bureau d'information mais pas de vente de *passes* ni de *permits,* seulement des cartes. Pas d'eau potable ni ravitaillement, mais les rangers pourront vous indiquer où trouver des sources dans le parc.

À voir. À faire

Dans ce puzzle de grès de 77 km², le plus intéressant (et le plus simple) est de se rendre au ***Horseshoe Canyon*** pour admirer la *Great Gallery,* de surprenantes silhouettes humaines peintes sur les parois par les Indiens il y a environ 2 000 ans. Le site est réputé être le plus beau du genre en Amérique du Nord. Accès relativement aisé par la Highway 24 (30 miles de piste tout de même, à priori praticable avec un véhicule normal).

ARCHES NATIONAL PARK

Ce petit parc (305 km²) est l'un des plus étonnants et des plus célèbres du pays. Les fortes amplitudes thermiques et les forces conjuguées de la nature (pluie, neige, gel) y ont façonné au fil des millénaires des paysages somptueux, marqués avant tout par la présence du plus grand nombre connu d'arches de pierre : elles sont plus de 2 000 à travers le parc ! Mais ne vous attendez pas à en voir plus d'une dizaine en 1 journée, car elles se méritent, surtout en pleine chaleur ! Courtes ou longues, massives ou effilées, elles confèrent aux paysages un caractère unique et spectaculaire, renforcé encore par la présence d'autres formations fantaisistes : rochers suspendus, cheminées de fées, falaises rouges vertigineuses. Un paysage surréaliste qui servit de décor à de nombreux films (notamment certaines scènes de *Thelma et Louise*), et que l'on peut aisément explorer en 1 journée, en voiture, à vélo ou à pied. Beaucoup de monde en saison, avec parfois des embouteillages...

Adresses et infos utiles

■ ***Arches National Park :*** *par courrier, PO Box 907,* ***Moab,*** *UT 84532-0907.* ● *nps.gov/arch* ● *Parc ouv tte l'année 24h/24.*

Visitor Center : *à l'entrée du parc.* ☎ *435-719-2299. À 5 miles au nord de Moab, sur le côté de la route 191. Ouv avr-oct 7h30-18h30, nov-fév 8h-16h ou 16h30.* Petite expo sur la géologie, la faune et la flore, toutes les infos pratiques (camping, météo, points d'eau, etc.) et une excellente carte du parc avec, comme toujours, les indications des points de vue et des différentes balades à faire, avec leur temps de parcours et niveau de difficulté (brochure disponible en français). Film d'orientation gratuit de 15 mn.

Quelques infos et conseils pratiques

– ***Entrée :*** *env 10 $/véhicule (valable 7 j.), 5 $ pour ceux qui arrivent à moto, à vélo ou à pied ;* Interagency Annual *Pass accepté.*

– ***Accès à vélo :*** il est possible de visiter le parc à VTT, à condition de ne pas quitter les routes goudronnées et les pistes pour voitures (sentiers interdits). Parmi les balades à vélo ou en 4x4 les plus sympas, on peut prendre le chemin de Willow Flats, qui part à la hauteur de Balanced Rock et redescend vers la route 191 (environ 8 miles). Infos auprès du *Visitor Center.* Voir aussi les coordonnées de loueurs dans la rubrique « Adresses et infos utiles » de Moab.

– ***Précautions élémentaires :*** vous êtes ici dans un environnement désertique et les températures peuvent facilement atteindre 35 °C en été (avec des pointes à 48 °C enregistrées en juillet !). L'air est très sec et la luminosité intense. Dans ces conditions, il est vivement recommandé d'emporter chapeau, lunettes, crème solaire à indice élevé, et de boire au minimum 4 l d'eau par jour et par personne, régulièrement et à petites gorgées. Conseils d'autant plus valables pour les enfants et si vous partez en balade. En cas d'orages, qui peuvent être soudains et très violents, il est conseillé de rejoindre – si possible – son véhicule, sinon, d'éviter les zones dégagées, les points élevés et les arbres isolés. Enfin, sachez que pour protéger l'environnement, il est strictement interdit de s'écarter des sentiers balisés.

– ***Eau potable :*** points d'eau (fraîche en prime !) au *Visitor Center* et au *Devil's Garden.*

Où dormir ?

Une seule solution si vous souhaitez passer la nuit dans le parc : le camping, souvent complet. Un excellent moyen de profiter de l'aube et du soleil couchant, loin de la foule qui déserte Arches en fin de journée... Sinon, tous les motels et campings privés se trouvent à Moab, à moins de 5 miles.

Camping

▲ ***Devil's Garden Campground :*** *à 23 miles de l'entrée, au bout de la route. Résas mars-oct, min 4 j. à l'avance, auprès de • recreation.gov • ou au ☎ 518-885-3639 ou 1-877-444-6777. Ouv tte l'année. Env 20 $/empl. (max 10 pers), hors frais de résa (9 $). S'enregistrer au* Visitor Center. Seulement 52 emplacements pour tentes ou camping-cars, sans électricité, dont la moitié attribuée sur la base du « premier arrivé, premier servi ». En haute saison, il affiche souvent complet en milieu de matinée (voire dès 8h !). Essayez d'arriver dès l'ouverture du *Visitor Center* pour vous enregistrer. Il faut dire que ce camping est bien agréable : les emplacements, isolés les uns des autres, sont disséminés entre les rochers et les genévriers géants, certains ont une vue imprenable sur les montagnes de La Sal et tous disposent de tables et de barbecues. Sur place, eau potable, toilettes et lavabos, mais pas de douches. Quelques animaux (daims, renards du désert...) y font parfois une apparition.

▲ Les randonneurs pourront aussi planter leur tente où ils le souhaitent dans le parc (feu interdit). Demander un *permit* au *Visitor Center.*

À voir. À faire

➢ Une ***route goudronnée*** d'environ 23 miles traverse tout le parc du sud au nord. Deux embranchements permettent de gagner certains des principaux centres d'intérêt : Windows Section, avec la seule arche double du parc, et au nord, Delicate Arch, la plus célèbre.

On peut déjà s'offrir un bel aperçu du parc en voiture, en s'arrêtant aux différents points de vue. On ne se gare que sur les parkings délimités. Si l'un d'eux est plein, il faudra repasser plus tard. Une règle qui permet de réguler le nombre de visiteurs présents en même temps sur un site.

Il est cependant très conseillé d'explorer aussi Arches à pied, en empruntant les divers ***sentiers de découverte*** qui permettent d'approcher au plus près les célèbres arches de pierre. Il y en a pour tous les goûts, de 15 mn à 5h de balade, la plupart restant accessibles aux marcheurs occasionnels et aux enfants, à condition qu'il ne fasse pas trop chaud (en plein été, la chaleur torride rend la marche vraiment difficile). Ils sont marqués par des cairns (de petits tas de pierres) et sont tous détaillés dans la brochure et sur la carte du parc. Voir aussi plus haut, la rubrique « Adresses et infos utiles. Quelques infos et conseils pratiques ».

– ***Activités gratuites :*** de mi-mars à mi-octobre, les rangers organisent régulièrement des activités. Balade guidée de 1h à la découverte d'un site différent chaque jour, exposés sur la géologie et la faune, programme de nuit au camping *Devil's Garden...* Renseignements, réservations et horaires au *Visitor Center.*

➢ Sitôt l'entrée franchie, la route s'élève rapidement et le spectacle commence. On passe d'abord par ***Park Avenue,*** un corridor de parois rocheuses aussi minces que vertigineuses, qui évoquent l'alignement des immeubles de la célèbre artère new-yorkaise. Un sentier descend à travers le canyon jusqu'aux Courthouse Towers. Compter 30 mn à 1h de marche aller-retour, avec une petite dénivelée de 100 m pour rejoindre le parking de Park Avenue.
En continuant la route, un peu après, sur la gauche, on découvre le rocher très évocateur des ***Three Gossips*** (« les trois commères »).

➢ Quelques kilomètres plus loin se dresse le célèbre ***Balanced Rock,*** rocher suspendu assez surréaliste. On peut en faire le tour en suivant un petit sentier (environ 15 mn). Panorama sans fin sur la vallée. La route sur la droite dessert ***Windows Section,*** qui dévoile de superbes arches. On passe d'abord côté gauche le ***Garden of Eden,*** aux nombreuses aiguilles rocheuses, très appréciées des amateurs d'escalade, puis voilà les premières arches et la ***Parade of Elephants,*** d'énormes rochers rouges sculptés par l'érosion. Effectivement, y a comme air de Babar... Ce n'est rien encore en comparaison des ***North and South Windows,*** deux arches de pierre voisines tout aussi monumentales l'une que l'autre. Elles font face à la ***Turret Arch,*** dressée à l'orée de la vallée. Depuis le premier parking, une boucle de 1,6 km permet de grimper jusqu'au pied des arches puis de les contourner par un sentier primitif (30 mn à 1h). Le clou de cette section reste néanmoins ***Double Arch*** la bien nommée, nichée au milieu des « éléphants ». Elle est facilement accessible en 10 mn de marche dans le sable depuis le deuxième parking. Lumière superbe en matinée et vue imprenable sur ***Windows Section.***

➢ De retour sur la route principale, plus au nord, prendre l'embranchement menant à Wolfe Ranch et ***Delicate Arch.*** Trois façons de voir cette arche mythique : deux aisées et une pour les mollets courageux. Ces derniers iront se garer au Wolfe Ranch parking. Là commence le sentier. L'aller-retour fait tout presque 5 km. Compter 1h à 1h30 pour monter, 30 à 45 mn pour redescendre ; apporter de l'eau et un chapeau car il n'y a pas un poil d'ombre. À l'arrivée au sommet (qui se mérite, on le rappelle), vue splendide sur cette arche magnifique, posée comme par miracle au bord de la falaise. L'idéal en été est de partir 2h avant le coucher du soleil. La lumière orangée est magique... mais on n'est pas tout seul à profiter du spectacle ! N'oubliez pas la lampe de poche pour redescendre. À défaut de grimper, poussez jusqu'au ***Delicate Arch Viewpoint.*** De cet endroit, deux points de vue possibles. Le *Lower View Point,* tout contre le parking, discerne Delicate Arch de très, très loin. Sans téléobjectif, on oublie la photo... Une petite grimpette d'environ 800 m mène sinon à l'*Upper View Point* pour un superbe panorama. L'arche – assez lointaine tout de même – se découpe sur le ciel, s'élançant sur le dos d'un immense paquebot de roche jaillissant du désert.

➢ Revenu sur la route principale, on approche bientôt ***Fiery Furnace,*** un labyrinthe de rochers aux formes étranges. Aucun sentier ne desservant l'intérieur de ce dédale de *fingers,* il est préférable de s'inscrire à une balade guidée auprès du *Visitor Center (min 1 sortie/sem de mi-mars à mi-oct ; env 10 $/adulte, 5 $/enfant, groupes de 20 pers max ; résa jusqu'à 6 mois à l'avance, et le plus tôt est le mieux, surtout en été, via • recreation.gov •)* Pour s'y promener seul, il est obligatoire de demander un permis *(env 4 $/pers),* mais les rangers déconseillent vivement cette solution, tellement le tracé est confus. En plus, il y a un maximum de 75 personnes autorisées par jour. Pour explorer des paysages presque similaires sans risquer de se paumer, emprunter plutôt le *primitive trail* (lire ci-dessous).

➢ En continuant vers le nord, on passe ***Sand Dune Arch,*** accessible par un sentier facile (500 m), ***Broken Arch,*** dont le sentier (800 m) rejoint le camping de *Devil's Garden,* puis ***Skyline Arch*** (600 m de marche), dont une large partie s'est écroulée en 1940, sculptant cette forme très effilée. On arrive ensuite au bout de la route, dans une forêt de roches rondelettes sculptées par l'érosion. Emprunter absolument le sentier du ***Devil's Garden,*** où se concentrent le plus grand nombre d'arches (sept, si l'on compte *Double O Arch*), parmi les plus spectaculaires du parc. Il y en avait huit il y a encore peu, mais *Wall Arch* s'est effondrée dans la nuit du 5 août 2008 ! Le sentier mène en 30 mn jusqu'à ***Landscape Arch,*** une des plus longues arches du monde (compter 2,6 km et environ 1h aller-retour). Haute de 32 m, elle mesure 88 m de long. En 1991, un morceau de roche de 18 m de long s'en est détaché, la réduisant presque à un trait suspendu dans les airs. Superbe ! Le sentier se poursuit sur les roches, à travers des paysages spectaculaires et parfois vertigineux, jusqu'à ***Double O Arch,*** qui forme un superbe « 8 » dans le ciel, et mérite l'effort (ajouter 3 km de plus depuis *Landscape Arch,* et grimpette assez abrupte). Pour le chemin du retour, les plus courageux opteront sans hésiter pour le *primitive trail,* 3,5 km de sentier un peu plus ardu, sur les roches et dans le sable, qui rejoint ensuite le sentier principal. Pour la boucle entière avec retour par le *primitive trail,* comptez 3h30 à 4h de marche. Attention, le sentier n'est pas très bien balisé, suivre attentivement les cairns. Cette belle marche permet de découvrir des paysages variés, encore sauvages, mais peut s'avérer éprouvante pour les novices. Mieux vaut partir tôt. Évitez de sauter par-dessus les éventuels ruisseaux (enlever plutôt les chaussures) : pour avoir essayé, certains se sont cassé la jambe, et bonjour l'évacuation par ici... Soyez prudent également sur la roche mouillée, ça glisse. La première partie du sentier de Devil's Garden reste accessible au plus grand nombre.

SALT LAKE CITY

181 000 hab.

▸ Pour les plans de Salt Lake City, se reporter au cahier couleur.

Salt Lake City est une cité bicéphale : capitale administrative active et prospère de l'Utah, elle est aussi (et surtout) capitale historique et religieuse des mormons, qui totalisent 6 millions de fidèles aux États-Unis, soit 1,7 % des Américains. C'est leur chef, Brigham Young, qui, un jour de juillet 1847, au terme d'un interminable périple en chariot à travers le pays, eut la révélation de cette terre promise. Un peu comme Moïse lorsqu'il désigna de sa main, du haut du mont Nébo, la patrie tant rêvée. La comparaison n'est pas aussi gratuite qu'on pourrait le croire : les mormons l'affirment, ils sont issus de l'une des sept tribus perdues d'Israël (ça reste à prouver !)... Ici comme là-bas, le « peuple élu » a fait prospérer le désert.

Mais la mecque des mormons n'est plus ce qu'elle était : seuls 46 % de la population (contre 70 % en Utah) appartiennent à l'Église de Jésus-Christ des saints des derniers jours et les non-mormons continuent de gagner du terrain... Car le cadre de vie de Salt Lake attire. Juste à l'arrière des buildings s'élèvent les hautes montagnes aux sommets enneigés, celles qui ont accueilli les Jeux olympiques d'hiver de 2002. Sept stations sont situées à moins de 45 mn de route. La ville est semée de parcs où les oiseaux gazouillent au passage des pick-up. Grands espaces, nature et sport à gogo, voilà

donc le nouveau credo de Salt Lake. Avec la promesse de pouvoir skier et jouer au golf le même jour ! De quoi passer du statut de ville sainte à celui de ville hygiéniste, très propre, très sage, très organisée. Car, malgré le brassage de la population, Salt Lake reste baignée d'un état d'esprit très particulier, pas franchement rock'n roll. Pour preuve, dans son mythique *Sur la route*, c'est à peine si Jack Kerouac daigne consacrer une demi phrase à cette *« capitale des jets d'arrosage »*...

LES MORMONS

La révélation faite à Joseph Smith

Tout a commencé dans un petit bois, dans les environs de Palmyra, au nord-est de l'État de New York. À 14 ans, Joseph Smith Junior, fils d'un pauvre fermier presbytérien, y eut sa première révélation divine. Il en parla autour de lui mais fut tourné en ridicule. Un soir de septembre 1823, un visiteur inconnu lui apparut à nouveau, se présentant sous le nom de l'ange Moroni, messager du Créateur. Moroni assura à Smith « que Dieu avait un travail à lui confier ». Il lui révéla l'existence et la cachette d'un Livre écrit sur des tablettes d'or. Joseph Smith les trouva dans une caisse de pierre cachée sous un rocher, au sommet de la plus haute colline près de Manchester. Ces tablettes d'or relataient l'histoire et les origines des premiers habitants de l'Amérique... Elles contenaient aussi la « plénitude de l'Évangile éternel », l'essentiel du message divin transmis par le Sauveur à ces peuples. À côté d'elles, deux mystérieuses pierres transparentes cerclées d'argent, l'Urim et le Thummim, qui auraient naguère procuré le don de seconde vue aux prophètes des temps anciens. Si Dieu les avait mises là, c'était évidemment pour permettre à son nouvel Élu de comprendre et de traduire les tablettes.

Le *Livre de Mormon*

À Harmony (Pennsylvanie), en avril 1828, Smith et son secrétaire Martin Harris s'enfermèrent dans la même pièce, installés face à face, mais séparés par une grosse couverture pendue au plafond. À l'aide des pierres Urim et Thummim qu'il posait devant ses yeux comme des binocles, Smith déchiffra les signes étranges inscrits sur les tablettes. Comme par magie, ces hiéroglyphes se transformaient en mots anglais au fur et à mesure de la lecture. Smith n'avait plus qu'à dicter le texte à Harris. Le résultat représenta un épais manuscrit de 600 pages. Ainsi est né le *Livre de Mormon*. En 1830, Joseph Smith réussit à convaincre un riche fermier d'éditer 3 000 exemplaires de ce « nouveau catéchisme ». Vendus à 1 $, ces livres furent vivement contestés et rapidement soldés à 25 cents, mais ils symbolisent la naissance du peuple mormon.

> **SOPORIFIQUE**
>
> *À sa sortie, c'est peu dire que le* Livre de Mormon *n'enthousiasma pas les foules. L'écrivain Mark Twain le considérait ainsi comme « un plagiat insipide et ennuyeux du Nouveau Testament [...]. Que Joseph Smith ait composé ce livre, et surtout qu'il ne se soit pas endormi en le dictant, voilà le miracle ! ».*

Difficile de résumer le contenu de ce gros bouquin, incroyable bricolage spirituel basé en grande partie sur la Bible. Il est le fruit de l'inspiration d'un homme obsédé par le retour à la pureté primitive du christianisme. Il raconte les tribulations et la disparition de trois anciens peuples originaires de Babylone et de Jérusalem, les Jaradites, les Lamanites et les Néphites. Au VIe s av. J.-C., quelques-uns de ces fils d'Israël auraient traversé l'Atlantique et atteint l'Amérique. Ils seraient les ancêtres des Indiens d'Amérique, Mayas et Incas inclus... On apprend qu'ils auraient vécu dans le Nouveau Monde une histoire parallèle à celle du peuple hébreu, qu'ils auraient eu leurs propres prophètes, leurs souverains, qu'ils auraient été persé-

cutés et qu'ils auraient cherché une terre promise. Le dernier des Néphites, en 421 av. J.-C., aurait gravé ce récit primordial sur des plaques d'or, celles que Smith affirma avoir retrouvées des siècles plus tard. Peu importe, semble-t-il, que personne ne les ait jamais vues, ni d'ailleurs l'Urim et le Thummim...
Selon le *Livre de Mormon,* le Christ lui-même serait apparu au peuple élu d'Amérique après sa résurrection, ordonnant d'établir l'empire de Sion. « Nous croyons que Sion, la nouvelle Jérusalem, doit être construite sur le continent américain », proclamait Joseph Smith. À peine imprimé, le *Livre de Mormon* fut en but à toutes les critiques. Les mormons n'en ont cure. Pour eux, il « suffit », après la lecture du bouquin, de demander à Dieu si ce qui y est écrit est vrai. Et devinez ce que Dieu répond...

Brigham Young, un « Moïse américain »

Le 6 avril 1830, Joseph Smith et ses fidèles fondèrent l'Église de Jésus-Christ des saints des derniers jours, le nom officiel de l'Église mormone (*LDS Church,* en abrégé). Pourchassés dans l'Est, les saints émigrèrent dans l'Illinois où ils se fixèrent à Nauvoo, en mars 1844, sur la rive gauche du Mississippi. Joseph Smith postula à la présidence des États-Unis. Le 27 juin 1844, il fut assassiné avec son frère dans sa prison de Carthage (Illinois) par des antimormons. Le voilà consacré saint et martyr aux yeux de ses disciples. À 43 ans, l'un d'eux, Brigham Young, un charpentier-menuisier originaire du Vermont, prit en main la destinée du mouvement. Young allait se révéler être l'un des plus grands organisateurs de l'histoire américaine. Il décida de fuir vers l'ouest pour y chercher une nouvelle terre promise, y établir Sion et y fonder la cité des saints, loin des turpitudes et de la méchanceté des « gentils ».
Le 4 février 1846, les premiers chariots quittèrent Nauvoo pour un interminable voyage à travers les Grandes Plaines de l'Iowa, du Nebraska et du Wyoming. Un jour, alors que le convoi venait de traverser les montagnes Rocheuses, face à l'immense plaine déserte où s'étend le Grand Lac Salé, Brigham Young s'immobilisa. Il eut comme une révélation et s'écria : « *This is the place !* » C'est là qu'il fonda la ville de Salt Lake City. Washington refusa d'accorder le statut d'État américain à l'Utah tant que les mormons ne renonçaient pas à la polygamie (ce qu'ils firent officiellement, mais la réalité est plus nuancée... voir plus loin « Les fondamentalistes mormons »). La ville fut dès le départ quadrillée selon des règles et des mesures précises, reflétant l'organisation mormone.
De 1850 à aujourd'hui, le mormonisme a connu une expansion fulgurante, à l'image de la ville des saints. Mais la foi d'origine américaine la plus importante dans le monde reste un royaume à part.

Les mormons et les femmes

Joseph Smith, le fondateur, avait une petite particularité : il adorait les femmes. « Chaque fois que j'aperçois une jolie femme, je rends grâce au Seigneur », affirmait-il. À Salt Lake City, dès 1847, Brigham Young, le second prophète, instaura la polygamie dans la religion mormone et rendit obligatoire le mariage multiple. Il eut 27 épouses vivantes dont 8 ex-épouses de feu son maître Joseph Smith et il fut « scellé pour l'Éternité » à 28 femmes décédées (un rien

PROGRESSISTES ?

En 2012, l'Utah a adopté une loi inédite aux États-Unis, interdisant à l'école tout cours sur la contraception. Les profs devront s'abstenir de l'évoquer comme moyen de prévenir les grossesses ou comme protection contre les maladies sexuellement transmissibles. Il est même désormais interdit de parler d'homosexualité en classe ou des questions sexuelles en général. Sauf si cela concerne l'abstinence avant le mariage...

glauque quand même...). Neuf de ses épouses divorcèrent de lui alors qu'il était le père de 53 enfants. Dans ses deux maisons, Beehive House et Lion House (lire la rubrique « À voir »), Brigham créa ce qui fut à la fois le premier et le dernier « harem yankee » de l'histoire américaine. Des foules de journalistes, de curieux, de sceptiques vinrent dans la seconde moitié du XIXe s à Salt Lake City pour observer de près cette étrange minorité religieuse polygame. Les adeptes du mariage multiple avaient des arguments pour se défendre : ils ne faisaient que suivre, disaient-ils, la voie tracée par Abraham et les patriarches de l'Ancien Testament, tous polygames. Les saints prétendaient s'adonner à la polygamie sans esprit de luxure mais pour faire plus d'enfants. Et aussi parce que beaucoup de leurs hommes avaient été tués durant le voyage vers l'ouest puis dans la guerre contre le Mexique. « Cet islam moderne a sa Mecque au lac Salé », lisait-on dans la presse de l'époque. La polygamie ne fut vraiment interdite par la loi américaine que le 25 septembre 1890. Aujourd'hui, les mormons tentent de gommer discrètement ce pan de leur histoire. Si les mormons sont officiellement monogames aujourd'hui (dissidents exceptés), la femme n'est toujours pas l'égale de l'homme. D'ailleurs, pour avoir pris position en faveur de l'égalité des droits entre les sexes, une mormone américaine fut excommuniée en 1980 par un tribunal religieux présidé par un évêque mormon... par ailleurs fonctionnaire de la CIA.

Plus de 13 millions de fidèles dans 155 pays

Religion bizarre : au début, les Noirs n'étaient pas admis, et cela valut au chef mormon d'être condamné par le *Civil Right*. Il y a des passages du *Book of Mormon* qui considèrent en effet la peau noire comme un signe de défaveur de Dieu et l'esclavage comme une « institution divine » ! Il fallut attendre 1978 pour voir les Noirs accéder à la prêtrise aux États-Unis... à la suite d'une prétendue « révélation » nouvelle, qui avait en fait davantage à voir avec une loi américaine antidiscrimination... En tout cas, pas de problème avec la couleur « jaune » : dans tous les hauts lieux mormons, de jeunes et adorables personnes d'origine asiatique viennent se proposer comme guides, généralement associés à un acolyte d'origine sud-américaine ou européenne... Cette particularité est liée à un des devoirs de base du bon mormon : le prosélytisme. Sitôt leurs études terminées, les jeunes gens sont invités à partir dans le monde entier pour y exercer, à leurs frais, une activité missionnaire – 18 mois pour les filles, 2 ans pour les garçons. En pratique, ce sont surtout les garçons qui jouent les messagers de Dieu, de nombreuses filles étant déjà mariées, voire mères... D'autres partent en mission après leur retraite, surtout s'ils se sont convertis tardivement. On les reconnaît facilement : ils portent badge, jupe, chemisette blanche, cravate et pantalon sombre même sous un soleil ardent. Fin 2008, l'Église affichait ainsi 52 500 missionnaires. Interdit de téléphoner à la famille durant la mission, sauf à Noël, mais les e-mails sont désormais autorisés !

À la fin de l'incontournable visite guidée de Temple Square ou de la Beehive House, on vous demandera de remplir une petite fiche informative. On vous conseille de ne pas donner votre nom et votre adresse si vous ne voulez pas voir rappliquer chez vous des mormons chargés de vous prêcher la parole divine !

À Hawaii, l'un de leurs bastions, la grande université de Laie accueille des étudiants de tout le Pacifique. Le deal : éducation gratuite en échange d'une assiduité aux cours de religion et d'un boulot peu ou pas payé dans le parc d'attractions mormon voisin... Les centres de généalogie, gratuits eux aussi, attirent également foule. Bref, à force de prêcher tous azimuts, les mormons seraient maintenant près de 13,5 millions à travers le monde – dont plus de la moitié, désormais, en dehors des États-Unis. On compte officiellement 128 temples répartis dans un grand nombre de pays. Même la France, où les mormons, sans être directement assimilés à une secte, restent sous haute surveillance, accueillera bientôt un temple, dans les Yvelines. Parmi les nombreuses règles régissant la vie des mormons, mentionnons la discipline sexuelle, la recherche de fécondité dans le mariage, le renoncement à l'alcool et à toutes formes d'excitant, café, thé, tabac et drogues (cela va sans dire !). L'Église est en même temps une richissime entreprise possédant des propriétés foncières (en Floride notamment), des banques (dont l'incontournable *Zions Bank*), des compagnies d'assurance, des hôtels, son propre quotidien et une station de radio. Elle produit son propre fromage, met en boîte à sa guise, fait pousser ses propres fruits et légumes, élève son propre bétail... Sa fortune totale est estimée à 30 milliards de dollars. Il faut dire que tous les bons fidèles lui versent 10 % de leurs revenus (selon le principe de la dîme, loi de l'Ancien Testament), ce qui permet de voir venir... Bien sûr, aucune transparence n'existe sur ces fonds.

Pourquoi et comment rebaptisent-ils les morts ?

Les mormons ont un drôle de passe-temps, c'est de baptiser ou de rebaptiser les morts. Pour assurer le salut éternel de l'humanité entière depuis Adam, le baptême traditionnel chrétien ne suffit pas. Seul le baptême accordé selon les articles de foi du *Livre de Mormon* serait capable de laver l'humanité du péché originel et de lui redonner, par conséquent, une petite chance de rejoindre Dieu dans l'au-delà. Plus concrètement, pour rebaptiser une personne déjà décédée, il suffit de connaître son nom, son prénom et sa date de naissance. Les cérémonies de baptême post mortem, inaccessibles aux non-initiés, se déroulent n'importe où dans le monde, mais toujours dans un des temples de la *LDS Church.* Voilà pourquoi des centaines de mormons parcourent à longueur d'année 110 pays à travers le monde à la recherche de vieux registres d'état civil, militaires ou religieux afin de répertorier nos ancêtres sur microfilms. Le tout est d'abord centralisé dans une des 4 500 bibliothèques généalogiques mondiales de l'Église. Puis les informations recueillies sont archivées à la bibliothèque généalogique *(Family History Library)* de Salt Lake City. À cela s'ajoutent les données transmises volontairement par ceux qui ont mené des recherches généalogiques.
Toutes ces infos sont archivées et entreposées sous forme de données informatiques, que l'on peut consulter librement à la bibliothèque (lire plus loin la rubrique « À voir »). Les fiches correspondant à une personne décédée rebaptisée *(endowed)* sont minoritaires ; elles portent la mention « *LDS Ordinance* ». Plus généralement, des références conduisent à des actes microfilmés comprenant des millions de noms en attente.
Ces documents sont tellement précieux que les originaux sont enfermés sous une montagne, dans un abri antiatomique ! Seuls des doubles peuvent être transmis aux visiteurs. Officiellement, les mormons ont le droit de rebaptiser des personnes décédées à condition que leurs descendants soient eux-mêmes mormons et qu'ils aient donné leur accord. Les personnes doivent être nées au moins un siècle auparavant. L'état civil en France, en Belgique et dans la plupart des pays est en effet confidentiel pour les 100 dernières années. Dans la réalité, ça ne se passe pas toujours comme ça et de nombreuses entorses sont faites à cette règle. Indépendamment de ce travail de fourmi, les membres de l'Église cherchent toujours à faire de nouveaux adeptes. Lors de son baptême, un mormon (vivant bien sûr) en profite pour parrainer une dizaine de défunts qui se retrouvent convertis au mormonisme à leur corps défendant. Bref, votre arrière-grand-père, catholique, protestant, juif ou autre, est peut-être devenu mormon sans que vous ne le sachiez... et pour le vérifier, il faut venir faire des recherches dans la bibliothèque généalogique de Salt Lake City.

Les fondamentalistes mormons

Pour ces clans, fondés sur une recherche constante de la tradition et de la pureté du sang comme seule voie de salut, la polygamie est une évidence, une révélation divine faite à Joseph Smith – et abdiquée par une Église mormone officielle qu'ils considèrent comme hérétique. Le rôle des femmes, dans cette perspective, est

unique : produire autant d'enfants que possible. La plupart des groupes affirment qu'il faut en avoir un par an. Et ils expliquent pourquoi : il y a au paradis des esprits en attente d'incarnation. Et s'ils ne naissent pas dans des familles mormones, vraiment mormones, alors ils seront protestants, catholiques ou juifs... La jalousie, s'il y en a, est dissimulée, car traduite comme l'expression du Malin. Ceux qui ont plus de trois femmes mettent en place un roulement, passant une nuit chez l'une, puis la suivante chez une autre, et ainsi de suite ; alors, avec 5 ou 10 femmes... !
Mariées au plus tard vers l'âge de 16 ou 17 ans, les jeunes filles le sont couramment vers 13 ou 14 et parfois même dès 9 ans dans les groupes les plus extrémistes, à des hommes toujours plus vieux. Parfois même beaucoup plus vieux. Refuser, c'est désobéir à Dieu, risquer l'excommunication – et donc la damnation éternelle. Dans certaines communautés, épouser son cousin, son oncle, voire son beau-père ou son demi-frère, n'est pas rare ! Une pratique qui conduit tout naturellement à la consanguinité. La compétition intense pour les jeunes épouses se traduit même régulièrement par l'excommunication des jeunes garçons... autant de concurrents en moins pour les patriarches du groupe.
Le procès en 1999 de John Daniel Kingston *(Latter Day Church of Christ)*, condamné pour avoir épousé de force sa nièce de 15 ans, a relancé le débat. Fin 2007, c'est Warren Jeffs, le président de la *Fundamentalist Church of Jesus Christ of Latter Day Saints*, qui tombait à son tour, condamné pour complicité de viol, après avoir figuré sur la liste des *10 most wanted fugitives* du FBI... Sa communauté, établie à Hilldale et Colorado City, à cheval sur la frontière entre l'Utah et l'Arizona, forme la plus grande congrégation polygame des États-Unis : près de 10 000 personnes. La communauté y possède tout ou presque. Et s'accroît à un rythme inégalé dans le pays : 10 % par an, tant les naissances sont nombreuses ! Près de 50 ans durant, l'État, sous couvert de liberté religieuse, n'a rien fait, cela malgré l'existence d'une loi punissant la polygamie de 5 ans de prison. Mais l'affaire Kingston a vu une montée sans précédent de l'antipolygamie dans l'opinion. L'Utah, soucieux de son image à l'approche des Jeux olympiques d'hiver de 2002 (déjà ternie par un premier scandale de pots-de-vin au Comité olympique) a passé, au printemps 1999, l'âge légal du mariage de 14 à 16 ans. En juin de la même année, pour la première fois depuis 1953, un polygame était traduit en justice sur plainte de l'une de ses cinq épouses. Elles ont depuis afflué, encadrées par une association de femmes sorties de mariages polygames, *Tapestry of polygamy*. Pour la petite histoire, sachez que Mitt Romney, le candidat républicain à l'élection présidentielle de 2012, est issu d'une famille mormone polygame.

Arriver – Quitter

En avion

✈ ***Aéroport*** *(hors plan couleur d'ensemble par A1) : à 7 miles à l'ouest du centre-ville, à la lisière du Grand Lac Salé.* ☎ *801-575-2400.* • *slcairport.com* • Kiosque d'information dans le hall d'arrivée du terminal 2, pas très bien fourni, avec parfois des cartes de Salt Lake City. *Courtesy phones* pour appeler les hôtels. On trouve un distributeur et un bureau de la *Zions Bank* *(lun-ven 9h-17h)* qui fait le change. Bureaux des agences de location de voitures dans un bâtiment situé entre les terminaux 1 et 2. Toutes les grandes compagnies sont représentées.

Pour rejoindre le centre-ville

Lorsque les travaux seront finis, théoriquement courant 2013, une extension du réseau de tramway *(TRAX)* devrait relier l'aéroport au centre-ville (station Arena, 300 W et S Temple). Le trajet se fera alors en 20 mn, avec un départ ttes les 15 mn env. En attendant, plusieurs autres solutions pour rejoindre le centre :
➢ ***En bus nº 550 :*** il vous conduit à *Central Station* ou 400 S W Temple. Lun-sam, ttes les 30 mn 6h40-18h,

puis ttes les heures jusqu'à 23h ; dim ttes les heures 9h45-22h. Env 2,25 $ le billet. Plan détaillé et horaires disponibles auprès du kiosque d'info de l'aéroport. Attention, pas de bus à Thanksgiving, à Noël et au Jour de l'an.

➢ ***En navette :*** *Express Shuttle, ☎ 801-596-1600 ou 1-800-397-0773.* • *expressshuttleutah.com* • Compter env 8 $/pers. Les taxis faisant pression pour empêcher les *shuttles* de fonctionner correctement, on ne peut se faire déposer que dans certains hôtels. Pour une adresse privée, il faut réserver au moins 24h à l'avance !

➢ ***En taxi :*** à éviter, arnaque presque garantie. Entre 20 et 25 $ selon l'endroit de la ville où vous vous rendez. Prépayer la course au guichet (un par terminal).

➢ ***Avec les mormons... :*** *Temple Square Shuttle. Lun-sam, ttes les 30 mn juin-août, 9h-21h30 ; ttes les heures le reste de l'année.* Navette gratuite jusqu'à Temple Sq pour ceux qui sont entre 2 vols et sans bagages... histoire de vous convertir.

En train

Gare ferroviaire Amtrak *(hors plan couleur d'ensemble par A2) : à la hauteur de 600 W et 330 S, juste à côté de la gare des bus (tramway pour le centre). Infos et horaires : ☎ 1-800-872-7245.* • *amtrak.com* • *Bureau ouv 22h-5h30 slt !* La ligne quotidienne « California Zephyr », qui relie Salt Lake City à Denver, est un célèbre *scenic rail trip* qui traverse de superbes paysages. Compter env 95 $ et 15h de trajet. Le seul hic : départ à 4h30 du mat... Continuation vers Chicago (34h). Liaisons également vers Reno (env 66 $, 11h) et Emeryville, à deux pas de San Francisco (env 117 $, 18h). Également un train express régional, le *Frontrunner*, qui relie Salt Lake à Ogden, 38 miles au nord. Lun-sam, départ ttes les heures 4h30 (7h sam)-23h20 ; pas de trains dim.

En bus

Greyhound Bus Depot *(hors plan couleur d'ensemble par A2) : 600 W 300 S, juste à côté de la gare ferroviaire (tramway pour le centre). ☎ 801-355-9579.* Sur place : consignes, distributeur, bornes Internet un même un micro-ondes à disposition pour réchauffer vos snacks ! La plupart des bus allant vers l'est transitent par Denver ou Steamboat Springs, ceux allant vers l'ouest par Reno ou Las Vegas. Pour le Nord, on passe par Boise (Idaho) ou Butte (Montana). Sinon, pour sillonner l'Utah, pas de transports en commun. Faudra louer une voiture, ou lever le pouce !

➢ ***Pour Reno :*** 2 bus/j., vers 11h30 et 23h. Trajet : 9-10h. Changement pour San Francisco et Sacramento.

➢ ***Pour Las Vegas :*** 2 bus/j. vers 8h30 et 18h30. Trajet : 8h. Changement pour Los Angeles et Phoenix.

➢ ***Pour Denver :*** 2 bus/j., vers 7h40 et 20h45. Trajet : 10h env. Changement pour Saint Louis (Missouri), El Paso (Texas) et Chicago.

➢ ***Pour Steamboat Springs*** *(Colorado) :* 1 bus/j. vers 7h20.

➢ ***Pour Boise*** *(Idaho) :* 2 bus/j. vers 12h et minuit. Changement pour Portland.

➢ ***Pour Butte*** *(Montana, vers le Yellowstone) :* 2 bus/j. vers 8h15 et 18h15.

➢ Système de *shuttles* réguliers pour de nombreuses ***stations de ski*** et *resorts* en Utah. On peut notamment rejoindre la station de Park City (35 miles à l'est ; compter env 40 $ aller). Plusieurs compagnies se partagent le réseau, notamment *Park City Transportation (☎ 1-800-637-3803), Canyon Transportation (☎ 801-255-1841 ;* • *canyontransport.com* •*)* ou *All Resort Express (☎ 1-800-457-9457 ;* • *allresort.com* •*)*, le plus luxueux. Il faut téléphoner pour réserver. Profitez-en pour faire confirmer les horaires et les tarifs.

Adresses et infos utiles

Informations touristiques

Visitor Center *(plan couleur d'ensemble A1,* ***1****) : Salt Palace, 90 S W Temple St. ☎ 801-534-4901 ou 1-800-541-4955.* • *visitsaltlake.com* •

Tlj 9h-19h, sf Jour de l'an, Thanksgiving et Noël. Plein de brochures et d'infos sur les hébergements, restos, musées, excursions... à Salt Lake et dans tout l'État, notamment les parcs nationaux. On peut y acheter le *Connect Pass* (lire plus bas « À voir »). Récupérer le journal gratuit *City Weekly,* également disponible dans les restos et bars de la ville, très utile pour connaître toute l'actualité culturelle : concerts, théâtre, cinéma, clubs privés, petites annonces, etc. Juste à côté, le bel espace de l'***Utah Museum of Contemporary Art*** *(UMOCA)* accueille des expos temporaires *(• utahmoca.org • ; mar-sam 11h-18h, jusqu'à 21h ven ; entrée libre).*

■ ***Utah Office of Tourism*** *(plan couleur d'ensemble B1,* ***2****) : en face du Capitol dans le Council Hall, bâti en 1864 et déplacé ici en 1963. ☎ 801-538-1030 ou 1-800-200-1160. • visitutah.com • Lun-ven 9h-17h, w-e 10h-17h.* Renseignements sur les parcs, les campings et les hôtels de tout l'Utah. Plein de brochures, de cartes et de guides spécialisés par activités (escalade, VTT...).

Services

✉ ***Poste*** *(plan couleur d'ensemble A1-2) : 250 W 200 S. Lun-ven 8h-17h30, sam 9h-14h. Self-service ouv 24h/24. Parking gratuit juste devant (30 mn max).*

@ ***Internet : The City Library*** *(plan couleur d'ensemble B2,* ***3****), 210 E 400 S. Lun-jeu 9h-21h, ven-sam 9h-18h, dim 13h-17h. Parking attenant, gratuit la 1re ½ heure. Arrêt de tram juste devant.* Une magnifique bibliothèque, élue *library of the year 2006,* qui propose un libre accès Internet (limité à 1h) dans un environnement aéré et moderne. Donnez une pièce d'identité à l'accueil, on vous donnera un code d'accès.

■ ***Wells Fargo*** *(plan couleur d'ensemble A1,* ***2****) : 79 S Main St. ☎ 801-246-2677. Lun-ven 9h-18h, sam 9h-15h.* Change les devises européennes et les chèques de voyage *American Express.* Distributeur.

■ ***Zions Bank*** *(plan couleur d'ensemble A2,* ***4****) : 300 S, angle Main St. Lun-ven 9h-17h (18h ven).* Distributeur accessible 24h/24.

– Pratique, des ***fontaines à eau*** ponctuent le centre-ville, presque tous les 300 m. Pas besoin de trimballer sa bouteille !

Transports urbains

🚌 ***Bus et tramways (TRAX) de l'Utah Transit Authority (UTA) :*** *☎ 801-743-3882 ou 1-888-743-3882. • rideuta.com • Gratuits dans le centre-ville, dans la zone « bleue » déterminée par N Temple, 200 E, 500 S et 400 W, plus le Capitol, la gare* Greyhound *et la bibliothèque. En dehors de cette zone, env 2,25 $ le ticket pour 2h30 et 5,50 $/j. (même ticket pour bus et tram). Rotation ttes les 10-20 mn aux heures de pointe. Horaires (tlj sf j. fériés) : bus, 6h-minuit (19h slt sur certaines lignes) lun-ven, à partir de 7h slt sam et 9h-18h dim (passages moins fréquents) ; tramways, 5h30-23h lun-sam (23h30 sam), 5h30-21h30 dim.* La zone « bleue » est indiquée sur les plans du réseau qu'on trouve aux arrêts de bus. Pour arriver à se repérer dans les méandres du réseau d'autobus et de tramways, se procurer absolument la *Salt Lake System Map* au kiosque touristique de l'aéroport, au *Visitor Center* ou dans un hôtel. Le tram, bien pratique, dessert tout le centre-ville (Temple Square, Main Street, la bibliothèque...) et poursuit côté ouest jusqu'à la gare, côté est jusqu'au campus universitaire.

Urgences

■ ***LDS Hospital*** *(plan couleur d'ensemble B1) : 8th Ave C St. ☎ 801-408-1100.*

Librairie

■ ***Librairie Eborn Books*** *(plan couleur d'ensemble A2,* ***5****) : 254 S Main St. ☎ 801-328-2586 ou 1-800-333-7269. Lun-sam 6h (8h sam)-20h.* Vaste choix de livres et magazines neufs ou d'occasion, avec un rayon consacré à l'histoire de l'Ouest et un autre, immense, aux mormons. Des cartes, des rayonnages entiers de *National Geographic* remontant aux années 1930, etc. Également un *cof-*

fee shop, le **Coffee Garden,** pour une pause goûter studieuse *(ouv lun-ven 6h-21h, sam 7h-20h).*

Où dormir ?

Attention, la ville accueille régulièrement des séminaires, les hôtels sont alors vite remplis. Mieux vaut réserver à l'avance. Les prix sont en général plus élevés en semaine que le week-end.

Campings

Salt Lake City KOA/VIP *(hors plan couleur d'ensemble par A1,* ***10****) : 1400 W N Temple. ☎ 801-328-0224 ou 1-800-355-1055. • campvip.com • À 2 miles à l'ouest du centre-ville, en direction de l'aéroport. Bus n°218 de/vers le centre. Devrait être desservi par le tram courant 2013. Pour 2, compter env 27 $ en tente et 47 $ en camping-car, taxes incluses (3 $/pers supplémentaire) ; également des cabins env 65 $ jusqu'à 5 pers.* Vaste aire de camping ombragée et bien aménagée (douches, épicerie, laverie, aire de jeux, resto et piscine en été), mais située dans un environnement pas franchement bucolique, face à une usine, au bord d'une grande avenue. Les camping-cars occupent 95 % du terrain. Les tentes disposent de petits emplacements gazonnés avec table, pas désagréables pour un camping de ville, mais adossés à une rue (pas trop passante cependant). Également des *cabins* en rondins, toutes simples (seulement des lits). *Movie night* les mardi, vendredi et samedi.

Cherry Hill Campground : *1325 S Main, à* ***Kaysville.*** *☎ 801-451-5379 ou 1-888-4-GO-CAMP. • cherry-hill.com • Kaysville est à 18 miles au nord de Salt Lake City par l'I-15. Prendre la sortie 328, puis à droite (panneau) sur 2 miles en direction du sud. On peut également prendre la route 89, sortie 397. Ouv avr-oct pour les tentes (30 $ pour 2), tte l'année pour les camping-cars (env 38 $ en été ; 25 $ en hiver mais fermeture des douches et w-c).* Un camping très confortable, aux airs de parc d'attractions, avec une petite piscine gratuite, le reste étant payant (grande piscine, golf miniature et parc aquatique). Inutile de préciser que la clientèle est essentiellement familiale. Côté emplacements, le terrain est relativement ombragé, avec des tables de pique-nique et du gazon bien verdoyant, mais surtout des camping-cars. Épicerie, laverie, snack et resto, *ATM.*

Très bon marché

The Avenues Youth Hostel *(plan couleur d'ensemble B1,* ***11****) : 107 F St. ☎ 801-359-3855 ou 1-800-539-8888. • saltlakehostel.com • À 6 pâtés de maisons de Temple Sq (1 mile quand même). De la gare ferroviaire ou du terminal des bus, prendre le bus n° 3, ttes les 30 mn en sem 7h-18h, ttes les heures sam (pas de bus dim !). Réception ouv 7h30-12h30, 16h-22h30 (24h/24 par tél). Env 18 $/pers en dortoir, chambres doubles et suites env 40-60 $, taxes en sus. Draps et couvertures fournis.* Le bâtiment, moche, est situé dans un tranquille quartier résidentiel assez huppé. Il abrite une soixantaine de couchages répartis dans 8 dortoirs de 4 à 6 lits (filles ou garçons), ainsi que des chambres (avec ou sans salle de bains) pour 2 à 4 personnes. Les plus récentes, avec frigo et TV, sont agréables, à l'image de la suite avec cuisine. Parties communes confortables et conviviales : 2 cuisines bien équipées, salon avec cheminée et TV, laverie. Une bonne adresse, très bien tenue. Sympathique café à 200 m, le *Café on 1st,* où se mêler à la jeunesse étudiante locale (lire plus bas « Où manger ? »).

De bon marché à prix moyens

Metropolitan Inn *(plan couleur d'ensemble A2,* ***12****) : 524 S W Temple St. ☎ 801-531-7100. • metropolitaninn.com • Doubles 69-79 $ selon nombre de lits, suite 4 pers 110 $ (moins cher l'hiver).* Proche du centre, ce gros motel sans surprise aligne une soixantaine de chambres fraîches et bien tenues. Au choix : 2 lits *queen* ou un *king*. Petite piscine sur le parking et jacuzzi. Un rapport qualité-prix honnête.

Carlton Hotel *(plan couleur d'ensemble B1,* ***13****) : 140 E S Temple St. ☎ 801-355-3418 ou 1-800-633-3500. • carltonhotel-slc.com • Double 80 $ pour 2, petit déj chaud inclus.* Situé en plein centre, un élégant petit hôtel en brique sur 2 étages, à la façade joliment *British*. Les chambres sont plus banales mais à prix raisonnables, avec grand frigo, évier, micro-ondes et un choix de films à dispo. Dans celles à 2 lits, chacun dispose de sa chambre et de sa TV ! Également quelques suites. Sauna gratuit. L'accueil est sympa, le petit déj (copieux) est compris, tout comme le parking et le *shuttle* pour l'aéroport (avec un minimum de 2 nuits). Une bonne adresse, nickel qui plus est. Bref, un excellent rapport qualité-prix.

Howard Johnson Express Inn *(plan couleur d'ensemble A1,* ***14****) : 121 N 300 W. ☎ 801-521-3450. • hojoslc.com • Doubles 60-75 $, petit déj continental inclus.* On a beau être à seulement 1 bloc de Temple Square, cet angle de rue n'est décidément pas folichon. S'y est posté ce grand motel de chaîne, standard mais d'un rapport qualité-prix correct. Les chambres sont propres, assez grandes, plutôt confortables malgré des salles de bains étroites. Piscine grillagée sur le parking, faut vraiment avoir chaud. Laverie. Navette gratuite pour l'aéroport.

Motel 6 *(plan couleur d'ensemble A2,* ***15****) : 176 W 600 S. ☎ 801-531-1252 ou 1-800-466-8356. • motel6.com • Env 56-60 $ pour 2.* On vous l'indique uniquement pour ses petits prix. Au bord d'une avenue passante, plus d'une centaine de chambres vieillissantes et mal insonorisées dans un motel plutôt glauque, mais propre. Petite piscine *(fin mai-début sept)*, machines à laver. Café le matin et c'est tout. Comme disent les Américains : *you get what you pay for...*

Airport Inn *(hors plan couleur d'ensemble par A1,* ***16****) : 2333 W N Temple St, juste à côté de l'aéroport. ☎ 801-539-0438 ou 1-800-937-1688. • airportinnhotelslc.com • Doubles env 75-90 $, suites 115-130 $; petit déj chaud inclus. Réduc sur Internet.* Cette adresse intéressera surtout ceux qui atterrissent tard ou décollent tôt, mais même pour les autres elle présente un bon rapport qualité-prix. Les chambres, une bonne centaine, sont confortables (les lits aussi), super propres et bien équipées. Étrange piscine, aménagée dans le hall de l'hôtel ! Jacuzzi, salle de fitness. Resto. Navettes gratuites pour l'aéroport.

De plus chic à très chic

Little America *(plan couleur d'ensemble A2,* ***17****) : 500 S Main St. ☎ 801-363-6781 ou 1-800-281-7899. • saltlake.littleamerica.com • Doubles 89-129 $.* L'hôtel occupe tout un pâté de maisons. On y trouve pêle-mêle une tour de 17 étages (400 chambres) et encore 450 chambres réparties dans des petits bâtiments en brique entourés de végétation – avec une jolie piscine encadrée de chaises longues formant une oasis. Également une piscine couverte, une salle de sport et 2 restos, où se goinfrer au sublime buffet du petit déjeuner (très cher cependant). Des prestations haut de gamme sans être inabordables, on vous pose même le canard du jour devant la porte au petit matin. Les chambres sont cossues et très spacieuses, la plupart avec petit balcon et de grandes salles de bains (ça change !). Bref, le rapport qualité-prix est bon malgré la démesure des lieux. Et si vous n'en avez pas assez, foncez au grandiloquent *Grand America*, juste en face, construit pour accueillir les chefs d'État et les têtes couronnées lors des J.O. de 2002. Derrière la façade faussement victorienne, mobilier des XVIe et XVIIe s, chandeliers de Murano, tapisseries d'Aubusson, bouquets d'ikebana géants...

Peery Hotel *(plan couleur d'ensemble A2,* ***18****) : 110 W Broadway (angle 300 S). ☎ 801-521-4300 ou 1-800-331-0073. • peeryhotel.com • Doubles et suites env 89-230 $ selon saison et confort, petit déj et parking (env 10 $) en sus. Réduc hors saison sur Internet.* Ce vieil hôtel chic de 1910, remis au goût du jour, vous accueille par un grand hall luxueux à l'élégant lustre de cuivre. Fréquentation plutôt distinguée, pour ne pas jurer avec le mobilier en bois laqué et les tapis épais. Les chambres, à la déco un rien victorienne, sont toutes un peu différentes mais globalement assez petites, dommage. Certaines ont des salles de bains riquiqui, d'autres au contraire géantes. Sans doute l'hôtel de Salt Lake ayant le plus de caractère.

Salt Lake Plaza Hotel *(zoom couleur A2,* ***19****) : 122 W S Temple St. ☎ 801-521-0130 ou 1-800-366-3684. • plaza-hotel.com • Doubles 90-150 $. Parking 5 $.* Difficile de faire plus central : le temple se dresse juste en face ! Cet hôtel standard plutôt orienté business présente un très bon niveau de confort à des prix encore abordables. Piscine extérieure chauffée *(avr-oct),* jacuzzi toute l'année et *exercise room* pour ceux qui veulent se dérouiller les muscles. Navettes gratuites pour l'aéroport.

Red Lion Hotel *(plan couleur d'ensemble A2,* **20***) : 161 W 600 S. ☎ 801-521-7373. • saltlakecityredlion.com • Doubles 80-150 $ selon période.* Ce grand building dressé à deux pas du centre au bord d'une avenue passante n'est pas des plus charmant, mais les chambres sont vastes et très confortables (avec même un microscopique balcon) et les services nombreux : laverie, resto, grand parking gratuit, piscine pas désagréable, salle de sport, navette pour l'aéroport... Au final, une bonne affaire.

Bed & Breakfast chic et excentriques

Armstrong Mansion B & B *(plan couleur d'ensemble B1,* ***21****) : 667 E 100 S. ☎ 801-531-1333 ou 1-800-708-1333. • armstrongmansion.com • Doubles 100-230 $ dim-jeu (+ 20 $ ven-sam), loft 3 chambres pour 6 pers 360 $. Visites gratuites tlj 13h-15h !* Cette grande et belle demeure de brique, bâtie en 1893, vous fera plonger corps et âme dans l'ère victorienne. Le décor est on ne peut plus baroque – kitsch, diront certains –, on en aurait presque mal aux yeux ! Planchers qui craquent, lits géants, cheminées, armoires vitrées, rideaux épais et fleuris, moquette touffue, papiers peints chargés... on se croirait dans une partie de Cluedo... L'illusion s'arrête aux portes des salles de bains : modernisées, elles possèdent toutes leur propre baignoire à bulles. Parmi nos préférées : *May Splendor,* avec sa baignoire géante face au lit, et la *February Room,* qui glisse le bain dans une tourelle... Contre toute attente, accueil en toute simplicité.

The Anniversary Inn *(plan couleur d'ensemble B1,* **22** *et hors plan couleur d'ensemble par B2,* **23***) : 678 E S Temple et 460 S 1000 E. ☎ 801-363-4953, 4900 ou 1-800-324-4152. Visites : ☎ 801-363-3953. • anniversaryinn.com • Attention, il y a 2* Anniversary Inn. *Le 1er est situé à l'angle de 700 E et de S Temple St, à côté du temple maçonnique. Pour le 2nd, en venant du centre-ville, suivre la 400 S, puis tourner à droite dans 900 E juste au niveau du* Village Inn *et 1re à gauche. Doubles 119-250 $ selon confort (20 $ de plus le w-e), petit déj et parking inclus.* Une petite folie architecturale construite à la demande des frères Kahn, deux immigrants enrichis, dont l'intérieur mérite sans conteste le 1er prix de l'excentricité ou du kitsch... La maison d'origine (la Kahn Mansion), classée demeure historique, est un charmant manoir victorien de 1889 qui abrite aujourd'hui 13 chambres de luxe conçues comme des minidécors de cinéma. Même délire dans le 2nd *Anniversary Inn,* installé dans un bâtiment plus moderne, et né 20 ans plus tard (36 chambres). Dans la *Jackson Hole Suite,* la *Log Cabin* ou la *Lake Powell,* le vieil Ouest et la vie des pionniers ont été recréées dans le moindre détail. Le lit est installé dans un authentique chariot ou sur un radeau en bois, on séjourne dans un véritable cabanon en rondins et on prend sa douche dans des rochers en carton-pâte comme dans un torrent de montagne ! Si vous avez toujours rêvé de dormir sur le dos d'un éléphant en plastique, grandeur nature, réservez donc la *Sultan's Palace.* Et si vous rêvez encore d'aventure, optez plutôt pour la *Jungle Safari,* la *Swiss Family Robinson* ou la *Mysteries of Egypt...*

Naturellement, il y a tout le confort et c'est très cher. Avis aux curieux sans le sou : les chambres des 2 maisons peuvent être visitées entre 13h et 15h (toutes les 30 mn)... Mérite le coup d'œil !

Où manger ?

Spécial petit déj

Pour un vrai petit déj costaud à l'américaine, 2 options tiennent le haut du pavé, le ***Lamb's Grill*** *(plan couleur d'ensemble A2,* ***42****)* et le ***Judge Café*** *(plan couleur d'ensemble A2,* ***31****)*, tous 2 prisés des employés en bras de chemise. On peut sinon s'attabler au ***Café on 1st*** *(plan couleur d'ensemble B1,* ***32****)*, pour une ambiance plus étudiante, très relax. Ces 3 adresses sont détaillées ci-dessous.

Bon marché

Tony Caputo's Market & Deli *(plan couleur d'ensemble A2,* ***30****)* **:** *314 W 300 S, face au Pioneer Park. ☎ 801-531-8669. Lun-sam 9h-19h, dim 10h-17h. Env 7-9 $ pour un plat ou un sandwich.* Une de nos adresses préférées, installée dans les anciens garages de *Firestone*, joliment rénovés avec brique et baies vitrées. Il s'agit d'une épicerie-*delicatessen* aux vitrines débordant d'alléchants produits made in Italy (fromages à la coupe, charcutaille, pain frais...). Côté *deli*, on choisit parmi les salades fraîches et plats de pâtes (à consommer sur place ou à emporter) ou on commande son sandwich à la carte. Olives et piments pour l'apéro, et quelques bons desserts comme les *cannoli* ou le tiramisu. Une poignée de tables en terrasse, face au parc.

The Judge Café *(plan couleur d'ensemble A2,* ***31****)* **:** *8 E Broadway. ☎ 801-531-0917. Lun-ven 7h30-15h. Petit déj complet (jusqu'à 11h) env 5-7 $, midi env 9 $.* Ce grand café moderne logé dans le hall d'un bâtiment historique (sont pas nombreux dans le coin...) s'adresse avant tout aux employés du quartier en pause breakfast ou lunch. Formules plutôt bon marché pour avaler omelettes ou pancakes au lever du soleil. À son zénith, bons sandwichs, burgers et petits plats du jour tendance cuisine fusion.

Café on 1st *(plan couleur d'ensemble B1,* ***32****)* **:** *39 I St, à l'angle de 1st Ave. Tlj 7h-23h. Sandwichs et petits plats 6-8 $.* Petit café relax où se retrouvent les étudiants pour papoter, bouquiner ou surfer sur leur *laptop*, affalés dans les canapés ou sur les chaises en plastoc et fauteuils bas dispersés dans la pelouse, sur l'angle de rue. De quoi laisser tranquillement filer le temps, autour d'un bon choix de thés, cafés, sandwichs et petits plats aux goûts d'un peu partout, végétariens pour certains.

Toaster's *(plan couleur d'ensemble A2,* ***33****)* **:** *151 W 200 S. ☎ 801-328-2928. Lun-ven 7h-18h, sam 10h-18h, dim 11h-17h. Plats et sandwichs env 7-8 $.* Petit *coffee shop* convivial aux couleurs vives, idéal pour s'offrir à toute heure un délicieux sandwich toasté. Copieusement garnis et élaborés à base de bons produits *(turkey avocado, roastbeef, prosciutto...)*, ils sont servis avec des chips artisanales. Salades fraîches, quelques choix pour le petit déj et plusieurs variétés de cafés. À consommer sur place (quelques tables en salle ou sur le trottoir) ou à emporter.

Siegfried's Delicatessen *(plan couleur d'ensemble A2,* ***34****)* **:** *20 W 200 S. ☎ 801-355-3891. Lun-mer 9h-18h, jeu-sam 9h-21h. Fermé dim. Plats env 7-9 $ le midi et 7-12 $ le soir.* Et si, pour changer, on goûtait un peu à la cuisine allemande ? Cette épicerie-snack vraiment populaire offre l'occasion de dévorer une très bonne *bratwurst*, du chou rouge cuit *(rotkraut)*, de la salade chaude de pommes de terre, avec, pour finir, une part d'*apfelstrüdel*, le tout arrosé de diverses bières européennes. Même du bortsch et 70 sortes de viandes ! À déguster dans un cadre moderne, avec une large baie vitrée donnant sur la rue ; quelques tables à l'extérieur aussi.

The Lion House Pantry *(zoom couleur A2,* ***35****)* **:** *63 E S Temple St. ☎ 801-539-3257. Au sous-sol de la Lion House, les anciens apparts de Brigham Young. Petit déj servi lun-ven*

7h-10h30 ; lunch *lun-sam 11h-20h, sf j. fériés. Env 12 $ le repas. Le* Connect Pass *inclut un repas de 10 $.* C'est en fait un self avec un menu fixe qui change tous les jours, comprenant une soupe, une salade *(salmon Caesar, cashew chicken, crab stuffed avocado...)*, et quelques plats et gâteaux au choix. Cuisine sans fioritures et accueil gentil assuré par les sosies de la famille Ingalls (!), le tout dans un cadre historique, avec parquet et meubles en bois. Également un espace *coffee shop* pour la pause goûter.

|●| *Salt Lake Roasting Co.* *(plan couleur d'ensemble B2,* ***36****)* **:** *320 E 400 S. ☎ 801-363-7572. Lun-sam 6h45-23h (minuit ven-sam). Snacks et petits plats 4-11 $.* Immense et sympathique *coffee house,* fréquentée par les étudiants, les artistes et les employés du quartier. Au rez-de-chaussée, de grands sacs de café entourent 2 imposantes machines à moudre ; en mezzanine, quelques jolies cartes du monde tapissent les murs. Pour contenter une envie de caféine, pas moins d'une quarantaine de variétés du monde entier remplissent les rayons... ça change du jus de chaussette ! Avec son *mug* de café bien corsé, on peut opter selon l'envie pour une part de quiche, une salade, une pâtisserie maison ou un petit plat fraîcheur volontiers *organic*. Un régal. Plein de choix pour les végétariens. Et même une petite terrasse. Une halte paisible.

Prix moyens

|●| *Squatters Pub Brewery* *(plan couleur d'ensemble A2,* ***37****)* **:** *147 W Broadway (300 S). ☎ 801-363-2739. Lun-jeu 11h-minuit, ven-sam 11h-1h, dim 10h30-minuit ; brunch w-e 10h30-15h. Env 8-17 $ le plat.* Accoudé au long bar, face aux cuisines et aux cuves de fermentation, on observe les employés s'activer comme dans une fourmilière, en se sifflant l'une ou l'autre des bonnes bières maison. Pour accompagner, tous les *pub favorites* se côtoient dans les assiettes *(jambalaya,* tacos, burgers...), à dévorer dans une atmosphère rugissante de barbecue entre amis.

|●| *Red Rock Brewing Company* *(plan couleur d'ensemble A2,* ***38****)* **:** *254 S 200 W. ☎ 801-521-7446. Dim-jeu 11h-23h, ven-sam 11h-minuit, brunch le w-e jusqu'à 15h. Plats env 9-20 $.* Presque un clone de l'adresse précédente. Même déco de bois et de métal, même interminable comptoir fréquenté assidûment par la jeunesse étudiante, les cols blancs à la sortie du bureau et les familles en goguette. Au menu, toute une variété de plats copieux et fraîchement cuisinés sous le regard des clients : steaks, fruits de mer, pâtes, salades et bonnes pizzas au feu de bois. Les prix restent honnêtes et on peut arroser le tout d'une bière maison, d'un vin californien et de cocktails en tout genre. Terrasse.

|●| *Red Iguana* *(hors plan couleur d'ensemble par A1,* ***39****)* **:** *736 W N Temple St. ☎ 801-322-1489. Sur la route de l'aéroport (devrait être desservi par le tram en 2013). Lun-jeu 11h-22h, ven 11h-23h, sam 10h-23h, dim 10h-21h. Plats env 6-16 $.* Situé hors du centre-ville, ce petit resto mexicain pétaradant de couleurs sert une savoureuse cuisine qui ravira les carnivores, les mangeurs de poisson et même les végétariens. Tous les classiques du sud du Rio Grande, de la *cochinita pibil* yucatèque (porc) à l'excellent *pescado a la veracruzana* en passant par les *moles* (avec sauce au cacao pimenté). Attention, la situation un peu excentrée ne rebute manifestement pas les clients qui s'y pressent à toute heure : réservation conseillée.

|●| *Tin Angel Café* *(plan couleur d'ensemble A2,* ***40****)* **:** *365 W 400 S, face au Pioneer Park. ☎ 801-328-4155. Lun-sam 11h-15h, 17h-21h (22h sam). Plats 15-20 $.* Posé au bord d'une morne avenue, un endroit qui l'est beaucoup moins. Une bicoque biscornue, à moitié coincée sous un toit de tôle, maculée de couleurs, flanquée d'une terrasse éclairée d'une guirlande d'ampoules. Un petit resto néobaba, servant sans se prendre la tête la cuisine qui va avec : fraîche, sympathique, originale, volontiers bio, piochant son inspiration aux quatre coins du monde, de l'Inde au Maroc. Tapas, salades, pâtes, assiettes de charcuterie ou de fromage, de la viande aussi (y a même du cassoulet !) et de jolis desserts maison. Ça change, et ça fait du bien.

Sawadee *(plan couleur d'ensemble B1, **41**) : 745 E S Temple. ☎ 801-328-8424. Lun-sam 11h-15h, 17h-21h30 (22h sam). Plat au lunch env 9 $, plus cher le soir.* Marre du régime ricain ? Direction cette élégante cantine thaïe, prisée des employés du coin qui viennent le midi tremper la cravate dans de copieux *combos* de 2 plats au choix, servis avec du riz. Une cuisine honorable, relevée juste ce qu'il faut pour ne pas heurter les palais occidentaux. Terrasse.

De chic à très chic

Lamb's Grill Café *(plan couleur d'ensemble A2, **42**) : 169 S Main St. ☎ 801-364-7166. Lun-ven 7h-21h ; sam 8h-21h. Plats env 8-24 $.* *Lamb's* compte parmi les plus vieux restaurants d'Utah. Fondé en 1919 par un immigrant grec, il occupe depuis 1939 le rez-de-chaussée du Herald Building, un immeuble historique du centre. Rien n'a changé depuis et on adore sa déco intérieure digne d'un vieux film, avec son immense comptoir sombre et sa salle de brasserie cossue à l'arrière. Nappes et serviettes amidonnées, chaises viennoises des Années folles, banquettes en moleskine rouge... Malgré son nom (eh oui, le nom du fondateur signifie « agneau » !), la maison propose une cuisine américaine très variée, bonne et pas si chère. Pas mal de choix pour le petit déj également. Piano jazz vendredi et samedi à partir de 18h. Les autres soirs, c'est souvent très calme, parfois trop.

The Garden Restaurant *(zoom couleur A2, **43**) : 15 E S Temple St. ☎ 801-539-3170. Au 10e étage du Joseph Smith Memorial Building. Lun-sam 11h-21h (22h ven-sam). Salades et sandwichs le midi env 9-15 $ et plats 10-20 $ le soir.* Face au très chic *Roof Restaurant,* avec la même vue imprenable sur le temple et le tabernacle. Un cadre, comment dire... paradisiaque ? Décor très éthéré, colonnes néo-grecques, mobilier et murs tout blancs, des plantes vertes partout et même un toit ouvrant le soir en été (plus près de Toi, mon Dieu ?). Service attentionné et musique douce en fond le soir. Idéal pour une pause détente, à condition de ne pas être trop exigeant sur la qualité de la cuisine (honnête sans plus) et de se passer de verre de vin... On est chez les « saints ». Ni alcool, ni thé, ni café, mais du lait, du chocolat, des jus de fruits. Tiens, il y a du Coca... pas excitant, ça ?

Takashi *(plan couleur d'ensemble A2, **44**) : 18 W Market St. ☎ 801-519-9595. Lunch lun-ven 11h30-14h, dîner lun-ven 17h30-22h et sam 17h30-23h. Compter env 20 $/pers.* Le cadre est chic et la clientèle *trendy,* urbaine, la trentaine, qui papote entre potes sur les longues banquettes en cuir, sous un moutonnement de lampes de papier flottant comme des nuages dans le ciel du resto. Au comptoir s'affairent les cuistots, mi-Japonais mi-locaux, tandis que tournent les serveurs en noir, baguettes au tablier. Au menu, l'éclectisme rejoint la tradition nippone. On picore façon tapas des *tempuras,* des *yakitoris,* des bols de riz, des sushis (quelle merveille !), du tofu frit, des *sobas* et autres *gyoza* (beignets de porc). Ouch, ça pique, ça mord les papilles, vite, un bol de thé pour éteindre le feu !

Market Street Grill *(plan couleur d'ensemble A2, **45**) : 48 W Market St. ☎ 801-322-4668. Ouv 6h30 (8h sam, 9h dim)-15h et 16h30-21h (21h30 ven-sam). Formules petit déj complet ou brunch (dim) env 5-8 $; le midi, 12-20 $/pers sans boisson ; le soir, 20-45 $.* Early bird *20 $ jusqu'à 19h et plat du jour env 25 $.* Cet immeuble de 1906 style new-yorkais abrite pas moins de 3 restos. De gauche à droite : le *New Yorker,* un restaurant gastronomique fréquenté par l'élite de Salt Lake City, l'*Oyster Bar* et enfin le *Market Street Grill.* Ce dernier se concentre sur les fruits de mer, servis dans un cadre de grande brasserie hésitant entre l'ambiance paquebot et le revival *fifties* : tables rangées dans des box d'un blanc éclatant, brasseurs d'air, miroirs façon hublot... le tout sillonné par une valse de serveurs en tablier. Au menu, de classiques breakfasts avec des œufs Benedict, quelques spécialités de viande et surtout du poisson donc, des huîtres et des fruits de mer importés chaque jour des quatre coins du pays. Pour la pause *teatime*, cheese-cake et *apple tart*.

Spécial douceurs

🍽 ☕ ***Gourmandise Bakery*** *(plan couleur d'ensemble B2,* ***46****) : 250 S 300 E. ☎ 801-328-3330. Lun-sam 7h-22h (23h sam).* Crèmes brûlées. Éclairs au chocolat. Cheveux d'ange *(kataifi)*. Tiramisu. Tartelettes kiwi-fraise. Millefeuilles... doit-on continuer ? Vous devriez déjà avoir l'eau à la bouche et foncer vers la vitrine où s'étalent toutes ces merveilles. Les habitants de Salt Lake, eux, ne s'en privent pas à l'heure du goûter ou après le dîner... Certains y font aussi halte pour le lunch, sachant trouver un excellent choix de paninis, sandwichs de luxe, salades et quiches du jour. Tout ça sans se ruiner et avec le sourire, s'il vous plaît. Quelques tables pour s'empiffrer sur place.

🍽 ☕ ***Banbury Cross*** *(plan couleur d'ensemble B2,* ***47****) : 705 S 700 E. ☎ 801-537-1433. Tlj 5h-17h.* La maisonnette au coin d'un carrefour pourrait être celle d'un fast-food. C'est un peu le cas, sauf qu'ici ce n'est pas au *Big Mac* que l'on succombe, mais au vice préféré de Homer Simpson : les *donuts*, à tous les goûts, à tous les coups. De quoi faire péter le bouton du pantalon...

🍽 ☕ ***Mrs Backer's Pastry Shop*** *(plan couleur d'ensemble B1,* ***48****) : 434 E S Temple. ☎ 801-532-2022. Face à l'angle de S Temple et E St. Mar-ven 8h-18h ; sam 8h-17h.* Pâtisserie installée dans un décor de bonbonnière façon maison de poupée, proposant un bon choix de gâteaux, notamment les *cupcakes*, ces gâteaux colorés et typiquement new-yorkais devenus un peu partout à la mode... même chez nous ! À emporter uniquement.

Où boire un verre ? Où sortir ? Où danser ?

Contrairement à ce qu'on imagine, la vie nocturne à S.L.C. est loin d'être totalement sage... sans pour autant être follement agitée. On est quand même loin de Las Vegas ! On compte malgré tout un bon panel de bars et de boîtes regroupant tout ce que la cité compte de libéraux et d'antigrenouilles de bénitier... Pour en savoir plus, se munir du journal (gratuit) *City Weekly* ou consulter le site • *slcbars.com* • Les curieux pourront expérimenter une boîte pour mormons, à l'angle de 400 South et West Temple. De la techno, mais pas d'alcool !

🍷 ***Squatters Pub Brewery*** *(plan couleur d'ensemble A2,* ***37****) : 147 W Broadway. Tlj jusqu'à minuit (1h ven-sam).* La plus célèbre et la plus ancienne des microbrasseries d'Utah est réputée pour sa *Provo Girl*, médaille de bronze à la *World Beer Cup* en 2008. On la trouve désormais un peu partout. Le brasseur est d'ailleurs une brasseuse, c'est assez rare pour le signaler ! Des recettes empruntant à la tradition allemande ou belge, aux noms étranges, comme cette *full suspension pale ale* (pour les cyclistes ?)... Une belle brune aussi, très dense : la *Captain Bastard's*. Et encore plein de bières saisonnières, des américaines, des européennes. Les indécis pourront toutes les tester en optant pour le plateau dégustation, avec chaque mousse en miniformat, façon *shooter*. Marrant. Voir aussi, plus haut, la rubrique « Où manger ? ».

🍷 ***Red Rock Brewing Company*** *(plan couleur d'ensemble A2,* ***38****) : 254 S 200 W. ☎ 801-521-7446. Tlj 11h-minuit (1h ven-sam).* Un autre pub très populaire en ville pour trinquer autour d'une bonne bière maison : *amber ale, honey wheat, english summer, hefe weizen* (non filtrée), il y en a pour tous les goûts. Le bar ne désemplit pas dès le début de la soirée, dans une ambiance grondante, arrosée de pop-rock. Voir aussi, plus haut, la rubrique « Où manger ? ».

🍷 ♩ ***Gracie's*** *(plan couleur d'ensemble A2,* ***50****) : 326 W Temple St. ☎ 801-819-7565. Tapas 3-5 $, plats 9-30 $. Tlj jusqu'à 1h. 21 ans min (passeport exigé).* Immense pub-resto braillard qui rassemble le soir toutes les générations de non-conformistes, s'éparpillant joyeusement entre la *deck*-terrasse, le patio en partie fumeurs, les 2 salles aux interminables comptoirs, l'espace billard... le tout sur fond de musique punchy, avec un live assuré chaque soir, crachant un solide son du Sud qui remonte du tréfonds des guitares. De quoi épuiser la soirée autour d'un vaste choix de *draft beers*, de cocktails et de *shots* plus costauds. Pour ne pas se fatiguer trop vite, tapas, burgers, sandwichs ou plats plus sérieux, très honorables qui plus est. Inutile de préciser qu'il y a de l'ambiance. On est bien loin de Temple Square...

W Lounge *(plan couleur d'ensemble A2, **51**)* **:** *358 S W Temple.* ☎ *801-359-0637.* • *myspace.com/wlounge* • *Tlj 21h-2h. Cover : 3-10 $. Gratuit avt 22h30.* Planqué derrière *Mo's Neighborhood Grill*, ce *lounge* est un des grands favoris des Salt Lakers. *Temple indie* le vendredi avec aussi au programme le meilleur de la musique électronique ou des rythmes un peu plus cool, tendance *deep house* ou *acid jazz*. Piste vite bondée. Déco mi-métallo mi-rétro et *crowd* invariablement branchée.

The Hotel & Elevate *(plan couleur d'ensemble A2, **52**)* **:** *155 W 200 S.* ☎ *801-478-4310.* • *myspace.com/hotelelevate* • *Jeu-sam 21h-2h. Âge min 21 ans.* Au rez-de-chaussée de l'ancien *Victor Hotel* de 1910, un grand comptoir, une ambiance rouge tamisée, une piste et, bien sûr, un DJ. Rythmes très dance, hip-hop, Top 40, tenues chic et courtes de rigueur – très courtes, même, pour ces dames... Ça se passe aussi au 1er étage, dans la *Mercury Room* au style douillet-coquet, et puis au 2e, dans la *ballroom* avec ses quelques billards, et enfin dans la boîte voisine, *Elevate* *(jeu et sam)*. Bref, de quoi s'éclater toute la nuit chez les mormons !

Achats

City Creek *(plan couleur d'ensemble A1 et zoom couleur A2)* **:** *de part et d'autre de Main St, au niveau de S Temple St.* Flambant neuf, un gigantesque *mall* à ciel ouvert, traversé par un ruisseau, ponctué de fontaines et s'étalant sur 2 blocs, reliés par une passerelle vitrée. Une partie est couverte tout de même, histoire de pouvoir claquer ses dollars quel que soit le temps ! Les Salt Lakers sont très fiers de cette enfilade de 90 boutiques de grandes marques *(Prada, Gucci...)*, dont un immense *Macy's*. *Food court* également, pour manger comme à l'usine.

The Gateway *(plan couleur d'ensemble A1)* **:** *dans l'ancien Union Pacific Train Depot sur la 400 W.* ☎ *801-456-0000.* • *shopthegateway.com* • *Magasins ouv lun-sam 10h-21h ; dim 12h-18h.* Datant des J.O. de 2002, un vaste centre commercial en plein air, étalé sur 4 blocs. Une vraie ruche le week-end ! Il faut dire qu'on y trouve plus de 125 restos et boutiques, un planétarium et un cinéma IMAX.

Tanger Outlet Center **:** *6699 N Landmark Dr, à **Park City**, à 26 miles à l'est de Salt Lake City. Prendre l'I-80 E, sortie 145 ; tourner à droite après le* McDo*, puis c'est indiqué.* ☎ *435-645-7078. Lun-sam 10h-21h ; dim 11h-18h.* On ne cesse de tenter vos âmes de consommateurs... mais on s'en voudrait de vous priver d'une telle adresse. Une grande *factory outlet* où sont représentées une soixantaine de marques : *Levi's, Nike, Adidas, Gap, Calvin Klein, Ralph Lauren, Tommy Hilfiger* et plein d'autres.

SALT LAKE CITY ET SES ENVIRONS

À voir

Juste un mot, avant de commencer, pour faire plaisir à tous nos lecteurs : Salt Lake City est, à notre connaissance, la seule ville américaine où les musées et sites à visiter sont, à de rares exceptions près, gratuits. Le mormonisme, ça a du bon !... Pour visiter les sites payants, on peut acheter au *Visitor Center* le **Connect Pass,** un ticket unique valable pour 13 attractions (*This is the Place Heritage Park, Utah Natural History Museum,* zoo...). *Compter 26 $ pour 1 journée, 40 $ pour 2 j., 54 $ pour 3 j. et 75 $ pour 1 an ; réduc.*

À Temple Square

Temple Square *(plan couleur d'ensemble A1 et zoom couleur A2)* **:** au centre de la ville, étendu sur 4 ha, Temple Square couvre tout un pâté de maisons, délimité par une enceinte entre North et South Temple Street et West Temple et State Street. Ce lieu saint des mormons comporte leurs deux monuments les plus importants, le saint des saints : le temple et le tabernacle. On y trouve aussi l'imposant *Church Office Building,* qui abrite les bureaux administratifs, et le *Joseph Smith Memorial Building.* Bienvenue dans la jérusalem de la *LDS*, un peu trop clinquante cependant pour être vraiment mystique...
– ***Informations :*** *tlj 9h-21h.* Il y a deux centres d'accueil et d'information à l'intérieur de l'enceinte. Le **North Visitor Center** *(zoom couleur A2,* ***6****)* et le **South Visitor Center** *(zoom couleur A2,* ***7****)*, ce dernier étant aménagé en musée sur la création du temple. Des visites guidées dans toutes les langues partent régulièrement du hall de réception de ces centres. Il y a toujours une guide-hôtesse (*sister* Trucmuche) qui vient au devant des visiteurs, flanquée de son alter ego (*sister* Machinchose). Car les sœurs vont toujours par deux... pour mieux se fliquer ? Jeunes pour la plupart, ces filles sont des « missionnaires » venues du monde entier passer 18 mois à Salt Lake City à leurs frais. Certaines sont originaires de pays carrément exotiques comme les îles Samoa, le Népal ou le Pakistan ! La visite guidée de 30 mn part des deux *Visitor Centers,* toutes les 15 mn environ, de 9h à 20h15.
– ***Visite :*** en fait, même pour nos lecteurs agnostiques, libres-penseurs, chrétiens, juifs, musulmans, hindouistes, bouddhistes du Grand ou du Petit Véhicule, il faut effectuer la visite guidée et gratuite à l'intérieur de *Temple Square.* Il y a bien peu à voir, trois couloirs, deux bâtiments, mais ainsi vous observerez la manière « subtile » d'agir des mormons. Tout commence par un petit laïus : « Et vous, d'où venez-vous ? De France ? Ah ! c'est chouette, il y a ici 200 sœurs missionnaires de 55 pays différents... » Sœur Geneviève, sœur Amélia ou sœur Yu Ju expliquent en quelques minutes les articles de foi et le credo de la religion mormone. Puis on passe par *Assembly Hall* et le *Tabernacle* (lire ci-dessous), avant de prendre la direction du *North Visitor Center,* et là, c'est un christ géant sous une voûte étoilée qui accueille les visiteurs. Peu déroutée par ce décor très kitsch, notre « guide-sœur » débite à nouveau un petit sermon, avec la sincérité et la ferveur un peu naïves des convertis de fraîche date. Pour terminer cette immersion dans le monde du lénifiant, coup d'œil au rez-de-chaussée aux vidéos et installations encourageant à « ouvrir son cœur à son prochain »... Au terme de la balade et des bla-bla, on vous propose de remplir une petite carte en donnant vos coordonnées si jamais vous voulez plus d'infos. Si vous obtempérez, quelques mois plus tard, les frères Tic et Tac viendront, tout sourire, frapper à votre porte... Les hôtesses et les missionnaires que nous avons rencontrés se sont toujours montrés d'une exquise courtoisie, jamais agressifs. Les mormons agacent souvent par leur insistance et leur naïveté extrêmes, mais jamais ils ne tentent de forcer l'intégrité de leur interlocuteur. Avec leur sourire éternel et leur éreintante gentillesse, ils sont finalement plus palots que prosélytes. Mêmes cravate et chemisette pour les gars, même jupe à mi-mollets et chaussures plates pour les filles. Quel ennui !
Sachez enfin qu'aux États-Unis, on ne parle pas de secte à leur propos mais de minorité religieuse, c'est même la quatrième du pays en nombre de pratiquants.

Salt Lake Temple *(zoom couleur A2)* **:** ce temple mormon – très sacré – fut commencé en 1853 et demanda 40 ans de travaux. Il s'agit d'une imposante construction en gros blocs de granit aux airs de château Disney. Son emplacement a été choisi par le prophète Brigham Young 4 jours seulement après l'installation des premiers pionniers sur les terres désertiques de Salt Lake City. Il fallut justement 4 jours, paraît-il, pour rapporter chaque bloc de granit de la carrière située à 20 miles de là. Le chiffre 4 est visiblement très en vogue chez les mormons... Le temple est couronné d'une statue de l'ange Moroni qui apparut à Joseph Smith (voir l'histoire des mormons au début du chapitre sur Salt Lake City). C'est dans son sous-sol, sur un baptistère soutenu par 12 statues de taureaux (figurant les 12 apôtres) que l'on baptise les morts. L'accès au temple est interdit aux non-mormons, et, pour y entrer, un mormon doit lui-même détenir une recommandation de son évêque attestant de sa dignité. À défaut d'entrer, jeter un œil à la maquette dans le *South Visitor Center*. En été, plus de 100 couples s'y marient chaque jour. Vous imaginez l'affluence !

🏛🏛 ***Le Tabernacle*** *(zoom couleur A2)* **:** à l'époque de sa construction, entre 1863 et 1867, beaucoup de pionniers de Salt Lake City vivaient encore dans des cabanes en rondins et se déplaçaient dans des chars à bœufs ! Mais la foi ne soulève-t-elle pas les montagnes ? Car ce dôme charpenté de bois et recouvert d'aluminium est non seulement antisismique, mais aussi l'une des plus grandes portées de voûte du monde. L'acoustique est d'une telle qualité que le simple froissement d'une feuille de papier depuis la tribune peut être entendu aisément jusqu'au fond de la salle (démo par les guides). Les orgues sont en bois de pin et totalisent près de 11 600 tuyaux. C'est le deuxième plus grand ensemble du monde, commandé par Brigham Young à un fabricant d'orgues converti venu d'Australie. C'est ici qu'ont lieu les fameux concerts d'orgue et du chœur mormon (gratuits) devant des assemblées de 3 500 personnes. Pour les détails, voir plus loin la rubrique « Fêtes et manifestations ».

🏛 ***Assembly Hall*** *(zoom couleur A2)* **:** un bel édifice de 1880, assez proche des églises traditionnelles, si ce n'est que l'orgue occupe le chœur. Il a été bâti avec les blocs de granit qui restaient de la construction du temple. Pour le décor intérieur, on a utilisé du pin, que l'on a peint (perlinpinpin) pour faire croire à du marbre. On peut y entendre régulièrement des concerts d'artistes locaux et internationaux (gratuits), généralement le samedi vers 19h30.

🏛 ***Seagull Monument*** *(zoom couleur A2)* **:** *devant l'Assembly Hall.* La mouette *(seagull)* est l'emblème de l'Utah. À l'origine, il y a une belle légende, qui n'est pas sans rappeler celle des sept plaies d'Égypte. Peu de temps après l'installation des mormons sur les rives désertiques du Grand Lac Salé en 1847, des nuées sauvages de criquets s'attaquèrent aux champs et se mirent à saccager les récoltes. Les saints luttèrent en vain contre cette invasion avec les moyens du bord (prières, eau, feu, bâtons). Soudain, une colonie de mouettes apparut dans le ciel (il y en a des milliers sur la route d'Antelope Island !), lesquelles se jetèrent sur les criquets et mirent un terme à cette folie dévastatrice. Sauvés de la disette, les mormons considèrent cette intervention in extremis comme un miracle, et, depuis cette date, la mouette est devenue leur animal fétiche. Face au monument, une statue rend hommage aux pionniers venus jusqu'ici en charrette à bras. Quand l'autre dingo s'est soudain mis à hurler « *This is the place !* », certains ont dû penser que ce n'était pas trop tôt...

🏛🏛 ***Church History Museum*** *(zoom couleur A2)* **:** *45 N W Temple St. ☎ 801-240-3310. • lds.org/churchhistory/museum • Lun-ven 9h-21h, w-e et j. fériés 10h-17h. Audioguide en français. Gratuit.* Vaste bâtiment d'architecture contemporaine, qui abrite un musée moderne à la scénographie soignée, dédié à l'épopée des mormons. Elle est racontée en détail et fort bien présentée, depuis la première révélation de l'ange Moroni au prophète Joseph Smith jusqu'à la fondation de Salt Lake City par Brigham Young, son disciple. Y sont rassemblés d'innombrables souvenirs du temps héroïque des pionniers, objets quotidiens, meubles, vêtements, livres, journaux, outils, artisanat mormon et indien, etc. On peut ainsi voir des pages manuscrites du *Livre de Mormon* dicté par Joseph Smith, un plan imaginé par lui en 1833 pour la construction de la cité idéale de Sion, et encore des souvenirs du temple de Nauvoo (Illinois), où les mormons établirent leur première ville utopique avant d'être chassés vers l'ouest. La partie la plus mal connue concerne les persécutions du mouvement. Ici, on parle de « Martyrdom ». L'assassinat de Smith, l'évacuation de Nauvoo, l'exode et la grande traversée des plaines à bord des chariots tirés par des bœufs ou des chevaux (6 000 personnes sur 70 000 moururent en chemin), toute cette histoire contribue à nous les rendre plus sympathiques. Même pourchassés et en route vers une terre promise improbable, ils gardèrent leur sens de l'organisation et restèrent solidaires. Un chariot bâché porte un odomètre sur une de ses roues, instrument rudimentaire destiné à calculer les miles parcourus en 1 jour par la caravane. Une grande carte murale expose l'itinéraire suivi, rebaptisé « piste des Mormons » *(Mormon Trail)*. Une grande maquette montre la ville en 1870, et on peut même voir la monnaie émise après leur arrivée ! Bref, on découvre que Brigham Young n'était pas qu'un chef religieux, mais aussi et surtout un organisateur de génie, un pionnier de l'Ouest et un colonisateur de terres vierges. Également une section consacrée aux émigrants mormons venus d'Europe en bateau en 1856, et une reconstitution du fameux baptistère posé sur ses 12 taureaux dorés, utilisé pour baptiser les morts. Au 1er étage, salles d'expos temporaires et galerie de portraits de tous les présidents de l'Église (appelés « prophètes », en toute simplicité). Au fil du temps, ils perdent leur barbe de missionnaire pour se métamorphoser en vrais businessmen. Un seul mot d'ordre désormais : l'expansion mondiale. On peut aussi voir une galerie d'art mormon ! Il doit falloir être converti pour apprécier les qualités artistiques des « œuvres »...

Joseph Smith Memorial Building *(zoom couleur A2,* ***74****)* **:** *à côté du temple, au 15 E S Temple St (prendre l'entrée sur S Temple). Lun-sam 9h-20h (visites guidées gratuites).* L'ancien hôtel *Utah,* qui fonctionna de 1911 à 1987, renferme notamment une partie des bureaux de l'Église et le *Family Search Center* (voir ci-dessous). L'intérieur est particulièrement luxueux. Tout n'est que moulures, lustres et épais tapis, mais les colonnes sont en faux marbre... Dans le petit théâtre à l'étage, on peut assister toutes les 1h30 (de 9h à 19h30) à la projection du film *Joseph Smith, the Prophet of the Restoration* d'une durée de 1h10. Jetez aussi un coup d'œil, en mezzanine, à la chapelle aménagée dans l'ancienne salle de bal de l'hôtel, avec ses plafonds à caissons et ses orgues *French style.* Puis grimpez au 10e étage. Vue superbe sur la ville, le temple, les montagnes... Il y a deux restaurants à cet étage, le *Roof Restaurant,* très chic, et le *Garden Restaurant* (voir la rubrique « Où manger ? »).

Family Search Center *(zoom couleur A2,* ***74****)* **:** *Joseph Smith Memorial Building, 15 E S Temple St. ☎ 801-240-4085. • familysearch.org • Lun-ven 9h-21h, sam 9h-17h (slt le rdc).* Le sous-sol de l'immeuble abrite le centre mormon de recherche des familles, destiné à ceux qui font des investigations généalogiques. N'importe qui peut y accéder et c'est gratuit. Des présentations d'une dizaine de minutes expliquent comment procéder. Cela dit, le centre donne surtout une introduction aux méthodes. Si vous envisagez de faire des recherches un peu poussées, allez directement à la *Family History Library* (voir ci-dessous). Vous y trouverez des volontaires parlant le français et d'autres langues pour vous aider – ce qui n'est pas le cas ici.

Family History Library *(bibliothèque généalogique ; zoom couleur A2)* **:** *35 N W Temple St. ☎ 801-240-2584. • familysearch.org • Mar-sam 8h-21h. Accès gratuit et en libre-service. Frais de photocopie et frais postaux à la charge du visiteur.*
C'est le plus grand centre de recherche généalogique au monde, regroupant des documents concernant près de 700 millions de personnes décédées ! Au comptoir d'accueil, on

ON NE CHOISIT PAS SA FAMILLE

En plus d'être leur dada, la généalogie permet aux mormons de se donner plus de crédibilité. Affiché dans le South Visitor Center de Temple Square, un arbre prenant racine au XVIIe s indique que les Bush, Nixon et même Churchill ont les mêmes ancêtres que... Joseph Smith, le fondateur de leur religion. C.Q.F.D. !

vous invite à regarder un film de 9 mn (en français) pour vous orienter et comprendre comment conduire des recherches. Puis direction le sous-sol 1 *(basement 1)* pour le département international (108 pays). Pour les îles Britanniques, il faut aller au 2e sous-sol *(basement 2)*. Les 1er et 2e étages *(2nd et 3rd floors)* sont entièrement dévolus au Canada et aux États-Unis. Une hôtesse vous escorte ensuite jusqu'à un ordinateur. Premier essai : vous entrez dans la machine le nom de la personne sur laquelle vous recherchez des renseignements (morte il y a plus de 100 ans au moins), sa date et son pays de naissance. Si vous ne trouvez rien, ce qui est somme toute le plus probable, il vous faudra, avec l'aide de l'hôtesse, essayer de trouver des références croisées. On puise alors au choix dans les fichiers d'état civil, les registres d'églises, les renseignements d'ordre militaire, les demandes de naturalisation, de changement de nom... en cherchant par régions, villes et/ou dates. Si vous trouvez quelque chose d'intéressant, notez le numéro de référence du document microfilmé. Ces recherches peuvent aussi être conduites au *Family Search Center,* mais les volontaires sont moins nombreux et moins disponibles.
Références en main, demandez à l'hôtesse de vous expliquer où trouver les microfilms (il y en a plus de 2,3 millions) et les microfiches (700 000) et comment les consulter. Ce n'est pas très compliqué, mais il faut prendre le coup de main... et apporter ses lunettes pour déchiffrer les pattes de mouche des siècles passés. C'est là que le boulot de rat de bibliothèque commence. Courage et patience ! On peut faire des tirages et photocopies des documents intéressants en s'adressant au bureau spécialisé (la carte coûte juste 60 cents et les copies 5 cents). Voire transférer les docs sur une clé USB. Si vous n'en avez pas, il y en a en vente sur place ! Ils pensent décidément à tout, ces mormons... même aux cours de généalogie gratuits, une fois par semaine.
Le plus important, c'est de bien préparer vos renseignements avant le voyage, de collecter les noms de vos ancêtres, leurs dates et leurs lieux de naissance, de mariage et de mort, dans quelle église ils ont été baptisés, etc., en remontant le plus loin possible. Les registres étant pour la plupart vieux d'au moins un siècle, vous aurez peu de chances de trouver des archives si vous n'avez pas d'infos sur vos arrière-grands-parents.
Globalement, ne vous attendez pas à des miracles concernant les sources françaises : l'État étant très suspicieux envers les mormons, très peu de registres d'état civil ont pu être microfilmés. Bref, ce n'est pas une panacée, plutôt une possibilité de recherche complémentaire. D'autant que de plus en plus de mairies et d'associations régionales, en Europe, informatisent leurs archives et les rendent consultables au public sur Internet, rendant peu à peu caduques les ressources des mormons. Autre option : faire une recherche par Internet sur le site dédié, • *familysearch.org* • Parfois, on a de la chance : des généalogies entières ont déjà été reconstituées et mises à disposition du site ! Si vous trouvez un document intéressant, contactez l'un des centres généalogiques mormons près de chez vous (coordonnées sur le site). Il n'en existe pas moins de 4 500 répartis dans le monde, qui peuvent obtenir des copies de la plupart des fichiers. Là, plus besoin de venir à Salt Lake, mais l'essentiel est acquis : vous avez poussé la porte de l'assoc' mormone locale... Reste à vous convertir.

LDS Church Office and Administration Buildings *(zoom couleur B2 et A2)* **:** la grande tour moderne façon Q.G. du FBI et le bâtiment néoclassique à l'air de banque abritent le moteur, le cerveau et le cœur du pouvoir mormon. Ils sont à l'image de la puissance financière de l'Église. Seul le *LDS Church Office Building* est ouvert au public, pour permettre de profiter de la vue depuis le 26e étage *(lun-ven 7h-17h ou 16h30 oct-avr ; gratuit mais avec escorte obligatoire...).*

Beehive House *(zoom couleur A2,* ***78****)* **:** *67 E S Temple St. ☎ 801-240-1245. Tlj 9h30-20h30. Visite guidée de 20 mn (gratuite et obligatoire), départ ttes les 10 mn.* C'est l'ancienne résidence officielle de Brigham Young lorsqu'il était président de la *LDS Church* et gouverneur de l'Utah. Construite en 1854 dans le style colonial de la Nouvelle-Angleterre, la demeure, qui possède 35 pièces, était à l'origine entourée d'un mur d'enceinte, désormais remplacé par un joli jardin fleuri. Elle porte ce nom car la ruche *(beehive)* est l'emblème des mormons (travail, organisation, vie active en communauté... mais bien plus qu'une seule reine !). Young y vécut avec sa seconde épouse Mary Ann Angel et plus tard avec Lucy Decker. La visite guidée, conduite par de jeunes missionnaires illuminées, n'est cependant pas palpitante : on essaie d'oublier la polygamie du maître de céans pour se concentrer sur toutes ses qualités extraordinaires et ses bonnes actions... Vous remarquerez comme les quartiers des filles étaient confortables et ceux des garçons nettement plus frustes. Ils n'avaient ni poêle ni cheminée, car Brigham Young ne voulait pas qu'ils perdent du temps à paresser au lit ! Les femmes y menaient toutefois une existence laborieuse. Elles se levaient à 4h30 du matin, se couchaient à 23h30, passant leur journée à faire la cuisine pour nourrir la progéniture du prophète (!).

Lion House *(zoom couleur A2,* ***77****)* **:** *63 E S Temple St. ☎ 801-363-5466.*
Voilà la demeure où vécut le dernier harem yankee officiel d'Amérique. Construite en 1855 pour héberger les nombreuses épouses et les enfants de Brigham Young, la « résidence du Lion » est un drôle de bâtiment, de style Gothic Revival, relié par un couloir à la Ruche (Beehive House). De l'extérieur, elle fait songer plus simplement à ces nombreuses demeures coloniales de Nouvelle-Angleterre. Le « prophète » Brigham Young ayant eu 27 épouses (dont 16 ont réellement vécu avec lui) et 53 enfants, il lui fallait beaucoup de place pour héberger son immense famille. D'où l'idée de bâtir cette demeure de deux étages et demi, avec 20 fenêtres sous pignon. Au 1er et principal étage se trouvait une série de 12 appartements occupés exclusivement par les femmes dont il avait des enfants. Outre les chambres, il y avait un grand salon central utilisé pour les délibérations, les prières et les réceptions. Les favorites de Young, et les plus âgées, y recevaient leurs amies. Les épouses de moindre importance recevaient les leurs dans des parloirs individuels. Le 2nd étage était réservé aux épouses sans enfant. Pour nourrir tout ce petit monde, la salle à manger pouvait recevoir 70 personnes. À l'époque, on trouvait aussi au rez-de-chaussée une crémerie, un atelier de tissage, un bureau, le logement des cochers et une classe d'école provisoire. « Pour les non-mormons, la résidence du Lion était devenue synonyme de harem oriental, écrit Irving Wallace, mais il émanait de cette maison une atmosphère de maternité généreuse plutôt que de concubinage désordonné. »
C'est dans la résidence du Lion que Brigham Young est mort le 29 août 1877. Il est enterré, non loin, au cimetière des pionniers, 140 East First Avenue. Le public n'est pas autorisé à visiter l'intérieur de la maison, mais il peut accéder au rez-de-chaussée où se trouve le restaurant *Lion House Pantry* (voir notre rubrique « Où manger ? »).

Eagle Gate *(zoom couleur A2,* ***79****)* **:** *enjambe State St, à l'angle de S Temple.*
Érigée en 1859, au tout début de la fondation de la ville, cette grande arche surmontée d'un aigle marquait l'entrée de la propriété du prophète Brigham Young. L'aigle en bois des origines a été remplacé en 1963 par l'actuel aigle en bronze (l'original est exposé au *Pioneer Memorial Museum*). Chaque personne qui franchissait cette arche devait payer une taxe à Young pour avoir le droit de traverser sa propriété...

Un peu plus loin

Pioneer Memorial Museum *(plan couleur d'ensemble A1,* ***61****)* **:** *300 N Main St. ☎ 801-532-6479. Lun-sam 9h-17h (20h mer) ; juin-août, également dim 13h-17h. Gratuit.*
Voici l'une des plus incroyables collections d'objets qu'on connaisse. Des milliers d'ustensiles et de petits riens, de meubles et de machines ayant appartenu aux pionniers mormons ont été récoltés et conservés méthodiquement dès 1901 par

les *Daughters of Utah Pioneers* (les « Filles des pionniers de l'Utah »). On y trouve de tout, présenté sur plusieurs niveaux, comme dans une immense brocante. Des peintures et myriades de photos de patriarches à longue barbe blanche, des fusils, des vêtements, des carrioles, des chaises en veux-tu en voilà, des petites cuillères, des bibelots, des montres à gousset, des instruments de musique, des dessus-de-lit en patchwork, des éventails, des fers à repasser, des poupées... Tous ces objets, sagement entassés derrière leur vitrine, composent un formidable inventaire à la Prévert, absolument pas mis en scène, comme si on se contentait d'ouvrir des armoires. Faut en avoir le temps, et l'envie. Les *Daughters* auraient quand même pu faire un peu de tri ; un moulin à café, ça va, 25...

– ***Au rez-de-chaussée :*** le rasoir de Joseph Smith, un sucrier utilisé par sa femme et le châle de sa mère, sans oublier une ficelle des sous-vêtements qu'il portait au moment de son martyre... Un peu plus loin, les gants de bébé de Brigham Young, les chaussons de Brigham Young, le crayon en or et aussi le couteau suisse du président Brigham Young. Il y a là comme un arrière-goût de culte de la personnalité ! Dans la *salle des manuscrits,* au fond, voisinent des vieux plans de Salt Lake City et une collection de *Books of Mormon,* dont des éditions en japonais, en hawaïen, en français, et la première édition américaine. Et pour aller avec, un exemplaire de la Bible donnée à chaque employé du *Pony Express* ! Dans un autre genre, un agneau empaillé à deux têtes. Devait avoir du mal à suivre le berger celui-là...

– ***Au sous-sol :*** toute une collection d'outils, de vieilles photos de pionniers, des armes et, immanquable, l'aigle géant qui se trouvait à l'origine en haut de l'arche d'Eagle Gate, dans le centre-ville. Il repose aujourd'hui sur une ruche de bois entourée... de machines à coudre ! Un couloir mène, à l'arrière, à la ***Carriage House*** *(ferme 30 mn plus tôt) où* s'entassent sur deux niveaux des tas de coffres de voyage, d'authentiques chariots de pionniers et divers moyens de locomotion, carrioles, traîneaux, landaus... et même un *street car,* l'ancêtre du tramway. Admirer le *Council wagon* de Brigham Young (toujours lui !) et la carriole en usage dans le parc de Yellowstone pour les premiers touristes. Ne pas manquer le *Roosevelt,* extraordinaire et rutilante lance à eau à vapeur de l'American Fire Engine Company (1902), superbement restaurée.

– ***Aux 1er et 2e étages :*** tableaux et vieilles photos, poupées, patchwork, bibelots, vaisselle en porcelaine, pendules, cannes, horloges et des objets exotiques rapportés des missions. Là, on avoue qu'on commence à fatiguer...

Utah State Capitol *(plan couleur d'ensemble A-B1)* **:** *au nord de Temple Sq.* Au sommet de Capitol Hill, ce grand bâtiment construit en 1915, avec du granit de la région, abrite le gouvernement de l'Utah. On croirait le *Capitol* de Washington. En contrebas, étagées sur la colline et noyées sous les arbres, un ensemble de maisons bourgeoises style Nouvelle-Angleterre, certaines joliment patinées par le temps.

Utah Museum of Fine Arts *(hors plan couleur d'ensemble par B2,* ***62****)* **:** *410 Campus Center Dr, au niveau de 1725 E et S Campus. ☎ 801-581-7332. • umfa.utah.edu • Au cœur de l'université (le tram passe presque devant). Mar-ven 10h-17h (20h mer) ; w-e 11h-17h. Fermé j. fériés. Entrée : env 7 $; réduc.* Pour les fans de musées d'Art qui ont 1h de libre. Ce musée abrite des collections d'art du monde entier, joliment présentées mais dans un ordre un peu disparate. Section de peinture américaine, où l'on note surtout un joli portrait de femme par John Singer Sargent (un de nos peintres américains préférés), minuscule section antique sans grand intérêt précédant la peinture européenne. Au programme : Quattrocento, Renaissance, peinture flamande avec trois Brueghel le Jeune (mais est-ce vraiment lui ?), puis française. Rien de majeur, même si on remarque un élégant portrait floral d'une princesse russe par Vigée-Lebrun et un splendide *Jeanne d'Arc à cheval* de Rouault. Viennent ensuite les sections d'art ethnique : asiatique toutes origines mêlées, amérindien (pauvre), précolombien (léger) et, surtout, océanien. Fort bel ensemble asmat (papou) avec boucliers, totems et masques.

Utah Museum of Natural History *(hors plan couleur d'ensemble par B2,* ***63****) : 301 Wakara Way ; sur le campus de l'université, juste à côté de l'arboretum du Red Butte Garden. ☎ 801-581-6927. • umnh.utah.edu • Du centre, prendre la 500 S jusqu'au bout, continuer sur Foothill Dr puis tourner à gauche dans Wakara Ave. Bus n° 455 depuis le centre. Tlj 10h-17h (21h mer). Entrée : 9 $; réduc.* Perché au-dessus de la ville, un gigantesque musée moderne, presque 100 % interactif. Au sommet, superbe terrasse panoramique embrassant Salt Lake City, le lac, les montagnes, suivie d'un espace consacré aux Indiens (artisanat, vidéos de danses traditionnelles, etc.). Puis on dévale les étages, picorant au passage une foultitude d'infos sur la faune, la flore, la géologie, l'anthropologie... On colle son œil à un microscope pour apprendre à différencier les cellules. On feuillette des herbiers, on se prend pour Dieu en faisant bouger les plaques tectoniques, en remplissant le lac de Bonneville ou en creusant des canyons dans le sable. On hume l'odeur des plantes, on écoute le chant des oiseaux, on mate les fourmis en plein boulot. On tente de créer une structure capable de résister aux séismes (caramba, encore raté !)... Bref, y a toujours quelque chose à toucher, à écouter, à apprendre surtout. Et, pour finir, impressionnante galerie de squelettes de dinosaures et autres mastodontes préhistoriques, avant d'aller scruter les chercheurs au turbin, derrière la vitre de leur labo. Observer les observateurs, une drôle de mise en abîme...

This is the Place Heritage Park *(hors plan couleur d'ensemble par B2,* ***64****) : 2601 E Sunnyside Ave. ☎ 801-582-1847. • thisistheplace.org • Prendre la 800 S vers l'est et la remonter complètement, puis poursuivre sur Sunnyside Ave ; le parc est alors sur la gauche (face au Hogle Zoo). Bus n° 3 depuis le centre. Mai-début sept, tlj 9h-17h. L'été, entrée avec visite guidée et animations env 10 $ en sem et 5 $ dim (pas d'animation, assez mort du coup) ; réduc enfants et seniors ; au printemps, 7 $ (5 $ dim), en hiver 5 $ (3 $ dim), mais pas grand-chose à voir...*

B.A.-BA

Pour scolariser des gosses de différentes nationalités, les mormons avaient mis au point un ingénieux alphabet phonétique, auquel on peut s'initier dans l'école reconstituée du This is the Place Heritage Park. Et gaffe aux erreurs, si vous ne voulez pas expérimenter la gamme des châtiments corporels de l'école version XIXe s, tout aussi inventifs...

Surtout destiné aux gosses, ce grand musée en plein air reconstitue un village de pionniers, avec ses nombreuses maisons en bois reconstruites comme à l'époque : la mairie, l'école, la banque, la caserne des pompiers, le drugstore... et une boutique de *donuts* (sans doute une faille spatio-temporelle). Elles sont animées en été par des personnes costumées. Un petit train fait le tour du village, avec différents arrêts en route. On peut aussi le parcourir en calèche. Voir notamment le *Social Hall*, la *Heber School*, l'imprimerie du *Deseret News*, le magasin de la coopérative (aujourd'hui boutique de souvenirs), ainsi que les étables (quelques animaux et une fausse vache pour s'entraîner à la traite)... Coup d'œil aussi à la ferme expérimentale où le prophète Brigham Young parvint pour la première fois à cultiver des betteraves à sucre et des vers à soie. Pendant tout l'été, nombreuses activités (jeux et animations) pour les enfants. Également diverses festivités pendant le *Pioneer Festival* et les fêtes nationales, notamment à l'occasion d'Halloween, avec promenades contées la nuit (pour les adultes et les enfants) et spectacle retraçant la légende de *Sleepy Hollow* (brrr !).

À l'entrée du parc, un grand monument de granit gris évoque l'arrivée des pionniers dans cette région sauvage et désertique, le 24 juillet 1847. Il se dresse à l'emplacement supposé où le prophète Brigham Young, à la tête de sa caravane, aurait prononcé la fameuse phrase : « *This is the place !* »

Fêtes et manifestations

– L'hebdomadaire gratuit *Salt Lake City Weekly* (● *cityweekly.net* ●), distribué un peu partout en ville, fournit toutes les infos culturelles : expos, concerts, événements sportifs, festivals... Pour la liste des événements, voir ● *nowplayingutah.com* ●

– ***Mormon Tabernacle Choir et Organ Recitals*** : *récitals d'orgue gratuits au Tabernacle (lire la rubrique « À voir ») sam à 12h et dim à 14h (arriver 10 mn avt). Chaque jeu soir, répétition de la chorale 20h-21h30, et c'est gratuit aussi. Dim mat, vous pouvez assister à l'enregistrement hebdomadaire de la chorale (9h30-10h) pour la télé et les radios locales. Arriver impérativement avt 9h15. Memorial Day-Labor Day, concerts supplémentaires lun-sam à 14h dans le* Conference Center. ● *mormontabernaclechoir.org* ● Concerts d'orgue et de la chorale de 360 membres (depuis 1929 !) ; un must local.

– ***Pioneer Day*** : *24 juil.* Célébré dans tout l'État. Commémoration de la fondation de la ville par les pionniers mormons le 24 juillet 1847. On assiste à une grande parade à l'américaine (chars, majorettes...) et à de splendides rodéos (en salle). La ville est parée de milliers de drapeaux et on peut assister à de nombreux spectacles et animations les jours précédents et suivants le jour J.

– ***Festivals*** : *très nombreux événements culturels et artistiques pdt tt l'été, notamment* ***Living Traditions Festival,*** *autour de la mi-mai, sur Washington Sq ;* ***Utah Arts Festival,*** *la dernière sem de juin, au même endroit ;* ***Folk & Bluegrass Festival,*** *fin juil ;* ***Rock'N'ribs Festival,*** *fin août et* ***Salt Lake City Jazz Festival,*** *début sept (ouf !).* Toutes les dates et infos dans le *Salt Lake Visitors Guide,* disponible au *Visitor Center* et dans certains hôtels.

– *Beaucoup de* ***concerts*** *gratuits ont lieu en juin, juil et août, notamment mar et ven soir au Brigham Young Historic Park (zoom couleur B2), ainsi qu'au Temple Square Hall et mer soir au* Gallivan Center *(sur la 200 S, entre State et Main St).* Programme hétéroclite, musique classique, pop-rock, répertoire populaire et musiques de films !

DANS LES ENVIRONS DE SALT LAKE CITY

🏛🏛 ***Le Grand Lac Salé*** : *à 17 miles de la ville.*
Au niveau actuel, qui varie sans cesse, il mesure 120 km de long et 45 de large, soit 4 400 km^2 de superficie, ce qui en fait l'un des 40 plus grands au monde. Depuis environ 160 ans, son niveau a varié de plus ou moins 3 m, ce qui, en raison de sa faible profondeur moyenne (4 m, 10 m max), repousse par moments très loin le rivage. Le Great Salt Lake est le vestige d'un immense lac (Bonneville Lake), apparu lors de la dernière ère glaciaire et qui s'étendait autrefois jusqu'aux confins du Nevada. N'ayant aucun débouché sur l'océan, les minéraux et les éléments salins apportés par les cours d'eau des montagnes environnantes y stagnent. L'eau ne s'évacue que par évaporation. La teneur en sel de l'eau est ainsi en moyenne six fois supérieure à celle de la mer et peut parfois atteindre 28 % en période de basses eaux, contre environ 3 % pour l'océan ! D'où son nom de Grand Lac Salé. Aujourd'hui, sept compagnies spécialisées extraient du lac et de ses rives près de 2,5 millions de tonnes de sel chaque année. L'eau pompée est mise dans d'énormes bassins où le sel se concentre par évaporation.
Aucun poisson ne peut vivre dans ces conditions. Toutefois, le lac est un formidable sanctuaire naturel qui accueille 250 espèces d'oiseaux migrateurs (aigles chauves, grands hérons, ibis à face blanche...), 64 types de mammifères, dont des renards et des rats musqués, 8 sortes de serpents, et plusieurs variétés de lézards et d'amphibiens. La réserve naturelle de *Bear River Bird Refuge,* au fond de la baie de Bear River, au nord d'Ogden, constitue une étape importante pour les oiseaux au printemps et à l'automne. Sur l'île Gunnison, dans la partie ouest du lac, des

milliers de pélicans font leur nid chaque printemps. Près de 80 000 mouettes de Californie *(Californian seagulls)* vivent sur les rives du lac, où elles se nourrissent des innombrables petites crevettes appelées *brine shrimp*, seul crustacé adapté à ces eaux très salines. On peut en voir des colonies le long de la digue qui relie le continent à l'île d'Antelope. C'est d'ailleurs depuis les rivages de cette île que l'on peut découvrir le mieux le Grand Lac Salé (voir plus loin le chapitre « Antelope Island »).

Bonneville Speedway : *sur l'I-80, à 112 miles à l'ouest de Salt Lake City, avt la ville de Wendover et la limite entre l'Utah et le Nevada.* Il s'agit d'une immense piste de 10 miles de long sur 24 m de large, déroulée au milieu du désert qui entoure le Grand Lac Salé. Là, sur une étendue plate à l'infini, s'exercent toutes sortes de bolides, dragsters monstrueux ou automobiles transformées en fusées, capables d'atteindre des vitesses astronomiques. Le premier record du monde pour un véhicule à quatre roues fut établi en 1935 par sir Malcom Campbell, qui atteignit la vitesse de 484,518 km/h à bord de son prototype *Blue Bird*. Mais, depuis, de nombreux autres bolides, encore plus rapides, l'ont dépassé atteignant 500, 600, 700 et même 1 001,67 km/h en 1970 (*The Blue Flame* de Gary Gabelich) ! À croire que le bleu porte chance ! Réfrénez vos pulsions, il est interdit aux visiteurs de s'exercer sur la piste. À défaut d'écraser le champignon, on visitera l'expo consacrée à ces records du monde de vitesse sur terre.

– Pour voir les bolides en action, venir la 3e sem d'août pour les Bonneville National Speed Trials, *ou mi-sept pour les* World of Speed. *Infos et détails au* Welcome Center *de Wendover ou à Salt Lake City (*Bureau of Land Management *: ☎ 801-977-4300).*

EXCÈS DE VITESSE

Pour la première fois dans l'histoire, le mur du son au sol a été franchi en octobre 1997 par Andy Green (pilote de la Royal Air Force), dans le désert de Black Rock – au Nevada. Il détient à ce jour le record mondial de vitesse au sol, soit 1 227,986 km/h (soyons précis). Son nouveau projet : les 1 000 miles/h à bord d'un engin délirant de 6,4 t propulsé par un moteur d'avion de chasse !

Golden Spike National Historic Site : *à* ***Promontory Summit,*** *à env 80 miles au nord-ouest de Salt Lake City. ☎ 435-471-2209, ext. 29. • nps.gov/gosp • Prendre l'I-15 N jusqu'à la sortie 368, en direction de Corrine, puis 30 miles sur l'agréable route 83. Site bien indiqué ensuite.* Visitor Center *tlj 9h-17h. Env 7 $/ voiture en saison et 5 $ le reste de l'année (valable 7 j.) ; 4 $ (3 $ l'hiver) pour les piétons, les cyclistes et les motards ;* Interagency Annual Pass *accepté ; réduc.*
C'est ici, à Promontory Summit, que les compagnies de chemins de fer de l'*Union Pacific* et *Central Pacific Railroad* ont relié leurs voies le 10 mai 1869. *Golden Spike* signifie « clou en or », car le dernier clou symbolique qui marquait la jonction entre ces deux lignes de chemin de fer était en précieux métal... Il fut cédé en 1892 au musée d'Art de l'université de Stanford, en Californie, où il est toujours exposé.
La jonction des deux lignes marqua un tournant historique, car, après un travail de titan commencé en 1863, l'est et l'ouest des États-Unis étaient enfin reliés. Un lien concret qui non seulement joignit les deux océans, mais consolida également l'union politique du pays, en permettant le développement économique, démographique et agricole de toute une région de l'Ouest jusqu'ici isolée. Un grand événement donc... considéré d'un mauvais œil par les tribus indiennes peuplant ces terres et qui se battirent pour empêcher la réalisation de ce projet qui menaçait, entre autres, leur principale ressource : le bison. Aujourd'hui, les troupeaux de bovins des grands fermiers paissent sur les anciens pâturages des bisons...
En haute saison uniquement, démonstrations quotidiennes de locomotives à vapeur *(5 départs/j. 10h-15h30).* Les samedi et jours fériés, on rejoue la scène des deux locomotives qui se rejoignent.

Promenade à pied facile sur le *Big Fill Loop Trail* (1,5 mile ; compter 1h30 pour toute la boucle), en suivant le tracé original des voies des deux compagnies ferroviaires. Promenade en voiture également, en suivant le *Promontory Auto Tour,* une boucle de 16 miles qui domine le plateau (également accessible aux VTT et aux chevaux mais pas aux *RV*). À noter : il n'y a aucune station-service ou boutique à moins de 26 miles : soyez prévoyant. Au *Visitor Center,* intéressants vieux films racontant ou évoquant l'épopée du chemin de fer, dont le *Great Train Robbery,* premier film réalisé par Thomas Edison en 1903.

Park City : *à 26 miles à l'est de Salt Lake City. Prendre l'I-80 E, sortie 145. Également des navettes depuis Salt Lake (lire plus haut « Arriver – Quitter »). • visitparkcity.com •* Ancien village de mineurs qui compta dans les années 1870 jusqu'à 10 000 habitants et 30 saloons, Park City est désormais une énorme station de ski (426 pistes !), popularisée par les J.O. de Salt Lake City en 2002. On peut y pratiquer l'hiver tous les sports de glisse imaginables, et l'été une foultitude d'activités liées à la montagne (rando, VTT, raft...).

SUR LA ROUTE DU YELLOWSTONE

En alternative à la monotone I-15, voici un itinéraire bis pour gagner Jackson Hole, Grand Teton et le Yellowstone par de bucoliques chemins de traverse, via Logan et son canyon.

Logan : *à 81 miles au nord de Salt Lake City par l'I-15 jusqu'à la sortie 362 puis la route 89.* Petite ville de pionniers (49 000 habitants) posée dans une vaste plaine agricole encerclée de montagnes, et dominée par un imposant temple mormon aux allures de château médiéval (ne se visite pas). En passant, coup d'œil rapide au tabernacle *(concerts d'orgue lun-sam à 12h l'été ; gratuit)* et à la modeste rue historique aux quelques maisons en brique. Plus étonnant, la petite cité accueille de mi-juillet à mi-août le *Utah Festival Opera and Theatre (• ufoc.org •),* avec plus d'une centaine d'opéras, d'opérettes et de comédies musicales à l'affiche. Une programmation réputée, mais pas sûr qu'elle fasse une place au succès de Broadway *The Book of Mormon,* satire des missionnaires mormons montée par les créateurs de la série *South Park*...

SAINES LECTURES

Le juge Willmore, qui siège à Logan, est un original. Pour certains délits, plutôt que de condamner à des peines de prison, il exige des prévenus qu'ils lui fassent un compte-rendu de lecture des Misérables de Victor Hugo ! Une méthode de réinsertion par la littérature qui fait d'autres adeptes aux États-Unis. Même le très carcéral État du Texas s'y est mis, proposant un programme de lecture à certains criminels récidivistes en alternative à l'incarcération.

American West Heritage Center : *à 6 km au sud de Logan par la route 89. ☎ 435-245-6050 ou 1-800-255-3378. • awhc.org • Ouv juin-août slt, mar-sam 11h-16h. Entrée : 6 $; 4 $/enfant.* Un musée de plein air organisé autour de la *Jensen Historical Farm,* une ferme de 1917 où l'on apprendra, guidé par des figurants en costume, à trimer comme les Ingalls dans *La Petite Maison dans la prairie.* Également un espace explorant le mode de vie des Indiens shoshones. Pour se mettre dans l'ambiance, on peut parcourir le site en calèche. Nombreux festivals et animations tout au long de l'été.

Logan Canyon : *camping possible (lire ci-dessous).* En poursuivant la route 89, dès la sortie de Logan on s'enfonce pour 40 miles dans ce canyon sinueux et luxuriant, encaissé sur la majeure partie du parcours. Ses contreforts, mangés par les sapins de la *Cache Forest* et hérissés de roches saillantes propices à l'escalade, offrent de nombreuses possibilités de randos à pied ou à VTT. Elles sont détaillées dans le *Guide to the Logan Canyon,* à se procurer au *Visitor Center* à la sortie de Logan *(☎ 435-755-1890 ou 1-800-882-4433 ; • tourcachevalley.com • ; ouv lun-ven 8h-16h30).* Après une trentaine de miles, le canyon s'élargit et grimpe jusqu'au ***Bear Lake Overlook,*** surplombant l'immense lac du même nom aux eaux cristallines. S'étendant sur 20 miles de long et 8 de large à cheval sur l'Utah et l'Idaho, il est entouré de collines où flânent les élans, et bordé de chalets pour vacanciers qui viennent pêcher, nager, faire du bateau... De là, la route 89 continue vers Jackson Hole (prendre direction Montpelier).

Où camper ? Où dormir ? Où manger dans le coin ?

⛺ ***Campings primitifs du Logan Canyon :*** *☎ 435-755-1890. • recreation.gov • Compter env 15 $/empl.* Le canyon est jalonné de 6 aires naturelles de camping, allant du simple bout de prairie en bord de rivière à l'espace plus aménagé avec tables, w-c et barbecue. Notre préféré, le ***Right Hand Fork Campground and Lodge,*** isolé dans les bois, au bord de l'eau. Tourner à droite au mile 9, c'est 1 mile plus loin.

⛺ ***Bear Lake Koa :*** *485 N Bear Lake Rd,* ***Garden City.*** *Au bord du lac. Prendre à gauche direction Montpelier en arrivant sur le lac, c'est à 1 mile. ☎ 1-800-562-3442. • koa.com/campgrounds/bear-lake • Ouv avr-oct. Pour 2, compter 29-33 $ en tente et 39-44 $ en* RV *selon saison.* Cabins *(4 pers) 53-165 $ selon saison et équipement.* Wi-fi. Au bord de la route, un petit camping très bien équipé, pratique pour une étape et surtout intéressant pour ses confortables *cabins* en rondins, toutes avec électricité, brasseur d'air, auvent et balancelle, les plus chères avec salle de bains, frigo, micro-ondes et jardinet. Emplacements tente pas terribles en revanche, peu d'ombre et zéro intimité. Tout plein de services : lave-linge, kitchenette à dispo, piscine, aire de jeux, salle TV, barbecue, location de vélos... Accueil sympa.

🏠 ***Beaver Creek Lodge :*** *dans le* ***Logan Canyon,*** *à env 30 miles de Logan. ☎ 1-800-946-4485. • beavercreeklodge.com • Doubles 109-129 $, petit déj continental inclus.* Isolé au pied des montagnes, ce beau chalet en rondins abrite 11 chambres confortables, dotées de gros édredons pour lutter contre les rigueurs du climat. L'hiver, on part à la découverte des montagnes à motoneige *(env 180 $/j.)* ; l'été, ce sera à cheval *(env 35-80 $ selon durée de l'excursion).* Seul hic, pas de resto, ni de cuisine. Pour manger, faut pousser jusqu'au Bear Lake, à environ 5 miles.

🏠 Plusieurs ***motels de chaîne*** sont installés à ***Logan,*** dont un ***Comfort Inn,*** à l'entrée sud de la ville. Confort standard, avec frigo, micro-ondes, piscine et jacuzzi *(2002 S Hwy 89/91 ; ☎ 435-787-2060 ; env 80 $ la double ; wi-fi).*

🍽 🍸 ***The Beehive Grill :*** *255 S Main St, à* ***Logan.*** *☎ 435-753-2600. Tlj 11h30-22h (23h ven-sam). Plats 8-12 $.* Espace pub d'un côté, immense salle moderne aux banquettes moelleuses de l'autre, avec des VTT accrochés aux murs, sans doute pour encourager à éliminer les calories accumulées ici ! Dans l'assiette, tous les classiques de la cuisine populaire américaine : burgers, *cajun sandwich,* pâtes, *sirloin steak...* Également des salades et plats veggies. En dessert, glaces maison. Efficace et sans surprise.

🍽 ***Hamilton's Steakhouse and Seafood :*** *2427 N Main St, à* ***Logan.*** *☎ 435-787-8450. Ouv lun-sam 11h (12h sam)-21h (22h ven-sam). Plats 10-15 $ le midi, 16-44 $ le soir.* Élégant espace en pierre et bois prolongé d'une belle terrasse, réputé pour servir les meilleures viandes de la vallée. Pas mal de choix. Également des fruits de mer, des pâtes, et du poulet pour les budgets serrés.

SUR LA ROUTE DE MOAB

Ceux qui descendent de Salt Lake City vers Moab et les parcs nationaux de Arches, Canyonlands puis de Grand Canyon, emprunteront l'I-15 puis la route 6, pour une traversée du désert digne des plus grands westerns. Une route, une voie de chemin de fer, et le grand rien, à perte de vue, barré par des montagnes rougeoyantes. Parfois, au milieu de nulle part, un mobile home... Pour la pause lunch, arrêt à ***Price,*** seule ville du parcours, un modeste bourg de mineurs balayé par le vent et la poussière. On peut se remplir le ventre au ***Fairlaino's,*** *diner* typique de l'Amérique profonde *(87 W Main St ; ☎ 435-637-9217 ; env 9 $ le plat).* Cuisine popu, pas franchement diététique, à avaler au milieu d'une forêt de *Stetson* et de casquettes de base-ball.

ANTELOPE ISLAND

Des 10 îles que compte le Grand Lac Salé, Antelope Island est la plus grande : 24 km de long sur 6 km de large. Elle fut découverte en 1845 par les deux pionniers John Fremont et Kit Carson, qui la baptisèrent ainsi après y avoir vu gambader plusieurs antilopes (des *pronghorns*).
À vrai dire, ce n'est plus vraiment une île, car une longue digue-chaussée de 7 miles la relie aujourd'hui au continent. Pelée, brûlée par le sel et le soleil, chauffée à blanc par une luminosité éclatante, Antelope Island est constituée d'une chaîne de collines corpulentes couvertes d'herbe rase et d'odorants bosquets de romarin. Son extrémité sud abrite une réserve naturelle, mais c'est sur toute l'île que l'on peut voir évoluer une faune peu farouche : bisons, mouflons, coyotes (si vous êtes chanceux), petits mammifères, antilopes bien sûr, et des myriades d'oiseaux dont de nombreuses mouettes californiennes, qui viennent y nicher au printemps à l'abri des prédateurs. De tous les rivages du Grand Lac Salé, plats et peu accessibles, ce site naturel constitue le meilleur endroit pour découvrir la beauté étrange de cet étonnant lac aux eaux immobiles, dans lesquelles se reflètent les montagnes.

Arriver – Quitter

➢ ***De Salt Lake City :*** Antelope Island est située à 35 miles au nord. Prendre l'I-15 vers le nord, puis la sortie 332 en direction de Syracuse et d'Antelope Island (à gauche, c'est bien indiqué). On suit la route UT 108 sur 7 miles (traversée de la ville de Syracuse) jusqu'à la digue-chaussée menant à l'île (traversée payante, env 9 $/véhicule ; 3 $ pour les cyclistes et piétons, mais faut être sacrément courageux ! Tlj 8h-21h30, en hiver de l'aube au crépuscule).

Adresse et infos utiles

🅸 ***Davis County Visitor Center :*** *☎ 801-725-9263. • stateparks.utah.gov • Vaste centre d'info construit au sommet d'une butte d'herbe rase, peu après la digue en allant vers la plage de Bridger Bay. Pâques-sept, ouv 9h-20h, jusqu'à 17h le reste de l'année.* Infos détaillées sur la faune et la flore, petite expo, vidéo de 20 mn présentant l'île, brochures (en français) sur le Grand Lac Salé et sur Antelope Island ainsi que sur les sentiers de randonnée, renseignements sur les campings et les activités, etc. Excursions guidées en saison.

Quelques conseils

– Il n'y a pas d'arbres, et le soleil est particulièrement ardent en été, donc prévoir absolument un chapeau ou une casquette, des lunettes de soleil et un parasol (pour la plage). Toujours dans le registre de la météo, sachez qu'il y souffle parfois un vent à décorner les bisons !

– Pour le ravitaillement, les campeurs devront se rendre au supermarché *(Walmart)* ou dans les épiceries de Syracuse pour faire le plein de victuailles.
– Les seuls points d'eau potable de l'île sont situés au *Visitor Center* et sur la plage de Bridger Bay.
– Prévoir aussi suffisamment d'essence, car il n'y a pas de station sur l'île.
– La zone est protégée : il est interdit de cueillir des fleurs.

Où camper ?
Où manger ?

⛺ ***Camping de Bridger Bay :*** *au sud de la plage, accessible par un chemin de terre. ☎ 801-322-3770 ou 1-800-322-3770. Résa très conseillée, surtout le w-e ; seuls 4 emplacements attribués au « premier arrivé, premier servi ». Env 13 $/empl. pour la 1re nuit et 10 $ pour les suivantes (passage du pont-chaussée inclus ; s'enregistrer au guichet du pont). 2 voitures, 2 tentes et 8 pers max/empl.* Superbe vue depuis ce camping primitif, isolé, naturel, brut. C'est le seul de l'île ouvert aux individuels. Propose 26 emplacements seulement, 2 cabines de w-c, table, barbecue, mais ni eau ni ombre. Douche extérieure, ou douches fermées *(1 $ pour 4 mn, prévoir des pièces)* à la plage.

Island Buffalo Grill : *sur la plage de Bridger Bay. Tlj 11h-17h (18h w-e). Sandwichs 7-8 $.* Un fast-food pas très séduisant, mais c'est la seule solution pour se restaurer le midi si on a oublié son pique-nique.

À voir. À faire

Buffalo Point : grosse colline haute de 91 m, accessible aux voitures et du sommet de laquelle on a une superbe vue sur le lac et sur la partie nord d'Antelope Island. Jumelles.

Buffalo Corrals *(enclos aux bisons)* **:** les premiers bisons (une douzaine) furent introduits sur l'île en 1893 par deux éleveurs, Dooly et Frary. Les bestiaux se sont si bien adaptés qu'on dénombre aujourd'hui 500 à 700 têtes ! Fin octobre-début novembre, on peut les observer dans les enclos du *Buffalo Corrals,* au moment où ils sont rassemblés et vaccinés. Mais la majorité du temps, ils se déplacent librement sur toute l'île (et surtout sur sa façade est).

Fielding Garr Ranch : *au bout de la route, sur la côte sud-est de l'île, à 5 miles au sud de la digue-chaussée. Tlj 9h-20h.* Construit en adobe en 1848, isolé au bord de l'eau, ce ranch a été fondé par Fielding Garr, un cow-boy décidé à faire prospérer ce bout de terre sauvage. C'est la plus vieille maison bâtie par les colons en Utah qui soit encore debout. Visite libre des enclos, des hangars garnis de vieux outils, selles de cheval, etc., et de la maison, encore meublée comme dans les années 1940. Petit parc attenant, allongeant sa pelouse à l'ombre des grands arbres. Possibilité de faire une ***excursion guidée à cheval*** sur l'île *(compter 50 $/h ; rens au ☎ 801-726-9514).*

➢ ***Randonnées pédestres :*** une bonne solution pour découvrir l'île à condition que la chaleur ne soit pas trop étouffante (autant dire, pas en été). Se procurer la brochure *Antelope Island State Park Trails,* au *Visitor Center,* qui fournit un plan succinct et des infos sur les sentiers. Un plan détaillé est également disponible dans une boîte au départ de chaque sentier (payant). Certains sentiers (pas tous) peuvent se parcourir à VTT.
Pour les débutants, quelques balades assez faciles, comme le *Lakeside Trail* (4,3 km), au pied de Buffalo Point. D'autres randonnées permettent de découvrir l'intérieur de l'île, comme la *White Rock Loop* (11 km), qui passe par le sommet du *Beacon Knob,* à 243 m au-dessus du lac ; on peut la prolonger par le *Junction Trail* (8 km), puis poursuivre encore par *Elephant Head Trail* (2,3 km) ou *Split Rock Loop* (8 km), mais ça commence à faire vraiment long. On peut aussi longer une grande

partie de la côte Est jusqu'au *Fielding Garr Ranch* en suivant le bien nommé *Mountain View Trail,* assez long et fastidieux toutefois si on le parcourt en entier (18 km).

– ***Baignade :*** *sur la* ***plage de Bridger Bay,*** *à l'extrême nord de l'île. À 3 mn en voiture de la digue-chaussée qui relie Antelope Island au continent.* Elle a la forme d'un vague croissant long de 3 km, avec des étendues et des dunes de sable blanc, mais des espaces plutôt couleur grisaille au bord de l'eau. Vu la quantité de sel dissous, les baigneurs y flottent sans effort. Cela dit, à 100 m du bord, on a de l'eau seulement jusqu'aux genoux... c'est un peu frustrant ! De toute façon, les myriades d'insectes n'invitent pas vraiment à l'aventure... À l'arrière de la plage, abris pour le pique-nique, douches et w-c.

LE WYOMING, LE MONTANA ET LE DAKOTA DU SUD

ABC
DU WYOMING (WY)

- *Superficie :* 254 000 km² (une petite moitié de la France).
- *Surnom : Equality State.* Les femmes du Wyoming ont été les premières (en 1869) à obtenir le droit de vote et à travailler dans la politique.
- *Capitale :* Cheyenne, 59 000 hab.
- *Population :* 563 000 hab.
- *Fuseau horaire : Mountain Time.*
- *Adhésion à l'Union :* 1890.
- *Signes particuliers :* l'État le moins peuplé, densité de 5 hab./mile² (moyenne des États-Unis : 80).

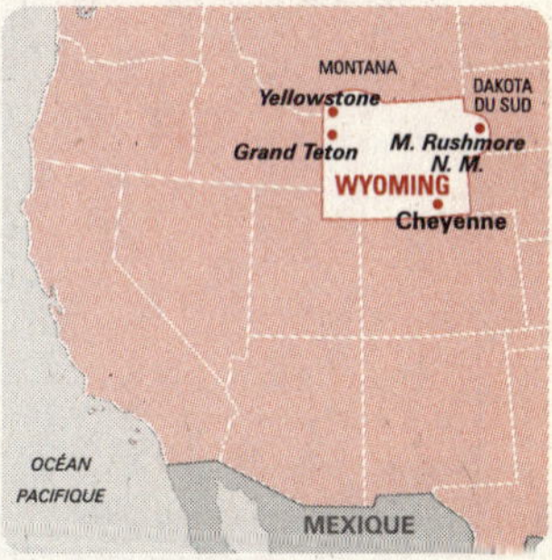

Le nord des Rocheuses est rarement au programme d'un premier voyage dans l'Ouest américain. C'est loin, c'est vrai, l'Ouest est si riche et les parcs nationaux si nombreux qu'il est difficile de boucler la boucle en une seule fois... alors on se dit que ce sera pour la prochaine. Pourtant, le Yellowstone, qui fut le tout premier à porter le nom de parc national et qui ne ressemble à aucun autre, est une merveille du monde à ne rater sous aucun prétexte. Ses centaines de geysers et ses lacs cristallins sont d'une beauté insolite à couper le souffle. Collé à son flanc sud, le parc du Grand Teton offre lui aussi des paysages spectaculaires de montagnes et glaciers aux sommets enneigés. Tous deux abritent une faune sauvage unique : grizzlis, ours bruns, élans, wapitis, bisons, antilopes d'Amérique... Bref, un paradis pour amoureux transis de nature, à découvrir à pied, le long des kilomètres de sentiers de randonnée, en bateau ou bien à cheval. Quant aux nostalgiques du Far West, ils partiront sur les traces des légendaires *Mountain Men,* tandis que les cinéphiles retrouveront les ambiances de films devenus mythiques comme le western *Shane* (1953), *Mon amie Flicka* (2006), d'après le roman pour enfants de Mary O'Hara ou encore *Le Secret de Brokeback Mountain* (2004). Car c'est aussi ici que s'est forgé le mythe de la conquête de l'Ouest. Cody, la ville de Buffalo Bill, qui fit du rodéo un spectacle mondialement connu, mérite une halte, de même que Cheyenne qui, à l'occasion de ses *Cheyenne Frontier Days,* rassemble les cow-boys du monde entier.

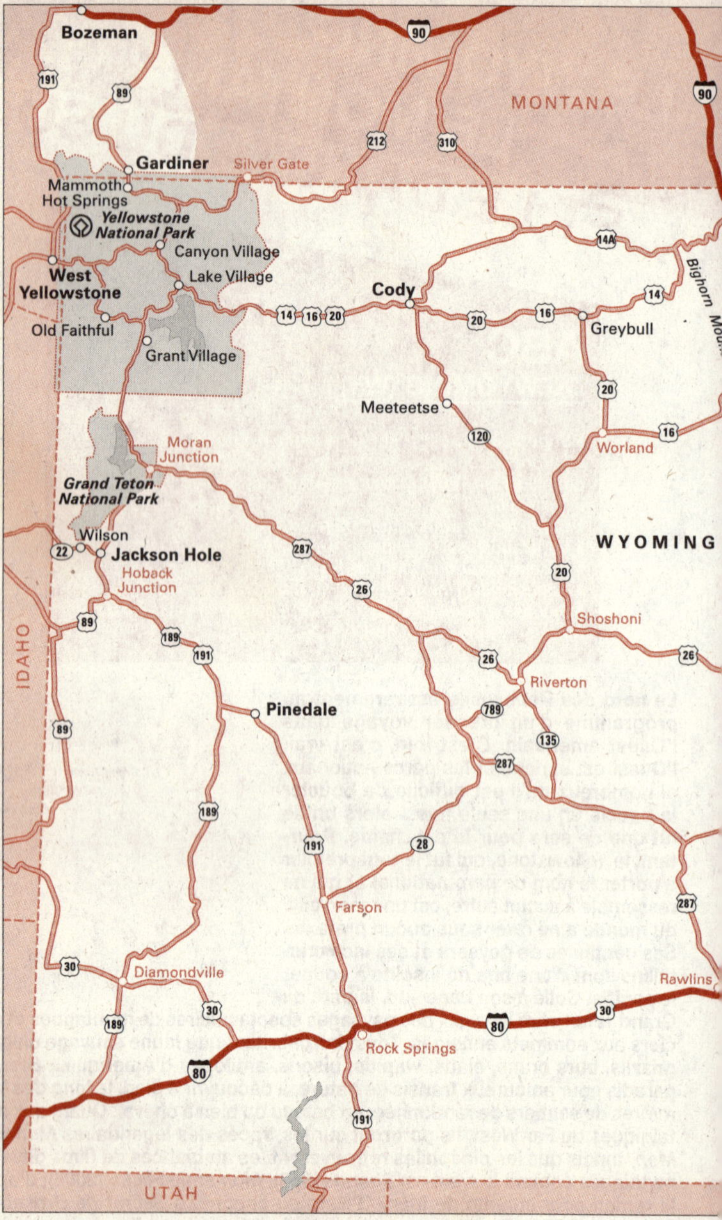
Bozeman
90
191
89
MONTANA
90
212
310
Gardiner
Silver Gate
Mammoth Hot Springs
Yellowstone National Park
Canyon Village
West Yellowstone
Lake Village
Cody
14A
Bighorn Mou
14
14
16
20
20
16
Old Faithful
Greybull
Grant Village
20
Meeteetse
120
16
Moran Junction
Worland
Grand Teton National Park
WYOMING
Wilson
22
Jackson Hole
287
20
Hoback Junction
26
Shoshoni
89
189
IDAHO
191
26
26
Riverton
Pinedale
789
89
135
287
189
191
28
287
Farson
30
Diamondville
Rawlins
30
30
189
80
Rock Springs
80
191
UTAH

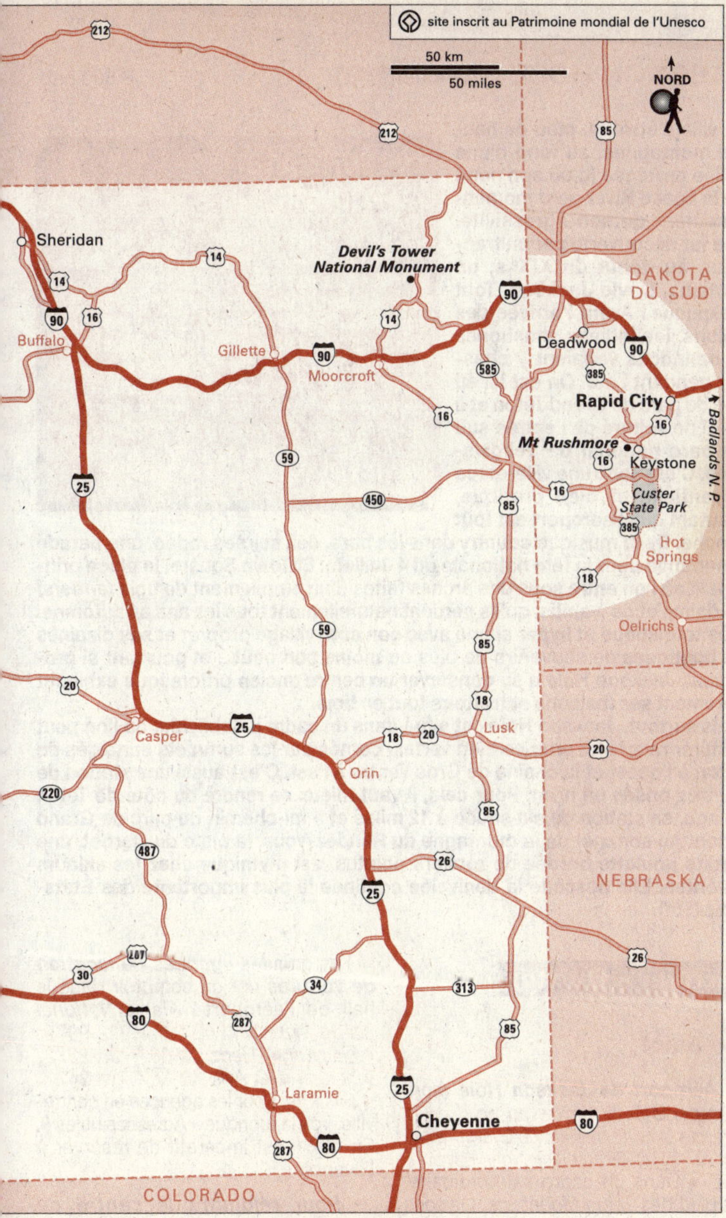
site inscrit au Patrimoine mondial de l'Unesco
50 km
50 miles
NORD
Sheridan
Buffalo
Gillette
Moorcroft
Devil's Tower
National Monument
DAKOTA
DU SUD
Deadwood
Rapid City
Badlands N. P.
Mt Rushmore
Keystone
Custer
State Park
Hot
Springs
Oelrichs
Casper
Orin
Lusk
NEBRASKA
Laramie
Cheyenne
COLORADO
212
14
16
90
25
59
450
585
385
85
18
20
220
487
26
287
30
80
34
313

LE WYOMING

JACKSON HOLE (WYOMING)

8 800 hab.

La ville s'étale au pied de hautes montagnes, au fond d'une vallée protégée (d'où son nom) où la Snake River perd momentanément de son agressivité. Elle fut découverte par un trappeur, au début du XIXe s, un certain… David Jackson. Tout s'explique ! Avant l'arrivée des colons, les Indiens shoshones et bannocks venaient y chasser pendant l'été. On est ici au sud du parc de Grand Teton et à 1h30 de voiture de l'entrée sud du parc national de Yellowstone. C'est donc une ville-étape essentielle et bien pratique, d'autant que l'aéroport est tout proche. De la musique country dans les bars, des soirées rodéo, une parade renommée pour la fête nationale du 4 Juillet… Et Town Square, la place principale où l'on entre sous des arches faites d'un empilement de bois *(antlers)* de daims et de wapitis, qu'ils perdent naturellement tous les ans à l'automne. Très touristique et hyper animé avec son côté village propret et ses dizaines de boutiques de souvenirs de plus ou moins bon goût… et pourtant si provincial, Jackson Hole a su conserver un centre ancien pittoresque exhibant fièrement ses maisons et trottoirs tout en bois.

Mais surtout, Jackson Hole est situé dans un cadre inoubliable, où l'on peut admirer ranchs et prairies bien vertes, cernés par les sommets enneigés du Teton à l'ouest et la chaîne de Gros Ventre à l'est. C'est aussi une station de ski très prisée en hiver. Pour cela, il vaut mieux se rendre du côté de Teton Village, sa station de ski située à 12 miles et à mi-chemin du parc de Grand Teton. Au sommet de la montagne du Rendez-Vous, la piste du Corbet, une étroite goulotte bordée de rochers pointus, est mythique chez les skieurs émérites. Elle possède la dénivelée continue la plus importante des États-Unis (55°).

LES SUFFRAGETTES AU POUVOIR

Jackson Hole, sous des abords « vieil Ouest » un peu rugueux et bien conservateur, est la première ville des États-Unis à avoir élu un conseil municipal entièrement composé de femmes (en 1920). Celui-ci embaucha logiquement un shérif… femme, âgée de 22 ans ! Pas si étonnant lorsqu'on sait que le Wyoming est également le premier État du pays à avoir concédé le droit de vote au sexe dit « faible » : dès 1869 !

Arriver – Quitter

En avion

✈ ***Aéroport de Jackson Hole*** *(hors plan par B1)* **:** *à 8 miles au nord de la ville, sur la route du parc de Grand Teton.* ☎ *307-733-7682.* • *jacksonholeairport.com* • Dans un cadre extraordinaire, au pied des *Teton Mountains.* Liaisons directes avec Salt Lake City, Atlanta, Los Angeles, Chicago, Dallas, Denver, Minneapolis… Nombreuses infos touristiques, distributeur de billets *(ATM).*

■ Les grandes ***agences de location de voitures*** ont un comptoir dans le hall de l'aéroport : *Alamo/National (☎ 307-733-0671 ou 1-877-222-9075 ; • alamo.fr •)*, Hertz *(☎ 307-733-2272 ; • hertz.fr •)* et *Avis (☎ 307-733-3422 ; • avis.fr •)*. Pour les agences en centre-ville, voir la rubrique « Adresses utiles ». En été, il est impératif de réserver à l'avance.

➢ ***Pour rejoindre le centre de Jackson Hole :*** la compagnie *Alltrans Shuttle* assure les navettes entre la ville et l'aéroport. Seule autre option : le taxi (liste des compagnies à l'aéroport).

■ ***Alltrans Shuttle :*** *☎ 307-733-3135 ou 1-800-443-6133. • jacksonholealltrans.com • Résa conseillée. Env 16 $ pour Jackson Hole, 26 $ pour Teton Village.*

En bus

➢ ***Pour Idaho Falls et Salt Lake City :*** avec les bus *Mountain State Express*, une branche d'*Alltrans* (mêmes coordonnées). Résa obligatoire.

En voiture

➢ ***Pour le parc de Grand Teton et Yellowstone :*** seulement quelques miles entre Jackson Hole et l'entrée de Grand Teton, 56 miles avec l'entrée sud du parc de Yellowstone (S Entrance, compter 1h30). Dans ce cas, traverser du sud au nord le superbe parc de Grand Teton. L'accès à Yellowstone depuis Jackson Hole est dans tous les cas l'un des plus beaux : cimes enneigées, lacs aux eaux limpides, vastes prairies d'herbe rase où l'on croise des bisons et des cerfs.

Adresses utiles

ℹ ***Jackson Hole & Greater Yellowstone Visitor Center*** *(plan B1)* **:** *532 N Cache St. ☎ 307-733-3932 ou 3316. • jacksonholechamber.com • (résas gratuites d'hébergements sur le site). Tlj juin-sept 8h-19h, le reste de l'année 9h-17h.* Belle architecture, tout en bois avec un toit végétalisé. On y trouve un plan gratuit de la ville et une doc abondante. Il est essentiel d'y passer pour en savoir plus sur les activités sportives (du rafting à l'équitation en passant par la pêche, le ski ou le traîneau à chiens en hiver), le calendrier des animations et manifestations... Également toutes les infos sur le Grand Teton et le Yellowstone, dont des cartes et guides ou encore la météo et l'ouverture des routes. À l'étage, expo intéressante sur la faune locale (lire « National Elk Refuge » dans « À voir à Jackson et dans les environs »).

■ ***Météo :*** *☎ 307-733-1731. Également plusieurs radios FM signalées le long des routes.*

■ ***État des routes :*** *☎ 1-888-996-7623.*

■ ***St. John's Medical Center :*** *625 E Broadway. ☎ 307-733-3636. • tetonhospital.org •*

■ ***Supermarché*** *(hors plan par A2)* **:** *Jackson Whole Grocer, 974 W Broadway. ☎ 307-733-0450. Tlj 7h-23h.* À l'entrée de la ville, un supermarché tendance bio très bien achalandé, dans le style *Whole Foods Market* pour ceux qui connaissent. Pratique pour se préparer un bon pique-nique. Boulangerie, plats cuisinés, *salad-bar*, bar à jus de fruits, etc.

@ ***Teton County Library*** *(plan A3,* ***5****)* **:** *125 Virginian Lane. ☎ 307-733-2164. Lun-jeu 10h-20h (17h30 ven) ; w-e 13h-17h. Gratuit.*

Transports et locations de voitures

■ ***Compagnie START :*** *☎ 307-733-4521. • startbus.com • Circule 6h-22h30.* 2 lignes de bus à l'intérieur de Jackson Hole. L'une dessert toute la ville (gratuite, toutes les 30 mn) et l'autre Teton Village, toutes les 1h ou 1h30. Brochure au *Visitor Center*.

■ ***Dollar Rent-a-Car*** *(plan A2,* ***2****)* **:** *345 W Broadway, dans le centre de Jackson. ☎ 307-733-9224 ou 1-800-800-4000. • dollar.com •*

■ ***Jackson Hole Adventure Rentals*** *(plan B1,* ***3****)* **:** *375 N Cache St, proche du Visitor Center. ☎ 307-739-5678 ou 1-877-773-5678. • jhadventure.com •* Spécialiste des motoneiges et 4x4.

Où dormir ?

Jackson Hole compte un nombre considérable d'hôtels et de motels. Profitant de leur situation aux portes de Grand Teton et Yellowstone, et de la présence de l'aéroport le plus proche du parc, la majorité pratique des tarifs très élevés, particulièrement en juillet et en août, mais aussi durant la saison de ski. En dehors des campings et de la seule AJ (à Teton Village), ne comptez pas trouver une chambre à moins de 90-100 $ en haute saison.

De prix moyens à plus chic

Antler Inn (plan B2, **11**) : *43 W Pearl Ave. ☎ 307-733-2535 ou 1-800-522-2406. • townsquareinns.com • Doubles 85-180 $ selon confort et saison.* Un motel classique et sans histoire avec plusieurs ailes de bâtiment. Au choix : grandes chambres standard ou d'autres plus petites et plus rustiques, mais toutes sont dotées de mobilier en gros rondins, même le meuble à télé. Pas très aérien comme style, mais le confort est là. Certaines chambres, plus chères, ont même une cheminée. Jacuzzi, sauna, *fitness center* et laverie.

Anvil Motel et El Rancho (plan B1, **12**) : *215 N Cache St. ☎ 307-733-3668 ou 1-800-234-4507. • anvilmotel.com • Doubles 105-150 $ en été, 50-75 $ en hiver.* 2 motels classiques et confortables, appartenant au même proprio. Le 1er a en plus la clim, le frigo et le micro-ondes dans les chambres (ventilos pour l'*El Rancho*). Les prix doublent de la même manière entre la basse et la haute saison. Quoi qu'il en soit, ces motels fonctionnels et sans surprise restent parmi les plus abordables.

Alpine Motel (hors plan par B2, **10**) : *70 S Jean St. ☎ 307-739-3200. À 4 blocs de Town Sq. Doubles 95-110 $ l'été, l'hiver slt à la sem.* Dans la courte série des motels les plus abordables de la ville, celui-ci ne présente pas des extérieurs des plus aguichants, mais c'est peut-être le plus proche du centre, dans un quartier résidentiel calme et dans les arbres. La vingtaine de chambres, dont 2 avec kitchenette, n'ont rien de folichon, mais les critères standard de confort et de propreté sont respectés. Noter que les non-résidents peuvent y prendre une douche. Pratique pour les cyclistes par exemple !

Teton Gables Motel (hors plan par A2, **13**) : *1140 W Hwy 22. ☎ 307-733-3723. • tetongables.com • Au croisement des routes 22 et 189 (Broadway). Résa conseillée. Doubles 90-110 $ l'été, l'hiver slt à la sem.* Une trentaine de chambres un peu désuètes, mais de bonne taille et confortables. Souvent plein en haute saison. Un inconvénient quand on est à pied : son éloignement relatif du centre-ville (15 mn).

De plus chic à très chic

The Alpine House (plan B1, **14**) : *285 N Glenwood St. ☎ 307-739-1570 ou 1-800-753-1421. • alpinehouse.com • Doubles 125-260 $, petit déj inclus.* Ce beau chalet moderne précédé par un jardin soigné cultive une atmosphère intime et conviviale, tenant plus de la *guesthouse* que de l'hôtel. Sans doute grâce aux salons

Adresses utiles

- Jackson Hole & Greater Yellowstone Visitor Center
- 2 Dollar Rent-a-Car
- 3 Jackson Hole Adventure Rentals
- @ 5 Teton County Library

Où dormir ?

- 10 Alpine Motel
- 11 Antler Inn
- 12 Anvil Motel et El Rancho
- 13 Teton Gables Motel
- 14 The Alpine House
- 15 Parkway Inn
- 16 The Wort Hotel
- 17 The Lodge at Jackson Hole

Où manger ? Où prendre le petit déj ?

- 16 The Silver Dollar Bar
- 20 The Bunnery
- 21 Shades Café
- 22 Pearl Street Bagels
- 23 JH Organics
- 24 E.leaven
- 25 Bubba's Bar-B-Que
- 26 Lotus Organic Café
- 27 Sweetwater
- 28 Café Genevieve
- 29 The Merry Piglets Mexican Grill
- 30 Rendez-vous Bistro
- 31 The Gun Barrel

Où boire un verre ? Où écouter de la musique ? Où danser ?

- 16 The Silver Dollar Bar
- 40 Million Dollar Cowboy Bar
- 41 Snake River Brewing Co

Achats

- 6 Boot Barn
- 7 Jackson Hole Hat Company

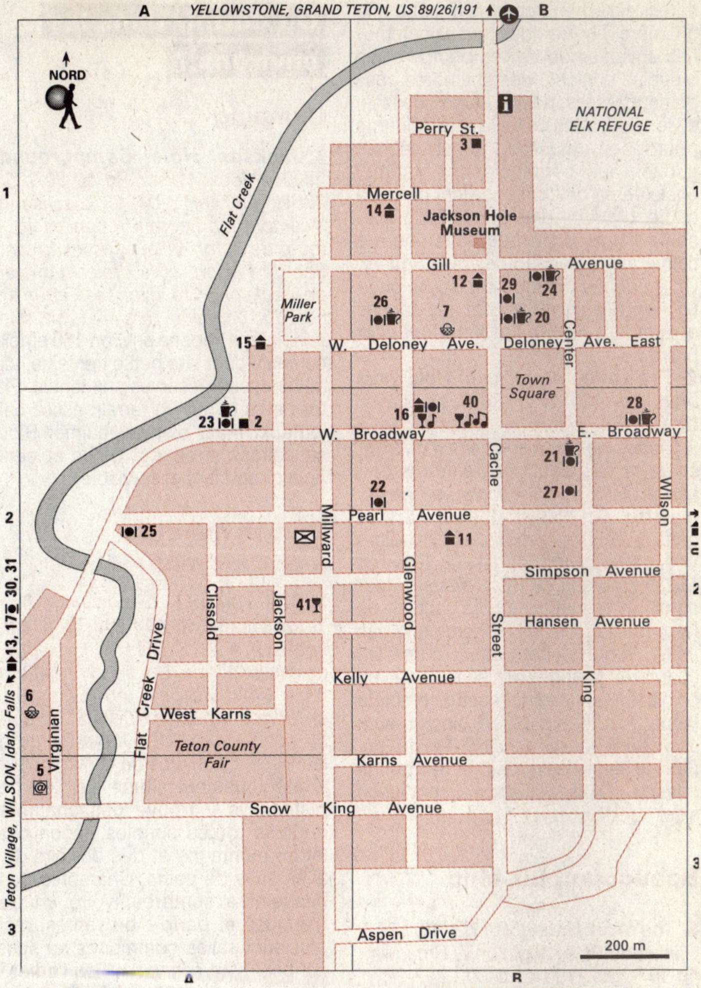

JACKSON HOLE

communs chaleureux, avec cheminées et bibliothèques, mais surtout grâce à la personnalité des proprios qui faisaient partie de l'équipe américaine de ski aux J.O. de Salt Lake City. Ils sont évidemment d'excellent conseil pour les excursions dans la région. Massage et sauna pour apaiser les courbatures... avant un repos bien mérité dans l'une des 22 chambres lumineuses, meublées dans un joli style scandinave avec un poêle dans certaines. Éviter juste celles en sous-sol, sombres et moins plaisantes. Également 5 cottages pour 6 personnes.

Parkway Inn *(plan A1,* **15***) : 125 N Jackson St. ☎ 307-733-3143 ou 1-800-247-8390. • parkwayinn.com • Doubles 100-260 $ selon saison, bon petit déj-buffet inclus.* Cette adresse de grand charme a tout d'une chambre d'hôtes : des parties communes envahies de vieilles photos et de meubles anciens, des chambres cosy personnalisées, pour la plupart dans un style 1900, dans un style plus moderne pour les autres. Pour ne rien gâcher, accueil aux petits oignons. Intime, chaleureux, bref, un excellent point de chute, d'autant plus que la belle maison en bois est située dans une rue calme à 5 mn à pied de *Town Square*. On en oublie presque la piscine longiligne intérieure, le jacuzzi, les saunas et le *fitness center*. Vraiment tout pour plaire !

The Lodge at Jackson Hole *(hors plan par A2,* ***17****) : 80 Scott Lane. ☎ 1-800-458-3866. • lodgeatjh.com • À l'entrée de la ville (en venant du sud), sur la droite, dans une petite rue perpendiculaire à W Broadway, au niveau d'un feu. Doubles env 110-260 $, bon petit déj-buffet compris.* Malgré une capacité plutôt élevée (environ 150 chambres), ce *Best Western*, tout en pierre et rondins (où se cachent de faux ours !), ne fait absolument pas usine, bien au contraire. Toutes les chambres sont des minisuites, avec un coin salon et une kitchenette complète (supermarché bio juste 1 bloc au sud, *Jackson Whole Grocer, ouv tlj 7h-23h*). Piscine semi-couverte. Une très bonne adresse où l'on se sent vraiment à son aise.

Beaucoup plus chic

The Wort Hotel *(plan B2,* ***16****) : 50 N Glenwood St, à l'angle de W Broadway. ☎ 307-733-2190 ou 1-800-322-2727. • worthotel.com • Doubles 200-380 $ selon saison.* LE grand hôtel de Jackson depuis 1941, immense chalet rustique tout en bois aux salons dotés, comme il se doit, d'une belle cheminée flanquée de fauteuils moelleux. Les chambres sont à son image, spacieuses et très confortables, sur une note western contemporaine plus ou moins discrète, jusqu'aux sculptures sur les portes ! En prime, salle de fitness, jacuzzi et un bar-restaurant qui a tant de souvenirs à raconter (voir « Où manger ?... »).

Où dormir dans les environs ?

Camping

Jackson Hole Campground : *2780 N Moose Wilson Rd. ☎ 307-732-2267. 📱 307-413-0495. • jacksonholecampground.com • À 6 miles sur la route de Teton Village, après la jonction de Wilson, côté droit en arrivant de Jackson. Tte l'année. Tente env 50-60 $, camping-cars 40-125 $ selon saison.* Propose environ 160 emplacements dont une petite trentaine, tout au fond, sont réservés aux tentes. Plutôt petits et sur un terrain assez caillouteux, mais bien au calme. Blocs sanitaires corrects et petite épicerie. Accueil souriant et serviable.

De bon marché à prix moyens

The Hostel : *3315 Village Dr, à* ***Teton Village****. ☎ 307-733-3415. • thehostel.us • À 12 miles au nord-ouest de Jackson Hole. Un grand chalet brun dans « mid-village ». Autour de 30 $ en dortoir, doubles 70-90 $, compter 80-100 $ pour 4.* Une auberge de jeunesse aux allures de minicomplexe, stratégiquement située au pied des pistes. On y trouve des chambres doubles toutes simples, façon chalet de montagne et des dortoirs de 4 avec salle de bains. Chambres dans l'ensemble sombres, voire un peu glauques et parfois bruyantes, mais plusieurs salles communes au sous-sol pour s'en échapper. Pas l'adresse idéale, mais c'est la seule AJ dans le coin. Et elle propose pas mal de petits plus : bibliothèque, jeux, laverie, on en oublie sûrement. Possibilité de transfert (payant) depuis l'aéroport.

De prix moyens à très chic

The Inn at Jackson Hole : *3354 W Village Dr, à* ***Teton Village****. ☎ 307-733-2311 ou 1-800-842-7666. • innatjh.com • À 12 miles au nord-ouest de Jackson Hole. Doubles 80-200 $ selon saison.* On est accueilli par une famille d'ours (en bois), au cœur de la station de ski de Teton. Pas loin de 100 chambres cosy avec moquette, cheminée pour les catégories supérieures et mezzanine pour les familiales. Ambiance particulièrement chaleureuse l'hiver. Piscine chauffée extérieure, sauna, jacuzzi et un resto japonais sur place. Et en prime, une vue dégagée sur le fameux *hole*, panorama carrément spectaculaire si l'on emprunte le téléphérique de la station (ouvert aux piétons).

Beaucoup plus chic

A Teton Tree House B & B : *6175 Heck of a Hill Rd. ☎ 307-733-3233. • atetontreehouse-jacksonhole.com • À la sortie ouest de Wilson (à 6 miles de Jackson), prendre à gauche Fall Creek Rd au niveau de la station-service et, un peu plus loin à droite, Heck of a Hill Rd ; un simple écriteau indique* « Becker's Tree House » *; garez-vous et grimpez les 95 marches jusqu'au chalet, construit à flanc de colline au milieu des sapins. De mi-mai à sept. Doubles 215-285 $ selon saison (excellent petit déj avec pain maison compris), 7e nuit gratuite.* Superbe environnement sylvestre pour cette maison insolite en bois, répartie sur plusieurs niveaux labyrinthiques. Déco moderne et chaleureuse pour les 6 chambres avec salle de bains, dont 2 possèdent une entrée particulière et un balcon. Le grand salon est également bien agréable avec sa cheminée et ses bouquins à feuilleter, de même que la salle à manger en mezzanine, entourée de nature. Et n'oublions pas le jacuzzi sur la plate-forme supérieure... Quant aux charmants proprios, ils pourront vous donner des tas de conseils pour profiter de la région.

– Consulter aussi nos adresses de ranchs dans les environs de Grand Teton. Cher, mais ô combien dépaysant !

Où manger ? Où prendre le petit déj ?

Bon marché

Shades Café (plan B2, **21**) : *75 S King St. ☎ 307-733-2015. Tlj 7h30-16h (15h l'hiver).* Mignonne petite cabane en rondins, à 200 m de la place centrale. Quelques tables, un intérieur chaleureux et de bonnes petites choses pour une poignée de dollars : muffins, bagels et muesli pour le petit déj ; soupes, paninis, salades, sandwichs, quiches et en-cas mexicains pour le déjeuner. *Specials* différents chaque jour. Fréquenté par une clientèle essentiellement locale, qui apprécie le cadre convivial et la petite terrasse ensoleillée.

Pearl Street Bagels (plan B2, **22**) : *145 W Pearl Ave. ☎ 307-739-1218. Tlj 6h30-18h. Max 5 $.* Jolie façade en bois rouge pimpant et déco authentique de snack-bar populaire. Beaucoup de jeunes l'ont adopté, surtout pour ses nombreux bagels « *New York style* » avec une grande variété de *fillings* (garnitures). Également de bons sandwichs frais et un vrai *espresso* pour finir en beauté. Que demander de plus ?

The Bunnery (plan B1, **20**) : *130 N Cache St. ☎ 307-734-0075. Tlj 7h-15h, 17h-21h (mar-sam, fermé le soir l'hiver). Plats 6-15 $.* *The Bunnery,* c'était à l'origine une boulangerie connue pour ses pains spéciaux. La maison a pris ses aises, installé une terrasse, aménagé une salle décorée de belles photos d'animaux, et est sans surprise devenue l'une des adresses préférées des locaux pour le breakfast et le lunch : omelettes épaisses, sandwichs frais, grosses salades... et toujours une dizaine de *pies* du jour pour les gourmands.

JH Organics (plan A2, **23**) : *365 W Broadway St. ☎ 307-733-0365. Tlj sf dim 8h (9h sam)-15h. Petit déj 5-10 $, plats 10-15 $.* Petit resto-épicerie bio, agréable et pratique pour ceux qui logent de ce côté-là de la ville. Vaste choix de thés et cafés, *smoothies* et des petits déj consistants à base de fruits frais, comme le délicieux *granola.* Rien de plus sain pour attaquer la journée ! Sinon, sandwichs, salades et soupes du jour.

E.leaven (plan B1, **24**) : *175 Center St. ☎ 307-733-5600. Tlj 7h-15h. Plats 4-9 $.* Self moderne et populaire avec de larges baies vitrées. Petit déj ou déjeuner, sur place ou à emporter avec au tableau sandwichs, salades, soupes, quiches, bagels... Service diligent pour une cuisine simple, honnête et fraîche. Rien de plus, rien de moins.

Prix moyens

The Silver Dollar Bar (plan B2, **16**) : 50 N Glenwood. ☎ 307-733-2190. Au bar, plats 10-15 $. Incontournable. Car ce bar historique est célèbre pour son grand comptoir incrusté de 2 032 pièces de 1 $ en argent ! Par ailleurs, malgré l'interdiction sur le jeu dans les années 1940-1950, on y trouvait des tables de poker et de black-jack. Une époque agitée où les bagarres n'étaient pas rares. Ne ratez pas, près des toilettes, la gravure représentant un Indien réalisée en 1961 à coups de... revolver, en 90 s, par le champion du monde de tir ! Si l'on ajoute une jolie frise au-dessus du comptoir et quelques simili-Renoir version américaine, c'est un vrai patchwork. Côté cuisine, on apprécie les goûteuses *soups of the day*, les salades bien faites, les sandwichs copieux et les *Irish puddings* en dessert. En revanche, on économisera ses dollars en évitant le *Silver Dollar Grill*, la salle de resto chicos de la maison : bonnes spécialités (wapiti, bison, truite), mais trop cher et sans ambiance à notre goût.

Bubba's Bar-B-Que (plan A2, **25**) : 100 Flat Creek Dr. ☎ 307-733-2288. Tlj 6h30-21h ; lunch special 11h-15h30. Plats env 10-15 $ le midi, 15-20 $ le soir. Déco western plutôt réussie pour cette adresse très populaire dans le coin : statue d'ours, roues de chariot et box en bois. Le midi, *fish plate*, salades, etc. ; le soir, c'est un *barbecue restaurant*, qui sert des plats typiques américains. En particulier la spécialité maison, les *spare ribs*, accompagnées de diverses sauces secrètes... Ambiance conviviale et animée. Prévoyez votre propre bière car ils ne servent que des sodas. Une adresse d'un rapport qualité-prix avantageux.

Lotus Organic Café (plan B1, **26**) : 145 N Glenwood. ☎ 307-734-0882. Tlj 8h-9h30. Petit déj 7-12 $, plats 10-14 $. Située à deux pas de Town Square, cette adresse réjouira les voyageurs en quête de bio et d'un peu de fraîcheur. Dans les assiettes, de belles salades aux accents asiatiques, d'excellents desserts traditionnels (*cheesecake*, cookie, *carrot cake*), sans oublier les petits déj savoureux et complets. Cela va sans dire, tout est bio et sans gluten ! Pour résumer : ambiance cosy avec meubles en bois clair, accueil charmant, assiettes copieuses... Une halte *healthy* au pays des cow-boys.

Café Genevieve (plan B2, **28**) : 135 E Broadway St. ☎ 307-732-1910. Tlj mat, midi et soir, sf dim et lun soir. Petits déj 8-13 $, lunch 10-15 $, dîner 20-30 $. Genevieve fut la 1re propriétaire de cette honorable demeure du début du XXe s et l'une des 5 membres du premier conseil municipal entièrement féminin aux États-Unis en 1920. Le ton est donné ! La cuisine, qui se veut « comme à la maison », ne manque pas de caractère, à l'image des côtes de porc au bacon ou de ces viandes accompagnées de leur sauce *gravy*. Également des salades, des sandwichs et de délicieux petits déj. À déguster en salle ou en terrasse. Attention, le soir, les prix passent en catégorie chic, voire très chic.

Sweetwater (plan B2, **27**) : 85 King St. ☎ 307-733-3553. Tlj 11h30-15h, 17h30-22h. Plats env 10-15 $ le midi, 15-25 $ le soir. Un grand chalet en rondins, à l'angle de King et de Pearl Avenue. Déco chaleureuse avec parquet, tables en bois et vieux poêle pour les soirées d'hiver. On peut aussi manger dans le patio, mais les places sont chères à l'heure du lunch (longue carte de sandwichs). Le menu varié, plus recherché le soir, propose de bonnes viandes et des poissons grillés en saison, épinards et feta pour les végétariens. Petite sélection de vins au verre. Excellent service.

The Merry Piglets Mexican Grill (plan B1, **29**) : 160 N Cache St. ☎ 307-733-2966. Tlj 11h30-22h. Env 5-10 $ à la carte pour des portions plus humaines, sinon compter 10-15 $. Un resto mexicain établi depuis 40 ans, c'est plutôt bon signe. Cadre agréable tendance hacienda kitsch, avec une grande véranda et 3 salles aux murs colorés. Cuisine traditionnelle bien ficelée, avec sauces maison et produits frais servis copieusement. Sympa et goûteux, à prix très corrects. Plus de 30 tequilas au choix et quelques margaritas bien corsées pour accompagner le tout. *Ay, Arriba !*

De prix moyens à très chic

Rendez-vous Bistro *(hors plan par A2, **30**) : 380 S Broadway. ☎ 307-739-1100. À 2,5 miles du centre-ville, sur la gauche, après le carrefour pour Wilson/Teton Village. Ts les soirs dès 17h30 (fermé le midi). Plats 15-35 $.* C'est ici que les gens du coin viennent se faire plaisir. Comme on les comprend ! Au pays du bison, c'est le seul endroit où trouver des escargots de Bourgogne, des moules marinière, du confit de canard, le tout bien présenté et goûteux. Cadre de brasserie contemporaine avec affiches en français et accueil impeccable. Impressionnante collection de bouteilles de vin au bar.

The Gun Barrel *(hors plan par A2, **31**) : 862 W Broadway. ☎ 307-733-3287. Côté gauche avt le croisement pour Wilson/Teton Village. Ouv ts les soirs 17h30-21h30. Résa conseillée. Plats 15-35 $.* D'accord, c'est architouristique (et les locaux l'ignorent pour cette raison), mais c'est le genre d'endroit que les visiteurs auraient tort de manquer. Le nom l'annonce ; ici, c'est l'Ouest, le vrai. Du *T-bone* (un suffit pour 2) au filet de wapiti en passant par le steak de bison, la truite locale et le saumon, les mangeurs de viande et les amateurs de bons produits seront au paradis. Tout est frais, délicieux et servi avec largesse. Accompagnements très goûteux : patate douce au four avec beurre d'érable, *mashed potatoes* à l'ail... L'intérieur, qui abritait autrefois un musée de la Faune du Wyoming, en a conservé trophées, animaux empaillés, vieux meubles et photos anciennes, le tout organisé autour d'une cheminée monumentale en pierre. Large choix de bières à la pression et desserts maison. Dépaysant, d'autant plus que les touristes sont tous américains...

Et aussi **Café Geneviève** : voir ci-dessus.

Où manger dans les environs ?

Nora's Fish Creek Inn : *5600 W Hwy 22, dans le village de **Wilson**. ☎ 307-733-8288. Midi et soir lun-sam ; slt jusqu'au brunch dim. Env 10 $ le midi et 20-25 $ le soir. Sandwich 5 $.* Une grosse cabane en rondins surmontée d'une enseigne en forme de truite. C'est bien sûr la spécialité maison, servie à prix démocratique. On pense également aux carnivores avec quelques bons steaks. Les prix sont corrects et l'on peut aussi se rabattre sur les sandwichs bon marché. La grande salle est plutôt agréable avec sa cheminée et sa déco *Old West*. Clientèle locale d'habitués et accueil souriant.

Où boire un verre ? Où écouter de la musique ? Où danser ?

Attention, les saloons sont strictement interdits aux moins de 21 ans, même accompagnés.

Million Dollar Cowboy Bar *(plan B2, **40**) : 25 N Cache St. ☎ 307-733-2207.* Il y a parfois une rangée de motos à l'entrée, les *bikers* en Harley Davidson ayant remplacé les cow-boys à cheval. Mais à l'intérieur, c'est *Wild West* d'opérette à fond la gomme ! *Stetson* vissé sur le crâne, cow-boy d'un jour et rancher de toujours fraternisent au comptoir, à cheval sur de vraies selles ! C'est photogénique, mais il n'y a que les puristes qui tiendront toute la soirée. Les autres choisiront les petites tables rondes, dispersées parmi les piliers en racines tarabiscotées, entre deux échappées vers la piste de danse ou une partie de billard. Orchestre rock, folk ou country tous les soirs sauf dimanche *(entrée 3-5 $)*. En saison, leçons de swing dance et de two-step tous les jeudis à 19h30. C'est aussi une bonne *steakhouse*. Dommage, les moins de 18 ans ne sont pas autorisés à entrer, même dans la partie resto justement.

The Silver Dollar Bar *(plan B2,* ***16****) : voir « Où manger ? ».* L'un des bars historiques de la ville. Concerts 3 fois par semaine. Et là, les mineurs sont tolérés !

Snake River Brewing Co *(plan A2,* ***41****) : 265 S Millward (à l'angle d'Hansen). ☎ 307-739-2337. Tlj 11h30-minuit.* Happy hours *16h-18h.* Sur le site même de la brasserie (visite possible), un des bars à bières les plus populaires de Jackson Hole. Dans l'entrée sont exposées toutes les médailles gagnées par la maison dans les concours de brasseurs. Cadre semi-industriel pittoresque, avec une salle haute de plafond traversée de passerelles, plusieurs niveaux en mezzanine et les cuves en cuivre au milieu des convives. Ambiance animée en fin de semaine. On peut aussi y manger (simple).

Achats

Boot Barn *(plan A2,* ***6****) : Grand Teton Plaza, 840 W Broadway (juste derrière le resto* Gun Barrel*). ☎ 307-733-0247. Lun-sam 9h-20h, dim 10h-17h.* Si l'envie vous prend de revenir fagoté comme un cow-boy, évitez à tout prix les boutiques à touristes du centre-ville. C'est ici que les locaux viennent chercher *Stetson*, bottes, chemises et pantalons. À noter qu'on y dégotte beaucoup de choses (comme les *Levi's* ou les *Wrangler's*) au même prix que dans les *outlets* (magasins d'usine) des grandes villes. La bonne affaire !

Jackson Hole Hat Company *(plan B1,* ***7****) : 45 W Deloney Ave. • jhhatco.com • Mar-sam 10h-17h.* À la recherche d'un vrai chapeau de cow-boy ? Vous devriez trouver votre bonheur chez cet authentique chapelier, le mètre à la main. En paille, en cuir, en lapin ou en castor... classique, avec des perles, turquoise ou rose bonbon : il y a des *Stetson* pour toutes les têtes et tous les prix, de 20 à 650 $. Également des ceintures, mais pas de casquettes de base-ball évidemment !

À voir à Jackson et dans les environs

Jackson Hole Museum *(plan B1) : 225 N Cache St. ☎ 307-733-2414 (en été) ou 9605. • jacksonholehistory.org • De fin mai à mi-sept, lun-sam 10h-18h, dim 12h-17h. Entrée : 6 $; réduc. Propose également en saison des tours guidés gratuits du quartier historique de Jackson (mar et jeu à 10h30).* Musée local bien attachant, où les photos sépia et un bric-à-brac d'antiquités retracent les grandes heures du pays. Tout est passé en revue, depuis les premières tribus indiennes jusqu'à la colonisation en passant par la vie des trappeurs. Vous pourrez y voir, par exemple, l'un des plus gros trophées d'orignal répertoriés dans le Wyoming, un émouvant fusil centenaire et incrusté de sédiments, du matériel agricole, ou encore la reconstitution d'un intérieur de cabane de trappeur. Également un portrait de David Jackson (qui donna son nom à la ville) et une section sur les nombreux films tournés dans le coin, dont le mythique *Shane* (1953). Et une petite expo sur la faune, la flore et la géologie du Grand Teton.

SOIN DE SOIE

Les cow-boys avaient pour habitude de se nouer un foulard de soie autour du cou lors de leurs pérégrinations car cette matière présente plusieurs avantages : légère, elle tient chaud, elle filtre bien la poussière, elle sèche vite et se révèle facile à manipuler pour faire un bandage en cas de blessure. Et, comble de la coquetterie, chaque cow-boy avait sa propre manière de nouer son foulard !

National Elk Refuge *(plan B1) : immense pâturage qui s'étend juste derrière le* Visitor Center*, des limites de la ville jusqu'à celles du parc national de Grand Teton. Infos sur la réserve au 675 E Broadway, ☎ 307-733-9212. • fws.gov/natio* *nalelkrefuge* • Créé en 1912 pour protéger le domaine où les wapitis et les biches viennent hiverner par milliers. Le reste de l'année, on peut y observer toutes sortes d'oiseaux des marais et quelques cerfs habitués aux lieux. Ne manquez pas la visite ludique dans le *Visitor Center*. Petite présentation instructive de la faune des parcs nationaux voisins, avec film et animaux naturalisés : daims, wapitis, loups, grizzlis... et une belle vue panoramique sur les pâturages.

National Museum of Wildlife Art *(hors plan par B1)* **:** *2820 Rungius Rd, à quelques miles de la sortie de la ville, sur la US 191 en direction de Grand Teton. ☎ 307-733-5771 ou 1-800-313-9553. • wildlifeart.org • Tlj 9h-17h. Entrée : 12 $, audioguide compris ; réduc.* Long bâtiment en pierre ressemblant à un fort écossais, bien intégré au paysage et entièrement dédié à la vision du monde animal par plus de 500 artistes, des plus grands noms comme Audubon aux plus illustres inconnus. Conviendra aux amoureux de la nature, mais, franchement, aux portes d'une des plus grandes réserves naturelles des États-Unis, mieux vaut voir les animaux en vrai qu'en peinture ! On peut cela dit profiter du café, avec vue imprenable sur le *National Elk Refuge* (longue-vue) et visiter la boutique, très bien fournie en beaux livres.

Teton Raptor Center : *5450 W Hwy 22, au village de* ***Wilson,*** *à 6 miles, juste après le croisement pour Teton Village. ☎ 307-203-2551. • tetonraptorcenter.org • Tlj, visites régulières (compter 1h), mais appeler avt. Entrée : 10 $; réduc.* Cette ancienne ferme à bétail abrite aujourd'hui un centre de protection pour rapaces blessés. L'occasion de mettre un nom sur ceux que l'on aperçoit parfois dans le ciel des parcs, depuis la minuscule chouette bigleuse jusqu'à l'aigle royal aux serres aiguisées comme des couteaux. Pas de cages, mais des démonstrations en live et d'intéressantes explications (en anglais seulement).

Sports et loisirs

Voir également nos adresses dans le parc de Grand Teton.

Escalade

■ ***Jackson Hole Mountain Guides & Climbing School :*** *1325 S Hwy 89. ☎ 307-733-4979 ou 1-800-239-7642. • jhmg.com • Dans le centre-ville de Jackson Hole. À partir de 140 $/j. par pers.* Une très bonne adresse, pour des ascensions de 1 ou plusieurs jours.

■ ***Exum Mountain Guides :*** *à* ***Jenny Lake,*** *dans le parc national de Grand Teton (voir notre rubrique « Sports et loisirs » à ce chapitre).*

Rafting, canoë

Rafting possible (douche garantie !) ou gentilles balades découverte sur la Snake River. Plusieurs compagnies louent le matériel et proposent des excursions accompagnées. Plus ou moins les mêmes forfaits : descente des rapides sur 8 miles (avec une dizaine de passages ébouriffants) ou en *scenic float,* promenade commentée pour découvrir les paysages, la faune et la flore *(env 65 $, ou les 2 pour 110 $ env).* Plusieurs départs par jour. Un repas est assuré pour la seconde formule. Deux bonnes adresses :

■ ***Jackson Hole Whitewater Scenic Floats Teton Expeditions :*** *650 W Broadway. ☎ 307-733-1007 ou 1-800-700-RAFT. • jhww.com •* Plutôt plus petit que ses concurrents, donc moins usine à touristes.

■ ***Mad River Boat Trips :*** *1255 S Hwy 89. ☎ 307-733-6203 ou 1-800-458-7238. • mad-river.com •* Équipe bien rodée et efficace. Excellentes prestations.

Balades équestres

Balades guidées classiques ou, si on le désire, avec petit déj ou dîner au coin du feu de camp (entre les deux, il fait trop chaud !). Choisir l'excursion en fonction du paysage désiré. Les prix et la qualité du service sont à peu près standard aussi. Liste des prestataires au *Visitor Center,* mais il ne faut pas rêver, les excursions n'ont rien de chevauchées sauvages. Voir cependant notre adresse au Grand Teton National Park.

Balades à VTT

Là aussi, plusieurs compagnies proposent la location à des tarifs relativement similaires *(env 35 $ les 24h, tarif dégressif).* Les adresses qui suivent pourront vous renseigner sur les balades les plus sympas à faire dans le coin.

■ ***The Edge Sports :*** *490 W Broadway.* ☎ *307-734-3916.*
■ ***Hoback Sports :*** *520 W Broadway Ave #3.* ☎ *307-733-5335.* • *hobacksports.com* •

Balades en ballon

Une petite heure pour survoler la région en 80 émotions ! *Env 270-300 $/pers, comprenant transfert depuis l'hôtel et champagne à l'atterrissage :*

■ ***Teton Balloon Flights :*** *PO Box 12, à* ***Driggs*** *(ville située à 30 miles de Jackson, dans l'Idaho).* ☎ *208-787-5500 ou 1-866-533-6404.* • *tetonballooning.com* •
■ ***The Wyoming Balloon Co :*** ☎ *307-739-0900.* • *wyomingballoon.com* •

Spectacles et manifestations

ꝏ ***Rodéo :*** *au* Teton County Fair & Rodeo Grounds *(plan A3), 447 W Snow King Ave.* ☎ *307-733-7927.* • *jacksonholerodeo.us* • *Mai-sept, ts les mer et sam soir à 20h. Entrée : env 15 $; réduc moins de 12 ans.* N'oubliez pas votre *Stetson,* pour faire moins touriste.
ꝏ ***Town Square Shootout*** *(plan B1-2) : fin mai-début sept, lun-sam à 18h. Gratuit.* Reconstitution de duels sur la place principale. Le genre de minishow bon enfant dont les familles américaines raffolent !
– ***Grand Teton Music Festival :*** *à l'amphithéâtre de Teton Village, de juil à mi-août.* ☎ *307-733-3050.* • *gtmf.org* • Festival de Musique classique, Jazz et bien d'autres styles, toujours très attendu dans la région. Concours international d'orchestres symphoniques, amateurs ou professionnels.

PINEDALE (WYOMING)

1 400 hab.

Située à 76 miles au sud de Jackson, par la 191, Pinedale constitue une halte possible sur la route de Salt Lake City. Petite ville de montagne, au bord des Wind River Mountains, elle se résume à une longue rue principale, bordée par endroits de trottoirs en bois, avec une grande boutique pour cow-boys et une autre pour randonneurs. Pinedale vit, bon an mal an, de son gisement de gaz. En fonction du cours du marché, très lunatique, les hôtels sortent de terre ou périclitent, les restaurants changent de main ou s'accrochent... Tout autour,

des hameaux disséminés dans cette vaste plaine dominée par des dizaines de glaciers. C'est le cœur de la *Sublette County,* l'une des zones les plus fréquentées par les *Mountain Men* à la grande époque du commerce de la fourrure. Plein de balades possibles aux alentours, comme celle qui conduit au lac Fremont, superbe, niché au creux des montagnes. C'est le deuxième plus grand lac du Wyoming.

MEETIC

Au début du XIXe s, traquer le castor, c'était bien joli, mais encore fallait-il écouler les stocks ! Un négociant eut l'idée d'organiser des « rendez-vous » (en français dans le texte) à date fixe : on apportait aux trappeurs du ravitaillement, tandis que ces derniers vendaient leurs trophées de chasse. Avec le temps, les rendez-vous devinrent si populaires que tous les Indiens et les aventuriers du coin s'y réunissaient pour marchander, danser, jouer... et boire.

Adresse utile

■ ***Sublette Visitor Center :*** *19 E Pine, PO Box 176, WY 82941.* ☎ *307-367-2242 ou 1-888-285-7282.* • *sublettechamber.com* • *et* • *pinedaleonline.com* • *Tlj 9h-18h.* Infos pratiques sur les logements et les activités dans le comté de Sublette (excursions à cheval, randonnées, balades à VTT, canoë, rafting, pêche...). Nombreuses docs et bon accueil.

Où dormir ?

Bon marché

🏠 ***Half Moon Lodge :*** *46 N Sublette Ave.* ☎ *307-367-2851. Dans une rue parallèle à la route principale, pas loin du* Visitor Center. *Doubles 50-80 $.* 📶 Un motel basique et tout en bois, en forme de U, offrant une vingtaine de chambres bien tenues avec de la moquette et des lits douillets. Rien d'exaltant, c'est sûr, et assez vieillot, mais l'accueil jovial et le confort nous conviennent bien. Avec de tels tarifs, ce n'est déjà pas si mal !

De prix moyens à plus chic

🏠 ***Log Cabin Motel :*** *49 E Magnolia St.* ☎ *307-367-4579.* • *thelogcabinmotel.com* • *Cabins 90-170 $.* 📶 Au calme derrière le *Visitor Center,* un petit village de chalets en gros rondins qui a déjà toute une histoire derrière lui. Il a même changé de propriétaire suite à une partie de poker ! Avec la terrasse couverte pour l'apéro et les 3 pièces (une chambre, un petit salon-kitchenette avec un lit et la salle de bains étriquée), ces *cabins* construites à la fin des années 1920 conviendront aux familles. Assez vieillottes et quelques défauts d'entretien, mais un charme qui demeure authentique.

🏠 ***B & B The Chambers House :*** *111 W Magnolia.* ☎ *307-367-2168 ou 1-800-567-2168.* • *chambershouse.com* • *Doubles 100-140 $ selon saison.* 📶 Dire qu'il s'agissait à l'origine de l'école ! Bon, cela remonte tout de même à 1906, et, depuis cette date, la jolie demeure historique en bois a poussé les murs et ajouté un étage. Elle renferme aujourd'hui 5 chambres douillettes, pas bien grandes mais dotées de mobilier choisi. 2 d'entre elles se partagent une salle de bains. Quant au salon commun... il occupe l'ancienne salle de classe ! Mais pas d'interro écrite pour autant...

Très chic

🏠 ***Hampton Inn & Suites :*** *55 Bloomfield Ave.* ☎ *307-367-6700.* • *pinedalesuites.hamptoninn.com* • *À l'entrée de Pinedale en venant du nord. Doubles 130-180 $, petit déj inclus.* 💻 📶 Cette vaste structure en bois et pierre du pays est comme posée au milieu de la plaine. Elle abrite une centaine de chambres au confort standard de chaîne haut de gamme. Mention spéciale pour la déco des salles de bains, l'architecture des salles communes et surtout pour l'ambiance conviviale qu'il y règne. Salle de fitness et jolie piscine couverte.

Où manger ? Où boire un verre ?

Wind River Brew Pub : *402 Pine St. ☎ 307-367-2337. Tlj 11h-23h (minuit ven-sam). Plats 8-16 $.* Le brasseur de la ville a ouvert un resto-bar attenant qui propose salades et sandwichs corrects. Mais on préfère les burgers aux sauces à la bière, à déguster en salle ou en terrasse. Côté bar, on trouve évidemment une sélection complète de bières bardées de prix, dont la WPA *(Wyoming Pale Ale)*, servies depuis la demi-pinte jusqu'au... demi-tonneau *(125 $)*. Accoudé au long comptoir en bois, on n'a d'yeux que pour la lampe à pied en forme de santiag. Du plus bel effet !

Rock Rabbit : *432 Pine St. ☎ 307-367-2485. Tlj du matin au soir (sf dim-lun) ; musique live mar et sam soir.* Ambiance résolument hippie dans ce rade populaire où l'on sert le meilleur café de la ville, *latte*, expresso ou même en milk-shake. Mais on peut aussi y manger, carte classique de salades et sandwichs. Déco fourre-tout, de la peau d'ours aux cerfs-volants asiatiques en passant par d'authentiques disques d'or. Fait aussi boulangerie. Un endroit pas stress pour un cent et plutôt inattendu au pays des *cow-boys and girls*.

À voir. À faire

Museum of the Mountain Man : *700 E Hennick St, côté droit sur la route de Fremont Lake Rd (la route des lacs). ☎ 307-367-4101 ou 1-877-686-6266. • museumofthemountainman.com • Mai-fin sept, tlj 9h-17h. Entrée (valable 2 j.) : 5 $; réduc. Film de 30 mn.* Éloge vibrant aux héros fondateurs, ce musée bien agencé et très ludique dévoile tout l'univers des *Mountain Men* : leurs habitudes (des coureurs de bois qui vivaient en autosuffisance), leur matériel, leurs techniques de chasse, et bien sûr leurs fougueux voisins, les Indiens. C'est d'ailleurs l'occasion d'évoquer les traditions des tribus des Rocheuses, en s'appuyant sur de belles collections de costumes, de coiffes et de bijoux. On a même reconstitué un tipi. Au sous-sol, rapide exposition sur Pinedale : photos anciennes, le gisement de gaz et une curieuse collection de barbelés !

CACHE CACHE

Afin de pouvoir gérer leur stock sur plusieurs mois, les mountain men créèrent des « caches » (en français dans le texte). Il s'agissait de sortes de caves, creusées à même le sol, selon une technique très élaborée et dans le plus grand secret, de façon à éviter les risques d'inondation par les rivières, les pilleurs ou les coyotes fouineurs. On y entreposait de vrais butins de guerre, aussi bien des peaux de castors que des munitions ou de la nourriture. Après plusieurs mois d'absence, tout le jeu consistait d'abord à retrouver sa « cache », et intacte si possible !

➢ En poussant 2 miles plus loin sur la même route, on parvient à un beau point de vue sur le lac Fremont, avec les cimes enneigées au fond.

➢ Les pêcheurs et les romantiques apprécieront les eaux limpides des lacs Half Moon et Fremont, à quelques miles du centre de Pinedale. Les marcheurs sillonneront les sentiers de randonnée à travers les Wind River Mountains, qui abritent 60 glaciers ; et les cow-boys nostalgiques ne manqueront pas de s'offrir une excursion de 1 à 3 jours, à cheval et à l'ancienne ! Ceux qui disposent de moins de temps fileront tout droit vers le parc du Grand Teton.

Fête et manifestation

– ***Green River Rendez-Vous Days :*** *juil.* Cette fête a pour thèmes les *Mountain Men* et les Indiens des Plaines.
– ***Rodéo :*** *à la sortie sud de la ville (indiqué), slt ven en été, à 19h. Entrée : env 8 $.* Corral modeste, mais dans un emplacement de choix, avec les glaciers en fond de scène. Comme au motel, on gare sa voiture autour de la piste pour s'asseoir dessus, sortir le casse-croûte et encourager le fiston (ou la fistonne).

GRAND TETON NATIONAL PARK (WYOMING)

Un des fleurons des Rocky Mountains, fondé en 1929 sous l'impulsion des Rockefeller, donc un demi-siècle après le parc de Yellowstone. Mais la découverte de la région remonte au début du XIXᵉ s, par les trappeurs John Colter (membre de l'expédition Lewis et Clark), Jim Bridger et Osborne Russell. Ils furent quasiment les premiers pionniers, après le passage d'autres trappeurs français venus de l'Idaho au XVIIIᵉ s.

Le parc est dominé par Teton Range, cette superbe chaîne de montagnes qui s'élève brusquement. Les trois principaux sommets sont South Teton (3 814 m), Middle Teton (3 903 m) et Grand Teton (4 197 m). Une interminable vallée glaciaire, la Jackson Hole Valley, s'étend au bas de cette muraille naturelle, où rôdent de nombreux animaux sauvages et où veille l'esprit du vieil Ouest. Et pour donner un aspect encore plus *Old Testament* à ces paysages spectaculaires, des cours d'eau limpides, l'impétueuse *Snake River* et quelques lacs poissonneux, admirables miroirs aux eaux claires et aux rives étrangement découpées. Telle est la silhouette caractéristique de ce parc, collé au flanc sud du parc de Yellowstone, beaucoup moins connu que lui et qui n'a pourtant rien à lui envier pour les paysages. Arriver à Yellowstone après avoir traversé Grand Teton, c'est comme passer par le jardin d'Éden avant d'accéder au paradis.

UNE FAUNE ABONDANTE

Dans cette vallée de haute montagne abondent les élans du Canada ou orignaux (*mooses* en anglais) et les wapitis (*elks*, les plus faciles à observer). Sur l'eau glissent les pélicans blancs, les canards et les oies sauvages. On rencontre aussi parfois des grizzlis, dont la population est tout de même évaluée de 400 à 600 individus dans l'ensemble de l'écosystème de Yellowstone (c'est-à-dire les parcs et leurs environs larges) et des ours bruns, plus difficiles à comptabiliser car vivant de préférence en forêt. Mais autant dire qu'il n'est pas exclu de croiser un plantigrade ! Et depuis 1995, les loups réintroduits à Yellowstone ont gagné le territoire du parc. En matière d'animaux sauvages, les conseils et les recommandations sont les mêmes ici qu'à Yellowstone (lire impérativement ce chapitre).

SEINS DE GLACE

Le Grand Teton National Park porte un nom bien gaulois. Il vient des premiers trappeurs français, à la recherche de peaux de castors. Ils découvrirent la région au XVIIIᵉ s. À la vue des trois plus hauts sommets enneigés, ils songèrent à la forme de tétons féminins... Le nom est resté, de même que Gros Ventre River ou Nez Percé Peak.

Circuler dans le parc

En voiture

Pour tous les détails et les distances kilométriques, se reporter au chapitre sur le parc de Yellowstone et à la rubrique « Arriver – Quitter ».

➢ ***De Jackson Hole :*** le *Moose Visitor Center,* le centre d'accueil et d'info le plus au sud du parc, n'est qu'à 4 miles de l'aéroport de Jackson Hole (situé à l'intérieur du parc) et à une douzaine de miles de Jackson Hole, la seule ville d'importance.

➢ ***De la porte sud du parc de Yellowstone :*** slt 8 miles avec l'entrée nord du parc de Grand Teton, en passant par le John D. Rockefeller Jr Memorial Parway, un parc intermédiaire.

– Noter qu'il faut environ 1h30, sans s'arrêter, pour traverser le parc en voiture, de Jackson Hole à l'entrée sud du parc de Yellowstone.

Pour sillonner le parc, on peut suivre la route US 89/191, qui traverse le parc le plus à l'est, en passant par Moose et Moran Junction. Mais on peut aussi emprunter la Moose-Wilson Rd entre Grand Teton Village et Moose, une voie étroite et sinueuse interdite aux camping-cars et bus touristiques. On continue ensuite vers le nord sur la Teton Park Rd, qui longe Jenny Lake avant de rejoindre l'US 191 à Jackson Lake Junction. Le mieux est de faire le trajet en boucle car tous les paysages se valent.

Adresses et infos utiles

Informations générales

– Le ***journal gratuit Teewinot*** est disponible dans les *Visitor Centers*. C'est le journal d'information du parc national de Grand Teton. Il contient tous les détails sur les activités, les possibilités d'hébergement et de restauration, les recommandations, les points les plus intéressants pour observer les animaux sauvages... Bref, un indispensable !

– Le ***billet d'entrée du Grand Teton National Park*** *(25 $/voiture, valable 7 j. ou 50 $ le billet annuel)* couvre aussi la visite du Yellowstone. Ne pas le jeter.

– L'***Interagency Annual Pass*** *(80 $, valable 1 an pour l'ensemble des parcs nationaux)* est, bien entendu, aussi accepté.

– ***Distributeurs automatiques :*** *à* ***Moose*** *(chez* Dornan's*) et au* ***Flagg Ranch*** *tte l'année. Également au* ***Jackson Lake Lodge,*** *au* ***Signal Mountain Lodge*** *et dans le* grocery store *de* ***Colter Bay Village*** *en saison.*

– Plusieurs ***stations-service*** réparties dans le parc : *à* ***Jackson Lake Lodge, Colter Bay Village*** *(24h/24),* ***Flagg Ranch, Signal Mountain*** *et* ***Moose Village,*** *chez* Dornan's *(24h/24).* Noter que l'essence est légèrement plus chère dans le parc.

– On trouve le ***wifi*** dans la plupart des hôtels et *lodges* du parc (contrairement à Yellowstone), mais seulement à la réception en général.

Visitor Centers

■ ***Grand Teton National Park :*** *PO Drawer 170,* ***Moose,*** *WY 83012-0170.* ☎ *307-739-3300.* • *nps.gov/grte* •

ℹ ***Craig Thomas Discovery and Visitor Center de Moose :*** ☎ *307-739-3399.* • *gtnpf.org/projects.php* • *Siège central du parc, à 0,5 mile à l'ouest de Moose Junction, au sud du parc. Ouv tte l'année, tlj 9h-17h (8h-19h en été).* Très bien, très complet et tout beau, avec de larges baies ouvertes sur la nature. Expo détaillée sur la faune, la flore, l'alpinisme, l'histoire humaine du parc.

ℹ ***Visitor Center de Colter Bay :*** ☎ *307-739-3594. À 0,5 mile de Colter Bay Junction (vers le nord), à* ***Colter Bay Village.*** *Juin-fin août, tlj 8h-17h (19h l'été).* Abrite l'intéressant *Indian Arts Museum* et un auditorium (films et conférences gratuits). On trouve de surcroît au village une épicerie, une station-service, un garage, un distributeur automatique, une laverie et 2 restos.

ℹ ***Visitor Center de South Jenny Lake :*** ☎ *307-739-3392. À 8 miles au nord de Moose Junction, sur Teton Park Rd. Ouv 8h-17h (19h juin-début sept).*

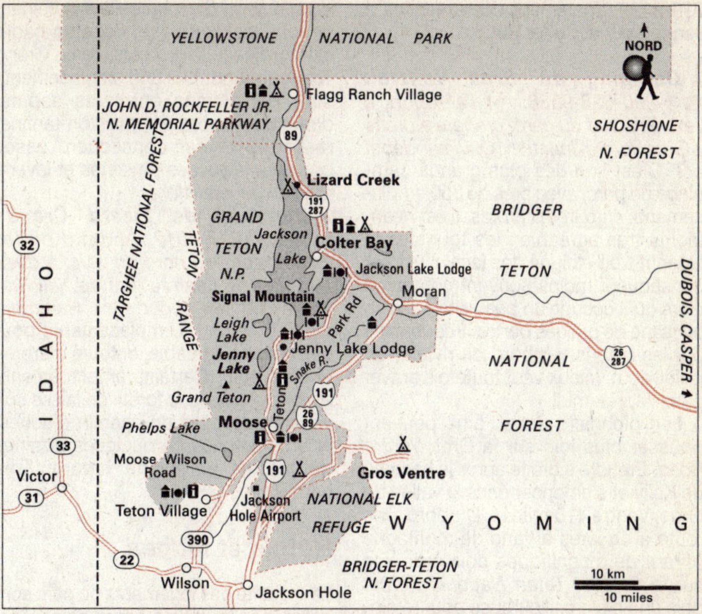

GRAND TETON NATIONAL PARK

Information Station de Flagg Ranch : *à 16 miles au nord de Colter Bay sur la Hwy 89/121/287. ☎ 307-543-2327. Juin-début sept, tlj 9h-15h30.*

Divers

- **Urgences :** *☎ 911.*
- **Grand Teton Medical Clinic :** *au Jackson Lake Lodge. ☎ 307-543-2514 ou 307-733-8002 (après 17h). Ouv mai-sept, tlj 10h-17h.*
- **Météo :** *☎ 307-739-3611.*
- **État des routes :** *☎ 307-739-3614.*
- **Infos camping :** *☎ 307-739-3603.*
- **Infos escalade :** *☎ 307-739-3604.*
- **Infos pour l'arrière-pays et sur les rivières :** *☎ 307-739-3602.*

Où dormir ?

Campings

– Plusieurs ***aires de camping,*** *dont une slt, le camping de* ***Jenny Lake*** *(très fréquenté), est réservée exclusivement aux tentes. Même tarif pour ts : 20 $/empl. Comme dans le parc du Yellowstone, se présenter le jour même et le principe de fonctionnement est « premier arrivé, premier servi ». On peut camper 7 j. à Jenny Lake ; ailleurs, la durée est de 14 j. max.* Chaque *campground* est équipé de toilettes et d'arrivée d'eau (froide seulement), d'emplacements pour faire du feu et de tables de pique-nique. Mais pas de douches ni de raccordement à l'électricité. On trouve du gaz dans la plupart des épiceries et supermarchés du parc.

– **Camping sauvage :** pour camper en dehors des aires aménagées, faire du *backcountry camping,* une autorisation est nécessaire. Il faut s'adresser au *Permit Office,* en leur soumettant votre itinéraire. En pleine saison, se présenter, si possible, 24h à l'avance, dans les *Visitor Centers* de Moose, Colter Bay ou Jenny Lake.

- **Permit Office :** *Grand Teton National Park, Moose Headquarter, PO Box 170,* ***Moose*** *WY 83012. ☎ 307-*

739-3309. Également des antennes à Jenny Lake et Colter Bay.

Camping de Gros Ventre : *☎ 1-800-628-9988. Avt l'aéroport, à l'extrême sud du parc, prendre à droite à Gros Ventre Junction. Ouv mai-début oct.* C'est l'un des plus grands campings du parc, avec près de 350 emplacements entourés d'arbres. Il est néanmoins très agréable : les touristes le jugeant trop éloigné des lacs, il est par conséquent moins souvent complet... alors qu'il occupe un beau site dans un paysage de prairies parfois fréquentées par les bisons, en bord de rivière. En juillet-août, mieux vaut toutefois arriver dans l'après-midi.

Les pionniers dans l'âme peuvent pousser plus loin sur la *Gros Ventre Road*. Prendre à droite après le hameau de Kelly et s'enfoncer dans la vallée de Gros Ventre (10 miles). D'abord une route à ornières à flanc de montagne offrant de magnifiques points de vue sur la *Bridger Teton National Forest* puis une piste caillouteuse pour rejoindre le ***Crystal Creek Campground*** *(en dehors du parc ; env 15 $/empl.).* On trouve en fait 3 campings sur ce tronçon, mais le *Crystal* reste notre favori. Difficile de faire plus excentré et plus basique, mais qu'est-ce que c'est beau ! Les quelques emplacements sont dispersés sous les arbres, au bord de la rivière, face aux montagnes.

Camping de Jenny Lake : *☎ 1-800-628-9988. Ouv de mi-mai à début oct. En été, se présenter dès 9h.* Au total, 50 emplacements herbeux exclusivement réservés aux tentes. Environnement superbe, au pied des montagnes enneigées, dans une forêt de sapins clairsemée bien à l'écart de la route. Attention, c'est le plus recherché de tous.

Camping de Signal Mountain : *☎ 1-800-672-6012. Au bord du superbe Jackson Lake. Ouv de mi-mai à mi-oct. Se présenter avt 12h.* Très agréable. Certains emplacements (sur les 90 au total) à flanc de colline ont une vue magnifique sur le lac et les montagnes. Épicerie et pompe à essence.

Camping de Colter Bay : *☎ 1-800-628-9988. Au nord du parc. Ouv fin mai-fin sept.* Sur une colline dominant de loin Jackson Lake, dans un cadre extraordinaire avec la chaîne de Grand Teton en fond. Les 350 emplacements sont disséminés entre les sapins, donc bien ombragés, mais un tantinet resserrés et par conséquent assez bruyants. Douches payantes et laverie près du *general store.*

Camping de Lizard Creek : *☎ 1-800-672-6012. Au bord du lac de Jackson ; au nord du parc, à quelques km de l'entrée sud de Yellowstone. Ouv juin-début sept. Rarement plein.* Environ 60 emplacements pour ce camping agréable, entouré d'arbres et bien tenu. Certains emplacements sont noyés dans la forêt : on laisse son véhicule au bord du chemin d'accès, et on s'enfonce de quelques dizaines de mètres en pleine nature. Très bucolique.

Hôtels et *lodges*

La majorité des logements du parc sont gérés par le même organisme. Pour plus d'infos, ou pour réserver longtemps à l'avance (ce qui est hautement recommandé en été), contacter :

■ **Grand Teton Lodge Co :** *PO Box 240,* ***Moran,*** *WY 83013. ☎ 307-543-2811 ou 1-800-628-9988. • gtlc.com •* Le *Signal Mountain Lodge* est le seul qui doit être contacté directement.

Colter Bay Tent Village & Cabins : *au bord du Jackson Lake. L'hébergement le moins cher, sur 2 sites différents :*

– **Tent cabins :** *ouv juin-début sept slt. Env 70 $ pour 2 (6 $/pers supplémentaire) ; loc de sacs de couchage et d'oreillers en sus.* Ce sont des abris mixtes : un sol en dur et un mur en bois sur lequel s'appuie une structure en toile. Ils sont équipés de poêles à bois, d'une table, de lits superposés avec matelas, d'un barbecue et d'un auvent. Le tout franchement basique et pas de la première jeunesse. Un vrai campement de pionniers, en somme.

– **Log cabins :** *ouv fin mai-fin sept. Env 130-200 $ jusqu'à 6 pers, avec sdb.* En comparaison, c'est le grand luxe ! Ce sont des cabanons en rondins, dans le style vieil Ouest. Certains sont même de vraies pièces de musée : rapatriés de tout le Wyoming, la plupart datent des années 1890 et ont appartenu aux premiers colons... L'ensemble possède par conséquent un cachet indéniable, d'autant que la déco rustique et agréable en fait un lieu de villégiature douillet.

Jackson Lake Lodge : *ouv de mi-mai à fin sept. Doubles 240-340 $ selon vue, sans le petit déj.* Un peu l'usine, mais certainement la plus belle vue depuis ce véritable complexe isolé en bordure de grands espaces herbeux. Un resto chic, un snack et un bar cosy, le tout bordé d'immenses baies vitrées panoramiques. La plupart des chambres (conventionnelles et agréables) sont réparties dans des cottages alignés comme à la parade, les autres sont rassemblées dans le bâtiment principal. Piscine extérieure chauffée. Tout confort donc, mais c'est malheureusement cher. Nombreuses activités proposées dans le parc : équitation, bateau, rafting... Station-service et infirmerie.

Jenny Lake Lodge : *tourner à North Jenny Lake Junction. ☎ 307-733-4647. Ouv juin-début oct. Env 620 $ pour 2, incluant petit déj, dîner, excursions à cheval et vélos à disposition.* Le *lodge* le plus haut de gamme du parc, idéalement situé dans la forêt, à deux pas du ravissant lac Jenny (mais pas de vue). Il se compose de charmants bungalows en rondins, avec bien sûr tout le confort rustique et chic approprié, tous éparpillés dans une forêt de sapins. Romantique à souhait avec les poêles à bois et les patchworks sur les lits. Mais c'est encore mieux le soir, lorsqu'on profite de la fraîcheur sous le porche dans un rocking-chair à l'ancienne mode. Grand *lobby* très agréable où crépite un bon feu de bois.

Signal Mountain Lodge : *☎ 307-543-2831. • signalmountainlodge.com • Ouv de mi-mai à mi-oct. Env 140-300 $ selon confort, sans le petit déj.* L'un des mieux situés, tout contre le lac de Jackson, mais aussi l'un des plus accueillants. Il s'organise à la manière d'un petit village et propose différentes catégories de logements : les moins chers sont les cabanes en rondins, rustiques et agréables (mais sans vue), les autres vont du modèle motel (avec frigo) au bungalow familial avec kitchenette, terrasse et barbecue. Location de bateaux et de canots, épicerie, 2 restos et un bar très sympa pour se remettre de ses émotions en rentrant d'expédition.

Ranchs-hôtels

Plus cher, mais ô combien dépaysant, le *dude ranch,* c'est-à-dire le ranch-hôtel, est une formule assez répandue dans l'Ouest américain. La formule « tout inclus » comprend l'hébergement, les repas et les sorties à cheval.

Goosewing Ranch : *dans la vallée de Gros Ventre. ☎ 307-733-5251 ou 1-888-733-5251. • goosewingranch.com • Sur l'US 191 vers Grand Teton, tourner à droite à Gros Ventre Junction ; après Kelly, prendre à droite la Gros Ventre Rd, dépasser un lac et continuer sur la piste caillouteuse qui remplace la route bitumée ; après 8 miles, tt droit à la fourche (panneaux). Doubles à partir de 675 $/pers pour 3 nuits, repas et activités compris.* À 40 miles de Jackson, immergé en pleine nature, ce ranch pittoresque tenu par un Français est le rêve de tout vrai amoureux du *Wild West.* Les différents chalets en gros rondins s'égrènent à flanc de colline, en surplomb des méandres de la rivière Gros Ventre. Après la balade à cheval en totale liberté, un bon feu de cheminée attend les promeneurs dans le *lodge,* à moins qu'ils ne fassent d'abord un détour par la belle piscine ou le jacuzzi. Puis vient l'heure de la veillée et un two-step vigoureux propre a déclouer le plancher de la terrasse ! Et tout le monde de regagner son chalet rustique, en rêvant à de nouvelles aventures. L'hiver, ce sont les motoneiges qui remplacent le fier étalon ! *Yipee I o !*

Moose Head Ranch : *indiqué au bord de la route US 89/191, en arrivant sur Moran Junction, venant de Moose (adresse postale : Moose, WY 83012). ☎ 307-733-3141 ou 850-877-1431. • mooseheadranch.com • Double 375 $/pers, repas et activités compris.* Idéalement situé, en bordure de parc et dans un environnement bucolique à souhait, parsemé de plans d'eau. Une douzaine de chalets de rondins récents, spacieux et décorés avec soin, mais sans télé. L'écran panoramique, c'est la fenêtre du salon ! La *Snake River* n'est qu'à 1,5 km à pied ou à cheval. Les repas se prennent au *lodge,* absolument splendide avec sa bibliothèque et la vue sur les *Teton Mountains.* Un endroit à part et convivial pour routards privilégiés qui ne tarderont pas à appeler les chevaux par leur prénom.

Où manger ?

Peu d'adresses pour se restaurer dans le parc, mais il y en a pour tous les budgets. Rien n'interdit d'apporter son pique-nique, à condition de respecter les règles strictes en terme de déchets, pour ne pas attirer les animaux sauvages.

Bon marché

– Quelques supermarchés ou épiceries-snacks autour de Moose, Signal Mountain, Colter Bay et Flagg Ranch. De quoi faire son sandwich, des fruits, etc. Pour les campeurs et les budgets serrés, pensez impérativement à faire le plein de vivres en dehors du parc, car les prix y sont plus élevés à l'intérieur.

|●| Plusieurs snacks et cafétérias répartis dans le parc où l'on peut manger pour moins de 12 $:

– Toute l'année, petits déj, sandwichs, burgers, pizzas, salades, etc., servis au ***Dornan's Pizza & Pasta Co*** *(☎ 307-733-2415)* à Moose, à déguster de préférence à l'étage, sur une agréable terrasse panoramique. *Tlj jusqu'à 21h30 (l'hiver, 15h30 slt en sem, 17h le w-e).*

– En saison, au ***Pioneer Grill*** du *Jackson Lake Lodge,* un snack familial où l'on s'attable aux différents comptoirs sur des tabourets hauts *(burgers et salades, tlj 11h-22h)* ; au ***John Colter Café Court*** à Colter Bay, une cafétéria sympa, connue pour ses salades, burgers et en-cas mexicains.

Prix moyens

On trouve 3 adresses dans le parc où manger quelques plats simples et bon marché le midi (burgers, salades) et une bonne cuisine régionale plus chère (*prime ribs, T-bones* et steaks au barbecue) pour le dîner.

|●| ***Dornan's Chuckwagon :*** *au village de* **Moose.** *Ouv jusqu'à 21h sf ven et sam soir. Env 10-15 $ le midi, 15-25 $ le soir.* Apprécié pour son atmosphère pionniers, avec son buffet barbecue en plein air le soir et son tipi.

|●| ***Ranch House Restaurant :*** *à* **Colter Bay.** *Petit déj et déj 10-15 $, 10-25 $ le soir.* Jolie salle sobre et aérée, tout en bois. Un cadre agréable pour un rapport qualité-prix qui se défend bien.

|●| ***Trapper Grill :*** *à* **Signal Mountain.** *Ouv mai-oct. Service 7h-22h. Env 10-15 $.* Celui-ci se distingue de ses concurrents par son cadre (une salle aux baies vitrées donnant sur le lac, ou, mieux encore, une belle terrasse panoramique en bois) et sa cuisine plutôt bien vue : salade bio, burger à la viande de bison ou à l'houmous... Enfin un chouia d'originalité.

De chic à très chic

|●| Quelques restos chic dans les hôtels du parc, notamment le ***Mural Room*** à *Jackson Lake Lodge,* superbe pour la vue imprenable sur les montagnes *(plats 20-40 $)* ; ***The Peaks Restaurant*** à Signal Moutain, aux prix plus raisonnables et là encore avec une top vue, sur Jackson Lake *(slt le soir mai-sept, 20-35 $)* ; et le ***Jenny Lake Lodge Dining Room,*** au cadre de *lodge* rustique ultrachic de bon goût, en pleine forêt avec une très belle carte des vins *(petit déj 25 $, 10-20 $ le midi et... menu unique env 75 $ le soir).* Dans tous les cas, réservation et tenue correcte fortement recommandées... pour finalement déguster une cuisine régionale très classique, à des prix exagérés (sauf au **Peaks,** encore acceptables).

Où boire un verre en profitant d'une vue ?

Quelques terrasses stratégiquement placées dans le parc pour apprécier la vue. On conseille notamment celle du restaurant ***Dornan's Pizza & Pasta Co*** à Moose, à l'étage, avec panorama sur l'alignée des Teton. Sinon celle du ***Deadman's Bar*** *(tlj 12h-minuit)* à Signal Mountain, face au lac Jackson, où déguster une pression en utilisant la terrasse du restaurant, si celle-ci n'est pas trop *busy*. Enfin, notre préférence va nettement au ***Blue Heron Lounge*** *(tlj 11h-minuit)*, le bar du complexe hôtelier de *Jackson Lake Lodge*. Baies vitrées gigantesques, vue à 180° et... vin au verre (cher, mais tellement cool).

À voir. À faire

À Grand Teton, le meilleur moyen de découvrir la nature, c'est encore la randonnée. Plus de 370 km de sentiers pour tous les niveaux, y compris avec des enfants. Demander auprès des *Visitor Centers* le feuillet *Lakeshore Trails* qui détaille les principales balades faciles... Le plus souvent, ce sont des boucles de moins de 6 miles, bien aménagées, avec 1h30 à 4h de marche modérée. Le problème c'est que tout le monde fait la même chose et que les parkings sont parfois saturés le week-end, comme à Jenny Lake. Tout l'art consiste à adapter son horaire d'arrivée, à faire les sentiers dans l'autre sens... et parfois à prendre son mal en patience. Les marcheurs les plus expérimentés pourront affronter des sentiers de haute montagne, de 10h de marche à 5 jours. Solitude garantie !

– Noter que de début juin à début septembre, les rangers organisent régulièrement des excursions quotidiennes gratuites. Observation de la faune et de la flore, sorties nocturnes, ateliers pour les enfants... Se renseigner auprès des *Visitor Centers*.

Voici quelques-uns de nos sites et randonnées préférés, en boucle du sud au nord, en empruntant la *Teton Park Road*, la route la plus proche des montagnes, pour revenir vers Jackson Hole par la route US 89/191, celle la plus à l'est. À vous d'étoffer cette virée sauvage avec vos propres découvertes !

➢ ***Phelps Lake :*** *au départ de la Moose/Wilson Rd (une route étroite entre Teton village et Moose). Se garer à Laurance S. Rockefeller Preserve (indiqué, à 4 miles au sud de Moose).* Rando en boucle de 3 miles, pas trop fréquentée car en dehors des sentiers battus, jusqu'à un lac. On conseille d'emprunter le *Woodland Trail* à l'aller et le *Lake Creek Trail* au retour, à l'inverse de la majorité des promeneurs ! Petite faune de rongeurs en cours de route, une forêt tranquille et un long torrent tumultueux. Arrivé au lac, il n'y a qu'à contempler en silence la montagne et les eaux limpides. Possibilité de faire le tour du lac (7 miles au total, depuis le parking).

La chapelle de la Transfiguration : *sur Teton Park Rd, juste après la porte d'entrée de Moose (côté droit). Fermé pdt les messes, sam-dim à 17h, juin-sept.* Émouvante construction en bois, pas bien grande mais pleine de romantisme. Une fenêtre judicieusement placée derrière l'autel offre une vue grandiose sur les montagnes. Un chemin mène à la *Snake River* où l'on peut admirer l'ancien bac et un chariot de 1888.

➢ ***Jenny Lake :*** *sur Teton Park Rd.* L'une des randonnées les plus pittoresques du parc. À l'aller, au départ de l'embarcadère, on conseille de longer le lac pour profiter de la fraîcheur du sous-bois : de belles percées sur le rivage et coup d'œil sur les mares de Moose Pond. Arrivé de l'autre côté du lac, on monte jusqu'aux ***Hidden Falls,*** très belle cascade dont les eaux tumultueuses se fracassent par palier sur les roches, puis on continue jusqu'à ***Inspiration Point*** (belle grimpette de 600 m, par un passage taillé à flanc de montagne). Panorama impressionnant sur le lac et les montagnes. En redescendant, les plus courageux peuvent s'enfoncer encore plus dans la montagne en remontant le torrent vers *Cascade Canyon*. Pour le retour au parking, quand on en a plein les baskets, possibilité de prendre le *shuttle boat* *(départs ttes les 15-20 mn 8h-18h ; 7 $/trajet, 10 $ l'A/R)* pour regagner le débarcadère de Jenny Lake. On paie à bord.

ÉLAN DE GOURMANDISE

Les élans du Canada (mooses) ne sont pas les plus faciles à observer. Amateurs de marécages et de saules – leur nourriture préférée –, les orignaux (leur autre nom) se distinguent par l'envergure de leurs bois aplatis et par leur nez peu gracieux à la Rastapopoulos. De la taille d'un cheval, mais habiles nageurs, ces fins gourmets sont capables de plonger à 6 m de profondeur pendant quasiment 1 mn pour aller brouter les plantes aquatiques et satisfaire leur appétit !

Signal Mountain Summit : *sur Teton Park Rd, quasiment au croisement pour le village de Signal Mountain, mais de l'autre côté de la route.* Une route étroite de 4 miles (peut se faire aussi à pied) conduit à ce superbe point de vue panoramique sur la vallée de la *Snake River* d'un côté et les *Teton Mountains* de l'autre. Panneaux présentant les premiers clichés de la région (1872).

À **Colter Bay,** au milieu du parc, le *Visitor Center* abrite un superbe ***musée d'Art et Traditions indiens*** *(juin-fin août, tlj 8h-17h, ferme à 20h l'été).* Sur deux niveaux, très belle expo sur la vie des Indiens au XIXe s, dans une muséographie aérée. La plupart des objets qui y sont conservés datent d'après 1850 et proviennent des principales tribus de l'Ouest américain (Navajo, Sioux, Arapaho, Blackfeet...). Les collections comprennent : bijoux, coiffes, calumets, casse-tête, instruments de musique, sacs brodés... Ne manquez pas non plus l'étonnante collection de mocassins ni les jouets d'enfants. Des démonstrations d'artisanat indien sont régulièrement organisées.

➢ Le ***Lakeshore Trail*** de *Colter Bay* est très prisé par les familles : depuis la marina, on longe d'abord le lac jusqu'à une petite langue de terre (beau point de vue depuis la pointe), puis on gagne une île boisée dont on fait le tour par le rivage. Au total, 1h (ou 2h si l'on enchaîne les deux boucles) de balade facile, et de beaux panoramas à la clé !

➢ ***Swan Lake et Heron Pond :*** *à Colter Bay également. Une autre promenade facile et dépaysante de 3 miles (compter 2h). Départ à l'extrémité sud du parking.* Plusieurs options se présentent pour traverser de paisibles paysages de forêts et de marécages, couverts de nénuphars. Pélicans, oies, cygnes, wapitis... Tout cela dans une ambiance silencieuse, vu que la balade est bien moins fréquentée que la précédente. Au *Visitor Center* de Colter Bay, on a même vu l'homme qui a vu l'ours sur ce parcours. Soyez attentif !

➢ De Moran à Moose, la route US 89/191 s'éloigne des lacs mais offre des vues encore plus larges sur les *Teton Mountains* et la *Snake River*. C'est dans les prairies au bord de cette route que l'on peut voir des bisons.

Activités sportives

➢ En saison, chaque hôtel géré par la ***Grand Teton Lodge Co*** organise quotidiennement des excursions à cheval, en diligence, en canoë ou en rafting. *Rens : ☎ 307-543-2811 ou 1-800-628-9988. • gtlc.com • À partir de 14 $/h pour la loc de canoë, 32 $ pour un bateau à moteur, et 38 $ pour une balade à cheval (de 1h).* Également des séances de pêche, des sorties en bateau touristique comme la balade sur le Jackson Lake à partir de la marina de Colter Bay *(env 3 départs/j. pour 26 $/pers)* ou en bus... Pour les activités nautiques, mieux vaut se rendre directement aux marinas de Colter Bay (pas de réservation possible pour les locations de kayaks et canoës) ou de Jenny Lake (ici, seulement pour des canoës).

➢ ***Descente de la Snake River :*** on peut faire du radeau, du canoë, du kayak ou du rafting sur la Snake River. Outre les excursions proposées par les hôtels du parc, vous trouverez aux *Visitor Centers* la liste complète des agences locales organisant des descentes. Notamment *Solitude Float Trips (☎ 307-733-2871 ou 1-888-704-2800 ; • solitudefloattrips.com •)*, partant de Moose Village. Voir aussi nos adresses sur Jackson Hole.

➢ ***Excursions à cheval :*** les adresses sont disponibles auprès des *Visitor Centers.* Voici toutefois l'une de nos préférées :

■ ***Teton Horseback Adventures :*** *à Pacific Creek, PO Box 1825. ☎ 307-739-2300. 📱 307-730-8829 ou 8830. • horsebackadv.com • De la Moran Park Entrance, continuer vers le nord et prendre 1 mile plus loin la Pacific Creek Rd à droite ; après 2 miles, prendre la 2e à gauche (ne pas tourner à Two Ocean), et continuer env 5 miles sur une piste carrossable. Tlj en saison. Env 35 $/h, 55 $ pour 2h.* Un club excentré, mais les balades se font en petit comité, dans de vastes espaces en pleine nature. Au programme, franchissement de gués, excursions en sous-bois et escalade de collines... Sauvage, paisible et autrement plus authentique que les sorties architouristiques du parc.

– On peut aussi s'inscrire à un ***fishing trip,*** si on aime pêcher, et acheter ou louer tout le matériel dans les *general stores* de Moose, Signal Mountain, Colter Bay et Flagg Ranch. Ne pas oublier qu'un permis de pêche *(fishing licence)* est nécessaire.

– ***Escalade :*** en plus de notre adresse indiquée sur Jackson Hole *(Jackson Hole Mountain Guides)*, voici une école d'escalade qui remporte tous les suffrages :

■ ***Exum Mountain Guides :*** *à Jenny Lake. ☎ 307-733-2297. • exumguides.com • À partir de 150 $ selon type d'excursion.* École d'escalade et guides de montagne très expérimentés, certains parlant même le français. Excursions de 1 à 4 jours pour tous les niveaux. C'est la seule agence autorisée par le parc à sillonner toutes les routes et à escalader tous les sommets, et cela tout au long de l'année. On peut par exemple grimper au sommet des glaciers de Grand Teton ou explorer les Wind River Mountains (dans la région de Pinedale).

➢ Enfin, pas mal de balades de toute beauté à faire à ***vélo.*** Location de VTT et cartes à vendre chez *Dornan's Adventure Sports (☎ 307-733-2415 ; • dornans.com • ; ouv mai-sept)*, à Moose. Répare également les bécanes et loue canoës et kayaks.

YELLOWSTONE NATIONAL PARK

C'est le plus ancien de tous les parcs nationaux américains (1872) et une des plus belles merveilles du monde. Cet extraordinaire fleuron du patrimoine naturel mondial se situe aux confins du Wyoming, de l'Idaho et du Montana, sur cette colonne vertébrale des montagnes Rocheuses qui sépare les Grandes Plaines de la côte pacifique. Toute la beauté sauvage de l'Ouest américain semble contenue dans ce territoire, où se mêlent comme à l'aube du monde la terre, le feu, l'air et l'eau. Le Yellowstone est un parc

à remonter le temps, une image vivante de ce à quoi pouvait ressembler le monde avant l'apparition de l'homme.
Les premiers trappeurs français, vers 1776, vivaient parmi les Indiens mandans du North Dakota et avaient déjà entendu parler d'une « rivière des Roches Jaunes ». Il s'agissait en fait de la rivière actuelle de Yellowstone, un affluent du Missouri, aux falaises abruptes de grès jaune. De là vient le nom de ce parc, largement couvert de forêts de pins, dont l'étendue (8 992 km²) équivaut à celle de la Corse.
C'est la puissance des forces naturelles qui a fait le mystère de Yellowstone. Ainsi les paysages ne seraient pas ce qu'ils sont aujourd'hui sans ce terrible « big bang » qui bouleversa la région il y a 640 000 ans. Car ce plateau montagneux à 2 500 m d'altitude en moyenne, entouré de cimes enneigées, a toujours vécu en contact étroit avec les éléments à la fois vitaux et dévastateurs.

GRATTEZ LA CROÛTE, VOUS TROUVEREZ LE MAGMA !

Tout a commencé par une explosion apocalyptique, il y a 640 000 ans. Plus de 1 000 km³ de débris, de cendres, de pierres furent projetés dans tous les sens, à plus de 50 km d'altitude ! Les laves refroidies ont fini par retomber et modeler un plateau dont l'altitude moyenne est maintenant de 2 500 m. Ce qui constitue aujourd'hui la partie centrale du parc – autour du lac Yellowstone – s'écroula autrefois, formant ce que l'on appelle une gigantesque caldeira, un cratère géant de 45 km sur 75. Cette éruption, 200 fois plus forte que tout autre dans l'histoire, n'était en fait que la répétition des grandes éruptions qui secouèrent le pays il y a déjà 1,3 et 2,1 millions d'années, le tout formant en fait trois caldeiras emboîtées comme des poupées russes. La particularité géologique de Yellowstone est d'être placé au-dessus d'un feu permanent. Le magma en fusion ne se trouve qu'à 3 350 m sous la surface de la terre (!), l'épaisseur d'une feuille de papier à cigarette comparée aux dimensions de la planète. Bref, la marmite du diable n'arrête pas de bouillir, de gronder, de vitupérer. Comme en témoignent ces nombreux phénomènes naturels géothermiques uniques au monde (en plus des 2 300 séismes par an !) : la surface de la terre, autour de la caldeira, est trouée par près de 10 000 geysers, une ribambelle de sources chaudes, des « marmites boueuses », des fumerolles, autant d'ingrédients incroyables qui mijotent à l'extérieur sous l'effet de roches en fusion à plus de 500 °C (pour plus de détails, se reporter plus loin à la rubrique « À voir »).

LES INDIENS S'EN VONT, LES BISONS RESTENT

De nombreuses tribus indiennes vécurent, jusque vers le milieu des années 1870, dans ce qui est aujourd'hui le parc de Yellowstone. Les principaux groupes étaient alors les Shoshones (les plus anciens habitants), les Crows (ou Absarkees, d'où le nom des montagnes Absaroka) et les Blackfeet (les plus nombreux, plus de 30 000). Les maladies, mais surtout les attaques répétées des Blancs et la chasse aux bisons, eurent raison de ces *Native Americans.* Évalués à 60 millions d'individus dans l'Ouest américain au XIXe s, les bisons *(buffalos)* n'étaient plus que... 25 en 1902 dans la région de Yellowstone. Aujourd'hui, le cheptel serait revenu à environ 3 000. Cet appât effréné pour les fourrures de bisons sonna définitivement le glas des peuples indiens. Déplacés, les Shoshones (seulement 4 000 aujourd'hui) vivent dans la réserve de Fort Hall, dans l'Idaho, et ailleurs au Wyoming. Quant aux Crows, après avoir été chassés du Yellowstone, ils furent installés dans une réserve le long de la rivière Bighorn, au sud de Billings dans le Montana.

ORAGE, Ô DÉSESPOIR !

L'élément peut-être le plus spectaculaire, celui qui a laissé le plus de traces visibles pour un œil humain, c'est le feu : 36 % du total de la forêt du parc sont

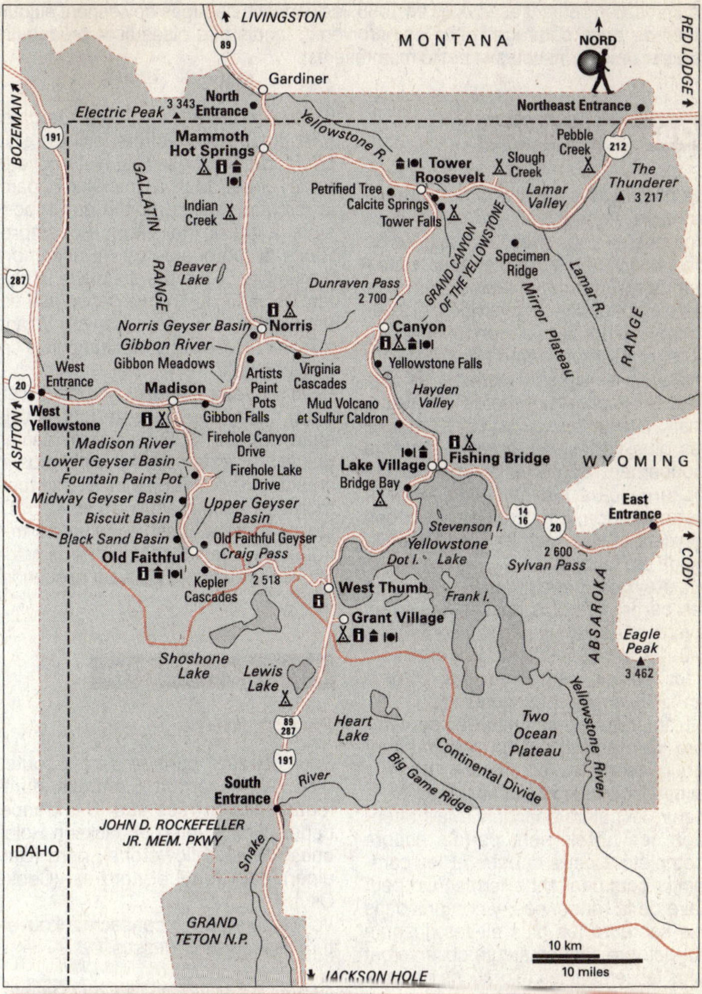

YELLOWSTONE NATIONAL PARK

partis en fumée au cours des incendies de l'été 1988. Les feux furent allumés en différents points du parc, non par la main de l'homme, mais par les orages d'été. Cependant, destruction et création vont souvent de pair dans la nature. Même si plus d'un tiers de la forêt forme dorénavant une étrange mer de milliers de troncs calcinés, le cycle de la vie est ainsi fait, et ces incendies ont aussi eu des conséquences bénéfiques.

Au premier abord, ces forêts inertes et lunaires ont en effet quelque chose d'attristant, mais les cendres constituent par exemple un excellent engrais favorisant la repousse des plantes basses. Et là où l'ombre empêchait le renouvellement des essences, de jeunes arbres croissent plus vite et plus fort sur des terrains désormais vierges. Les animaux y trouvent aussi leur compte : si « seulement » 250 gros mammifères périrent asphyxiés en 1988, les espaces dégagés deviennent aujourd'hui de bons pâturages pour les herbivores, tandis que oiseaux et prédateurs repèrent mieux insectes et petits mammifères.

Quand y aller ?

La plupart des 3 millions de visiteurs annuels viennent en été. Vous avez compris, si vous avez la possibilité de choisir, il vaut mieux opter pour le printemps ou l'automne. *Memorial Day,* le dernier lundi de mai, marque officiellement le début de la saison touristique.

– Le printemps commence à la fin avril. Mai et juin sont les mois les plus frais et les plus humides de la période, mais, aussi, ceux où les couleurs sont les plus vertes, où la nature émerge doucement après un hiver rude. On observe plus facilement la faune à cette période, concentrée autour des geysers et des sources chaudes où la neige est fondue.

– L'été commence début juin pour les parties les plus basses, mais pas avant mi-juillet dans les montagnes (au-dessus de 3 000 m). Les étés sont secs, parfois même très secs (comme en 1988, année des incendies).

– L'automne commence dès septembre. Septembre est un bon moment pour visiter le Yellowstone, car il y a nettement moins d'affluence et la nature est alors épanouie. Mais attention, les hôtels sont parfois encore complets à cette époque et les campings commencent à fermer. On peut faire de la randonnée, y compris dans les secteurs les plus élevés, jusqu'à mi-octobre. Les amateurs observeront plus facilement les migrations des animaux sauvages à ce moment-là.

– Enfin, l'hiver arrive tôt et dure jusqu'au mois d'avril, voire la 1re quinzaine de mai, selon l'altitude. À cette période, peu d'hôtels sont ouverts, donc peu de choix dans l'hébergement.

Pour skier, il faut venir entre la mi-janvier et avril.

– ***Ouverture des routes :*** les entrées ouest, sud, est et nord-est ferment entre mi-octobre et début novembre pour rouvrir entre fin avril et fin mai. En théorie. Car tout dépend bien entendu des conditions météo. La route reliant l'entrée nord et la ville de Gardiner (Montana) avec l'entrée nord-est et la bourgade de Cooke City reste ouverte toute l'année. Mais à l'intérieur du parc, la circulation automobile est impossible à partir de début novembre. Reste la motoneige de mi-décembre à mi-mars... La route qui ouvre le plus tard (à partir de fin mai début juin) est celle qui relie au nord Canyon Village à Tower Roosevelt et qui franchit le col de Dunraven.

– ***Climat, températures :*** en été (juillet-août), la température de jour oscille entre 16 et 23 °C. On supporte bien un pull le soir et la nuit. Au printemps et en automne, il fait plus frais, et le thermomètre oscille entre - 6 et + 15 °C. Quant à l'hiver, il est évidemment très rigoureux, avec des tempêtes de neige et une température pouvant descendre à - 20 °C.

Arriver – Quitter

Par la route

Pour pénétrer dans le parc, 5 routes d'accès mènent à 5 entrées différentes : les entrées sud (S Entrance, depuis Grand Teton et Jackson Hole), ouest (West Yellowstone), nord (Gardiner), est (Cody) et nord-est (Cooke City).

Voir le paragraphe consacré à l'ouverture des routes ci-dessus.

Depuis les grandes villes de l'Ouest américain

➢ ***De Denver*** *(Colorado)* **:** traverser le Wyoming et arriver soit à Jackson Hole (entrée sud), soit à Cody (entrée est). Denver-Cody : 500 miles. Denver-Jackson Hole (Wyoming) : 533 miles en passant par Cheyenne et Rock Springs (trajet le plus rapide).

➢ ***De Salt Lake City*** *(Utah)* **:** compter 206 miles de route en ligne droite jusqu'à Idaho Falls (Idaho) pour rejoindre West Yellowstone par l'US 20. On peut aussi rejoindre Jackson Hole, à l'est, par l'US 26, puis traverser le Grand Teton National Park jusqu'à la S Entrance.

➢ ***De Seattle*** *(Washington)* **:** compter 765 miles et 2-3 j. de route (mais quelle route !) via Ellensburg, Spokane, Missoula (Montana), Butte et Livingston. On traverse ainsi 3 États : Washington, Idaho et Montana, un beau morceau du Nord-Ouest américain. On arrive à Gardiner (Montana) et à l'entrée nord du parc (ou au choix à West Yellowstone, la distance étant la même).

➢ ***De San Francisco*** *(Californie)* **:** 846 miles, soit 2-3 j. en oblique, à travers les fabuleux paysages de l'Ouest américain. On traverse la Californie, le Nevada et l'Idaho en passant par Sacramento, Reno, Winnemucca, Wells, Twin Falls, Idaho Falls.

Depuis les villes les plus proches du parc

➢ ***De Jackson Hole*** *(Wyoming)* **:** 64 miles entre Jackson Hole et l'entrée sud du parc. On traverse le superbe parc de Grand Teton, avt d'arriver à la S Entrance. Env 1h30-2h de voiture. Une des plus belles voies d'accès à Yellowstone : cimes enneigées, lacs aux eaux limpides, vastes prairies d'herbe rase où l'on croise des bisons et des wapitis.

➢ ***De Bozeman*** *(Montana)* **:** 84 miles entre Bozeman et l'entrée nord du parc. On passe par Livingston, puis on emprunte la route US 89 jusqu'à Gardiner, petite ville pas désagréable et porte d'entrée au nord du parc (N Entrance). De Bozeman, on peut aussi suivre la route US 191, qui permet de rejoindre la ville de West Yellowstone, située à l'entrée ouest (W Entrance). Dans ce cas, la distance est de 90 miles.

➢ ***D'Idaho Falls*** *(Idaho)* **:** 100 miles d'Idaho Falls à West Yellowstone (W Entrance), par la route US 20 via Ashton. L'entrée ouest, située à 2 032 m d'altitude, ne présente pas le même paysage qu'à l'est. Pas de hautes montagnes ni de sommets imposants. Cela reste beau quand même !

➢ ***De Cody*** *(Wyoming)* **:** 55 miles entre Cody et l'entrée est (E Entrance). Suivre la route US 14/16/20. On traverse de superbes canyons aux falaises rougeâtres et la Shoshone National Forest avt d'atteindre le parc, puis on longe le lac Yellowstone. Magnifique ! Compter 1h30 de voiture.

➢ ***De Red Lodge*** *(Montana)* **:** 72 miles entre Red Lodge et l'entrée nord-est du parc (N-E Entrance), située à 2 245 m d'altitude. On suit une superbe route, appelée la Beartooth Hwy (la « route de la Dent de l'Ours »), considérée comme une des plus belles *scenic roads* du pays. Elle passe par le col de Beartooth (3 336 m) et reste ouv normalement de fin mai à mi-oct. Au moins 1h30 en voiture.

En avion

➢ ***De l'aéroport de Jackson Hole*** *(Wyoming)* **:** à 57 miles au sud de S Entrance et à 8 miles de Jackson Hole. Il est situé dans l'extrémité sud du parc de Grand Teton. De l'aéroport, inutile de passer par la ville de Jackson si l'on veut monter directement en voiture jusqu'au parc, excepté pour les campeurs qui feront le plein de victuailles au supermarché, moins cher que les épiceries du parc. Pour les vols assurant la liaison, voir détails à Jackson Hole à la rubrique « Arriver – Quitter ». ● *jacksonholeairport.com* ●

➢ ***De l'aéroport de West Yellowstone*** *(Montana)* **:** le plus proche du parc (à 2 miles de W Entrance), mais slt 1 liaison directe en été, avec Salt Lake City. Voir rubrique « Arriver – Quitter » de West Yellowstone.

➢ ***De l'aéroport de Bozeman*** *(Montana)* **:** à 95 miles (152 km) au nord de l'entrée ouest (W Entrance) du parc de Yellowstone (par la route 191) et 89 miles de l'entrée nord (par l'I-90 et la 89). Dans les 2 cas, env 2h30 de route. Liaisons avec les grandes villes de l'Ouest américain ainsi que Chicago. ● *bozemanairport.com* ●

En bus

– ***Avertissement*** **:** aucune ligne régulière (publique) de bus ne peut traverser le parc de Yellowstone. 1 seule liaison/j. entre West Yellowstone et Jackson Hole, mais qui passe par l'Idaho (en contournant le parc donc) et cela prend des heures !

– La solution pour un routard avec sac

à dos consiste donc à rejoindre les villes limitrophes, à l'extérieur du parc, en particulier West Yellowstone, la ville la plus proche, Gardiner, ou même Cody et Jackson Hole. Sur place, en se regroupant, on peut louer une voiture (pour 1 ou plusieurs jours) chez un des nombreux loueurs pratiquant des prix raisonnables. Sinon, plusieurs compagnies assurent des excursions à la journée à bord de petits bus, avec des arrêts dans tous les sites remarquables. Liste des prestataires auprès des *Visitor Centers*.

Distances dans le parc

La vitesse est limitée à 45 miles/h. Sur certaines routes, il est demandé de rouler encore plus lentement.

– ***La Grande Boucle*** *(Grand Loop Road)* **:** c'est le grand 8. Au total, 142 miles.

– ***La Basse Boucle*** *(Lower Loop Road)* **:** 96 miles. On visite le sud du parc en passant par West Thumb, Old Faithful, Madison, Norris, Canyon Village et Lake Village.

– ***La Haute Boucle*** *(Upper Loop Road)* **:** 70 miles. On sillonne le nord en passant par Canyon Village, Norris, Mammoth Hot Springs et Tower Roosevelt.

– ***De l'entrée sud*** *(S Entrance)* ***à l'entrée nord*** *(N Entrance)* **:** 95 miles, via Old Faithful, Norris et Mammoth Hot Springs.

– ***De l'entrée ouest*** *(W Entrance)* ***à l'entrée est*** *(E Entrance)* **:** 83 miles via Madison, Norris, Canyon Village et Fishing Bridge.

Adresses et infos utiles

Infos générales

– ***Billet d'entrée du Yellowstone :*** *25 $/voiture, 12 $ si vous arrivez à pied ou à vélo, valable 7 j. (ou 50 $ le billet annuel).* Couvre aussi la visite du Grand Teton. Ne pas le jeter. *Pass America the Beautiful (Interagency Annual Pass)* aussi accepté.

■ ***État des routes et météo :*** *☎ 307-344-2117.*

– ***Distributeurs automatiques (ATM) :*** par précaution, il est plus prudent d'avoir de l'argent liquide sur soi avant de se lancer dans la visite du parc, particulièrement au mois d'août, période d'affluence. Mais on trouve des distributeurs automatiques fonctionnant 24h/24 dans tous les *Yellowstone general stores,* ainsi qu'à *Old Faithful, Lake Yellowstone Hotel, Mammoth Hot Springs Hotel, Grant Village* et *Canyon Lodge.*

– ***Ravitaillement, épiceries :*** une douzaine d'épiceries à l'intérieur du parc, situées dans les sites et les villages les plus fréquentés. Hormis l'épicerie de Mammoth Hot Springs ouverte toute l'année, ces *general stores* ouvrent en moyenne de mi-mai à fin septembre. Ils sont très bien fournis et on y trouve de tout. Ils proposent tous des snacks et des sandwichs chauds à toute heure.

– ***Stations-service et garages :*** 7 stations-service et 4 garages à l'intérieur du parc (les stations-service sont généralement accessibles 24h/24 par CB ; les garages de 8h à 20h environ). Garage se dit *repair service.* À Old Faithful (2 stations et un garage), à Canyon Village (station et garage), à Mammoth Hot Springs, à Fishing Bridge (station et garage), à Grant Village (station et garage) et à Tower Roosevelt (station).

– Pas de **connexion Internet** dans les hôtels du parc et, pour les **téléphones portables,** seules certaines zones sont reliées aux divers réseaux (indiquées dans le journal *Yellowstone Today*) : normalement Mammoth Hot Springs, Old Faithful et Grant Village.

Infos touristiques et *Visitor Centers*

■ ***Renseignements d'ordre général :*** *☎ 307-344-7381. • nps.gov/yell • Par courrier : PO Box 168, Yellowstone National Park Information, WY 82190-0168.*

■ **Association du parc national du Yellowstone** *(The Yellowstone Association)* **:** *PO Box 117, Yellowstone National Park, WY 82190. ☎ 406-848-2400. • yellowstoneassociation.org •*

Organise des sorties thématiques dans le parc, y compris de nuit, pour adultes et enfants.

Les *Visitor Centers* sont votre 1re escale indispensable. Situés aux endroits clés du parc, près des sites les plus recherchés ou des entrées, ils sont remarquablement organisés (à l'américaine !) et parfaitement documentés. Si vous avez des questions précises, posez-les aux rangers. Ce sont des gardes forestiers naturalistes extrêmement compétents, avec un grand sens du service. Cependant, ils sont très sollicités. Donc assurez-vous auparavant que les réponses à vos questions ne se trouvent pas déjà affichées sur les nombreux panneaux muraux ou dans le journal du parc, très bien faits.

– Dans chaque centre, les règles, les avertissements et les conseils utiles pour visiter le parc sont donnés avec le maximum de clarté. Il y a des panneaux d'affichage exposant les prévisions météo, les programmes des conférences et excursions accompagnées par les rangers, la liste complète des *lodges* et des campings avec la disponibilité des places au jour le jour, presque heure par heure, les prévisions d'éruption d'Old Faithful, etc.

Albright Visitor Center : *à Mammoth Hot Springs. ☎ 307-344-2263. Seul centre d'accueil ouv tte l'année. Hors saison, tlj 9h-17h ; fin mai-sept, tlj 8h-19h.* Sur place, musée sur l'histoire du parc et sa faune.

Visitor Education Center d'Old Faithful : *sur le site d'Old Faithful. ☎ 307-344-2750 ou 51 pour les précisions d'éruptions. De mi-avr à fin mai, tlj 9h-18h, 20h jusqu'en sept.* On y trouve les prévisions d'éruption des geysers. Librairie, parcours thématique en français sur les phénomènes géothermiques et les geysers, avec animations ludiques pour les enfants, etc.

Visitor Education Center de Canyon : *site de Canyon Village. ☎ 307-344-2550. Fin mai-sept, tlj 8h-20h (9h-18h en mai, 17h en oct-nov).* Moderne, il abrite un intéressant musée sur les activités volcaniques du parc (lire « À voir. *Canyon Visitor Education Center* »).

Visitor Center de Fishing Bridge : *site de Fishing Bridge, Lake Village et Bridge Bay. ☎ 307-344-2540. Fin mai-sept, ouv 8h-19h.* Plus tranquille que les autres, car un peu excentré. Petite expo sur la faune et les oiseaux du parc. En sortant, ne pas oublier d'aller sur les rives du lac, juste derrière le bâtiment. Une belle plage, longue et étroite, fait face aux îlots et aux pics enneigés. Très romantique.

Visitor Center de Grant Village : *site de Grant Village. ☎ 307-344-2650. Fin mai-sept, ouv 8h-19h.* Librairie et expo très bien faite consacrée aux incendies de forêts dans le parc (« *Yellowstone and Fire* »). Également différents films d'archives sur le sujet.

Les ***bureaux d'information*** de ***Madison*** *(☎ 307-344-2876)*, ***Norris*** *(☎ 307-344-2812)* et de ***West Thumb*** *(☎ 307-344-2650)* disposent aussi de documentation. *Fin mai-sept, tlj 9h-18h.* À Madison, grand amphithéâtre extérieur où les rangers organisent toutes sortes de rencontres.

Documentations, cartes

– La brochure gratuite ***Bienvenue à Yellowstone*** donne quelques infos essentielles en français. Mais pour avoir un aperçu complet et toutes les infos pratiques, il faut se procurer l'excellent journal (gratuit) en anglais intitulé ***Yellowstone Today.*** Il contient les programmes détaillés des activités de découverte, des conférences et des sorties organisées chaque jour par les rangers. Il est donné avec le *pass* et dans chaque *Visitor Center*.

– ***Cartes*** **;** une carte en couleurs de Yellowstone, avec une foule d'infos utiles, est remise gratuitement à chaque visiteur à toutes les entrées du parc, tout comme le journal *Yellowstone Today.* Des brochures contenant des cartes plus détaillées des sites importants *(Old Faithful, Mammoth Hot Springs, Canyon Village...)* sont vendues pour 50 cents seulement dans les différents *Visitor Centers* ainsi que sur les sites. Des cartes de randonnée et des topo-guides sont vendus dans chaque poste d'information et dans les boutiques du parc.

Urgences médicales

- **Urgences :** ☎ 911 ou 307-344-7381 (rangers).
- **Clinique de Mammoth :** à **Mammoth Hot Springs.** ☎ 307-344-7965. Tlj en été, slt en sem le reste de l'année.
- **Clinique d'Old Faithful :** à **Old Faithful.** ☎ 307-545-7325. De mai à mi-oct, et parfois en hiver.
- **Lake Clinic & Pharmacy :** à **Lake Village.** ☎ 307-242-7241. Ouv en été.

Conseils importants (par ordre alphabétique)

– ***Animaux sauvages :*** les meilleurs moments pour apercevoir les animaux sont l'aube et le crépuscule. Ils traînent dans les plaines, dans les sous-bois, sur les bas-côtés de la route et souvent sur la chaussée. Attention ! La règle de base consiste à ne jamais les approcher de trop près, quels qu'ils soient. Ne pas les taquiner ni essayer de les nourrir (c'est illégal). On pense particulièrement aux bisons et surtout aux ours (même s'ils sont moins visibles !) qui demeurent, dans notre imaginaire, patauds et débonnaires alors qu'ils restent des animaux imprévisibles et dangereux. Dans tous les cas, gardez vos distances (c'est-à-dire, selon la loi, 91 m dans le cas d'un ours et 23 m pour les autres animaux) et restez dans votre voiture. En outre, si un accident arrive (une centaine de gros mammifères sont tués sur la route tous les ans), la loi américaine se retournera contre vous. Et votre compagnie d'assurance ne pourrait pas rembourser de sitôt le morceau de bras que le nounours aura arraché d'un énergique coup de mâchoire... Par ailleurs, les ours sont fortement attirés par les odeurs de cuisine et les détritus alimentaires. Voire par certains produits cosmétiques aux goûts fruités ! Les pique-niqueurs et les campeurs veilleront donc à ne rien laisser traîner au-dehors. Toujours ranger ses provisions dans des boîtes hermétiques, dans le coffre de sa voiture, ou suspendues dans un sac prévu à cet effet à 3 m du sol et à 1,50 m horizontalement d'un arbre, pour réduire le danger. Les campeurs ne devront rien laisser non plus dans leur tente. Mais cela paraît évident, à moins de vouloir inviter un nouveau compagnon de chambrée.

– ***Baignade :*** selon le règlement interne du parc, « natation, baignade et pataugeage (sic !) dans les sources thermales ou dans les cours d'eau alimentés par celles-ci sont illégaux ». À cause des amibes et des infections possibles, mais aussi pour ne pas dénaturer les phénomènes naturels. Sinon, il reste l'eau non thermale, pas toujours facile à distinguer des autres ! De toute manière, l'eau des rivières, des cours d'eau et des lacs est généralement si glaciale qu'aucun baigneur ne s'y aventure. Les risques d'hypothermie sont réels. Un spot autorisé : à environ 3 miles au sud de l'entrée nord, un panneau indique « *Boiling River* ». Après une marche de 10 mn, on peut se baigner dans une source d'eau chaude à 60 °C qui se mélange aux eaux glaciales de la rivière. Un régal après une longue journée.

– ***Circulation :*** la vitesse maximale autorisée dans le parc est de 45 mph (72 km/h). Comme partout aux États-Unis, personne ne dépasse cette limite. Et les moyennes routières doivent souvent être revues à la baisse en raison du passage inopiné d'animaux sauvages sur la chaussée. De nuit, soyez d'autant plus prudent.

– ***Détritus :*** ne jamais laisser de nourriture ni d'ordures traîner après votre passage afin de ne pas attirer les animaux, surtout les ours... et par respect pour la nature, tout simplement ! Des poubelles à ouverture spéciale sont disposées dans tout le parc.

– ***Eau :*** malgré son aspect pur et limpide, l'eau des lacs et des rivières n'est pas potable. On peut la boire si elle a été filtrée ou bouillie auparavant (au moins 5 mn).

– ***Feux de camp :*** à éviter autant que possible. Ils sont autorisés uniquement sur les terrains de camping désignés et dans les sites réservés au pique-nique, où l'on trouve des châssis de foyer. À condition de respecter toutes les règles de sécurité... Seul le bois mort et ramassé à terre peut être utilisé pour le feu.

– ***Randonnées :*** si vous partez pour une randonnée à l'écart des circuits de petite promenade, renseignez-vous avant auprès des rangers des centres d'accueil. Ils vous indiqueront les sentiers accessibles, car la neige bloque parfois certains passages jusqu'à fin juin. L'obtention d'un permis est aussi nécessaire pour toutes les randonnées de plus de 1 journée et le camping sauvage (voir plus loin « Infos pratiques » dans « Où camper ? »). Enfin, près des sources chaudes (sulfureuses), il est essentiel de ne pas sortir des sentiers balisés car on risque d'être ébouillanté. Bien surveiller vos enfants.

– ***Toilettes :*** il y en a partout dans le parc, mais on peut rester 30 mn sans en trouver et quand c'est le cas, on est rarement seul ! C'est bête à dire, mais il est recommandé d'anticiper les envies, pressantes ou non...

Où dormir ?

Infos et réservations

Il y a 9 endroits différents, dans le parc, où il existe des *lodges* ou hôtels, tous gérés par *Xanterra Parks and Resorts* (coordonnées ci-dessous) ainsi que des campings *(campgrounds)*, dont 5 sont gérés par *Xanterra*, les sept autres par le parc même. En été, tout est pris d'assaut. Pour avoir une chance de trouver une place disponible dans un *lodge*, il faut réserver plusieurs mois, voire 1 an à l'avance. C'est un parcours du combattant... On effectue la réservation par courrier, téléphone ou fax, en sachant qu'il faut verser des arrhes pour obtenir la confirmation. L'autre solution, plus efficace, mais plus chère, consiste à passer par une agence de voyages spécialisée sur les États-Unis (voir au début de ce guide). Sinon, de nombreux voyageurs optent pour les petites villes aux abords du parc (West Yellowstone, Gardiner, voire Cody ou Jackson Hole). Pour les campings, la situation est moins désespérée. On peut soit réserver à l'avance pour les sites gérés par *Xanterra*, soit trouver facilement de la place dans les autres (pas de réservations possibles), à condition de se lever le plus tôt possible et de se présenter au premier *Visitor Center* venu pour vérifier les places disponibles pour le soir même. Après 10h, les campings affichent souvent complet.

■ ***Yellowstone National Park Lodges :*** *filiale de* Xanterra Parks and Resorts, *PO Box 165.* ☎ *307-344-7311 ou 1-866-439-7375.* ● *yellowstonenationalparklodges.com* ● *xanterra.com* ● C'est la structure centrale qui gère tous les hôtels du parc et 5 campings. Sachez qu'en mai et juin ils sont saturés par les appels et les demandes de résas (ils conseillent alors d'appeler le soir ou le week-end).

Les types d'hébergement en hôtels et *lodges*

Dans le parc, en dehors des campings, il y a plusieurs catégories de chambres et de prix :

– Les moins chères sont en cabanons *(cabins)* sans douche, et commencent à 60 $. Ensuite, ça monte, en fonction de la saison et du nombre d'occupants. Pour les *cabins* avec salle de bains, on compte en tout 3 niveaux de confort : ***rough rider*** (ou *pioneer*), ***frontier*** et ***western.***

– 3 catégories aussi pour les chambres des *lodges* ou des hôtels : ***mid range, high range*** et ***premium.*** C'est comme les différences de champagne, à vous de choisir... Avec, en haut de la gamme des prix, les suites, à partir de 350 $.

Les réductions

Il existe un tarif *early bird* pour certains hôtels et *lodges* si vous réservez avant le mois d'avril pour le printemps de l'année suivante. Ces réductions peuvent s'avérer très intéressantes mais varient d'un endroit à l'autre. Également des tarifs spéciaux en automne et en hiver, ainsi que des offres exceptionnelles sur le site internet cité plus haut.

Les établissements

À Roosevelt

⌂ ***Roosevelt Lodge Cabins :*** *au niveau de l'intersection des 3 routes.*

Ouv début juin-début sept. Cabins 70-125 $ avec ou sans sdb. Rustique à souhait et photogénique, ce village pittoresque occupe un site privilégié, adossé à une forêt de pins et face aux grands espaces de la Lamar Valley. Un hameau du bout du monde ainsi nommé en hommage au président Roosevelt, qui y séjourna plusieurs fois et joua un rôle décisif dans la sauvegarde et la protection du parc. Au milieu, le *lodge,* gros chalet en bois précédé par une terrasse couverte à la charpente épaisse soutenue par des troncs d'arbres. Des rocking-chairs font le bonheur des contemplatifs, tandis que les bavards se réunissent auprès des cheminées de la grande salle. Tout autour, des rangées de cabanes en bois, basiques et pas bien grandes, équipées d'un poêle à bois ou d'une salle de bains. Et derrière, le corral, seul élément indispensable d'un vrai campement de pionniers.

À Old Faithful

Old Faithful Snow Lodge & Cabins : *entre l'Old Faithful Lodge Cabins et l'Old Faithful Inn. Ouv de début mai à mi-oct et de mi-déc à mi-mars. Double env 200 $, cabins 110-160 $ selon confort.* Un des établissements les plus récents du parc, au design sobre et à la déco tout en bois. En revanche, c'est le seul qui n'a pas de vue sur le fameux geyser Old Faithful. Au choix : des chambres propres et sans bavure dans le bâtiment principal, ou des chalets simples et bien équipés réunis à l'écart du complexe.

Old Faithful Lodge Cabins : *ouv de mi-mai à fin sept. Cabins 70-120 $, avec ou sans sdb.* Stratégiquement situé face au Old Faithful, cet imposant chalet de style *Old West* rassemble la réception, la boutique, un salon commun et la cafétéria. Les *cabins* sont regroupées à l'arrière, sans vue sur le geyser. Simples et fonctionnelles, sans déco superflue, elles donnent l'impression d'un paisible village de trappeurs. Au centre, les bâtiments abritent les douches et sanitaires (bien tenus) pour les *cabins* de base. Agréable.

Old Faithful Inn : *ouv de début mai à mi-oct. Doubles 100-240 $ avec ou sans sdb, suites à partir de 400 $.* Face au célèbre geyser, cette magnifique auberge de 1904 semble tout droit sortie de l'imagination de Jack London. Construite avec des troncs d'arbres, des gros rondins et des pierres, elle est classée Monument historique. Rien que le hall mérite à lui seul le coup d'œil ! L'auberge a conservé le charme rustique des vieilles maisons forestières de l'Ouest américain, malgré ses 370 chambres. Certaines d'origine, à la déco western, petites, mal insonorisées, sans salle de bains privée, mais au charme authentique. D'autres chambres tout confort et plus lumineuses, dans une annexe rénovée bien intégrée au chalet. En revanche, pas de TV. Ici, la vraie distraction, c'est la grande terrasse ensoleillée, aux premières loges pour admirer l'éruption du geyser. On y trouve aussi un bon restaurant à la carte, un snack et un agréable bar. S'il n'y a pas trop de monde, c'est un merveilleux endroit. Le soir, atmosphère romantique, lorsque le pianiste régale ses hôtes de sonates choisies...

À Mammoth Hot Springs

Mammoth Hot Springs Hotel & Cabins : *au nord du parc. Ouv début mai-début oct et fin déc-début mars. Doubles 90-125 $ avec ou sans sdb, cabins 80-220 $ avec ou sans sdb.* La 1re aile de cet hôtel imposant date de 1911, le reste, dont certaines *cabins,* de 1937. Un charme indéniable que l'on ne retrouve pas dans les chambres en revanche, mais elles sont confortables, l'insonorisation laissant quand même parfois à désirer. On préfère les *cabins,* de jolies maisonnettes au calme, certaines avec spa, précédées de véranda où il fait bon contempler les couchers de soleil sur les montagnes.

À Canyon Village

Canyon Lodge & Cabins : *bien situé, non loin du grand canyon de la rivière Yellowstone. Ouv de juin à mi-sept. Cabins 100-185 $, double 180 $.* Le site de *Canyon Village* est vaste. Il réunit 3 ensembles de *cabins,* réparties en fonction de la catégorie et en cours de rénovation. Les basiques sont acceptables pour le prix (douche et w-c). Les *cabins* de la section P sont nettement mieux, modernes et égayées par un mobilier de gros rondins. Quant aux 2 *lodges,* ils renferment une série de chambres classiques, agréables, au mobilier de bois blond. Le tout est assez excentré par rapport au cœur du « village », où se trouvent les commerces et les restaurants. Le calme est du coup olympien et l'on peut se rendre à pied au *Grand Canyon* depuis la section P.

À Grant Village

Grant Village : *ouv fin mai-début oct. Double env 155 $.* Pour ce qui est du charme, les décorateurs ont encore du pain sur la planche. Mais ce complexe a le mérite d'être fonctionnel : 300 chambres classiques et confortables (tristounettes dans les parties anciennes, accueillantes dans les parties rénovées), réparties dans 6 bâtiments modernes et sans fantaisie. 2 restaurants à côté et tous les services nécessaires. Un bon camp de base en somme.

À Lake Village

Lake Yellowstone Hotel & Cabins : *ouv de mi-mai à début oct. Doubles 150-230 $, dans le bâtiment principal ou dans l'annexe ; cabin env 135 $.* Même s'il n'en a pas vraiment l'air, ce long bâtiment jaune pâle précédé par une colonnade blanche est le plus vieil hôtel du parc. C'est en tout cas le plus guindé. Dominant les eaux bleues de l'immense lac de Yellowstone, entouré de forêts, il fut construit en 1891 pour accueillir les premiers touristes. Il leur en coûtait alors 4 $ par nuit, dîner inclus ! Aujourd'hui, l'hôtel a été entièrement rénové et abrite 190 chambres contemporaines et lumineuses. Beaucoup ont une vue superbe sur le lac. Noter aussi le grand salon au rez-de-chaussée, très agréable, avec un bar à vins lové dans une rotonde dotée d'une grande baie vitrée. Très chic et un tantinet désuet, surtout lorsque le pianiste entame son récital en fin de journée. Il y a aussi 110 *cabins* simples et convenables, mais pas de vue sur le lac.

Un peu plus loin, au ***Lake Lodge,*** on peut louer d'autres cabanons avec salle de bains *(env 75-185 $)*. Le style du *lobby* en impose avec ses beaux fauteuils en cuir. Si les *cabins* ont un air rebutant de l'extérieur, du type casernement rustique sans aucun charme, elles se révèlent agréables et spacieuses à l'intérieur pour celles qui ont été rénovées *(western)*. Pour les autres (les *pioneers,* datant de 1920), l'ambiance est nettement plus *roots*.

Où camper ?

Camper à Yellowstone reste la solution la plus économique et la plus écologique. La beauté des paysages, l'omniprésence d'une faune sauvage, l'espace qui n'en finit pas, tout contribue ici à faire du camping une expérience unique.

Infos pratiques

– ***Équipements :*** tous les campings sur réservation ont des toilettes avec douches et des raccordements à l'eau potable. Les autres sont plutôt rudimentaires mais situés dans un environnement très agréable.
– ***Règles :*** impossible de camper plus de 14 jours au même endroit, de juillet au 1er lundi de septembre. Seul au *Fishing Bridge RV Park* (réservé aux camping-cars), on peut rester le temps que l'on veut.
– Pour le ***camping sauvage,*** il est nécessaire d'obtenir une autorisation spéciale *(wilderness permit)* auprès des rangers dans les *Visitor Centers* (au maximum 48h avant le départ de la randonnée). C'est gratuit. Seuls quelques sites de l'arrière-pays sont ouverts à la réservation ; ils sont alors payants *(20 $ par permis)*. Si c'est le cas de celui – ou de ceux – que vous avez choisi(s), vous pouvez écrire au :

Backcountry office : *PO Box 168, Yellowstone National Park, WY 82190. ☎ 307-344-2160. Max 1-3 nuits selon endroit.*

Campings avec réservation

On peut effectuer une réservation dans les 5 campings gérés par *Xanterra*

Parks and Resorts (voir plus haut) : *Bridge Bay, Canyon, Grant Village, Madison* et *Fishing Bridge RV.* Attention, les dates d'ouverture et de fermeture des campings peuvent varier de quelques jours en fonction de la météo. Vous pouvez aussi téléphoner le jour même *(☎ 307-344-7311)* pour savoir ce qui est disponible. Les emplacements y coûtent autour de 25 $ (environ 45 $ à *Fishing Bridge,* qui est réservé aux camping-cars). Ces sites bénéficient généralement de l'électricité, de toilettes, de douches et de raccordements à l'eau potable.

■ ***Yellowstone National Park Lodges :*** *filiale de* Xanterra Parks and Resorts, *PO Box 165.* ☎ *307-344-7311 ou 1-866-439-1315.* ● *yellowstonenationalparkslodges.com* ● *xanterra.com* ●

⛺ ***Fishing Bridge RV Park :*** *très bien placé, près du lac de Yellowstone. Ouv de mi-mai à fin sept. Env 45 $. Électricité sur ts les sites depuis 2012.* Réservé aux caravanes et aux camping-cars, ce vaste camping de 325 emplacements est au calme, à l'écart de la route et noyé dans la forêt. À proximité, douches (payantes), épicerie, laverie, station-service et garage.

⛺ ***Grant Village Campground :*** *situé sur la rive sud du lac de Yellowstone, à 22 miles de l'entrée sud du parc. Ouv fin juin-sept.* Immense camping, le 2e du parc en superficie, agréablement situé dans une forêt déroulée le long du rivage. Certains emplacements profitent par conséquent de très belles vues. Toilettes et points d'eau sur place, douches payantes, snack, commerces et laverie à proximité.

⛺ ***Canyon Campground :*** *près du grand canyon de Yellowstone. Ouv début juin-début sept.* Dans un bois de sapins assez touffu, ce qui explique qu'il reste souvent des congères jusqu'à fin juin. N'oubliez donc pas votre petite laine. Environ 250 emplacements bien ombragés, sans herbe, recouverts par un épais tapis d'aiguilles de pin. Douches payantes *(env 4 $, 7h-22h)*, laverie, magasins et snack à proximité.

⛺ ***Madison Campground :*** *situé à moins de 14 miles de l'entrée ouest et à 16 miles du geyser Old Faithful. C'est celui qui est ouv le plus longtemps : mai-fin oct. Env 21 $ pour 2.* Pas de douches et isolé, mais les emplacements de ce vaste camping (plus de 250) sont bien ombragés et situés dans un site magnifique : à la lisière de la forêt s'étend une belle vallée, où coule une rivière charmante fréquentée par de nombreux animaux (cerfs, bisons...). Point d'eau, toilettes et téléphone sur place.

⛺ ***Bridge Bay Campground :*** *sur la rive ouest du lac de Yellowstone, à 3 miles au sud de Fishing Bridge Junction. Ouv fin mai-début sept. Env 21 $ pour 2.* Le plus grand camping du parc (430 emplacements) n'est pas le plus agréable : de nombreux sites sont accolés, regroupés dans de vastes clairières sans ombre, et la route est assez proche. Essayez par conséquent d'obtenir un emplacement dans les secteurs en sous-bois et à flanc de colline. Épicerie, location de bateaux à la marina voisine. Il faut en revanche faire 4 miles pour trouver une douche et une laverie, à Fishing Bridge.

Campings sans réservation

Le parc national gère 7 campings qui fonctionnent sur le principe du « premier arrivé, premier servi » (« *first come, first served* »). En été, en juillet-août particulièrement, ils sont souvent complets dès la fin de la matinée. D'autant plus qu'ils ne sont pas bien grands et sans grand confort. Pour avoir des chances de trouver une place, présentez-vous au *Visitor Center* le plus proche dès l'ouverture et consultez le tableau des places disponibles. Puis rendez-vous directement à la réception du camping. Compter 12 à 14 $ par emplacement.

⛺ ***Slough Creek :*** *situé au nord-est du parc. Ouv fin mai-fin oct.* Dans une vallée sauvage un peu à l'irlandaise, perdue au bout d'une longue piste solitaire. Un petit camping rustique déroulé au bord d'une rivière. Idéal pour la pêche et l'observation d'animaux. Avec *Pebble Creek,* sans doute le plus isolé et le plus tranquille des campings.

Pas de douches, mais beaucoup de charme. Toilettes et eau sur place.

⩓ ***Pebble Creek** : à env 13 miles de l'entrée nord-est du parc. Ouv de mi-juin à fin sept.* Très tranquille, un petit camping en sous-bois coincé entre une montagne et une rivière. Bien pour la pêche aussi. Pas de douches (mais toilettes et eau sur place).

⩓ ***Lewis Lake** : à 12 miles de l'entrée sud du parc. Ouv de mi-juin à début nov.* Bien ombragé, suffisamment à l'écart de la route, il est situé à deux pas des berges du lac et des rampes de mise à l'eau. Idéal pour les pêcheurs ! En revanche, bien prévoir la logistique : il est loin de tout et peu équipé. Ni douches, ni lavabo, ni électricité.

⩓ ***Indian Creek** : au nord-ouest du parc, à env 10 miles au sud de Mammoth Hot Springs. Ouv de début juin à mi-sept.* Un joli petit camping (70 emplacements) perdu au milieu des sapins, tout près de la rivière du même nom. Plutôt moins de monde qu'ailleurs. Pas de douches.

⩓ ***Tower Fall** : situé juste au-dessus des chutes, au sud de Tower Roosevelt. Ouv de mi-mai à fin sept.* C'est l'un des plus agréables campings de Yellowstone. Minuscule et solitaire, il propose une trentaine d'emplacements seulement, essentiellement pour tentes, dans une clairière à flanc de colline entourée de sapins. Superbe environnement. Pas de douches, mais w-c, eau et téléphone sur place. *General store* au niveau des chutes *(8h-21h)*.

⩓ ***Norris** : au nord-ouest du parc, à 1 mile à pied des geysers. Ouv de mi-mai à fin sept.* C'est le plus grand camping géré par le parc national, mais avec 120 emplacements, ce n'est pas franchement la cohue. Agréable et ombragé, à bonne distance de la route, il est situé le long la rivière Gibbon irriguant une prairie grasse. Les bisons s'invitent parfois parmi les campeurs, mais ils sont habitués (les bisons...). Sanitaires, téléphone et eau courante (froide).

⩓ ***Mammoth Campground** : au nord du parc. Le seul camping ouv tte l'année. 14 $ pour 2.* Pas terrible : le terrain se résume à un mince ruban coincé entre deux virages de la route, à proximité des habitations des employés du parc. Seuls les emplacements du fond valent la peine, relativement isolés à flanc de colline. En revanche, vous aurez droit à la visite des wapitis, peu farouches, et certainement de quelques bisons. Sanitaires et eau courante (froide), douches payantes possibles à l'hôtel.

Où manger ?

Autant le dire clairement, on va plus à Yellowstone pour ses geysers que pour le plaisir gastronomique, qu'il s'agisse de simples sandwichs ou de repas dans les restos chic. Il faut dire que les difficultés d'approvisionnement dues à la configuration du parc n'arrangent pas les choses !

Bon marché

La solution la plus économique consiste à faire ses courses à l'avance, au mieux, dans les supermarchés des villes à l'extérieur du parc ou alors dans l'une des 12 épiceries *(general stores)* du parc, plus chères. Sinon, on trouve des snacks et des cafétérias dans chaque village ou certains hôtels. Ils servent des hamburgers, des pizzas, des sandwichs et des glaces, généralement de 10h à 21h30. Le cadre est souvent agréable, la nourriture plus ou moins acceptable et les tarifs à peine supérieurs à ceux de *McDo* !

De prix moyens à très chic

Les restaurants des hôtels et *lodges* du parc offrent l'unique alternative aux pique-niques et snacks bon marché.
Pour le breakfast, ils proposent un large buffet de pancakes, gaufres, omelettes, *French breads...* à environ 10-12 $, boissons non comprises. Un peu cher payé... Dans les cafétérias, on trouve les classiques américains autour de 15 $. Dans les restos chic, cuisine un peu plus recherchée avec de bons steaks, poissons et légumes assortie d'une carte des vins prohibitive... On s'en tire facilement pour 15 à 25 $ le plat.

– ***Conseil :*** surtout dans les restos chic, pour éviter d'attendre trop longtemps, il est vivement conseillé de réserver à l'avance, par téléphone *(☎ 1-866-439-7375)*, ou, le plus simple, en se présentant à la réception du resto (en été, la veille pour le lendemain est plus sûr).

Tour des popotes, selon les sites

– ***À Old Faithful :*** mention spéciale pour le ***Old Faithful Inn Dining Room,*** vaste salle de caractère (vitres gravées, cheminée monumentale...), où des serveurs impeccables proposent des spécialités régionales tout à fait recommandables. Dans la même veine, on aime bien l'***Obsidian Dining Room*** du *Snow Lodge,* au cadre plus moderne. Sinon, le ***Geyser Grill*** du même *Snow Lodge* n'est rien de plus qu'un fast-food de base. Quant à la ***cafétéria*** de l'***Old Faithful Lodge,*** si les baies vitrées permettent de profiter en direct des éruptions du geyser, elles ne font guère oublier la médiocrité des plats.
– ***À Mammoth Hot Springs :*** c'est au ***Terrace Grill*** que les familles vont en priorité. Cuisine de fast-food basique à prix doux. À côté, la ***Dining Room*** art déco propose des tarifs moyens le midi, plus élevés le soir.
– ***À Canyon Village :*** on a le choix entre la ***cafétéria*** (service rapide et l'on paie en fonction de la taille du plat, une bonne idée !) et la ***Dining Room,*** confortable mais sans surprise, un ***deli*** trop cher et le ***Soda Fountain*** (dans le *general store*). Dans ce fast-food années 1950, on est assis à des comptoirs en U pour déguster des plats préparés en live. Notre préféré pour le concept amusant, mais pas pour la qualité de la cuisine !
– ***À Roosevelt :*** 1 seule possibilité, le ***Lodge,*** où la carte aligne à la fois burgers, salades et spécialités mexicaines, dans un cadre pittoresque et rustique, dans la tradition *Old West.*
– ***À Lake Village :*** le restaurant du ***Lake Hotel Dining Room*** est le plus chic du parc, servant une cuisine un tantinet élaborée dans une salle élégante donnant sur le lac. Pour quelque chose de plus simple, la cafétéria du ***Lake Lodge Cafétéria*** pratique des tarifs franchement raisonnables. Rien de convaincant, mais le cadre rustique est agréable et les baies vitrées donnent sur le lac.
– ***À Grant Village :*** si le ***Restaurant Lounge*** (chic) se révèle confortable et ne manquant pas de charme (avec vue sur le lac, derrière les pins), on lui préfère encore la ***Lake House,*** une cafétéria au cadre génial. Sur pilotis, elle offre aux visiteurs une des plus belles vues sur le lac depuis la grande salle aux immenses baies vitrées. En revanche, n'attendez pas d'y vivre une grande expérience gastronomique.

À voir

Le parc est très bien aménagé. Si vous souhaitez juste en avoir un premier aperçu, prévoyez quand même 3 jours complets (c'est grand !). Mais les amoureux des phénomènes naturels et des animaux sauvages peuvent y rester 1 semaine et plus sans s'ennuyer. Les cinq accès du parc débouchent sur un « grand huit » de 175 miles de long.

Aperçu de la faune

La faune qui abonde au Yellowstone est aussi variée que la flore et les différents habitats que l'on y trouve : les mouflons gambadent sur les sommets rocailleux en compagnie des marmottes ; ours, wapitis (cerfs), chevreuils et écureuils peuplent les forêts et les sous-bois ; les bisons, les coyotes, les antilopes et les loups préfèrent généralement les plaines ; daims, orignaux (élans) et castors adorent les lisières des bois proches des points d'eau, où d'ailleurs tous les autres viennent les retrouver pour s'abreuver ! Bien sûr, vous vous attirerez de sérieux ennuis si un ranger vous surprend à les nourrir avec les restes du pique-nique...

*– **Où et quand voir les animaux ?*** Il faut tout d'abord bien choisir son moment, à savoir à l'aube ou au crépuscule, lorsque les animaux sortent pour se nourrir. Les plus faciles à observer sont les cervidés, wapitis *(elks)* et daims (*mule deers* ou *white-tailed deers*). On est quasiment assuré d'en voir un peu partout, et particulièrement dans les prairies de Gibbon, zone herbeuse située entre Madison et le bassin de Norris (voir plus loin). Pour apercevoir des orignaux *(mooses)* – ou élans du Canada –, c'est déjà plus difficile car ils sont nettement plus farouches et restent généralement dans les forêts.

À UN POIL PRÈS

Comment reconnaître un grizzly d'un ours brun ? Question cruciale quand on a la chance d'apercevoir un plantigrade ! Le premier est plus facile à observer (en prairies ouvertes), il a l'arrière-train plus bas que les épaules, une bosse sur le dos, une grosse tête et des petites oreilles. Le second reste reclus dans la forêt, possède des oreilles bien distinctes et à un arrière-train haut placé. Dans les deux cas, si l'un d'eux vous attaque (ce qui est très, très rare !), la même méthode s'applique : faites le mort !

La Lamar Valley est plutôt le domaine des coyotes, des bisons et des antilopes. Et surtout, depuis leur réintroduction à Yellowstone dans les années 1990, de loups gris. Les antilopes *(pronghorn antelopes)* évoluent aussi dans le secteur autour de l'entrée nord du parc. Quant aux grizzlis et aux ours, ils ont tendance à se cacher dans la partie nord-est, entre Tower Roosevelt et Canyon, du côté des monts Washburn ou encore vers l'entrée est, sur la route de Cody. On a autant de chances d'en apercevoir dans le parc voisin de Grand Teton.

– Pour en savoir plus : se renseigner dans les *Visitor Centers*, auprès des gardes forestiers (rangers). En été, ils proposent quotidiennement des excursions guidées pour découvrir la faune (ainsi que la flore et les phénomènes naturels). À réserver dès votre arrivée si vous souhaitez un jour précis (dans certains hôtels ou dans les bureaux *Registration*).

Des phénomènes naturels exceptionnels

Rappelons-le, il y a environ 640 000 ans, le cœur du Yellowstone subit une gigantesque explosion, créant un cratère de plus de 40 km de diamètre pour une profondeur de 2 000 m. L'érosion fit le reste, stoppant les coulées de lave et comblant les bouches d'éruption. Mais comme la croûte terrestre y est restée relativement mince, l'eau s'infiltre jusqu'à la roche en fusion à moins de 4 km sous la terre, et se réchauffe progressivement, comme dans une bouilloire, les gaz sous pression faisant le chemin inverse. Cette combinaison et la nature des roches déterminent les événements en surface. Geysers, bassins de concrétions, fumerolles, lacs multicolores, mares de boue... tout s'agite, fume, crache à haute température, avec des bruits inquiétants et dans une forte odeur de soufre. C'est Belzébuth qui semble gronder sous l'écorce terrestre ! Ces phénomènes sont uniques au monde par leur diversité, leur nombre et leur importance sur un même territoire. Des aménagements appropriés permettent à tous de s'émerveiller devant des spectacles normalement réservés aux aventuriers et aux scientifiques.

*– **Les geysers :*** ce mot anglais emprunté à l'islandais *geysir* désigne une source thermale intermittente qui projette dans les airs des gerbes d'eau bouillante et de vapeur, le plus souvent sous forme d'un unique jet ultra-puissant. Une ouverture large permettra à l'eau et à la vapeur de se transformer en source chaude. Mais un orifice étroit les obligera à jaillir violemment et par intermittence à l'extérieur, formant les geysers.

Ce phénomène est particulièrement répandu dans le parc de Yellowstone, au point de lui avoir donné son image mondiale de « parc à geysers ». Sur les 300 geysers du parc – les plus beaux du monde –, près de la moitié sont concentrés dans le seul Upper Geyser Basin, autour de l'Old Faithful ! Celui-ci figure d'ailleurs comme le geyser le plus célèbre et le plus régulier du parc (voir plus bas). Les autres sites sont les bassins de Norris, de West Thumb, Gibbon, Lone Star, Heart Lake, Shoshone et les sites de Upper, Midway et Lower sur le secteur de Firehole. Sorti de Yellowstone, sachez qu'il y a seulement trois endroits dans le monde présentant des phénomènes comparables : l'Islande, la Nouvelle-Zélande et la péninsule du Kamtchatka en Russie (moins accessible...). Alors, profitez de votre séjour pour traquer l'éruption, jouer au chat et à la souris avec ces geysers fantasques et imprévisibles qui se font désirer... pour être mieux appréciés. Cela fait partie du charme !

– ***Les sources d'eau chaude*** *(hot springs)* **:** se forment quand l'eau n'est ni brûlante ni sous pression. Pas de jet intempestif de ce cratère proéminent, mais une simple cavité percée à la surface de la terre, plus ou moins grande, dans laquelle se trouve une mare d'eau claire, filtrée par la roche. Les couleurs spectaculaires de l'eau varient du bleu turquoise au vert émeraude.

– ***Les fumerolles*** *(fumaroles* ou *steam vents)* **:** ça commence comme une source chaude, mais ça finit en vapeur, faute d'une quantité suffisante d'eau. Là aussi, l'eau chaude remonte du sous-sol. Arrivée à la surface, son volume est trop faible pour jaillir ou créer une mare.

– ***Les mares boueuses*** *(mud pots)* **:** ce sont des « marmites boueuses », c'est-à-dire des trous béants à la surface du sol, remplis d'une boue stagnante et brûlante. Ces étranges chaudrons se forment au-dessus des fumerolles. Celles-ci dégagent un gaz acide qui décompose la roche en boue et en argile. Gare aux odeurs nauséabondes ! Superbes et inquiétantes mares boueuses dans le bassin de Norris (voir plus bas).

Un immense château d'eau

La ***ligne de partage des eaux (Continental Divide)*** entre le bassin Pacifique et le bassin Atlantique traverse le sud du parc de Yellowstone, immense château d'eau du nord-ouest des États-Unis. Plusieurs pancartes indiquent cette ligne de partage des eaux. Au nord de la ligne, tous les cours d'eau se déversent forcément dans des affluents du Missouri et coulent via le Mississippi vers l'océan Atlantique à des milliers de kilomètres. Les cours d'eau coulant vers le sud vont au contraire se jeter dans l'océan Pacifique en rejoignant les rivières Snake et Columbia.

De l'entrée sud (South Entrance) à Old Faithful

Lewis River Canyon : ce canyon porte le nom de Meriwether Lewis, célèbre explorateur américain, membre associé de l'expédition Lewis and Clark qui, pour la première fois, explora les régions sauvages de l'Ouest américain en 1804-1806. Curieusement, ni Lewis ni Clark ne passèrent à Yellowstone. Pour eux, ce n'était qu'un obstacle naturel dans leur progression vers le Pacifique, leur objectif initial. Ils le contournèrent donc, en passant à 80 km au nord, afin de poursuivre leur chemin vers l'extrême ouest du continent. La route traverse de larges zones calcinées par l'incendie de 1988, mais un peu partout la nature a déjà largement repris ses droits. Parmi les troncs momifiés émerge une jeune forêt, robuste, dense et pleine de promesses. De loin en loin, quelques jolis points de vue sur les falaises abruptes du canyon, où coule la *Lewis River.* On fera notamment une courte halte aux ***Lewis Falls,*** pas bien hautes et cachées de la route mais larges, dont les eaux tumultueuses se perdent dans une immense étendue herbeuse et marécageuse.

Lewis Lake : le troisième lac du parc par sa superficie, environné d'une forêt en partie dévastée en 1988. Il ne dégèle que courant juin. Il est relié au lac Shoshone par un étroit cours d'eau, riche en truites brunes *(brown trouts).* Ce poisson n'est pas originaire d'Amérique, il fut importé d'Europe en 1882. Ce qui n'empêche pas d'innombrables pêcheurs de venir le taquiner dès l'ouverture de la saison.

Grant Village : *sur la rive sud-ouest du lac Yellowstone.* Un bon point de chute pour camper au bord de l'eau et une expo consacrée aux feux de forêts (seulement en anglais malheureusement). Un site excentré mais au calme du coup, et pratique pour rayonner dans la partie sud du parc.

– ***L'expo sur le feu et les incendies :*** *à l'intérieur du* Visitor Center *de Grant Village. Gratuit.* Juste une petite salle, mais expo bien faite, qui revient sur l'épisode dramatique des incendies de l'été 1988, depuis les premiers éclairs d'orage qui embrasèrent les arbres ce 22 juin 1988, l'été le plus chaud depuis 112 ans, jusqu'à l'extinction des dernières flammes en novembre (!). Sans oublier le rôle des médias à l'époque et les réactions très variées du grand public. Les conséquences furent à la fois très lourdes (près de 36 % de la surface du parc partie en fumée, 25 000 pompiers mobilisés aux quatre coins du pays, des centaines d'animaux asphyxiés...) et bénéfiques pour le cycle de vie des forêts. Le plus intéressant dans ce petit musée, c'est qu'on apprend autant sur le feu que sur cet esprit américain positif, presque optimiste. Même si le drame de 1988 représente un des plus grands désastres écologiques de ces 50 dernières années (aux États-Unis), on ne parle pas de destruction à proprement parler au Yellowstone, mais de transformation... Vidéos intéressantes dans l'auditorium pour compléter le sujet.

BEETLES MANIA

La mauvaise santé apparente des forêts n'est pas toujours à mettre sur le dos des incendies. Les arbres morts, d'aspect marron, ont généralement subi les attaques de coléoptères (beetles) *qui tuent les pins de l'intérieur. Un fléau exponentiel et extrêmement préoccupant qui serait fortement accentué par le réchauffement climatique. Hors de question d'appliquer un traitement chimique dans les parcs...*

West Thumb : une large baie découpée dans la partie sud-ouest du lac Yellowstone, tout près de Grant Village, où se niche le site d'eaux thermales de *West Thumb Geyser Basin.* Il présente des bassins aux très belles couleurs, comme *Black Pool,* le bien mal nommé avec ses tons curaçao ou encore *Abyss Pool,* parmi les plus profonds du parc (16 m). Le sentier surélevé en bois approche également quelques sources chaudes, et surtout de pittoresques geysers presque entièrement immergés dans le lac. Un must pour les *Mountain Men,* qui y cuisaient leurs poissons aussitôt pêchés ! La vue sur le lac et les montagnes enneigées au loin est superbe. Au printemps, il n'est pas rare d'observer des daims et des bisons qui viennent brouter sur le site.

➢ ***Les sentiers de Duke Lake et Overlook Lake :*** deux petites balades faciles au départ du parking de *West Thumb. Duke Lake* permet d'aller découvrir le lac du même nom, mignon et peu fréquenté, en traversant un bois en pleine renaissance. *Lake Overlook* conduit au sommet d'une colline voisine pour apprécier un large panorama sur le lac Yellowstone.

Kepler Cascades : *peu avt Old Faithful en arrivant de West Thumb, sur la gauche.* Petit arrêt photo pour immortaliser de belles chutes dégringolant dans une gorge encaissée, tapissée d'arbres morts. Beau coup d'œil depuis un belvédère en bois.

Upper Geyser Basin : *un site étonnant à découvrir à pied, mais essayez d'éviter les foules en venant tôt le mat ou en fin de journée. N'oubliez pas le plan de la zone, disponible à une borne, près de l'Old Faithful Inn.* Un quart des geysers existant à la surface du globe se trouve rassemblé ici, sur un bout de terrain grand comme un mouchoir de poche (4 km de long sur 1,5 km de large). On compte 75 geysers actifs et 600 sources chaudes. Tout un réseau de pontons en bois surélevés et de sentiers quadrillent en boucle le secteur jusqu'au Morning Glory Pool et sa palette arc-en-ciel, en revenant jusqu'au *Castle Geyser* (un des plus vieux et des plus beaux du parc), qui jaillit pendant 50 mn en moyenne, toutes les 13h environ. On passe par le *Grand Geyser*, plus puissant que l'*Old Faithful* et également prévisible (toutes les 10h en moyenne, mais le jet éclate comme un feu d'artifices jusqu'à 60 m pendant 30 mn !), ou le *Riverside Geyser*, qui jaillit pendant 20 bonnes minutes toutes les 6h en moyenne, juste au bord de l'eau (superbe environnement). Les prévisions d'éruption des principaux geysers du bassin (dont l'Old Faithful) sont affichées à l'accueil du *Visitor Center* et des hôtels. Mais mieux vaut laisser le hasard décider du spectacle, et se balader au gré des sentiers et de l'inspiration. Il y aura toujours deux ou trois geysers de bonne composition pour exploser au bon moment ! La vue depuis *Observation Point* vaut largement le coup, d'autant que peu de monde prend la peine de faire cette grimpette facile : panorama sur une partie du site, et surtout un emplacement de choix pour admirer les facéties d'*Old Faithful*, à l'écart de la mêlée. À la descente, on conseille le petit crochet par le joliment coloré *Solitary Geyser*, qui bouillonne subitement à 1 m de haut toutes les 5 à 7 mn. Amusant et rien que pour vous !

Le geyser Old Faithful : c'est l'attraction numéro 1 du site. Monument historique de la nature, il est le geyser le plus connu des États-Unis, sinon du monde. Ses éruptions durent en moyenne de 2 à 5 mn et son jet ultra-puissant atteint une hauteur variant entre 30 et 55 m (40 m en moyenne). À chaque fois, ce sont 14 000 à 53 000 l d'eau à 100 °C qui sont évacués. Voilà un monstre sacré entouré de centaines d'admirateurs, tous gardés à distance sur une promenade en planches. De cet hémicycle avec double rangée de sièges (quelle mise en scène !), le spectacle est éblouissant. Surtout, Old Faithful est le plus constant de tous les geysers du parc, et on peut prévoir ses éruptions à 10 mn près. C'est cette ponctualité qui lui valut d'être baptisé « vieux loyal », dès 1870. L'intervalle entre deux éruptions varie de 92 mn en moyenne (avec plus ou moins 10 mn). Les prévisions sont affichées sur un panneau au *Visitor Center*, ainsi qu'à la réception des hôtels du parc.

Puisque vous êtes là, ne manquez de jeter un œil à l'intérieur de l'auberge ***Old Faithful Inn***, juste en face du célèbre geyser. Construite avec des troncs d'arbres, des gros rondins et des pierres, elle est classée Monument historique. Une sorte de chalet géant pour trappeurs enrichis, un des plus grands dans le monde. Le hall est carrément dantesque, avec 25 m de hauteur sous plafond, une cheminée monumentale et cinq étages de balcons, dont les montants tarabiscotés s'enchevêtrent comme un immense mikado en bois.

Black Sand Basin : *à 1 mile à pied ou en voiture d'Old Faithful, sur la route de Madison (ça ne s'invente pas !).* Jolis bassins multicolores de grandes tailles, notamment la *Emerald Pool*, qui porte bien son nom. On passe devant le *Cliff Geyser*, geyser très régulier qui s'est formé au bord de la rivière, avant de rejoindre le superbe *Sunset Lake*, qui offre toute la gamme des couleurs de l'arc-en-ciel. Environ 1 mile plus loin (là encore, accès possible à pied ou à vélo depuis *Upper Geyser Basin*), on parvient au **Biscuit Basin** qui mérite une halte pour la Sapphire Pool, bleu... saphir !

D'Old Faithful à Mammoth Hot Springs

Midway Geyser Basin : on peut y admirer la *Grand Prismatic Spring*, la plus grande source chaude du parc et la deuxième dans le monde. Près de 100 m de diamètre ! Elle porte bien son nom, présentant sur le pourtour des couleurs extraordinairement variées, comme le jaune, le rouge, le bleu et le vert. Le bassin, vaste disque aux eaux bouillonnantes et nappé de vapeur... bleue, a été formé par les éruptions successives du geyser *Excelsior* voisin, dans les années 1880. Elles atteignaient alors 15 à 90 m de haut. Leur force même a endommagé le système d'alimentation du geyser. Pourtant, en 1985, il s'est réveillé pour une éruption continue de 47h. Depuis, plus rien. On en oublierait presque la source chaude *Turquoise Pool,* plus petite, qui mesure tout de même environ 30 m de diamètre. Très belle elle aussi.

➢ ***Spécial* Bison Futé :** voici une idée de balade courte et facile pour profiter de la meilleure vue en surplomb sur la *Grand Prismatic Spring* et éviter ainsi la foule et les bouchons infernaux au niveau du parking. Se garer environ 1 mile avant le site, venant d'Old Faithful, au petit parking indiquant « Fairy Falls ». Puis traverser un pont métallique et marcher environ 15 mn le long de la rivière. À hauteur de la *Prismatic Spring,* grimper sur la colline à gauche où vous pouvez, à travers les enchevêtrements de troncs morts (il y a un semblant de chemin jusqu'à un terre-plein). La vue d'ensemble est exceptionnelle et bien plus spectaculaire que sur le site même, où l'on reste finalement assez loin du bord du geyser. Les plus courageux peuvent continuer encore 2,5 miles sur le même chemin jusqu'aux chutes d'eau *Fairy Falls* et parcourir ainsi une boucle de 6,5 miles au total.

Firehole Lake Drive : *sur le côté droit, env 1 mile après Midway Geyser Basin, prendre cette petite route de 3 miles, qui débouche un peu plus loin.* Elle permet d'admirer plusieurs beaux geysers dont le *Great Fountain Geyser,* un des plus grands du monde. Son éruption, qui a lieu toutes les 8 à 12h, atteint souvent 30 m de haut et grimpe parfois jusqu'à 65 m. Il crache en « fontaine » (c'est-à-dire comme un feu d'artifices) à plusieurs reprises, sur une période comprise entre 10 mn et 1h, avec des intervalles sans manifestation. Seul repère : le bassin est à nouveau rempli 75 à 115 mn avant la prochaine salve. Un peu plus loin, le *White Dome Geyser* jaillit quant à lui en « cône » (en jet étroit), toutes les 30 mn en moyenne (bien qu'il puisse parfois rester 3h sans se manifester). Son jet est moins spectaculaire (9 m), mais plus facile à voir. Un site moins fréquenté et pourtant très spectaculaire, avec des ruisseaux couleur *Guinness* qui dévalent des montagnes et le *Firehole Lake,* tout fumant.

Fountain Paint Pot et Lower Geyser Basin : *parking là où débouche le Firehole Lake Dr. Emprunter le* « nature trail », *une promenade en bois de 0,5 mile en boucle.*
On passe d'abord près de la *Silex Spring* aux jolies eaux cristallines, avant d'atteindre *Fountain Paint Pot*, ce bassin de boue bouillonnante aux teintes rosées. Les bulles énormes de simili-gloubi-boulga crèvent avec un bruit de déglutition cocasse, projetant un peu partout des gouttes de boue bien épaisses. Il y a même la recette sur un panneau, faisant intervenir des bactéries thermophiles pour la colorisation finale. Voir également le *Red Spouter,* un gamin, puisque ce geyser d'eau boueuse parfois sec est né en 1959, suite au séisme. Le sentier continue vers le *Lower Geyser Basin,* un site où se regroupent plusieurs geysers. Pour la plupart, ils ont vu leur comportement profondément modifié par le même séisme de 1959, qui atteignit 7,5 sur l'échelle de Richter. Mais avec un peu de chance vous les verrez jaillir tous en même temps dans une symphonie réglée à la note près, où le jet du premier répond à celui du deuxième, tandis que le troisième accompagne les solistes par de petites salves régulières.
Au nord de *Fountain Paint Pot,* en direction de Madison, vous aurez des chances de voir de grands troupeaux de bisons.

Firehole Canyon Drive : *une jolie escapade de 2 miles le long de la rivière du même nom. Juste au sud du carrefour de Madison, on distingue sur la gauche une petite voie à sens unique qui s'enfonce dans l'arrière-pays.* Elle longe d'abord la rivière, très encaissée et bordée de troncs enchevêtrés puis débouche sur de belles chutes. Un peu partout, des pêcheurs sont juchés en équilibre instable sur des rochers, quand ils ne sont pas dans l'eau jusqu'à mi-cuisse pour taquiner la truite. En continuant la balade, on parvient à un endroit complètement inattendu ici : en contrebas de la route, accessible par quelques marches, s'étend une petite zone de baignade autorisée (panneaux). Génial... mais vivifiant ! Les frileux poursuivront leur chemin, avant un dernier coup d'œil à une série de jolies cascades.

Madison : simple carrefour où se retrouvent trois routes. Celle qui vient d'Old Faithful au sud, une autre qui arrive de West à l'ouest et une troisième de Mammoth Hot Springs au nord. Même pas un village. Il y a juste un camping et un point d'information lovés au creux de la vallée, en surplomb des méandres de la rivière et des berges herbeuses que les troupeaux de bisons fréquentent régulièrement.

Les chutes et le canyon de la rivière Gibbon : la route traverse la vallée de la rivière Gibbon, qui devient de plus en plus impétueuse à mesure que l'on remonte son cours. Les chutes sont larges et puissantes, hautes de plus de 20 m, et dégringolent au fond du ravin en charriant de nombreux arbres morts. Puis on continue vers le nord, dans une section qui a beaucoup souffert des incendies, surplombant un canyon accidenté. Ce dernier porte le nom du général J. Gibbon qui explora la région en 1872.

Les prairies de Gibbon *(Gibbon Meadows)* **:** sorte de plateau d'altitude, couvert de pâturages et peuplé d'animaux sauvages. Au crépuscule, des troupeaux de daims *(mule deers)*, de wapitis *(elks)* et parfois même des élans du Canada *(mooses)* viennent brouter sur les bas-côtés, montant quelquefois sur la chaussée. Là encore, quitte à se répéter, on vous donne les avertissements d'usage : automobilistes, soyez prudents ! Évitez de déranger les animaux, ne les approchez pas de trop près et ne les nourrissez pas.

Artist's Paint Pots : *au niveau des meadows, côté droit.* Ponton de 1 mile qui fait le tour de toute une palette de bassins fumants, crachotants, au repos, clairs, laiteux ou opaques... Monter jusqu'au point de vue pour écouter les bloub-bloub des marmites de boue blanche, semblable à du plâtre. Un monticule se construit au fil des projections.

Norris Geyser Basin : *à l'endroit où les 2 boucles du grand 8 (« Upper » et « Lower » Loop Rd) se rencontrent.*
Voilà encore un endroit fabuleux et captivant, à découvrir à pied. On se croirait n'importe où sauf sur la planète Terre. À 2 300 m d'altitude, ce bassin contient les sources et les geysers les plus chauds du parc, plusieurs bassins acides (ce qui est rare) et c'est ici que l'on enregistre la plus forte activité sismique du parc. Un endroit où l'on sent plus qu'ailleurs l'omniprésence des ténèbres qui grondent sous la fine couche de la terre. C'est une sorte de cuvette plate, blanchâtre, au pied d'un verrou rocheux abrupt, couvert par une mer d'arbres calcinés. Le sol est troué ici et là par des sources d'eau chaude, des fumerolles rageuses (*fumaroles* ou *steam vents*), des jets de vapeur d'eau émanant du magma, ou des incroyables *mud pots,* littéralement « marmites à boue ». Dans celles-ci, un abominable liquide marronnasse et stagnant, formé par la décomposition acide de la roche mélangée à l'eau.
Deux sentiers en boucle, aménagés en un lacis de passerelles en bois, permettent d'approcher de près ces étranges phénomènes naturels : *Porcelain Basin* et *Back Basin.* Comme partout, une brochure avec le détail des itinéraires est en vente (50 cents) à l'entrée du site, tandis qu'une petite exposition dans le minuscule ***Norris Geyser Basin Museum*** donne toutes les informations nécessaires sur les caractéristiques géologiques et hydrothermales de Yellowstone et du site en particulier *(fin mai-fin sept, tlj 9h-18h).* On vous rappelle qu'il est interdit de sortir du sentier balisé et conseillé de bien tenir la main de vos enfants.

➢ ***Le sentier du Porcelain Basin :*** une boucle de 0,5 mile (0,8 km). La plus petite balade. On est assuré de voir quelques petits geysers exploser, ainsi que des fumeroles et des *mud pots.* Superbe paysage lunaire et panorama à 180°.

➢ ***Le sentier du Back Basin :*** une boucle de 1,5 mile. Formidable et inquiétant. On peut y admirer la belle *Emerald Spring,* une source chaude aux eaux vert-jaune-bleu. Le bleu domine car c'est la seule couleur non absorbée par l'eau ; sur fond de jaune soufré, cela donne ce joli vert par endroits. Moins élégantes mais tout aussi fantastiques, une série de mares boueuses mijotent dans les parages, à demi dissimulées par un voile blanchâtre de fumerolles. On découvre aussi le site du *Steamboat Geyser,* considéré comme le plus grand geyser actif du monde. Il est capable de jaillir de 90 à 120 m de haut, soit deux à trois fois la hauteur moyenne d'Old Faithful. Un seul problème, il est totalement imprévisible, paresseux, et il peut parfois s'écouler 50 ans entre deux éruptions ou, au contraire, tout juste quelques jours. L'éruption de son voisin, l'*Echinus Geyser,* bien que plus faible (12 à 18 m quand même), est plus régulière mais aussi imprévisible : de quelques heures à quelques années d'intervalle. Le pH de l'eau ne dépasse guère 3 ou 4, soit l'équivalent d'un vinaigre bien décapant. Arrivé devant le *Porkchop,* imaginez qu'en 1985 il a subitement projeté des blocs de roche à 60 m de hauteur !

Museum of the National Park Ranger : *à l'entrée du camping de Norris, juste après le carrefour de Canyon Village, sur la droite en direction de Mammoth. Fin mai-fin sept, tlj 9h-17h. Gratuit. Accueil par des rangers bénévoles à la retraite.* Ce tout petit musée constitue un peu la mémoire du parc Yellowstone et des premiers rangers. Il est judicieusement installé dans un vieux poste militaire, bâtisse construite en 1908 lorsque l'armée était en charge du contrôle et de l'administration du parc. Au programme : l'historique des parcs, l'évocation du fameux Norris, l'un des premiers surintendants de Yellowstone (1878-1882), son premier ranger, le non moins célèbre Harry Yount (un vétéran de la guerre de Sécession qui démissionna au bout de 1 an pour cause de surmenage). Également à voir, la reconstitution d'une chambrée de rangers. Enfin, une salle consacrée aux innombrables missions et devoirs des rangers modernes : du secouriste au policier en passant par le garde forestier et le constructeur de route, tous assermentés pour protéger les 350 parcs des États-Unis ! Parmi les rangers célèbres, un certain Gerald Ford, futur président des États-Unis. Et parmi les nouveautés ajoutées au trousseau du parfait ranger, l'appareil numérique !

Mammoth Hot Springs : au nord du parc, niché au creux d'une cuvette environnée de montagnes, Mammoth est le seul village historique de Yellowstone. Car c'est ici que l'armée construisit le Fort Yellowstone, quartier général de la cavalerie entre 1886 et 1918. Rien n'a bougé depuis le départ des troupes, et les austères bâtiments de pierre sont toujours alignés comme à la parade le long de la rue principale : maisons des officiers, casernes, hôpital, poste (assez disproportionnée !), entrepôts, écuries, et même une prison et une chapelle. Une vraie petite ville, qui accueillit jusqu'à 324 soldats, leurs familles et de nombreux employés civils en 1910 ! Aujourd'hui, ce sont les familles des rangers qui occupent la plupart des bâtiments, tandis que l'ancien mess des officiers abrite désormais le *Visitor Center.* On y verra d'ailleurs un musée intéressant consacré à l'histoire du parc et à sa faune : des peintures et les premières photos sépia réalisées lors de l'expédition Hayden de 1871, des animaux empaillés, des trappeurs (non empaillés) et des infos sur les Indiens blackfeet ou encore les premiers touristes.

STAGE EXTRÊME !

En 1870, Truman Everts découvrit le Yellowstone au cours d'une expédition. Lors d'un arrêt, il s'écarta du groupe, perdit son cheval et se retrouva seul au milieu des forêts. Il erra comme une âme en peine pendant 37 jours. Sans voir plus loin que le bout de son nez, car il avait perdu ses lunettes ! Il se nourrit de plantes, d'herbes, buvant l'eau des rivières, se cachant des ours et des loups. Bref, une incroyable expérience de survie en milieu hostile... qui a fait des émules. Aujourd'hui, des Américains un peu fous sont prêts à payer des milliers de dollars pour revivre le même type d'aventure !

☛☛ ***Les terrasses de Mammoth Hot Springs :*** il s'agit d'un flanc de montagne dénudé, composé d'une série de bassins en escalier. L'eau chaude dégringole le long de cette étrange construction et absorbe une grande quantité de dioxyde de carbone, qui devient alors de l'acide. Cet acide attaque la roche calcaire et la dissout lentement, déposant au fond des bassins une fine couche de particules appelées travertin, une matière blanchâtre dont la particularité est de pouvoir fixer toutes sortes de bactéries et d'algues colorées. D'où les couleurs qui s'en dégagent (orange, jaune, vert, brun) et un paysage sans cesse changeant qui rappellera, pour ceux qui connaissent, Pamukkale en Turquie. Cela dit, en été, les terrasses sont le plus souvent à sec, ce qui peut être décevant. Mais ce phénomène naturel n'en reste pas moins rare dans son genre.
Pour découvrir le site à pied, on peut soit monter à partir du village, au niveau du curieux monolithe Liberty Cap (en réalité une source d'eau chaude en sommeil), soit arriver par en haut en laissant sa voiture sur un des parkings de la route tortueuse *Upper Terrace Drive.* Un sentier pédestre équipé de nombreux escaliers et de passerelles sinue entre les diverses terrasses.
Un des plus beaux endroits est le site de *Canary Spring*. Là, pas de canaris, mais une passerelle en bois qui débouche sous un bosquet d'arbres, face à un remarquable ensemble de terrasses. Au fil des ans, la roche en travertin a été sculptée comme de la dentelle. Formidable agrégat de stalactites pétrifiées, de lames filandreuses et de coulées baroques aux couleurs chatoyantes. Une vraie palette de peintre ! Il faut voir aussi la terrasse *Minerva,* plus bas, d'un aspect neigeux quasi surnaturel.

De Mammoth Hot Springs à l'entrée nord-est

☛ ***Petrified Tree :*** *quelques miles avt d'arriver à Tower Roosevelt.* Il s'agit d'un moignon de tronc pétrifié, haut de 2 m, encore planté en terre, isolé sur les pentes d'un vallon paisible. Il y a 50 millions d'années, une coulée de lave avala ce séquoia vivant, qui, du coup, passa du stade de bois à celui de la pierre. À l'origine, il y avait deux arbres. L'un fut cassé en morceaux par des chasseurs qui les emportèrent comme souvenir. L'autre, c'est le vaillant totem que l'on voit, entouré d'une protection métallique, tel un émouvant trophée d'un âge révolu.

☛ ***Tower Roosevelt :*** croisement de trois routes, celle de Mammoth Hot Springs, celle qui mène à l'entrée nord-est et celle qui file au sud vers Canyon Village. Peu après le carrefour, en direction de Canyon Village, faire une halte au ***Calcite Springs Overlook.*** Superbe point de vue sur l'extrémité du Grand Canyon de la Yellowstone River, coincée entre des falaises jaunes à la roche dentelée, barrée d'orgues basaltiques et une montagne insolite, comme taillée à la serpe.

☛☛ Voilà un des coins les moins calcinés du parc. Sur une cinquantaine de kilomètres jusqu'à l'entrée nord-est du parc, on suit la ***vallée de Lamar,*** une ancienne vallée glaciaire, dont les immenses pâturages fournissent en hiver la nourriture essentielle aux bisons et aux élans. C'est aussi là qu'on a le plus de chances de voir des coyotes et des loups. Plusieurs sentiers de randonnée possibles, notamment à travers la forêt d'arbres pétrifiée de *Specimen Ridge*.

De Tower Roosevelt au lac Yellowstone

☛ ***Tower Falls :*** une belle cascade de 40 m qui dégringole dans la Yellowstone River. Des aiguilles rocheuses détachées des parois la dominent, offrant à cette reine des eaux le plus joli des diadèmes. Les photographes y viendront de préférence le matin.

Washburn Range : après une vaste étendue complètement calcinée (très impressionnante) et le col de Dunraven, autour du mont Washburn (3 122 m) s'étend une des régions du parc les plus sauvages, une de celles aussi qui ont le moins souffert des feux de 1988. Forêts épaisses et gras pâturages alternent au gré des caprices de la topographie, avec parfois quelques rapaces au port altier en vol stationnaire à la recherche d'une proie. C'est également ici que vit le plus grand nombre de grizzlys. Au point qu'en dehors des routes, ce coin est interdit aux randonneurs pour des raisons de sécurité.

➢ **Le mont Washburn :** *3 départs possibles pour des randos de 5-11 miles. Celle au départ du col de Dunraven (6 miles) est la plus empruntée.* Sentier bien balisé jusqu'au sommet du mont Washburn (plus de 3 000 m). Compter 3h aller-retour et 450 m de dénivelée (la pente n'est pas raide). On peut voir des marmottes et même des mouflons (tout en haut). Au sommet, une construction accueille les visiteurs avec une longue-vue. Prévoir un coupe-vent, ça souffle parfois là-haut.

Le grand canyon de Yellowstone : *au départ de Canyon Village.*
Fabuleux canyon, profond selon les endroits de 240 à 360 m, long de 32 km et large au maximum de 1,2 km. Tout en bas coule la rivière Yellowstone qui prend sa source hors du parc. Ici, elle trace son chemin intrépide dans un relief aussi abrupt que possible et s'écoule en deux cascades vraiment spectaculaires. Ces **Lower** et **Upper Falls** donnent de la vie à ce vertige de roches et de rocailles. La plus haute mesure près de 100 m, la seconde le tiers. Les parois du canyon ont des couleurs particulièrement intéressantes au crépuscule, résultat de l'écoulement de l'eau chaude sur les roches volcaniques. *Yellow stone* signifie « pierre jaune ». Vous l'avez compris, ce sont les rives jaunissantes de la rivière qui ont inspiré les Indiens minnetarees pour lui trouver un nom. Deux routes possibles pour aller observer le canyon (également accessible à pied depuis le bloc P du *Canyon Lodge*) avec plusieurs arrêts pour profiter de différents points de vue. C'est tellement beau qu'on est tenté de tous les faire :

- **North Rim Drive :** *de 2,5 miles, à sens unique, sur la rive gauche, elle part du sud de Canyon Village (direction Fishing Bridge, puis indiquée sur la gauche).* Premier arrêt au **Brink of Lower Falls Trail.** Il faut impérativement descendre jusqu'à la plate-forme d'observation aménagée exactement au-dessus de la chute inférieure. Impressionnant est un faible mot. Larges, puissantes, rugissantes, les eaux vertes s'écrasent avec tant de force qu'il s'en élève de formidables nuages d'embruns. Que le soleil daigne montrer le bout du nez et ce sont de superbes arcs-en-ciel qui chevauchent les eaux indomptées. Puis se rendre aux points de vue **Red Rock** (bonne descente et grosse grimpette au retour) et **Lookout Point** qui offrent, depuis le même parking, une vue d'ensemble ébouriffante des *Lower Falls*. Passage par le **Grandview Point,** un autre nid de pie pour veilleurs devant l'Éternel. Pour les sportifs, un petit sentier serpente au bord du précipice jusqu'au point de vue suivant, **Inspiration Point.** De quoi être inspiré en effet ! Songez que la plate-forme précédente était encore plus en surplomb du canyon, mais elle est tombée dans le précipice lors du séisme de 1975 !
- **South Rim Drive :** en continuant plus au sud sur la route de Fishing Bridge, on peut faire d'abord un crochet jusqu'à **Brink of Upper Falls Trail,** un promontoire au-dessus de la première chute, qui décoiffe déjà pas mal... Puis, en traversant le Chittenden Bridge, on gagne la rive droite du canyon par une route en cul-de-sac. Arrêt vraiment conseillé au sentier de l'oncle Tom **(Uncle Tom's Trail)** qui conduit à un point de vue en bas des Lower Falls, après une descente par un escalier métallique de 328 marches (très sécurisant), à flanc de canyon. La vue vaut vraiment le détour, et mérite qu'on peine un peu dans la remontée (mais ça se fait, en prenant son temps). Tout au bout de la route, autre parking à **Artist Point.** La vue sur les chutes inférieures est également l'une des plus belles du parc. Mais la concurrence est rude avec tous ces sites plus enchanteurs les uns que les autres...

Canyon Visitor Education Center : *à Canyon Village, au Visitor Center (mêmes horaires). Gratuit.* Ce beau musée pédagogique s'intéresse en premier lieu aux activités volcaniques du Yellowstone. Car ce vieux dragon est toujours très énergique, une vraie Cocotte-Minute en ébullition surveillée de près par des essaims de vulcanologues. Sur deux niveaux, des vidéos, des programmes informatiques interactifs et de magnifiques maquettes détaillent toutes les spécificités géothermiques du site, depuis les premières éruptions jusqu'aux plus récents tremblements de terre (des écrans indiquent même en direct les résultats recueillis par les appareils de mesures dispersés aux endroits stratégiques). Ne pas manquer l'immense plan en relief du parc, très parlant. Autant de données scientifiques qui permettent d'aborder le second thème cher au musée : ces bouleversements géothermiques caractéristiques ont façonné un paysage inédit, et permis la création d'un écosystème unique grâce à une chaleur ambiante et un taux d'humidité inhabituels. Une visite instructive, ludique et indispensable pour avoir une petite idée de la partie immergée de l'iceberg Yellowstone.

Mud Volcano et Sulfur Caldron : encore des mares et des geysers de boue bouillonnante. Réjouissant sentier baigné de vapeurs nauséabondes pour découvrir le site, réparti entre une belle clairière à flanc de colline et un sous-bois. Avec un peu plus loin en contrebas, de l'autre côté de la route, des bassins de soufre gargouillant et des évents, sulfureux eux aussi. Odeurs d'œuf pourri garanties.

Le lac Yellowstone : c'est le plus grand lac du parc par sa taille et même le plus grand lac de montagne de toute l'Amérique du Nord. Il mesure 32 km de long sur 23 km de large, 117 m de profondeur et totalise 176 km de rivages (en grande partie boisés). Grand miroir limpide et rafraîchissant, à 2 357 m d'altitude, sa surface est souvent gelée jusqu'en juin. Il occupe un ancien cratère volcanique, encadré par les sommets des monts Absaroka que l'on distingue très bien au loin. Autrefois, ses eaux pouvaient alimenter des rivières coulant aussi bien vers le Pacifique que vers l'Atlantique. Mais tout change. Aujourd'hui, ses eaux rejoignent exclusivement l'Atlantique via le Missouri et le Mississippi. Une épopée ! En outre, selon les experts, si le niveau du lac baissait seulement de quelques mètres, cela pourrait provoquer une violente explosion de vapeur hydrothermale. C'est ce type d'explosion qui a d'ailleurs généré les cratères de Mary Bay et d'Indian Pond, visibles peu après Fishing Bridge. La route vers l'entrée est (en direction de Cody) se révèle particulièrement belle et longe le lac sur une bonne partie, avant de s'aventurer dans la montagne. On peut louer des bateaux pour se promener sur le lac et pêcher la truite (avec permis). Mais pour la trempette c'est cuit, car l'eau reste glaciale même en été.

Lake Village et Bridge Bay : sur la rive ouest, au bord du lac. C'est ici qu'on trouve le plus vieil établissement du parc, le *Lake Yellowstone Hotel & Cabins,* construit à la fin du XIXe s, qui fait face au lac (voir notre rubrique « Où dormir ? »). Bridge Bay est la marina située entre Lake Village et West Thumb.

À faire

Randonnées

Plus de 800 miles (1 280 km) de sentiers dans le parc, qui conduisent, d'une manière ou d'une autre, dans les coins les plus sauvages – ce que les Américains appellent le *wilderness.* Toutes les informations, des plus générales aux plus détaillées, sont fournies par les gardes forestiers (les rangers) au sein des *Visitor Centers.* Procurez-vous les « Day Hikes » par site (Canyon Area, Bechler Area, Fishing Bridge and Lake Areas, Mammoth Area, etc.) qui recensent les principales randonnées à la journée. Utiliser également les *Trail Guides* (50 cents, à déposer dans une urne, à l'entrée des sites principaux) qui fournissent un plan et des explications sur les phénomènes à observer. On trouve aussi des guides très complets édités par les associations du parc. Une solution intéressante consiste à louer les services d'un des nombreux guides professionnels du parc. Bien sûr, c'est payant, mais vous aurez le privilège de randonner en compagnie des meilleurs connaisseurs de la faune et de la flore locales et d'apprendre énormément de choses, à condition de bien comprendre l'anglais, évidemment.

Promenades en bateau

Des balades guidées et des séances de pêche sont organisées au départ de la marina de Bridge Bay, au bord du lac Yellowstone. Fonctionne de début juin à mi-septembre. Premier départ à 9h15. De mi-juin à début septembre, les plus autonomes pourront louer des petits bateaux à rames *(rowboats)* ou à moteur *(outboard).* On peut ainsi découvrir toute la partie nord de ce merveilleux lac, et plus particulièrement la petite île Stevenson (mais on ne débarque pas), peuplée d'orignaux (élans) et observer des balbuzards, les seuls aigles pêcheurs. Noter que les promenades en bateau ne sont permises que sur les lacs Yellowstone et Lewis.

Promenades à vélo

Bien que les routes soient un peu étroites au regard du nombre de véhicules qui les empruntent en été, la bicyclette reste un bon moyen de découverte, à condition d'avoir du temps. Location possible aux villes d'entrée, West Yellowstone, Gardiner et plus au sud, Jackson Hole.

Promenades à cheval *(horseback rides)*

Des balades à cheval de 1 ou 2h sont organisées dans trois sites du parc, à Mammoth Hot Springs *(de mi-mai à mi-sept),* au *Roosevelt Lodge* *(de mi-juin à début sept)* et à Canyon Village *(de mi-juin à fin août).* Au départ de Roosevelt, il y a aussi des petites randonnées en diligence et des excursions équestres à la demi-journée, avec déjeuner au coin du feu. Les résas sont vivement recommandées, surtout en août. Les enfants doivent avoir au moins 8 ans. *Compter 38 ou 58 $ pour 1-2h de cheval. Env 12 $/adulte pour les balades en diligence. Infos et résas : ☎ 1-866-439-7375, ou auprès des centres d'accueil et des établissements du parc.*

Pêche

Elle est autorisée mais nécessite un permis payant *(18 $ pour 3 j., 25 $ pour 7 j.)* à demander dans les centres d'accueil et les *general stores.* À quelques exceptions près, la saison dure de fin mai jusqu'au 1er dimanche de novembre. Les coins les plus intéressants sont la rivière de Yellowstone, au nord de Canyon Village, la rivière Madison, entre Madison et l'entrée ouest du parc, ainsi que les lacs Yellowstone, Shoshone et Sylvan. On trouve beaucoup de truites (*lake trout* et *cutthroat trout*), mais aussi des *graylings* (des ombres, que l'on doit impérativement relâcher) et des *mountain white fishes. Important* : si vous pêchez une *lake trout,* vous devez absolument la tuer car elle envahit tout le territoire et menace directement la survie des truites *cutthroat.* Introduite malencontreusement par la main de l'homme, les autorités tentent aujourd'hui de l'éradiquer ! Chaque année, les pêcheurs parviennent ainsi à éliminer 9 000 de ces intrus.

Sports d'hiver

Yellowstone se prête à de nombreuses activités durant la « saison blanche » : ski de piste, ski de fond, balades à raquettes... On peut louer tout l'équipement nécessaire pour les différents sports auprès de *Xanterra Parks and Resorts* (voir « Où dormir ? »). Pour les amateurs, on peut aussi louer une motoneige, le meilleur moyen de locomotion dans le parc ou faire un tour en *snowcoach*, un amusant bus à chenille. La compagnie propose, en outre, des excursions accompagnées de Mammoth Hot Springs jusqu'au Grand Canyon de Yellowstone. Le spectacle des chutes inférieures gelées est tout simplement superbe, tout comme celui des animaux qui viennent se réchauffer auprès des geysers. On peut aussi téléphoner à l'office de tourisme de West Yellowstone pour obtenir la liste des loueurs locaux.

WEST YELLOWSTONE (MONTANA)

1 200 hab.

Située à l'extrême limite du Montana et du Wyoming, sur la route 20, cette bourgade possède un atout majeur : sa situation. Elle n'est qu'à 0,5 mile de l'entrée ouest (West Entrance) du Yellowstone. Moins excentrée que Jackson Hole au sud, Cody à l'est, ou Gardiner au nord, elle est une base arrière idéale pour visiter le parc. D'autant plus que la ville offre de nombreux motels à tous les prix, une ribambelle de restaurants et quantité de boutiques.

West Yellowstone est plate, petite, quadrillée simplement, sans grand charme pour tout dire. Mais l'atmosphère y est à la fois sereine et animée. D'amusants bisons en carton-pâte peints de toutes les couleurs égaient les rues. Ici, les habitants vivent quasi exclusivement du tourisme. On est à 2 032 m d'altitude, ce qui donne des hivers froids et enneigés. Heureuse conséquence de l'altitude, la température estivale reste très supportable.

Et pourquoi ne pas pousser jusqu'aux lacs Hebgen (10 miles) et Earthquake (25 miles), le long de la rivière Madison, là où eut lieu le fameux tremblement de terre de 1959 (7,5 sur l'échelle de Richter) ? Un musée rappelle cet événement violent qui bouleversa certains paysages de la région.

Arriver – Quitter

en avion

✈ ***Yellowstone Airport*** *(hors plan par B1) : à 2 miles au nord de la ville, Hwy 191. ☎ 406-646-7631.* Avec la compagnie *Skywest*, liaisons 2 fois/j., juin-sept avec Salt Lake City. *Rens : ☎ 406-646-7351 (été), 406-444-2506 (hiver) ou 1-800-221-1212. ● skywest.com ●* Loc de voitures : *Avis* et *Budget*.

Adresses utiles

ℹ ***Office de tourisme*** *(plan B2) : Chamber of Commerce, 30 Yellowstone Ave. ☎ 406-646-7701. ● westyellowstonechamber.com ● Juin-août, tlj 8h-20h ; mai et sept, tlj 8h-18h ; hors saison, lun-ven 8h-17h.* Brochure avec toutes les infos sur la ville, liste des hébergements de la région, toutes les infos sur les excursions en minibus dans le parc du Yellowstone et le Montana, le rafting, les sorties en kayak, à cheval, la motoneige en hiver...

■ ***Family Medical Clinic*** *(plan B2, **1**) : 236 Yellowstone Ave. ☎ 406-646-0200. Lun-ven 8h-17h.*

■ ***First Security Bank*** *(plan B2, **2**) : 106 S Electric St. ☎ 406-646-7646.* Distributeur 24h/24.

@ ***Public Library*** *(plan B2, **1**) : 220 Yellowstone Ave (entrée sur Dunraven). ☎ 406-646-9017. Mar-jeu 10h-18h (20h mer), ven 10h-17h, sam 10h-15h.* Internet (sur rendez-vous) et wifi gratuits.

@ ***Send it Home*** *(plan B2, **2**) : 30 Madison Ave. ☎ 406-646-7300. Tlj 9h-21h.* Internet payant. Vente de timbres.

■ ***Canyon Street Laundromat*** *(plan B1, **3**) : 312 Canyon St. **Laverie** tlj 8h-22h. Également des **douches** payantes.*

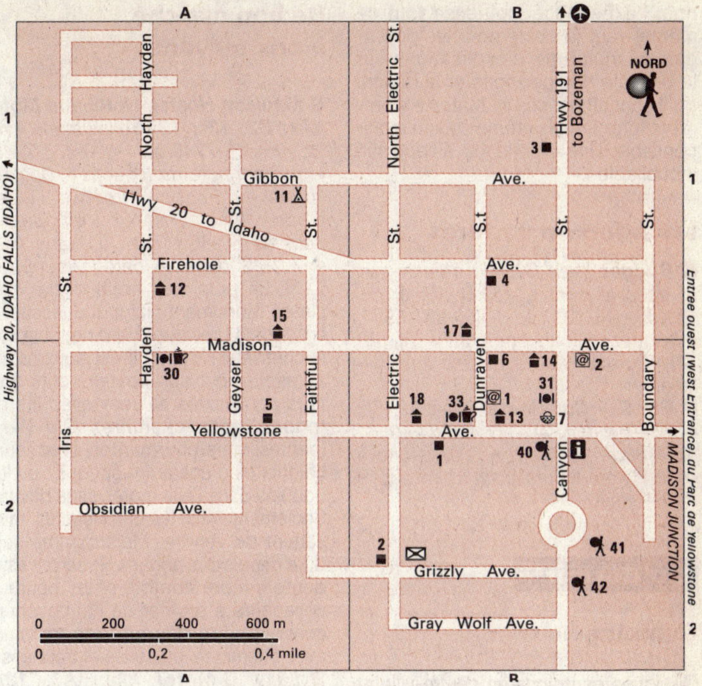

WEST YELLOWSTONE

Adresses utiles

- Office de tourisme
- 1 Public Library
- 2 Send it Home
- 1 Family Medical Clinic
- 2 First Security Bank
- 3 Canyon Street Laundromat
- 4 Budget
- 5 Big Sky Car Rental
- 6 West Yellowstone Fly Shop

Où dormir ?

- 11 Wagon Wheel RV Campground
- 12 Lazy G Motel
- 13 Madison Hostel, Hotel and Motel
- 14 Alpine Motel
- 15 Golden West Motel
- 17 Stage Coach Inn
- 18 Three Bear Lodge

Où manger ? Où prendre le petit déj ?

- 30 Running Bear Pancake House
- 31 Canyon Street
- 33 Three Bear Restaurant

Achats

- 7 Bookworm

À voir. À faire

- 40 Yellowstone Historic Center Museum
- 41 Yellowstone IMAX
- 42 Grizzly & Wolf Discovery Center

■ ***West Yellowstone Fly Shop*** *(plan B2,* ***6****)* **:** *140 Madison Ave. ☎ 406-646-1181. • wyflyshop.com • Ouv tlj, sur résa de préférence, en saison (périodes d'ouverture du parc). Réduc de 10 % sur présentation de ce guide.* Justin est un guide passionné et passionnant... spécialisé en pêche à la mouche dans la Madison River. Mythique ! Il prend tout en charge, en fonction de la saison, de la météo et de l'âge ou du niveau de pêche des participants. Et, quoi qu'il en soit, truite arc-en-ciel *(rainbow trout)* ou non, l'expérience (coûteuse tout de même) vaut la peine pour les paysages, la multitude d'explications sur la biologie des poissons et la région, qu'il connaît par cœur ! Matos entièrement fourni, mais crème solaire indispensable. Une expérience, à coup sûr, inoubliable...

Location de voitures

■ ***Budget*** *(plan B1,* ***4****) : à l'aéroport et dans le centre, 131 Dunraven St. ☎ 406-646-7882 ou 1-800-231-5991. • budget-yellowstone.com • Tlj 8h-19h. Bureau situé dans une quincaillerie.*

■ ***Big Sky Car Rental*** *(plan A2,* ***5****) : 415 Yellowstone Ave. ☎ 406-646-9564 ou 1-800-426-7669. • yellowstonevacations.com • Bureau situé au* Randy's Auto Repair.

Où dormir ?

Camping

Quelques campings en centre-ville et dans le coin, mais on préfère nettement ceux du parc de Yellowstone. Même si les douches font souvent défaut, le cadre et l'atmosphère y sont sans comparaison et on est au cœur de l'action !

Wagon Wheel RV Campground *(plan A1,* ***11****) : 408 Gibbon Ave. ☎ 406-646-7872. • wagonwheelrv.com • De mi-mai à début oct. Tente env 37 $,* cabins *env 65-115 $, lit env 18 $ dans le cabanon.* L'un des rares campings en centre-ville dont le site est sympa : ombragé, il s'organise le long de petites allées qui conduisent à une salle commune rustique avec billard. Au milieu, un jardinet clos par des palissades est réservé aux tentes. Sur le côté, un cabanon équipé de lits à étage fait office d'auberge de jeunesse, tandis qu'une guirlande de *cabins* au confort variable serre les rangs tout autour. Avec une laverie à dispo et des sanitaires très propres, ce minicomplexe intrigant est atypique, intime et agréable pour une étape.

De bon marché à prix moyens

Madison Hostel, Hotel and Motel *(plan B2,* ***13****) : 139 Yellowstone Ave. ☎ 406-646-7745 ou 1-800-838-7745. • madisonhotelmotel.com • Ouv de fin mai à mi-oct slt. Propose 3 types d'hébergement : env 35 $ en dortoir ; doubles 50-80 $ avec ou sans sdb, env 75 $ dans la catégorie motel.* Le plus vieil hôtel de la ville, classé Monument historique, accueillit en 1929 le président Harding, puis son successeur Hoover. Il est aujourd'hui apprécié pour son *hostel* (petits dortoirs non mixtes et cosy avec lits en rondins), ses chambres *Old West* (petites mais charmantes avec leurs baignoires d'une autre époque), ou les doubles dans l'aile motel, sans bavure. Seulement voilà, les propriétaires envisagent de vendre. Mais comme cela dure depuis des années, ils seront sans doute encore nombreux les heureux voyageurs à profiter de l'atmosphère conviviale du séduisant salon commun, avec cheminée, boiseries et trophées.

Lazy G Motel *(plan A1,* ***12****) : 123 Hayden St. ☎ 406-646-7586. • lazygmotel.com • Fermé avr. Doubles (1-2 lits) 75-120 $ selon saison.* Petit motel modeste, qui retient d'abord l'attention pour ses prix planchers... encore plus attractifs pour 4 personnes ! Comme la quinzaine de chambres se révèlent propres, confortables, et qu'il est possible d'utiliser une kitchenette pour certaines (moyennant un supplément), on pose sans hésiter ses valises. Accueil sympa et pas compliqué.

Alpine Motel *(plan B2,* ***14****) : 120 Madison Ave. ☎ 406-646-7544. • alpinemotelwestyellowstone.com • Ouv de mi-mai à mi-oct. Doubles 65-90 $ l'hiver, 80-130 $ l'été.* Motel en bois agréable, avec des conifères alignés devant les bâtiments. Chambres simples avec frigo, propres. Bref, juste comme il faut. Accueil souriant et atmosphère familiale.

Golden West Motel *(plan A1,* ***15****) : 429 Madison Ave. ☎ 406-646-7778. • goldenwestmotel.com • Fermé nov et avr. Doubles 70-140 $ selon taille et* *saison.* Petit motel propret, précédé par un carré de gazon bien net où trône un ours en bois façon totem. Propose 12 chambres seulement, de toutes les tailles. Un peu sombres et pas toujours bien grandes, mais calmes et bien tenues. Et l'accueil est sympathique.

De plus chic à très chic

Stage Coach Inn (plan B1, **17**) : *209 Madison Ave. ☎ 406-646-7381 ou 1-800-842-2882. • yellowstoneinn.com • Doubles 60-170 $ selon confort et période.* Un vaste hôtel à la déco western. Quelques trophées agrémentent les parties communes, très classiques, tandis que les références cow-boy se font plus discrètes dans les jolies chambres, à la fois élégantes et contemporaines. L'établissement abrite également un restaurant et un bar très sympa. Un certain charme *Old West* à l'atmosphère cosy. Mais c'est sans doute le spa et les 2 jacuzzis qui auront le plus de succès au retour de randonnée.

Three Bear Lodge (plan B2, **18**) : *217 Yellowstone Ave. ☎ 406-646-7353 ou 1-800-646-7353. • threebearlodge.com • À partir de 150 $ au motel ou 190 $ à l'hôtel.* L'histoire de la ville se lit dans les murs de cet établissement chic reconstruit récemment suite à un incendie. Habile architecture mêlant bois d'origine, pierres du pays et modernité. Chambres forcément nickel, chaleureuses et tout équipées, de toutes les tailles, comme dans *Boucle d'Or. Lobby* accueillant avec sa colossale cheminée. Pas autant de grandeur côté motel, mais les clients peuvent profiter de la piscine et du spa de l'hôtel.

Où dormir très chic dans un ranch ? Où faire du cheval dans les environs ?

Bar N Ranch : *PO Box 250, 890 Buttermilk Creek Rd, **West Yellowstone,** MT 59758. ☎ 406-646-0300. • bar-n-ranch.com • À 5 miles à l'ouest (Hwy 20). Selon saison et confort, doubles 140-250 $, cabins 180-380 $, petit déj compris. 3 nuits min. Au resto, carte à tous les prix.* Plutôt qu'un ranch, une imposante ferme traditionnelle, tout en bois, qui abrite quelques ravissantes chambres décorées avec beaucoup de goût. Salles communes franchement classe avec des vieux meubles et de larges fenêtres donnant sur les montagnes. Dans la cour, une quinzaine de chalets dans le même ton, tous équipés d'un jacuzzi et d'une cheminée. Excellents petit déj (du pancake au steak !) et dîner, à base de produits locaux. Les pêcheurs sont gâtés, la rivière Madison coule sur la propriété.

Parade Rest Guest Ranch : *1279 Grayling Creek Rd, **West Yellowstone,** MT 59758. ☎ 406-646-7217. • paraderestranch.com • Compter 141 $/pers en tt inclus (3 repas, sortie à cheval, pêche, taxes, etc.). Randos à cheval seules : 45-90 $ pour 1-4h.* Voilà un ranch plus vrai que nature avec sa quinzaine de chalets, genre cabanes de trappeurs version chic. D'aspect rustique, elles sont néanmoins cosy, confortables, décorées avec soin et possèdent toutes un poêle à bois. Le tout dans une atmosphère bucolique, en bordure de rivière, à une chevauchée du lac Hegben et fréquenté par des hordes de bisons au printemps. Il ne vous reste plus qu'à choisir votre monture pour aller explorer les bois environnants. Accueil aux petits soins.

Où manger ? Où prendre le petit déj ?

Bon marché

Running Bear Pancake House (plan A2, **30**) : *538 Madison Ave. ☎ 406-646-7703. Ouv 7h-14h. Env 5-15 $.* Une très bonne adresse pour le petit déj : pain maison, omelettes, pancakes et tous les classiques du genre préparés dans les règles. D'ailleurs, les pressés feraient bien d'aller voir ailleurs car, ici, on prend son temps pour préparer les plats et les déguster. Également de bons burgers, salades et sandwichs pour le déjeuner.

|●| ***Canyon Street*** *(plan B2, **31**) : 22 N Canyon St. ☎ 406-646-7548. Tlj midi et soir. Compter 5-15 $.* Amateurs de Chevrolet et maquettes d'avion, vous adorerez ce resto à la déco *fifties* assez géniale, façon « Retour vers le futur ». La maison revendique la qualité des plats avant la rapidité de leur préparation. Un anti fast-food en décrypté. Il est vrai que les burgers et salades sont bien appétissants et frais. Et on n'attend pas tant que ça, en fin de compte.

De prix moyens à chic

|●| ***Three Bear Restaurant*** *(plan B2, **33**) : 217 Yellowstone Ave. ☎ 406-646-7353 ou 1-800-646-7353. Ouv slt 6h30-11h et 17h-22h. Plats 10-25 $, petits déj 5-10 $.* Une institution à West Yellowstone. Le resto niché dans une vieille bâtisse en pierre et rondins remonte aux années 1920. Décor chaleureux, sur une note plus Grand Nord qu'*Old West* : raquettes, animaux empaillés, vieilles photos, bref, on sait que l'on est en pays de trappeurs. Tous les classiques à des prix encore raisonnables. Steaks, *prime ribs,* truites et fruits de mer en saison, à moins de craquer pour le sempiternel burger... Pour le dessert, essayez les *homemade pies* à la pomme ou aux framboises, spécialité maison.

Achats

Bookworm *(plan B2, **7**) : 14 Canyon St. ☎ 406-646-9736. Tlj 10h-22h.* Une librairie capharnaüm qui revendique 50 000 titres en rayon. Du sol au plafond, vous trouverez tout sur Yellowstone évidemment, les oiseaux du parc, les beaux livres mais aussi sur la littérature américaine, celle pour enfants, etc.

À voir. À faire

Yellowstone Historic Center Museum *(plan B2, **40**) : 220 Yellowstone Ave, à l'angle de Canyon St. ☎ 406-646-1100. • yellowstonehistoriccenter.org • Ouv de mi-mai à fin sept, tlj 9h-18h (21h en été). Entrée : 5 $; réduc.* Installé dans l'ancienne gare de la ville, un vieux bâtiment déjà séculaire, ce petit musée traite sans surprise des premières heures du tourisme dans la région. Mais un tourisme épique, qui s'apparente plus à une expédition haute en couleur avec longs trajets en train à vapeur, équipées inconfortables en calèche et chevauchées sauvages. Il fallait vraiment aimer la nature ! Avec le temps, on construisit des routes, des hôtels, un aéroport, on édita des guides, des cartes, des *postcards* (la première série, date de 1908)... Dans un tout autre registre, deux films évoquent les feux de 1988 (sous-titré en français) et le tremblement de terre de 1959 dont l'épicentre ne se trouvait pas très loin.

Yellowstone IMAX *(plan B2, **41**) : 101 S Canyon St. ☎ 406-646-4100. • yellowstoneimax.com • Séances de 30-45 mn, ttes les heures env, 9h-21h. Env 10 $/adulte ; 2e film moitié prix ; réduc.* Voir surtout le film sur le Yellowstone, très beau mais un peu surfait. Sinon, d'autres films, comme celui sur les ours par exemple.

Grizzly & Wolf Discovery Center *(plan B2, **42**) : 201 S Canyon St. ☎ 406-646-7001 ou 1-800-257-2570. • grizzlydiscoveryctr.org • Tlj 8h30-20h30. Entrée : 10,50 $; réduc.* On peut y dénicher toutes sortes d'infos sur les animaux (expo détaillée) et admirer de près des grizzlis et une meute de loups en semi-liberté dans deux vastes enclos. Le but du centre est la sauvegarde des espèces, et les nounours qui tournent en cage étaient destinés à l'abattoir. Pour éviter toute déception, sachez qu'ils ne viennent pas du Yellowstone, mais d'Alaska et du Canada.

GARDINER (MONTANA)

900 hab.

Sur la route 89 et quasiment sur le 45e parallèle, à mi-chemin donc entre le pôle Nord et l'équateur (une borne l'indique dans le parc). Gardiner est la porte nord (North Entrance) du parc de Yellowstone, la seule qui soit ouverte toute l'année. C'est l'entrée historique, marquée par l'arche monumentale en pierre *Roosevelt Arch* (1904) et elle est située dans le Montana, ce qui signifie que l'on n'y paie pas de taxes ! Comme on est sorti du parc, on retrouve les réseaux de téléphone et Internet (donc des cybercafés). Ce n'est pourtant pas la ville la mieux placée pour séjourner ni pour rayonner (celle de West Yellowstone, à l'entrée ouest, l'est beaucoup plus). Mais avec ses vieilles baraques et ses boutiques modestes, ce bourg-rue nonchalant présente une certaine authenticité. Autour, ce ne sont que des montagnes aux sommets enneigés et des collines accidentées. Il n'est pas impossible de surprendre quelques animaux comme des antilopes, des bisons ou des cerfs qui viennent chercher de la nourriture jusque dans les jardins de Gardiner. Deux rivières impétueuses, la Yellowstone et la Gardiner, traversent la ville. On peut y pêcher ou faire du rafting.

Arriver – Quitter

En voiture

➢ ***Mammoth Hot Springs :*** 5 miles via N Entrance.
➢ ***Old Faithful :*** 56 miles via Norris et Madison.
➢ ***Entrée nord-est du parc :*** 52 miles.
➢ ***Entrée est du parc :*** 81 miles via Norris, Canyon Village et Fishing Bridge.
➢ ***Entrée sud du parc :*** 95 miles via Norris, Old Faithful et West Thumb.
➢ ***Jackson Hole :*** 160 miles.

Adresses et infos utiles

i ***Yellowstone association :*** *308 Park St Gardiner. ☎ 406-848-2400. • yellowstoneassociation.org • Juste à l'entrée de la ville, près de l'arche. L'été, tlj 8h-20h ; l'hiver, tlj 9h-17h.* Organise des sorties à la journée et des excursions thématiques dans le parc. Carte interactive de Yellowstone, avec localisation des animaux observés dans les dernières 24h ! Librairie bien fournie (et détaxée).

i ***Chamber of Commerce :*** *222 W Park St. ☎ 406-848-7971. • gardinerchamber.com • L'été, 9h-17h en sem et 9h-13h sam ; l'hiver, lun-ven 9h-17h.* Pour des infos sur la ville et le Montana.

■ ***First Interstate Bank :*** *vers la sortie nord du bourg, côté gauche, sur Hwy 89. ☎ 406-848-7474.* Distributeur 24h/24.

Où dormir ?

Prix moyens

⌂ ***Hillcrest Cottages :*** *400 Scott St (Hwy 89), face à la station Cenex, après le pont. ☎ 406-848-7353 ou 1-800-970-7353. • hillcrestcottages.com • Doubles 80-90 $ selon saison.* Petit établissement confidentiel, qui se résume à une grosse poignée de chalets en bois blancs coiffés de toits verts. Simples et sans prétention, ils sont toutefois équipés d'une cuisinette pour certains. Quelques-uns plus vastes avec un salon et 2 chambres, très bien équipés. La déco est banale, mais les prix sont raisonnables. Bon accueil.

⌂ ***Yellowstone Park Travelodge :*** *109 Hellroaring St. ☎ 406-848-7520. • travelodge.com • À la sortie nord de la ville, en marge de la route principale, côté droit. De mai à mi-oct slt. Doubles*

70-120 $, petit-déj continental inclus. Jolie structure de bois et métal vert pour cet hôtel de chaîne accueillant et fleuri. Chambres et suites sans fard mais sans accroc non plus, avec vue sur la montagne pour la plupart. Et en petit plus, des salons disposés le long des balcons pour prendre l'air... ou l'apéro.

Plus chic

Gardiner Guesthouse : *112 E Main St (presque à l'angle avec 2nd St). ☎ 406-848-9414. • gardinerguesthouse.com • Selon saison, doubles 70-115 $ avec ou sans bains, petit déj compris ; jusqu'à 165 $ pour la* cabin. Nancy vient du Maine et cette charmante hôtesse d'origine québécoise a trouvé tout naturel de décorer sa maison à la mode Nouvelle-Angleterre, plutôt incongrue sous ces cieux : meubles anciens, bibelots, coussins (qui changent en fonction des saisons !)... Les chambres sont par conséquent de vraies bonbonnières, que l'on quitte à regret pour le thé servi dans le joli salon ou pour profiter du jardinet tout fleuri. Comme des coqs en pâte !

Jim Bridger Cabins : *901 Scott St (Hwy 89), vers la sortie nord de la ville. ☎ 406-848-7371 ou 1-888-858-7508. Fax : 406-848-9915. Ouv slt de fin mai à mi-oct. Doubles env 100 $, 120 $ avec 2 lits (4 pers).* Le portrait du vieil explorateur James Bridger, à la réception, donne le ton. Hébergement dans une quinzaine de petits bungalows en gros rondins de bois style Far West, disposés en demi-cercle autour d'un carré de gazon. Malgré leur grand âge, ces *modern cabins* sont bien conservées et impeccablement tenues. Chauffage, ventilos (mais pas d'AC), frigo, micro-ondes, vieux lavabos rétros.

Yellowstone Suites B & B : *506 S 4th St. ☎ 406-848-7937 ou 1-800-948-7937. • yellowstonesuites.com • Au bout de S 4th St (à ne pas confondre avec la N 4th sur l'autre rive), proche de la rivière. Doubles selon saison 90-165 $ avec ou sans bains.* Construite en 1904, cette belle maison en pierre de style victorien abrite des chambres bien agréables sur 3 étages. Déco soignée avec du mobilier ancien. Également une suite tout confort et 2 chambres au 1er étage, qui partagent une même salle de bains. Petit jardin avec jacuzzi *(hot tub)*. Une adresse de charme.

Yellowstone River Motel : *14 Park St, PO Box 223. ☎ 406-848-7303 ou 1-888-79-RIVER. • yellowstonerivermotel.com • Tt au bout de la rue de* Yellowstone Association, *après avoir passé l'arche. Doubles 91-105 $ selon taille.* L'un des motels les moins chers de la ville qui propose des chambres standard sans mauvaise surprise. Un établissement plaisant avec son balcon à l'étage et quelques chaises en surplomb de la rivière, à l'arrière, pour profiter de la quiétude du lieu.

Riverside Cottages : *521 W Scott St, à l'angle de 2nd St (Hwy 89). ☎ 406-848-7719 ou 1-877-774-2836. • riversidecottages.com • En été, doubles 120-130 $, cottages 150-180 $ pour 4-8 pers selon confort (moins cher hors saison).* Petits bungalows jaunes installés au coude à coude en surplomb de la rivière (accès direct au départ de rafting). La vue est belle, notamment depuis la terrasse commune équipée d'un jacuzzi. Chambres basiques mais confortables, toutes avec une déco thématique. Accueil agréable.

Où manger ? Où prendre le petit déj ?

De bon marché à prix moyens

Sawtooth Deli : *220 W Park St. ☎ 406-848-7600. Mar-sam 8h-21h30. Env 10 $ le midi, 15 $ le soir.* Un snack populaire très sympa. Grande terrasse en bois pour les beaux jours, et une petite salle accueillante avec quelques banquettes et un large comptoir. Bons hamburgers juteux (bœuf garanti 100 % Montana), sandwichs frais, *French fries* et *onion rings* bien croustillants, poulet au barbecue, pâtes... Accueil souriant et atmosphère conviviale.

Cowboy's Lodge and Grille : *303 S 2nd St. ☎ 406-848-9175. Au niveau du pont, côté arche. Plats 10-15 $.* Ambiance plus familiale que Far West dans ce gros chalet aux rondins de bois blond. Les sempiternels trophées de wapitis accueillent les habitués venus goûter aux sandwichs, salades, viandes au barbecue et surtout aux bons steaks pour les grosses faims. Quelques tables dehors, au-dessus de la rivière mais on préfère l'intérieur, plus cosy. Loue aussi quelques chambres.

Tumbleweed Cafe and Bookstore : *501 Scott St. ☎ 406-848-2225. Tlj 9h-18h. Env 10 $.* Plats bio, soupes et salades maison, viande sans hormones, sandwichs chauds et froids, très bon café. Tenu par deux jeunes locales amoureuses de la nature, cette petite halte saine comme on aime regorge en prime de livres sur le parc, à vendre ou à consulter sur place.

De prix moyens à chic

The Yellowstone Mine : *à la sortie nord de Gardiner, sur le bord de la Yellowstone River. ☎ 406-848-7336. Ouv 6h-11h (petit déj) et 17h-21h30 (dîner). Plats 10-30 $, petit déj-buffet en été env 10 $.* C'est le restaurant du *Best Western* et il ne manque pas de cachet : une salle de bar bien sombre pour les réguliers (remarquez l'amusante « roue de la fortune » façon Gardiner) et une salle à manger aux allures de cabane de mineur (boiseries ornées de vieux outils). Grand choix de poisson et steaks à des prix assez élevés, plébiscités par les gens du coin. On peut aussi se contenter d'une salade ou d'un burger. Service soigné.

Achats

Kellem's Montana Saddlery : *214 Park St. ☎ 406-848-7776. Dans la rue principale, pas loin de l'arche.* Cette boutique-sellerie n'est pas bien grande mais on y trouve de quoi se faire un look de vrai cow-boy : ceintures, chemises, santiags, chapeaux, ainsi que des babioles très couleur locale comme ces *mugs* à l'effigie de John Wayne. L'atelier de sellerie est au fond.

Wagon Wheel Trading Post : *juste à côté.* Ce royaume des peaux de bêtes et de trophées empaillés pour la cheminée devrait ravir les Davy Crockett dans l'âme. Pour les autres (à priori nombreux), on doute qu'ils craquent pour une tête de bison, mais allez-y au moins pour le coup d'œil. Assez poilant dans le genre !

BOZEMAN (MONTANA)

38 000 hab.

Dans son écrin de montagnes majestueuses, cette prospère ville de pionniers est devenue en quelques années un des lieux les plus courus des skieurs et des randonneurs, mais aussi des citadins venus s'y installer pour renouer avec les grands espaces. Sa grand'rue datant du début du siècle rappelle une sorte de Suisse rétro-futuriste et décontractée, où se rejoignent l'Amérique des trappeurs et celle de l'avant-garde culturelle. À noter que la saga *Star Trek* situe à Bozeman le lieu du premier contact entre humains et Vulcains. Pour dire si c'est spécial...

Adresses utiles

Visitor Center : *2000 Commerce Way. ☎ 406-586-5421 ou 1-800-228-4224. • visitbozeman.net • Lun-ven 8h-17h.*

Location de voitures : *les principales compagnies ont des guichets à l'aéroport. Sinon, en centre-ville :* Enterprise, *1238 W Main St. ☎ 406-586-8010.*

Greater Valley Taxis : *☎ 406-587-6303. Dessert les environs sur simple appel téléphonique. Env 30 $ de l'aéroport au centre-ville.*

■ ***Country Bookshelf :*** *28 W Main St. ☎ 406-587-0166. Tlj 9h-18h (11h-17h dim).* Une librairie indépendante très complète dans tous les domaines, avec de nombreux ouvrages sur les parcs nationaux, la flore et la faune locales, des guides pratiques.

Où dormir ?

Royal 7 Budget Inn Motel : *310 N 7th Ave. ☎ 406-587-3103. • royal7inn.com • Doubles 55-80 $. Quadruples avec kitchenette 65-95 $.* Un motel indépendant assez classique avec ses chambres tout autour du parking, mais d'un très bon rapport qualité-prix, propret et bien géré par Lynn et Loïs, le couple de patrons. Bonne literie. Pas mal de doc sur la région disponible dans le *lobby*-salon où on peut boire à volonté café et jus d'orange dans les grands fauteuils.

Magnuson Grand City Center : *507 W Main St. ☎ 406-587-3158. • magnusonhotels.com • Doubles 85-120 $; grosse réduc hors saison.* En plein centre, un établissement chic et confort avec piscine chauffée, jacuzzi et tous les services d'un grand hôtel. Les chambres, un peu étroites (selon les critères locaux, ce qui laisse de la marge), sont calmes et tout équipées, mais aseptisées. Restaurant cher et banal.

Également plusieurs ***motels*** sur la North 7th Avenue, dont les grandes enseignes habituelles.

Où manger ? Où boire un café ou un thé ?

Burger Bob's : *39 W Main St. ☎ 406-585-0080. Tlj 11h-21h (22h ven-sam). Burgers 10-15 $.* Ne pas se fier au néon en vitrine qui dit malicieusement « *Sorry we're open* » car on y mange de copieux et délicieux hamburgers avec plusieurs combinaisons au choix. Convivial et sans prétention, prisé par les familles et les étudiants de l'université du coin. Bonnes bières locales et milk-shakes énormes.

Ted's Montana Grill : *105 W Main St. ☎ 406-587-6000. Tlj 11h-22h (23h ven-sam, 21h dim). Plats 10-20 $.* Situé dans l'ancien grand hôtel *Baxter* avec son design Art déco version western, ce grill sert une des meilleures viandes de bison de l'Ouest, comme son enseigne le rappelle. Par rapport au bœuf, le bison est à la fois moins gras, plus riche en fer et en protéines, et garanti ici sans hormones ni antibiotiques. Des steaks et burgers grillés dans les règles de l'art, servis avec des légumes et une excellente purée.

Leaf and Bean : *35 W Main St. ☎ 406-587-1580. 9h-19h.* Chaleureux havre de paix où on peut siroter un excellent café, boire un *smoothie* de fruits frais, ou grignoter une pâtisserie maison en surfant sur Internet installé sur un canapé. Quelques sandwichs et salades aussi, pour un déjeuner léger. Livres, revues et jeux pour enfants à dispo ainsi qu'une boutique de gadgets originaux.

Où boire un verre ? Où écouter de la musique ?

Plonk : *29 E Main St. ☎ 406-587-2170. Tlj 11h30-22h.* Dans un grand loft en brique qui accueille aussi des concerts de jazz et des expos d'art contemporain, le bar de ce restaurant raffiné est un endroit agréable pour un apéritif ou un digestif. Quelque 200 cocktails et pas moins de 500 vins à la carte, rien que ça. Par la porte arrière, accès à un patio ensoleillé.

Bacchus Pub : *105 W Main St. ☎ 406-522-0079. Tlj 11h-1h. Happy hours 15h-18h.* Un bon vieux saloon-pub avec son comptoir en bois immense, des bières pression et autres cocktails. Concerts le week-end, avec une partie de la salle se transformant en piste de danse.

Achats

Schnee's Powder Horn Outfitters : *35 E Main St.* ☎ *1-800-922-1562.* Presque un musée en soi, c'est la caverne d'Ali Baba des chasseurs. Immense boutique avec des dizaines de trophées de cerfs, de bisons, de chamois, et même celui d'un loup. Des fusils en ribambelle, ainsi que tout l'attirail imaginable pour les sorties en forêt, du short multipoches au spray antigrizzly en passant par les kits de survie, les vestes de trappeur et les mouches à truite. À voir pour comprendre la culture locale, dans cet État où la chasse et la pêche font partie du quotidien.

À voir

Museum of the Rockies : *600 W Kagy Blvd.* ☎ *406-994-2251 ou 6611.* • *museumoftherockies.org* • *Tlj 8h-20h mai-sept, 9h-17h le reste de l'année. 14 $/adulte ; 10 $/enfant.* 500 millions d'années d'histoire dans ce musée à la fois ludique et très riche, abritant une des principales collections de dinosaures au monde (12 des 24 T-Rex découverts à ce jour y sont présentés, dont une rare femelle !). Reconstitutions grandeur nature de ces grands sauriens, films panoramiques. À voir aussi : une intéressante section dédiée aux nations indiennes des Grandes Plaines et aux premiers explorateurs, un planétarium, une explication des volcans, et une véritable ferme en activité datant du temps des pionniers.

DANS LES ENVIRONS DE BOZEMAN

➢ ***Big Sky Ski Resort :*** *à 45 miles au sud de la ville, par la US 191.* ☎ *1-800-548-4486.* Bozeman est le plus grand domaine skiable américain, avec une poudreuse réputée dans tout le continent. Également de très beaux parcours de ski de fond en forêt.

➢ ***Paradise Valley :*** *le long de la Hwy 89 en direction du parc de Yellowstone, par la Hwy 90.* Longtemps principale voie d'accès au parc du Yellowstone, son nom dit tout : passé la *Bozeman Pass,* cette vallée le long de la Yellowstone River est un véritable coin de paradis. De part et d'autre, une longue et splendide chaîne de monts culminant à plus de 3 000 m, et au milieu une plaine étirée sur 50 miles et parsemée de ranchs (dont un appartenant à Peter Fonda) avec des centaines de bisons et de vaches multicolores aux longues cornes, paissant autour des méandres argentés.
À peu près à mi-chemin, vous remarquerez sur le côté ouest de la route une drôle de bicoque en bois ornée de bois de cerfs et sculptures en fer forgé, avec l'enseigne « *Steel my heart* ». C'est l'atelier de l'artiste trappeur Tom Mosher, inspiré par l'art indien, qui mérite un coup d'œil.

CODY (WYOMING)

9 000 hab.

Cody, c'est la ville fondée en 1896 par William Cody, plus célèbre sous le nom de Buffalo Bill. Mais la légende de ce vaniteux mégalomane, dont on retrouve l'effigie à tous les coins de rue, a sacrément bonifié la réalité. Toujours est-il que la ville actuelle abrite bel et bien d'authentiques cow-boys qui affluent le week-end pour flâner sur Sheridan Avenue, et qu'elle s'est autoproclamée capitale mondiale du rodéo.

Une atmosphère *Old West* pas désagréable, avec quelques jolies maisons anciennes dans les rues adjacentes. On y trouve deux ou trois magasins à prix d'usine (vêtements de sport ou tenues du parfait cow-boy). Avis aux amateurs ! Mais c'est surtout une voie possible entre Yellowstone et le mont Rushmore, et la route pour s'y rendre depuis le parc, après avoir longé le lac Yellowstone et passé un col, présente de magnifiques paysages de pitons rocheux.

TOUS EN SELLE

Le roping (prise du veau au lasso) est l'épreuve phare du rodéo et une activité qui fait partie du labeur quotidien dans les ranchs pour attraper le bétail. Des heures de pratique sont nécessaires pour développer la dextérité du cow-boy et de son cheval. Dans le Wyoming, c'est d'ailleurs une discipline enseignée aux enfants dès l'école.

Adresses utiles

✈ ***Yellowstone Regional Airport :*** *3001 Duggleby Dr.* ☎ *307-587-5096.* • *flyyra.com* • Liaisons quotidiennes avec Salt Lake City (SkyWest : ☎ *435-634-3000 ou 1-800-221-1212 ;* • *sky west.com* •) et Denver (United Express : ☎ *307-587-9740 ou 1-800-241-6522 ;* • *united.com* •).

ℹ ***Cody Country Chamber of Commerce :*** *836 Sheridan Ave.* ☎ *307-587-2777.* • *codychamber.org* • *yellow stonecountry.org* • *Proche du* Buffalo Bill Historical Center, *sur l'av. principale. Juin-sept, lun-ven 8h-18h, sam 9h-17h, dim 10h-15h ; hors saison, slt lun-ven 8h-17h.* 💻 Toute la doc sur Cody et sa région. Petite galerie d'artistes locaux.

■ ***Location de voitures :*** 3 agences à l'aéroport. *Budget* (☎ *307-587-6066 ou 1-800-527-0700 ;* • *budgetren tacar.com* •), *Hertz* (☎ *307-587-2914 ou 1-800-654-3131 ;* • *hertz.com* •) et *Thrifty* (☎ *307-587-8855 ou 1-800-367-2277 ;* • *thrifty.com* •), un peu moins cher.

Où dormir ?

Campings

Toute une série de campings sur Yellowstone Highway, à l'entrée de la ville en venant du parc du Yellowstone (US 14/20). Pas terribles en général car en bord de route et peu ombragés. Difficile de faire son choix ! Quelques-uns proposent des hébergements en dur, types chambres de motel basiques ou des petits chalets.

Plus chic

🏠 ***The Lambright Place :*** *1501 Beck Ave.* ☎ *307-527-5310 ou 1-800-241-5310.* • *lambrightplace.com* • *Dans une rue parallèle à la rue principale. Doubles 100-145 $ avec petit déj.* L'ancienne maison du maire, construite par ses soins dans les années 1920, est aujourd'hui une charmante villa dans les tons gris perle. Accueillante et lumineuse, c'est un vrai nid douillet rempli de bibelots et de joli mobilier. Ravissant ! Et on n'a encore rien dit des chambres cosy, du jardin soigné, du petit déj savoureux et de l'accueil aux petits oignons. Définitivement, *the (lamb)right place* !

🏠 ***The Irma Hotel :*** *1192 Sheridan Ave.* ☎ *307-587-4221 ou 1-800-745-4762.* • *irmahotel.com* • *Doubles 110-115 $ dans l'aile moderne, env 160 $ dans l'aile historique.* 📶 Attention les yeux, vous touchez du doigt la légende ! Buffalo Bill a fait construire cette grosse bâtisse en 1902 pour sa fille Irma, avec 2 suites pour son usage personnel et son bureau. Le lieu a conservé le décor et l'atmosphère western. Les chambres à l'ancienne mode, à peine rénovées, sont un peu cher payées tout de même. On peut toutefois se rabattre sur l'aile moderne, mais sans cachet. Précisez bien votre demande à la réservation.

Buffalo Bill Village : *1701 Sheridan Ave. ☎ 307-587-5544 ou 1-800-527-5544. • blairhotels.com • Au bout de la rue principale, là où la route tourne à angle droit en direction de Greybull. Ouv mai-fin sept. Cabins env 100-150 $ selon confort et saison.* Cet établissement amusant s'organise comme un petit village de chalets en bois sagement alignés de part et d'autre d'un chemin en goudron. Au choix, 1 ou 2 chambres, pas bien grandes mais au confort correct. On peut aussi profiter de la grande piscine de l'*Holiday Inn* jusqu'à 22h. Accueil très serviable.

Très chic

Chamberlin Inn : *1032 12th St. ☎ 307-587-0202 ou 1-888-587-0202. • chamberlininn.com • Doubles 155-295 $ (les plus chères sont des suites).* Le *Chamberlin Inn* fait partie de cette nouvelle génération de *boutique hotels* qui jouent la carte de l'intimité et de la personnalité. Du charme à revendre donc, à l'image de l'ancien palais de justice attenant, datant de 1902 et que l'on peut louer entièrement, ou du ravissant jardin confidentiel où se relaxer. La déco Art nouveau (gravures de Mucha), le piano dans le salon, les meubles de style dans la bibliothèque... tout a été choisi avec soin et aurait certainement ravi Hemingway qui fréquenta ces murs. Sans compter les antiquités d'origine comme le vieux central téléphonique à la réception ou les robinetteries d'époque dans les salles de bains. Excellent, comme l'accueil. Plus qu'un hôtel, un genre de chambre d'hôtes de prestige (mais sans le petit déj).

Où dormir entre Cody et Yellowstone ?

Pahaska Tepee : *183 B1 N Folk Hwy (route de Yellowstone). ☎ 307-527-7701 ou 1-800-628-7791. • pahaska.com • Juste avt l'entrée est du parc de Yellowstone en venant de Cody (à 50 miles). Ouv début mai-fin oct. Doubles 85-120 $ selon saison.* Buffalo Bill (encore lui) construisit ce *lodge* de chasse au tournant du XXe s, où vinrent de nombreuses personnalités européennes et membres de l'aristocratie. En 1913, Cody servit même de guide au prince Albert Ier de Monaco ! On ne dort plus aujourd'hui dans le *lodge* d'origine (conservé en l'état et ouvert à la visite), mais dans des bungalows en bois assez rustiques et sans fioritures. Tous confortables cela dit et certains carrément luxueux avec salon, jacuzzi et vue sur la rivière. On peut faire du cheval à la belle saison. Resto sur place, boutique de souvenirs et pompe à essence. Très touristique évidemment.

Où manger ? Où prendre le petit déj ? Où boire un verre ?

Bon marché

Peter's Café Bakery : *1219 Sheridan Ave. ☎ 307-527-5040. Dans le coin de* The Irma Hotel. *Tlj 6h45-22h. Env 5-10 $.* Un petit *deli* apprécié des locaux pour le petit déj, mais aussi pour un repas rapide à n'importe quel moment de la journée. Les produits sont frais, les sandwichs et salades préparés à la commande... et les nombreuses *ice creams* incontournables pour le dessert !

Proud Cut Saloon & Restaurant : *1227 Sheridan Ave. ☎ 307-527-6905. Dans le coin de* The Irma Hotel. *Tlj 11h-23h. Burgers, salades 5-10 $, steaks 15-25 $.* Cuisine et décor cowboy, avec tables en bois, trophées et vieilles photos aux murs. Comme l'annonce la carte, « *You're in meat and potatoes country* ». Les steaks sont en effet excellents. Le *prime rib sandwich,* qui n'a de sandwich que le nom, est fondant à souhait, servi avec 2 tranches de pain pour la déco, à un prix imbattable. À déguster en cas de grosse chaleur dans l'agréable patio à l'arrière du bâtiment. Très populaire, donc résa conseillée.

La Comida : *1385 Sheridan Ave. ☎ 307-587-9556. Env 10-15 $.* Le meilleur mexicain de la ville, bourré à craquer les soirs de week-end. Cité dans certains canards gastronomiques américains. Agréable terrasse en bois donnant sur la rue, ou salle rouge rafraîchissante. On y déguste les traditionnelles spécialités, enchiladas, *burritos, quesadillas...* accompagnées d'une margarita maison pour faire descendre le tout.

De prix moyens à chic

Cassie's : *214 Yellowstone Ave. ☎ 307-527-5500. Côté ouest de la ville, face au supermarché* Walmart. *Tlj 11h-22h. Plats 10-20 $, plus cher pour les steaks.* Des rodéos d'un genre particulier avaient lieu dans ce pilier des soirées à Cody, puisque la fameuse Cassie Waters, un vrai personnage, entretenait dans ces murs le bordel de la ville. Depuis, l'établissement s'est refait une vertu et propose pas moins de 3 bars et une salle de resto (avec des chaises à roulettes !) donnant sur la piste de danse. Cuisine honnête à base de viandes et poissons, musique (live ou non) tous les soirs et une déco marrante de vieilles photos et objets d'autrefois.

Wyoming's Rib and Chop House : *1367 Sheridan Ave. ☎ 307-527-7731. En plein centre. Tlj 11h (10h dim)-22h30. Plats 10-20 $ selon son appétit.* Ambiance plus chic que cow-boy avec une salle rafraîchissante et moderne, ça change un peu. Au mur, des photos des parcs défilent sur écran géant. Dans l'assiette, du sandwich au filet de bison, la viande est servie à toutes les sauces. Notre préférence va pour les côtes de porc marinées ou grillées. Végétariens, passez votre chemin ! Tarifs plutôt raisonnables pour le vin au verre.

Irma Grill & Silver Saddle Lounge : *1192 Sheridan Ave. ☎ 307-587-4221. Plats 8-25 $, buffet ts les soirs 23 $.* Une institution ! Ici, les burgers ont la réputation d'être les meilleurs du Wyoming, mais les amateurs de viande ne pourront faire l'impasse sur les steaks énormes, tendres et *juicy* à souhait. Mais fallait-il attendre autre chose d'un établissement ayant appartenu à la fille de Buffalo Bill ? Tout y est : des trophées de chasse, des lustres en bois de cerf, un immense miroir, et même un bar en merisier offert par la reine Victoria à Buffalo Bill. Un vrai musée ! Du coup l'adresse est très touristique et c'est un peu l'usine à l'heure du coup de feu. Le service s'en ressent parfois !

À voir

Buffalo Bill Historical Center : *720 Sheridan Ave. ☎ 307-587-4771. • bbhc.org • Tlj : nov et mars-avr, 10h-17h, de mai à mi-sept 8h-18h, de mi-sept à fin oct 8h-17h. Déc-fév, ouv slt mar-dim 10h-17h. Entrée : 18 $ (valable 2 j.) ; réduc.* Avec cinq musées réunis sous le même toit, c'est le plus grand espace culturel entre Minneapolis et la côte Ouest ! Il y a tout : une superbe section sur les Indiens des Plaines, une autre sur l'histoire naturelle de la région, sans oublier évidemment Buffalo Bill et l'esprit colon, les armes à feu ; et même un département peinture, révélant l'attachement lyrique des Américains aux grands espaces. Bref, cow-boys bourrus ou pieds tendres, chacun y trouvera son compte ! Scénographie très soignée avec jeux de sons et lumières, ateliers interactifs...

– ***The Plains Indian Museum :*** sans doute le plus intéressant des cinq musées du centre. Il abrite une riche collection d'objets ayant appartenu aux tribus de la région (Sioux, Cheyennes, Blackfeet, Pawnees...), présentés de façon thématique. Superbes vêtements et coiffes ouvragés, armes, calumets, objets spirituels, jouets... Belles reconstitutions grandeur nature des différents types d'habitat, dont une impressionnante aux quatre saisons avec films projetés dans le ciel... La section sur le massacre des bisons, le parcage des Indiens en réserve *(reservations)* et les maladies amenées par les Blancs est particulièrement poignante. Mais ce sont sans doute les méthodes d'acculturation de l'administration américaine qui sont le plus choquantes. Il était interdit aux Indiens de parler leurs dialectes, de célébrer leurs cérémonies religieuses et de vivre dans leurs habitats traditionnels. Il leur fallait vivre à l'occidentale. Pour mieux les assimiler. Ne pas manquer les portraits d'Indiens en noir et blanc par la photographe Gertrude Käsebier, à l'entrée du musée suivant.

– ***Draper Museum of Natural History :*** présentation très ludique du parc Yellowstone et de sa région. La muséographie est un modèle du genre. Les visiteurs sont invités à emprunter une longue pente en colimaçon, et découvrent au fur et à mesure de la descente différentes sections rendues très vivantes par la mise en scène et la sonorisation. L'ensemble de la faune et de la flore est savamment représenté, en fonction du milieu naturel (les rivières, les plaines, la forêt, la montagne...). Les interactions avec l'homme sont également expliquées de manière instructive.

– ***Buffalo Bill Museum :*** c'est le premier musée à avoir vu le jour, dès 1927. Aujourd'hui comme hier, on peut y voir toute une série d'objets ayant appartenu à William Cody et à sa troupe. Affiches des spectacles, costumes, armes, diligences, etc. Plusieurs autres sections très intéressantes, comme celle consacrée au *Pony Express* (dont Buffalo Bill fut l'un des meilleurs cavaliers), celle qui détaille le quotidien des cow-boys à l'époque ou encore celle sur le design de Cody (vieux baby-foot opposant cow-boys et Indiens, d'un goût douteux). Les fans iront jeter un coup d'œil à la maison d'enfance de Buffalo Bill, trimbalée en train depuis l'Iowa et reconstituée dans le patio du musée.

SERVICE EXPRESS

L'idée du Pony Express, *un service postal créé en 1860, était simple : disposer 160 relais et 400 chevaux le long des 250 miles qui reliaient le Missouri à la Californie et utilisés par des cavaliers au galop. Ceux-ci changeaient de monture tous les 15 miles en moyenne et pouvaient ainsi porter un courrier en 10-11 jours d'un bout à l'autre du pays. Mais la diligence et surtout le télégraphe eurent vite raison de cette entreprise un peu folle. Elle périclita après seulement 1,5 an de bons et loyaux services, mais demeure néanmoins l'un des grands symboles de la conquête de l'Ouest.*

– ***Cody Firearms Museum :*** rien de moins que l'histoire des armes à feu américaines et européennes, depuis l'époque épique des mousquets et tromblons jusqu'aux équipements actuels. Plusieurs reconstitutions égaient un peu le sujet (atelier, pavillon de chasse, fabrique ancienne, campement), mais parmi les 5 000 armes à se coltiner émergent quelques curiosités : les pétoires de la guerre de Sécession, les 6-coups de stars du grand écran et des exemplaires des grandes marques comme les *Winchester,* les premières carabines à répétition. Vous êtes sûr d'y rencontrer les membres de la NRA (National Rifle Association) en vacances culturelles...

– À noter, dans le jardin attenant, la *Absarokee Hut* qui servit de résidence au peintre Henry Joseph Sharp. Démontée pièce par pièce et reconstruite à l'identique, elle est également meublée comme à l'époque.

– ***Whitney Gallery of Western Art :*** pour ceux qui aiment l'Ouest plus que pour ceux qui aiment la peinture... Une large collection de peintres du Grand Ouest des XIXᵉ et XXᵉ s, aux talents très variables. Également des sculptures et des œuvres contemporaines, toujours inspirées par les cow-boys et le western ainsi que la reconstitution du studio de l'artiste Frederic Remington, spécialiste de l'Ouest américain.

Old Trail Town : *1831 Demaris Dr. ☎ 307-587-5302. Ouv de mi-mai à sept 8h-19h. Entrée : 8 $; 6-12 ans : 4 $; réduc.* Bien plus qu'un musée ou qu'une exposition, l'*Old Trail Town* ressuscite l'atmosphère des premières villes de pionniers de l'Ouest. C'est une petite rue reconstituée avec d'authentiques maisons de l'époque, dénichées à travers tout le pays, achetées et remontées ici par des passionnés de l'histoire de la conquête de l'Ouest. Vous y verrez la cabane où Butch Cassidy, Sundance Kid et d'autres hors-la-loi de leur gang se donnaient rendez-vous, ou encore celle où vivait l'aide de camp indien du général Custer (eh oui ! celui qui présida au massacre de l'armée américaine à Little Bighorn). Également quelques tombes de célébrités locales dont Bill Cody, le petit-fils de Buffalo, Jeremiah Johnson (incarné à l'écran par Robert Redford et réenterré ici) et, pas loin, celles des victimes d'une sombre histoire d'amour et de vengeance. On verra encore un saloon truffé d'impacts de balles, une épicerie, une école, l'échoppe d'un maréchal-ferrant, etc. Le tout est aménagé avec des meubles et des centaines d'objets d'époque. Voir notamment le superbe corbillard à cheval, bien noir, comme dans *Lucky Luke*. Un vrai plongeon dans l'univers de Fenimore Cooper, l'auteur du *Dernier des Mohicans,* d'où l'on ressort un peu étourdi, avec la certitude que la vie dans l'Ouest était encore plus rude et plus anarchique qu'on ne l'imaginait.

Manifestations et spectacles

– ***Cody Nite Rodeo :*** *au Rodeo Grounds, sur Yellowstone Hwy (US 14/20, à la sortie vers Yellowstone), ts les soirs à 20h juin-août.* ☎ *1-800-207-0744.* • *codystampederodeo.com* • *Entrée : env 18 $; réduc.* N'oubliez pas que Cody s'est autoproclamée « *Rodeo Capital of the World* ». Beau site en plein air. Prévoir une petite laine.

– ***Cody Gunfighters :*** *devant* The Irma Hotel, *en plein centre-ville. Juin-sept, lun-sam à 18h.* • *codygunfighters.com* • Spectacle historico-comique sauce Far West (gratuit), joué par une troupe de théâtre. Au programme : Buffalo Bill *himself,* Calamity Jane, et toute une flopée de méchants qui se font dessouder au cours d'un bon duel.

– ***Cowboy Music Revue :*** *au Cody Theatre, 1171 Sheridan Ave, face à* The Irma Hotel. ☎ *307-272-7855.* • *cowboymusicrevue.com* • *Mai-sept, lun-sam à 20h. Entrée : env 15 $; réduc.* Musique country et chansons américaines par un cowboy populaire ici, plein de talent et d'humour. Touristique mais de très bonne qualité. À coup sûr, vous craquerez pour le CD à la sortie...

– ***Yellowstone Jazz Festival :*** *mi-juil (ven et sam), à* ***Cody*** *et* ***Powell.*** • *yellowstonejazz.com* • Un festival de Jazz au pays de la musique country, c'est assez rare pour le signaler !

DANS LES ENVIRONS DE CODY

Buffalo Bill Dam : *sur Yellowstone Hwy, à 6 miles en direction du parc.* ☎ *307-527-6076. Mai-sept, lun-ven 8h-19h (18h mai et sept), w-e 9h-17h. Entrée libre ; audioguide payant (30 mn).* Pas de quoi damer le pion aux ouvrages colossaux du Mississipi, mais ce barrage fut le plus haut du monde en béton lors de son inauguration en 1910. Il irrigue toute la vallée de la Shoshone et contribua grandement au développement économique de la région. Modeste *Visitor Center* avec une expo sur la faune de la région et les découvertes préhistoriques dans la vallée de la rivière Bighorn.

➢ Une longue boucle en voiture de 300 km vous mènera jusqu'aux ***Bighorn Mountains*** (plus de 3 300 m). Prévoir une journée entière. Prendre l'US 14 East en direction de Greybull (qui tient son nom d'un bison albinos, sacré pour les Indiens). À Burgess Junction, tourner sur la 14 A. Un panneau indique un chemin raide (mais tout à fait carrossable par temps sec). Vue inoubliable. Voir, entre autres en passant, la *Medecine Wheel,* un grand cercle de pierres ornées de symboles, dont l'origine reste mystérieuse.

➢ De Cody, on peut visiter quelques sites célèbres de l'histoire indienne, notamment l'impressionnante ***vallée de Little Bighorn,*** où le général Custer prit une raclée en juin 1876 et y laissa sa peau. Là encore, prévoir une bonne journée. Prendre la route 14 ou 14A vers l'est jusqu'à Sheridan, puis l'I-90 N vers le nord jusqu'à Crow Agency (on traverse la réserve des Crows). Là, on est dans le Montana. On y a constaté un réel effort d'information sur la cause indienne, avec notamment le *Little Bighorn Battlefield National Monument.* Chaque année a lieu la *Crow Fair,* un gigantesque *pow-wow* qui rassemble la plupart des nations indiennes à la mi-août.

Kirwin Ghost Town : une vraie ville fantôme à l'intérieur de la Shoshone National Forest. De Cody, vers le sud, se rendre à Meeteetse (31 miles) par la route 120, emprunter l'US 290 sur environ 6 miles puis prendre un chemin en direction de Wood River. De là part une piste menant à Kirwin (9 miles), mais ATTENTION, celle-ci n'est praticable que par des véhicules 4x4.

CHEYENNE (WYOMING)

60 000 hab.

Cheyenne est la capitale et la ville la plus peuplée du Wyoming. L'épopée de la conquête de l'Ouest, à l'époque où Cheyenne était la tête de pont de la compagnie ferroviaire *Union Pacific* à l'assaut des Grandes Plaines, y est encore bien présente. Fin juillet, la ville accueille le plus grand et le plus ancien rodéo du monde. Alors, toute la ville vit à l'heure des cow-boys... Y aller en début de semaine, car il y a un monde fou pendant les 3 derniers jours. Sinon, c'est une étape où l'on ne fait que passer avant de rejoindre le Yellowstone et la région du mont Rushmore.

Adresses utiles

Cheyenne Area Convention & Visitor Bureau : *121 W 15th St, à l'angle de Capitol Ave. ☎ 307-778-3133 ou 1-800-426-5009. • cheyenne.org • En été, lun-ven 8h-17h, sam 9h-17h, dim 11h-17h. Fermé w-e hors saison.* Personnel très accueillant. Importante documentation sur la ville et la région.

Location de voitures : *à l'aéroport,* ***Avis*** *(☎ 307-632-9371 ou 1-800-831-2847) ;* ***Hertz*** *(☎ 307-634-2131). Un peu moins cher, en ville,* ***Enterprise*** *(800 W Lincoln Way ; ☎ 307-632-1907 ou 1-800-736-8222).*

Où dormir ?

Campings

AB Camping : *1503 College Dr. ☎ 307-634-7035. • campcheyenne.com • Ouv mars-oct. Empl. 15 ou 20 $.* Le plus proche du centre-ville. Un vaste camping arboré et tout confort. Propose 40 emplacements ombragés pour les tentes. Douches et sanitaires impeccables, laverie, barbecue...

Restway Travel Park : *4212 Whitney Rd. ☎ 1-800-443-2751. Ouv tte l'année. En été, empl. 20 $.* Un excellent rapport qualité-prix. Piscine, minigolf, épicerie, laverie, snack-bar, terrains de jeux...

Bon marché

The Pioneer Hotel : *209 W 17th St. ☎ 307-634-3010. Double env 40 $. CB refusées.* Trophées étranges, cabine téléphonique antique, parquets qui craquent, la décoration de cet hôtel-pension tout droit sorti de *Twin Peaks* n'a pas changé depuis les années 1950, sa clientèle non plus apparemment. Propreté variable, mais accueil cordial du vieux Joe, et tarifs imbattables en centre-ville.

Cheyenne Motel : *1601 E Lincolnway.* ☎ *307-632-6802. Double env 35 $.* Parmi les nombreux petits motels situés sur Lincolnway, celui-ci (reconnaissable à son enseigne en losanges rouges) se démarque (un peu) par sa propreté, et son personnel sympa.

De prix moyens à plus chic

The Plains Hotel : *1600 Central Ave.* ☎ *307-638-3311 ou 1-866-275-2467.* • *theplainshotel.com* • *Doubles dès 80 $ hors saison, jusqu'à 150 $ en été.* Grand bâtiment historique en plein centre, entièrement rénové style 1910. Déco western, superbe hall aux plafonds vertigineux et sol en marbre. Des chambres spacieuses et tout confort, certaines luxueuses avec salon privé et jacuzzi, à des prix en conséquence... Bar-restaurant au rez-de-chaussée avec terrasse sur la rue. Également un resto assez chic et plutôt chérot *(plat max 25 $).* Accueil pro.

Holiday Inn : *204 W Fox Farm Rd.* ☎ *307-638-4466.* • *holidayinn.com/hotels/us/en/cheyenne/cyswy/hoteldetail* • *Env 110 $ pour 1-4 pers.* Un vaste hôtel à 10 mn en voiture du centre-ville avec restaurant, bar, boutique, etc. Des chambres tout confort, avec literie impeccable, salle de bains et TV câblée. Belle piscine intérieure et jacuzzi.

Où manger ?

Spécial petit déj

The Egg & I : *2300 Carrey Ave.* ☎ *307-632-5577. Lun-ven 6h-14h, w-e 7h-14h30.* L'endroit idéal pour déguster un bon petit déj reconstituant ! Les lieux sont tout entiers dédiés aux gallinacés, murs jaunes, vieilles affiches, etc. Une trentaine de recettes à base d'œufs, des classiques omelettes aux spécialités à la mexicaine, à la texane... Un vrai repas pour bien commencer la journée et quelques plats servis le midi. Une *egg*-cellente adresse !

Et aussi : **Luxury Diner** (voir plus loin).

Prix moyens

Luxury Diner : *1401 W Lincolway.* ☎ *307-638-8971. Env 10 $ le midi, jusqu'à 25 $ le soir.* Une maison de chef de gare datant de 1924, reconvertie en petit resto de spécialités locales. Cadre agréable malgré la voie ferrée juste à côté, banquettes pour les amoureux et grandes tables pour les familles. Breakfast servi 24h/24, mais on y vient surtout pour sa bonne cuisine populaire. Steaks, *prime ribs,* burgers et copieuses salades : de quoi satisfaire tous les appétits ! Des plats de qualité à déguster sur place, ou à emporter.

The Albany : *15th St et Capitol Ave.* ☎ *307-638-3507. Tlj sf dim 11h-minuit, 1h le w-e. Plats 5-20 $.* Banquettes en bois comme dans les vieux trains, photos historiques aux murs, musique western, ce restaurant centenaire pourrait passer pour un attrape-touriste si ce n'était une véritable institution, tenue par des locaux et où vont les locaux. Sauces préparées maison, viande coupée sur place et cuite au charbon de bois, grand choix d'entrées et de plats typiques. Côté bar, une grande salle avec billard où on peut dîner aussi, large choix de bières et cocktails avec 2 *happy hours* : à 18h et à 22h.

Où boire un verre ? Où sortir ?

The Crown Bar-The Crown Underground : *222 W 11th St.* ☎ *307-778-9202. Tlj 11h-2h (22h dim).* Un bar avec une petite scène live rock, folk, pop, et une boîte de nuit dans les grandes caves voûtées. Clientèle éclectique : les cow-boys se mélangent aux jeunes tatoués, les habitués aux nouveaux venus.

Achats

The Wrangler : *1518 Capitol Ave.* ☎ *307-634-1017. Lun-sam 9h-21h, dim 10h-18h.* Dans un magasin immense, le paradis des cowboys, presque un musée avec un choix hallucinant de près de 500 *Stetson* (dont un orné de diamants), des rayons de centaines de paires de santiags pour hommes et femmes, boucles de ceinture, chemises à carreaux, longs manteaux, et blue-jeans en veux-tu en voilà. Il y a même des lassos...

À voir. À faire

🚶 ***Old West Museum :*** *Frontier Park, 4610 Carey Ave. ☎ 307-778-7290. • oldwestmuseum.org • Lun-sam 9h-17h, dim 11h-17h. Entrée : 7 $.* Ce musée présente la plus grande collection américaine de chariots, calèches et autres limousines, retraçant l'évolution des mœurs à travers les transports avant l'automobile. Superbes pièces, dont une est inspirée du landau de la reine d'Angleterre. Dans une autre partie, le *musée du Rodéo* explique l'histoire de ce sport pas comme les autres, des origines à nos jours, à renfort de films et objets incongrus, comme les costumes et les tonneaux des clowns chargés d'exciter les taureaux.

🚶 ***Cowgirls of the West :*** *205 W 17th St. ☎ 307-638-4994. • cowgirlsofthewestmuseum.com • Tlj sf dim 9h-16h.* L'épopée de l'Ouest version femme, dans ce petit musée qui rassemble vêtements de cow-girls et belles robes de cette époque épique dont on oublie trop souvent la moitié féminine. Également des objets de vie courante, coiffeuses, malles, et des photos de reines du rodéo.

Les Cheyenne Frontier Days

– De mi-juil à fin juil, pdt 9 j. Rens : Cheyenne Frontier Days, PO Box 2477, Cheyenne, WY 82003. ☎ 307-778-7222 ou 1-800-227-6336. • cfdrodeo.com • Tickets 25-40 $. Les *Cheyenne Frontier Days* sont, depuis 1897, une immense fête annuelle qui rassemble les vrais cow-boys américains de tout le pays. Bien entendu, le ***rodéo*** qui se déroule tous les après-midi est le spectacle le plus prisé de ce festival. Depuis le domptage des chevaux sauvages jusqu'à la monte de taureaux de 1 t en passant par les exercices de lasso, tout y est. Mais ce n'est que le clou d'une fête qui dure 10 jours, avec des cortèges de chariots, des Indiens, des fanfares, l'élection de miss Rodéo, *of course,* et tout le folklore de l'Ouest.

Autres attractions

– ***Parades géantes*** de vieilles diligences, fanfares, majorettes... Trois fois dans la semaine. À cette occasion, ***petits déjeuners*** géants gratuits avec distribution de pancakes à tour de bras.
– ***Spectacle folklorique*** et ***exposition d'artisanat*** donnés par des tribus indiennes authentiques. Et, bien entendu, dans le cabaret, on recrée l'ambiance des saloons de l'*Old West* avec orchestre de banjo et girls en bas résille.
– ***Fête foraine*** permanente.
– Tous les soirs, concerts avec des vedettes de ***country music*** (payant), ***courses de chariots, bal...***

DANS LES ENVIRONS DE CHEYENNE

🚶🚶 ***Terry Bison Ranch :*** *51 I-25 E Service Rd. ☎ 307-634-4171. • terrybisonranch.com • À 7 miles au sud de Cheyenne par l'I-25, juste après la limite du Wyoming.* Plus de 2 500 bisons vivent en liberté, dans les paysages immenses des Grandes Prairies (30 000 ha !). En été, des rodéos et des randonnées à cheval y sont organisés. Possibilité d'hébergement et restauration sur place *(60 $ la double, camping 18 $, écurie 14 $).*

DEVIL'S TOWER NATIONAL MONUMENT (WYOMING)

C'est là qu'a été tourné le film *Rencontres du troisième type* de Steven Spielberg. Il s'agit d'un énorme bloc stratifié de 264 m de haut, se détachant sur l'horizon plat. Appelé Grizzly Bear Tipi par les Lakotas, et Arbre de pierre par les Kiowas, cette immense roche au sommet plat est d'origine volcanique. Lieu sacré de nombreuses tribus, elle a inspiré moult légendes. La plus célèbre raconte l'aventure de sept jeunes Indiennes qui y auraient grimpé pour échapper à un ours. Elles prièrent ardemment pour leur secours, et la roche s'éleva du sol, les protégeant du grizzly. Elle s'éleva si haut que les jeunes filles atteignirent le ciel et furent transformées en étoiles, formant la constellation des Pléiades. Les longues rainures verticales dessinées sur la roche seraient les traces des griffes de l'ours à leur poursuite... Dans la forêt de conifères autour, vous verrez des écureuils, chiens de prairie et des wapitis. Superbe !

➢ Pour y aller, quittez la route 14 à 50 miles de la frontière avec le Dakota du Sud, sur la droite. Entrée : 10 $. Station de rangers avec documentation. Circuit balisé de 1h environ autour de la roche. Possibilité de varappe. Camping public 5 $, camping privé 30 $. Restaurant.

RAPID CITY ET LE MONT RUSHMORE (DAKOTA DU SUD)

L'endroit est mondialement célèbre pour les têtes colossales des présidents *Washington, Jefferson, Lincoln* et *Theodore Roosevelt,* hautes de 20 m et sculptées dans le granit du Dakota par un certain Gutzon Borglum, de 1927 à 1941.

Aujourd'hui, les abords du mont Rushmore sont plus ou moins défigurés par l'exploitation outrancière du site (3 millions de visiteurs chaque année) : chaîne de motels, boutiques de souvenirs et attractions diverses. Rapid City est la plus grande ville à proximité du site. Elle possède un minuscule quartier historique, confiné autour de trois blocs, qui a préservé un certain charme. Le reste est envahi par des dizaines de motels impersonnels et pas vraiment bon marché...

Comment y aller ?

➢ ***En voiture :*** le mont Rushmore est à un peu plus de 20 miles au sud de Rapid City, à la pointe sud-ouest de l'État du South Dakota. Accès par l'US 16.

➢ ***En bus :*** liaisons tlj et excursions vers le mont Rushmore, Custer Park et les sites aux alentours. Plusieurs compagnies à partir de Rapid City, notamment *Gray Line* (☎ 605-342-4461 ou 1-800-456-4461 ; ● blackhillsgrayline.com ●).

Adresses utiles

ℹ ***Black Hills Visitor Information Center :*** 1851 Discovery Circle, sortie 61 sur l'I-90. ☎ 605-355-3600.

● *blackhillsbadlands.com* ● *Tlj 8h-17h (19h en été).* Infos pratiques sur Rapid City et la région des Blackhills. Très complet.

■ ***Bates Motorhome & Camper Rentals :*** *à l'ouest de Rapid City, sortie 51 sur l'I-90.* ☎ *605-673-3600 ou 1-888-978-2267.* ● *blackhillsrv.com* ● *Visa et MasterCard acceptées.* Une des rares adresses spécialisées dans la location de vans et camping-cars.

Où dormir ?

Camping

⛺ ***Rapid City KOA :*** *sur l'I-90, sortie 61.* ☎ *605-348-2111 ou 1-800-562-8504. Ouv de mi-avr à mi-oct. Empl. 20-35 $ pour 2, bungalows 40-60 $.* 📶 Camping tout confort. Pelouse et terrains ombragés, douches chaudes, laverie, piscine et jacuzzi.

De prix moyens à plus chic

À Rapid City

Nombreux hôtels et motels de chaîne répartis tout autour de la ville et sur Memorial Road, en direction du mont Rushmore. La petite ville touristique de Keystone est la plus proche du site.

🏠 ***The Hotel Alex Johnson :*** *523 6th St.* ☎ *605-342-1210 ou 1-888-729-0708.* ● *alexjohnson.com* ● *Doubles 70-120 $ de mi-oct à mi-mai, dès 110 $ en saison.* 📶 Un superbe bâtiment en brique de 10 étages, dans le quartier historique. Magnifique hall au plafond ouvragé et peint avec des motifs indiens. Les chambres sont spacieuses et agréables. Confort et propreté irréprochables. *Rooftop (Vertex Sky Bar)* perché en haut du building et aussi un pub plus traditionnel pour grignoter un snack. Un établissement luxueux à prix raisonnables.

À Keystone

🏠 |●| ***Powder House :*** *Hwy 16A, à moins de 1 mile de Keystone en venant de Rapid City.* ☎ *605-666-4646 ou 1-800-321-0692.* ● *powderhouselodge.com* ● *Ouv de mi-mai à mi-oct. Double dès 70 $. Chalets individuels, avec ou sans kitchenette, 75-170 $.* Environnement agréable pour ces bungalows en bois, disséminés en hauteur, au milieu de la forêt. Bon confort, déco rustique et chaleureuse. Piscine en plein air et resto de spécialités locales. Le soir, on déguste une truite ou un steak de bison, éclairé à la lumière des bougies. Accueil très cordial.

Où manger ?
Où boire un verre ?

À Rapid City

|●| 🍸 ***Firehouse Brewing Co. :*** *610 Main St.* ☎ *605-348-1915.* Happy hours *lun-ven 15h-18h. Concerts mer-sam soir et karaoké dim.* Belle déco pour cette ancienne caserne de pompiers reconvertie en brasserie artisanale. Large sélection de bières à la pression, cocktails détonants et vins au verre. Pour caler sa faim, steaks, plats mexicains, burgers et salades. À déguster autour du bar, sur le patio ou sur la grande terrasse en plein air. Clientèle locale et atmosphère conviviale.

À Keystone

|●| ***Historic Ruby House Restaurant :*** *124 Winter St.* ☎ *605-666-4404. Ouv avr-oct, tlj 11h-21h.* On vous propose ici un véritable saut dans le temps. Décor d'époque plus ou moins kitsch, murs rouges ornés de Winchester et tableaux hétéroclites, vieux meubles et mannequins en costume aux balcons (!). Le midi, copieuses salades et sandwichs à prix honnêtes. Le soir, les prix grimpent raisonnablement, et on profite de l'ambiance animée du saloon. Pour épicer l'atmosphère, l'alcool est servi par d'authentiques girls avec jupe à frous-frous et jarretière garnie de billets. « *Just like in the old days !* »

À voir

Mount Rushmore National Memorial : ☎ 605-574-2523. • nps.gov/moru • Entrée libre. Parking 11 $. On le surnomme « le Tombeau de la Démocratie ». C'est vrai qu'ils en imposent, ces présidents immortalisés dans la roche. Tout a été aménagé pour accueillir le flot de touristes venus admirer ce monument mythique. Juste en face, petit musée et *Visitor Center*, boutique de souvenirs, snack, etc. Si on veut échapper à la foule et admirer de plus près le travail de Borglum, on peut emprunter le *President Trail*, facile d'accès. Le site fut aussi le décor du film *La Mort aux trousses* d'Alfred Hitchcock. Mais le National Park Service lui refusant l'autorisation de filmer les plans de coupe dont il avait besoin, les têtes qu'on voit lors de la poursuite finale sont en carton-pâte !

QUAND UN PRÉSIDENT PERD LA FACE

Deux tentatives furent nécessaires au sculpteur Gutzon Borglum pour réussir le visage de Thomas Jefferson, initialement prévu à la droite de George Washington. La première se solda par un échec à cause d'un manque de matière au niveau du granit. Qu'à cela ne tienne, on « effaça » donc à la dynamite le visage raté pour le recommencer un peu plus loin, cette fois à la gauche du premier président des États-Unis. Le second essai fut le bon, heureusement ! Le projet prévoyait aussi de sculpter les bustes des présidents, mais, faute de fonds, seuls les visages furent réalisés.

Borglum Historical Center : 342 Winter St, à **Keystone.** ☎ 605-666-4448. • rushmoreborglum.com • Tlj mai-sept horaires variables, en été 8h-16h30. Entrée : 7 $/adulte ; réduc. Audioguide et film (en anglais). Entrée chère, mais la visite vaut le détour. On apprend que Gutzon Borglum était un sculpteur de talent qui ne s'est pas seulement illustré avec le célèbre mont, entamé à l'âge de 60 ans. Il a sculpté, entre autres, le plongeur représenté sur les médailles olympiques. On découvre de belles sculptures, bustes de personnalités, quelques tableaux, des photos et des archives sur la vie bien remplie de cet artiste.

DANS LES ENVIRONS DU MONT RUSHMORE

Custer State Park : infos au ☎ 605-255-4515 ou 4464. • custerstatepark.info • Entrée : 15 $/véhicule ou 6 $/pers, valable 7 j. Parc fondé en 1919, dans la région des Black Hills, au sud du mont Rushmore. Le parc mérite le détour à condition d'avoir une voiture. Depuis le mont Rushmore, on emprunte la *Iron Mountain Road* (16 A) pour rejoindre l'entrée est du parc. La route grimpe à travers les montagnes avec d'impressionnantes passerelles en bois qui tournent à 360° et plusieurs tunnels étroits creusés dans la roche. Un véritable grand huit ! On peut alors sillonner au sud la *Wildlife Loop Road* (un circuit de 18 miles), superbe route à travers les prairies, où l'on peut voir des troupeaux de bisons, des cerfs et des antilopes. Au nord-est, la *Needle Highway*, petite route sinueuse, traverse des « cathédrales » de pierre et des formations rocheuses spectaculaires, dues à l'érosion. Nombreuses activités pour découvrir le parc, randonnée, VTT, balades à cheval, escalade... Possibilité de camping sur les sept sites du parc, notamment autour du superbe Sylvan Lake.

Crazy Horse Memorial : à 17 miles du mont Rushmore vers le sud-ouest, sur l'US 16/385. ☎ 605-673-4681. • crazyhorsememorial.org • Korczak Ziolkowski a commencé en 1948 son mont Rushmore à lui : la sculpture de cette effigie équestre de 172 m, dans Thunderhead Mountain. Il devait représenter Crazy Horse, un chef indien qui symbolisait l'esprit des Indiens d'Amérique, leur fierté et leur cou-

rage. La sculpture d'un tel monument, restée à l'état d'ébauche après la mort de son auteur, s'est faite à l'aide de bâtons de dynamite, de rouleaux compresseurs et de bulldozers ! Le résultat n'est pas encore convaincant, mais les travaux suivant les plans et les instructions laissés par Ziolkowski devraient encore durer une centaine d'années...
La famille du sculpteur a bâti tout un complexe atelier-musée-centre touristique au pied de la montagne pour autofinancer le chantier *(entrée : 10 $, incluant la visite du Musée indien et de l'expo du chantier ; réduc).*

Deadwood : *à une cinquantaine de km au nord-est de Rapid City, sur l'US 90.* Amateurs de l'excellente série TV éponyme ou routards en mal de décors de westerns pittoresques, faites donc un crochet par Deadwood, la ville des cowboys, les vrais de vrais ! Un bourg caractéristique de la ruée vers l'or, avec des rues comme dans les westerns, où se succèdent casinos et vieilles maisons closes bigrement bien conservées (ce qui explique que le village ait été choisi comme toile de fond pour la série *Deadwood*). Kevin Costner y possède un resto, *Jakes Restaurant,* dans le casino du *Midnight Star.* Et Calamity Jane, l'une des figures féminines les plus renommées de la conquête de l'Ouest, y est enterrée.

Badlands : *à env 100 km au sud-ouest de Rapid City, sur l'US 90.* ● *nps.gov/badl* ● Si les terres de contrastes vous séduisent, vous pouvez poursuivre votre route jusqu'au parc national de Badlands. Roches rouges arides, berceau d'une ribambelle de fossiles naturels d'une grande beauté, côtoient des prairies verdoyantes où l'on peut croiser toute une faune sympathique : mouflons, bisons, chiens de prairie ou encore furets sauvages.

LE COLORADO

ABC
DU COLORADO (CO)

- *Superficie :* 270 000 km² (un tiers étant occupé par les Rocheuses).
- *Surnom : Centennial State* (il entra dans l'Union en 1876, 100 ans après la signature de la déclaration d'Indépendance) et aussi *Colourful Colorado.*
- *Capitale :* Denver, 610 350 hab.
- *Population :* 5 024 748 hab.
- *Fuseau horaire : Mountain Time.*

Roosevelt disait que « le Colorado met la langue anglaise en déroute »... Terre de forts contrastes, le Colorado est un État que les routards fascinés par la conquête de l'Ouest ne sauraient contourner. C'est ici, dans les montagnes du centre, que Stephen King écrivit son *Shining,* que Butch Cassidy et le Sundance Kid s'affranchirent du peu de lois en vigueur et que William Cody, dit Buffalo Bill, joua pour de vrai aux cow-boys et aux Indiens, avant de répandre le mythe du Far West dans le monde entier.

Certes, le 4x4 a remplacé le cheval, le réseau routier et Internet ont aboli les distances qui coupaient autrefois la moindre bourgade de la civilisation, les villes issues de la ruée vers l'or sont désormais pleines de casinos et les versants montagneux accueillent plus de skieurs que de trappeurs, mais l'esprit d'aventure, épris de liberté et d'espace, souffle toujours sur les plaines superbes et vivifiantes des hauts plateaux. De même, c'est sans doute dans cet État que vous verrez le plus de villes à l'architecture 1900, où

l'on peut encore admirer des façades dignes des planches de *Lucky Luke,* dissimulant un hôtel ou un saloon ! Sans parler des villes fantômes, abandonnées après la fièvre de la *Gold Rush,* des mines encore en activité ou des trains à vapeur qui ont repris du service pour offrir aux visiteurs de spectaculaires balades à travers les Rocheuses. Alors, comme le dit le panneau qui souhaite la bienvenue dans l'État : *Welcome to colourful Colorado !* Un véritable pléonasme, pour le coup !

L'IVRESSE DES CIMES

Si vous aimez les idées carrées, sachez que le Colorado est un pur rectangle, soit l'un des rares États dont les frontières suivent strictement des latitudes et des longitudes. Non content d'être au centre des States, le 8e plus grand État américain se situe à une altitude moyenne de 2 267 m, ce qui en fait le plus élevé des États-Unis (et peut provoquer parfois le mal des hauteurs). Enfin, histoire d'en remettre une strate, le Colorado possède une bonne cinquantaine de fourteeners, soit des montagnes dépassant les 14 000 pieds (4 667 m), connues des alpinistes du monde entier.

DENVER

610 350 hab.

◗ Pour le plan de Denver, se reporter au cahier couleur.

Denver, ville-carrefour au pied des Rocheuses et capitale officieuse de l'Ouest américain, qui, malgré son urbanisation galopante et ses problèmes de croissance, a gardé intactes l'âme et l'énergie des hommes du Far West. « Ville reine des Grandes Prairies », aujourd'hui, elle est aussi connue comme « la Reine des Bières » : on y brasse plus de bières que dans n'importe quelle autre ville américaine. Dans le quartier de Downtown, le coin le plus sympa de la ville, quelques microbrasseries en fabriquent d'excellentes, utilisant l'eau des montagnes. Autres records : Denver serait la ville la plus « mince » des États-Unis (mais où mettent-ils toutes leurs bières ?), et celle au niveau d'éducation moyen le plus élevé ! Ajoutez à cela une poignée d'excellents musées et vous comprendrez comment l'on peut, au bout du compte, passer quelques jours ici sans s'ennuyer.

Denver est le point de chute idéal pour commencer l'exploration du Colorado, partir à la découverte des montagnes Rocheuses et s'imprégner de l'esprit de l'Ouest. *The real West.*

UN PEU D'HISTOIRE

Denver est une des rares jeunes grandes villes de l'histoire de l'Ouest. Elle est née dans un site à priori peu favorable à l'éclosion d'une ville. Elle n'était située ni sur une route ni sur une piste. Les pionniers et les caravanes du XIXe s avaient l'habitude de passer soit très au nord par le Wyoming (la piste de l'Oregon, la piste des Mormons), soit au sud (la piste de Pike, celle de Fremont et celle de Santa Fe). Il n'y avait aucune ligne ferroviaire, aucun lac, aucun fleuve navigable, simplement de maigres cours d'eau tombés des sommets des Rocheuses voisines. C'est dans un de ceux-ci que William Russell découvrit de l'or pour la première fois en 1858.
La ruée vers l'or commença. Elle provoqua la naissance de la ville et assura son expansion fulgurante. La première construction un peu solide fut un saloon. Au cours des années, Denver fut détruite deux fois, une fois par le feu, la seconde fois

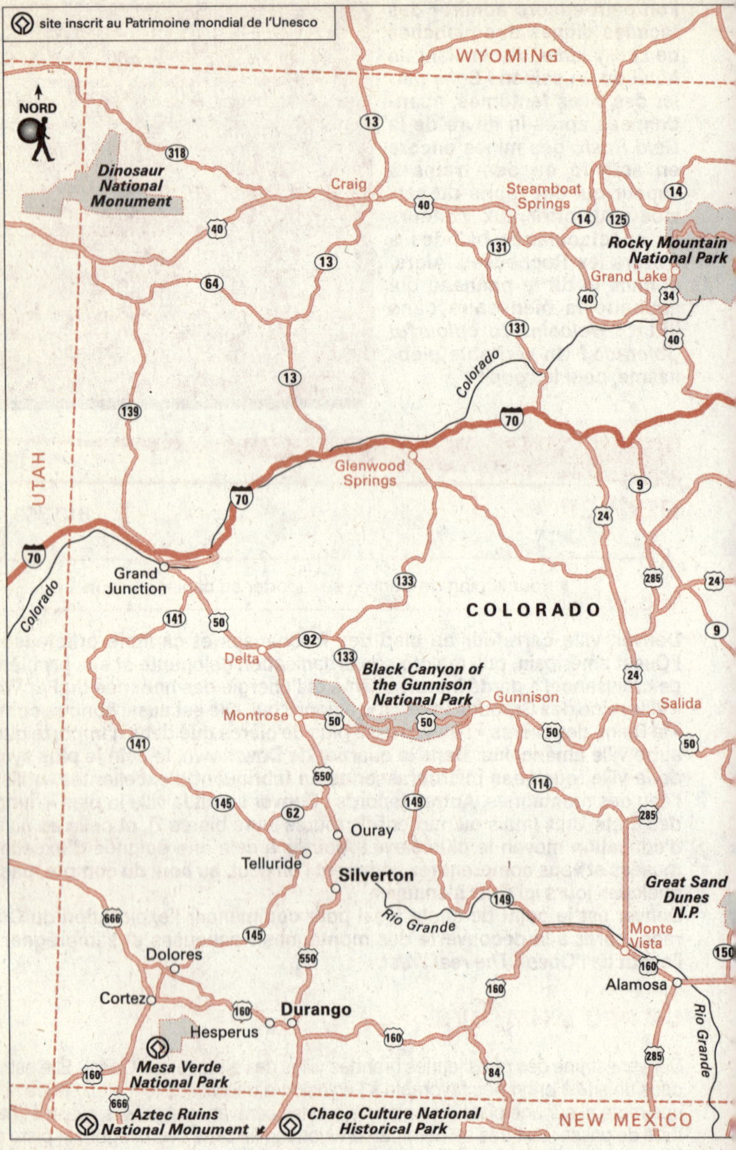
site inscrit au Patrimoine mondial de l'Unesco
NORD
WYOMING
UTAH
COLORADO
NEW MEXICO
Dinosaur National Monument
Craig
Steamboat Springs
Rocky Mountain National Park
Grand Lake
Colorado
Glenwood Springs
Grand Junction
Colorado
Delta
Black Canyon of the Gunnison National Park
Gunnison
Salida
Montrose
Ouray
Telluride
Silverton
Rio Grande
Great Sand Dunes N.P.
Monte Vista
Alamosa
Rio Grande
Dolores
Cortez
Durango
Hesperus
Mesa Verde National Park
Aztec Ruins National Monument
Chaco Culture National Historical Park
318
13
40
14
125
131
34
64
139
70
9
24
133
285
141
50
92
133
550
145
62
114
149
666
160
84
150

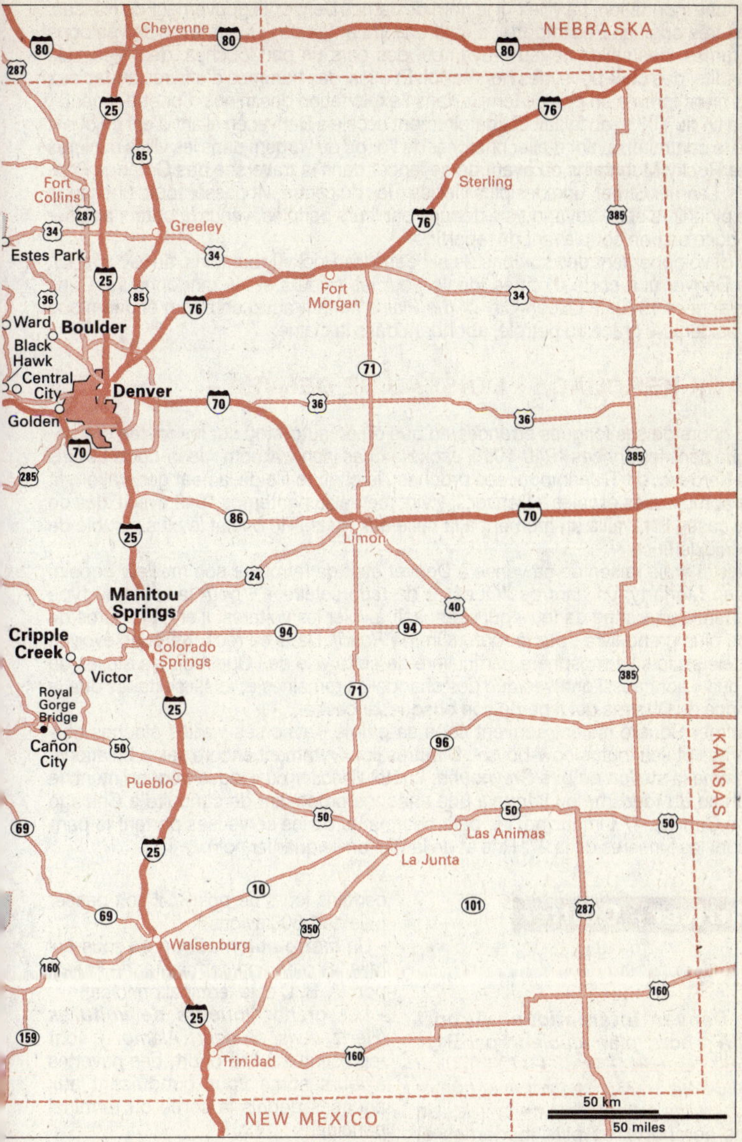
NEBRASKA
Cheyenne
Fort Collins
Estes Park
Greeley
Sterling
Fort Morgan
Ward
Boulder
Black Hawk
Central City
Denver
Golden
Limon
Manitou Springs
Cripple Creek
Colorado Springs
Victor
Royal Gorge Bridge
Cañon City
Pueblo
Las Animas
La Junta
Walsenburg
Trinidad
KANSAS
NEW MEXICO
50 km
50 miles
80
287
25
85
76
34
36
385
71
70
285
86
24
40
94
96
50
69
10
101
350
160
159

LE COLORADO

par une inondation. La ville prit le nom de James Denver, le gouverneur du Kansas. Pas très original. Peu importe, c'était une vraie ville de l'Ouest, avec des saloons enfumés, des salles de jeu bruyantes, des bars un peu louches, des filles, des bandits, des cow-boys, des hors-la-loi. Et aussi des hommes d'affaires audacieux qui firent fortune en peu de temps dans l'exploitation des mines d'or et d'argent.
À la fin du XIXe s, on faisait obligatoirement escale à Denver en allant d'est en ouest (ou le contraire), avant d'aller chercher de l'or ou de l'argent dans les villes minières des Rocky Mountains ou avant de se lancer dans la traversée des Grandes Prairies. Larimer Street, une des plus vieilles rues du centre, vit passer toute une faune de pionniers et de voyageurs exténués par leurs périples, venus là pour s'amuser et boire un bon coup avant de repartir.
Le développement des stations de ski dans les Rocky Mountains, au XXe s, a fait de Denver une porte d'entrée idéale pour les skieurs et les randonneurs. Dans les années 1970, la *Queen City of the Plains* connut aussi un boom économique considérable grâce au pétrole, abondant dans la plaine.

JACK KEROUAC : « L'OISEAU DE DENVER »

Au cours de ses longues errances en bus ou en auto-stop sur les routes d'Amérique dans les années 1940-1950, Jack Kerouac (son vrai nom : Jean-Louis Le Bris de Kerouac, dit Ti Jean pour ses proches), le chef de file de la beat generation, fit de nombreuses escales à Denver. Il y vint même au printemps 1949 avec l'idée de s'y caser. Il travailla un moment à la halle aux fruits, « le boulot le plus pénible de mon existence ».
Mais la vraie raison de sa venue à Denver était de retrouver son meilleur copain, Dean Moriarty, un gars de l'Ouest, « de race solaire », « pour la route, le type parfait », un « ange de feu » qui s'amusait à voler les voitures. Il en fit le héros de son plus grand livre : *Sur la route (On the Road).* Dans ce récit, Kerouac évoque plusieurs fois l'atmosphère particulière de cette ville de l'Ouest où les étoiles de la nuit « sont aussi grosses que des chandelles romaines et aussi solitaires que le prince du Dharma qui a perdu son bosquet ancestral… ».
Larimer Square revient souvent sous sa plume « avec ses vieilles cloches titubantes et ses foutus cow-boys ». D'autres lieux rythment encore ses tribulations, comme la station de bus *Greyhound,* l'hôtel *Windsor* où il logea fréquemment, le bureau du tourisme où il trouva une annonce proposant de conduire à Chicago une Cadillac 47 Limousine, les bars charmants où les serveuses portent le pantalon, les lumières de la 27e Rue et de la Welton (le quartier noir)…

Arriver – Quitter

En avion

✈ ***Denver International Airport*** *(DIA ; hors plan couleur par B1) : 8500 Peña Blvd. ☎ 303-342-2000 ou 1-800-247-2336. • flydenver.com • À 22 miles au nord-est de la ville.* Un des aéroports les plus modernes et les plus importants du pays. La gigantesque toiture en Teflon symbolise les Rocheuses qui pointent derrière mais aussi, et surtout, des tipis du XXIe s plantés au milieu de la Grande Prairie. Au total, quelque 50 millions de passagers y transitent chaque année et, certains jours de pointe, il voit passer plus de 1 500 avions !
– Un ***métro automatique*** en sous-sol relie les différents terminaux de l'aéroport (A, B, C et le terminal principal).
– Les grands ***loueurs de voitures*** *(Hertz, Avis, Budget, Alamo…)* sont représentés à l'aéroport, des navettes à leurs noms vous conduisent aux agences depuis la sortie du terminal principal.

Pour se rendre à Downtown

➢ ***En bus :*** avec la ligne *SkyRide* depuis la sortie de l'aéroport (îlot nº 5) ; min 1 départ/h et ttes les 15 mn aux heures de pointe, 3h30-minuit. Trajet : 1h. Prix : 9-13 $ (avoir le compte juste) selon arrêt (*Downing St Rail Station, Denver Bus Center* ou *Market St Station* près d'*Union Station*).

➢ ***En minibus privé :*** avec *Super Shuttle (comptoir à l'aéroport au niveau 5 – le niveau du « Baggage Claim » – et de la sortie ; ☎ 303-370-1300 ; • supershuttle.com •).* Départ ttes les 15 mn, 4h30-minuit. Trajet : 1h. Prix : 19 $/pers. Vous dépose où vous voulez en ville. Intéressant si vous êtes seul ou à 2. À partir de 3, mieux vaut prendre un taxi.

➢ ***En voiture :*** env 30-40 mn pour se rendre au centre-ville. Prendre 78th Ave qui débouche sur Peña Blvd. Suivre Peña Blvd jusqu'à l'I-70 W. Pour rejoindre Downtown, il faut sortir de l'I-70, prendre l'I-25 S et sortir ensuite à Colfax Ave.

➢ ***En taxi :*** env 55 $ pour le Downtown.

En bus

Greyhound Bus *(plan couleur A1) : 1055 19th St, entre Arapahoe et Curtis. ☎ 303-293-6555 ou 1-800-231-2222. • greyhound.com • Ouv 6h-minuit.* Env 3 bus/j. pour Albuquerque (trajet : 7-8h), Las Vegas (15h), Los Angeles (env 22h), New York (env 43h) et Dallas (17-20h).

En train

Gare Amtrak *(hors plan couleur par A1) : 1800 21st St. ☎ 1-800-872-7245. • amtrak.com • Gare provisoire jusqu'au printemps 2014, date à laquelle* Union Station *(1701 Wynkoop St ; plan couleur A1) devrait reprendre du service.* 1 départ/j. vers l'Ouest et vers l'Est à bord du *California Zephyr.* Env 15h de trajet pour Salt Lake City, 35h au total pour San Francisco (via Emeryville, d'où il reste 1h de bus) et 19h pour Chicago.

Adresses utiles

Informations touristiques et services

Denver Visitor Information Center *(plan couleur A2) : 1555 et 1600 California St. ☎ 303-892-1505 ou 1112. • visitdenver.com • Mai-sept, lun-ven 9h-18h, sam 9h-17h, dim 11h-15h ; oct-avr, lun-ven 9h-17h.* Vous y trouverez de nombreux plans et prospectus dont la brochure gratuite *Denver and Colorado,* qui contient plein d'infos utiles, notamment la liste complète des endroits à visiter avec les horaires en vigueur.

✉ ***Poste*** *(plan couleur B1) : à l'angle de Curtis et 20th St. Lun-ven 8h-18h30, sam 9h-18h30.*

@ **Denver Public Library** *(plan couleur B3) : 14th Ave, à l'angle de Broadway. ☎ 720-865-1111. Lun-mar 10h-20h, mer-ven 10h-18h, w-e 13h-17h.* Libre accès à Internet pour 30 mn. L'architecture postmoderne du bâtiment est due à Michael Graves. Exposition au dernier étage.

■ ***État des routes :*** *sur les principales routes et autoroutes (*highways *et* interstates*) à 2h autour de Denver : ☎ 303-639-1111.*

Achats

■ ***Tattered Cover Bookstore*** *(plan couleur A1,* ***4****) : 1628 16th St. ☎ 303-436-1070. Lun-ven 6h30-21h, sam 9h-21h, dim 10h-18h.* Une des meilleures librairies de l'Ouest, sur 2 niveaux. 2 autres adresses en ville mais celle-ci est très belle, tout en bois. Bon choix de magazines et journaux français. Très sympa aussi pour un petit déj léger avec un café, muffins ou autre gâteau ou pour un en-cas en journée.

■ ***Whole Foods Market :*** *14357 W Colfax Ave, à* ***Golden****. Au niveau de l'intersection entre l'I-70 et W Colfax Ave ; sortie 263 sur l'I-70* (Denver West Shopping Center). *Tlj 7h30-21h30.* Pour faire le plein de courses, la grande chaîne de supermarchés bio et ses très bons buffets de salades ou autres petits plats à emporter a plusieurs adresses en ville, mais pas dans le centre. *Autres magasins à Cherry Creek, au 2375 E 1st Ave (tlj 7h-22h) et au 1111 S Washington St (tlj 7h-21h), au bord de l'I-25 en direction du sud (sortie 207 A).*

Circuler en ville

– ***À pied :*** pas de problème pour explorer Downtown mais il vous faudra sans doute attraper un bus, un taxi ou grimper sur un vélo pour changer de quartier. Sachez que la navette gratuite le *Free Mall Ride* *(tlj 5h-1h30)* remonte sur 1 mile la 16th St, rue piétonne où se trouvent le *Visitor Center* et de nombreux commerces.

– ***En voiture :*** pour se garer, pas de cadeau, soit vous payez aux horodateurs avec des pièces *(env 1 $/h)*, soit vous vous garez dans un parking à la journée, soit... vous payez des amendes d'env 25 $ chacune ! Le prix d'un parking varie selon qu'il est public ou privé, sa situation et le moment de la journée. Plus vous vous rapprochez du cœur du Dowtown, plus c'est cher *(10-12 $/j.)*. Plus vous vous éloignez du périmètre délimité par Broadway et Colfax Ave, plus vous avez de chances de payer moins. Vous trouverez ainsi plusieurs parkings dans les 7 $/j. au sud du *Civic Center Park (plan couleur A-B3)*. Les moins chers que l'on ait dégotés se situent au croisement de Larimer St et Park Ave *(hors plan couleur par B1)* ou sur Lawrence St, notamment au croisement de Lawrence St et 21st St *(env 2-3 $/j. en journée, un peu plus le soir)*.

Sinon, pour se repérer facilement, le mieux est de se procurer un plan gratuit de Denver à l'office de tourisme. La *Official Map to Colorado Scenery and Adventure* a le mérite d'avoir un plan de Denver complet (mais sans les sens uniques qui compliquent un peu la circulation) et aussi celui d'autres villes, comme Boulder.

– ***À vélo :*** Denver a non seulement une zone piétonne, mais aussi des pistes cyclables (si, si, vous êtes bien aux États-Unis !) ainsi qu'un système de vélo partagé. C'est à peu près le même principe que dans beaucoup de villes françaises ou européennes : nombreuses stations où vous pouvez retirer ou remettre un vélo en payant d'abord 6 $/j. par CB à la borne. Le vélo que vous prenez est ensuite gratuit pdt 30 mn.

Où dormir ?

Camping

⛺ ***Delux RV Park :*** *5520 N Federal Blvd.* ☎ *303-433-0452. Sur l'I-70, en venant de l'aéroport, sortir à Federal Blvd et prendre à droite. Ouv tte l'année. Env 30 $ pour 2 en camping-car.* Rien pour les tentes à Denver, puisque celui-ci est uniquement pour les camping-cars. Pas la joie, mais c'est le seul du coin.

À Downtown

Très bon marché

🏠 ***Melbourne International Hostel*** *(plan couleur B1,* ***11****) : 607 22nd St, à l'angle de Welton.* ☎ *303-292-6386.* • *denverhostel.com* • *Réception 7h-21h. Pas de couvre-feu. Dortoirs 4-6 lits 20-25 $/pers, doubles 45-52 $. CB refusées, chèques de voyage acceptés.* La façade et la réception au rez-de-chaussée font un peu *cheap*, mais l'*hostel*, située à l'étage, se révèle plutôt agréable, avec des chambres et des petits dortoirs sécurisés par des grilles... Seules les filles disposent d'une salle de bains attenante au dortoir, pour les autres les sanitaires sont dans le couloir. Cuisine équipée et laverie.

🏠 ***Denver International Youth Hostel*** *(plan couleur B3,* ***10****) : 630 E 16th Ave.* ☎ *303-832-9996.* • *youthhostels.com/denver* • *À 15 mn à pied de la gare routière* Greyhound. *De l'aéroport, bus jusqu'à* Market St Station *(plan couleur A1), puis prendre le Free Mall Ride jusqu'au terminus de* Broadway Station *et finir à pied. Réception 8h-10h, 16h30-22h. Pas de couvre-feu. Lit en dortoir env 15 $ (draps 1 $).* On l'indique surtout pour les super fauchés, car en fait d'auberge de jeunesse, c'est surtout la vieillesse qui transpire de cette *hostel* ! Les dortoirs sont en effet assez vétustes et les moquettes semblent imprégnées de générations entières de routards ! Sans parler des salles de bains...

DENVER ET SES ENVIRONS

Bon marché

Dans cette catégorie, pas un motel potable à se mettre sous l'oreiller dans le centre-ville... Si vous êtes en voiture, mieux vaut sortir du centre et voir nos adresses indiquées plus loin.

De plus chic à très chic

Ça y est, la mode des *boutique hotels* a frappé aussi à Denver. Ces hôtels, en général très bien équipés et agrémentés d'un look design dans le coup, pratiquent des tarifs variables, qui dépendent évidemment du confort mais aussi de la saison et surtout du taux de remplissage. En gros, ça casse les pieds de tout le monde, y compris de vos serviteurs ! Bref, surveillez les éventuelles promos sur Internet et prenez-vous-y à l'avance...

The Curtis Hotel *(plan couleur A2,* ***12****) : 1405 Curtis St. ☎ 303-571-0300 ou 1-800-525-6651. • thecurtis.com • Doubles et suites 150-210 $ selon saison et dispo.* Quelque 300 chambres réparties sur 16 niveaux (pas franchement intime comme adresse, donc !) et à chaque étage son thème. Si la déco de la réception semble très branchée seventies, celle des chambres s'avère plutôt neutre et classique. Ici et là, cependant, des objets, photos ou posters viennent apporter une petite touche plus personnelle à chacune d'entre elles.

Jet Hotel *(plan couleur A1,* ***18****) : 1612 Wazee St. ☎ 303-572-3300. • thejethotel.com • Doubles et suites 100-240 $, petit déj continental compris.* Un *boutique hotel* chic et tendance abritant une vingtaine de chambres à la fois sobres et design, dans lesquelles une couleur pétante vient systématiquement réveiller les murs blancs. Meubles noirs, salle de bains pas très grande, lecteur de CD-DVD, station iPod et, pour certaines, un vrai balcon et un jacuzzi. Bar branchouille à la réception et night-club au sous-sol *(slt le w-e)*. Bref, ça en jette !

Comfort Inn *(plan couleur B2,* ***16****) : 401 17th St. ☎ 303-296-0400 ou 1-800-237-7431. • denvercomfortinn.com • Doubles 120-180 $, petit déj inclus.* Situé au milieu des gratte-ciel de Downtown, on ne vous surprendra pas en vous disant que cet hôtel de chaîne de plus de 200 chambres est d'un confort standard et ne ressemble en rien aux adresses précédentes. Cependant, il offre un honnête rapport qualité-prix. Chambres pas désagréables, avec une vue pour les plus élevées. Maintenant, si vous voulez voir ce qu'est un vrai palace, allez juste en face au *Brown Palace*, le plus ancien hôtel de la ville, où il est très agréable de boire un verre dans le grand patio intérieur.

Bed & Breakfast

Comme ailleurs aux *States*, les *Bed & Breakfast* de Denver se situent surtout dans la catégorie « De plus chic à très chic ». Ils sont généralement installés dans des demeures cossues, voire historiques, avec de gros murs de pierre et même, parfois, une petite tourelle pour couronner l'ensemble... L'intérieur est à l'avenant, luxueux, avec souvent pas mal de charme et de caractère.

Queen Anne B & B Inn *(plan couleur B1-2,* ***14****) : 2147-51 Tremont Pl. ☎ 303-296-6666. • queenannebnb.com • Résa très conseillée. Doubles 135-215 $.* Au cœur du quartier historique Clement, dans un charmant pâté de maisons victoriennes en bois, voici une adresse qui a fait le choix du développement durable (petit potager bio à l'arrière, utilisation de matériaux du Colorado pour la restauration de la maison, etc.). On a aussi confié la fabrication des meubles et la déco à des artisans et artistes locaux. Résultat : que ce soit les 10 chambres dans la maison principale ou les 4 suites dans la maison voisine, aucune pièce ne se ressemble. On oscille à la fois entre le contemporain (une des suites est toute noire et blanche, l'autre graffitée) et le traditionnel pour les parties communes et les chambres les plus classiques. Quoi qu'il en soit, c'est très confortable et relax. Petit déj-buffet servi dans la courette-jardin en été et *Colorado wine* offert le soir. On peut même vous prêter un vélo !

Capitol Hill Mansion *(plan couleur B3,* **15***) : 1207 Pennsylvania St. ☎ 303-839-5221 ou 1-800-839-9329. • capitolhillmansion.com • Doubles 120-210 $.* Une demeure cossue de 1891, en pierre brune, dans un quartier résidentiel chic et verdoyant. On ne le croirait pas comme ça, mais cette maison est un ancien hôtel de charme ! Chambres luxueuses à la déco soignée, peut-être un rien désuète, et portant chacune un nom de fleur du Colorado. La *Shooting Star* bénéficie d'une grande salle de bains. Les plus chères, comme la *Pasque Flower,* possèdent même un vaste jacuzzi.

À l'extérieur de Downtown

De très bon marché à prix moyens

Comme dans toutes les villes américaines, on trouve une ribambelle de motels pas trop chers *(chambres 50-80 $)* à la périphérie. On vous en indique quelques-uns, mais vous en rencontrerez une tripotée d'autres à la sortie ouest de Denver, principalement le long de Colfax Avenue. Pas toujours très folichons (bien regarder la chambre avant de payer !), mais ils conviendront à ceux qui veulent économiser sur le budget logement.

The 11th Avenue Hotel & Hostel *(hors plan couleur par B3,* **13***) : 1112 Broadway. ☎ 303-894-0529. • 11thavenuehotelandhostel.com • Dans un grand bâtiment en brique à l'angle de 11th Ave. Lit en dortoir 4 ou 6 lits 20-22 $, doubles avec ou sans sdb 50-56 $.* Sur une avenue passante et bruyante. Il ne règne pas vraiment ici l'ambiance d'une *hostel* où se retrouvent les routards du monde entier et les lieux, assez dénudés, ne sont pas de toute première jeunesse, mais l'ensemble reste néanmoins aéré, propre et assez lumineux. 3 dortoirs non mixtes, dont 2 pour les filles. Pas de cuisine, mais un micro-ondes à disposition et une laverie.

Hostel of the Rocky Mountains *(hors plan couleur par B2,* **17***) : 1717 Race St. ☎ 303-861-7777. • innkeeperrockies.com • À l'est de Broadway, entre 17th et 18th Ave. Réception 10h-16h, 18h-21h (14h-20h dim). Lit en dortoir env 24 $ (draps inclus) ; double 30 $/pers.* Dans une vaste maison dotée d'une belle façade, une cinquantaine de lits en dortoirs de 2 à 10 lits, avec salle de bains dans chacun et porte à code pour l'intimité et la sécurité. Propose également 4 chambres privées. Salon avec TV au sous-sol. Laverie et cuisine à disposition. Soyons honnêtes : on vient ici plus pour le quartier, pratique et agréable, que pour le confort. L'ensemble est en effet un peu bricolé, et les parties communes ne sont ni des plus riantes ni très grandes.

Mountain View Inn *(hors plan couleur par A3) : 14 825 W Colfax Ave, 80401* **Golden.** *☎ 303-279-2526. À 15-30 mn (selon trafic) à l'ouest de Denver ; c'est au bout de Colfax Ave, juste avt l'I-70. Doubles 60-75 $. (mais connexion aléatoire).* Le motel lui-même est assez banal (et en bord de route comme il se doit) mais, comme son nom l'indique, la vue sur les montagnes est vraiment sympa. Ou comment loger à proximité de Denver tout en ayant une vue sur les Rocky Mountains... Chambres standard mais bien tenues. Café à dispo. Piscine chauffée en été (ben oui, il fait frais par ici).

Town and Country Motel *(hors plan couleur par A1) : 639 W 39th Ave. ☎ 303-455-3653. Au nord de la ville mais pas très loin de Downtown et du Coors Field. En quittant l'I-25 par la sortie 213, l'hôtel est tt près ; suivre la Fox St (et non la 38th Ave ou Park Ave) dans la direction opposée au Downtown. Doubles 50-65 $.* Malgré sa situation banlieusarde avec vue sur les tours de Denver, voici un petit motel pas désagréable, au cachet un peu ancien. Bâtiment en forme de U avec des murs de brique. Bois sur les murs des chambres, salle de bains des années 1960. La plupart des chambres à 2 lits présentent l'avantage d'avoir 2 pièces séparées. Simple et bien tenu.

Motel 6 *(hors plan couleur par A1) : 3050 W 49th Ave. ☎ 303-455-8888. • motel6.com • À la jonction de l'I-70 et de Federal Blvd. Doubles 45-55 $*

selon saison. Grand motel de chaîne de près de 200 chambres. Aucun charme mais confort standard et tarifs abordables. Piscine couverte et chauffée. Point barre !

Où manger ? Où prendre le petit déj ?

Spécial petit déj

Snooze *(plan couleur B1, **22**) : 2262 Larimer St. ☎ 303-297-0700. Lun-ven 6h30-14h30, w-e 7h-14h30. Plats 8-12 $.* Un *diner* revu et corrigé, aux couleurs lumineuses. Carte pleine de belles et bonnes propositions qui sortent de l'ordinaire, avec des pancakes (géants !) comme spécialité de la maison, de délicieux *granolas* ou encore quelques omelettes. Avec ça, bon café ou thé. C'est frais, copieux et servi dans la bonne humeur. En revanche, si on repère l'adresse de loin, c'est généralement grâce à l'agglutinement de personnes juste devant, qui attendent en buvant un café (offert) qu'une place se libère. Autre bon point : le parking pas cher juste en face.

Gypsy House Café *(hors plan couleur par B3, **29**) : 1279 Marion St. ☎ 303-830-1112. À l'angle de 13th Ave. Tlj 7h (8h30 w-e)-23h. Plats 6-8 $.* Un petit lieu original au décor éclectique mêlant tapis, fauteuils et canapés dépareillés, œuvres kitschounettes et musique orientale. Petit déj à base d'omelettes et de sandwichs. Également des petits plats méditerranéens (salade grecque, houmous...), des glaces et même du café turc. Cours de yoga et animations régulières.

Et aussi ***The Market*** (idéal pour le petit déj !), ***Tom's Diner*** et le ***Tattered Cover Bookstore*** (voir « Adresses utiles. Achats »).

De bon marché à prix moyens

The Market *(plan couleur A2, **21**) : 1445 Larimer St. ☎ 303-534-5140. Lun-jeu 6h-23h (minuit ven-sam, 22h dim). Salades et plats 6-10 $.* Ici, comme le nom l'indique, on a l'impression de venir faire son marché. À l'entrée, un sympathique *coffee shop* pour le petit déj et le goûter et, au fond, une vaste salle agrémentée de plantes vertes, d'un parquet chaleureux, de tables et de chaises bistrot et d'un grand comptoir où l'on peut commander sa salade, de bons sandwichs et toutes sortes de plats. Sympa et animé, surtout le midi. On peut aussi y acheter des produits fins.

Bd's Mongolian Barbeque *(plan couleur A1, **26**) : 1620 Wazee St. ☎ 303-571-1824. Tlj 11h-22h (23h w-e). Formules à volonté env 12 $ le midi et 15 $ le soir.* Ça fait un peu cantine au premier abord, mais le principe est amusant. C'est simple : selon la formule choisie, on vous apporte un plat que vous allez ensuite remplir à un buffet (de légumes, viandes, poisson et fruits de mer), on y ajoute diverses sauces et on donne le tout à cuire, sur une immense plaque chauffante. En quelques minutes, c'est prêt ! Évidemment, le concept attire les foules, mais le système est bien rôdé et ça tourne. En revanche, les tables à proximité de la plaque chauffante sont bruyantes.

Wahoo's Fish Taco *(plan couleur A1, **25**) : 1521 Blake St. ☎ 303-623-0263. Tlj 11h-21h (23h sam, 20h dim). Plats 6-8 $. Succursale au 225 E 20th St.* Un des fameux fast-foods créés par Wing Lam, un surfeur qui, après avoir ouvert son 1er resto avec deux frères en Californie, en a maintenant près de 60. Il a revendu ceux du Colorado *(business is business !)*, mais la formule et la qualité sont toujours au rendez-vous. Pour vraiment pas cher et dans un cadre coloré qui plaira aux amateurs de glisse, on y avale de bons tacos, enchiladas et *burritos* de poisson (ou de viande pour les indécrottables carnivores).

Tom's Diner *(plan couleur B3, **23**) : 601 E Colfax Ave. ☎ 303-861-7493. Ouv 24h/24. Plats 8-10 $.* Rien d'extraordinaire mais un *diner* classique, style années 1970, avec des banquettes en moleskine jaune et un long comptoir en formica. Son avantage principal est de servir à n'importe quelle heure du jour et de la nuit une bonne grosse tambouille américaine à base de burgers, salades, sandwichs et standards mexicains. Sinon, R.A.S. !

Hamburger Mary's *(hors plan couleur par B2, **30**) : 700 E 17th Ave. ☎ 303-832-1333. Tlj tlj 11h (10h dim)-1h. Plats 8-15 $.* Dans un grand décor ouvert sur la rue aux beaux jours, une jolie salle à l'américaine comme on aime à l'imaginer : écrans TV dans des cadres dorés, couleurs flashy, Marilyn par-ci, Jackie par-là... et de la musique forte pour l'ambiance. À la carte, les bons burgers de Mary, bien sûr, et les classiques salades et sandwichs. Attention, c'est très copieux et très calorique. Cela dit, on peut demander certains plats en demi-portions. Animations régulières le soir, comme le *Mary-Oke* le jeudi, pour essayer de séduire Mary à tout prix...

De prix moyens à chic

Rock Bottom Brewery *(plan couleur A2, **24**) : 1001 16th St. ☎ 303-534-7616. Lun-jeu 11h-23h, minuit ven-sam ; bar ouv jusqu'à 2h. Petits plats (pizza, sandwich, burger) 10-15 $, plats plus élaborés 15-20 $.* Ici, on brasse la bière et on la tire directement des grands fûts situés de part et d'autre du bar. Ambiance musicale avec de bons plats copieux, qu'on peut manger sur la terrasse. Service jeune et dynamique. Une bonne adresse.

Euclid Hall *(plan couleur A2, **31**) : 1317 Hall 14th St. ☎ 303-595-4255. Lun-ven 11h30-minuit (1h ven), sam 14h-1h, dim 14h-minuit. Plats 10-17 $.* Dans un beau bâtiment ancien joliment transformé en un bar-resto plutôt branché (d'où la musique assourdissante en fin de soirée). Large choix de bières et d'alcools en général et, au menu, une cuisine de brasserie fine. Les propositions variées et originales viennent du Québec, de France ou d'Autriche, ce qui explique la transcription phonétique qui accompagne le nom des plats : saucisse maison (dont du boudin noir), poutines québécoises (des frites recouvertes de fromage fondu et de morceaux de viande), sandwichs originaux, etc. Le tout bien préparé, à prix raisonnables, même si les portions pourront sembler un peu chiches à certains.

Osteria Marco *(plan couleur A2, **21**) : 1453 Larimer St. ☎ 303-534-5855. Tlj 11h-22h (23h ven-sam). Résa conseillée le w-e. Pizzas 10-15 $, plats 15-22 $.* Un resto qui n'a d'italien que le nom ou, éventuellement, les pizzas. Celles-ci, cependant, ne ressemblent à rien de connu (notamment celle à la figue, au chèvre et *prosciutto* grillé), mais qu'importe ! Leur pâte est délicieusement fine et croustillante, les plats sont inventifs, généreux et bon, et l'ambiance sympa dans la vaste salle en sous-sol ou certains espaces sont dessinés par des murs de bouteilles (précisons que la carte des vins est plus longue que le menu !). Quelques tables en terrasse, mais vite prises d'assaut.

Mercury Café *(plan couleur B1, **20**) : 2199 California St. ☎ 303-294-9281. Mar-ven 17h30-22h, w-e 9h-15h, 17h30-23h. Plats 8-18 $.* À côté d'un vaste parking (payant), une bâtisse aux murs peints située un peu à l'écart du centre. Resto au cadre un peu underground, un rien baba cool écolo. Ce n'est pas vraiment donné et la cuisine (bio, évidemment !) y est un peu inégale. L'endroit, toutefois, sort de l'ordinaire. En effet, c'est une scène pour chanteurs en goguette et on peut danser le swing, la salsa ou le tango à l'étage, tous les soirs dès 19h ou 20h.

De chic à incontournable

Le Central *(hors plan couleur par B3, **28**) : 112 E 8th Ave, à l'angle de Lincoln St. ☎ 303-863-8094. Lun-jeu 11h30-14h30, 17h30-22h ; ven-dim 10h (11h30 ven)-22h (21h dim). Résa indispensable le w-e. Plats 14-22 $.* Dans un quartier qui n'a pas grand-chose pour lui, si ce n'est cette adresse ! La façade basse et colorée, garnie de bouteilles vides, donne le ton. On est dans un resto français pur jus, tenu par un Toulonnais, Robert, depuis un quart de siècle. Cadre assez informel mais cuisine vraiment bonne et atmosphère bruissante ! La carte change tous les jours, mais on y retrouve tous les classiques français bien connus. Seule certitude : le moules-frites à toutes les sauces à 11 $ et, lundi et mardi, le menu homard 3 plats à environ 30 $.

Buckhorn Exchange *(hors plan couleur par A3,* ***27****) : 1000 Osage St. ☎ 303-534-9505. Osage St est la 2e rue après Kalamath St. Fermé sam-dim midi. Résa conseillée le soir. Viandes 30-50 $, poissons 25-30 $!* Le plus vieux restaurant de Denver (1886), classé Monument historique, mérite au moins un coup d'œil. Situé à l'angle d'Osage Street et de 10th Avenue, il occupe un drôle de vieux bâtiment en brique tout en longueur, face à un arrêt du *Light Rail Transit* (qu'on peut prendre sur 16th Street). On se croirait dans un muséum d'histoire naturelle ou dans le cabinet de curiosités d'un pionnier un peu fou du XIXe s. Plus de 500 trophées de chasse et animaux empaillés sont exposés sur les murs ou dans des vitrines. Le fondateur du resto, Shorty Scout, fut le plus jeune scout de la bande de Buffalo Bill. Ce dernier y venait souvent, ainsi que le chef indien Red Cloud. Y passèrent aussi des acteurs hollywoodiens, le président Franklin D. Roosevelt et l'illustre Eisenhower. On dîne à des tables à poker vieilles de plus de 100 ans. Le bœuf et le bison sont les spécialités de la maison. Steaks énormes, tendres et délicieux. Du mercredi au samedi, le soir, musique folk avec Roz Brown. Une adresse exceptionnelle dans l'Ouest.

À l'extérieur du centre-ville

Casa Bonita *(hors plan couleur par A3) : 6715 W Colfax Ave. ☎ 303-232-5115. En direction de Golden, au croisement de Sheraton Blvd, dans le quartier de Lakewood. Tlj 11h-21h30 (22h ven-sam). Env 15 $.* Repérable au grand parking devant et à son clocheton rose bonbon, le tout situé dans une espèce de centre commercial sur le côté droit de la route ! Mieux vaut se pointer avant 18h, afin d'éviter la queue de 30 mn. On ne vient pas ici pour la cuisine, quelconque, mais pour l'un des décors de resto les plus extravagants du Colorado. Ça commence par une sorte de self-service et ça se termine dans un parc d'attractions, populaire et tropical, où la lumière du jour ne pénètre jamais. Et pour cause : il s'agit d'un ancien centre commercial reconverti en resto-spectacle pour familles, dans un décor artificiel, avec des faux rochers, des grottes obscures, des bassins bordés de palmiers, des chutes d'eau. Les petits et les grands adorent les sketchs qui finissent souvent par « Pan, pan, pan ». Bien choisir sa place, car ça vaut vraiment le coup d'œil !

Où boire un verre ?
Où sortir ?

– ***Conseil*** **:** se procurer l'épais hebdomadaire (gratuit) *Westword,* la meilleure source d'infos sur les concerts, les spectacles et l'actualité musicale en ville. Denver est une cité qui bouge plutôt bien dans ce domaine.

– Le gros de la vie nocturne de la ville se déroule dans le quartier de *LoDo (Lower Dowtown),* entre 20th Street, 13th Street, Lawrence Street et Wazee Street *(plan couleur A1),* soit dans un rectangle de 800 m sur 400. Là, grosse concentration de *sport bars, martini lounges* et *microbreweries.* Quant aux boîtes, elles sont ouvertes du mercredi au samedi et pratiquent un petit *cover,* généralement de 5 à 10 $.

Wynkoop Brewery *(plan couleur A1,* ***40****) : 1634 18th St. ☎ 303-297-2700. Tlj 11h-2h (minuit dim).* Dans un grand bâtiment du début du XXe s, voici la 1re microbrasserie du Colorado et la plus grande en surface. Plus de 20 tables de billard occupent les clients à l'étage quand ils ne discutent pas assis près du grand bar au rez-de-chaussée. Parmi les meilleures bières, toutes maison, on compte la *railyard ale,* la *saint charles extra special bitter,* la *sagebrush stout* (brune). Possibilité de prendre des petits plats du style *fish & chips.* Visite gratuite de la brasserie samedi entre 13h et 16h.

Falling Rock *(plan couleur A1,* ***44****) : 1919 Blake St. ☎ 303-293-8338. Tlj 11h-2h.* Pour les amoureux de la bière et des vieux bars ricains, c'est l'incontournable de Denver, avec quelque 75 bières à la pression et 130 en bouteilles. Il est tenu par trois frères texans... amoureux dudit breuvage. Impressionnante collection de distributeurs de bière à la pression et de bouteilles (vides) scotchés sur les murs. Décor totalement dans son jus... de bière (si vous n'aimez pas l'odeur et l'amertume houblonneuses, passez votre chemin !). Des bières européennes (Belgique, Allemagne, République tchèque), bien sûr, mais aussi et surtout une large sélection de bières *made in USA*.

El Chapultepec *(plan couleur A1, **42**) : 1962 Market St. ☎ 303-295-9126.* La « colline des sauterelles » (en aztèque !) est un bar-jazz qui n'a pas changé depuis les années 1940. Kerouac, d'ailleurs, fréquentait « *The Pec* ». Bonne ambiance et bonne musique, tous les soirs à partir de 21h. Attention, un écriteau prévient : « *No dancing* » (trop petit !) et prière de consommer (une boisson minimum par set). Un lieu insolite, presque émouvant.

Celtic Tavern *(plan couleur A1, **43**) : 1801 Blake St. ☎ 303-308-1795. Lun-ven 11h-2h ; w-e 17h-2h.* Grand pub à l'accent irlandais, avec 2 jolis salons cosy. Tout le mobilier vient d'Irlande. Concert de blues ou de rock le samedi soir (l'occasion de montrer ce que danser veut dire !). Il y a de la *Murphy's* en pression mais pas de *Guinness* ; pour ça, il faut aller au *Falling Rock* (voir plus haut).

The Cruise Room *(plan couleur A1, **45**) :* Oxford Hotel, 1600 17th St. *☎ 303-628-5400.* Dans le très chic *Oxford Hotel,* le plus beau *martini bar* de la ville dans un cadre Art déco, reconstitution supposée du bar du paquebot *Queen Mary.* A ouvert le jour où la Prohibition fut abolie, en 1933. Vieux juke-box au fond. Pour l'atmosphère, donc, et la nostalgie. Si vous vous posez la question, les chambres de l'hôtel sont certes confortables mais chères et assez *old fashioned.*

Shopping

Rockmount Ranch Wear's *(plan couleur A1, **70**) : 1626 Wazee St. ☎ 303-629-7777. • rockmount.com • Lun-ven 8h-18h, sam 10h-18h, dim 11h-16h.* Un magasin haut en couleur créé en 1946 par Jack Weil, qui y travailla jusqu'à sa mort en 2008 (à 107 ans). C'est lui qui a inventé la fameuse chemise western à boutons pression *(western shirt with snaps).* Depuis, chanteurs de country, de rockabilly et de nombreuses stars (Elvis, Dylan, Clapton, Redford...) ont porté ou portent toujours les chemises *Rockmount.* Plein de modèles différents, de la noire très classique à celles avec des fleurs bariolées.

REI *(hors plan couleur par A1, **71**) : 1416 Platte St. ☎ 303-756-3100. Accessible à pied : du Downtown, remonter 15th St et tourner à gauche dans Platte St. Lun-sam 9h-21h, dim 10h-19h.* Installé dans le Denver Trawmway Building, cet immense magasin de sports mérite la visite rien que pour le vieux bâtiment magnifiquement restauré et son environnement plaisant. Sinon, il y en a vraiment pour tous les sports, alors si vous ne trouvez pas votre bonheur...

Outlets at CastleRock *: sur l'I-25 en direction de Colorado Springs, à env 30 miles de Denver, sortie 184. • outletsatcastlerock.com • Ouv en général lun-sam 10h-20h, dim 11h-18h.* Magasins d'usines proposant un large choix de marques à prix bradés.

Mile High Flea Market *: 7007 E 88th Ave. • milehighfleamarket.com • Sur 88th Ave au croisement avec l'I-76 (sortie 10). Tte l'année ven-dim 7h-17h. Petit droit d'entrée.* Le plus grand marché aux puces du Colorado avec plus de 2 000 stands et en moyenne 35 000 promeneurs... C'est assez folklo et on peut y trouver des souvenirs pas chers. Proposent aussi des concerts et événements en tout genre.

À voir

Au cœur de Downtown

16th Street Mall *(plan couleur A1-2) :* « *The true heart of Downtown Denver* », le cœur même du Downtown. Il faut commencer là votre balade à pied dans la ville.

Cet axe piéton, long de près de 1 600 m et bordé de 200 arbres, constitue l'artère la plus humaine, la plus animée de Denver. En cas de panne de mollet, prenez donc le *Free Mall Ride,* une navette gratuite qui parcourt 1 mile sur cette artère.

Larimer Square *(plan couleur A1)* **:** *sur Larimer St, entre 14th et 15th St.* Un beau morceau d'histoire est condensé dans ce Larimer Square, un des plus vieux bouts de rue de Denver. Pas de hautes tours, mais 18 élégants petits immeubles victoriens, retapés et bien conservés. Dans l'un d'eux logea le célèbre Buffalo Bill, un habitué de Denver. Une trentaine de restaurants branchés et de magasins. L'écrivain Jack Kerouac y avait aussi ses habitudes dans les années 1950.

Lower Downtown *(plan couleur A1)* **:** appelé communément LoDo. Il s'agit de la partie historique du centre-ville, située entre *Union Station,* Larimer Street et le Coors Field. Beaucoup de vieux immeubles en brique de l'époque victorienne, dominés par la silhouette triomphale du Coors Field.

Coors Field *(plan couleur A1)* **:** *rdv porte D, au croisement de 20th St et Blake St. ☎ 303-292-0200. • rockies.mlb.com • Visite guidée (7 $; réduc) : en saison, lun-sam à 10h et 12h (plus 14h les jours sans match) ; hors saison, lun, mer, ven et sam à 12h et 14h.* Tout beau, tout fier, le stade Coors, du nom du célèbre brasseur de bière, est, depuis 1995, la grande arène de base-ball de Denver. Ici, on ne plaisante pas avec ce sport, qui fait partie des activités historiques de la ville. Il peut accueillir plus de 50 000 spectateurs et abrite des restos, des espaces d'expo et même une microbrasserie. Notez que les sièges du 20e rang de la tribune supérieure sont peints en violet (et non en vert) pour montrer que l'on se situe exactement à 1 mile au-dessus du niveau de la mer, clin d'œil à la plaque posée sur la 13e marche du Capitole (voir plus loin). Si vous êtes là entre avril et septembre, ça vaut la peine d'assister à un match, car ici c'est une grande fête et, même si on n'est pas supporter des Colorado Rockies, on en apprend beaucoup sur nos hôtes.

Brown Palace Hotel *(plan couleur B2)* **:** *321 17th St. ☎ 303-297-3111. • brownpalace.com • Visites guidées mer et sam. Résa impérative ; âge min 10 ans. Prix : 10 $.* Les amoureux des vieux palaces américains ne manqueront pas cet élégant immeuble de neuf étages construit en 1892, en plein quartier d'affaires. « Une grande dame », comme on dit à Denver. Enfin, sachez tout de même que, du temps de sa splendeur, un passage souterrain secret reliait l'hôtel à l'immeuble Navarre, le bordel le plus luxueux de Denver, situé juste en face du *Brown Palace Hotel,* sur 17th Street... Le public est autorisé à visiter le rez-de-chaussée et le 1er étage de l'hôtel. Le *lobby* représente la partie la plus surprenante de l'hôtel avec son haut patio, ses galeries à claire-voie en fer forgé, sa luxueuse décoration. Si vous le pouvez, jetez aussi un œil au restaurant chic, le *Palace Arms,* qui contient des gravures et objets napoléoniens, dont quelques pistolets d'époque...

Hors de Downtown

Museum of Contemporary Art *(hors plan couleur par A1)* **:** *1485 Delgany St. ☎ 303-298-7554. • mcadenver.org • À l'angle de 15th St, à 2 blocs d'Union Station. Tlj sf lun 10h-18h (22h ven). Entrée : 10 $; réduc.* Expos temporaires et contemporaines de qualité, tournant tous les 5 mois.

US Mint *(plan couleur A3)* **:** *320 W Colfax Ave. ☎ 303-405-4761 ou 303-572-9500. Visites guidées gratuites ttes les heures lun-ven 8h-14h. Fermé pdt les vac fédérales. Résa obligatoire (sur • usmint.gov • ou au bureau situé sur Cherokee St, entre 14th Ave et Colfax Ave). Sinon, il y a parfois des désistements au dernier moment (se présenter à la guérite à l'entrée). Sacs (poche ventrale comprise), appareils photo, caméras et portables interdits.*

DENVER ET SES ENVIRONS

Pour le casse du siècle, c'est raté. Le détecteur de métaux et les gardes armés à l'entrée ont de quoi en dissuader plus d'un. C'est aussi bien gardé que Fort Knox. Et pour cause, 25 % des réserves d'or du pays se trouvent ici. Mais c'est surtout l'un des principaux lieux de production de *coins, nickels, dimes, pennies* et autres *quarters.* Entre Denver et l'argent, c'est d'amour qu'il s'agit. La ville est née de la ruée vers l'or en 1858, un signe qui ne trompe pas. À l'origine, les chercheurs d'or vendaient directement à l'usine leurs pépites trouvées dans les lits des rivières. Puis, quand l'or se fit plus rare, ce fut l'argent, et après l'argent apparurent les mélanges métalliques dits « vulgaires ».
Soyons honnêtes, la visite n'est pas toujours des plus passionnante, surtout si le guide mâchonne ses mots. Sachez tout de même que l'activité de l'US Mint consiste à poinçonner les pièces, c'est-à-dire à découper des morceaux de métal et à les imprimer. Il faut 40 t de pression pour marquer un cent, 75 à 80 t pour une pièce de 1 $. C'est la phase cruciale du « coinage », autrement dit l'estampillage ou le poinçonnage. Chaque machine crache près de 800 pièces à la minute. Ensuite, les flots de pièces rutilantes passent dans une machine appelée le « shaker ». Ses vibrations intenses doivent éliminer celles de mauvaise dimension. Les bonnes pièces sont alors mises dans des sacs, puis emmagasinées en attendant le passage du prochain camion qui acheminera tout cet argent frais vers la *Federal Reserve Bank* à Washington DC.

★★ ***Denver Art Museum*** *(DAM ; plan couleur B3) : 100 W 14th Ave Pwy. ☎ 720-865-5000. • denverartmuseum.org • ♿ Tlj sf lun 10h-17h (20h ven). Entrée : 13 $; réduc.*
En fait, il y a deux entrées, une par le North Building, le musée originel dont l'architecture rappelle celle d'une forteresse, et le Hamilton Building, ouvert depuis 2006, une grande réussite que l'on doit à l'architecte Daniel Libeskind. Originaire de Pologne et issu d'une famille juive déportée dans les camps nazis, Libeskind, accordéoniste de grand talent, émigra d'abord pour Israël avant de s'installer aux USA dans les années 1960. Il apprend l'architecture, se passionne pour les théories « déconstructivistes » du Français Jacques Derrida et se lance dans des projets déraisonnables où les formes géométriques expriment un passé douloureux et une angoisse toujours présente. C'est le cas pour le Musée juif de Berlin, qu'il réalise, pour son projet de Freedom Tower sur le site des Twin Towers à New York (remanié depuis), et pour cette nouvelle aile du musée de Denver, aux formes surprenantes, tout en angles tranchants, formidable il faut bien le dire, et qui, outre le fait d'avoir doublé l'espace d'exposition, symbolise la proximité des Rocky Mountains et l'esprit d'entreprise bien connu de la ville.
Notez également, sur l'esplanade, cette amusante sculpture diablement contemporaine, de quoi avoir envie de faire le ménage à l'américaine…
Quant à vous dire ce que vous verrez, ce n'est pas facile, car les niveaux sont organisés par thèmes et les expos y changent régulièrement.

North Building
On passera sur l'architecture de ce vieux bâtiment, ringardisé par celui de Libeskind, pour vous indiquer, de haut en bas, à quoi correspondent les niveaux :
– *7e niveau :* consacré au *Western American Art.* Œuvres du XIXe s, bien expliquées en anglais, avec une série de paysages, de portraits d'Indiens, scènes de chasse et de conflits avec les Blancs, etc. On retrouve ici toutes les particularités de la peinture américaine, l'utilisation des couleurs vives et le format panoramique caractéristique des westerns.
– *6e niveau :* consacré à l'art européen et au design et textiles américains d'avant 1900. Les œuvres sont davantage exposées par thèmes que par périodes, même si l'une des sections s'attache à la Renaissance, avec des tableaux de Holbein le Jeune, Lippi, une nature morte du Caravage, une série de très beaux portraits des XVIIe-XVIIIe s. À côté de cela, on trouve des tapisseries amish, c'est donc assez éclectique !

– *5e niveau :* consacré à l'art asiatique, avec notamment des pièces provenant d'Inde, du Pakistan et du Japon.
– *4e niveau :* art précolombien, art religieux du Mexique et du Nouveau-Mexique.
– *3e niveau :* consacré au *American Indian Art.*
– *2e niveau :* étage intéressant consacré à l'art inuit, au *Northwest Coast Indian Art* (voir notamment les grands totems), ainsi qu'au design après 1900.
On accède ensuite au Hamilton Building par la passerelle du 2e niveau. On sent déjà que l'espace change, qu'il s'agrandit et qu'il s'éclaire... C'est la partie muséographique la plus intéressante.

Hamilton Building
– *2e niveau :* consacré à l'art *Western American* contemporain, où les paysages des grands espaces et la nature occupent une place prépondérante.
– *3e niveau :* art moderne, contemporain et océanique.
– *4e niveau :* l'art moderne et contemporain toujours, ainsi qu'une toute petite section consacrée à l'art africain.
En conclusion, même si le fonds du musée n'est pas le plus exceptionnel qui soit, comparé aux grands musées américains de New York ou Washington, les œuvres *Western American,* et surtout l'architecture de Libeskind, valent vraiment le déplacement.

Clyfford Still Museum *(plan couleur B3)* **:** *1250 Bannock St, juste derrière le Hamilton Building du Denver Art Museum. ☎ 720-354-4880. • clyffordstillmuseum.org • Tlj sf lun 10h-17h (20h ven sf hiver). Entrée : 10 $; réduc.* Le peintre Clyfford Still (1904-1980), contemporain de Willem De Kooning, Barnett Newman, Jackson Pollock ou encore Mark Rothko, fut l'une des figures de proue de l'expressionnisme abstrait américain développé après guerre. Ce nouveau musée, qui de l'extérieur ressemble à un élégant cube de béton (non, ce n'est même pas ironique !), abrite 2 400 de ses œuvres (soit 94 % de la production totale de l'artiste), exposées par roulement.

History Colorado Center *(plan couleur B3)* **:** *1200 Broadway. ☎ 303-447-8679 • historycolorado.org • Tlj 10h (12h le dim)-17h. Entrée : 10 $; réduc.* Ce musée affiche clairement son but : rendre les 10 000 ans d'histoire du Colorado à la fois vivants et ludiques. Pour cela, il s'arme d'une tripotée de structures interactives, mêlant nouvelles technologies et supports numériques. Au menu, machines à remonter le temps, cartes géantes sur le sol et pistes de ski virtuelles.

Colorado State Capitol *(plan couleur B3)* **:** *à l'angle de Colfax Ave et Lincoln St. Visites guidées gratuites lun-ven 10h-15h (14h en hiver) ; on peut toujours attraper une visite en cours de route.* Édifié entre 1886 et 1908 sur le modèle (réduit) de celui de Washington, il abrite le Sénat et la Chambre des représentants de l'État du Colorado. Son dôme est recouvert de 60 kg de feuilles d'or en provenance des mines de l'État. En vous plaçant sur la 13e marche de l'escalier extérieur, vous serez exactement à 1 mile au-dessus du niveau de la mer, soit 1 609 m précisément. N'oubliez pas que Denver est surnommée *The Mile High City* !

Molly Brown House *(plan couleur B3)* **:** *1340 Pennsylvania St. ☎ 303-832-4092. • mollybrown.org • Tlj (sf lun hors saison) 10h-15h30 (dernière visite), dim 12h-15h30. Visite guidée obligatoire en anglais ttes les 30 mn ; durée : 45 mn à 1h. Entrée : 8 $; réduc.* Visite relativement intéressante, mais il vaut mieux maîtriser l'anglais (demander la fiche descriptive en français). Le guide, parfois en costume d'époque, vous raconte l'extraordinaire destin de « l'insubmersible Mrs Brown » (*unsinkable* en anglais) et de sa belle maison victorienne de la fin du XIXe s. On ne vous sert pas le menu en entier, les guides le font très bien, mais cette Molly a eu une vie vraiment trépidante, dédiée à une foule de causes. Survivante du *Titanic,* Denver en fit une héroïne, alors qu'avant son voyage elle était snobée par la jet-set de l'époque qui la trouvait trop nouveau riche.

Kirkland Museum of Fine & Decorative Art (plan couleur B3) : *1311 Pearl St. ☎ 303-832-8576. • kirklandmuseum.org • Tlj sf lun 11h-17h. Fermé pdt les vac scol. Visite guidée mer-sam à 13h30. Entrée : 7 $; réduc. Enfants de moins de 13 ans non autorisés (même accompagnés). Parking gratuit en face.* Un musée pour le moins surprenant et original constitué autour du travail de l'artiste américain Vance Kirkland (1904-1981). Le building de 1910, rénové, a conservé son atelier au milieu d'une collection impressionnante de plusieurs centaines d'œuvres et de pièces modernes. On se croirait dans un véritable cabinet de curiosités contemporain ! Les œuvres, totalement éclectiques, parcourent tout le XXe s, de l'Art nouveau au pop art en passant par les périodes Art déco et Bauhaus. Attention de ne rien faire tomber ! Vous y verrez donc à la fois du mobilier furieusement contemporain, souvent plein d'humour et de rondeurs, un salon Art nouveau signé Majorelle, une robe à l'effigie des soupes Campbell's, façon Andy Warhol, et une série de mobilier et d'objets rigoureusement indescriptibles... Et Kirkland, nous direz-vous ? On visite son atelier comme s'il venait juste d'en partir. Sachez qu'il se suspendait à l'aide de sangles au-dessus de ses toiles pour peindre ! Plongez-vous dans sa peinture comme dans un livre de science-fiction, au risque de vous sentir partagé entre la délectation pour son pointillisme contemporain (*Explosions of energy near Mars 10 billions years B.C.*) et le malaise pour ses œuvres comme *Memory of Carcassonne*... Loufoquerie sympathique, on trouve quelques toiles disposées à l'intérieur de l'ascenseur du building.

Black American West Museum and Heritage Center *(hors plan couleur par B1) : 3091 California St. ☎ 720-242-7428. Au nord-est de Downtown, au niveau de 31st St. Jeu-sam 10h-14h, dim 13h-16h ; les horaires ayant tendance à changer, vérifiez-les avt ! Entrée : 8 $; réduc.*

Ne pas repartir de Denver sans l'avoir vu ! C'est le seul musée du genre dans tout l'Ouest américain. Ici, rien de spectaculaire à priori. Fondé par Paul Stewart en 1971, d'abord dans son garage puis dans cette petite maison en bois de l'époque victorienne déplacée de Downtown jusqu'ici en 1982 (ce fut l'ancienne maison de Justina Ford, la première femme médecin noire du Colorado). Enfant, quand Paul Stewart jouait aux cow-boys et aux Indiens, il devait toujours jouer l'Indien car il n'y avait pas de cow-boy noir... Adulte, il eut un choc en rencontrant un véritable cow-boy noir de la grande époque et l'idée lui vint alors d'exhumer ce morceau d'histoire noire méconnue. Après des années de recherches, sans moyens, il est parvenu à rassembler dans ce musée près de 35 000 objets.

Celui-ci raconte en détail et avec les moyens du bord l'aventure oubliée des Noirs américains et leur contribution essentielle à la conquête de l'Ouest. « *We tell it like it was.* » Eh oui, sachez qu'environ un tiers des cow-boys de l'Ouest sauvage étaient des Noirs ! Des Blacks qui avaient participé au commerce de la fourrure en tant que serviteurs, accompagnateurs, assistants, scouts, guides ou cuisiniers, mais aussi des Blacks explorateurs, des esclaves affranchis qui avaient émigré à l'Ouest après la guerre de Sécession pour commencer une nouvelle vie. Outre leurs portraits, vous y verrez leurs selles de cow-boys, de vieilles bottes usées,

LA LÉGENDE OUBLIÉE DES COW-BOYS NOIRS

Bill Pickett fut l'un des meilleurs black cow-boys *du Far West. Il inventa une nouvelle manière de capturer les bêtes à cornes, le* bulldogging. *Courant après la bête, il l'attrapait violemment par les cornes, la retournait sur le sol et lui donnait un grand coup de dents dans la lèvre supérieure ! Mais il y avait aussi des* black cow-girls, *comme Mary Field, qui protégeaient les convois avec leur fusil. À 70 ans, celle-ci ouvrit une laverie et donna un jour, dans un saloon, un coup de poing mémorable à un client qui n'avait pas payé. Bref, si on l'embêtait, Mary lavait le linge sale des Blancs plus blanc que blanc. Non mais !*

des manteaux en peau d'ours ou de buffle, etc. Des documents évoquent aussi l'épisode des *Buffalo Soldiers,* les soldats noirs engagés dans l'US Army au XIXe s, chantés par Bob Marley dans l'une de ses chansons les plus célèbres... Enfin, le musée retrace la vie de Five Points, le quartier noir de Denver. On y découvre des figures marquantes, dont Westbrook, un Noir dont la peau était si claire qu'il réussit à infiltrer le Klu Klux Klan afin d'alerter sa communauté de ce qui se tramait contre elle...

Denver Museum of Nature & Science *(hors plan couleur par B2) : 2001 Colorado Blvd. ☎ 303-370-6000. • dmns.org • À 3 miles à l'est du centre, au croisement avec Montview ; sur l'I-70, sortie 276 B ; sur l'I-25, sortie 204. Tlj 9h-17h. Entrée : 12 $. Billet combiné musée-IMAX ou planétarium : 19 $; les 3 : 24 $; réduc.*
Un musée d'Histoire naturelle bien fait et en constante évolution. La section sur les origines de la vie, au 3e niveau, avec ses squelettes ou fossiles de dinosaures et ses excellentes explications, est vraiment bien fichue. Plus bas, l'*Expedition Health* recèle toutes sortes d'expériences et jeux interactifs pour comprendre le fonctionnement du corps humain, ses sens notamment. Par exemple, si vous n'avez jamais conduit en état d'ivresse, c'est le moment... de voir ce que cela fait ! Possibilité de mesurer son stress aussi, d'assister à l'évolution du fœtus, etc.
À voir encore : la collection d'animaux naturalisés aux 2e et 3e étages, ainsi que le hall au rez-de-chaussée consacré à l'espace, où vous apprendrez, enfin, comment fonctionne le *Global Positioning System...* Ah, oui, on allait oublier la galerie des minéraux, à découvrir pour sa splendide grotte de cristal ! Compter bien 2h pour tout voir.

Manifestation

– ***The Denver Pow Wow :*** *sur 3 j. autour de la mi-mars. • denvermarchpowwow.org • Entrée payante.* C'est le grand rassemblement indien *(Native American)* de l'État, avec 60 tribus différentes et en moyenne 100 000 spectateurs ! Le clou de l'événement s'appelle le *Grand Entry,* qui rassemble un millier de danseurs.

DANS LES ENVIRONS DE DENVER

Red Rocks Park and Amphitheater : *à 13 miles à l'ouest de Denver par l'I-70, sortie Morrison Rd. ☎ 303-697-4939 ou 720-865-2494. • redrocksonline.com •* Des concerts, classiques et rock, ont lieu chaque été dans ce magnifique amphithéâtre naturel de 9 000 places. La plus belle salle de concerts de Denver, évidemment. Air naturel climatisé.

Buffalo Bill Grave and Museum *(tombe et musée Buffalo Bill) : 987 1/2 Lookout Mountain Rd, à* ***Golden.*** *À 30 mn à l'ouest de Downtown Denver : prendre Colfax Ave vers l'ouest, une fois à l'intersection de Golden, prendre 6th Ave à droite puis tourner à gauche à l'angle de 19th St pour grimper la très belle Lookout Mountain Rd. Si vous êtes pressé, au croisement de Golden, prenez tt droit sur l'I-70, sortie 256 ; c'est indiqué « Buffalo Bill Grave ».*
Très belle route sinueuse à flanc de montagne par le premier itinéraire (faites cette route au moins au retour). C'est au sommet que repose une des figures mythiques du *Wild West.* Buffalo Bill est mort à l'âge de 71 ans, au 2932 Lafayette Street à Denver. Le 3 juin 1917, une foule recueillie de 25 000 fidèles monta de Denver jusqu'ici pour accompagner le « héros » jusqu'à sa dernière demeure. Si le personnage est haut en couleur, sa tombe brille par sa banalité.
– ***Le musée :*** *☎ 303-526-0747. • buffalobill.org • Mai-oct, tlj 9h-17h ; nov-avr, mar-dim 9h-16h. Fiches descriptives en français. Projection d'un film ttes les*

30 mn. Entrée : 5 $; réduc. Fort bien fait, ce petit musée évoque la vie aventureuse et médiatique de Buffalo Bill à travers une collection de photos d'époque, de documents, de souvenirs, de journaux et de magazines. Noter la qualité des affiches publicitaires. Évidemment, le musée ne montre rien qui puisse ternir la « légende ». On suggère que si Buffalo Bill tua, dit-on, plus de 4 000 bisons, il prétendait n'en avoir jamais laissé pourrir un seul sur place ; autrement dit, ce qu'il faisait, c'était pour nourrir l'armée. Quant aux Indiens, certes il fut leur adversaire lorsqu'il travaillait comme éclaireur pour la cavalerie, mais il devint ensuite un farouche défenseur de leurs droits, en s'opposant notamment au projet de les parquer dans des réserves... Quoi qu'il en soit, Buffalo Bill fut finalement plus un homme de spectacle qu'un aventurier puisque, dès l'âge de 26 ans, il entama une carrière d'acteur en incarnant son propre rôle dans *The Scouts of the Prairies,* une pièce mettant en scène ses exploits, avant de créer l'œuvre de sa vie, le *Buffalo Bill's Wild West Show,* qu'il joua sur scène à travers le monde pendant 30 années. Un cahier plastifié recense d'ailleurs les 1 400 villes des États-Unis et d'Europe où il s'est produit, permettant de savoir s'il est passé près de chez vous. Heureux habitants de Bar-le-Duc qui l'ont vu le 18 juillet 1905... Enfin, pour les enfants, il y a un coin pour se déguiser en cow-boy et en Indien.
– Le dernier w-e de juil, fête commémorative à Golden (Buffalo Bill Days) qui dure plusieurs j. • *buffalobilldays.com* •

HOMME DE SPECTACLE OU AFFAMEUR D'INDIENS ?

Soldat à 14 ans, éclaireur du Pony Express *puis espion pendant la guerre de Sécession, William Frederick Cody devint Buffalo Bill en approvisionnant les ouvriers des chemins de fer : 4 280 bisons abattus en 17 mois (et 70 tués le même jour pour gagner un pari). Certains affirment que ce massacre affamait volontairement les Indiens. Toujours est-il que l'homme à la barbichette blanche produisit le premier spectacle mondialisé, le* Buffalo Bill's Wild West Show, *qui réunit 3 millions de spectateurs... notamment au pied de la tour Eiffel en 1905.*

Coors Brewing Company : *13th et Ford St, à* **Golden.** ☎ *303-277-2337. Juin-août, tlj 10h-16h, dim 12h-16h ; sept-mai, fermé mer et dim. Visite audioguidée (env 1h) gratuite. Garez votre voiture sur le parking (gratuit) nommé Brewery Tour. Une navette vous amène jusqu'à la brasserie.* ***SE MUNIR D'UNE PIÈCE D'IDENTITÉ*** *; aucune limite d'âge mais les moins de 21 ans n'auront pas droit à la dégustation.* Denver sans la *Coors,* c'est comme Dublin sans la *Guinness* ou la Bourgogne sans son vin ! « *Do you have Coors ? Yes, of course.* » C'est une institution, mais c'est surtout la plus grande brasserie du monde. Fondée en 1873 par un émigrant allemand du nom d'Adolf Coors, elle produit aujourd'hui plus de 17 millions de *barrels* (1 *barrel* = 119 l), soit plus de 2 milliards de litres de bière par an ! Visite intéressante, surtout si vous n'avez jamais mis les pieds dans une grande brasserie, qui permet de découvrir les différentes étapes du processus de fabrication, le maltage, le brassage et l'empaquetage *(malting, brewing and packaging)* et qui se termine par une dégustation.

BOULDER

102 000 hab.

À 30 miles au nord-ouest de Denver (par l'US 36), siège de la plus grande université du Colorado, Boulder est le type même de la ville universitaire américaine, une ville-campus où tout est fait pour rendre la vie plus agréable

aux 30 000 étudiants : espaces verts, activités sportives, restos et bars se comptent à la pelle... À se demander comment ils trouvent le temps et l'envie même de travailler ! La belle vie, en somme, si, en 1999, la tragédie du lycée de Columbine, au sud-ouest de Denver, n'avait un peu écorné l'image cool de l'école américaine.

C'est en 1876 que Boulder embrasse son destin de ville universitaire en fournissant des terrains pas chers à l'État du Colorado qui souhaite alors se doter d'une université. La ville abrite désormais plusieurs grands instituts de recherche, notamment dans le domaine de l'environnement, comme The National Center for Atmospheric Research (NCAR), The National Oceanic and Atmospheric Administration (NOAA) ou encore The University of Colorado's Cooperative Institute for Research in Environmental Sciences (CIRES) et The National Snow and Ice Data Center (NSIDC). D'ailleurs, de nombreux scientifiques de ces instituts se sont vus récompensés par le prix Nobel de la paix en 2007, avec Al Gore, pour leurs travaux et contributions au sein du GIEC (Groupe d'experts intergouvernemental sur l'évolution du climat).

Bref, cette petite ville de Boulder, si propre sur elle, est un endroit où il semble faire particulièrement bon vivre. Elle vaut bien une demi-journée au départ de Denver, voire une nuit sur place pour profiter aussi de la superbe nature qui l'entoure. On ira même jusqu'à dire que, si les grandes villes vous rebutent, Boulder peut être une solution de repli (en voiture, de l'aéroport, il faut à peu près le même temps pour rejoindre le centre de Denver que Boulder).

Si vous venez juste pour grignoter et boire un verre, allez traîner dans Pearl Street où cafés et restos se suivent : c'est le cœur du centre-ville. Dans cette rue, en partie piétonne, jetez donc un œil à l'original palais de justice et à ses nombreuses petites boutiques ; vous noterez que, pour une fois, les grandes chaînes de magasins n'ont pas pignon sur rue ! L'autre cœur de ville est le triangle Pennsylvania Avenue, College Avenue et 13th Street, dans le quartier même de l'université. Là encore, cafés et restos pullulent...

BOULDER, LA PREMIÈRE DE LA CLASSE... VERTE !

Souvent présentée comme la ville la plus verte des États-Unis, Boulder fut la première dans ce pays à adopter une taxe carbone en 2006. En 1967, déjà, les habitants avaient voté pour l'adoption d'une taxe destinée à financer la création et l'entretien de nouveaux espaces verts. C'est aussi dans cette ville que les meilleures places sur le parking d'un centre commercial sont réservées aux véhicules hybrides et que les bus sont prévus pour transporter les vélos. Depuis 2009, la ville est aussi la première au monde à être entièrement équipée de smart grids *(réseaux intelligents) afin d'optimiser la production et la diffusion de l'électricité.*

Adresse et infos utiles

Boulder Visitors Bureau : *2440 Pearl St.* ☎ *303-442-2911 ou 1-800-444-0447.* • *bouldercoloradousa.com* •

– **Boulder Farmer's Market :** *sur 13th St, à 2 blocs de Pearl St. D'avr à mi-nov, sam mat et mer ap-m.* Un des plus importants marchés du Colorado, qui rassemble tous les producteurs des environs. Possibilité aussi d'acheter de bons petits plats à emporter. Également des concerts le mercredi.

Où dormir ?

Boulder International Youth Hostel : *1107 12th St.* ☎ *303-442-0522.* • *boulderinternationalhostel.com* • *Dortoir env 27 $/pers (draps et serviettes 7 $), double env 76 $.* Située évidemment dans le quartier universitaire, cette auberge de jeunesse bénéficie d'un cadre verdoyant et d'un entretien soigné. 4 dortoirs seulement (2 pour les hommes et 2 pour les femmes ; fermés entre 10h et 17h, grasses mat' interdites !), une trentaine de chambres privées et, pour tous, des sanitaires communs. Côté couchage, c'est assez basique, mais les parties communes et l'ambiance, elles, sont vraiment sympas : grand *lobby* avec boîtes aux lettres individuelles, coin salon, TV. Cuisine et laverie à disposition. Pour les étudiants candidats à un petit séjour bouldérien, il y a aussi des locations à la semaine dans 2 autres bâtiments...

The Colorado Chautauqua : *900 Baseline Rd. ☎ 303-442-3282 ou 303-952-1611. • chautauqua.com • Au sud-ouest de l'université ; prendre Broadway, passer la fac et tourner à droite dans Baseline Rd, c'est sur la gauche, au pied des montagnes. Ouv tte l'année. Résa fortement conseillée, surtout en été. Selon saison et confort, cottages 2-6 pers 185-285 $/nuit.* Ce n'est pas un campus, mais ça pourrait y faire penser. Cet ensemble de 60 cottages en bois, disséminés dans un grand parc au pied des montagnes, est en fait un *chautauqua* (lire « À voir. À faire »). Aujourd'hui, le site est classé et ses bungalows sont loués au public. Ceux-ci, en bois, sont bien équipés (salle de bains et cuisine) mais tous relativement différents, essayez d'en voir plusieurs. Une façon originale de loger à Boulder.

Où grignoter un bout ? Où prendre le petit déj ?

Lucile's : *2124 14th St. ☎ 303-442-4743. Dans le centre, dans une rue perpendiculaire à Pearl St. Tlj 7h (8h w-e)-14h. Plats 10-15 $.* Installé dans une jolie maisonnette, on a vraiment l'impression de venir manger chez quelqu'un. On s'attable dans la véranda ou dans une des petites salles. Ce café créole a son propre jardin qui lui fournit une grande partie de ses produits (bio). Au menu, les œufs sont à l'honneur, servis souvent pochés et accompagnés comme rarement, ainsi le tapioca remplace parfois les traditionnelles pommes de terre. Également des gaufres, des salades ou de savoureux petits plats du jour. Le tout accompagné d'un bon café ou thé.

Dish Gourmet : *1918 Pearl St. ☎ 720-565-5933. Lun-ven 11h-18h, sam 11h-16h. Plats, salades, sandwichs 6-10 $.* Petite boutique proposant des salades, sandwichs et petits plats pleins de fraîcheur et de saveur. Soit on déguste son butin sur place, dans la salle (pas géniale) ou sur l'agréable terrasse sous les arbres, soit on l'emporte pour un pique-nique dans le Chautauqua Park !

À voir. À faire

Chautauqua Park Historic District : *900 Baseline Rd. • chautauqua.com •* Le Chautauqua, c'est à la fois un mouvement d'éducation populaire né en 1874 et le lieu où l'on se retrouvait pendant plusieurs jours autour de lectures, concerts, films et autres manifestations. En 1915, il y eut jusqu'à 12 000 villages de ce type aux États-Unis ! Le Colorado Chautauqua, situé dans un superbe parc de 16 ha au pied des Flatirons (les formations rocheuses qui sont devenues le symbole de Boulder et surnommées ainsi en raison de leur forme – *flat iron* signifiant « fer à repasser »), fut inauguré en 1898. Il est aujourd'hui un des trois derniers *chautauqua* encore en activité aux États-Unis, le mouvement lui-même s'étant quasiment éteint dans les années 1930. Il organise toujours des lectures, concerts ou séances de cinéma et, comme on est à Boulder, le Colorado Chautauqua Association a décidé en 2008 de gérer sa structure qui compte 67 bâtiments classés (dont des cottages, un auditorium et un resto) le plus écologiquement possible et de promouvoir le développement durable. En attendant, ses 48 miles de sentiers vous tendent les bras.

ROCKY MOUNTAIN NATIONAL PARK

À 1h au nord-ouest de Boulder par l'US 36 et 1h30 de Denver. Pour les amoureux de la montagne, le Rocky Mountain National Park est un paradis, avec sa succession de lacs, de vallées glaciaires, de canyons et de montagnes, dont la plus élevée, Longs Peak, culmine à 4 341 m. Les pressés pourront, aux beaux jours, se rendre en voiture en 30 mn au superbe Bear Lake ou traverser le parc en empruntant la Trail Ridge Road (80 km, soit 2-3h de route). Il s'agit tout simplement de la plus haute route d'Amérique du Nord avec un pic à 3 713 m d'altitude (méfiez-vous du mal des hauteurs, quand même). L'idéal pour découvrir le parc, sa flore et sa faune (castors, marmottes, mouflons...) reste néanmoins la rando : avec plus de 500 km de sentiers, vos pieds n'auront que l'embarras du choix. Possibilité aussi de pêcher la truite et de pratiquer toutes sortes d'activités sportives (VTT, alpinisme, équitation, ski de fond et raquettes en hiver, etc.)... si on en a les moyens.
Une des deux portes d'entrée principales du parc est *Estes Park* (l'autre étant Grand Lake, au sud-ouest d'Estes Park), une petite ville entièrement tournée vers le tourisme, très fréquentée en été... Jetez un coup d'œil au magnifique *Stanley Hotel* (au *333 East Wonderview Avenue*), fondé en 1909 par l'inventeur de la Stanley Steamer Automobile (modèle dans le hall) et où Stephen King séjourna pour rédiger son thriller *Shining* !
– Le parc est ouvert toute l'année, mais son accès peut être délicat à cause de la neige, qui bloque parfois les routes jusqu'au mois de juin. Par conséquent, avant de vous lancer à la découverte des lieux, renseignez-vous sur les conditions d'accès et l'état des routes.

LE COLORADO

Adresses et infos utiles

Estes Park Visitor Center : *500 Big Thompson Ave, à **Estes Park.** ☎ 970-577-9900 ou 1-800-443-7837. • estesparkcvb.com • Lun-sam 9h-20h, dim 9h-18h.* Infos sur Estes Park mais aussi sur le Rocky Mountain National Park.

Beaver Meadows Visitor Center : *sur l'US 36, à 3 miles à l'ouest de Estes Park. ☎ 970-586-1206. • nps.gov/romo • Ouv tte l'année. Juin-août 8h-21h, sept-mai 8h-16h30 (17h mai et sept).* Un des nombreux *Visitor Centers* du parc.

– **Entrée du Rocky Mountain National Park :** *20 $/véhicule, valable 7 j. ;* Interagency Annual Pass *accepté.*

Où dormir ?
Où manger ?

Le parc compte 5 ***campings.*** *Le **Moraine Park,** le **Glacier Basin** et **Aspenglen** acceptent les résas : ☎ 1-518-885-3639 de l'étranger ou 1-877-444-6777 des USA. **Longs Peak** et **Timber Creek** fonctionnent selon le principe du « premier arrivé, premier servi ». Ces derniers sont ouv tte l'année, les autres fin mai-début sept. Empl. (8 pers max) 14-20 $ selon saison.* Tous les sites sont équipés de toilettes, mais sans douches. Eau uniquement en été.

Discovery Lodge : *800 Big Thompson Ave, à **Estes Park.** ☎ 970-586-3336 ou 1-800-354-8253. • estesdiscoverylodge.com • Doubles 69-99 $ selon saison, jour de la sem et confort.* Motel constitué de plusieurs bâtiments entourant un plan d'eau et un grand espace vert (mais la route passe juste derrière). Outre la saison, le prix varie aussi selon la taille de la chambre, le nombre de lits, la présence d'un balcon ou non, et la vue. Un pan de mur en lattes de bois est là pour donner l'ambiance chalet de montagne, mais sinon déco très standard. Ensemble cependant nickel et confortable.

Nepal's Café : *184 E Elkhorn Ave, à* ***Estes Park.*** *☎ 970-577-7035. En plein centre, mais ne donne pas sur la rue principale ; au niveau du nº 184, mais accès par la place derrière. Tlj 11h-21h30. Buffet midi (11h-15h) env 9 $, à la carte 10-15 $.* Un resto familial sans prétention pour changer de saveurs et partir dans un autre coin du monde (le Népal ou l'Inde) le temps d'un repas. Le buffet n'est pas gargantuesque, mais les plats, plus ou moins épicés, sont goûteux et frais. Pour plus de choix, il reste la carte, assez étoffée. Accueil gentil.

Rock Inn Mountain Tavern Inn : *1675 Hwy 66. ☎ 970-586-4116. En direction du parc, sur l'US 36 (Morain Ave) puis la Hwy 66. Tlj à partir de 16h. Pizza env 10 $, sandwichs ou salades 9-13 $, plats 21-28 $.* Un grand bar-restaurant à l'intérieur tout en bois très chaleureux, idéal pour boire un verre (terrasse aux beaux jours) ou grignoter un bout.

DANS LES ENVIRONS DU ROCKY MOUNTAIN NATIONAL PARK

Scenic and Historic Byway Peak to Peak : *de Estes Park, possibilité de repartir vers Denver et Boulder (dans le dernier cas, vous ne ferez pas le circuit dans son intégralité) en empruntant la route 7, en direction de la bien nommée Peaceful Valley et Nederland, puis la 72 et la 119 (pour rejoindre l'I-70 E et regagner Denver). Itinéraire de 55 miles au total.* Cette jolie route évoluant au gré de paysages variés offre d'abord une belle vue sur le Longs Peak (4 341 m) puis, juste après, sur le Meeker Mount (4 240 m). Elle traverse ensuite la belle Roosevelt National Forest. Pour une petite pause en chemin, possibilité de s'arrêter au *Millsite Inn* (lire plus bas). Avant de rejoindre l'I-70, on traverse ***Central City*** et ***Black Hawk.*** Au XIXe s, ces deux villes poussèrent au gré de l'exploitation d'un des plus riches filons d'or du monde. Une fois celui-ci épuisé, elles périclitèrent, jusqu'en 1991, date à laquelle les jeux furent légalisés. Depuis, c'est un nouveau boom. Au total, 36 petits casinos ont poussé dans cette étroite vallée au milieu de nulle part. Le summum du mauvais goût en pleine nature !

Millsite Inn : *44 365 Hwy 72, juste avt d'arriver à Ward en venant d'Estes Park. ☎ 303-459-3308. Ouv slt mai-oct, lun-ven 12h-21h, w-e 11h-21h. Plats 8-13 $.* Vous ne ferez pas nécessairement le détour, mais l'endroit constitue une halte bien sympathique sur la *Peak to Peak* pour boire un verre ou grignoter un (gros) bout (pizzas, burgers, sandwichs, etc.). L'endroit ne semble guère avoir changé depuis sa création dans les années 1980 : intérieur tout en bois avec un coin canapé cosy, un coin billard, un autre pour casser la croûte et le bar, où se retrouvent les nombreux habitués.

MANITOU SPRINGS

5 200 hab.

Sur la Highway 24, à 75 miles au sud de Denver par l'I-25 et à 5 miles à l'ouest de Colorado Springs, Manitou Springs est une petite ville toute coquette, lovée au pied des montagnes, avec le Pikes Peak (4 300 m) juste sur sa tête. Une certaine douceur de vivre flotte au-dessus de cette cité et ses jolies maisons qui baignent dans le vert, au milieu des arbres. Construite au XIXe s autour de ses sources d'eau minérale, la ville attire d'abord les tuberculeux qui viennent ici se faire soigner, tout comme les Indiens des environs (les Utes, Cheyennes et Arapahos) : Manitou Springs est alors un lieu neutre où l'on pose les armes. Parmi les 11 sources de la ville, plusieurs se trouvent

sur Manitou Avenue, Ruxton Avenue et au croisement de ces deux rues. Goûtez-y, vous verrez, c'est surprenant !
Aujourd'hui, la ville compte de nombreuses *art galleries*, où il y en a vraiment pour tous les goûts (qui a dit « et surtout le mauvais » ? Nous ? Non, on n'oserait pas !). Elle est traversée par la Manitou Avenue, que l'on atteint par la Highway 24. Le long de cette artère et avant le *Historic Dowtown*, les motels se suivent et... se ressemblent beaucoup.
Si l'ambiance western et casino de Cripple Creek n'est pas pour vous, cela peut constituer une bonne étape, plus douce, plus verte et plus chaude (car moins haut).

Adresse utile

Visitors Bureau : *354 Manitou Ave. ☎ 719-685-5089 ou 1-800-642-2567. • manitousprings.org •*

Où dormir ?
Où manger ?

Pikes Peak Inn : *626 Manitou Ave. ☎ 719-685-5616 ou 1-800-664-2704. • pikespeakinn.com • Doubles 50-70 $ selon saison, petit déj inclus.* Dans l'enfilade de motels sur Manitou Avenue, celui-ci a le mérite d'être le plus près du centre historique. Il ne paie pas de mine de l'extérieur, mais les chambres (pas très grandes pour les moins chères et avec un pan de mur doré pour certaines – *so chic !*) sont simples, propres et pas désagréables. Pour une dizaine de dollars de plus, possibilité d'avoir une suite familiale avec 2 chambres.

Best Western Skyway Inn & Suites : *311 Manitou Ave. ☎ 719-685-5991 ou 1-800-938-5991. • bestwesternskywayinnandsuites.com • Plutôt à l'entrée de la ville en venant de Colorado Springs, sur la gauche, peu avt le Visitors Bureau. Doubles 75-145 $.* Chambres vraiment spacieuses et clean. Si la déco reste standard, elle est néanmoins agréable et fraîche. En revanche, dans certaines, si votre voisin décide de mettre la télé un peu fort ou de se brosser les dents à pas d'heure, vous risquez de l'entendre ! Piscine couverte.

Adam's Mountain Café : *934 Manitou Ave. ☎ 719-685-1430. Tlj 8h-21h (17h lun, 15h dim). Plats 8-10 $.* Avouons que l'on vient ici avant tout pour le cadre, charmant, que ce soit sur la jolie terrasse au bord de la rivière ou dans la magnifique salle. Dans l'assiette, omelettes, porridges ou *French toasts* pour le petit déj et, pour un repas en journée, des salades, des sandwichs ou encore des petits plats plus exotiques. Les saveurs ne laissent pas un souvenir impérissable au palais gourmand, mais c'est bien servi et frais.

Stagecoach Inn : *702 Manitou Ave. ☎ 719-685-9400. Tlj 11h-21h30 (21h dim). Plats 10-15 $, viande env 20 $.* Un des classiques de la ville, dans un ancien relais de diligence, où l'on vient volontiers s'attabler en famille, dans une des nombreuses salles ou sur une des terrasses, avec la rivière qui passe juste en dessous. Au menu, de la viande, du poisson et de bons burgers.

LE COLORADO

À voir. À faire

Pikes Peak Cog Railway : *depuis le centre de Manitou Springs, remonter la Ruxton Ave. Parking gratuit si vous prenez le train. ☎ 719-685-5401. • cograilway.com • Fonctionne tte l'année, 1-8 départs/j. selon saison. Résa conseillée. Prix : env 35 $ pour les plus de 12 ans ; réduc. Durée : env 3h.*
L'attraction phare de Manitou Springs : un petit train vous amène au sommet du Pikes Peak en traversant de splendides paysages. Couvrez-vous, il peut faire vraiment froid en altitude.

– Le sommet est aussi accessible en voiture par la ***Pikes Peak Road.*** Payante, celle-ci part de la Highway 24, au nord-ouest de Manitou Springs, peu après Cascade, et grimpe pendant 19 miles jusque tout en haut. *Juin-sept, ouv 7h30-18h, oct-mai 9h-15h ; 40 $/voiture (jusqu'à 5 pers) ou 12 $/pers.*
– Précisons, enfin, que le Pikes Peak et ses environs se prêtent merveilleusement bien à la rando !

CRIPPLE CREEK

1 000 hab.

Cripple Creek est une adorable petite ville western issue de la ruée vers l'or et qui, pour se reconvertir, s'est transformée en ville de jeu (un peu comme nos villes d'eau... sans l'eau). Rien de comparable toutefois avec la démesure de Las Vegas dans le Nevada ! Ici, les casinos sont beaucoup plus petits, beaucoup moins nombreux, moins frénétiques aussi, mais toujours aguicheurs... De plus, l'architecture *Wild West* en brique et en bois, à taille humaine, ne manque ni de charme ni de caractère. Ça y est, cette fois, on commence à entrer dans le mythe...
Vous croiserez peut-être des ânes au cours de vos pérégrinations dans la ville. Ils sont une dizaine et sont les « descendants » de ceux qui trimaient autrefois au fond de la mine. Voilà, maintenant vous comprenez la raison de tous ces *snacks for the donkeys* que l'on trouve dans les boutiques (une façon comme une autre d'éviter qu'ils vident les poubelles de la ville !).
Et, pour finir, une petite mise en garde : on est ici à près de 3 200 m, ce qui, paraît-il, a une incidence mémorable sur les éventuelles cuites de cow-boy (ou de cow-girl) que vous avez peut-être l'intention de prendre en jouant aux machines à sous !

UN PEU D'HISTOIRE

Son nom signifie « ruisseau de l'infirme ». Il ne fallait pourtant pas être infirme mais plutôt un robuste gaillard pour venir chercher fortune dans cette région au temps de la ruée vers l'or. Dans une cuvette entourée par des montagnes, Cripple Creek connut ses heures de gloire à ce moment-là, au tournant des XIXe et XXe s. Après la découverte de filons gigantesques en 1891, des foules de pionniers affluèrent, tous tentés par l'aventure et appâtés par la fortune. En 1900, environ 500 compagnies minières opéraient dans le secteur, et, en 10 ans, la ville passa de 15 à 50 000 habitants ! En fait, Cripple Creek était le centre financier, administratif et social du champ aurifère (le Great Gold Camp), mais la plupart de l'or extrait provenait des mines situées à 10 km plus au sud, autour de la petite ville (aujourd'hui presque fantôme) de Victor. Puis la fièvre de l'or retomba, aussi vite qu'elle était arrivée, quelques années plus tard, à mesure que les gisements s'épuisaient.
Pour sauver de la mort cette ville minière ruinée, devenue l'ombre d'elle-même, des commerçants fauchés eurent l'idée en 1991, soit un siècle après sa fondation, de la transformer radicalement et d'en faire une ville de jeu et de casinos, autrement dit une excellente pompe à fric pour se refaire une santé. C'est désormais chose faite, et le « ruisseau de l'infirme » est devenu le « temple du bandit manchot » (le nom vulgaire donné aux machines à sous) !

Arriver – Quitter

➢ ***De Denver :*** 128 miles. Prendre l'autoroute 25, vers le sud, direction Colorado Springs (67 miles). Au niveau de Colorado Springs, prendre la sortie 141, suivre la Hwy 24 jusqu'à Divide (44 miles). À Divide, prendre la route 67 à gauche (montagnes) et continuer jusqu'à Cripple Creek (17,5 miles).
➢ ***Pour Colorado Springs (via Vic-***

tor) : au lieu de faire la route dans l'autre sens, si vous souhaitez rejoindre Colorado Springs ou Manitou Springs, vous pouvez emprunter la ***Gold Camp Rd*** (38 miles ; env 1h30 de route). De Victor, prendre la County Rd 81 vers le nord, puis vers l'est la piste Teller 8 County (autre nom de la Gold Camp Rd). De là, vous êtes à env 30 miles de Colorado Springs et parti pour 26 miles sur une piste tortueuse et étroite, où passait naguère une ligne de train (il n'y a plus de rails, rassurez-vous). Les voitures y passent sans difficulté, à condition de rouler doucement, voire très doucement par endroits. À éviter cependant en cas d'orage ou de brouillard. Hors saison, mieux vaut vérifier la météo auprès de l'office de tourisme de Cripple Creek. Paysages superbes et sauvages.

➢ ***Pour Cañon City (via Victor) :*** si vous allez vers le sud, en direction du Royal Gorge Bridge et du Great Sand Dunes National Park, là encore, la ***Phantom Canyon Rd*** permet (aux beaux jours) de ne pas rebrousser chemin vers Colorado Springs (22 miles ; 1h-1h30 de route). À Victor, partir vers le sud, la route est très facile à trouver. D'abord goudronnée, elle se transforme en piste parfaitement carrossable et souvent très large, mais pensez quand même à rouler doucement, elle n'est pas en sens unique ! Elle aussi suit l'ancien tracé d'un chemin de fer, d'où les quelques tunnels. Là encore, vérifier l'état de la météo avant de partir. La route débouche finalement sur l'US 50 (à proximité de Florence !).

Adresses utiles

ℹ ***Information Center :*** *à l'entrée du village en venant du nord, dans un wagon vert. ☎ 719-689-3289 ou 1-877-858-4653. Tlj 9h-17h.*

@ ***Public Library :*** *sur B St, à l'angle de Galena Ave.* Connexion gratuite.

@ ***Aspen Mine Center :*** *166 Bennett Ave. ☎ 719-689-3584. Lun-ven 7h-15h, w-e 8h-15h.* C'est un *Community Center* où il est également possible de grignoter un morceau (voir « Où manger ? »).

Où dormir dans le secteur ?

Attention, les prix c'est comme la chaleur, ils montent en été et surtout le week-end...

Campings

▲ ***Lost Burro :*** *en venant du nord, traverser Cripple Creek, prendre la direction de la poste, puis c'est indiqué à 4 miles. ☎ 719-689-2345 ou 1-877-689-2345. • lostburro.com • Ouv tte l'année. Pour 2 pers : env 21 $ sous tente, 31 $ en camping-car et 130 $ en cabin.* Non, ce n'est pas le « bureau perdu » mais le nom d'un mulet local, celui qui descendait de gré ou de force dans les mines (moins drôle, déjà). Cela dit, voici un camping installé dans un superbe environnement, entre collines et bois de sapins à perte de vue... On comprend qu'il se soit perdu, le mulet. Petite rivière dans laquelle, l'été, les enfants jouent aux chercheurs d'or... Côté camping, emplacements relativement ombragés. Également quelques *cabins* en bois pouvant accueillir jusqu'à 8 personnes. Sanitaires bien entretenus. Bon accueil.

▲ ***Cripple KOA :*** *PO Box 699, **Cripple Creek**, CO 80813. ☎ 719-799-6805. • cripplecreekkoa.com • Sur la 67, à env 4 miles avt d'arriver à Cripple Creek, prendre à gauche la County Rd 81 vers Victor ; c'est à 0,5 mile. Ouv mai-sept. Pour 2 pers : env 32 $ sous tente, 50 $ en camping-car, 65-80 $ en cabin.* Bienvenue dans « le camping *KOA* le plus élevé au monde » (et bienvenue au pays des superlatifs !), à 10 000 pieds au-dessus de la mer. En tout cas, voici un grand terrain agréable à 5 mn de Cripple Creek en voiture (et la County Road 81 jusqu'à Victor est superbe). Isolé mais loin des machines à sous ! Emplacements peu ombragés mais équipés d'une table chacun. Laverie, mini-épicerie, salle de jeu, jacuzzis et salle TV.

Très bon marché

☗ ***Fortune Club Liquors :*** *415 Victor Ave, dans la ville fantôme de*

LE COLORADO

Victor, à 8 miles au sud de Cripple Creek. ☎ 719-689-5701. Double env 30 $. Dans la rue principale, un vieil immeuble de 1889 bâti par le brasseur Coors et qui fut la maison close la plus réputée de Victor. Aujourd'hui, ce n'est même plus officiellement un hôtel, mais il reste encore quelques chambres à louer au visiteur de passage fauché... ou aventurier. C'est en effet vieillot, très basique, avec des salles de bains communes.

De prix moyens à plus chic

The Hospitality House & RV Park : *600 N B St,* ***Cripple Creek.*** *☎ 719-689-2513 ou 1-800-500-2513. • cchospitalityhouse.com • De l'autre côté du village en venant du nord. Ouv de mi-avr à mi-oct. Doubles 55-100 $ selon type de chambre. Empl. de camping env 20 $ pour 2.* Un lieu original puisqu'il s'agit d'un ancien hôpital de 1901 reconverti en hôtel. On vous rassure : le lieu est aujourd'hui charmant et propose 17 chambres meublées à l'ancienne et très bien tenues, avec salle de bains privée pour la plupart. Enfin un hôtel qui a de la personnalité !

Gold King Mountain Inn : *601 E Galena Ave,* ***Cripple Creek.*** *☎ 719-689-2600 ou 1-800-445-3607. En venant du nord, c'est la 1re à droite en arrivant à Cripple Creek, sur la colline. Tte l'année. En hte saison, doubles 100-115 $ selon jour de la sem. Petit déj inclus, à prendre au casino.* Perché sur sa colline, ce bon gros motel offre des chambres standardisées mais impeccables et tout confort. Les numéros pairs bénéficient même d'une vue sympa. Possède aussi une piscine, un bain à bulles et un sauna. Bon accueil.

Victor Hotel : *PO Box 185,* ***Victor,*** *CO 80860. ☎ 719-689-3553 ou 1-800-713-4595. • victorhotelcolorado.com • Tte l'année. Doubles 60-90 $ selon saison et jour de la sem.* Pour ceux qui voudraient à tout prix dormir dans la ville fantôme de Victor, cet hôtel de 1899 propose une vingtaine de chambres au confort moderne, à défaut d'avoir conservé l'âme des pionniers (fantôme, on a dit...). Cependant, vous irez vous coucher en empruntant l'un des plus vieux ascenseurs du Colorado (il date de 1900) ! Café et thé à volonté.

Où manger ?
Où boire un verre ?

La plupart des restos se trouvent dans les casinos et servent une cuisine pas trop chère (mais plutôt vite expédiée), histoire d'appâter le client en qui, bien sûr, sommeille un joueur potentiellement flambeur. Certains vont même jusqu'à offrir des « petits déj » à 50 cents !

Home Cafe dans le Bronco Billy's Casino : *233 Bennett Ave. ☎ 719-689-2142. Dans la rue principale. Petit déj 49 cents, tlj 24h/24 (sf mar 2h-7h) ! CB refusées.* En voilà, tiens, un exemple de casino qui brade ses petits déj. Bien sûr, on est au cœur du monstre, avec le bruit des machines et le stress des joueurs (sans parler de l'odeur de graillon !)...

Aspen Mine Center : *166 E Bennett Ave. ☎ 719-689-3584. Dans la rue principale. Tte l'année. En saison, tlj 7h (8h w-e)-15h. Plats 6-8 $.* Ce *Community Center,* doté d'un monumental escalier en bois, de canapés et d'un espace de jeux pour les enfants, possède en son sein un *coffee shop* très sympa. Bon choix de sandwichs (très frais), soupes du jour, salades et même des *boxed lunches* pour repartir avec son pique-nique. Également des petits déj, gâteaux, glaces et *shakes.* Chaleureux et reposant.

Ralf's Breakroom : *411 E Bennett Ave. ☎ 719-689-9195. Dans la rue principale. Tte l'année 11h-2h. Plats 7-10 $.* Un petit resto familial sans prétention au décor de cafétéria de bord de route. Néanmoins, on y mange un très honnête chili, des burgers, des pizzas (pour changer !) et des salades, le tout sans le bruit des machines à sous (mais méfiez-vous des jeux vidéo !). D'ailleurs, la patronne a affiché « *Family friendly dining in a non-gaming atmosphere* », c'est dire si c'est rare.

Fait aussi bar, avec (en été) des petits concerts les vendredi et samedi ainsi qu'un karaoké le dimanche. Billards au fond.

À voir. À faire

Pikes Peak Heritage Center : *avt d'arriver au village en venant du nord, sur la droite, juste après la Mollie Kathleen Gold Mine. ☎ 1-877-858-4653. • visitcripplecreek.com • De mi-avr à mi-nov, tlj 10h-18h ; reste de l'année, 9h-16h. Entrée libre.* Petit musée de présentation du patrimoine culturel et géologique (mines d'or obligent) de Cripple Creek et sa région. Tout sur la faune, la flore, la montagne, les mines et l'histoire de la région, avec notamment un film de 30 mn. L'endroit mérite qu'on s'y arrête en arrivant, histoire de comprendre un peu mieux où l'on met les pieds. Les amoureux des trains miniatures descendront au sous-sol admirer la maquette du Great Gold Camp desservi par un beau tchou-tchou.

Les maisons de Cripple Creek et leurs vieilles publicités en couleurs : il faut bien sûr se balader dans la rue principale et les rues adjacentes pour se plonger dans le bain de la ruée vers l'or. Ne manquez pas les anciennes publicités peintes directement sur les pignons et les murs de brique des immeubles du centre-ville. Il y en a de très originales à photographier.

Cripple Creek District Museum : *à côté de l'Information Center, à l'angle de 5th St et de Bennet Ave. ☎ 719-689-2634 ou 9540. • cripple-creek.org • De juin à mi-oct, tlj 10h-17h ; le reste de l'année, w-e 10h-16h. Entrée : 5 $; réduc.* Dans l'ancien bâtiment qui servait de terminal au wagon abritant aujourd'hui l'office de tourisme voisin. Belle évocation des années fastes de Cripple Creek à travers des documents, des photos, des objets, du mobilier et des tenues de cette époque. Au rez-de-chaussée, signalons une ancienne pharmacie, de vieilles machines à sous et des tables de jeu, ainsi que la jolie robe en dentelle d'une comédienne parfaitement inconnue. Au 1er étage, un vieux standard téléphonique, du matériel pour l'exploitation des mines, des machines à écrire et une collection de pierres plus ou moins précieuses. Enfin, au 2e étage, reconstitution d'un salon de l'époque victorienne, d'une salle à manger, d'un bureau et d'une chambre à coucher. Le musée continue ensuite à l'extérieur, vers la tour d'extraction et la reconstitution de l'*Assay office*, le laboratoire où l'on déterminait la quantité de métal précieux contenu dans la roche. Derrière celui-ci, deux cabanes en bois avec intérieur d'époque (que l'on peut apercevoir par la fenêtre) : l'un était celui d'une prostituée ayant vécu à Cripple Creek de 1900 à 1910 et l'autre celui d'un mineur. Un seul regret : les explications pas toujours très fournies.

Old Homestead : *353 E Meyers Ave. ☎ 719-689-9090. Dans une rue parallèle à la rue principale. Slt mai-sept 11h-17h. Entrée : env 4 $.* C'était le bordel chic de Cripple Creek du temps de la ruée vers l'or. Son fondateur serait même venu en France pour voir comment construire celui-ci ! Dans la rubrique *entertainment* et divertissement, les rudes gaillards de Cripple Creek avaient l'embarras du choix entre les 150 saloons et les 4 maisons closes de cette ville qui comptait quand même quelque 350 prostituées. Installé dans une demeure de 1896, au sein d'un quartier surnommé alors le « Red Light District » (c'était bien gentil par rapport à celui d'Amsterdam), l'*Old Homestead* ferma ses portes en 1916. Les nostalgiques de la Belle Époque pourront voir les 10 chambres où les élégantes dames, paraît-il habillées à la mode parisienne, vendaient leurs charmes.

Outlaws and Lawmen Jail Museum : *136 W Bennett Ave. ☎ 719-689-6556. Mai-oct, tlj 10h-17h ; nov-avr, w-e 10h-17h. Entrée : 2 $; gratuit pour les moins de 16 ans.* La seule chose à voir à l'intérieur est bien sûr cette prison, véritable bloc de ferraille où l'on enfermait les *outlaws* de la ruée vers l'or... et qui servit jusqu'en 1992 ! Également quelques panneaux explicatifs édifiants sur la

LE COLORADO

vie quotidienne des prostituées, des chercheurs d'or et des mineurs, ceux-ci se mettant plus souvent en grève qu'on ne croit pour obtenir de meilleures conditions de travail !

Mollie Kathleen Gold Mine (mine d'or Mollie Kathleen) : *à moins de 2 miles de l'entrée de Cripple Creek, dominant la ville, sur la gauche en venant du nord par la route 67. ☎ 719-689-2466. • goldminetours.com • De mi-mai à mi-sept, tlj 9h-18h ; de mi-sept à nov, 10h-16h ; les guichets ouvrent 15 mn avt la 1re visite et 1-2 visites/h selon affluence. Résa conseillée en hte saison ou le w-e. Visite de 1h, guidée par d'authentiques mineurs (pourboire bienvenu). Casque et gros blouson fournis. Entrée : env 18 $; 10 $ jusqu'à 12 ans.*
Mollie Kathleen Gointner, la fondatrice de cette mine, fut la première femme à devenir propriétaire d'une concession et, dans ce monde exclusivement masculin, autant dire qu'elle ne fut pas accueillie à bras ouverts ! Avec sa famille, elle exploita le site dès 1892 et la Mollie Kathleen Gold Mine fonctionna jusqu'en 1961, quand on se rendit compte que l'organisation de visites guidées (et l'aménagement de la mine pour cela) était plus rentable que l'extraction de l'or ! Depuis des années déjà, les visites venaient entraver le travail des mineurs qui, à la fin, devraient même bosser de nuit pour que l'on puisse visiter le jour !
La partie la plus excitante (claustros, s'abstenir !) est de descendre par la véritable cage des mineurs à 1 000 pieds (environ 300 m) sous terre, dans les entrailles des Rocheuses, d'où le guide communique avec l'extérieur à l'aide d'une corde reliée à une clochette ! Hormis un tronçon en petit train à air comprimé, la visite se fait à pied, en cheminant dans les boyaux souterrains, immense labyrinthe de galeries interminables. Grâce à des espèces de dioramas à taille réelle, on apprend plein de choses sur le fonctionnement des mines d'or (si le guide n'a pas un trop fort accent !) et sur les conditions de vie des mineurs. De même, tout le processus d'extraction est passé en revue, et de façon très vivante car le guide fait fonctionner devant vous les machines impliquées dans l'opération (perceuses, pelleteuses...).

Cripple Creek & Victor Narrow Gauge Railroad : *à côté de l'office de tourisme. ☎ 719-689-2640. Tour de 45 mn autour de Cripple Creek à bord d'un train à vapeur, tlj fin mai-début oct 10h-17h. Départ ttes les 40 mn. Tarif : 13 $; réduc.*
Sympa pour découvrir le paysage minier du coin.

Manifestations

– **Donkey Derby Days :** *4e w-e de juin.* On célèbre la mémoire des ânes, mais pas ceux de l'école, plutôt les descendants de ceux qui descendaient dans les mines et transportaient l'or... Nombreuses animations et possibilité de monter à dos d'âne.
– **Gold Rush Days :** *à Victor, vers la mi-juil. Infos à l'*Information Center *de Cripple Creek.* Célébration de la ruée vers l'or, évidemment. Nombreuses animations.

DANS LES ENVIRONS DE CRIPPLE CREEK

Victor : une ville un peu fantôme faite de mines désaffectées, de voitures rouillées, de maisons abandonnées, un peu comme dans un road movie, mais accueil chaleureux des rares habitants. Victor date elle aussi de la ruée vers l'or, mais n'a pas basculé dans les machines à sous et, du coup, est l'antithèse de sa voisine. Bâtie par la *Denver & Rio Grande Railroad Company* en 1893, ce fut, au temps de sa splendeur, la cinquième ville la plus prospère du Colorado avec 12 000 habitants et 70 trains qui s'y rendaient chaque jour sur trois voies différentes ! Il y avait tellement de monde que l'on faisait payer 1 $ par personne pour avoir le droit de dormir à la table d'un saloon ou même sur le plancher ! Mais un incendie terrible ravagea la ville en 1899, puis ce fut le déclin que l'on sait. Aujourd'hui, seule la grande mine à ciel ouvert sur la route de Cripple Creek à Victor est encore réellement active dans la région. En déambulant, on trouve plusieurs épiceries d'un autre âge et quelques magasins d'antiquités où, quand on pousse la porte, la clochette tinte. Au croisement de Victor Avenue et de 3rd Street, un petit musée privé d'histoire locale (Victor Lowell Thomas Museum ; *ouv juin-début sept, tlj 9h30-17h30 ; ☎ 719-689-5509 ; entrée 6 $, réduc*) propose aussi une visite de la seule mine d'or du coin encore en activité. Le mieux reste de se balader dans la rue principale et d'observer ce qui reste de cet émouvant patrimoine. On peut éventuellement dormir à Victor (voir « Où dormir dans le secteur ? » à Cripple Creek). En revanche, pas grand-chose à se mettre sous la dent hors saison, il faut aller à Cripple Creek. C'est aussi de Victor que partent deux pistes, praticables aux beaux jours, pour rejoindre Colorado Springs et Manitou Springs ou Cañon City (voir « Arriver – Quitter »).

👀👀 ***Royal Gorge Bridge :*** *de Victor, prendre la Phantom Canyon Rd sur 22 miles (voir « Arriver – Quitter » à Cripple Creek), puis tourner à droite sur la route 50, traverser Cañon City et faire encore 12 miles à l'ouest avt de tourner à gauche (panneaux). Compter env 2h30 de route. ☎ 719-275-7507. • royalgorgebridge.com • Tlj de 7h au coucher du soleil. Entrée : env 26 $/adulte, le 2nd paie moitié prix oct-avr ; 4-10 ans : 20 $; réduc. Ristourne en fin de journée, lorsque la plupart des attractions ont fermé (sinon, elles sont incluses dans le prix, sf le* Skycoaster*).* Au jeu des superlatifs, voici le plus haut pont suspendu du monde. C'est vrai qu'il est impressionnant avec ses 351 m de haut au-dessus des gorges où s'écoule l'Arkansas River. D'autant plus que ses planches de bois tremblent bien volontiers sous le poids de la voiture... Cela dit, on peut aussi le traverser à pied (même tarif) ou encore s'arrêter en voiture au milieu du pont, s'il n'y a pas trop de monde, et descendre pour contempler la vue. Rassurez-vous, la structure métallique, au demeurant assez élégante, tient depuis 1929, alors elle tiendra bien pour vous... Pour les fauchés, un parking et un point de vue permettent d'économiser le prix d'entrée. Quant aux attractions autour du pont, elles restent très commerciales, si l'on excepte peut-être le tram aérien *(aerial tram)* et le train incliné *(incline railway)*.
– Pour ceux qui chercheraient une étape pour la nuit, les environs du site pullulent de campings et la ville de Cañon City de motels (sans charme). Précisons que cette dernière n'est pas l'endroit le plus gai de la terre : de la route 50, vous apercevrez nombre de hauts murs surmontés de barbelés et de miradors. La ville abrite en effet 13 prisons (4 fédérales et 9 d'État), qui font vivre la ville. Pour découvrir le monde carcéral de Cañon City, nous ne pouvons d'ailleurs que vous recommander l'excellent webdocumentaire de David Dufresne et Philippe Brault : *Prison* Valley *– L'industrie de la prison* (• prisonvalley.arte.tv •).

GREAT SAND DUNES NATIONAL PARK

👀👀 Si vous n'avez jamais conduit de véhicule sur une interminable ligne droite américaine, vous allez vous régaler avec la route 285 qui mène à Alamosa. C'est un véritable travelling longeant le Sangre de Cristo, montagne au bout de laquelle se blottissent les plus hautes dunes d'Amérique du Nord... Personne ne sait exactement leur âge (12 000 ans ou 1 million d'années ?) mais, ce qu'on sait, c'est que ces dunes proviennent de l'accumulation de sable issu des montagnes de San Juan, à 65 miles à l'ouest, et du Sangre de Cristo lui-même. Le sable a été apporté par les vents et les torrents issus de la fonte des neiges. La hauteur exceptionnelle de ces dunes (230 m) est due

à la combinaison de plusieurs facteurs : la cambrure du Sangre de Cristo à cet endroit, les vents du sud-est qui arrosent de sable l'extrémité orientale des dunes et les vents du nord-est qui, soufflant à travers les cols, en sculptent les pointes. Superbe ! Sachez que ces dunes couvrent une surface de 855 km² mais on n'en voit que 10 % car le reste, invisible au premier abord, est recouvert d'herbe et de buissons. Paradoxalement, deux torrents, le Medano Creek et le Sand Creek, leur procurent une humidité quasi constante. Ils proviennent de la fonte des neiges du Sangre de Cristo, ce qui permet, au printemps, d'avoir à la fois le spectacle des sommets enneigés, des torrents où se baigner et de la sensualité torride des dunes... magnifique. En été, faites donc comme les jeunes Américains, achetez une plaque de contreplaqué légère ou une planche de plastique et faites de la glisse depuis le sommet des dunes ! Si vous venez en hiver, les conditions sont vraiment rudes mais des dunes sous la neige à 2 500 m d'altitude, ça peut valoir le coup d'œil...

– *ATTENTION :* en toute saison, le climat peut changer rapidement. Si des orages ou des éclairs se préparent, éloignez-vous du site immédiatement, la foudre ne pardonne pas dans ce genre de région. N'oubliez pas que dans le désert, si les journées sont chaudes et le sable brûlant, les nuits sont glacées. Enfin, en hiver, le climat est très rude à 2 500 m d'altitude et il peut même y avoir du blizzard. Mieux vaut se renseigner sur les conditions météo avant de venir *(☎ 719-589-3232).* D'autre part, les possibilités de logement et de ravitaillement sont très restreintes (Alamosa est la ville la plus proche).

Infos pratiques

L'entrée du parc se situe à une trentaine de miles au nord-est d'Alamosa par les routes 160 E et 150 N. Ouv 24h/24. Entrée : 3 $/pers (valable 7 j.) ; Interagency Annual Pass *accepté.*

Visitor Center : *peu après le poste de garde, sur la gauche. ☎ 719-378-6399. • nps.gov/grsa • Mars-mai, 9h-16h30 ; juin-août, tlj 8h30-18h30 ; sept-fév, 9h-16h30.* Documentation et plan gratuits, dont une fiche explicative en français. Petit musée de présentation et projection d'un film sur les dunes et, comme d'hab', boutique et librairie.

Où dormir ? Où manger dans le secteur ?

Autour du parc

Pinyon Flats Campground : *à l'intérieur du parc. ☎ 719-378-6399. Après le* Visitor Center, *rouler 5 mn, c'est sur la droite. « Premier arrivé, premier servi ». Env 20 $/empl. (6 pers et 2 tentes max).* Le camping se compose de 3 petites boucles, dont 1 pour les groupes, chacune équipée de toilettes sèches et de lavabos. Une petite centaine d'emplacements disséminés dans la végétation, avec un peu d'ombre apportée par les arbustes et certains avec vue sur les dunes.

Great Sand Dunes Oasis Campground & RV Park : *5400 Hwy 150 N, Mosca, CO 81146. ☎ 719-378-2222. • greatdunes.com • Avt l'entrée du parc, sur la droite. En principe, magasin avr-nov, station-service et camping avr-oct et resto mai-sept. Pour 2 pers : env 23 $ sous tente, 35 $ en camping-car, 48 $ en* cabin *et 100 $ pour le duplex. Au resto, plats 8-10 $.* Le prototype même du camping-épicerie-resto-café-station-service du bout du monde... Sous le drapeau, on se sent vraiment aux États-Unis, avec une jolie vue sur les grandes dunes. Emplacements simples, sans équipement particulier. Également quelques *cabins* en bois et une maison en bord de route (le « duplex ») à quelques centaines de mètres de là. Accès aux douches inclus. Laverie. On vous conseille de venir avec vos provisions, car l'épicerie n'est pas merveilleusement fournie et, si le resto peut vous dépanner pour le petit déj ou un repas (salades, sandwichs, hamburgers), ce n'est quand même pas la panacée !

Great Sand Dunes Lodge : *7900 Hwy 150 N, Mosca, CO 81146. ☎ 719-378-2900. • gsdlodge.com • Au-dessus du* Great Sand Dunes Oasis Campground *; accès par la piste qui dessert les cabins du camping. Tte l'année. Résa indispensable. Doubles 95-130 $.* Un bon gros motel en bois judicieusement situé face aux grandes dunes. Une dizaine de chambres standard confortables (ainsi que 2 *deluxe*) avec vue sur les fameuses dunes. Piscine chauffée. Petit déj servi uniquement hors saison. Pour se restaurer, il faut aller au resto du camping voisin et apporter ses provisions hors saison. Barbecue sur place.

À Alamosa

C'est la ville la plus proche, à environ 45 mn de route au sud-ouest de l'entrée du parc. Ville sans charme, carrefour routier où l'on est (et c'est déjà ça) quasiment assuré de trouver un motel pour la nuit, un resto pour la soirée et une station-service pour refaire le plein avant de nouvelles aventures... Les restaurants fermant vers 21h, ne tardez pas trop pour le dîner si vous souhaitez éviter les fast-foods.

Comfort Inn Alamosa : *6301 Hwy 160. ☎ 719-587-9000. • choice hotels.com • À 2 miles du centre, en direction de Durango, en face d'une usine de bitume. Doubles 80-150 $, petit déj inclus.* La bâtisse semble un peu isolée en pleine nature, mais, conformément à son nom, elle est vraiment confortable ! Chambres spacieuses, simples et élégantes, ainsi qu'une piscine couverte, un jacuzzi et une *fitness room* (à priori, après une petite montée de dune vous ne devriez pas en avoir besoin de celle-là !).

San Luis Valley Brewing Company : *631 Main St. ☎ 719-587-2337. Au bord de la Hwy 160, mais dans le centre. Tlj 11h-21h. Plats 8-10 $.* Un endroit qui, comme son nom l'indique, produit sa propre bière. On peut aussi y manger (burgers, *fish & chips*, viande, salades, sandwichs). La cuisine n'est pas d'une grande finesse, mais l'endroit et le cadre semi-industriel, avec ses murs de brique et ses gros tuyaux au plafond et quelques grands tableaux pour décorer le tout, sont vraiment sympas.

Chili's : *3231 Main St. ☎ 719-589-1991. Au bord de la Hwy 160, en direction de Durango. Service jusqu'à 22h (23h le w-e). Plats 8-15 $.* Oui, c'est un resto de chaîne, mais un bon ! On vous conseille d'abord la spécialité maison, le chili, ou alors un délicieux burger. Plein d'autres choix, évidemment : steaks, fajitas, *ribs*, etc. Le tout dans un cadre très gai, très coloré où les familles viennent volontiers manger en fin de semaine.

À voir. À faire

Prévoir des chaussures pour marcher dans le sable brûlant, des lunettes de soleil (à cause du soleil, mais aussi du vent qui vous balance le sable dans les yeux), une serviette, un chapeau et beaucoup d'eau (à cause de la chaleur mais aussi de l'altitude, qui peut provoquer le mal des hauteurs). Et puis une planche pour ceux qui veulent faire de la glisse sur les dunes !

Dunes Overlook Trail : *départ du camping Pinyon Flats. Env 2 miles et 1h A/R.* Petite balade tranquille pour avoir un point de vue sur les dunes. Sympa, mais ça ne vaut pas l'ascension proprement dite...

High Dune et Star Dune : *après le* Visitor Center, *1re route à gauche jusqu'au parking. Env 2 miles A/R, soit 2 bonnes heures de marche dans le sable.* Au printemps, on traverse d'abord un ruisseau (super ambiance, très plage, puisque les familles y viennent avec les pelles et les seaux). Et ensuite, à vous de choisir votre route, car il n'y a aucun sentier. Profitez-en, pour une fois que, dans ce pays, et dans un parc national qui plus est, on vous encourage à aller où vous voulez et à suivre votre propre chemin ! Située à presque 200 m d'altitude, la ***High Dune*** attire tous les promeneurs comme une ligne de mire. Pourtant, et malgré son nom, ce n'est ni la plus haute et ni de là-haut que l'on a la plus belle vue : ces privilèges lui sont en effet ravis par la dune située derrière elle, la ***Star Dune*** (229 m), qui offre un panorama plus large. L'ascension jusqu'à celle-ci est un peu plus longue, mais pas tant que ça. Pour la descente, les plus casse-cou se muniront d'une planche, les grands gamins tâteront le sable de l'orteil pour vérifier qu'il ne brûle pas et dévaleront les dunes en chaussettes (c'est mortel pour les chaussettes mais tellement grisant !). Évidemment, on peut aussi rester chaussé (indispensable à certains moments de l'année) et redescendre pépère !

Mosca Pass : *départ après le* Visitor Center *sur la droite, par le* Mosca Pass Trail. *Env 7 miles, soit 5h A/R.* Cette jolie rando qui part à l'est des dunes vous fera longer le Mosca Creek et grimper la montagne du Sangre de Cristo jusqu'au Mosca Pass (2 968 m). De là, belle vue sur la Wet Mountain Valley (mais pas sur les dunes). La route 583 descend la montagne de l'autre côté, mais vous, il vous faut redescendre si aucune voiture n'est venue vous chercher...

➢ Il existe encore plusieurs autres randos, plus longues et plus exigeantes, débordant souvent des limites du parc, mais pour celles-ci il faut s'organiser un minimum et se munir d'une bonne carte (la *Sangre de Cristo Wilderness* publiée par Sky Train étant la meilleure) et, surtout, avant de partir, se renseigner sur les conditions météo (nombre d'entre elles ne pouvant être entreprises qu'entre juillet et septembre).

DURANGO

16 630 hab.

Apportez donc votre béret car « Durango » vient tout simplement du basque *urango* qui signifie « ville d'eau »... Cette agréable petite ville, née de l'arrivée du train en 1880 dans le sud-ouest du Colorado, est située au pied des Rocky Mountains et à 37 miles à l'est du parc national de Mesa Verde. C'est une bonne base pour explorer la région : Mesa Verde, donc, mais aussi Silverton (magnifiques paysages par la route ou par le vieux train à vapeur !), sans oublier le Black Canyon encore plus au nord. Même si la ville a moins de charme que les toutes petites villes western, comme Silverton et Cripple Creek, Durango est un endroit assez attachant, car elle est plus vivante que ces dernières et on a su y conserver l'atmosphère d'autrefois en lui procurant « tout le confort moderne », comme on dit. À peine passé la « rituelle » zone des motels et des stations-service, on se retrouve bien vite dans la rue principale restaurée avec goût dans la grande tradition *Old West.* Là, nombre de restaurants et de bars n'attendent que votre visite.

BLOODY SAM ET LE COBRA SOURIANT

C'est sur ordre de la MGM que Sam Peckinpah, le réalisateur de La Horde sauvage, *tourne* Pat Garret and Billy the Kid *à Durango en 1973. Mais une tempête de poussière, une épidémie de grippe et un objectif de caméra bousillé plongent Bloody Sam (surnom de Peckinpah) dans un alcoolisme effréné. Avec 3 semaines de retard, il s'enferme en salle de montage quand il apprend que James Aubrey, le big boss, a récupéré les bobines pour remonter le film ! Fou de rage, Bloody Sam engage deux tueurs mexicains pour supprimer le Cobra Souriant (le surnom d'Aubrey) ! Heureusement, un ami l'en dissuade... Au fait,* Pat Garret and Billy the Kid *est un beau western sur l'amitié.*

Circuler à Durango

En trolley

■ ***Durango Trolley :*** parcourt Main St entre la gare au sud et Animas View Dr au nord. ☎ *970-259-5438.* • *getarounddurango.com* • *Gratuit. En été, circule ttes les 20 mn, 7h-22h. Hors saison, tlj sf dim 7h (10h sam)-19h.*

Adresses utiles

ℹ ***Durango Area Tourism Office :*** *802 Main Ave.* ☎ *970-247-3500 ou 1-800-525-8855.* • *durango.org* • *En plein centre. En été, lun-ven 8h-18h, sam 8h-17h, dim 10h-16h ; en hiver, lun-ven 8h-17h.* Plein d'infos, de cartes et de plans.
■ ***Durango Central Reservations :*** ☎ *970-247-5715 ou 1-866-294-5187.* • *durangoreservations.org* • Pour toute réservation d'hébergement et d'excursion.
✉ ***Poste :*** *8th St, entre le camino del Rio et Main Ave. Lun-ven 8h-17h30, sam 9h-13h.*
@ ***Durango Public Library :*** *1900 E 3rd Ave. Lun-mer 9h-20h, jeu 10h-17h30, ven-sam 9h-17h30.* Connexion Internet gratuite.
@ ***Magpies :*** *707 Main Ave.* ☎ *970-259-1159. Dim-jeu 7h-21h, ven-sam 7h-22h.* 💻 *(payant)* 📶 Fait aussi café et presse.
✈ ***Aéroport de Durango :*** *à 19 miles au sud, sur la route de Pagosa Springs (US 160 puis US 172).* ☎ *970-247-8143.* • *flydurango.com* • Liaisons avec Denver, Phoenix et Dallas. Location de voitures (*Avis, Budget, Hertz, National* et *Dollar Rent-a-Car*) dans le hall d'entrée.
■ ***Laverie :*** *1127 camino del Rio, à côté du supermarché* Natural Grocers. *Tlj 7h-20h (dernière machine à 19h).*
– Pour tout savoir sur l'actualité culturelle de la semaine : le *Durango Telegraph,* journal gratuit disponible un peu partout en ville. • *durangotelegraph.com* •

Où dormir ?

Ici, les tarifs varient beaucoup selon le moment de l'année. En gros, juillet et août sont les mois les plus chers. Viennent ensuite juin et septembre, puis mai, octobre et les vacances de Noël (stations de ski pas très loin) et, enfin, janvier, février, avril et novembre.

Camping

⛺ ***United Campground :*** *1322 Animas View Dr.* ☎ *970-247-3853.* • *unitedcampgrounddurango.com* • *À 4 miles au nord de la ville, sur la droite de la route 550 en venant de Durango ; accessible en trolley. Ouv de mi-avr à mi-oct. Pour 2 pers : empl. tente env 29 $, camping-car 35-45 $. Arriver avt 16h ou téléphoner pour prévenir d'un éventuel retard.* 💻 📶 Emplacements agréables sur un épais tapis de gazon, petite piscine chauffée, sanitaires très propres, laverie et boutique. La rivière Animas passe au pied du camping et le vieux train Durango-Silverton... au beau milieu. On ne peut pas dire qu'on ne l'entende pas, mais il n'y a jamais que 2 à 4 passages par jour en été... Au fait, n'oubliez pas d'aller dire bonjour aux chevaux miniatures...

De bon marché à prix moyens

La plupart des motels sont loin du centre à pied, mais il y a le trolley.

🏠 ***Siesta Motel :*** *3475 N Main Ave.* ☎ *970-247-0741 ou 1-877-314-0741.* • *durangosiestamotel.com* • *À l'entrée nord de la ville. Doubles 48-165 $ selon saison.* 📶 Motel familial à la réception sympa, décorée de vieux objets. Une bonne vingtaine de chambres, toutes un peu différentes mais très confortables, avec de bons gros lits et une déco convenable. Proprios charmants. Un bon rapport qualité-prix.
🏠 ***Knights Inn :*** *2391 Main Ave.* ☎ *970-247-0593 ou 1-800-727-3746.* • *dollarinn.com* • *À l'entrée nord de la ville. Fermé de mi-nov à fin mars. Doubles 60-85 $ selon saison.* 📶 Un motel bien entretenu offrant des chambres

dénuées de charme mais pas désagréables, même si l'espace salle de bains n'est pas très grand. Pour des nuits plus calmes, demandez à être le plus loin possible de la route. Jacuzzi à disposition.

De prix moyens à plus chic

Caboose Motel : *3363 Main Ave. ☎ 970-247-1191 ou 1-877-527-1191. • caboosemoteldurango.com • À l'entrée nord de la ville. Doubles 85-100 $ selon confort et saison.* Les propriétaires vivent sur les lieux, ce qui est rare dans cette ville. Le motel, quant à lui, est accueillant, bien aménagé et équipé, avec des chambres à la déco vraiment personnalisée.

Durango Lodge : *150 E 5th St. ☎ 970-247-0955 ou 1-888-440-4489. • durangolodge.com • À côté de la gare. Doubles 75-130 $ selon saison, petit déj compris en été.* Le motel type en plein centre-ville. Propose des chambres standard mais propres, à 1 ou 2 lits (mais ce ne sont pas les mêmes tarifs). Piscine et jacuzzi. Une bonne adresse, même si certaines chambres sont très sombres (en plein été, ce n'est pas forcément un mal, nous direz-vous !).

Best Western Mountain Shadows : *3255 Main Ave. ☎ 970-247-5200 ou 1-800-521-5218. • bestwestern.com • À l'entrée nord de la ville. Doubles 80-160 $ selon saison, petit déj continental compris.* Le charme n'est pas vraiment au rendez-vous, mais le confort si. Petit plus : la piscine et le jacuzzi, sous un dôme de verre, sont particulièrement agréables et accessibles toute l'année. Navette gratuite pour les pistes de ski en hiver. Bon accueil.

Econo Lodge : *2002 Main Ave. ☎ 970-247-4242 ou 1-866-291-4990. • econolodgedurango.com • Doubles 90-130 $, petit déj de base inclus.* Un motel de chaîne proposant des chambres standard mais confortables. Cela dit, pour le prix, on n'a ni piscine, ni position centrale, ni charme !

De plus chic à très chic

Les hôtels de cette catégorie ont le mérite d'être dans le centre.

Strater Hotel : *699 Main Ave. ☎ 970-247-4431 ou 1-800-247-4431. • strater.com • Doubles 130-250 $ selon saison et confort, petit déj inclus.* Au cœur du centre historique de la ville, une superbe bâtisse victorienne construite en 1887 par Henry Strater, un jeune pharmacien inexpérimenté mais inspiré, qui mentit sur son âge pour emprunter l'argent nécessaire. Notez la prestance du *lobby* et du bar voisin. Malheureusement, les chambres sont un ton en dessous, bien que meublées dans le style de l'époque victorienne. Pas mal, donc, mais cher pour ce que c'est, surtout en haute saison. Sur place aussi un resto raffiné, un théâtre et le *Diamond Belle*, un saloon amusant pour aller prendre un verre, que vous logiez ou non à l'hôtel.

Rochester Hotel : *721 E 2nd Ave. ☎ 970-385-1920 ou 1-800-664-1920. • rochesterhotel.com • Doubles 170-260 $ selon saison et chambre, petit déj inclus.* Dans un bâtiment en brique de 1892, avec 2 colonnes posées devant. Ses 15 chambres, de taille variable, sont toutes décorées dans l'esprit western, certaines portant le nom de vieux films des années 1950 tournés dans la région – *Viva Zapata, The Cowboys...* C'est à la fois original, cosy et confortable (et pas donné !). Le petit déj (un peu chiche) se prend dans une salle décorée à l'ancienne. Agréable petit jardin à l'arrière sur lequel donnent d'ailleurs 2 chambres (et où les animaux sont acceptés).

Leland House B & B : *726 E 2nd Ave. ☎ 970-385-1920 ou 1-800-664-1920. • rochesterhotel.com • Doubles 170-220 $ selon saison et chambre.* Même propriétaire que le *Rochester Hotel* juste en face mais ici, certaines chambres disposent d'une kitchenette. Chambres aux noms de célébrités locales, vieilles photos dans les couloirs et déco très chaleureuse. Également un appartement très vaste avec 2 chambres, 2 salles de bains (dont une double douche) et une terrasse. Là encore, c'est cossu mais cher (surtout les suites !). Le petit déj se prend au *Rochester*.

Où dormir à la campagne ?

B & B Country Sunshine : *35130 Hwy 550 N. ☎ 970-247-2853 ou 1-800-383-2853. • countrysunshine.com • À 12 miles au nord de Durango par la Hwy 550 ; entre les miles 34 et 35, tourner à droite au panneau « Colorado Timberline Academy ». Doubles 90-175 $.* Dans une belle maison en pleine nature, avec 2 ha de terrain, un beau jardin, plein d'oiseaux et une rivière en contrebas. Beaux espaces communs pour se prélasser, comme la terrasse en bois, la salle à manger et le petit salon. Et pour dormir, 6 chambres pleines de cachet, dont 1 avec un énorme lit en bois. Belle déco générale avec pas mal de bois donc, des tissus chaleureux et des cheminées (où flambe un faux feu !). Jodi et Walter (d'origine autrichienne) vous concocteront un petit déj super copieux avec plein de gâteaux maison, servis également en fin de journée avec un rafraîchissement. Très bon accueil.

Apple Orchard Inn B & B : *7758 County Rd 203. ☎ 970-247-0751 ou 1-800-426-0751. • appleorchardinn.com • À 8 miles au nord de Durango, par une petite route de campagne qui part de la Hwy 550, sur la gauche au niveau de Trimble Lane ; au stop, c'est à droite (rouler env 1,5 mile). Résa impérative le w-e en été. Doubles 90-150 $ en basse saison, 160-185 $ de mai à mi-oct ; cottages (pour 2 pers) 90-250 $.* *B & B* de charme posé dans un jardin croquignolet où coule un charmant ruisseau, au parcours totalement maîtrisé, et d'où l'on peut voir passer le train à vapeur de Durango... Dans sa belle maison en bois, la propriétaire propose 4 chambres aux noms de pommes (la production de la maison), spacieuses, confortables et bien arrangées, ou 6 cottages dispersés dans le jardin, certains possédant en plus une cheminée et un jacuzzi. Déco assez clinquante mais impeccable. *Freshly baked cookies* tous les jours, de même qu'un apéro servi entre 16h et 18h... sans oublier le petit déj, copieux et varié.

Où manger ? Où prendre le petit déj ?

Spécial petit déj

Carvers Restaurant & Brew Pub : *1022 Main Ave. ☎ 970-259-2545. Tlj 6h-22h. Spécial petit déj env 8 $ (tlj jusqu'à 11h ; 12h le w-e). Plats 8-13 $ le midi, 12-18 $ le soir.* Déco banale mais atmosphère cool, bonne cuisine (assez fine mais copieuse) et bonnes bières maison. Grand choix de petits déj avec une spécialité différente chaque jour (attention, les plats *South West* sont très épicés !). Et puis des œufs à toutes les sauces (*scramble*, omelettes, etc.), pancakes, *burritos*, etc. On peut même partir avec son gobelet rempli de café. Également des sandwichs et salades le midi, et des plats plus élaborés le soir, mais très bien cuisinés. Excellent accueil.

Jean-Pierre : *601 Main Ave. ☎ 970-385-0122. Lun-sam 7h-18h, dim 8h-15h. Fermé lun en hiver.* Assortiment extra de croissants (à l'abricot, aux myrtilles), de pains au chocolat ou de *rolls* à emporter. En revanche, on n'a toujours pas digéré le repas en salle... et encore moins le pourboire de 20 % ajouté d'office sur des prix déjà élevés pour des plats qui ne le méritent pas !

– Et aussi : **Durango Bagel, Durango Diner** (voir ci-dessous).

Bon marché

Durango Bagel : *106 E 5th St. ☎ 970-385-7297. Tt près de la gare. Tlj 6h30-17h. Bagels env 5-8 $.* Les amateurs de bagels et tous ceux qui ont un petit creux trouveront dans ce minuscule local un grand choix de ces délicieux petits pains ronds troués au milieu. Tout frais, à la cannelle et aux raisins secs, au sésame, graines de pavot, ail, oignon, miel, etc., ils font de délicieux sandwichs. Le *New Yorker*, avec *cream cheese*, saumon fumé,

LE COLORADO

oignon et câpres, est un vrai régal. Pour s'asseoir, juste quelques tables et une petite terrasse.

Durango Diner : *957 Main Ave. ☎ 970-247-9889. Tlj 6h-14h (13h dim). Plats 4-8 $.* Un vieux *diner* comme on les aime, tout en longueur, avec un comptoir en formica qui n'en finit plus et des tabourets qui n'ont pas bougé depuis les années 1960-1970. Côté cuisine, c'est la grosse cavalerie, pas la finesse. On vient ici pour le décor, pour l'atmosphère d'habitués et pour se rassasier en quantité à des prix très raisonnables. Pancakes grands comme des *Frisbee,* omelettes débordantes, sandwichs et burgers maousses. Bref, un petit coup de rétroviseur dans l'Amérique d'hier...

Olde Tymer's Café : *1000 Main Ave. ☎ 970-259-2990. Tlj 11h-22h (21h dim). Plats 5-10 $.* Ambiance américaine avec une petite touche mexicaine. À la carte, du chili, des sandwichs, des *nachos* et des salades, mais chaque jour a aussi son *special,* généralement copieux et pas cher. Le burger du lundi, à 5 $, est une véritable affaire ! Goûter aussi à la *durango* (bière), servie au pichet. La *wheat* (une blanche) n'est pas filtrée, donc trouble, mais fameuse avec un zeste de citron. Si vous n'aimez pas manger au rythme des matchs de base-ball ou de foot, allez dans le patio, tout au fond de la salle.

De prix moyens à très chic

Carvers Restaurant & Brew Pub : *voir « Spécial petit déj ».*

Ore House : *147 E College Dr. ☎ 970-247-5707. Resto tlj 17h-21h ou 22h (23h en été), plus tard pour le bar. Plats 20-38 $.* Une maison ancienne en bois genre cabane au Canada. Sa devise : « Steak, langouste et alcools », tout un programme ! Cultive son côté *Old West* et fait une large place aux viandes. Le steak « du mineur », taillé dans le filet, vaut son pesant d'or ! Également de la langouste, donc, de la truite et un grand *salad bar.* Bonne adresse pour faire un vrai repas bien solide.

Steamworks Brewing Co : *801 E 2nd Ave, au croisement de 8th St. ☎ 970-259-9200. Tlj 11h-minuit (2h jeu-sam). Sandwichs et salades 8-12 $, plats (dès 17h) 10-22 $.* Ambiance jeune et vibrionnante dans une espèce de vaste hangar, un ancien salon de voitures reconverti en brasserie. Grande terrasse le long d'une façade en tôle pour ceux qui voudraient jouer les Indiens et envoyer quelques signaux de fumée. À l'intérieur, c'est souvent très animé et il y a parfois un peu d'attente le soir. Cuisine copieuse, à défaut d'être toujours bien exécutée, mais on y vient surtout pour l'atmosphère. Service très diligent.

Où manger dans les environs ?

The Kennebec Café : *4 County Rd 124, à* ***Hesperus.*** *☎ 970-247-5674. À env 10 miles à l'ouest de Durango, sur la Hwy 160 (sur la droite), peu après la sortie pour Hesperus. Tlj sf lun 11h-15h, 17h-21h ; brunch w-e 8h-15h. Plats légers 10-15 $, plats plus élaborés 18-30 $.* De l'extérieur, ce *Kennebec Café* a tout l'air du resto de bord de route banal. Mais ne vous y fiez pas ! Une fois la porte franchie, vous découvrirez un bar et des salles sobres et élégantes. Au menu, une cuisine de saison délicieusement parfumée, où se mêlent des influences françaises, italiennes mais aussi plus exotiques. Produits d'une grande fraîcheur, viandes et poissons cuits à point et une belle carte des vins.

Où boire un verre ? Où écouter de la musique ?

Durango est l'une des rares villes américaines à avoir conservé la tradition des saloons où l'on plumait les chercheurs d'or à la grande époque de la ruée vers l'or. Vous pourrez donc écouter du ragtime et de la musique country pas trop frelatée. Encore aujourd'hui, on y rit bien et ça chauffe à blanc, surtout le samedi soir. Beaucoup de touristes en saison, évidemment.

Diamond Belle : *699 Main Ave. ☎ 970-375-7150. Au rdc du Strater Hotel (voir « Où dormir ? »). Tlj 11h-minuit, parfois plus tard selon affluence.* C'est le plus touristique de Durango, un vrai cliché. On se croirait dans un saloon tiré d'une B.D. de *Lucky Luke* : luxe kitsch, serveuses en décolleté et bas résille affriolants. Concerts certains soirs. Rigolo quand il y a du monde, sinon sans grande atmosphère...

Wild Horse Saloon : *601 E 2nd Ave. ☎ 970-375-2568. Entrée sur College Dr, tt contre l'Ore House (voir « Où manger ?... »). Mer-sam 18h-2h. Animation musicale ven-sam (rock ou country). Petit droit d'entrée et consos pas ruineuses.* Une bonne adresse d'ici avec de jolies serveuses en chapeau et de vrais cow-boys, où l'on peut même danser et apprendre à danser.

El Rancho Tavern : *975 Main Ave. ☎ 970-259-3562. Tlj 10h-2h.* Le vrai bar américain, tout en longueur, avec les briques sur les murs, les habitués accoudés au comptoir et les billards au fond. Réputé pour ses bières fraîches et ses bloody mary. Pas de musique live, le juke-box tourne à fond, mais c'est l'un des bars les plus animés de Durango.

Lady Falconburgh's Barley Exchange : *640 Main Ave, au sous-sol d'une espèce de petit centre commercial. ☎ 970-382-9664. Tlj 11h-2h.* Décor de grand pub classique, mais il sert une bonne centaine de bières, locales et d'importation, dont une quarantaine à la pression. Liste disponible sur le comptoir. On peut aussi y manger des trucs simples et pas très chers tard le soir. Pour l'anecdote, le pub porte le nom de la plus jeune fille de Cromwell qui, en disgrâce, épousa un certain Alphonse Falconburgh avec qui elle connut la misère... avant de devenir barmaid et une autorité reconnue en matière de bière !

Steamworks Brewing Co : *801 E 2nd Ave, au croisement de 8th St. ☎ 970-259-9200. Tlj 11h-minuit, jusqu'à 2h ven-sam.* Vaste hangar aménagé avec une déco jeune et bariolée, à l'image de la clientèle. La maison brasse ses propres bières (une douzaine), raison pour laquelle le sol est jonché d'épluchures de cacahuètes car, bien sûr, il faut assoiffer les clients ! On peut aussi y manger (voir « Où manger ?... »).

À voir. À faire

➢ **Durango & Silverton Narrow Gauge Railroad :** *guichet au 479 Main Ave. ☎ 970-247-2733 ou 1-888-872-4607. • durangotrain.com • Fonctionne début mai-fin oct. 1-3 trains/j. au départ de Durango : à 8h30, 9h et, de début juin à mi-août, à 10h. Résa impérative (plusieurs j. voire sem avt en juil). Env 85 $/pers l'A/R (49 $ 4-11 ans). Wagon de 1re classe (parlor car et presidential class) dans le train de 9h : 170-200 $/pers selon confort. Possibilité aussi d'effectuer l'aller ou le retour seuls en bus ; c'est un peu plus cher que le tarif de base, mais trajet raccourci de 2h (résas au départ en même temps que l'aller et se faire enregistrer auprès du chauffeur dès l'arrivée à Silverton). Également un train en hiver, à 10h (le Winter Cascade Canyon Excursion), qui ne fait qu'une partie du trajet (au-delà, il y a trop de neige) ; retour vers 15h ; prix : env 60 $.*

Ce vieux train à vapeur (conduit par une loco de 1900) chemine de Durango à Silverton, une ancienne ville minière perchée à près de 3 000 m d'altitude, à 45 miles

UN TRAIN DE LÉGENDE

Le Durango & Silverton Narrow Gauge Railroad fut achevé en 1881. Conçu pour transporter l'or et l'argent extraits des mines de San Juan, on dit que ce train en aurait convoyé pour 300 millions de dollars ! Il a également transporté deux légendes du Far West, Butch Cassidy et Sundance Kid, alias Paul Newman et Robert Redford, pour les besoins du célèbre film éponyme.

vers le nord. Il passe 2h15 sur place avant de rebrousser chemin. Les paysages traversés sont fantastiques mais, bien sûr, ceux qui habitent en Haute-Savoie risquent de s'ennuyer un peu, d'autant plus que le trajet dure quand même 3h30 dans chaque sens. Un tuyau : dans le sens Durango-Silverton, réserver sa place à droite *(east side)*, on voit nettement mieux que du côté gauche.
Sachez également que le trajet peut être fatigant, et même salissant à cause de la fumée, pour ceux qui choisissent les wagons ouverts *(gondolas)*. De plus, en mai et à partir de septembre, Silverton connaît de fréquentes bourrasques de vent glacé, des averses, voire de la neige ! S'équiper en conséquence. Bondé en été. Après le 15 août, c'est plus facile d'avoir une place. Dans tous les cas, soyez à la gare de Durango (au début de Main Avenue) en avance – au moins 30 mn, voire 45 mn si vous devez retirer vos billets sur place.

Durango & Silverton Narrow Gauge Railroad Museum : *à la gare, de l'autre côté des voies (c'est fléché). Mai-fin oct, 7h-19h ; le reste de l'année, horaires très réduits (du style 13h-16h). Gratuit ; mai-oct, visite guidée (1h, 10 $; 5 $ avec billet de train) à 10h30 et 14h30.* Ce musée ravira les aficionados de vieux tchou-tchou avec son authentique loco à vapeur *Rio Grande Southern* de 1887 et ses wagons datant de la même époque. L'un, très luxueux (le *Nomade*), remontant à 1878 et entièrement tendu de velours rouge, servit, entre autres, à transporter le président Taft, avant d'être racheté en 1957 pour être utilisé (comme train privé) sur la ligne Durango-Silverton. Encore parfois remis sur les rails, c'est l'un des plus vieux wagons encore en service de la nation.

Durango Discovery Museum : *1333 camino del Rio. ☎ 970-259-9234. • durangodiscovery.org • Au bord de la rivière, repérable à la cheminée devant. Mer-sam 10h-17h (19h jeu), dim 13h-17h. Entrée : 8,50 $;* Family Day Pass *30 $; le 1er dim de chaque mois, donation libre.* Cet ancien bâtiment (1893) de la *Durango Light and Power Company* abrite désormais un musée des Sciences interactif... ou, si vous préférez, une grande salle de jeux pour petits et grands ! L'endroit n'est pas énorme et n'a rien à voir avec ses grands frères de Denver ou Albuquerque, mais les jeunes curieux s'y éclatent plutôt bien ! Pas donné quand même.

Bar D Chuckwagon Suppers : *sur la route de Silverton, à env 11 miles de Durango, prendre la CR 252 à droite, au niveau du golf* Dalton Ranch, *puis c'est fléché. ☎ 970-247-5753 ou 1-888-800-5753. • bardchuckwagon.com • Ouv fin mai-début sept. Résa conseillée (via Internet). Compter 21-33 $ selon ce que vous voulez manger ; 10 $ jusqu'à 8 ans.* C'est une reconstitution de la vie du Far West avec repas et concert de country. Bon, ce n'est pas du plan routard, plutôt de l'animation organisée à grande échelle, mais ce peut être assez drôle, au deuxième ou au troisième degré, de partager une grande tablée d'Américains venus écouter un groupe de country kitschissime, les Wranglers, dans un agréable cadre naturel. Le repas est servi à 19h30 pile poil. La caisse ouvre à 17h30 et les premiers arrivés sont les mieux placés pour le spectacle.

– ***Sports « d'aventure » :*** beaucoup de jeunes Américains un peu friqués, néo-sportifs, anciens babas ou yuppies musclés s'offrent des séjours *adventure* à Durango. Les activités en vogue proposées ici sont nombreuses : *skiing,* rafting, *kayaking, hiking, rock climbing* ou *mountain biking...* Plusieurs agences de Durango proposent leurs services. En voici deux, mais il y en a d'autres :

■ ***Mountain Waters Rafting :*** *643 camino del Rio (parking de l'Albertson). ☎ 970-259-4191 ou 1-800-585-8243. • durangorafting.com •* Rafting sur l'Animas River, qui arrose Durango.

■ ***Southwest Adventure Guides :*** *1111 camino del Rio. ☎ 970-259-0370 ou 1-800-642-5389. • mtnguide.net •* Spécialisé dans l'escalade, le VTT et le ski.

– Possibilité de ***se faire photographier*** façon *Old West* :

■ ***Old West Photos :*** *643 Main Ave. ☎ 970-247-8626. Tlj en été 8h30-21h.* Pour se faire tirer le portrait en cow-boy ou en danseuse de saloon... en teinte sépia. Rigolo mais tout de même assez cher *(à partir de 30 $ pour 1 pers dessus)*.

Spectacle à voir

Rodéos : *de mi-juin à août, mais surtout en juil. À* La Plata County Fairgrounds, *à l'angle de Main Ave et 25th St. Rens à l'office de tourisme. Possibilité de résa directement auprès des compagnies de rodéo (billet moins cher).* Rodéos très variés, avec chevaux sauvages et même des taureaux (dangereux, ça !), avec ou sans selle (comme le régime), prise de veaux au lasso par ces dames, etc. Bref, comme dans *Lucky Luke* (notre référence, comme vous l'aurez compris !). Ambiance très western, évidemment, avec souvent des barbecues pour se sustenter entre les rodéos.

Manifestations

– ***Hozhoni Pow Wow :*** *fin mars, au Fort Lewis College (à Durango), pdt 1 sem.* C'est la fête des Indiens hozhonis. L'occasion de voir des plumes et des costumes du dimanche.
– ***Music in the Mountains :*** *de mi-juil à début août. • musicinthemountains.com •* Festival de Musique classique au *Durango Mountain Resort,* à 28 miles au nord de la ville par la Highway 550, à mi-chemin de Silverton.
– ***Four Corners Biker Rally :*** *w-e du Labor Day (1er lun de sept). • fourcornersbikerrally.com •* Des milliers de motards prennent d'assaut la ville ou les villes des environs (Cortez, Farmington et Mancos) !

LE COLORADO

DANS LES ENVIRONS DE DURANGO

Aztec Ruins National Monument : *au Nouveau-Mexique, à 38 miles au sud de Durango, sur l'US 550, vers Aztec. ☎ 505-334-6174. • nps.gov/azru • Juin-août, tlj 8h-18h ; sept-mai, tlj 8h-17h. Entrée : 5 $ (ticket valable 7 j.) ; gratuit moins de 15 ans ;* Interagency Annual Pass *(le titulaire de la carte et max 3 autres pers) accepté.*
Prêt d'un livret en français ; s'il n'est pas dispo, achetez-le car il est nécessaire pour comprendre cet ensemble certes fort intéressant mais à l'état de ruines. Au *Visitor Center,* un petit musée permet de voir de nombreuses poteries retrouvées sur place. Projection d'un film de présentation.
C'est un site pueblo du XIIe s, situé au Nouveau-Mexique, suffisamment rare pour avoir été inscrit au Patrimoine mondial de l'humanité. Seule la partie ouest des ruines a été mise au jour mais, mine de rien, c'est l'une des plus importantes constructions d'Amérique du Nord de cette époque. Elle contient plusieurs *kivas* (sortes de rotondes qui servaient aux cérémonies), la plus grande ayant été reconstituée en 1934... pour donner du travail à la population. Au fait, quel rapport avec les

NOS CHERS ENNEMIS...

Disparus il y a 800 ans pour des raisons non élucidées, les premiers habitants furent appelés « Anasazi » par les Navajos, ce terme voulant dire « ancien ennemi ». C'est donc fort logiquement que les descendants de ces tribus originelles, notamment les Zunis et les Hopis, demandent que l'on emploie désormais les termes « ancestral puebloans », soit mot à mot les « anciens habitants des villages ».

Aztèques ? Aucun. Ce sont tout simplement les découvreurs du site, au XIXe s, qui l'attribuèrent indûment aux Aztèques, pensant que les Indiens du coin étaient incapables d'une telle complexité architecturale...

Chaco Culture National Historical Park : *à env 105 miles au sud de Durango, au Nouveau-Mexique. Un site qui se mérite ! En effet, situé au milieu de nulle part, il faut vraiment le vouloir pour le voir. Plusieurs routes (pistes, plutôt) y mènent, mais il est fortement recommandé d'arriver par la route 550 (entre Aztec et Cuba). Sur celle-ci, à 3 miles au sud-est de Nageezi, prendre la County Rd 7900 et la suivre sur 5 miles, puis la County Rd 7950 (une piste, à suivre sur 16 miles). Faire le plein (d'essence, d'eau, de provisions) avt de partir ou de quitter la grand-route, car après c'est le désert !*
– Parc tlj de 7h au coucher du soleil. Entrée : 8 $/véhicule (valable 7 j.) ; Inter-agency Annual Pass *accepté.*

Visitor Center : *☎ 505-786-7014. • nps.gov/chcu • Tlj 8h-17h.* Le Chaco Canyon fut entre 850 et 1250 un grand centre cérémoniel, commerçant et politique de la culture pueblo et de cette région des *Four Corners.* C'est aussi le plus important site archéologique précolombien au nord du Mexique. Aujourd'hui encore, les descendants des Anasazis le considèrent comme un lieu sacré. On peut le visiter en voiture, en suivant la boucle de 9 miles qui dessert six sites (*Una Vida, Hungo Pavi, Pueblo Bonito, Chetro Ketl, Pueblo del Arroyo* et *Casa Rinconada*), mais il est aussi intéressant de s'aventurer sur les sentiers (demander au préalable un permis gratuit au *Visitor Center*) pour rejoindre des sites un peu plus éloignés. Le parc est très étendu, et il faut au moins y passer la journée pour bien en profiter et se promener dans les ruines des villages, où l'on peut encore voir les vestiges des « grandes maisons » de plusieurs étages ou des *kivas*.

Gallo campground : *à 1 mile à l'est du* Visitor Center *(où il faut d'abord se rendre). Ouv tte l'année. Empl. 10 $/j.* Sur le site, pas un poil d'ombre, mais une table de pique-nique pour chaque emplacement. Eau non potable et toilettes sur place ; pour l'eau potable, il faut se rendre au *Visitor Center*.

MESA VERDE NATIONAL PARK

Le parc de Mesa Verde abrite les plus incroyables exemples de villages indiens abandonnés du Sud-Ouest, magnifiquement préservés sous des parois rocheuses. Baptisée par les Espagnols au XVIIe s, cette « table verte » ou « plateau verdoyant », dominant de 600 m tout l'angle sud-ouest du Colorado, fut occupé par les premiers Indiens (Anasazis, selon le terme navajo) dès les environs de l'an 550. Ce peuple, d'abord nomade, se développa rapidement grâce à l'introduction de l'agriculture (maïs, courges, haricots...) et la domestication du chien et du dindon. La tribu habitait à l'origine des maisons d'argile semi-souterraines. Puis des constructions en dur de plus en plus ambitieuses virent le jour. Entre 1100 et 1300, ces tribus indiennes atteignirent leur apogée. On sait peu de chose de leur vie, si ce n'est qu'elles célébraient leurs cérémonies religieuses dans des caves circulaires : les *kivas*. Les archéologues tentent d'interpréter les découvertes qu'ils font à la lumière des croyances et de la tradition orale des Indiens hopis ou, quand cela est possible, des Indiens tanons et kerezans, descendants supposés les plus directs de ces anciennes peuplades.
L'état de conservation de ces habitations troglodytiques *(cliff dwellings)* est fantastique. Sur les 5 000 sites archéologiques actuellement recensés, on ne dénombre pas moins de 600 habitations troglodytiques à travers le parc.

Musée, guides et livres retracent de façon très vivante toute l'histoire de cette civilisation indienne.

➢ L'entrée du parc de Mesa Verde est située entre la ville de Cortez *(10 miles à l'ouest)* et Durango *(35 miles à l'est)*. Une fois franchi le poste de garde *(ouv 24h/24 ; 10 $/véhicule ; 15 $ Memorial Day-Labor Day, soit fin mai-début sept ; Interagency Annual pass accepté)*, il reste à parcourir encore 15 miles jusqu'au *Visitor Center*, d'où une route mène vers Chapin Mesa, la partie la plus importante, et une autre vers Wetherill Mesa, où l'on a également retrouvé des habitations. Faites le plein avant de venir car, à part la petite pompe à essence du magasin du camping (et encore faut-il qu'elle soit approvisionnée), on ne trouve aucune station-service à l'intérieur de ce vaste parc. Si vous n'avez que peu de temps à lui consacrer, vous pouvez vous contenter d'observer les vestiges archéologiques depuis les différents points de vue, d'autant que le parc vaut à lui seul le détour, même s'il a énormément souffert des incendies successifs survenus depuis 2000. Hors saison et notamment en hiver, ne vous aventurez pas trop dans le parc s'il y a beaucoup de neige, vous pourriez avoir du mal à en repartir. À cette époque de l'année, vous ne trouverez ouverts qu'une cafétéria, *Spruce Tree House* et le musée.

Adresses et infos utiles

– Pour info, en octobre 2012, le ***Far View Visiter Center*** devrait être remplacé par le ***Mesa Verde Visitor & Research Center,*** situé juste à la sortie de la Highway 160, à l'entrée du parc.

🛈 ***Far View Visitor Center :*** *☎ 970-529-4465. • nps.gov/meve • De mi-avr à mi-oct, tlj 8h-17h (19h juin-août). Fermé en hiver (s'adresser au Chapin Mesa Museum ouv tte l'année).* Chaque personne désirant visiter l'un des 3 principaux groupes d'habitations troglodytiques (*Balcony House, Cliff Palace* et *Long House*) doit être en possession d'un ticket d'entrée à prendre au *Visitor Center* (ou voir les autres points de vente ci-dessous), selon le principe du « premier arrivé, premier servi ». Tour guidé obligatoire avec un ranger. C'est bien pour les explications qu'il fournit mais un peu long en saison pour obtenir le ticket *(env 3 $/site et par pers)*, où il est impératif d'arriver très tôt le matin si vous voulez avoir une chance de visiter 2 sites dans la même journée (ne comptez pas faire les 3 le même jour, *Long House* est trop loin des autres). Précisons, cependant, qu'en cas de très forte affluence il peut aussi vous être refusé de visiter 2 sites le même jour.

– Selon les saisons, possibilité d'acheter les tickets pour la visite des 3 sites à plusieurs endroits : *au **Visitor Center** du parc (de mi-avr à mi-oct), à la **Morefield Ranger Station** (juin-août), au **Colorado Welcome Center de Cortez** (tte l'année ; 928 E Main St ; ☎ 970-565-4048 ; • mesaverdecountry.com • ; juin-août 8h-18h ; sept-mai 9h-17h), au **Chapin Mesa Museum** (de mi-oct à début nov).*

– Possibilité aussi de faire un tour en bus d'une demi-journée *(env 45 $)* sur le *Mesa Top Loop* et au *Cliff Palace.* S'adresser au groupe *Aramark.* Basé au *Far View Lodge,* il a aussi un comptoir au *Morefield Campground Store* et à la cafét' *Far View Lodge Terrace.* *• visitmesaverde.com •*

Où dormir ? Où manger ? Où boire un verre ?

La solution la plus simple est de dormir dans la vallée, à Cortez, la ville la plus proche (nombreux motels) ou à Durango (voir plus haut), et de visiter Mesa Verde le lendemain matin.

Dans le parc ou aux abords

⛺ ***A & A Mesa Verde RV Park & Campground :*** *34979 I-160, **Mancos.** ☎ 970-565-3517 ou 1-800-972-6620.*

• mesaverdecamping.com • En sortant de l'I-60 pour Mesa Verde, prendre la direction opposée à celle du parc. Ouv avr-oct. Pour 2 pers : tente env 26 $, camping-car env 40 $ avec eau, électricité et vidange (full hook up), *cabin 52 $.* Un camping un peu bricolo mais correctement équipé, niché à la fois près de la route et dans un bel environnement avec vue sur les montagnes. Emplacements plus ou moins ombragés, certains signalés par des plaques de rues. Quelques *cabins* en bois à louer, mais apporter son sac de couchage ou ses draps. Boutique, machines à laver, bain à bulles, minigolf et piscine. Quelques chevaux dans leur enclos pour la carte postale. Mon tout très simple.

Morefield Campground : *dans le parc, à 4,5 miles de l'entrée. ☎ 1-800-449-2288. Ouv de début mai à mi-oct. Réception 7h-21h. Empl. tente (jusqu'à 6 pers) env 25 $, camping-car 35 $.* « Premier arrivé, premier servi », mais vous y trouverez presque toujours de la place, même en plein été car il y a environ 400 emplacements. Très beau site et calme absolu, à défaut d'y avoir beaucoup d'ombre. Si vous ne voulez pas être trop loin des bâtiments qui regroupent les douches, la laverie, le café et l'épicerie, installez-vous sur Zuni Loop. De là, il y a 200 m à pied.

Far View Lodge : *dans le parc, à côté du Far View Visitor Center. ☎ 602-331-5210 ou 1-800-449-2288. • visitmesaverde.com • Ouv d'avr à mi-oct. Résa impérative 2-3 mois avt pour juil-août. Doubles 120-155 $. Resto 17h-21h30. Plats 17-25 $.* Les chambres sont disséminées dans plusieurs bâtiments genre motel. Préférez les chambres *kivas,* à peine plus chères que les standard mais bien plus sympas. La plupart ont un balcon avec une vue imprenable sur la plaine en contrebas. Pour le petit déj, rendez-vous aux 2 cafétérias du parc... et là, c'est moins réjouissant et cher. Quant au resto, les places y sont aussi chères (le repas aussi, mais pas tant que ça au vu de la qualité !) : pas de résas, principe du « premier arrivé, premier servi ». Non seulement le lieu avec ses grandes baies vitrées offre une très belle vue (si vous n'êtes pas assis au fond de la salle), mais le contenu de l'assiette mérite aussi le détour. Au menu, une cuisine de chef (mais pas chichiteuse ou radine pour autant) qui s'appuie sur les ingrédients locaux, où le trio qui forme la base des cultures et de la cuisine hopis (courge, haricots secs et dinde) revient régulièrement. C'est délicieux, tout simplement, de l'entrée aux desserts ! Belle carte des vins, que l'on peut boire au verre. L'occasion de tester de bons vins du Colorado.

On vous conseille vraiment d'apporter votre pique-nique pour profiter des grands arbres et de l'air pur, d'autant plus que les 2 seules ***cafétérias*** de Mesa Verde sont assez chères et pas terribles. Néanmoins, si vous mourez de faim, vous trouverez la *Spruce Tree Terrace (tte l'année 9h-18h30),* à côté du musée, et la *Far View Terrace* près du *Visitor Center (en saison slt, 7h-20h en discontinu). Salades et burgers env 7-9 $.*

À Cortez et dans les environs

Cortez n'a pas le charme de Durango, loin s'en faut. Imaginez une grande route sans fin (l'I-160), bordée de part et d'autre de motels, centres commerciaux, supermarchés, stations-service et autres bâtiments (dont de bons restos)... eh bien, c'est à peu près ça ! Les alentours de Cortez, en revanche, beaucoup plus agricoles, alimentent la région en produits frais et cachent de jolis paysages verdoyants, comme les environs du charmant village de Dolores (au nord de Cortez).

En plus des traditionnels *Econo Lodge, Days Inn, Super 8* ou *Best Western,* citons :

Aneth Lodge – Budget 6 : *645 E Main St, à* ***Cortez.*** *☎ 970-565-3453 ou 1-877-515-8454. Doubles 50-60 $.* Un motel de brique rouge au ras du sol proposant une trentaine de chambres. Oui, c'est basique, plus tout jeune (les matelas gagneraient à être un peu plus fermes), mais propre et pas cher... bref, presque une aubaine dans cette région !

Tomahawk Lodge : *728 S Broadway, à* ***Cortez.*** *☎ 970-565-8521 ou*

1-800-643-7705. • *angelfire.com/co2/tomahawk* • *Sur l'I-160, à la sortie de la ville en venant du parc. Doubles 65-80 $ selon confort.* Petit motel aux murs beiges et toit de tôle bleue qui propose de bonnes petites chambres propres et à la déco sobre. Si possible, préférez les chambres les plus en retrait de la route. Petite piscine en bord de l'I-60.

Silver Bean : *410 Main St, à* ***Cortez.*** *☎ 970-946-4404. Lun-ven 6h30-15h, sam 7h30-13h. Plats 3-7 $. CB refusées.* Installé dans une caravane *Airstream,* sur un parking, à la sortie de la ville en venant du parc, à côté du *Burger King,* voilà un bien étonnant petit café. C'est minuscule, le choix n'est pas bien grand non plus (breakfast *burritos,* bagels, *smoothies* et bons cafés), mais le lieu et l'accueil sont bien sympathiques. Pour les claustrophobes, possibilité de s'installer sur la terrassette improvisée ceinte de sa clôture blanche !

The Farm : *18 E Main St, à* ***Cortez.*** *☎ 970-565-3834. Lun-ven 11h-15h. Plats 5-8 $.* Choix limité, à consommer sur place (cadre très banal) ou à emporter, mais les petites salades inventives, les soupes ou les sandwichs pita préparés avec les ingrédients bio de la ferme sont savoureux et constituent un très bon pique-nique.

Pepperhead Restaurant : *44 W Main St, à* ***Cortez.*** *☎ 970-565-3303. Tlj sf dim et lun 11h-21h. Plats 10-12 $.* Un resto mexicain familial qui, manifestement, fait une fixation sur le piment, l'emblème de la maison, qu'ils produisent eux-mêmes. Au menu, bien sûr, les classiques tacos *& co,* mais pas seulement ; les spécialités de la maison, des plats bons et copieux, sont propres à requinquer l'individu vidé après une journée au grand air. L'endroit est aussi connu pour ses margaritas (déjà moins propres à requinquer son homme après une journée au grand air !). En plus, le cadre est sympa, que ce soit la grande salle colorée, toute de bois clair, ou l'espèce de véranda avec ciel peint au plafond, grand crucifix et basse-cour en porcelaine parmi les nombreuses plantes vertes.

Shiloh Steakhouse : *5 S Veach St, à* ***Cortez.*** *☎ 970-749-1483. À l'entrée de la ville, discrètement tapi au bord de la Main St (sur la gauche en venant du parc). Tlj 11-21h (19h dim). Lunch 10-15 $, dîner 16-25 $.* Une envie de viande ? C'est l'endroit ! Du bœuf, du bison, de l'élan ou du poulet, c'est au choix. Pour les petits budgets, mieux vaut assouvir cette envie au déjeuner, car c'est beaucoup moins cher ! Cela dit, les *buffalo* ou *elk burgers* sont servis à toute heure et pas ruineux. Vu l'emplacement, sur un parking, le petit intérieur coquet et chaleureux surprend... et l'adorable terrasse sous la tonnelle à l'arrière, encore plus.

Dolores River Brewery : *100 S 4th St, à* ***Dolores.*** *☎ 970-882-4677. À 10 miles au nord de Cortez ; dans une rue perpendiculaire à Railroad Ave (la route 145 ; la rue principale). Tlj sf lun à partir de 16h. Plats 8-10 $.* Un pub de village à l'ambiance vraiment très sympa : c'est ici, dans une déco hétéroclite (boules à facettes, tables de toutes les hauteurs, coin canapé), que toute la communauté locale et les gens de passage se retrouvent dans la bonne humeur pour partager un verre (délicieuses bières maison), une bonne pizza au feu de bois (qui met parfois le temps à arriver !) ou grignoter une salade ou un dessert. Concert également de temps en temps.

LE COLORADO

À voir

Chapin Mesa Museum : *à 5 miles au sud du* Visitor Center. *☎ 970-529-4465. Ouv tte l'année 8h-18h30 (17h de mi-oct à mai sf janv-mars 16h30). Gratuit.* Créé dès 1917 dans une cabane en bois, il s'est peu à peu agrandi pour devenir, mine de rien, l'un des plus riches Musées archéologiques du pays. Il abrite d'intéressantes collections d'objets concernant les Indiens de Mesa Verde. La présentation elle-même n'a guère changé depuis des lustres, mais c'est bien fait et les explications sont claires et précises, sur la vannerie notamment, longtemps utilisée avant que n'apparaisse la poterie. On trouve même des motifs de vannerie « imprimés » sur les poteries. Bref, de vrais champions de *basket*, ces Indiens ! Voir également les dioramas très réussis montrant l'évolution de l'habitat et le développement de l'architecture. Ces derniers ont été réalisés par des artistes et historiens au chômage pendant la Grande Dépression des années 1930. Intéressante vidéo toutes les 30 mn sur le parc et l'épopée des premiers Indiens. En fait, il peut être intéressant de visiter le musée avant Bruce Tree House, et même Cliff Palace ou Balcony House car cela vous donnera les clés pour suivre les visites guidées.

UNE DISPARITION MYSTÉRIEUSE

Pour une raison obscure, vers l'an 1200, la tribu indienne abandonna ses villages des plateaux pour s'installer dans les anfractuosités des canyons. Fuyait-elle un ennemi, cherchait-elle à se protéger des éléments ? En tout cas, c'est dans ce nouveau cadre que les tribus bâtirent leurs plus belles demeures, celles que l'on vient voir aujourd'hui, tout en continuant à cultiver le plateau. Mais, pour des raisons encore plus mystérieuses, cette civilisation indienne disparut brutalement du canyon à la fin du XIIIe s. Migration naturelle (c'était un peuple de nomades, à l'origine), sécheresse, épuisement des sols, troubles sociaux ? Nul ne le sait encore...

Derrière ce musée, un sentier mène (en 30 à 45 mn aller-retour) à ***Spruce Tree House,*** une des plus grandes habitations troglodytiques du parc et l'une des mieux préservées. Elle est ouverte toute l'année mais, en hiver, il faut être accompagné d'un ranger pour la visiter. Accès gratuit, même lors des visites guidées. On y dénombre 114 pièces et 8 *kivas*. Une bonne centaine de personnes devait y vivre. Près de 90 % des constructions visibles ont été préservés en l'état, sans restauration. Une jolie balade.

Cliff Palace : *à 8 miles au sud du* Visitor Center, *30 mn en voiture. Visite obligatoirement guidée de mi-avr à début nov ; fin mai-début sept, 9h-18h ; printemps, 9h-17h ; automne, 9h-16h. Fermé en hiver.* *Cliff Palace,* c'est un peu la vitrine de Mesa Verde. Près de 150 pièces d'habitation massées dans une vaste cavité, sous une belle paroi rocheuse et au-dessus d'un canyon impressionnant. C'est le plus grand complexe troglodytique du parc et même... d'Amérique du Nord ! Découvert en 1888 par deux cow-boys en goguette qui étaient partis à la recherche de leurs vaches égarées. Les archéologues estiment que 100 à 120 personnes vivaient là. Balade plus facile (400 m à parcourir et cinq échelles à descendre ou à monter) que la *Balcony House,* qui suit. Très impressionnant, même si de nombreuses habitations ont fait l'objet de restaurations. Il faut dire que les premiers explorateurs campaient dans les ruines et se servaient parfois des poutres des habitations pour faire du feu... Notez les deux tours, la ronde et la carrée qui devait faire tout de même quatre étages. Pour ceux qui n'ont pas choisi la visite guidée (mais c'est dommage, car marcher dans le village donne une tout autre dimension à la visite), beau point de vue depuis le *Cliff Palace Overlook*, juste en surplomb du site (avant la porte d'entrée de la visite guidée).

Balcony House : *2 miles après le* Cliff Palace. *Visites guidées slt, de fin avr à mi-oct 9h-17h (17h30 en hte saison).*
Même type de constructions que le *Cliff Palace*, en un peu moins grand. En revanche, la visite est plus difficile physiquement car, ici, les échelles sont plus hautes (l'une d'entre elles fait 10 m), il faut passer à quatre pattes dans un tunnel étroit sur 3,50 m de long et gravir des marches creusées dans la roche. Bref, ce n'est pas très conseillé à ceux qui sont claustros, un peu enveloppés ou sujets au vertige. Cette habitation troglodytique comporte une quarantaine de pièces où vivaient sans doute 40 à 50 personnes. Son nom provient d'une espèce de balcon, en partie intact aujourd'hui et protégé par une sorte de parapet, assez rare pour être signalé.

Pas de point de vue possible sans faire la visite guidée car, du parking, on est exactement au-dessus du site et aucune plate-forme comme à *Cliff Palace* ! Reste une solution : faire le *Soda Canyon Overlook Trail* (4 km aller-retour, départ à la fin de la Mesa Top Loop Road sur la droite), d'où l'on a le seul point de vue extérieur du site.

👁👁 ***Long House :*** *à 12 miles du* Far View Visitor Center, *par la route de Wetherill Mesa, situé à l'ouest de Chapin Mesa. C'est le site visitable le plus éloigné du parc (1h30 A/R en voiture), il n'est donc pas facile à combiner avec les autres sites le même jour. Visite guidée obligatoire, slt fin mai-début sept, 10h-16h (dernier tour). Limité à 10 visites/j.*
C'est le deuxième plus vaste groupe d'habitations du parc. Départ de l'*Information Kiosk* de Wetherill Mesa. On prend d'abord le *tram,* une sorte de petit train (le dernier tronçon de la route étant interdit aux véhicules particuliers), puis on marche moins de 1 mile. Ici, il n'y a que trois échelles à franchir. La *Long House* comporte une centaine de pièces et une vingtaine de *kivas* où habitaient peut-être 150 personnes.
On peut ensuite reprendre le *tram* qui effectue d'autres arrêts, d'où l'on peut marcher à nouveau pour admirer d'autres ruines de *cliff dwellings*. Prévoir environ 1h30 pour tout le circuit. En plein été, les visiteurs de *Long House* sont prioritaires dans le *tram*. Les autres doivent parfois attendre le suivant.
➢ Ceux qui manquent de temps peuvent se contenter de parcourir en voiture la ***Mesa Top Loop Road,*** une boucle de 6 miles d'où l'on découvre de très beaux panoramas sur différents groupes d'habitations – avec la possibilité d'accéder à certains d'entre eux par un sentier. *Route ouv tte l'année de 8h au coucher du soleil.* Douze arrêts possibles, parmi lesquels nous vous recommandons surtout la *Square Tower House*, pour sa vue sur le canyon, et le *Sun Point View* pour sa vue sur le *Cliff Palace* et six autres *cliff dwellings* !

SILVERTON

530 hab.

D'abord, la Highway 550 depuis Durango, superbe route de vallée sinuant entre montagnes, glaciers, forêts et rivières, est de la pure poésie. Mais le poème lui-même, c'est Silverton, une bourgade posée dans une cuvette haut perchée (3 000 m), au cœur des montagnes San Juan, dans un environnement magnifique. Silverton dut sa prospérité à la découverte d'or en 1874. Aujourd'hui, c'est une petite ville de l'Ouest agréablement restaurée, pour le bonheur des touristes et des photographes. Rues en terre battue, saloons à l'ancienne, dans une ambiance Rocky Mountains : Silverton est nettement plus petite et aussi plus authentique que Durango. Il est agréable d'y passer quelques heures, voire d'y rester pour la nuit (charmants hôtels sur place), lorsque tous les touristes sont partis. Attention, beaucoup de commerces sont fermés hors saison (et particulièrement le lundi !).

Adresse utile

ℹ ***Visitor Center :*** *à l'entrée du village.* ☎ *1-800-752-4494.* ● *silvertoncolorado.com* ● *Mai-sept, tlj 9h-16h (17h juil-août) ; oct-avr, tlj 10h-16h.*

Où dormir ?

Campings

Nous ne citons ici que les 2 campings situés à l'entrée du village, peu après le

Visitor Center sur la droite, mais il y en a d'autres autour de Silverton.

The Red Mountain Motel, Cabins & RV Park : *664 Greene St. ☎ 970-387-5512 ou 1-888-970-5512. • redmtmotelrvpk.com • Ouv de mi-mai à mi-sept pour le camping et tte l'année pour les cabins. Pour 2 pers : empl. tente env 20 $, camping-car env 40 $, cabins 70-140 $ selon taille et confort.* L'espace tentes (une quinzaine d'emplacements) est sur l'arrière, avec une jolie vue mais sans un poil d'ombre. Également quelques *cabins* avec kitchenette, mais l'environnement de celles-ci est moyen (maisonnettes un peu tassées, espace gravillonné et sans verdure). Les moins chères, pour 2, n'ont pas de salle de bains. Laverie. Aire de jeux pour les enfants. Location de jeeps.

Silver Summit RV Park : *640 Mineral St. ☎ 970-387-0240 ou 1-800-352-1637. • silversummitrvpark.com • Derrière le* Red Mountain Motel, Cabins & RV Park. *Ouv de mi-mai à mi-sept. Camping-car slt, env 40 $.* Loue aussi des jeeps et propose des visites de la région.

De très bon marché à bon marché

The Silverton Hostel : *1025 Blair St. ☎ 970-387-0115. • silvertoninnandhostel.com • Ouv en principe tte l'année. Lit en dortoir env 28 $, double env 60 $.* Cette petite maison abrite un dortoir et 8 chambres assez croquignolettes, avec pour certaines des lits superposés. Les n°s 2 et 4 sont les plus agréables. Simple et propre.

De prix moyens à plus chic

Canyon View Motel : *661 Greene St. ☎ 970-387-5400. • canyonviewmotel.com • À l'entrée de la ville, en face du camping* Silver Summit. *Doubles 60-80 $ selon confort et saison.* Un petit motel sans prétention tout en bois avec 10 chambres dans les tons clairs, avec sol en lino (oui, ça existe les motels sans moquette !), plutôt bien équipées (frigo, micro-ondes, café, thé...). Bon accueil. Un bon rapport qualité-prix.

Grand Imperial Hotel : *1219 Greene St. ☎ 970-387-5527 ou 1-800-341-3340. • grandimperialhotel.com • Doubles 80-100 $, suites 135-150 $.* L'un des premiers hôtels de la ville, construit en 1882 par un Anglais, où le victorien côtoie le style western. Chambres meublées à l'ancienne donnant, pour certaines, sur les montagnes San Juan. Ici ou là, la tapisserie ou la moquette donnent quelques signes de faiblesse (probablement dus au grand âge du lieu), mais belle ambiance, plutôt intime. L'ancien *Hub Saloon* accueille un bar western avec un zinc tout en longueur, comme dans les films de John Ford. Pianiste en saison et possibilité de prendre ses repas au resto (burgers, steaks, salades, *ribs*...) en buvant des bières brassées dans la région.

Villa Dallavalle Inn : *1257 Blair St (parallèle à la rue principale). ☎ 970-387-5555 ou 1-866-387-5965. • villadallavalle.com • Doubles 109-125 $, petit déj (copieux) inclus.* Pour vous mettre dans l'ambiance dès l'arrivée, une petite touche d'humour avec le panneau « *Parking for Italians only* ». Il faut dire que les grands-parents de l'actuel propriétaire, venus d'Italie à la fin du XIXe s, ont construit eux-mêmes cette maison en bois datant de 1901 après avoir traversé le pays. Outre un salon intime et agréable équipé d'un vieux piano, on y trouve 7 petites chambres colorées et mignonnes, avec une minisalle de bains. La moins agréable est celle qui a pour seule ouverture sur l'extérieur une fenêtre dans le toit. Apéro offert en fin de journée. Accueil charmant.

Teller House Hotel : *1250 Greene St. ☎ 970-387-5423 ou 1-800-342-4338. • tellerhouse.com • Doubles 90-140 $ selon confort et saison.* Dans la rue principale, une vieille maison construite en 1896 dont la façade fait très *Old West*. Chambres d'époque, avec salle de bains commune pour les moins chères, très soignées et toutes différentes, avec du mobilier ancien et des tissus coquets. Bonne atmosphère générale et un excellent accueil. En passant, jetez donc un œil à la banque à l'ancienne juste à l'angle.

De plus chic à très chic

The Wyman Hotel : *1371 Greene St. ☎ 970-387-5372 ou 1-800-609-7845. • thewyman.com • Doubles 145-240 $ (avec jacuzzi), petit déj inclus.* Hôtel bâti en 1902, évidemment rénové depuis, avec d'épais murs en pierre, une décoration et un ameublement de style victorien. Joli hall d'entrée avec une réception en bois sculpté et un vieux piano. Les 17 chambres sont plus conventionnelles, mais disposent de lits rembourrés de plumes et parfois même d'un bain à bulles en plus des sanitaires. Très vastes suites. Gros petit déj, *4 o'clock tea* servi avec des cookies maison et *wine and cheese* servis le soir, le tout inclus dans le prix. Bon accueil.

Où manger ? Où prendre le petit déj ? Où boire un verre ?

Avalanche Café : *1067 Blair St. ☎ 970-387-5282. Tlj 7h-15h. Parfois aussi ouv en saison jeu-sam 17h30-20h30. Plats env 5-11 $.* Maisonnette colorée avec une petite terrasse, le tout tenu par un couple sympathique. Ce n'est pas bien grand et ça n'ouvre pas bien tard, mais le décor est vraiment chaleureux. Bien pour un petit déj, un grignotage du midi (bagels, tortilla, salades, soupes, *burritos*, gâteaux...). On peut aussi emporter un *dinner special* avant 15h. En saison, pizzas les vendredi et samedi, de 17h30 à 20h30.

Brown Bear Café : *1129 Greene St. ☎ 970-387-5630. Tlj sf nov et avr 7h-21h (voire 20h30 hors saison). Plats 8-16 $; un peu plus pour les viandes.* Le plus populaire du village, y a de ces trognes d'ours bruns dans ces patelins... À la carte, burgers, sandwichs et salades le midi, plats un peu plus élaborés (et plus chers) le soir. Notez la jolie caisse enregistreuse, comme dans *Lucky Luke*.

The Pickle Barrel : *1304 Greene St. ☎ 970-387-5713. Tlj 11h-16h30, et jeu-lun 17h-21h30. Fermé nov et lun en basse saison. Plats 10-20 $.* Repérable à son tonneau en façade. Si vous cherchez un resto pour la soirée, n'allez pas plus loin, c'est le meilleur de la ville. Spécialités de chili maison et de burgers « customisés » (!), plus les habituels soupes, salades et sandwichs le midi. Le soir, steaks, *ribs* et plats à base de poulet, entre autres. Et pour couronner le tout, un excellent accueil.

Handlebars : *117 E 13th St. ☎ 970-387-5395. Tlj mai-oct jusqu'à 2h.* On y vient pour boire un verre dans un étonnant décor en bois, plein d'animaux empaillés, digne d'une cabane de trappeur. Notez le cerf haut de plus de 8 pieds ! On peut aussi y manger un morceau.

LE COLORADO

À voir. À faire

San Juan County Historical Society Museum : *Greene St. ☎ 970-387-5838. • silvertonhistoricsociety.org • Au bout de la Greene St. De fin mai à mi-sept, tlj 10h-17h ; de mi-sept à mi-oct, 10h-15h (horaires susceptibles de changer prochainement, téléphoner avt). Entrée : 5 $; gratuit jusqu'à 12 ans.* Comme son nom l'indique, c'est le musée du *county*. La collection est hétéroclite mais fort joliment présentée et dans un bel endroit. La visite commence par l'ancienne prison (1902) du comté où habitait aussi le shérif. Le bâtiment fut ensuite transformé en maison de retraite puis abandonné pendant 25 ans. À leurs plus grandes heures, et bien qu'elles n'aient été conçues que pour 16 personnes, les geôles accueillirent jusqu'à 40 prisonniers – surtout le week-end, à cause des rixes provoquées par les cow-boys éméchés. Il y avait aussi régulièrement quelques mineurs, qui, s'étant servis eux-mêmes dans la mine, faisaient ici une drôle de mine... Les cellules sont toujours à l'étage. Mais les pochards se retrouvaient pour la plupart à la cave, là où se situe aujourd'hui le *Mining Heritage Center* avec expo de minéraux et une collection d'outils de mineurs. De là, on rejoint la maison principale (celle de la billetterie) par un tunnel et l'expo de vieux objets se poursuit : matériel de la mine toujours, mais aussi de vieilles boîtes postales, des pistolets du XIXe s, des jouets anciens, du matériel médical, des pianos et de beaux poêles.

– ***Gunfight :*** *13th St, à la hauteur de Blair St, non loin de là où le train s'arrête. Spectacle gratuit juin-début sept, jeu-sam 17h30.*

DANS LES ENVIRONS DE SILVERTON

✮✮ ***Old Hundred Gold Mine Tour :*** *à 5 miles à l'est de Silverton par la County Rd 2 (la route à droite au bout du village). ☎ 970-387-5444 ou 1-800-872-3009. • minetour.com • De la ville fantôme de Howardsville, à 4 miles de Silverton, prendre à droite la County Rd 4 ; la mine se trouve 1 mile plus loin. De mi-mai à mi-oct, tlj 10h-16h (dernier départ). Visite ttes les heures. Tarif : 18 $; réduc.* La route qui mène à la mine mérite déjà le détour pour les paysages qu'elle traverse. Un petit train à voie étroite vous conduit au cœur de la montagne, à travers cette authentique mine d'or découverte en 1904. Elle cessa d'être exploitée en 1971, quelques années après le creusement d'un tunnel de 2 km ! Un ancien mineur raconte l'histoire, la géologie et les méthodes d'extraction, en plus de faire une petite démonstration du fonctionnement des machines. À la fin de la visite, vous aurez même l'occasion de manier la batée. Intéressant si vous comprenez bien l'anglais. Dernière recommandation : prenez un pull avec vous car, à l'intérieur de la mine, il fait moins de 10 °C. Aux beaux jours (trop de neige en hiver) et de préférence avec un 4x4 car la piste n'est pas toujours praticable avec une voiture normale, on peut repartir sur la County Road 2 et pousser 8 miles plus loin, jusqu'à ***Animas Forks Ghost Town,*** un village fantôme dans un cirque de verdure habité par des marmottes.

✮ ***Telluride :*** *à env 20 miles au nord-ouest de Silverton à vol d'oiseau, mais à 75 miles par la route (et ça tourne) ! De la Hwy 550, prendre la 62 vers Placerville, puis la 145 vers le sud et, enfin, la bretelle conduisant à Telluride.* Perchée à près de 3 000 m d'altitude, cette ancienne ville de mineurs est devenue une petite station de ski très fréquentée par la jet-set. De grands noms du show-biz américain y ont une propriété, à commencer par la célébrissime Oprah Winfrey, animatrice vedette du petit écran, ou encore Tom Cruise. Les deux tiers des 2 200 habitants sont branchés sur Internet et bossent par télétravail. Telluride, c'est le futur de l'Amérique : la décentralisation comme on la rêve, entre les pins et avec le grand air. Le long de la rue principale s'alignent la plupart des boutiques et des cafés.

➢ Pour ceux qui ont du temps ou qui vont vers Moab (en Utah) en passant par Grand Junction : superbes paysages de montagne au nord de Silverton, par la Highway 550. À quelques miles, le ***Red Mountain Pass*** (près de 3 500 m d'altitude !) et sa montagne rouge et blanche (vraiment) puis la ville d'***Ouray*** (une jolie petite ville western très vivante en été), et encore de jolis villages encaissés, jusqu'à Montrose et le Black Canyon of the Gunnison National Park.

BLACK CANYON OF THE GUNNISON NATIONAL PARK

✮✮ **Pas la peine de comparer avec le monstre du Grand Canyon ni le sublime Yosemite, mais le Black Canyon vaut le déplacement. Aucun autre canyon**

aux États-Unis n'est à la fois aussi profond et aussi étroit, ce qui lui vaut son nom de « canyon noir » car ses parois de schiste et de gneiss sont souvent dans l'ombre. Jugez vous-même : si ses falaises atteignent parfois 800 m de hauteur, son écartement minimum peut être de 335 m seulement (à comparer aux 28,8 km de largeur maximum du Grand Canyon !). Et puis sa rivière, au fond, la Gunnison River, perd plus d'altitude, en 77 km au fond du canyon, que le Mississippi entre le Minnesota et le golfe du Mexique. Ce qui a sans doute accentué l'érosion, et donc la profondeur du canyon, mais permet aussi d'irriguer toute la vallée voisine (on a même construit trois barrages pour la calmer). Le Black Canyon est également le refuge de nombreuses espèces d'oiseaux, dont le *steller's jay* (tout bleu et assez facilement visible) et le faucon pèlerin, l'oiseau le plus rapide au monde (jusqu'à 320 km/h en plongée).

➢ De Silverton, faire 60 miles au nord par la Hwy 550 jusqu'à Montrose, la ville la plus proche, puis 15 miles au nord-est par les routes 50 et 347 (panneaux), jusqu'au *Visitor Center*. *Parc ouv 24h/24 ; attention, en hiver, route ouv slt jusqu'au* Visitor Center *(entrée gratuite). Entrée payante en saison (env de mi-avr à mi-nov) : 15 $/pers ; réduc ;* Interagency Annual Pass *accepté. Ticket valable 7 j.* Visitor Center : *☎ 970-249-1914 ou 970-641-2337. • nps.gov/blca • En saison, tlj 8h-18h (rangers à l'accueil) ; hors saison, tlj 8h-16h (pas de rangers, juste un point d'accueil et une librairie).* Plan du parc en anglais et fiche descriptive en français.

UN PEU D'HISTOIRE

Au début, les premiers Indiens et les Utes vivaient au sommet du canyon (mais pas au fond des gorges). Puis ce fut une succession de malentendus et de ratages. Les Espagnols de l'expédition Dominguez-Escalante, vers 1776, passèrent à côté. Les membres de l'expédition Hayden aperçurent à leur tour le canyon vers 1873 sans descendre dans les gorges. Le capitaine Gunnison, qui a laissé son nom à la rivière au fond, ne l'a pas exploré non plus ! Bref, tout le monde, y compris la *Denver & Rio Grande Railroad* dont le train chargé d'or et d'argent longeait le gouffre du canyon (à la grande frayeur des passagers !) a déclaré celui-ci définitivement inaccessible ! Il fallut attendre 1901, et la nécessité de trouver un moyen d'irriguer la vallée voisine d'Uncompahgre, pour que deux aventuriers, William Torrence et Abraham Lincoln Fellows (donc pas celui que vous croyez), se lancent à l'eau à bord... d'un matelas en caoutchouc ! Certes, ils étaient ravitaillés sur le trajet, mais ils réussirent à traverser les gorges, soit 53 km en 9 jours. Du coup, on décida la construction d'un tunnel afin de canaliser la rivière vers les exploitations agricoles de la vallée, ce qui fut fait entre 1905 et 1909. Ce tunnel irrigue toujours la vallée aujourd'hui. Il mesure 9,3 km de long.

Où dormir ?
Où manger ?

– Possibilité de camper en saison dans le parc : au *South Rim Campground* (près du *Visitor Center*) ; à l'*East Portal Campground* (accès par la route du même nom, fermée en hiver) ; et au *North Rim Campground* (rive nord, beaucoup plus loin par la route et accès fermé en hiver). S'adresser au *Visitor Center*. Système du « premier arrivé, premier servi ». Pas de douches.

– Sinon, pour se loger, pas de *lodge* ni de motel sur place, il faut choisir un motel banal à Montrose (15 miles), une ville banale elle aussi... Rien non plus en matière de restauration. Venir avec son pique-nique ou se précipiter dans l'un des restos ou fast-foods de Montrose le soir quand on meurt de faim ! L'embarras du choix, le charme en moins.

À voir

Gunnison Point : du *Visitor Center*, on peut déjà avoir un bon aperçu du canyon par le petit sentier qui part derrière. Pratique si on vient hors saison, car la route s'arrête là à cette période !

South Rim Road : en saison, on peut continuer en voiture après le *Visitor Center* afin de s'arrêter aux nombreux points de vue en chemin. Cela dit, marcher n'a jamais fait de mal à personne... Parmi les 10 arrêts possibles, on vous recommande notamment le ***Pulpit Rock Overlook*** pour avoir un aperçu du canyon dans sa longueur, le ***Painted Wall View*** pour observer les couches géologiques et les « coups de pinceau » de celle-ci, le ***Sunset View*** (comme son nom l'indique, pour le coucher du soleil) et enfin le ***High Point,*** à la fin de la route, d'où l'on peut atteindre à pied le ***Warner Point*** pour un point de vue inédit sur le canyon et la vallée.

À voir dans les environs

Museum of Western Colorado : *462 Ute Ave, à **Grand Junction,** ville à 120 miles au nord de Silverton. ☎ 970-242-0971. • wcmuseum.org • Dans le centre. Mai-sept, mar-sam 9h-17h ; oct-avr, mar-sam 10h-15h. Entrée : 6,50 $; réduc.* Si vous passez justement par là, faites un petit détour par ce musée qui présente de beaux spécimens d'artisanat indien et une intéressante collection de pistolets du XIXe s dans la *Gun Room*.

LE NOUVEAU-MEXIQUE (NEW MEXICO)

ABC
DU NOUVEAU-MEXIQUE (NM)

- *Superficie :* 314 926 km² (5ᵉ de l'Union).
- *Surnom : Land of Enchantement.*
- *Capitale :* Santa Fe.
- *Population :* 2 059 179 hab.
- *Densité :* 6,5 hab./km².
- *Fuseau horaire : Mountain Time.*
- *Adhésion à l'Union :* 1912 (47ᵉ État).
- *Minorités :* Hispaniques (46,3 %), Natifs (9,4 %).
- *Langue officielle :* aucune, mais l'anglais est la langue de l'administration et de l'enseignement.
- *Altitude maximum :* 4 011 m, Wheeler Peak.

Avec 6,5 habitants au km² (environ 2 millions d'âmes pour un territoire plus étendu que la Pologne !), le Nouveau-Mexique est l'un des États qui offrent le plus de grands espaces vierges. Pour ceux qui viennent de l'Est, il se présente comme une zone de transition entre les vastes prairies de l'Oklahoma ou du Texas et le grand désert de l'Ouest : la végétation se raréfie et les terres s'élèvent pour former des plateaux arides s'étendant à l'infini sous un ciel profondément bleu, parfois constellé de petits nuages d'une éclatante blancheur... Ici, Indiens (9,4 % de la population), Hispaniques (46,3 %) et Anglo-Saxons, jadis en conflit, cohabitent désormais pacifiquement pour former un savoureux mélange culturel qui s'exprime à travers la cuisine, riche en piments, l'art (Santa Fe, la capitale, qui compte quelque 150 galeries, est le quatrième lieu d'échange d'œuvres d'art du pays) et, bien sûr, l'architecture, tantôt ultramoderne, tantôt hispano-coloniale, parfois en adobe, comme à Taos ou Santa Fe, ou même en roche, avec les habitations troglodytiques que l'on retrouve aux quatre coins de l'État. Pour rappel, c'est aussi au Nouveau-Mexique que fut conçue la première bombe atomique, à Los Alamos (petite ville au nord-ouest de Santa Fe), et c'est aussi ici, sur le site de Trinity, dans le désert près d'Alamogordo, qu'elle fut testée...

C'est aussi, avec l'Arizona, l'Utah et le Colorado, l'un des quatre *four corners states,* puisque (regardez la carte) leur intersection se coupe à angle droit.
– ***Culture Pass :*** les amateurs de musées ayant l'intention de visiter Santa Fe, Albuquerque et, éventuellement, Alamogordo et Las Cruces, ont peut-être intérêt à se procurer (dans un des musées concernés) le *Culture Pass (25 $/pers, valable 1 an)* qui donne accès : à Santa Fe, aux *Museum of Indian Arts & Culture, Museum of International Folk Art, New Mexico History Museum and the palace of the Governors* et le *New Mexico Museum of Art* ; à Albuquerque, au *National Hispanic Cultural Center* et au *New Mexico Museum of Natural History and Science* (dommage que dans cette ville *the Albuquerque Museum of Art and History* ne soit pas inclus) ; à Alamogordo, le *New Mexico Museum of Space History* et à Las Cruces au *New Mexico Farm and Ranch Heritage Museum.* • *newmexico culture.org* •

TAOS

6 200 hab.

Pour le plan de Taos, se reporter au cahier couleur.

À 72 miles au nord-est de Santa Fe. En arrivant de cette ville par la route 68, l'approche est superbe. On accompagne pendant quelques miles le cours du Rio Grande (sans pouvoir taire la chanson d'Eddy Mitchell !) avant de monter sur un plateau parfaitement tabulaire et littéralement déchiré par le canyon de la rivière. On a alors l'étrange sensation d'une terre qui s'ouvre lentement mais inexorablement. En toile de fond se dresse un magnifique site montagneux, dont les sommets (4 011 m pour le *Wheeler Peak*) restent enneigés une bonne partie de l'année. En venant du nord, par la 64, l'approche est toute différente : après avoir traversé d'immenses étendues désertes et désespérément plates, on découvre par surprise, une fois sur le Gorge Bridge, les magnifiques gorges du Rio Grande. Quant à ceux qui choisissent d'arriver du sud par les routes 76 et 518, ce sont de beaux et bucoliques paysages de montagne qu'ils pourront savourer.
Au cœur de ce site, Taos a gardé le style de ces petits villages de l'époque mexicaine, avec ses maisons en adobe et aux toits plats. Celles-ci, habitées sans interruption depuis 1 000 ans, sont les plus anciennes des États-Unis. Depuis toujours, Taos attire les artistes, dont les œuvres sont exposées dans les musées et galeries de la ville.
Les environs ont également servi de décor à de nombreux films : *Les Mines du roi Salomon, Butch Cassidy et le Kid, Easy Rider, L'Homme qui venait d'ailleurs* (avec David Bowie) et même *Star Wars, Superman* et *Indiana Jones* !
L'écrivain D. H. Lawrence *(L'Amant de lady Chatterley, Le Serpent à plumes)* a vécu ici vers la fin de sa vie. Il est enterré dans un ranch du coin.
Le charme de Taos, outre celui de son architecture exclusivement vouée au style pueblo (comme à Santa Fe) et ses environs aux paysages très variés, tient à sa taille très humaine. Bien sûr, la ville s'étend sur des miles et des miles (on est aux États-Unis, quand même !), mais son centre est mignon et se parcourt agréablement à pied. Évidemment, le revers de la médaille de ce charme, c'est que la ville est devenue très touristique (surtout le week-end) et qu'on a un peu l'impression désormais de se promener dans un village-musée chic... ou dans une galerie marchande géante. La petite ville connaît même les embouteillages !

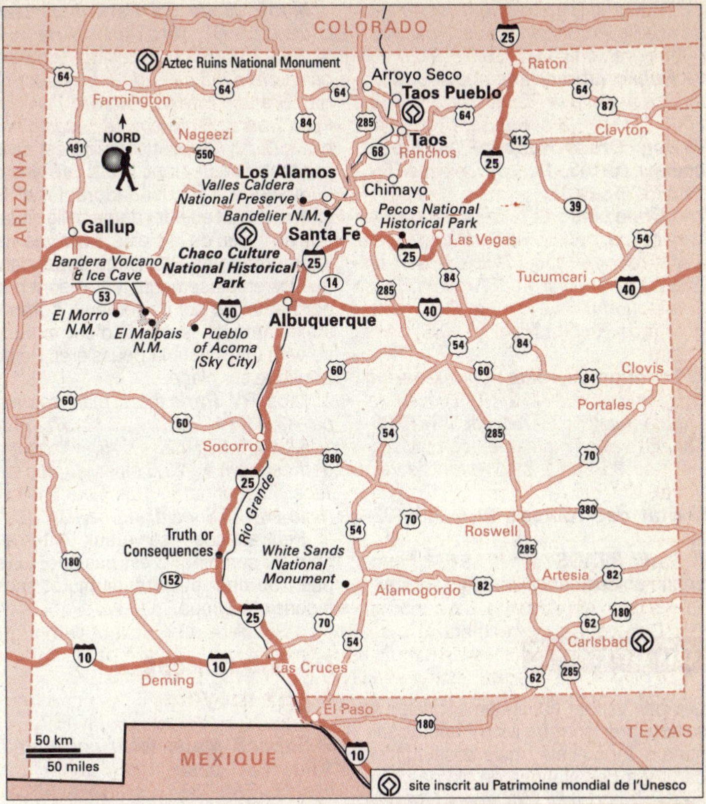

LE NOUVEAU-MEXIQUE

Arriver – Quitter

Le Nouveau-Mexique est, globalement, mal desservi par les transports en commun et Taos ne fait pas exception, puisque même les bus *Greyhound* ne s'y arrêtent plus. Peu à peu, néanmoins, des mesures voient le jour pour pallier ce manque. Les liaisons fluctuant et évoluant sans cesse, mieux vaut consulter les sites des compagnies citées ci-dessous pour connaître tous les bus ou navettes existants entre Taos, Santa Fe et Albuquerque.

– ***Taos Express :*** *☎ 575-751-4459.* • *taosexpress.com* • Navette qui relie, entre autres, Taos à Santa Fe.

– ***RTD Shuttle :*** *☎ 505-438-3257.* • *ncrtd.org* • Là encore, un système de navette ou minibus desservant toute la région comprise entre Taos, Santa Fe et Los Alamos.

Adresses et infos utiles

ℹ ***Visitor Center*** *(plan couleur A3) : 1139 paseo del Pueblo Sur. ☎ 575-758-3873 ou 1-800-348-0696.* • *taos.org/visitor-center* • *À 2 miles du centre. Tlj 9h-17h.*

✉ ***Postes*** *(plan couleur B1) : 318 paseo del Pueblo Norte. Lun-ven 8h30-*

17h. Un autre bureau, à 3 miles au sud de la ville (hors plan couleur par A3) ; ouv lun-ven 8h30-17h, sam 9h-12h.

@ **Public Library** (plan couleur B1) : *402 camino de la Placita. ☎ 575-758-3063. Lun-ven 10h-18h, sam 10h-17h.*

■ ***Holy Cross Hospital*** (hors plan couleur par A3, **1**) : *1397 Weimer Rd. ☎ 575-758-8883.*

Chile Line : *☎ 575-751-2000. Un service de petits bus publics (1 ttes les 30 mn ; tlj 7h30-17h30) dessert un axe sud-nord sur la 68, reliant Taos à la station Ski Valley (en hiver), ainsi qu'à Taos Pueblo. Trajet : 0,50 $; carte hebdo.*

■ ***Location de vélos :*** *chez* ***Gearing Up*** *(plan couleur B1,* ***2****) : 129 paseo del Pueblo Sur. ☎ 575-751-0365. Tlj 9h30-18h. En saison ou le w-e, résa conseillée. Loc 35-50 $/j. selon type de vélo (route, VTT, etc.).*

■ ***État des routes :*** *☎ 1-800-432-4269.*

■ ***Radio KTAOS :*** *sur 101.9 FM.* Fonctionne uniquement à l'énergie solaire !

Où dormir ?

Les prix variant généralement selon la saison, précisons qu'il y a 2 hautes saisons à Taos : l'été, mais aussi l'hiver, car il y a des stations de ski pas loin. Le week-end peut également être plus cher que la semaine, sans compter les festivals, les jours fériés... Et tout cela varie d'un motel à l'autre !

Campings

Taos Valley RV & Campground *(hors plan couleur par A3,* ***11****) : 120 Este Es Rd. ☎ 575-758-4469 ou 1-800-999-7571. • taosrv.com • Dans une rue perpendiculaire à paseo del Pueblo Sur, sur la gauche en venant du centre. Réception 8h-17h. Empl. tente (6 pers max) env 30 $, camping-car 40 $.* Site soigneusement entretenu, plutôt joli et planté d'arbustes. En revanche, les vrais arbres (et donc l'ombre) sont assez rares. Les emplacements réservés aux tentes ne sont pas très grands mais bien équipés, avec table et barbecue.

Monte Bello RV Park (hors plan couleur par B1, **10**) : *24819 W Hwy 64. ☎ 575-751-0774. • taosmontebellorvpark.com • À 5 miles de Taos, direction Rio Grande Bridge. Ouv tte l'année. Pour 2 pers : tente env 18 $, camping-car 35 $.* Ce petit camping est sans conteste celui dont nous préférons l'ambiance, l'accueil (adorable) et le cadre : il jouit en effet d'une belle situation au milieu de la plaine, avec vue sur les montagnes. Précisons cependant que les emplacements tentes sont peu nombreux, le sol caillouteux, l'ombre inexistante et, surtout, c'est exposé au vent (et donc à la poussière). Petite boutique sur place.

Taos RV Park (hors plan couleur par A3, **11**) : *1798 Hwy 68. ☎ 575-758-1667 ou 1-800-323-6009. • taosbudgethost.com • À 3,5 miles au sud de Taos. Réception 8h-18h. Pour 2 pers : tente env 20 $, camping-car env 40 $.* Petit espace réservé aux tentes au fond du camping. C'est basique, mais pas trop cher et l'accueil plutôt sans façons est sympa.

De bon marché à prix moyens

Super 8 Motel (plan couleur A3, **13**) : *1347 paseo del Pueblo Sur. ☎ 575-758-1088 ou 1-800-800-8000. • super8.com • À 3 miles au sud du centre. Doubles 60-65 $, petit déj inclus.* Rien à redire. Certes, la déco est très standard, mais les chambres sont fraîches et bien finies.

Days Inn Taos (plan couleur A3, **14**) : *1333 paseo del Pueblo Sur. ☎ 575-758-2230 ou 1-800-329-7466. • daysinn.com • Doubles 65-90 $ selon saison, petit déj compris.* Même type de chambres qu'au *Super 8 Motel* voisin, un peu plus agréable cependant, mais aussi plus cher.

De prix moyens à plus chic

Sun God Lodge (plan couleur A3, **12**) : *919 paseo del Pueblo Sur. ☎ 575-758-3162 ou 1-800-821-*

2437. • sungodlodge.com • Doubles 65-110 $ selon confort. Motel d'une cinquantaine de chambres aménagées sur 2 étages, où le parking est remplacé par une agréable pelouse plantée d'arbres. Pour le reste, architecture de style traditionnel et chambres coquettes, avec murs blancs, fauteuils en cuir, dessus-de-lit à motifs indiens. En tout cas, tout sauf de la déco standardisée ! Les chambres les moins chères n'ont qu'un lit et pas la clim et, parmi les plus chères, certaines disposent d'une kitchenette. Une très bonne adresse.

El Pueblo Lodge *(plan couleur B1,* ***17****) : 412 paseo del Pueblo Norte. ☎ 575-758-8700 ou 1-800-433-9612. • elpueblolodge.com • Doubles 80-100 $ selon confort (1-2 lits, taille du lit...), petit déj inclus.* Un hôtel qui a tout pour lui : sa situation, à portée de pied du centre historique, et son environnement, verdoyant. Chambres réparties dans plusieurs bâtiments sur 1 ou 2 niveaux. Le grand parking, avec l'agréable petite piscine au milieu, est entouré d'un jardin arboré avec tables de pique-nique et chaises longues. C'est propre, spacieux, la déco de chaque chambre diffère légèrement de celle des autres. La plupart ont cependant une vasque en céramique colorée assez surprenante... pour tout vous dire, c'est l'unique faute de goût que nous ayons trouvée là !

La Doña Luz Inn *(plan couleur B1,* ***15****) : 114 Kit Carson Rd. ☎ 575-758-9000 ou 1-888-758-9060. • ladonaluz.com • Selon confort et saison, doubles 60-140 $, petit déj compris ; un appart 190-230 $.* Toute une gamme de chambres, toute une gamme de prix ! Un *B & B* dans une agréable maison avec des murs en adobe dans le plus pur style du Nouveau-Mexique. Une quinzaine de chambres personnalisées, de taille et de confort variables mais toutes fort bien meublées, dans des tons divers, avec plein d'objets insolites et des œuvres d'art. La plupart possèdent un jacuzzi, certaines une cheminée, d'autres un coin salon, ça dépend. Paco, le charmant proprio, a réalisé la déco : armoires peintes en style indien et escadrilles d'angelots un peu partout.

Très chic

Casa Benavides B & B Inn *(plan couleur B1,* ***16****) : 137 Kit Carson Rd. ☎ 575-758-1772 ou 1-800-552-1772. • taos-casabenavides.com • Doubles 105-300 $. (à la réception).* Le plus bel hôtel de charme de la ville en adobe et bleu turquoise. Fontaine dans la cour-terrasse garnie de mobilier en fer forgé. Chambres évidemment toutes différentes mais toutes aussi réussies les unes que les autres, adorablement meublées (lits en bois sculpté !) et décorées dans le style hispano-indien. Certaines disposent d'une cheminée où l'on peut faire du feu en hiver, d'autres possèdent un balcon couvert... ou s'ouvrent sur un patio. Magnifique salle de breakfast. *Afternoon tea.*

Où dormir dans les environs ?

Campings

À 12 miles au sud de Taos, au niveau du hameau du Pilar (attention, indiqué en venant du nord, mais pas du sud), prendre la route qui s'enfonce dans le canyon, vers le Orilla Verde Recreation Area. *Le long du Rio Grande,* ***plusieurs petits campings*** *proposent un empl. (jusqu'à 8 pers) pour 7 $/nuit.* Dans un cadre sauvage et superbe, constitué d'éboulements de roches recouvertes d'arbustes cendrés. La plupart des campings n'ont que l'eau courante et les toilettes. Pour se laver, seul le *Rio Bravo Campground* dispose de douches (payantes). Les sites sont plus ou moins bien aménagés et ombragés, donc n'hésitez pas à faire un tour de reconnaissance avant de vous acharner sur vos sardines.

Très bon marché

The Abominable Snowmansion : *à* ***Arroyo Seco.*** *☎ 575-776-8298. • abominablesnowmansion.com • Dans une adorable petite localité à 10 miles au nord de Taos, qui vous don-*

nera une idée de ce à quoi ressemblait Taos dans les années 1950. Accès par la Hwy 64 W, puis la Hwy 150. C'est à l'entrée du village, sur la gauche. Ouv tte l'année. Réception 8h-12h, 16h-22h. Pas de curfew, mais check-out à 11h. Selon saison et confort, nuitée 20-25 $/pers en dortoir et doubles 35-60 $; env 18 $ sous tente pour 2 pers. Bâtiment en adobe restauré, construit dans le style des habitations des Indiens de Taos avec plein de décorations colorées. Plusieurs possibilités : planter sa tente dans le jardin, dormir en dortoir (garçons et filles séparés), dans une cabane en bois, dans un des tipis de 4 personnes ou encore en chambre privée avec ou sans salle de bains. Salon commun dans le bâtiment principal et billard. Cuisine équipée aussi et salle à manger avec tables en bois. Jardin potager en été. L'endroit a bien vécu, certes, et tout y est un peu de guingois, mais l'ensemble reste propre et vraiment convivial.

Où manger ? Où prendre le petit déj ?

Spécial petit déj

Graham's Grill *(plan couleur B1, **20**) : 106 paseo del Pueblo Norte. ☎ 575-751-1350. Tlj 7h30-10h30, 11h30-14h30, 17h-21h ; w-e, brunch 8h-14h30, 17h-21h. Petit déj 5-10 $, lunch 10-15 $, dîner 10-20 $.* On vous prévient : si vous venez ici pour le petit déj, vous risquez de vouloir y revenir, histoire de continuer à explorer le menu ! Il y en a pour tous les goûts : salades, soupes, hamburgers, viandes, poissons et des desserts dont la seule vue fait saliver ainsi que tous les classiques du petit déj américain. La chef choisit ses ingrédients (de saison) auprès des producteurs locaux et les cuisine subtilement. Côté viande : bœufs et agneaux élevés et abattus dans des conditions décentes ou encore poulets sans hormones élevés en plein air. On retrouve un même art de vivre dans la cuisine et l'ambiance classe mais conviviale du resto avec la grande salle reposante et bien ventilée, et la jolie terrasse à l'arrière. Un étonnant rapport qualité-prix.

Taos Cow : *à **Arroyo Seco**. ☎ 575-776-5640. Sur la route 150, à deux pas de l'AJ. Tlj 7h-18h. Plats et petit déj 5-10 $.* Une sorte de *coffee shop-deli*-boulangerie-pâtisserie bien plaisante. Leurs préparations sont tout bonnement excellentes, avec des sandwichs de qualité, bagels, soupes et salades confectionnées avec des produits frais et bio, le tout dans une ambiance tranquille. On allait oublier leurs pâtisseries... et les glaces maison qui contribuent à juste titre à la réputation du lieu. Si vous logez à l'auberge tout près, ça deviendra rapidement votre cantine dès le breakfast, et, si vous êtes véhiculé, l'endroit est aussi idéal pour une pause déjeuner ou café.

Michael's Kitchen *(plan couleur B1, **22**) : 304 C paseo del Pueblo Norte. ☎ 575-758-4178. Lun-jeu 7h-14h30, ven-dim 7h-20h. Plats 5-10 $.* Pour un petit déj léger, les pâtisseries vendues à l'entrée feront l'affaire ; vu leur taille, un simple gâteau suffirait presque à nourrir toute la famille (on exagère, mais pas tant que ça !). Sinon, pour se lester jusqu'au dîner, des œufs préparés à toutes les sauces, des pancakes et des gaufres en veux-tu en voilà ! À défaut d'être fin, c'est copieux (et plutôt bon) ! En revanche, ce n'est pas l'endroit pour un bon café et comme dès potron-minet, ça défile dans les chaleureuses salles tout en bois, on ne s'attarde pas. Pour le lunch, bon choix de salades et burgers.

De bon marché à prix moyens

Taos Cow : *à **Arroyo Seco**. Lire plus haut.*

Eske's, Brew Pub & Eatery *(plan couleur B1, **21**) : 106 Des George Lane. ☎ 575-758-1517. Ouv 11h30-22h30 (sf midi lun-jeu hors saison). Plats 10-15 $.* Les 2 petites salles sont sympathiques, mais les terrasses ombragées sont tout aussi agréables. Dans ce cadre simple et décontracté, on grignote des salades, sandwichs, burgers, *burritos* et *specials.* Des concerts de jazz et de musique plutôt apaisante sont organisés certains soirs, notamment en fin de semaine.

Orlando's *(hors plan couleur par B1,* ***27****) : au nord de Taos, à 2 miles du centre sur la 64. ☎ 575-751-1450. Tlj sf dim 10h30-15h, 17h-21h. Plats 10-15 $.* Un resto mexicain familial, à la carte assez classique, et appréciable surtout pour son cadre agréable, que ce soit la jolie terrasse ombragée ou l'intérieur coloré décoré de carreaux de céramique.

The Alley Cantina *(plan couleur B1,* ***23****) : 121 Teresina Lane. ☎ 575-758-2121. Tlj 11h-23h. Salades et sandwichs env 10 $, burgers et autres plats mexicains 10-15 $.* L'endroit vaut plus pour son atmosphère que pour sa cuisine (assez basique). On est dans la plus ancienne maison de la ville, avec son bout de terrasse, sa salle de resto avec patio, son billard et la patine du temps y est palpable. C'est aussi le rendez-vous de tous les pochtrons de la ville à certaines heures. Le soir, c'est souvent un haut lieu de la vie nocturne avec de fréquents concerts (voir « Où boire un verre ? Où écouter de la musique ? Où danser ? »).

De prix moyens à chic

Graham's Grill *(plan couleur B1,* ***20****) : lire « Spécial petit déj ».*

Pizaños *(hors plan couleur par B1,* ***27****) : 23 Hwy 150. ☎ 575-776-1050. Au nord de Taos, sur la Hwy 150 en direction d'Arroyo Seco, sur la droite, juste après l'intersection avec la Hwy 64. Tlj 11h-21h (22h ven-sam). Salades et sandwichs 5-10 $, pâtes et autres plats 10-20 $, pizzas (à partager) 15-30 $ selon taille.* La maison étant assez discrète et modeste, la surprise en pénétrant dans le petit intérieur tout coloré et chaleureux est d'autant plus agréable, sans parler de la terrasse abritée et sa jolie vue sur un paysage aride avec la montagne à l'arrière-plan. Beau choix de salades rafraîchissantes, des plats variant tous les jours et de bonnes pizzas, pas données mais assez fines et généreuses.

Italian restaurant – Trading Post Café *(hors plan couleur par A3,* ***26****) : 4179 Hwy 68. ☎ 575-758-5089. En venant de Taos, sur la gauche juste après l'intersection avec la Hwy 518. Tlj sf dim midi et lun 11h30-21h. Midi 10-15 $, soir 15-30 $.* 3 salles décorées par des artistes locaux, mobilier en fer forgé, long bar de rondins derrière lequel travaille le chef. Patio quand le temps s'y prête. Carte éclectique où prédominent des recettes joliment tournées à l'influence méditerranéenne certaine. Service diligent. Un bon moment assuré (sauf pour votre porte-monnaie !).

Doc Martin's *(plan couleur B1,* ***24****) : 125 paseo del Pueblo Norte. ☎ 575-758-2233. Resto du* Taos Inn. *Tlj 7h30-14h30, 17h-21h30. Plats 15-30 $.* Carte assez courte qui change régulièrement et une sélection de vins intéressante, avec vin au verre à prix raisonnables (l'occasion de goûter les crus du Nouveau-Mexique). Les plats sont savoureux, copieux et les influences variées : cela peut aller d'une petite touche thaïe à une autre plus méditerranéenne. Grande salle plutôt classe à l'atmosphère feutrée, mais aux beaux jours on lui préfère la terrasse dans l'arrière-cour. Pour un repas plus simple (hamburgers, *fish & chips,* etc., de 8 à 11 $), les moins fortunés ou les amateurs de musique s'attableront à l'***Adobe Inn,*** le bistrot du *Taos Inn,* avec petite terrasse dans la cour sur la rue ou dans la salle au niveau de la réception, avec concerts fréquents en soirée.

Où boire un verre ? Où écouter de la musique ? Où danser ?

The Alley Cantina *(plan couleur B1,* ***23****) : voir « Où manger ?... ».* On se répète, mais on vient ici pour l'ambiance. En journée, c'est calme. Très souvent, à partir de 21h30, l'atmosphère change. Le lieu se remplit de gens de passage ou d'habitués... un concert de blues ou de rock se prépare alors. Les chaises viennent à manquer et on sympathise vite. Un endroit vraiment recommandable. Programme affiché à l'extérieur.

🍷 ♪ ♫ ***Sagebrush Inn*** *(hors plan couleur par A3, **31**)* **:** *1508 paseo del Pueblo Sur.* ☎ *575-758-2254. À 3,5 miles au sud de la ville, sur la droite en venant du centre, juste à côté du* Comfort Inn. *Interdit aux moins de 21 ans après 22h. Concerts gratuits ven et sam vers 20h.* Qui croirait que ce bel hôtel en adobe, plutôt chic, héberge un bar pour cowboys ? Si, si, certains soirs on y joue encore et danse le two-step ou, plus fréquemment, de la country et des classiques des années 1970 ou 1980. Clientèle très locale et pas spécialement jeune.

🍷 ♪ De petits concerts se tiennent également à l'***Eske's,*** où il est aussi bien agréable de boire un verre en terrasse *(plan couleur B1, **21**)* : voir la rubrique « Où manger ?... ».

À voir

Un *pass* (non nominatif) à 25 $ permet de visiter quatre des cinq musées de Taos ; celui-ci s'avère intéressant seulement si vous comptez les faire tous ou presque. ● *taosmuseums.org* ●

La plaza *(plan couleur B1),* bien sûr, avec ses jolies maisons de style et ses boutiques (un peu trop nombreuses malheureusement !). On regretterait presque son côté trop « léché ».

Taos Art Museum and Fechin House *(plan couleur B1)* **:** *227 paseo del Pueblo Norte.* ☎ *575-758-2690.* ● *taosartmuseum.org* ● *Mer-dim 10h-17h (16h nov-avr). Entrée : 8 $; réduc ; pass des musées de Taos accepté.* Maison construite par l'artiste russe Nicolai Fechin, arrivé à Taos en 1927. Souffrant de tuberculose, celui-ci choisit Taos pour venir se soigner car il y connaissait de nombreux artistes. La boutique actuelle fut la première maison construite ; celle-ci lui servait à la fois de studio et de logement (l'endroit semble modeste de l'extérieur, mais l'intérieur présente déjà de beaux volumes). Fechin dessina ensuite la seconde maison, celle qui abrite aujourd'hui le musée. Les encadrements de portes, les piliers sculptés ainsi que les quelques meubles en bois que vous pouvez y admirer sont aussi de lui : son père, sculpteur sur bois, lui avait appris le métier. Fechin quitte Taos pour la Californie en 1933, lorsque sa femme demande le divorce et exige de garder la maison (on la comprend, celle-ci est magnifique !), qui restera dans la famille jusqu'en 2002, année de la mort de leur fille Eya qui y vivait encore. Quant à sa mère, elle n'a jamais vraiment quitté les lieux, puisqu'elle est enterrée dans le jardin... Mis à part la petite cuisine et les salles d'eau, les autres pièces ne sont plus que très sommairement meublées et abritent la collection du musée présentée par roulement. Les artistes exposés sont tous de Taos. Également des expos temporaires. Vous l'aurez compris, la visite vaut autant pour le lieu lui-même que pour les œuvres exposées.

Kit Carson Home and Museum *(plan couleur B1)* **:** *113 Kit Carson Rd.* ☎ *575-758-4945.* ● *kitcarsonhomeandmuseum.com* ● *Tlj 11h-17h. Entrée : env 5 $; réduc.* À l'est de la *plaza,* la maison où vécut pendant 25 ans le célèbre Kit Carson, qui fut à la fois éclaireur, trappeur et même franc-maçon, membre de la loge Montezuma. Après avoir contribué à ouvrir les routes de l'Ouest pour l'armée américaine jusqu'en Californie il exploita une ferme à Taos, participa à la guerre de Sécession à la tête d'un bataillon de volontaires puis aux guerres indiennes. Il fut responsable de la reddition des Navajos dans des conditions peu glorieuses. On peut voir une vidéo de 20 mn (en anglais) plutôt hagiographique sur ce personnage assez ambigu. Le rôle est joué par un de ses propres descendants. Quant au musée proprement dit, à part les armes, la canne, la tabatière et le testament de l'illustre bonhomme qui, soit dit en passant, est enterré dans le *Kit Carson State Park* (sa tombe est au fond du parc), il n'y a pas des tonnes de choses à voir.

Blumenschein Home & Museum *(plan couleur B1)* **:** *222 Ledoux St (du nom d'un trappeur français).* ☎ *575-758-0505. Juin-nov 10h-17h, dim 12h-17h. Horaires variables en hiver. Entrée : 8 $; réduc ; pass des musées de Taos accepté ; billet commun avec l'Hacienda de Los Martinez : 12 $.* Tout a commencé en automne 1898 sur une route déserte, alors qu'un orage violent avait emporté un morceau de piste. La roue de la voiture qui transportait Ernest L. Blumenschein (1874-1960) et son ami G. Phillips se cassa net. Ernest dut rejoindre le premier petit village, Taos. Ce fut le coup de foudre. Peu de temps après, il acheta une maison et participa activement à la fondation de la *Taos Society of Artists*. Son ancienne habitation, plutôt cosy, est aujourd'hui transformée en musée : la cuisine, la salle à manger, la bibliothèque et les chambres conservent des objets personnels, ainsi que des œuvres d'Ernest L. Blumenschein lui-même (on avoue préférer ses lithographies à ses peintures), mais aussi quelques jolies œuvres au trait délicat de son épouse.

Harwood Museum of Art *(plan couleur B1)* **:** *238 Ledoux St.* ☎ *575-758-9826. Mai-oct, tlj 10h (12h dim)-17h ; fermé lun nov-avr. Entrée : 10 $; réduc ; pass des musées de Taos accepté.* Fondé en 1923, ce musée installé dans un beau bâtiment mérite la visite pour sa collection permanente de tableaux de la *Taos Society of Artists* (Ernest Blumenschein, Victor Higgins...), mais aussi pour les œuvres de modernistes américains et de peintres plus contemporains tels que Larry Bell, Ken Price et, surtout, Agnes Martin (galerie à part). Également des expos temporaires, de photos notamment. À l'étage, la *Hispanic Tradition Gallery* présente, entre autres choses, une collection d'art religieux hispanique et d'art naïf. Manifestations (concerts, lectures, etc.) toute l'année dans l'auditorium du musée.

Hacienda de Los Martinez *(hors plan couleur par A1)* **:** *708 Ranchitos Rd.* ☎ *575-758-1000. À env 2 miles du centre. Juin-oct 10h-17h, dim 12h-17h. Horaires variables en hiver. Entrée : 8 $; réduc ; pass des musées de Taos accepté ; billet commun avec le* Blumenschein Home & Museum *: 12 $. Du centre de Taos, la jolie petite route qui mène à l'Hacienda traverse des paysages étonnamment bucoliques, qu'il fait bon parcourir à vélo (et tant que vous y êtes, de l'Hacienda, prenez les petites routes pour rejoindre le* Millicent Rogers Museum*).* L'un des rares exemples de demeures coloniales espagnoles du Nouveau-Mexique accessibles au public. Elle a appartenu en 1804 à Antonio Severino Martinez, marchand influent puis réformateur social dans la région de Taos. La maison compte 21 pièces, mais seules 15 sont ouvertes au public. Avec tout leur bric-à-brac, elles donnent une assez bonne idée de ce que devait être la vie quotidienne dans la région au début du XIXe s, même si l'endroit manque singulièrement de vie. Si possible, essayez de le visiter quand des artisans (tisserands, forgerons...) viennent y animer des ateliers (du jeudi au samedi, le plus souvent).

Les galeries de peinture du centre : on peut admirer les créations récentes de peintres locaux gratuitement. Taos a attiré, attire et continuera à attirer de nombreux peintres qui trouvent ici un cadre, une atmosphère et une énergie propices à la création.

À faire

Ski

Taos possède les meilleures pistes de ski des États-Unis, rien que ça ! En hiver, prenez les navettes *Chile Line* pour Taos Ski Valley. La station est petite, mais la neige excellente. D'autres stations sont également très courues : Angel Fire (spécial snowboard) et Red River. Mais il faut y aller par ses propres moyens.

Randonnée, VTT, rafting, etc.

Les agences sont nombreuses à proposer des descentes du Rio Grande. Vous trouverez leurs prospectus (et pour certaines des bons de réduction) à l'office de tourisme. Parmi elles, citons :

■ ***Cottam's Rio Grande Rafting :*** *207 A paseo del Pueblo Sur. ☎ 575-758-2822. • cottamsriograndérafting.com •*

■ ***Far-Flung Adventures :*** *☎ 575-758-2628 ou 1-800-359-2627. • farflung.com •*

Escalade, pêche, canoë, montgolfière, balades à cheval

Et pourquoi ne pas explorer les environs à cheval ? Possibilité également en été de faire de l'escalade, de la pêche, du canoë (prononcez « *quenouuuu* ») et même de survoler la région en montgolfière. Prospectus d'agences disponibles au *Visitor Center*.

Fêtes et manifestations

– ***Taos Spring Arts Festival :*** *mai.* Festival consacré aux arts de la ville.
– ***Taos Pueblo Pow-Wow :*** *3 j. durant le 2e w-e de juil.* Important rassemblement d'Indiens, danses, chants et compétitions. Une fête haute en couleur.
– ***Fiesta de Santiago y Santa Ana :*** *3e ou 4e sem de juil.* L'une des principales fêtes populaires de Taos, au cours de laquelle on célèbre les saints de la ville. La *plaza* est alors fermée à la circulation pour accueillir la foule en liesse.

DANS LES PROCHES ENVIRONS DE TAOS

★★★ ***Millicent Rogers Museum*** *(hors plan couleur par B1)* **:** *1504 Millicent Rogers Rd. ☎ 575-758-2462. • millicentrogers.org • À 4 miles au nord de Taos ; du centre, sur la route 64, prendre à gauche juste avt la station-service et l'intersection des 64, 150 et 522 (indiqué). Nov-mars, tlj sf lun 10h-17h. Entrée : 10 $; réduc ; pass des musées de Taos accepté.* Sans doute l'un des plus beaux musées dédiés à la culture indienne et hispanique de tout l'État. Celui-ci est principalement constitué par la collection rassemblée par Mrs Millicent Rogers (1902-1953), une héritière de la Standard Oil Company, à l'allure fière et élégante à la manière de Lauren Bacall. Installée en 1947 à Taos, amoureuse de l'art indien et colonial, elle acheta un grand nombre de pièces, et, comme elle avait un goût sûr, tout ce qu'on voit ici est digne d'éloges. Poupées zunies, bijoux navajos, poteries pueblos... et quelques superbes bijoux réalisés par Mrs Millicent elle-même. Lire l'émouvante lettre à sa fille dans laquelle, se sachant condamnée, elle explique pourquoi elle veut être enterrée à Taos. Coffres, tapis et couvertures complètent l'ensemble. Nombreuses poteries et des vitrines organisées par thèmes. Une grande section est également consacrée à Maria Martinez (vers 1887-1980), artiste indienne du Nouveau-Mexique qui fit renaître l'art de la poterie indienne traditionnelle et qui se fit connaître dans le monde entier, et même en France, comme l'atteste ce curieux diplôme remis par le ministère français de l'Éducation nationale en 1954 ! La finesse et la modernité de certaines pièces étonnent. Pour qui aime les belles choses, un musée à ne pas manquer, d'autant plus que les pièces exposées sont accompagnées de textes clairs et concis.

★★ ◎ ***Taos Pueblo*** *(hors plan couleur par B1)* **:** *à 3 miles au nord-est de Taos (route fléchée depuis le paseo del Pueblo Norte). Desservi depuis le centre de Taos par le bus Chile Line. ☎ 575-758-1028. • taospueblo.com • En principe, tlj*

8h (dim 8h30)-16h30 ; fermé fév-mars ainsi que lors de certaines cérémonies religieuses. Droit d'accès : 10 $/pers ; réduc. Supplément appareil photo ou caméra : 6 $/appareil (ne photographier les habitants qu'avec leur assentiment). Visitée guidée (env 20 mn) ttes les 30 mn ; gratuit, mais pourboire bienvenu.
Précisons d'emblée : ce village historique qui servait de lieu d'échanges entre les Apaches, les Comanches et les Pueblos est petit et les *Natives* ont choisi ici l'exploitation touristique (après les visites, au moins ils ont la paix), ce qui peut créer un certain malaise ou, en tout cas, une certaine frustration. Le mieux est de visiter tôt le matin pour éviter le monde et de prendre son temps pour tenter de sentir les lieux. Soit on se balade dans le village seul (veiller à respecter les zones interdites au public), soit on choisit la petite visite guidée par un autochtone. Cette dernière permet d'appréhender un peu mieux les lieux et leur culture. Les Indiens de Taos vivent dans la vallée depuis plus de 1 000 ans (la plupart des bâtiments du village ont été construits entre 1000 et 1450), et ils n'ont ici ni eau courante ni électricité. Seule une quarantaine de personnes vit encore en permanence dans le village aujourd'hui. La plupart de ceux qui y possèdent une maison (ces dernières se transmettent de génération en génération et leur entretien revient à chacune des familles) habitent à l'extérieur de Taos Pueblo et ne reviennent que pour les fêtes et cérémonies religieuses. Malgré cette dissémination de la population, leur langue, le tiwa, qui n'est transmise qu'oralement par la famille, est encore parlée par 90 % d'entre eux. Les deux églises (de la plus ancienne, il ne reste plus que le clocher et le cimetière) nous apprennent que les habitants pratiquent deux religions : le catholicisme apporté (et imposé) par les Espagnols au XVIIe s et la religion animiste des Indiens.
On vous rappellera également au cours de la visite que la cavalerie américaine a anéanti une bonne partie de la population en 1847 et que le président Roosevelt leur vola leur terre. C'est Richard Nixon qui la leur rendit en 1971 (copie du traité dans la boutique du chef du village). C'est d'ailleurs le seul président à avoir rendu visite à des Indiens, sur leur terre. Peut-être la seule chose de sympathique qu'il ait faite durant son mandat. Ici, le style pueblo est conservé dans sa forme la plus pure. Autour de la *plaza,* traversée par une rivière d'où l'eau est puisée, se groupent des maisons fortifiées. Devant celles-ci, il y a souvent des fours en forme d'œufs. Particulièrement remarquables, les deux maisons communautaires de quatre et cinq étages. Les cérémonies animistes continuent à être célébrées avec des chants et des danses. Possibilité d'acheter un bel artisanat, ainsi que des petits pains confectionnés par des femmes indiennes.

Gorge Bridge *(pont du Rio Grande ; hors plan couleur par B1)* **:** *à env 12 miles au nord-ouest de Taos, par la Hwy 64.* Invisible tant qu'on n'arrive pas aux abords immédiats, le canyon du Rio Grande est franchi par un pont métallique d'une seule arche entre deux piliers. Il date de 1965 et fut construit pour le passage de la nouvelle route. Le plus impressionnant n'est pas tant le pont (bien que... mais il est difficile à apprécier de là-haut !), mais la vue vertigineuse sur le rio situé 198 m plus bas et les parois rocheuses qui l'encadrent. Y aller au lever du soleil, moment ou des ballons à air chaud passent sous le pont. Le fantôme d'une jeune fille y aurait été aperçu, selon certains, au milieu du pont pendant la nuit...

L'église San Francisco de Asis *(hors plan couleur par A3)* **:** *à 3,5 miles au sud de la ville de Taos, à côté de la poste.* Construite entre 1710 et 1755. Une des plus belles églises d'architecture pueblo, massive et sans fenêtres pour servir de fortin en cas de danger. Elle a inspiré de nombreux peintres, dont Georgia O'Keeffe. Dans la pénombre, une croix mystérieuse y apparaît derrière l'épaule gauche du Christ.

AU SUD DE TAOS ET AU NORD DE SANTA FE

Chimayo : *au sud-ouest de Taos ; accès par la route 76, puis la County Rd 98, puis la County Rd 94C.*

Un village dans une vallée riante et quasi inchangé depuis 250 ans. Il est surtout connu pour la ravissante église du ***sanctuario de Chimayo*** qui date de 1816. *Ouv 9h-18h (17h oct-avr).* Son architecture en adobe est toute simple : deux tours, un clocher de bois et boiseries sombres et l'intérieur contient de beaux retables peints. Lors du Vendredi saint, 30 000 fidèles y viennent en pèlerinage à pied. Sa réputation, qui dépasse le périmètre du Nouveau-Mexique, en fait une sorte de Lourdes américain. La terre du sanctuaire est réputée pour soigner toutes sortes d'affections dont les peines de cœur. Petit musée avec quantité d'ex-voto et une petite annexe où chacun prélève un peu de sable du sol béni... depuis le temps, ce devrait être un grand trou ! Sur le mur de droite de l'enceinte extérieure, mosaïque naïve consacrée au *saint Niño de Atocha*.
Au nord de Chimayo, en reprenant la route 76, vous pouvez vous arrêter à ***Cordova*** qui a conservé un artisanat important de tissage et à ***Truchas,*** village habité par des artistes venus chercher inspiration et tranquillité. Un peu plus loin, à ***Las Trampas,*** un village fondé en 1751 avec l'église *San José de Gracia*. Curieux angelot en bois sculpté au linteau de la porte d'entrée. Tous ces endroits en eux-mêmes n'ont rien d'extraordinaire, si ce n'est leur très bel environnement et le fait qu'ils ressemblent à de vrais villages européens avec leurs rues étroites un peu tordues et leur habitat désordonné.

Où dormir ?
Où manger par là ?

🏠 🍽 ***Rancho de Chimayó et l'Hacienda :*** *300 County Rd 98.* ☎ *505-351-4444.* • *ranchodechimayo.com* • *Pas loin du sanctuaire. Nov-avr, tlj sf lun 11h30-21h ; mai-oct, tlj. Doubles 80-105 $, petit déj léger inclus. Ni wifi ni télé dans les chambres ! Plats mexicains 10-15 $.* Au resto, déco bonbon, rose et mauve, terrasse en gradins très agréable. Une halte pour un déjeuner honnête servi en portions généreuses mais sans grand relief. En revanche, ceux qui auraient l'envie de dormir au calme d'un village n'auront qu'à traverser la route pour s'installer dans une des 7 très jolies chambres de l'*Hacienda*.

SANTA FE

72 000 hab.

▸ Pour le plan de Santa Fe, se reporter au cahier couleur.

Santa Fe est, après Saint Augustine en Floride, la plus vieille ville de l'Union, fondée en 1610 par les Espagnols, soit 10 ans avant l'arrivée du *Mayflower.* Elle a donc fêté ses 400 ans en 2010. Avouons qu'elle est joliment conservée pour son âge ! C'est aussi la capitale du Nouveau-Mexique. Santa Fe cultive sa singularité en étant (avec Taos) le témoin de l'antériorité de la culture espagnole, avec ses églises de l'époque coloniale et sa fameuse *plaza,* qui rappelle les *zocalos* des villes mexicaines.
Son charme pittoresque contraste avec l'ordonnancement des villes américaines. Ici, tout building est banni, et chaque maison se doit de respecter l'architecture traditionnelle du Nouveau-Mexique (le style pueblo) : hauteur limitée des bâtiments, toits plats et murs en adobe, ou plutôt en un stuc qui imite l'adobe car ce dernier est en fait un mélange de terre, de sable, de paille et d'eau qu'on laisse sécher au soleil. Inutile, en effet, de préciser que ce n'est plus tout à fait dans ce matériau qu'on construit aujourd'hui les

maisons de Santa Fe... Pour certains, cette architecture rappellera l'atmosphère mexicaine des films de Sergio Leone.
Santa Fe est jolie, au premier abord elle semblerait même presque trop apprêtée. Cette petite ville si propre sur elle ne serait-elle qu'une petite ville-musée dédiée au tourisme ? C'est ce que peuvent laisser penser la *plaza* et ses abords envahis par les boutiques d'artisanat hors de prix et les magasins de vêtements très chic, sans parler des 150 galeries d'art que compte la ville. Il est évident que l'endroit respire l'opulence et qu'il attire énormément de touristes argentés (mais pas seulement) et les célébrités en quête de tranquillité, d'où les prix élevés de l'immobilier, de l'hébergement et des restos. Néanmoins, après avoir arpenté Santa Fe, on découvre que celle-ci mérite vraiment qu'on s'y attarde, ne serait-ce que pour ses superbes musées et sa richesse culturelle en général. Et puis, quel plaisir de voir une ville avec la nature juste à sa porte : il suffit de s'éloigner de quelques blocs de la *plaza* pour avoir l'impression de se promener dans un village coquet et la *Museum Hill*, située à seulement 2 miles du centre, est déjà en pleine campagne. Alors oui, Santa Fe est riche et chère, mais elle est paisible et a la richesse « modeste », bien loin du m'as-tu-vu californien, par exemple.

UN PEU D'HISTOIRE

Sur le site d'un *pueblo* indien, exploré par Francisco Vasquez Coronado dès 1542, Santa Fe est fondée officiellement par Pedro de Peralta en 1610. Avec sa position privilégiée de carrefour sur le Rio Grande, la ville se développe dès le XVIIe s. Les Espagnols ont recours au travail forcé des Amérindiens pour la construire. Elle devient alors la capitale du Nouveau-Mexique, province de la Nueva España, drainant vers elle depuis Mexico les convois de colons, de soldats et de marchands qui empruntent le *Camino Real* en remontant la vallée du Rio Grande. Les missionnaires convertissent sans trop de mal les Indiens pueblos dont le mode de vie est sédentaire. En 1617, 14 000 d'entre eux sont déjà baptisés tout en gardant leurs anciennes croyances.
En 1680, Santa Fe est attaquée par les Pueblos, aidés par les Apaches ; ils brûlent les églises et leurs archives. Le gouverneur doit abandonner la ville et se réfugier à El Paso. Lassés d'être exploités par le système de l'encomienda, ils se soulèvent sous la conduite du chaman Popé et massacrent 400 Espagnols. En 1693, Diego de Vargas reprend Santa Fe et 470 Indiens sont exécutés en représailles, les femmes et les enfants sont réduits en esclavage. Seuls les Hopis demeurent insoumis. Un *presidio* défensif est érigé. Une cohabitation troublée par des révoltes suit cette période.
En 1739, deux Français, les frères Mallet, arrivent à Santa Fe : c'est le début de relations commerciales avec les marchands et les coureurs des bois de la Louisiane, alors française. En 1805, Pierre Vial ouvre la piste de Santa Fe *(Santa Fe Trail)* qui relie le Missouri au Nouveau-Mexique. Les connaissances géographiques de ces trappeurs permettent de lancer des expéditions à partir de Santa Fe, pour étendre l'influence espagnole vers la Californie.
Jusqu'à la guerre d'indépendance mexicaine, en 1821, Santa Fe reste une ville espagnole tout en renforçant ses relations avec les Indiens des plaines et les Anglo-Saxons qui progressent vers l'ouest. La constitution mexicaine de 1824 en fait la capitale du territoire nord de l'empire. Pendant la guerre contre le Mexique, le général américain Kearny entre pacifiquement à Santa Fe en 1846 à la tête de 1 700 hommes. Il attribue le poste de gouverneur à Charles Bent qui se révèle tout à fait incompétent ; la population se soulève et Bent est assassiné 1 an plus tard. L'armée américaine se livre alors à des représailles sanglantes. En 1848, par le traité de Guadalupe-Hidalgo, le Nouveau-Mexique passe sous contrôle américain. Le chemin de fer arrive à Santa Fe en 1880 et la ville conserve son statut de capitale lorsque le Nouveau-Mexique devient en 1912 le 47e État des États-Unis.

Arriver – Quitter

New Mexico Rail Runner Express *(plan couleur A2) : terminus au Santa Fe Depot, 410 S Guadalupe St. ☎ 505-247-0757 ou 1-866-795-7245. • nmrailrunner.com •* Le *Rail Runner* est le train régional qui relie env 8 fois/j. (dans les 2 sens) Santa Fe à Albuquerque et plusieurs stations entre les 2. Trajet : env 1h30.

Amtrak : *à Albuquerque ou à Lamy, à 18 miles au sud-est de Santa Fe. ☎ 1-800-872-7245. • amtrak.com •* Liaison avec le Nord-Est (Kansas City, Chicago) et avec le Sud-Ouest (Albuquerque, Gallup, Flagstaff et Los Angeles) 1 fois/j. avec le *Southwest Chief*.

Santa Fe Southern Railway *(plan couleur A2) : 410 S Guadalupe St. ☎ 505-989-8600 ou 1-888-989-8600. • thetraininsantafe.com •* Train touristique permettant de rallier la gare de Lamy ; 1 départ/j. 10h30-14h selon jour. Prix : 30-35 $/pers.

Santa Fe, comme Taos, n'est pas desservie par les bus *Greyhound* et dépend des compagnies locales :

Sandia Shuttle Express *(ou **Santa Fe Shuttle**) : ☎ 505-474-5696 ou 1-888-775-5696. • sandiashuttle.com •* Départs ttes les heures, 5h-19h, entre Santa Fe et l'aéroport d'Albuquerque (8h45-23h45 depuis Albuquerque). Départs depuis les hôtels, sur résa. Sinon arrêt au croisement de Water St et Sandoval. Compter 27 $.

Taos Express : *☎ 575-751-4459. • taosexpress.com •* Navettes qui, entre autres, relient Taos à Santa Fe.

Adresses utiles

Infos touristiques et services

Offices de tourisme *(plan couleur B1, **1**) : 201 W Marcy St, dans le Santa Fe Convention Center. ☎ 505-955-6200 ou 1-800-777-2489. • santafe.org • Lun-ven 8h-17h. Autre point d'infos touristiques dans un kiosque, sur la Plaza, à côté de la First National Bank (plan couleur B1) ; lun-sam 9h30-16h30, dim 11h-15h.*

New Mexico Visitor Information Center *(plan couleur B2, **2**) : 491 Old Santa Fe Trail. ☎ 505-827-7336. • newmexico.org • Tlj 8h-17h.* Ne donne pas sur la rue, mais sur une petite place ombragée, avec un grand parking gratuit à côté. Toutes les infos sur l'État (mais aussi sur la ville).

Poste *(plan couleur B1) : S Federal Pl. Lun-ven 8h-17h30, sam 9h-16h.*

Municipal Library *(plan couleur B1) : 145 Washington Ave. ☎ 505-955-6780. Lun-jeu 10h-20h, ven-sam 10h-18h, dim 13h-17h.* Mieux vaut réserver sa connexion car les ordinateurs sont souvent tous occupés.

Magazines en français : au ***Downtown Subscription*** *(hors plan couleur par B2, **31**). Voir « Spécial petit déj » dans « Où manger ?... ».*

Santé, urgences

St Vincent Regional Medical Center : *455 Saint Michael's Dr. ☎ 505-983-3361.*

Police : *☎ 505-955-5080.*

Supermarché, marché

Whole Foods Market *(hors plan couleur par A2) : 753 Cerrillos Rd. Tlj 7h30-22h. En venant du centre, sur la gauche, après le croisement entre Cerrillos Rd et Guadalupe St (ou Don Diego Ave), avt la voie ferrée.* La chaîne de supermarchés bio pour faire le plein de courses ou profiter du bon *salad bar*.

Farmers Market *(plan couleur A2) : dans un entrepôt du Railyard District (lire « À voir »). Tte l'année sam 7h-12h ; mar 8h-13h (mai-nov slt) et jeu 15h-19h (juin-sept slt).* Pour se constituer une petite réserve de produits frais venant tout droit des exploitations locales.

Stationnement

Le stationnement est généralement payant à Santa Fe, que ce soit à l'horodateur dans la rue (gratuit le dimanche) ou sur les quelques parkings publics. Le parking du ***New Mexico Visitor Information Center*** *(plan couleur B2)* semble être le seul à échapper à cette règle (mais pour combien de temps ?). *Pour les autres, compter 1,80 $/h et max 9 $/j.* Un peu plus excentré, mais à peine, le parking couvert du *Railyard District (plan couleur A2, **69**)* est plus économique que ses copains *(lun-ven 5 $/j., w-e 1 $/j.)*. Quant à celui situé près de la cathédrale, le dimanche matin il est réservé à ceux qui vont à la messe.

Où dormir ?

Camping

⛺ ***Camping KOA** (Apache Canyon) : 934 Old Las Vegas Hwy.* ☎ *505-466-1419 ou 1-800-562-1514.* • *koa.com* • *À env 10 miles au sud-est de Santa Fe, par l'I-25 (sortie 290 ou 294). Ouv mars-nov. Résa conseillée en été. Pour 2 pers : tente 25-30 $, camping-car 35-45 $, cabin (jusqu'à 4 pers) 55 $.* Un camping bien équipé (épicerie, sanitaires et laverie), bien tenu et agréablement situé, même si la rumeur de l'I-25 qui ne passe pas très loin se fait entendre. L'espace réservé aux tentes est malheureusement côté route (pas la Highway mais une route secondaire). Comme bien souvent, peu d'ombre (même si le site est planté d'arbres) et sol plein de caillasse.

Très bon marché

***Santa Fe International Hostel** (hors plan couleur par A2, **14**) : 1412 Cerrillos Rd.* ☎ *505-988-1153.* • *hostelsantafe.com* • *À 1,5 mile du centre historique. Réception 7h-23h. Pas de couvre-feu. Résa conseillée en juil-août (par mail ou tél, puis envoyer confirmation écrite avec un mandat au moins 2 sem avt). Lit en dortoir env 18 $, doubles 35-45 $ selon confort (et comme c'est une structure à but non lucratif, pas de taxes en sus). CB refusées.* Le seul endroit de la ville pour fauchés, mais attention, petite contrainte dans cette *hostel* dont le bâtiment principal est un ancien motel de la Route 66 : les corvées obligatoires. Les premiers levés ont le choix, ceux qui font la grasse mat' pas tellement (à bon entendeur...). Dortoirs de 4 à 7 lits ou chambres privées, avec ou sans salle de bains. Cuisine avec nourriture (riz, pâtes, céréales, pain, thé, café...) pour les hôtes, casiers et local de sécurité, laverie, infos sur Santa Fe... Ce n'est pas le grand luxe, loin de là, mais il règne ici un esprit routard et de vie en communauté comme on n'en rencontre plus beaucoup... ce qui ne conviendra pas forcément à tout le monde.

De bon marché à prix moyens

La plupart des motels s'égrènent sur ***Cerrillos Road** (hors plan couleur par A2)*, entre les nos 1000 et 4000, au sud-ouest de la ville. Pensez à réserver en juillet et août, ainsi que les vendredi et samedi soir, car c'est souvent complet, tout comme lors des nombreuses manifestations en ville.
Pour accéder à ces motels sur Cerrillos Road, si vous venez du nord par la 285, suivre la St Francis Drive permet de contourner le centre. De l'I-25, autant sortir sur Cerrillos Road et remonter cette très longue avenue.
Pour vous donner un repère, les noms que nous indiquons entre parenthèses sont les grandes axes entre lesquels se trouvent les adresses, pas nécessairement les petites rues juste à côté.

***Silver Saddle Motel** (hors plan couleur par A2, **10**) : 2810 Cerrillos Rd (entre camino Carlos Rey et Clark Rd).* ☎ *505-471-7663.* • *santafesilversaddlemotel.com* • *Selon saison et confort, doubles 50-75 $, petit déj inclus.* Notre préféré dans cette catégorie, et de loin. Propose des chambres de style western, avec fauteuils en cuir et mobilier en bois patiné. Celles du fond se louent pour une longue durée et sont équipées d'une petite cuisine et d'un micro-ondes. Enfin un motel qui se moque des standards ! Accueil plein d'humour du patron.

***Motel 6** (hors plan couleur par A2, **10**) : 3007 Cerrillos Rd (entre Richard Ave et Clark Rd).* ☎ *505-473-1380.* • *motel6.com* • *À env 4 miles du centre. Doubles 50-60 $ selon saison.*

Non, les *Motel 6* ne sont pas très glamour, mais les prix ont le mérite de rester contenus et les chambres sont tout à fait convenables. Si possible, préférez celles du fond, plus éloignées de la route. Petite piscine.

Thunderbird Inn *(hors plan couleur par A2,* ***10****) : 1821 Cerrillos Rd (entre 4th et 5th St). ☎ 505-983-4397. Doubles 50-70 $ selon saison.* Un petit motel des années 1950 à l'architecture mexicaine, tout blanc et coloré par des portes turquoise. Chambres plus toutes jeunes et au confort assez basique, mais honnêtes. On a aussi connu accueil plus chaleureux...

Motel 6 *(hors plan couleur par A2,* ***10****) : 646 Cerrillos Rd. ☎ 505-982-3551. • motel6.com • À peine 1 mile du centre. Doubles 55-80 € selon saison et confort.* Eh oui, un 2d *Motel 6* ! Celui-ci, plus cher, a le mérite d'être encore à portée de pied du centre (pour les plus courageux). Chambres assez spacieuses et pas désagréables, en revanche l'environnement l'est un peu moins, car le motel est presque collé à la route.

De prix moyens à très chic

El Rey Inn : *1862 Cerrillos Rd (entre St Michael's Dr et Cordova Rd). ☎ 505-982-1931 ou 1-800-521-1349. • elreyinnsantafe.com • Résa conseillée. Doubles standard 90-130 $, suites et superieurs 135-200 $, sauna, bain à bulles, piscine et petit déj inclus.* Un motel assez exceptionnel ouvert depuis 1936. Environnement de glycines, chambres délicieusement décorées d'azulejos (style colonialo-mexicain) et avec cheminée. Confort et taille très variables, d'où l'éventail de tarifs. Elles donnent, au choix, sur un parking (super !), un patio, une allée romantique ou carrément sur la piscine. Certaines ont même leur petit balcon, sans coûter nécessairement plus cher. Un conseil : si possible, faites-vous indiquer sur le plan de l'hôtel les emplacements et les prix des chambres disponibles avant de vous décider (bonjour les emmerdeurs !).

Garrett's Desert Inn *(plan couleur B2,* ***12****) : 311 Old Santa Fe Trail. ☎ 505-982-1851 ou 1-800-888-2145. • garrettsdesertinn.com • Doubles 80-160 $ selon saison et confort.* Vaste motel moderne situé dans le centre de Santa Fe. Les chambres sont confortables, dans les tons bruns. Piscine. Tout de même cher ce genre d'endroit, d'autant que le parking coûte 8 $ (un comble pour un motel). Envisageable si vous êtes 4 car les prix sont les mêmes pour un *king bed* ou 2 *queen beds.*

De plus chic à très chic

Hacienda Nicholas *(hors plan couleur par B1,* ***11****) : 320 E Marcy St. ☎ 505-986-1431 ou 1-888-284-3170. • haciendanicholas.com • Selon saison, doubles 110-180 $, suites 160-260 $, petit déj inclus.* Si vous êtes prêt à casser votre tirelire, voici un véritable *B & B* de charme, niché dans une maison en adobe de 1920. Si la façade est discrète, à l'intérieur, tout respire le bon goût et le souci du détail, du grand salon où l'on prend l'excellent petit déj (en commun) aux chambres, ravissantes et très cosy, avec leur mobilier rustique et leur gros lit à baldaquin ou à armature métallique... Vin et fromage offerts aux hôtes en fin d'après-midi, petits gâteaux le soir au coin du feu... pas de doute, c'est un séjour plein d'agréments qui vous attend ici !

The Madeleine Bed & Breakfast Inn *(hors plan couleur par B1,* ***15****) : 106 Faithway St. ☎ 505-982-3465. • madeleineinn.com • Près du centre ; dans une petite rue perpendiculaire à Hillside Ave (dans le prolongement de E Marcy St). Doubles 110-230 $.* Adresse tenue par les proprios de l'*Hacienda Nicholas.* Même gamme de prix, mêmes prestations et même charme, avec une touche plus victorienne.

Hôtel Saint Francis *(plan couleur B2,* ***13****) : 210 Don Gaspar Ave. ☎ 505-983-5700 ou 1-800-529-5700. • hotelstfrancis.com • Doubles 160-400 € selon saison et confort, petit déj non inclus. Parking payant.* L'un des hôtels de charme et de luxe de la ville. Les vestiges du XIXe s remis, avec brio, au goût du jour. Environ 80 chambres

SANTA FE ET SES ENVIRONS

plus ou moins spacieuses, mais toutes agréables, chaleureuses et raffinées : de vrais cocons.

Où manger ? Où prendre le petit déj ?

À l'instar de l'hébergement, les restos ne sont pas bon marché à Santa Fe.

Spécial petit déj

Santa Fe Baking Co *(hors plan couleur par A2, **30**) : 504 W Cordova Rd (entre St Francis Dr et Don Diego Ave). ☎ 505-988-4292. Tlj 6h-20h (18h dim). Plats 6-10 $.* Si vous aimez marcher, accessible à pied du centre, mais aussi pratique en voiture car à proximité des motels de la Cerrillos Road et parking aisé (dans le petit centre commercial). Une adresse discrète, à la terrasse protégée du parking par des arbustes et plantes en pot. Intérieur aéré et lumineux où le orange, le rose, le bleu ciel et le violet se côtoient gaiement ! On commande au comptoir (on ne veut pas faire radins, mais ça fait déjà le service en moins !). Pas un énorme choix d'omelettes, en revanche belle sélection de bons gâteaux et viennoiseries, sandwichs, *burritos,* salades, *smoothies,* jus de fruits frais, expressos & co. Atmosphère détendue, nombreux habitués. Bien aussi pour un déjeuner ou un en-cas.

Café Pasqual's *(plan couleur B2, **29**) : voir « De prix moyens à chic ».*

French Pastries *(plan couleur B2, **24**) : 100 E San Francisco St. ☎ 505 983-6697. Tlj 6h30-17h. Env 5-10 $. CB refusées.* Salon de thé tenu par des Français avec une belle collection de cuivres sur une cheminée en brique. Petit déj bien de chez nous avec croissants, pains aux raisins ou au chocolat et vrai café (mais le week-end, il vaut mieux arriver tôt pour les viennoiseries, car elles partent vite !). Également des crêpes (sucrées ou salées), des sandwichs à la baguette et d'onctueuses tartes salées. Le service est charmant, dommage qu'il soit facturé d'office et à prix fort.

Downtown Subscription *(hors plan couleur par B2, **31**) : 376 Garcia St. Dans Canyon Rd puis la 1re à droite. Tlj 7h-18h.* Pour un petit déj léger ou une pause-café en journée, dans un quartier résidentiel paisible. C'est le coin des étudiants : galerie photos et café, le tout installé dans une maison de la presse ! On boit son café ou son thé au soleil sur la grande terrasse entourée de quelques arbres et on l'accompagne d'une viennoiserie, d'un gâteau ou même d'un sandwich. Bref, on est bien.

– **The Burrito Company Café** et la **cafétéria du St John College** (lire ci-dessous) sont encore d'autres possibilités.

Bon marché

Upper Crust Pizza *(plan couleur B2, **22**) : 329 Old Santa Fe Trail. ☎ 505-982-0000. Tlj 11h-22h. Salade et sandwich env 9 $, pizzas à partir de 11 $.* C'est un peu l'esprit fast-food dans une vieille maison en adobe ; on commande avant de s'asseoir. On conseille le *lunch time special*, servi en semaine de 11h à 13h. En bord de route, la terrasse ombragée est agréable pour se reposer. Ambiance décontractée.

Cafétéria du St John College *(hors plan couleur par B2, **35**) : 1160 camino de Cruz Blanca. ☎ 505-984-6000. Près de* Museum Hill, *dans une rue perpendiculaire à camino del Monte Sol, elle-même perpendiculaire à la Old Santa Fe Trail. Dans le* Peterson Student Center, *dans une salle juste à côté du coffee shop. Petit déj lun-sam 7h30-9h30, lunch lun-sam 11h30-13h30, brunch dim 10h30-13h30 ; dîner tlj 17h-18h30. Repas env 9 $. CB refusées.* Oui, il s'agit bien de la cafétéria d'une petite université privée, mais ouverte à tout le monde. On paie à la caisse à l'entrée et après, direction buffet de salades, plats chauds (végétariens ou non), sandwichs, fontaine à sodas, desserts... même le thé ou café (très léger) sont compris dans le prix. Cuisine assez simple, mais saine et assez goûteuse. Pour ne rien gâcher, la fac est isolée dans un très joli coin de campagne et l'immense salle au mobilier de bois clair est illuminée par les grandes baies vitrées ; également une terrasse. En dehors des heures de repas, l'agréable *coffee shop* à l'entrée propose aussi des petits plats.

Tomasita's *(plan couleur A2, **25**) : 500 S Guadalupe St. ☎ 505-983-5721. Tlj sf dim 11h-22h. Plat env 10 $.* Installé dans un ancien entrepôt de chemin de fer. Très bon accueil, atmosphère bruyante et bon enfant. Comme il y a toujours du monde, on vous fourgue une sorte de vibreur dans les mains... qui s'agite et clignote quand votre table est prête (on vous prévient, pas mal d'attente le week-end). Cuisine mexicaine conforme au prix, mais on vient surtout ici pour l'ambiance.

The Burrito Company Café *(plan couleur B1, **26**) : 111 Washington Ave. ☎ 505-982-4453. Lun-ven 7h30-16h, w-e 8h-16h. Plats 6-10 $.* Les réfractaires aux fast-foods passeront leur chemin car il s'agit bien de cela, mais aux couleurs mexicaines. Certes, on y mange aussi des omelettes, pancakes et autres *French toasts* au petit déj ou des burgers à toute heure, mais ce sont surtout les enchiladas, *burritos* ou *combo platos* qui sont à l'honneur. Et puis, la terrasse est plutôt plaisante. Une adresse qui cale bien pour pas cher.

Prix moyens

The Shed *(plan couleur B1, **20**) : 113 E Palace Ave. ☎ 505-982-9030. Tlj sf dim 11h-14h30, 17h30-21h. Plats 8-15 $ le midi, 11-18 $ le soir.* En service depuis 1955, et pourtant le cadre est frais et pimpant, avec un plafond en rondins, des peintures indiennes aux murs, des plantes en l'air ou encore une cour charmante... le tout agrémenté d'airs de guitare ! Au menu, des spécialités du South West, à base de piment surtout. Rien à redire, c'est tout simplement excellent. Très agréable terrasse aussi. Un sans-faute sur toute la ligne, et on pèse nos mots !

Mudu Noodles *(hors plan couleur par A2, **33**) : 1494 Cerillos Rd. ☎ 505-983-1411. Ts les soirs sf lun (et dim hors juil-sept) 17h30-21h. Plats 12-20 $.* Au sud-ouest de la ville sur l'avenue où se trouvent les motels, un resto à coloration asiatique. Cadre sobre presque zen égayé de fleurs de cerisier. Bois clair et paniers tressés. En dehors des *appetizers,* une dizaine de plats à base de nouilles diversement accommodées et parfumées servis en bol avec des baguettes. On peut y ajouter les ingrédients de son choix : bœuf, poulet, poisson. Si l'assaisonnement vous paraît trop fade, libre à vous de demander des épices supplémentaires. En dessert, sorbet au gingembre et noix de coco. Bières thaïes ou japonaises mais aussi du vin. Service diligent.

Cowgirl BBQ & Smokehouse *(plan couleur A2, **23**) : 319 S Guadalupe St. ☎ 505-982-2565. Lun-ven 11h-minuit, w-e 10-minuit (23h dim). Midi 6-12 $, soir 6-20 $.* Un peu pour toutes les bourses. Voilà un endroit sympa, chaleureux, vivant, qui rend hommage aux plus grandes cowgirls de l'Ouest américain ; une exposition de photos et d'affiches leur est consacrée sur les murs. Chapeau ! Un jardin ombragé vous accueille le midi et se pare de guirlandes lumineuses le soir. L'intérieur est réservé aux heures un peu plus tardives, pour siroter une bière en écoutant le concert quotidien (qualité inégale). La carte propose un mélange de bonne cuisine mexicaine, texane, mais aussi quelques spécialités comme le *Cow-girl sweet sixteen.* Évidemment, l'affluence est là et il n'est pas rare de devoir attendre près de 30 mn qu'une table se libère. Mais ça vaut la peine ! Salle de billard.

De prix moyens à chic

Il Piatto *(plan couleur B1, **28**) : 95 W Marcy St. ☎ 505-984-1091. Tlj sf dim midi 11h30-14h, 17h-21h. Résa conseillée le w-e. Menu midi 15 $ ou plat 9 $; le soir, plats 17-20 $ ou menu 30 $.* Cadre bien net avec des nappes et serviettes en tissu, une lumière tamisée. Ambiance décontractée malgré l'allure chic. Préparations modernes de haute volée, inventives et goûteuses, esquivant soigneusement les écueils de la nouvelle cuisine chichiteuse. *Spe-*

cials mardi, jeudi et samedi, qui sont les jours de marché. Éventail de pâtes, viandes et poissons sur une carte qui change régulièrement. Carte des vins (italiens) bien fournie. Service souriant.

Café Pasqual's *(plan couleur B2, **29**) : 121 Don Gaspar Ave. ☎ 505-983-9340. Tlj 8h-15h, 17h30-21h30 (22h ven-sam). Résa conseillée le soir. Petit déj 10-20 $, midi 15-20 $, soir 20-30 $.* Dans un décor frais, très plaisant et coloré avec des guirlandes de piments rouges, on se bouscule pour goûter à la bonne cuisine mexicaine (dès le petit déj, mais il y a aussi des *French toasts* ou des *granolas* maison). Excellents *chorizo burrito, polenta, huevos motulenos* (hmm !), crevettes thaïes, etc. Le soir, les plats sont plus travaillés avec une touche très personnelle. D'ailleurs, pour la plupart, les recettes sont consignées dans le livre de cuisine du *Café Pasqual's*, en vente à l'entrée... Belle carte des vins. Une adresse chaleureuse.

El Farol *(hors plan couleur par B2, **27**) : 808 Canyon Rd. ☎ 505-983-9912. Tlj 11h-16h, 17h-22h. Résa conseillée le soir. Plats 10-20 $ le midi, 20-30 $ le soir.* Vaste bar à l'ambiance intello-branchée, un peu à l'image de Canyon Road ; les différentes petites pièces aux murs blancs sont transformées en salles d'expo de peinture ou de photos. Cuisine espagnole bien ficelée (spécialité de paellas) et large sélection de tapas (dont le chef, ici aussi, a publié les recettes dans un livre !). Concert tous les soirs.

El Meson Restaurante Tapas Bar *(plan couleur B1, **34**) : 213 Washington St. ☎ 505-983-6756. Mar-sam 17h-22h, bar 20h. Tapas 10-15 $, plats 20-40 $.* Resto espagnol jusqu'au moindre détail : on dîne entre Goya et Vélasquez. Cuisine ibérique pur jus aussi : savoureux *jamón serrano,* ribambelle de tapas *(compter 4/pers pour faire un bon repas),* zarzuela, *bacalau, cordero...* Mais le plus attractif est l'excellente paella pour 2. On a craqué pour la version catalane à l'encre de seiche, un délice ! Vins au verre bien choisis comme ce rueda blanc qui fait claquer la langue. Côté claquettes, on peut finir la soirée dans le bar attenant pour s'essayer au tango ; également des concerts. Olé !

La Cantina *(plan couleur B1, **21**) : 125 E Palace Ave. ☎ 505-988-9232. Tlj 17h30-22h. Plats 15-30 $.* Accès par un patio verdoyant. Ici, on dîne en écoutant les grands classiques de Broadway, entonnés par les serveurs eux-mêmes ! Ambiance évidemment très sympathique, surtout lorsque les chanteurs, pris de fou rire, n'arrivent pas à finir leur air... Service très gentil et bonne cuisine *South West*.

– Pour les gourmets, une *épicerie* attenante à la *Santa Fe School of Cooking* vend les produits sélectionnés par les chefs (lire la rubrique « À faire », plus loin).

Où boire un verre ? Où écouter de la musique ?

El Farol *(hors plan couleur par B2, **27**) : voir « Où manger ? ». • elfarolsf.com • Ouv jusqu'à 2h. Droit d'entrée (env 5 $) jeu-sam.* Ce resto est aussi un caf'conc' sympa où l'on écoute de la musique plutôt douce. Tous les soirs des groupes de blues, de jazz, des artistes indépendants ou des danseurs de flamenco s'y produisent. Qu'on soit accoudé au bar, en terrasse ou assis autour d'une table, l'ambiance est assez bon chic bon genre, mais décontractée et souvent américano-hispanisante.

Evangelo's *(plan couleur A1, **41**) : 200 W San Francisco St. Ouv jusqu'à 2h (minuit dim).* Un genre de pub à l'esprit plutôt rock, comme les groupes ou la bande de copains qui y jouent et qui donnent parfois l'impression de s'essayer. C'est cool... mais peut-être un peu moins pour les tympans !

Vanessie *(plan couleur A1, **42**) : 434 W San Francisco St. Tlj 19h30-22h30.* Derrière une belle porte aux serrures argentées. Pour changer d'ambiance, un piano-bar installé dans une grande salle, qui ronronne doucement depuis 1982. On peut aussi y manger, mais c'est assez cher.

Ore House *(plan couleur A-B1, **40**) : 139 W San Francisco St. Tlj 11h-1h.*

Concert (plutôt rock) jeu-sam, vers 21h-22h ; droit d'entrée : env 5 $. Au fond d'une allée-terrasse éclairée de guirlandes lumineuses, une 1re petite salle à l'ambiance plutôt pub avec écran géant. Ambiance plus raffinée pour le patio à l'arrière, lui aussi enguirlandé, planté d'un arbre au milieu, et dans lequel se produisent des groupes en fin de semaine. À écouter en dégustant une tequila ou une margarita (la spécialité de la maison).

El Meson Restaurante Tapas Bar *(plan couleur B1,* ***34****) : voir plus haut « Où manger ? De prix moyens à chic ».* Pour une soirée *caliente*...

Enfin, on peut siroter un cocktail face au coucher du soleil sur la terrasse du luxueux ***La Fonda Hotel*** *(plan couleur B2,* ***24****), au 100 E San Francisco St. Tlj de 16h (14h w-e) au coucher soleil ; âge min 21 ans.* La terrasse offre un beau panorama sur la ville.

À voir

Un pass valable 4 j. (env 20 $) donne accès aux 4 musées publics de la ville. Ces derniers offrant les clés pour comprendre la ville et l'État du Nouveau-Mexique, on vous le conseille. Si 4 musées c'est trop pour vous, possibilité aussi pour 15 $ d'acheter un billet valable 1 j. pour les 2 musées de votre choix.

La plaza *(plan couleur B1) :* centre touristique de Santa Fe. C'est la vieille place du marché, aménagée par les conquistadors espagnols. Monument élevé à la mémoire des soldats américains morts au cours des guerres indiennes, et que semblent ignorer les descendants des Hopis ou des Navajos. Noter cependant (remords tardifs) qu'un mot a été gratté sur le monument, sur le côté nord de l'obélisque. Devinez lequel ?

Palace of the Governors et New Mexico History Museum *(plan couleur B1,* ***61****) : 105 W Palace Ave. ☎ 505-476-5100. • nmhistorymuseum.org • Tlj (sf lun sept-mai) 10h-17h (20h ven). Entrée : 9 $; réduc ; inclus dans le pass ; gratuit ven 17h-20h. Les 2 musées ont une entrée indépendante mais une cour les relie aussi l'un à l'autre.*

Si le *New Mexico History Museum* se consacre, comme son nom l'indique, à l'histoire de l'État, le *palace of the Governors* s'attache davantage à celle de la ville. Le premier accueille de nombreuses expos temporaires et son expo permanente retrace au moyen de films, objets, belles photos, témoignages et anecdotes l'histoire du Nouveau-Mexique entre 1500 (soit l'époque des premières rencontres entre les Espagnols et les *Natives*) et l'époque moderne. C'est vivant, riche et bien fait. Quant au *palace of the Governors,* l'ancienne demeure donc où demeuraient les gouverneurs, il date du début du XVIIe s et faisait partie à l'origine d'un fort qui couvrait cinq blocs de l'actuel centre-ville. L'architecture de l'endroit a donc subi de nombreuses transformations au fil des siècles et des influences, comme en témoignent les deux portes côte à côte dans le hall d'entrée : la première, celle d'origine, très basse et l'autre d'une tout autre envergure ! Les premiers occupants du fort n'étaient peut-être pas très grands, mais les portes avaient des dimensions réduites surtout pour des raisons défensives : en effet, il est plus difficile d'entrer en courant et en chargeant dans une pièce avec le dos courbé que le dos droit et bien campé sur ses deux jambes (notez également l'obstacle sur le seuil qui force à ralentir pour entrer). Pour rester dans l'anecdote, remarquez dans le *Mexican Governor's Office* les différentes chaises : celles avec accoudoirs étaient réservées aux hommes et celles sans aux femmes. En effet, c'était plus pratique avec leur robe ! En déambulant dans les salles, on découvre une collection d'objets de l'époque hispanique tels que meubles et armes ainsi que des panneaux retraçant l'histoire de l'État (jetez un œil au tableau avec toutes les dates importantes et comparez-les aux dates historiques des États-Unis et de l'Europe). La chapelle personnelle des gouverneurs, tout à fait exceptionnelle, a été préservée. Voir aussi

le corbillard dans la cour, l'imprimerie, la remarquable collection de statuettes précolombiennes et, surtout, la *Segesser Hide Painting,* peinture sur peau de bison représentant une bataille entre Espagnols, Indiens et Français avec représentation de la Louisiane qui donne une idée de l'immensité du territoire vendu aux Américains par Napoléon Ier. Dans plusieurs pièces, on peut aussi voir ce qui se cache sous le parquet et que les archéologues ont mis au jour.
– À l'extérieur, sous la galerie, des *Natives* vendent un bel artisanat (poteries, bijoux, etc.). Ce n'est pas toujours donné, mais là, au moins, vous êtes sûr de trouver des bijoux en véritables argent et turquoises...

New Mexico Museum of Art *(plan couleur B1,* **62***)* **:** *107 W Palace Ave. ☎ 505-476-5072. • nmartmuseum.org • Tlj (sf lun sept-mai) 10h-17h (20h ven). Entrée : 9 $; réduc ; inclus dans le pass ; gratuit ven 17h-20h.* L'exposition permanente de ce musée consacré à l'art du Nouveau-Mexique n'est pas très grande, en revanche chaque œuvre est bien présentée et resituée historiquement, ce qui permet de comprendre un peu mieux ce que sont les écoles de Santa Fe et Taos et quels sont les artistes qui en font partie. Parmi les toiles, citons notamment : *From the River Light Blue* et *Spring Tree n° 1* de Georgia O'Keeffe ou encore *The Stoïc,* une peinture allégorique de Joseph Henry Sharp où l'on voit un guerrier qui traîne derrière lui les têtes de ses poneys préférés, preuve de sa capacité à endurer jusqu'à la mort d'un fils. De T.C. Cannon, *Washington Landscape with Peace Medal,* une satire des traités indiens brisés par les pionniers avec la complicité du gouvernement. Joli patio avec *murales.* Toute une aile est consacrée aux expos temporaires. Jeter également un coup d'œil à l'auditorium Saint-Francis.

Georgia O'Keeffe Museum *(plan couleur A1)* **:** *217 Johnson St. ☎ 505-946-1000. • okeeffemuseum.org • Tlj 10h-17h (19h ven en hte saison). Entrée : 12 $; réduc ; gratuit le 1er ven de chaque mois 17h-19h.*
Ce musée possède la collection d'œuvres la plus importante au monde (environ 1150 pièces) de la célèbre peintre (1887-1986) qui passa la plus grande partie de sa vie au Nouveau-Mexique. Artiste inclassable, dès 1915, Georgia O'Keeffe fut la première à s'essayer à l'abstraction aux États-Unis. La plupart de ses œuvres sont des aquarelles ou des pastels où se mélangent les couleurs vives avec des formes d'inspiration florale, mais aux connotations sexuelles évidentes : des fleurs, rien que des fleurs, avec pistils enflammés et des ovaires dilatés qui côtoient des moules et des coquillages... On peut y déceler une recherche de la féminité que les traits taillés à la serpe de son visage ne parvenaient pas à exprimer alors que les formes de son corps photographiées par son mari Alfred Stieglitz prouvaient sans aucun doute le contraire. Pas mal de compositions s'inspirent aussi des paysages et des tonalités minérales du Nouveau-Mexique. On aime ou on n'aime pas, mais Georgia O'Keeffe est à présent, portée par le mouvement féministe, considérée comme une des artistes majeurs du XXe s.
L'importante collection du musée est présentée par roulement au travers d'environ trois expos thématiques par an.

Cathedral of St Francis of Assisi *(plan couleur B2)* **:** *Cathedral Pl.* Une enclave française dans cette Espagne du Nouveau Monde. Datant du XIXe s, elle fut construite grâce à un évêque auvergnat, Mgr Lamy, désireux d'élever une église romane qui concurrencerait la brique américaine. On peut voir la statue du saint homme sur le parvis, qui fait face à celle de Kateri Tekakwitha, la première sainte indienne d'Amérique du Nord. L'intérieur est plutôt moderne, au fond à gauche, statue de la *Cofradia Conquistadora* de 1625, la plus ancienne représentation de la Vierge aux États-Unis.

Museum of Contemporary Native Arts *(plan couleur B1,* **66***)* **:** *108 Cathedral Pl. ☎ 505-983-8900. • iaia.edu/museum • Lun-sam 10h-17h (19h ven) ; dim 12h-17h ; fermé mar. Entrée : 10 $; réduc ; gratuit le 1er ven de chaque mois 17h-*

19h. C'était à l'origine une école d'art indien très renommée, exposant notamment les œuvres de ses élèves. Le musée fait constamment tourner ses collections, donc impossible de décrire ce que vous verrez, mais sachez qu'il s'agit principalement de peintures et de sculptures dignes d'intérêt, prouvant que l'art indien est bien vivant.

***Loretto Chapel** (plan couleur B2) : 207 Old Santa Fe Trail.* ☎ *505-982-0092. • lorettochapel.com • Lun-sam 9h-17h, dim 10h30-17h. Entrée : 3 $.* Chapelle néogothique construite en 1873 sur le modèle de la Sainte-Chapelle à Paris. Près de 250 000 visiteurs se pressent chaque année pour voir son escalier miraculeux autour duquel réalité et légende se confondent. Construit sans support central et avec de simples chevilles en bois à la place des clous, c'est une véritable prouesse architecturale. Il aurait été édifié en 1877 par un charpentier de passage, dont l'identité reste inconnue, avec une scie, une équerre et un marteau pour seuls outils. La légende raconte que cet homme, qui disparut à la fin des travaux sans même demander son dû, ne pouvait être que saint Joseph lui-même (le patron des ouvriers) ! L'origine du bois utilisé reste également un mystère, puisqu'il n'y en a pas dans la région. Enfin, un ultime détail nourrit la thèse du miracle, le nombre de marches : 33, comme l'âge du Christ ! À noter que la balustrade a été ajoutée 10 ans plus tard, pour éviter les chutes.

***Chapel of San Miguel** (hors plan couleur par B2) : sur Old Santa Fe Trail. Tlj 9h-16h. Entrée : 2 $.* Construite en 1598 sur un site sacré des Indiens analcos, elle est une des plus vieilles églises des États-Unis (et non la plus vieille comme le proclament les panneaux !). Elle renferme aussi la plus vieille cloche du pays, la *San Jose Bell*. Charmant intérieur, dans le plus pur style mexicain. On y donne encore la messe le dimanche.

Dans la ruelle sur le flanc gauche de l'église, ***The Oldest House,*** construite en torchis vers 1200 et transformée en boutique.

***Railyard District** (plan couleur A2) :* le long de la voie ferrée, sur une zone qui s'étend de la Montezuma Avenue aux abords du paseo de Peralta, une dizaine de galeries d'art (contemporain pour la plupart) ainsi que quelques restos et boutiques ont pris leur quartier dans d'anciens entrepôts. C'est aussi là que se tient, sous une halle, le *Farmers Market* (voir « Adresses utiles ») et le *New Mexican Artisan's Market (dim 10h-16h).* Né en 2008, ce quartier évolue encore, mais peine un peu à prendre vie.

***Canyon Road** (hors plan couleur par B2) :* ancienne route commerciale devenue aujourd'hui la pittoresque rue des artistes avec leurs ateliers de peinture. Côtoyant les boutiques chic, des dizaines de galeries à visiter et d'œuvres à acquérir – pour ceux qui ont encore quelques milliers de dollars cachés dans leurs Pataugas.

Museum Hill *(hors plan couleur par B2)*

À env 2 miles du centre slt, mais déjà joliment paumé en pleine nature. Accès par l'Old Santa Fe Trail vers le sud, puis par le camino Lejo (bien fléché). Le *Museum Hill* regroupe quatre musées qui, pour la plupart, méritent le détour.

***Museum of International Folk Art** :* ☎ *505-476-1200. • international folkart.org • Tlj 10h-17h (sf lun sept-mai), juin-août jusqu'à 20h ven. Entrée : 9 $; réduc ; inclus dans le pass ; juin-août, gratuit ven 17h-20h.* Outre d'importantes expos temporaires, le musée abrite une section permanente : la fabuleuse *collection Girard (*1907-1993). Celle-ci, commencée en 1930, est présentée sous forme de saynètes dans une salle immense où sont exposés quelque 10 000 objets (sur les 106 000 que Girard a donnés au musée), de plus de 100 pays. Riche collection de jouets, tissus, talismans, amulettes, ex-voto, etc. Ce fou d'ethnographie avait accumulé toute sa vie des milliers de poupées, figurines, santons, révélant les rituels de la vie et de la mort. Très belle collection de trains miniatures. Villes chinoises et mexicaines reconstituées, théâtres-maquettes, marché mexicain, *plaza de toros,* temple balinais, ensemble de gamelans indonésiens, procession péruvienne, etc. C'est Girard lui-même qui a installé l'expo telle que vous la voyez aujourd'hui, avec un souci du détail extraordinaire et des clins d'œil plein d'humour : dans la vitrine 15-3, par exemple, même les touristes photographiant l'église du *pueblo* en pleine cérémonie religieuse sont représentés ! Ou encore, dans la vitrine indienne 2-4, que fait donc ce chat blanc bien américain (ou européen) parmi les éléphants ? Sa présence malicieuse, mais déplacée, aurait d'ailleurs suscité de vifs débats entre Girard et les commissaires de l'expo ! Pour comprendre ce que vous voyez dans les vitrines, surtout, prenez le guide (en anglais) disponible aux différentes entrées de la salle.

Museum of Indian Arts and Culture : *en face du* Museum of International Folk Art. ☎ *505-476-1250.* • *indianartsandculture.org* • *Tlj 10h-17h (sf lun sept-mai), juin-août jusqu'à 20h ven. Entrée : 9 $; réduc ; inclus dans le* pass *; gratuit ven 17h-20h.* Superbe sculpture géante de guerrier sur l'esplanade. L'endroit idéal pour découvrir la culture et l'art des Indiens du sud-ouest des États-Unis, car très complet. La visite commence par l'exposition permanente « *Here, Now and Always* », où l'histoire, les croyances, les traditions et l'art des *Natives* du Sud-Ouest sont illustrés au moyen d'une foule de beaux objets ou de reconstitutions (d'habitations, notamment) regroupés selon plusieurs thèmes (« Les ancêtres », « Les plantes et les animaux », « L'art », « Les cycles de la vie », etc.). Notez, par exemple, dans la section « Architecture », la comparaison entre l'habitation traditionnelle des Navajos et le type de maison où ils vivent aujourd'hui. La *Buchsbaum Gallery* expose, quant à elle, de nombreuses poteries d'Indiens pueblos vivant dans les villages autour de Santa Fe. Les autres salles sont consacrées aux expos temporaires et, quel que soit le thème choisi, les objets présentés sont bien souvent un régal pour les yeux.

Wheelwright Museum of the American Indian : *à quelques centaines de mètres du* Museum of Indian Arts and Culture. ☎ *505-982-4636 ou 1-800-607-4636.* • *wheelwright.org* • *Lun-sam 10h-17h, dim 13h-17h. Gratuit.* Un musée privé, très intéressant complément pour ceux qui s'intéressent à la culture indienne. Belles sculptures à l'entrée. Le musée a la forme circulaire d'un *hogan* (habitation traditionnelle navajo). La porte s'ouvre à l'est, car les bonnes choses viennent toujours de ce point cardinal. Il est dédié à l'art indien sous toutes ses formes. Mais difficile de dire précisément ce que vous verrez puisqu'il fonctionne sur la base d'expositions thématiques et temporaires. En tout cas, c'est toujours intéressant. Les expositions rassemblent des œuvres contemporaines et pluriséculaires, comme pour mieux souligner l'intemporalité de la culture indienne. Sympathique *case trading-post* (la boutique du musée) au sous-sol.

Museum of Spanish Colonial Art : *en arrivant à* Museum Hill, *un peu avt les 3 précédents.* ☎ *505-982-2226.* • *spanishcolonial.org* • *Tlj (sf lun sept-mai) 10h-17h. Entrée : 5 $.* Collection d'art colonial espagnol dans un joli bâtiment restauré de style pueblo, où la collection permanente se réduit à deux toutes petites salles et où le reste (pas très grand non plus) est consacré aux expos temporaires. On ne remet pas en cause la qualité de ce qui est (joliment) présenté, mais c'est un peu cher tout de même pour ce qu'on y voit.

À faire

■ **_Santa Fe School of Cooking_** *(plan couleur A2) : 125 N Guadalupe St.* ☎ *505-983-4511 ou 1-800-982-4688.* • *santafeschoolofcooking.com* • Pour les gourmets curieux, l'école de cuisine de Santa Fe propose des petits stages ou ateliers d'initiation à la cuisine régionale. Très sympathique, mais pas donné ! Une épicerie attenante vend les produits sélectionnés par les chefs.

– ***Sports et loisirs :*** les environs de Santa Fe se prêtent à toutes sortes d'activités plus ou moins sportives : ski, randonnée, VTT, pêche, balades à cheval, rafting... Demandez le *Recreation Guide* à l'office de tourisme pour la liste des agences proposant excursions et matériel.

Fête et manifestations

– ***Opéra de Santa Fe :*** *☎ 505-986-5900 ou 1-800-280-4654. • santafeopera.org • À 7 miles au nord du centre, par la 285 (fléché). Représentation ts les soirs, à 20h ou 21h, en juil-août.* Un opéra de plein air avec des artistes venus du monde entier. Les opéras se jouent dans leur langue d'origine. Ça vaut vraiment le coup mais attention, les places sont chères, au propre comme au figuré ! Quoi qu'il en soit, il vaut mieux s'y prendre bien à l'avance.

– ***Santa Fe Indian Market :*** *en général vers la mi-août. • swaia.org •* Grande exposition d'artisanat indien (de plus de 100 tribus différentes) avec des bijoux, turquoises, poteries et autres objets. Assez cher toutefois.

– ***Santa Fe Fiesta :*** *1re quinzaine de sept pdt 8 j. • santafefiesta.org •* Grande fête de la Ville qui commémore la reconquête de Santa Fe par les Espagnols en 1692.

DANS LES ENVIRONS DE SANTA FE

Pecos National Historical Park : *à env 25 miles au sud-est de Santa Fe ; sortie 299 sur l'I-25. Tlj 8h-18h (17h sept-mai). Entrée : 3 $/pers ;* Interagency Annual Pass *accepté. Musée et film de présentation (10 mn) sur le* pueblo *au* Visitor Center, *puis parcours d'env 2 km à effectuer à pied. Brochure en français disponible à l'accueil (mais prendre aussi celle en anglais, plus complète et avec la bonne numérotation).* Les Indiens pueblos de Pecos, qui vécurent ici de 1450 à 1838, avaient fort bien trouvé leur site, très joliment situé. Perché sur les hauteurs, celui-ci permettait de voir l'ennemi arriver ; il était aussi très fertile grâce aux deux rivières qui passent juste à côté. Au XVe s, jusqu'à 2 000 personnes vécurent ici, mais quand le Santa Fe Trail passa à Pecos en 1821, le village était déjà en grande partie abandonné (les derniers habitants le quittèrent en 1838 pour rejoindre leurs parents du *pueblo* de Jemez). Le déclin de Pecos Pueblo avait été entamé dans les années 1770, quand la menace des attaques comanches avait forcé de nombreux habitants à abandonner leurs terres. À cela s'étaient ajoutées les épidémies et la présence croissante dans le voisinage de colons espagnols qui, dans les années 1800, reprirent peu à peu les commerces et activités qui avaient fait la richesse des Indiens de Pecos. Le village était à l'origine construit comme une forteresse, avec une grande place centrale et les habitations tout autour. À la fin du XVIe s, les Espagnols débarquèrent... et revinrent quelques années plus tard avec des missionnaires qui s'appliquèrent à convertir les Pueblos au catholicisme. Les principaux vestiges restants aujourd'hui sont d'ailleurs ceux de la mission. Pour le reste, mis à part quelques *kivas* et les ruines des maisons, il faudra faire un petit effort d'imagination.

➢ ***Turquoise Trail :*** *c'est la route 14 qui relie Santa Fe à Albuquerque, parallèle à l'I-25.* Elle passe par l'ancien chemin des chercheurs de turquoise (zinc et plomb). À *Cerrillos*, arrêtez-vous devant la *Casa Grande*, sorte de *trading store* construit par le propriétaire, mi-trappeur mi-hippy. Vous trouverez au milieu de milliers de cailloux, rangées dans des boîtes en carton, des turquoises pour pas cher et même un minizoo avec des gallinacés et des lamas. Poursuivez votre route jusqu'à l'ancienne petite ville minière de ***Madrid*** qu'il faut visiter pour ses artisans, artistes et hippies qui tentent de recréer une ambiance de bout du monde. Maisons en bois, colorées et fleuries. Et si vous avez un petit creux, arrêtez-vous à la *Mine Shaft Tavern*, l'un des plus anciens bars de la région où on mange pour pas cher des sandwichs, burgers et autres plats mexicains. On peut ensuite s'arrêter à *Sandia Crest*, la station de ski du coin, d'où l'on domine toute la ville.

DES CONNAISSANCES ASTRONOMIQUES TRÈS ANCIENNES

L'architecture traditionnelle, aux formes géométriques, est adaptée aux conditions météorologiques difficiles du désert et inspire beaucoup les architectes contemporains. Près de Santa Fe, le site indien de Tronis, en plein désert, est très visité depuis la découverte en 1960 d'un phénomène curieux. Au solstice d'été, à l'aube, durant une dizaine de minutes, les rayons du soleil passent au travers d'une fissure de la roche et éclairent une pierre qui scintille fortement. Les Amérindiens l'utilisaient peut-être comme calendrier. De nombreuses inscriptions y sont gravées, laissant penser qu'une activité préhistorique s'y était développée.

LOS ALAMOS

18 000 hab. (county)

À 35 miles au nord-ouest de Santa Fe. Au bout d'une route superbe, on découvre une petite ville bien américaine, lovée dans un cadre enchanteur à 2 200 m d'altitude. Los Alamos est surtout célèbre pour son laboratoire de recherche, le Laboratoire national de Los Alamos (LANL – Los Alamos National Laboratory), créé au début de la Seconde Guerre mondiale pour concevoir la première bombe atomique. Depuis, la ville joue un rôle majeur dans la recherche pour la défense, mais aussi en matière d'environnement et de santé. Son laboratoire travaille en partenariat avec l'université de Californie et emploie quelque 11 000 personnes.
La ville en elle-même ne présente pas vraiment d'intérêt, on viendra plutôt ici pour les deux musées qui retracent son histoire, ainsi que pour la nature environnante, malheureusement mise à mal par le grand incendie de l'été 2011. De plus, elle n'est qu'à 11 miles du Bandelier National Park et peut constituer un bon point de chute ou de passage.
Essayez de vous y trouver début aout, lors de la fête locale. Ambiance délirante, grand rodéo.

LE PROJET MANHATTAN

Ce projet gouvernemental, visant à équiper les États-Unis de l'arme nucléaire, est né de la crainte des Alliés de voir l'Allemagne nazie se doter la première de cette arme redoutable. Albert Einstein avait mis en garde le président Roosevelt dès 1938 dans une lettre à présent célèbre. Le 16 décembre 1941, suite à l'attaque surprise sur Pearl Harbour, le gouvernement décide de débloquer les fonds nécessaires. Le coût atteindra 2 milliards de dollars à la fin de la guerre !
Deux programmes de recherche et développement sont mis en place : une étude technique de faisabilité puis de mise au point de la bombe atomique sous l'autorité de Robert Oppenheimer installé à Los Alamos avec 2 000 chercheurs, dont 20 Prix

Nobel bouclés au secret sous la garde de l'armée. Et la préparation d'une quantité suffisante de matière fissile dans deux complexes industriels : le centre d'Oak Ridge dans le Tennessee pour la production d'uranium 235 et l'usine de Hanford dans l'État de Washington pour la séparation du plutonium produit artificiellement dans les premiers réacteurs nucléaires. En 1944, le général Groves, directeur militaire du projet, choisit le site de Trinity, comme on l'appelle aujourd'hui (c'était à l'origine le nom de code de l'opération), dans le désert du Nouveau-Mexique, près d'Alamogordo, à 350 km de Los Alamos, pour construire la base d'essai de la première bombe atomique.

Le 16 juillet 1945, à 5h du matin, alors que Little Boy (la bombe qui sera lancée sur Hiroshima) est embarquée à bord du croiseur Indianapolis à destination de Tinian (île du Pacifique, où Little Boy et Fat Man furent entreposées), 150 savants réunis à Alamogordo assistent à l'explosion de *The Gadget*, la bombe-test lâchée du haut d'une tour construite pour l'occasion. *The Gadget* est une bombe au plutonium, comme *Fat Man* qui détruira Nagasaki 3 jours après Hiroshima. Essai jugé concluant... le 6 août, *Little Boy* est largué sur Hiroshima et, le 9 août, *Fat Man* sur Nagasaki. Si les Japonais n'avaient pas capitulé après la destruction de deux de leurs villes, les Américains n'avaient pas d'engin supplémentaire immédiatement disponible, mais cela, l'état-major nippon l'ignorait...

N'HABITE PAS À L'ADRESSE INDIQUÉE...

Jusqu'en 1957, on ne put entrer dans Los Alamos que muni d'un laissez-passer. Le projet Manhattan vit bien sûr le jour dans le plus grand secret et la ville était inconnue au bataillon. Son nom ne devait jamais être prononcé parmi les gens impliqués dans le projet, et elle n'était désignée que comme Box 1663, Santa Fe, New Mexico. *Les courriers adressés à Los Alamos étaient systématiquement retournés à leur expéditeur. Même les actes de naissance de cette époque indiquaient comme lieu de naissance :* Box 1663, Sandoval County, rural.

On a eu chaud et ça fait froid dans le dos !

Les activités du Laboratoire national de Los Alamos restent encore aujourd'hui très secrètes et l'accès à cette partie de la ville est interdit à toute personne étrangère au site. Interdiction dont se soucia bien peu l'énorme incendie qui frappa Los Alamos durant l'été 2011. Celui-ci ravagea plus de 49 000 ha de végétation (ce qui fait de lui le plus gros incendie jamais connu par le Nouveau-Mexique), entraîna l'évacuation de la ville et encercla le laboratoire qui est, rappelons-le, un centre de recherche nucléaire contenant quelques produits radioactifs dans ses bâtiments, ainsi que quelques déchets (radioactifs eux aussi) sur son terrain. Pas mal pour un labo censé jouer un rôle majeur dans la recherche en matière d'environnement et de santé...

Adresse utile

■ ***Los Alamos Meeting & Visitor Bureau :*** *109 Central Park Sq.* ☎ *505-662-8105.* ● *visit.losalamos.com* ● *Lun-sam 9h-17h, dim 10h-15h.* Bien fourni en brochures, dont une gratuite avec un circuit « historique » dans la ville, à faire à pied.

Où dormir ?

Où manger ?

Comfort Inn & Suites : *2455 Trinity Dr.* ☎ *505-661-1110.* ● *comfortinn.com* ● *Dans le centre. Doubles 80-115 $ selon confort et saison, petit déj inclus.* Agréable motel abritant des chambres confortables. Bon accueil.

Holiday Inn Express & Suites : *60 Entrada Dr. ☎ 505-661-2646. • hiexpress.com • À l'entrée est de Los Alamos. Doubles 110-135 $, petit déj inclus.* Planté seul en pleine nature, au bord de la route 502, un hôtel à l'intérieur élégant et aux chambres vraiment confortables et douillettes (même si l'épaisse moquette semble sortie d'une autre décennie !). Piscine couverte.

Viola's Restaurant : *124 Central Park Sq. ☎ 505-662-5617. Entre 15th St et Knecht St. Lun-ven 7h30-14h, sam 7h30-13h. Plat env 10 $.* Venez-y pour manger pas cher et typique mais, on vous prévient, le cadre est *cheap* ! Petit *diner* avec banquettes orange, où l'on engloutit des *beef taco plates, rolled* enchiladas, *bowls of chile...* Accueil tout à fait charmant.

Blue Window Bistro : *813 Central Ave. ☎ 505-662-6305. Sur le parking d'un centre commercial. Service 11h-14h30 (sf sam), 17h-20h30 (sf dim). Midi 10-15 $, soir 15-25 $.* Bon petit resto qui rend hommage aux couleurs ; c'est un festival de bleu, de vert, de rouge, d'orange... Des petits murets entre les tables assurent une certaine intimité pour un repas en tête à tête, mais les groupes de copains trouveront aussi leur bonheur autour de grandes tables rondes et conviviales. Le midi, ce sera salades, crêpes salées, sandwichs ou enchiladas. Le soir, les plats sont plus cuisinés. Une adresse bien chaleureuse.

À voir

Bradbury Science Museum : *1350 Central Ave. ☎ 505-667-4444. • lanl.gov/museum • Mar-sam 10h-17h, dim-lun 13h-17h. Gratuit.*
Exposition très bien faite sur le développement et l'utilisation des armes atomiques de 1945 à nos jours avec, encore une fois, toute la genèse et le déroulement du projet Manhattan avec l'issue que l'on connaît en août 1945. Répliques de *Little Boy* et de *Fat Man* qui font tout de même un peu froid dans le dos. Il y est également question de la gestion de l'arsenal nucléaire car, depuis l'arrêt complet (en 1992) des essais nucléaires américains, Los Alamos s'occupe surtout de la maintenance des armes existantes, dont il faut s'assurer du bon fonctionnement sans plus pouvoir recourir à des tests !
La liste (connue) des accidents nucléaires depuis 1945 est consultable, on se réjouit que sur 33 incidents « sérieux » seuls deux aient engendré une contamination (Thulé au Groenland et Palomares en Espagne). Le reste de l'expo traite aussi des activités des recherches actuelles menées à Los Alamos sur le génome humain, les différentes sources d'énergie, l'environnement. On se recycle comme on peut ! Enfin, on apprécie que le musée ne fasse pas l'impasse sur la polémique qu'engendra l'utilisation de la première bombe en 1945.

Los Alamos Historical Museum : *1050 Bathtub Row. ☎ 505-662-6272. • losalamoshistory.org/Museum.htm • À côté du Fuller Lodge. En été, lun-ven 9h30-16h30, sam 11h-16h, dim 13h-16h ; horaires réduits en hiver. Gratuit.*
Comme son nom l'indique, ce musée retrace l'histoire peu ordinaire de Los Alamos, des premiers peuples qui ont habité les environs à cet hiver de 1943 où le site qui n'hébergeait alors que la Ranch School devint une ville secrète entièrement consacrée au fameux projet Manhattan. Jusque dans les années 1950, le Laboratoire national de Los Alamos était en plein centre-ville (on pourrait même dire qu'il constituait le centre de la ville !), à côté du Ashley Pond et occupait, notamment, ce qui avaient été les bâtiments de la Ranch School (une école privée fondée au début des années 1900, où les grandes familles de l'Ouest envoyaient leur garçon de santé fragile s'endurcir au grand air). Puis il migra de l'autre côté du canyon et s'étale désormais sur 64 km² (toute une zone interdite au public). Plus touchante est la section sur les conséquences, à l'échelle mondiale, de toute cette entreprise, avec notamment des photos panoramiques d'Hiroshima et de Nagasaki

après leur bombardement. On remarquera aussi le bon goût de l'*Atomic Cake*, en l'honneur d'un essai atomique fructueux à Bikini en 1946 !

Fuller Lodge : *Central Ave & 20th St. ☎ 505-662-1635. • fullerlodgeartcenter.com • Lun-sam 10h-16h. Gratuit.* Magnifique salle d'expo et de spectacle, construite dans les années 1930, tout en *log*, ces gros rondins de bois. Aux beaux jours, l'endroit accueille aussi de nombreux mariages. Il faut y aller lors des fêtes locales, lorsque joue le big band de la ville, dont la moyenne d'âge avoisine généralement la soixantaine, et que danse la belle jeunesse locale.

DANS LES ENVIRONS DE LOS ALAMOS

Bandelier National Monument : *à 11 miles de Los Alamos, par la 501 puis la 4. • nps.gov/band • En été, parc ouv 6h-20h30. Entrée : 12 $/véhicule (valable 7 j.) ;* Interagency Annual Pass *accepté.* Si la route goudronnée n'est longue que de 3 miles *(elle se termine au* Visitor Center *; ouv 9h-17h30 juin-sept, 9h-16h30 le reste de l'année ; brochure payante en français très complète),* quelque 70 miles de sentiers traversent ce parc, malheureusement touché par l'incendie de Las Conchas en 2011. Ils mènent aux divers lieux habités autrefois, des *pueblos,* ou permettent de découvrir tout simplement la beauté des paysages. Petites balades ne présentant aucune difficulté ou chemins de rando nécessitant de bonnes chaussures, il y en a pour tous les goûts. Procurez-vous (pour 1 $) le petit livret *Ruins Trail* au *Visitor Center*, qui vous permettra de vous orienter sur le site. Au cours d'un petit circuit de moins de 2 km, on découvre des logements dans des grottes enfouies dans les falaises, auxquelles on accède par des escaliers assez raides, quand ce ne sont pas carrément des échelles ; sujets au vertige, s'abstenir. Certains endroits, comme la grotte dédiée aux cérémonies *(Ceremonial Cave)*, que l'on atteint grâce à quatre échelles, sont vraiment spectaculaires et méritent la visite. Le parc doit son nom à Adolph Bandelier qui découvrit ces ruines en 1880.

Juniper Campground : *après l'entrée du parc, sur la droite. ☎ 505-672-3861 ou 1-877-444-6777 (8h-16h30). Ouv tte l'année, mais eau courante slt mars-nov. Pas de résas. Empl. 12 $.* Une centaine d'emplacements dans un joli site plein de petits arbres rabougris, en pleine nature. Il se peut même que vous soyez réveillé un beau matin par un ours curieux. Rassurez-vous, c'est rare. Sanitaires, mais pas de douches.

Valles Caldera National Preserve : *à 18 miles à l'ouest de Los Alamos. Accès par la 501, puis la 4 (dans la direction opposée au Bandelier National Monument).*

Visitor Center : *au mile 39 sur la Hwy 4. ☎ 1-866-382-5537. • vallescaldera.gov • Accessible par une piste en bon état. Mai-oct, tlj 8h-18h ; nov-avr, ven-dim 8h-17h.* La région de Los Alamos est volcanique, et cette immense plaine qui s'étend soudain devant vous au détour d'un virage alors que la route chemine depuis des miles au milieu des arbres ne correspond qu'à un dixième de la surface totale de la caldeira. Plusieurs activités sont proposées sur ce site majestueux (malheureusement lui aussi bien atteint par l'incendie de Las Conchas en 2011) qui, jusqu'en 2000, fut un ranch privé : des randos seul ou accompagné, payantes pour la plupart *(5-10 $ selon type de rando)* mais pas toutes. Les plus chères comprennent l'accès à des sites plus éloignés où une navette vous dépose et vous reprend à l'arrivée. Également des visites thématiques (sur la faune – nombreux élans dans le coin –, l'histoire ou encore la géologie).

ALBUQUERQUE

530 000 hab.

▸ Pour le plan d'Albuquerque, se reporter au cahier couleur.

La plus grande ville du Nouveau-Mexique, capitale des *hot air balloons* (montgolfières). Albuquerque (prononcer « Albou-kerki ») ne possède pas (loin s'en faut) le charme de Santa Fe. Flanquée d'une chaîne de montagnes et entourée de désert, c'est avant tout une ville moderne (quoique tricentenaire) et universitaire, à la population assez jeune (moyenne d'âge des habitants : 35 ans). Dans l'ensemble pas déplaisante, d'autant que le soleil y brille quelque 310 jours par an. Si vous y passez 1 journée, l'une ou l'autre attraction mérite une visite. Mais franchement, on n'y séjournera pas 1 semaine. Les archéologues de l'histoire américaine contemporaine ne manqueront pas de débusquer sur la Route 66 qui traverse la ville les derniers vestiges rutilants de cette voie mythique. Brochure avec carte des lieux emblématiques au *Visitor Center*.

Arriver – Quitter

En avion

✈ ***Albuquerque International Sunport*** *(hors plan couleur par C3)* **:** *2200 Sunport Blvd S-E.* ☎ *505-244-7700.* • *cabq.gov/airport* • *À 15 mn au sud-est du centre-ville.*

ℹ *Centre d'infos touristiques dans le hall d'arrivée. Tlj 9h30-20h.*

■ Toutes les compagnies de location de voitures *(Alamo, National, Hertz, Avis, Budget)* se trouvent à 5 mn de l'aéroport, au *Rental Car Center.* Une navette gratuite fait la liaison très fréquemment.

➢ ***Pour rejoindre le Downtown :*** avec le ***bus*** n° 50 ; trajet : 20 mn ; ticket à acheter dans le bus (1 $, avoir l'appoint). En ***taxi,*** compter 15-20 $.

En bus et en train

Alvarado Transportation Center *(plan couleur B2-3)* **:** *100 1st St S-W.* ☎ *505-243-7433.* • *cabq.gov/transit* • Centre qui s'étend sur plusieurs blocs et qui rassemble tous les transports en commun d'Albuquerque : les bus locaux et *Greyhound,* les trains *Amtrak* ou le *Rail Runner Express.*

Terminal des bus Greyhound *(plan couleur B3)* **:** *320 1st St S-W.* ☎ *505-243-4435.* • *greyhound.com* • 3 liaisons directes/j. avec ***Denver*** (trajet : 7h30-8h), ***Gallup*** (trajet : 2h30), ***Flagstaff*** (trajet : 6h-6h30), ***Phoenix*** (trajet : 9h-9h30) ; 2 liaisons directes avec ***Los Angeles*** (trajet : 17h-17h30) et 4 liaisons/j. avec ***El Paso*** (trajet : 4h30).

Gare ferroviaire Amtrak *(plan couleur B2-3)* **:** *320 1st St S-W.* ☎ *505-842-9650 ou 1-800-872-7245.* • *amtrak.com* • Liaison 1 fois/j. avec le *Southwest Chief* pour l'Est (Dodge City, Kansas City, Chicago) et l'Ouest (Gallup, Flagstaff et L.A.).

New Mexico Rail Runner Express *(plan couleur B2-3)* **:** *au croisement de 1st St et Central Ave S-W.* ☎ *1-866-795-7245.* • *nmrailrunner.com* • Le *Rail Runner* est le train régional qui relie env 8 fois/j (dans les 2 sens) Santa Fe à Albuquerque et plusieurs stations entre les 2. Trajet : env 1h30.

Orientation

La ville est divisée en 4 grands quartiers North-West, North-East, South-West et South-East. Simple. C'est Central Avenue (l'ancienne Route 66) qui sépare le Nord du Sud et Broadway Avenue (la route 47), l'Est de l'Ouest.

Adresses et infos utiles

Infos touristiques et services

🛈 ***Old Town Visitor Center*** *(plan couleur A2,* ***1****) : 303 Romero N-W.* ☎ *1-800-733-9918. • itsatrip.org • Sur une placette, près de la* plaza. *Tlj, juin-sept 10h-18h, oct-mai 10h-17h.* L'office de tourisme le mieux achalandé.

🛈 ***Downtown Information Center*** *(plan couleur B2,* ***2****) : 401 2nd St.* ☎ *1-800-733-9918. Tlj 9h-17h (normalement...).* Moins riche en infos que celui d'Old Town et, surtout, horaires aléatoires. Le parking situé en face offre toutefois jusqu'à 2h de stationnement gratuit (se faire tamponner le ticket par l'*Information Center*).

✉ ***Poste*** *(plan couleur B2) :* ***Civic Plaza,*** *à l'angle de 2nd St et Tijeras Ave. Lun-ven 10h-15h. Un* ***autre bureau*** *au 1135 Broadway N-E (lun-ven 8h-17h30).*

@ ***Albuquerque Public Library*** *(plan couleur B2) : 501 Copper Ave N-W.* ☎ *505-768-5141. Lun-sam 10h-18h (19h mar-mer).* Carte d'adhésion obligatoire 3 $ (valable 1 an) pour pouvoir surfer, mais wifi gratuit.

Urgences

■ ***Presbyterian Hospital*** *(plan couleur C3,* ***3****) : 1100 Central Ave S-E.* ☎ *505-841-1234.*

■ ***Police*** *(plan couleur B2) : 400 Roma Ave N-W.* ☎ *505-242-2677.*

Où dormir ?

Albuquerque, beaucoup moins touristique que Santa Fe, propose des hébergements financièrement abordables. Attention, cependant, lors de l'*Albuquerque International Balloon Fiesta*, en octobre, les prix augmentent. Ceux qui souhaiteraient des logements plus intimes ou plus retirés (mais aussi plus chers généralement) peuvent consulter le site de l'*Albuquerque Bed & Breaksfast Association* : *• abqbandb.com •*

Camping

⛺ ***Camping KOA Bernalillo :*** *555 S Hill Rd, à* ***Bernalillo.*** ☎ *505-867-5227 ou 1-800-562-3616. • koa.com • À 15 miles au nord d'Albuquerque par l'I-25, sortie 240. Ouv tte l'année. Résa conseillée. Pour 2 pers : tente env 20 $, camping-car 30 $, cabin env 40 $.* Un peu loin de la ville et avec vue sur l'I-25 (!), ce camping n'en reste pas moins le plus agréable du coin. Si le site est assez ombragé, l'espace sableux réservé aux tentes, lui, est en plein cagnard, les arbres plantés n'étant encore que des arbrisseaux. Petite piscine, jeux pour enfants. Un lieu très bien tenu et à taille humaine. Accueil fort sympathique.

Très bon marché

⌂ ***Hostel Route 66*** *(plan couleur B2,* ***10****) : 1012 Central Ave S-W.* ☎ *505-247-1813. • rt66hostel.com • À l'angle de 10th St. Accueil 7h30-22h. Pas de couvre-feu. Lit en dortoir env 20 $/nuit, doubles env 30-40 $. Parking privé.* AJ privée dans une maison ancienne repeinte en crème et turquoise. Dortoirs de 6 lits pour les garçons à 8 lits pour les filles ou 7 chambres privées de 1 à 3 lits, avec ou sans salle de bains. C'est assez sommaire, mais l'ensemble du lieu est convivial : agréable petit salon commun avec livres et jeux, petite cuisine équipée où l'on trouve des produits alimentaires de base... En échange, si vous le souhaitez, de menus services (ranger, balayer, ramasser les feuilles ou laver les vitres). Pas de laverie, mais un *Lavomatique* presqu'en face de l'AJ. Bon accueil.

Bon marché

Nombreux motels à prix très raisonnables sur Central Avenue (entre Carlisle Boulevard et San Mateo Boulevard). Franchement, il est difficile d'en recommander un plutôt qu'un autre. Comme ils sont tous dans le même coin, on vous conseille de comparer les prix qui sont affichés à l'extérieur et d'aller jeter un œil aux chambres avant de vous décider.

Imperial Inn *(plan couleur C2, **11**) : 701 Central Ave N-E. ☎ 505-247-4081. Double env 45 $.* Qualifier le lieu d'impérial serait exagéré. On va dire correct... pour le prix, même si la plomberie montre quelques signes de faiblesse dans certaines chambres. En tout cas, c'est pas tous les jours qu'on voit des rideaux de douche comme ça (et heureusement peut-être, d'ailleurs !). Piscine de poche dans la cour.

Stardust Inn *(plan couleur C2, **12**) : 801 Central Ave N-E. ☎ 505-243-2891. • downtownstardustinn.com • Doubles 50-60 $, petit déj inclus.* Facilement repérable avec ses couleurs orange et aubergine. Chambres bien tenues et assez confortables, celles du rez-de-chaussée étant même plutôt pimpantes. Bon accueil. Petite piscine sur le parking.

Econolodge *(plan couleur C2, **13**) : 817 Central Ave N-E. ☎ 505-243-1321. • econolodge.com • Doubles 60-70 $, petit déj compris.* Chambres sans aucun charme mais assez confortables (même si, dans les salles de bains, la traditionnelle baignoire est bien souvent remplacée par une petite douche) et, malgré la proximité de l'I-25, plutôt calmes. Piscine.

De prix moyens à très chic

Best Western Plus – Rio Grande Inn *(plan couleur A1, **15**) : 1015 Rio Grande Blvd N-W. ☎ 505-843-9500 ou 1-800-959-4726. • riograndeinn.com • Sortie 157 A sur l'I-40. Doubles 80-140 $.* Situation pratique (aussi bien en voiture qu'à pied, puisque la Old Town se rejoint aisément à pinces) pour cet hôtel cossu offrant de jolies chambres confortables aux tons chauds et avec joli mobilier de bois. Belle piscine bien en retrait de la route.

Bottger Mansion *(plan couleur A2, **14**) : 110 San Felipe St N-W. ☎ 505-243-3639 ou 1-800-758-3639. • bottger.com • Une maison rose bonbon, en face du grand parking bordant Central Ave, à l'entrée de la Old Town. Doubles 105-180 $, petit déj inclus. Parking gratuit.* Un *B & B* cosy tenu depuis près d'un siècle par la même famille, ce qui représente un vrai atout. Déco un peu kitsch, chambres bonbonnières, lits à baldaquin, vieille baignoire, équipement complet et accueil plein d'empressement. Petit déj l'été en compagnie des colibris du jardin.

Où manger ?

Spécial petit déj

Flying Star Café *(plan couleur D3, **23**) : 3416 Central Ave S-E. ☎ 505-255-6633. Tlj 6h-23h30 (minuit ven-sam). Gâteaux 3-4 $, plats 10-15 $.* Appétissantes pâtisseries et monstrueux croissants, mais aussi les classiques américains du petit déj. L'endroit est aussi tout à fait recommandable pour les autres repas, dans une ambiance de café-snack, sans aucune odeur de graillon, avec baies vitrées donnant sur la rue, des couleurs vives et une foule de magazines classés par thèmes sur des étagères. Leurs hamburgers, à base d'un délicieux pain maison, sont bons, originaux et joliment présentés (à défaut d'être très pratiques à manger !). Également des salades et quelques autres plats chauds. Vraiment très sympa.

– Et aussi : ***Garcia's** : voir ci-dessous.*

Bon marché

Kellys *(plan couleur D3, **21**) : 3222 Central Ave S-E. ☎ 505-262-2739. À l'angle de Wellesley Dr. Se repère facilement grâce à ses 2 anciennes pompes à essence. Tlj 8h-23h (21h30 pour la cuisine). Plat env 10 $.* Ici, même si la cuisine est convenable, ce n'est pas vraiment l'esprit restaurant qui domine. On mange dans un ancien garage de 1939 ayant appartenu à la *Jones Motor Company* ou en terrasse. Très prisé le soir par les étudiants qui viennent siroter une des 20 bières brassées sur place et servies à la pompe. Sandwichs et burgers aussi, ou plats plus consistants comme le steak de bœuf ou de thon. On adore Superman au plafond dans son avion *P-26* !

66 Diner *(plan couleur C2, **22**) : 1405 Central Ave N-E. ☎ 505-247-1421. Tlj 11h (8h w-e)-23h (22h dim).*

Plats 5-10 $. Réfractaires à la culture populaire américaine, au burger arrosé de ketchup, passez votre chemin, ceci n'est pas pour vous. En revanche, ceux qui rêvent de Betty Boop, Marilyn, de sundas hauts comme des choucroutes des années 1960, bienvenue au *66 Diner*. Carrossé comme un paquebot aux néons criards, ce mythique *diner* a tout pour plaire : carrelages en damier noir et blanc, tabourets chromés, banquettes en moleskine noir et vert, serveuses en petit tablier bleu, juke-box et photos des belles Américaines des *fifties* et *sixties*, rien ne manque ! Les burgers sont *juicy* à souhait, mayo et moutarde sur la table. Le rêve américain tel qu'on l'a imaginé.

Garcia's *(plan couleur A2,* **27***) : 1736 Central Ave S-W.* ☎ *505-842-0273. À deux pas de la vieille ville et à 800 m de l'AJ. Tlj 7h-21h (22h ven-sam). Plats 5-10 $,* special *le midi lun-ven env 10 $.* Sorte de *diner* mexicain où règne une atmosphère agréable. Déco simple et colorée, service souriant et cuisine néomexicaine de bon aloi *(blue corn enchiladas, combination plate)*. Très populaire.

De bon marché à prix moyens

Church Street Café *(plan couleur A2,* **20***) : 2111 Church St.* ☎ *505-247-8522. Tlj 8h-21h (16h dim). Plats 10-15 $.* Petit restaurant bien sympathique, installé dans une maison aussi vieille qu'Albuquerque ! Intérieur agréable au dallage vernissé, murs blancs et plafond en bois. Ça a l'air bien charmant tout ça, mais ne vous y fiez pas : on dit que la maison est hantée ! À la carte, succulentes salades, soupes, burgers mexicains, tacos, *burritos, rellenos...* Idéal pour le lunch, d'autant qu'on peut aussi s'installer dans le jardin à l'arrière, où coule une petite fontaine.

Sadie's *(hors plan couleur par B1,* **24***) : 6230 4th St N-W.* ☎ *505-345-5339. À quelques miles au nord du centre, derrière une station-service Conoco. Tlj 11h-22h. Résa conseillée le w-e sous peine de longue attente.* Lunch special *env 10 $ (lun-ven), plats 10-20 $.* Dans un hangar sous ventilos, plusieurs grandes salles animées et bruyantes. On leur préfère la cour extérieure, plus calme. Ici, vous êtes au royaume de la cuisine mexicaine... certes bonne, mais parfois très épicée. On y retrouve tous les classiques, *burritos,* enchiladas...

La Crêpe Michel *(plan couleur A2,* **25***) : 400 San Felipe St.* ☎ *505-242-1251. Au cœur de la vieille ville, dans une petite allée qui part de San Felipe. Tlj sf dim soir et lun 11h30-14h, 18h-21h. Résa conseillée en fin de sem. Plats 10-15 $.* Tenu par une Française, qui s'affaire aux fourneaux. Vous l'avez deviné, ici, on mange des crêpes. À la volaille, aux épinards, aux fruits de mer, à la ratatouille... C'est bon et puis, dans ce pays, ça change un peu ! Quelques plats en plus le soir.

De prix moyens à chic

Cooperage *(hors plan couleur par D2,* **26***) : 7220 Lomas Blvd N-E, près de l'angle de Louisiane.* ☎ *505-255-1657. Lun-sam 11h (12h sam)-14h30, 17h-22h (21h dim). Le midi, formule soupe et salad bar env 10 $ ou plats 10-15 $; le soir, plats 15-30 $.* C'est un grand restaurant qui a la forme d'un tonneau. Décor intérieur original un peu sombre, service parfait. Beau buffet le midi. Carte variée qui propose même des fruits de mer. Musique live les vendredi et samedi soir.

Artichoke Café *(plan couleur B2,* **28***) : 424 Central Ave S-E.* ☎ *505-243-0200. Tlj sf sam et dim midi 11h-14h30, 17h30-21h. Le midi, plats 10-20 $; le soir 20-30 $.* Une adresse élégante qui vise la catégorie gastronomique. Déco sobre de bon aloi dans un camaïeu de gris et blancs, serveurs sanglés de noir souriants et efficaces. Cuisine de chef d'inspiration italienne, légère et parfumée, sans le côté un poil chichiteux qu'on trouve souvent dans cette catégorie aux États-Unis. Conseils judicieux en matière de vins à choisir dans une carte bien éclectique. Addition plutôt raisonnable pour la qualité.

Où boire un verre ? Où écouter de la musique ?

Loin de nous l'idée de vous faire croire que les nuits d'Albuquerque sont torrides, mais, si vous êtes là un soir, voici une petite sélection ; procurez-vous le journal gratuit *Alibi* pour savoir ce qui se passe. Le quartier branché de Nob Hill *(plan couleur C-D3)* permet de rencontrer la population estudiantine de l'université voisine.

The Library *(plan couleur B2,* ***30****) : 312 Central Ave S-W. ☎ 505-242-2992. • library-abq.com • Tlj 11h-2h (minuit dim).* Grand café-resto à la façade originale (lisez les titres-pastiches des grandes œuvres littéraires). À l'intérieur, plusieurs murs sont aussi couverts d'étagères de livres... consultables. De là à dire que c'est l'endroit où bouquiner, il y a un pas que nous ne franchirons pas car... vous verrez si vous y allez ! En tout cas, à défaut de lire, vous pourrez y jouer au billard ou laisser votre regard être capté par un des nombreux écrans accrochés ici et là. Ambiance bon enfant l'après-midi mais plus sélecte le soir, lorsque le lieu se transforme en boîte et que les serveuses court vêtues font voleter leurs jupettes. Musique assourdissante.

Dans un genre différent, on peut faire un tour au ***Tiki Lounge*** *(313 Gold Ave S-W ; plan couleur B2,* ***31****),* un bar à concerts ouvert tous les jours dès 20h *(• burtstikilounge.com •).*

Pour un simple verre en terrasse, on ira plutôt au ***Kellys*** *(voir « Où manger ? » ; plan couleur D3,* ***21****).*

Et puis, pour un verre de vin dans une atmosphère un peu underground, on vous conseille le ***Zinc*** *(3009 Central Ave S-E ; plan couleur D3,* ***32****).* Concerts de jazz et de blues les mardi (à partir de 20h) et samedi (à partir de 21h30). Fait aussi resto.

À voir

Old Town *(plan couleur A2)* **:** vieux quartier espagnol restauré, évidemment touristique mais la magie opère rapidement si l'ambiance est au rendez-vous. Le quartier s'étend autour de San Felipe, Romeo et Church Street, qui se serrent tout contre la très agréable *plaza* où trône l'église San Felipe de Neri (édifiée en 1706, c'est la plus ancienne d'Albuquerque). L'ensemble est ravissant : adobe ocre, patios fleuris, gazouillis des fontaines, petites allées serpentines. Nombreuses boutiques et galeries d'art. Y aller dans la journée car le soir tout est fermé. Petite balade agréable dans ce quartier « à la mexicaine » comme savent parfaitement les faire les Américains après avoir tout transformé à leur sauce.

Albuquerque Museum of Art and History *(plan couleur A2,* ***44****)* **:** *2000 Mountain Rd. ☎ 505-243-7255 ou 1-800-659-8331. • cabq.gov/museum • Mar-dim 9h-17h. Entrée : 4 $, réduc ; gratuit 1er mer du mois et ts les dim 9h-13h.* Collections sur l'histoire de la ville, cartes anciennes du Nouveau Continent, armes et armures de conquistadors, épées... bref, tout l'attirail du XVIIe s. Documents sur le duc d'Alburquerque. Le parcours continue avec des objets du XIXe s, la reconstitution d'un intérieur des années 1800 et même une superbe Ford modèle T de sport ! Également un film sur l'évolution d'Albuquerque. Enfin, collection de peintures anciennes et contemporaines sur la ville. Instructif, d'autant que le musée accueille aussi des expos temporaires d'envergure sur l'art, les grandes civilisations ou la photo. Un très beau musée. Des travaux étant prévus pour 2012, il se peut que certaines galeries soient fermées lors de votre passage.

New Mexico Museum of Natural History and Science *(plan couleur A2)* **:** *1801 Mountain Rd. ☎ 505-841-2800. • nmnaturalhistory.org • Tlj 9h-17h. Entrée : 10 $; réduc. STARTUP Gallery comprise, mais planétarium et cinéma dynamique en supplément.*

Beau musée d'Histoire naturelle proposant un voyage dans le temps depuis le big-bang jusqu'à l'ère glaciaire. Ça démarre au 1er étage, où l'on peut voir l'étonnante reconstitution d'un saurophaganax (cherchez pas, c'est très grand et méchant !) aux prises avec un seismosaure. Viennent ensuite la salle du Crétacé, avec effets sonores et minijungle, puis des galeries remplies de minéraux, des fausses grottes, etc. Également une section plus géologique sur la formation des paysages et les volcans.

– ***STARTUP Gallery :*** *• startupgallery.org •* C'est à Albuquerque que Bill Gates et Paul G. Allen ont débuté leur carrière en créant Microsoft. Rien d'étonnant donc à ce que le premier musée dédié à la micro-informatique trouve sa place ici. Il retrace l'histoire de l'informatique, depuis ses origines militaires pendant la Seconde Guerre mondiale aux tout derniers projets.

🚶 **Rattlesnake Museum** *(plan couleur A2,* ***43****) : 202 N-W San Felipe. ☎ 505-242-6569. • rattlesnakes.com • Juin-août, lun-sam 10h-18h, dim 13h-17h ; sept-mai, lun-ven 11h30-17h30, sam 10h-18h, dim 13h-17h. Entrée : 5 $; réduc.* Impressionnante collection de serpents à sonnette vivants, sonnants et trébuchants (pas moins de 30 espèces différentes). Quelques mygales, *gila monsters* et tarentules viennent compléter l'ensemble pour se donner des frissons à bon compte. En tout cas, vous aurez appris que lorsque le crotale agite la queue, il est temps de prendre ses jambes à son cou.

🚶 ***National Hispanic Cultural Center*** *(plan couleur B3) : 1701 4th St S-W. ☎ 505-246-2261. • nhccnm.org • Tlj sf lun 10h-17h. Entrée : 3 $; réduc (gratuit moins de 16 ans) ; gratuit dim.* Un vaste centre consacré à la culture hispanique contemporaine des États-Unis. Il comprend un centre de recherche, un resto, une grande salle de spectacle et un musée avec des expositions temporaires et une collection permanente. On peut y voir des œuvres de Fonda del Bosque, pour ne citer que lui.

🚶🚶 **Indian Pueblo Cultural Center** *(plan couleur B1) : 2401 12th St N-W. ☎ 505-843-7270 ou 1-866-855-7902. • indianpueblo.org • Sortie 158 de l'I-40. Tlj 9h-17h. Entrée : 6 $; réduc.* Un grand centre culturel à l'architecture indienne, géré par les tribus de la région. Il comprend des boutiques mais surtout, au sous-sol, un excellent musée. *Murales* dans la cour intérieure. Tout sur l'histoire et la culture des Indiens pueblos. Poteries, vêtements, photos, documents, maquettes de *pueblos*, petite chapelle reconstituée. Vitrine pour chaque *pueblo* avec sa production locale (on apprécie ainsi la diversité de ce groupe ethnique). Également des expos temporaires dans la galerie d'art. Danses folklo-touristiques le week-end à 11h et 14h.

🚶🚶🚶 👪 ***National Museum of Nuclear Science & History*** *(hors plan couleur par D2) : 601 Eubank Blvd (et Southern Blvd). ☎ 505-245-2137. • nuclearmuseum.org • Sortie 165 de l'I-40. Tlj 9h-17h. Entrée : 8 $; réduc.* Expo bien faite sur les principes, le développement et les applications de la physique nucléaire et enrichie d'un très grand nombre d'objets (originaux ou reproductions) qui rend la visite intéressante, qu'on soit un passionné du sujet ou non. Le musée consacre évidemment une section au projet Manhattan qui fut conduit à Los Alamos près de Santa Fe. On peut ainsi admirer la gangue, grandeur nature, des bombes atomiques (*Little Boy* et *Fat Man*) qui furent larguées sur Hiroshima et Nagasaki, ainsi que d'autres bombes nucléaires, comme celles tombées par accident à Palomares dans le sud de l'Espagne en 1966, que l'on a pu récupérer parce qu'elles n'avaient pas explosé (n'empêche que le sol a été contaminé) ! Reproduction également de *The Gadget*, le petit nom donné à la bombe-test lâchée en juillet 1945 sur Trinity (la capsule elle-même est une des capsules d'origine – mais pas celle qui fut larguée, évidemment ! – mais les fils et autres bidules tout autour ont été ajoutés par le musée pour faire plus vrai). L'extérieur du musée est peut-être encore plus impressionnant que l'intérieur avec l'exposition de missiles en tout genre. Disons que ce n'est pas tous les jours qu'on a l'occasion d'avoir ces engins sous les yeux (et c'est une chance !) ou de passer sous un B-52 et de pouvoir l'examiner d'aussi près (celui exposé est, soit dit en passant, le dernier à avoir largué une bombe atomique lors d'un essai en 1962).

University Art Museum *(plan couleur C2) : à l'angle de University et Central Ave. À l'intérieur du Popejoy Hall. ☎ 505-277-4001. • unmartmuseum.unm.edu • Mar-ven 10h-16h, w-e 13h-16h. Entrée libre.* Intéressantes peintures principalement américaines, mais pas seulement : *Taos Plaza* de Ward Lockwood, *Indians Hunting* de George L. K. Morris, *Le Vase* de Fernand Léger, *Grey Hills Forms* et *White Flowers* de Georgia O'Keeffe.

Sandia Peak Aerial Tramway : *10 N-E Tramway Loop. ☎ 505-856-7325. • sandiapeak.com • Pour y aller, sortie 234 sur l'I-25, puis faire 6 miles vers l'est sur Tramway Rd. Autre possibilité : la sortie 167 de l'I-40, puis 9 miles vers le nord sur Tramway Blvd. Juin-début sept, tlj 9h-21h ; hors saison, 9h-20h (horaires restreints mar). Accès au téléphérique payant (1 $!). Pour la montée, tarif : 20 $/pers ; réduc.* C'est, paraît-il, le plus long téléphérique du monde (un peu plus de 4 km) ! Il vous hissera tout en haut du *Sandia Peak* (environ 3 000 m d'altitude), d'où l'on peut, par beau temps, balayer du regard 28 000 km² de territoire du Nouveau-Mexique... Resto au sommet, où il peut faire très froid.

Festival

– ***Albuquerque International Balloon Fiesta :*** *pdt la 1re quinzaine d'oct. ☎ 505-821-1000 ou 1-888-422-7277. • balloonfiesta.com •* C'est la grande fête d'Albuquerque. Pendant 9 jours, près de 800 montgolfières colorent le ciel de la ville. C'est alors l'occasion d'y grimper. Plutôt impressionnant ! Il s'agit quand même du plus grand rassemblement de montgolfières au monde.

À L'OUEST D'ALBUQUERQUE VERS GALLUP

Les deux villes sont distantes de 138 miles et reliées par l'I-40. Mais on vous propose un petit itinéraire bien agréable qui permet de faire par étapes quelques incursions dans de très beaux paysages.

PUEBLO OF ACOMA (SKY CITY)

À une soixantaine de miles d'Albuquerque, sortie 102 ; suivre Acoma Sky City (fléché) ; c'est à env 15 miles.
– Billet et parking au Sky City & Cultural Center. ☎ 1-800-747-0181. • sccc.acomaskycity.org • De mi-avr à mi-oct, tlj sf fêtes religieuses 9h-17h (départ du dernier tour à 15h30) ; reste de l'année, ven-dim 9h-16h (départ de la dernière visite à 14h30). Droit d'entrée : env 20 $/pers ; family package *(2 adultes + 2 enfants) : 55 €. Durée : 1h30.*
Autrefois inaccessible, le village pueblo ne peut être visité qu'en compagnie d'un guide indien. Un minibus vient chercher les touristes au *Sky City & Cultural Center*, au pied de la *mesa*.
Village indien donc, posé au sommet d'un plateau *(Enchanted Mesa)*. C'est le plus ancien village encore habité du pays, mais pas forcément le plus spectaculaire ! Les demeures et les installations semblent en effet modestes. Ce qui l'est moins, c'est le paysage tout autour (à moins qu'à force de grands espaces, vous ne soyez blasé !).

EL MALPAIS NATIONAL MONUMENT

À 75 miles env d'Albuquerque. Prononcer « el-malpaïs ». Accès gratuit. De l'I-40, 2 sorties permettent de rejoindre El Malpais. La n° 89 donne accès à la route 117, qui longe le parc par l'est. La n° 81 et la route 53 longent le parc par le nord. Les 2 routes ne peuvent être rejointes que par la piste 42 qui traverse El Malpais, mais qui est déconseillée aux véhicules de tourisme ordinaires (et, surtout, ne pas s'y aventurer par temps de pluie). C'est un paysage surprenant où le vert de la végétation contraste fortement avec l'anthracite de la lave séchée, un paysage qui conserve les traces indélébiles d'une ancienne activité volcanique intense. Parcouru par plusieurs sentiers (se munir de chaussures fermées), El Malpais National Monument offre de belles balades parmi d'anciens cratères qui localement se succèdent pour former une chaîne. On y observe également des cônes de scories, d'impressionnantes coulées de lave basaltique, des arches rocheuses découpées par le vent. Il existe même des grottes ressemblant à de véritables tubes, et parmi elles certaines contiennent de la glace toute l'année. Sur certaines parois, on distingue encore des pétroglyphes, témoignages d'une présence humaine très ancienne. Pas moins de 17 miles de réseau souterrain sont ainsi recensés. Malheureusement, par mesure de protection, ces grottes sont désormais fermées au public. Superbes points de vue également. Cette terre a été longtemps habitée par les Indiens anasazis avant qu'ils ne s'installent à Acoma vers le milieu du XIVe s. Aujourd'hui, leurs descendants perpétuent les traditions en venant y cueillir des plantes médicinales.

Bandera Volcano and Ice Cave : *sur la route 53, à env 2 miles à l'ouest du Visitor Center du* El Malpais National Monument. *Tlj 8h-18h (16h nov-fév). Entrée : 10 $/pers.* Balade sans aucune difficulté de 1h environ (d'un pas très tranquille). Petit guide papier fourni pour vous présenter les lieux. Deux sentiers différents : l'un vous mène au cratère du Bandera Volcano et l'autre à une grotte de glace (c'est privé, c'est pour cette raison que l'accès n'en est pas interdit). La montée jusqu'au cratère (800 m) est douce et, à l'arrivée, jolie vue sur celui-ci (même si le chemin ne mène pas jusqu'au sommet). L'autre sentier (400 m) mène à la grotte où, à cause de la nature de la roche et par un phénomène naturel, la glace ne fond jamais (il fait délicieusement frais là-dedans après la montée jusqu'au cratère). Ensemble étonnant et sympathique, sans être non plus époustouflant (et c'est cher !).

Northwest New Mexico Visitor Center : *☎ 505-876-2783. • nps.gov/elma • Depuis l'I-40, prendre la sortie 85. De mi-mars à sept, tlj 9h-18h ; nov-fév, 8h-15h.* Infos et cartes d'itinéraires sur toute la région, ainsi qu'un petit musée.

Un autre centre d'info (plus spécifiquement sur le parc El Malpais) en bordure de la route 53 (sortie 81), à 28 miles du précédent. ☎ 505-783-4774. Tlj 8h30-16h30. Dispose également des cartes nécessaires pour parcourir le parc.

EL MORRO NATIONAL MONUMENT

*À une petite vingtaine de miles d'*El Malpais National Monument, *en continuant sur la route 53 vers l'ouest, et à 56 miles de Gallup. Entrée : 3 $; gratuit moins de 16 ans ;* Interagency Annual Pass *accepté. Se visite seul, avec un petit livret remis à l'accueil, dont il existe une version française. Parcours de 2 miles.* Une paroi verticale qui dresse ses 60 m au milieu de la plaine. Rien de très exceptionnel à première vue, et pourtant ce site recèle la mémoire de plus de 800 ans d'histoire. On y voit les ruines de deux villages anasazis datant de la fin du XIIIe s, au sommet de la *mesa,* que l'on atteint par un sentier sur 2 miles. Au pied de la paroi, chaque génération d'occupants ou de simples voyageurs (Indiens, conquistadors espagnols et plus tard les soldats de l'US Cavalry) ont gravé la roche de pétroglyphes

et d'inscriptions (plus de 2 000). On remarquera, entre autres, la signature datant du 16 avril 1605 de Don Juan de Oñate, premier gouverneur du Nouveau-Mexique. Petit musée consacré à l'histoire du Nouveau-Mexique également.
Visitor Center : *☎ 505-783-4226. ● nps.gov/elmo ● Tlj 8h-19h en été, 9h-17h en hiver.*

Où dormir ? Où manger ?

El Morro RV Park and Cabins – The Ancient Way Café : *à env 1 mile à l'est d'*El Morro National Monument, *sur la route 53. ☎ 505-783-4612. ● elmorro-nm.com ● Ouv tte l'année. Resto ouv 9h (11h l'hiver)-20h. Pour 2 pers : tente env 12 $, camping-car 25 $, petits bungalows en bois avec sdb à partir de 80 $. Plats 10-15 $.* Dans un site agréable et ombragé, avec sanitaires et douches. Le resto est bien pratique lorsqu'on est dans le coin et qu'on n'a pas prévu de pique-nique. On y sert burgers, sandwichs, salades, tortillas et viandes grillées.
À moins de 1 mile du Visitor Center, *un autre camping (tt petit) propose une dizaine d'emplacements pour 5 $.* Le site est idéal et très sauvage. Pas de douches ni d'électricité. Souvent plein.

GALLUP

20 500 hab.

À la frontière du territoire navajo, en bordure de la Highway 40 entre Albuquerque et Flagstaff. Ville-étape sans charme, mais c'est ici que vous saisirez le mieux la réalité des Indiens d'aujourd'hui. On y trouve des dizaines de motels... au cas où vous devriez passer la nuit ici, ce qu'on ne vous conseille pas trop car le coin est un peu *bluesy*, sauf pour les fans de la Route 66 qui prendront plaisir à photographier sur Central Street les quelques vestiges emblématiques du style *fifties* des motels et *diners* qui bordent la route. Pas mal de *murales* colorées aux flancs des bâtiments du centre.
En revanche, les amateurs de bijoux indiens y feront halte, car c'est le grand centre de fabrication et d'écoulement d'une bonne partie de l'artisanat navajo, zuni et hopi. Non seulement le choix est plus large qu'ailleurs, mais les prix proposés sont plus bas car les articles qu'on trouve dans les boutiques viennent directement des Indiens. On ne s'en aperçoit malheureusement pas toujours immédiatement, et c'est après avoir quitté Gallup que l'on se rend compte qu'on a loupé de bonnes affaires. À vous d'ouvrir l'œil donc, et de comparer les prix entre les boutiques de la ville et celles d'ailleurs.
Outre son artisanat, Gallup est également célèbre pour ses rodéos (d'avril à octobre surtout). Ne pas manquer non plus, en août, l'*Inter Tribal Indian Ceremonial*.
Gallup est aussi un arrêt de la ligne de chemin de fer qui relie Chicago à Los Angeles une fois par jour pour les trains de passagers mais beaucoup plus souvent pour les impressionnants convois de marchandises de plusieurs dizaines de wagons. Si vous dormez en bordure des voies, vous ne pourrez pas ne pas les entendre !

Adresses et infos utiles

Manuelito Visitor Center : *sortie 3 sur l'I-40 à l'ouest de Gallup. ☎ 505-827-7400. ● newmexico.org ● Tlj 8h-17h (20h en été).* Centre d'information qui accueille les visiteurs en provenance d'Arizona. Infos sur la région et tout le Nouveau-Mexique.

Gallup Visitor's Center : *103 W Hwy 66. ☎ 505-722-2228 ou 1-800-380-4989. • thegallupchamber.com • Lun-ven 8h30-17h, ainsi que sam 8h30-16h en été.*

Où dormir ?

Gallup étant une ville sans grand attrait, on pourrait penser que l'hébergement y est bon marché. C'est sans compter sur la saison des rodéos, ces derniers pouvant faire grimper les prix (notamment en juillet) et saturer les hôtels.

Camping

Camping USA RV Park : *2925 W Hwy 66. ☎ 505-863-5021. • usarvpark.com • Par l'I-40, sortie 16. Env 25 $ pour une tente, 35 $ pour un camping-car ; chalet env 40 $ (draps non fournis).* Bien équipé et bien tenu, mais cadre pas vraiment champêtre et pas d'ombre. Les emplacements pour les tentes sont gravillonnés. Épicerie et magasin de souvenirs. Accueil patriotique mais chaleureux.

De bon marché à prix moyens

Nombreux motels sur la Highway 66 (l'ancienne Route 66, aussi appelée la Highway 118), à la sortie ouest de la ville, entre les n°s 1000 et 3000. Plutôt corrects, ils se valent à peu près tous. Seul bémol, la proximité de la ligne de chemin de fer. Sursauts garantis lorsque la locomotive actionne son puissant avertisseur.

Red Roof Inn : *3304 W Hwy 66. ☎ 505-722-7765 ou 1-800-733-1663. • redroof.com • Sortie 16 sur l'I-40. Doubles 60-65 $, petit déj inclus.* Ensemble plutôt pimpant et très bien tenu. Préférez les chambres autour de l'agréable piscine.

Motel 6 : *3306 W Hwy 66. ☎ 505-863-4492 ou 1-800-466-8356. • motel6.com • Sortie 16 sur l'I-40. À côté du Red Roof Inn. Doubles 45-70 $ selon saison.* Chambres correctes mais un peu vieillissantes. Les prix, cependant, restent vraiment contenus. Petite piscine.

Econo Lodge : *3101 W Hwy 66. ☎ 505-722-3800 ou 1-800-424-4777. • econolodge.com • Doubles 50-80 $ selon confort et saison, petit déj inclus.* Danseurs indiens peints sur la façade. Chambres très bien tenues, fraîches et confortables.

Days Inn : *1603 W Hwy 66. ☎ 505-863-3891 ou 1-800-225-3297. • daysinn.com • Sortie 20 sur l'I-40. Doubles 55-70 $ selon saison et nombre de lits, petit déj inclus.* On reste dans le motel de bord de route avec des chambres sans charme, mais bien tenues. Petit plus : la piscine à l'arrière du bâtiment principal, donc protégée de la route par celui-ci.

Où dormir dans les environs ?

Quality Inn Navajo Nation Capital : *48 Hwy 264,* ***Window Rock,*** *en Arizona. ☎ 928-871-4108. • qualityinn.com • Sur la droite de la route quand on vient de l'est, à env 25 miles au nord-ouest de Gallup. Doubles 90-120 $.* L'un des rares motels de la réserve situés dans la capitale navajo. Tenu, bien sûr, par des Navajos. Chambres confortables mais banales.

Où manger ? Où prendre le petit déj ?

Coffee House : *203 W Coal Ave. Dans le centre, dans la rue parallèle à la Hwy 66 ; à côté du théâtre. Tlj sf dim 7h (8h sam)-15h. Plats 5-10 $.* Pour ceux qui veulent un vrai café ou encore grignoter un sandwich, une salade fraîche, un bagel ou une omelette. C'est simple, bon et frais. Atmosphère tranquille dans une grande salle avec vieilles tables rondes robustes et chaises confortables.

El Rancho Hotel & Motel : *1000 E 66 Ave. ☎ 505-863-9311. À l'entrée est de la ville. Sortie 22 sur l'I-40. Tlj jusqu'à 22h. Plats 10-15 $.* L'endroit est d'abord un hôtel, mais le rapport qualité-prix étant plutôt médiocre, on préfère vous l'indiquer pour manger une cuisine américaine classique et de solides breakfasts pour cow-boys ! Les plats y sont nommés d'après les nombreuses stars qui ont fréquenté l'endroit (Ronald Reagan, Burt Lancaster, Katharine Hepburn, Humphrey Bogart, Paulette Goddard, Kirk Douglas, Jane Fonda...) ! Cet établissement historique fut en effet fondé en 1937 par le frère du cinéaste D. W. Griffith, afin d'héberger les acteurs de tous les westerns qu'on tournait dans le coin. Spectaculaire hall d'entrée, avec mezzanine, boiseries, belle cheminée, fauteuils garnis de roues de chariot, vieux piano, et toutes ses curiosités.

Achats

Dans le centre de la ville, sur la Hwy 66, autour des 3rd, 2nd et 1st St, ainsi que dans la rue parallèle à la 66 (la W Coal Ave, toujours au niveau du centre). Nombreuses *Indian jewelries* et *pawn shops,* où les Indiens viennent déposer leurs bijoux en gages. On trouve également tapis, poteries, paniers et les fameux *dream catchers* (qui chassent les mauvais rêves ; à lire : le livre du même nom de Stephen King). Sinon, on peut acheter directement aux Indiens en allant au *flea market* le samedi *(sur N 9th St, 8h-17h).* Là au moins, vous êtes sûr de ne trouver que de la marchandise authentique (pour s'en assurer, chercher la signature de l'artiste et le cachet *Sterling Silver*). Enfin, il y a encore la boutique *Richardson's Trading (sur la Hwy 66),* établie depuis longtemps. Quoi qu'il en soit, tâchez de comparer les tarifs à plusieurs endroits avant de vous décider. Vous pouvez aussi essayer de marchander.

À voir

Rex Museum : *300 W Route 66. ☎ 505-863-1363. Dans le centre. En principe, lun-ven 9h-15h30 en été et 8h-17h en hiver. Gratuit, mais donation 2 $ suggérée.* Plein d'objets de 1881 à nos jours, tous provenant de dons de citoyens de la ville. Nombre d'entre eux rappellent qu'il y avait 54 mines de charbon autour de la ville au XIXe s. Une sorte de poème à la Prévert plutôt rigolo (et poussiéreux), qui raconte un peu la vie de tous les jours.

El Morro Theater : *207 W Coal Ave. ● elmorrotheatre.com ●* Une salle de spectacle à la façade colorée de style *Spanish Revival* (1926).

– ***Nightly Indian Dances :*** *Memorial Day-Labor Day, tlj 19h-20h, au Courthouse Sq (201 W Hill Ave).* Vous pouvez assister gratuitement à un spectacle de danses indiennes.

AU SUD D'ALBUQUERQUE

TRUTH OR CONSEQUENCES *(7 000 hab.)*

➢ Accès par l'I-25. Étape obligée pour ceux qui veulent rejoindre le sud de l'Arizona, un peu moins de 145 miles au sud d'Albuquerque en direction d'El Paso au Mexique.

Anciennement « Hot Springs » (il y a de nombreuses sources d'eau chaude dans cette région), c'était pour les Navajos et les Apaches un lieu sacré où, après de durs combats, les guerriers adversaires d'hier venaient soigner leurs plaies dans les sources aux vertus régénératives.

La ville a pris ce nom surprenant en 1949, d'après un célèbre show télévisé de Ralph Edwards. L'animateur proposa un jour un jeu (idiot) où le premier patelin américain qui accepterait de changer son nom pour prendre le nom de l'émission verrait celle-ci tournée dans ce village. Ce qui fut fait et *Hot Springs* devint *Truth or Consequences*.

Conséquence : en plein désert, sous la montagne sacrée en forme de tortue, on tombe sur un endroit étonnant. Vous pourrez vous baigner dans un lac, visiter les nombreuses villes fantômes des environs, et même pousser jusqu'à *Gila Cliff Dwellings*, un magnifique site d'habitations troglodytiques qui aurait vu naître Geronimo.

Où dormir ?
Où manger ?

Riverbend Hot Springs : *100 Austin, Truth or Consequences, New Mexico, 87901. ☎ 575-894-7625. • riverbendhotsprings.com • Env 70-95 $ en chambre, 135-150 $ en cottage ou appart.* Au bord du Rio Grande, plusieurs types d'hébergement à des prix variés : chambre pour 2 à 4, cottage de vaste appart tout équipé. Accueil sympa et décontracté. Bains d'eau chaude à prendre dans de petits bassins publics (accès gratuit) ou privés (10 $), très intimes après le coucher du soleil sous la voûte étoilée...

Café Bella Luca : *303 Jones St. ☎ 575-894-9866. Tlj sf mar 11h-21h (22h ven-sam, 18h dim). Midi 8-10 $, soir 10-20 $.* La bonne surprise du coin. Grande salle sans apprêt particulier mais où on sent tout de suite à la lecture de la carte que le lieu a quelque chose de particulier. Peut-être le meilleur resto de pâtes entre le Missouri et Las Vegas. Un vrai travail de chef italien : *rigatoni*, lasagnes, cannellonis, spaghettis, *linguine* sont accommodés avec talent dans une brillante partition d'accompagnements de légumes, poulet et fruits de mer. Risotto onctueux et *pizze* croquantes. Un régal ! Servent aussi le petit déj.

À voir

Geronimo Springs Museum : *211 Main St. ☎ 575-894-6600. • geronimospringsmuseum.com • Lun-sam 9h-17h, dim 12h-16h. Entrée : 6 $; réduc.* Fait aussi office de tourisme pour la région. Petit musée un peu fourre-tout où l'on peut voir, entre autres, un crâne de mastodonte, des uniformes militaires, des *quilts*, des poteries anasazis, des objets divers de la conquête de l'Ouest, une photo agrandie de Geronimo, des fers à marquer le bétail et des photos des vedettes venues participer à la fiesta annuelle.

Camino Real International Heritage Center Foundation : *sur le territoire de Socorro, au nord de Truth or Consequences à 3 miles de la Hwy I-25 (sortie 115, fléchage). ☎ 575-894-3600. • elcaminoreal.org • Tlj sf lun-mar 8h30-17h. Entrée : 5 $; réduc.*

Une initiative spectaculaire pour faire revivre une route historique, qui, en partant de Vera Cruz et de Mexico, a servi à partir de l'expédition de Juan de Oñate en 1598 d'axe de pénétration de la civilisation coloniale espagnole vers les territoires au nord de la Nouvelle-Espagne.

En 1540, Coronado, à la tête de 600 Espagnols et 3 000 Indiens, partit de Mexico avec l'espoir de découvrir l'or des *Sept Cités de Cibola et Quivira*. En vain, bien sûr, ils ne trouvèrent que du désert, mais parcoururent une étendue si vaste qu'ils découvrirent l'embouchure du rio Colorado en Basse-Californie, puis l'Arizona, le Colorado, le Texas, l'Oklahoma et le Kansas. Plus tard l'itinéraire devint un parcours très fréquenté, jalonné de missions et de fermes fortifiées.

Muséographie moderne, tableaux presque vivants avec figurants certains jours, approches thématiques autour de la faune et de la flore, de la religion et du prosélytisme assez musclé des moines, de l'organisation militaire, des communautés indiennes, ou encore des rapports avec la Louisiane française voisine via le *Santa Fe Trail*. L'indépendance mexicaine, la guerre du Mexique et des États-Unis, les guerres indiennes, la ruée vers l'or, le *Poney Express*, le chemin de fer et la route de nos jours. Bref, tout un pan de l'histoire de ces régions évoqué de manière didactique et passionnante. À ne pas manquer si vous passez par là.

Dans les (lointains) environs de Truth Or Consequences

*White Sands National Monument : à 134 miles au sud-est de Truth or Consequences (en passant par Las Cruces) et 15 miles au sud-ouest d'Alamogordo. De mi-avr à mi-sept, tlj de 7h au coucher du soleil ; horaires variables hors saison. Entrée : 3 $/pers (billet valable 7 j.) ; gratuit pour les moins de 15 ans et avec l'*Interagency Annual Pass.

Visitor Center : *juste avt l'entrée du site.* ☎ *575-479-6124.* • *nps.gov/whsa* • *De mi-avr à mi-sept, tlj 9h-18h (8h-19h en juil-août).*

Comme son nom l'indique, le White Sands National Monument est un désert de sable blanc, qui s'étend sur 715 km^2. Entouré de montagne, ce site superbe doit l'étonnante couleur de ses dunes au gypse, le minéral qui le compose. On peut découvrir le White Sands à pied (infos sur les sentiers au *Visitor Center*) ou, si vous ressentez une petite mollesse du mollet, en voiture, par The Dunes Drive, une route de 8 miles (aller). Pour info, quand même, c'est dans ce désert, près d'Alamogordo, que fut testée la première bombe atomique en juillet 1945, sur le site de Trinity. Le White Sands National Monument est encore aujourd'hui entouré de terrains militaires où sont testés les nouveaux armements et les nouvelles technologies spatiales. D'ailleurs, si vous regardez une carte, le nom de *White Sands Missile Range* donné à cette zone est on ne peut plus explicite... C'est la raison pour laquelle les routes d'accès au site (touristique) sont parfois fermées (c'est effectivement plus prudent quand on teste un nouveau missile !).

Backcountry Primitive Camping : *possibilité de camper sur le site, mais pour cela il faut obtenir un permis (et un emplacement) auprès du* Visitor Center *(dernier délai pour se présenter : 1h avt le coucher du soleil). Fonctionne selon le principe du « premier arrivé, premier servi ». Nuit 3 $/pers.*

les ROUTARDS sur la FRANCE 2013-2014

(dates de parution sur • *routard.com* •)

DÉCOUPAGE de la FRANCE par le *ROUTARD*

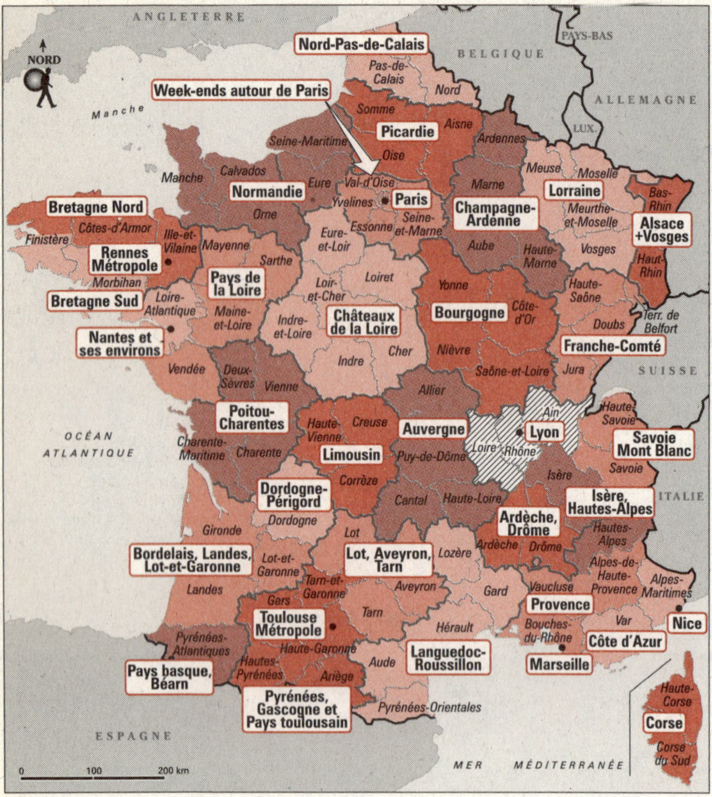

Autres guides nationaux

- Les grands chefs du routard
- Nos meilleures chambres d'hôtes en France
- Nos meilleurs campings en France
- Nos meilleurs hôtels et restos en France
- **Nos meilleurs sites pour observer les oiseaux en France (nouveauté)**
- Tourisme responsable

Autres guides sur Paris

- Paris
- Paris à vélo
- Paris balades
- Restos et bistrots de Paris
- Le Routard des amoureux à Paris
- Week-ends autour de Paris

les ROUTARDS sur l'ÉTRANGER 2013-2014

(dates de parution sur • **routard.com** •)

Europe

Pays européens

- Allemagne
- Andalousie
- Angleterre, Pays de Galles
- Autriche
- Baléares
- Belgique
- Budapest, Hongrie
- Catalogne (+ Valence et Andorre)
- Crète
- Croatie
- Danemark, Suède
- Écosse
- Espagne du Nord-Ouest (Galice, Asturies, Cantabrie)
- Finlande
- Grèce continentale
- Îles grecques et Athènes
- Irlande
- Islande
- Italie du Nord
- Italie du Sud
- Lacs italiens
- Madrid, Castille (Aragon et Estrémadure)
- Malte
- Norvège
- Pologne
- Portugal
- République tchèque, Slovaquie
- Roumanie, Bulgarie
- Sardaigne
- Sicile
- Suisse
- Toscane, Ombrie

Villes européennes

- Amsterdam et ses environs
- Barcelone
- Berlin
- Bruxelles
- **Copenhague (mai 2013)**
- **Dublin (nouveauté)**
- Florence
- Lisbonne
- Londres
- **Milan (décembre 2012)**
- **Moscou (avril 2013)**
- Prague
- Rome
- **Saint-Pétersbourg (avril 2013)**
- **Stockholm (mai 2013)**
- Venise
- **Vienne (mars 2013)**

Amériques

- Argentine
- Brésil
- Californie
- Canada Ouest
- Chili et île de Pâques
- Équateur et les îles Galápagos
- États-Unis Nord-Est
- Floride
- Guatemala, Yucatán et Chiapas
- Louisiane et les villes du Sud
- Mexique
- **Miami (nouveauté)**
- **Montréal (mars 2013)**
- New York
- Parcs nationaux de l'Ouest américain et Las Vegas
- Pérou, Bolivie
- Québec, Ontario et Provinces maritimes

Asie

- Bali, Lombok
- **Bangkok (nouveauté)**
- Birmanie (Myanmar)
- Cambodge, Laos
- Chine
- Inde du Nord
- Inde du Sud
- Israël, Palestine
- Istanbul
- Jordanie
- Malaisie, Singapour
- Népal, Tibet
- **Shanghai (avril 2013)**
- Sri Lanka (Ceylan)
- Thaïlande
- Tokyo, Kyoto et environs
- Turquie
- Vietnam

Afrique

- Afrique de l'Ouest
- Afrique du Sud
- Égypte
- Kenya, Tanzanie et Zanzibar
- Maroc
- Marrakech
- Sénégal, Gambie
- Tunisie

Îles Caraïbes et océan Indien

- Cuba
- Guadeloupe, Saint-Martin, Saint-Barth
- Île Maurice, Rodrigues
- Madagascar
- Martinique
- République dominicaine (Saint-Domingue)
- Réunion

Guides de conversation

- Allemand
- Anglais
- Arabe du Maghreb
- Arabe du Proche-Orient
- Chinois
- Croate
- Espagnol
- Grec
- Italien
- Japonais
- Portugais
- Russe
- G'palémo (conversation par l'image)

Adresses utiles

1 Office [redacted]
2 O[redacted]
du[redacted]
3 B[redacted]
4 B[redacted]
5 B[redacted]
6[redacted]
7[redacted]
de[redacted]
de[redacted]
9 C[redacted]
Tere[redacted]

Où dormir ?

11 Pension [redacted]es
12 R[redacted]
1[redacted]
1[redacted]
1[redacted]
1[redacted]
[redacted]
23 R[redacted]s
24 H[redacted]
25 Ho[redacted]Melo

Où manger ?

30 Restaurante F[redacted]ndo
31 Rest[redacted]
32 A[redacted]
33 C[redacted]
34 T[redacted]
35[redacted]
3[redacted]
37[redacted]elem
38[redacted]Pedro
39 C[redacted]
40 C[redacted]
41 [redacted]
42[redacted]
4[redacted]

44 Restaura[redacted]ndo
45 Res[redacted]
46 A[redacted]
47 [redacted]
48 T[redacted]
49 [redacted]
50 Te[redacted]
51 R[redacted]
52 Re[redacted]Pedro
53 C[redacted]
54 [redacted]
55[redacted]
56[redacted]na
57 R[redacted]o

Où boire un verre ?

61 Caruag[redacted]m Bar
62 Bar d[redacted]
63 Pin[redacted]
64 B[redacted]
65 C[redacted]
66[redacted]
67 [redacted]
68 Ca[redacted]
69 C[redacted]
70 B[redacted]
71 C[redacted]
72 O[redacted]
73 Ti [redacted]
74 Caf[redacted]Belem
75 Caf[redacted]
76 Est[redacted]rde

Où sortir?

83 Pingo[redacted]orte
84 Pa[redacted]
85 C[redacted]
86[redacted]a
87 B[redacted]
88 Ca[redacted]

À voir

90 Palacio do Monte
91 Pavilh[redacted]tre
92 Ce[redacted]al
93 M[redacted]
94[redacted]

Espace offert par l'annonceur - Avec le soutien de l'agence ★ EURO RSCG C&O
RÉPARER LES VIES
HANDICAP
INTERNATIONAL

NOS NOUVEAUTÉS

BANGKOK (paru)

À Bangkok, vous serez épaté par les balades éblouissantes dans les temples bouddhiques et les palais rutilants d'or. On se remet vite de ces visites avec les massages thaïs bien énergiques. On se promène aussi à bord des bateaux longue-queue dans les canaux, à travers les vieux quartiers sur pilotis. Et n'oubliez pas le Bangkok urbain et branché : son métro aérien, les centres commerciaux climatisés (eh oui ! le paradis du shopping, c'est ici !), où l'on se régale pour trois fois rien dans les *food courts*, et les cantines de rue. Parfait avant d'assister à un match de boxe thaïe en soirée ou de prendre un dernier verre au sommet d'un building !

RENNES MÉTROPOLE (Saint-Malo et Dinard ; janvier 2013)

Classée dans les dix premières villes de France pour la jeunesse de sa population et sa qualité de vie, la capitale de la Bretagne est devenue une ville attractive. Situation exceptionnelle à une heure du bord de mer, de Dinard et de Saint-Malo, équilibre réussi et harmonieux entre passé et modernité, histoire et futur. Et pourtant, Rennes a longtemps souffert d'un manque d'image. À présent, au cœur de l'agglomération urbaine de Rennes Métropole qui englobe 37 communes, elle joue dans la catégorie enviée des capitales régionales à visage humain, entourée d'une couronne de petites villes à la campagne. À Rennes, les prés, les prairies, les champs et les bois sont à un saut de puce de la cathédrale Saint-Pierre. Ses rues médiévales bordées de maisons à pans de bois, son musée de Bretagne, son célèbre Parlement, son opéra, ses innombrables cafés bondés d'étudiants, ses délicieuses crêperies et restaurants à prix doux sont si bien préservés qu'on découvre facilement le centre-ville à pied. Et l'on a vite envie d'y rester !

INDEX GÉNÉRAL

A

ABC des États-Unis 34
Abyss (the) 329
Achats 40
ACOMA (PUEBLO OF ; SKY CITY) 649
Agua Canyon 418
AHWAHNEE 171
ALAMOS (LOS) 639
ALAMOSA 595
ALBUQUERQUE 643
Amargosa Opera House 148
AMARGOSA VALLEY 147
American West Heritage Center 488
Amerind Foundation 274
Angel's Landing 402
Animas Forks Ghost Town 612
Antelope Canyons (Upper et Lower) 375
ANTELOPE ISLAND 490
Antelope Point (marina de) 380
Anticline Overlook 458
Apache Trail 263
ARCHES NATIONAL PARK 460
ARCOSANTI 263
Argent, banques, change 38
ARIZONA (l') 244
Arizona Sonora Desert Museum 272
ARROYO SECO 619, 620
Artist's Drive 144
Artist's Paint Pots 536
Aspen Trail 361
Avant le départ 34
Aztec Ruins National Monument 603

B

Back Basin (sentier du) 536
Badwater 145
Badlands National Park 563
BAKER 143
Balanced Rock 462
Balcony House 608
Bandelier National Monument 642
Bandera Volcano and Ice Caves 650
Bar D Chuckwagon Suppers 602
Bear Lake Overlook 489
Bearizona 312
BEATTY 141
Bell Rock 307
BERNALILLO 644
Betatakin (canyon de) 361
Betatakin (ruines de) 362
BICKNELL 427
Big Sky Ski Resort 551
Big Spring Canyon Overlook 459
Bighorn Mountains 556
BISBEE 281
Biscuit Basin 534
Bishop 150
Black Canyon of the Gunnison National Park 612
BLACK HAWK 586
Black Sand Basin 534
BLUFF 363
BODIE 157

Boissons ... 76
Bonneville Speedway ... 487
BOZEMAN ... 549
BOULDER (Colorado) ... 582
BOULDER (Utah) ... 423
BOULDER (Utah ; Anasazi Museum) ... 425
Bridalveil Falls ... 174
Bridge Bay ... 540
BRIDGEPORT ... 159
Bridger Bay (plage de) ... 492
Bright Angel Point ... 333
Bright Angel Trail ... 335
Broken Arch ... 463
BRYCE CANYON NATIONAL PARK ... 409
Bryce Point ... 418
Buck Meadows ... 172
Budget ... 42
Buffalo Bill Grave And Museum ... 581
Buffalo Bill Dam ... 556
Buffalo Corrals ... 491
Buffalo Point ... 491
Bullfrog (marina de) ... 380
Burr Trail ... 425

C

Caineville (Mesa Farm Market) ... 436
Calcite Springs Overlook ... 538
Calf Creek Falls ... 425
CALIFORNIE (la) ... 132
CAMERON ... 342
CANNONVILLE ... 417
Canyon Overlook Trail ... 402
Canyon View Trail ... 361
CANYON VILLAGE ... 526, 540
CANYONLANDS NATIONAL PARK ... 452
Cape Royal Trail ... 333
Capitan (El) ... 174
Capitol Gorge ... 435
CAPITOL REEF NATIONAL PARK ... 426
CARSON CITY ... 242
Cassidy Arch ... 434
Castle Valley ... 444
Cathedral Valley ... 435
Cathedral Wash ... 385
Cave Spring Trail ... 459
Cedar Breaks National Monument ... 421
CENTRAL CITY ... 586
Chaco Culture National Historical Park ... 604
Chains Area ... 384
Chapin Mesa Museum ... 607
Chelly (canyon de) ... 345
CHEYENNE ... 557
CHIMAYO ... 625
Chimney Rock ... 433
CHINLE ... 345
Chiricahua National Monument ... 287
CHLORIDE ... 234
Chollar Mine ... 247
Cliff Palace ... 608
Climat ... 44
CODY ... 551
COLORADO (canyon du ; GRAND CANYON) ... 316
COLORADO (le) ... 564
Colorado (rapides du) ... 336
Colorado (vallée du) ... 451
Colter Bay (musée d'Art et Traditions indien) ... 516
Confluence Overlook ... 459
Continental Divide (ligne de partage des eaux) ... 532
Coors Brewing Company ... 587
Coral Pink Sand Dunes State Park ... 409
CORDOVA ... 626
CORTEZ ... 606
COSANTI ... 263
Cottonwood Canyon Road ... 424
Courthouse Wash (pétroglyphes de) ... 451
Crazy Horse Memorial ... 562
Crescent Meadows ... 161
Cripple Creek ... 588
Crystal Cave ... 161
Cuisine ... 79
Custer State Park ... 562

D

DAKOTA DU SUD (le) 493
Dangers
et enquiquinements.............. 46
Dangling Rope (marina de).... 380
Dante's View.......................... 144
Dead Horse Point State Park... 455
DEADWOOD.......................... 563
DEATH VALLEY (VALLÉE
DE LA MORT) 133
Décalage horaire 47
Delicate Arch 462
Delicate Arch Viewpoint 462
DENVER 565
DESERT VIEW 322
Desert View Point 330
Devil's Garden 463
Devil's Golf Course................ 144
Devil's Postpile National
Monument 155
Devil's Tower National
Monument 560
DOLORES.............................. 607
Double Arch........................... 462
Double O Arch 463
Droits de l'homme 85
Duke Lake (sentier de)........... 533
Dunes Overlook Trail 595
DURANGO............................. 596

E

Économie 86
Edge of the Cedars State
Park & Museum.................. 366
El Capitan 174
El Malpais National
Monument 650
El Morro National
Monument 650
EL PORTAL............................ 171
Électricité................................ 48
Elephant Canyon 459
Elephant Hill Trailhead........... 459
Elizabeth Lake 174
Emerald Bay 186
Emerald Pools Trails 401
Environnement 87
ESCALANTE.......................... 421
ESCALANTE NATIONAL
MONUMENT (GRAND
STAIRCASE) 424
Estes Park 585
Eureka Dunes 146
Explore Navajo
Interactive Museum............ 345

F

Farview Point......................... 418
Fêtes et jours fériés 88
Fielding Garr Ranch............... 491
Fiery Furnace......................... 462
Firehole Canyon Drive 535
Firehole Lake Drive............... 535
FISH CAMP 170
FLAGSTAFF.......................... 288
Flaming Gorge National
Recreation Area.................. 452
Fountain Paint Pot................. 535
Fruita (oasis de) 434
FURNACE CREEK (Borax
Museum)............................ 147

G

GALLUP................................ 651
GARDEN CITY....................... 489
Garden of Eden 462
GARDINER 547
General Grant
(séquoia)............................ 161

INDEX GÉNÉRAL

General Sherman (séquoia géant) ... 161
Géographie ... 89
Gibbon (chutes et canyon de la rivière) ... 536
Gibbon (prairies de) ... 536
Gifford Homestead ... 434
Glacier Point ... 175
Glen Canyon (barrage de) ... 374
GLENDALE ... 399
Goblin Valley State Park ... 436
Gods (Valley of the) ... 362
GOLDEN ... 572
Golden Canyon ... 144
Golden Throne ... 435
GOLDFIELD GHOST TOWN ... 263
GOLD HILL ... 241
Goosenecks Overlook ... 433
Goosenecks State Park ... 362
Gorge Bridge ... 625
GRAFTON (village fantôme) ... 403
GRAND CANYON (le ; CANYON DU COLORADO) ... 316
GRAND CANYON VILLAGE ... 320, 328
GRAND JUNCTION (Museum of Western Colorado) ... 614
GRAND LAC SALÉ (le) ... 486
GRAND STAIRCASE-ESCALANTE NATIONAL MONUMENT ... 424
GRAND TETON NATIONAL PARK ... 509
Grand View Point Overlook ... 456
Grand Wash ... 434
Grand Wash Trail ... 434
Grandview Point ... 330
GRANT VILLAGE ... 527, 533
Great Sand Dunes National Park ... 593
Green River Overlook ... 456
Grotto Trail ... 402
GROVELAND ... 173

H

HACKBERRY ... 236
Half Dome ... 175
Halls Crossing (marina de) ... 380
Harmony Borax Works Interpretative Trail ... 147
HATCH ... 415
Havasupai (réserve) ... 312
Hébergement ... 48
Hermit Trail ... 336
Hermits Rest ... 329
Hermits Rest Route ... 329
Heron Pond ... 516
HESPERUS ... 600
Hickman Bridge ... 435
Hidden Falls ... 515
High Dune ... 595
Histoire ... 90
Historic Fruita School ... 435
Hite (marina de) ... 380
Hole-in-The-Rock Road ... 425
Holy Cross (chapelle de) ... 307
Hoover (barrage de ; Hoover Dam) ... 234
HOPI (territoire) ... 341
Hopi Point ... 329
Horseshoe Bend ... 377
Horseshoe Canyon ... 460

I-J

Indiens (les) ... 107
Indiennes (réserves) ... 338
Inspiration Point (Utah) ... 418
Inspiration Point (Wyoming) ... 515
Island in the Sky ... 456
Island Trail ... 300
JACKSON HOLE ... 496
Jenny Lake ... 515
John Muir Trail ... 176

K

Kaibab Trail Route 330
KANAB 404
Kartchner Caverns State Park 275
KAYENTA 352, 355
KAYENTA (Navajo Shadehouse Museum) 360
KAYSVILLE 471
Keet Seel 362
Kepler Cascades 533
KEYSTONE 561, 562
KINGMAN 235
KIRWIN GHOST TOWN 557
Kodachrome Basin 421
Kodachrome Basin State Park 424
Kolob Canyon 403

L

La Sal Mountains 445
LAKE POWELL 367, 377
LAKE VILLAGE 527, 540
Lakeshore Trail 516
Lamar (vallée de) 538
Landscape Arch 463
Langue 53
LAS TRAMPAS 626
LAS VEGAS 189

LAS VEGAS

- « O » at Bellagio (show) 225
- Adventuredome 229
- Atomic Testing Museum 227
- Auto Collections 228
- Bellagio 214
- Blue Man Group (show) 226
- Caesars Palace 214
- CityCenter 216
- Criss Angel Believe (show) 227
- Dion, Céline (show) 226
- Downtown 220
- Encore 212
- Excalibur 219
- Flyaway Indoor Skydiving 230
- Forum Shops (The) 214
- Fremont Street Experience 220
- Golden Nugget 220
- Graceland Wedding Chapel 233
- Grand Canal Shoppes 213
- Gray Line Sightseeing Tours 230
- Hard Rock Hotel 220
- Jubilee ! (show) 226
- KA at MGM Grand (show) 225
- Las Vegas Natural History Museum 229
- Little Church of the West 232
- Little White Wedding Chapel 233
- Love (show) 226
- Luxor 219
- Madame Tussaud (musée de) 213
- Main Street Station 221
- Mandalay Bay 219
- MGM Grand 218
- Michael Jackson, The Immortal World Tour (show) 225
- Mirage (The) 213
- MOB Museum 228
- Monte Carlo 217
- Mystère at Treasure Island (show) 225
- Neon Museum 228
- New York-New York 218
- Papillon Grand Canyon Helicopters 230
- Paris-Las Vegas 215
- Planet Hollywood Resort & Casino 216
- Rêve (Le) (show) 225
- Roller Coaster (The) 229
- Siegfried & Roy's Secret Garden & Dolphin Habitat 229
- Springs Preserve 227
- Stratosphere Tower 229
- Strip (le) 212
- Tournament of Kings (show) 227
- Treasure Island 214
- Venetian (The) 213
- Wynn (The) 212
- Zarkana (show) 226
- Zumanity (show) 226

LEE VINING 155
Lewis Falls 532
Lewis Lake 532
Lewis River Canyon 532
Ligne de partage des eaux (la ; Continental Divide) 532
Lipan Point 330
Little Bighorn (vallée de) 557
Little Colorado (canyon du) 331
Little Hebe Crater 146
Livres de route 110
LOGAN 488, 489

Logan Canyon 488, 489
LONE PINE 148
Lone Rock 377, 384
Long House 609
LOS ALAMOS 639
Lost Dutchman State Park 263
Lower Antelope Canyon 376
Lower Geyser Basin 535

M

MADISON 536
MADRID 639
Malpais National Monument (El) 650
MAMMOTH HOT SPRINGS 526, 537
Mammoth Hot Springs (terrasses de) 538
MAMMOTH LAKES 151
MANITOU SPRINGS 586
Marble Canyon 385
Maricopa Point 329
MARIPOSA 172
Mariposa Grove (séquoia géant) 175
Maze (The) 459
Médias 114
Mesa Arch 456
Mesa Top Loop Road 609
MESA VERDE NATIONAL PARK 604
Mesquite Flat Sand Dunes 145
Mesures 54
Meteor Crater 300
MEXICAN HAT 357
MIDPINES 171
Midway Geyser Basin 534
Millicent Rogers Museum 624
MOAB 436
Mohave Point 329
Mojave National Preserve 148
Mono Lake 157
MONTANA (le) 493
Montezuma Castle National Monument 308
MONUMENT VALLEY 350
Monument Valley Museum 360
Moran Point 330
Moro Rock 161
Morro National Monument (El) 650
Mort (vallée de la ; DEATH VALLEY) 133
Mosaic Canyon 145
Mosca Pass 596
MOUNT CARMEL JUNCTION 399
Mud Volcano 540
Muley Point Overlook 363

N

Narrows (The) 402
National Elk Refuge 504
National Museum of Wildlife Art 505
National Scenic Byway (Route) 12 421
Natural Bridge 418
Natural Bridge Canyon 144
Natural Bridges National Monument 366
Navajo National Monument ... 361
Navajo Point 330
Needles (The) 458
Needles Overlook 458
NEVADA (Le) 188
Nevada Fall 176
NEW MEXICO (le ; NOUVEAU-MEXIQUE) 615
Newspaper Rock 458
Norris Geyser Basin 536
North and South Windows 462
North Kaibab Trail 333
North Rim (canyon du Colorado ; Rive Nord) 331
NOUVEAU-MEXIQUE (le ; NEW MEXICO) 615

O

OAK CREEK
VILLAGE ... 304
Oak Creek Vista ... 306
OAKHURST ... 170
OATMAN ... 236
OLD FAITHFUL ... 526, 532
Old Faithful (geyser) ... 534
OLD FAITHFUL INN ... 534
Old Hundred
Gold Mine Tour ... 612
Old Tucson Studios ... 273
Old Wagon Trail ... 435
Olmsted Point ... 174
Orientation ... 55
OURAY ... 612
Overlook Lake (sentier de) ... 533

P

PAGE ... 367
PANGUITCH ... 414
Papago Park ... 259
Parade of Elephants ... 462
Paradise Valley ... 551
Parcs et monuments
nationaux ... 55
Paria Canyon ... 385
Park Avenue ... 462
PARK CITY ... 488
Paunsagaunt
Western Wildlife Museum ... 420
Peak to Peak (Scenic
and Historic Byway) ... 586
Pecos National
Historical Park ... 638
Personnages ... 116
Petrified Forest National Park ... 301
Petrified Tree ... 538
Phelps Lake ... 515
PHOENIX ... 245
Pima Air and Space
Museum ... 273
Pima Point ... 329
PINEDALE ... 506
Pioneer Register ... 435
Pleasant Creek ... 435
Population ... 123
Porcelain Basin
(sentier du) ... 536
PORTAL (EL) ... 171
Poste ... 57
Pothole Trail ... 459
POWELL (lac) ... 367, 377
Powell Point ... 329
PRICE ... 490
Promontory Summit
(Golden Spike National
Historic Site) ... 487
Pyramid Lake ... 239

R

Racetrack Valley ... 146
Rainbow Arch ... 239
Rainbow Bridge National
Monument ... 380, 384
Rainbow Point ... 418
RAPID CITY ... 560
Rawhide Western Town ... 262
Red Canyon ... 420
Red Mountain Pass ... 612
Red Rock State Park ... 307
Red Rocks Park
and Amphitheater ... 581
RED VALLEY ... 348
Religions et croyances ... 125
RENO ... 237
Réserve Havasupai (la) ... 312
Réserves Indiennes (les) ... 338
RHYOLITE ... 147
Rim Overlook ... 435
Rim Trail ... 300
Rive nord (canyon du
Colorado ; North Rim) ... 331
Rive sud (canyon du
Colorado ; South Rim) ... 320

River Trail ... 385
Riverside Walk ... 401
Roadside Ruin Trail ... 459
ROCKVILLE ... 398
ROCKY MOUNTAIN NATIONAL PARK ... 585
ROOSEVELT ... 525
ROOSEVELT (barrage) ... 263
Roosevelt Dam ... 264
ROUGHLOCK ... 457
Route 66 ... 127
Royal Gorge Bridge ... 593
Rushmore (mont) ... 560

S

Sabino Canyon ... 274
Saddlebag Lake ... 178
Saguaro National Park (West) ... 271
SAHUARITA ... 274
Salt Creek Interpretative Trail ... 145
SALT LAKE CITY ... 463
San Francisco de Asis (église) ... 625
San Xavier Del Bac (mission) ... 274
Sand Dune Arch ... 463
Sandal Trail ... 361
SANTA FE ... 626
Santé ... 57
Savoir-vivre et coutumes ... 128
Scenic Byway 128 ... 451
Scenic Byway 279 ... 451
Scenic Drive ... 434
Scenic View ... 377
Scotty's Castle ... 145
SECOND MESA ... 343, 344
SECOND MESA (Hopi Museum) ... 345
SEDONA ... 302
SELIGMAN ... 237
SEQUOIA NATIONAL PARK ... 160
SHOSHONE ... 142
Signal Mountain Summit ... 516
SILVERTON ... 609
Sites inscrits au Patrimoine mondial de l'Unesco ... 130
Sites internet ... 58
SKY CITY (PUEBLO OF ACOMA) ... 649
Skyline Arch ... 463
Skywalk (The) ... 235
Slickrock Trail ... 449
Snake River ... 517
South Kaibab Trail ... 336
SOUTH LAKE TAHOE ... 178
South Rim (canyon du Colorado ; Rive Sud) ... 320
SPRINGDALE ... 392, 394
Spruce Tree House ... 608
Squaw Flat Trailhead ... 459
Star Dune ... 595
Sulfur Caldron ... 540
Sunrise Point ... 418
Sunset Crater ... 299
Sunset Point (Bryce Canyon National Park) ... 418
Sunset Point (Capitol Reef National Park) ... 433
SUPAI ... 313
SUTCLIFFE ... 240
Swan Lake ... 516

T

Tabac ... 59
TAHOE (lac) ... 179
TANKS ... 435
TAOS ... 616
TAOS PUEBLO ... 624
Taxes et pourboires ... 60
TEASDALE ... 430
Téléphone – Télécommunications ... 61
Telluride ... 612
TEMPE ... 260
Territoire hopi (le) ... 341

Terry Bison Ranch 559
TETON VILLAGE 500
The Abyss 329
The Maze 459
The Narrows 402
The Needles 458
This is the Place
Heritage Park 485
Three Gossips 462
THREE RIVERS 161
Titan (site de lancement
des fusées) 274
Titus Canyon 145
TOMBSTONE 275
Top of Vernal Fall 176
Toroweap Point 409
TORREY 424, 427, 428, 431
Tortilla Flat 263
Tower Falls 538
Tower Roosevelt 538
Trailview Overlook 329
TRAMPAS (LAS) 626
Transept Trail 333
Transfiguration
(chapelle de la) 515
Transports 63
TROPIC 416
TRUCHAS 626
TRUTH OR
CONSEQUENCES 653
TUBA CITY 343, 344
TUCSON 264
Tunnel View 175
Tuolumne Grove
(séquoia géant) 175
Tuolumne Meadows 174
Turquoise Trail 638
Turret Arch 462
TUSAYAN 313
Tusayan Museum 330
Twenty Mule Team
Canyon 144

U

Ubehebe Crater 146
Upheaval Dome 456
Upper Antelope Canyon 375
Upper Geyser Basin 533
Urgences 75
UTAH (l') 387

V

VALLÉE DE LA MORT
(DEATH VALLEY) 133
Valles Caldera National
Preserve 642
VALLEY OF THE GODS 362
VALLEY VIEW 175
VICTOR 592
VIRGIN 398
VIRGINIA
CITY 241

W

Wahweap (marina de) 384
Walnut Canyon National
Monument 300
WALPI 345
Washburn (mont) 539
Washburn Range 539
Waterpocket Fold
(Scenic Drive du) 435
Wawona (séquoia
géant) 175
Weeping Rock Trail 401
West Thumb 533
WEST
YELLOWSTONE 542
White House 349
White House Trail 349
White Sands National
Monument 655
Wildrose Charcoal
Kilns 148
WILLIAMS 308
WILSON 503, 505

Wilson Arch 456
Window Rock 652
Windows Section..................... 462
Wukoki Pueblo 300
Wupatki National
Monument 300
Wupatki Pueblo 300
WYOMING (le) 493

Y-Z

Yaki Point................................ 330
Yellowstone (grand canyon
de) 539
Yellowstone (lac)..................... 540
YELLOWSTONE
NATIONAL
PARK 517
Yosemite Falls 175
YOSEMITE NATIONAL
PARK 162
YOSEMITE
VALLEY............... 166, 168, 174
Yosemite Village
(Musée indien) 175
Zabriskie Point........................ 143
Zion Canyon Giant Screen
Theater 403
Zion Human History
Museum.............................. 403
ZION NATIONAL PARK.......... 388

OÙ TROUVER LES CARTES ET LES PLANS ?

- Albuquerque, *cahier couleur* 14-15
- Arizona (l' ; carte générale) 246-247
- Bryce Canyon National Park 411
- Californie (la ; carte générale) 134-135
- Canyonlands National Park 453
- Colorado (le ; carte générale) 566-567
- Death Valley National Monument 137
- Denver, *cahier couleur* 12
- Distances (carte des), *cahier couleur* 1
- Flagstaff, *cahier couleur* 7
- Grand Canyon (itinéraires dans le) 337
- Grand Canyon Village 322-323
- Grand Teton National Park 511
- Jackson Hole 499
- Kanab 405
- Las Vegas, *cahier couleur*... 4-5
- Moab, *cahier couleur* 9
- Monument Valley (les environs de) 353
- Navajoland 347
- Nevada (le ; carte générale) 189
- Nouveau-Mexique (le ; carte générale) 617
- Page, *cahier couleur* 8
- Page (les environs de) 375
- Parcs nationaux de l'Ouest américain (les), *cahier couleur* 2-3
- Phoenix 250-251
- Powell (le lac) et le Glen Canyon 378-379
- Réserves indiennes (les) 340-341
- Salt Lake City (plan d'ensemble), *cahier couleur* 10
- Salt Lake City – Temple Square (zoom), *cahier couleur* 11
- Santa Fe, *cahier couleur* 16
- South Lake Tahoe 180-181
- Tahoe (le lac) 179
- Taos, *cahier couleur* 13
- Tucson, *cahier couleur* 6
- Utah (l' ; carte générale) 391
- Wahweap Marina 381
- West Yellowstone 543
- Wyoming (le ; carte générale) 494-495
- Yellowstone National Park 519
- Yosemite National Park 163
- Zion (le canyon de) 395
- Zion National Park 393

Les **Routards** *parlent aux* **Routards**

Faites-nous part de vos expériences, de vos découvertes, de vos tuyaux. Indiquez-nous les renseignements périmés. Aidez-nous à remettre l'ouvrage à jour. Faites profiter les autres de vos adresses nouvelles, combines géniales... On adresse un exemplaire gratuit de la prochaine édition à ceux qui nous envoient les lettres les meilleures, pour la qualité et la pertinence des informations. Quelques conseils cependant :

– Envoyez-nous votre courrier le plus tôt possible afin que l'on puisse insérer vos tuyaux sur la prochaine édition.
– N'oubliez pas de préciser l'ouvrage que vous désirez recevoir.
– Vérifiez que vos remarques concernent l'édition en cours et notez les pages du guide concernées par vos observations.
– Quand vous indiquez des hôtels ou des restaurants, pensez à signaler leur adresse précise et, pour les grandes villes, les moyens de transport pour y aller. Si vous le pouvez, joignez la carte de visite de l'hôtel ou du resto décrit.
– N'écrivez si possible que d'un côté de la lettre (et non recto verso).
– Bien sûr, on s'arrache moins les yeux sur les lettres dactylographiées ou correctement écrites !

En tout état de cause, merci pour vos nombreuses lettres.

Les Routards parlent aux Routards :
122, rue du Moulin-des-Prés, 75013 Paris

e-mail : • *guide@routard.com* •
Internet : • *routard.com* •

Le Trophée du voyage humanitaire ROUTARD.COM s'associe à VOYAGES-SNCF.COM

Ils ont aidé à la création d'un poste de santé autonome au Sénégal, à la reconstruction d'un orphelinat à Madagascar... Et vous ?
Envie de soutenir un projet qui favorise la solidarité entre les hommes ? Le Trophée du Voyage Humanitaire Routard.com est là pour vous ! Que votre projet concerne le domaine culturel, artisanal, écologique, pédagogique, en France ou à l'étranger, le *Routard* et Voyages-sncf.com soutiennent vos initiatives et vous aident à les réaliser ! Si vous aussi vous voulez faire avancer le monde, inscrivez-vous sur • *routard.com/trophee* • ou sur • *tropheesdutourismeresponsable.com* •

Routard Assurance *2013*

Routard Assurance et Routard Assurance Famille, c'est l'Assurance Voyage Intégrale. Dépenses de santé et frais d'hôpital pris en charge directement sans franchise jusqu'à 300 000 € + caution + défense pénale + responsabilité civile + tous risques bagages et photos. Assurance personnelle accidents : 75 000 €. Très complet ! Tarif à la semaine pour plus de souplesse. Tableau des garanties et bulletin d'inscription à la fin de chaque *Routard* étranger. Pour les départs en famille (4 à 7 personnes), demandez le bulletin d'inscription famille. Pour les longs séjours, contrat Plan Marco Polo « spécial famille » à partir de 4 personnes. Pour un voyage éclair de 3 à 8 jours dans une ville de l'Union européenne, bulletin d'inscription adapté dans les guides villes avec des garanties allégées et un tarif « light ». Également un nouveau contrat Seniors pour les courts et longs séjours. Si votre départ est très proche, vous pouvez vous assurer via Internet • *avi-international.com* • ou par fax : 01-42-80-41-57, en indiquant le numéro de votre carte de paiement. Pour en savoir plus : ☎ 01-44-63-51-00.

Édité par Hachette Livre (43, quai de Grenelle, 75905 Paris Cedex 15, France)
Photocomposé par Jouve (45770 Saran, France)
Imprimé par Rotolito Lombarda (via Sondrio, 3, 20096 Seggiano di Pioltello, Italie)
Achevé d'imprimer le 30 novembre 2012
Collection n° 13 - Édition n° 01
24/5619/2
I.S.B.N. 978-2-01-245619-8
Dépôt légal : novembre 2012

PAPIER À BASE DE FIBRES CERTIFIÉES

hachette s'engage pour l'environnement en réduisant l'empreinte carbone de ses livres. Celle de cet exemplaire est de :
650 g éq. CO_2
Rendez-vous sur www.hachette-durable.fr